# Mexico

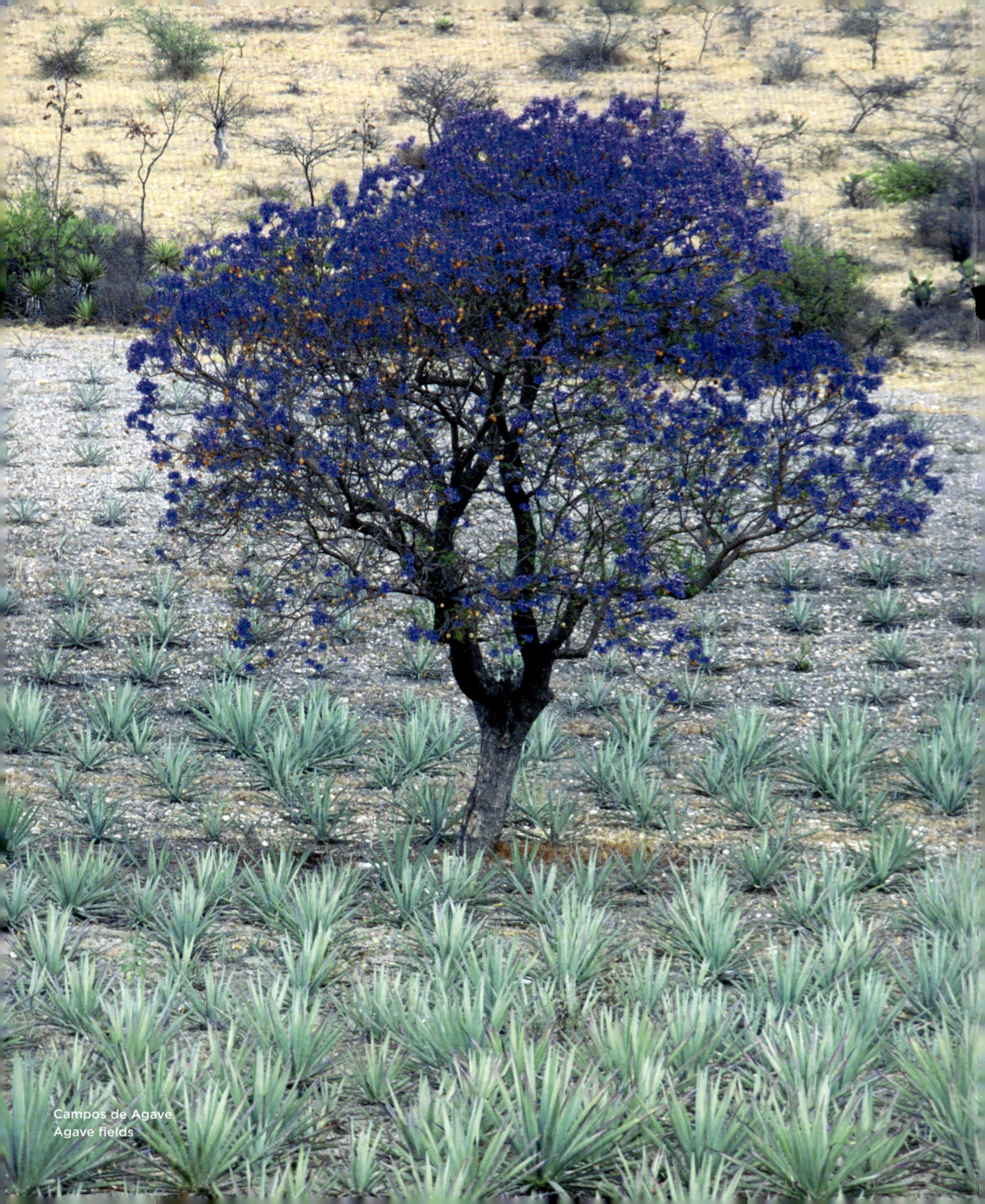
Campos de Agave
Agave fields

# Mexico

Stephen West

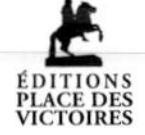

ÉDITIONS
PLACE DES
VICTOIRES

KÖNEMANN

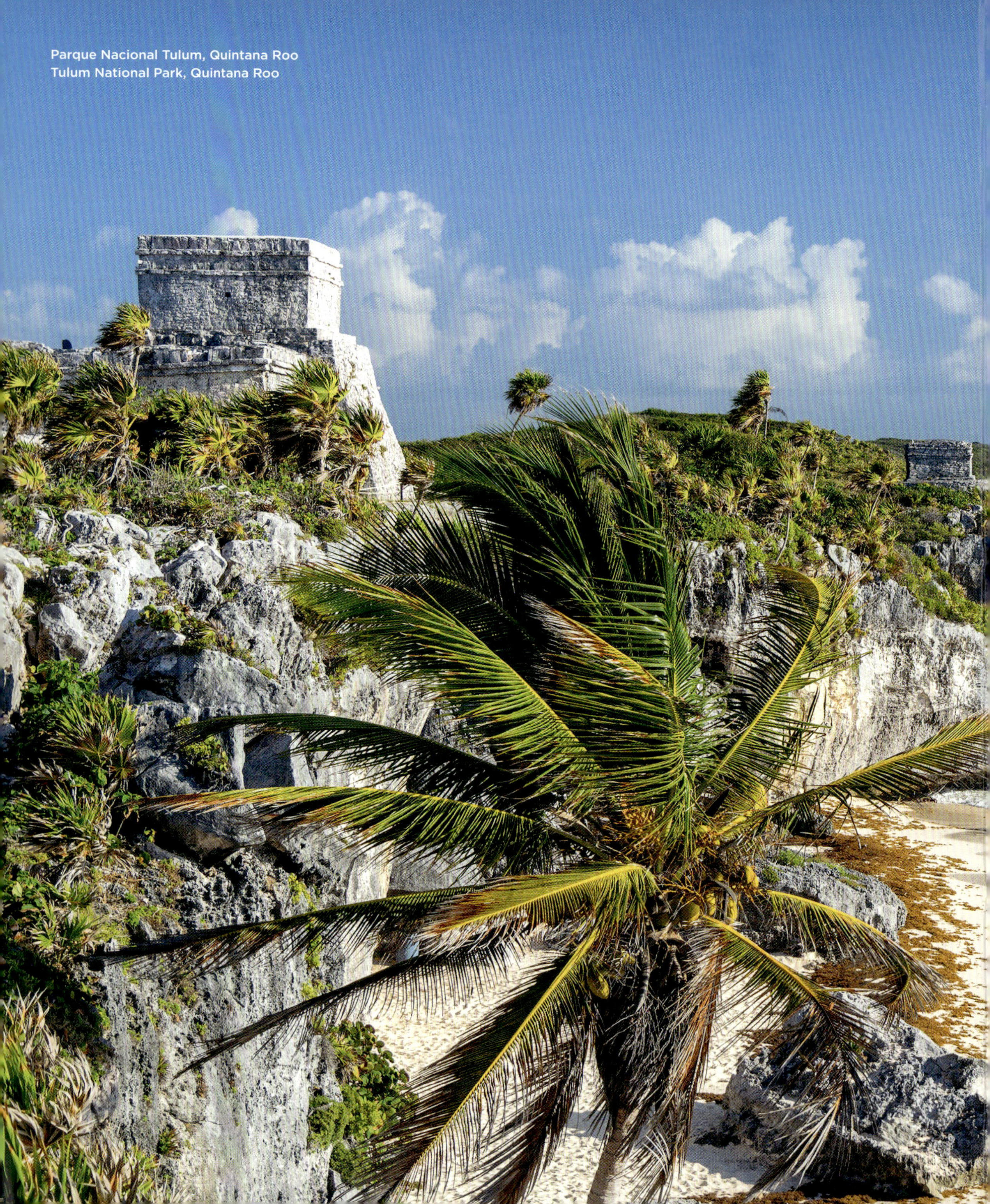
Parque Nacional Tulum, Quintana Roo
Tulum National Park, Quintana Roo

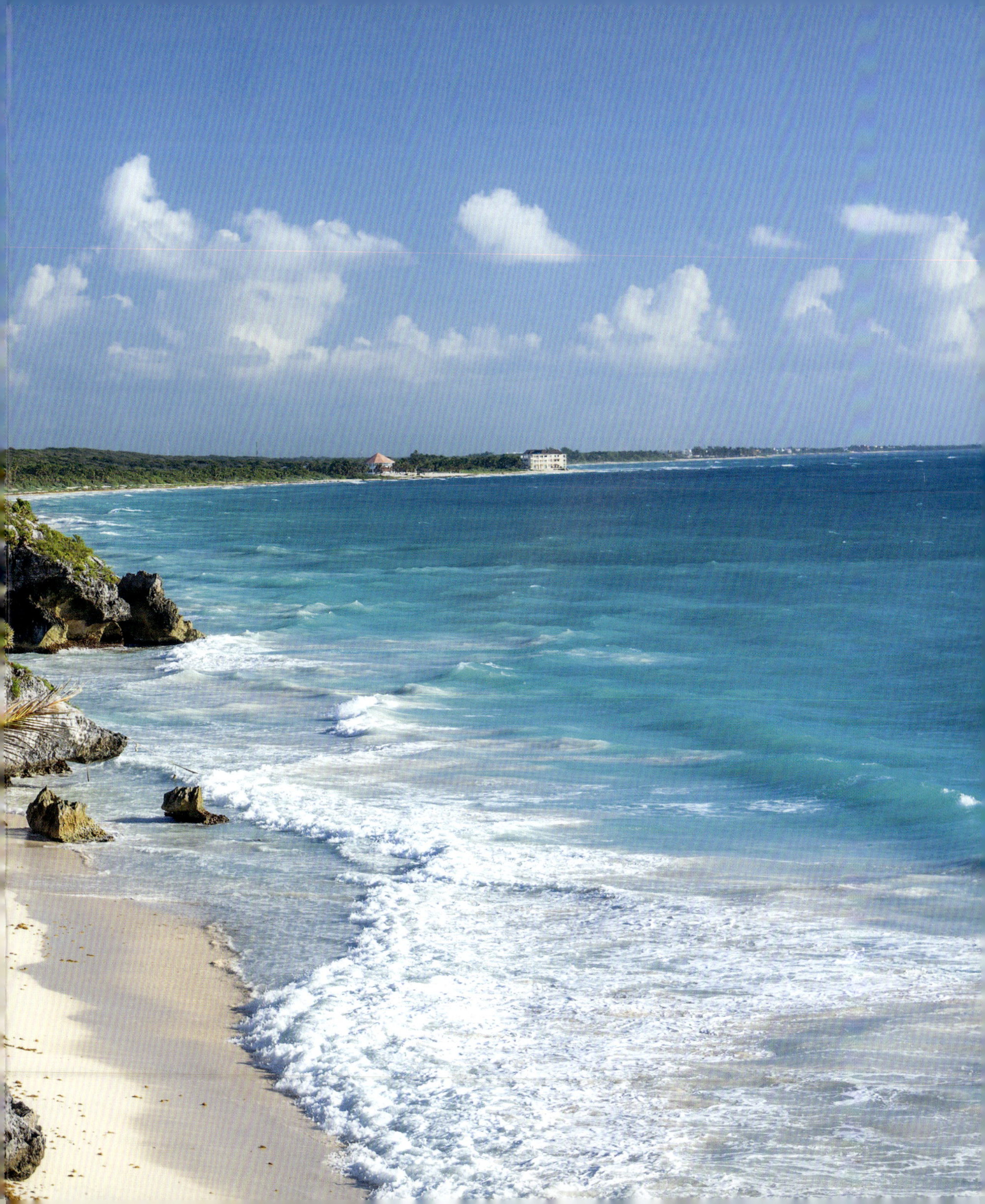

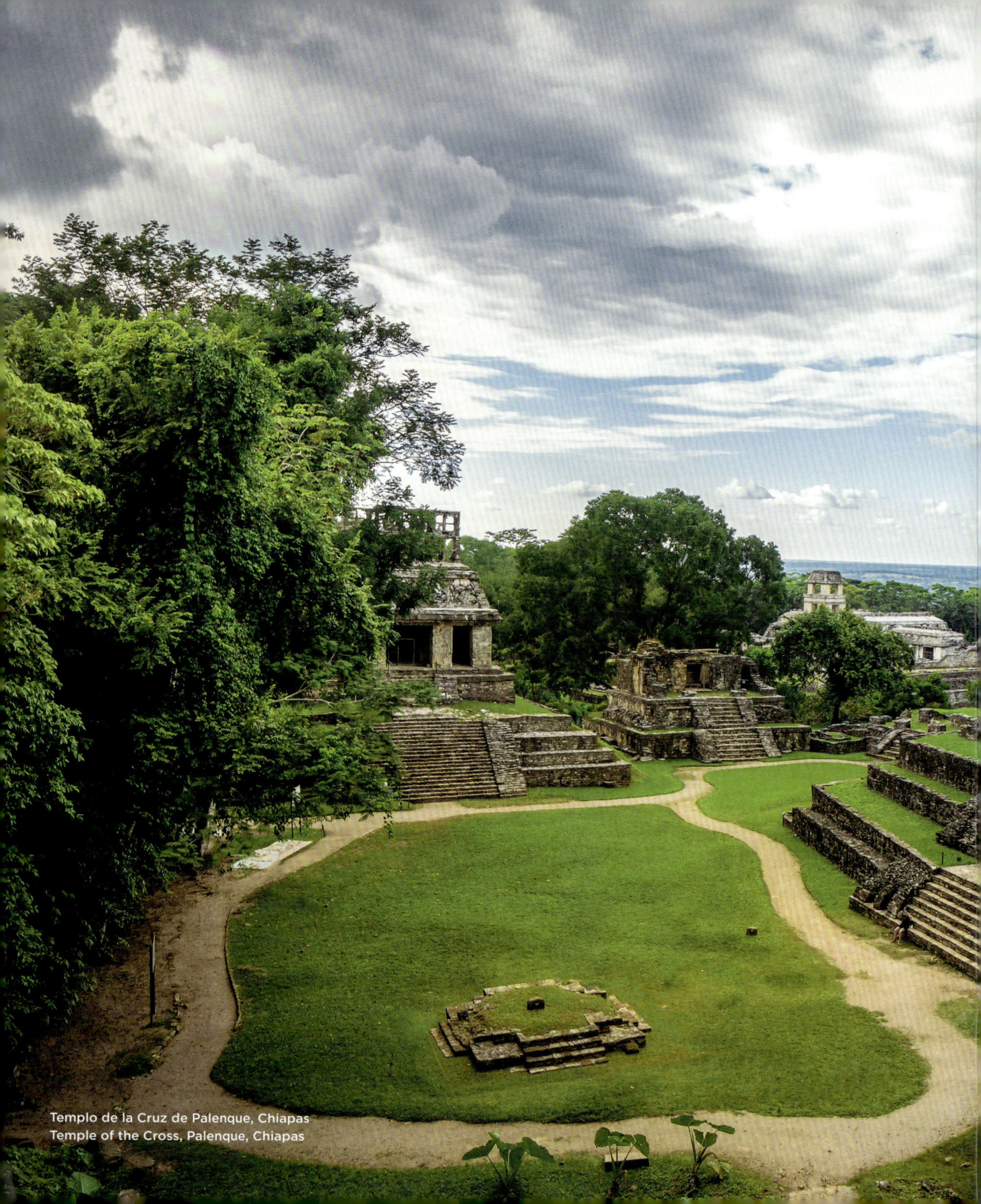

Templo de la Cruz de Palenque, Chiapas
Temple of the Cross, Palenque, Chiapas

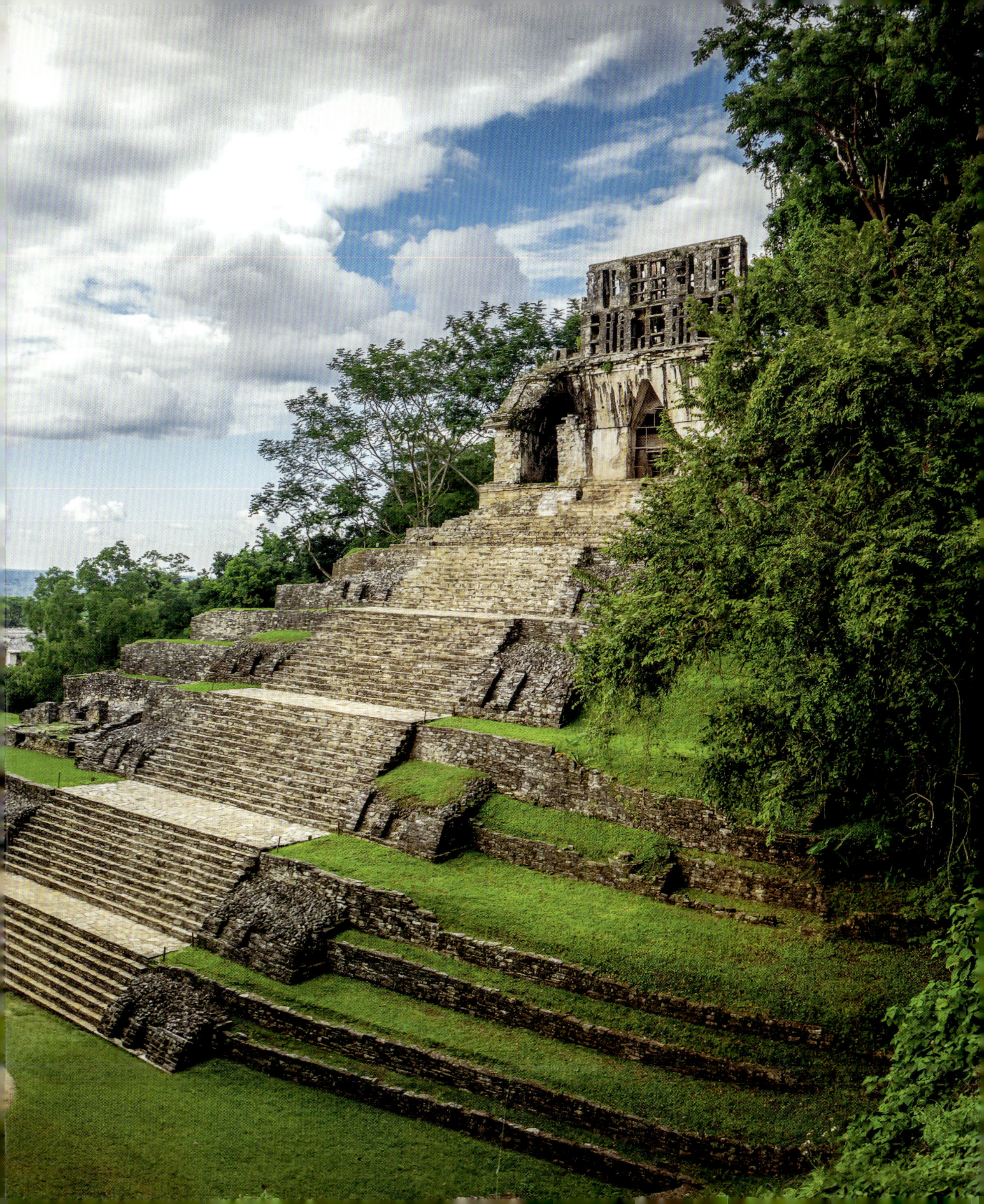

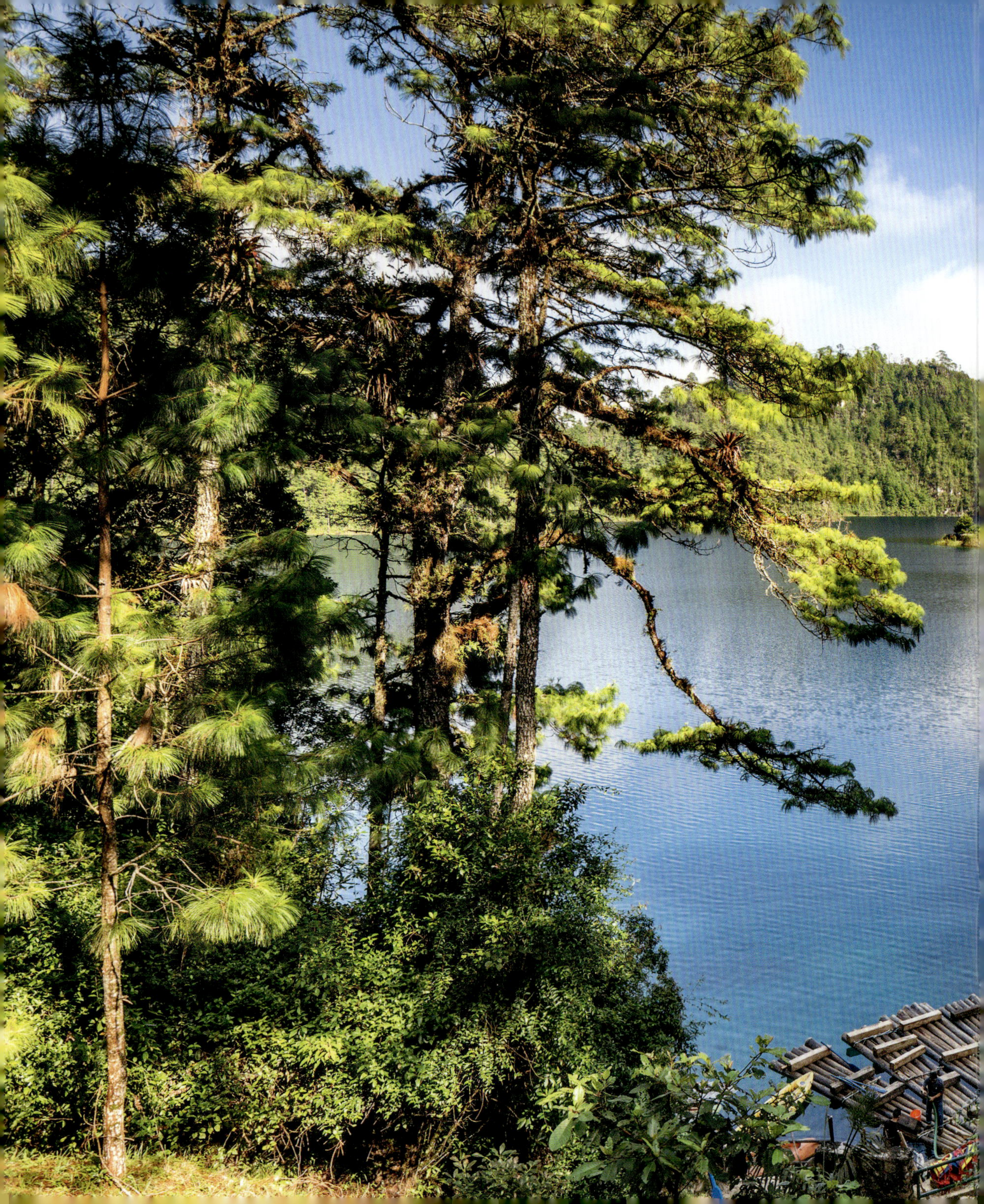

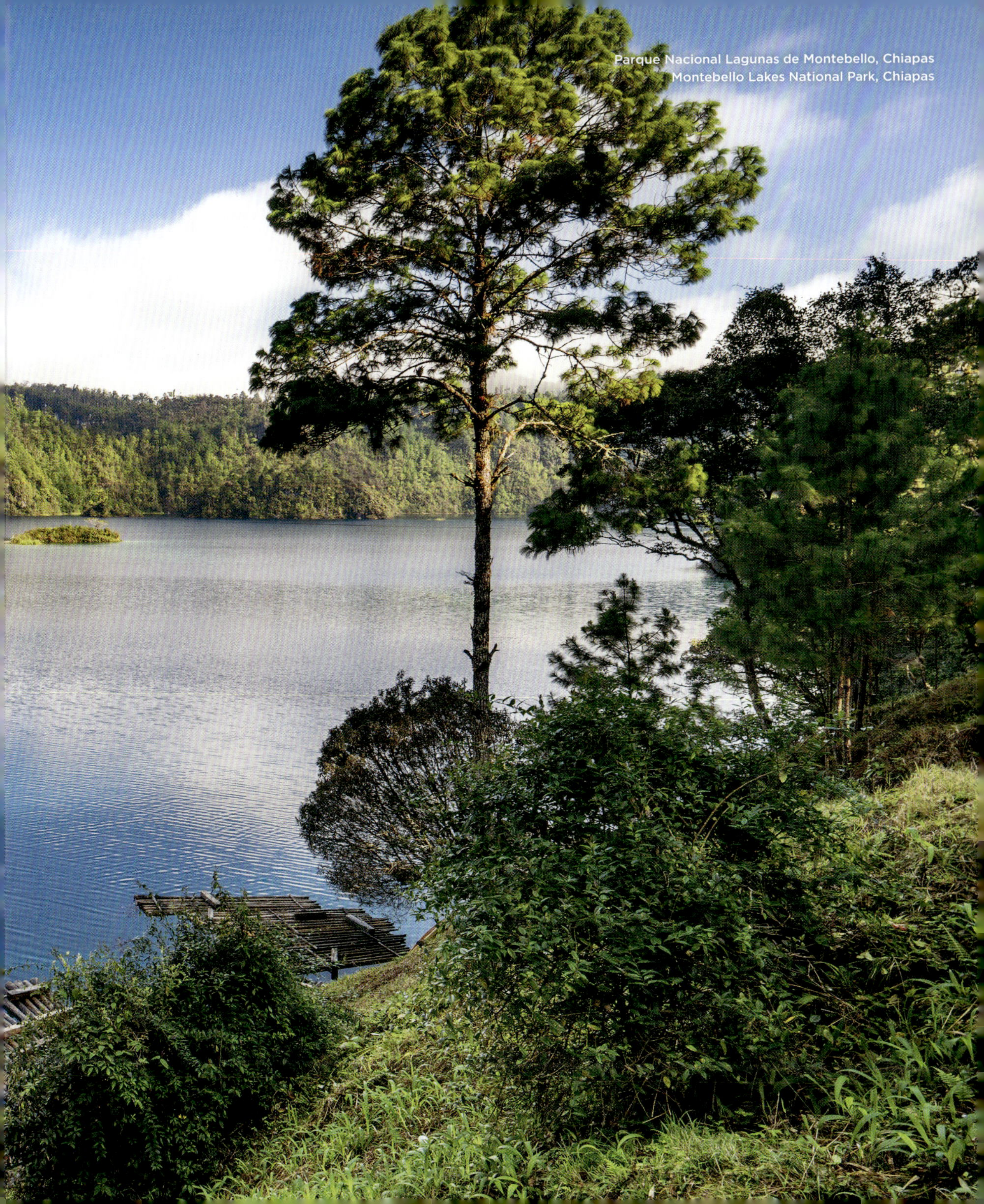
Parque Nacional Lagunas de Montebello, Chiapas
Montebello Lakes National Park, Chiapas

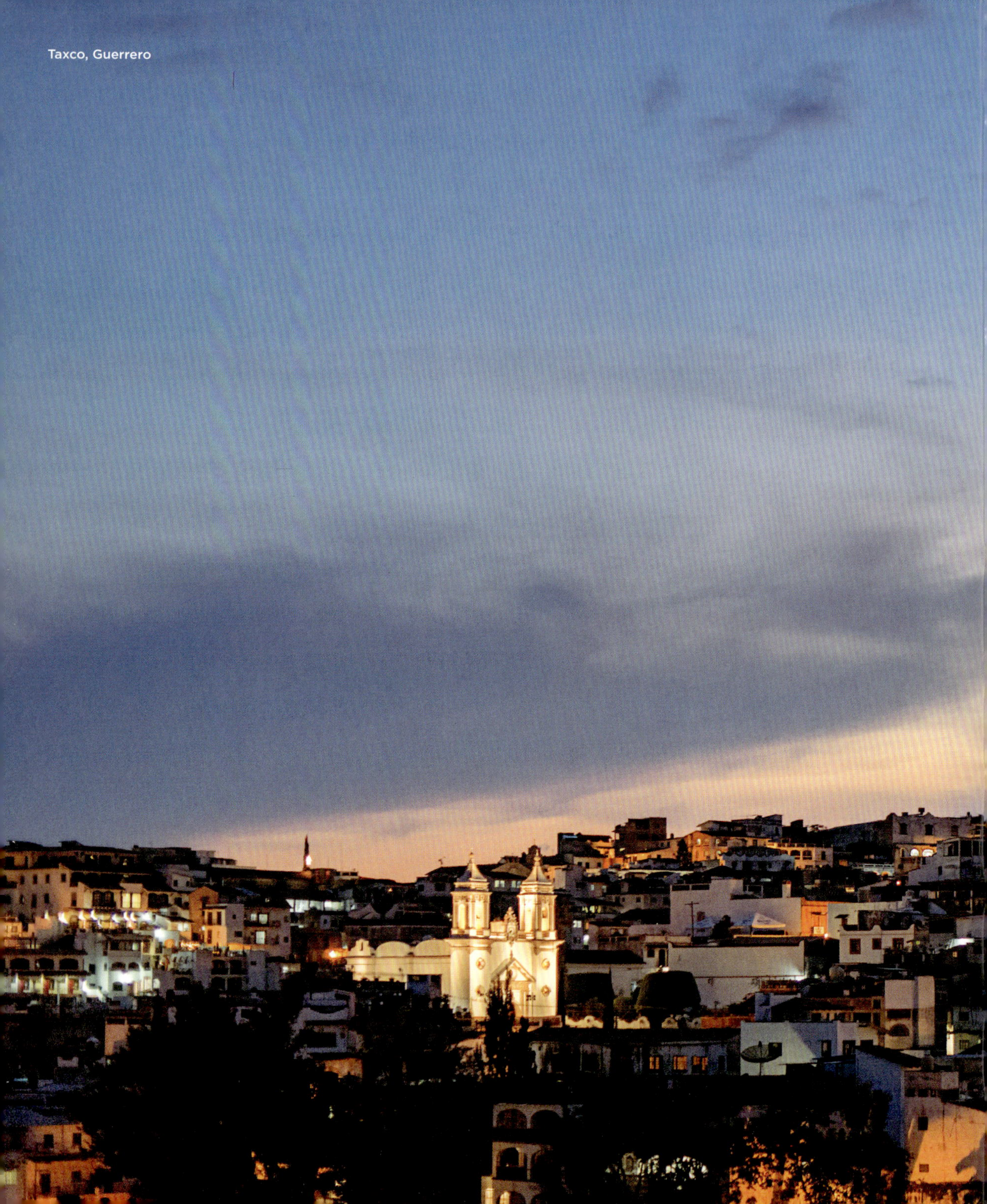

Taxco, Guerrero

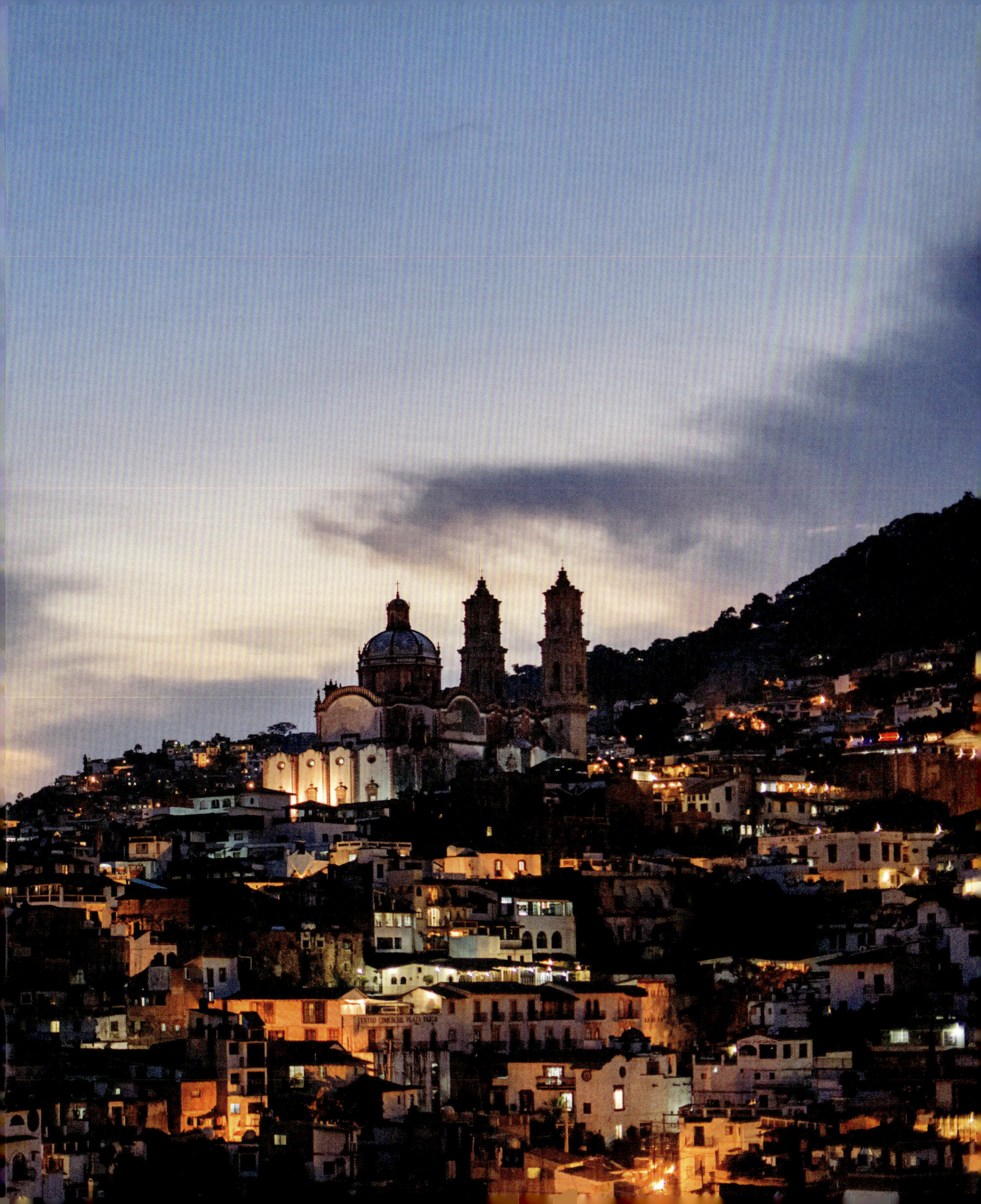

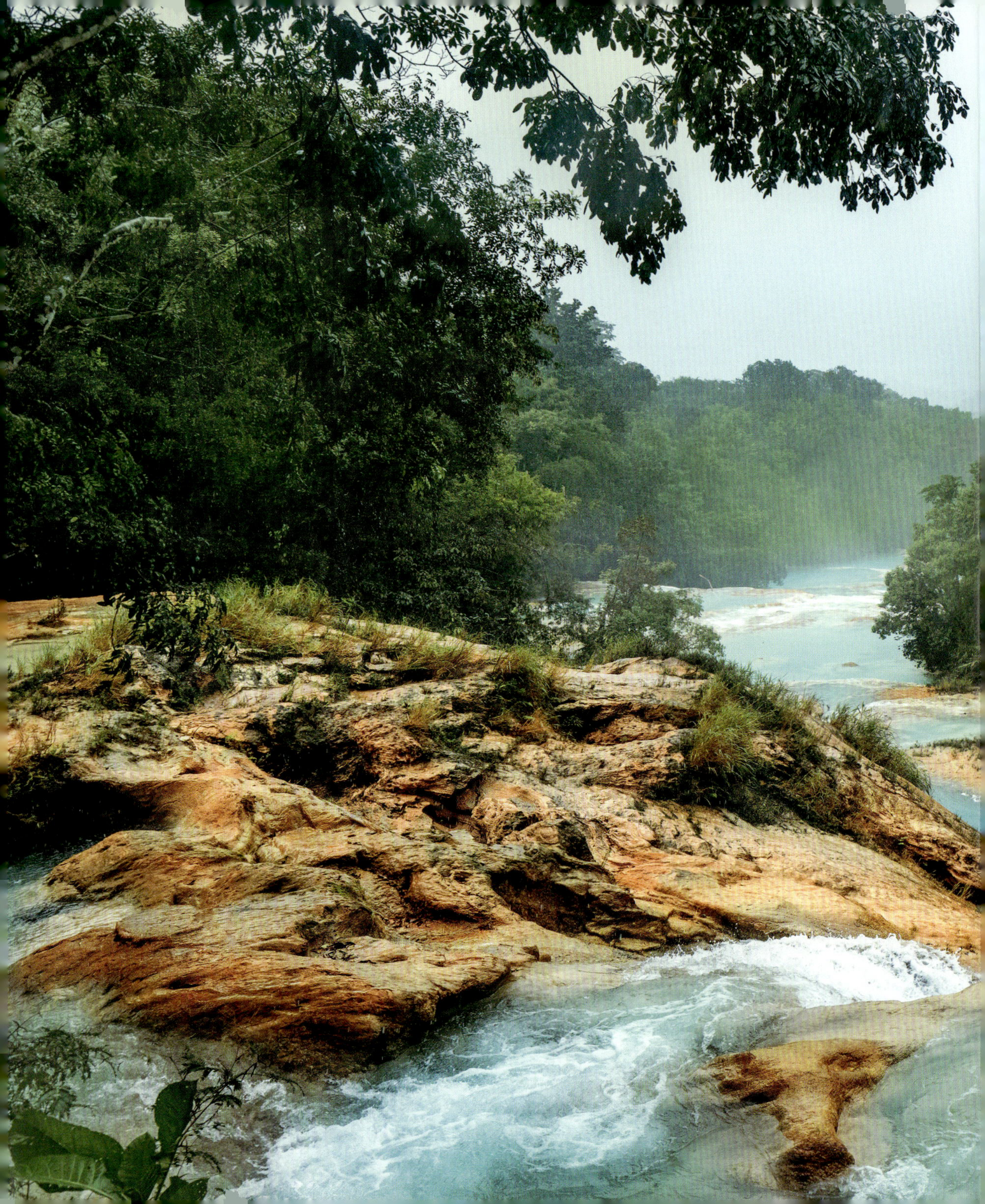

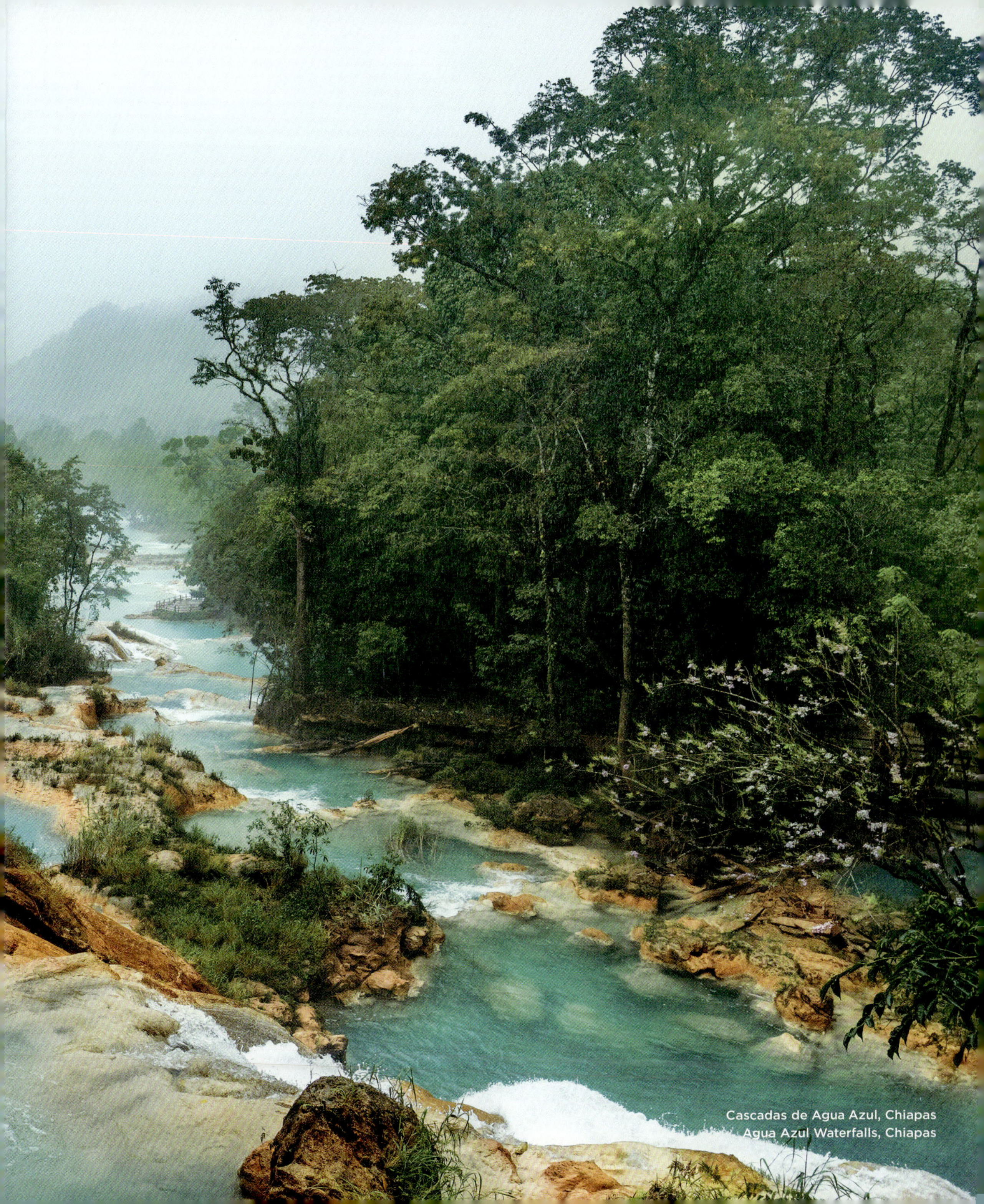

Cascadas de Agua Azul, Chiapas
Agua Azul Waterfalls, Chiapas

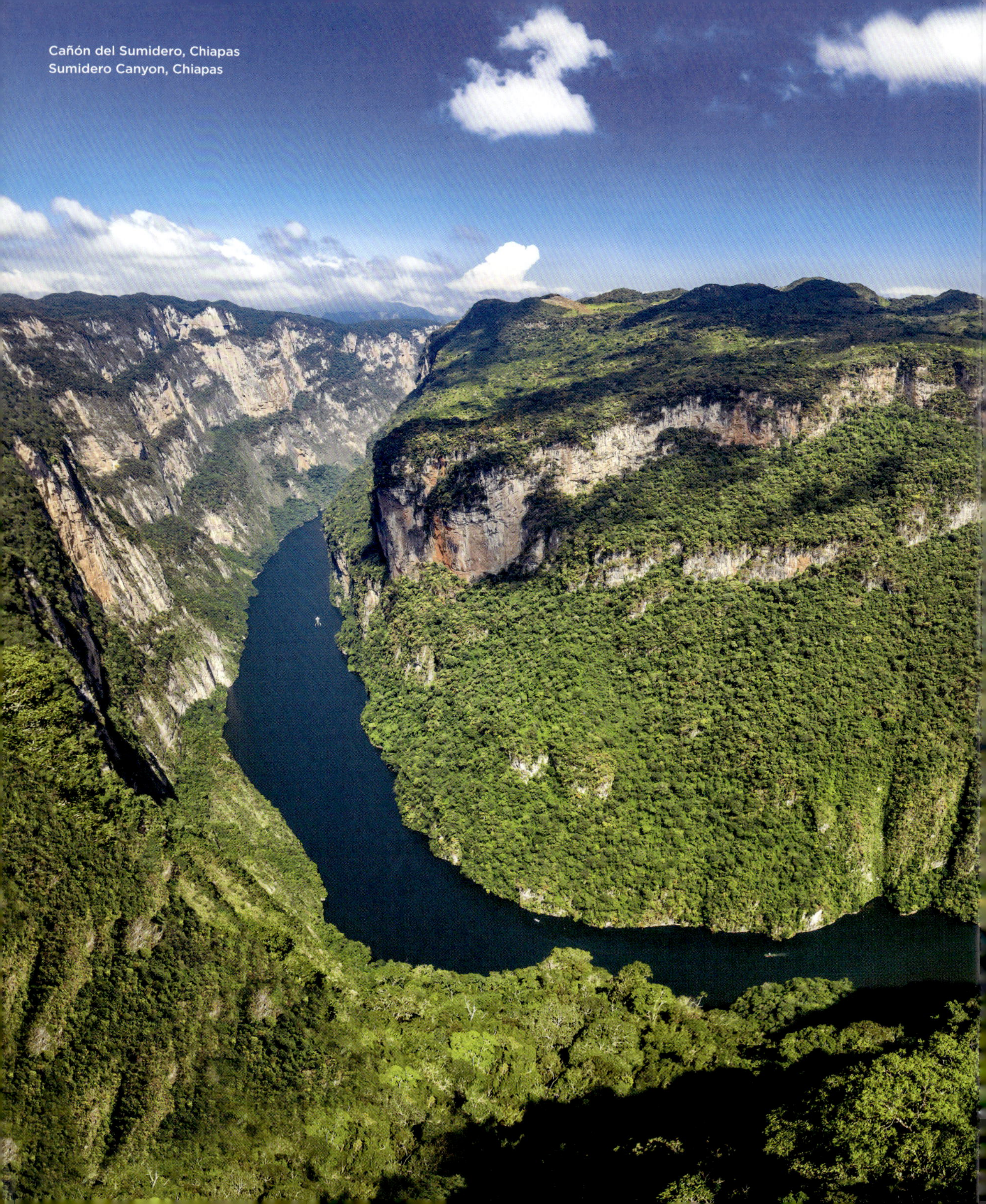

Cañón del Sumidero, Chiapas
Sumidero Canyon, Chiapas

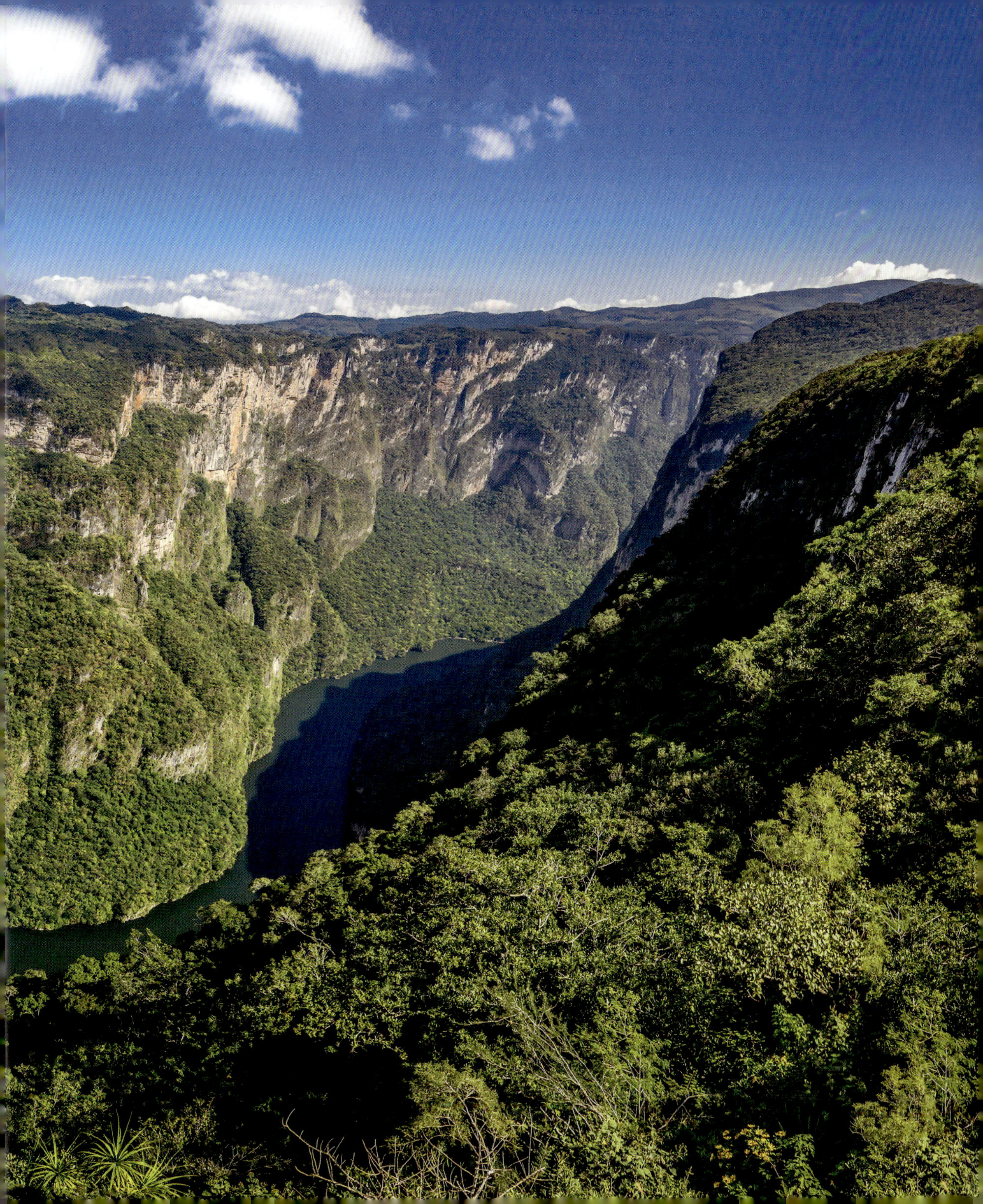

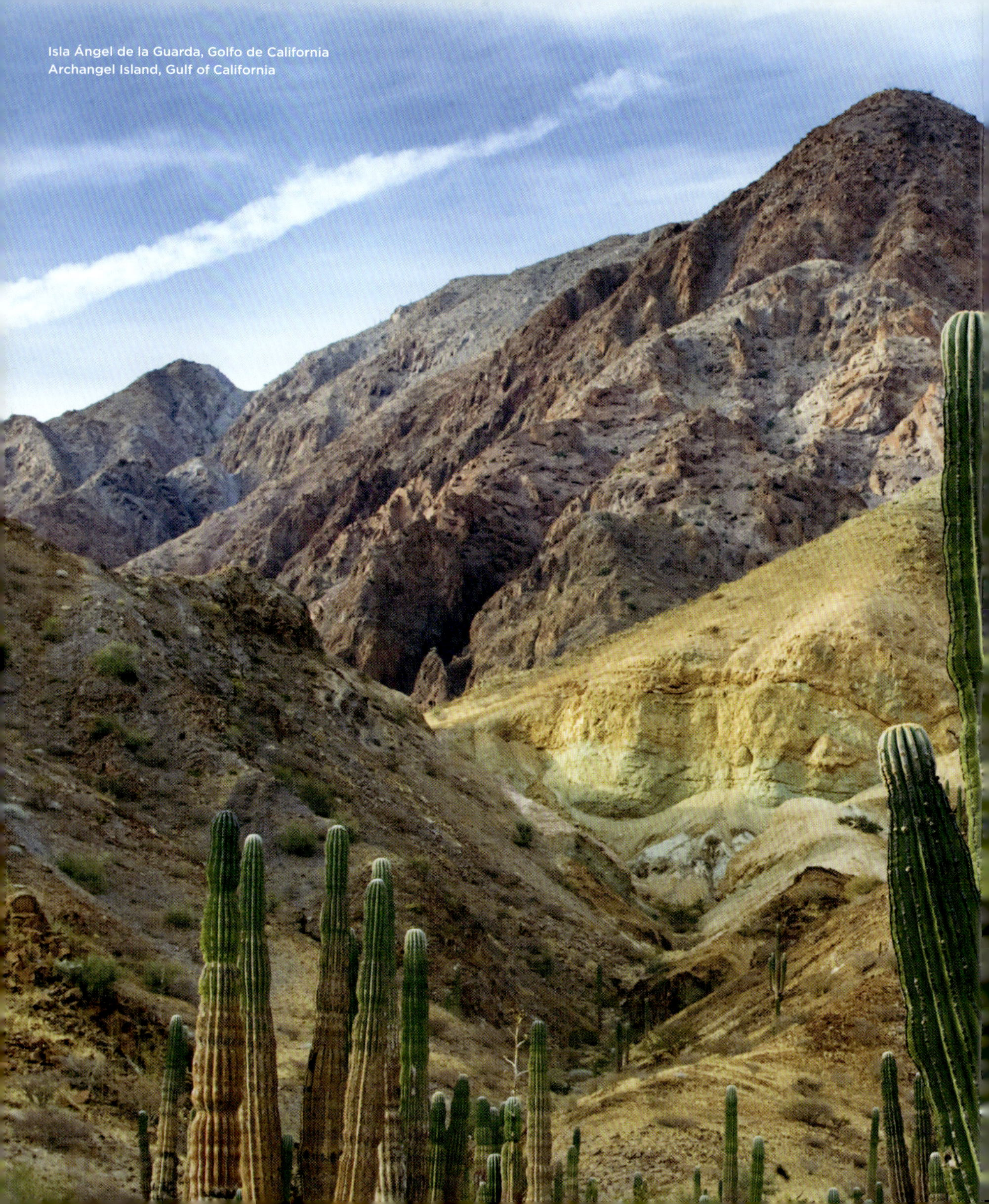

Isla Ángel de la Guarda, Golfo de California
Archangel Island, Gulf of California

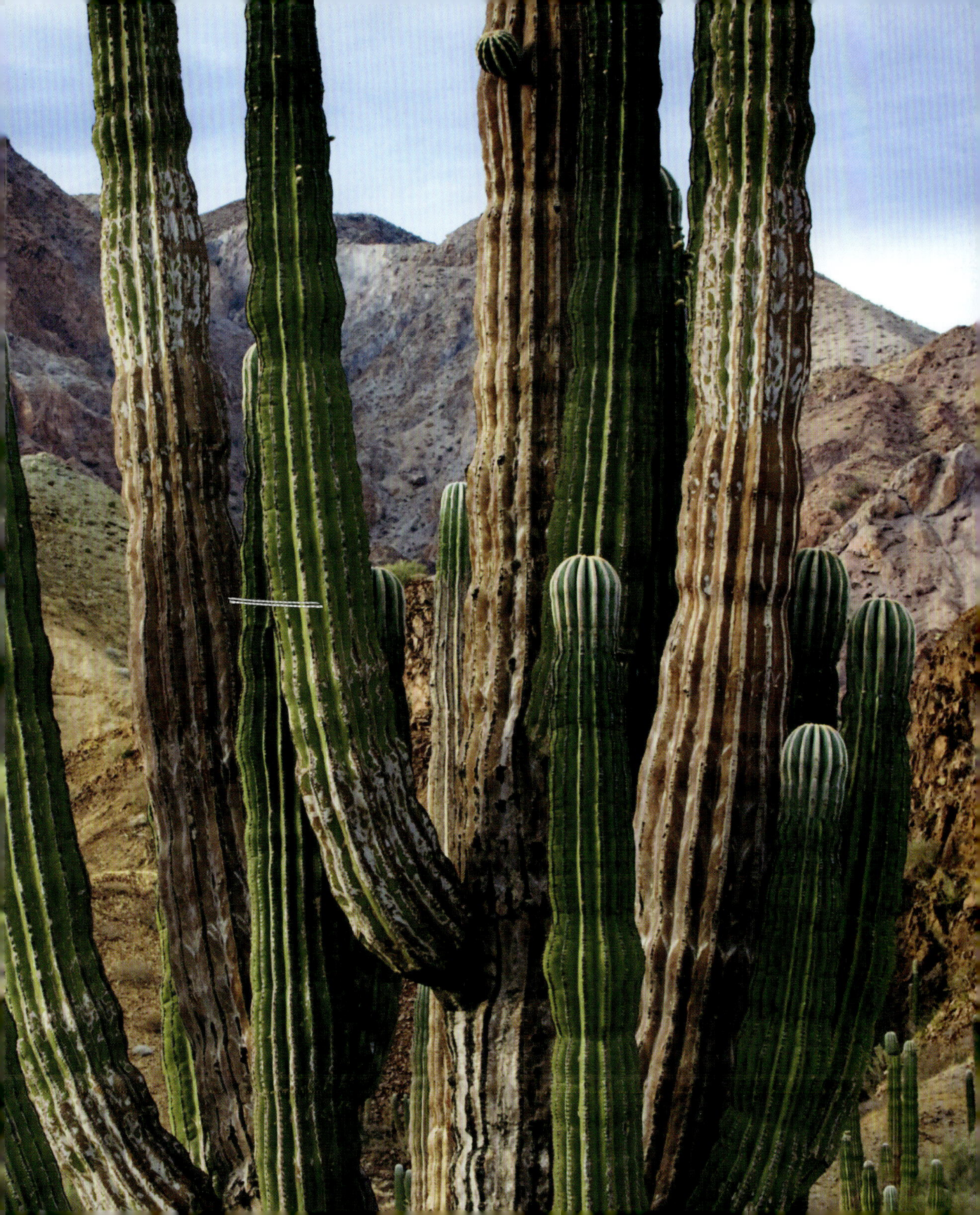

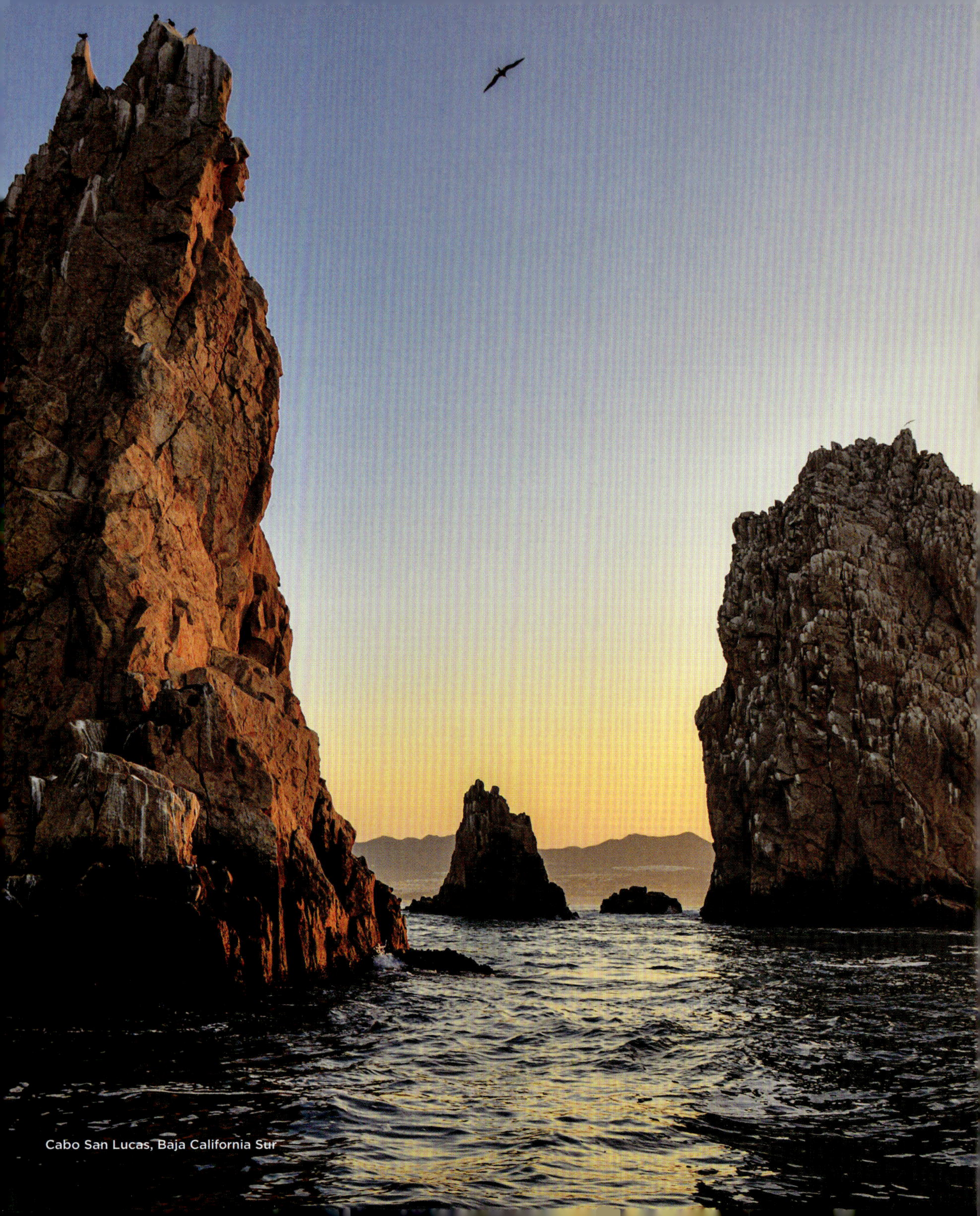
Cabo San Lucas, Baja California Sur

# Índice · Contents · Sommaire · Inhalt · Indice · Inhoud

# Mexico

Mexico—the name evokes associations of barrenness and cacti, pyramids and palm beaches, indigenous cultures and scorching sun. Most of the country belongs to the North American continent, extending over 3200 km (2000 mi), from the border with the USA in the north to the Caribbean coast on the Yucatán peninsula in the southeast. The huge barren plateau, which makes up most of the country, is criss-crossed by rugged mountains between which rivers and waterfalls roar. Altogether, more than 11000 km (7000 mi) of coastline border the country, with the Pacific to the west and the Atlantic in the east. More than 40,000 archaeological sites bear witness to the country's pre-Columbian past and the rich heritage of the Maya and Aztecs. Today more than 120 million people live within an area of nearly 2 million km² (over 760,000 sq.mi). In addition to the modern metropolis of Mexico City, the numerous colonial cities impress with their historical flair. Since the habitats range from desert and sand dunes in the north to subtropical rainforest in the south, flora and fauna is more diverse than almost anywhere else: Mexico is one of the 17 designated 'megadiverse countries' on Earth—with more than 200,000 plant and animal species, i.e. about twelve percent of all species worldwide.

# Le Mexique

Mexique : ce nom éveille en nous des images d'aridité et de cactus, de pyramides et de plages bordées de palmiers, de cultures amérindiennes et de soleil brûlant. Ce pays appartient, en grande partie, au continent nord-américain et s'étend sur plus de 3200 km, de sa frontière nord avec les États-Unis jusqu'à la côte caribéenne sur la péninsule du Yucatán, au sud-est. Les hauts plateaux, gigantesques et arides, en constituent la majeure partie et sont parsemés de montagnes escarpées où mugissent fleuves et chutes d'eau. Au total, plus de 11 000 km de côtes bordent ce pays, le long de l'océan Pacifique à l'ouest et de l'Atlantique à l'est. Plus de 40 000 sites archéologiques témoignent de son passé précolombien, ainsi que du riche héritage des Mayas et des Aztèques. Aujourd'hui, ce sont plus de 120 millions de personnes qui vivent sur une surface de près de 2 millions km². Outre Mexico, métropole moderne, les nombreuses villes coloniales, avec leur charme chargé d'histoire, impressionnent également. Avec des biotopes allant du désert et des dunes de sable, au nord, aux forêts subtropicales humides, au sud, la nature présente une diversité difficilement égalable : le Mexique compte parmi ce que l'on appelle les pays mégadivers, avec plus de 200 000 espèces de plantes et d'animaux, soit environ 12 % des espèces existant dans le monde.

# Mexiko

Mexiko – der Name weckt Assoziationen an Kargheit und Kakteen, an Pyramiden und Palmenstrände, an indigene Kulturen und sengende Sonne. Das Land gehört größtenteils zum nordamerikanischen Kontinent und erstreckt sich über 3200 km von der Grenze mit den USA im Norden bis zur karibischen Küste auf der Halbinsel Yucatán im Südosten. Die riesige karge Hochebene, die den Großteil des Landes ausmacht, ist durchzogen von zerklüfteten Gebirgen, in denen Flüsse und Wasserfälle tosen. Insgesamt mehr als 11 000 km Küste begrenzen das Land mit dem Pazifik im Westen und dem Atlantik im Osten. Über 40 000 archäologische Stätten zeugen von der präkolumbianischen Vergangenheit des Landes und dem reichen Erbe der Maya und Azteken. Heute leben auf einer Fläche von knapp zwei Millionen Quadratkilometern mehr als 120 Millionen Menschen. Neben der modernen Metropole Mexiko-Stadt beeindrucken die zahlreichen Kolonialstädte mit ihrem historischen Flair. Da die Lebensräume von Wüste und Sanddünen im Norden bis zu subtropischem Regenwald im Süden reichen, zeigt sich die Natur so vielfältig wie kaum irgendwo sonst: Mexiko zählt zu den 17 Megadiversity-Ländern der Erde – mit mehr als 200 000 Pflanzen- und Tierarten, also rund zwölf Prozent aller weltweit vorkommenden Arten.

Guanajuato, estado de Guanajuato
Guanajuato, Guanajuato state

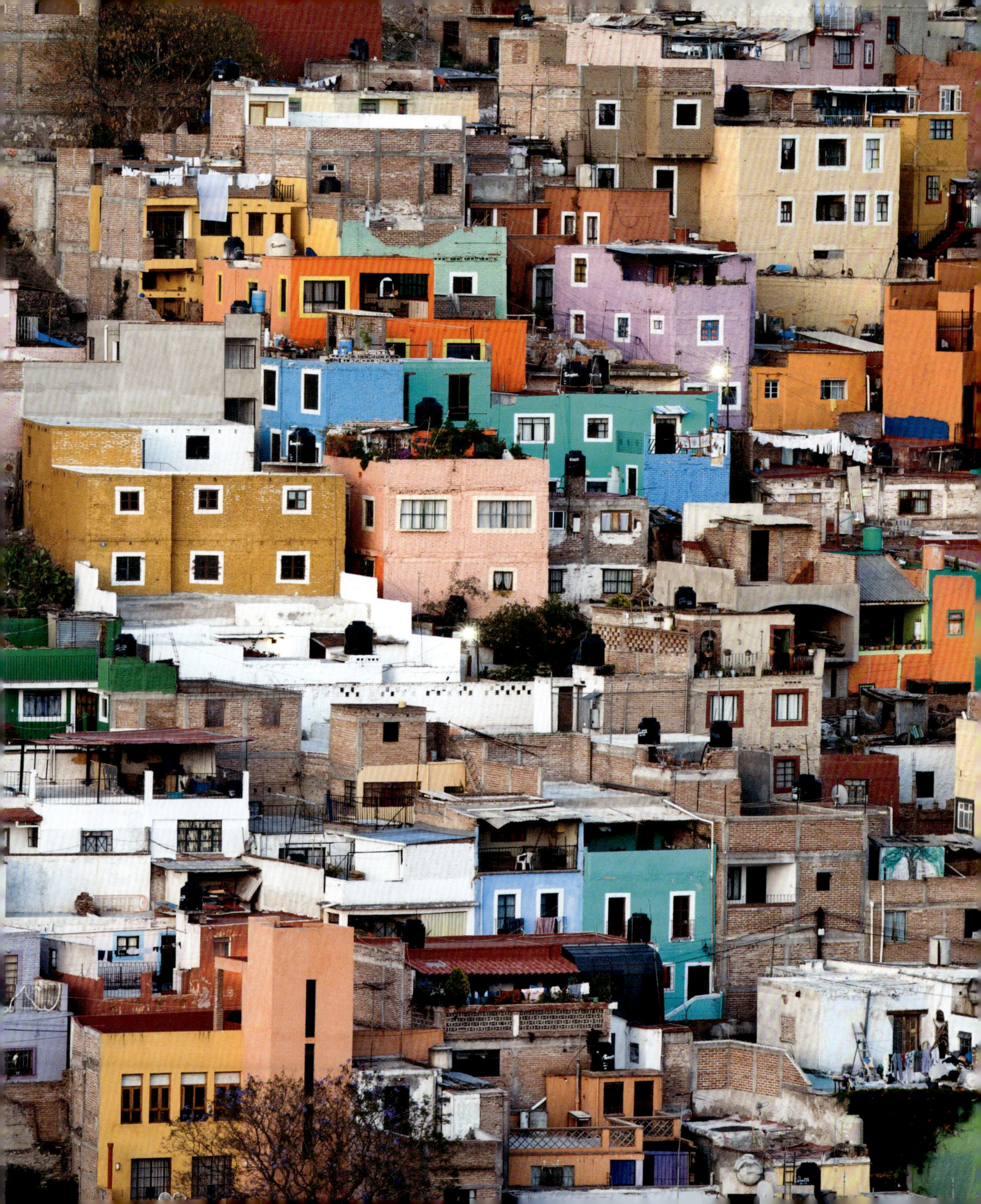

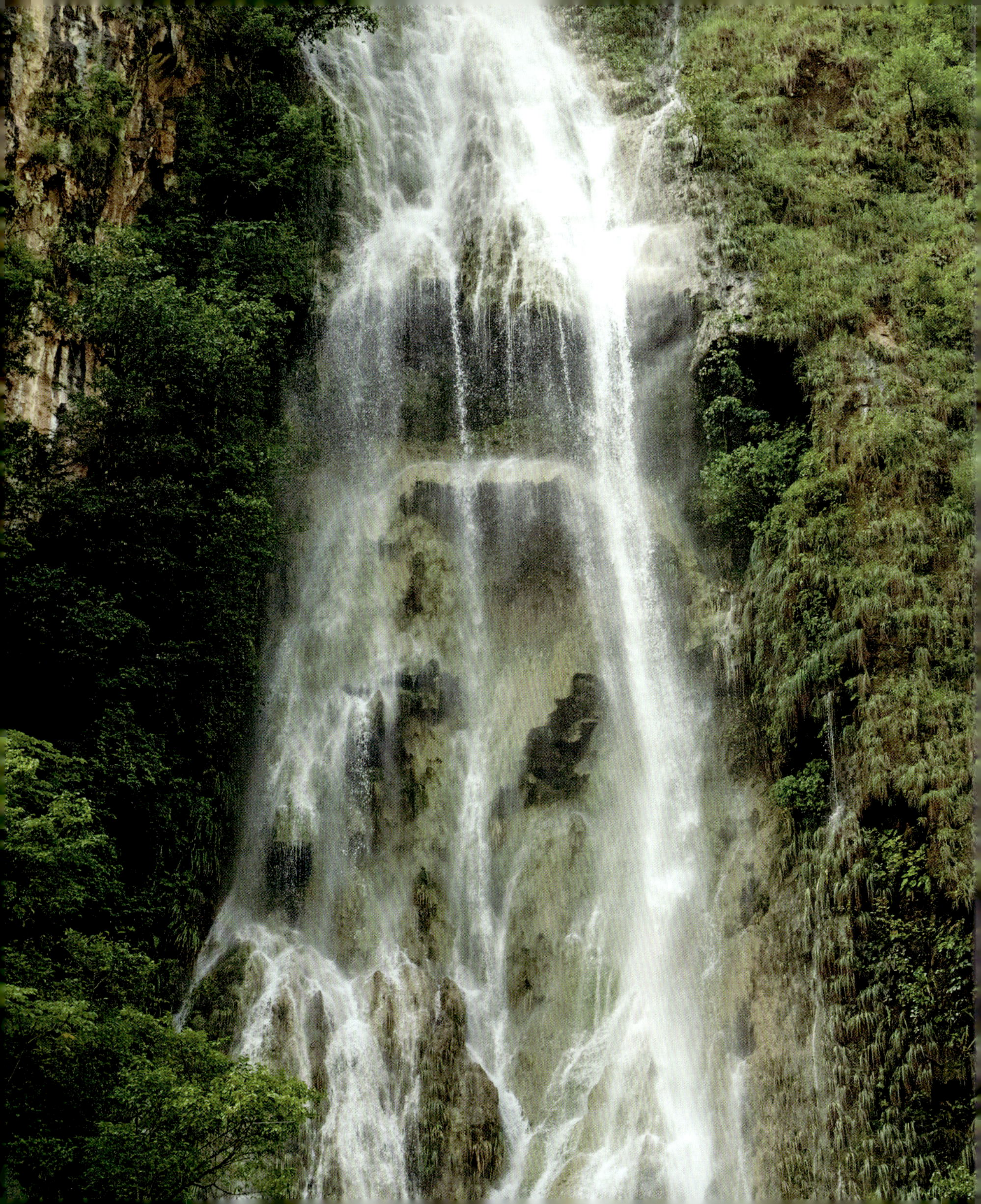

# México

México – el nombre evoca formaciones de esterilidad y cactus, pirámides y playas de palmeras, culturas indígenas y sol abrasador. La mayor parte del país pertenece al continente norteamericano y se extiende a lo largo de 3200 km desde la frontera con los EE.UU. en el norte hasta la costa caribeña en la península de Yucatán en el sureste. La árida meseta, que constituye la mayor parte del país, está atravesada por escarpadas montañas en las que rugen ríos y cascadas. En total, más de 11 000 km de costa bordean el país con el Pacífico al oeste y el Atlántico al este. Más de 40 000 yacimientos arqueológicos son testigos del pasado precolombino del país y del rico patrimonio maya y azteca. Hoy en día, más de 120 millones de personas viven en un área de casi 2 milliones km². Aparte de la moderna metrópolis de la Ciudad de México, las numerosas ciudades coloniales impresionan por su estilo histórico. Dado que los hábitats van desde el desierto y las dunas de arena en el norte hasta la selva subtropical en el sur, la naturaleza es más diversa que en cualquier otro lugar: México se encuentra entre los 17 países de la megadiversidad del planeta – con más de 200 000 especies de plantas y animales, es decir, alrededor del doce por ciento de todas las especies del mundo.

# Messico

Messico – il nome evoca associazioni di aridità e cactus, piramidi e spiagge di palme, culture dei nativi e sole cocente. La maggior parte del paese appartiene al continente nordamericano e si estende per oltre 3200 km dalla sua frontiera a nord con gli Stati Uniti, fino alla costa caraibica della penisola dello Yucatán a sud-est. L'altipiano, gigantesco e arido, che costituisce la maggior parte del paese, è attraversato da aspre montagne, fiumi e fragorose cascate. Complessivamente più di 11 000 km di costa confinano con il Pacifico a ovest e l'Atlantico a est. Più di 40 000 siti archeologici testimoniano il passato precolombiano del paese, e la ricca eredità dei Maya e degli Aztechi. Oggi più di 120 milioni di persone vivono su una superficie di due milioni km². Oltre alla metropoli moderna di Città del Messico, le numerose città coloniali impressionano per il loro fascino storico. Gli habitat naturali vanno dalle dune desertiche e sabbiose del nord alla foresta pluviale subtropicale del sud, la natura presenta diversità difficilmente eguagliabili: il Messico è uno dei 17 paesi che accoglie le maggiori biodiversità della terra, con oltre 200 000 specie di piante e animali, circa il dodici per cento di tutte le specie nel mondo.

# Mexico

Mexico – de naam roept associaties op met dorre vlakten en cactussen, piramiden en palmstranden, aan indianenculturen en een verzengende zon. Het land ligt grotendeels in Noord-Amerika en strekt zich over een afstand van 3200 km uit van de grens met de VS in het noorden tot de Caribische kust op het schiereiland Yucatán in het zuidoosten. De enorme kale hoogvlakte die het land grotendeels beslaat, wordt doorkruist door bergen vol ravijnen waarin rivieren en watervallen razen. In totaal ruim 11 000 km aan kust grenst het land af van de Grote Oceaan in het westen en de Atlantische Oceaan in het oosten. Meer dan 40 000 archeologische vindplaatsen getuigen van het precolumbiaanse verleden van het land en het rijke erfgoed van de Maya's en Azteken. Tegenwoordig wonen meer dan 120 miljoen mensen op een oppervlak van bijna twee miljoen km². Naast de moderne metropool Mexico-Stad maken de talrijke koloniale steden met hun historische flair indruk. Aangezien de leefgebieden variëren van woestijnen en zandduinen in het noorden tot subtropisch regenwoud in het zuiden, is de natuur gevarieerder dan bijna waar ook ter wereld: Mexico is een van de 17 megadiverse landen op aarde – met meer dan 200 000 planten- en diersoorten, oftewel zo'n twaalf procent van alle wereldwijd voorkomende soorten.

Cascada, Cañón del Sumidero, Chiapas
Waterfall, Sumidero Canyon, Chiapas

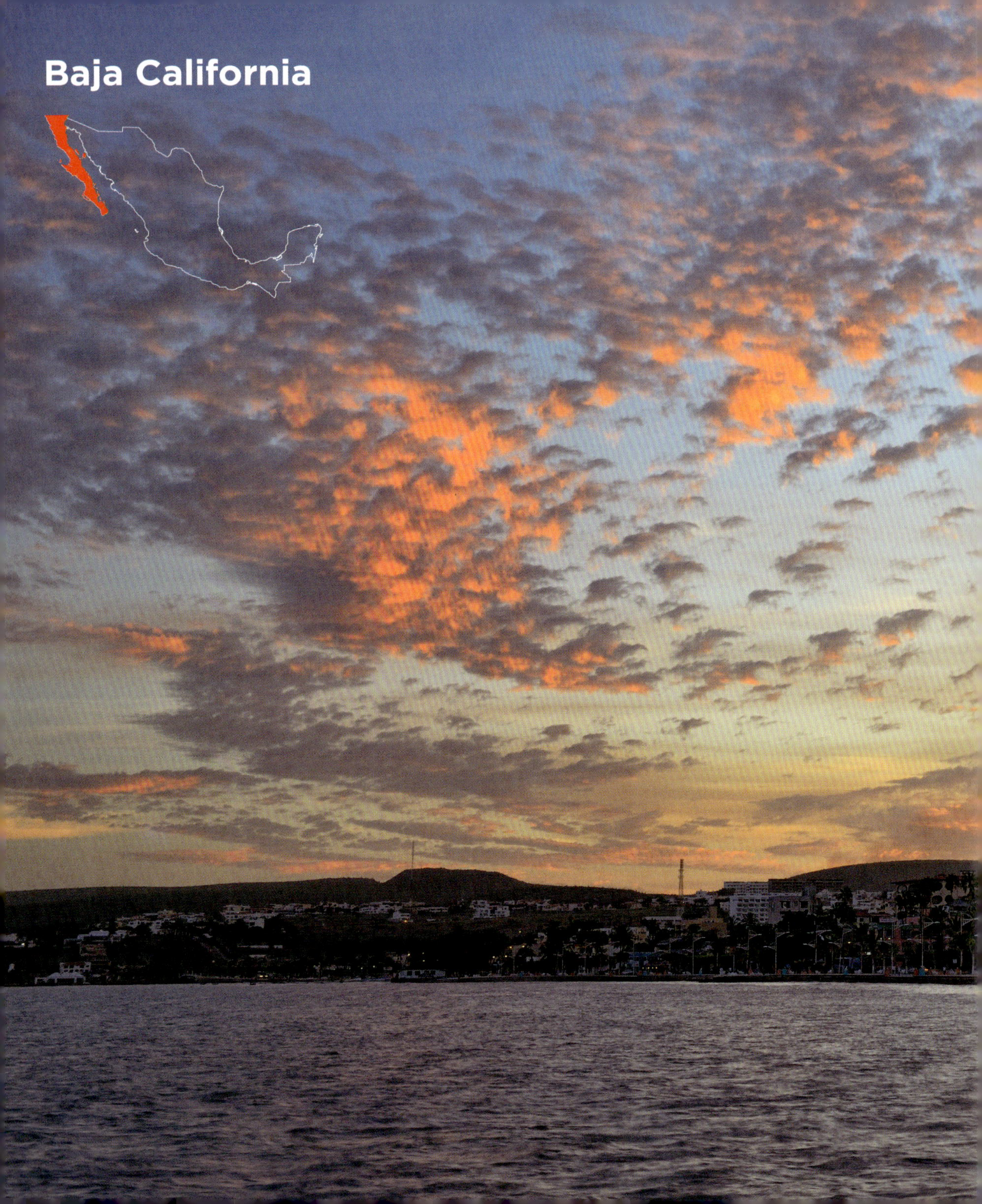
Baja California

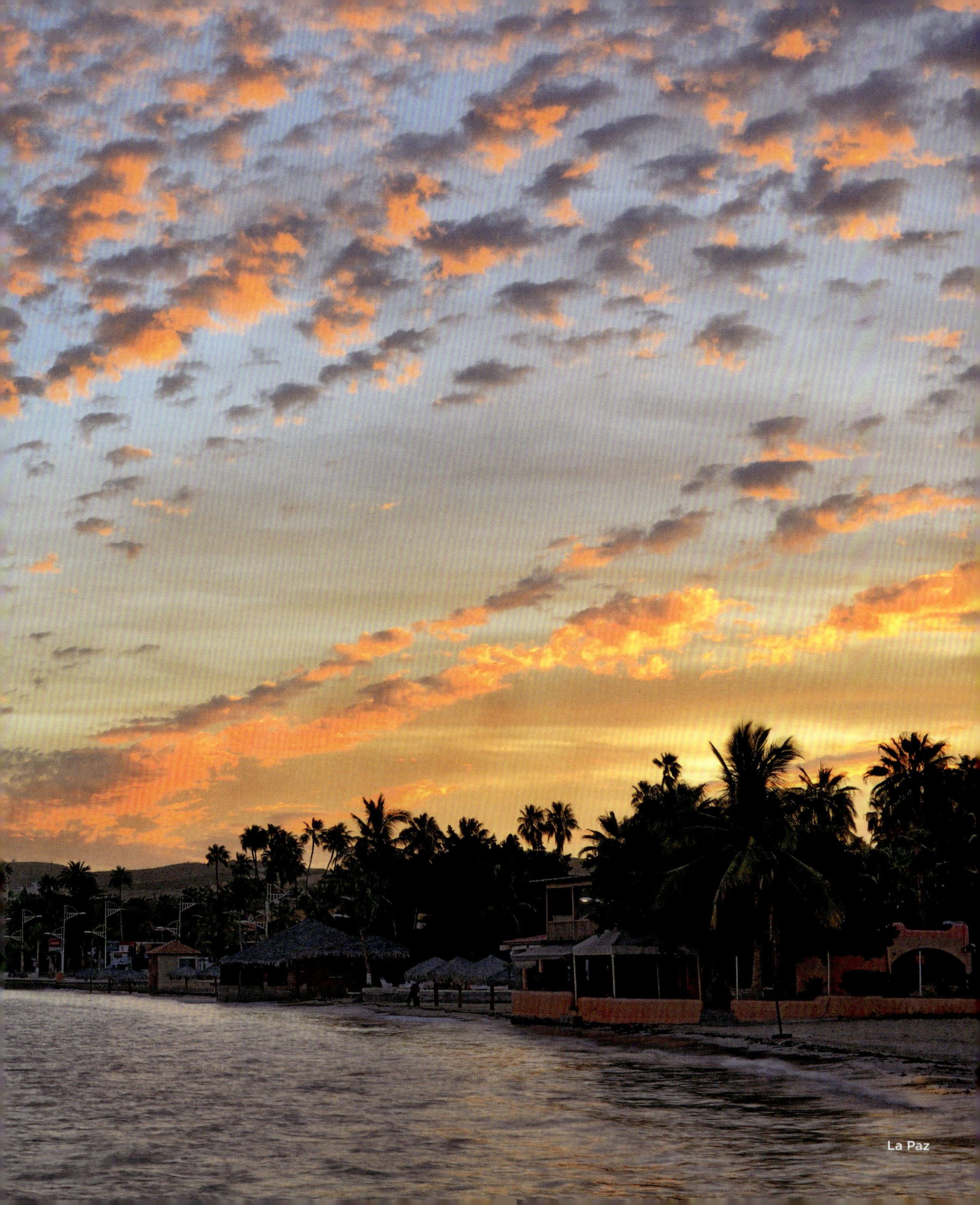

La Paz

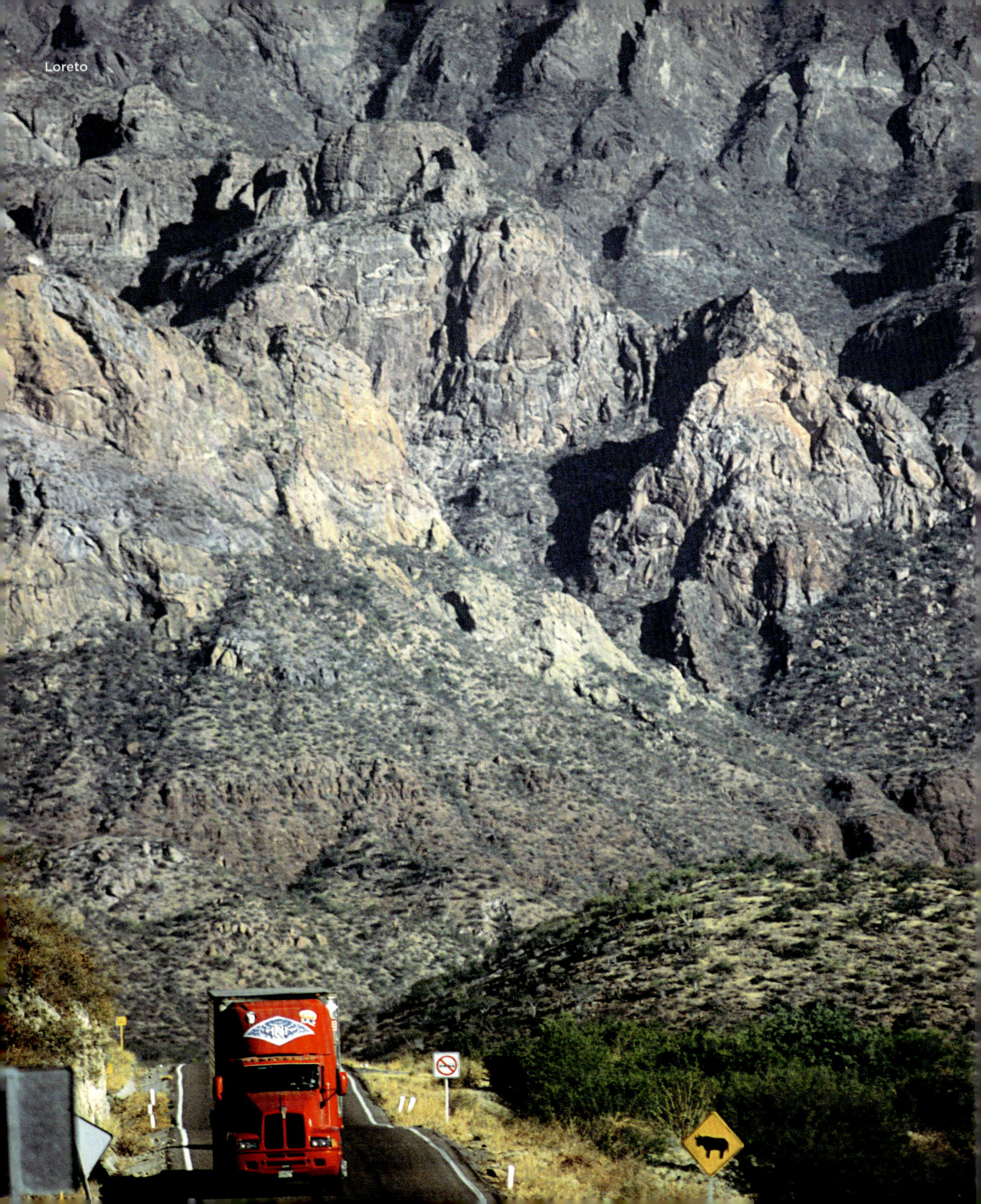

Loreto

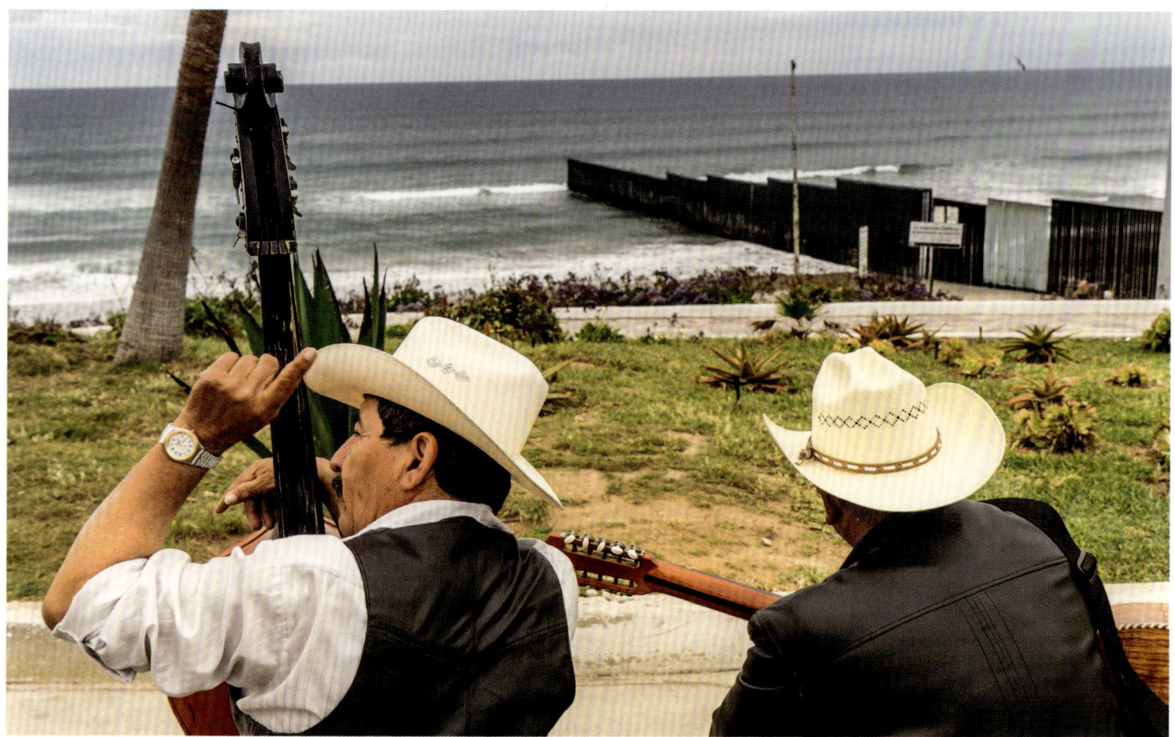

La Frontera entre México y EE.UU en Tijuana
The border wall between Mexico and USA at Tijuana

**Baja California**
The narrow peninsula of Baja California, in the northwest of Mexico, comprises the two states of Baja California and Baja California Sur and ranges from the USA border in the north, over about 1250 km (775 mi)to the south. It is only about 100 km (60 mi) wide on average and is dominated by desert-like regions where not much more thrives than cacti, intersected repeatedly by rugged rock formations, canyons, waterfalls and palm groves.

**Baja California**
La estrecha península de Baja California con los dos estados Baja California y Baja California Sur se extiende al noroeste de México desde la frontera con los EE.UU. a unos 1250 km hacia el sur. Tiene una anchura media de unos 100 km y está dominada por regiones desérticas donde no florece mucho más aparte delos cactus. Y entre ellos, formaciones rocosas escarpadas, cañones, cascadas y palmerales.

**La Basse-Californie**
La fine péninsule de Basse-Californie, constituée des deux États de Basse-Californie et Basse-Californie du Sud, se trouve au nord-ouest du Mexique. Elle part de la frontière américaine et descend environ 1250 km vers le sud. En moyenne, elle ne fait que 100 km de large, et elle est dominée par les contrées désertiques, dans lesquelles pas grand-chose ne pousse à part des cactus. Le tout parsemé de formations rocheuses abruptes, de canyons, de cascades et de palmeraies.

**Bassa California**
La stretta penisola di Bassa California si estende con i due stati Bassa California e Bassa California del Sud nel nord-ovest del Messico. Essa inizia dal confine con gli Stati Uniti e discende per circa 1250 km a sud. È larga in media solo circa 100 km ed è dominata da regioni desertiche dove non cresce molto, oltre ai cactus. Il tutto intervallato da aspre formazioni rocciose, canyon, cascate e palmeti.

**Baja California**
Die schmale Halbinsel Baja California mit den beiden Bundesstaaten Baja California und Baja California Sur zieht sich im Nordwesten Mexikos von der Grenze zu den USA über rund 1250 km nach Süden. Sie ist im Schnitt nur gut 100 km breit und wird dominiert von wüstenhaften Landstrichen, in denen nicht viel mehr gedeiht als Kakteen. Dazwischen immer wieder schroffe Felsformationen, Canyons, Wasserfälle und Palmenhaine.

**Baja California**
Het smalle schiereiland Baja California, met de twee staten Baja California en Baja California Sur, strekt zich in het noordwesten van Mexico vanaf de grens met de VS over ongeveer 1250 km uit naar het zuiden. Het is gemiddeld slechts 100 km breed en wordt gedomineerd door woestijnachtige gebieden waar niet veel meer groeit dan cactussen. Daartussen steeds weer ontoegankelijke rotsformaties, ravijnen, watervallen en bosjes palmbomen.

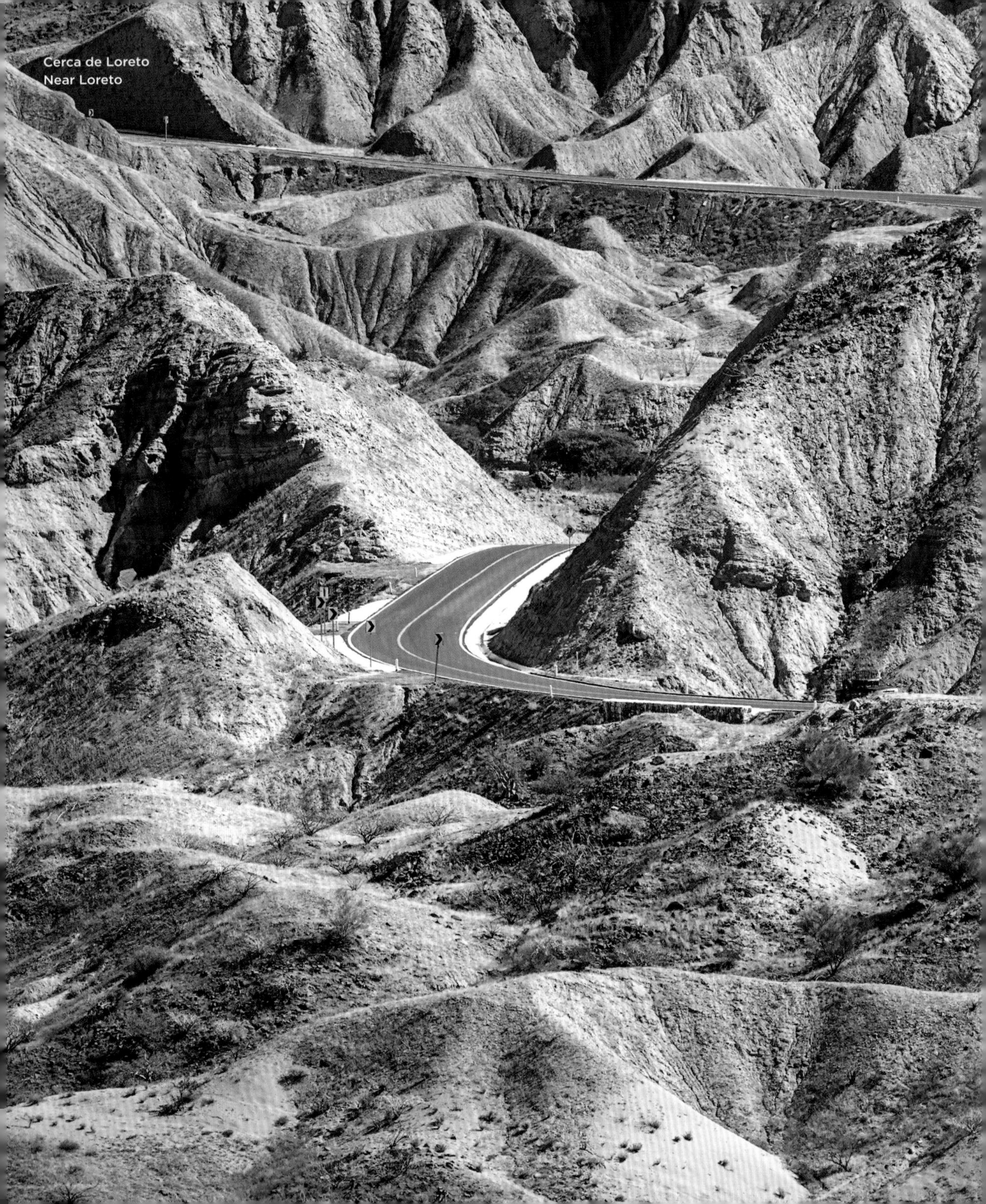

Cerca de Loreto
Near Loreto

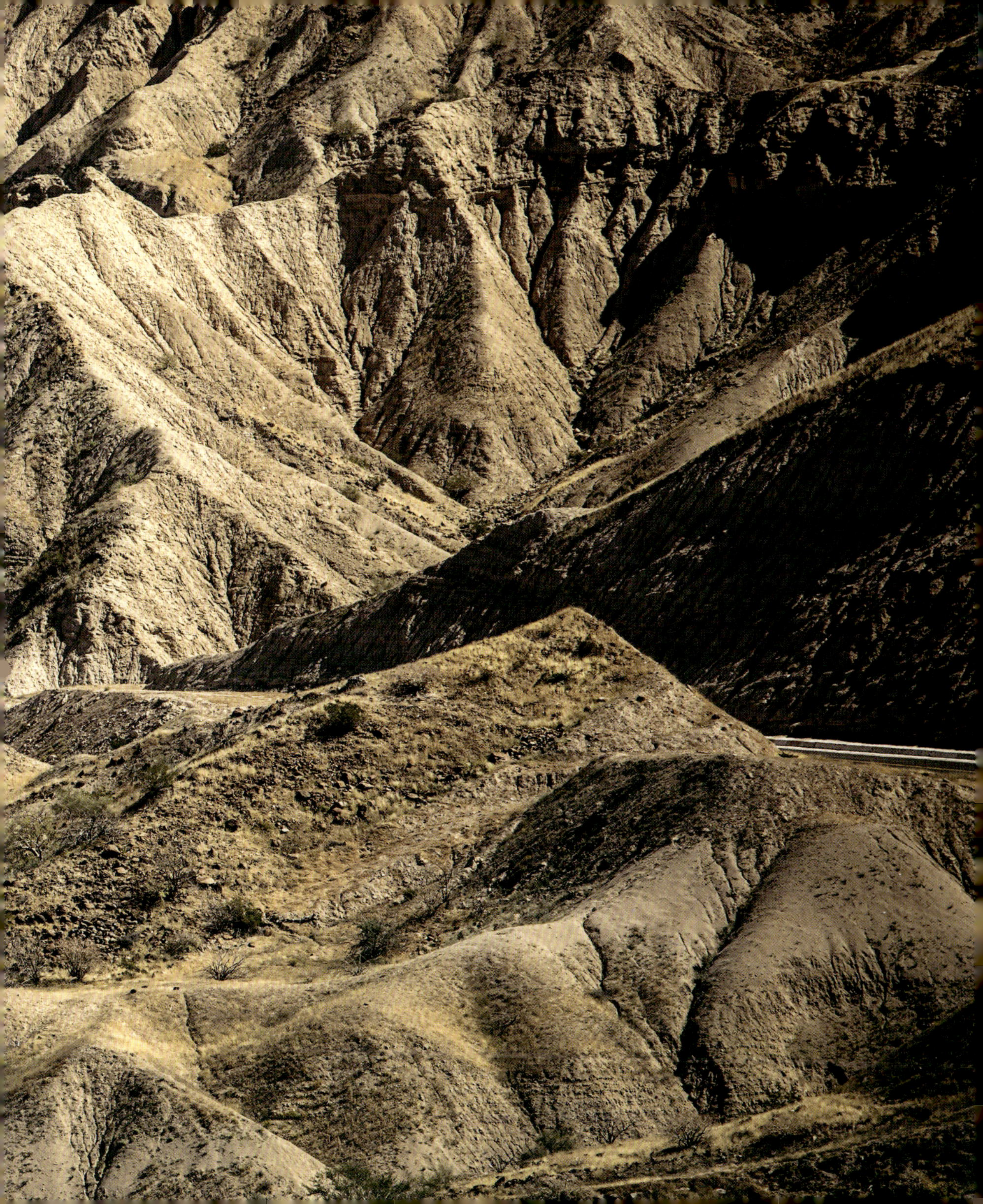

**Petroglyphs**
Prehistoric rock paintings can be found all over the Baja California peninsula. Especially impressive and amazingly well preserved are the life-size hunting scenes on the rocks of the Sierra de San Francisco, in the El Vizcaíno desert, which has been a World Heritage Site since 1993.

**Peintures rupestres**
On trouve des peintures rupestres préhistoriques sur toute la péninsule de Basse-Californie. Les deux scènes de chasse partiellement grandeur nature situées sur les rochers de la Sierra de San Francisco, dans le désert d'El Vizcaíno, sont particulièrement impressionnantes et étonnamment bien conservées, et appartiennent au patrimoine culturel de l'Unesco depuis 1993.

**Felsmalereien**
Prähistorische Felsmalereien finden sich auf der gesamten Halbinsel Baja California. Besonders beeindruckend und erstaunlich gut erhalten sind die teilweise lebensgroßen Jagdszenen auf den Felsen der Sierra de San Francisco in der Wüste El Vizcaíno, die seit 1993 zum Weltkulturerbe zählen.

**Petroglifos**
Por toda la península de Baja California se pueden encontrar pinturas rupestres prehistóricas. Especialmente impresionantes y asombrosamente bien conservadas son las escenas de caza a tamaño natural en las rocas de la Sierra de San Francisco en el desierto de El Vizcaíno, las cuales son Patrimonio de la Humanidad desde 1993.

**Pitture rupestri**
Pitture rupestri preistoriche si possono trovare in tutta la penisola di Bassa California. Particolarmente impressionanti e sorprendentemente ben conservate sono le scene di caccia a grandezza naturale dipinte sulle rocce della Sierra di San Francisco nel deserto di El Vizcaíno, appartengono dal 1993 al patrimonio culturale dell'Unesco.

**Rotstekeningen**
Prehistorische rotstekeningen zijn overal op het schiereiland Baja California te vinden. Erg indrukwekkend en verbazingwekkend goed bewaard zijn de levensgrote jachtscènes op de rotsen van de Sierra de San Francisco in het woestijnachtige natuurgebied El Vizcaíno, die sinds 1993 tot werelderfgoed worden gerekend.



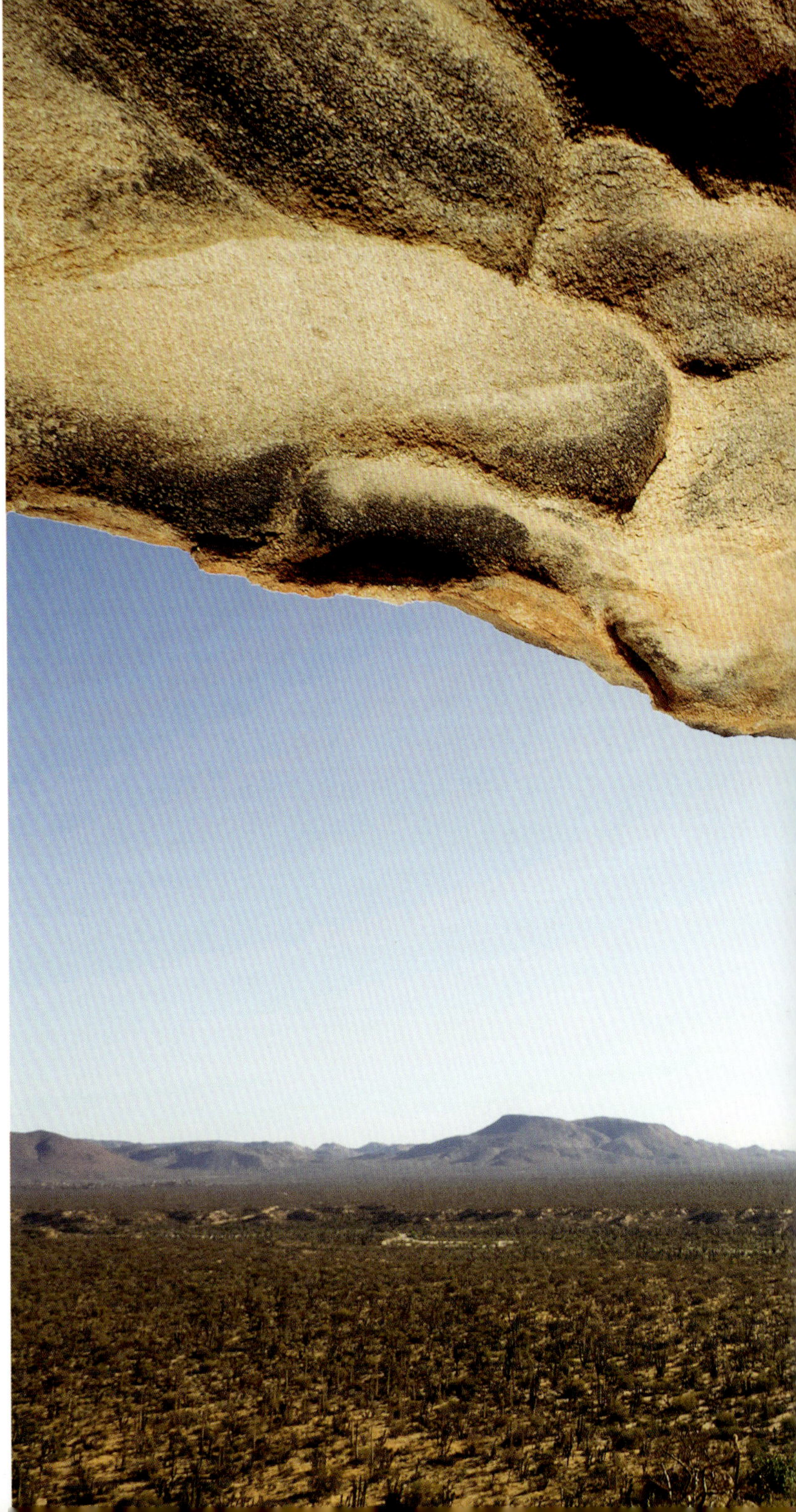

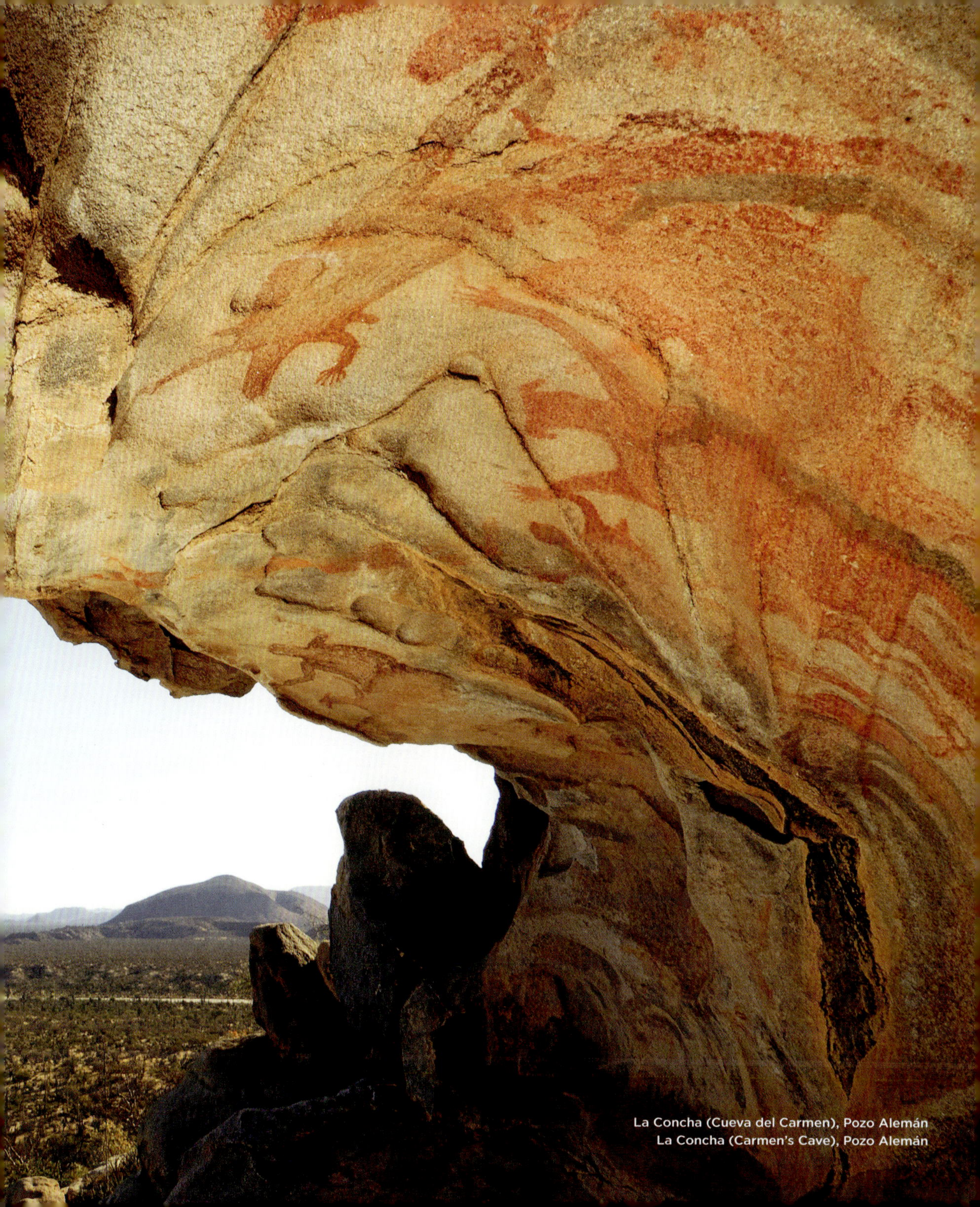
La Concha (Cueva del Carmen), Pozo Alemán
La Concha (Carmen's Cave), Pozo Alemán

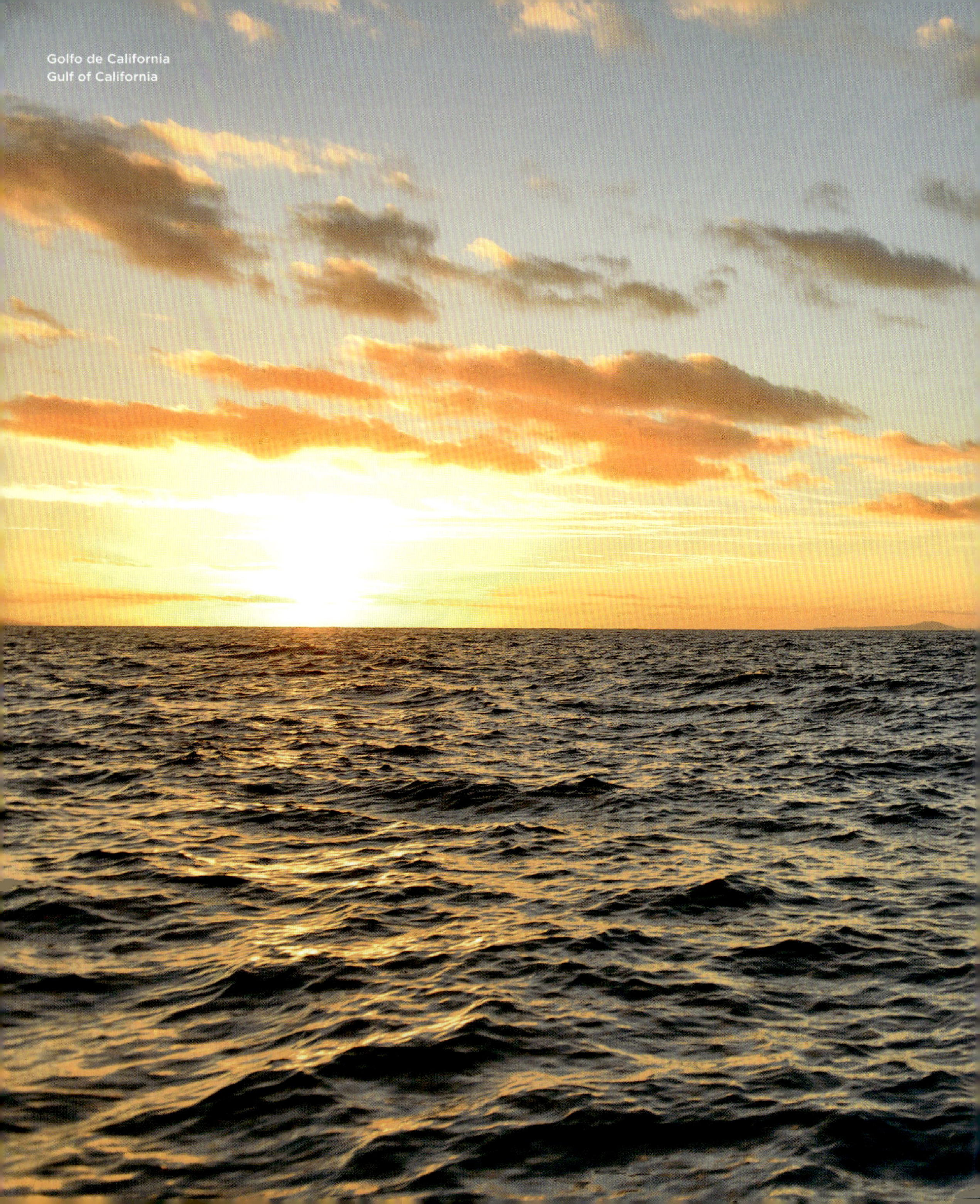
Golfo de California
Gulf of California

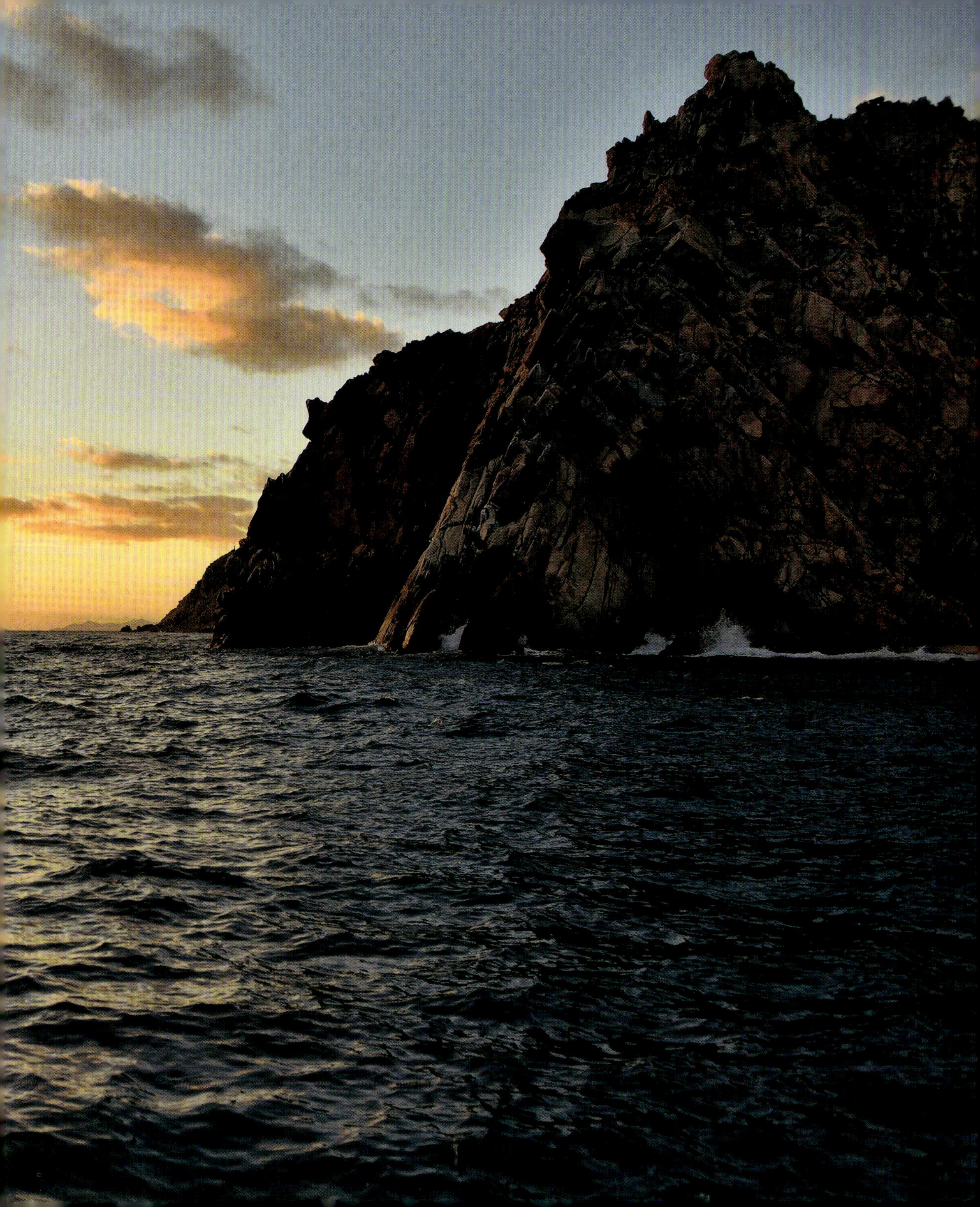

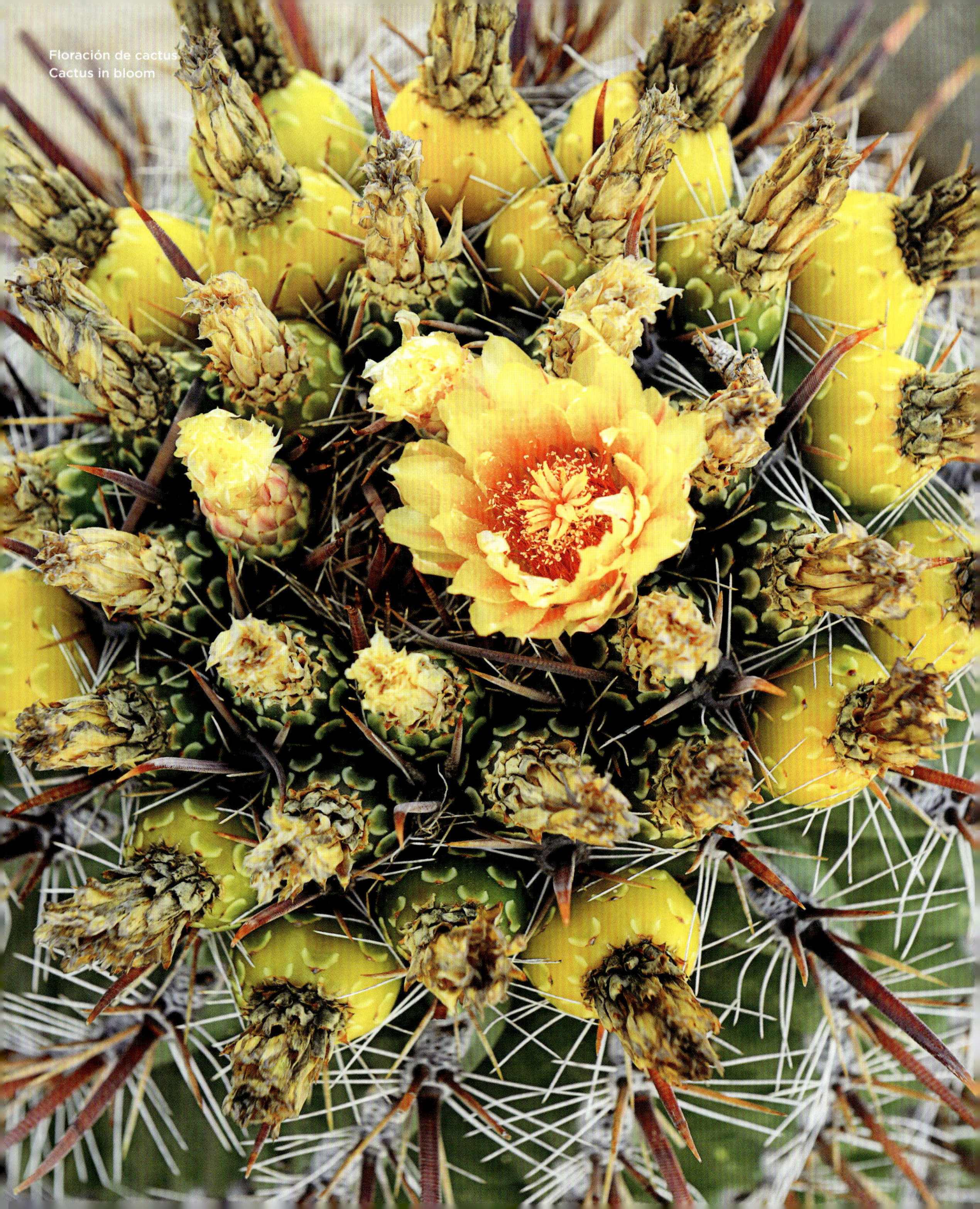
Floración de cactus
Cactus in bloom

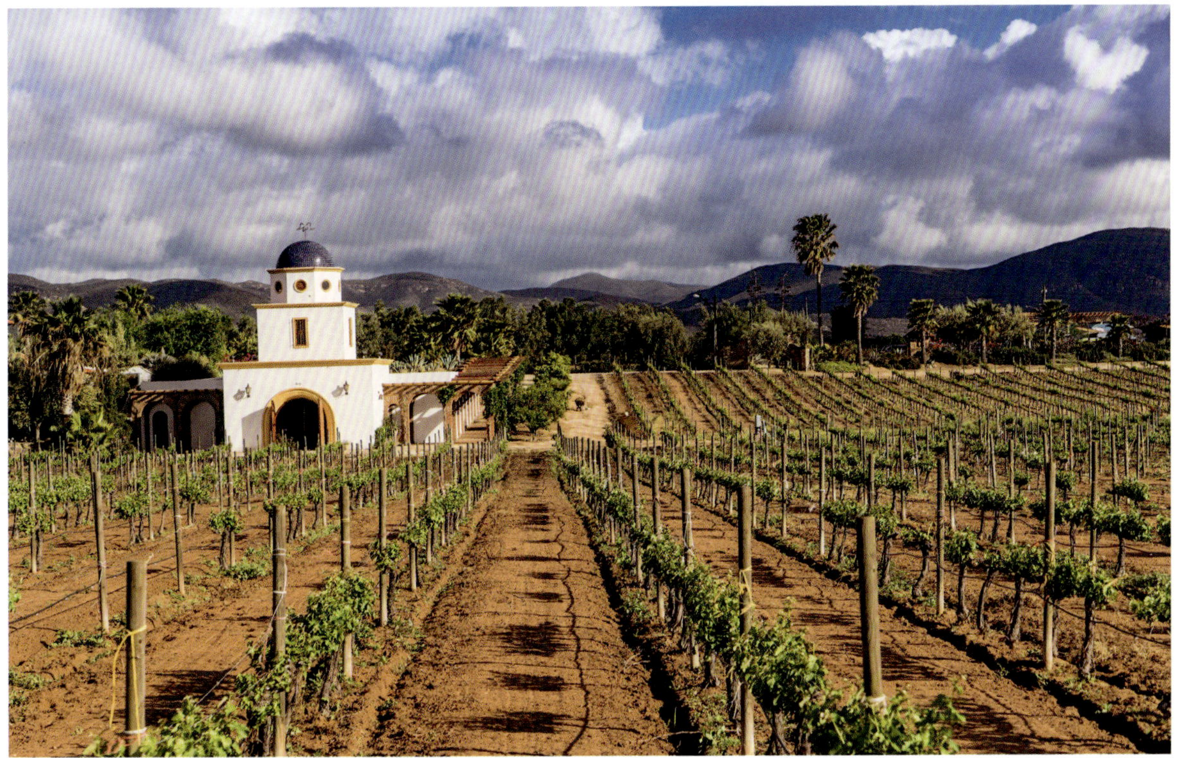

Viñedo, Valle de Guadalupe, Ensenada
Vineyard, Guadalupe Valley, Ensenada

**On the move**
About 30 million years ago the San Andreas Fault, which extends from Mexico up to the north of San Francisco in the USA, opened up in the Earth. Over time, the peninsula of today separated from the North American mainland. This movement continues, and at some point Baja California will probably be an island.

**En movimiento**
Hace unos 30 millones de años, la Falla de San Andrés, que se extiende desde México hasta el norte de San Francisco en los EE.UU., se abrió en la tierra. Con el tiempo, la península actual se separó del continente norteamericano. El movimiento continúa y en algún momento la Baja California probablemente se convertirá en una isla.

**En mouvement**
Il y a environ 30 millions d'années s'est ouverte dans le sol la faille de San Andreas, qui s'étend du Mexique jusqu'au nord de San Francisco, aux États-Unis. Au fil du temps, ce qui est aujourd'hui une péninsule s'est détaché du continent nord-américain. Ce mouvement se poursuit et, un jour, la Basse-Californie sera sans doute une île.

**In movimento**
Circa 30 milioni di anni fa, si e aperta la faglia di San Andreas, che si estende dal Messico al nord di San Francisco negli Stati Uniti. Quella che è oggi una penisola si è separata nel tempo dal continente nordamericano. Il movimento continua e un giorno Bassa California sarà senza dubbio un'isola.

**In Bewegung**
Vor etwa 30 Millionen Jahren öffnete sich in der Erde die San-Andreas-Verwerfung, die von Mexiko bis nördlich von San Francisco in den USA reicht. Mit der Zeit löste sich die heutige Halbinsel vom nordamerikanischen Festland. Die Bewegung geht weiter – und irgendwann wird Baja California wohl eine Insel sein.

**In beweging**
Zo'n 30 miljoen jaar geleden brak de San Andreasbreuk, die van Mexico tot het noorden van San Francisco in de VS loopt, open in de aarde. Gaandeweg scheidde het tegenwoordige schiereiland zich af van het Noord-Amerikaanse vasteland. De beweging gaat door en op een gegeven moment zal Baja California waarschijnlijk een eiland zijn.

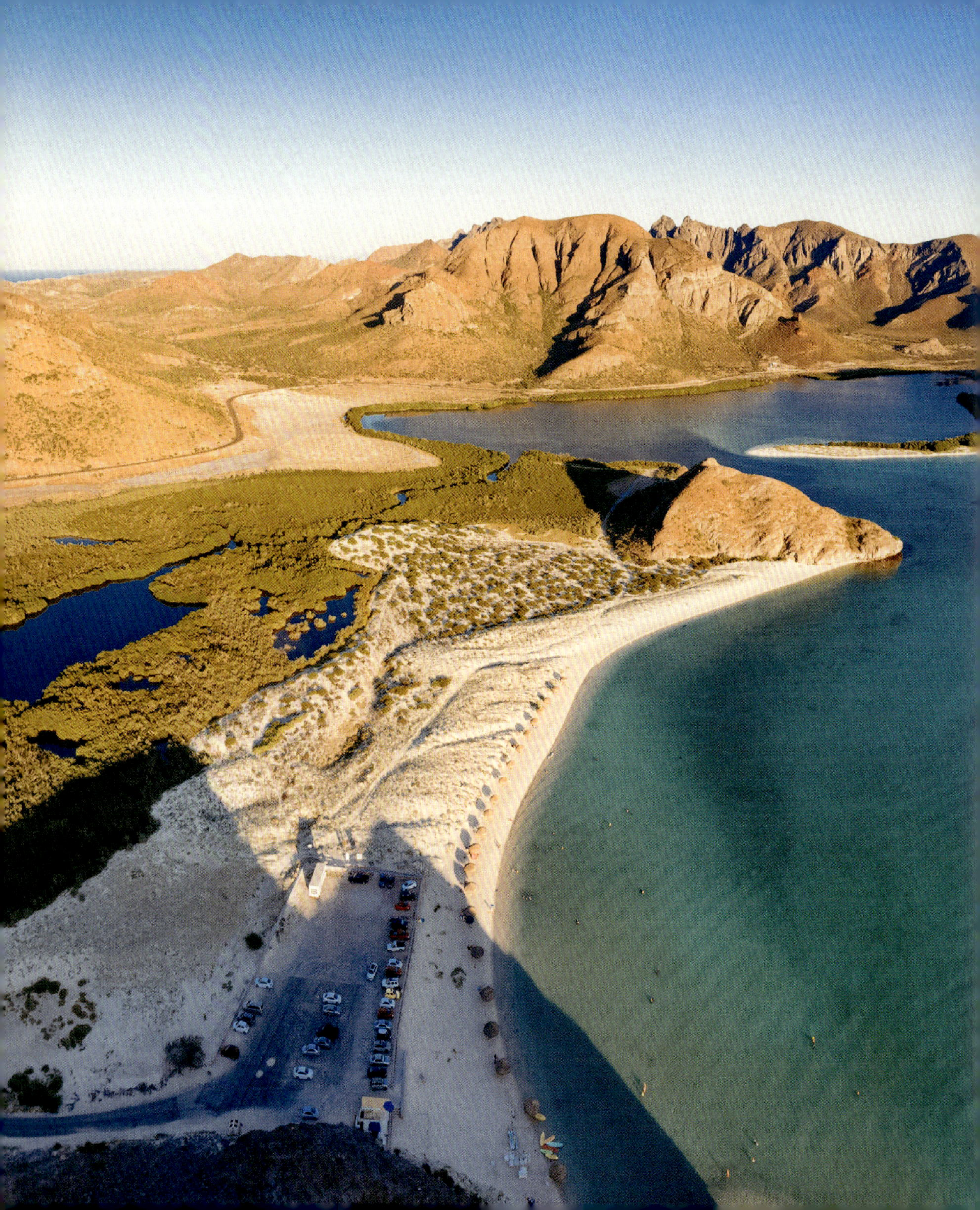

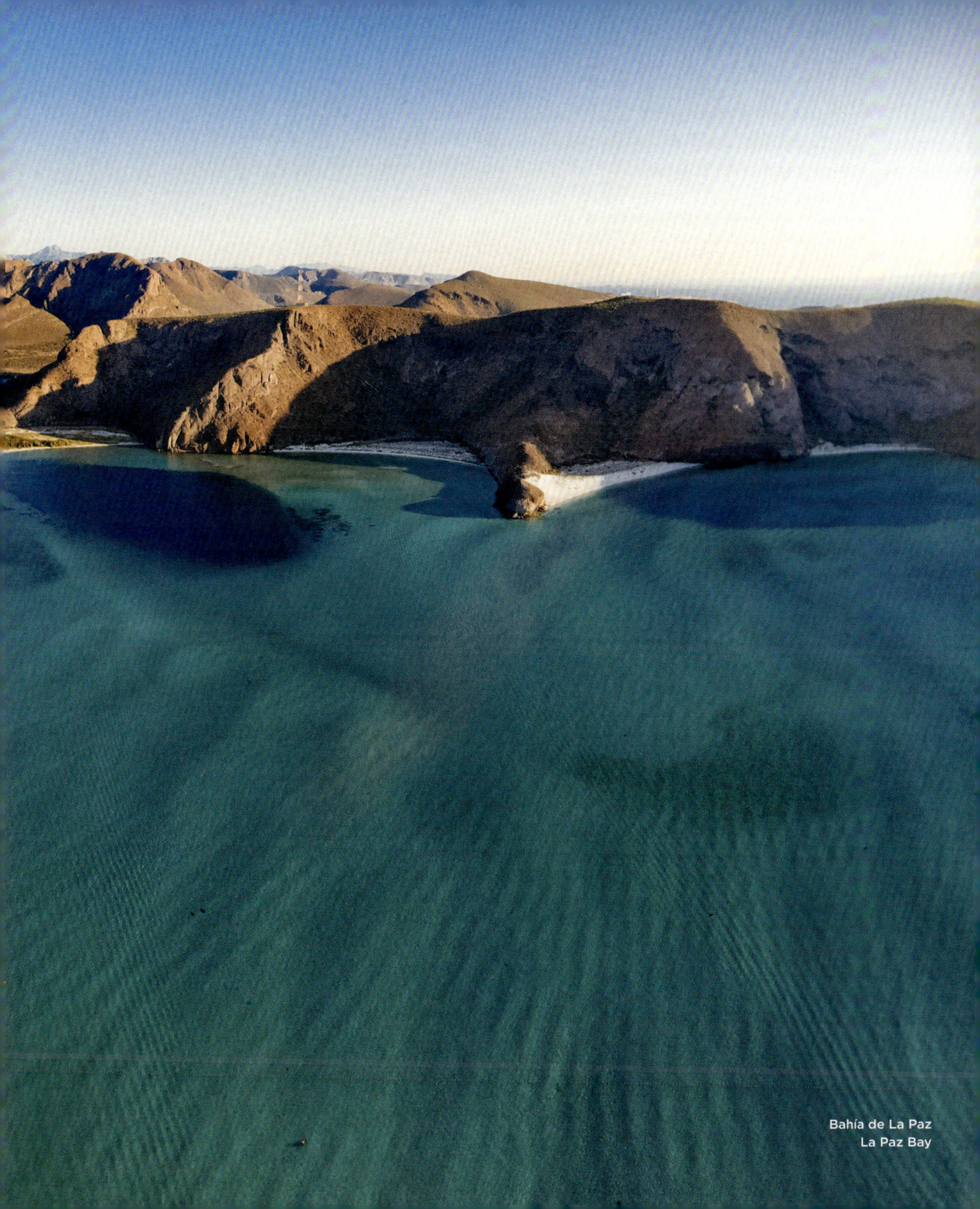

Bahía de La Paz
La Paz Bay

**Cardón Cactus**
The Cardón cacti, growing up to 19 m (63 ft) high and which characterize the landscape of Baja California, are also called "cathedrals of the wilderness". In their up to a meter (3 ft 3 in) thick trunk, the cacti can store tons of water and thus live for several hundred years.

**Les cactus Cardón**
Les cactus Pachycereus pringlei, parfois surnommés « cathédrales sauvages », peuvent atteindre jusqu'à 19 m de haut et sont caractéristiques des paysages de Basse-Californie. Avec leur tronc pouvant aller jusqu'à un mètre, ces cactus emmagasinent des milliers de litres d'eau et peuvent vivre quelques siècles.

**Cardón Kaktus**
„Kathedralen der Wildnis" werden die bis zu 19 m hohen Cardón-Kakteen auch genannt, die das Landschaftsbild der Baja California prägen. In ihrem bis zu einem Meter dicken Stamm können die Kakteen tausende Liter Wasser speichern und so einige Hundert Jahre alt werden.

**Cactus Cardón**
Los cactus Cardón, de hasta 19 m de altura, que caracterizan el paisaje de la Baja California, también son conocidos como "catedrales del desierto". En su tronco de hasta un metro de grosor, los cactus pueden almacenar miles de litros de agua y así vivir varios cientos de años.

**Cactus Cardón**
Le cactus Cardón, alte fino a 19 m, che caratterizzano il paesaggio di Bassa California, sono chiamate anche "cattedrali della natura selvaggia". Nel loro tronco spesso fino a un metro, i cactus possono immagazzinare migliaia di litri d'acqua e vivere secoli.

**Pachycereuscactus**
De soms wel 19 m hoge cactussen van het geslacht Pachycereus kenmerken het landschap van Baja California. Ze worden ook wel 'kathedralen van de wildernis' genoemd. In hun tot een meter dikke stam kunnen de cactussen duizenden liters water opslaan en daardoor enkele eeuwen oud worden.



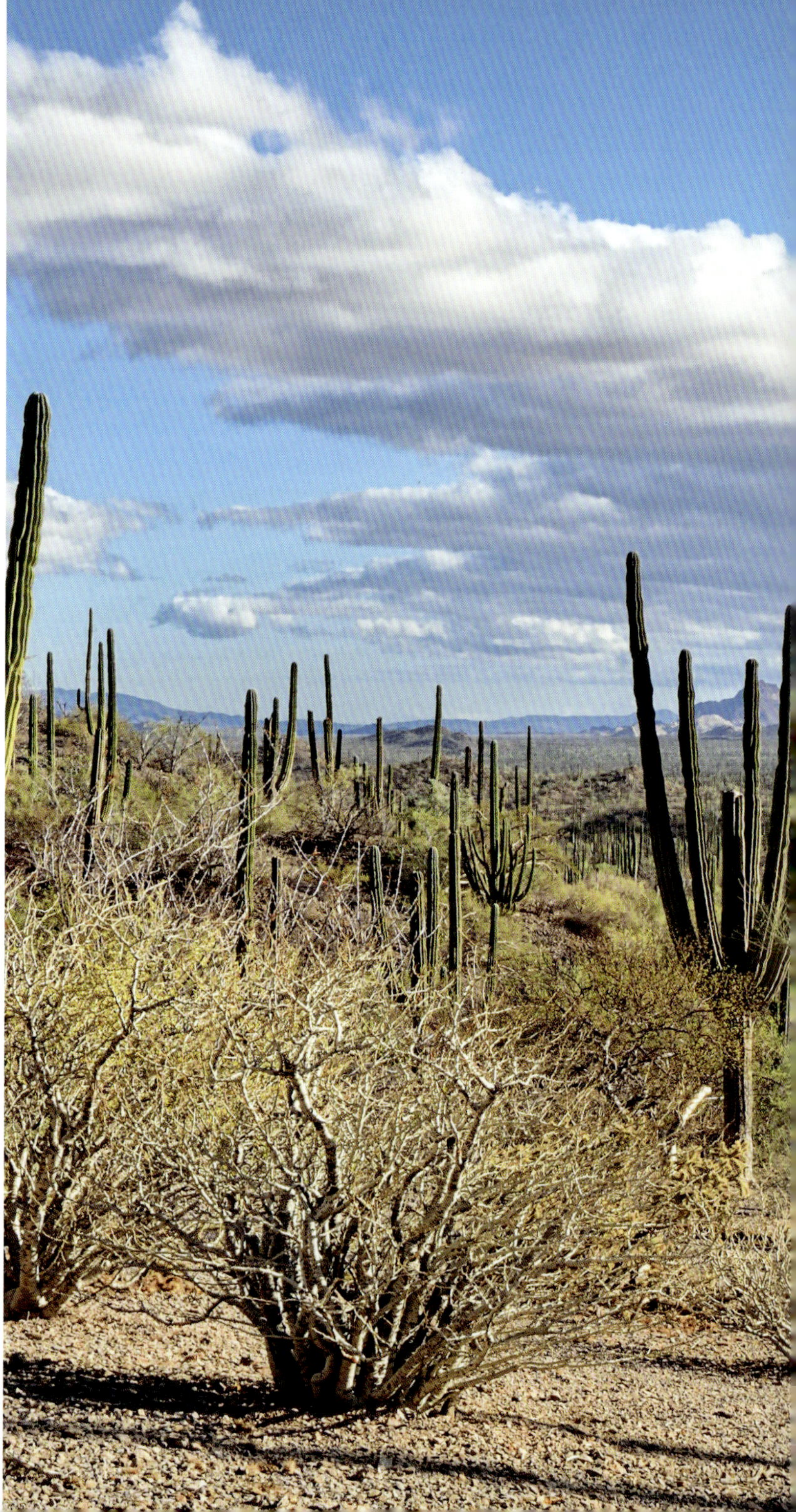

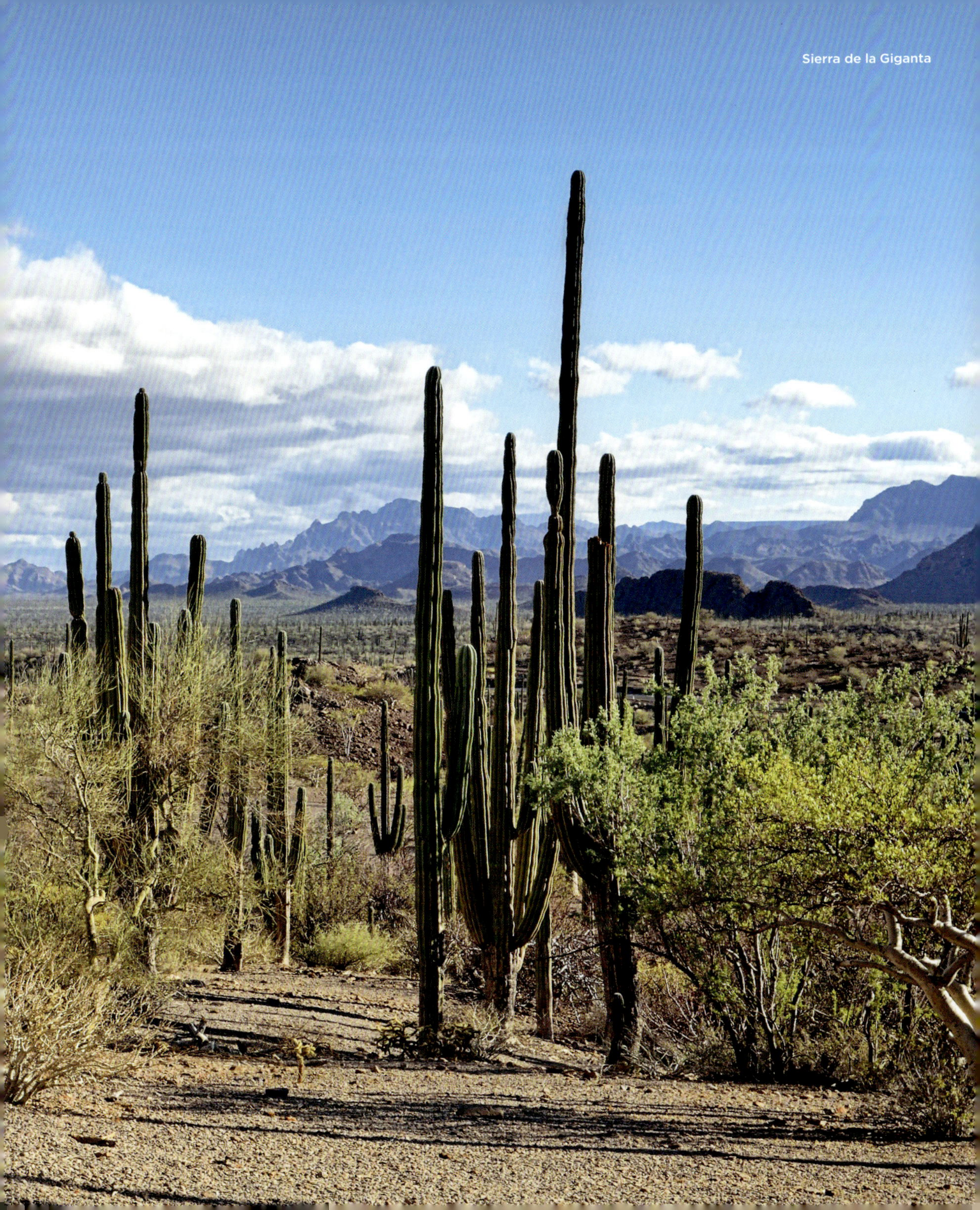
Sierra de la Giganta

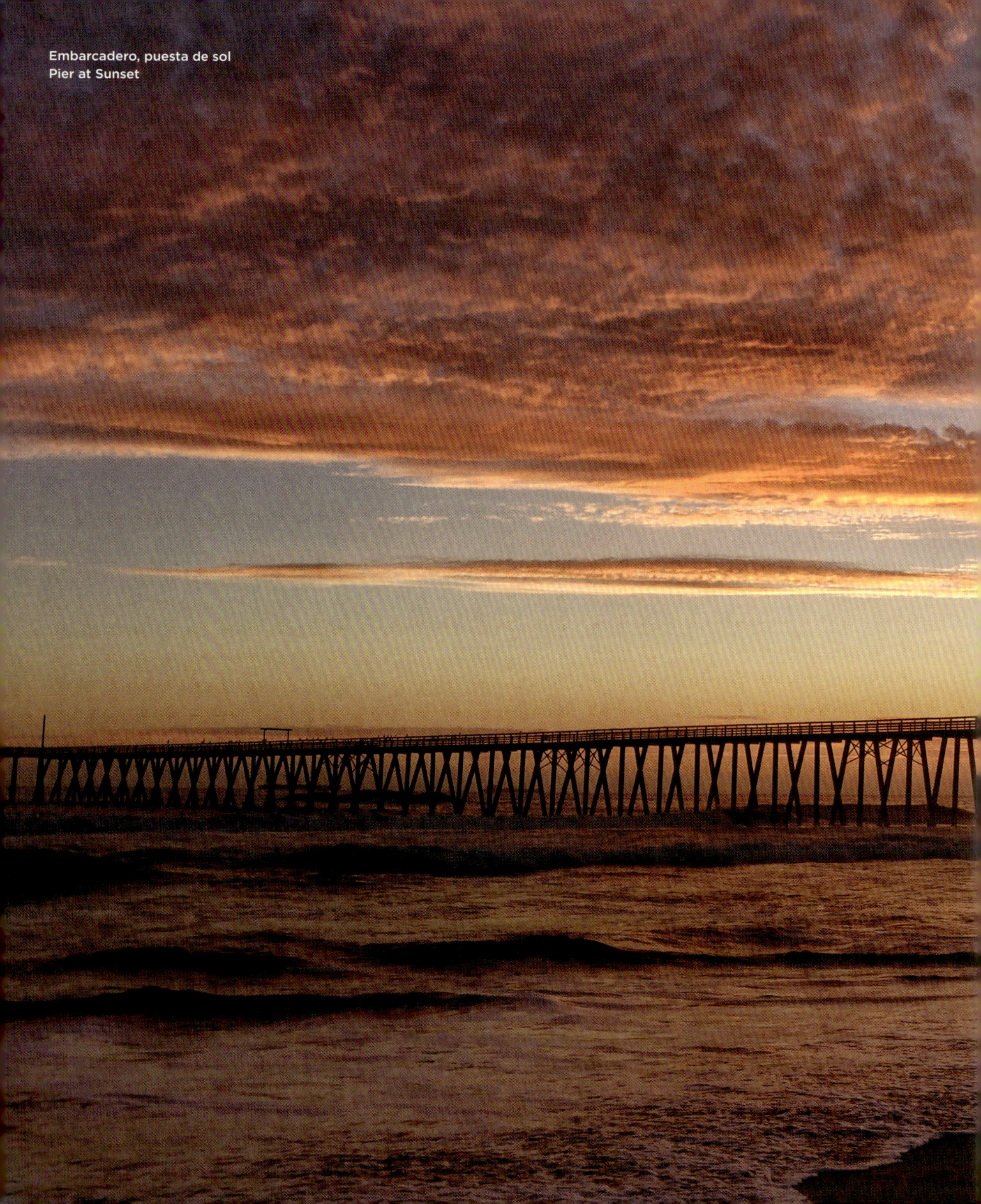
Embarcadero, puesta de sol
Pier at Sunset

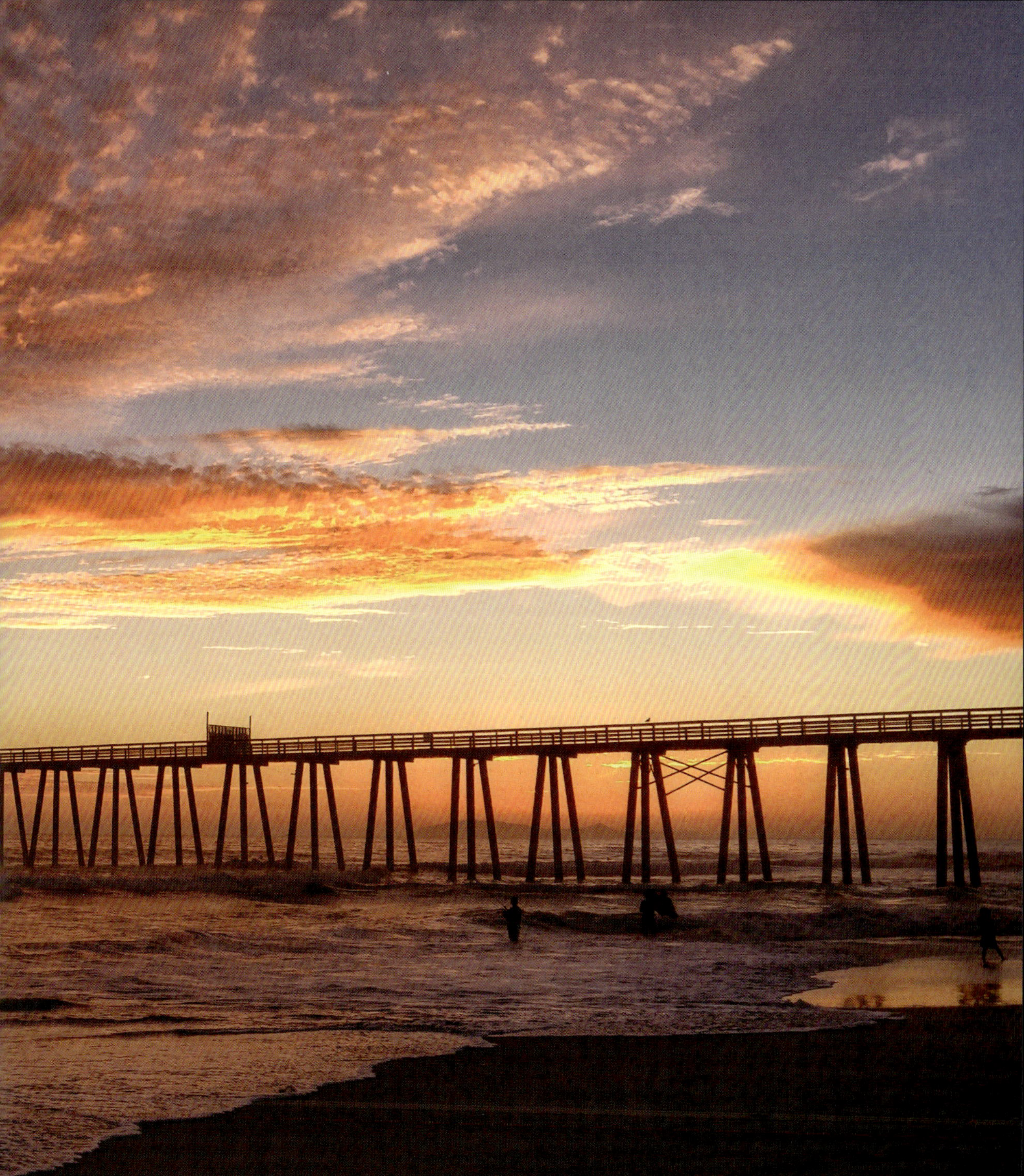

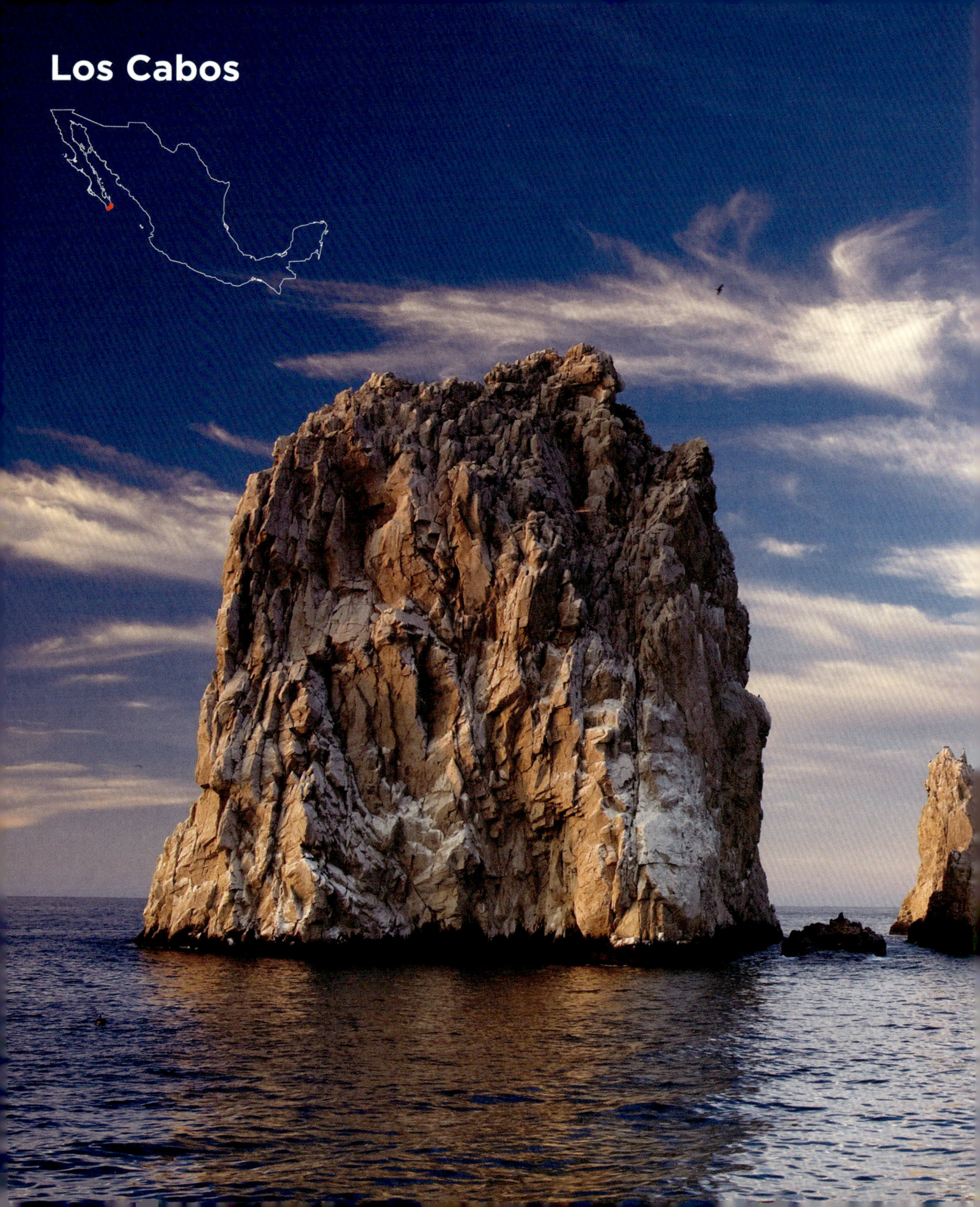
Los Cabos

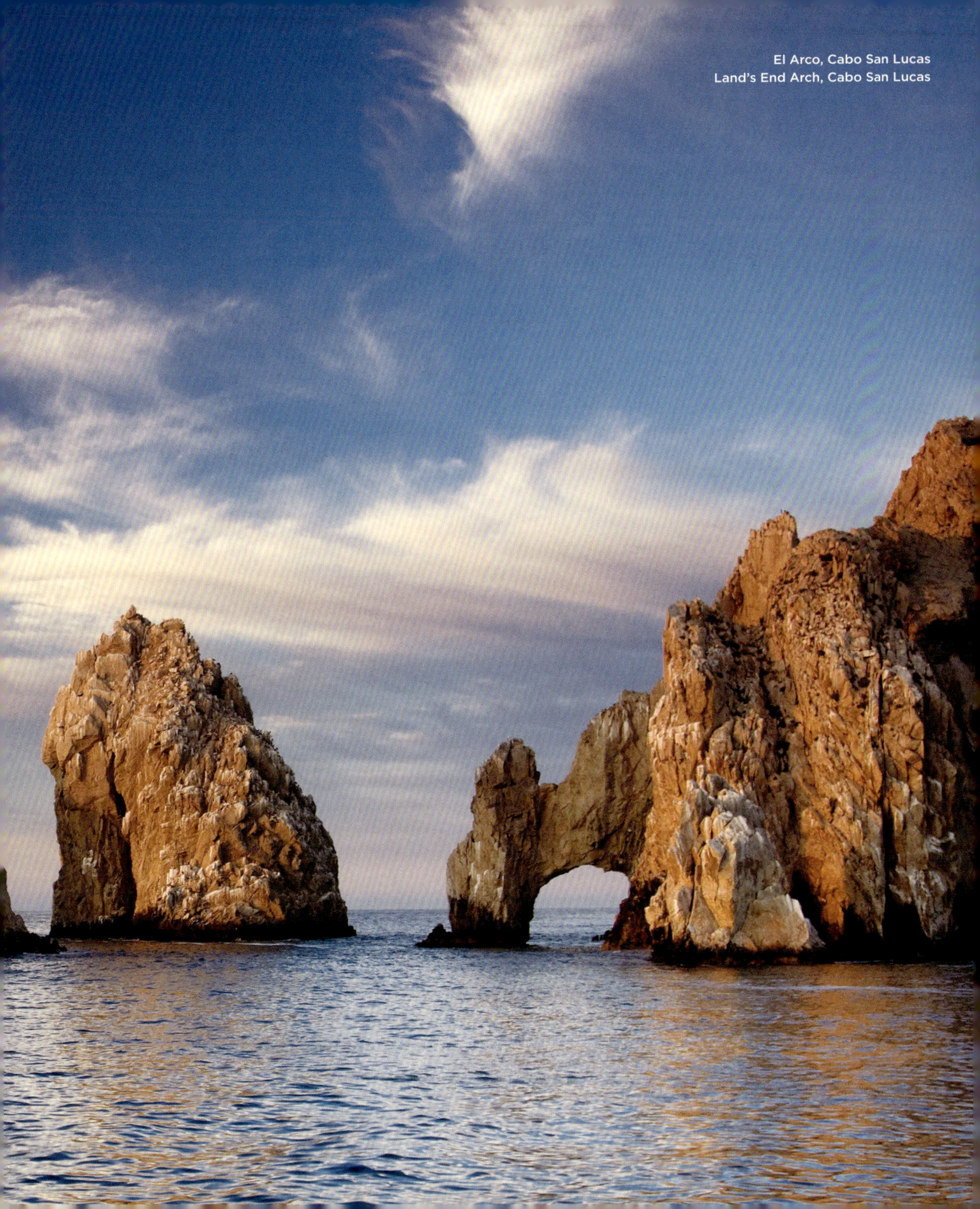

El Arco, Cabo San Lucas
Land's End Arch, Cabo San Lucas

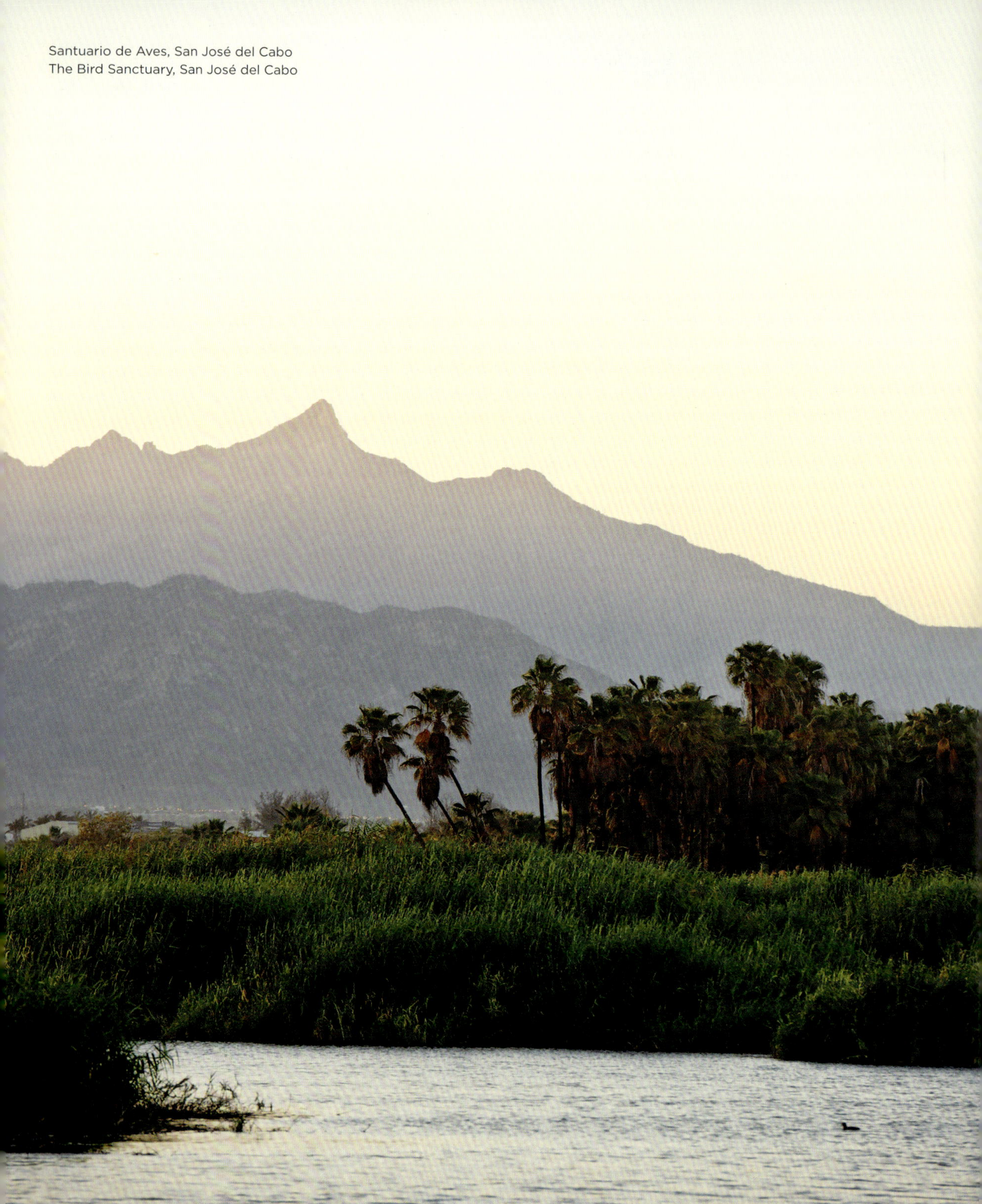

Santuario de Aves, San José del Cabo
The Bird Sanctuary, San José del Cabo

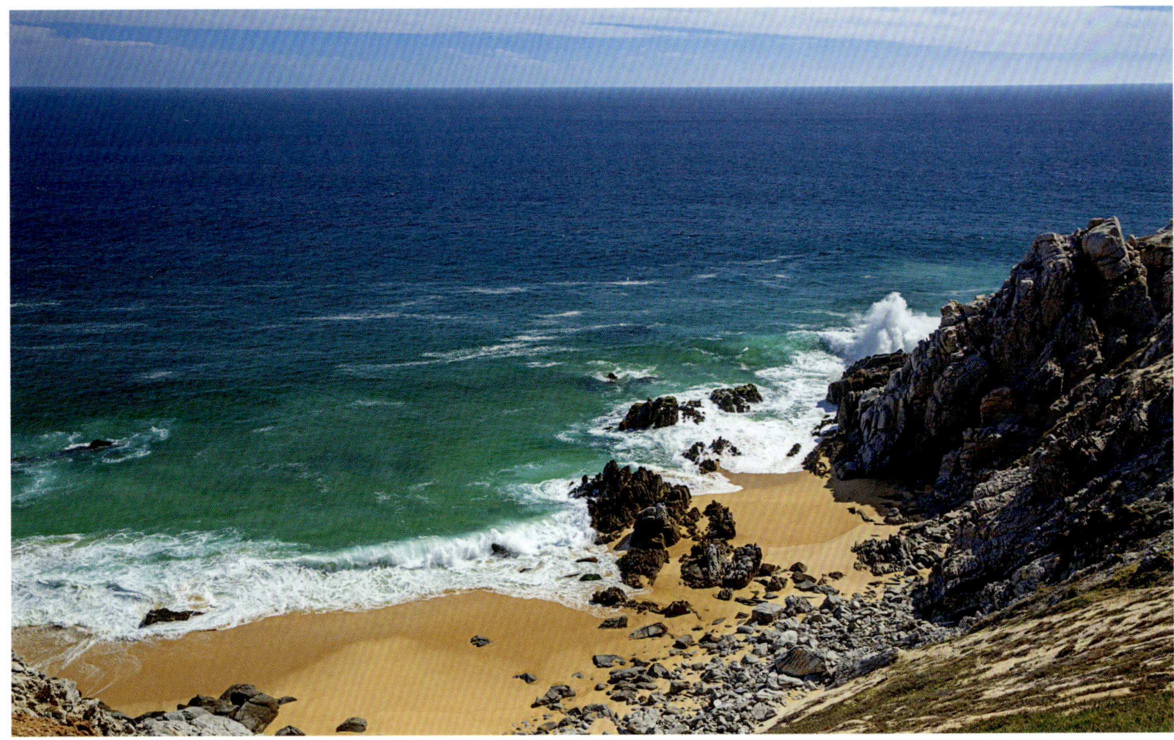

Playa cerca de Cabo San Lucas
Beach near Cabo San Lucas

**Los Cabos**
The southernmost community of Baja California Sur is a dream destination for sun worshippers and beach lovers. The treasures of nature lie in its rugged rock formations, cactus-clad desert landscapes and an extremely rich underwater world, where the Gulf of California and the Pacific meet. At the extreme tip, the Mexican "Lands End", the famous rock arch of El Arco rises out of the sea.

**Los Cabos**
La commune méridionale de l'État de Basse-Californie du Sud est la destination rêvée pour les amoureux de soleil et de plage. La nature offre ses trésors sous la forme de formations rocheuses escarpées, de paysages désertiques émaillés de cactus et d'un monde sous-marin extrêmement riche, là où le golfe de Californie rencontre le Pacifique. À l'extrême pointe de la péninsule, les célèbres rochers d'El Arco se dressent au-dessus de la mer.

**Los Cabos**
Die südlichste Gemeinde des Bundesstaates Baja California Sur ist ein Traumziel für Sonnenanbeter und Strandliebhaber. Die Schätze der Natur liegen in zerklüfteten Felsformationen, kakteenbestandenen Wüstenlandschaften und einer extrem reichen Unterwasserwelt, wo der Golf von Kalifornien und der Pazifik sich treffen. Am äußersten Zipfel, dem mexikanischen „Lands End", ragt der berühmte Felsbogen El Arco aus dem Meer.

**Los Cabos**
La comunidad más austral de la Baja California Sur es un destino de ensueño para los amantes del sol y de la playa. Los tesoros de la naturaleza se encuentran en formaciones rocosas escarpadas, paisajes desérticos cubiertos de cactus y un mundo submarino extremadamente rico, donde se encuentran el Golfo de California y el Pacífico. En el punto extremo, o el "Lands End" mexicano, el famoso arco de roca El Arco se emerge desde el mar.

**Los Cabos**
La regione più meridionale di Bassa California del Sud è una destinazione da sogno per gli amanti del sole e della spiaggia. Là, dove si incontrano il Golfo di California e il Pacifico, la natura offre i suoi tesori di aspre formazioni rocciose, paesaggi desertici ricoperti di cactus e un mondo sottomarino estremamente ricco. All'estremo confine della penisola sorgono dal mare la famosa roccia di El Arco.

**Los Cabos**
De zuidelijkste gemeente van Baja California Sur is een droombestemming voor zonaanbidders en strandliefhebbers. De natuurschatten bestaan uit ruige rotsformaties, met cactussen begroeide woestijnlandschappen en een uiterst rijke onderwaterwereld, waar de Golf van Californië en de Grote Oceaan elkaar ontmoeten. Bij het uiterste puntje, het Mexicaanse 'land's end', rijst de beroemde rotsboog El Arco op uit zee.

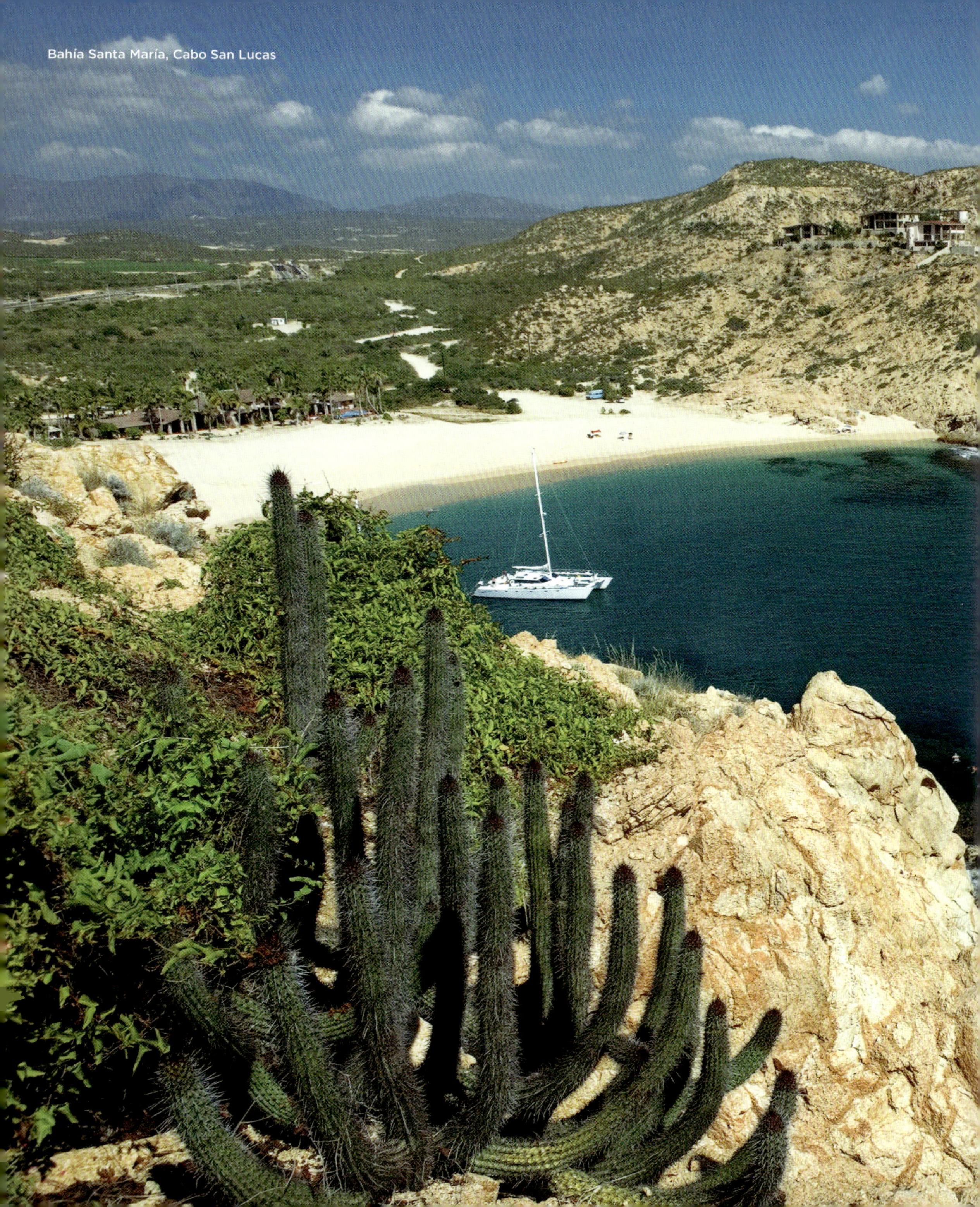
Bahía Santa María, Cabo San Lucas

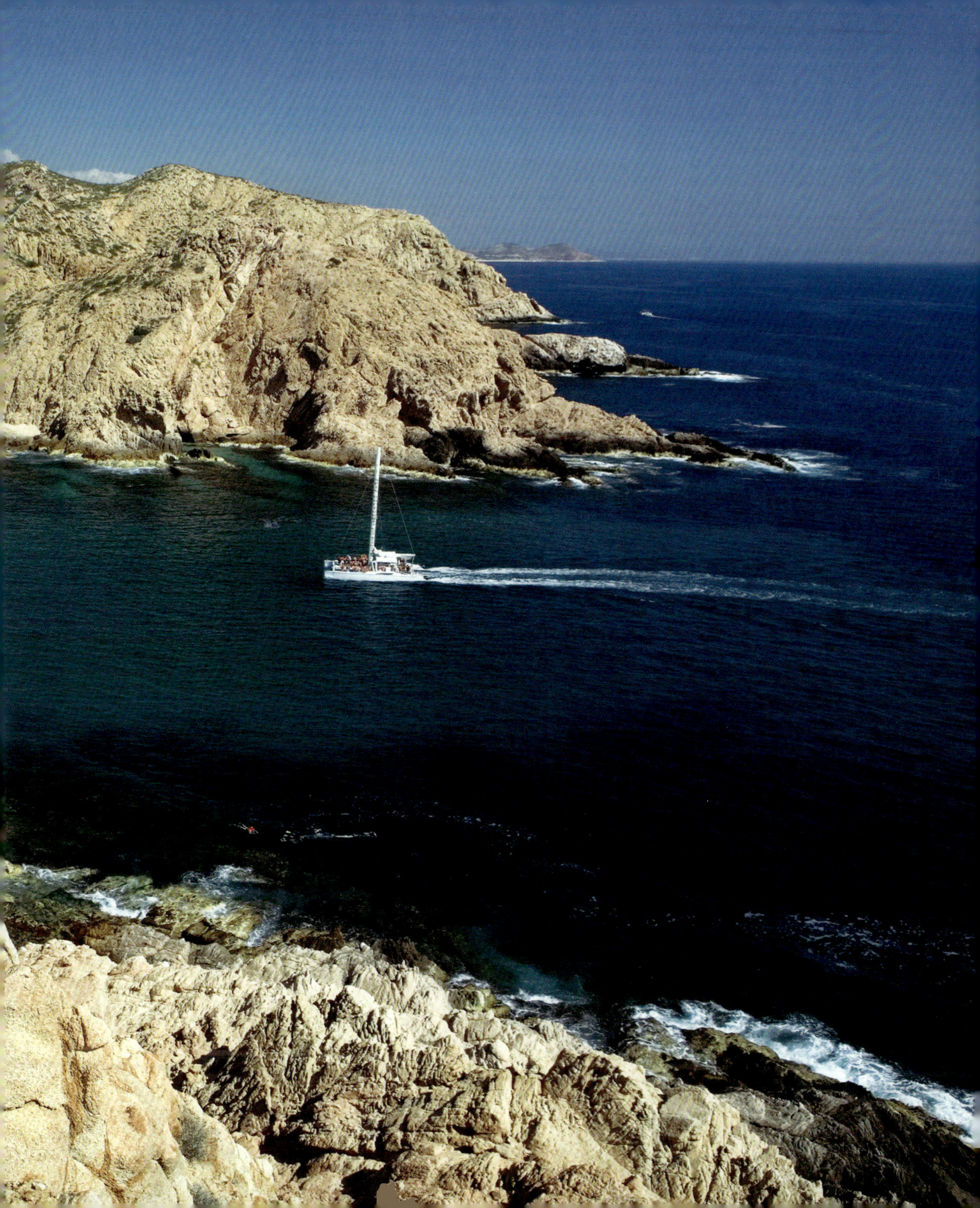

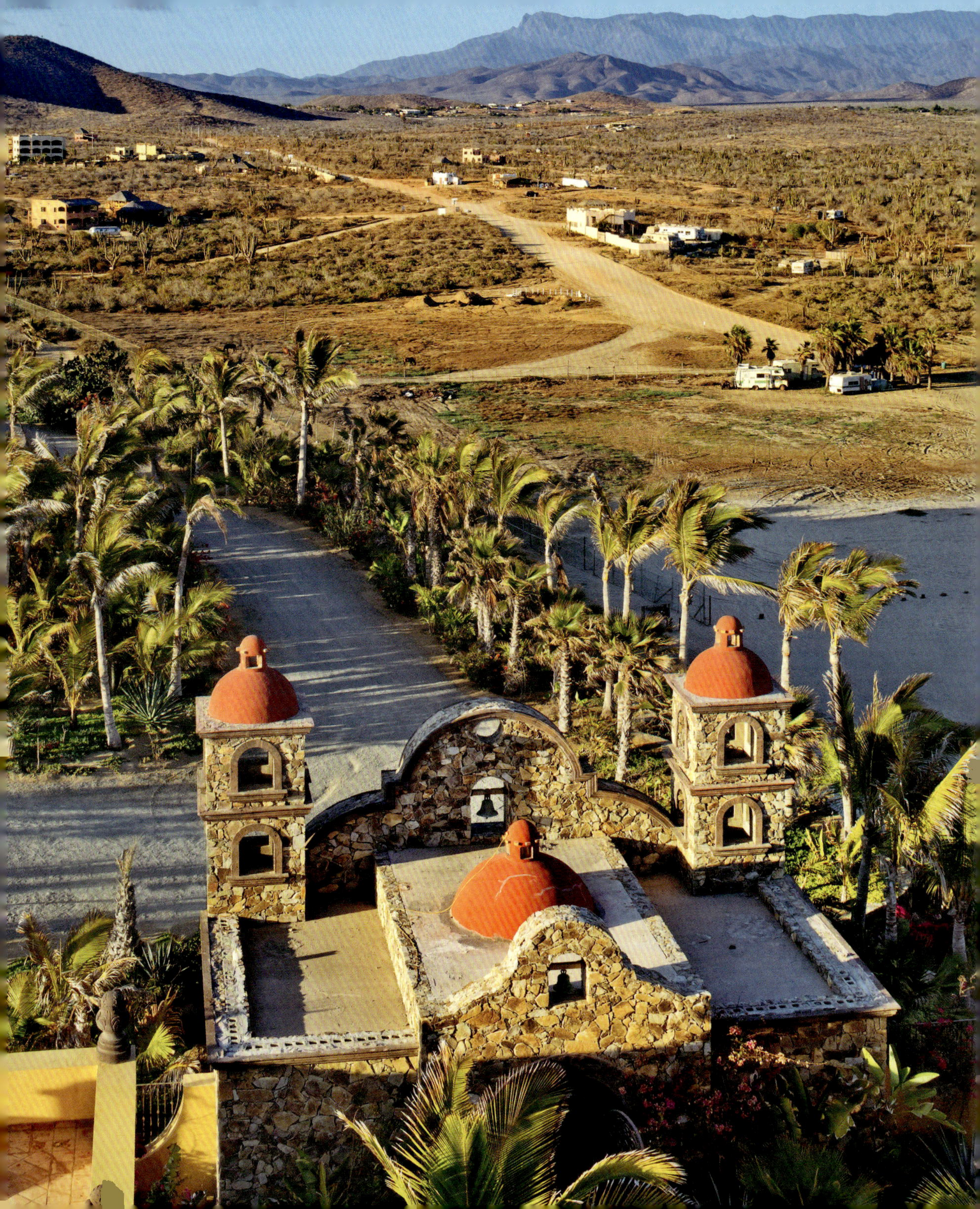

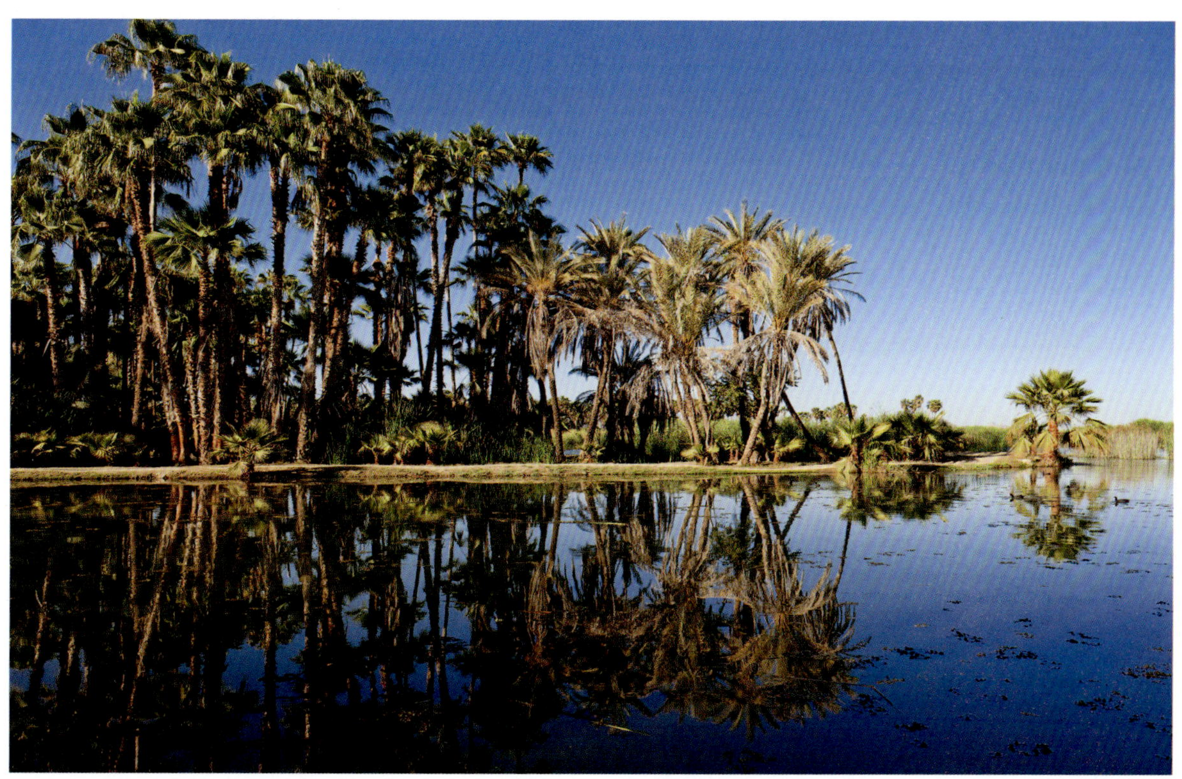

Santuario de Aves, San José del Cabo
The Bird Sanctuary, San José del Cabo

Hotel Hacienda Cerritos, Todos Santos

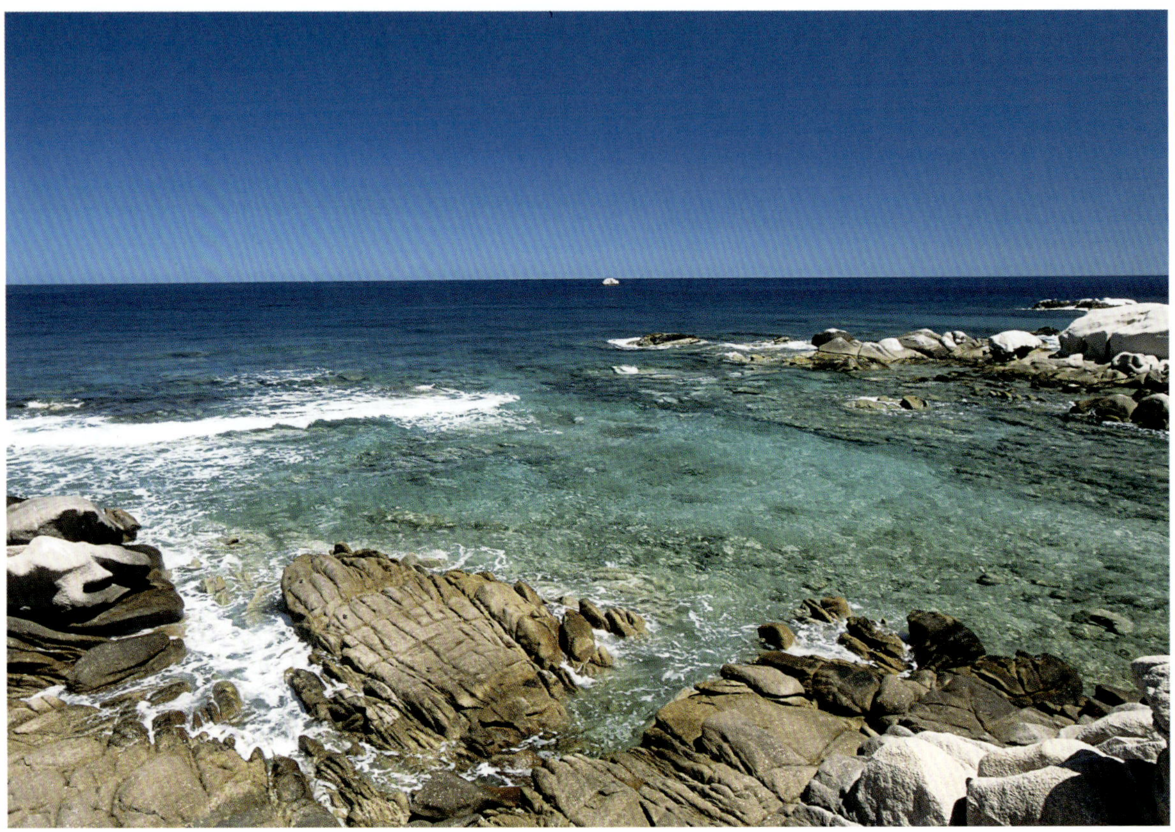

Golfo de California
Gulf of California

**Cabo Pulmo National Park**
The National Park on the south-eastern tip of the peninsula is home to the only living coral reef on the North American Pacific coast. Amongst others, devil and eagle rays, dolphins, sea lions and a variety of bird species live here.

**Le parc national de Cabo Pulmo**
Ce parc national situé à la pointe sud-est de la péninsule abrite le seul récif de corail vivant de la côte pacifique nord-américaine. On y trouve, entre autres, plusieurs types de raies, des dauphins, des otaries et différentes espèces d'oiseaux.

**Nationalpark Cabo Pulmo**
Der Nationalpark am südöstlichen Zipfel der Halbinsel beherbergt das einzige lebende Korallenriff der nordamerikanischen Pazifikküste. Hier leben unter anderem Teufels- und Adlerrochen, Delfine, Seelöwen und verschiedene Vogelarten.

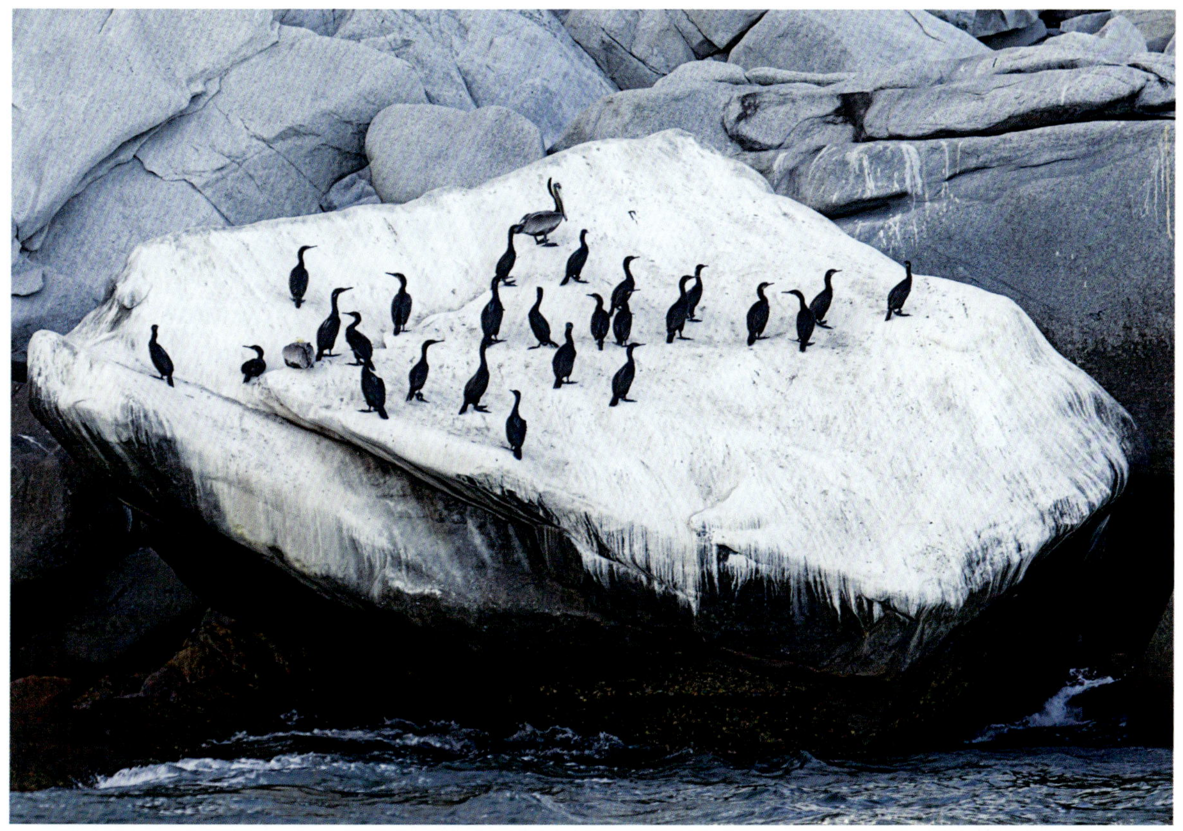

Parque Nacional Cabo Pulmo
Cabo Pulmo National Marine Park

**Parque Nacional Cabo Pulmo**
El Parque Nacional en el extremo sudeste de la península es el único arrecife de coral vivo en la costa pacífica de América del Norte. Entre otras especies, aquí viven mantas y rayas águilas, delfines, lobos marinos y varias especies de aves.

**Parco Nazionale Cabo Pulmo**
Il Parco Nazionale sulla punta sud-orientale della penisola ospita l'unica barriera corallina vivente sulla costa del Pacifico nordamericano. Qui vivono tra l'altro manta e aquile di mare, delfini, leoni marini e diverse specie di uccelli.

**Nationaal park Cabo Pulmo**
Het natuurgebied op de zuidoostelijke punt van het schiereiland herbergt het enige levende koraalrif aan de Noord-Amerikaanse Grote Oceaankust. Hier leven o.a. duivels- en adelaarsroggen, dolfijnen, zeeleeuwen en diverse vogelsoorten.

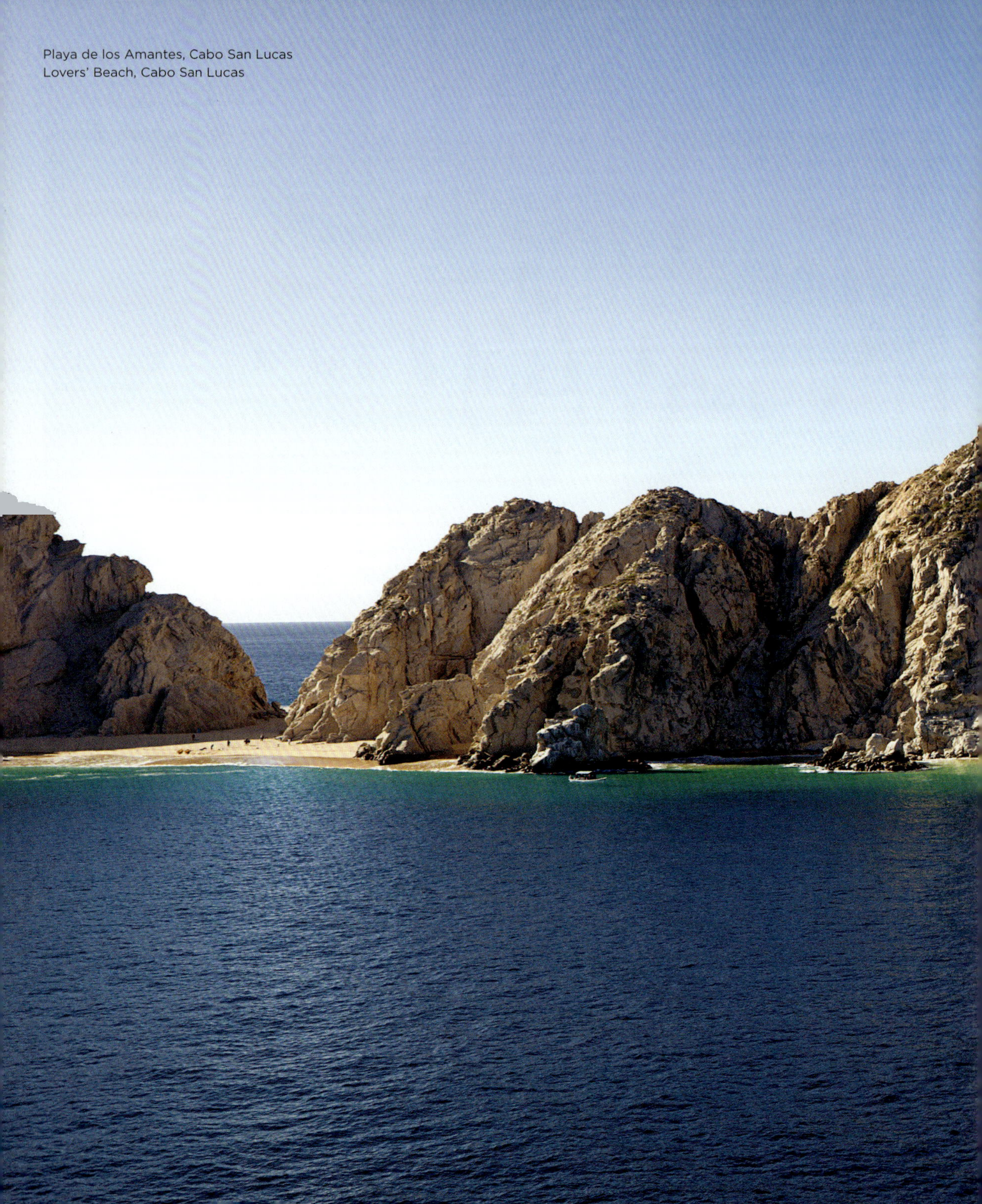

Playa de los Amantes, Cabo San Lucas
Lovers' Beach, Cabo San Lucas

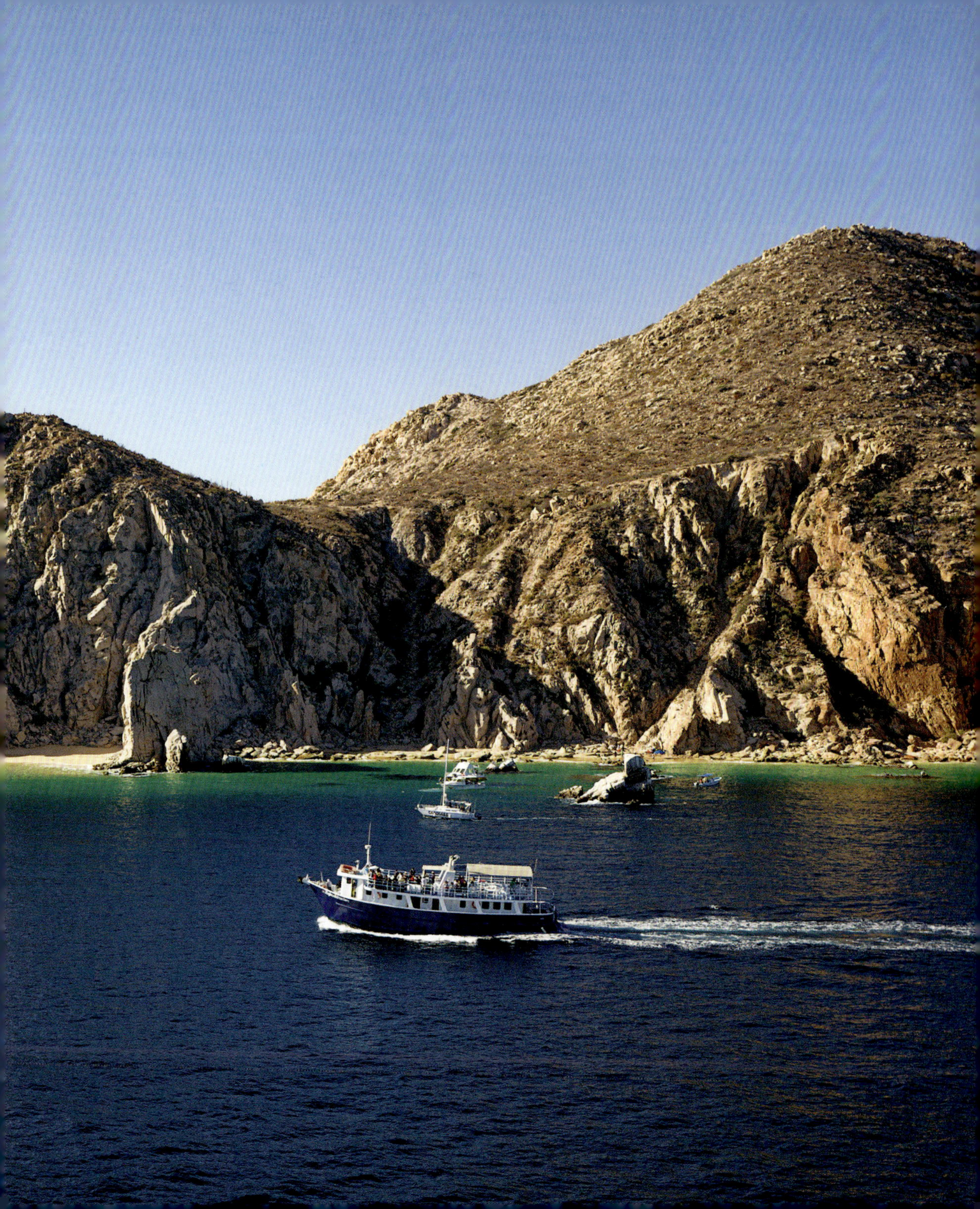

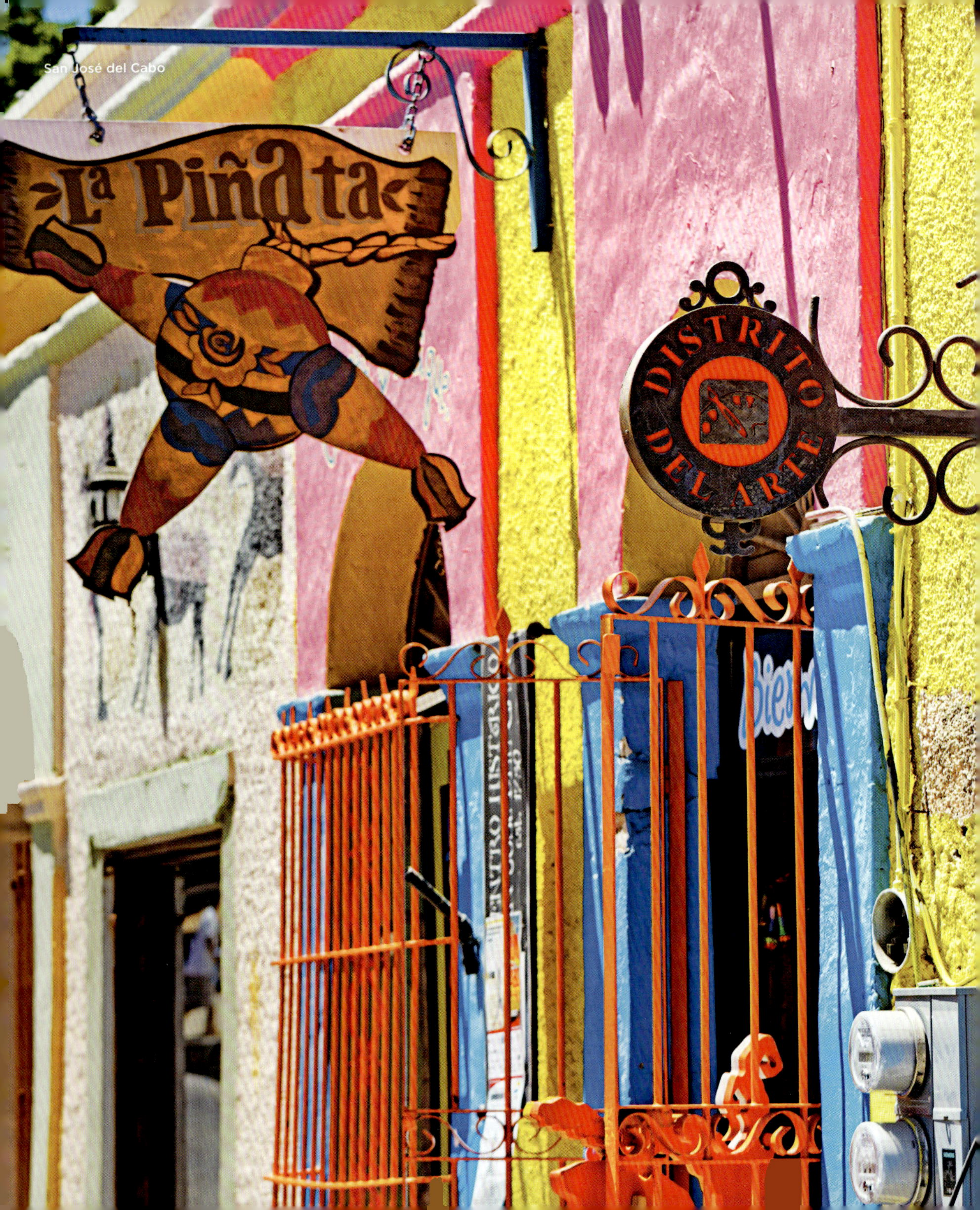


San José del Cabo

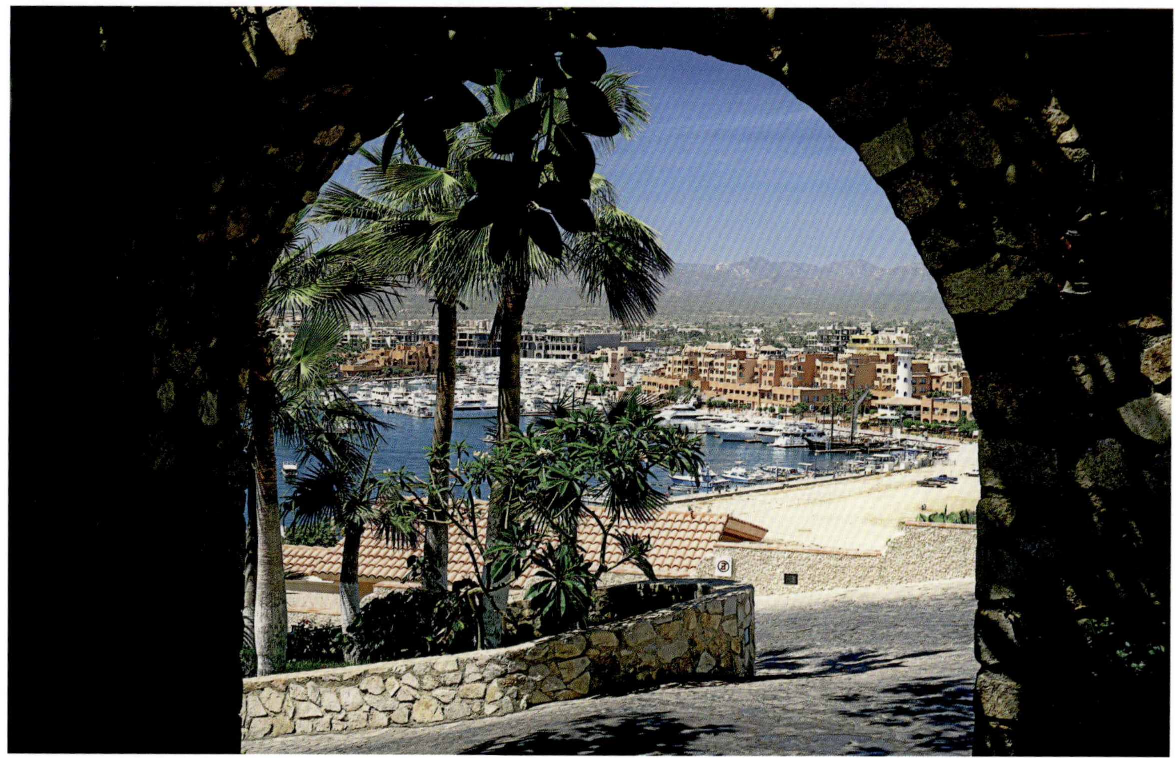

Cabo San Lucas

**Cabo San Lucas**
At the tip of the Baja California peninsula are the towns of Cabo San Lucas and San José del Cabo. Together they form the holiday center Los Cabos, with its beautiful beaches. In Cabo San Lucas, not much remains of the former fishing village due to the tourism boom, whereas the seaside resort of San José del Cabo has retained its Mexican charm.

**Cabo San Lucas**
À la pointe de la péninsule de Basse-Californie se trouvent les villes de Cabo San Lucas et San José del Cabo. Elles constituent la municipalité de Los Cabos, un lieu de villégiature prisé aux plages paradisiaques. Si Cabo San Lucas, avec l'explosion du tourisme, n'a plus grand-chose du village de pêcheurs d'autrefois, la station balnéaire de San José del Cabo conserve son charme mexicain.

**Cabo San Lucas**
An der Spitze der Halbinsel Baja California liegen die Orte Cabo San Lucas und San José del Cabo. Zusammen bilden sie das Ferienzentrum Los Cabos mit traumhaften Stränden. Während in Cabo San Lucas durch den Tourismusboom nicht mehr viel an das einstige Fischerdorf erinnert, hat der Badeort San José del Cabo seinen mexikanischen Charme bewahrt.

**Cabo San Lucas**
En el extremo de la península de la Baja California se encuentran los pueblos de Cabo San Lucas y San José del Cabo. Juntos forman el centro de vacaciones Los Cabos con hermosas playas. Mientras que en Cabo San Lucas ya no queda mucho del antiguo pueblo de pescadores debido al auge del turismo, el balneario San José del Cabo ha conservado su encanto mexicano.

**Cabo San Lucas**
All'estremità della penisola di Bassa California si trovano le città di Cabo San Lucas e San José del Cabo. Insieme formano Los Cabos, luogo di villeggiatura famoso per le spiagge paradisiache. Mentre a Cabo San Lucas, dopo il boom del turismo, niente ricorda più il villaggio di pescatori di una volta, la località balneare di San José del Cabo ha mantenuto il suo autentico fascino messicano.

**Cabo San Lucas**
Op het puntje van het schiereiland Baja California liggen de steden Cabo San Lucas en San José del Cabo. Samen vormen zij het resortgebied Los Cabos met zijn prachtige stranden. Terwijl in Cabo San Lucas door de komst van het toerisme weinig meer herinnert aan het voormalige vissersdorp, heeft de badplaats San José del Cabo zijn Mexicaanse charme behouden.

# Islas del golfo de California

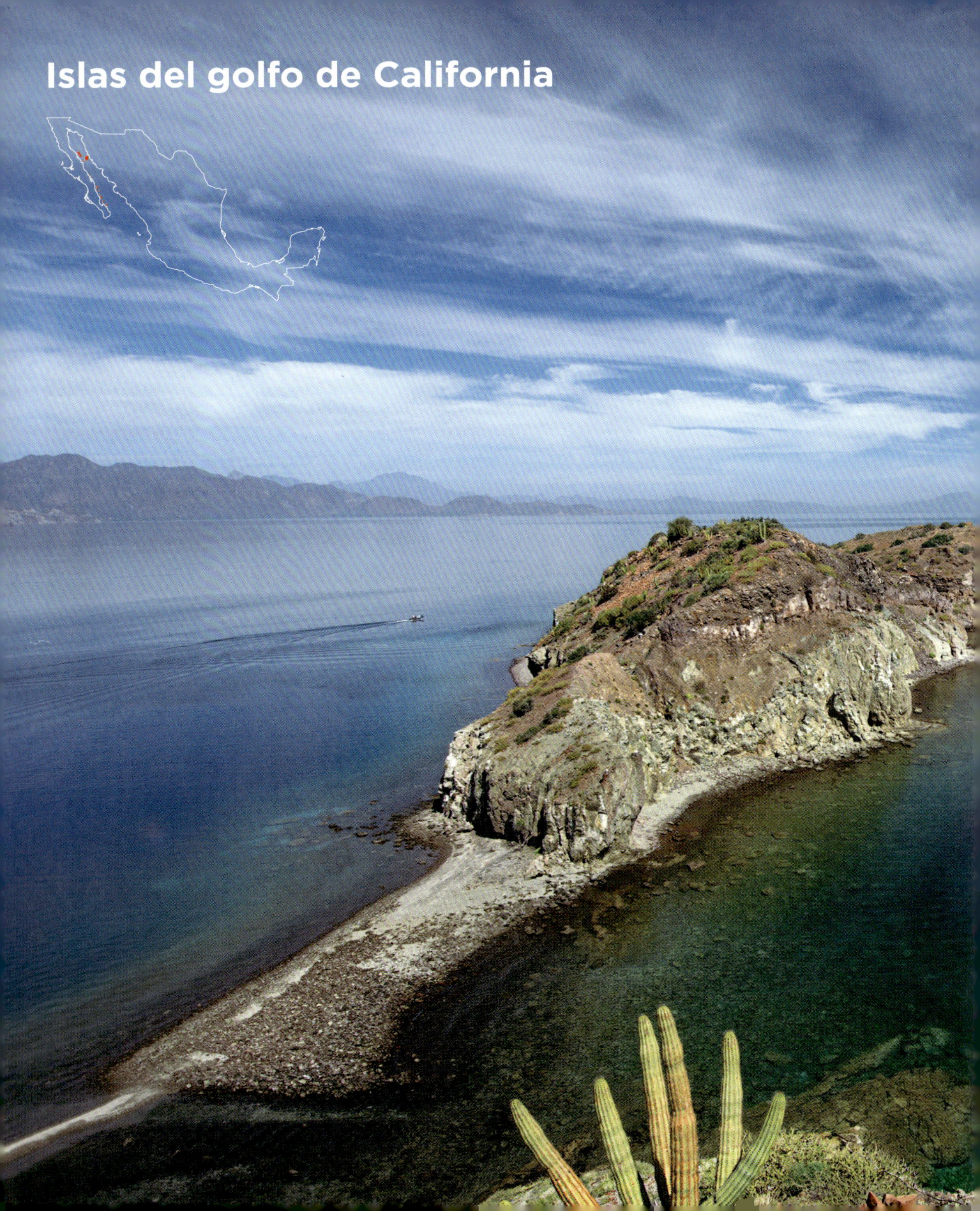

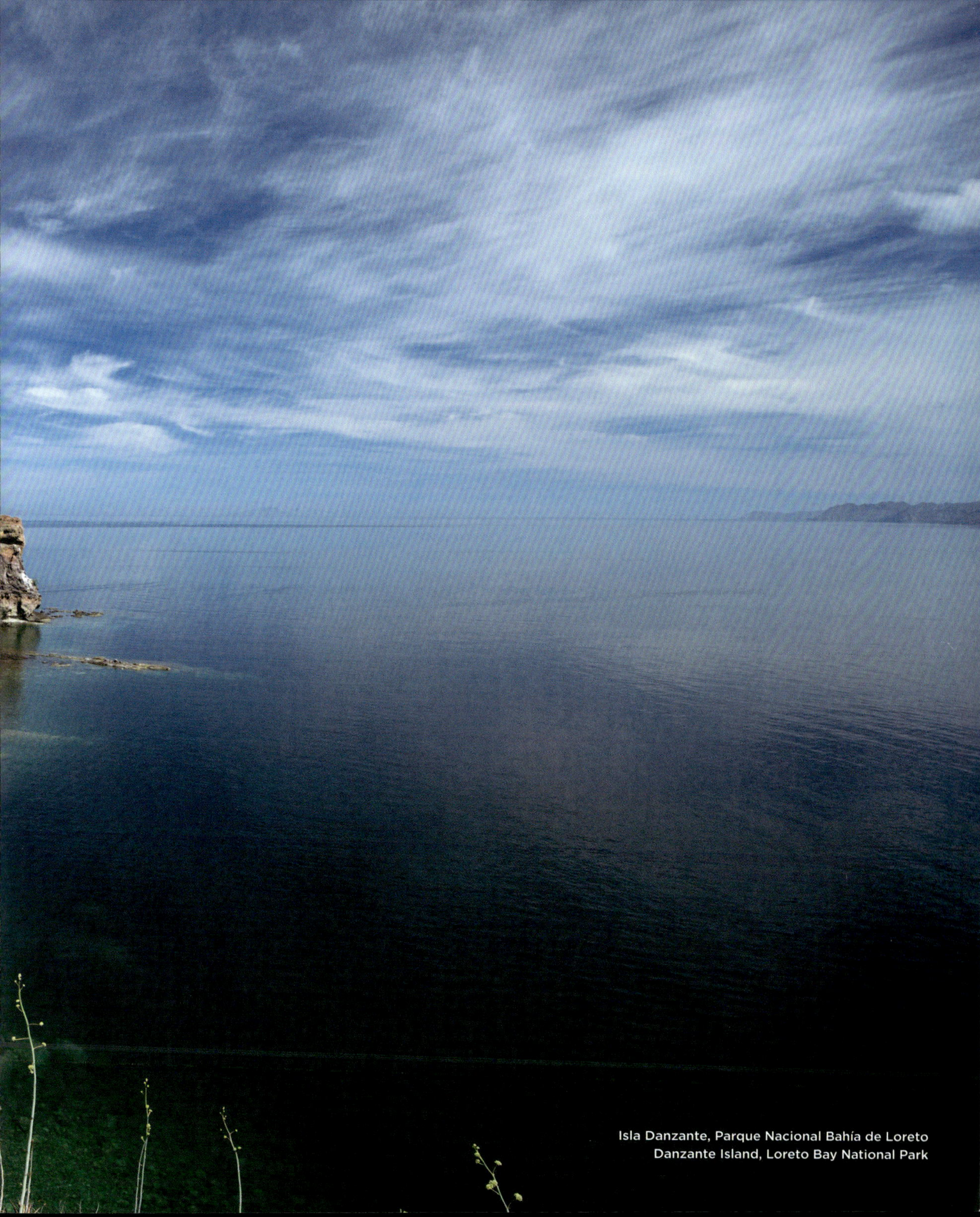

Isla Danzante, Parque Nacional Bahía de Loreto
Danzante Island, Loreto Bay National Park

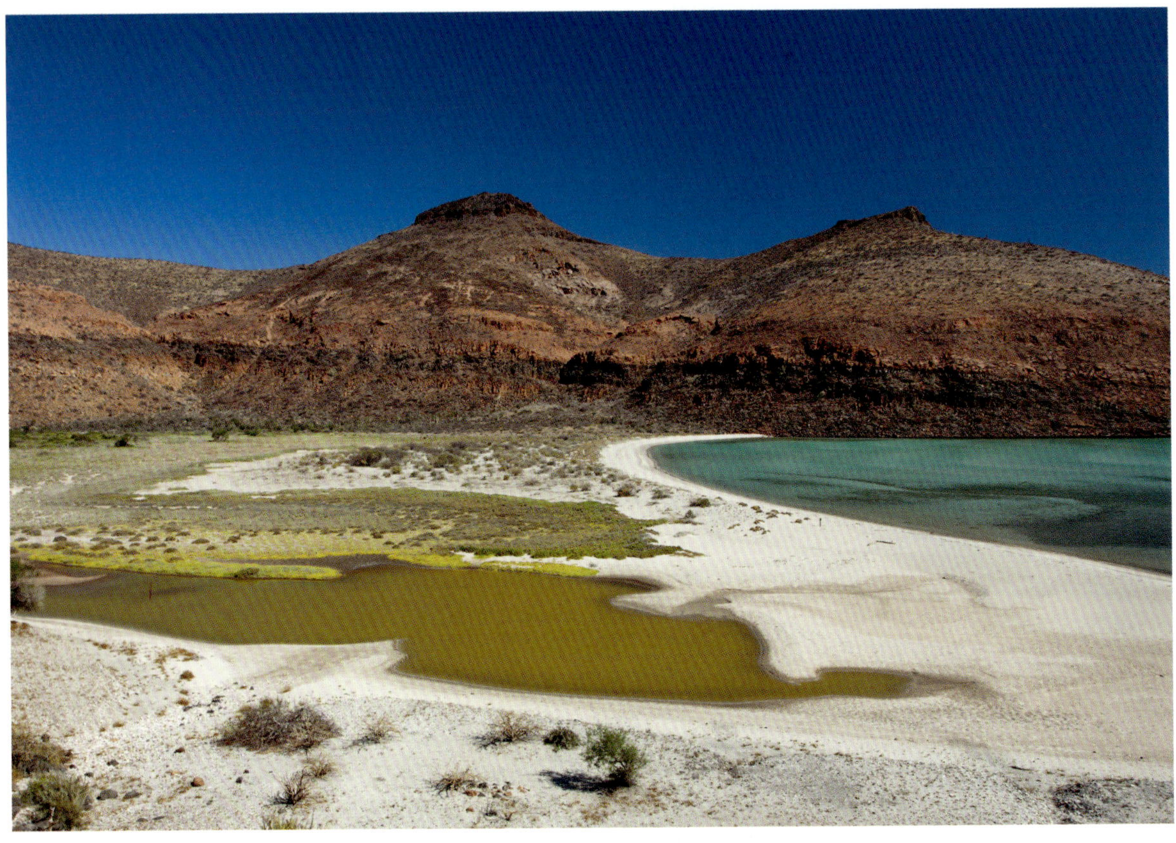

Isla Espíritu Santo, Parque Nacional Archipiélago de Espíritu Santo
Espíritu Santo Island, Espíritu Santo Archipelago National Park

**Gulf of California Islands**
More than 900 islands are scattered around the Gulf of California, which is also known as the Sea of Cortés. The barren rock formations and the surrounding waters are a paradise of biodiversity—supporting almost 700 plant species, more than 180 bird species and more than 5000 different sea creatures.

**Les îles du golfe de Californie**
Plus de 900 îles parsèment le golfe de Californie, aussi appelé « mer de Cortés ». Ces surfaces rocheuses arides et les eaux qui les entourent constituent un paradis de la biodiversité, avec près de 700 sortes de plantes, plus de 180 espèces d'oiseaux et au moins 4500 créatures marines différentes.

**Inseln im Golf von Kalifornien**
Mehr als 900 Inseln liegen verstreut im Golf von Kalifornien, auch Cortés-See genannt. Die kargen Felsgebilde und die umgebenden Gewässer sind ein Paradies der Artenvielfalt – mit fast 700 Pflanzen- und mehr als 180 Vogelarten sowie mehr als 4500 Arten von unterschiedlichen Meeresbewohnern.

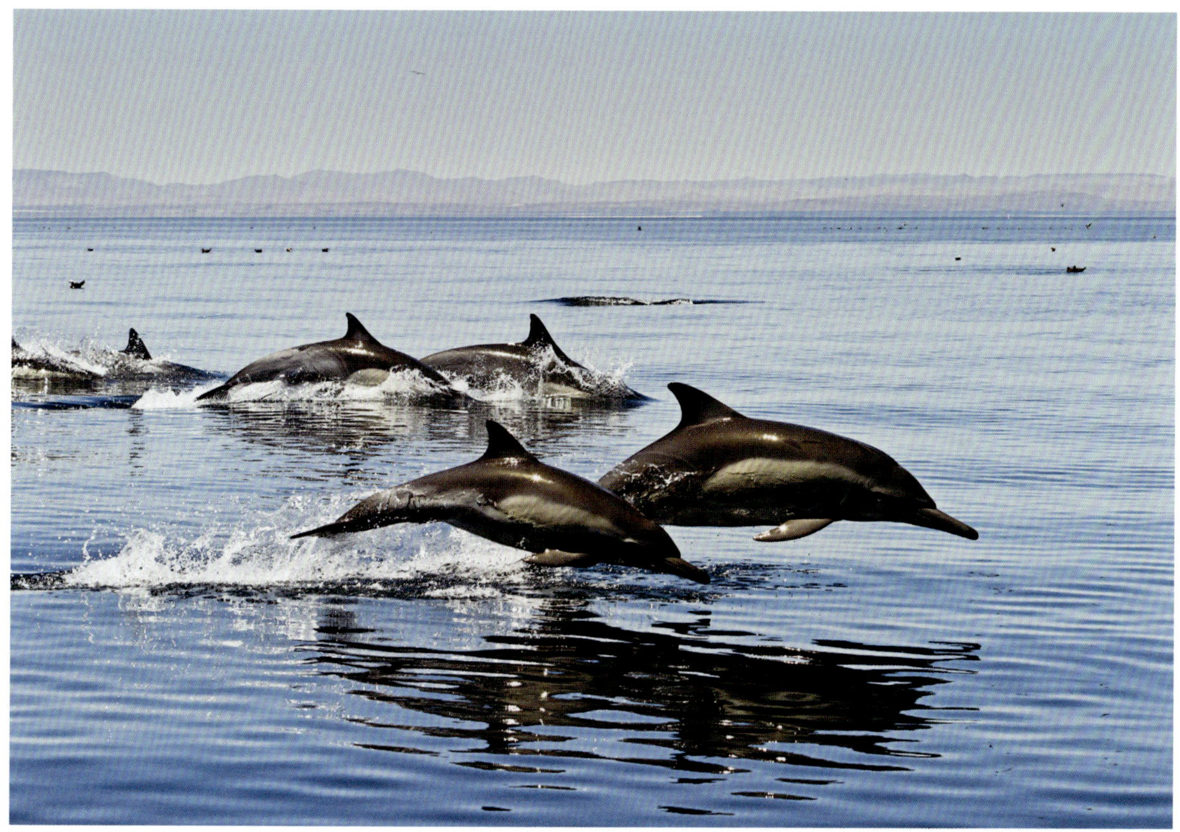

Delfínes comunes costeros, Isla San Esteban
Long-beaked common dolphins, Isla San Esteban

**Islas del golfo de California**
Más de 900 islas pequeños están dispersos alrededor del golfo de California, también conocido como mar de Cortés. Las formaciones rocosas áridas y las aguas circundantes son un paraíso de la biodiversidad con casi 700 especies de plantas, más de 180 especies de aves y más de 4500 criaturas marinas diferentes.

**Isole del golfo di California**
Più di 40 isole e oltre 200 isolotti sono stati classificati dall'Unesco fra i 900 sparsi nel golfo di California, chiamato "il mare di Cortés". Le formazioni rocciose brulle e le acque circostanti sono un paradiso di biodiversità con quasi 700 tipi di piante, più di 180 specie di uccelli e di 4500 diverse creature marine.

**Eilanden in de Golf van Californië**
Er liggen meer dan 900 eilanden verspreid over de Golf van Californië, ook wel Zee van Cortés genoemd. De kale rotsformaties en omringende wateren zijn een paradijs van biodiversiteit – met bijna 700 plantensoorten, meer dan 180 vogelsoorten en meer dan 4500 verschillende zeedieren.

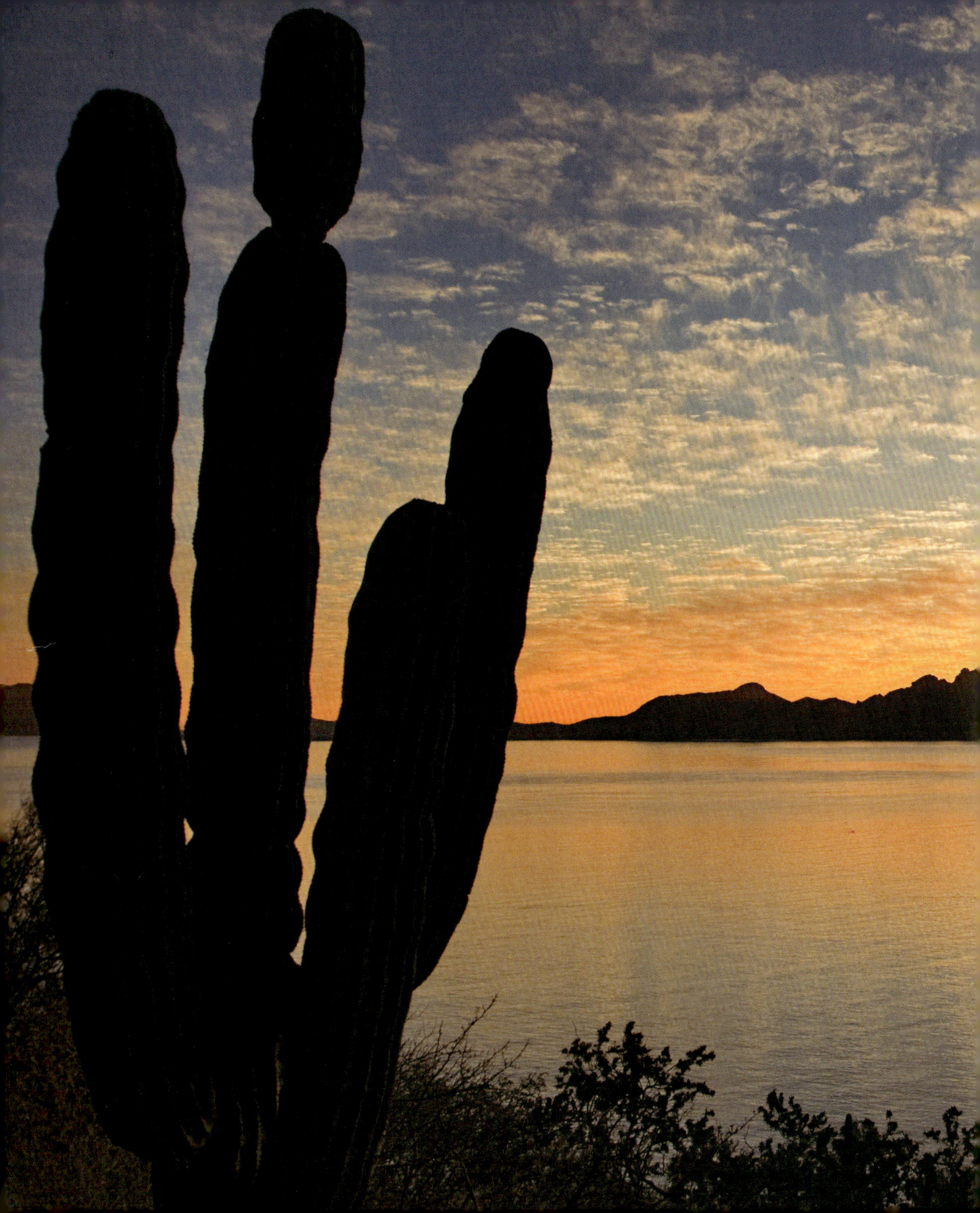

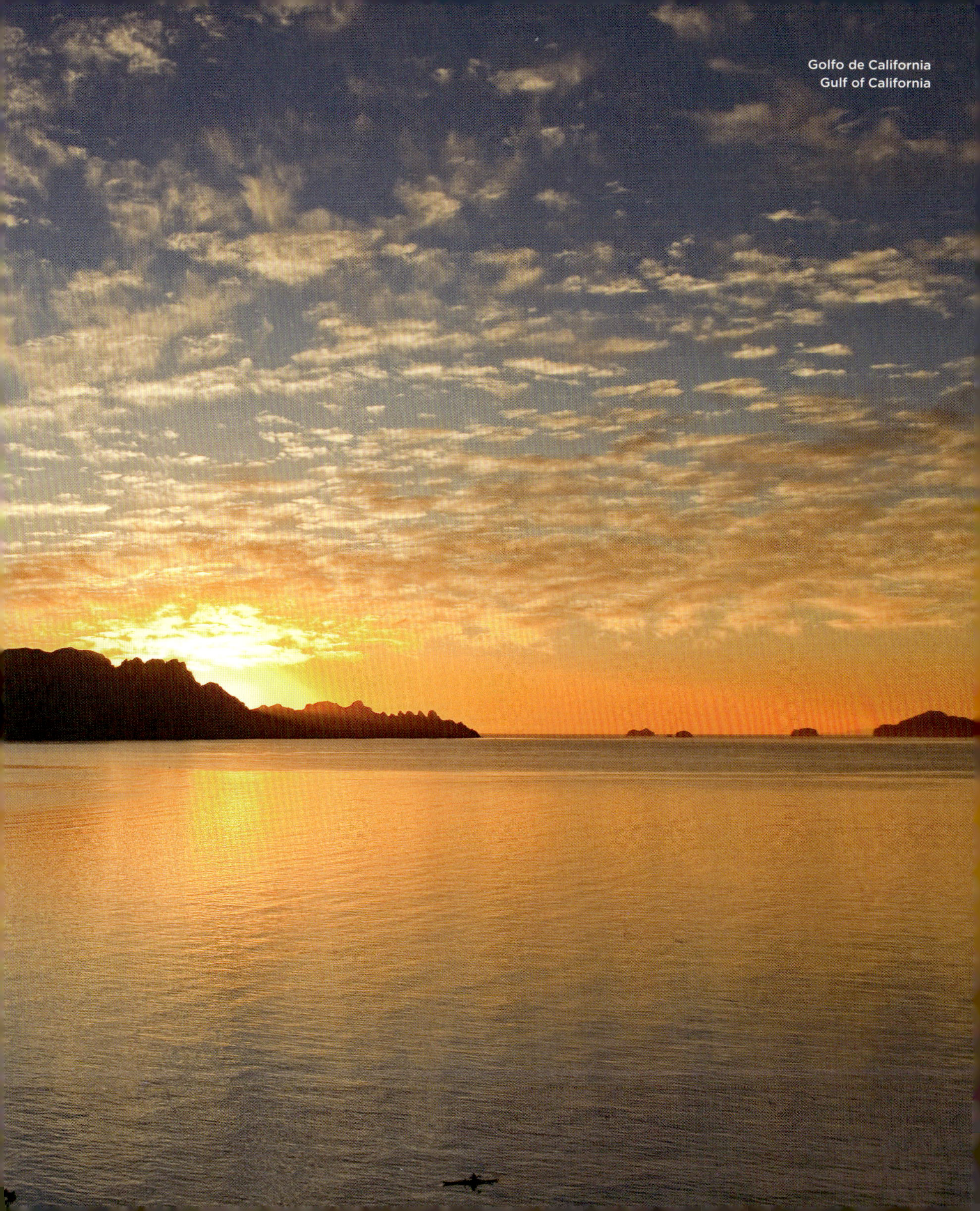

Golfo de California
Gulf of California

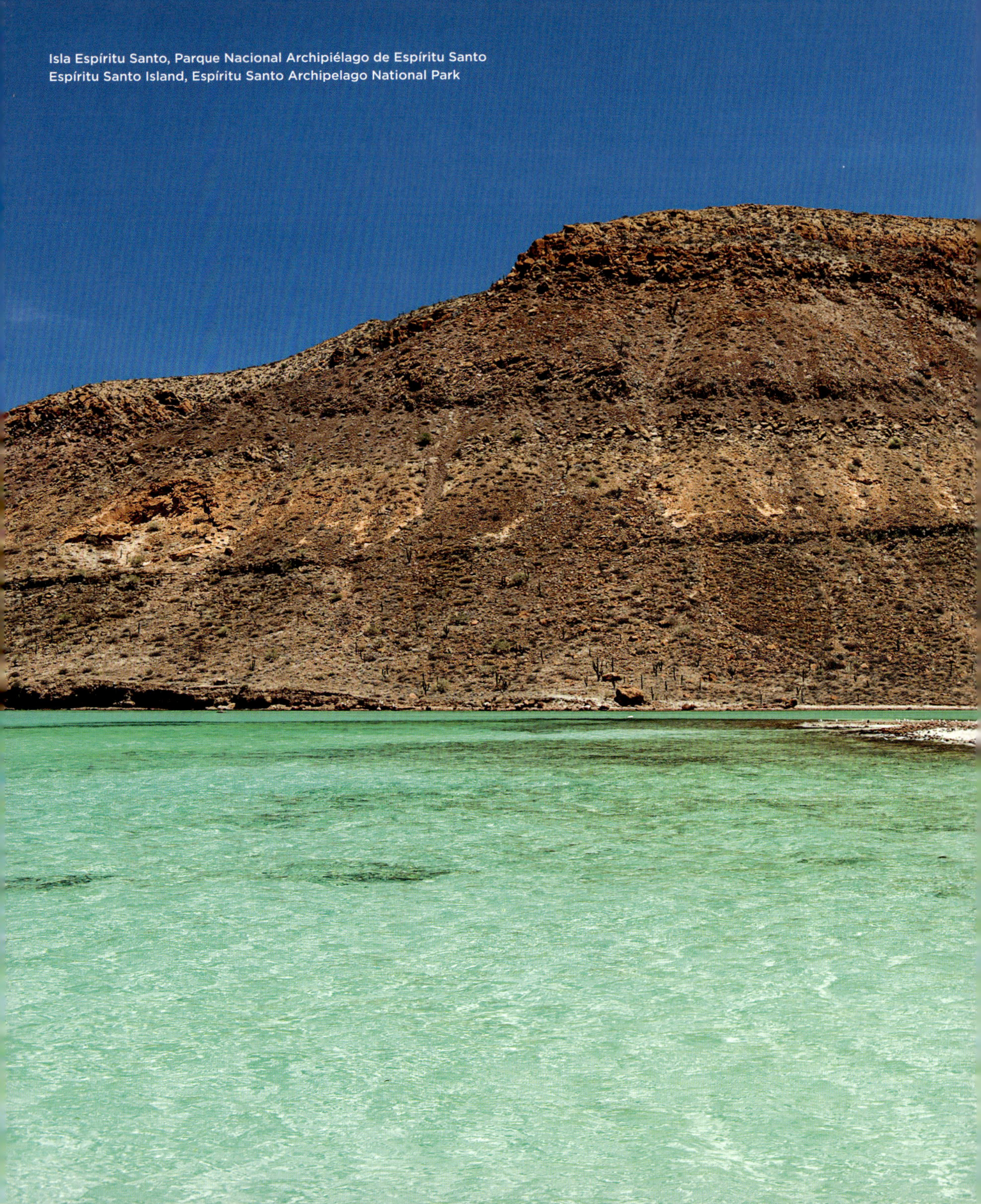

Isla Espíritu Santo, Parque Nacional Archipiélago de Espíritu Santo
Espíritu Santo Island, Espíritu Santo Archipelago National Park

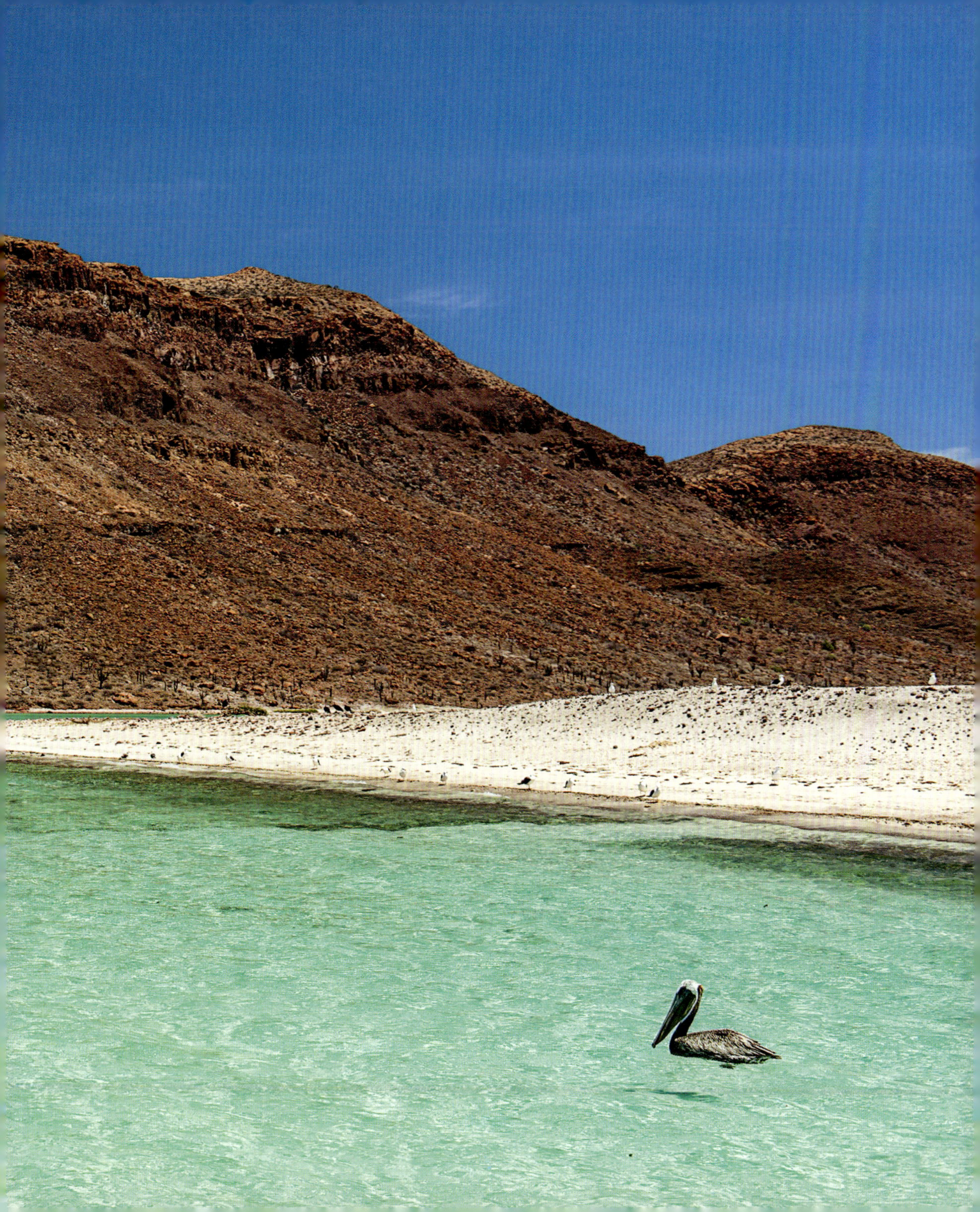

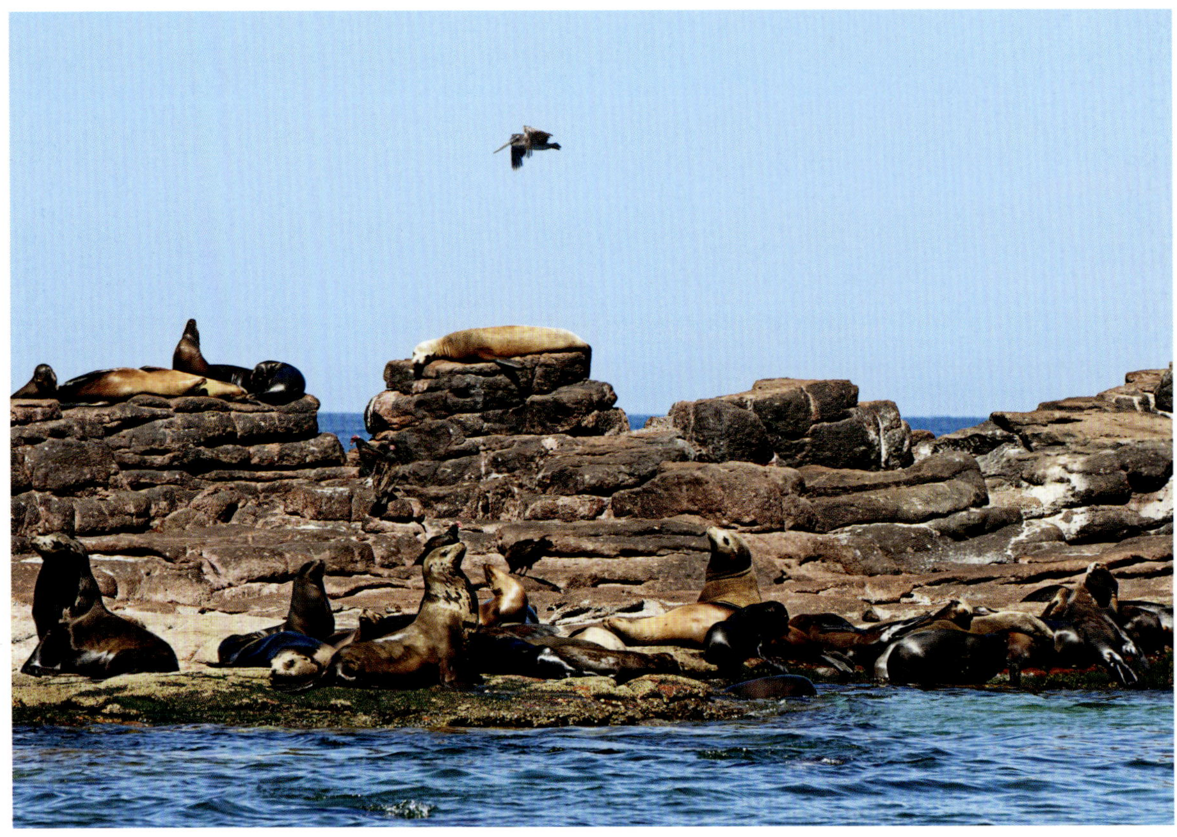

Isla Espíritu Santo, Parque Nacional Archipiélago de Espíritu Santo
Espíritu Santo Island, Espíritu Santo Archipelago National Park

**Isla Espíritu Santo**
Red rock formations, pristine beaches, crystal clear waters, five species of sea turtles and a colony of sea lions – the uninhabited island of Espíritu Santo, measuring around 80 km² (30 sq.mi), is a true natural paradise. It was purchased by an environmental organization in 2003 and has been under protection ever since. The island is surrounded by a 49,000 hectare (190 sq.mi) marine reserve.

**L'île Espíritu Santo**
Des formations rocheuses rouges, des plages vierges, une eau limpide, cinq types de tortues et une colonie d'otaries : l'île Espíritu Santo, d'une superficie d'environ 80 km², est un véritable paradis. Elle a été achetée, en 2003, par une organisation de défense de l'environnement et reste, depuis lors, sous sa protection. Elle est entourée d'un espace maritime protégé de 49 000 hectares.

**Isla Espíritu Santo**
Rote Felsformationen, unberührte Strände, kristallklares Wasser, fünf Meeresschildkrötenarten und eine Seelöwenkolonie – die rund 80 km² große unbewohnte Insel Espíritu Santo ist ein wahres Naturparadies. Sie wurde 2003 von einer Umweltorganisation gekauft und steht seither unter Schutz. Umgeben wird die Insel von einem 49 000 Hektar großen Meeresschutzgebiet.

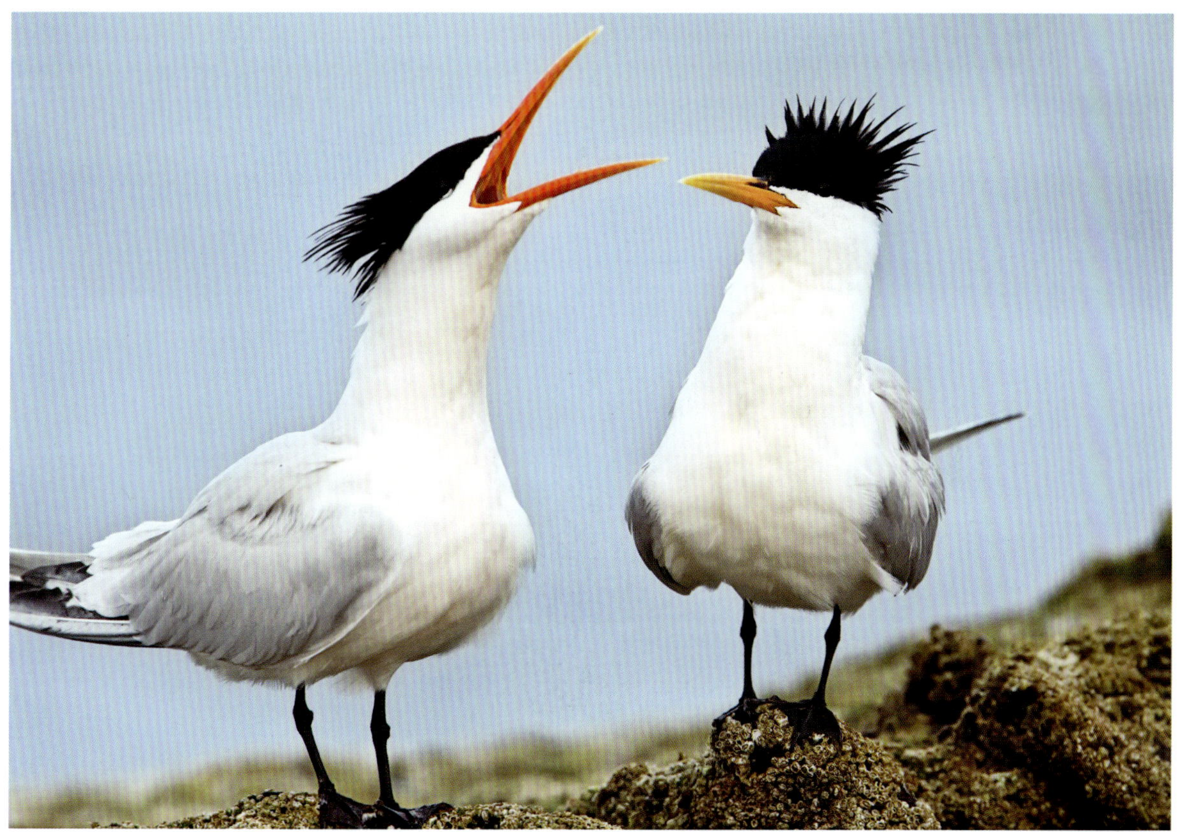

Charránes elegantes en la Isla Rasa
Elegant Terns on Rasa Island

**Isla Espíritu Santo**
Formaciones rocosas rojas, playas vírgenes, aguas cristalinas, cinco especies de tortugas marinas y una colonia de leones marinos – la isla deshabitada de Espíritu Santo con una superficie de unos 80 km² es un verdadero paraíso natural. Fue adquirida por una organización ambiental en 2003 y ha estado bajo protección desde entonces. La isla está rodeada por una reserva marina de 49 000 hectáreas.

**Isola Espíritu Santo**
Formazioni rocciose rosse, spiagge incontaminate, acque cristalline, cinque specie di tartarughe marine e una colonia di leoni marini: l'isola disabitata di Espíritu Santo, con i suoi 80 km² di superficie, è un vero paradiso naturale. È stata acquistata da un'organizzazione ambientalista nel 2003 e da allora è sotto tutela. L'isola è circondata da una riserva marina di 49 000 ettari.

**Isla Espíritu Santo**
Rode rotsformaties, ongerepte stranden, kristalhelder water, vijf soorten zeeschildpadden en een kolonie zeeleeuwen: het onbewoonde eiland Espíritu Santo van zo'n 80 km² is een echt natuurparadijs. Het werd in 2003 aangekocht door een milieuorganisatie en wordt sindsdien beschermd. Het eiland is omgeven door een 49 000 hectare groot zeereservaat.

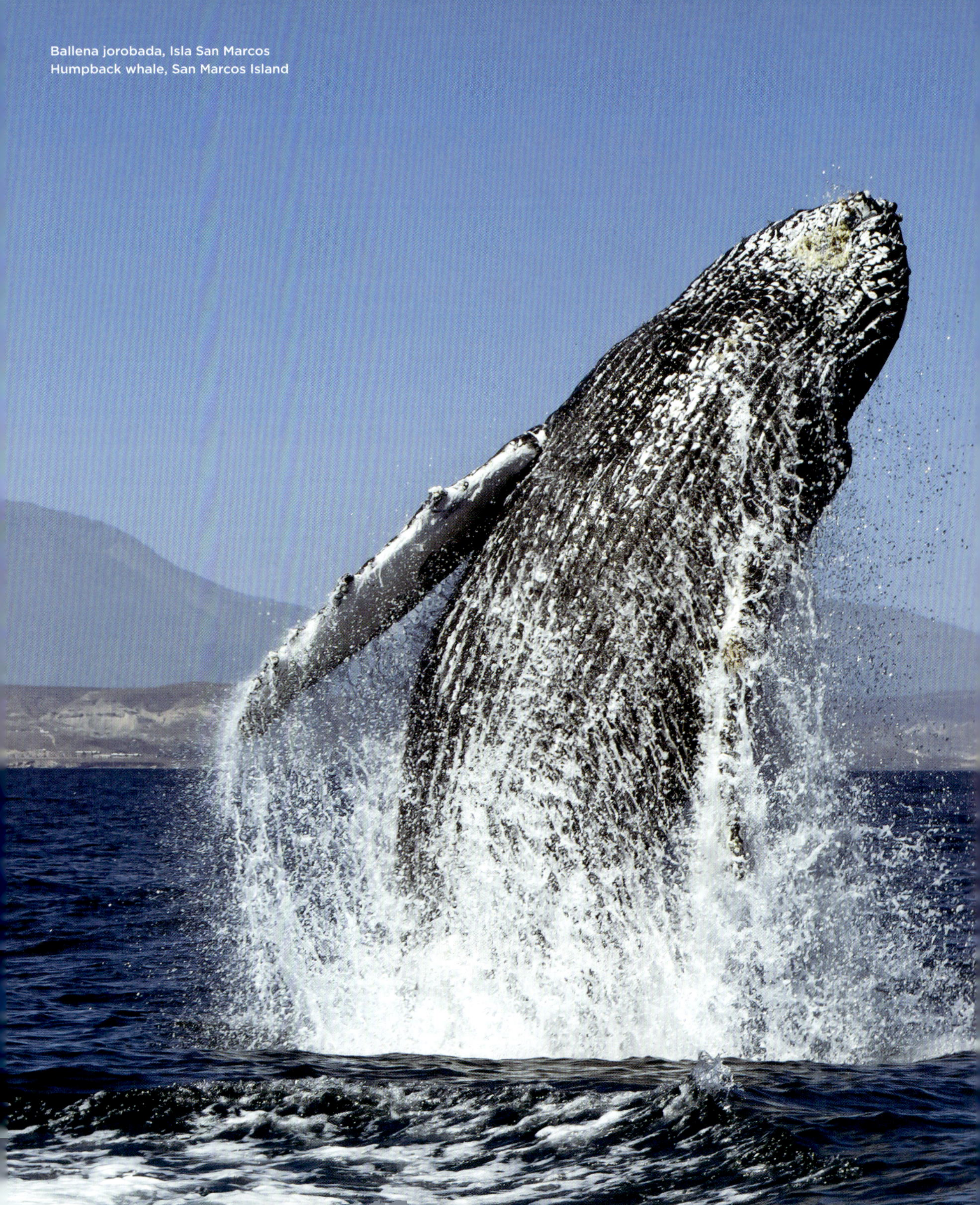

Ballena jorobada, Isla San Marcos
Humpback whale, San Marcos Island

**Whales**
Because of the shallow and warm waters with high salinity, the Gulf of California is a preferred mating area for gray whales between November and March. More than ten other species of whales cavort off the coast of Baja California, including blue whales, humpback whales and fin whales. Several protected areas have been established here since the 1970s.

**Baleines**
Avec ses eaux calmes et chaudes, très salées, le golfe de Californie est, entre novembre et mars, une zone d'accouplement idéale pour les baleines grises. Plus d'une dizaine d'autres espèces de baleines s'ébattent le long de la côte de Basse-Californie, comme la baleine bleue, la baleine à bosse et le rorqual commun. Depuis les années 1970, plusieurs zones protégées ont été mises en place ici.

**Wale**
Wegen der flachen und warmen Gewässer mit hohem Salzgehalt ist der Golf von Kalifornien zwischen November und März ein bevorzugtes Paarungsgebiet für Grauwale. Über zehn weitere Walarten tummeln sich vor der Küste der Baja California, darunter Blauwale, Buckelwale und Finnwale. Seit den 1970er-Jahren wurden hier mehrere Schutzgebiete eingerichtet.

**Ballenas**
Debido a las aguas poco profundas y cálidas con alta salinidad, el golfo de California es una de las áreas de apareamiento preferidas para las ballenas grises entre noviembre y marzo. Más de otras diez especies de ballenas se divierten frente a las costas de la Baja California, entre ellas ballenas azules, ballenas jorobadas y rorcuales comunes. Desde la década de 1970 se han establecido aquí varias áreas protegidas.

**Balene**
Per le sue acque poco profonde, calde e molto salate il golfo di California, tra novembre e marzo, è la zona di accoppiamento preferito per le balene grigie. Più di una dozzina di altre specie di balene si incontrano al largo della costa di Bassa California, tra cui balene blu, megattere e balene. A partire dagli anni 1970 sono state istituite diverse aree protette.

**Walvissen**
Vanwege het ondiepe en warme water met een hoog zoutgehalte is de Golf van Californië tussen november en maart een geliefd paringsgebied voor grijze walvissen. Meer dan tien andere walvissoorten tuimelen voor de kust van Baja California, waaronder blauwe vinvissen, bultruggen en vinvissen. Vanaf de jaren zeventig zijn hier verschillende beschermde natuurgebieden ingericht.

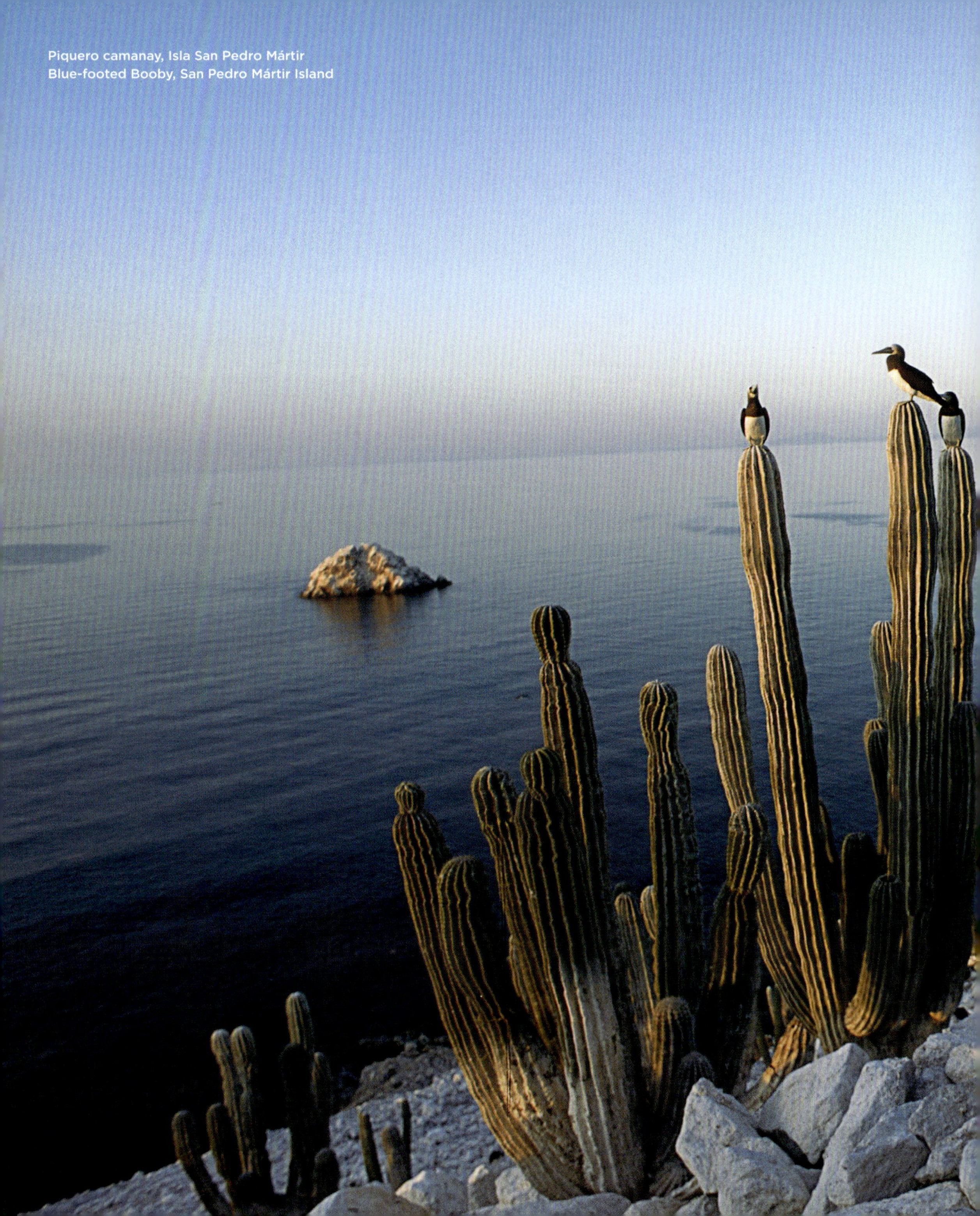

Piquero camanay, Isla San Pedro Mártir
Blue-footed Booby, San Pedro Mártir Island

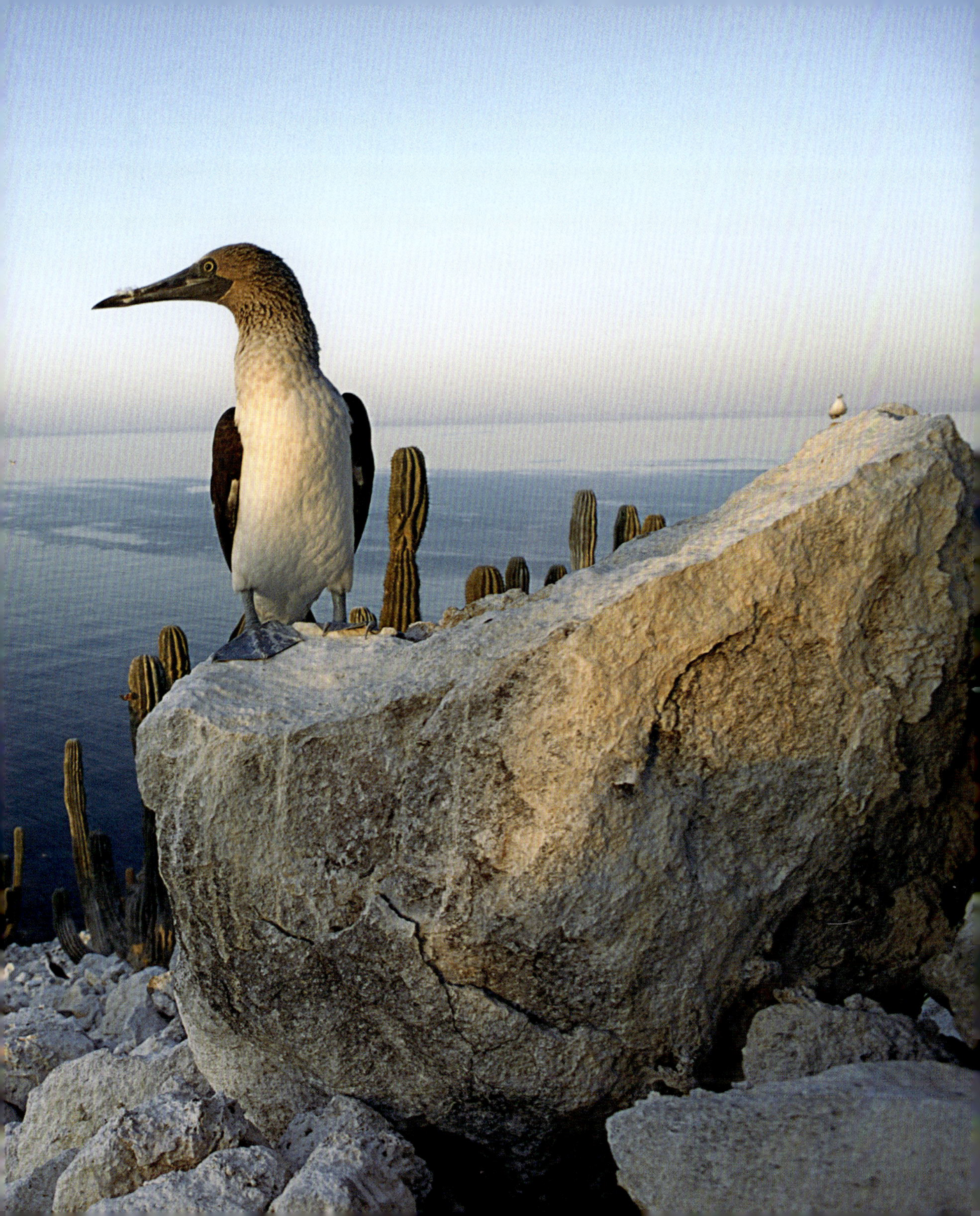

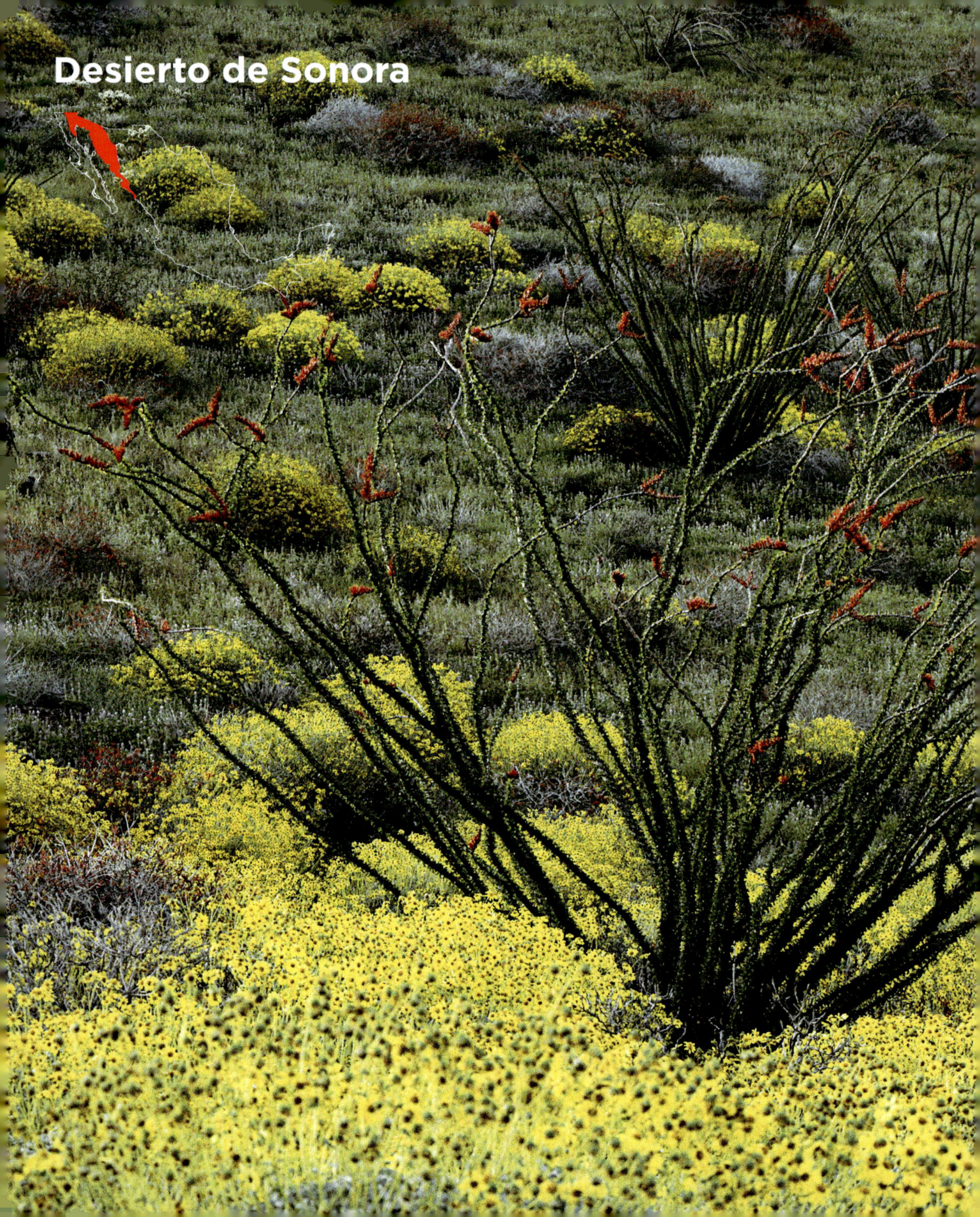
Desierto de Sonora

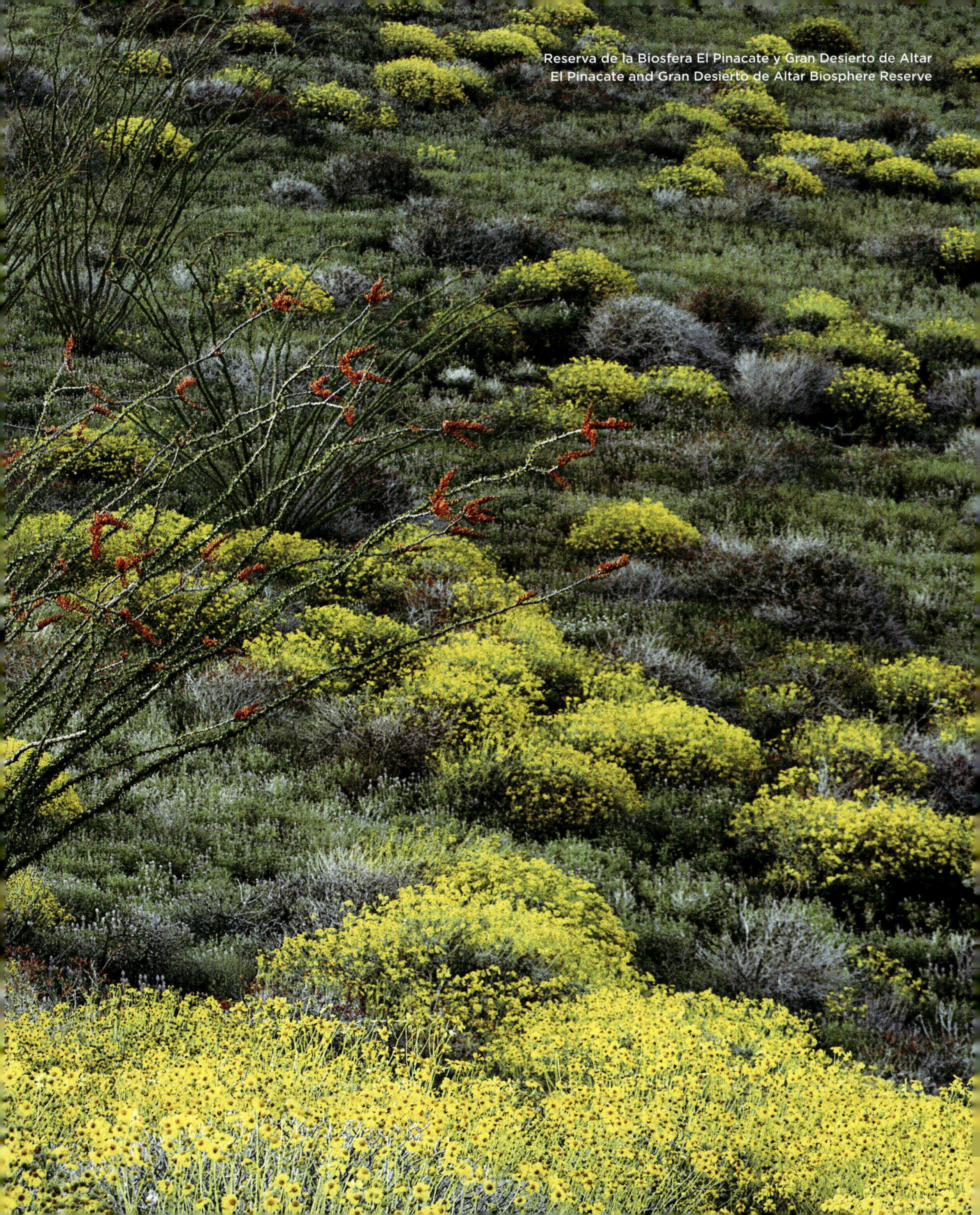
Reserva de la Biosfera El Pinacate y Gran Desierto de Altar
El Pinacate and Gran Desierto de Altar Biosphere Reserve

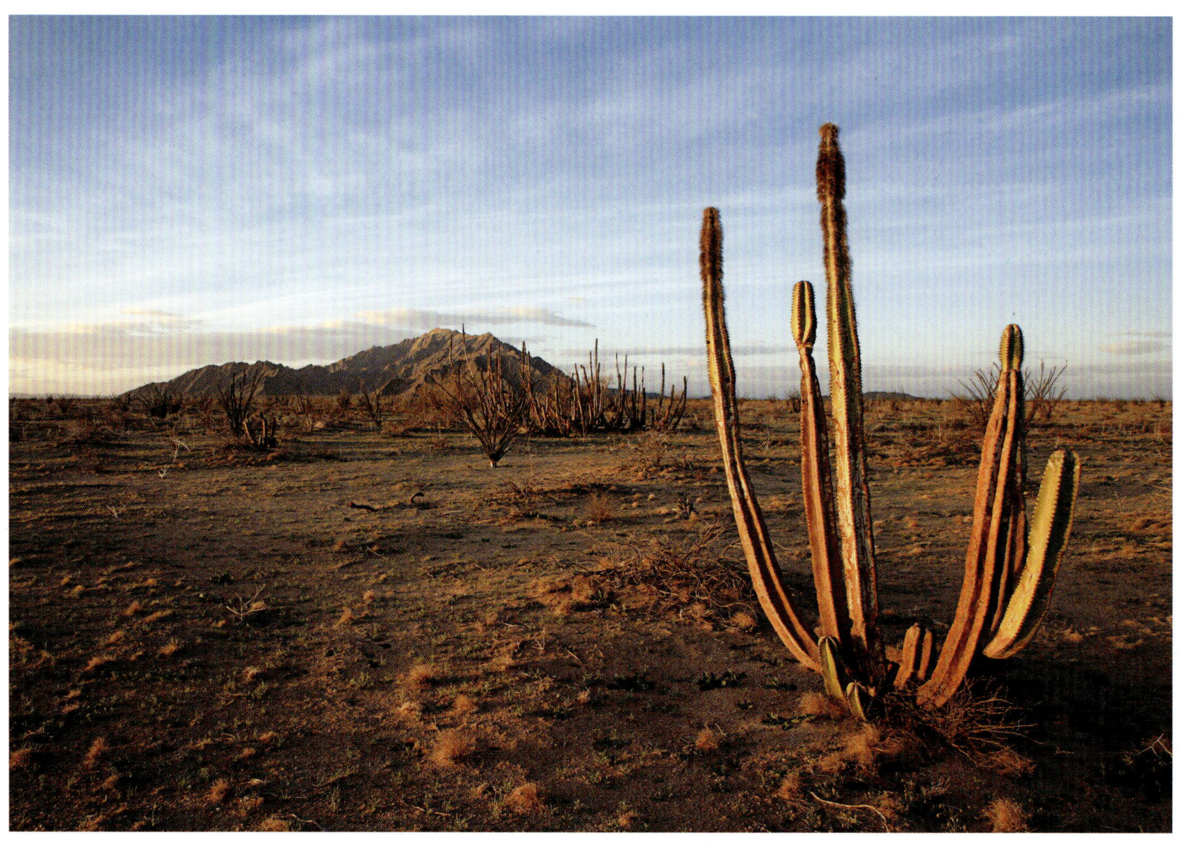

Pitahaya, Gran Desierto de Altar
Organ Pipe Cactus, Gran Desierto de Altar

**Sonoran Desert**
With an area of around 320,000 km² (120,000 sq.mi), the Sonoran Desert is one of the largest desert regions on earth. Mountain ranges and shallow salt basins, extensive sand dunes and extinct volcanic craters make the country appear extremely inhospitable. However, not only cacti, but also turtles, rattlesnakes and lizards, as well as the Sonoran pronghorn, bighorn sheep and ocelot, feel at home here.

**Le désert de Sonora**
Avec sa superficie d'environ 320 000 km², le désert de Sonora est l'une des plus grandes régions désertiques du monde. Avec ses montagnes, ses marais salants, ses larges dunes et ses cratères de volcans éteints, c'est une terre à l'apparence extrêmement inhospitalière. C'est pourtant un habitat apprécié non seulement des cactus, mais également des tortues, des serpents à sonnette, de différents lézards, ou encore de l'antilope du Sonora, du mouflon ou de l'ocelot.

**Sonora-Wüste**
Die Sonora-Wüste ist mit einer Fläche von rund 320 000 km² eine der größten Wüstenregionen der Erde. Bergzüge und flache Salzbecken, ausgedehnte Sanddünen und erloschene Vulkankrater lassen das Land extrem unwirtlich erscheinen. Allerdings fühlen sich hier nicht nur Kakteen wohl, sondern auch Schildkröten, Klapperschlangen und Echsen sowie der Sonora-Gabelbock, das Dickhornschaf und der Ozelot.

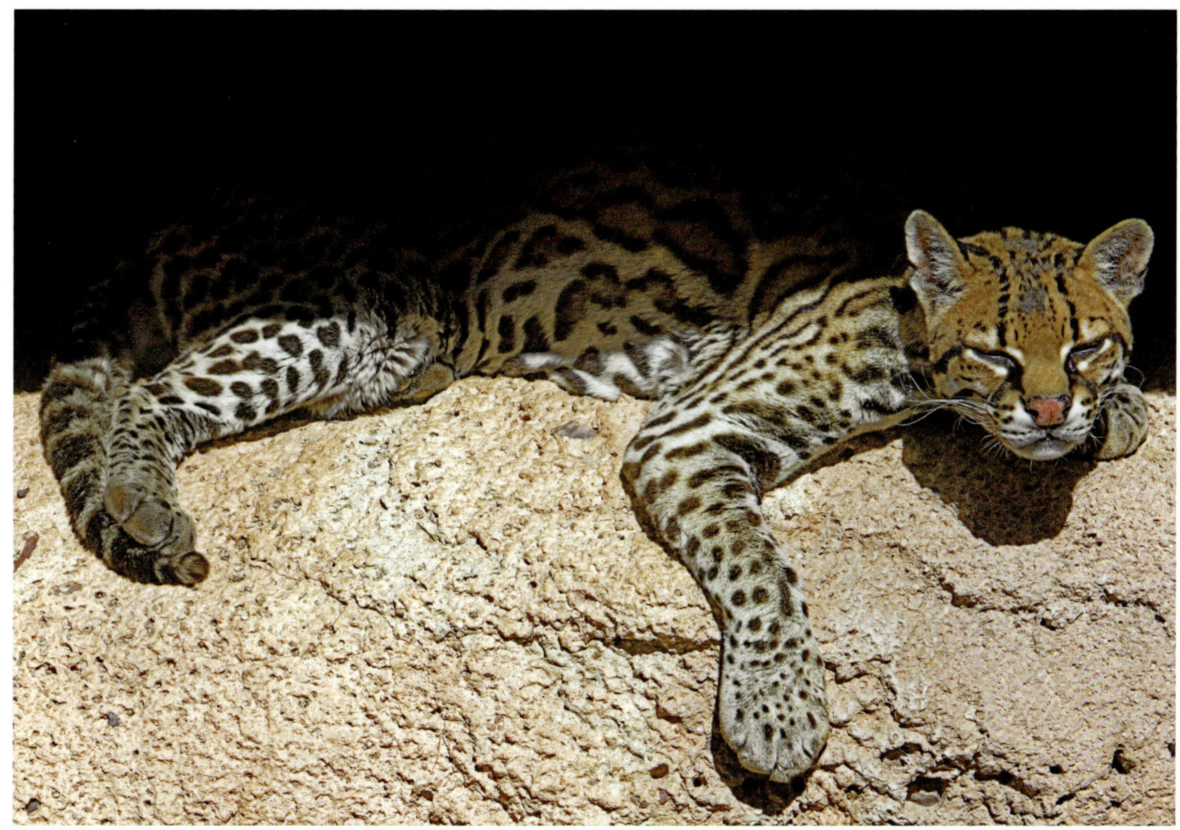

Ocelote
Ocelot

**Desierto de Sonora**
Con un área de unos 320 000 km², el desierto de Sonora es una de las regiones desérticas más grandes de la tierra. Montañas y cuencas salinas poco profundas, extensas dunas de arena y cráteres volcánicos extintos hacen que el país parezca extremadamente inhóspito. Sin embargo, no sólo los cactus, sino también las tortugas, las serpientes de cascabel y los lagartos, así como el berrendo de Sonora, el borrego cimarrón y el ocelote se sienten aquí como en casa.

**Deserto di Sonora**
Con una superficie di circa 320 000 km², il deserto di Sonora è una delle più grandi regioni desertiche del mondo. Le catene montuose e i bacini salini, le estese dune di sabbia e i crateri di vulcani estinti rendono il paese estremamente inospitale. Tuttavia è l'habitat non solo per cactus, ma anche per tartarughe, serpenti a sonagli e lucertole, e ancora antilocapre di Sonora, pecore delle Montagne Rocciose e ocelot.

**Sonorawoestijn**
Met een oppervlak van circa 320 000 km² is de Sonorawoestijn een van de grootste woestijngebieden ter wereld. Bergketens en ondiepe zoutbekkens, uitgestrekte zandduinen en uitgedoofde vulkaankraters geven het land een uiterst onherbergzame aanblik. Toch voelen niet alleen cactussen, maar ook schildpadden, ratelslangen en hagedissen, evenals de Sonora-gaffelbok, het dikhoornschaap en de ocelot zich hier thuis.

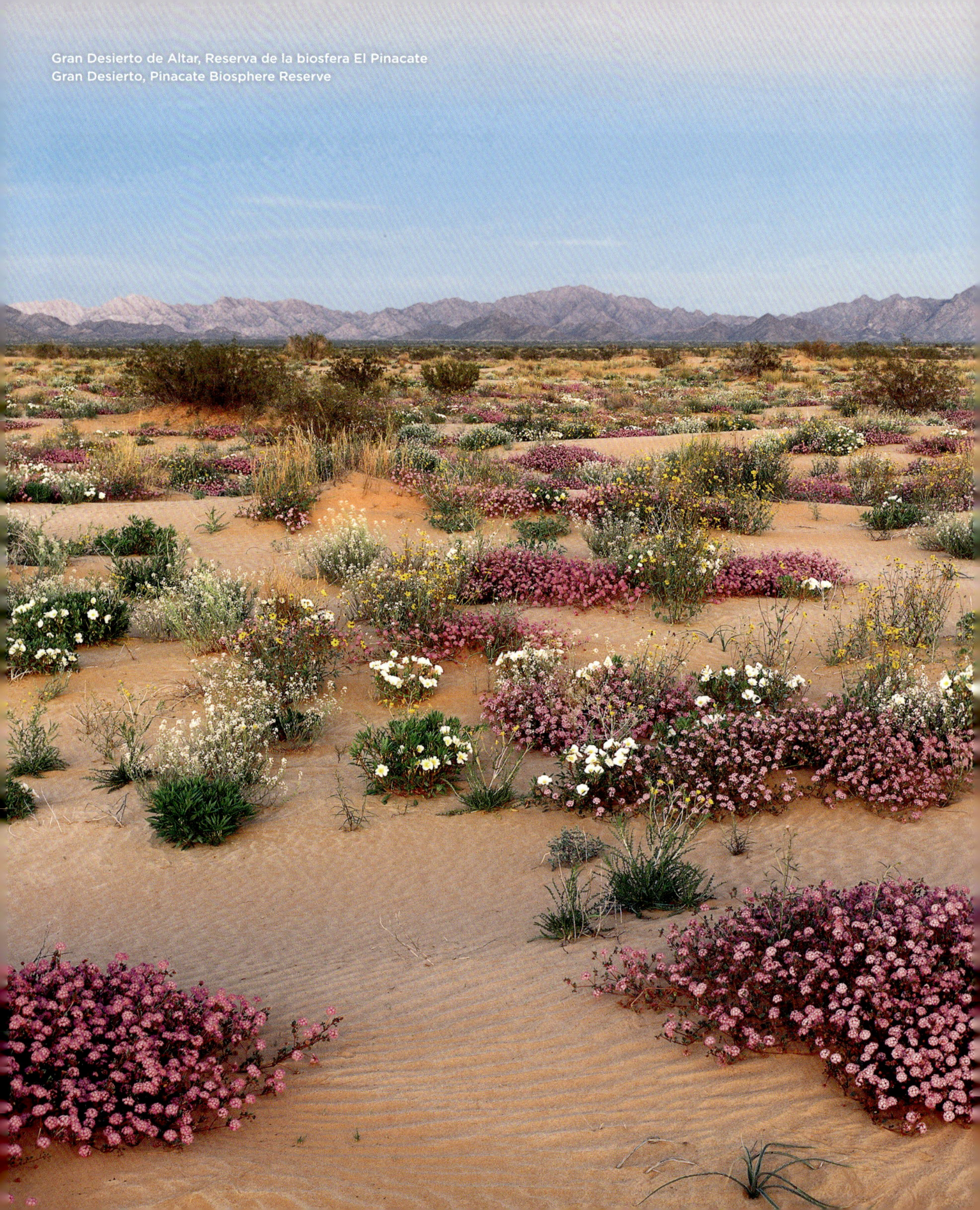

Gran Desierto de Altar, Reserva de la biosfera El Pinacate
Gran Desierto, Pinacate Biosphere Reserve

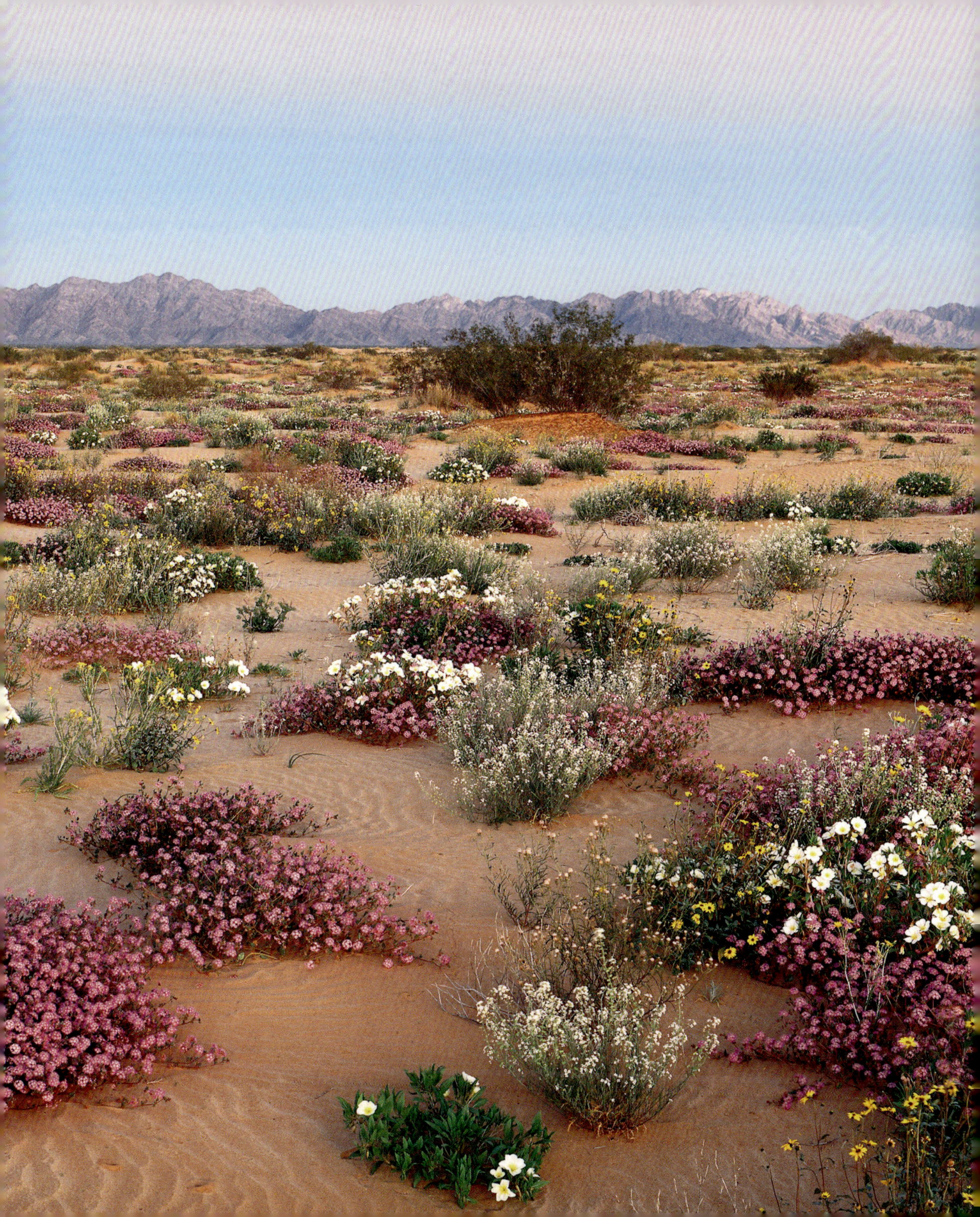

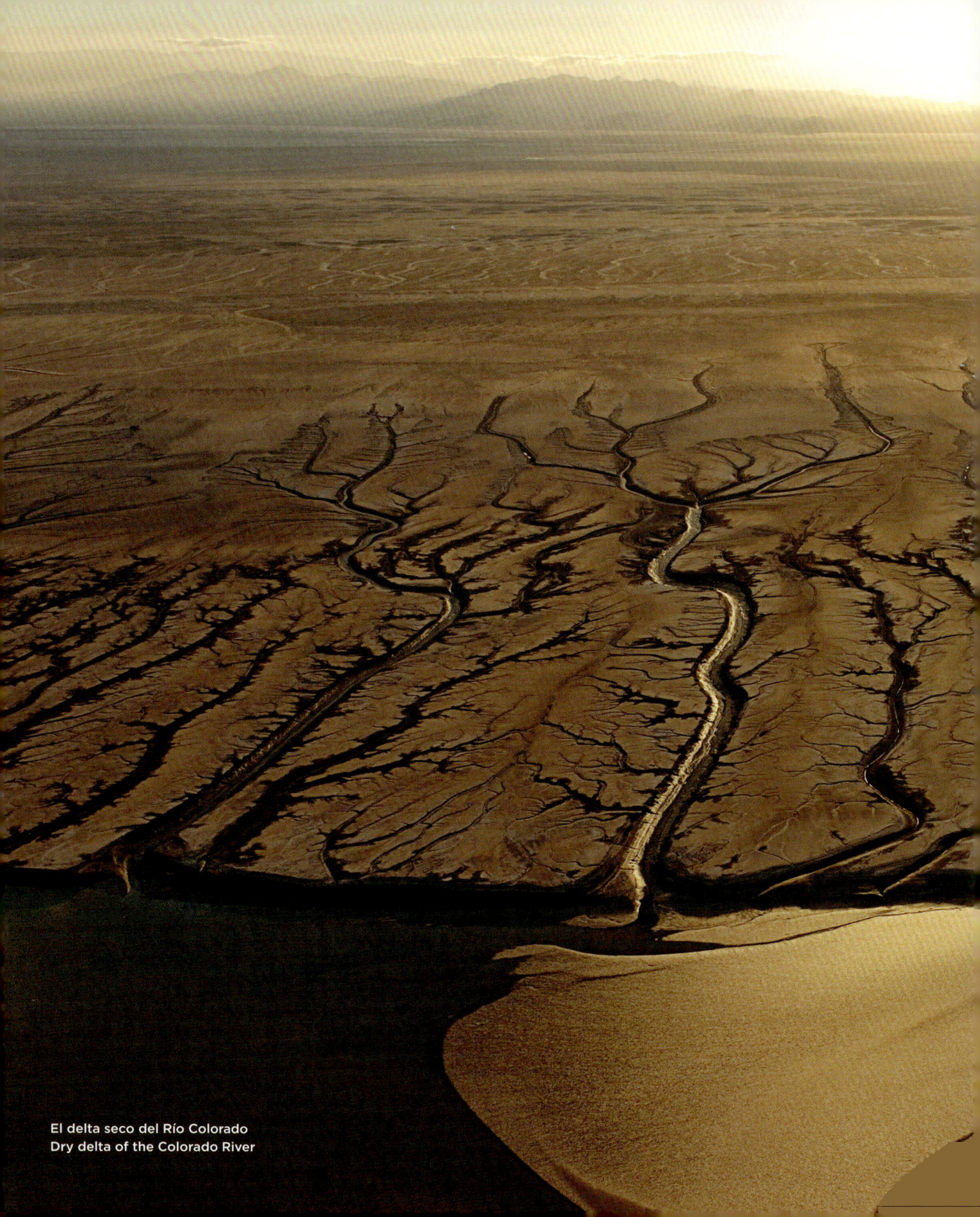

El delta seco del Río Colorado
Dry delta of the Colorado River

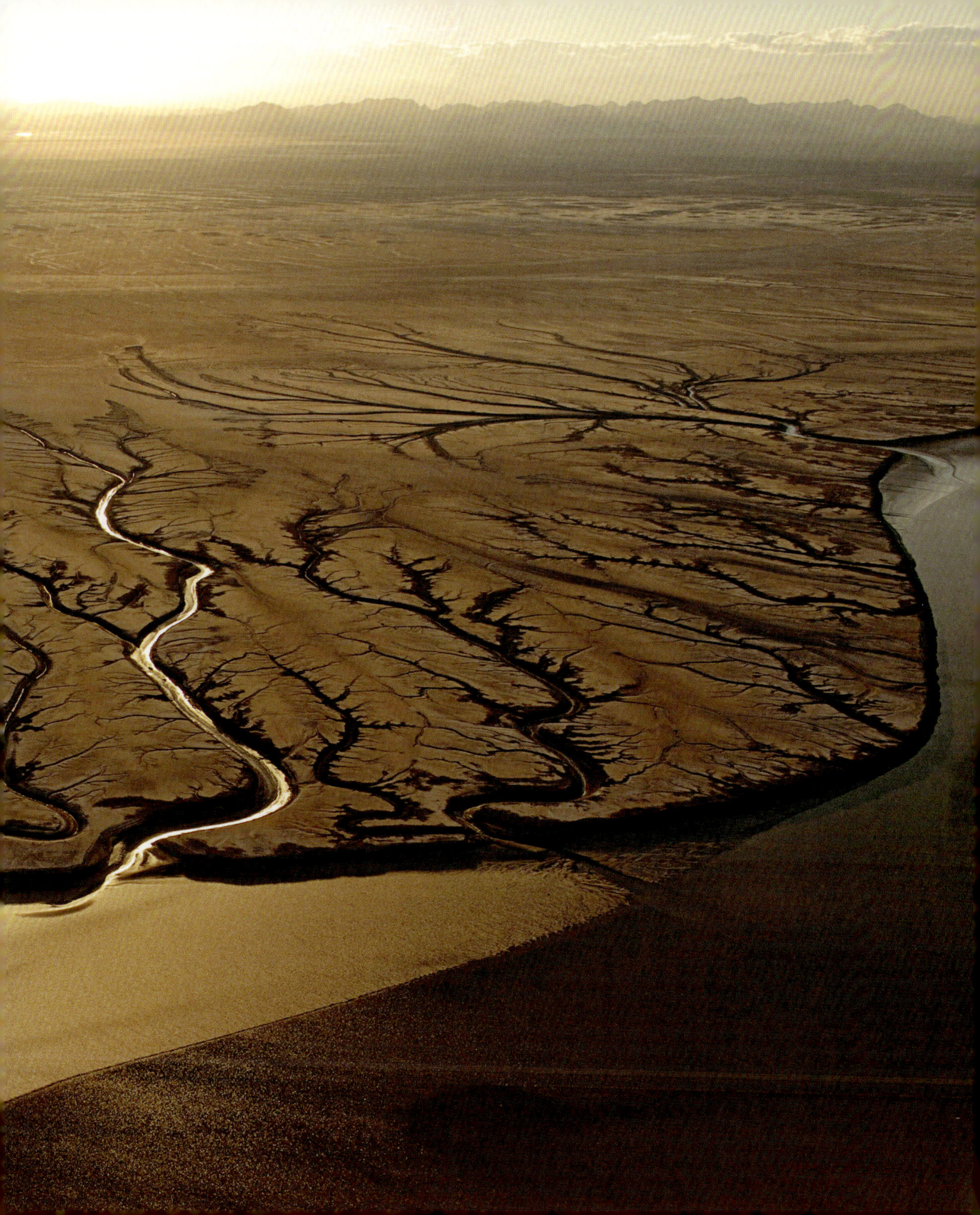

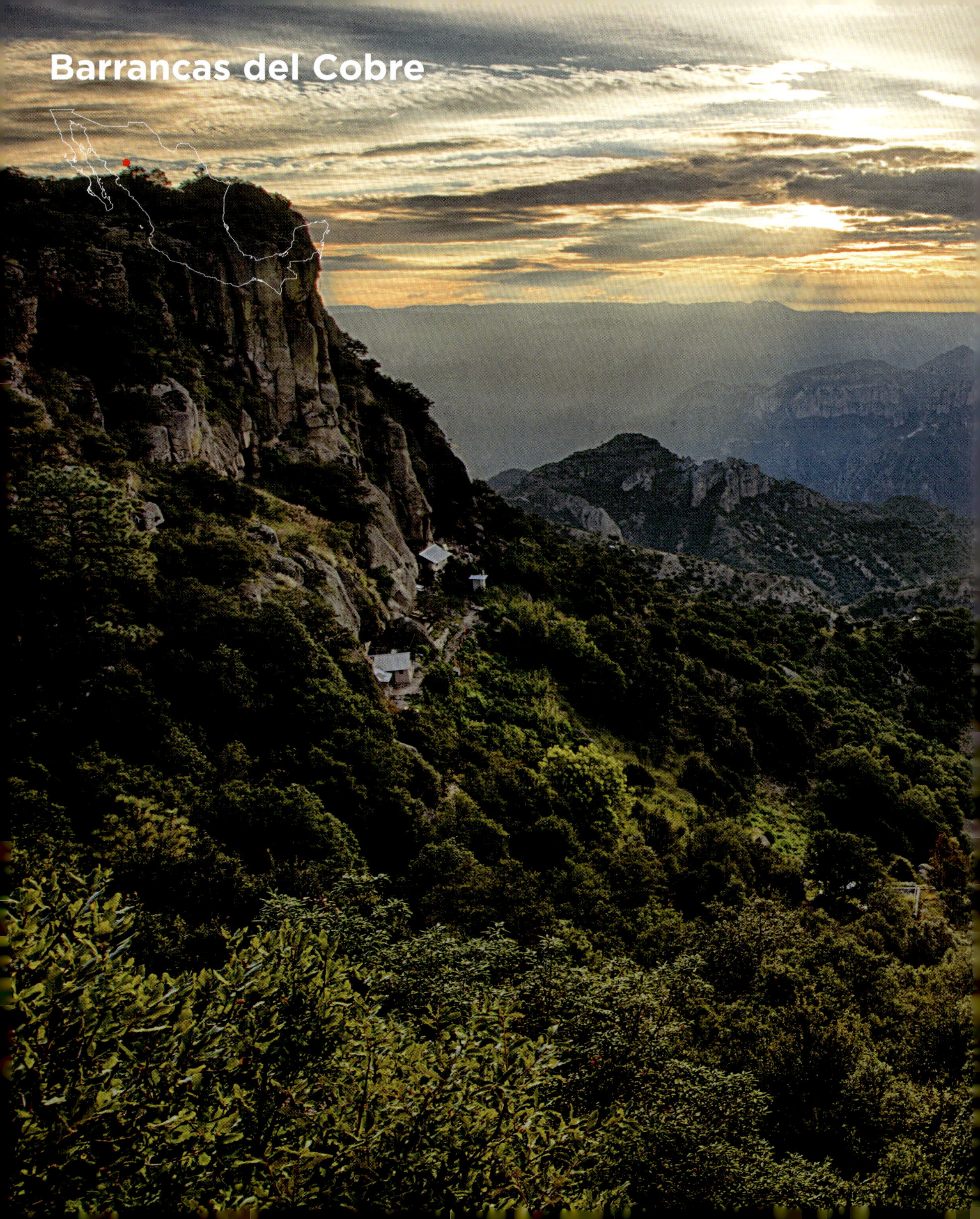
Barrancas del Cobre

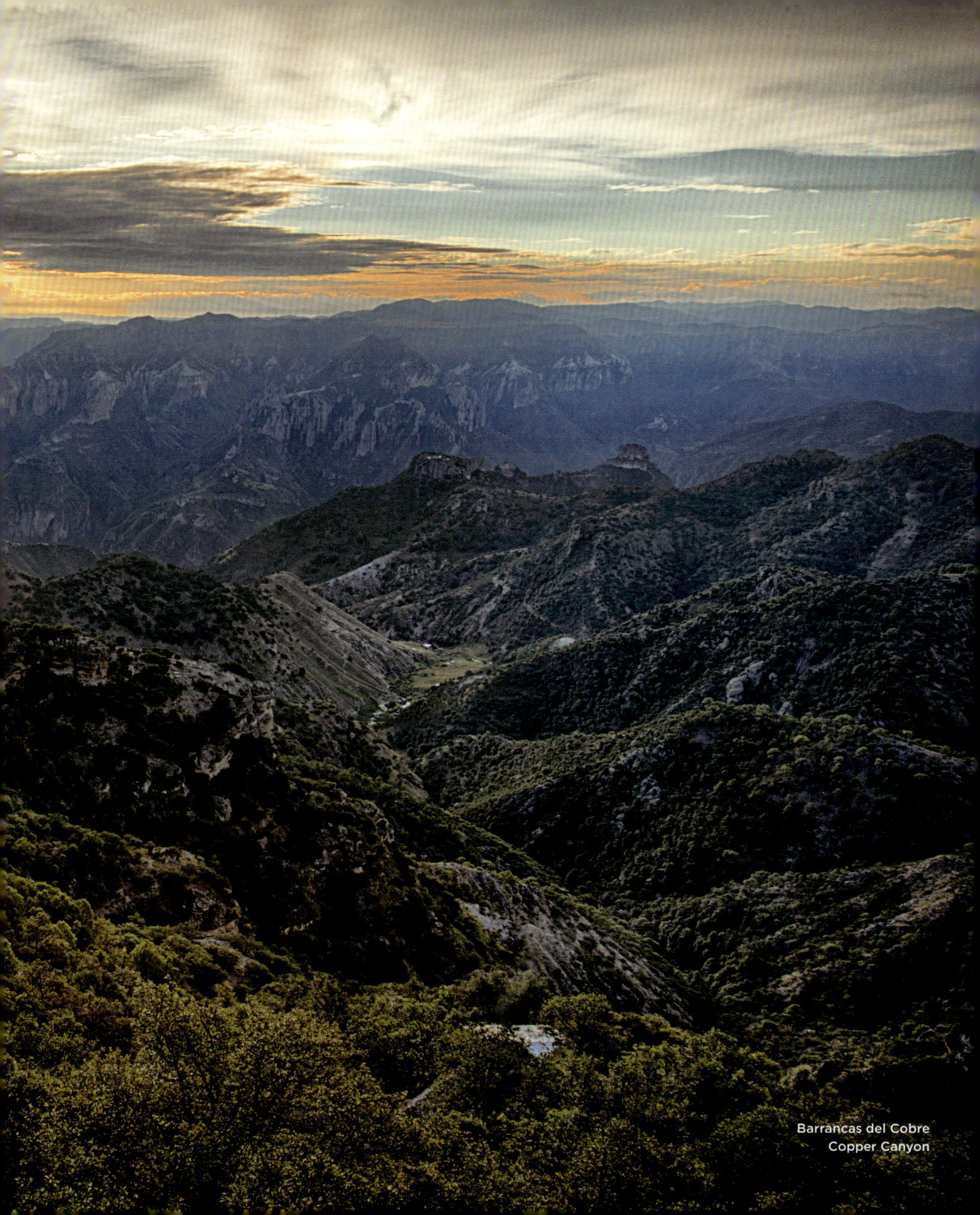

Barrancas del Cobre
Copper Canyon

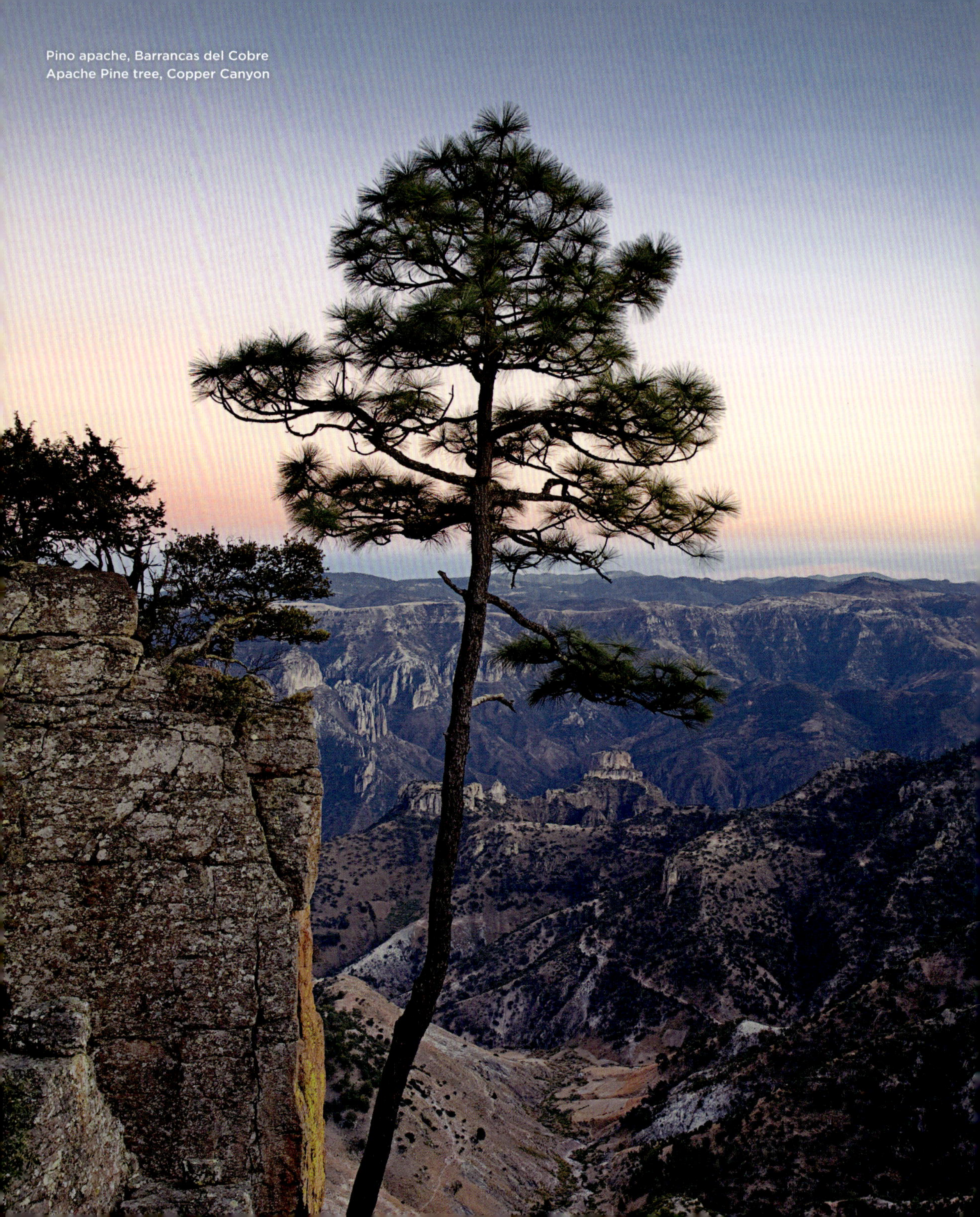

Pino apache, Barrancas del Cobre
Apache Pine tree, Copper Canyon

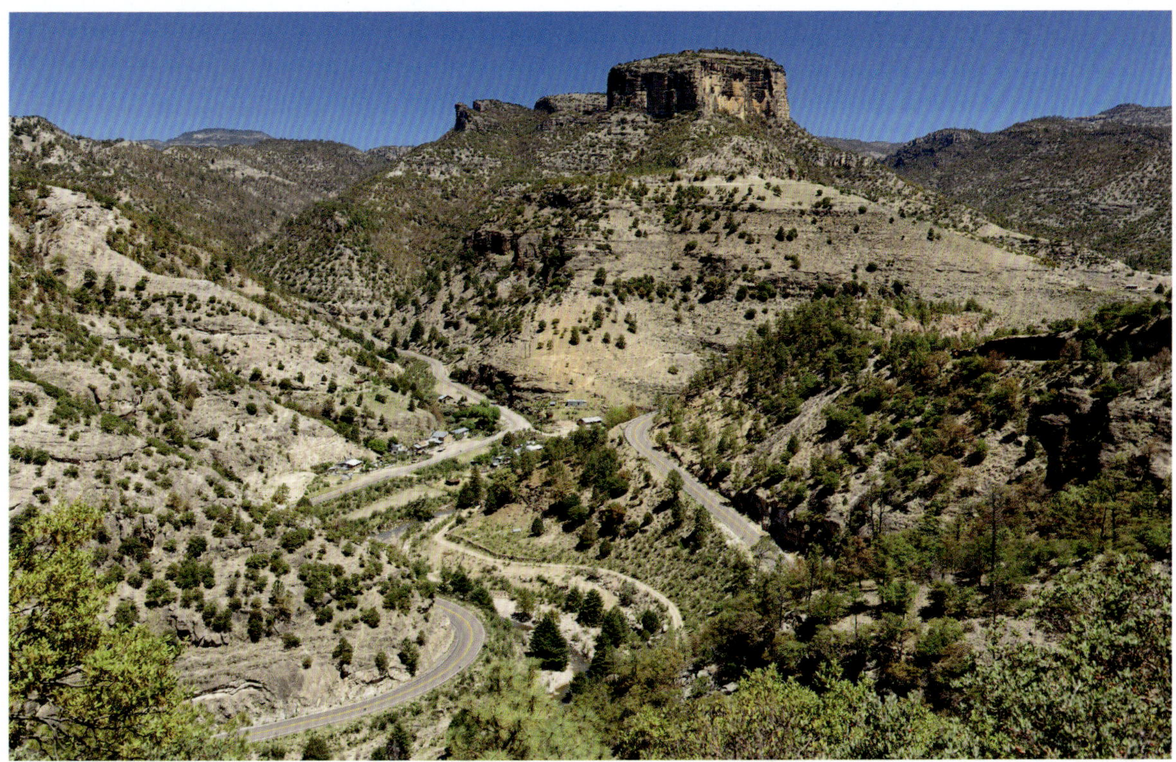

Barrancas del Cobre
Copper Canyon

**Copper Canyon**
The Barrancas del Cobre are also known as the "Grand Canyon of Mexico". The Urique River and its tributaries have dug into the northern part of the Sierra Madre Occidental up to 1870 m (6130 ft) deep, exposing fascinating formations of the reddish volcanic rock that gives the gorge its name.

**Barrancas del Cobre**
Les Barrancas del Cobre (« canyons du cuivre ») sont parfois qualifiées de « Grand Canyon du Mexique ». Le Río Urique et ses affluents ont creusé jusqu'à 1870 m de profondeur dans la partie nord de la Sierra Madre occidentale, dégageant ainsi des motifs fascinants dans la roche volcanique rougeâtre qui a donné leur nom à ces gorges.

**Kupferschlucht**
Die Barrancas del Cobre werden auch als der „Grand Canyon Mexikos" bezeichnet. Bis zu 1870 m tief haben sich der Río Urique und seine Nebenflüsse in den nördlichen Teil der Sierra Madre Occidental gegraben und dabei faszinierende Gebilde aus dem rötlichen Vulkangestein freigelegt, das der Schlucht ihren Namen gegeben hat.

**Cañón del Cobre**
Las Barrancas del Cobre son también conocidas como el "Gran Cañón de México". El río Urique y sus afluentes han excavado en la parte norte de la Sierra Madre Occidental hasta 1870 m de profundidad, dejando al descubierto fascinantes formaciones de roca volcánica rojiza, la cual dio nombre a la garganta.

**Barrancas del Cobre**
Le Barrancas del Cobre ("Gole del Rame") sono qualche volta chiamate "Grand Canyon del Messico". Il fiume Urique e i suoi affluenti hanno scavato nella parte settentrionale della Sierra Madre Occidentale fino a 1870 m di profondità, creando affascinanti formazioni di rossastra roccia vulcanica che ha dato il nome alla gola.

**Koperkloof**
De Barrancas del Cobre worden ook wel de 'Grand Canyon van Mexico' genoemd. De Río Urique en zijn zijrivieren hebben het noordelijke deel van de Sierra Madre Occidental tot 1870 m diep uitgegraven en daarbij fascinerende formaties van het roodachtige vulkaansteen blootgelegd die de kloof zijn naam gaven.

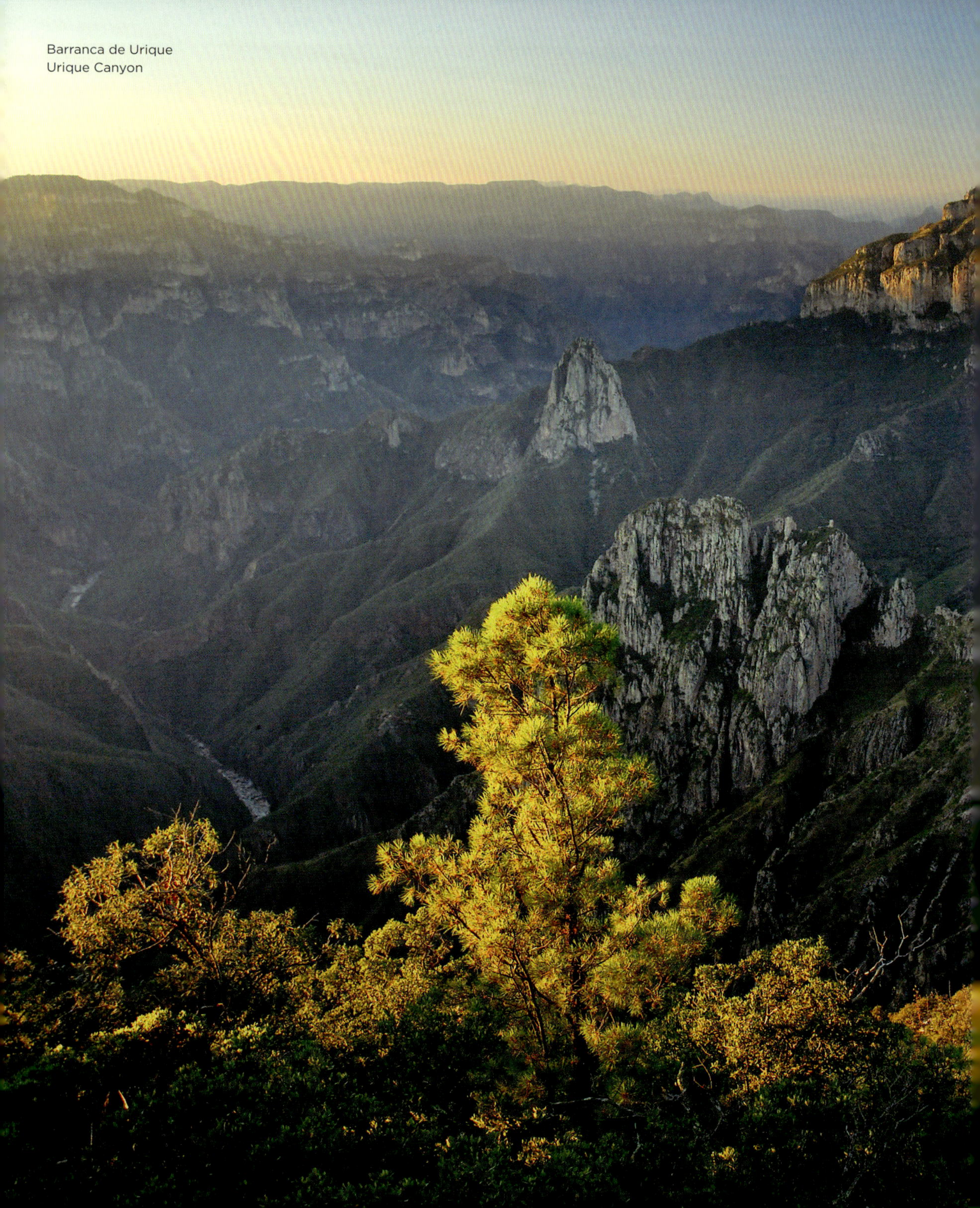

Barranca de Urique
Urique Canyon

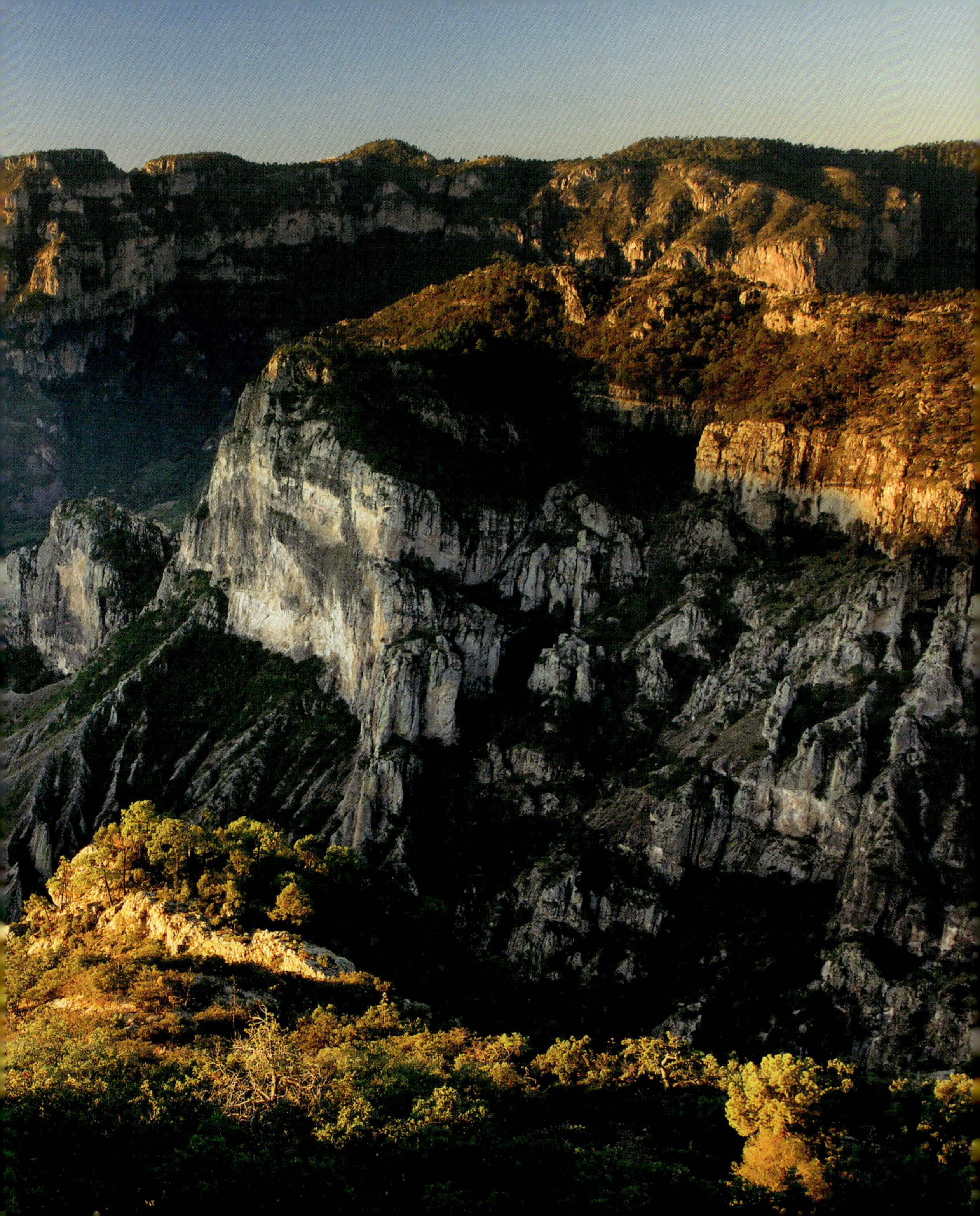

**El Chepe**
The most impressive way to experience the Copper Canyon is by the train "Ferrocarril Chihuahua al Pacífico" (shortened to ChP, or El Chepe). The route winds from the Chihuahuas plateau along the edge of the gorge and then through the subtropical valleys on the Pacific coast to Los Mochis in Sinaloa.

**El Chepe**
La manière la plus impressionnante de découvrir les Barrancas del Cobre, c'est sans doute de prendre place à bord du train Ferrocarril Chihuahua al Pacífico (surnommé ChP, ou « el Chepe »). Cette ligne part des hauts plateaux de Chihuahua et serpente le long des gorges, avant de traverser les vallées subtropicales de la côte Pacifique jusqu'à Los Mochis, dans l'État de Sinaloa.

**El Chepe**
Die wohl beeindruckendste Art und Weise, die Kupferschlucht zu erleben, ist eine Fahrt mit dem Zug Ferrocarril Chihuahua al Pacífico (kurz: ChP oder el Chepe). Die Strecke windet sich von der Hochebene Chihuahuas am Rand der Schlucht entlang und dann durch die subtropischen Täler an der Pazifikküste bis nach Los Mochis in Sinaloa.

**El Chepe**
La manera más impresionante de experimentar el Cañón del Cobre es en tren con el Ferrocarril Chihuahua al Pacífico (abreviatura: ChP o el Chepe). La ruta serpentea desde la meseta de Chihuahua a lo largo del borde del barranco, pasando posteriormente a través de los valles subtropicales en la costa del Pacífico hasta llegar a Los Mochis en Sinaloa.

**El Chepe**
Il modo più impressionante per scoprire le Barrancas del Cobre è senza dubbio prendere posto sul treno Ferrocarril Chihuahua al Pacífico (soprannominato ChP o "el Chepe"). Il percorso si snoda dall'altopiano di Chihuahua lungo il bordo della gola e poi attraverso le valli subtropicali della costa del Pacifico fino a Los Mochis, nello stato di Sinaloa.

**El Chepe**
De indrukwekkendste manier om de Koperkloof te ervaren is door een treinreis te maken met de Ferrocarril Chihuahua al Pacífico (kortweg: ChP of el Chepe). De route slingetrt van de hoogvlakte van Chihuahua langs de rand van de kloof en vervolgens door de subtropische valleien aan de Grote Oceaankust naar Los Mochis in Sinaloa.



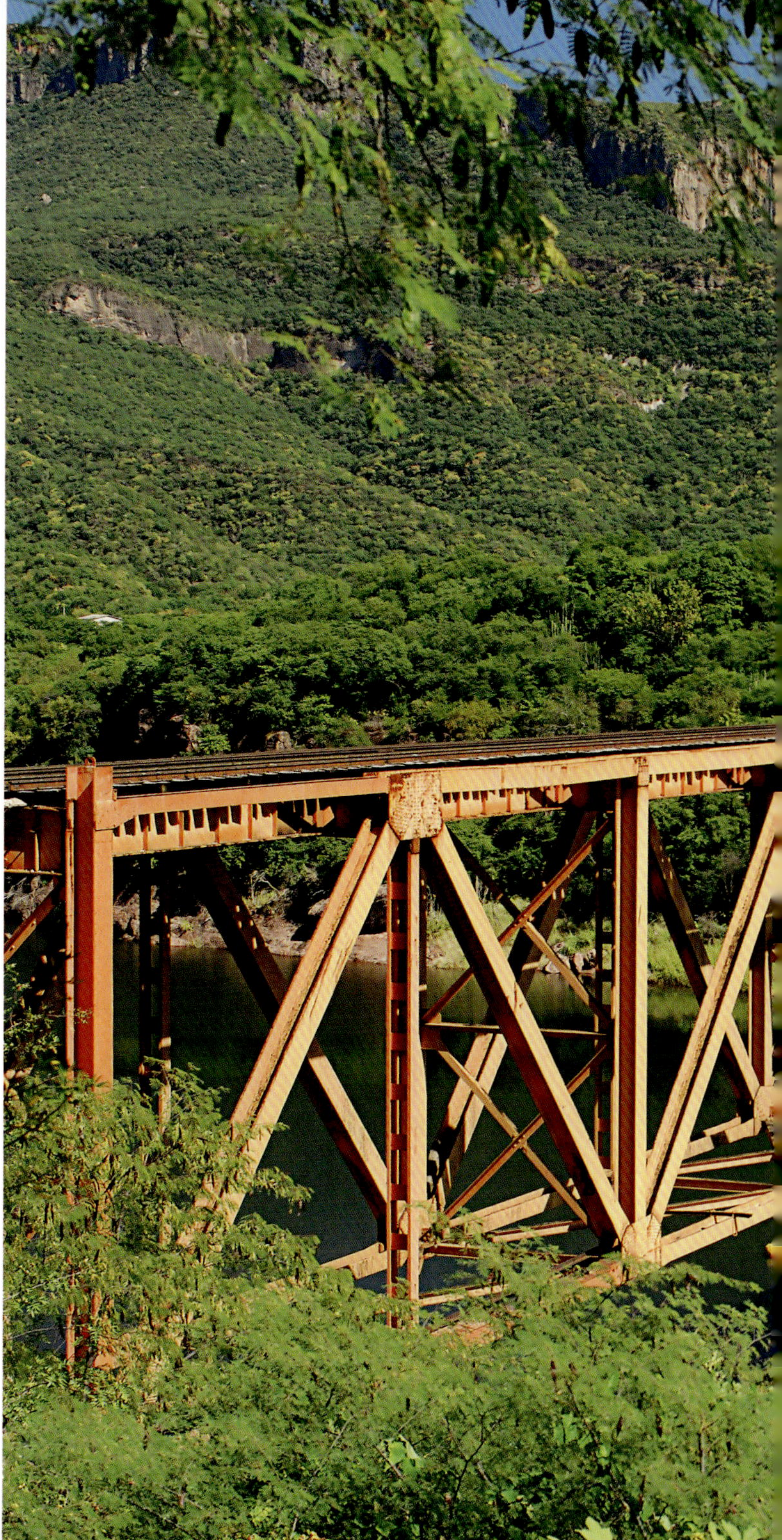

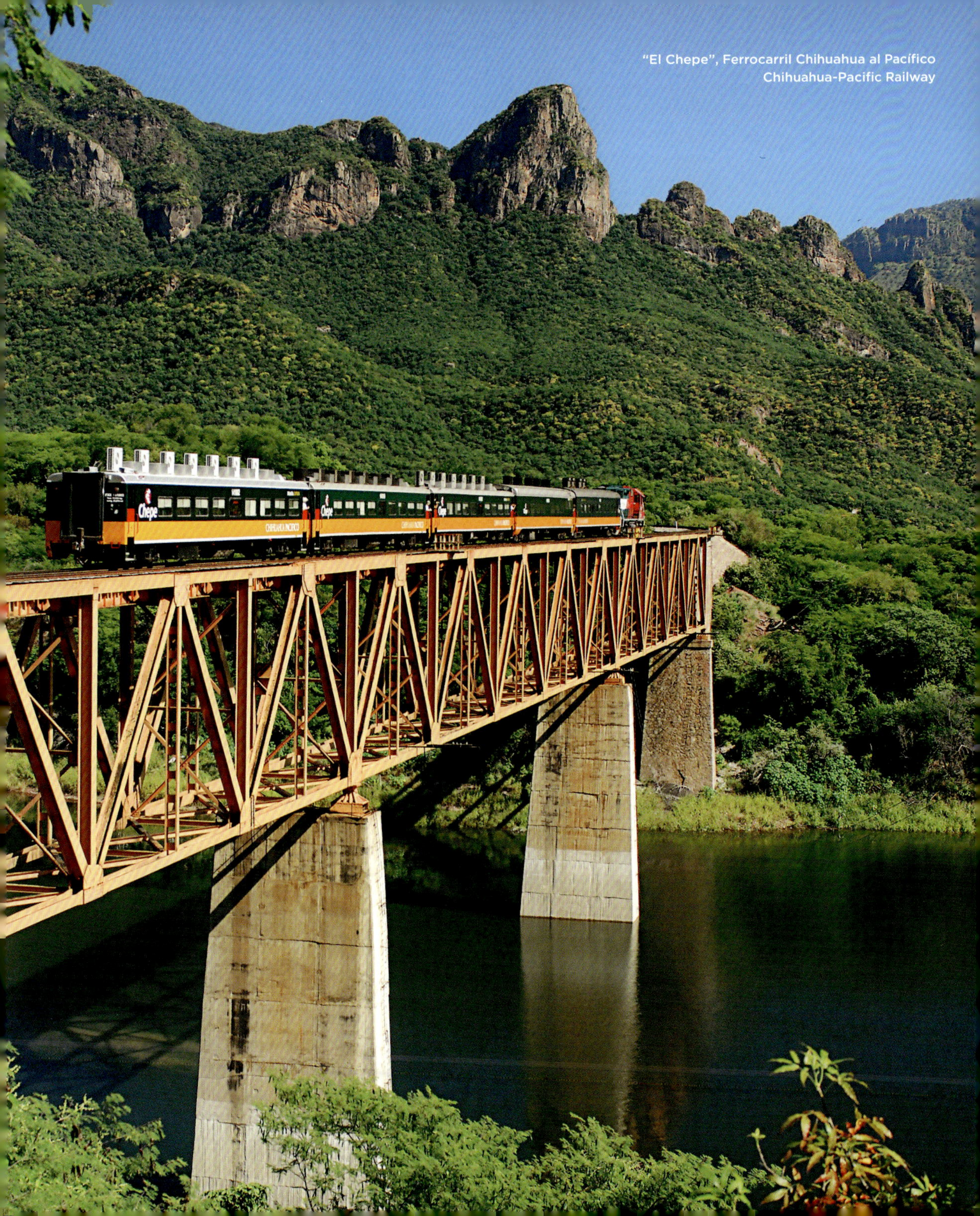


"El Chepe", Ferrocarril Chihuahua al Pacífico
Chihuahua-Pacific Railway

# Chihuahua & Sinaloa

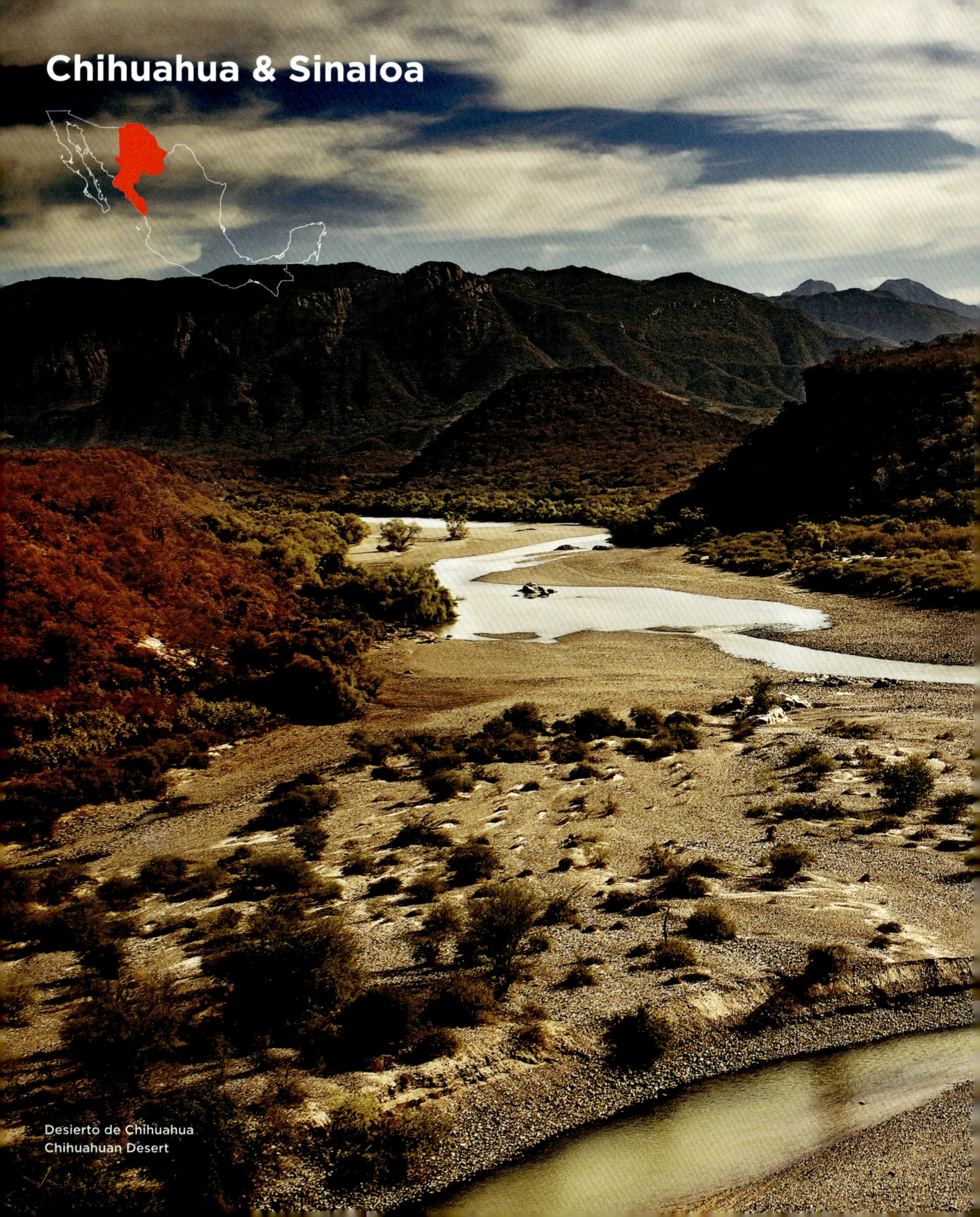

Desierto de Chihuahua
Chihuahuan Desert

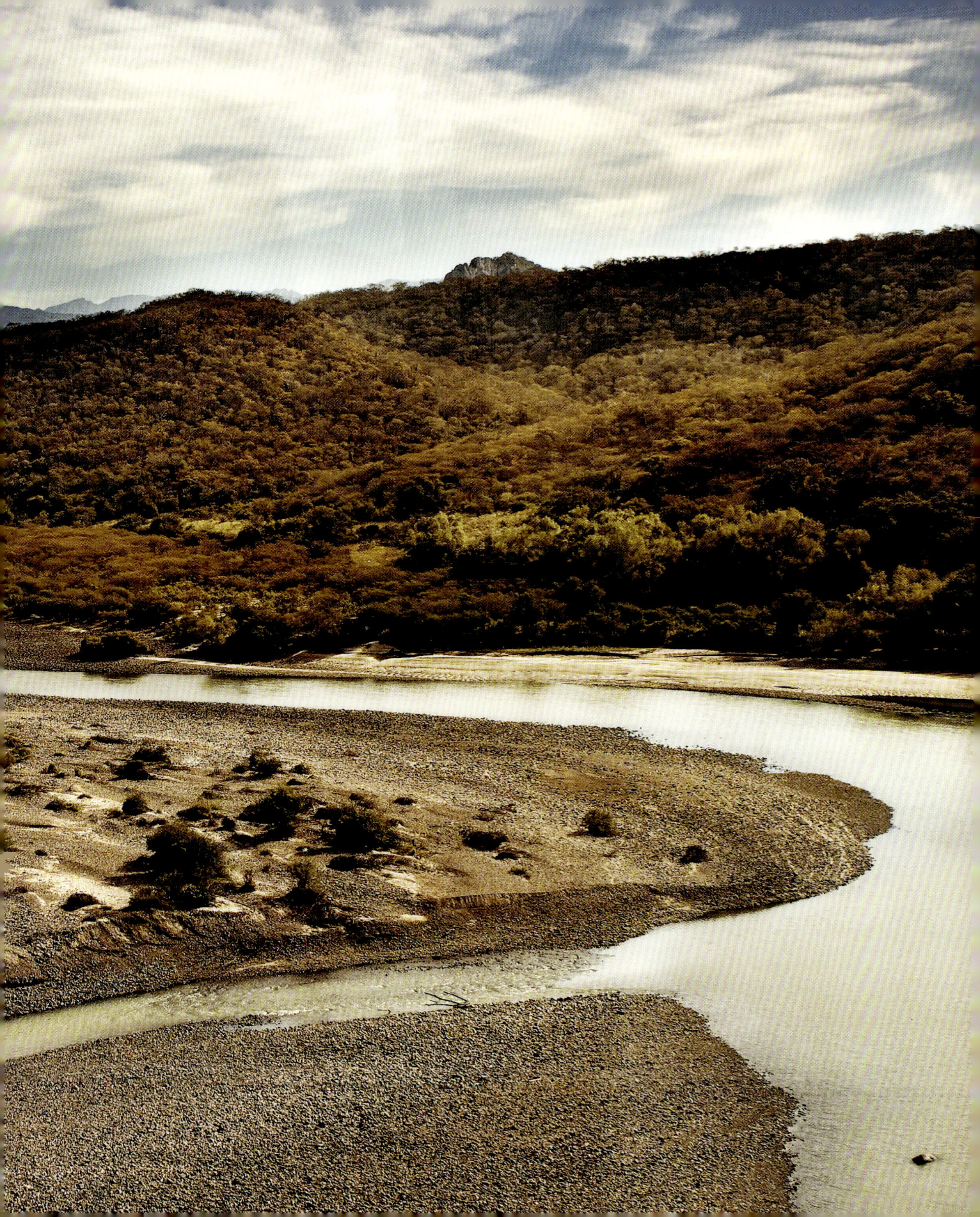

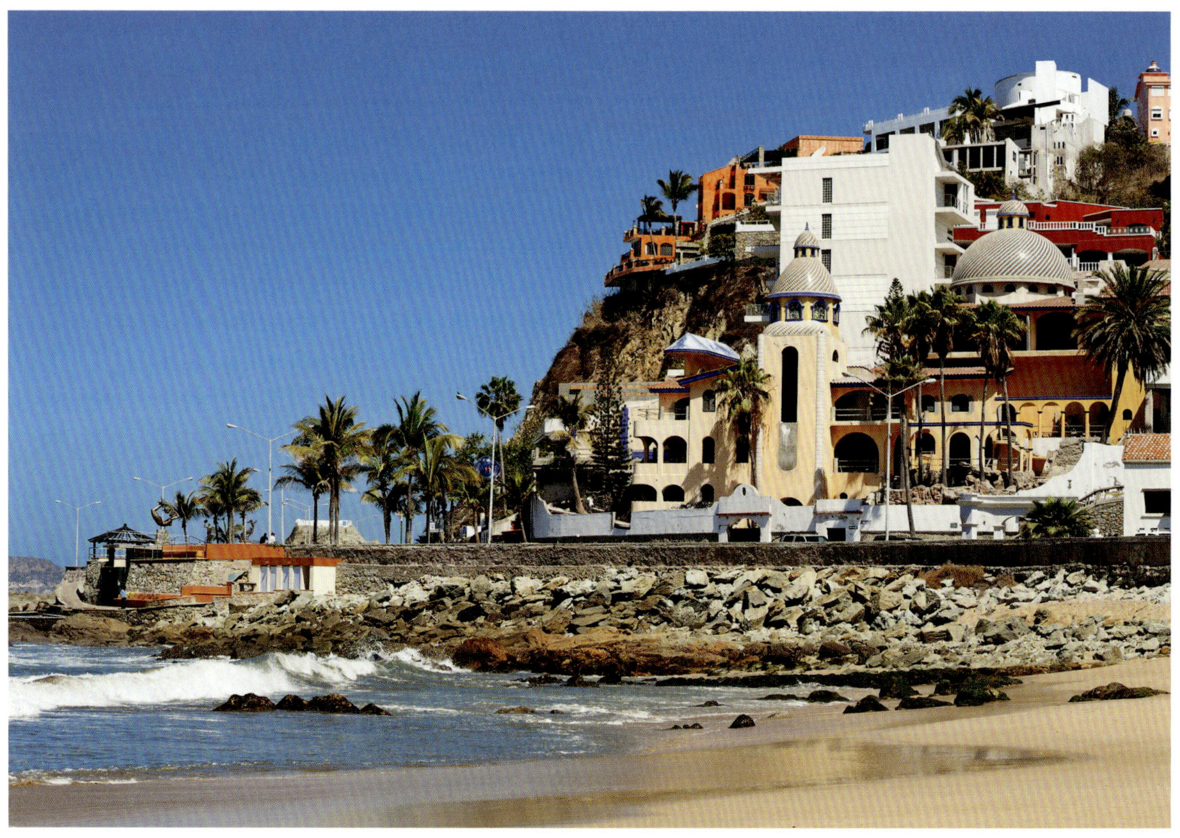

Playa Olas Altas, Mazatlán, Sinaloa
Olas Altas beach, Mazatlán, Sinaloa

**Chihuahua and Sinaloa**
Apart from the Copper Canyon, Chihuahua still lives a kind of Sleeping Beauty existence—quiet and undiscovered. The state of northern Mexico has a lot to offer: blue mountains with cacti and herds of cattle, desert-like plateaus and green valleys, deep gorges and thunderous waterfalls. In the state of Sinaloa, long sandy beaches, pleasant temperatures and a historic old town make Mazatlán a popular destination.

**Chihuahua et Sinaloa**
Outre les Barrancas del Cobre, Chihuahua mène une sorte de vie de Belle au bois dormant, paisible et en retrait. Pourtant, cet État fédéral situé tout au nord du Mexique a beaucoup à offrir : des montagnes bleues couvertes de cactus, où paissent les troupeaux de bovins, des plateaux désertiques et des vallées verdoyantes, de profondes gorges ou encore des chutes d'eau mugissantes. Dans l'État de Sinaloa, la ville chargée d'histoire de Mazatlán, avec ses plages de sable fin et ses températures si agréables, est une destination prisée.

**Chihuahua und Sinaloa**
Von der Kupferschlucht abgesehen, fristet Chihuahua noch eine Art Dornröschendasein – still und unentdeckt. Dabei hat der Bundesstaat ganz im Norden Mexikos jede Menge zu bieten: blaue Berge mit Kakteen und Rinderherden, wüstenhafte Plateaus und grüne Täler, tiefe Schluchten und tosende Wasserfälle. Lange Sandstrände, angenehme Temperaturen und die historische Altstadt von Mazatlán machen den Bundesstaat Sinaloa zu einem beliebten Reiseziel.

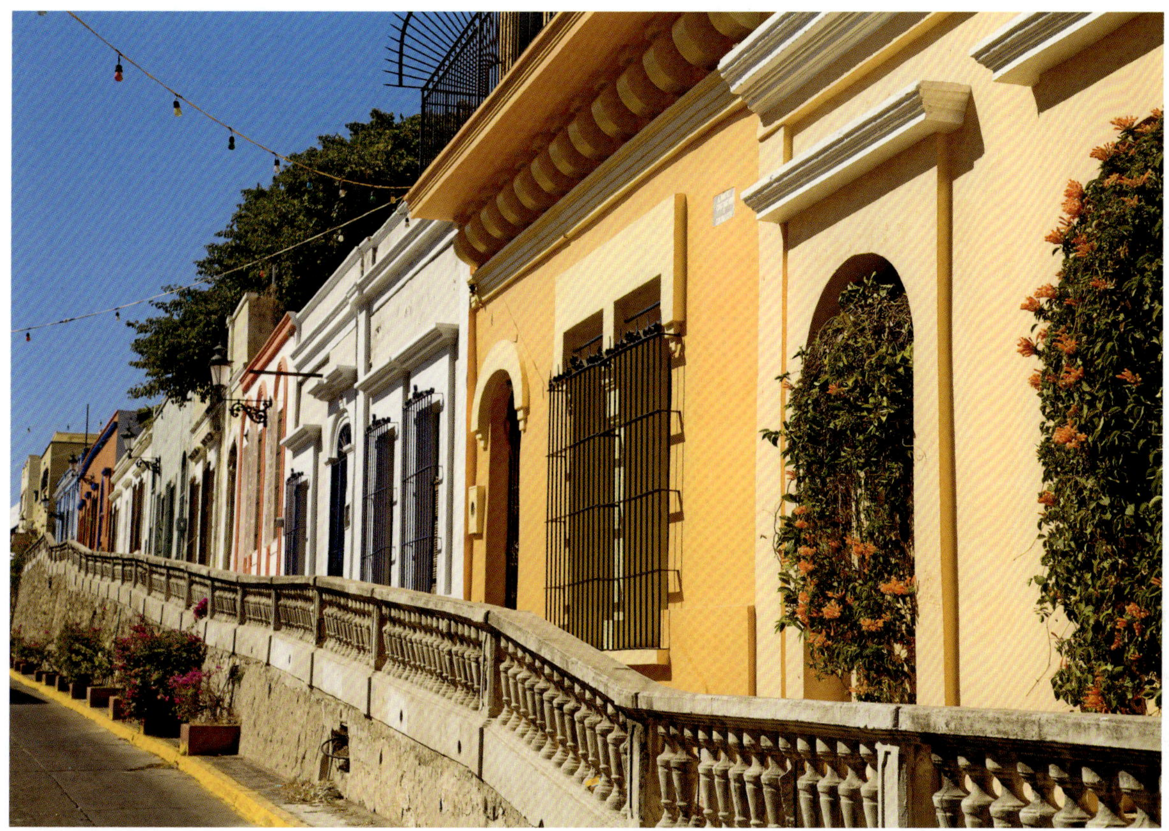

Mazatlán, Sinaloa

**Chihuahua y Sinaloa**
Aparte del Cañón del Cobre, Chihuahua todavía perdura como una especie de bella durmiente, tranquila y desconocida. El estado del norte de México tiene mucho que ofrecer: montañas azules con cactus y rebaños de ganado, mesetas desérticas y valles verdes, profundas gargantas y cascadas estruendosas. En el estado de Sinaloa, sus largas playas de arena, sus agradables temperaturas y su casco histórico hacen de Mazatlán un destino popular.

**Chihuahua e Sinaloa**
Oltre alle Barrancas del Cobre, Chihuahua vive ancora una sorta di esistenza di Bella Addormentata, tranquilla e inesplorata. Lo stato federale del Messico settentrionale ha molto da offrire: montagne blu coperte di cactus, le mandrie di bestiame allo stato brado, altopiani desertici e lussureggianti valli, gole profonde e cascate fragorose. Nello stato di Sinaloa, lunghe spiagge sabbiose, temperature piacevoli e un centro storico fanno di Mazatlán una destinazione molto rinnomata.

**Chihuahua en Sinaloa**
Afgezien van de Koperkloof leidt Chihuahua nog een soort doornroosjesbestaan – rustig en onontdekt. Deze staat in Noord-Mexico heeft veel te bieden: blauwe bergen met cactussen en kuddes runderen, woestijnachtige hoogvlakten en groene dalen, diepe kloven en donderende watervallen. In de staat Sinaloa maken lange zandstranden, aangename temperaturen en de historische oudstad Mazatlán tot een geliefd reisdoel.

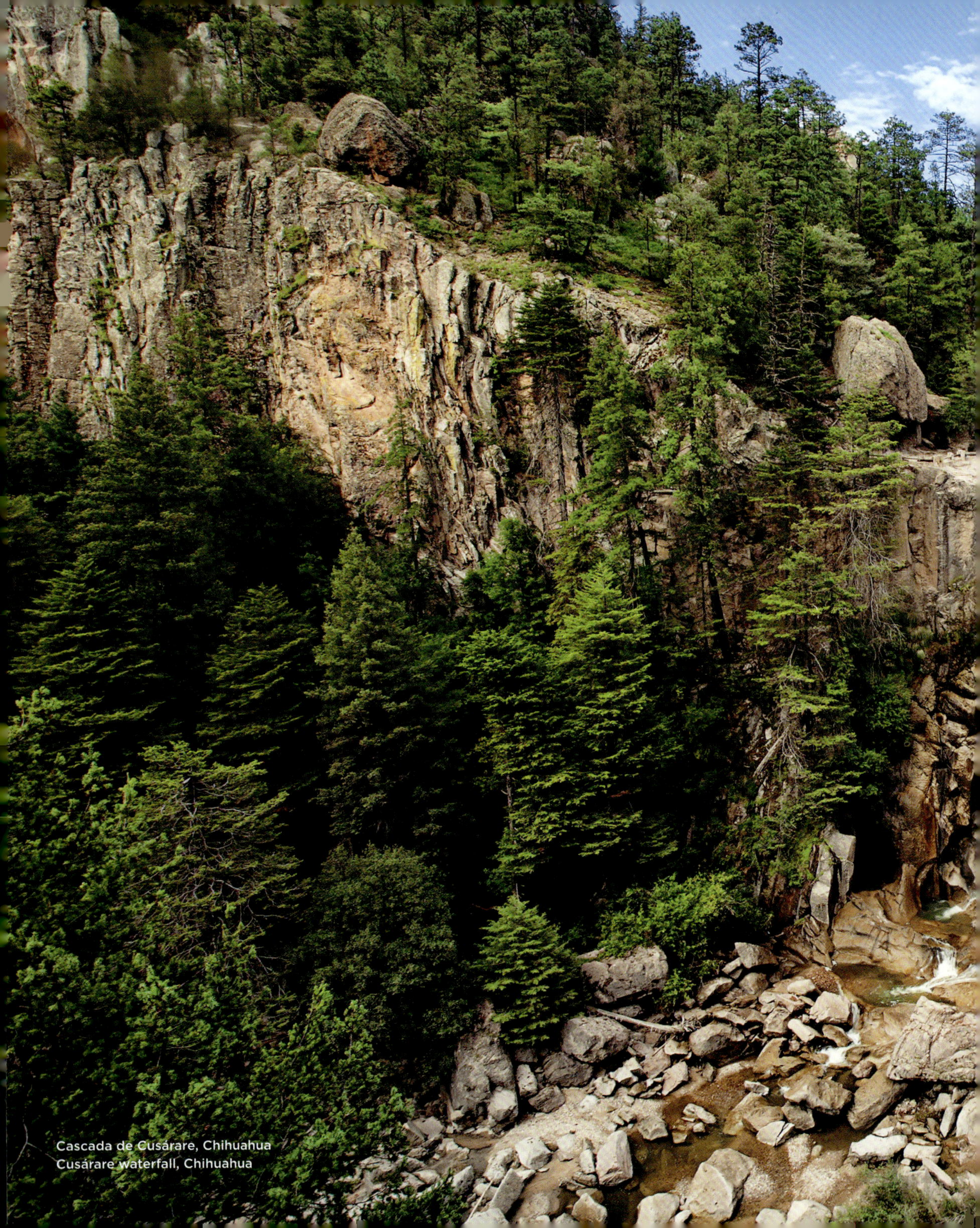

Cascada de Cusárare, Chihuahua
Cusárare waterfall, Chihuahua

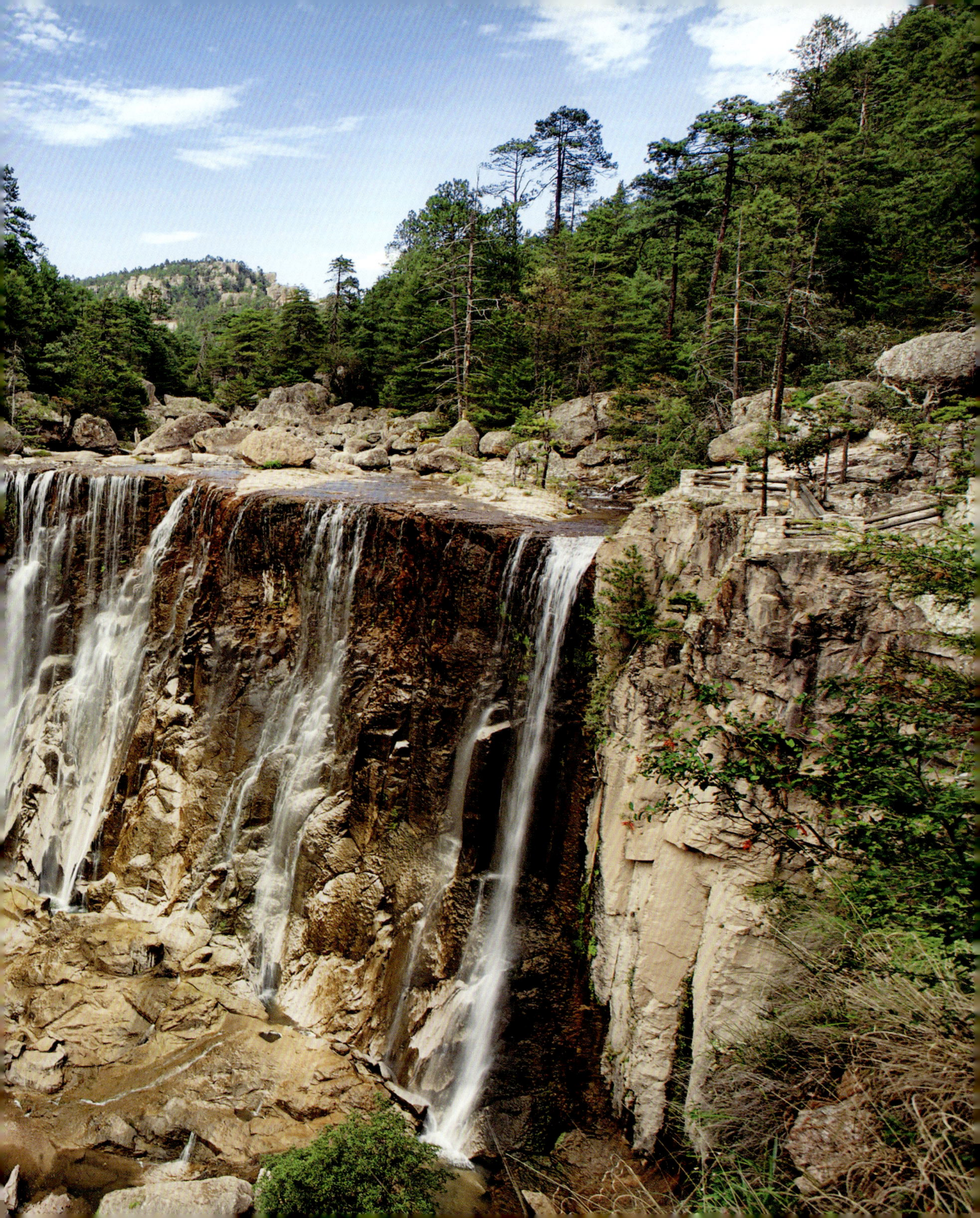

**Chihuahuan Desert**
The largest of the North American deserts, stretching from northern Mexico to the USA, is a paradise for rare species. Around 3500 different plant species thrive here, a third of which do not occur anywhere else in the world. The climate is milder than in the adjacent Sonoran Desert. In summer the average temperature is 35 to 40 °C (95–104 °F).

**Le désert de Chihuahua**
Ce désert, le plus grand parmi ceux d'Amérique du Nord, s'étend du Nord du Mexique jusqu'aux États-Unis et est un véritable paradis pour les espèces rares. Quelque 3500 types de plantes différents s'épanouissent ici, dont un tiers que l'on ne retrouve dans aucun autre endroit du monde. Situé essentiellement entre 1000 et 1500 m d'altitude, le climat y est plus doux que dans le désert voisin de Sonora. En été, les températures moyennes s'élèvent entre 35 et 40 °C.

**Chihuahua-Wüste**
Die größte unter den nordamerikanischen Wüsten erstreckt sich vom Norden Mexikos bis in die USA und ist ein Paradies für seltene Spezies. 3500 verschiedene Pflanzenarten gedeihen hier, von denen ein Drittel an keinem anderen Ort der Welt vorkommen. Das Klima ist milder als in der angrenzenden Sonora-Wüste. Im Sommer liegen die Durchschnittstemperaturen bei 35 bis 40 °C .

**Desierto de Chihuahua**
El mayor de los desiertos de América del Norte, que se extiende desde el norte de México hasta los EE.UU., es un paraíso para las especies raras. Aquí prosperan 3500 especies diferentes de plantas, un tercio de las cuales no se encuentran en ningún otro lugar del mundo. El clima es más suave que en el desierto adyacente de Sonora. En verano la temperatura media es de 35 a 40 °C.

**Deserto di Chihuahua**
Il più grande dei deserti nordamericani, che si estende dal Messico settentrionale agli Stati Uniti, è un paradiso per le specie rare. Qui prosperano 3500 specie di piante diverse, un terzo delle quali non sono presenti in nessun'altra parte del mondo. Il clima è più mite che nell'adiacente deserto di Sonora. In estate la temperatura media è di 35–40 °C.

**Chihuahuawoestijn**
De grootste Noord-Amerikaanse woestijn, die zich uitstrekt van Noord-Mexico tot de Verenigde Staten, is een paradijs voor zeldzame soorten. Hier gedijen 3500 verschillende plantensoorten, waarvan een derde nergens anders ter wereld voorkomt. Het klimaat is milder dan in de aangrenzende Sonorawoestijn. In de zomer is de gemiddelde temperatuur 35 tot 40 °C.

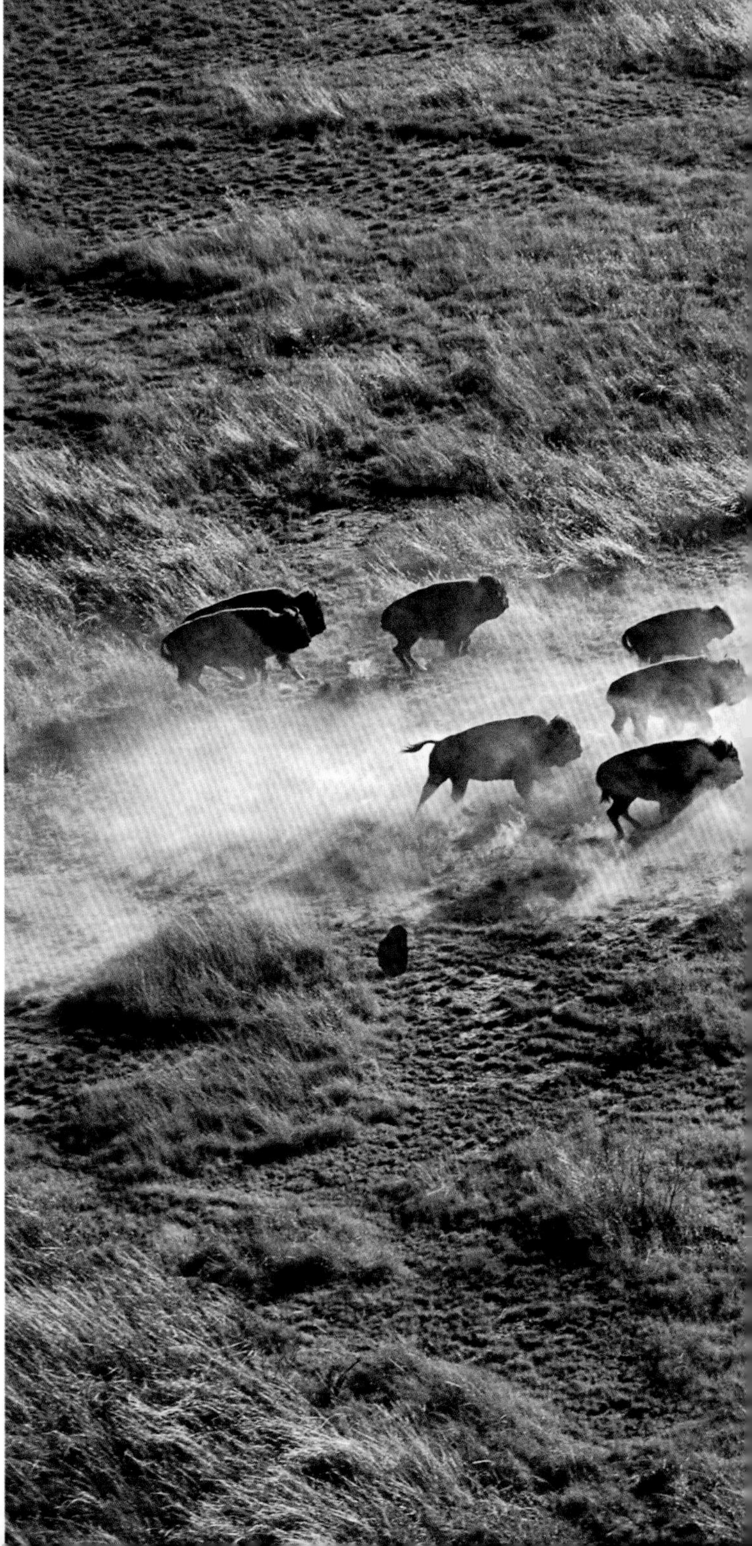

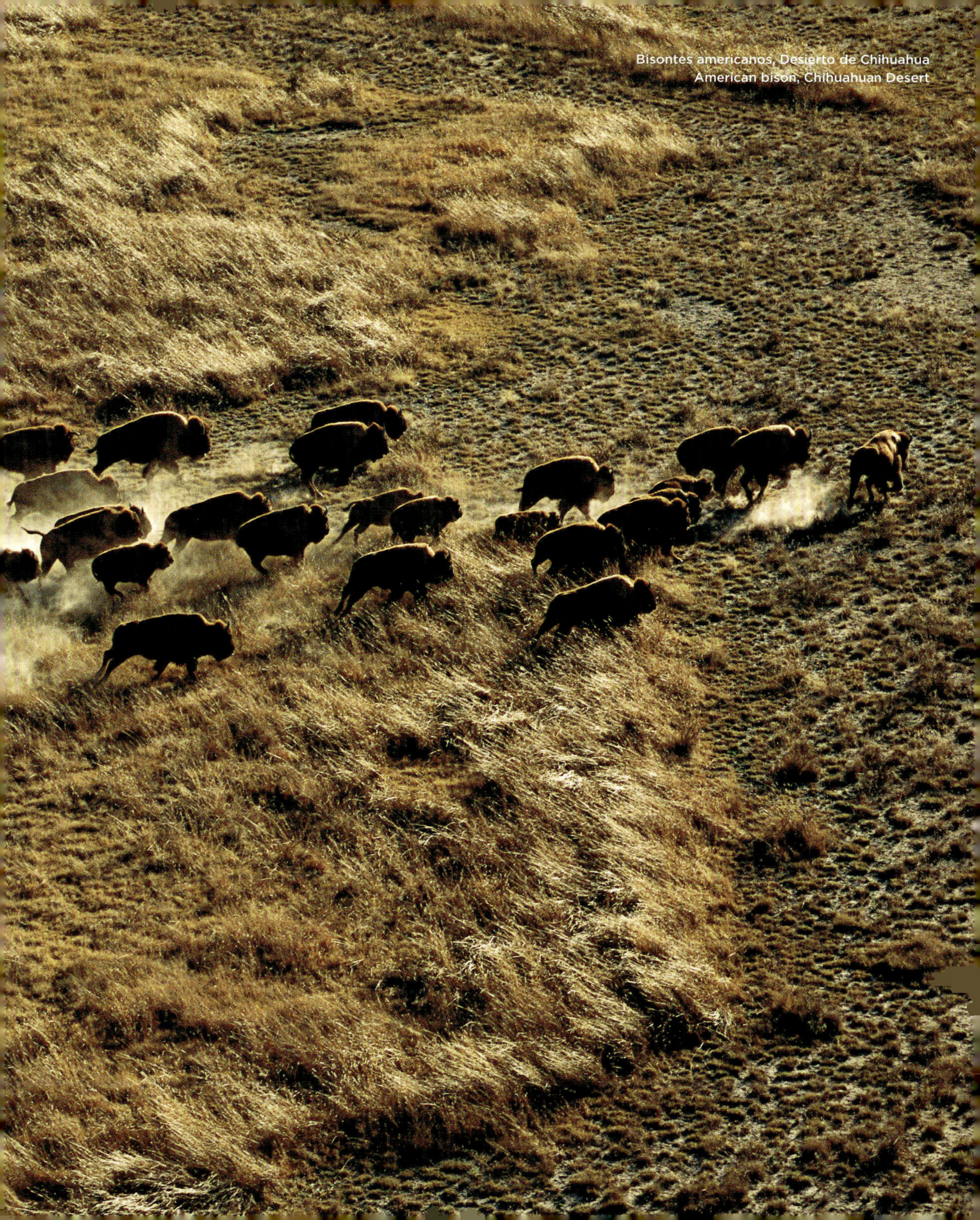

Bisontes americanos, Desierto de Chihuahua
American bison, Chihuahuan Desert

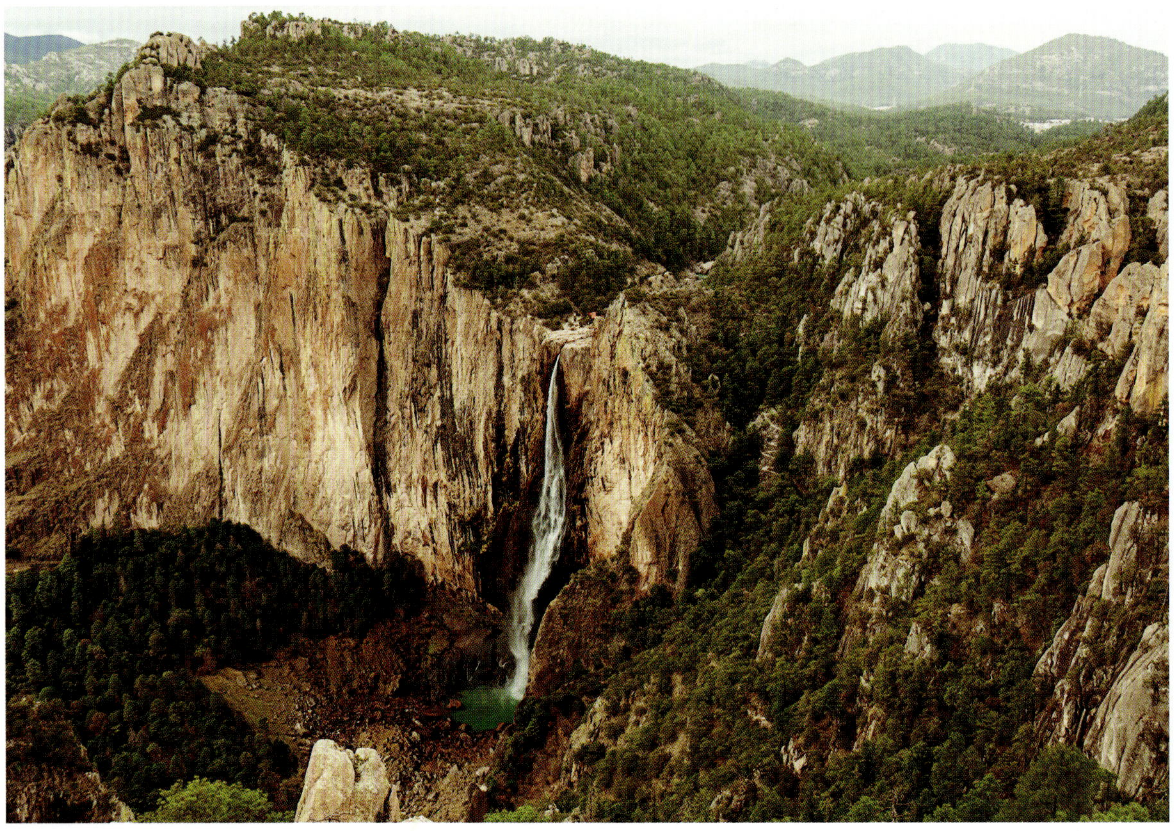

Parque Nacional Cascada de Basaseachi, Chihuahua
Basaseachic Falls National Park, Chihuahua

**Cascada de Basaseachi National Park**
The park is home to Mexico's two highest waterfalls: the highest being the Cascada de Piedra Volada with its 453 m (1486 ft) free fall, along with the eponymous Cascada de Basaseachi, which falls 246 m (807 ft).

**Le parc national Cascada de Basaseachi**
Ce parc abrite deux des chutes d'eau les plus hautes du Mexique : la plus grande est la Cascada de Piedra Volada, avec une chute libre de 453 m, suivie de la Cascada de Basaseachi – qui donne son nom au parc –, avec un dénivelé de pas moins de 246 m.

**Nationalpark Cascada de Basaseachi**
Der Park beherbergt gleich die beiden höchsten Wasserfälle Mexikos: Der höchste ist die Cascada de Piedra Volada mit 453 m freiem Fall, und die namensgebende Cascada de Basaseachi stürzt immerhin 246 m in die Tiefe.

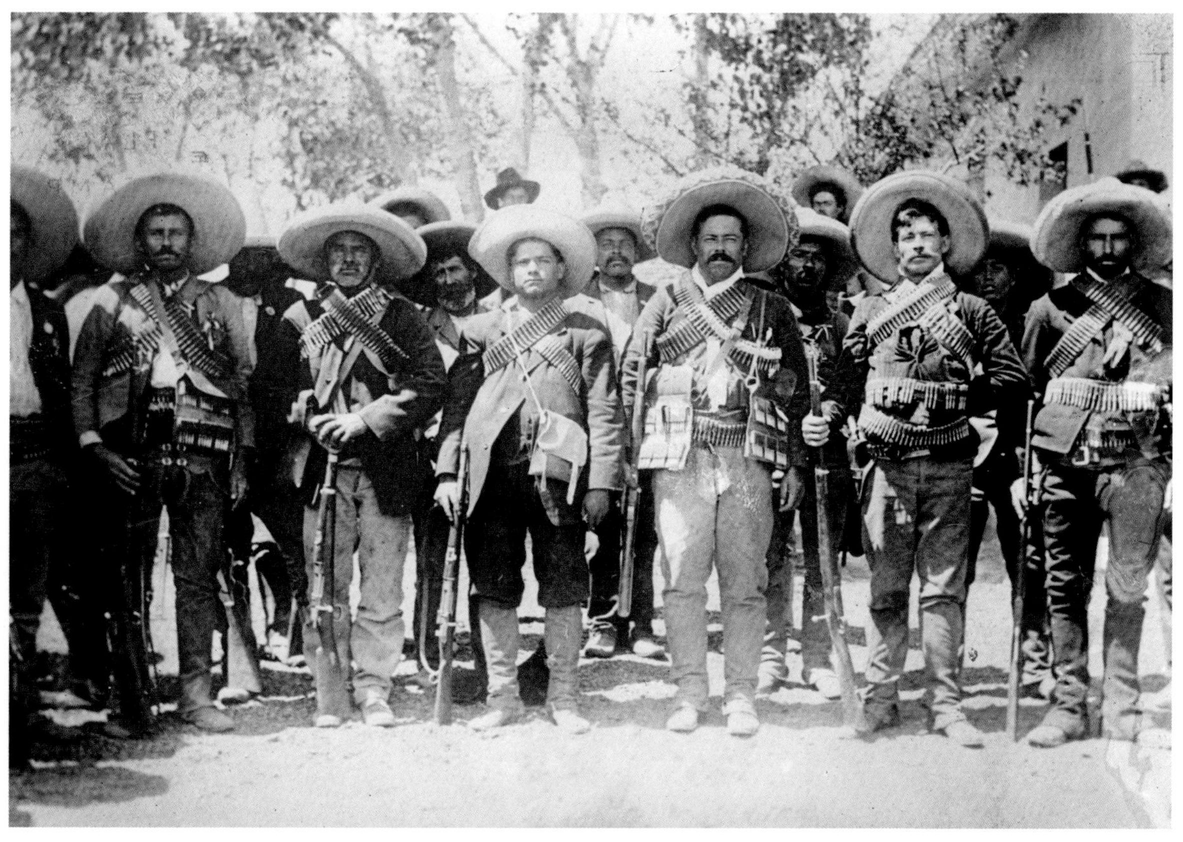

General Francisco "Pancho" Villa, Calixto Contreras y Fidel Avila, Hacienda de Bustillos, Chihuahua, 1911
General Francisco "Pancho" Villa, Calixto Contreras and Fidel Avila, Hacienda de Bustillos, Chihuahua, 1911

**Parque Nacional Cascada de Basaseachi**
El parque alberga las dos cascadas más altas de México: la más alta es la Cascada de Piedra Volada con 453 m de caída libre, y la homónima Cascada de Basaseachi cae a lo largo de 246 m en las profundidades.

**Parco Nazionale di Cascada de Basaseachi**
Il parco ospita le due cascate più alte del Messico: la più alta è la Cascada de Piedra Volada con 453 m di caduta libera, seguita dall'omonima Cascada de Basaseachi con un dislivello di 246 m.

**Nationaal park Cascada de Basaseachi**
Het park herbergt Mexico's twee hoogste watervallen: de hoogste is de Cascada de Piedra Volada met een vrije val van 453 m, en de gelijknamige Cascada de Basaseachi stort 246 m naar beneden.

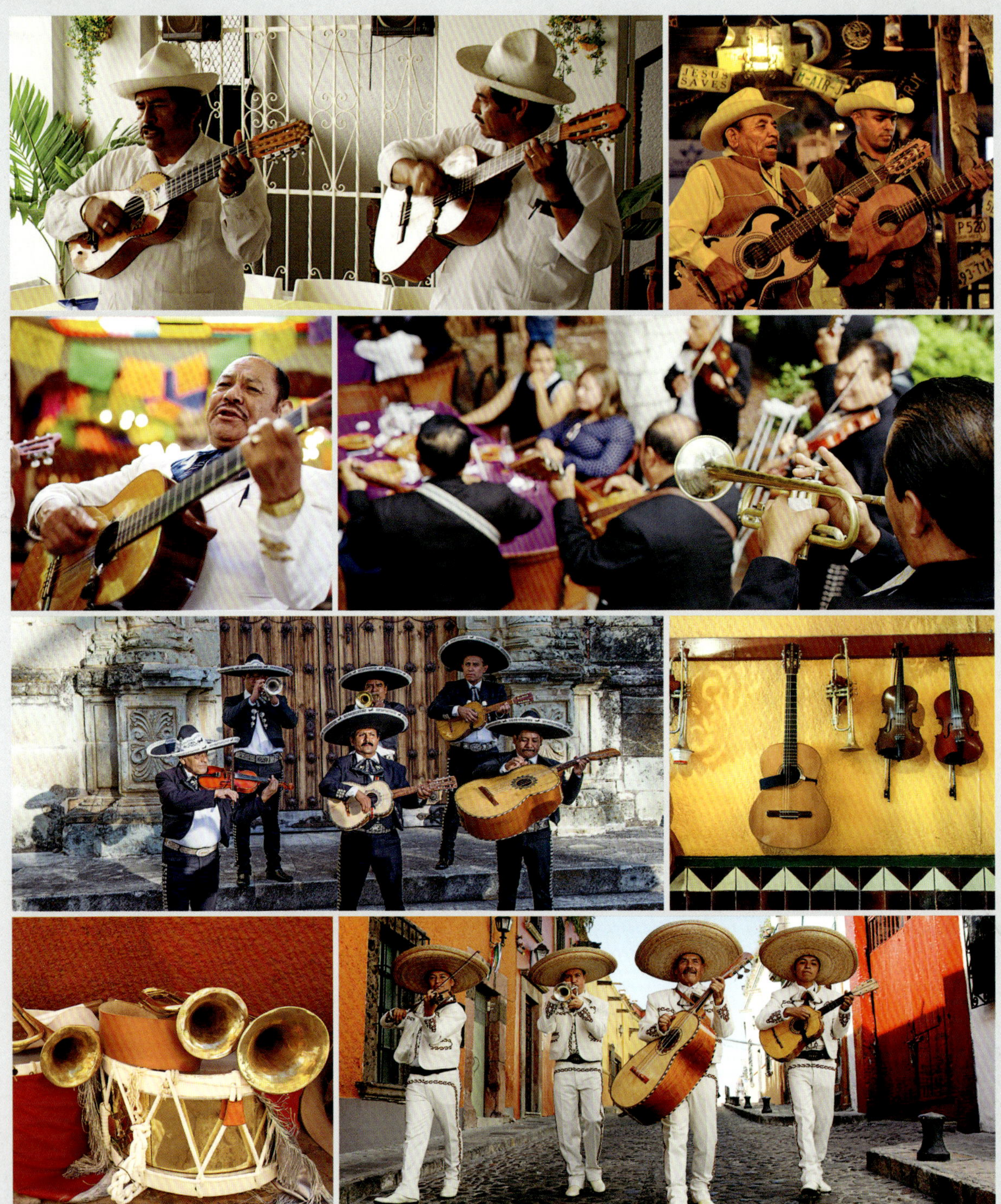
JESUS SAVES

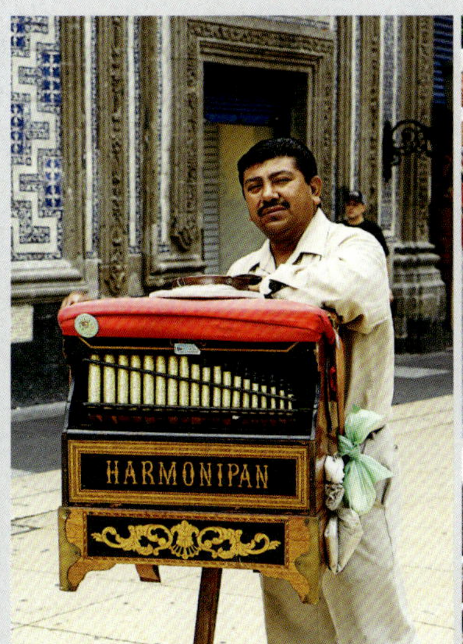


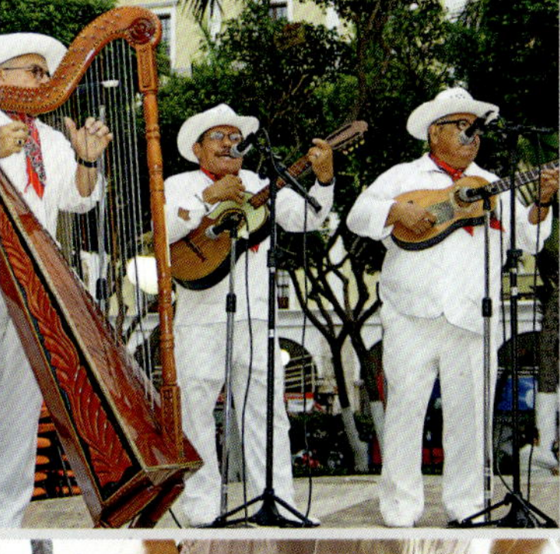

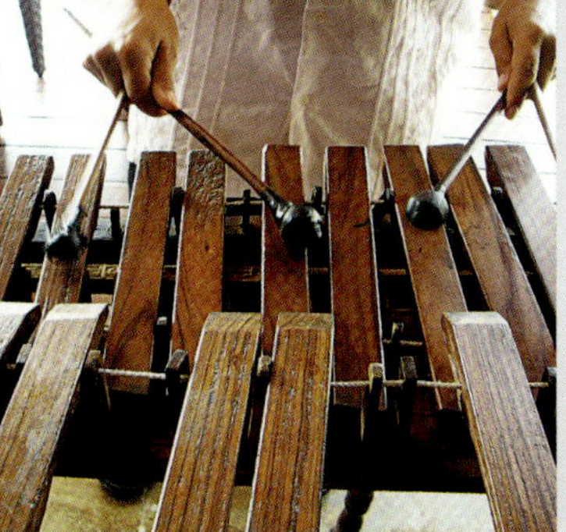

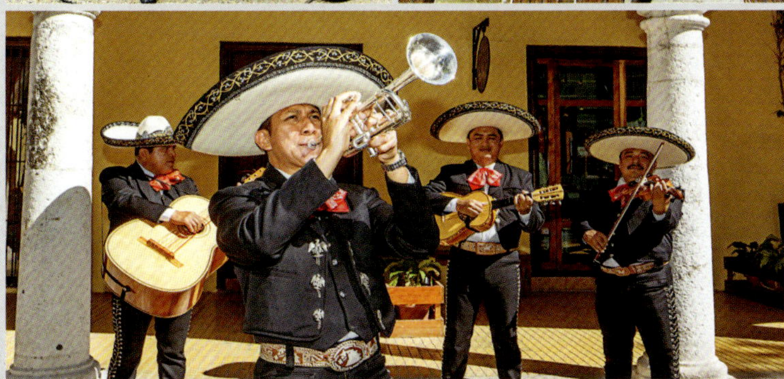

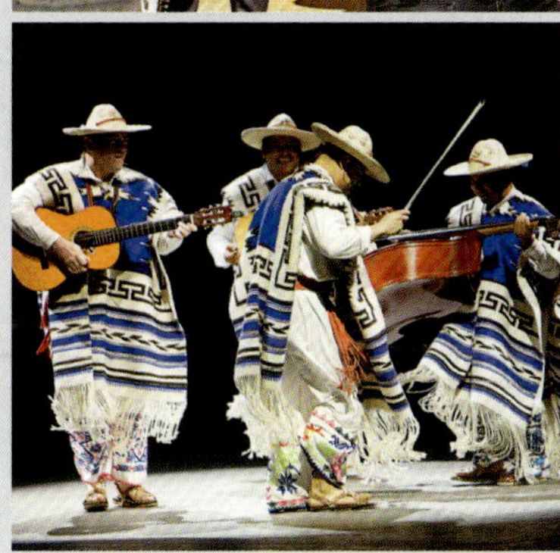

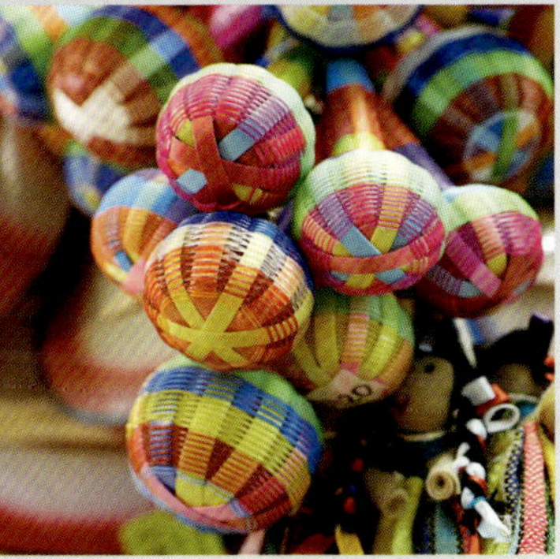

**Music**
Mariachi music is spread throughout the country and is known worldwide. Besides violins, guitars, trumpets and sometimes a harp, the musicians use the vihuela and the guitarrón. Among the African-inspired instruments are the xylophone and the maracas. In many regions there are also regional music styles, such as Son Jarocho in the Caribbean.

**Musique**
La musique mariachi est répandue dans tout le pays, et célèbre dans le monde entier. Outre les violons, les guitares, les trompettes et parfois la harpe, ces musiciens utilisent également la vihuela et le guitarrón. S'y ajoutent le xylophone et les maracas, d'inspiration africaine. Dans de nombreuses régions, il existe également des styles de musique régionaux, comme le son jarocho dans les Caraïbes.

**Musik**
Über das ganze Land verbreitet und weltweit bekannt ist die Mariachi-Musik. Neben Geigen, Gitarren, Trompeten und manchmal einer Harfe verwenden die Musiker die Vihuela und das Gitarrón. Zu den afrikanisch inspirierten Instrumenten gehören das Xylophon und die Maracas. In vielen Regionen gibt es darüber hinaus regionale Musikstile, wie Son Jarocho in der Karibik.

**Música**
La música mariachi se extiende por todo el país y es conocida en todo el mundo. Además de violines, guitarras, trompetas y a veces un arpa, los músicos utilizan la vihuela y el guitarrón. Entre los instrumentos de inspiración africana se encuentran el xilófono y las maracas. En muchas regiones también hay estilos musicales regionales, como el Son Jarocho en el Caribe.

**Musica**
La musica mariachi è diffusa in tutto il paese ed è conosciuta in tutto il mondo. Oltre a violini, chitarre, trombe e a volte un'arpa, i musicisti usano la vihuela e il guitarrón. Tra gli strumenti di ispirazione africana ci sono lo xilofono e le maracas. In molte regioni esistono anche stili musicali locali, come il son jorocho nei Caraibi.

**Muziek**
Mariachimuziek wordt in het hele land gespeeld en is wereldwijd bekend. Naast violen, gitaren, trompetten en soms een harp gebruiken de muzikanten de vihuela en de gitarrón. Tot de Afrikaans aandoende instrumenten behoren de xylofoon en maracas. In veel regio's zijn daarnaast nog regionale muziekstijlen, zoals de son jarocho in de Carib.

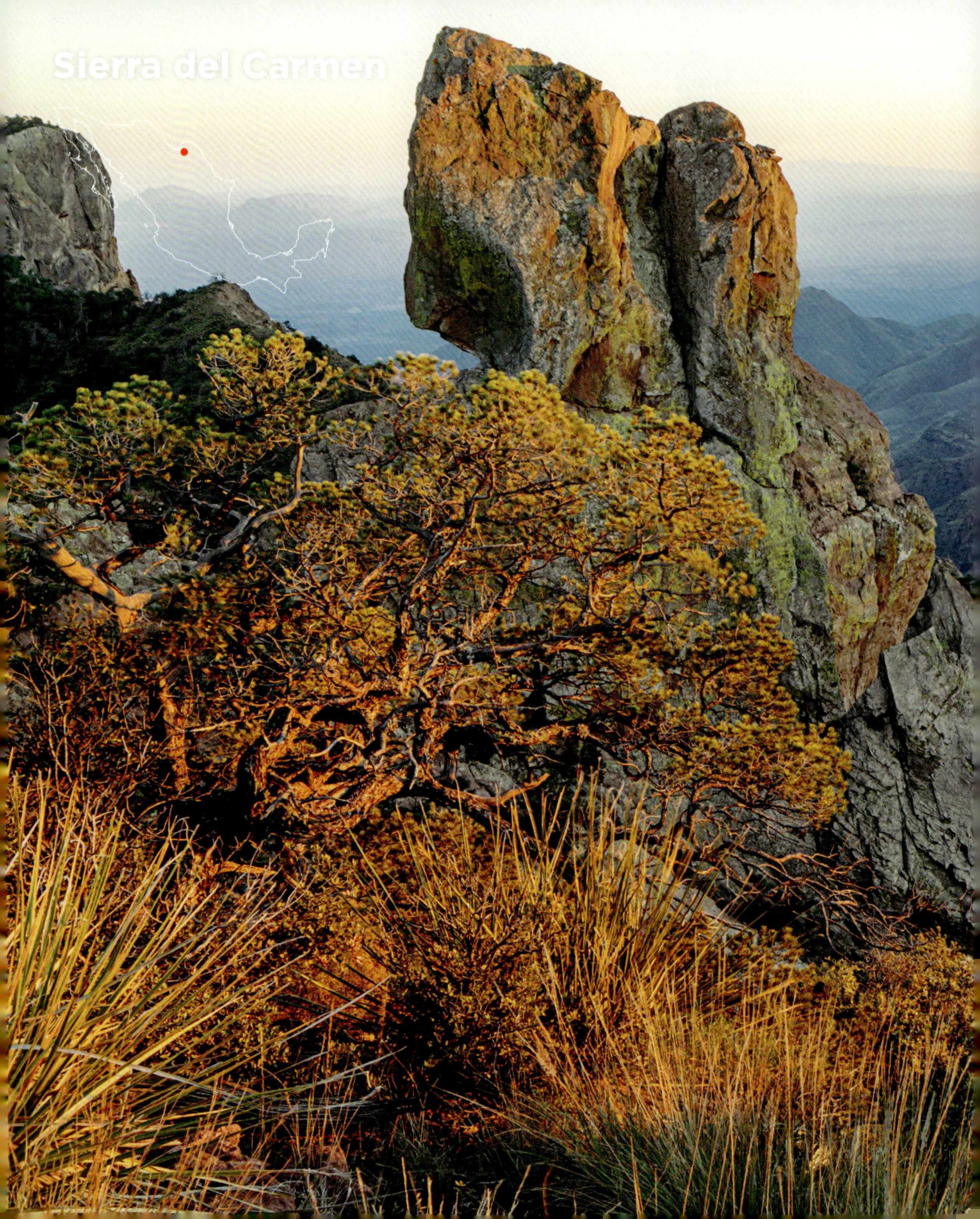
Sierra del Carmen

Montaña Colmillo de Elefante y Desierto de Chihuahua
Elephant Tusk Mountain and Chihuahuan Desert

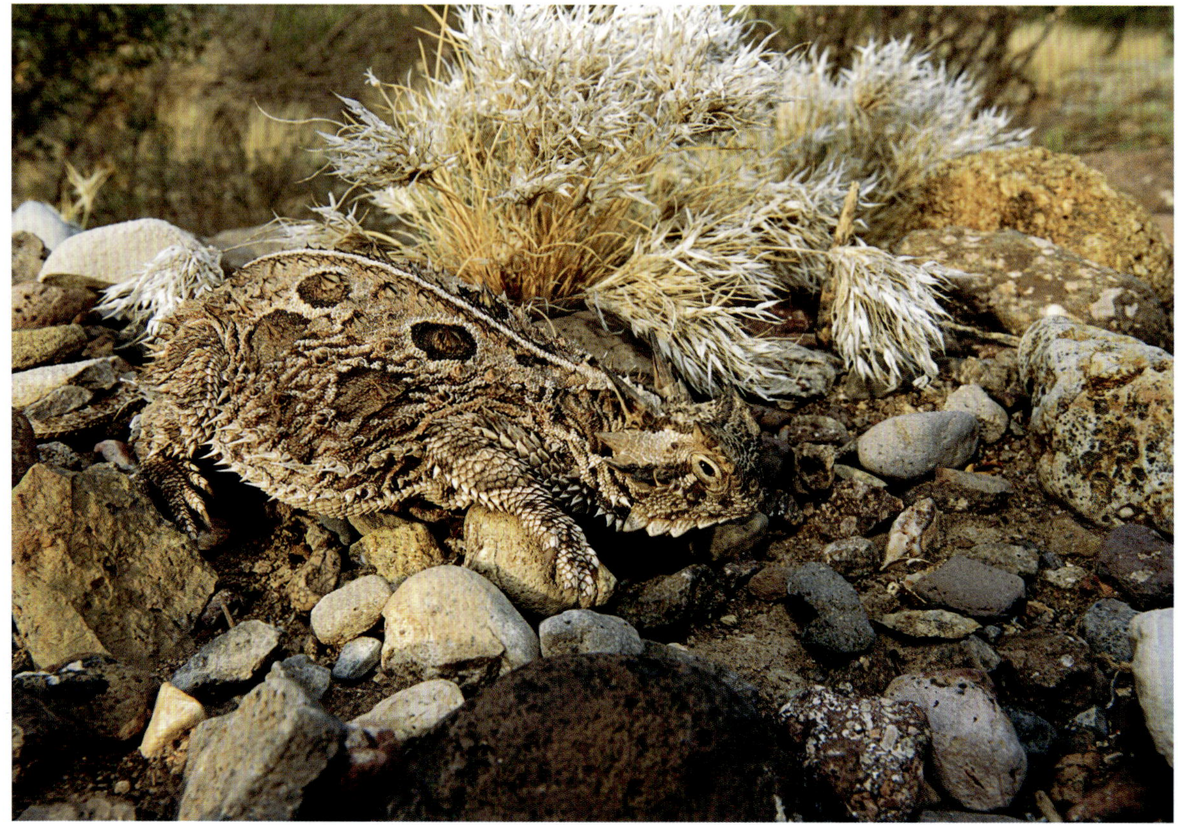

Lagarto cornudo
Texas horned lizard

**Sierra del Carmen**
This section in the north of the Sierra Madre Oriental rises up to over 2500 m (8200 ft) from the Chihuahua desert. The extremely rugged mountains, with their dense oak and pine forests, are home to over 1500 plant species, more than 3500 insect species, around 450 bird species and 70 mammal species, including the Sierra del Carmen white-tailed deer, the American black bear and the cougar.

**La Sierra del Carmen**
La partie nord de la chaîne de montagnes de la Sierra Madre orientale s'élève parfois à plus de 2500 m (le Cerro Potosí culmine à 3713 m) au-dessus du désert de Chihuahua. Ces montagnes extrêmement escarpées abritent, avec leurs denses forêts de chênes et de pins, plus de 1500 types de plantes, plus de 3500 espèces d'insectes, environ 450 d'oiseaux et 70 de mammifères, comme le cerf à queue blanche de la Sierra del Carmen, l'ours noir et le puma.

**Sierra del Carmen**
Der Abschnitt im Norden des Gebirgszugs Sierra Madre Oriental erhebt sich bis über 3500 m aus der Chihuahua-Wüste. Die extrem zerklüfteten Berge sind mit ihren dichten Eichen- und Pinienwäldern Heimat für über 1500 Pflanzenarten, mehr als 3500 Insekten-, rund 450 Vogel- und 70 Säugetierarten, darunter der Sierra-del-Carmen-Weißwedelhirsch, der Amerikanische Schwarzbär und der Puma.

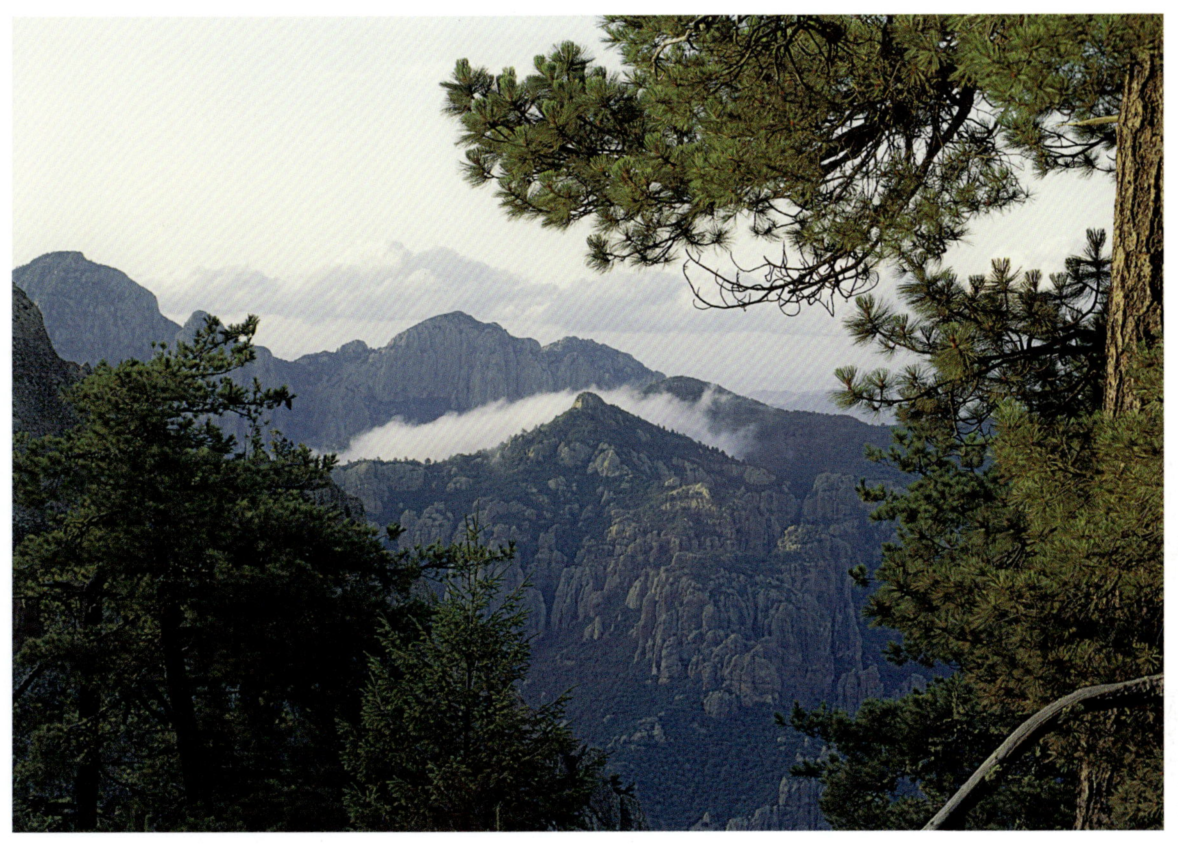

Bosque de Pinos, Coahuila
Pine forest, Coahuila

**Sierra del Carmen**
La sección en el norte de la Sierra Madre Oriental se eleva a más de 2500 m desde el desierto de Chihuahua. Las montañas extremadamente escarpadas con sus densos bosques de robles y pinos son el hogar de más de 1500 especies de plantas, más de 3500 especies de insectos, alrededor de 450 especies de aves y 70 especies de mamíferos, incluyendo el venado de cola blanca de Sierra del Carmen, el oso negro y el puma.

**Sierra del Carmen**
Il tratto a nord della Sierra Madre Oriental si erge fino a oltre 2500 m dal deserto del Chihuahua (il Cerro Potosi arriva a 3713 m). Le montagne estremamente aspre, con le loro fitte foreste di querce e pini, ospitano oltre 1500 tipi di piante, più di 3500 specie di insetti, circa 450 di uccelli e 70 di mammiferi, tra cui il cervo dalla coda bianca della Sierra del Carmen, l'orso nero e il puma.

**Sierra del Carmen**
De sectie in het noorden van de Sierra Madre Oriental verheft zich meer dan 2500 m boven de Chihuahuawoestijn. In de extreem doorkliefde bergen met hun dichte eiken- en dennenbossen leven ruim 1500 plantensoorten, ruim 3500 insectensoorten, zo'n 450 vogelsoorten en 70 soorten zoogdieren, waaronder Sierra del Carmen-witstaartherten, de Amerikaanse zwarte beer en de poema.

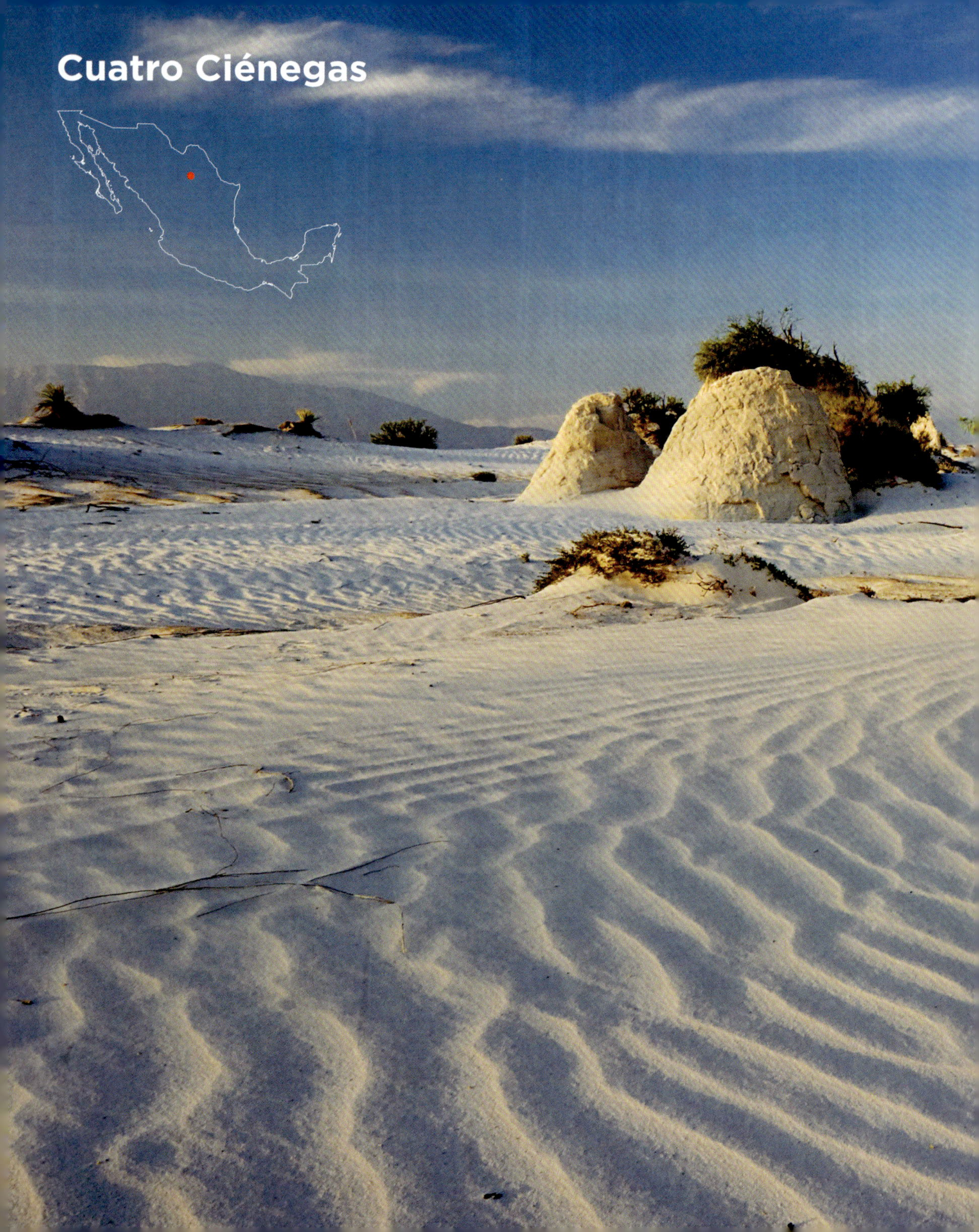
Cuatro Ciénegas

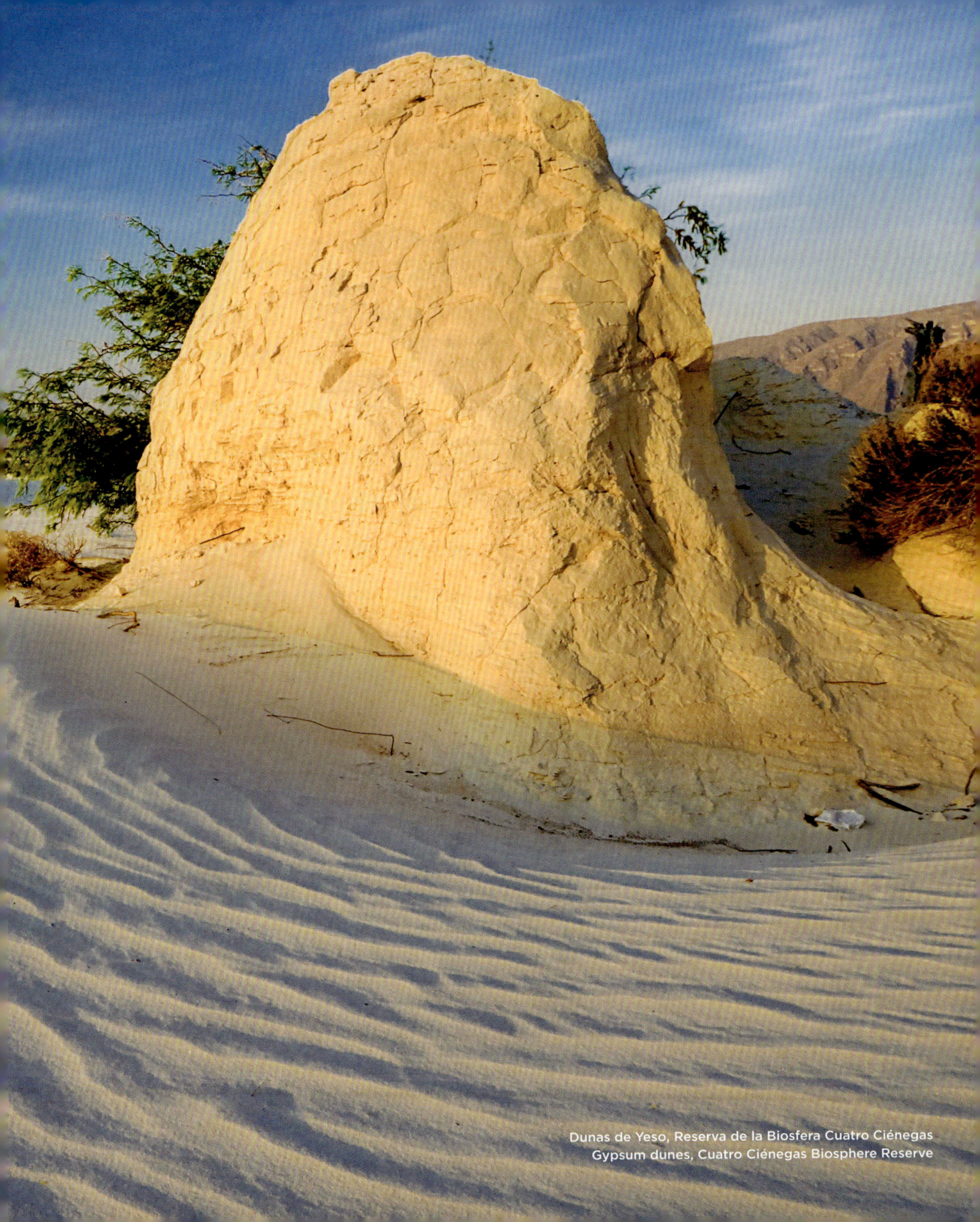

Dunas de Yeso, Reserva de la Biosfera Cuatro Ciénegas
Gypsum dunes, Cuatro Ciénegas Biosphere Reserve

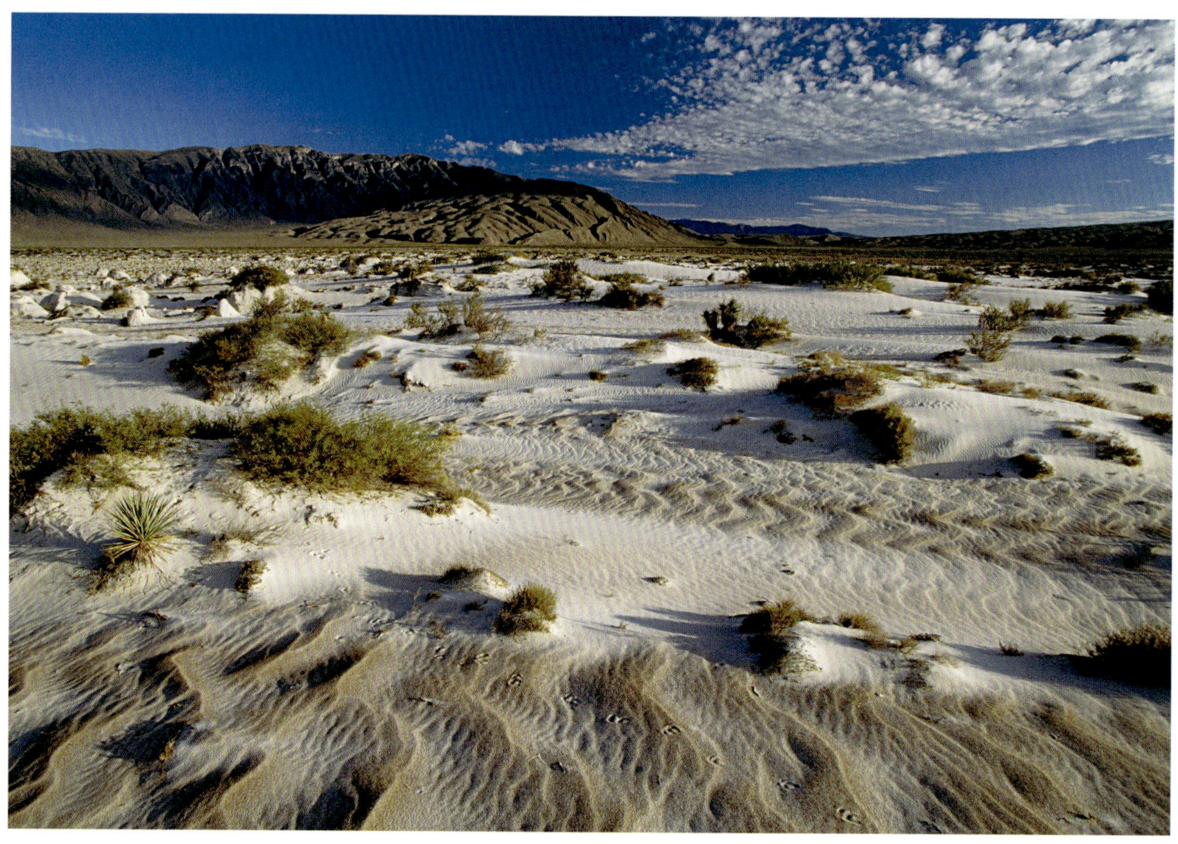

Dunas de Yeso, Reserva de la Biosfera Cuatro Ciénegas
Gypsum dunes, Cuatro Ciénegas Biosphere Reserve

**Cuatro Ciénegas**
Snow-white dunes, bubbling springs, bright turquoise lagoons. Like a surreal oasis, the Cuatro Ciénegas ("Four Marshes") with their ponds and watercourses lie in a basin of the Sierra Madre Oriental. What looks like icing sugar are actually dunes made of gypsum sand, which have crystallized over the millennia due to the particular composition of the water.

**Cuatro Ciénegas**
Dunes blanches comme neige, sources bouillonnantes, lagunes d'un turquoise lumineux. Les Cuatro Ciénegas (« quatre marécages »), avec leurs étangs et leurs rivières, sont comme une oasis irréelle dans une cuvette de la Sierra Madre orientale. Ce qui ressemble à du sucre en poudre est, en fait, du sable de gypse, qui s'est cristallisé au fil des millénaires à cause de la composition particulière de l'eau.

**Cuatro Ciénegas**
Schneeweiße Dünen, blubbernde Quellen, leuchtend türkisfarbene Lagunen. Wie eine surreale Oase liegen die Cuatro Ciénegas („Vier Sümpfe") mit ihren Teichen und Wasserläufen in einem Talkessel der Sierra Madre Oriental. Was aussieht wie Puderzucker sind tatsächlich Dünen aus Gipssand, die sich durch die besondere Zusammensetzung des Wassers im Lauf der Jahrtausende herauskristallisiert haben.

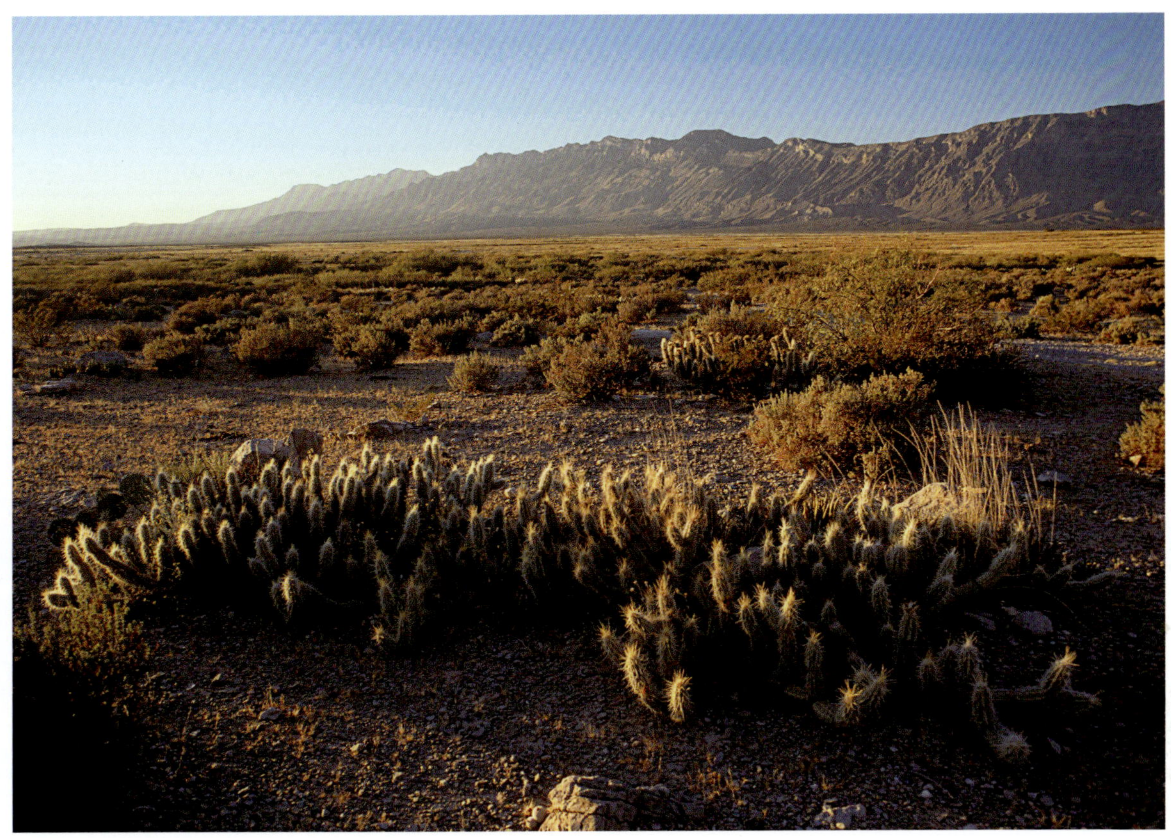

Cacti, Reserva de la Biosfera Cuatro Ciénegas
Cacti, Cuatro Ciénegas Biosphere Reserve

**Cuatro Ciénegas**
Dunas blancas como la nieve, manantiales burbujeantes, lagunas de color turquesa brillante. Como un oasis surrealista, las Cuatro Ciénegas con sus estanques y cursos de agua se encuentran en una cuenca de la Sierra Madre Oriental. Lo que parece azúcar glasé son en realidad dunas de arena de yeso, que se han cristalizado a lo largo de milenios debido a la especial composición del agua.

**Cuatro Ciénegas**
Dune bianche come la neve, sorgenti scintillanti, lagune di un turchese luminoso. Come un'oasi surreale, il Cuatro Ciénegas (quatto aquitrini) con i suoi stagni e corsi d'acqua si trova in un bacino della Sierra Madre Oriental. Quello che sembra zucchero a velo sono in realtà dune di sabbia gessosa, cristallizzate nel corso dei millenni grazie alla particolare composizione dell'acqua.

**Cuatro Ciénegas**
Sneeuwwitte duinen, borrelende bronnen, helderturkooizen lagunes. Als een surreële oase liggen de Cuatro Ciénegas ('vier moerassen') met hun plassen en waterlopen in een dalketel van de Sierra Madre Oriental. Wat eruitziet als poedersuiker zijn eigenlijk duinen van gipszand, die door de speciale samenstelling van het water in de loop van de millennia zijn uitgekristalliseerd.

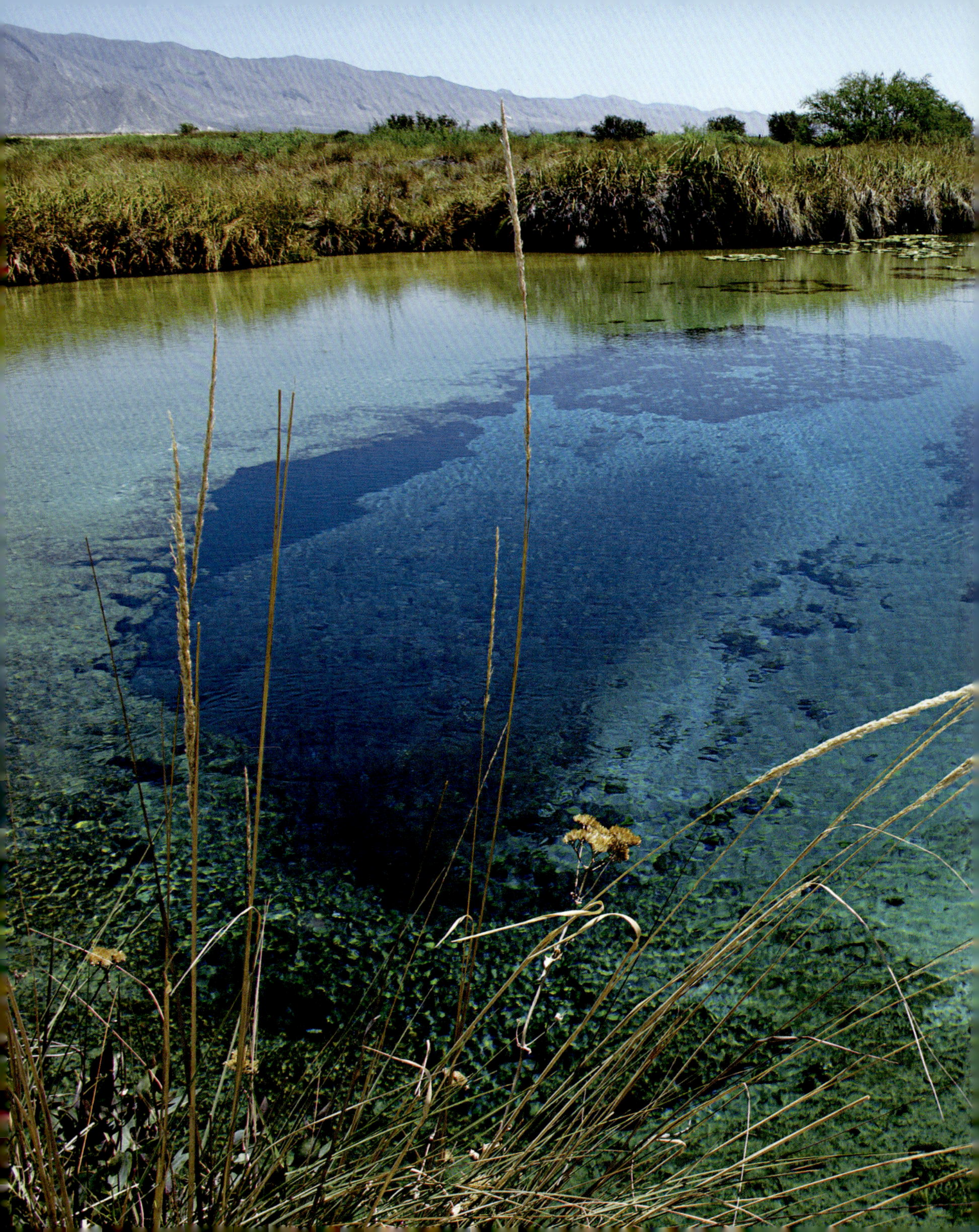

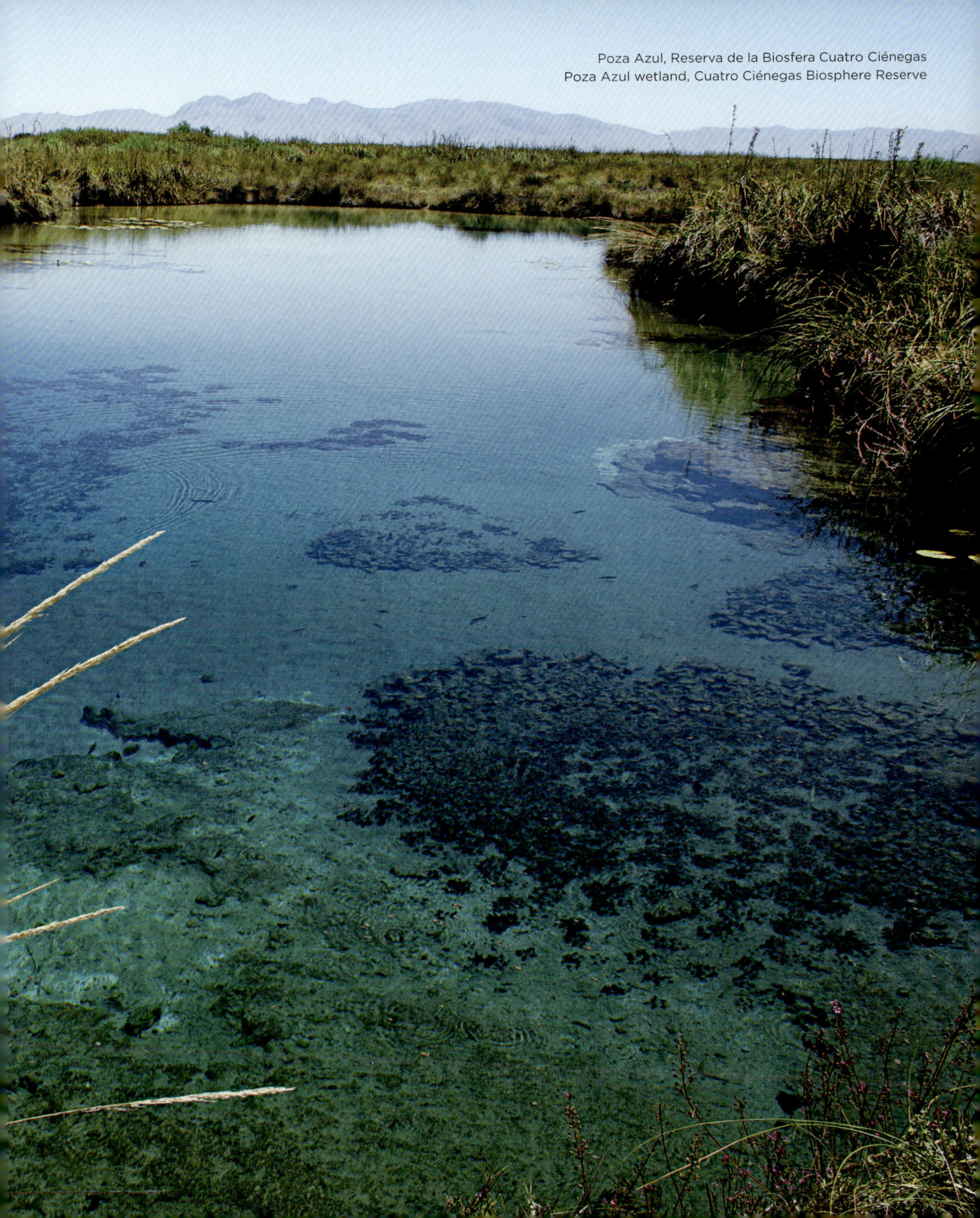

Poza Azul, Reserva de la Biosfera Cuatro Ciénegas
Poza Azul wetland, Cuatro Ciénegas Biosphere Reserve

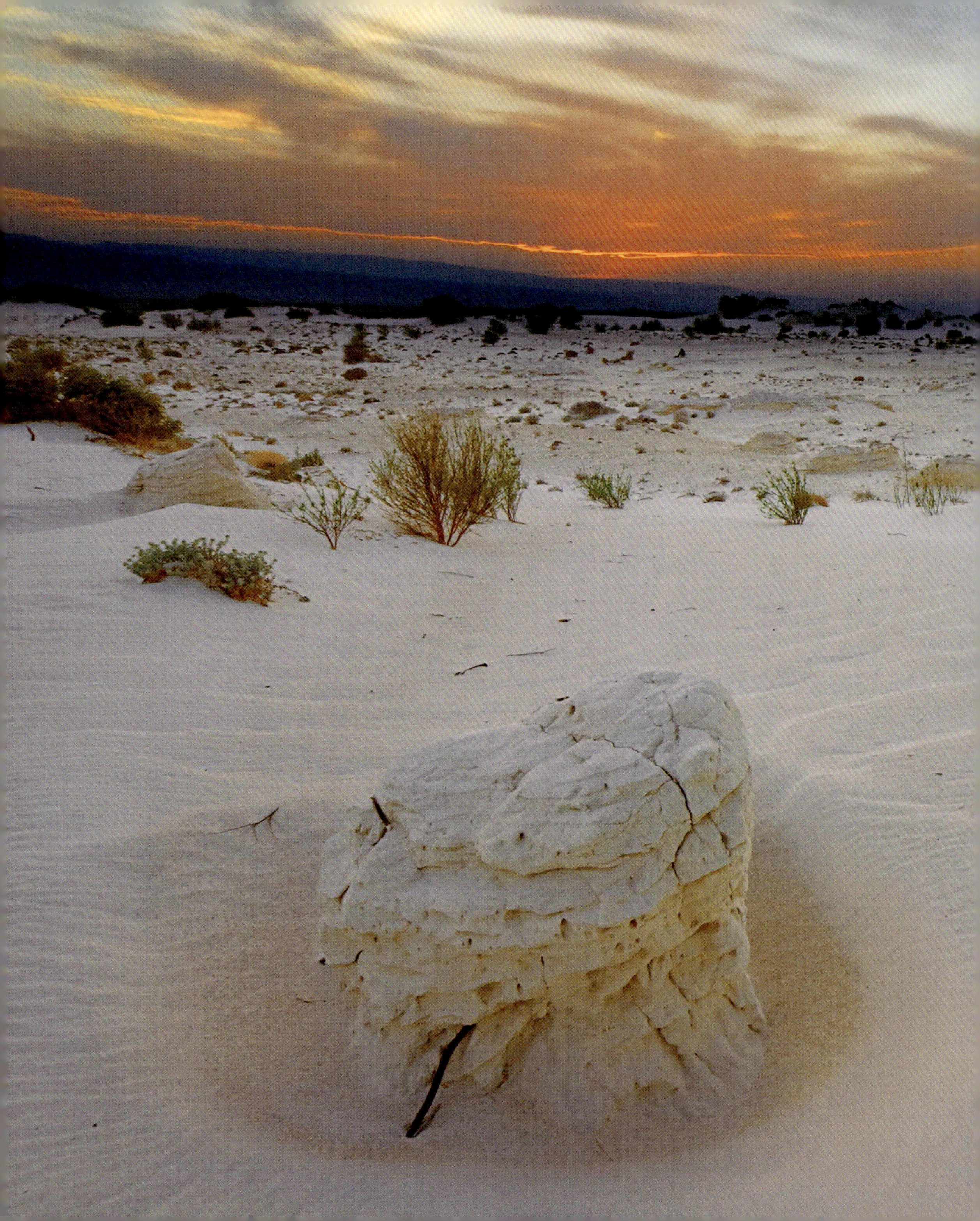

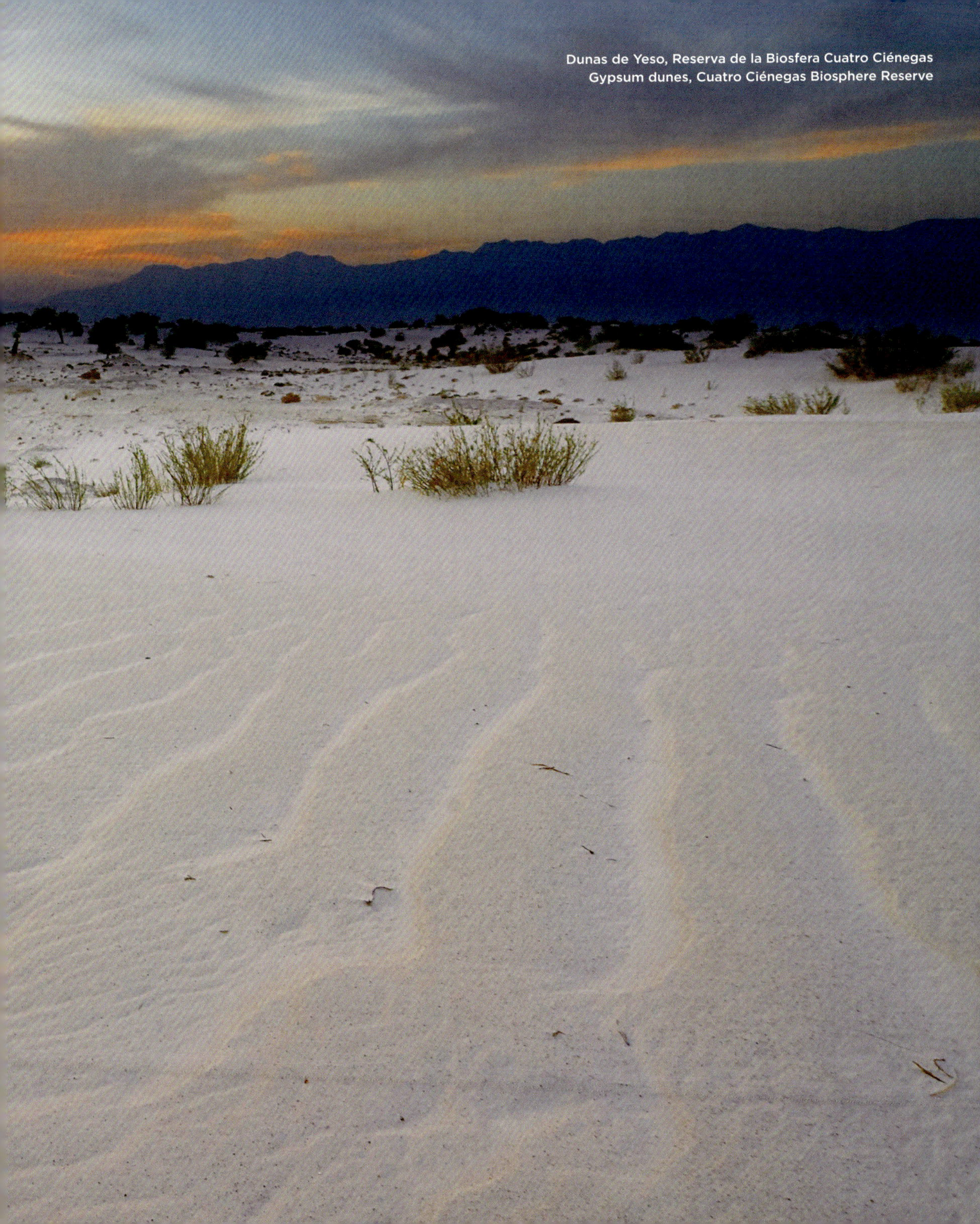

Dunas de Yeso, Reserva de la Biosfera Cuatro Ciénegas
Gypsum dunes, Cuatro Ciénegas Biosphere Reserve

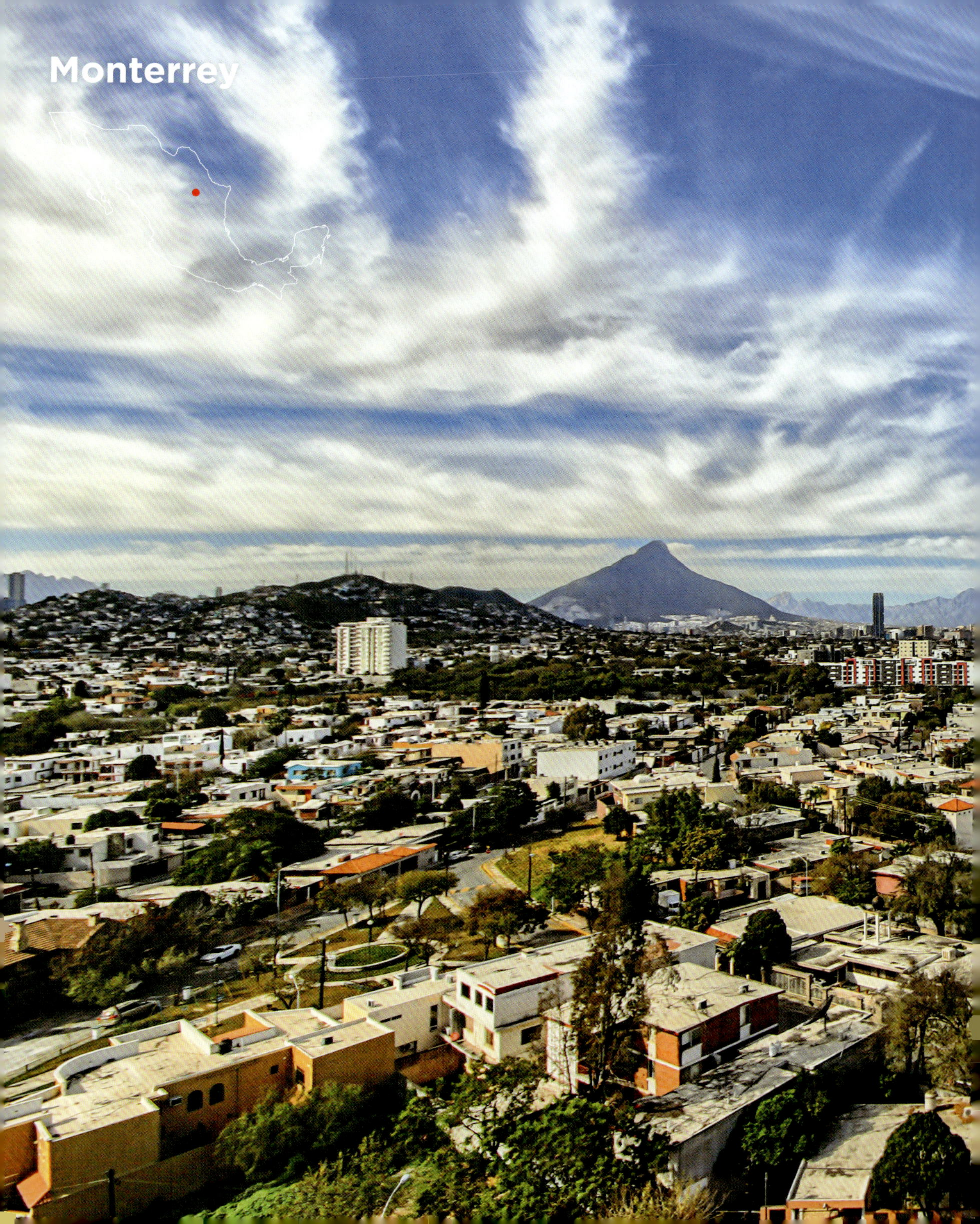
Monterrey

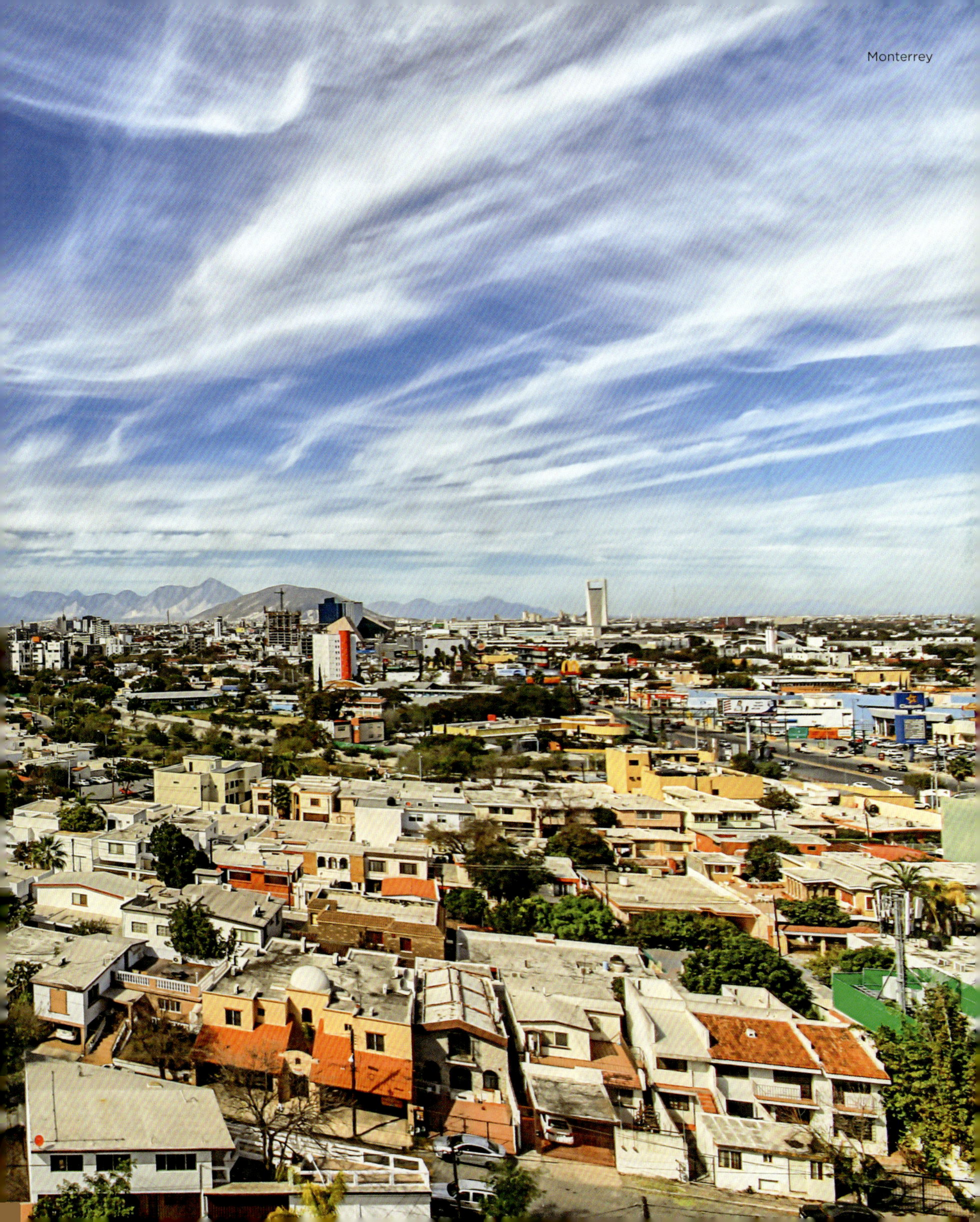

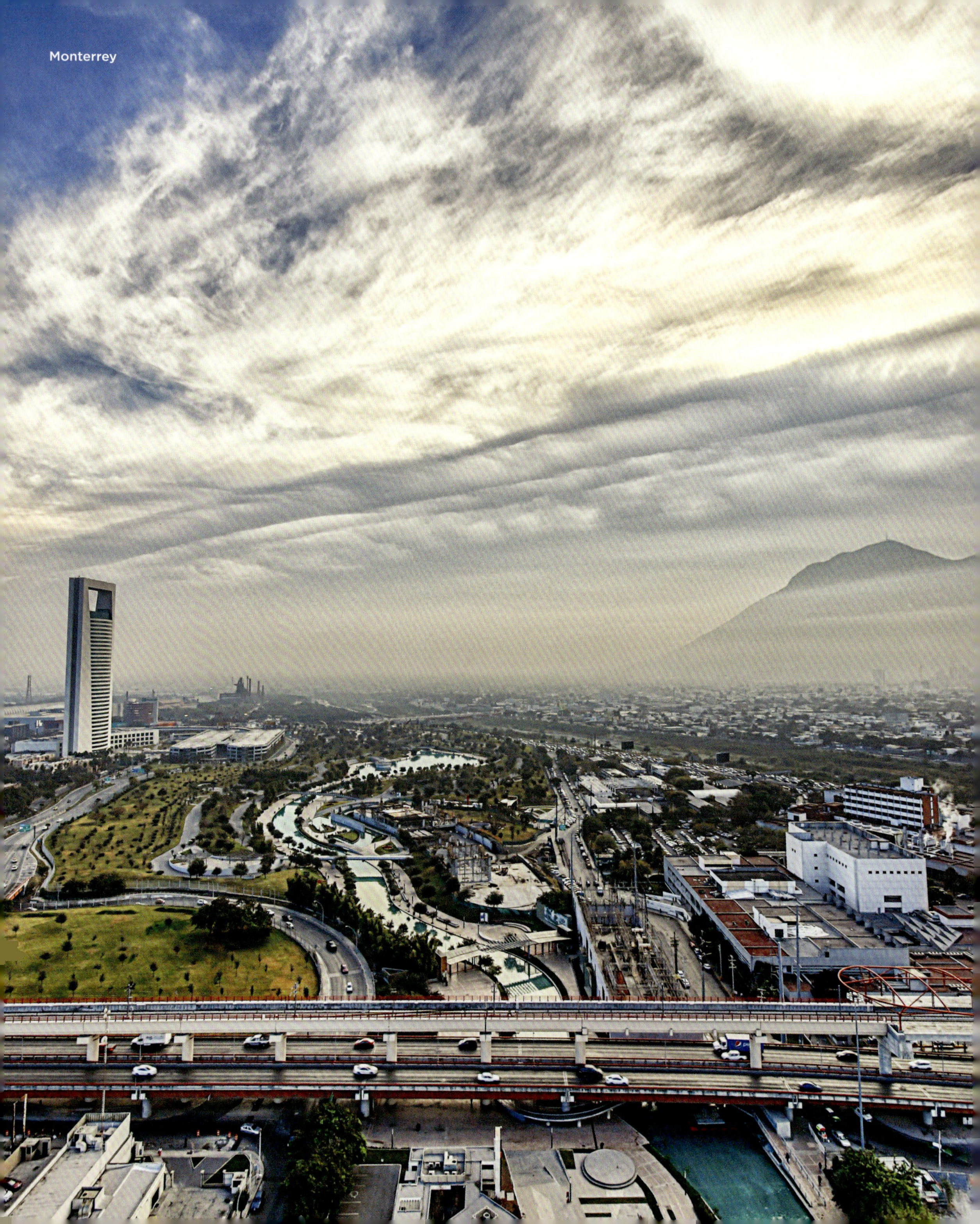

Monterrey

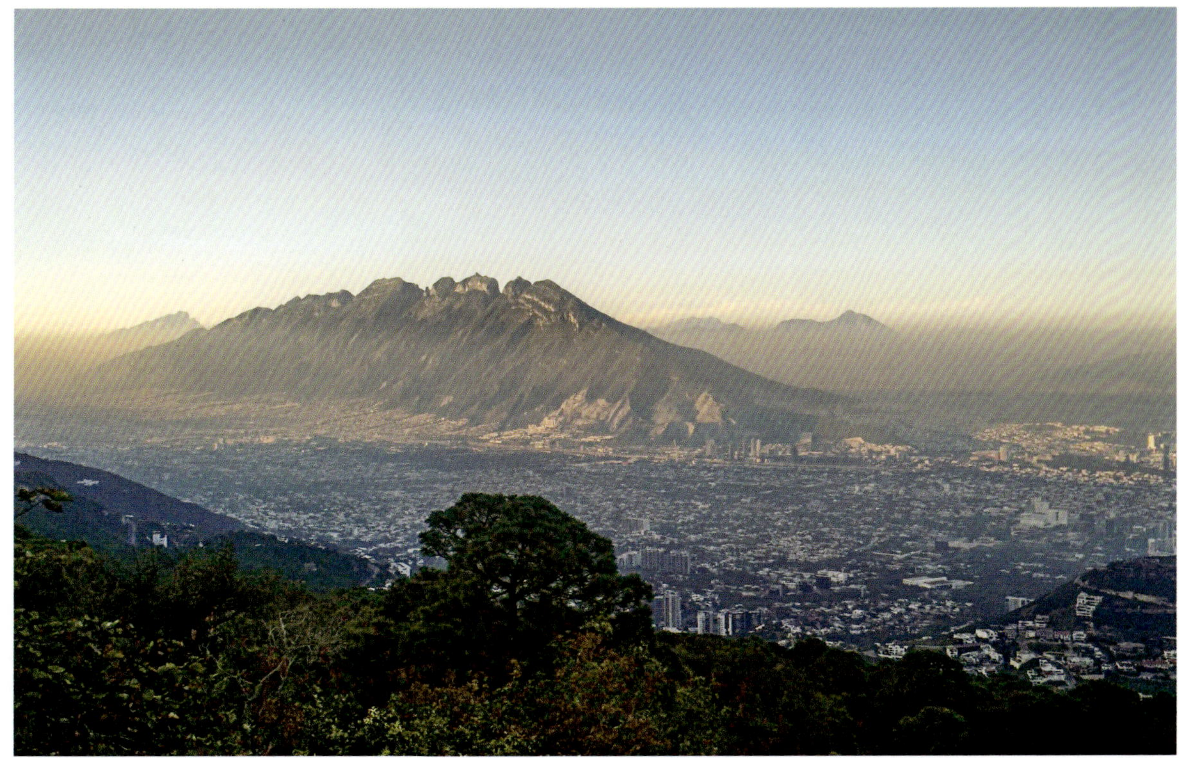

Montaña Cerro de la Silla y Monterrey
Cerro de la Silla Mountain and Monterrey

**Monterrey**
Embedded in the mountains of the Sierra Madre Oriental lies the industrial metropolis of Monterrey. Among other things, beer, glass, concrete and steel are produced and exported from here. The capital of the state of Nuevo Léon does not seem particularly Mexican at first glance, but the city and its surroundings have a lot to offer international students, locals and tourists.

**Monterrey**
Enclavada en las montañas de la Sierra Madre Oriental se encuentra la metrópoli industrial de Monterrey. Entre otras cosas, aquí se produce y se exporta cerveza, vidrio, hormigón y acero. La capital del estado de Nuevo León no parece particularmente mexicana a primera vista, pero la ciudad y sus alrededores tienen mucho que ofrecer a los estudiantes internacionales, locales y turistas.

**Monterrey**
La grande ville industrielle de Monterrey est lovée entre les montagnes de la Sierra Madre orientale. On y produit et exporte, entre autres, de la bière, du verre, du béton et de l'acier. De prime abord, la capitale de l'État fédéral du Nuevo León ne semble pas particulièrement mexicaine, mais en fait, la ville et ses alentours ont beaucoup à offrir aux étudiants étrangers, aux autochtones et aux touristes.

**Monterrey**
Incastonata tra le montagne della Sierra Madre Oriental si trova la metropoli industriale di Monterrey. Qui si produce ed esporta birra, vetro, cemento e acciaio. A prima vista la capitale dello stato federale di Nuevo Léon non sembra particolarmente messicana, ma la città e i suoi dintorni hanno molto da offrire ai loro cittadini, ai turisti e agli studenti stranieri.

**Monterrey**
Eingebettet in die Berge der Sierra Madre Oriental liegt die Industriemetropole Monterrey. Hier werden unter anderem Bier, Glas, Beton und Stahl produziert und exportiert. Die Hauptstadt des Bundesstaates Nuevo Léon wirkt auf den ersten Blick nicht besonders mexikanisch, doch die Stadt und ihre Umgebung haben internationalen Studenten, Einheimischen und Touristen einiges zu bieten.

**Monterrey**
Ingebed in de bergen van de Sierra Madre Oriental ligt de grote industriestad Monterrey. Hier worden onder andere bier, glas, beton en staal geproduceerd en geëxporteerd. De hoofdstad van de staat Nuevo Léon ziet er op het eerste gezicht niet erg Mexicaans uit, maar de stad en directe omgeving hebben internationale studenten, de eigen inwoners en toeristen veel te bieden.

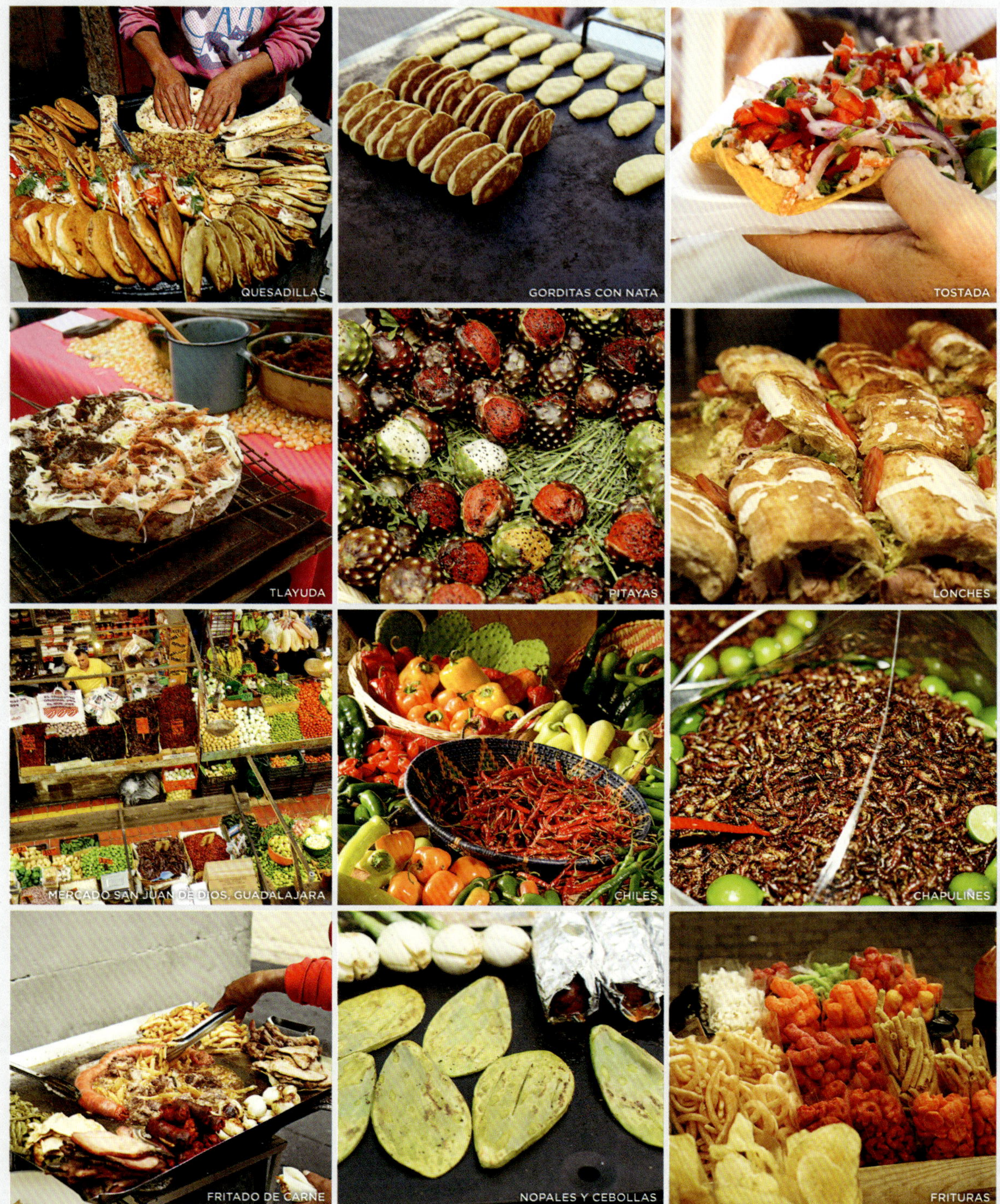
QUESADILLAS
GORDITAS CON NATA
TOSTADA
TLAYUDA
PITAYAS
LONCHES
MERCADO SAN JUAN DE DIOS, GUADALAJARA
CHILES
CHAPULINES
FRITADO DE CARNE
NOPALES Y CEBOLLAS
FRITURAS

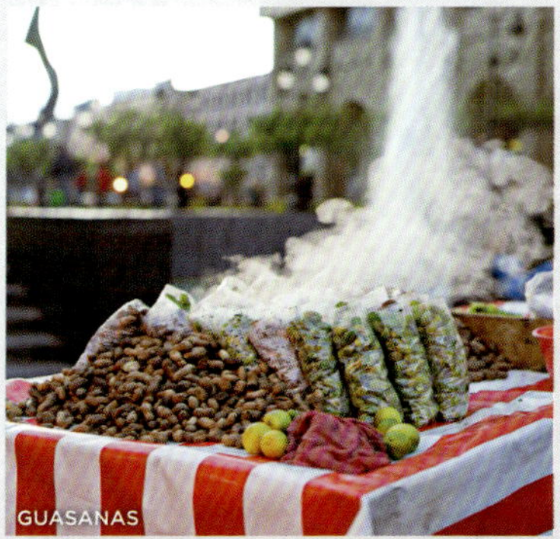
GUASANAS

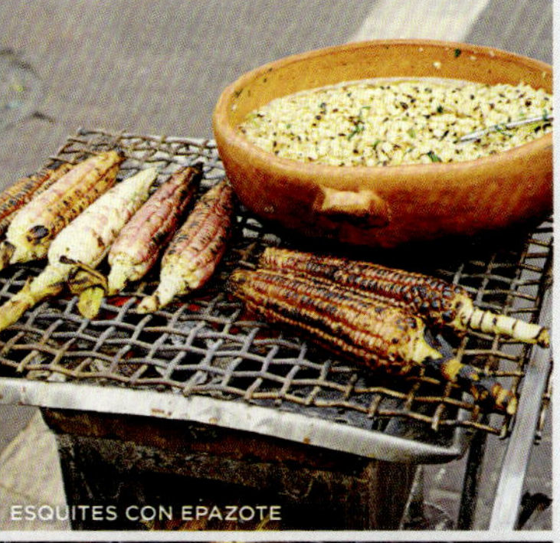
ESQUITES CON EPAZOTE

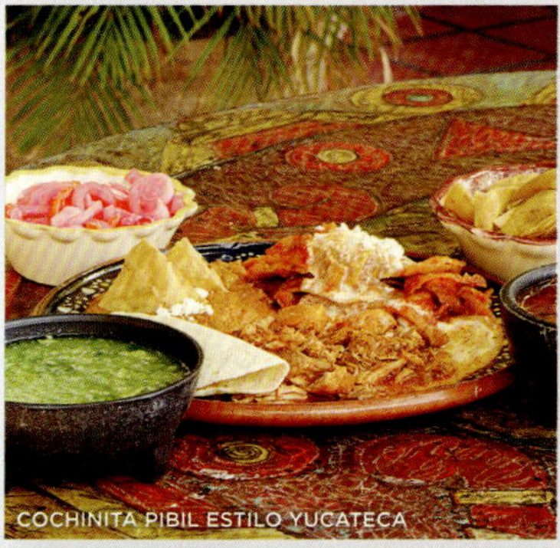
COCHINITA PIBIL ESTILO YUCATECA

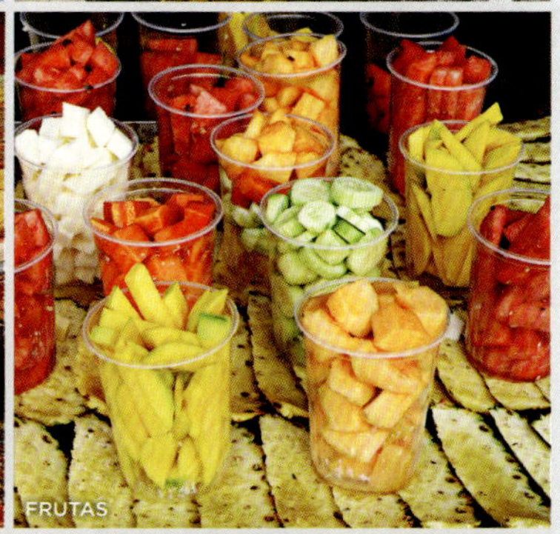
FRUTAS

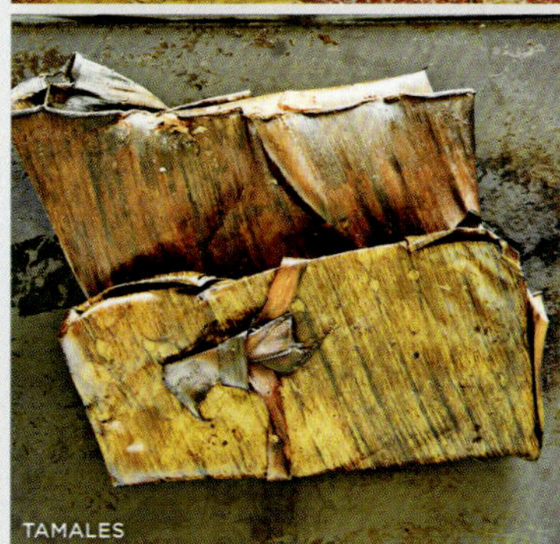
TAMALES

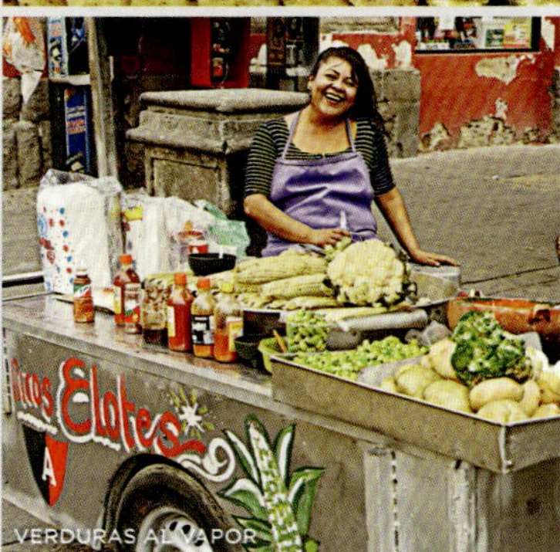
VERDURAS AL VAPOR

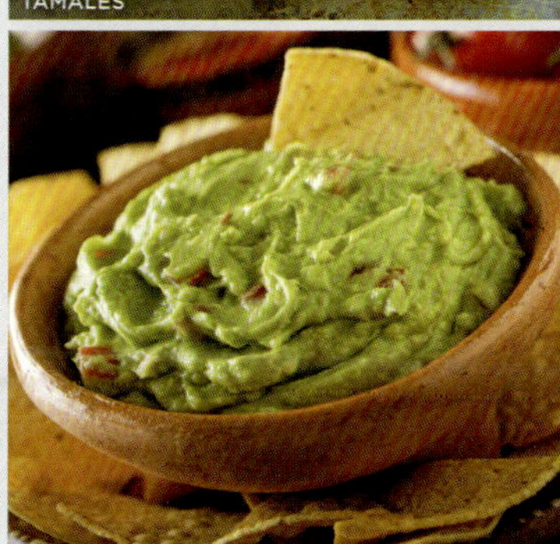
GUACAMOLE Y TACOS

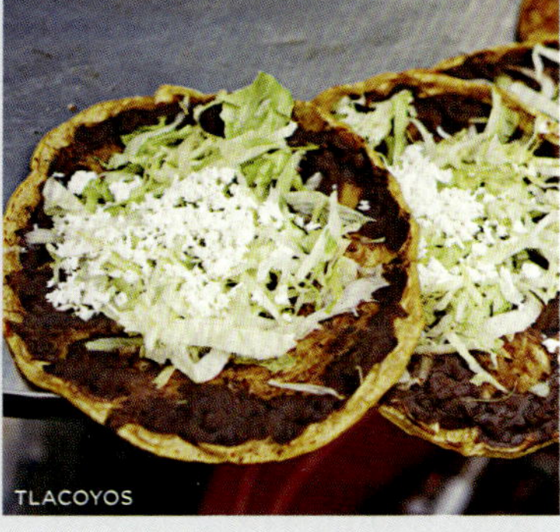
TLACOYOS

**Mexican cuisine**
Mexico is probably at the top of the list of the best street cuisine in the world. Everyone knows guacamole, salsa, tacos and tortillas by now, but grilled cactus leaves or roasted locusts...? Given the size of the country and the diversity of its people, it is not surprising that there are local specialities in almost every region.

**la cuisine mexicaine**
Le Mexique a bien sa place en haut de la liste des meilleures cuisines de rue du monde. Aujourd'hui, tout le monde connaît le guacamole, la salsa, les tacos et les tortillas, mais quid du cactus grillé ou des sauterelles rôties ? Étant donné la taille du pays et la diversité de ses populations, il n'est pas étonnant que presque chaque région ait ses spécialités.

**Mexikanische Küche**
Mexiko steht vermutlich ganz oben auf der Liste der besten Straßenküchen der Welt. Guacamole, Salsa, Tacos und Tortillas kennt wohl inzwischen jeder, aber gegrillte Kaktusblätter oder gebratene Heuschrecken...? Angesichts der Größe des Landes und der Diversität der Völker, ist es nicht verwunderlich, dass es in fast jeder Region auch lokale Spezialitäten gibt.

**Comida mexicana**
México se encuentra probablemente en el número unode la lista de la mejor cocina callejera del mundo. Todo el mundo ya conoce el guacamole, la salsa, los tacos y las tortillas, pero ¿y las hojas de cactus a la parrilla o las chapulines asadas...? Dado el tamaño del país y la diversidad de su población, no es de extrañar que haya especialidades locales en casi todas las regiones.

**Cucina messicana**
Il Messico ha una buona posizione nella graduatoria per la migliore cucina da strada del mondo. Oggi tutto il mondo conosce il guacamole, salsa, tacos e tortillas, ma quanto si sà delle foglie di cactus alla griglia o locuste arrosto? Date le dimensioni del paese e la diversità della sua popolazione, non sorprende che esistano specialità locali in quasi tutte le regioni.

**Mexicaanse keuken**
Mexico staat waarschijnlijk boven aan de lijst van landen met het beste streetfood ter wereld. Iedereen kent inmiddels guacamole, salsa, taco's en tortilla's, maar gegrilde cactusbladeren of geroosterde sprinkhanen...? Gezien de grootte van het land en de diversiteit van de bevolking is het niet verwonderlijk dat bijna elke regio zijn eigen specialiteiten heeft.

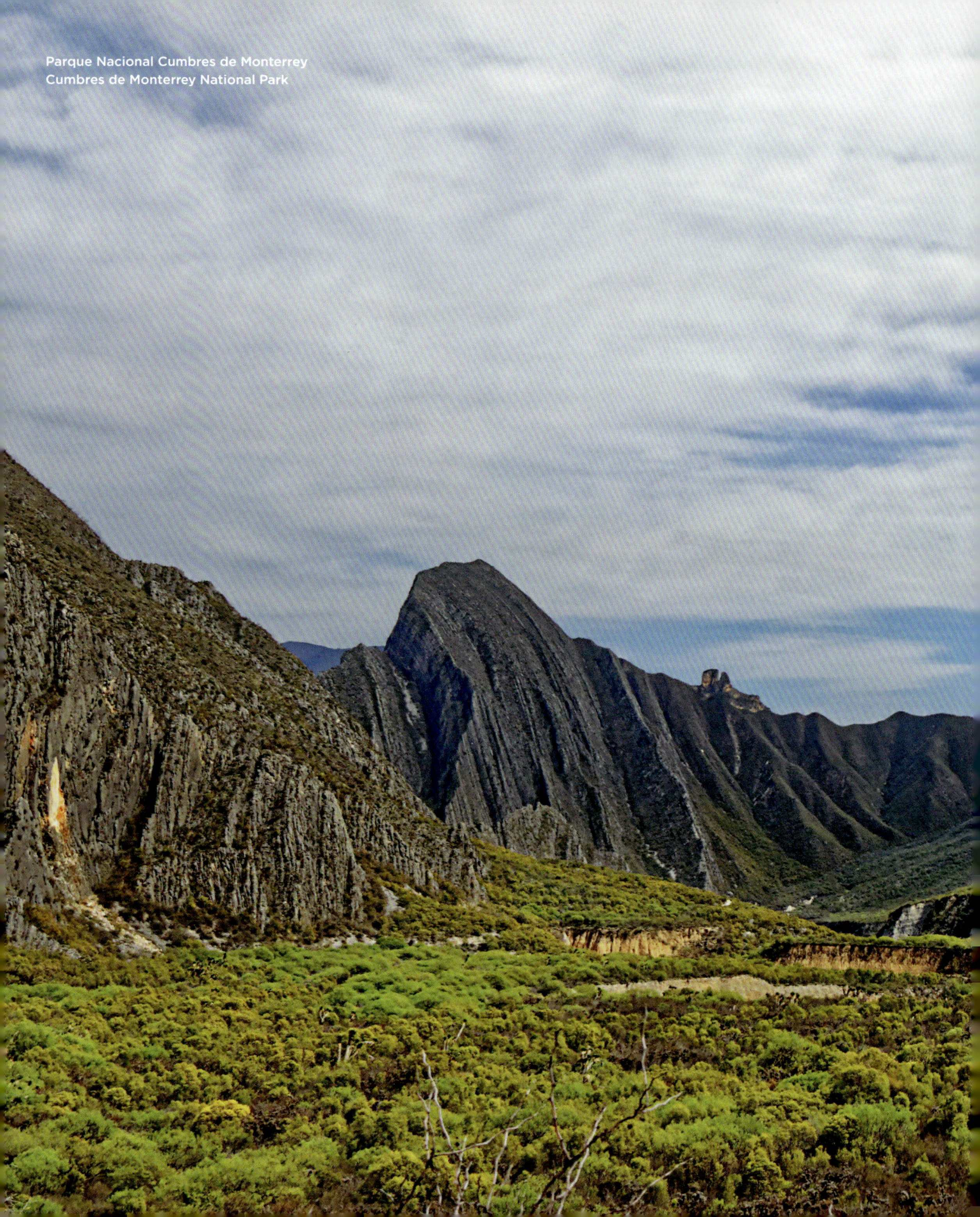
Parque Nacional Cumbres de Monterrey
Cumbres de Monterrey National Park

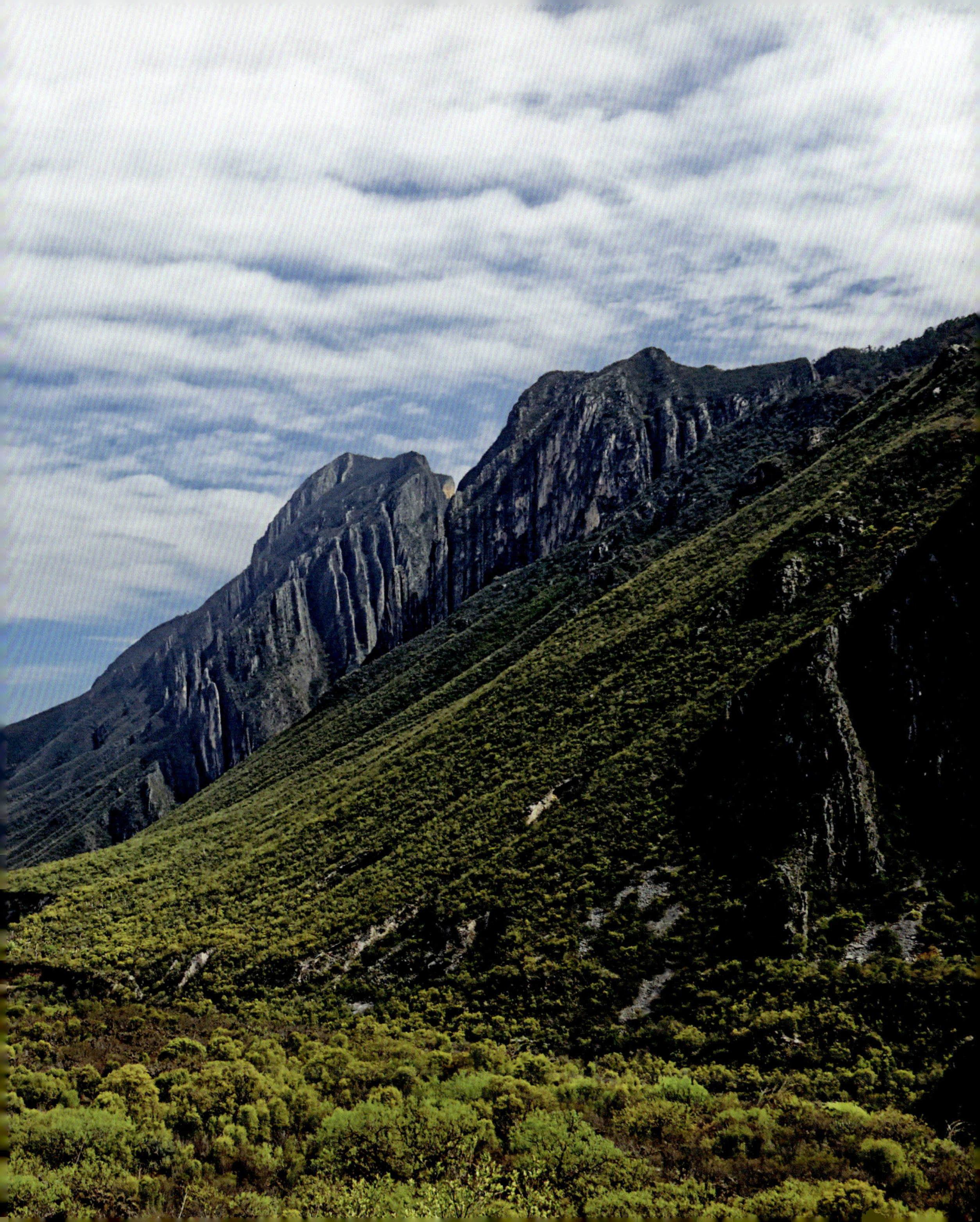

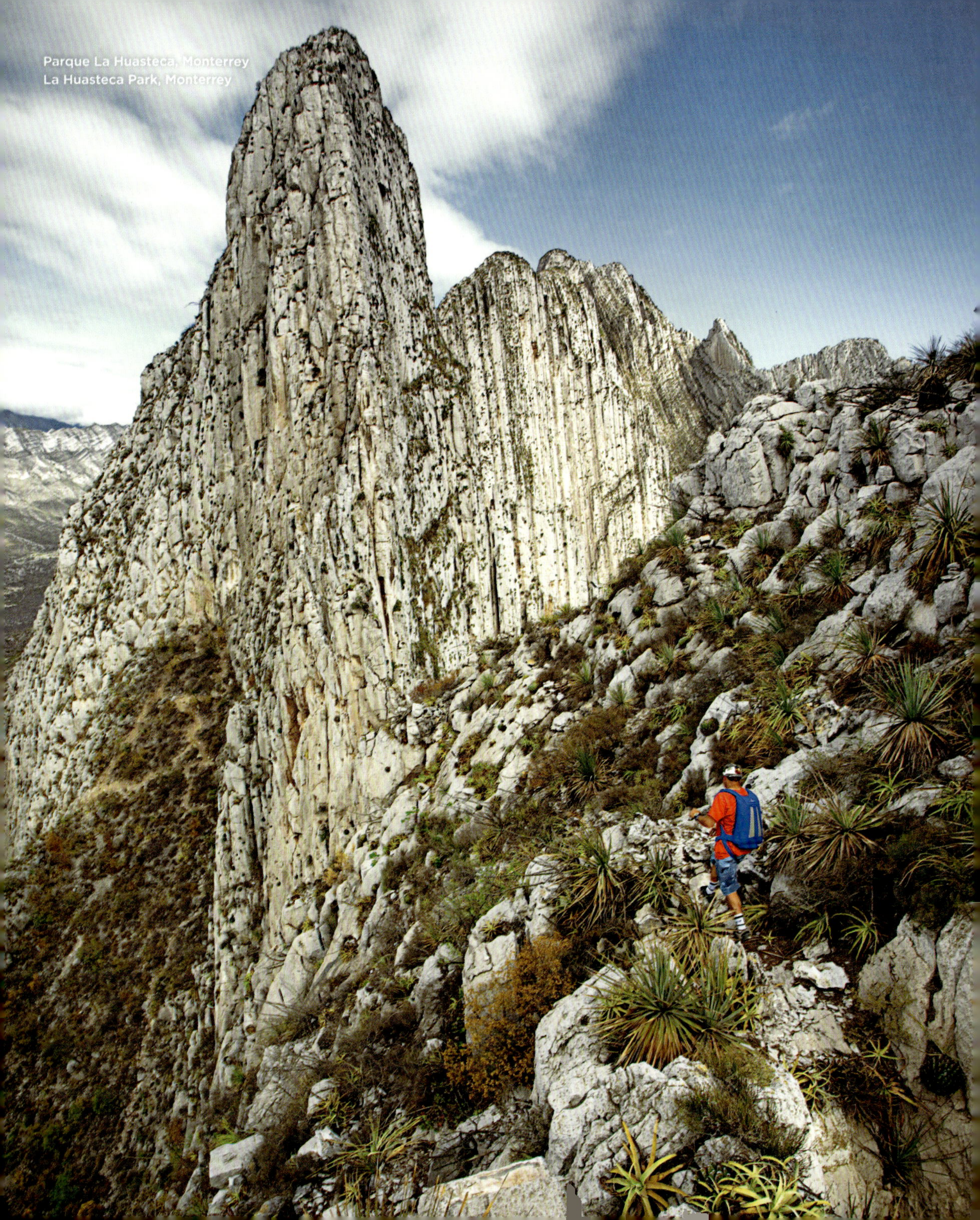

Parque La Huasteca, Monterrey
La Huasteca Park, Monterrey

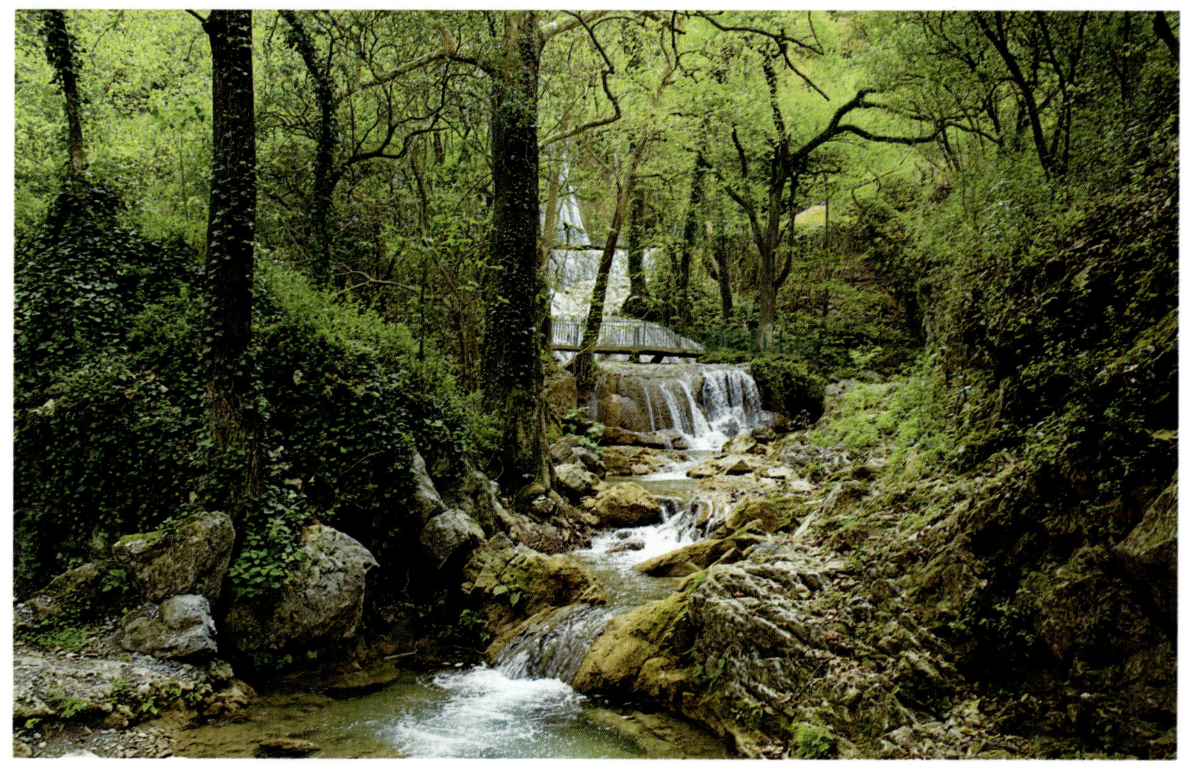

Cascada Cola de Caballo, Parque Nacional Cumbres de Monterrey
Horsetail Falls, Cumbres de Monterrey National Park

**Cumbres de Monterrey National Park**
Just outside the city gates, the Cerro de Chipinque rises like a big "M", with its three peaks—so it is simply called "La M". In nearby Cumbres de Monterrey National Park, rocky cliffs cut sharply like blades, dense forests and thunderous waterfalls make one forget the oppressive heat of the city.

**Parc national Cumbres de Monterrey**
Aux portes de la ville se dresse, comme un gros « M », le Cerro de Chipinque, avec ses trois sommets. C'est pourquoi on le surnomme simplement « le M ». Dans le tout proche parc national Cumbres de Monterrey, des falaises tranchantes comme des lames de couteau fendent d'épaisses forêts, et des chutes d'eau écumantes font oublier la chaleur oppressante de la ville.

**Nationalpark Cumbres de Monterrey**
Direkt vor den Toren der Stadt erhebt sich wie ein großes „M" der Cerro de Chipinque mit seinen drei Gipfeln – man nennt ihn deshalb einfach „la M". Im nahen Nationalpark Cumbres de Monterrey zerschneiden Felsklippen scharf wie Messerklingen dichte Wälder und tosende Wasserfälle machen die drückende Hitze in der Stadt vergessen.

**Parque Nacional Cumbres de Monterrey**
Justo a las puertas de la ciudad, el Cerro de Chipinque se eleva como una gran "M" con sus tres picos – así que simplemente se le llama "la M". En las cercanías del Parque Nacional Cumbres de Monterrey, acantilados rocosos afilados como cuchillas, densos bosques y estruendosas cascadas hacen olvidar el calor opresivo de la ciudad.

**Parco nazionale di Cumbres de Monterrey**
Appena fuori dalle porte della città, il Cerro de Chipinque si erge come una grande "M" con le sue tre cime. E' per questo che viene chiamato semplicemente "la M". Nel vicino parco nazionale di Cumbres de Monterrey, scogliere rocciose aguzze e taglienti come lame, foreste fitte e cascate fragorose fanno dimenticare il caldo opprimente della città.

**Nationale park Cumbres de Monterrey**
Net buiten de stadspoorten verrijst de drietoppige Cerro de Chipinque als een grote 'M' – die dan ook gewoon 'La M' wordt genoemd. In het naburige nationale park Cumbres de Monterrey doorklieven messcherpe rotsklippen dichte bossen en doen razende watervallen je de drukkende hitte in de stad vergeten.

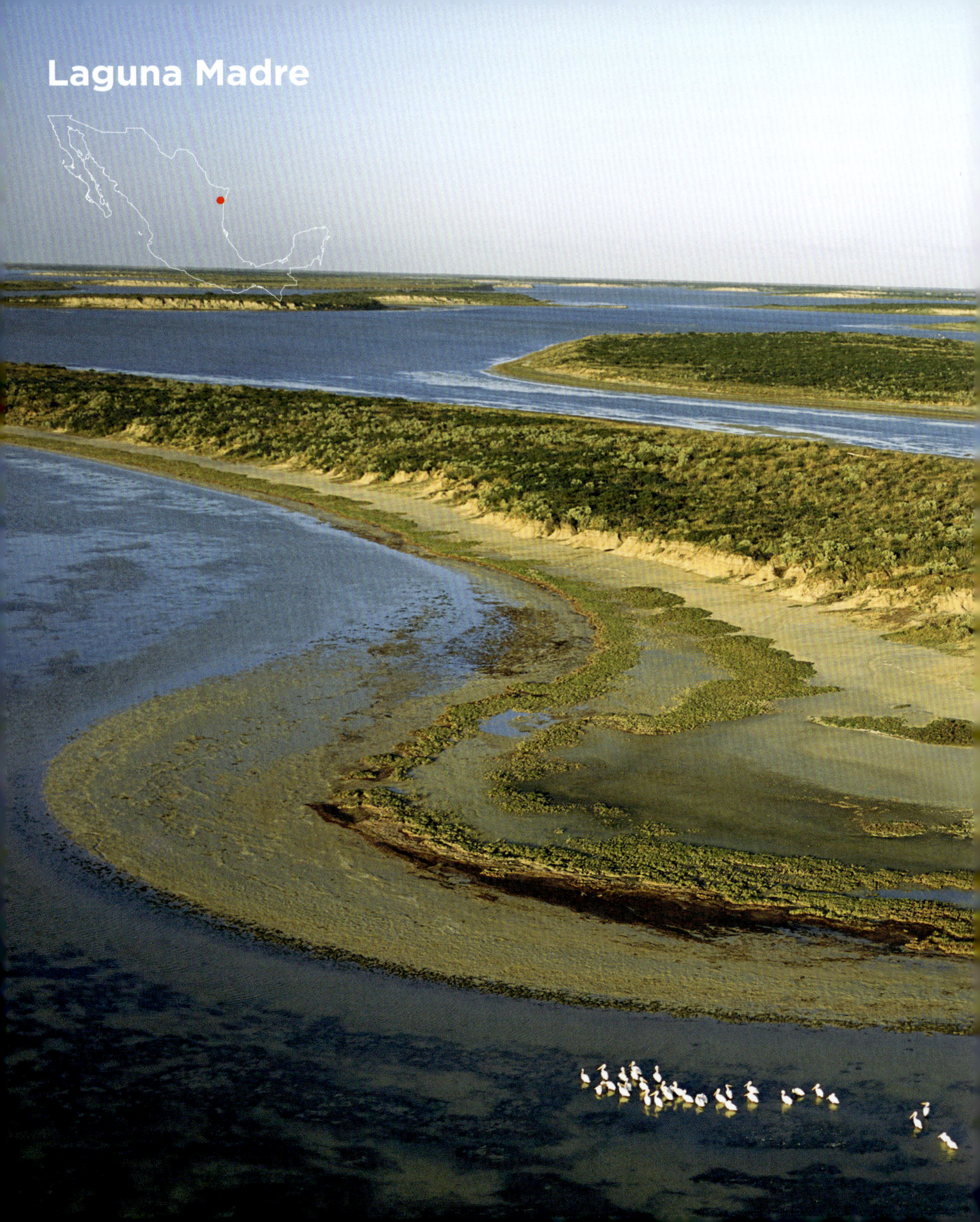
Laguna Madre

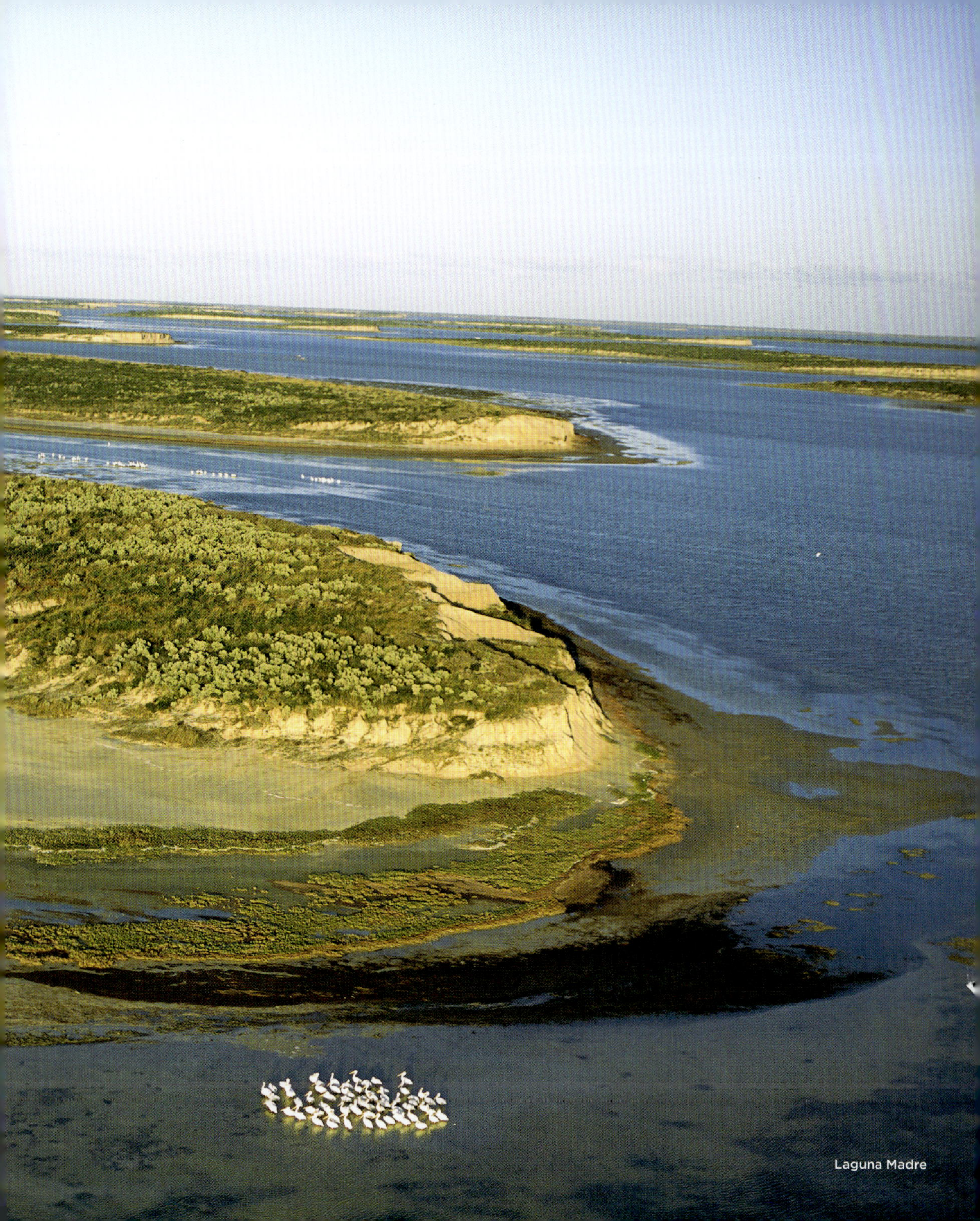

Laguna Madre

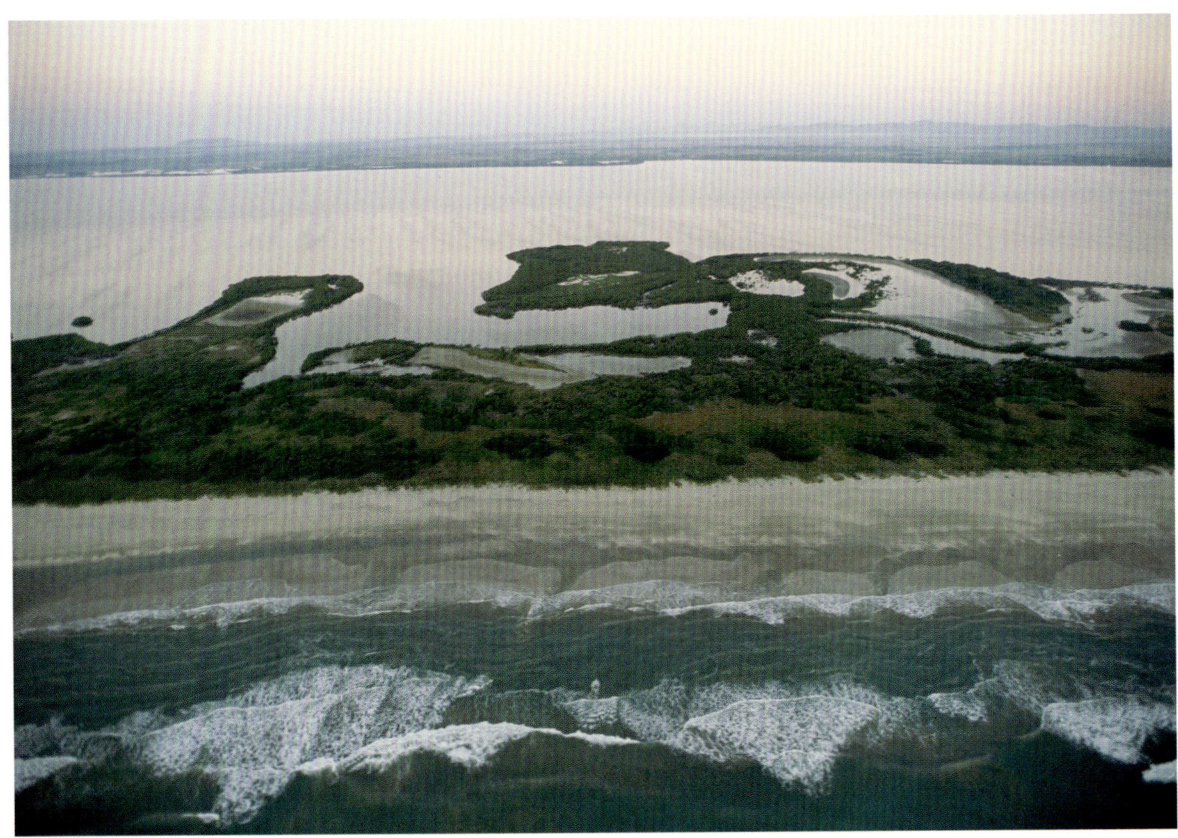

Costanera Laguna Madre
Laguna Madre shoreline

**Laguna Madre**
Mexico's largest lagoon, covering 5854 km² (2260 sq.mi), is part of a lagoon system that extends from the Gulf coast of Mexico far north into the state of Texas. The lagoon in the Río Bravo/Rio Grande delta, separated from the sea by a narrow headland, is one of the saltiest lagoons in the world and is a popular habitat for rare turtles as well as almost 150 species of waterfowl.

**La laguna Madre**
Avec sa superficie de 5854 km², la plus grande lagune du Mexique fait partie d'un ensemble de lagunes qui s'étend de la côte du golfe du Mexique jusqu'à l'État américain du Texas, loin au nord. Située dans le delta du Río Bravo/Río Grande, cette lagune séparée de la mer par une fine langue de terre compte parmi les plus salées du monde et constitue un territoire privilégié pour certaines tortues rares et pour près de 150 espèces d'oiseaux de mer.

**Laguna Madre**
Die größte Lagune Mexikos mit einer Fläche von 5854 km² ist Teil eines Lagunensystems, das sich an der Küste des Golfs von Mexiko bis weit nach Norden in den US-Bundesstaat Texas hineinzieht. Die durch eine schmale Landzunge vom Meer abgetrennte Lagune im Delta des Río Bravo/Río Grande zählt zu den salzigsten Lagunen der Welt und ist ein beliebtes Revier für seltene Schildkröten und fast 150 Wasservogelarten.

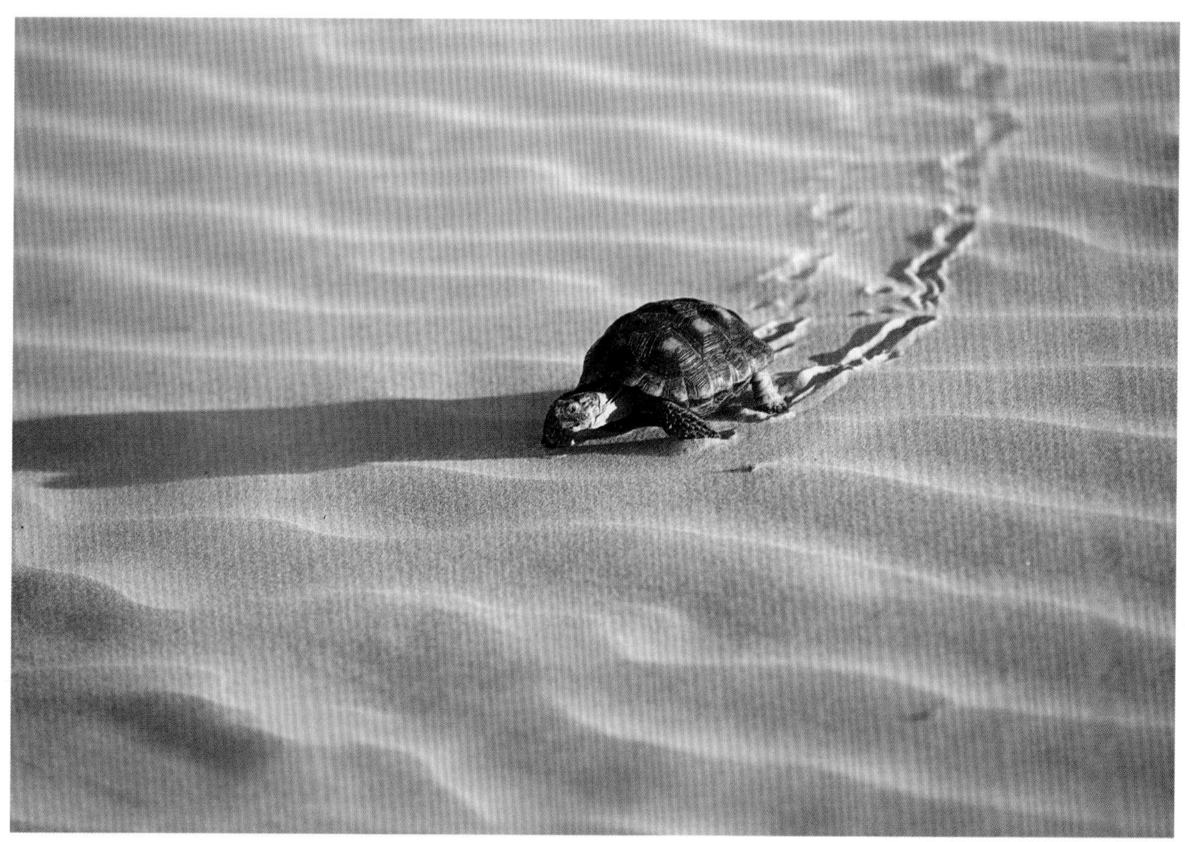

Tortuga de Texas
Texas tortoise

**Laguna Madre**
La laguna más grande de México, con una superficie de 5854 km², es parte de un sistema de lagunas que se extiende desde la costa del Golfo de México hasta el estado de Texas en los EE.UU. La laguna del delta del río Bravo, separada del mar por un estrechalengua de tierra, es una de las lagunas más saladas del mundo y es un hábitat popular para tortugas raras y casi 150 especies de aves acuáticas.

**La Laguna Madre**
La laguna più grande del Messico, con una superficie di 5854 km², fa parte di un sistema lagunare che si estende dalla costa del Golfo del Messico verso nord fino allo stato del Texas. Situata nel delta del Río Bravo/Río Grande, separata dal mare da uno stretto promontorio, la laguna Madre è una delle più salate del mondo ed è un habitat privilegiato per certe tartarughe rare e per quasi 150 specie di uccelli acquatici.

**Laguna Madre**
De grootste lagune van Mexico, met een oppervlak van 5854 km², maakt deel uit van een lagunestelsel dat zich uitstrekt van de kust van de Golf van Mexico tot de Amerikaanse staat Texas. De door een smalle landtong van de zee afgescheiden lagune in de delta van de Río Bravo/Río Grande is een van de zoutste lagunes ter wereld en is een geliefd gebied voor zeldzame schildpadden en bijna 150 soorten watervogels.

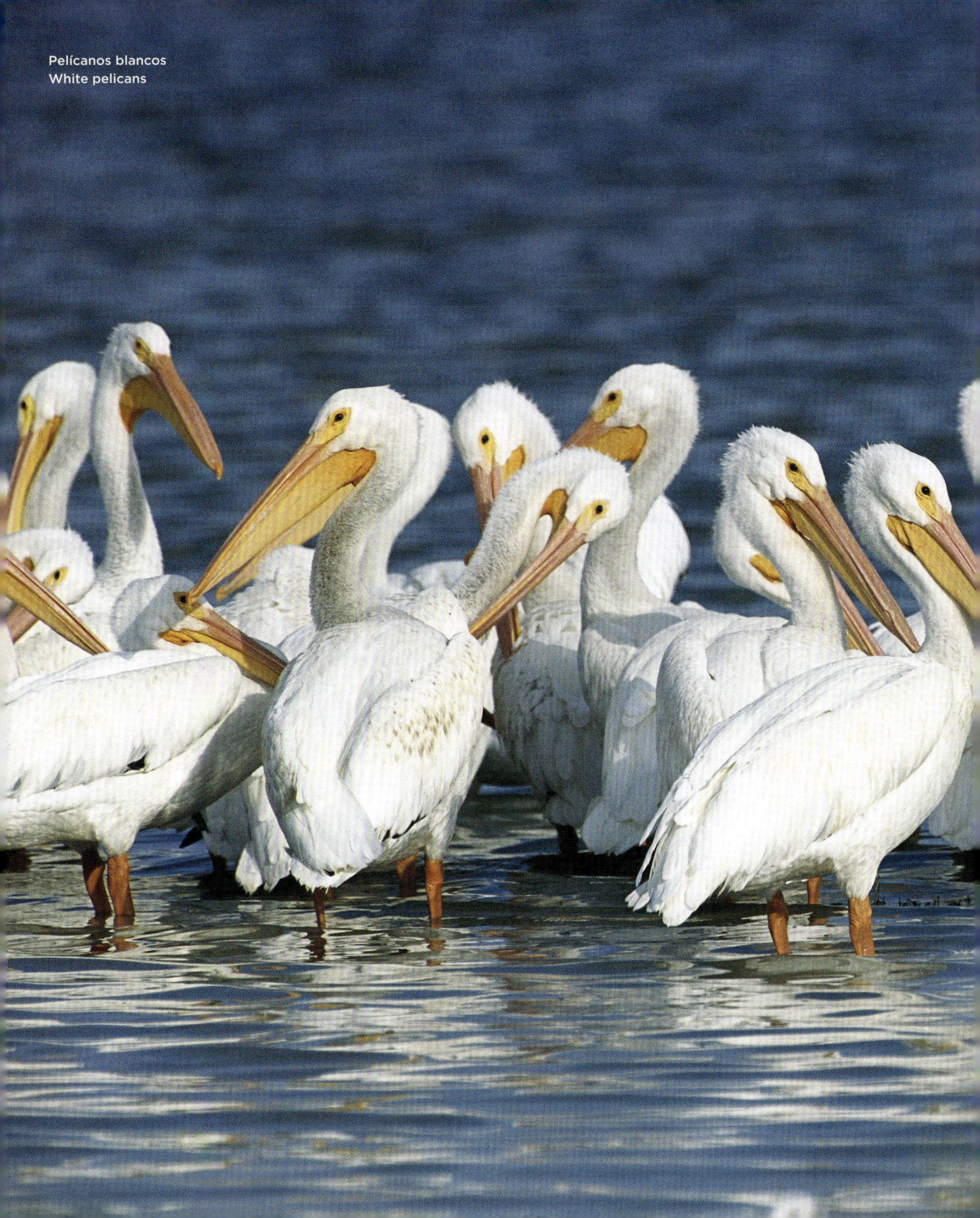
Pelícanos blancos
White pelicans

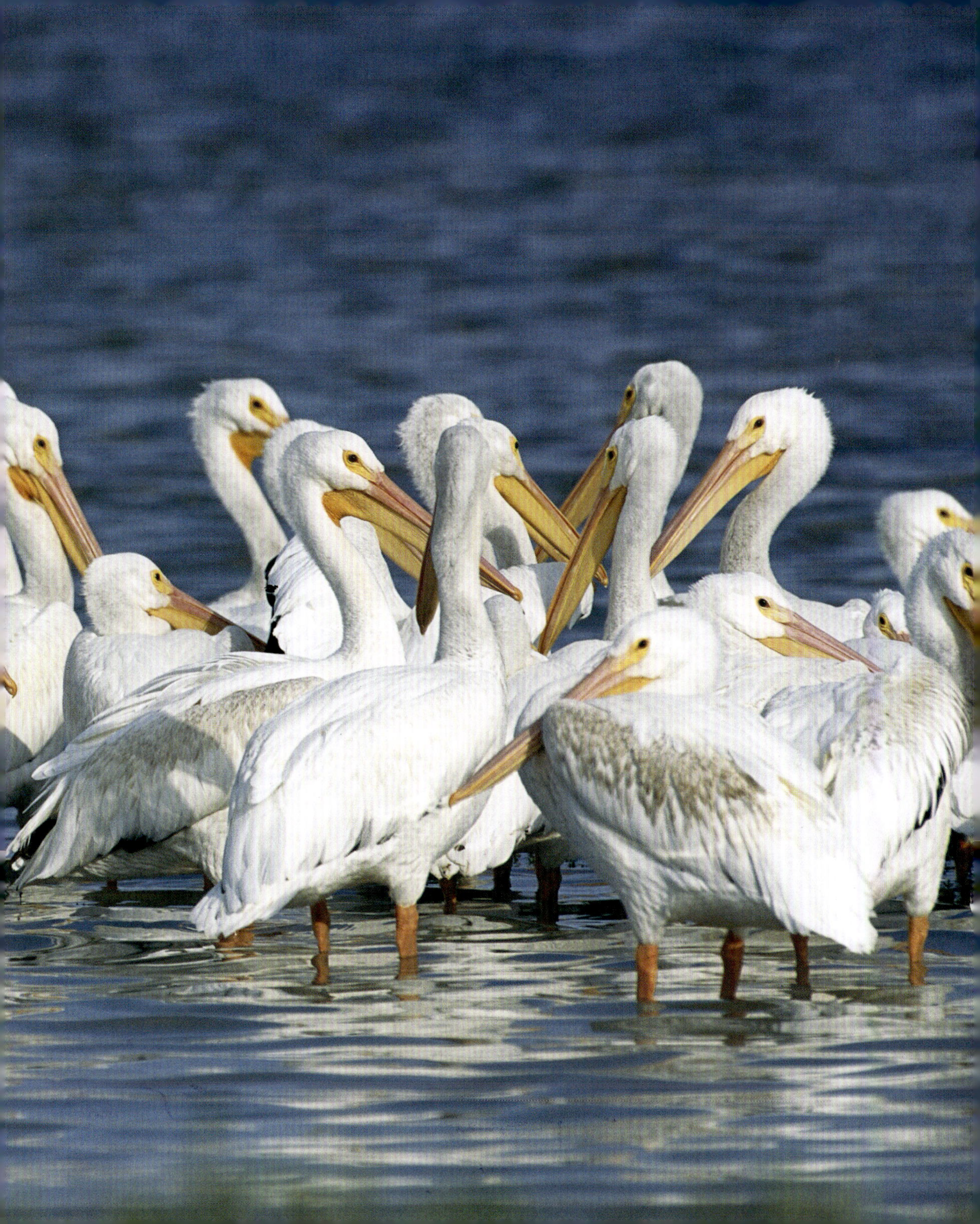

# Zacatecas & Aguascalientes

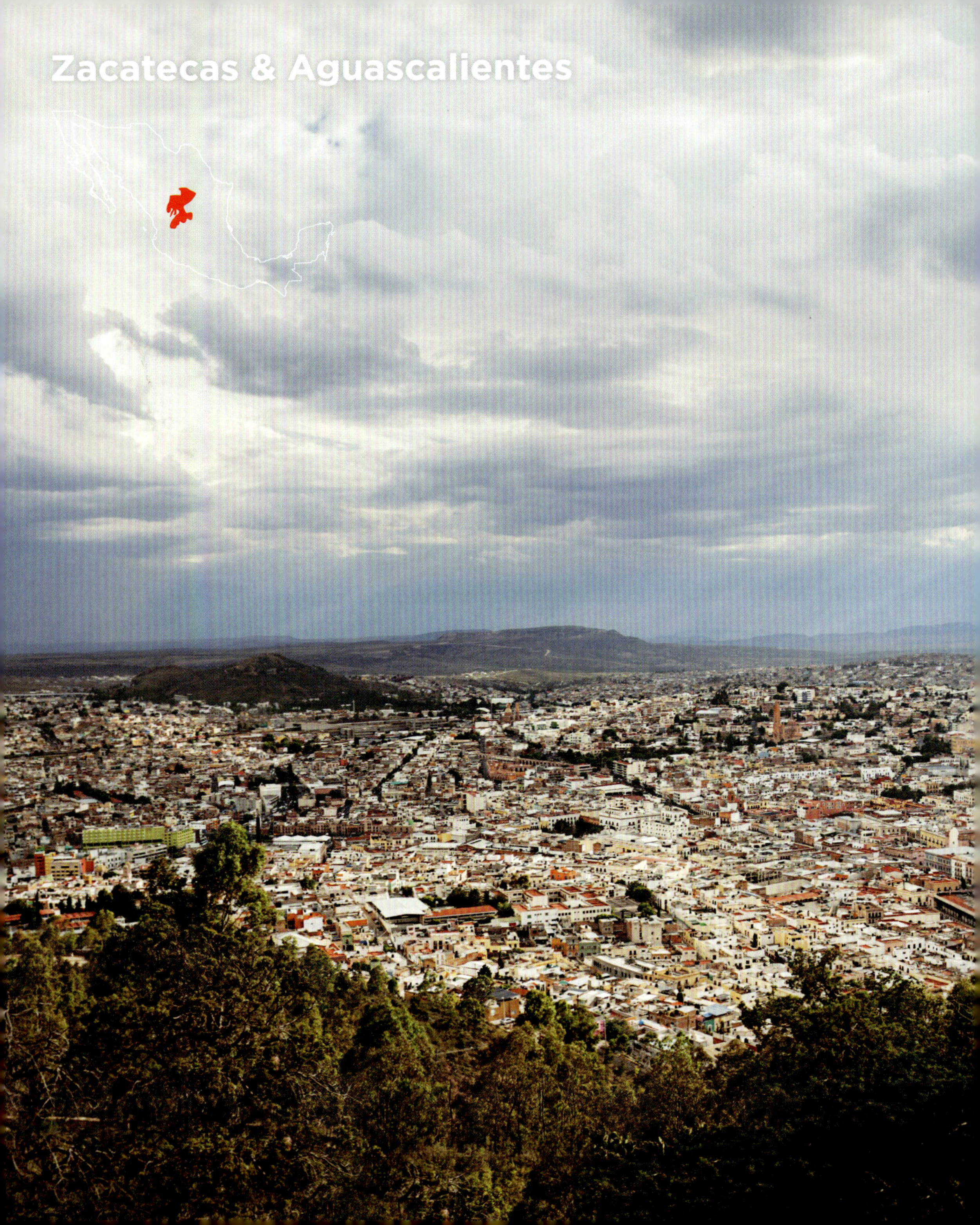

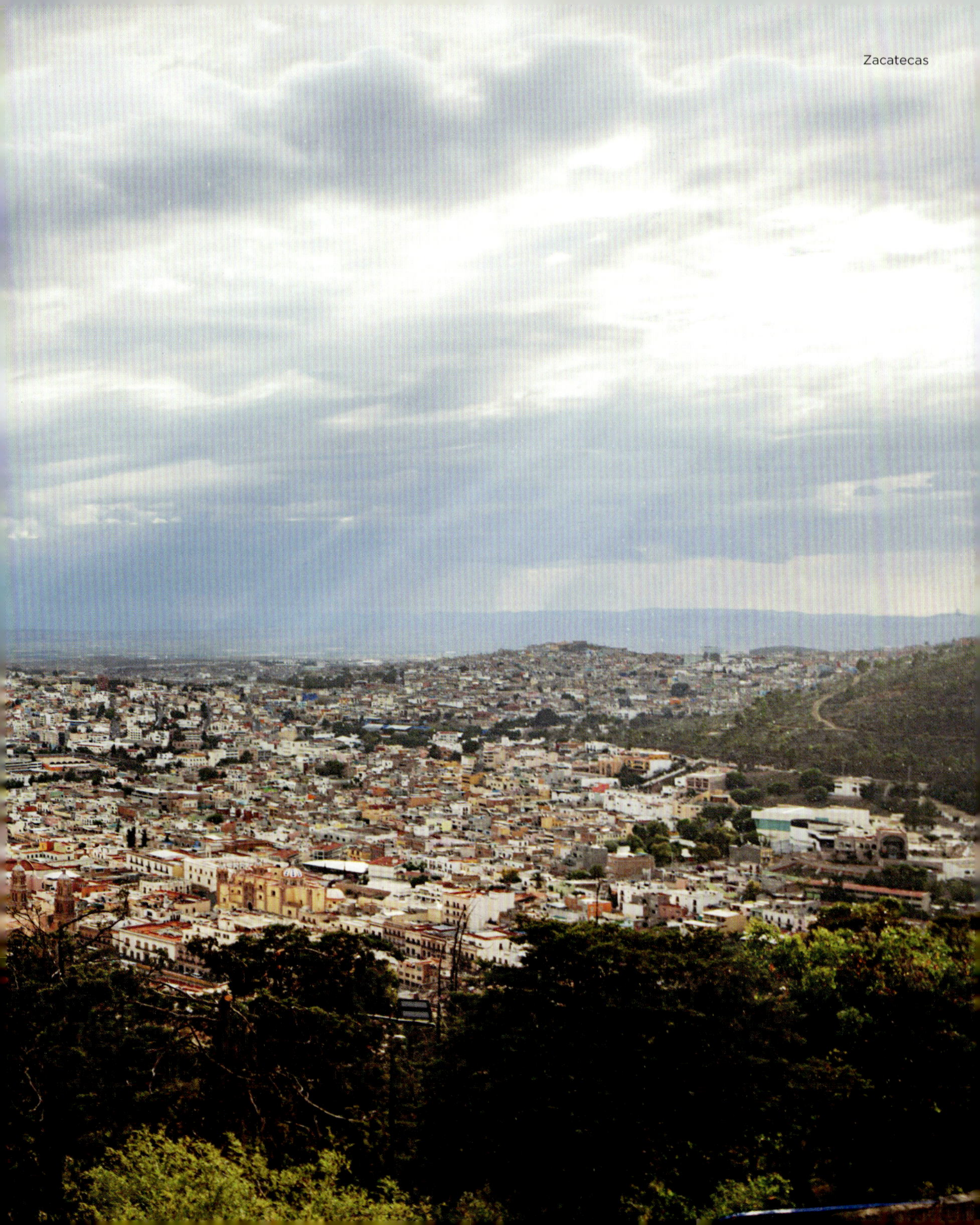

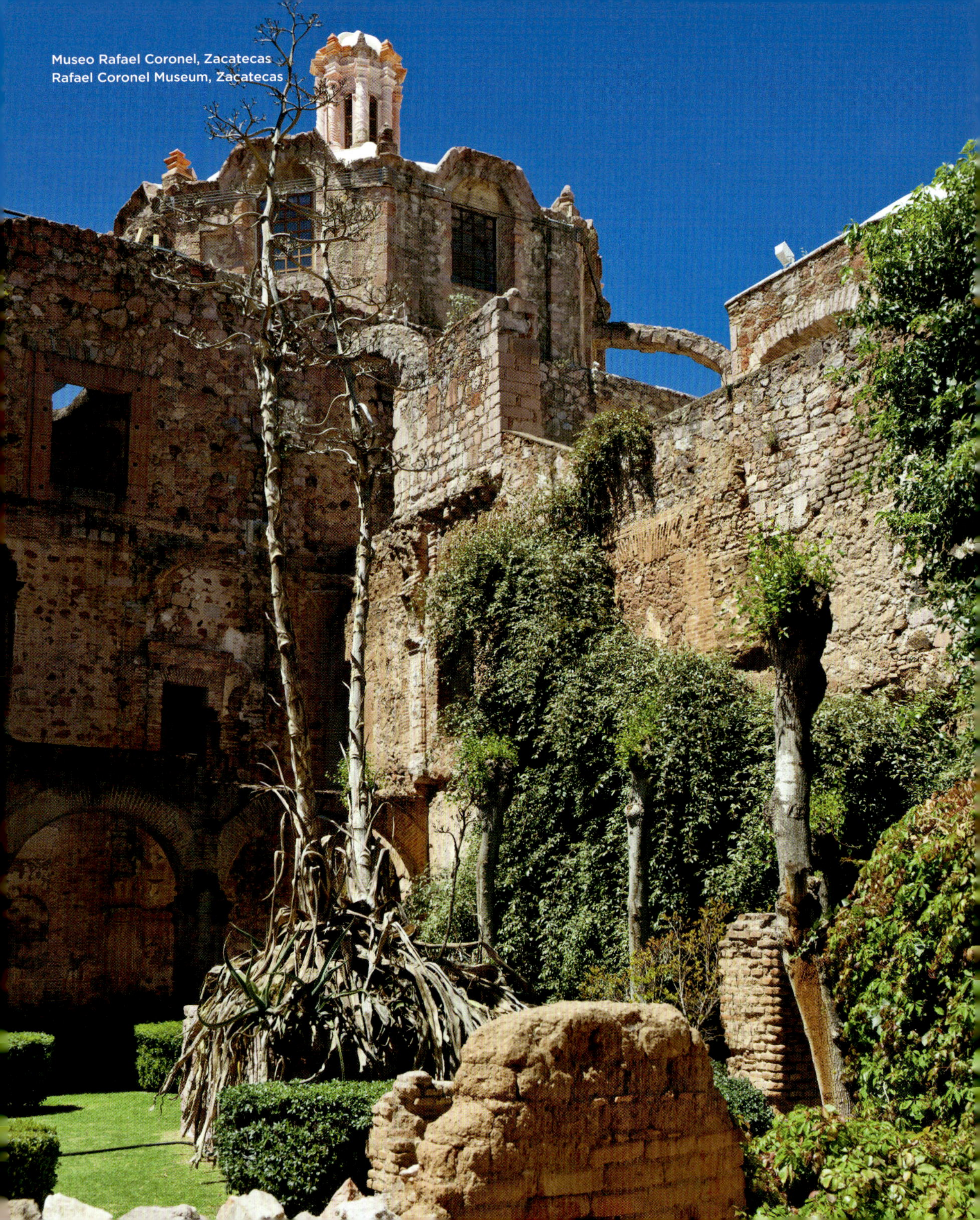
Museo Rafael Coronel, Zacatecas
Rafael Coronel Museum, Zacatecas

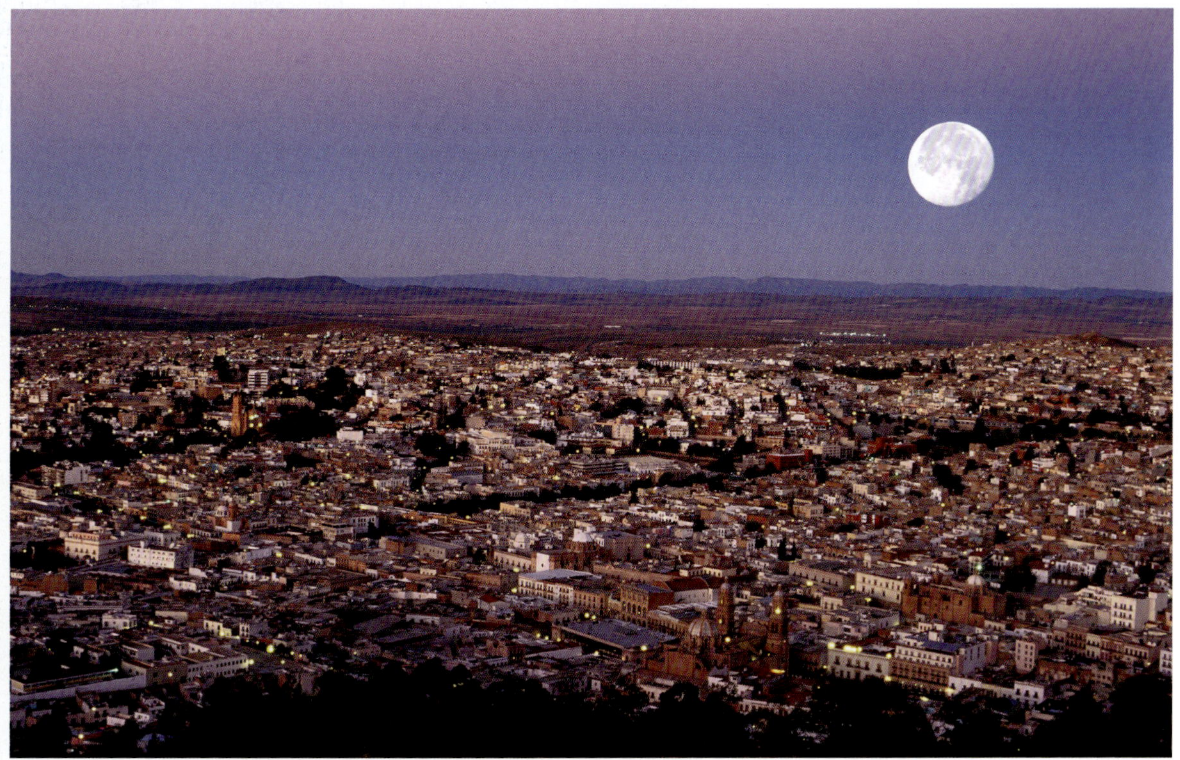

Zacatecas

**Zacatecas**
Desert steppe defines the landscape in the state of Zacatecas. Its capital of the same name was founded in 1548 by the Spaniards, due to the rich silver deposits in the area, and nestles between hills on a valley floor. The old town with its narrow alleys, baroque churches and monasteries is a Unesco World Heritage Site.

**Le Zacatecas**
Les paysages de l'État fédéral de Zacatecas sont dominés par la steppe désertique. Sa capitale, du même nom, a été fondée en 1548 par les Espagnols, en raison des nombreuses ressources en argent de la région, et elle est blottie au fond d'une vallée, entre deux collines. Son centre historique, avec ses étroites ruelles, ses églises baroques et ses monastères, est classé au patrimoine mondial de l'Unesco.

**Zacatecas**
Wüstensteppe bestimmt die Landschaft im Bundesstaat Zacatecas. Seine gleichnamige Hauptstadt wurde 1548 von den Spaniern wegen der reichen Silbervorkommen in der Gegend gegründet und liegt eingebettet zwischen Hügeln in einer Talsohle. Die Altstadt mit ihren engen Gassen, barocken Kirchen und Klöstern gehört zum Unesco-Welterbe.

**Zacatecas**
La estepa desértica define el paisaje en el estado de Zacatecas. Su capital del mismo nombre fue fundada en 1548 por los españoles debido a los ricos yacimientos de plata de la zona y está enclavada en un valle rodeado de colinas. El casco antiguo, con sus callejuelas estrechas, iglesias barrocas y monasterios, es Patrimonio de la Humanidad de la Unesco.

**Zacatecas**
Il paesaggio dello stato federale di Zacatecas è dominato dalla steppa del deserto. L'omonimo capoluogo, incastonato nel fondovalle tra due colline, è stato fondato nel 1548 dagli spagnoli per i ricchi giacimenti d'argento della zona. La città vecchia con i suoi vicoli stretti, le chiese barocche e i monasteri è patrimonio mondiale dell'Unesco.

**Zacatecas**
Het landschap in de staat Zacatecas bestaat uit woestijnsteppe. De gelijknamige hoofdstad werd in 1548 door de Spanjaarden gesticht vanwege de rijke aanwezigheid van zilver en ligt ingebed tussen heuvels in een dalzool. De oude stad met zijn smalle steegjes, barokke kerken en kloosters behoort tot het Unesco-werelderfgoed.

**Sierra de Órganos National Park**
Here, massive volcanic blocks of stone tower above the pine forests of the Sierra Madre Occidental like organ pipes—hence the name "organ mountains". With a little imagination one may also discover monks and veiled women, bridges, towers and even entire castles in the stone formations. It is no wonder that more than 25 feature films have already been shot in this bizarre rock world.

**Le parc national Sierra de Órganos**
Des blocs de roche volcanique s'élèvent ici comme des tuyaux d'orgue (d'où le nom de « montagne des orgues ») depuis les forêts de pins de la Sierra Madre occidentale. Avec un peu d'imagination, on peut deviner dans ces formations rocheuses des moines, des femmes voilées, des ponts, des tours, et même des châteaux entiers. Pas étonnant, donc, que cet endroit étrange ait déjà servi de décor à plus de 25 films.

**Nationalpark Sierra de Órganos**
Hier ragen wuchtige Vulkansteinblöcke wie Orgelpfeifen – daher der Name „Orgelgebirge" – aus den Pinienwäldern der Sierra Madre Occidental. Mit etwas Fantasie kann man in den Steinformationen auch Mönche und verschleierte Frauen entdecken, Brücken, Türme und sogar ganze Schlösser. Kein Wunder, dass in dieser bizarren Felswelt bereits mehr als 25 Spielfilme gedreht wurden.

**Parque Nacional Sierra de Órganos**
Aquí, enormes bloques volcánicos de piedra sobresalen de los bosques de pinos de la Sierra Madre Occidental asemejándose a las pipas de un órgano – de ahí el nombre. Con un poco de imaginación también se pueden descubrir monjes y mujeres con velo, puentes, torres e incluso castillos enteros en las formaciones de piedra. No es de extrañar que ya se hayan rodado más de 25 largometrajes en este extraño mundorocoso.

**Parco Nazionale della Sierra de Órganos**
Qui, dopo le pinete della Sierra Madre Occidentale, massicci blocchi vulcanici di pietra svettano come canne d'organo – da qui il nome di "montagne d'organo". Con un po' di fantasia si possono immaginare anche monaci e donne velate, ponti, torri e persino interi castelli nelle formazioni di pietra. Non c'è da meravigliarsi che in questo strano luogo siano stati ambientati più di 25 films.

**Nationaal park Sierra de Órganos**
Hier rijzen massieve blokken vulkaansteen als orgelpijpen op uit de dennenbossen van de Sierra Madre Occidental – vandaar de naam 'orgelgebergte'. Met enige fantasie kunt u ook monniken en gesluierde vrouwen, bruggen, torens en zelfs hele kastelen herkennen in de steenformaties. Geen wonder dat er in deze bizarre rotsenwereld al meer dan 25 speelfilms zijn opgenomen.



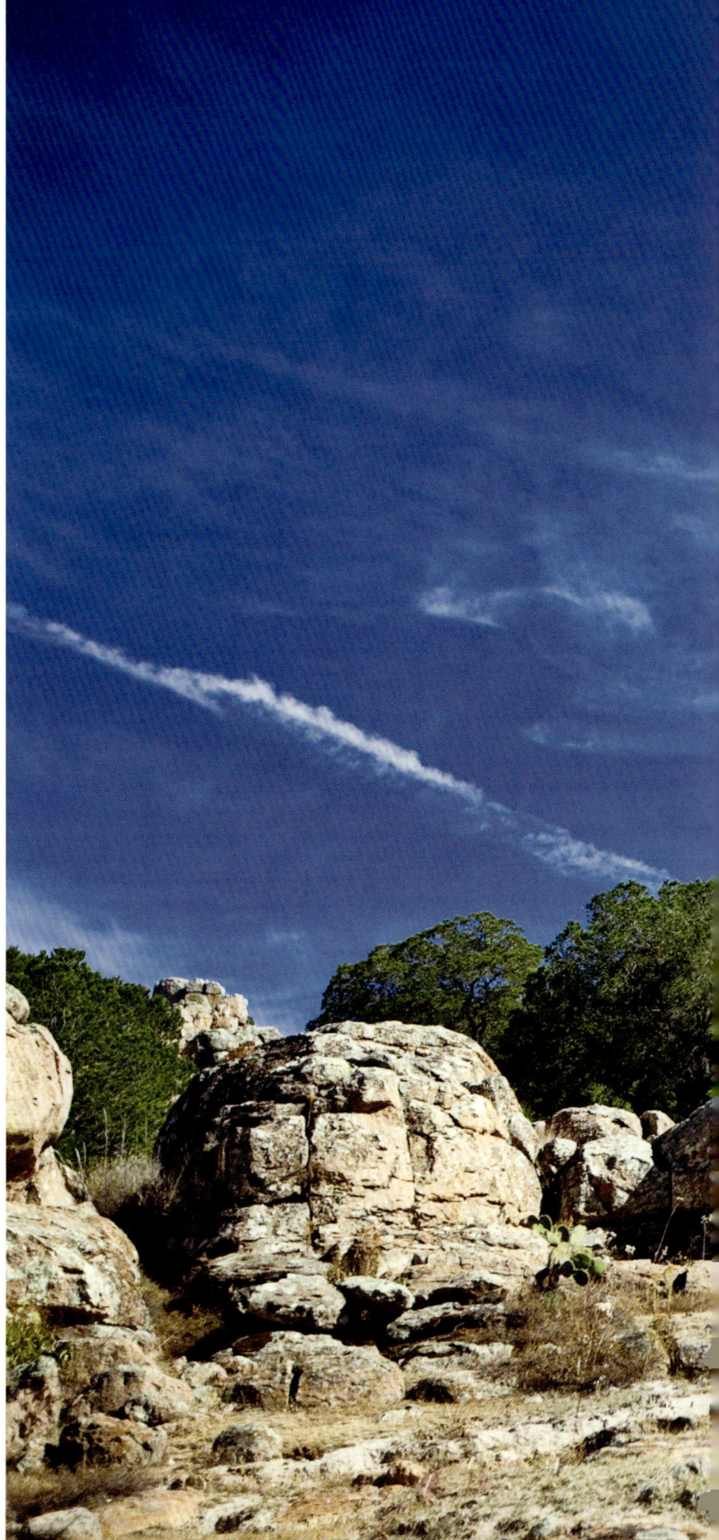

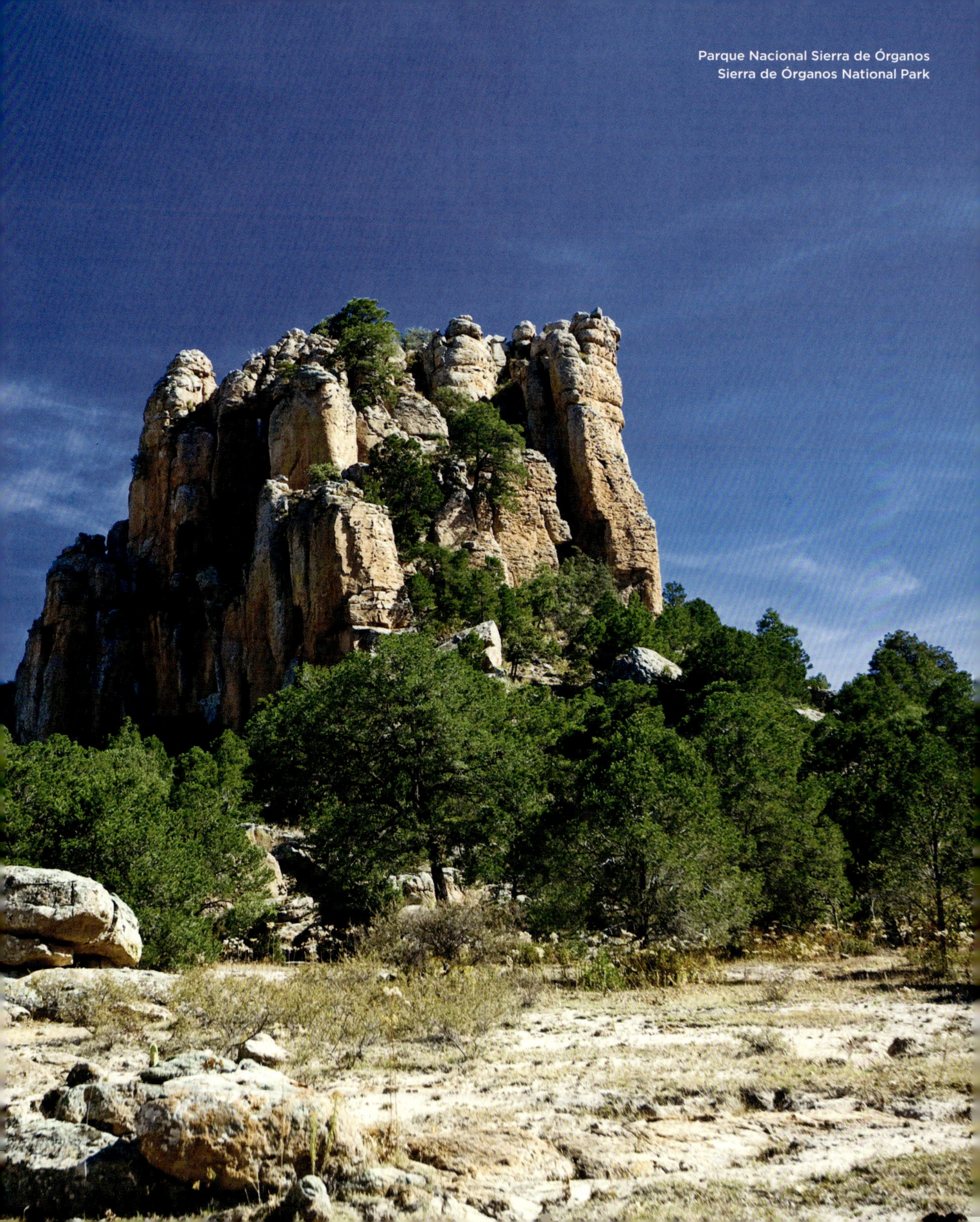
Parque Nacional Sierra de Órganos
Sierra de Órganos National Park

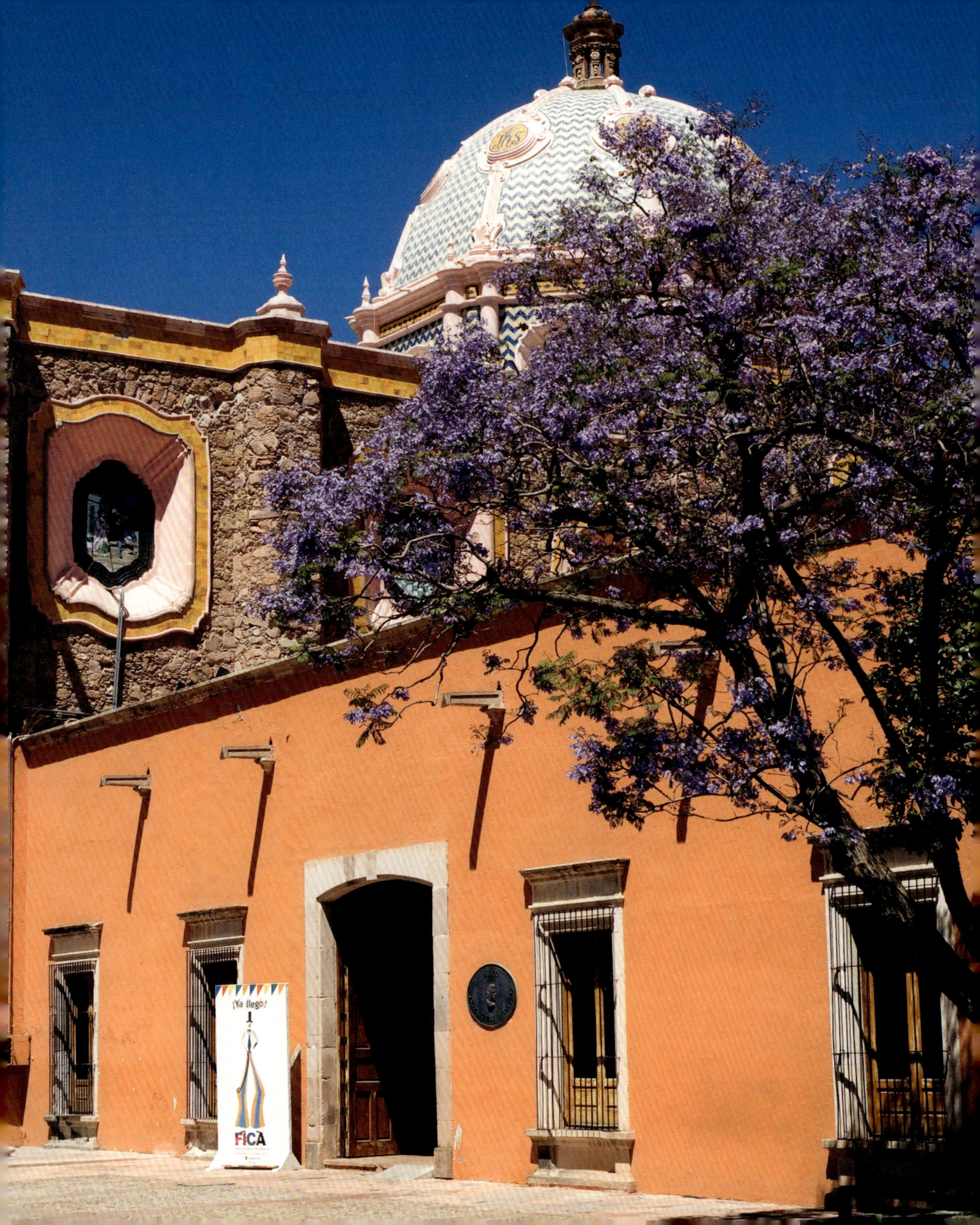
¡Ya llegó!
FICA

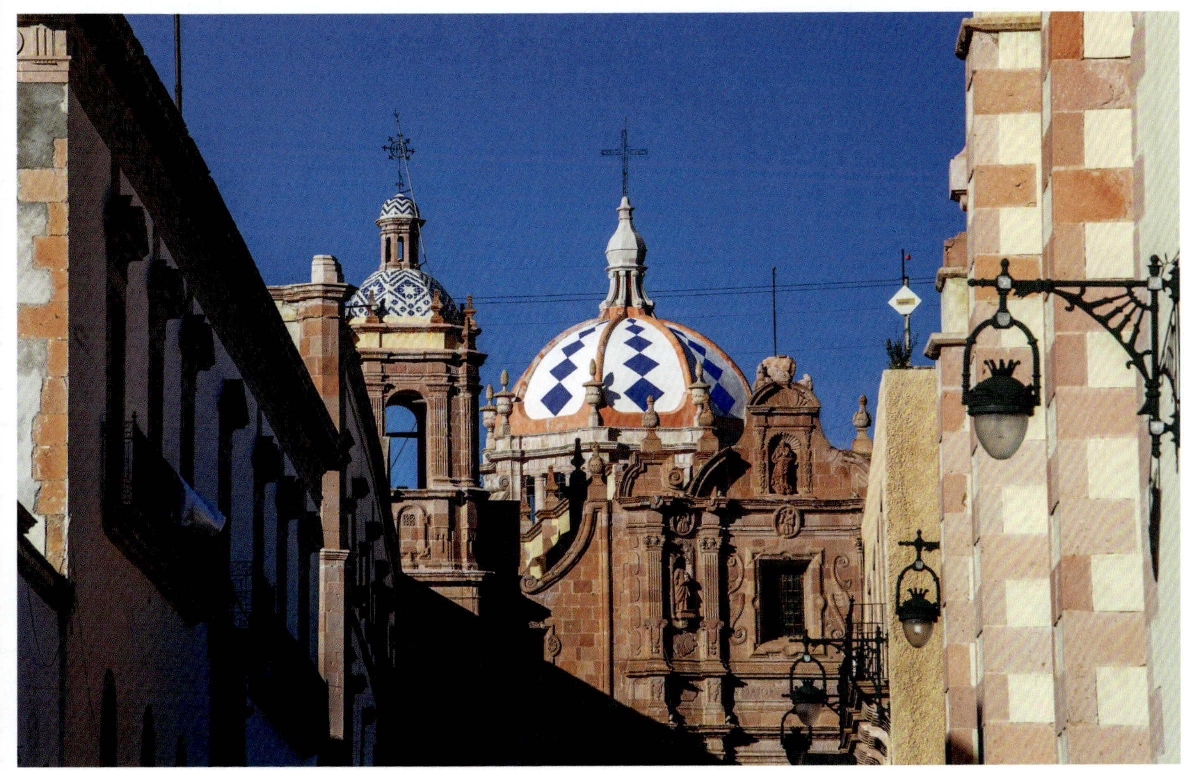

Iglesia de la Inmaculada Concepción (Santo Domingo), Zacatecas
Santo Domingo Church, Zacatecas

Iglesia del Encino, Aguascalientes
Encino church, Aguascalientes

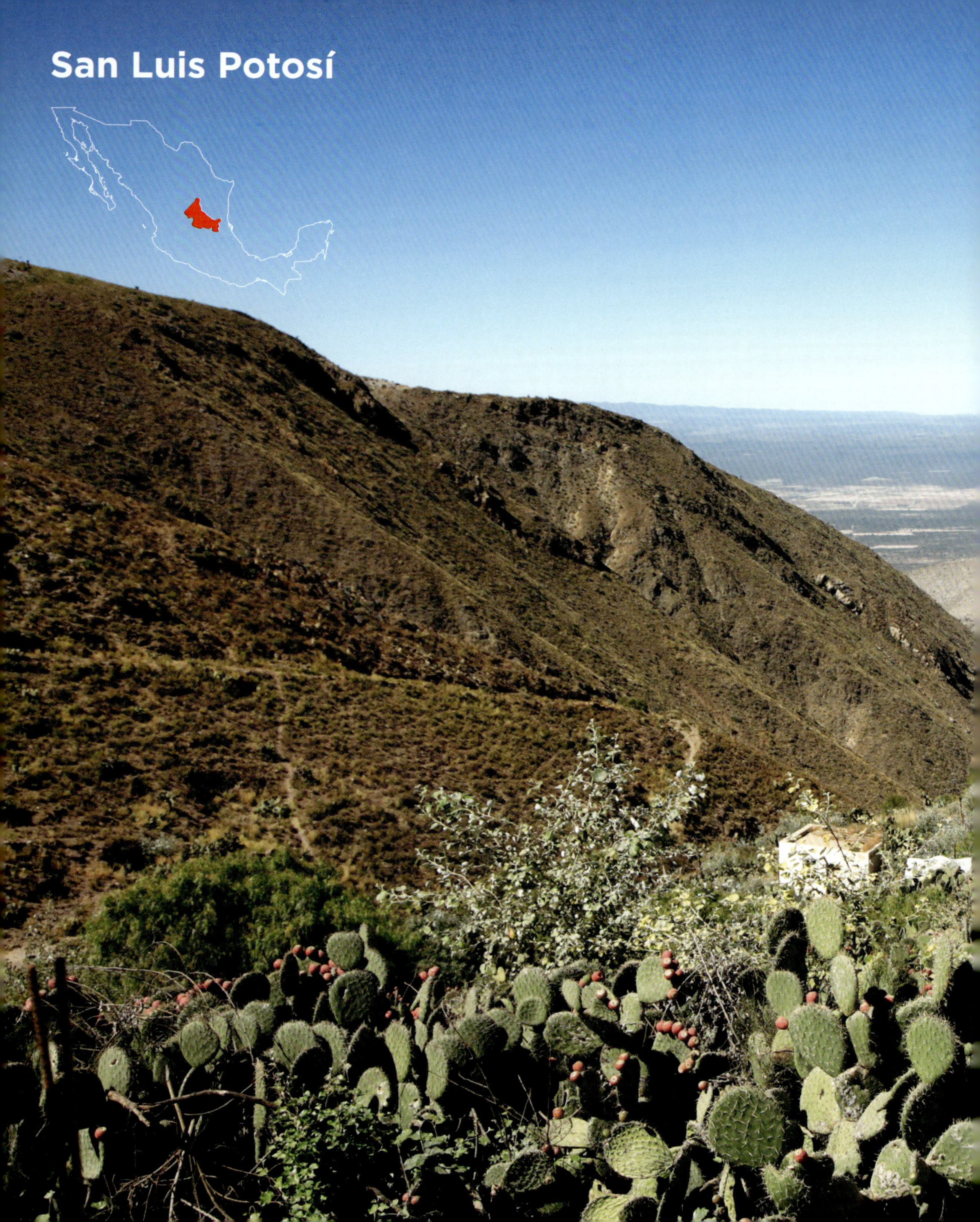
San Luis Potosí

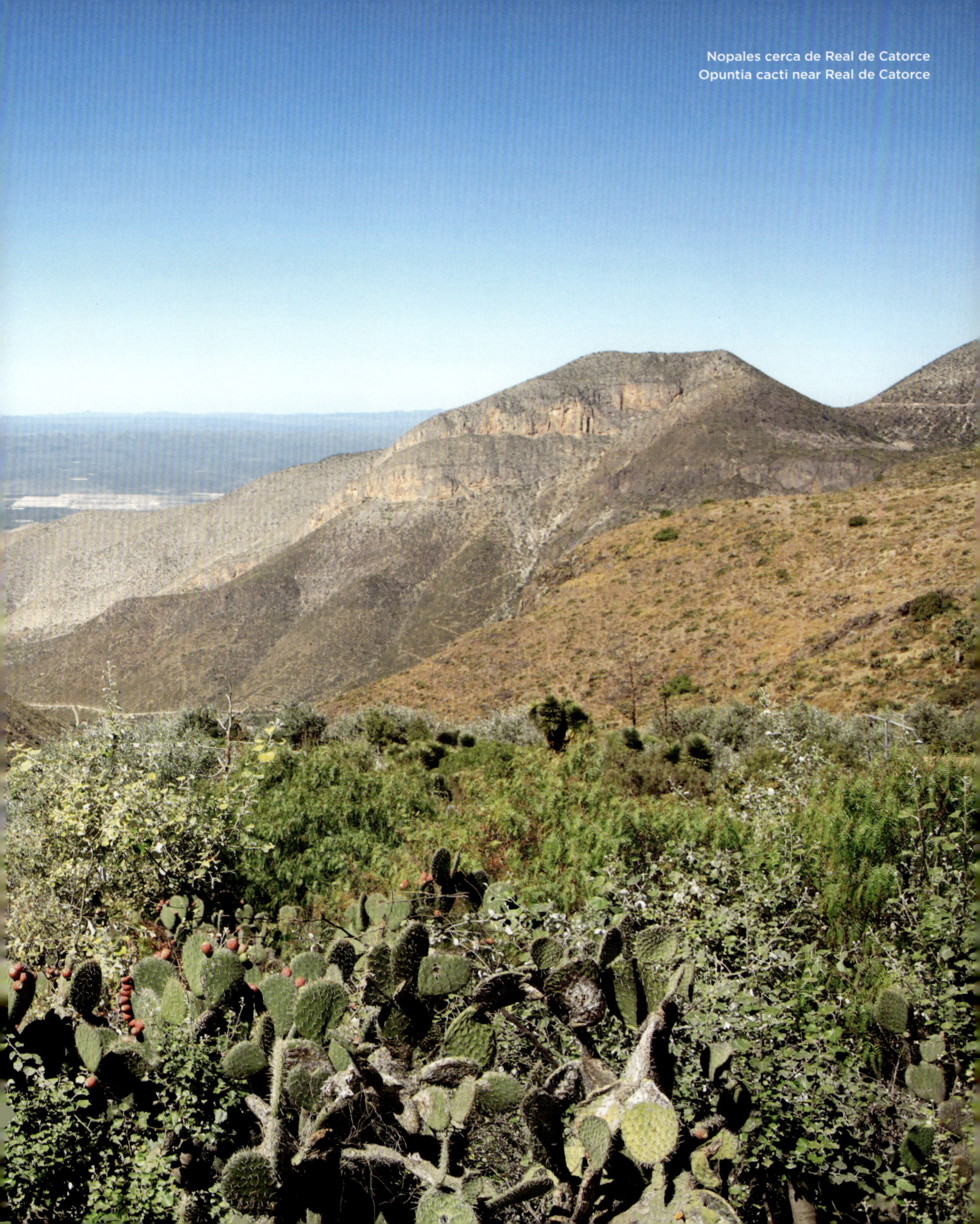

Nopales cerca de Real de Catorce
Opuntia cacti near Real de Catorce

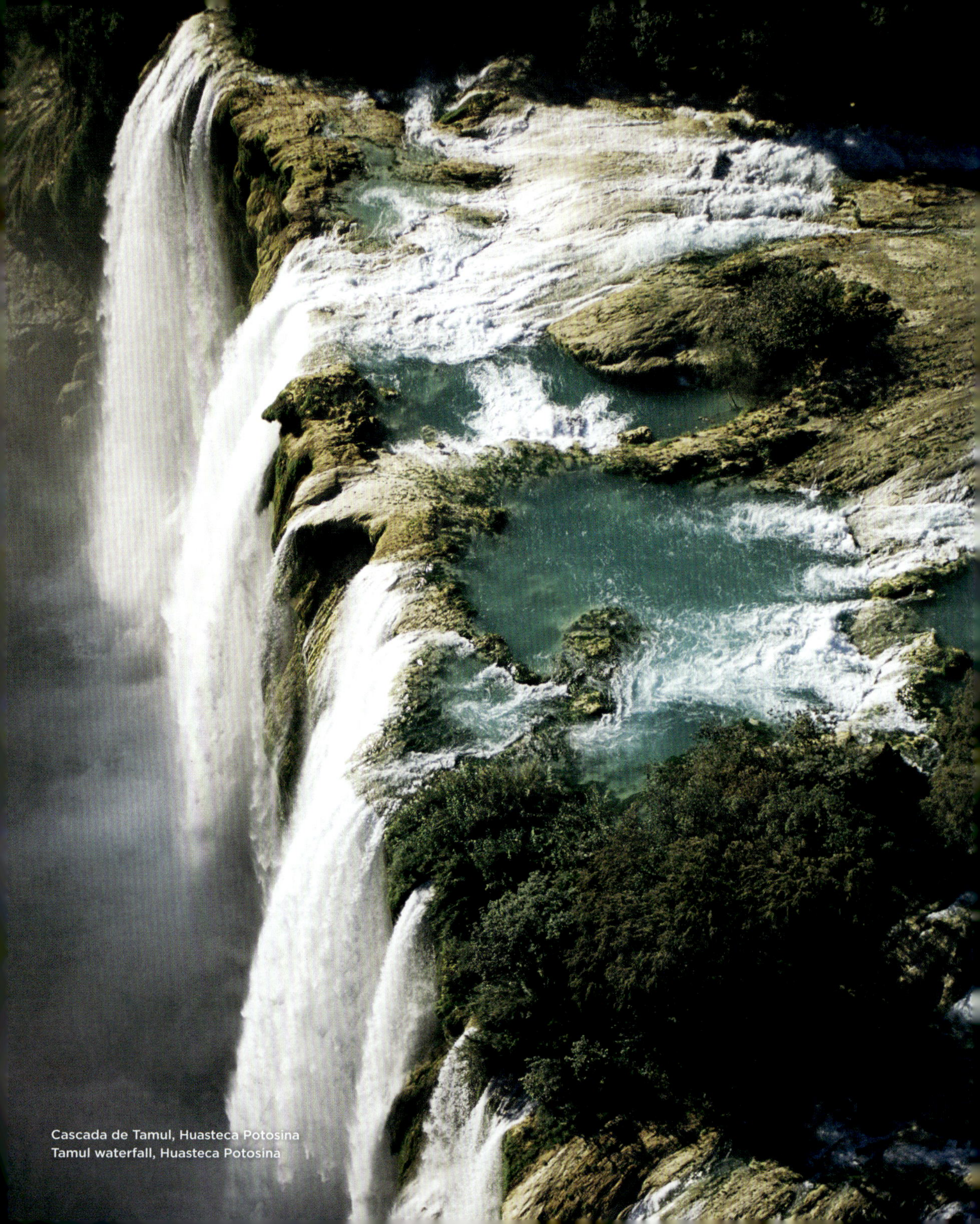

Cascada de Tamul, Huasteca Potosina
Tamul waterfall, Huasteca Potosina

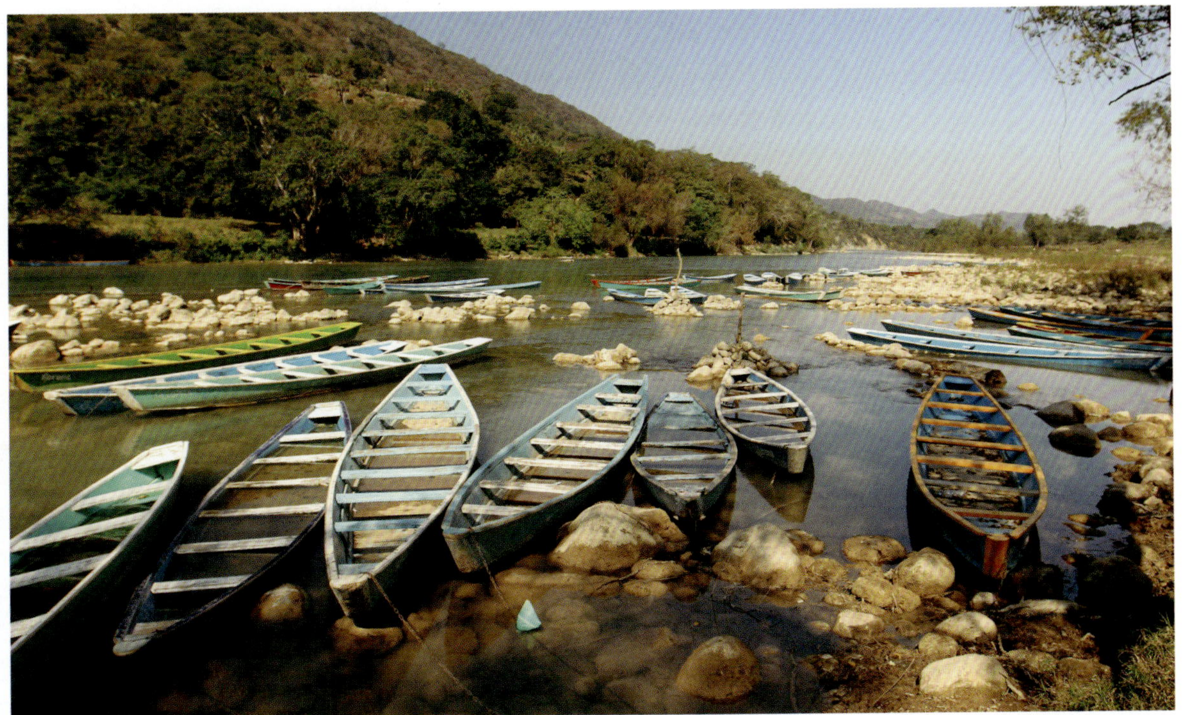

El Río Tamul, Huasteca Potosina
Tamul River, Huasteca Potosina

**San Luis Potosí**
In the State of San Luis Potosí in central Mexico many hidden beauties can be discovered: lush green mountains and deep gorges, turquoise lagoons and foaming waterfalls, meadows and pastures in fertile valleys. The foaming rivers, hazardous canyons and rugged rocks of the Huasteca Potosina are a popular terrain for rafting and kayaking, climbing and canyoning, mountain biking and hiking.

**Le San Luis Potosí**
Dans l'État de San Luis Potosí, en plein cœur du Mexique, on peut découvrir nombre de beautés cachées : montagnes luxuriantes et canyons profonds, lagunes turquoise et chutes d'eau écumantes, prairies et pâturages dans les vallées fertiles. Les fleuves bouillonnants, les canyons invitant à l'aventure et les rochers abrupts font de la Huasteca Potosina un terrain privilégié pour le rafting, le kayak, l'escalade, le canyoning, le VTT et la randonnée.

**San Luis Potosí**
Im Bundesstaat San Luis Potosí in der Mitte Mexikos kann man viele versteckte Schönheiten entdecken: üppig grüne Berge und tiefe Schluchten, türkisblaue Lagunen und schäumende Wasserfälle, Wiesen und Weiden in fruchtbaren Tälern. Die schäumenden Flüsse, abenteuerlichen Canyons und schroffen Felsen der Huasteca Potosina sind ein beliebtes Terrain für Rafting und Kajakfahren, Klettern und Canyoning, Mountainbiken und Wandern.

**San Luis Potosí**
En el estado de San Luis Potosí en el centro de México se pueden descubrir muchas bellezas escondidas: exuberantes montañas verdes y profundos desfiladeros, lagunas color turquesa y cascadas espumosas, praderas y pastizales en valles fértiles. Los ríos espumosos, los cañones aventureros y las rocas escarpadas de la Huasteca Potosina son un terreno popular para el rafting y el kayak, la escalada y el barranquismo, el ciclismo de montaña y el senderismo.

**San Luis Potosí**
Nello stato di San Luis Potosí, nel cuore del Messico, si possono scoprire molte bellezze nascoste: montagne verdi e gole profonde, lagune turchesi e cascate schiumose, prati e pascoli in fertili vallate. I fiumi spumeggianti, i canyon avventurosi e le rocce scoscese fanno dell'Huasteca Potosina un territorio privilegiato per il rafting e il kayak, l'arrampicata e il canyoning, la mountain bike e l'escursionismo.

**San Luis Potosí**
In de staat San Luis Potosí in het midden van Mexico kunt u veel verborgen schoonheden ontdekken: weelderig groene bergen en diepe kloven, turkooiskleurige lagunes en bruisende watervallen, velden en weilanden in vruchtbare dalen. De schuimende rivieren, avontuurlijke ravijnen en ruige rotsen van de Huasteca Potosina vormen een populair gebied voor raften en kajakken, klimmen en canyoning, mountainbiken en wandelen.

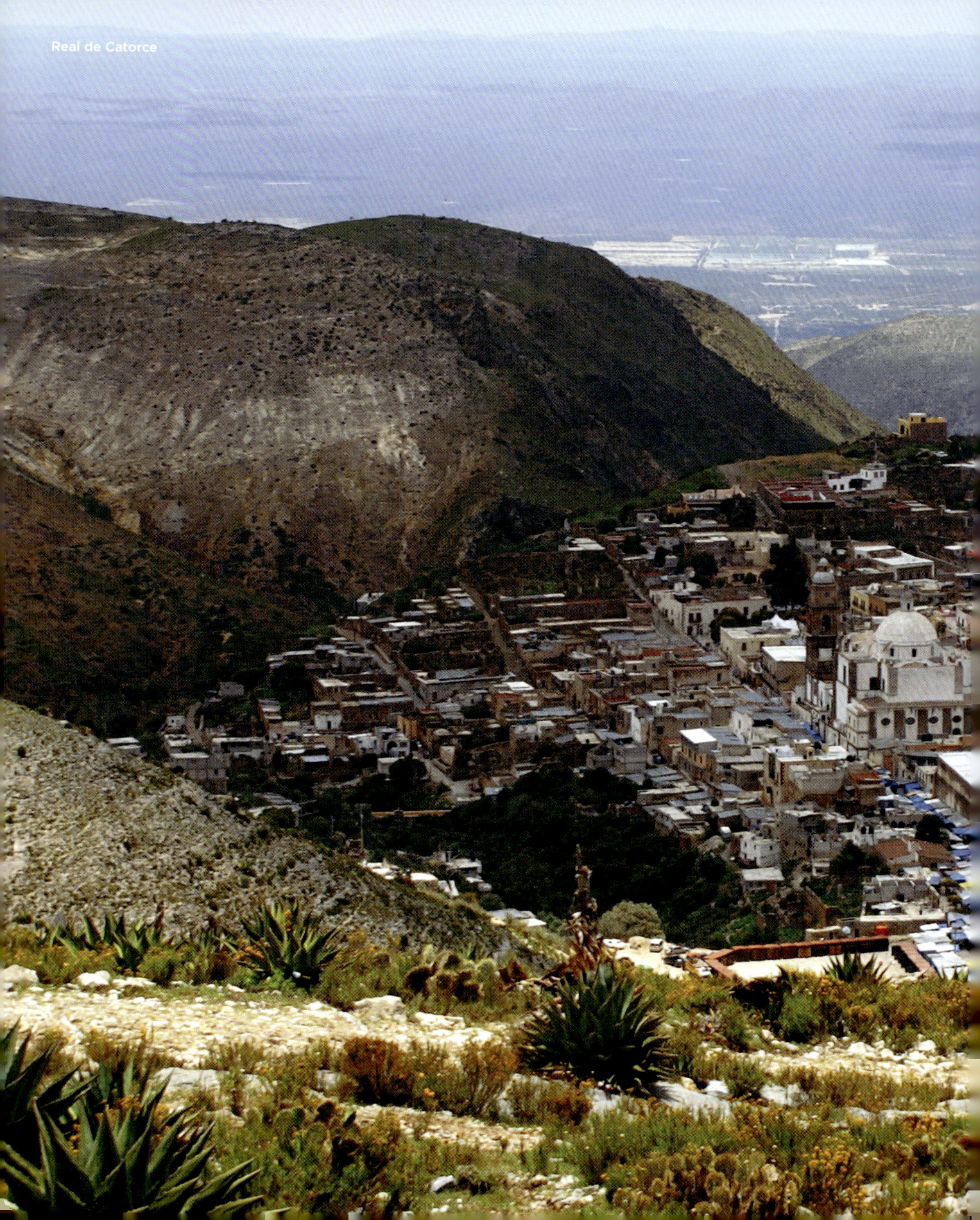

Real de Catorce

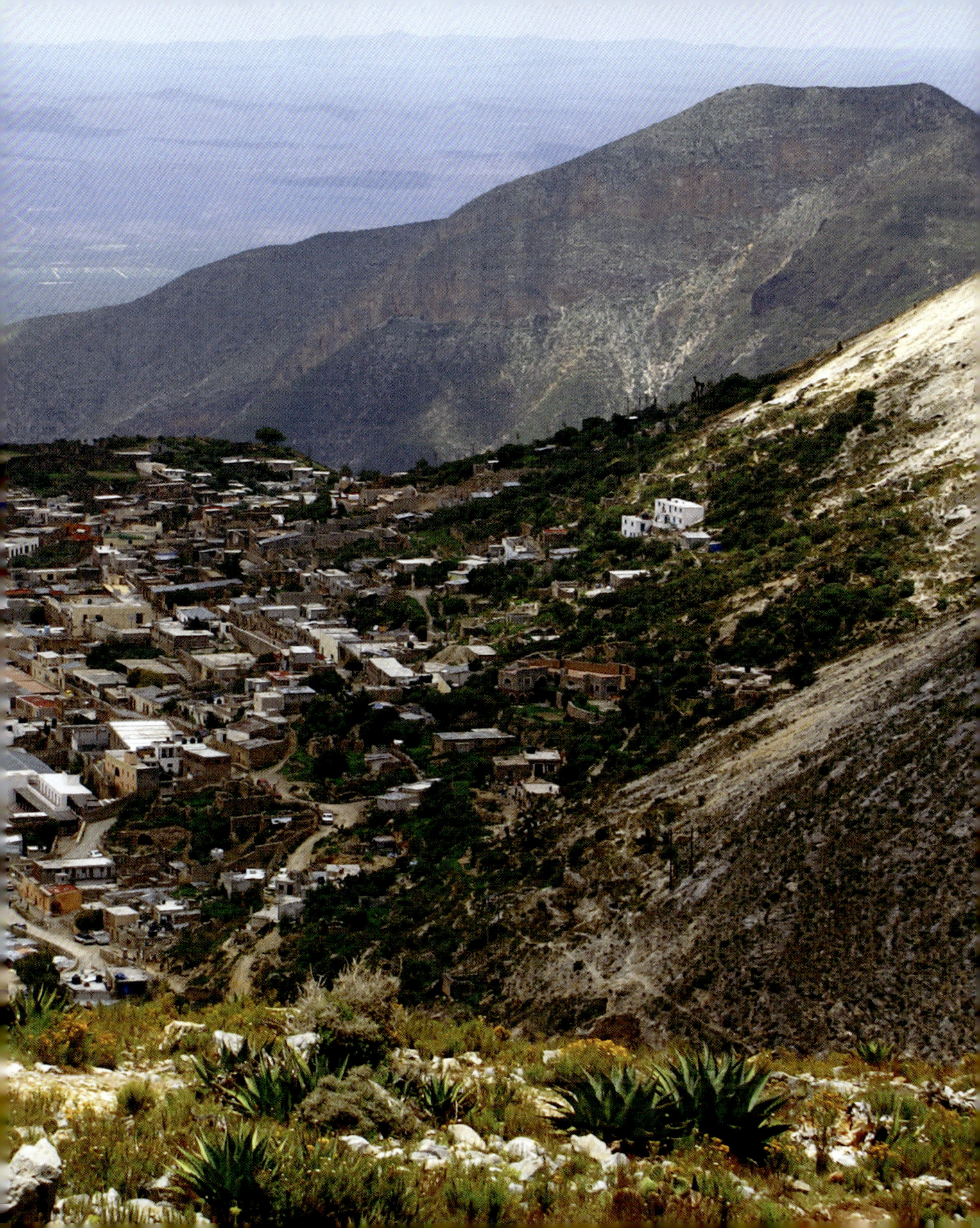

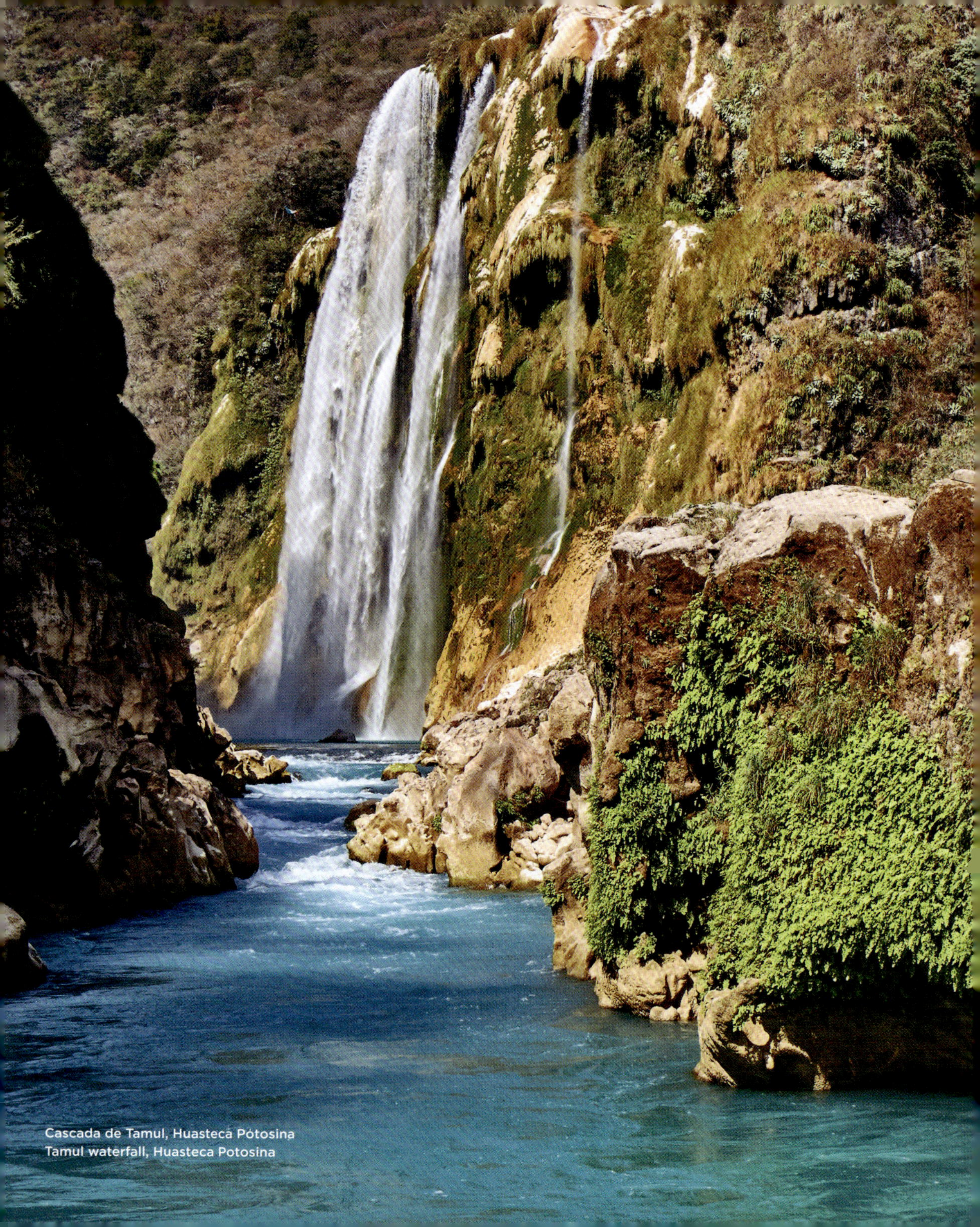

Cascada de Tamul, Huasteca Potosina
Tamul waterfall, Huasteca Potosina

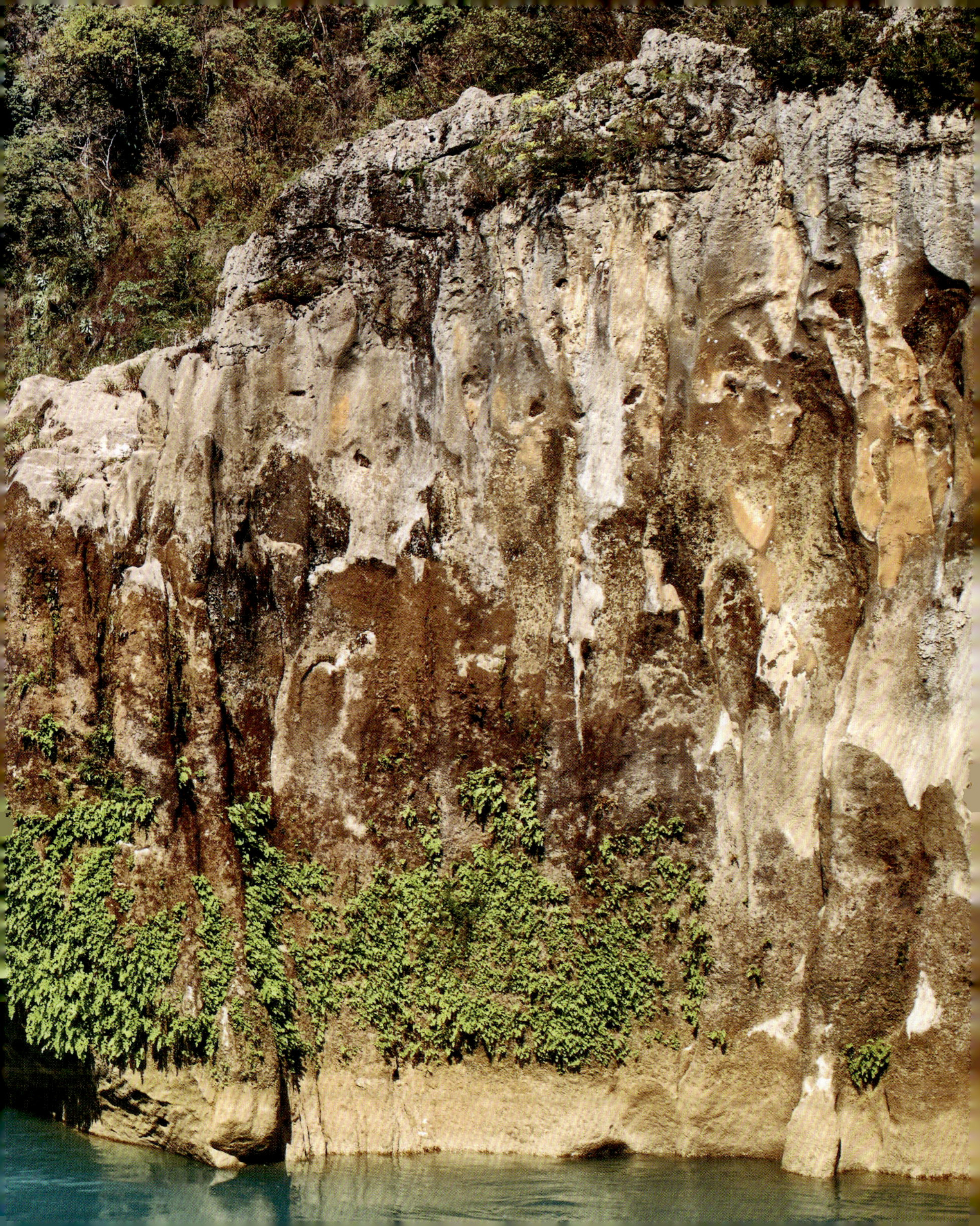

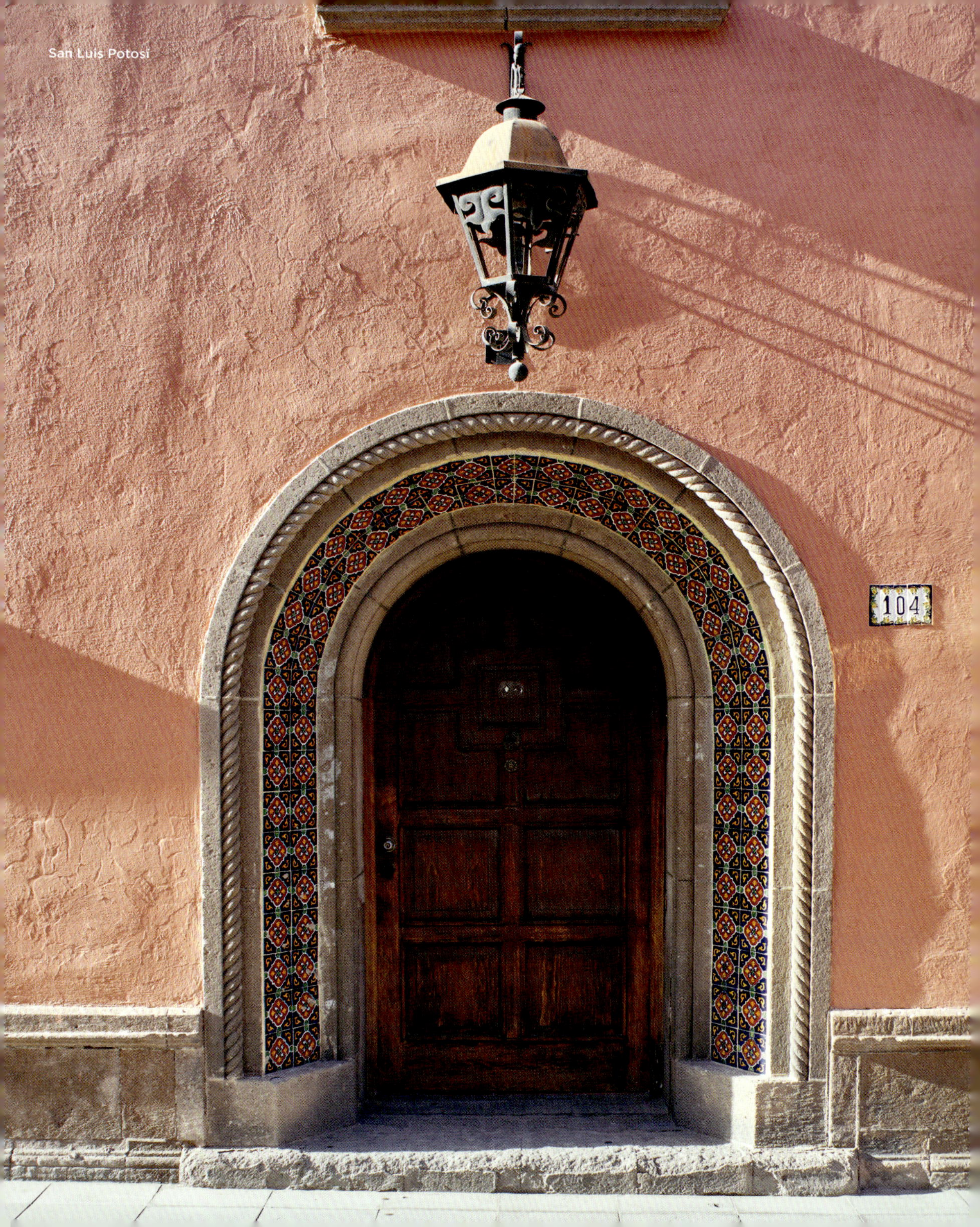


San Luis Potosí

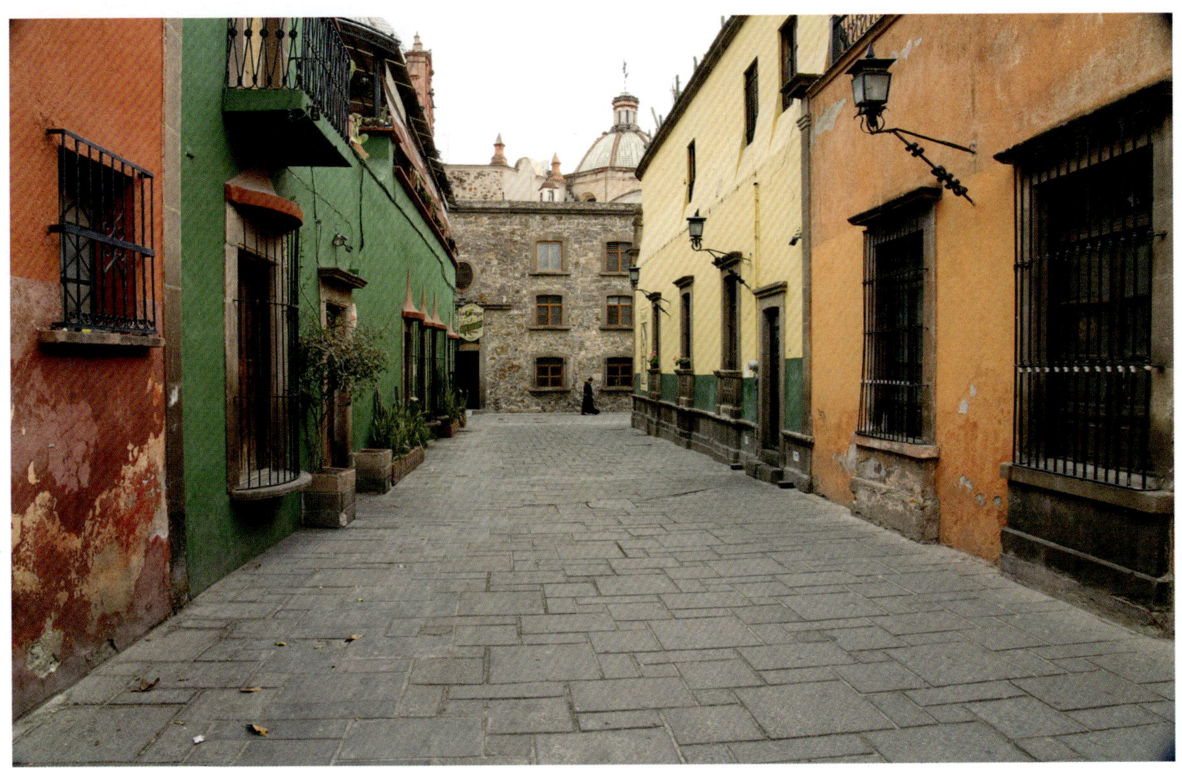

San Luis Potosí

**San Luis Potosí**
The colonial town of San Luis Potosí is located on the historic Silver Road between Mexico City and Santa Fe. A gold and silver vein discovered in 1529 helped the town to flourish, with the magnificent buildings, picturesque alleys and squares still bearing witness to that today.

**San Luis Potosí**
La petite ville coloniale de San Luis Potosí se trouve sur l'ancienne route de l'argent, qui reliait Mexico à Santa Fe. Un filon d'or et d'argent découvert en 1529 contribua à l'essor de cet endroit, comme en témoignent encore des bâtiments majestueux ainsi que des ruelles et des places pittoresques.

**San Luis Potosí**
Das Kolonialstädtchen San Luis Potosí liegt an der historischen Silberstraße zwischen Mexiko-Stadt und Santa Fe. Eine 1529 entdeckte Gold- und Silberader verhalf dem Ort zum Aufschwung, von dem heute noch prächtige Bauwerke und malerische Gassen und Plätze zeugen.

**San Luis Potosí**
El pueblo colonial de San Luis Potosí está ubicado en el histórico Camino de la Plata entre la Ciudad de México y Santa Fe. Una veta de oro y plata descubierta en 1529 ayudó a la ciudad a florecer, de lo que aún hoy son testigos magníficos edificios, pintorescas callejuelas y plazas.

**San Luis Potosí**
La città coloniale di San Luis Potosí si trova sulla storica strada d'argento tra Città del Messico e Santa Fe. Una vena d'oro e d'argento scoperta nel 1529 contribuì allo sviluppo della città, come ancora testimoniano maestosi edifici, pittoreschi vicoli e magnifiche piazze.

**San Luis Potosí**
Het koloniale stadje San Luis Potosí ligt aan de historische zilverweg tussen Mexico-Stad en Santa Fe. Een in 1529 ontdekte goud- en zilverader hielp de stad tot grote bloei, waarvan prachtige gebouwen, pittoreske steegjes en pleinen nog altijd getuigen.

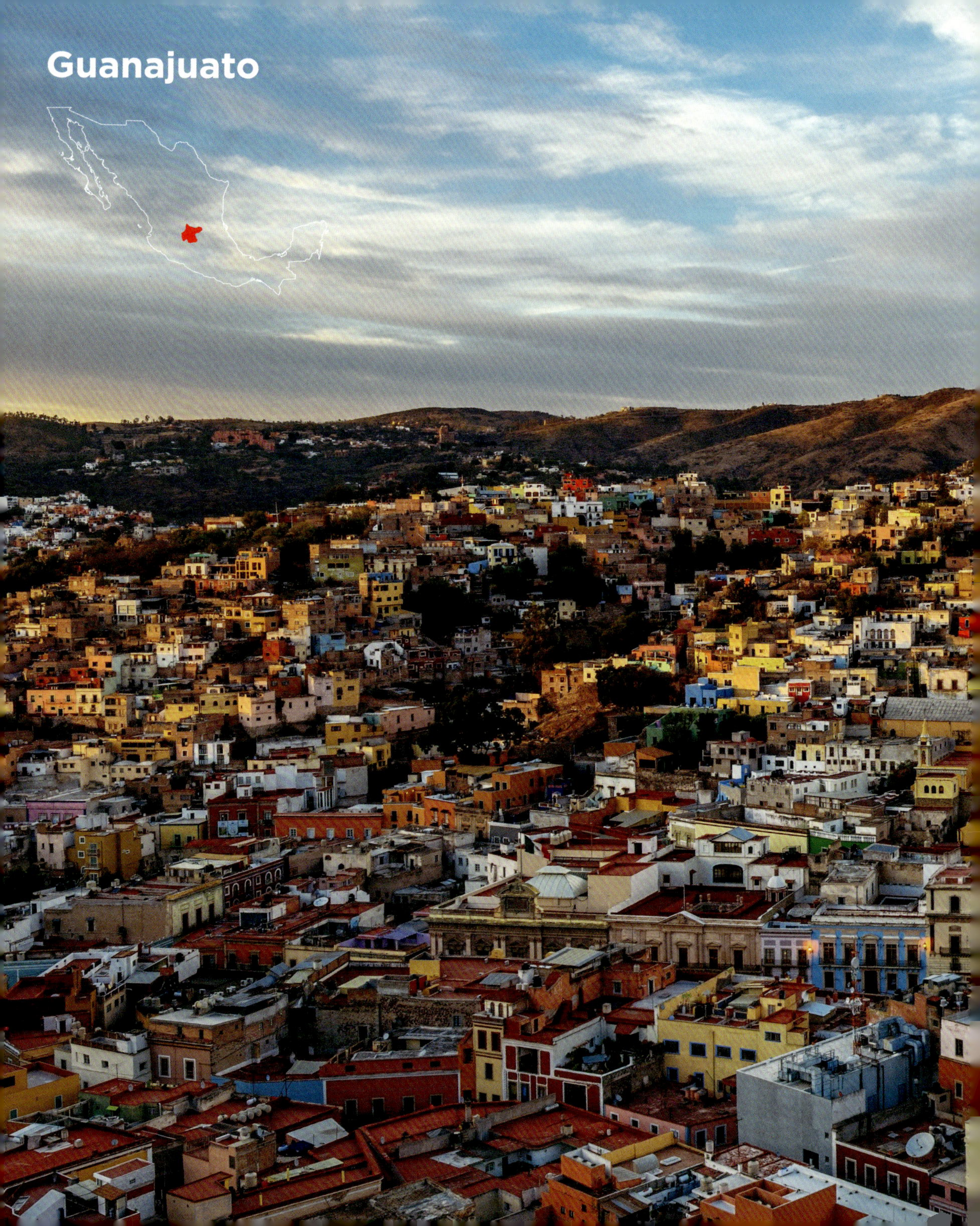
Guanajuato

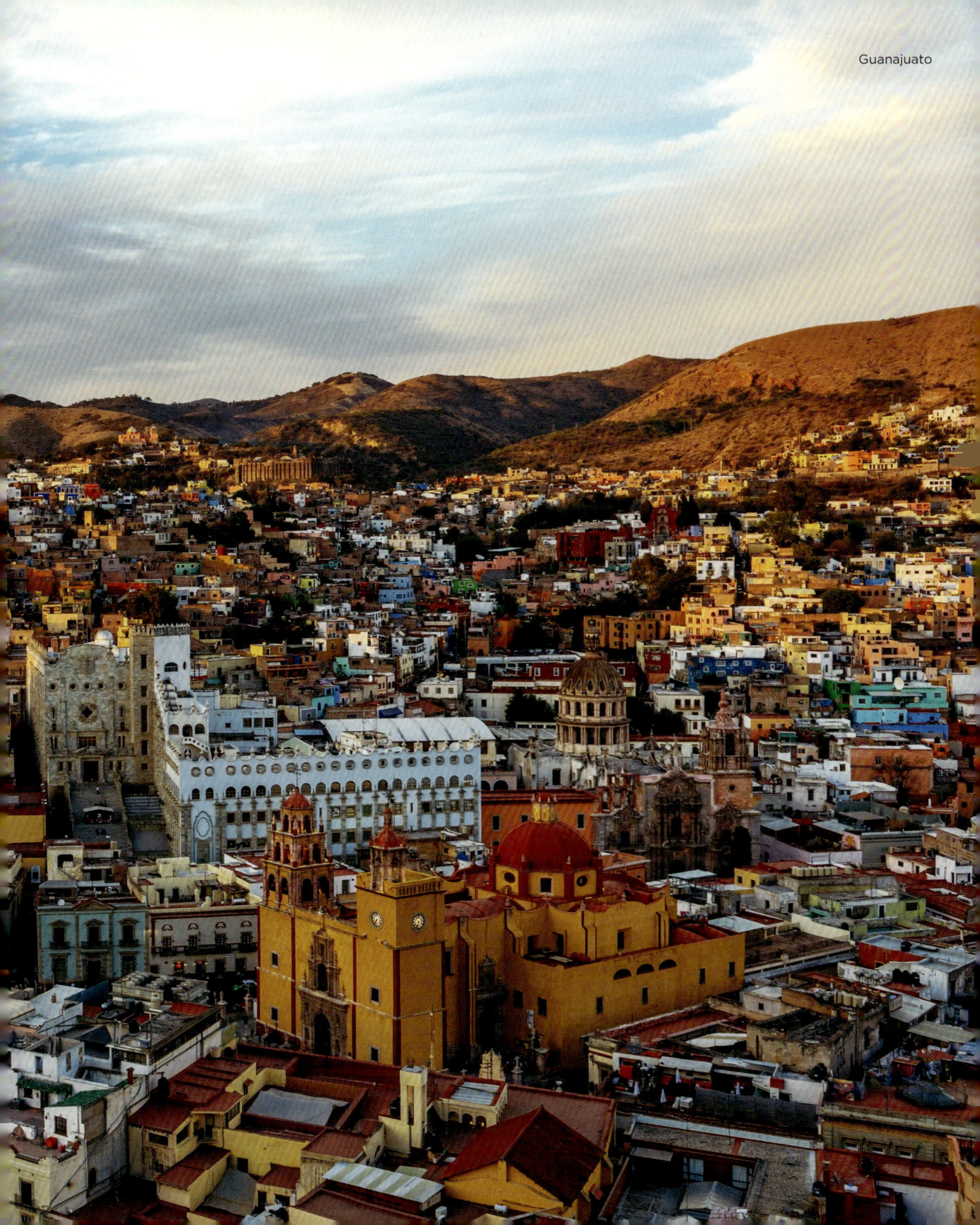
Guanajuato

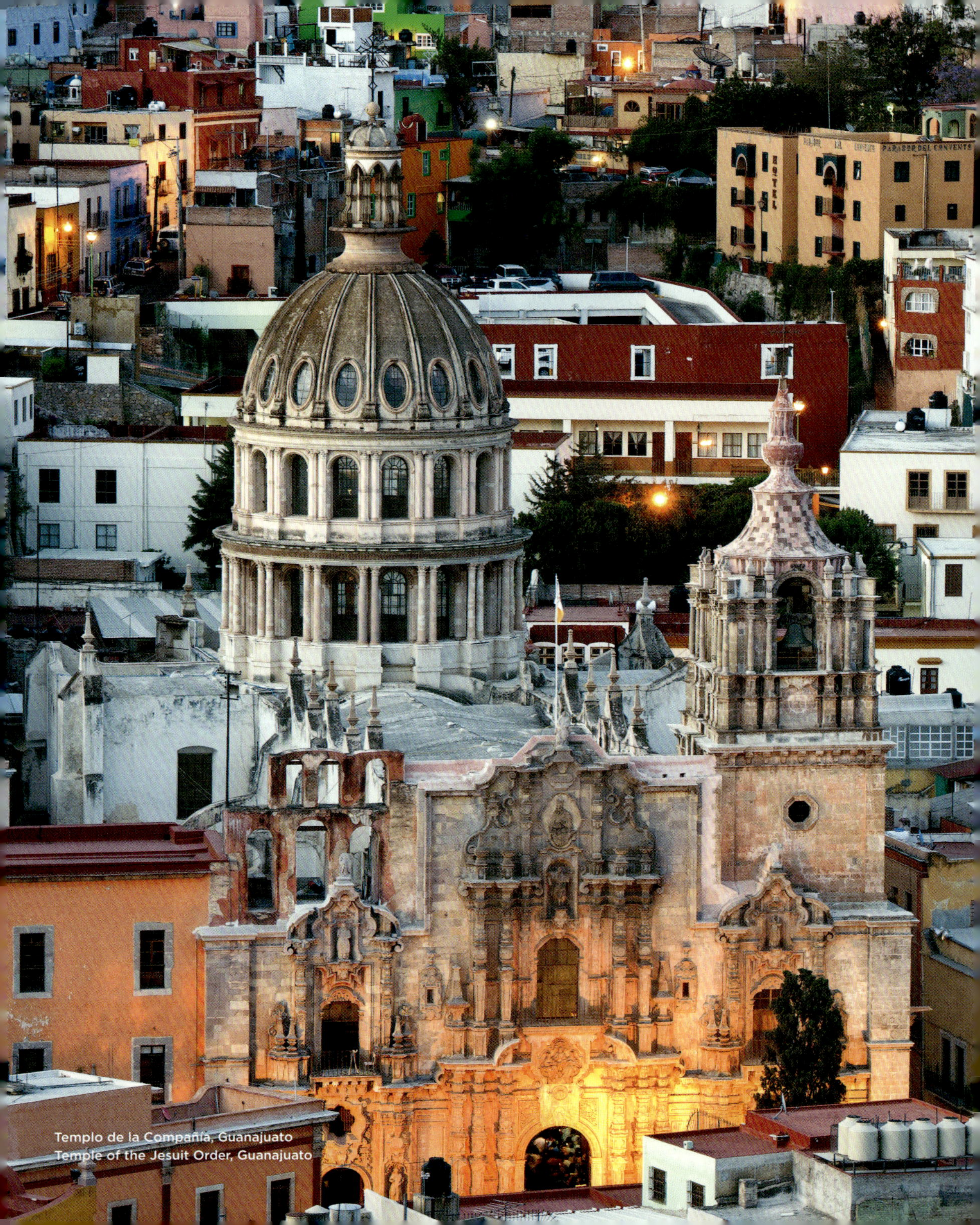

Templo de la Compañía, Guanajuato
Temple of the Jesuit Order, Guanajuato

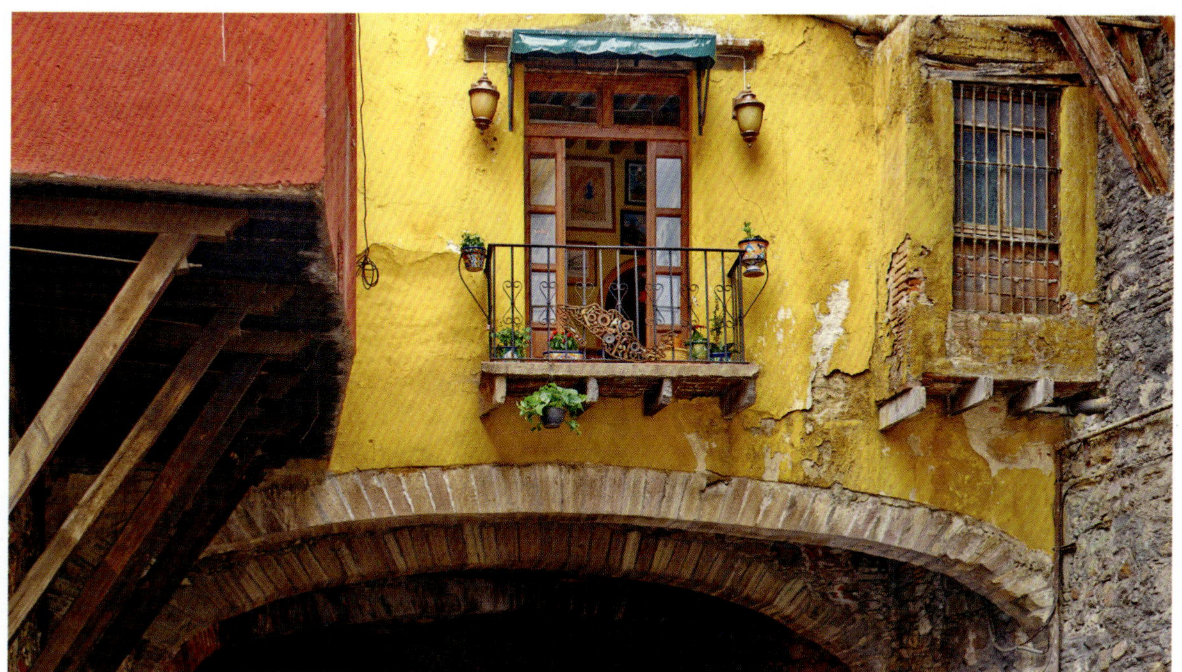

Guanajuato

**Guanajuato**
Guanajuato has two magnificent colonial cities, the capital of the state and San Miguel de Allende, which are both Unesco World Heritage Sites. The city of San Miguel de Allende captivates with its particular flair, colourful houses and outstanding buildings of the Mexican Baroque. The landmarks of Guanajuato, a silver town in a valley basin, are the yellow Basílica de Nuestra Señora de Guanajuato, the university founded in 1955, and the winding alleys.

**Le Guanajuato**
L'État de Guanajuato possède deux villes coloniales majestueuses inscrites au patrimoine mondial de l'Unesco : sa capitale, qui porte le même nom, et San Miguel de Allende. Cette dernière, ville d'artistes, séduit grâce à son atmosphère particulière, à ses maisons aux couleurs gaies et à ses monuments impressionnants du baroque mexicain. Quant à Guanajuato, la ville de l'argent, nichée dans une cuvette, elle est connue pour sa basilique de Notre-Dame de Guanajuato, son université fondée en 1955 et ses ruelles tortueuses.

**Guanajuato**
Guanajuato besitzt mit der gleichnamigen Hauptstadt des Bundestaates und San Miguel de Allende gleich zwei prachtvolle Kolonialstädte, die zum Unesco-Weltkulturerbe zählen. Die Künstlerstadt San Miguel de Allende besticht durch ihr besonderes Flair, farbenfrohe Häuser und herausragende Bauwerke des mexikanischen Barock. Wahrzeichen der in einem Talkessel gelegenen Silberstadt Guanajuato sind die gelbe Basílica de Nuestra Señora de Guanajuato, die 1955 gegründete Universität und die vielen verwinkelten Gassen.

**Guanajuato**
Guanajuato tiene dos magníficas ciudades coloniales, la capital del estado y San Miguel de Allende, que son Patrimonio de la Humanidad por la Unesco. La ciudad de San Miguel de Allende cautiva con su encanto especial, sus casas coloridas y sus edificios sobresalientes del barroco mexicano. Los hitos de Guanajuato, un pueblo de plata en una cuenca de valle, son la amarilla Basílica de Nuestra Señora de Guanajuato, la universidad fundada en 1955 y los callejones sinuosos.

**Guanajuato**
Lo stato di Guanajuato ha due magnifiche città coloniali, la capitale dello stato e San Miguel de Allende, siti del patrimonio mondiale dell'Unesco. La capitale, che porta lo stesso nome, e San Miguel de Allende. Questa ultima, città di artisti, affascina con la sua atmosfera speciale, le case colorate e gli impressionanti edifici del barocco messicano. Quanto a Guanajuato, la città dell'argento adagiata nella valle, è conosciuta per la Basílica de Nuestra Señora de Guanajuato, l'università fondata nel 1955 ed i suoi vicoli tortuosi.

**Guanajuato**
Guanajuato heeft twee prachtige koloniale steden, de gelijknamige hoofdstad van de staat en San Miguel de Allende, diet beide tot het Unesco-werelderfgoed behoren. De kunstenaarsstad San Miguel de Allende betovert met zijn bijzondere charme, bontgekleurde huizen en opvallende gebouwen uit de Mexicaanse barok. Bezienswaardig in de zilverstad Guanajuato, gelegen in een dalketel, zijn de gele Basílica de Nuestra Señora de Guanajuato, de universiteit uit 1955 en de kronkelende steegjes.

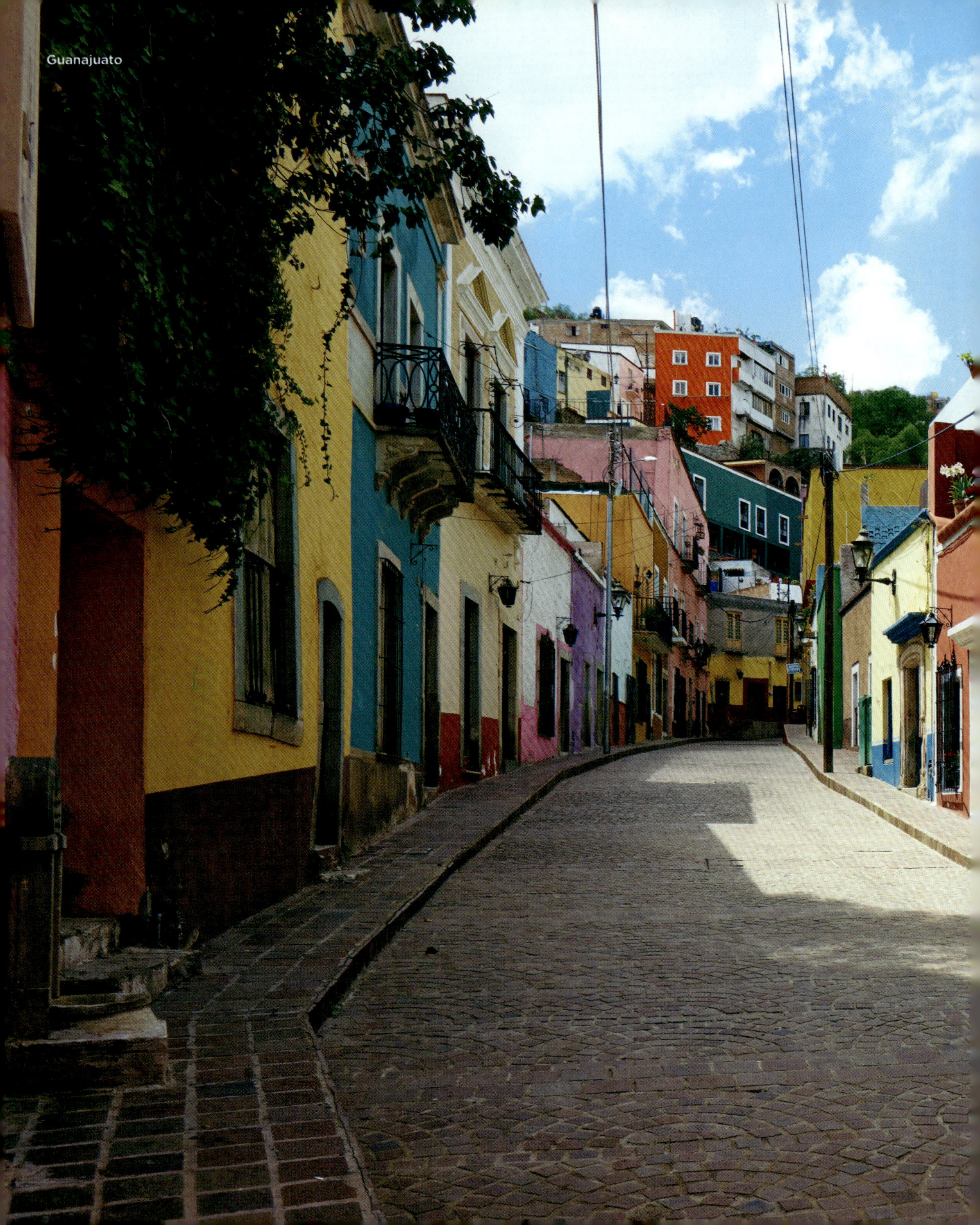
Guanajuato

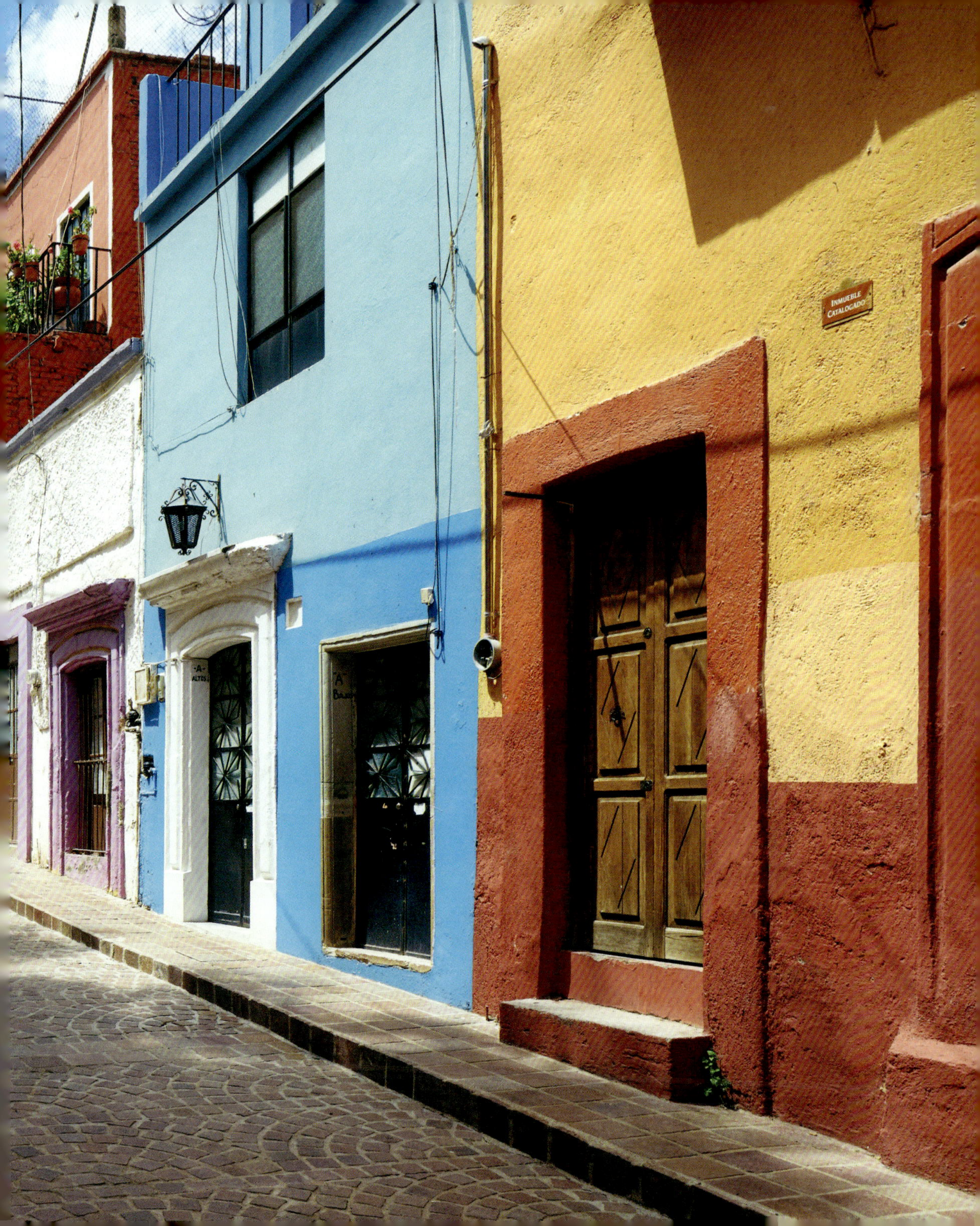
INMUEBLE
CATALOGADO

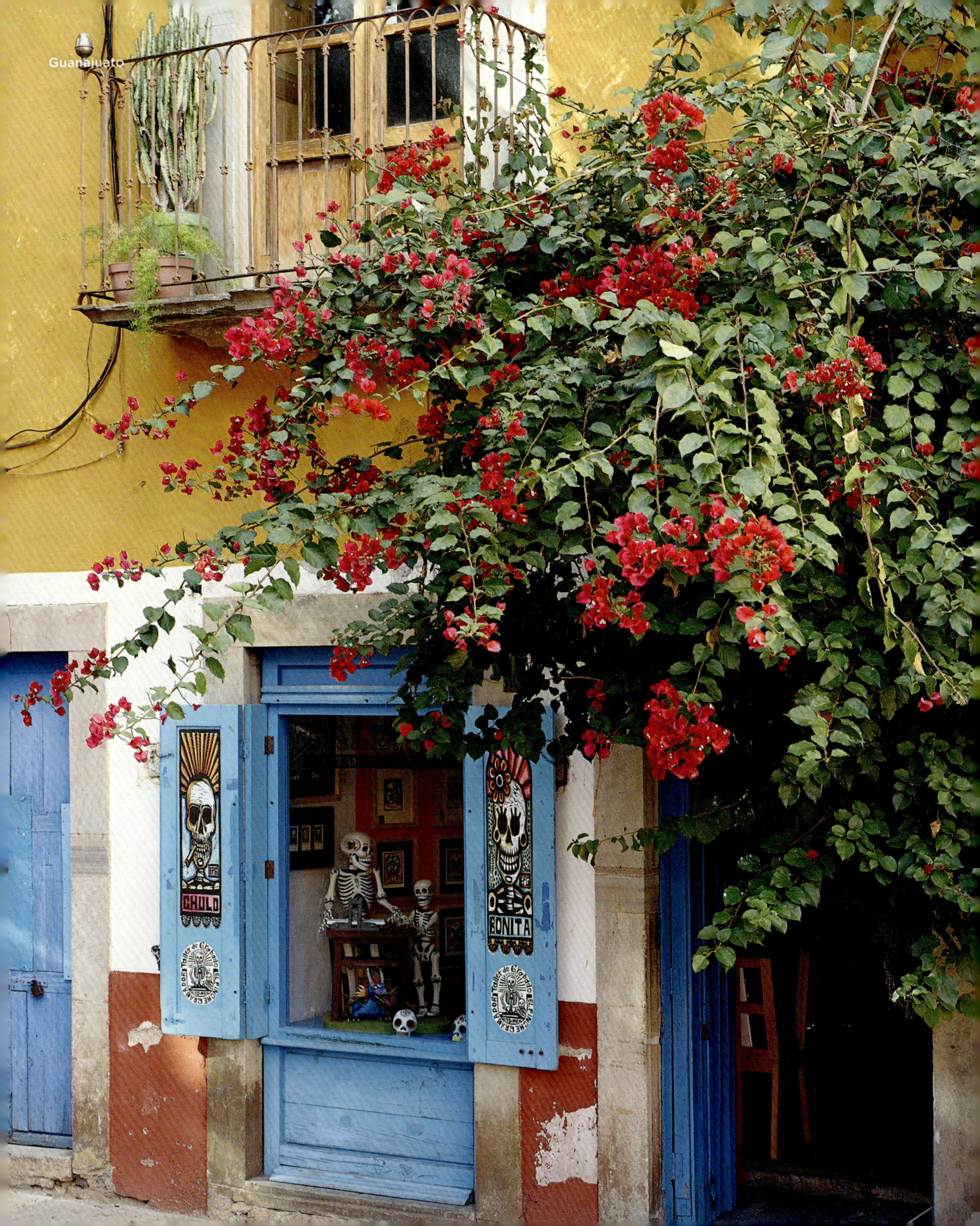


Guanajuato

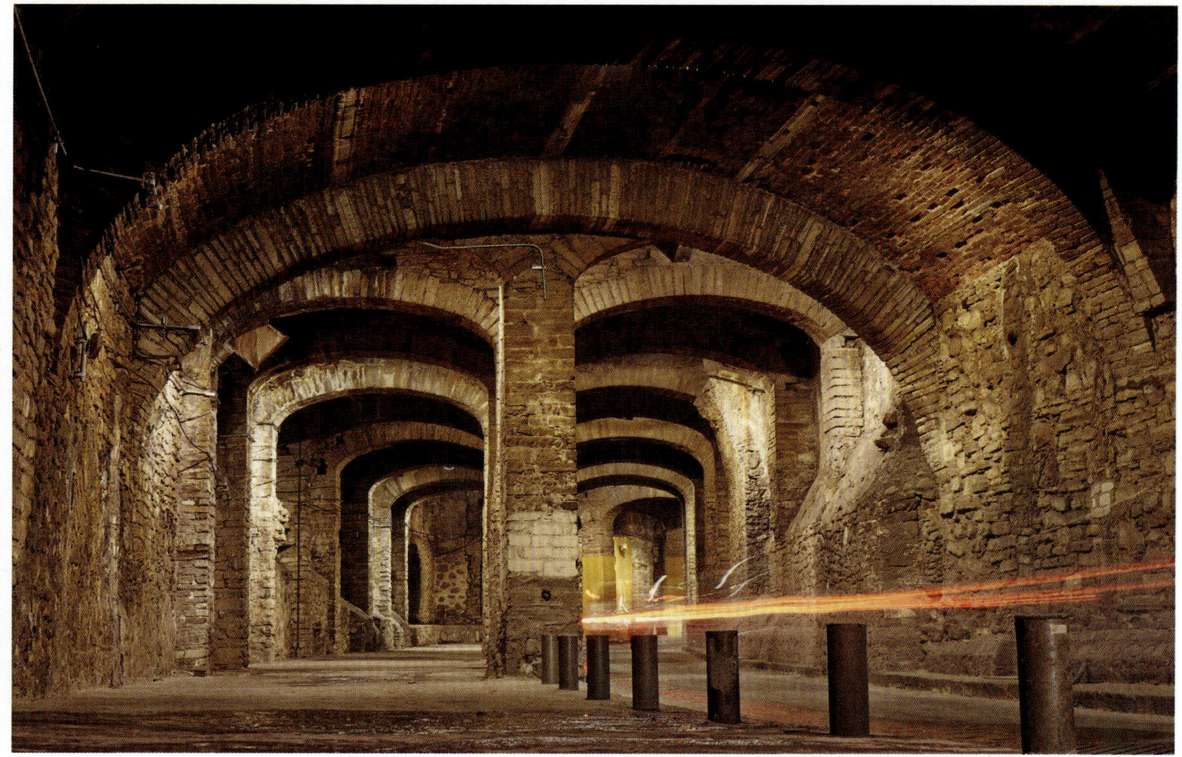

La Subterránea, Guanajuato

**Guanajuato**
Below the streets of Guanajuato hides a branched tunnel system. Originally, the underground corridors were used to divert a river that repeatedly caused flooding in the city. Today, one of these tunnels is even used as a road, which is called "La Subterránea" by the locals.

**Guanajuato**
Sous les rues de Guanajuato se cache un réseau de tunnels très ramifié. Au départ, ces couloirs souterrains étaient destinés à détourner un cours d'eau qui provoquait sans cesse des inondations dans la ville. Aujourd'hui, ces tunnels sont utilisés comme rues, et surnommés « La Subterránea » par les locaux.

**Guanajuato**
Unterhalb der Straßen von Guanajuato verbirgt sich ein verzweigtes Tunnelsystem. Ursprünglich waren die unterirdischen Gänge dazu da, einen Fluss umzuleiten, der immer wieder für Überschwemmungen in der Stadt sorgte. Heute wird einer dieser Tunnel sogar als Straße genutzt, die von den Einheimischen nur „La Subterránea" genannt wird.

**Guanajuato**
Bajo las calles de Guanajuato se esconde un sistema de túneles ramificados. Originalmente, los corredores subterráneos se utilizaban para desviar un río que repetidamente causaba inundaciones en la ciudad. Hoy en día, uno de estos túneles se utiliza incluso como carretera, al que los lugareños llaman "La Subterránea".

**Guanajuato**
Sotto le strade di Guanajuato si nasconde un sistema di tunnel ramificati. Originariamente i corridoi sotterranei sono stati utilizzati per deviare un fiume che ha ripetutamente causato inondazioni in città. Oggi queste gallerie sono usate come strade, soprannominata "La Subterránea" dagli abitanti.

**Guanajuato**
Onder de straten van Guanajuato gaat een vertakt tunnelstelsel schuil. Oorspronkelijk werden de ondergrondse gangen gebruikt om een rivier om te leiden die telkens weer voor overstromingen zorgde in de stad. Tegenwoordig wordt een van deze tunnels zelfs gebruikt als straat, die door de inwoners 'La Subterránea' wordt genoemd.

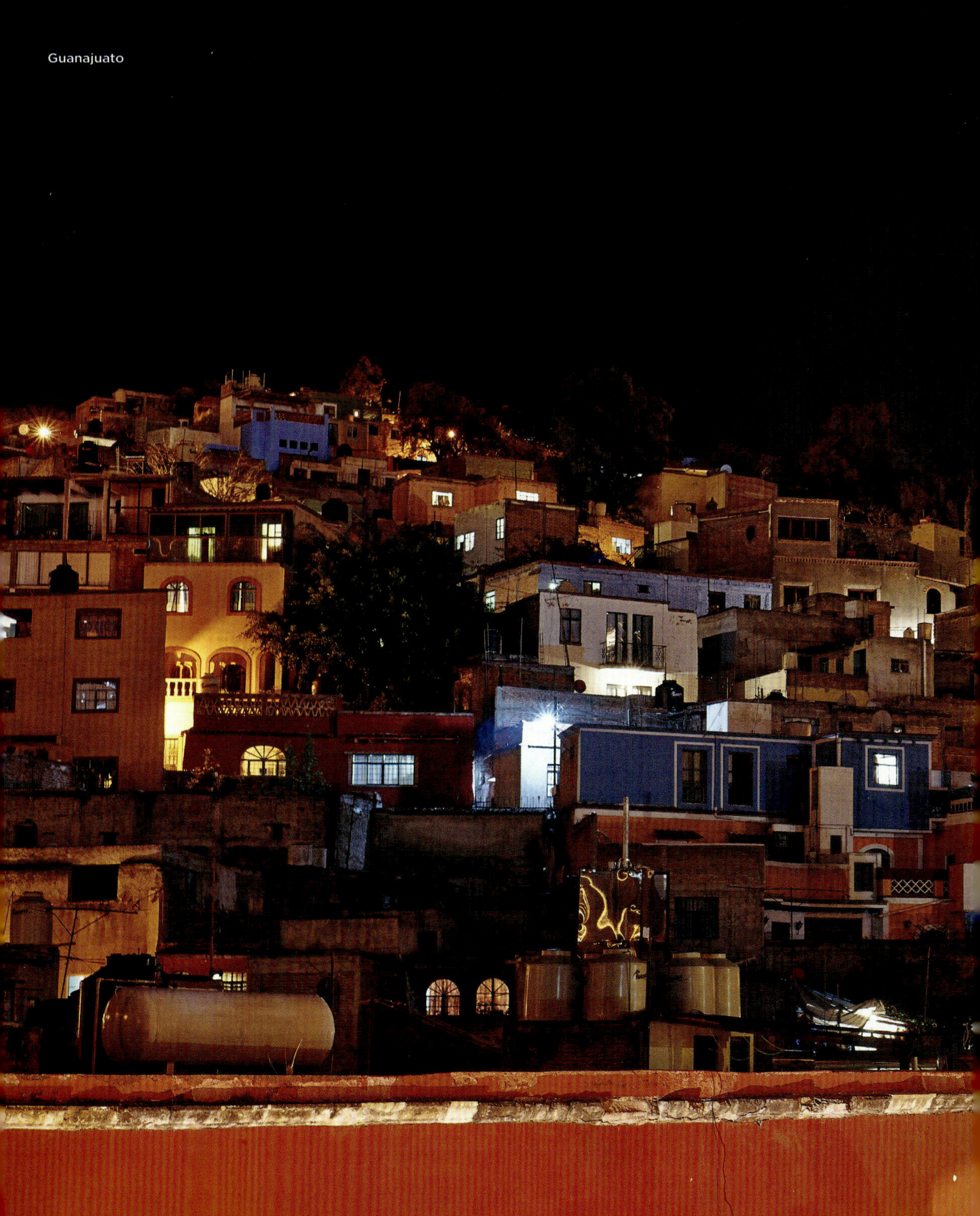

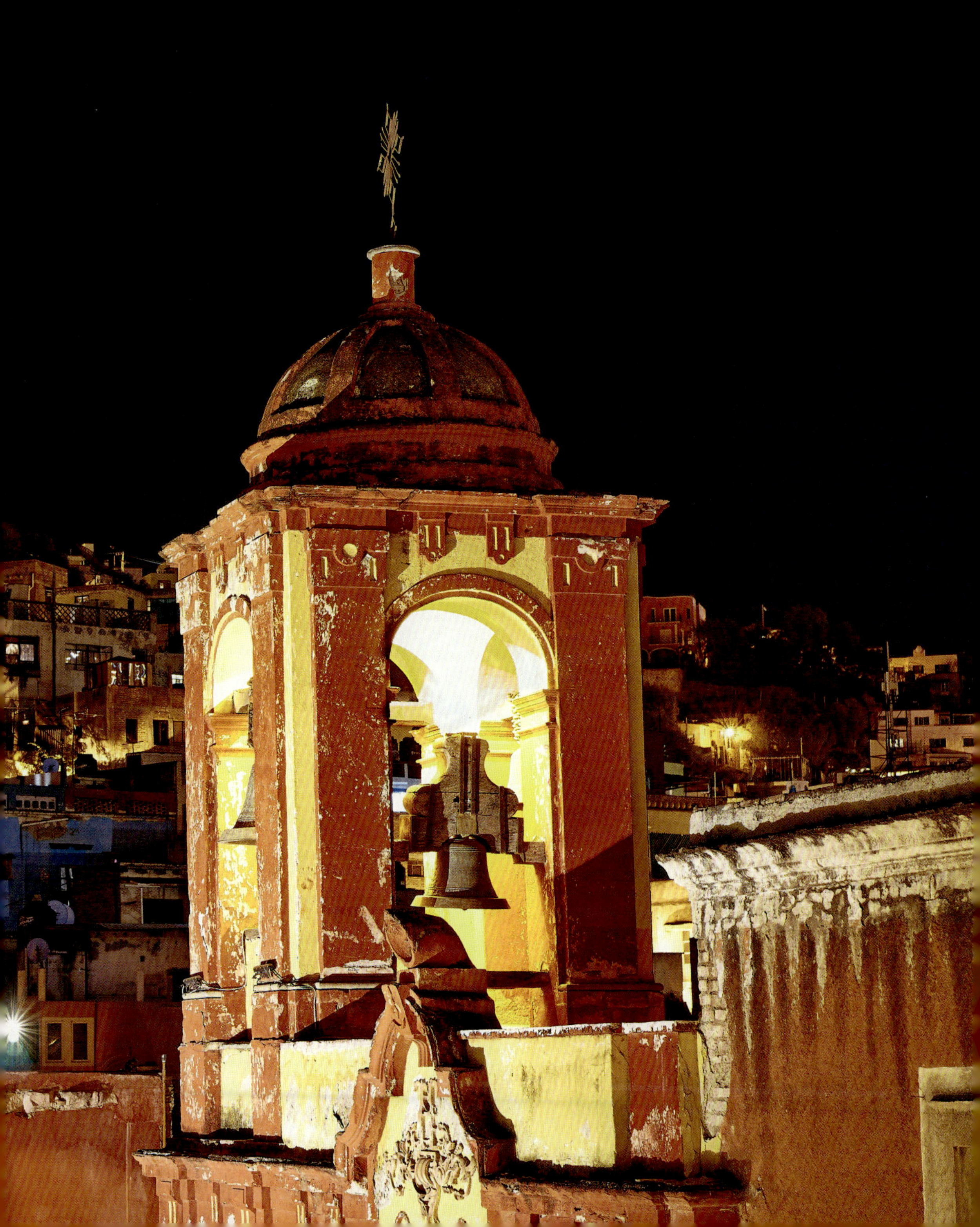

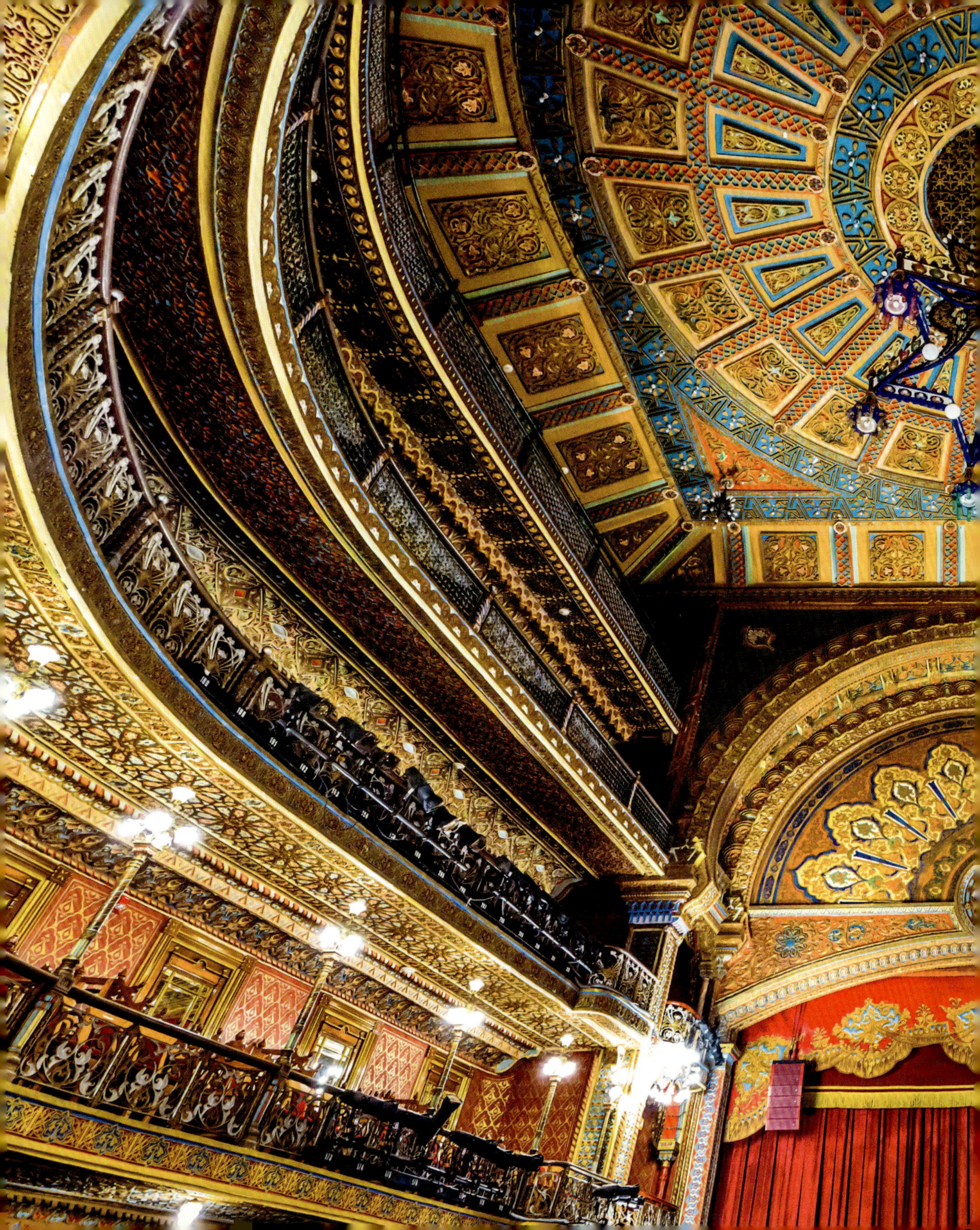

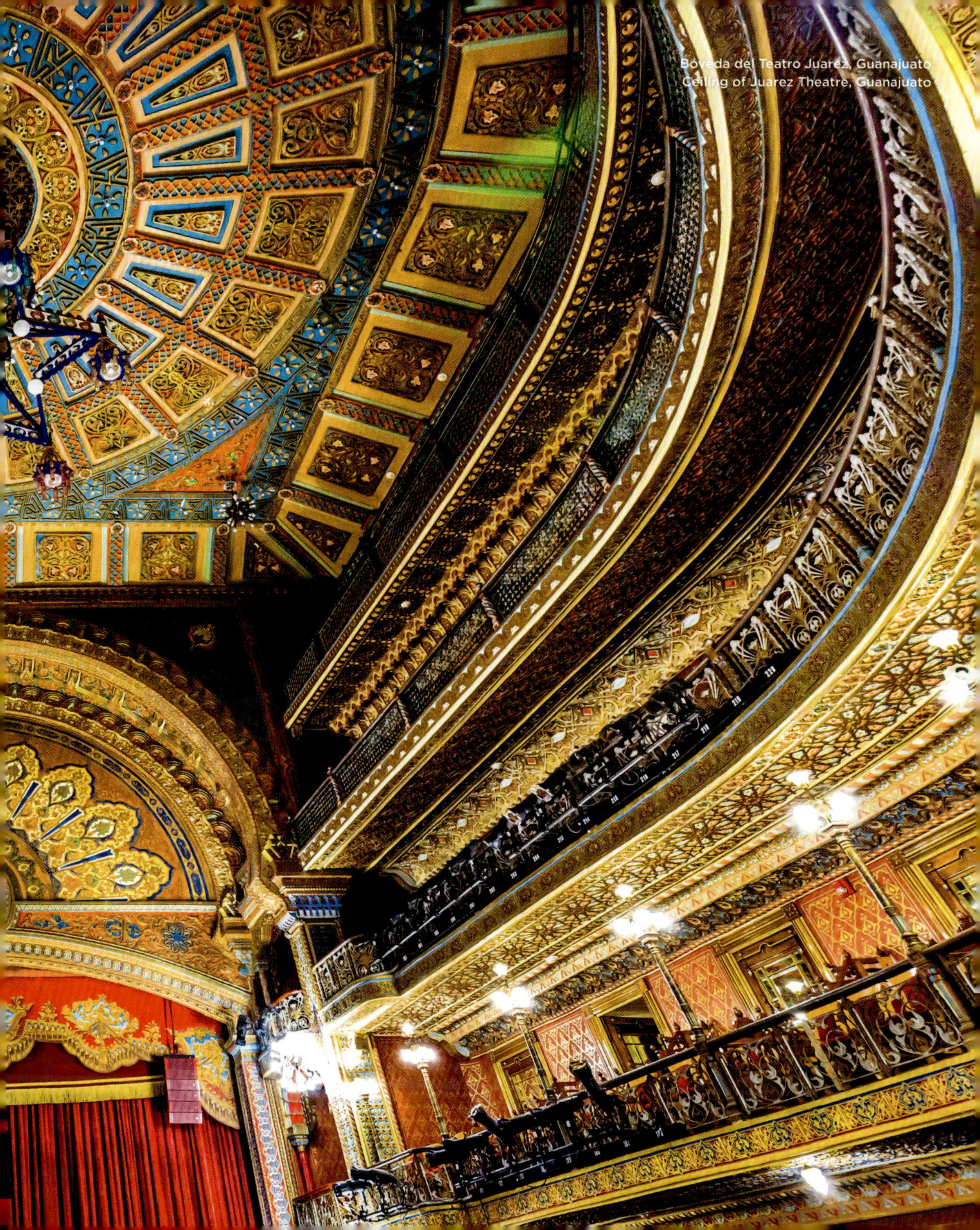
Bóveda del Teatro Juárez, Guanajuato
Ceiling of Juarez Theatre, Guanajuato

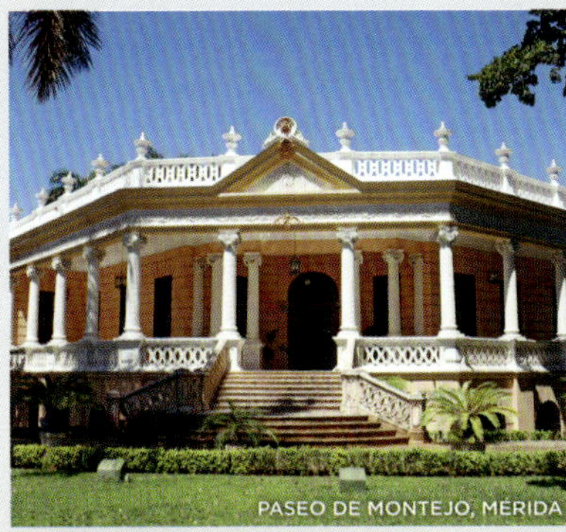
PASEO DE MONTEJO, MÉRIDA

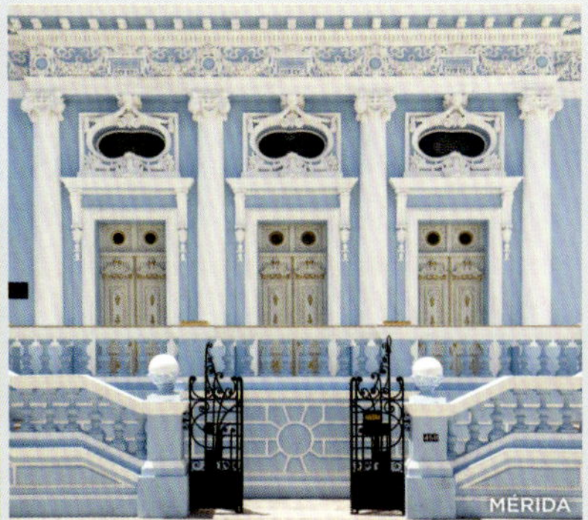
MÉRIDA

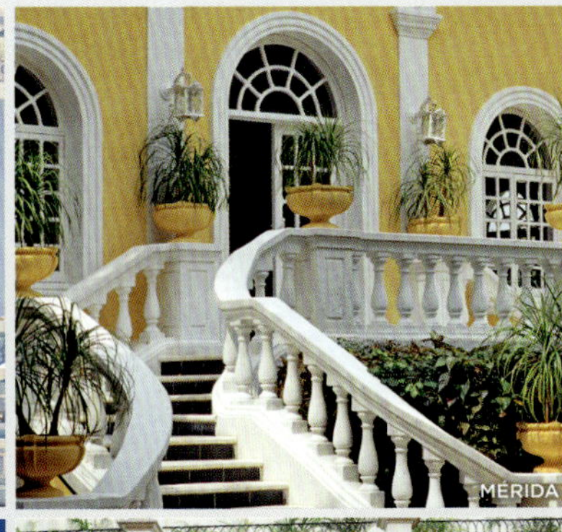
MÉRIDA

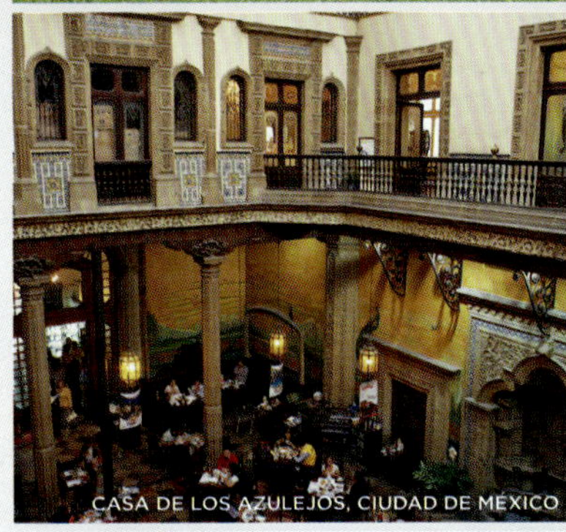
CASA DE LOS AZULEJOS, CIUDAD DE MÉXICO

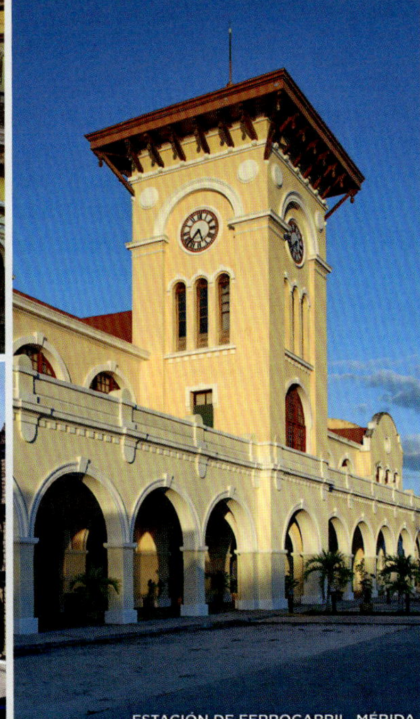
ESTACIÓN DE FERROCARRIL, MÉRIDA

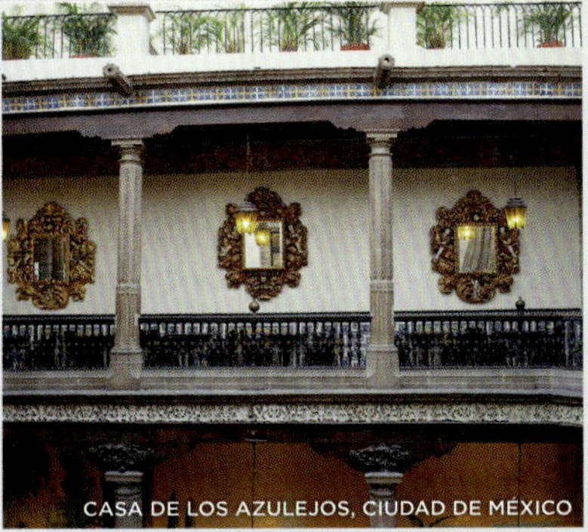
CASA DE LOS AZULEJOS, CIUDAD DE MÉXICO

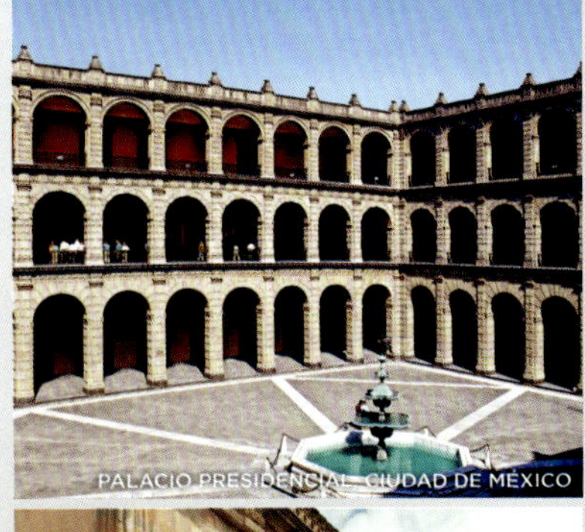
PALACIO PRESIDENCIAL, CIUDAD DE MÉXICO

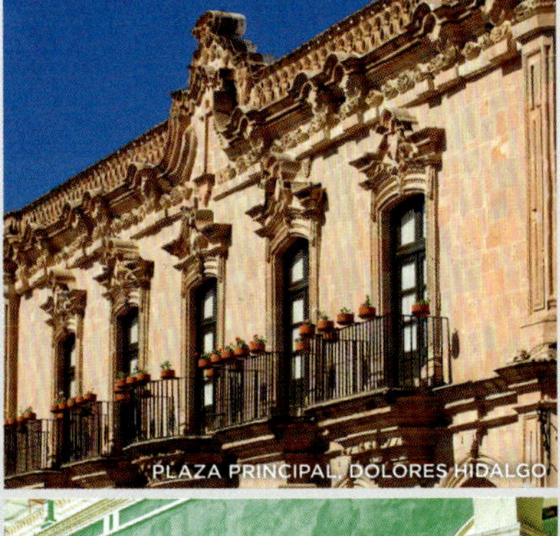
PLAZA PRINCIPAL, DOLORES HIDALGO

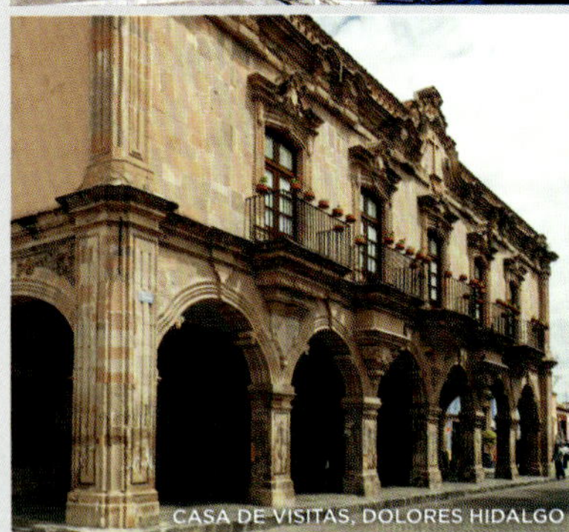
CASA DE VISITAS, DOLORES HIDALGO

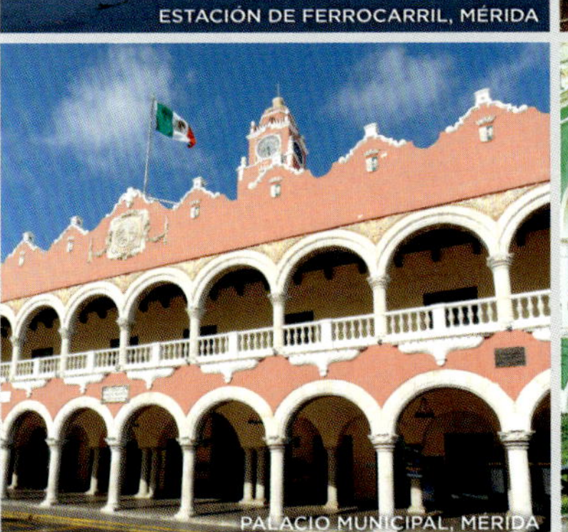
PALACIO MUNICIPAL, MÉRIDA

PALACIO DEL GOBERNADOR, MÉRIDA

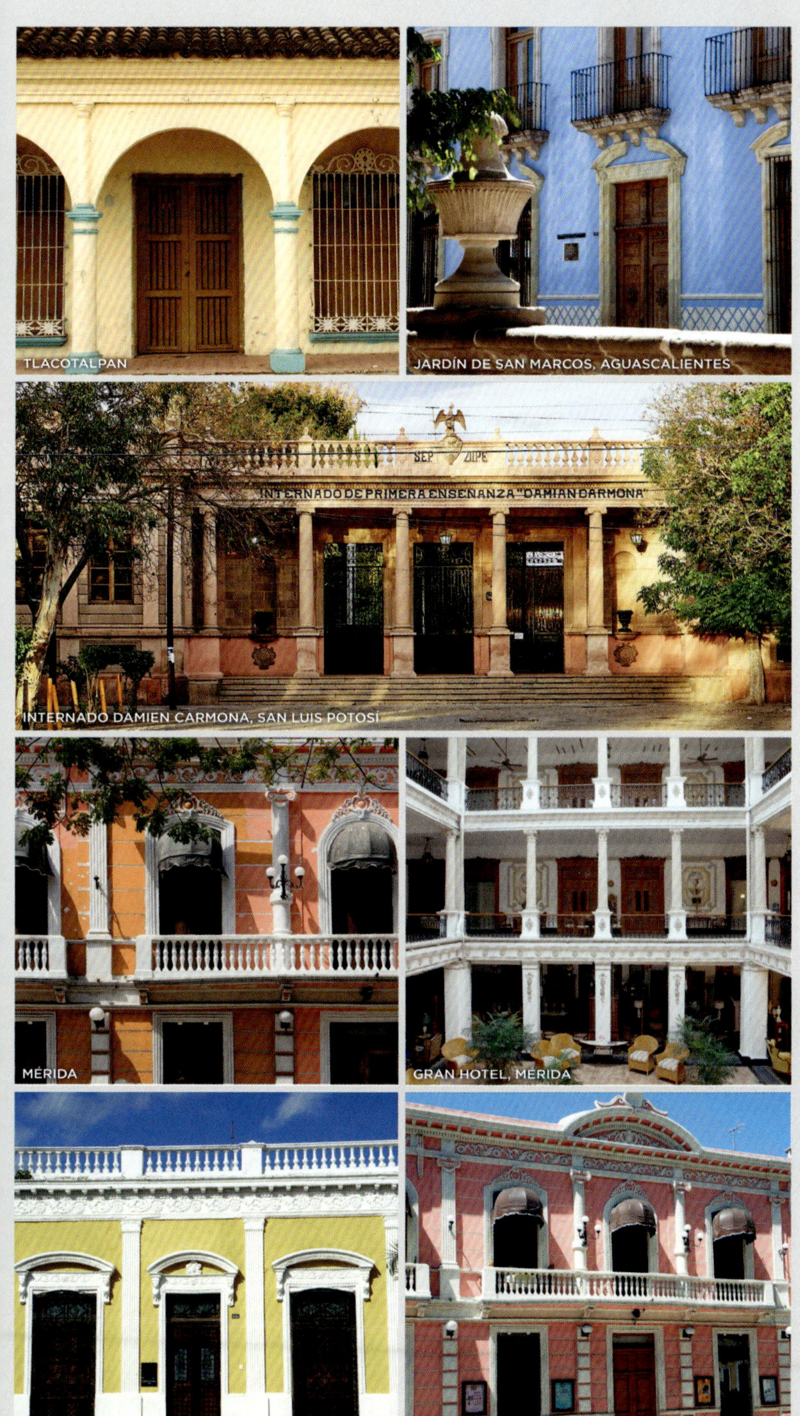


TLACOTALPAN

JARDÍN DE SAN MARCOS, AGUASCALIENTES

INTERNADO DAMIEN CARMONA, SAN LUIS POTOSÍ

MÉRIDA

GRAN HOTEL, MÉRIDA

MÉRIDA

MÉRIDA

**Colonial architecture**
The traces of the Spanish colonial period are still clearly visible in the cities of Mexico today. Churches, monasteries and palaces in European architectural style, built by the Spanish conquerors, dominate the cityscape in many places.

**L'architecture coloniale**
Dans les villes du Mexique, les traces de l'époque coloniale espagnole sont encore bien visibles. Églises, monastères et palais au style européen, construits par les conquistadors espagnols, dominent encore, en de nombreux endroits, le paysage.

**Kolonialarchitektur**
Die Spuren der spanischen Kolonialzeit sind in den Städten Mexikos heute noch deutlich erkennbar. Kirchen, Klöster und Paläste im europäischen Baustil, die von den spanischen Eroberern errichtet wurden, beherrschen in vielerorts das Stadtbild.

**Arquitectura colonial**
Las huellas de la época colonial española todavía son claramente visibles a día de hoy en las ciudades de México. Iglesias, monasterios y palacios de estilo arquitectónico europeo, construidos por los conquistadores españoles, dominan el paisaje de la ciudad en muchos lugares.

**Architettura coloniale**
Nelle città del Messico le tracce del periodo coloniale spagnolo sono ancora chiaramente visibili. Costruiti dai conquistatori spagnoli, in molti luoghi chiese, monasteri e palazzi in stile architettonico europeo, dominano ancora il paesaggio urbano.

**Koloniale architectuur**
De sporen van de Spaanse koloniale tijd zijn nog altijd duidelijk zichtbaar in Mexicaanse steden. Kerken, kloosters en paleizen in Europese bouwstijl, gebouwd door de Spaanse veroveraars, domineren op veel plaatsen het stadsbeeld.

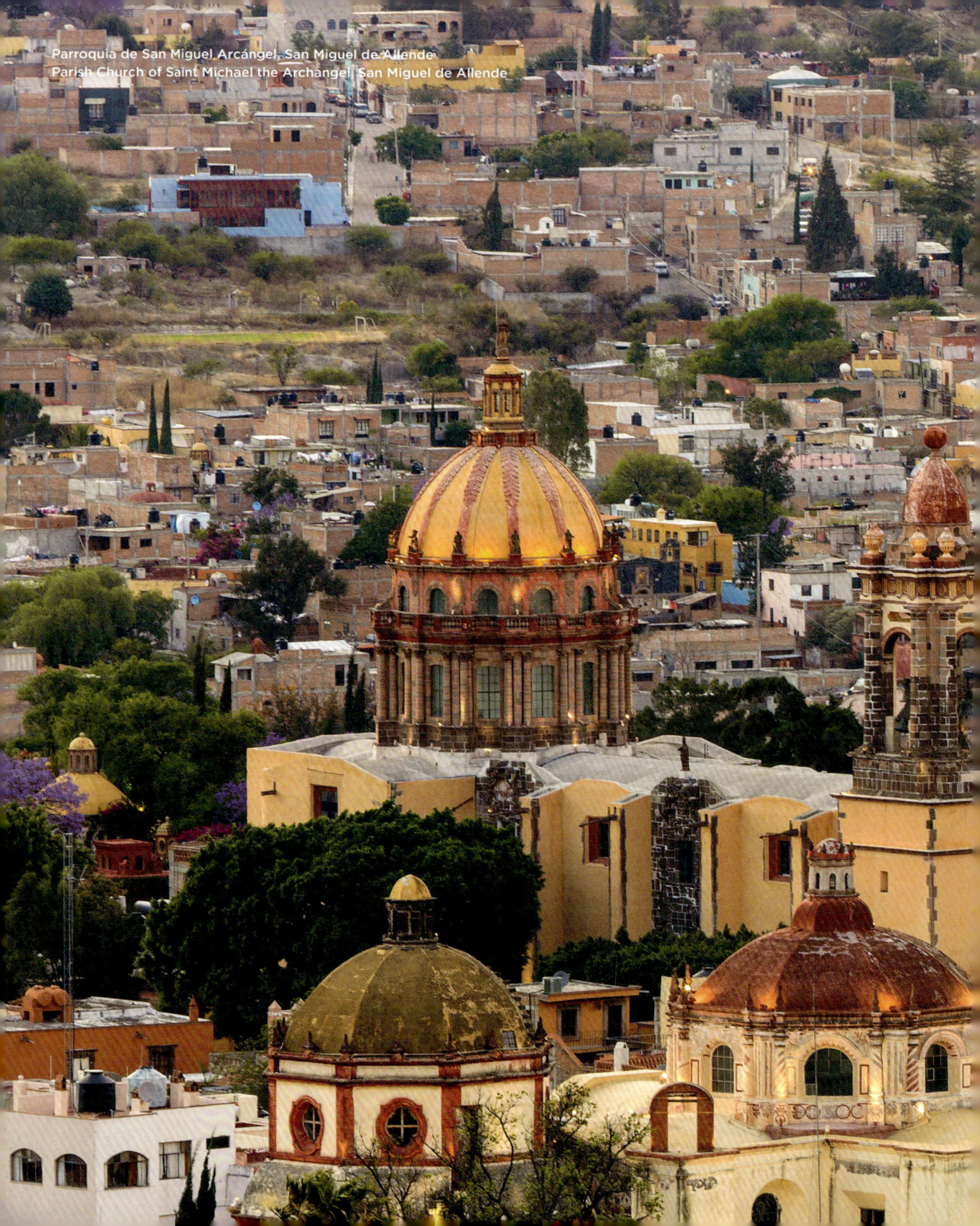

Parroquia de San Miguel Arcángel, San Miguel de Allende
Parish Church of Saint Michael the Archangel, San Miguel de Allende

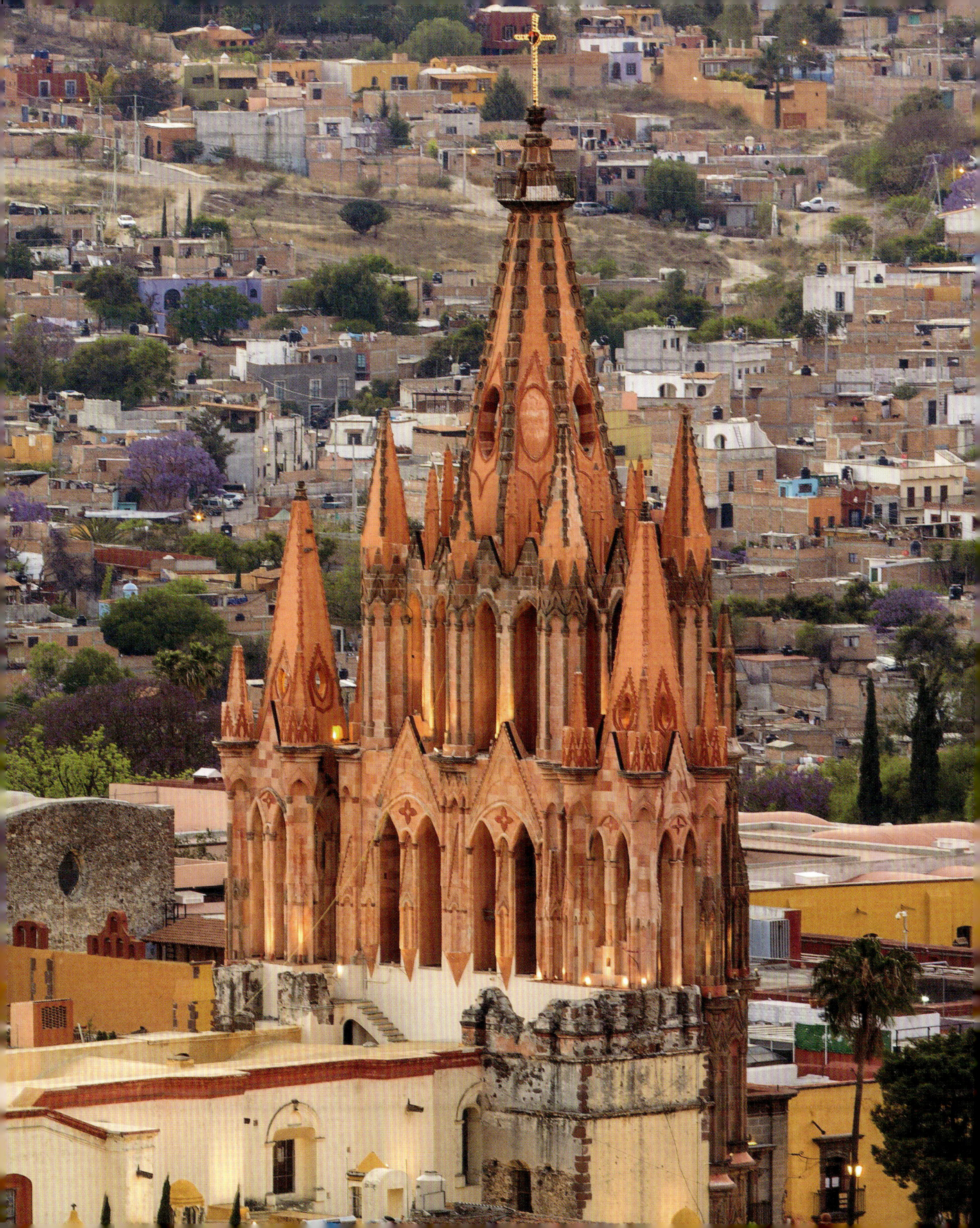

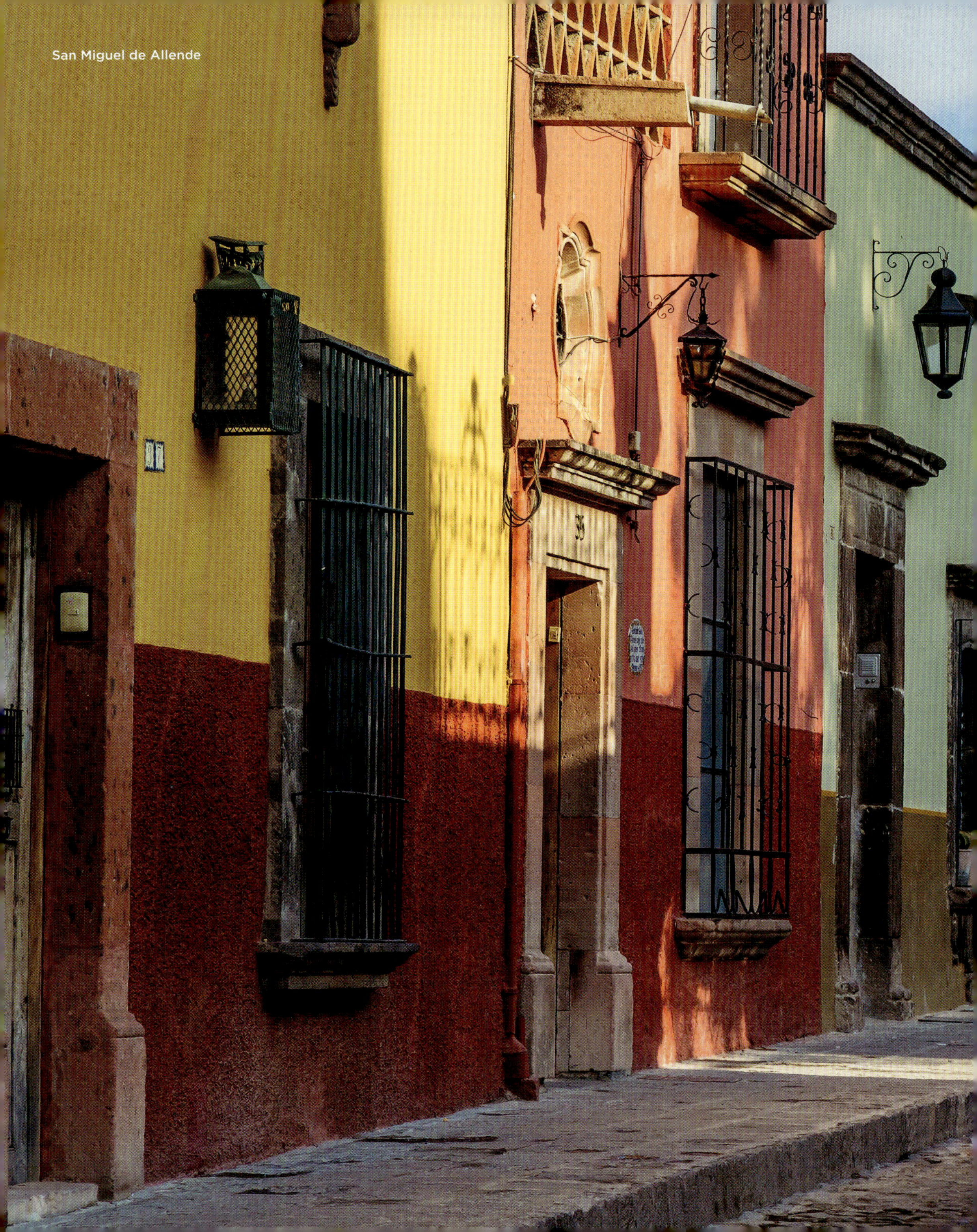
San Miguel de Allende

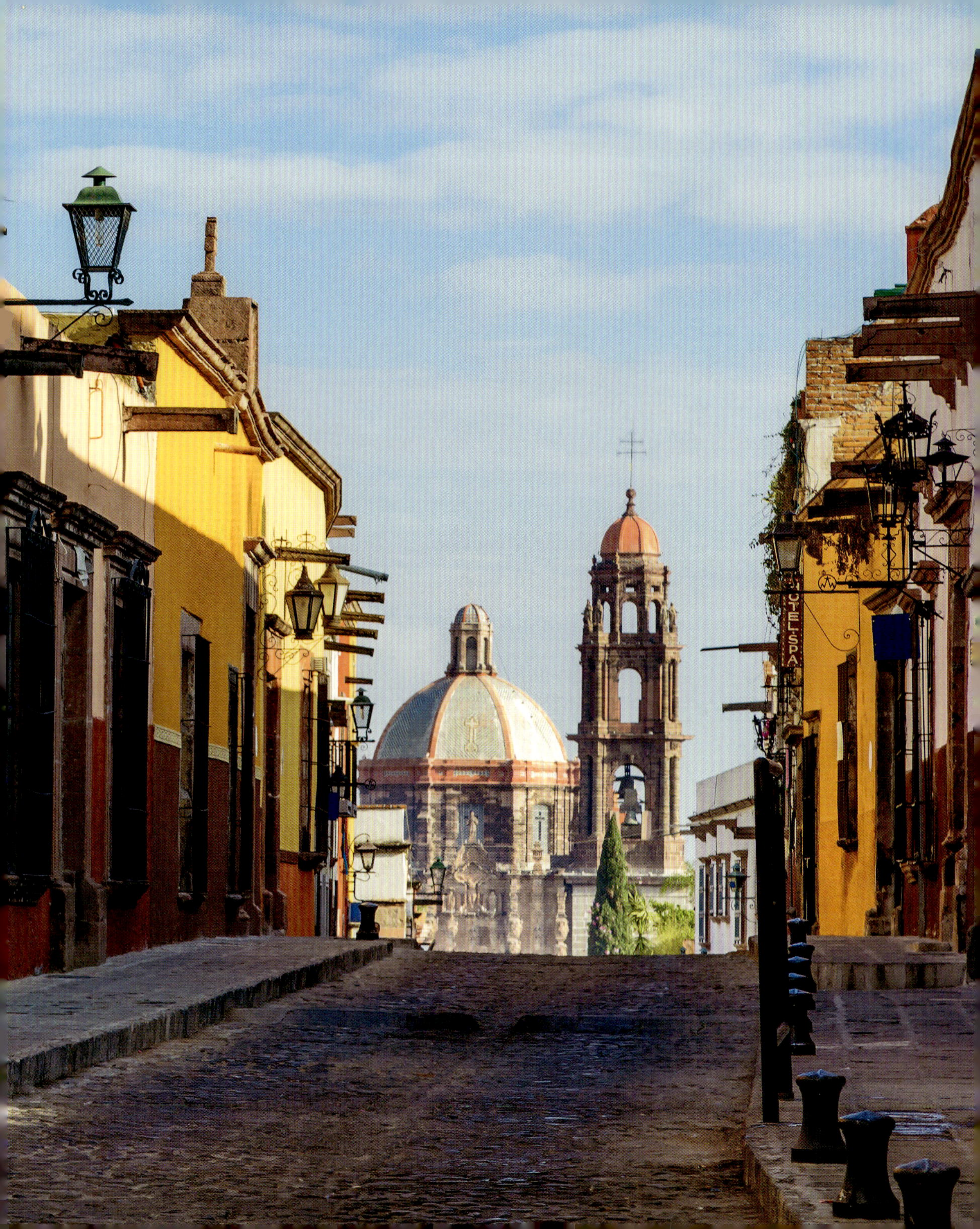
SPA

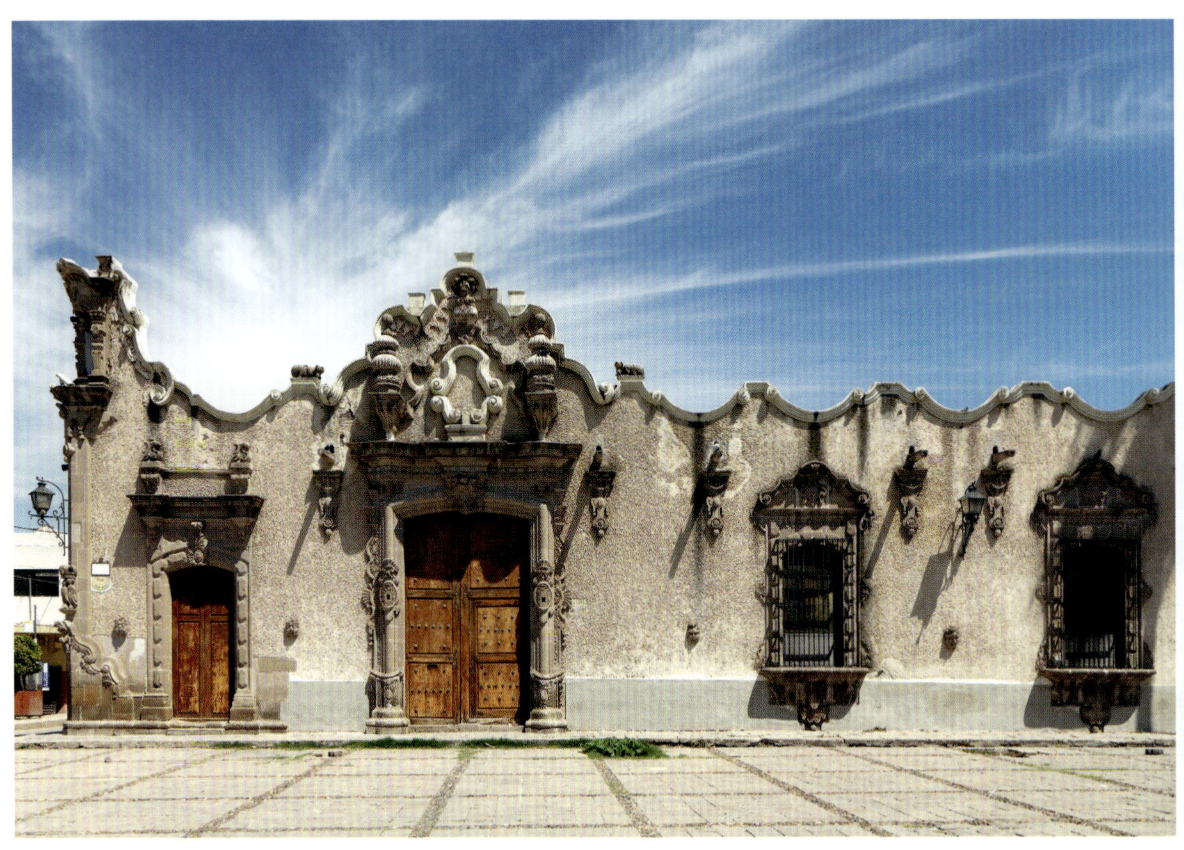

Casa de los Perros, Apaseo el Grande

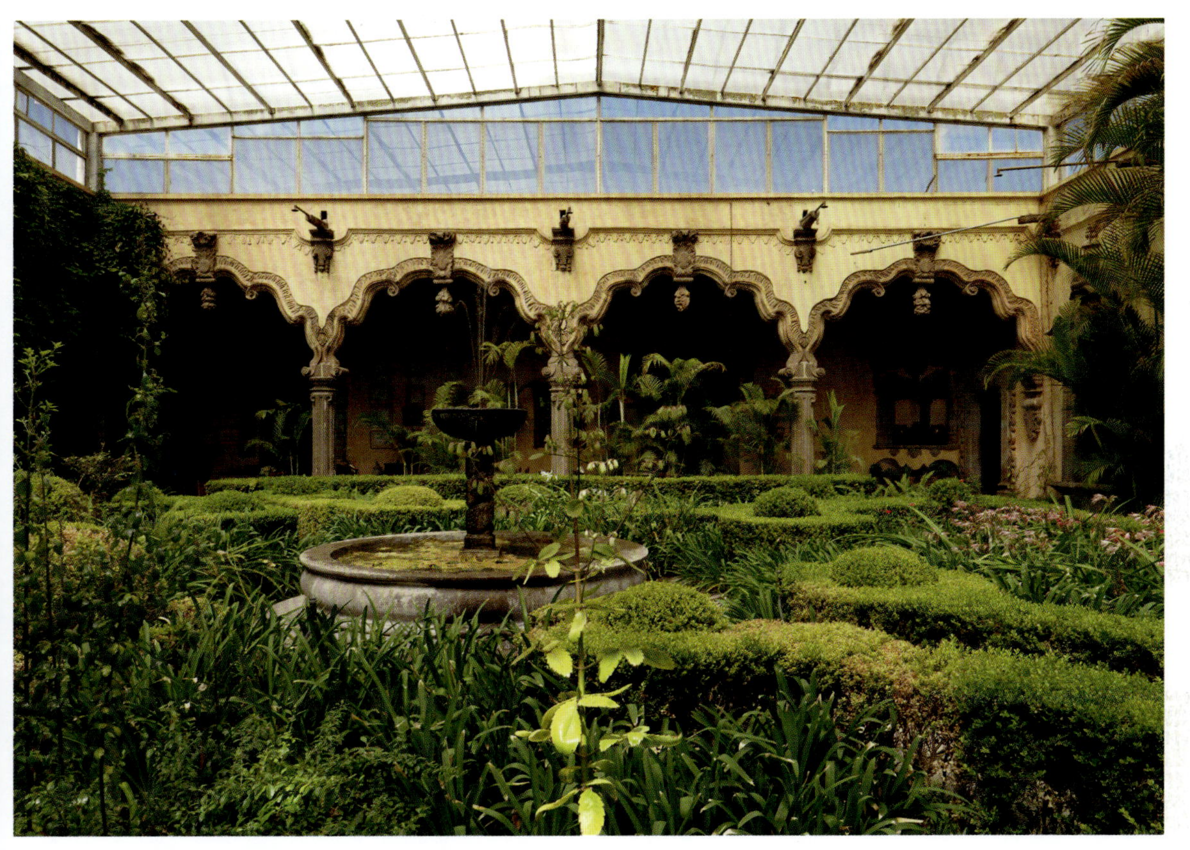

Casa de los Perros, Apaseo el Grande

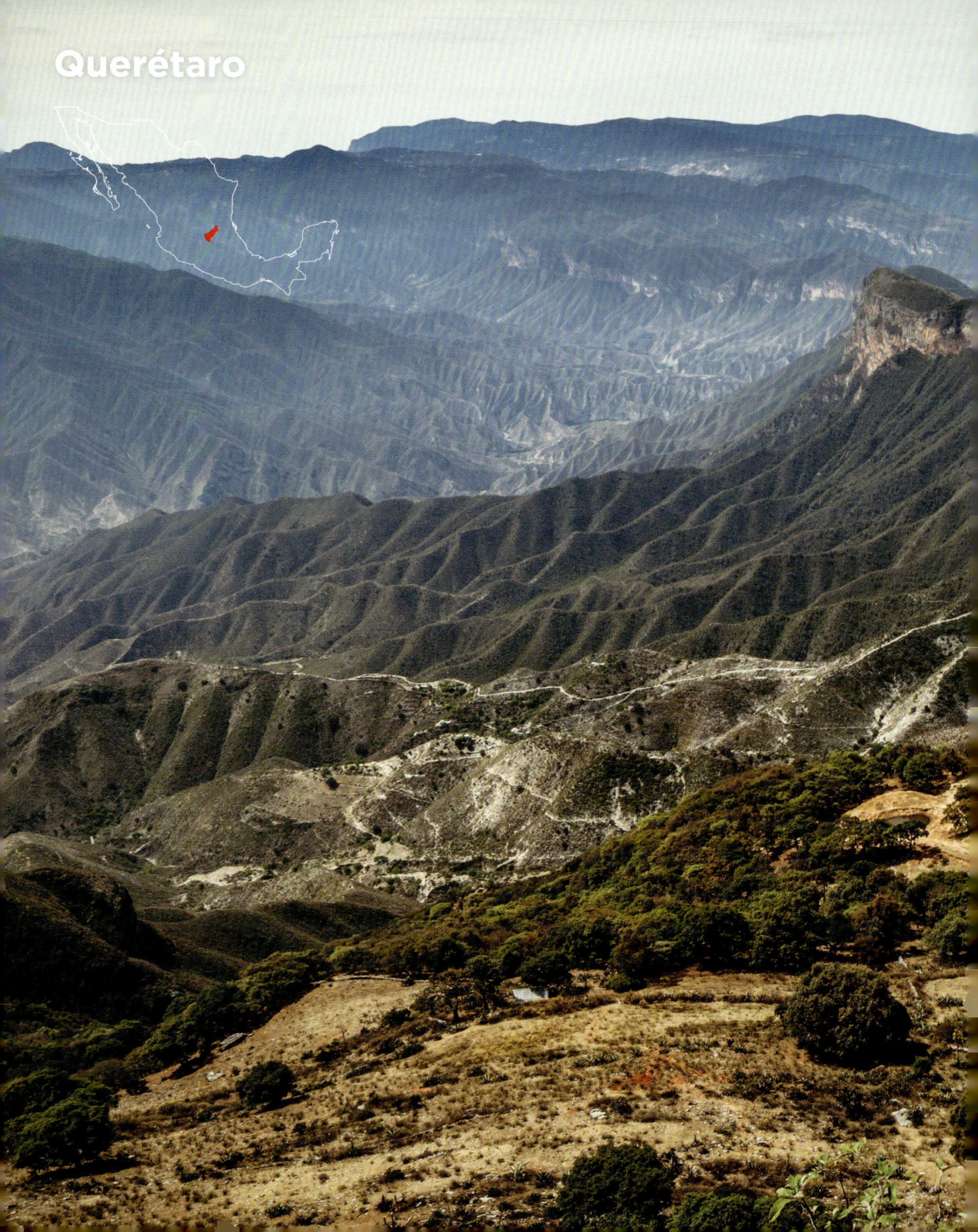
Querétaro

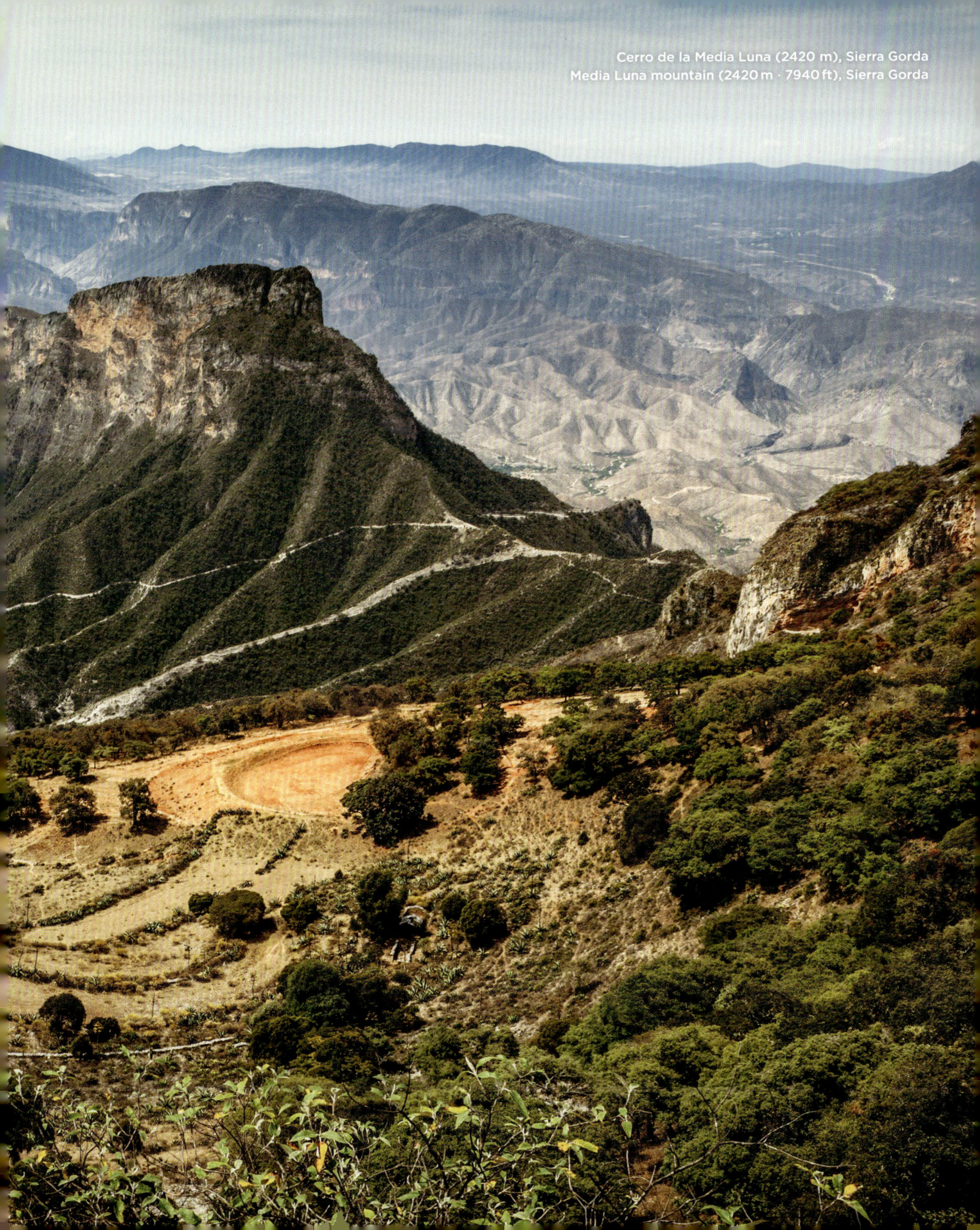

Cerro de la Media Luna (2420 m), Sierra Gorda
Media Luna mountain (2420 m · 7940 ft), Sierra Gorda

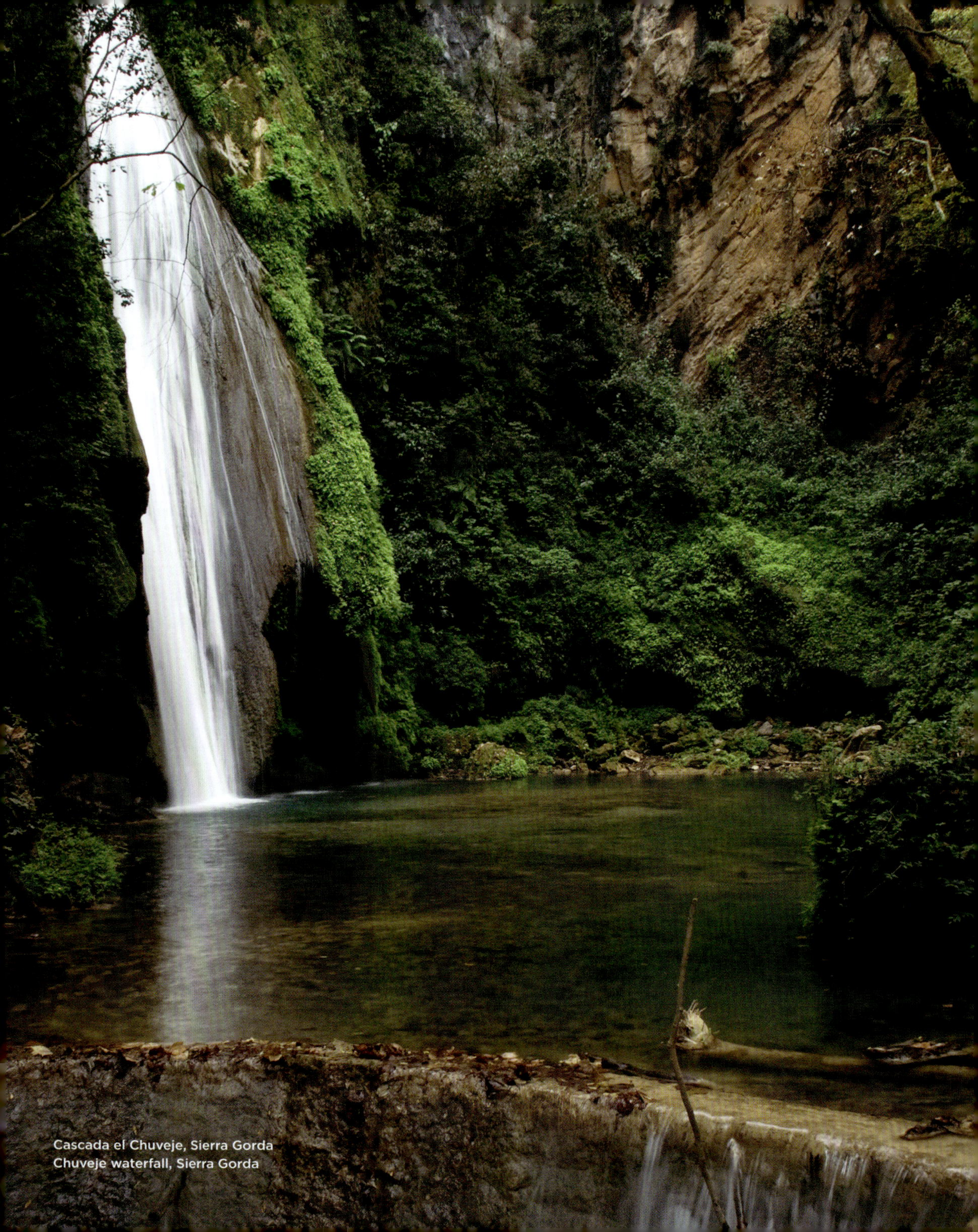

Cascada el Chuveje, Sierra Gorda
Chuveje waterfall, Sierra Gorda

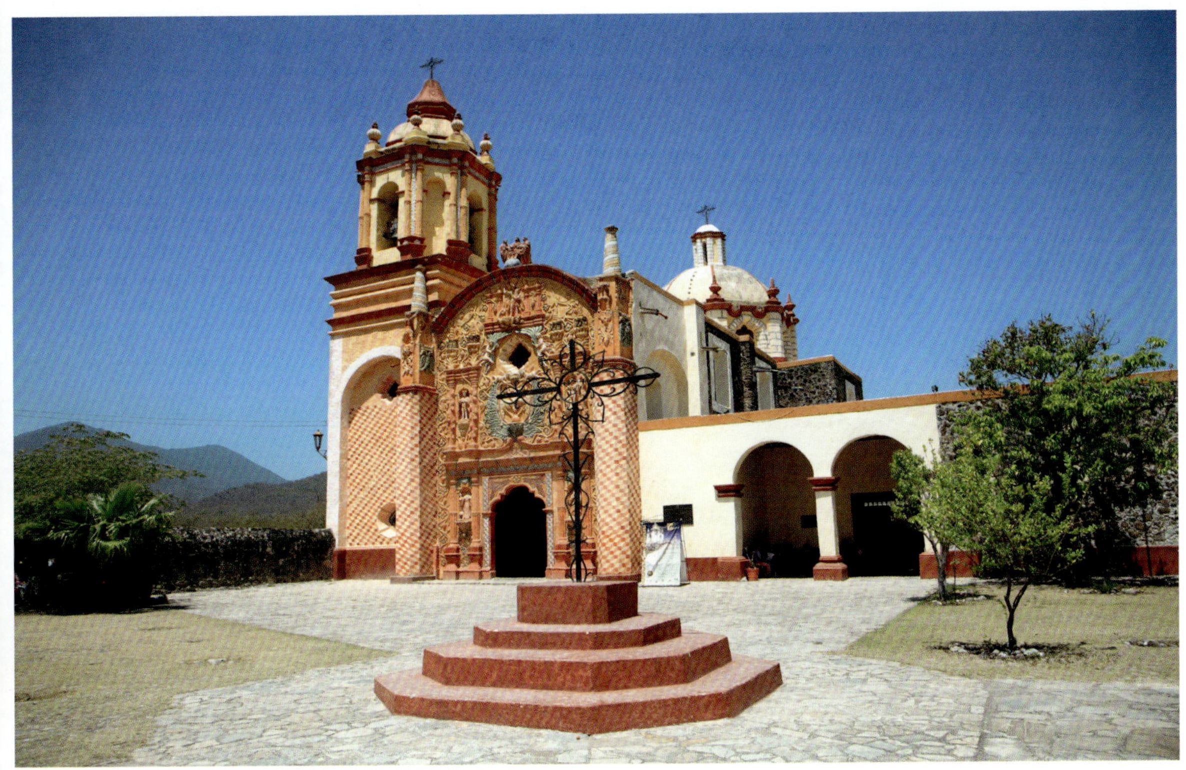

Misión de San Miguel Concá, cerca de Arroyo Seco
Mission of San Miguel Concá, near Arroyo Seco

**Querétaro**
A paradise for mountaineers and climbers: in the north of Querétaro and into the neighboring states rises the Sierra Gorda ("Fat Mountains"), a limestone massif with steep rocky slopes, deep gorges, caves and peaks of up to more than 3000 m (10,000 ft). The five former Franciscan missions in this region bear witness to the last phase of Christianization during the 18th century.

**Querétaro**
Un paraíso para montañeros y escaladores: en el norte de Querétaro y en los estados vecinos se alza la Sierra Gorda, un macizo de piedra caliza con fuertes pendientes rocosas, profundos desfiladeros, cuevas y picos de más de 3000 m de altura. Las cinco antiguas misiones franciscanas en esta región dan testimonio de la última fase de la cristianización en el siglo XVIII.

**Le Querétaro**
Un paradis pour les adeptes de montagne et d'escalade : dans le nord du Querétaro et jusque dans les États voisins se dresse la Sierra Gorda (« Grosse montagne »), un massif calcaire aux versants abrupts et aux canyons profonds, avec des grottes et des sommets s'élevant jusqu'à 3000 m. Les cinq anciennes missions franciscaines de cette région ont opéré la dernière phase de christianisation, au XVIIIe siècle.

**Querétaro**
Un paradiso per appasionati di montagna e scalatori: a nord di Querétaro e nei paesi vicini sorge la Sierra Gorda ("montagne grosse"), un massiccio calcareo con ripidi pendii rocciosi, gole profonde, grotte e vette fino a più di 3000 m di altitudine. Le cinque antiche missioni francescane in questa regione testimoniano l'ultima fase della cristianizzazione nel XVIII secolo.

**Querétaro**
Ein Paradies für Bergsteiger und Kletterer: Im Norden von Querétaro und bis in die benachbarten Bundesstaaten hinein erhebt sich die Sierra Gorda („Fettes Gebirge"), ein Kalksteinmassiv mit steilen Felshängen, tiefen Schluchten, Höhlen und Gipfeln bis über 3000 m. Die fünf ehemaligen Franziskanermissionen in dieser Region zeugen von der letzten Phase der Christianisierung im 18. Jahrhundert.

**Querétaro**
Een paradijs voor alpinisten en bergklimmers: in het noorden van Querétaro en tot in de aangrenzende staten verheft de Sierra Gorda ('vet gebergte'), een kalksteenmassief met steile afgronden, diepe kloven, grotten en toppen, zich tot meer dan 3000 m. De vijf voormalige franciscaner missies in deze regio getuigen van de laatste fase van de kerstening in de 18e eeuw.

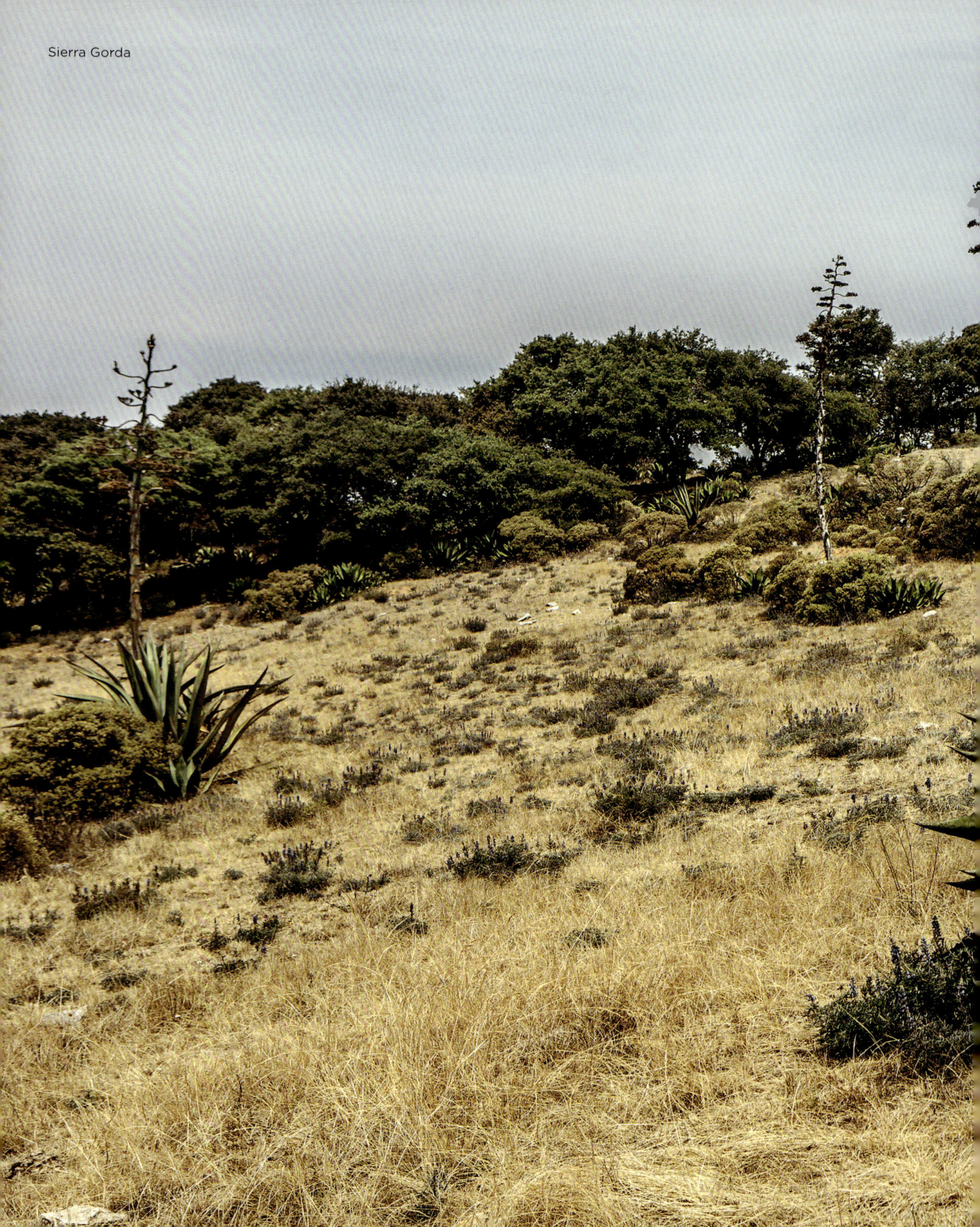

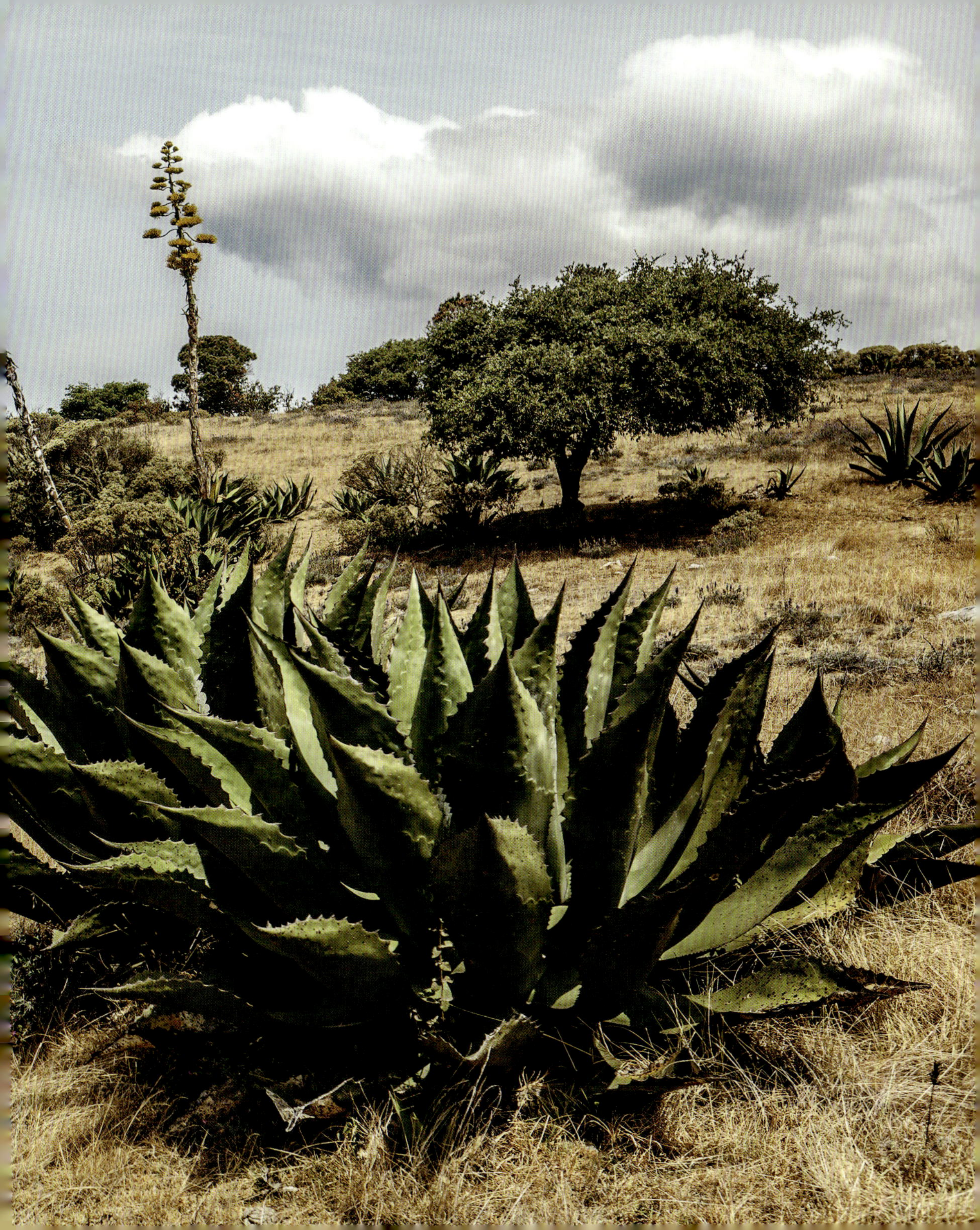

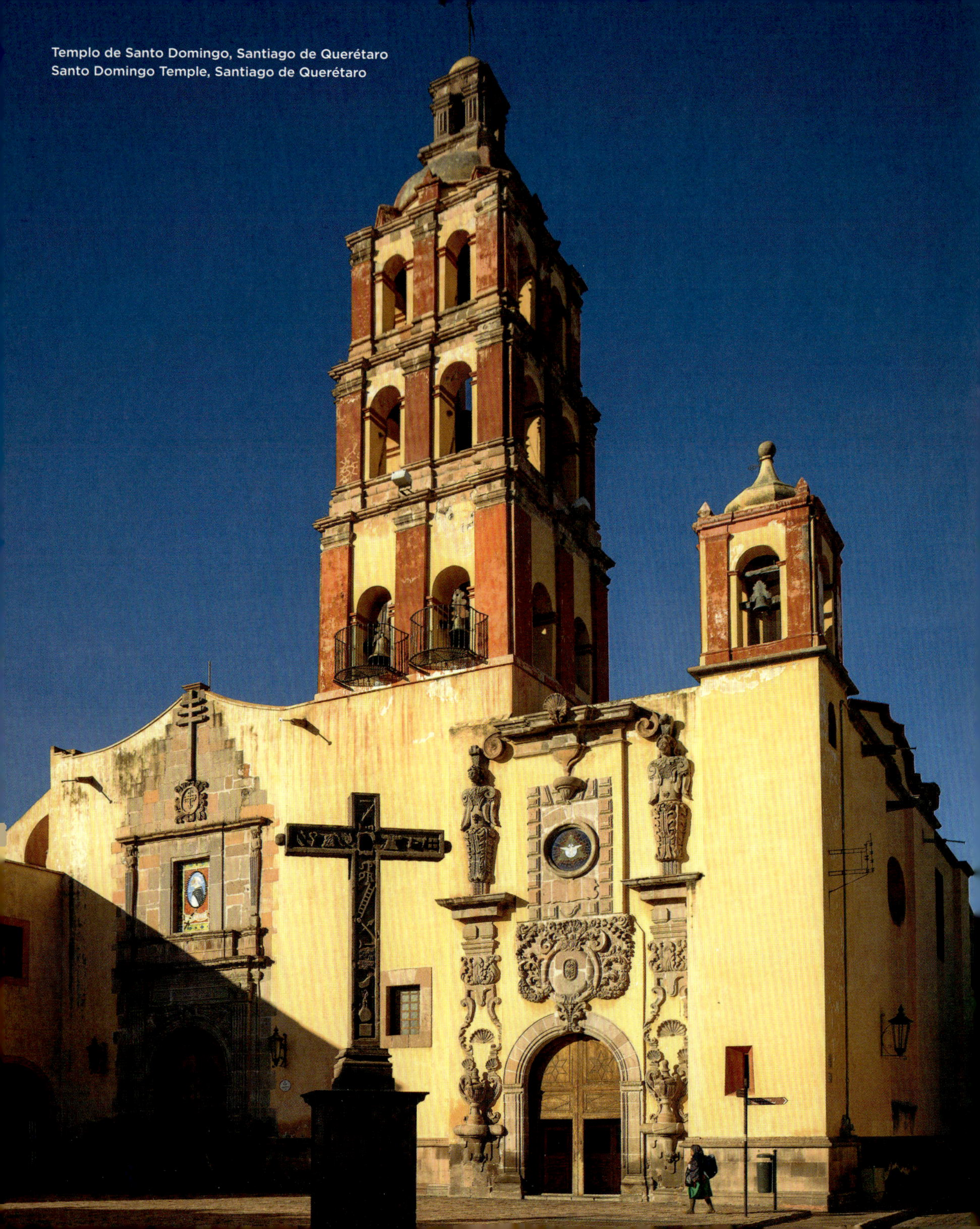

Templo de Santo Domingo, Santiago de Querétaro
Santo Domingo Temple, Santiago de Querétaro

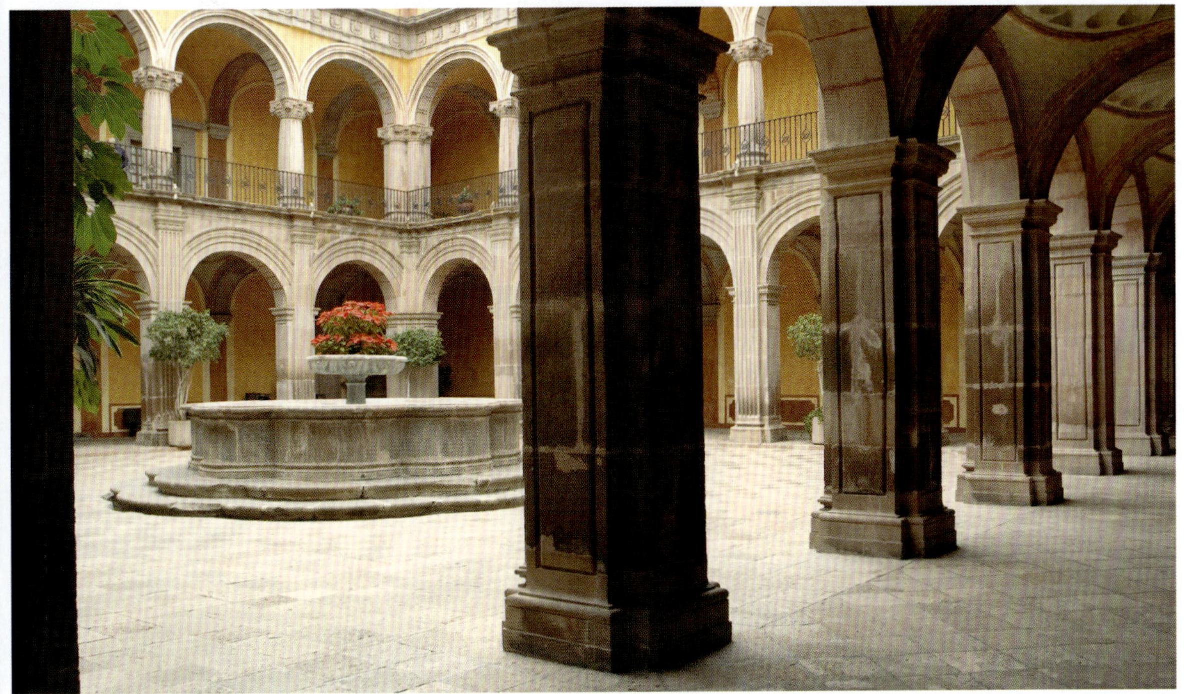

Museo Regional, ex Convento de San Francisco, Santiago de Querétaro
Regional Museum, former Convent of San Francisco, Santiago de Querétaro

**Santiago de Querétaro**
The colonial capital of Querétaro played an important role in the history of Mexico: the Treaty of Guadalupe Hidalgo was concluded here in 1848, which ended the war with the USA and awarded large parts of the country to the Americans. The aqueduct, which is still 1.2 km (4200 ft) long today, dates from the 18th century. After twelve years of construction, this pipeline was used to transport drinking water to the entire city, from a spring 2 km (1¼ mi) away.

**Santiago de Querétaro**
La capitale coloniale du Querétaro a joué un rôle important dans l'histoire mexicaine : c'est ici qu'en 1848, fut ratifié le traité de Guadeloupe Hidalgo, qui mit fin à la guerre avec les États-Unis et céda une part importante du territoire aux Américains. L'aqueduc, qui s'étire encore à travers la ville sur une longueur d'1,2 km, date du XVIIIe siècle. Après douze ans de travaux de construction, il permit d'approvisionner toute la ville en eau potable, provenant d'une source située à 2 km de là.

**Santiago de Querétaro**
Die koloniale Hauptstadt von Querétaro spielte in der Geschichte Mexikos eine wichtige Rolle: Hier wurde 1848 der Vertrag von Guadalupe Hidalgo geschlossen, der den Krieg mit den USA beendete und große Teile des Landes den US-Amerikanern zusprach. Das Aquädukt, das sich heute noch auf 1,2 km Länge durch die Stadt zieht, stammt aus dem 18. Jahrhundert. Nach zwölf Jahren Bauzeit konnte mit Hilfe dieser Leitung Trinkwasser aus einer 2 km entfernen Quelle in die ganze Stadt transportiert werden.

**Santiago de Querétaro**
La capital colonial de Querétaro jugó un papel importante en la historia de México: el Tratado de Guadalupe Hidalgo se firmóaquí en 1848, el cual puso fin a la guerra con los EE.UU. y otorgó gran parte del país a los estadounidenses. El acueducto, que hoy en día aún se extiende a lo largo de 1,2 km por la ciudad, data del siglo XVIII. Tras doce años de construcción, esta tubería se utilizó para transportar agua potable desde un manantial a toda la ciudad.

**Santiago di Querétaro**
La capitale coloniale di Querétaro ha avuto un ruolo importante nella storia del Messico: il Trattato di Guadalupe Hidalgo, che fu concluso qui nel 1848, pose fine alla guerra con gli Stati Uniti e assegnò gran parte del paese agli americani. L'acquedotto, ancora oggi lungo 1,2 km, risale al XVIII secolo, dopo dodici anni di lavori per la costruzione è stato utilizzato per l'approvigionamento di acqua potabile per l'intera città, proveniente da una sorgente distante 2 km.

**Santiago de Querétaro**
De koloniale hoofdstad Querétaro speelde een belangrijke rol in de geschiedenis van Mexico: hier werd in 1848 het Verdrag van Guadalupe Hidalgo gesloten, dat een einde maakte aan de oorlog met de VS en grote delen van het land aan de Amerikanen toekende. Het aquaduct, dat nu nog over een afstand van 1,2 km door de stad loopt, stamt uit de 18e eeuw. Na twaalf jaar bouwen kon met deze leiding drinkwater uit een 2 km verderop gelegen bron naar de hele stad worden vervoerd.

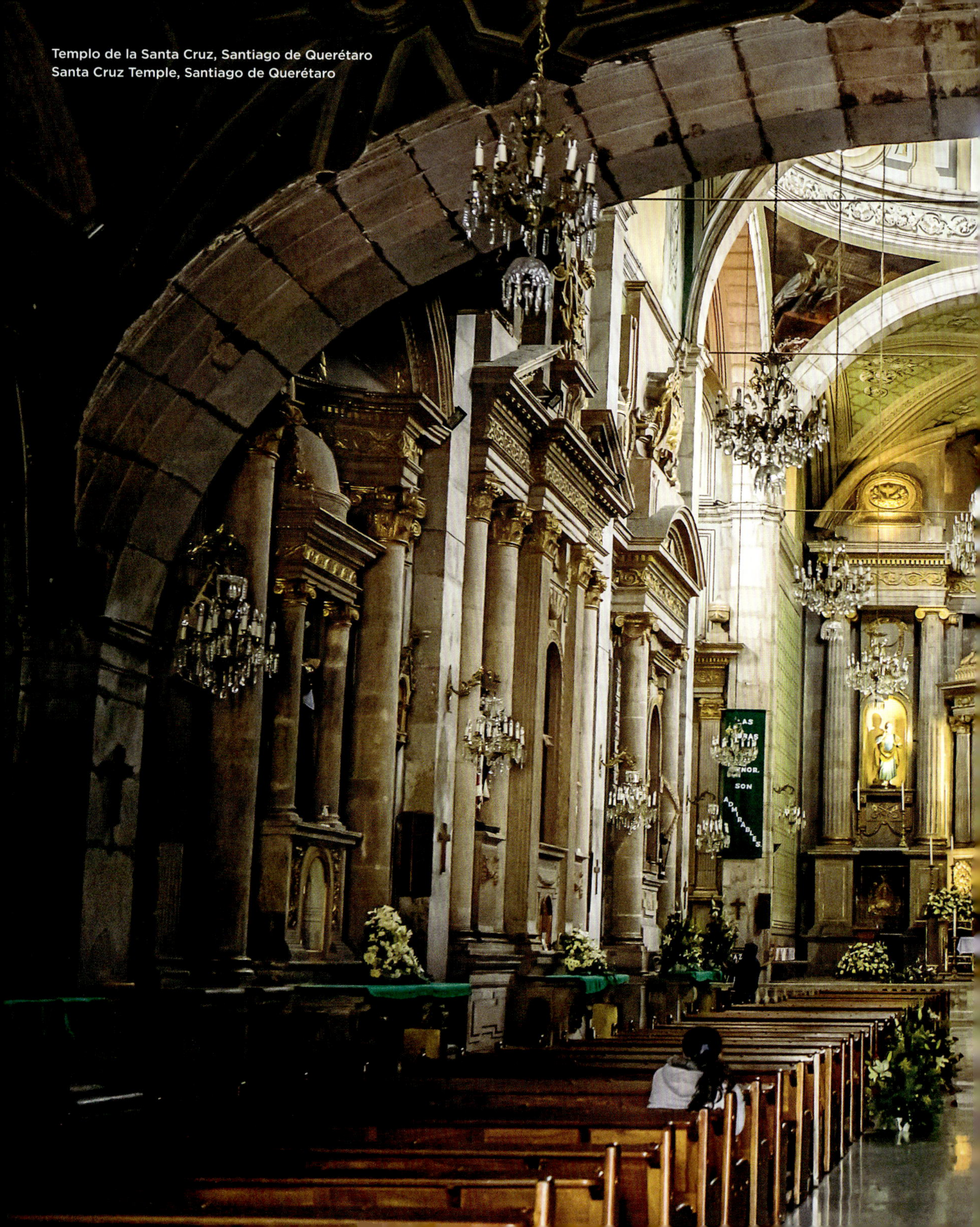


Templo de la Santa Cruz, Santiago de Querétaro
Santa Cruz Temple, Santiago de Querétaro

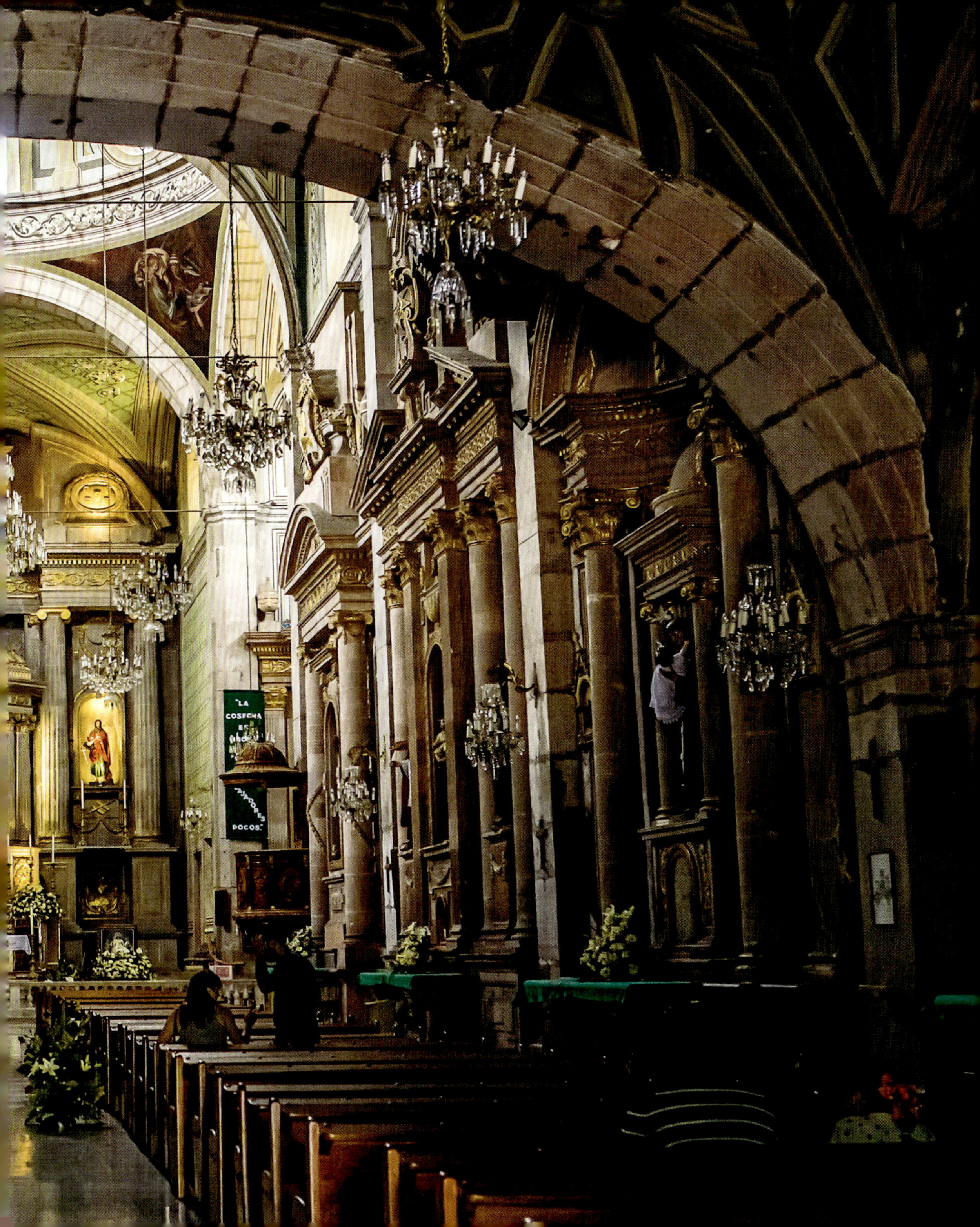
"LA
COSECHA
ES
"AJADORES
POCOS."

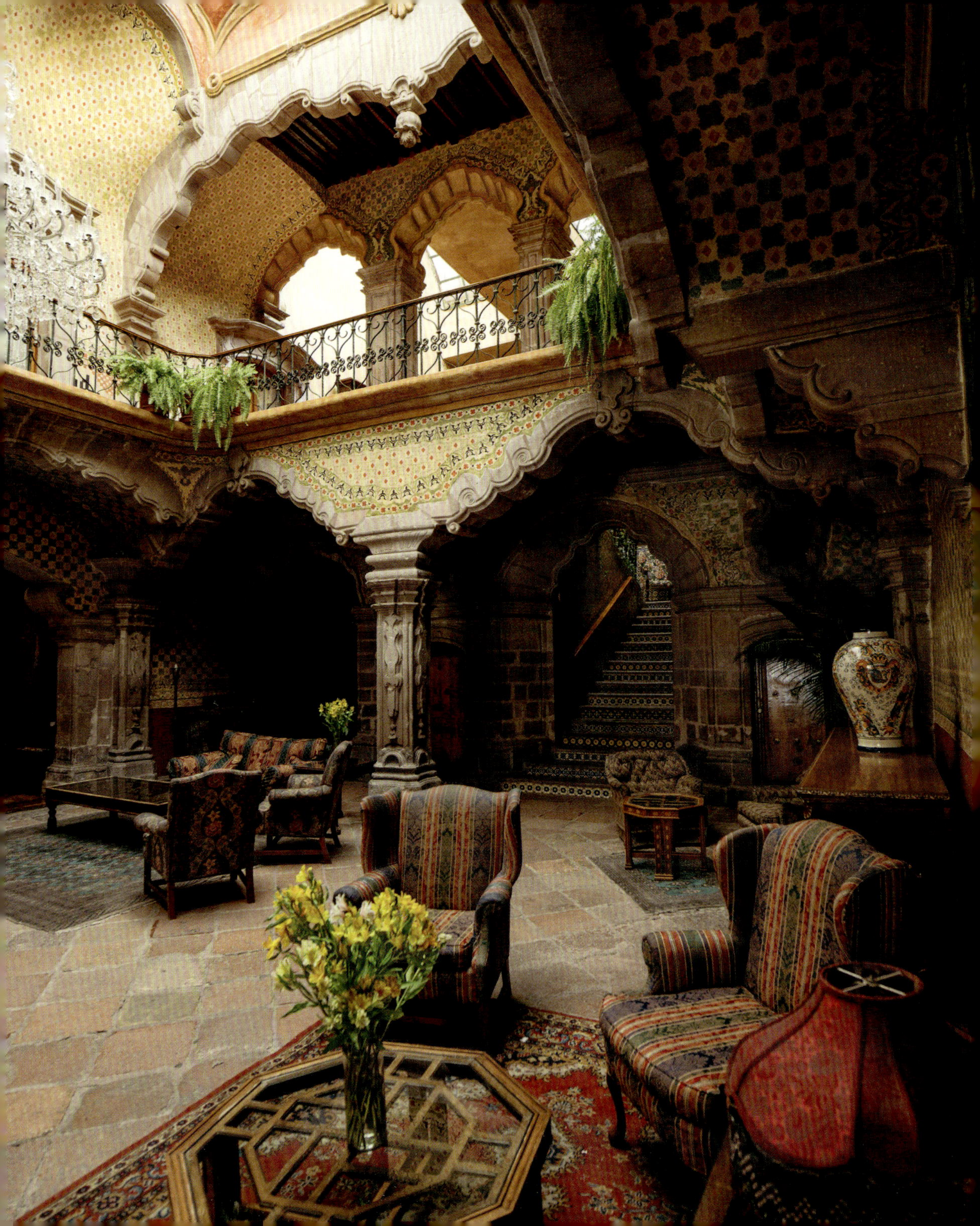

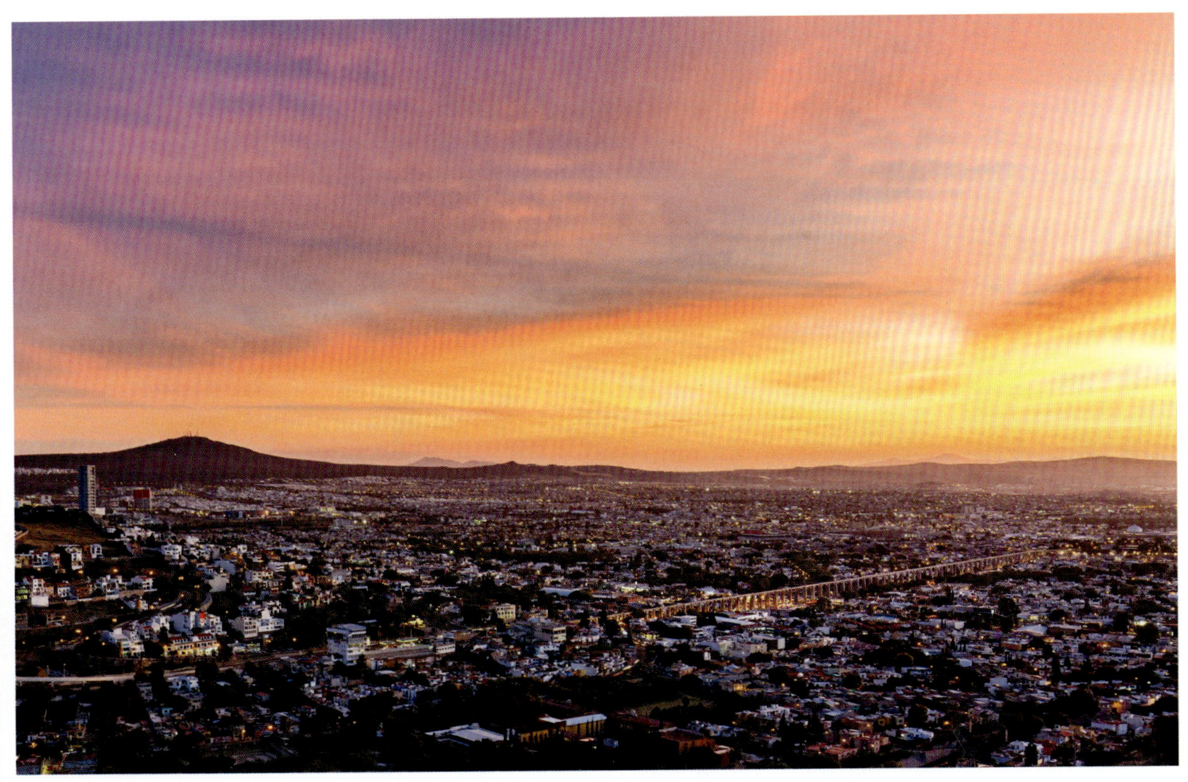

Santiago de Querétaro

Casa de la Marquesa, Santiago de Querétaro
The Marchioness' House, Santiago de Querétaro

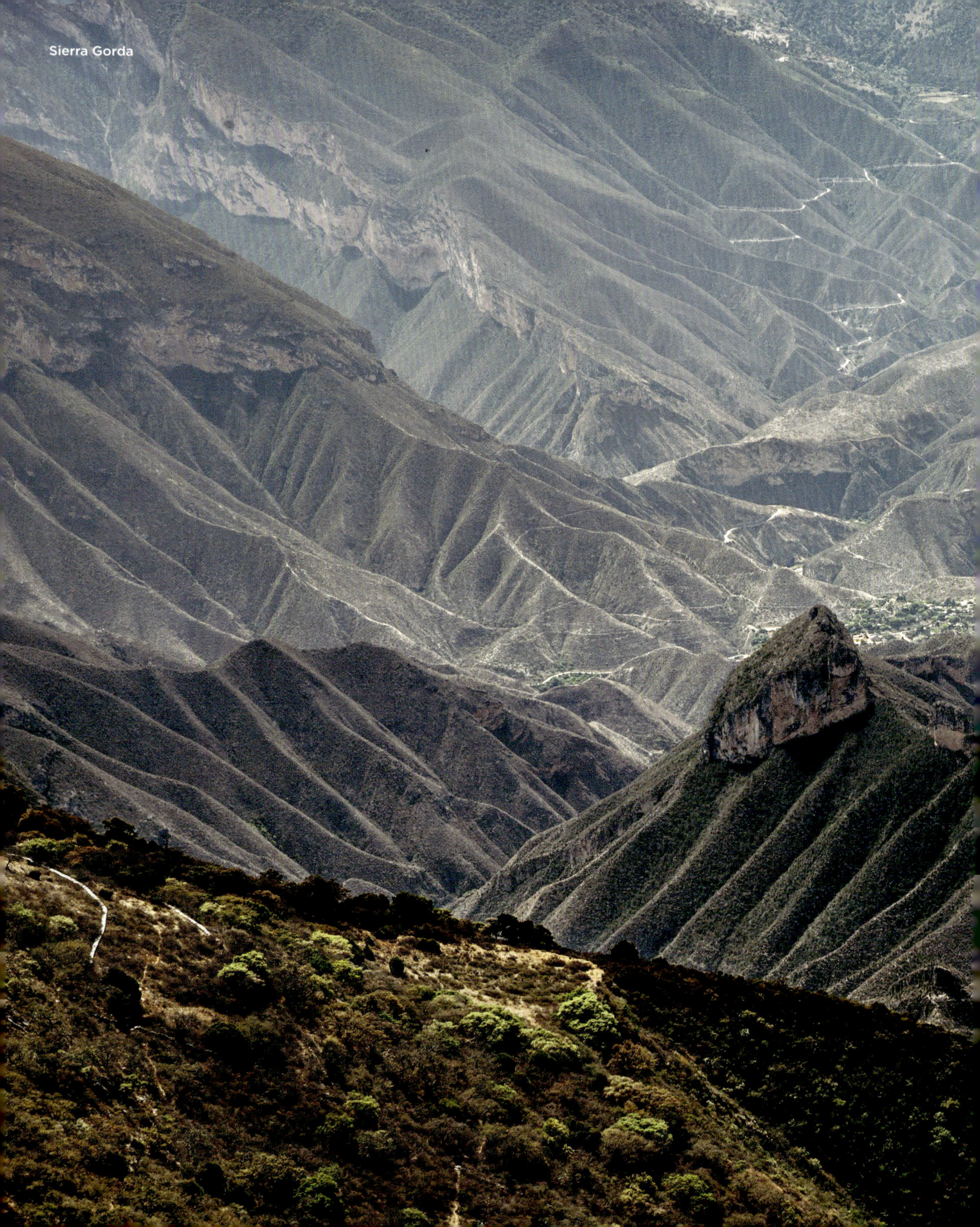
Sierra Gorda

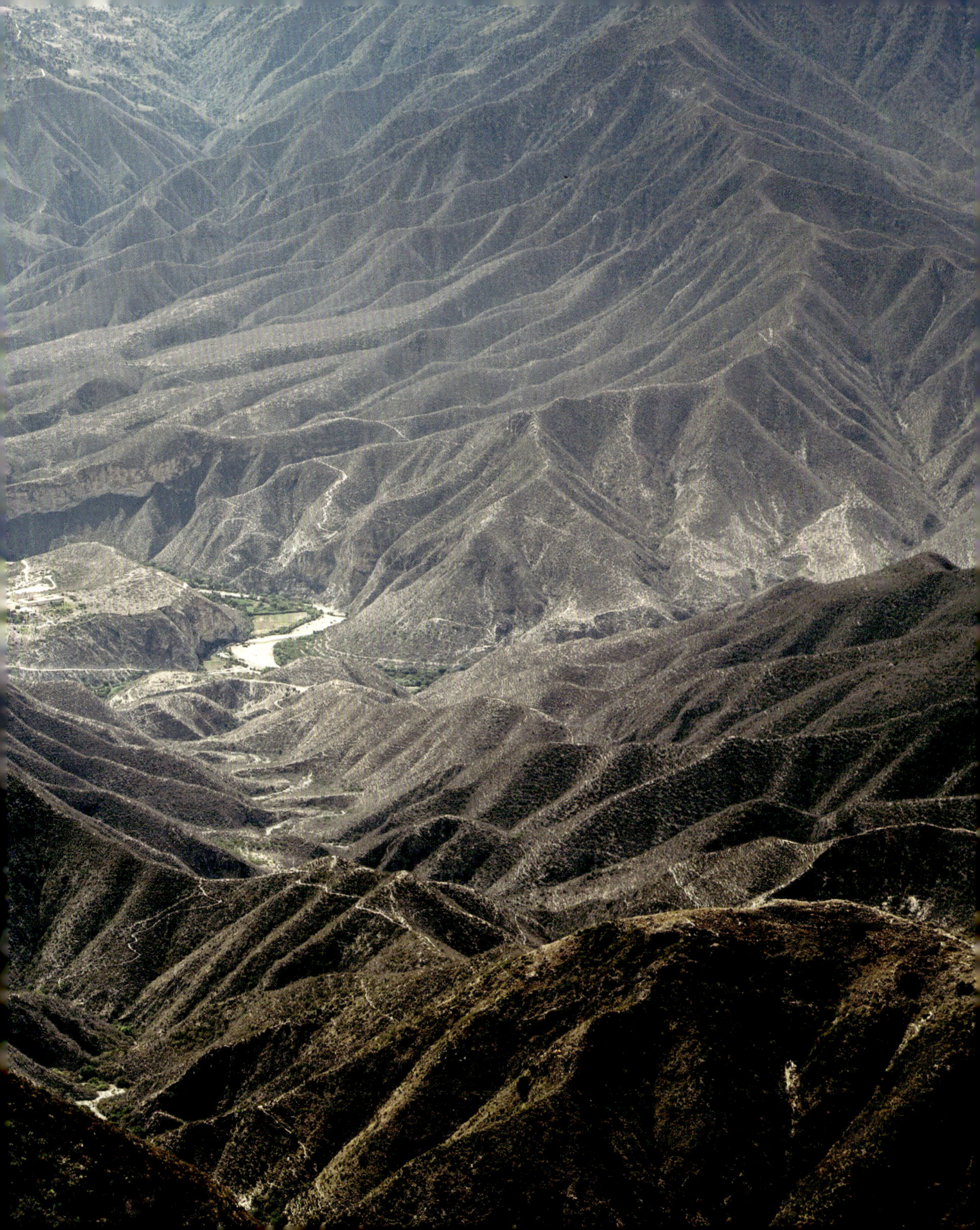

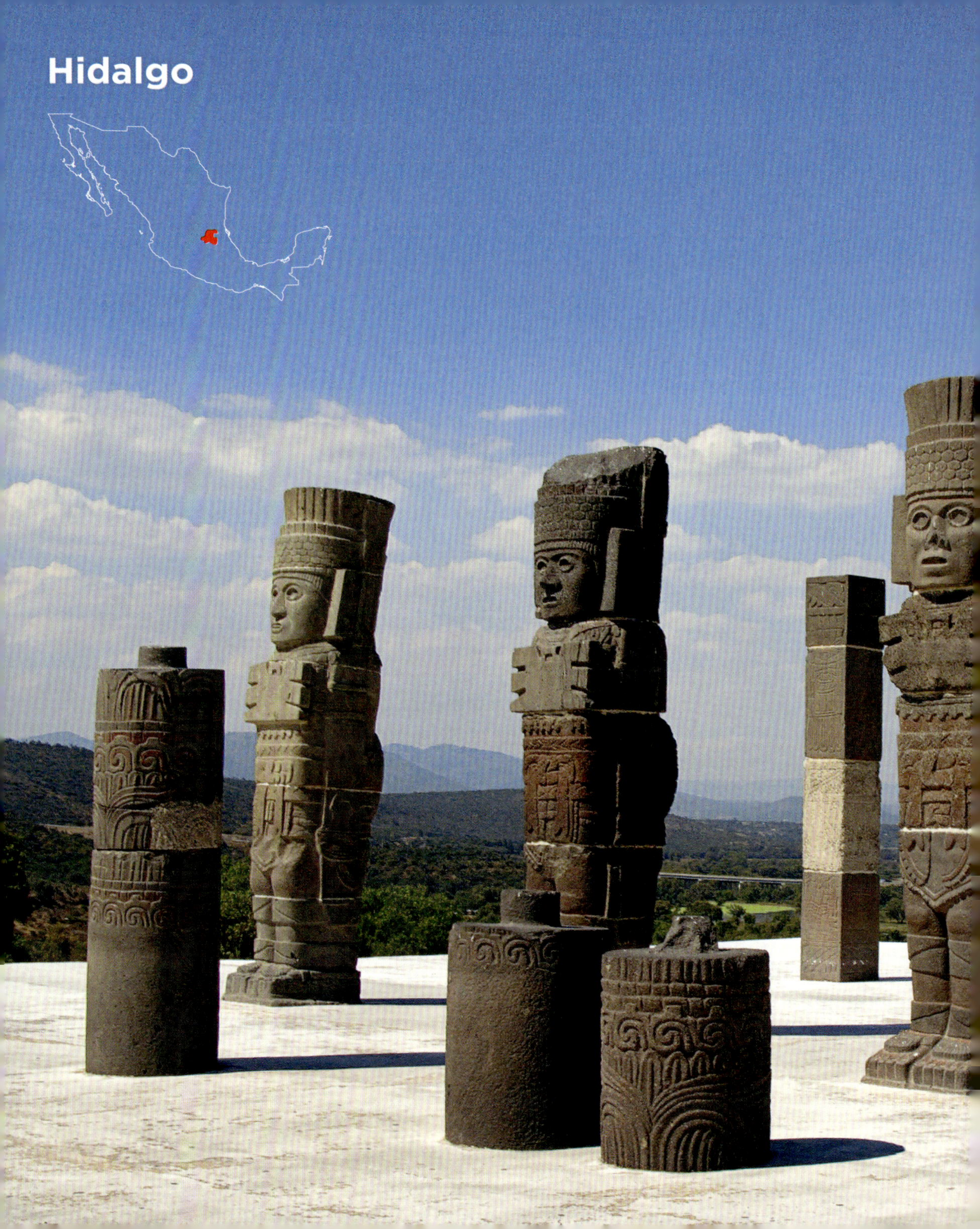
Hidalgo

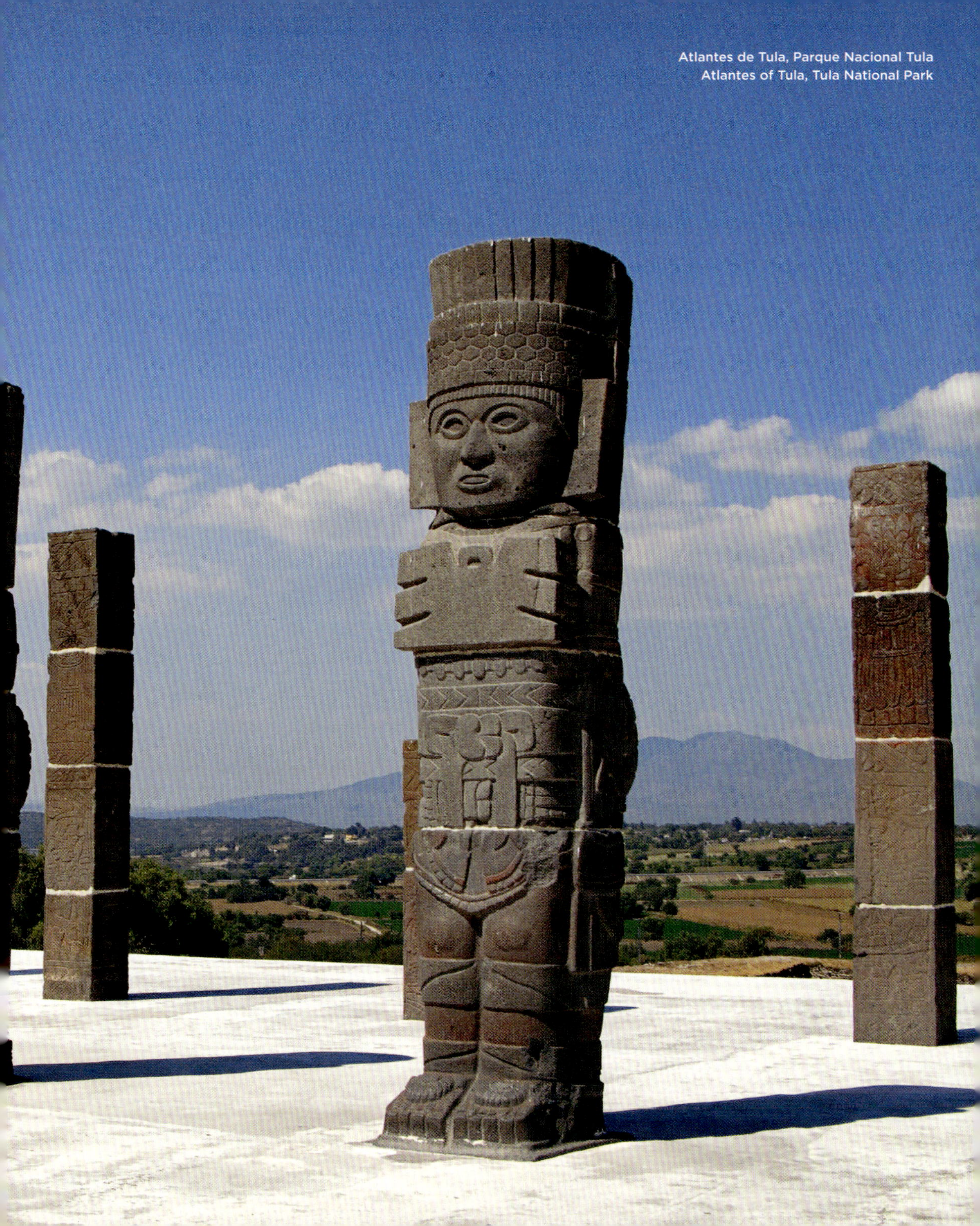

Atlantes de Tula, Parque Nacional Tula
Atlantes of Tula, Tula National Park

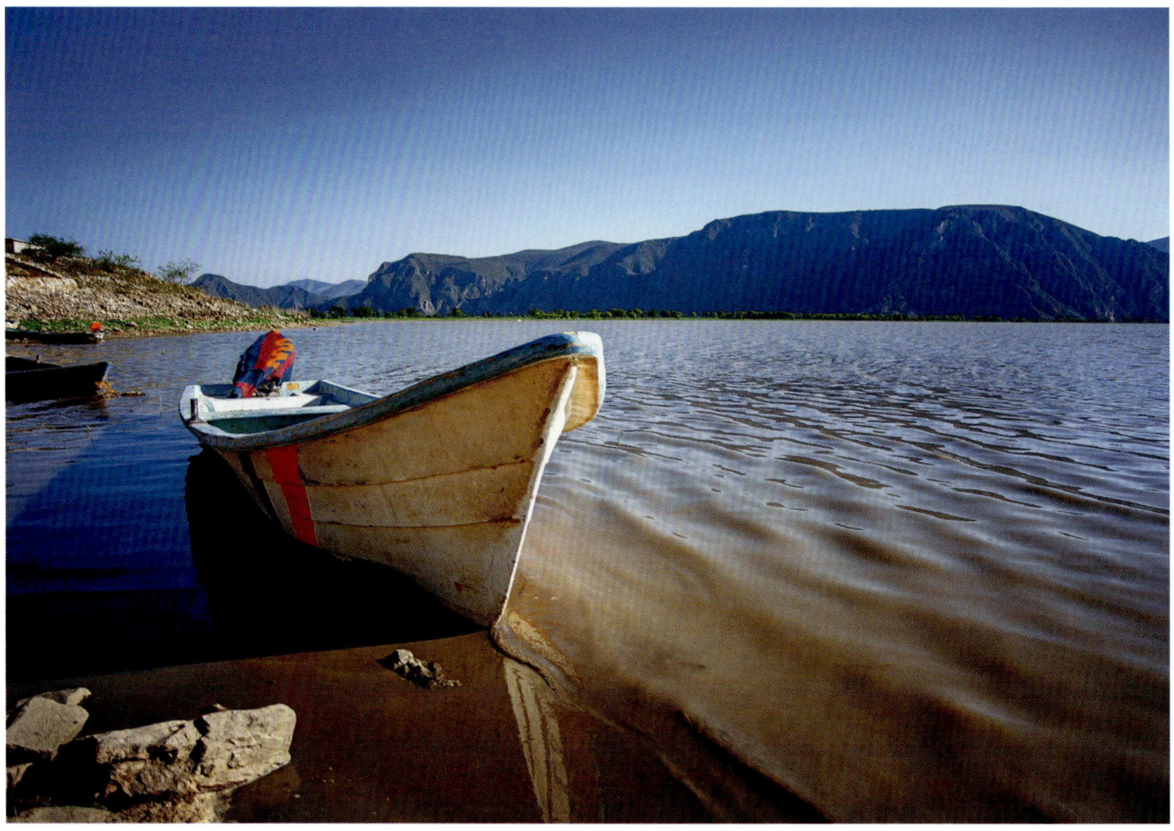

Laguna de Metztitlán
Lake Metztitlán

**Hidalgo**
Almost half of the state of Hidalgo is covered by the mountains of the Sierra Madre Oriental, surrounded by fertile valleys and plains where pre-Columbian cultures already cultivated their food. The archaeological site of Tula was the capital of the Toltecs between 950 and 1150 AD. It is dominated by the five-level pyramid of the Tlahuizcalpantecuhtli ("Pyramid of the Lord of the Morning Star"), on which four huge, black Toltec warriors are enthroned. The 4.60 m (15 ft) high columnar stone sculptures probably carried the roof of the temple.

**L'Hidalgo**
Près de la moitié de l'État d'Hidalgo est recouverte par les montagnes de la Sierra Madre orientale, entourées de vallées et de plaines fertiles dans lesquelles les peuples précolombiens cultivaient déjà leur nourriture. Le site archéologique de Tula était, entre les années 950 et 1150 de notre ère, la capitale des Toltèques. Il est dominé par la pyramide à cinq marches de Tlahuizcalpantecuhtli (« pyramide du seigneur de l'étoile de l'aube »), sur laquelle trônent quatre gigantesques guerriers toltèques en pierre basaltique. Ces sculptures en forme de colonne, hautes de 4,60 m, supportaient vraisemblablement le toit du temple.

**Hidalgo**
Fast die Hälfte des Staates Hidalgo ist von den Bergen der Sierra Madre Oriental bedeckt, umgeben von fruchtbaren Tälern und Ebenen, in denen schon präkolumbianische Kulturen ihre Nahrungsmittel anbauten. Die archäologische Stätte von Tula war zwischen 950 und 1150 n. Chr. die Hauptstadt der Tolteken. Sie wird beherrscht von der fünfstufigen Pyramide des Tlahuizcalpantecuhtli („Pyramide des Herrn des Morgensterns"), auf der vier riesige, schwarze toltekische Krieger thronen. Die 4,60 m hohen säulenartigen Steinskulpturen trugen vermutlich das Dach des Tempels.

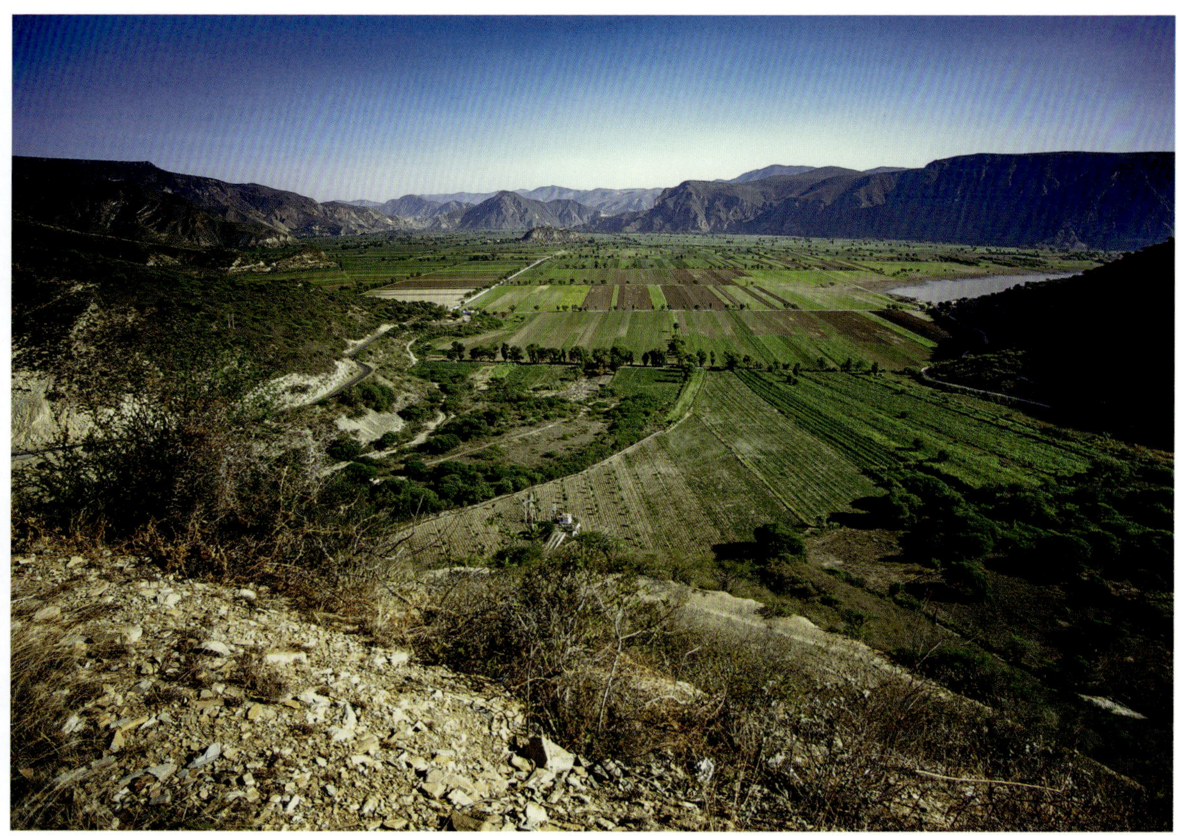

Valle de Metztitlán
Valley of Metztitlán

**Hidalgo**
Casi la mitad del estado de Hidalgo está cubierto por las montañas de la Sierra Madre Oriental, rodeado de fértiles valles y llanuras donde las culturas precolombinas ya cultivaban sus alimentos. El yacimiento arqueológico de Tula fue la capital de los toltecas entre los años 950 y 1150 d.C. Está dominada por la pirámide de cinco niveles del Tlahuizcalpantecuhtli (Pirámide del Señor de la Estrella del Alba), en la que aparecen entronizados cuatro enormes guerreros negros toltecas. Las esculturas de piedra columnar de 4,60 m de altura probablemente sostenían el techo del templo.

**Hidalgo**
Quasi la metà dello stato di Hidalgo è coperto dalle montagne della Sierra Madre Oriental, circondato da fertili vallate e pianure dove gli abitanti delle cilviltà precolombiane già coltivavano i loro alimenti. Il sito archeologico di Tula fu la capitale dei Toltechi tra il 950 e il 1150 d.C.. È dominata dalla piramide a cinque livelli del Tlahuizcalpantecuhtli (piramide del signore della stella dell'aurora), sulla quale troneggiano quattro enormi guerrieri Toltechi in pietra basaltica. Queste sculture a forma di colonna, alte 4,60 m, probabilmente portavano il tetto del tempio.

**Hidalgo**
Bijna de helft van de staat Hidalgo is bedekt met de bergen van de Sierra Madre Oriental, omgeven door vruchtbare dalen en vlakten waar precolumbiaanse culturen hun voedsel al verbouwden. De archeologische site van Tula was tussen 950 en 1150 de hoofdstad van de Tolteken. Hij wordt gedomineerd door de vijf verdiepingen tellende piramide van Tlahuizcalpantecuhtli ('piramide van de heer van de dageraadster'), waarop vier enorme zwarte Tolteekse krijgers tronen. De 4,60 m hoge, zuilachtige stenen sculpturen droegen vermoedelijk het dak van de tempel.

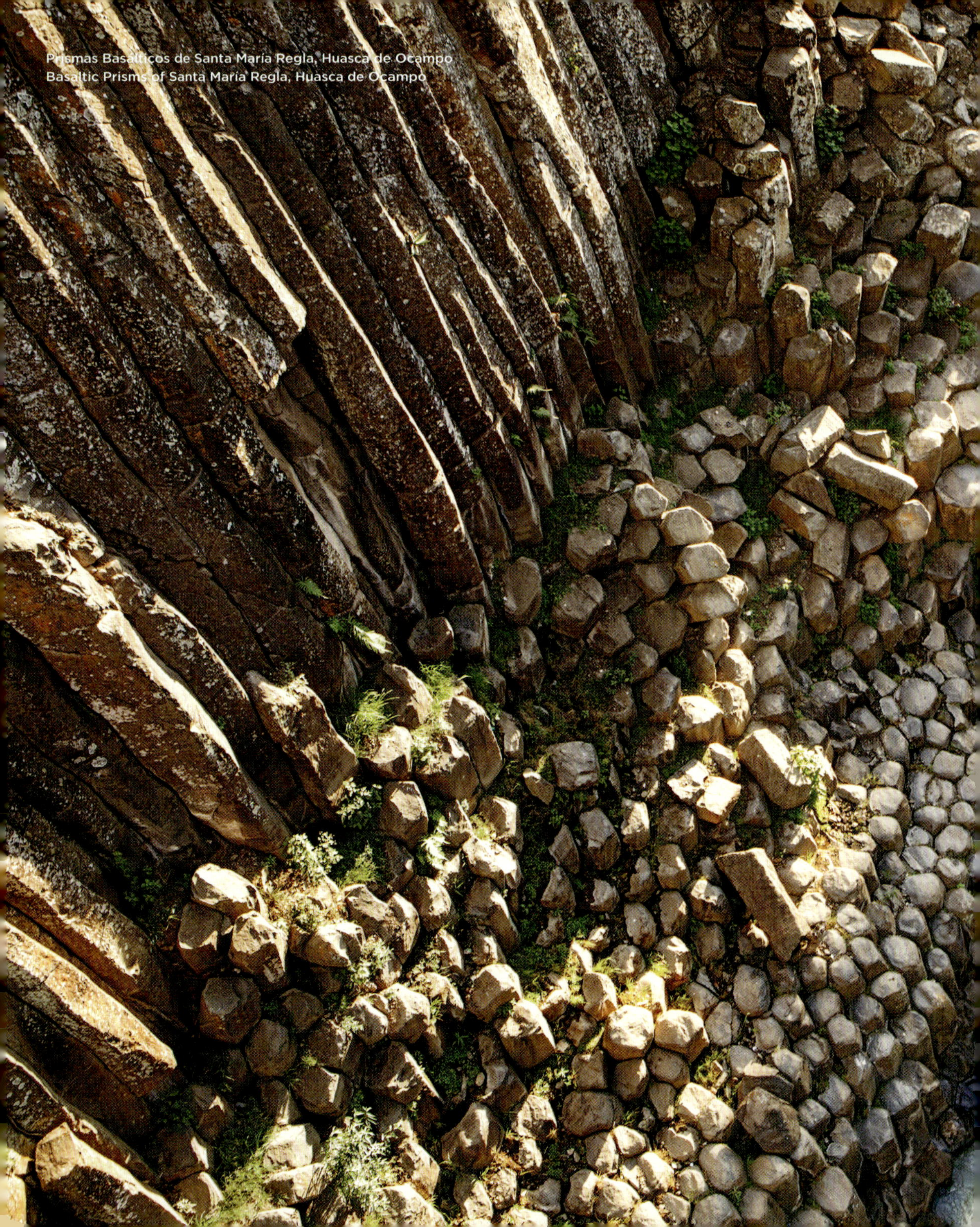
Prismas Basálticos de Santa María Regla, Huasca de Ocampo
Basaltic Prisms of Santa María Regla, Huasca de Ocampo

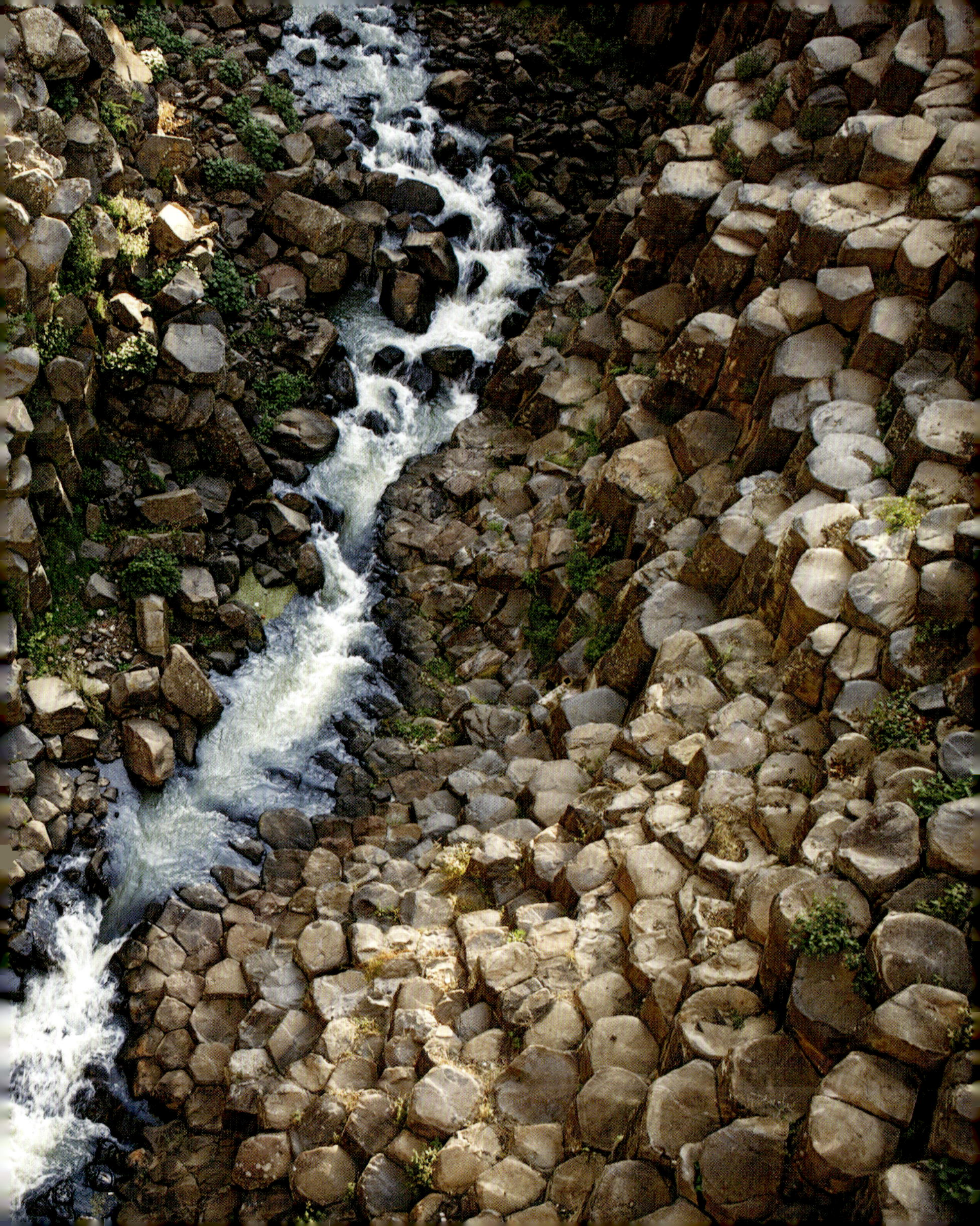

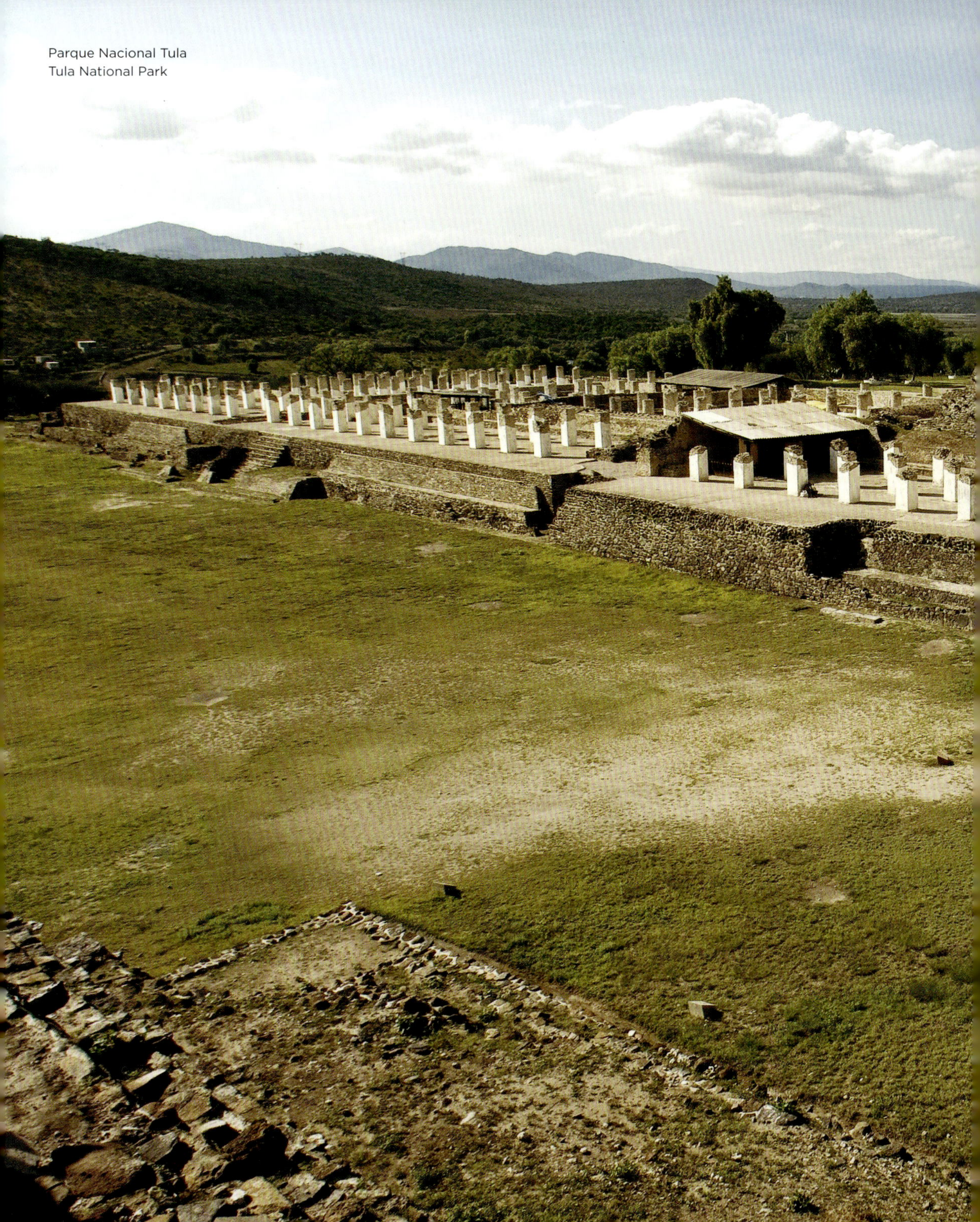

Parque Nacional Tula
Tula National Park

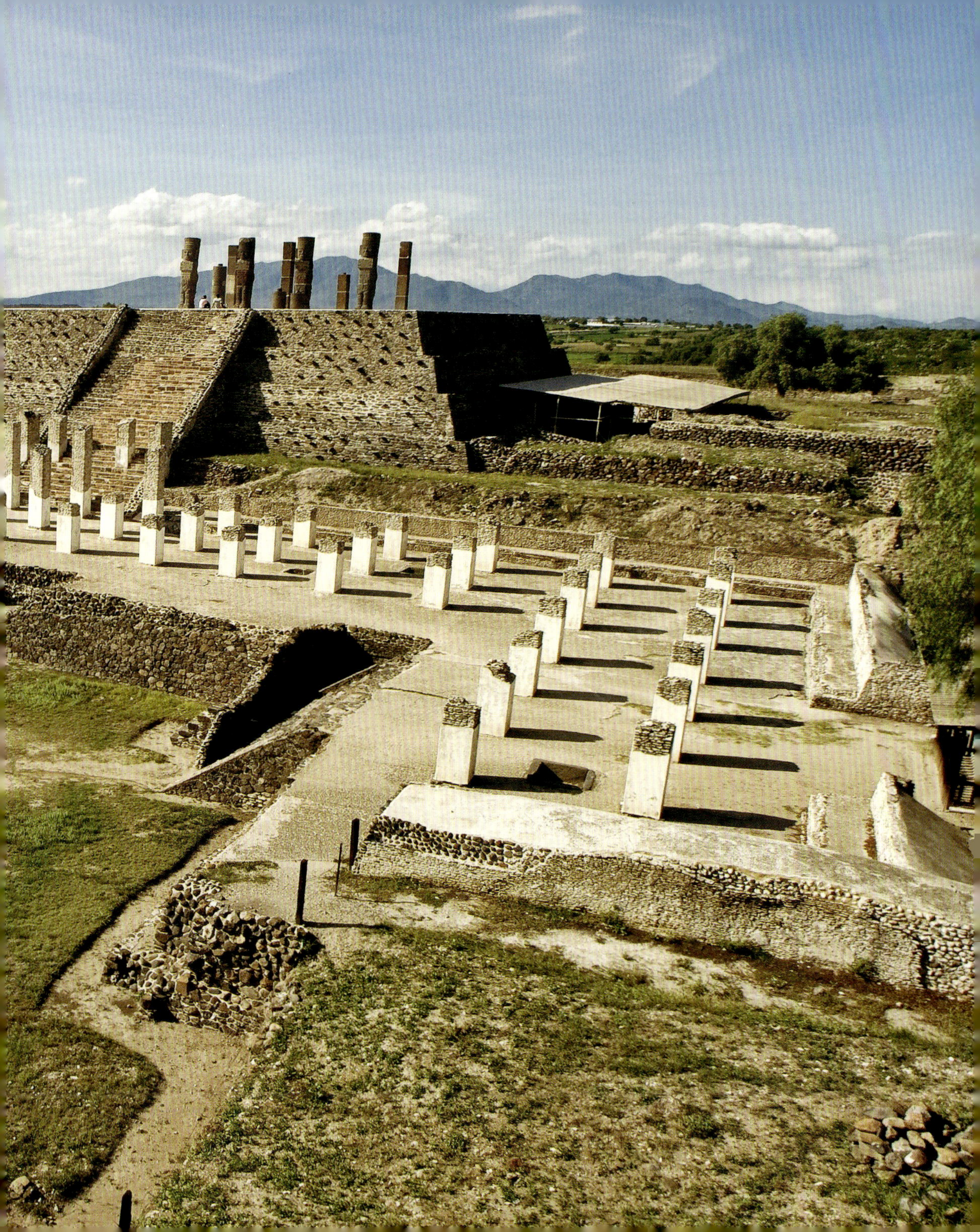

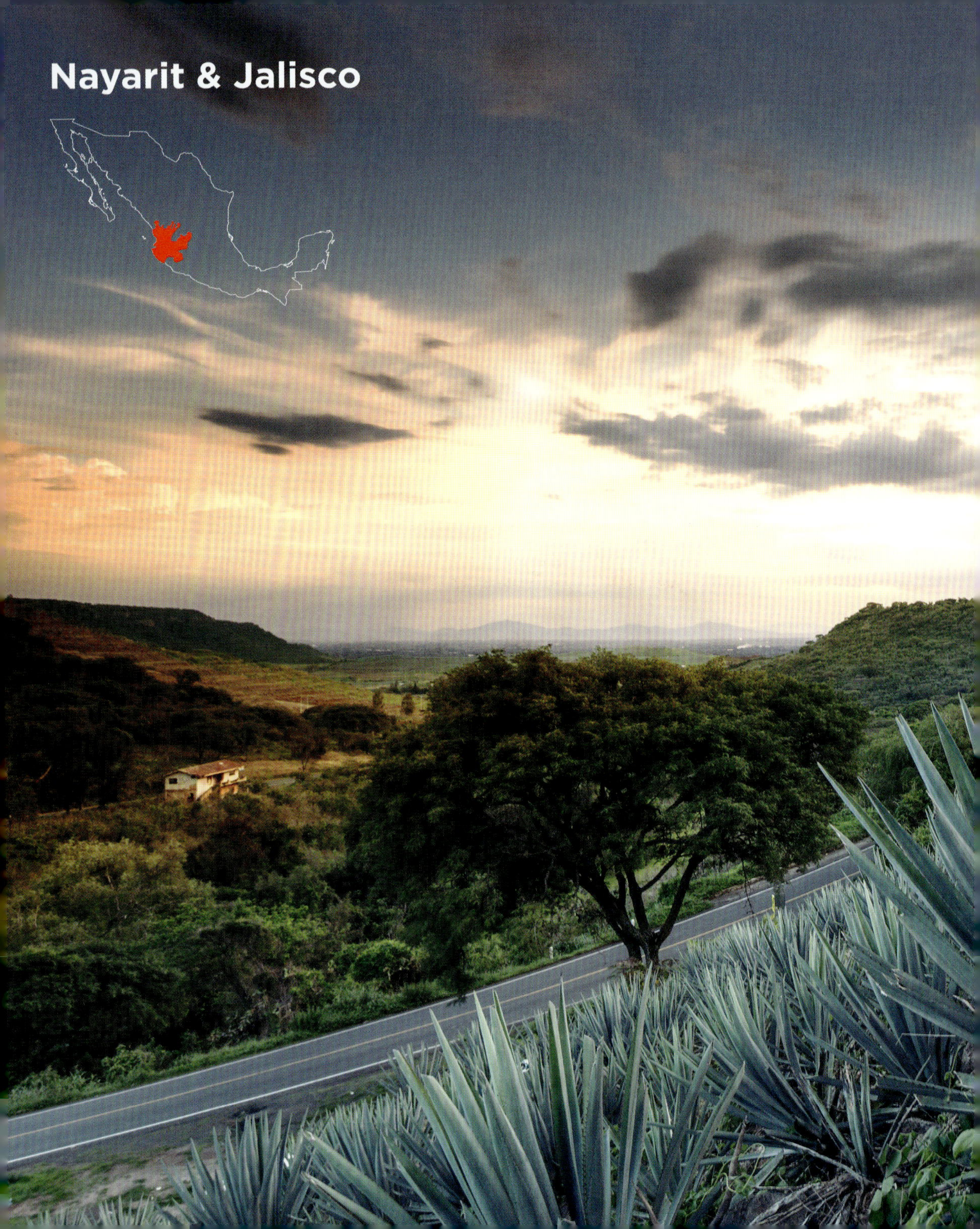
Nayarit & Jalisco

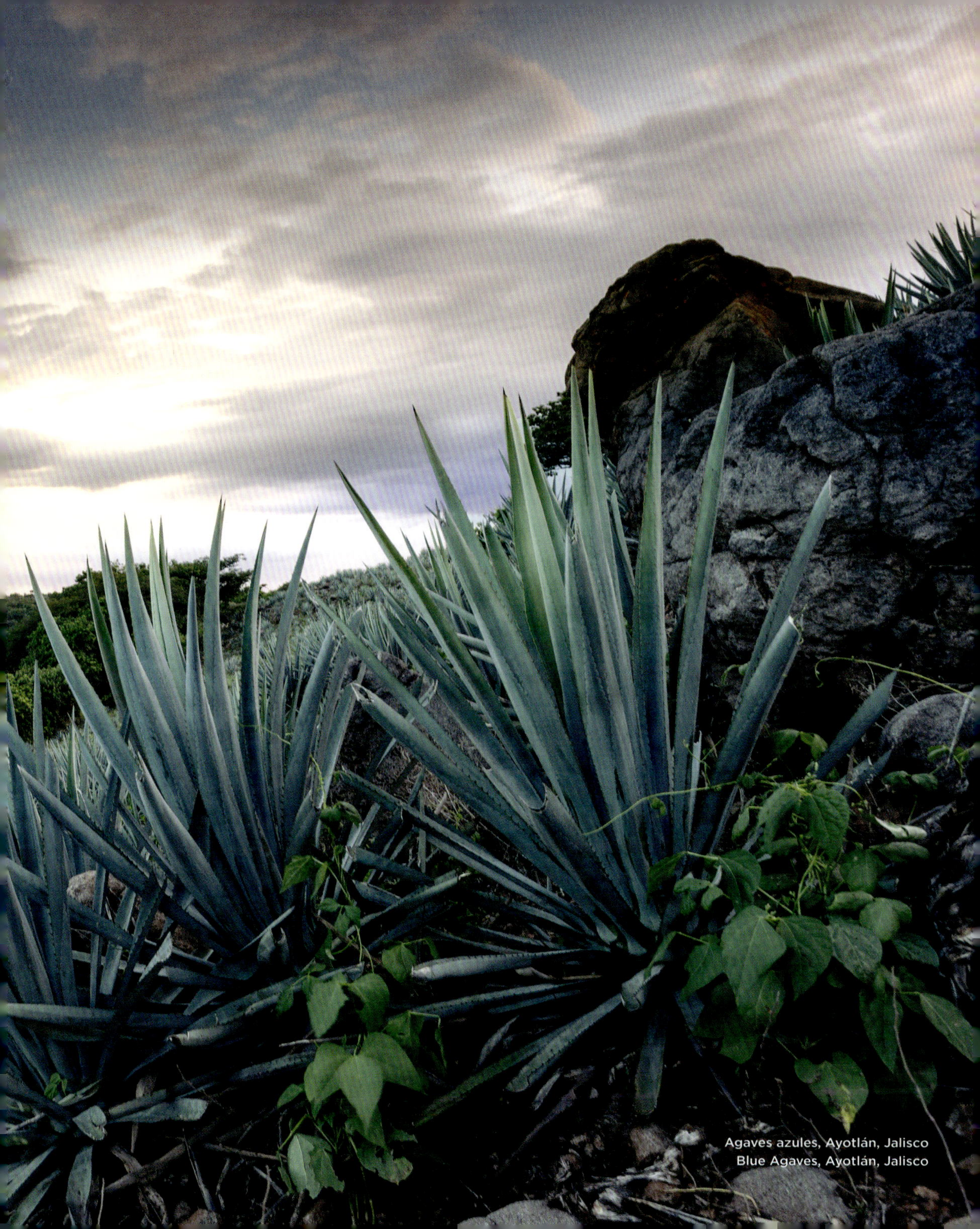

Agaves azules, Ayotlán, Jalisco
Blue Agaves, Ayotlán, Jalisco

Bucerías, Nayarit

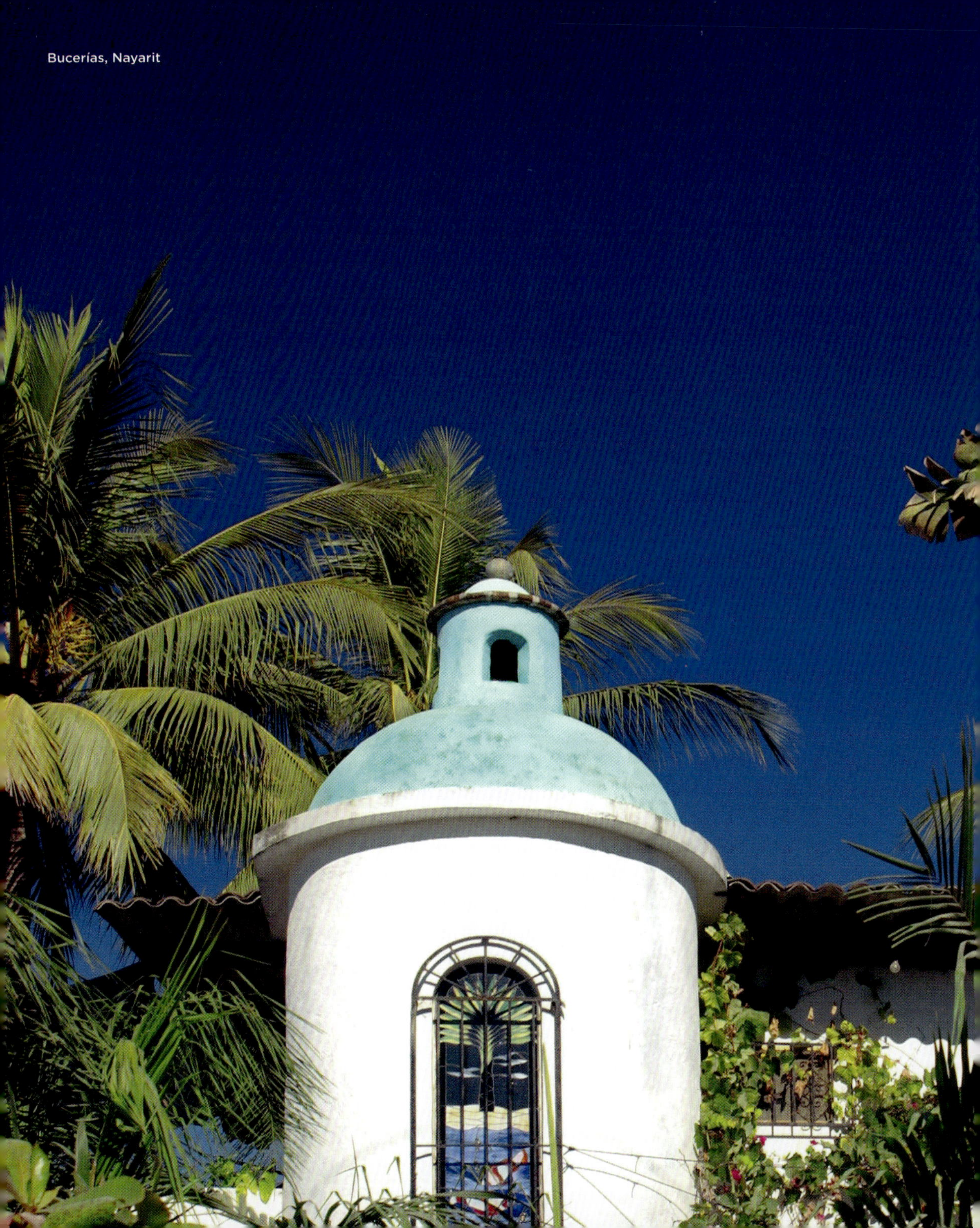

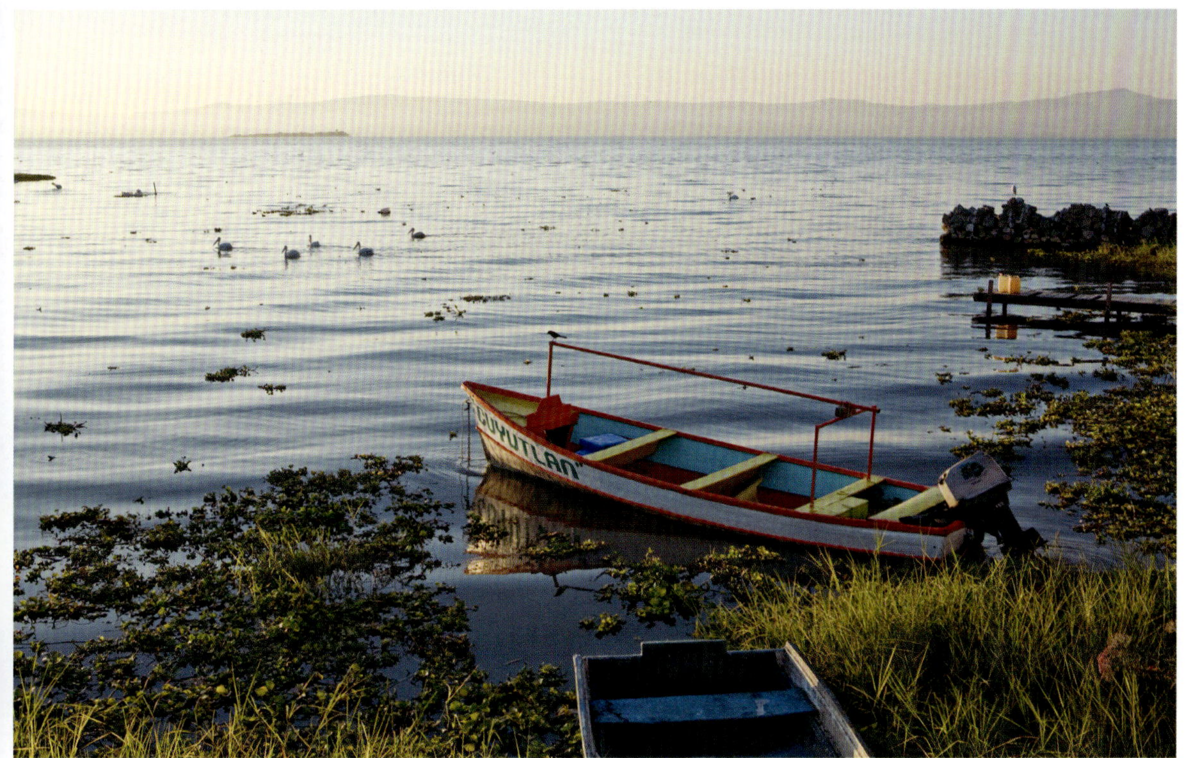


Lago de Chapala, Jalisco
Lake Chapala, Jalisco

**Nayarit and Jalisco**
Forests, lakes and palm beaches: Nayarit and Jalisco have a lot to offer in terms of landscape. Jalisco extends from the Pacific up to an altitude of 4300 m (14,000 ft) and is famous for the production of Tequila. In the hinterland lies Lake Chapala, the largest lake in Mexico. In Nayarit, the fishing village of Sayulita and the Marieta Islands attract surfers, sun worshippers and explorers to the coast.

**Nayarit et Jalisco**
Forêts, lacs et palmeraies : les paysages de Nayarit et de Jalisco ont beaucoup à offrir. Jalisco s'élève du Pacifique jusqu'à environ 4300 m d'altitude et il est célèbre pour sa production de tequila. Plus loin dans les terres, on trouve le lac de Chapala, le plus grand lac intérieur du Mexique. Dans l'État de Nayarit, le village de pêcheurs de Sayulita et les îles Marieta attirent vers la côte les surfeurs, les amoureux du soleil et les aventuriers.

**Nayarit und Jalisco**
Wälder, Seen und Palmenstrände: Nayarit und Jalisco haben landschaftlich viel zu bieten. Jalisco erstreckt sich vom Pazifik bis auf 4300 m Höhe und ist berühmt für die Produktion von Tequila. Im Hinterland liegt der Chapalasee, der größte Binnensee Mexikos. In Nayarit locken das Fischerdorf Sayulita und die Marieta-Inseln Surfer, Sonnenanbeter und Entdecker an die Küste.

**Nayarit y Jalisco**
Bosques, lagos y playas de palmeras: Nayarit y Jalisco tienen mucho que ofrecer en términos de paisaje. Jalisco se extiende desdeel Pacífico hasta una altitud de 4300 m y es famoso por la producción de Tequila. En el interior se encuentra el Lago de Chapala, el lago más grande de México. En Nayarit, el pueblo pesquero de Sayulita y las Islas Marietas atraen hacia la costa a surfistas, amantes del sol y exploradores.

**Nayarit e Jalisco**
Foreste, laghi e palmeti: i paesaggi di Nayarit e Jalisco hanno molto da offrire. Jalisco si eleva dal Pacifico fino un'altitudine di 4300 m ed è famosa per la produzione di Tequila. Nell'entroterra si trova il lago di Chapala, il più grande lago del Messico. Nello stato di Nayarit, il villaggio di pescatori di Sayulita e le isole Marieta attirano sulla costa surfisti, amanti del sole e delle avventure.

**Nayarit en Jalisco**
Bossen, meren en palmstranden: de staten Nayarit en Jalisco hebben qua landschap veel te bieden. Jalisco strekt zich uit van de Grote Oceaan tot een hoogte van 4300 m uit en is beroemd om zijn tequilaproductie. In het achterland ligt het Chapalameer, het grootste meer van Mexico. In Nayarit trekken het vissersdorp Sayulita en de Marieta-eilanden surfers, zonaanbidders en ontdekkers naar de kust.

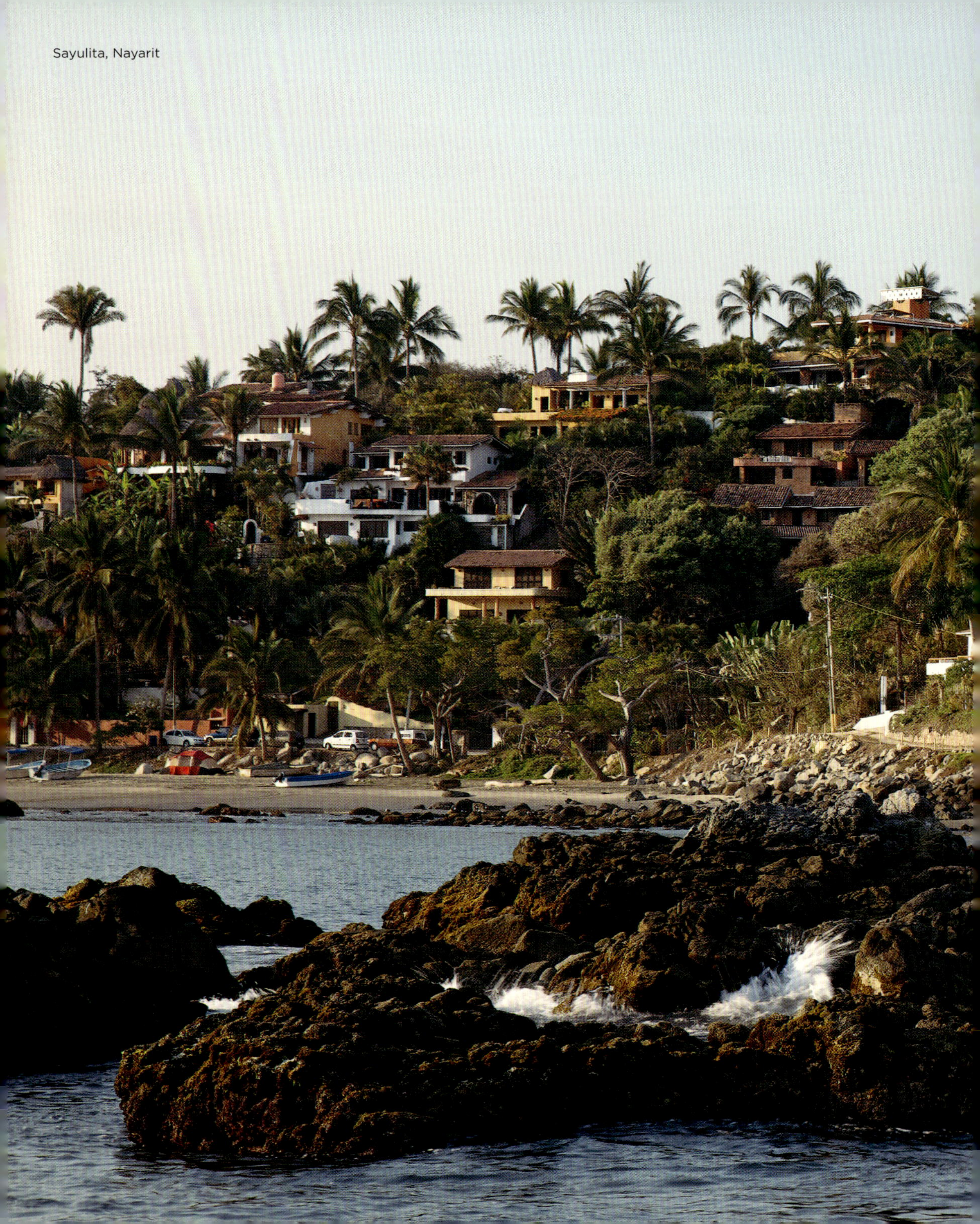

Sayulita, Nayarit

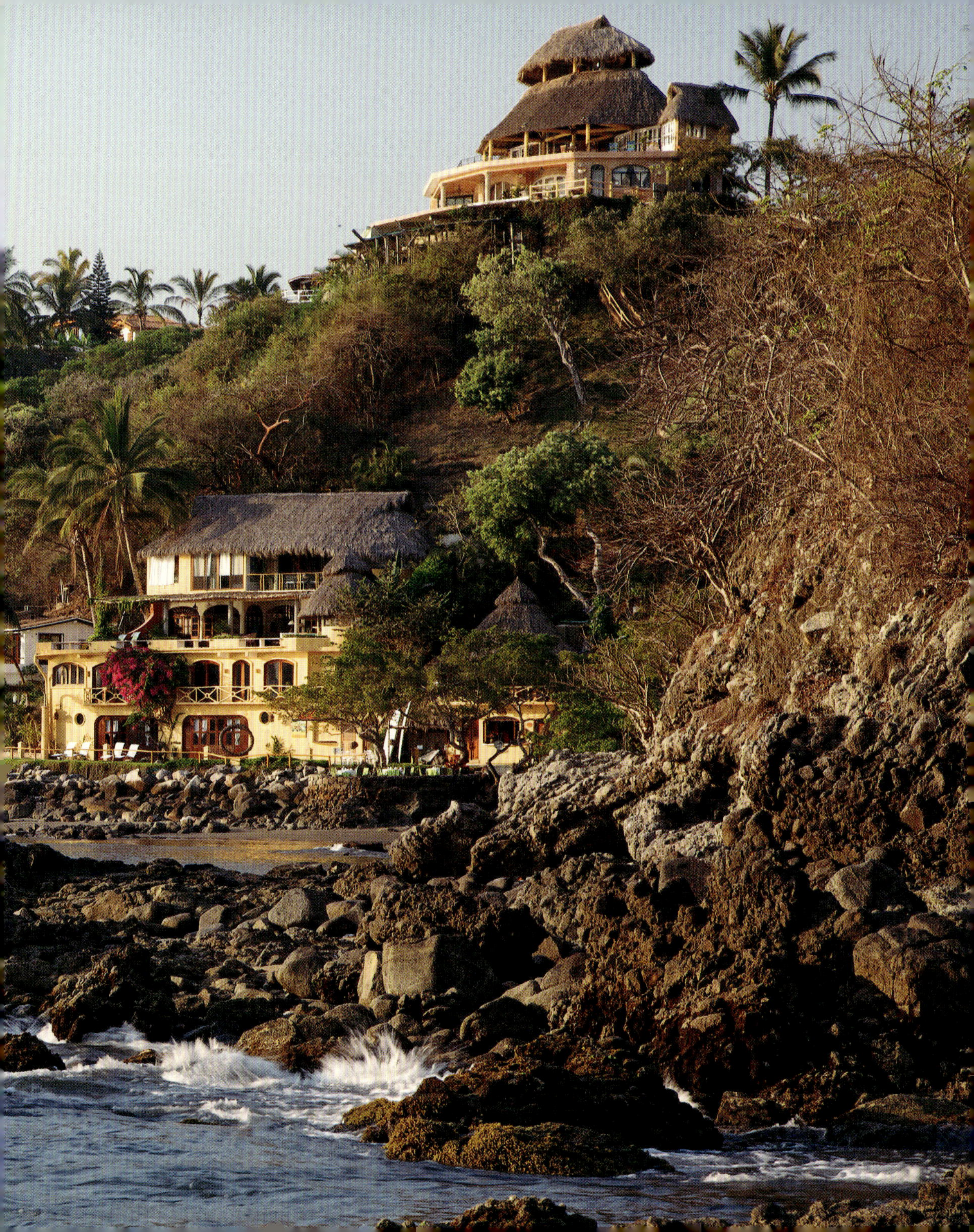

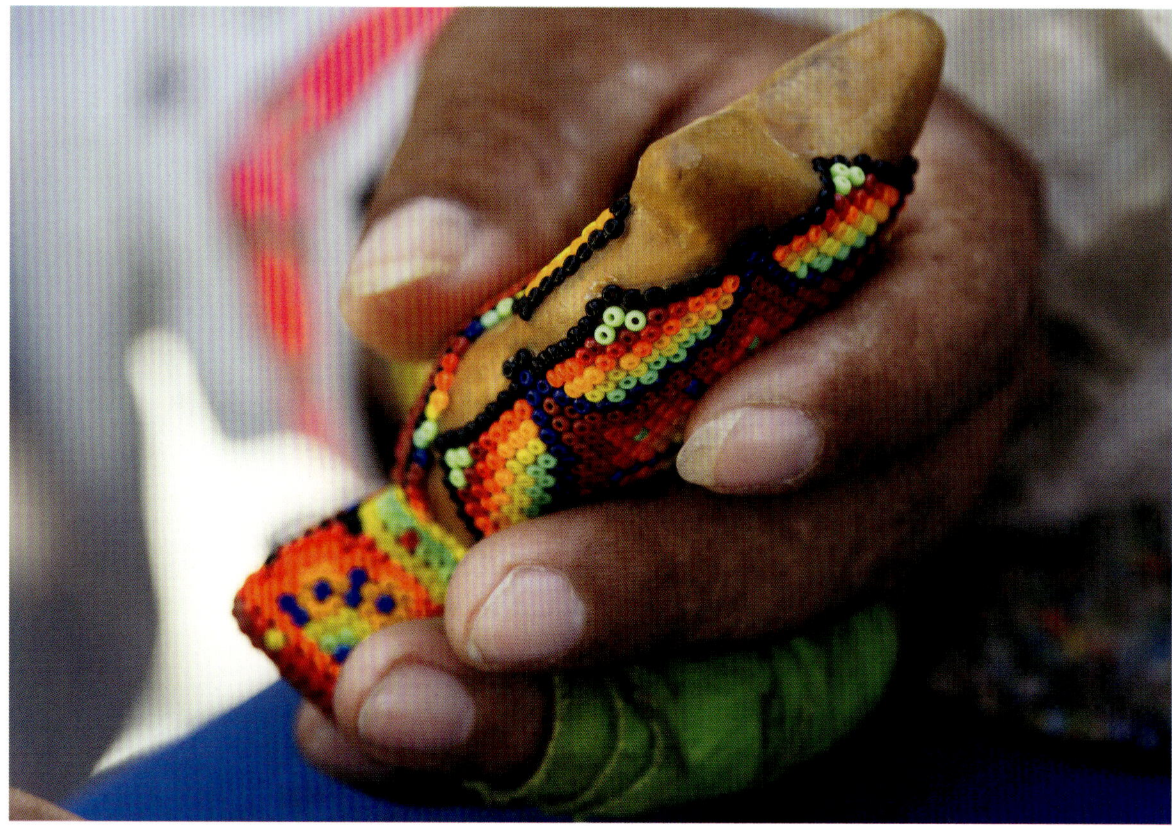

Artesanía Huichol, Nayarit
Huichol beadwork, Nayarit

**Huichol**
The Huichol (Wixáritari) tribe of Jalisco, Nayarit, Zacatecas and Durango largely escaped the Spanish by retreating to the highlands, thus preserving their traditions. The culture of Huichol includes particular crafts such as pearl embroidery, in which thousands of small colored beads form decorative shapes, which often have symbolic meaning.

**Les Huichol**
Le peuple indigène des Huichol (ou Wixáritari), originaire de Jalisco, Nayarit, Zacatecas et Durango, a réussi à échapper, dans une large mesure, aux Espagnols, en se retirant sur les hauts plateaux et en y conservant ses traditions. Les Huichol sont connus pour leur artisanat d'art, et notamment leurs objets ornés de perles. Des milliers de petites perles de couleur forment des motifs décoratifs, souvent chargés d'un sens symbolique.

**Huichol**
Das indigene Volk der Huichol (Wixáritari) aus Jalisco, Nayarit, Zacatecas und Durango entkam den Spaniern weitgehend, indem es sich ins Hochland zurückzog und dort seine Traditionen bewahrte. Zur Kultur der Huichol gehören besondere Handwerkskünste wie die Perlenstickerei. Tausende von kleinen farbigen Perlen bilden dekorative Formen, die oft symbolische Bedeutung haben.

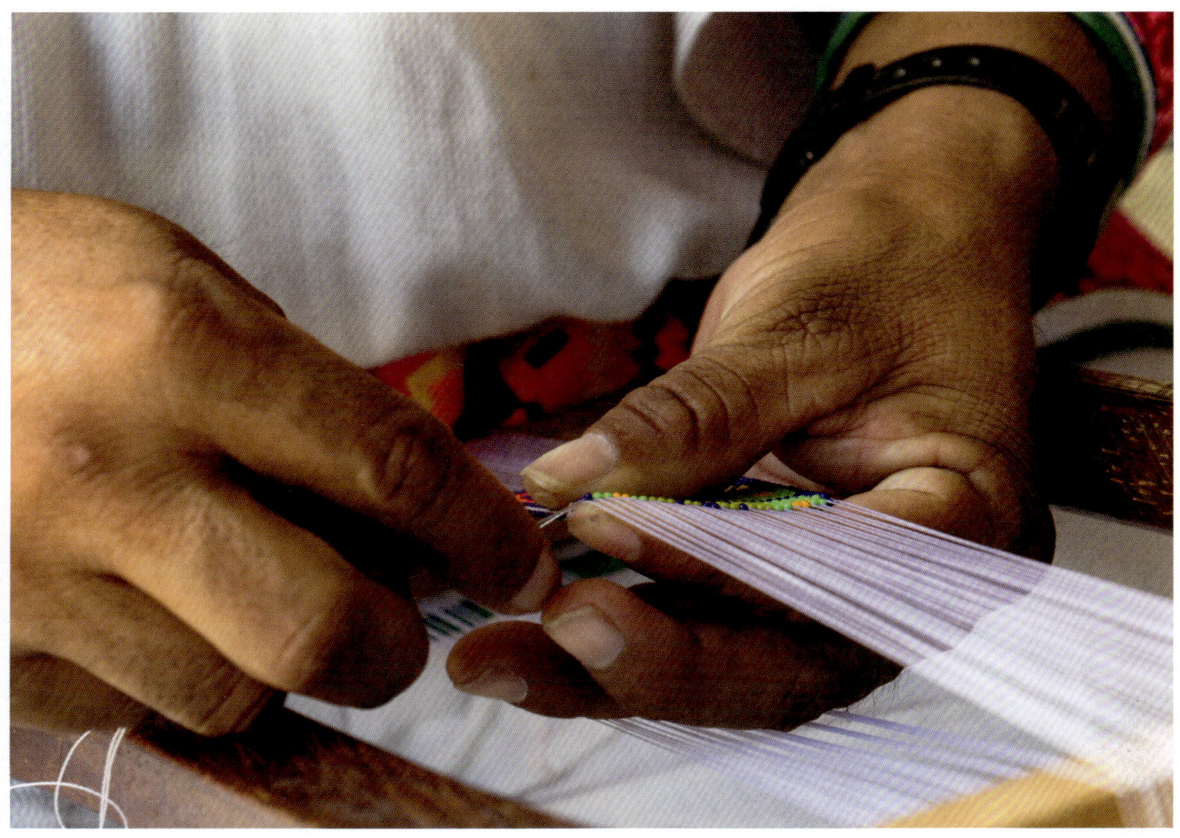

Artesanía Huichol, Nayarit
Huichol beadwork, Nayarit

**Huichol**
El pueblo indígena Huichol (Wixáritari) de Jalisco, Nayarit, Zacatecas y Durango escapó en gran medida de los españoles al retirarse a las tierras altas y preservar sus tradiciones. La cultura Huichol incluye artesanías especiales como el bordado de perlas. Miles de pequeñas perlasde colores forman figuras decorativas, que a menudo tienen un significado simbólico.

**Huichol**
Il popolo indigeno di Huichol (o Wixáritari) originario di Jalisco, Nayarit, Zacatecas e Durango è in gran parte sfuggito agli spagnoli, ritirandosi sugli altipiani e conservando le loro tradizioni. Nella cultura Huichol si tramandano mestieri speciali come il ricamo di perle. Migliaia di piccole perle colorate formano opere decorative, che spesso hanno un significato simbolico.

**Huichol**
Het inheemse Huichol-volk (Wixáritari) uit Jalisco, Nayarit, Zacatecas en Durango ontkwam in grote mate aan de Spanjaarden doordat men zich terugtrok in de hooglanden en de eigen tradities behield. De Huichol-cultuur omvat speciale handwerkvormen zoals kralenborduurwerk. Duizenden gekleurde kraaltjes vormen prachtige decoraties, die vaak een symbolische betekenis hebben.

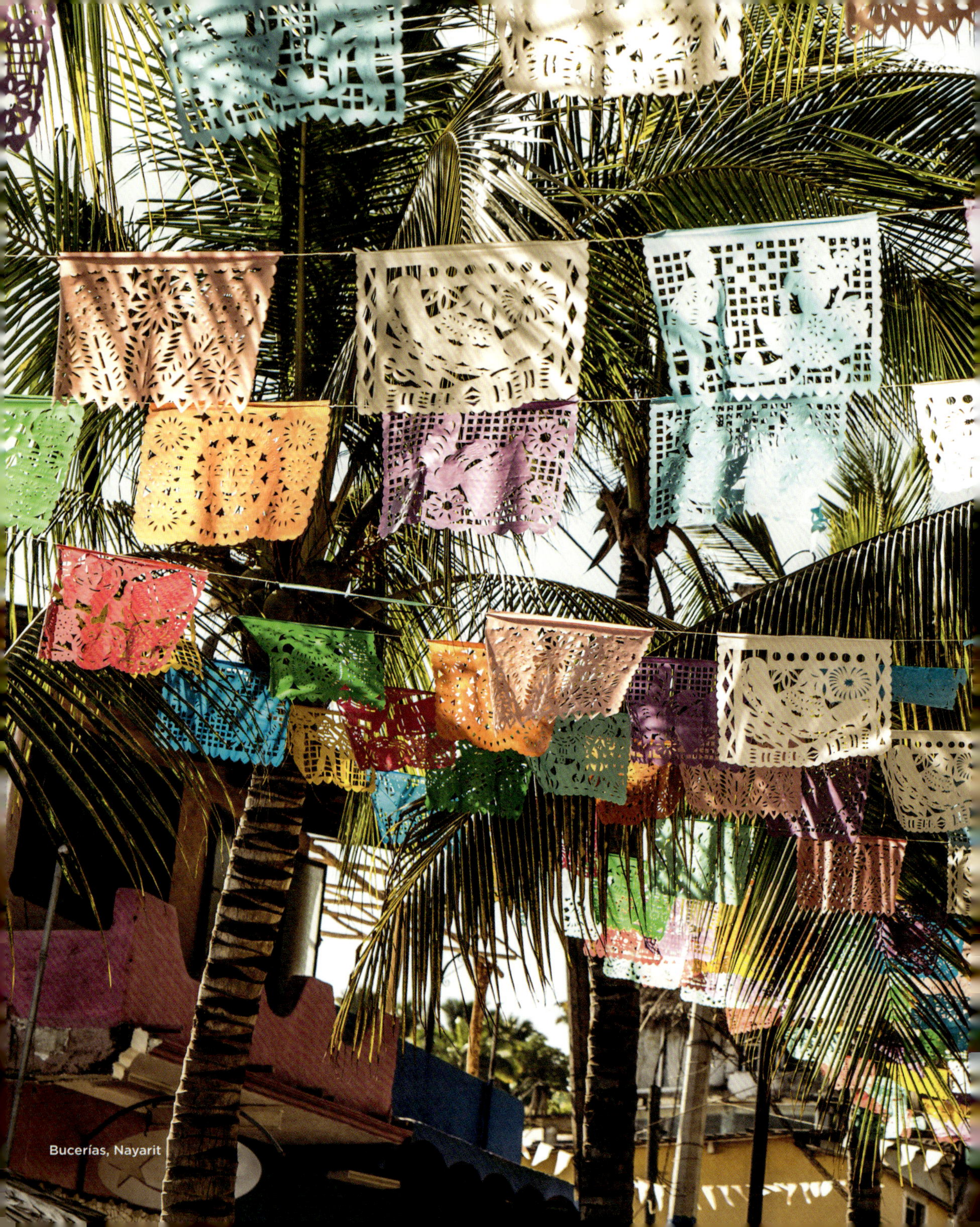

Bucerías, Nayarit

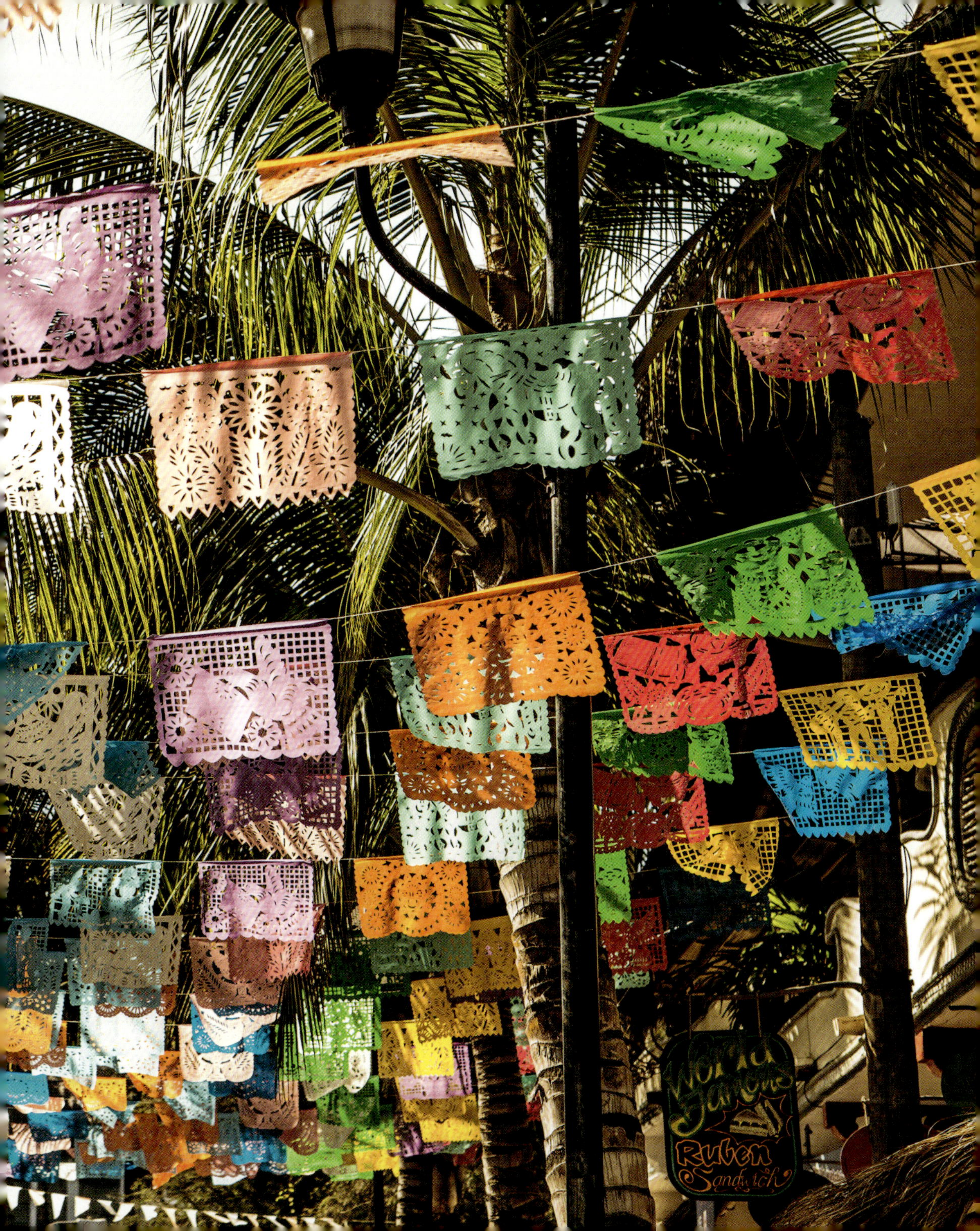
World Famous
Ruben
Sandwich

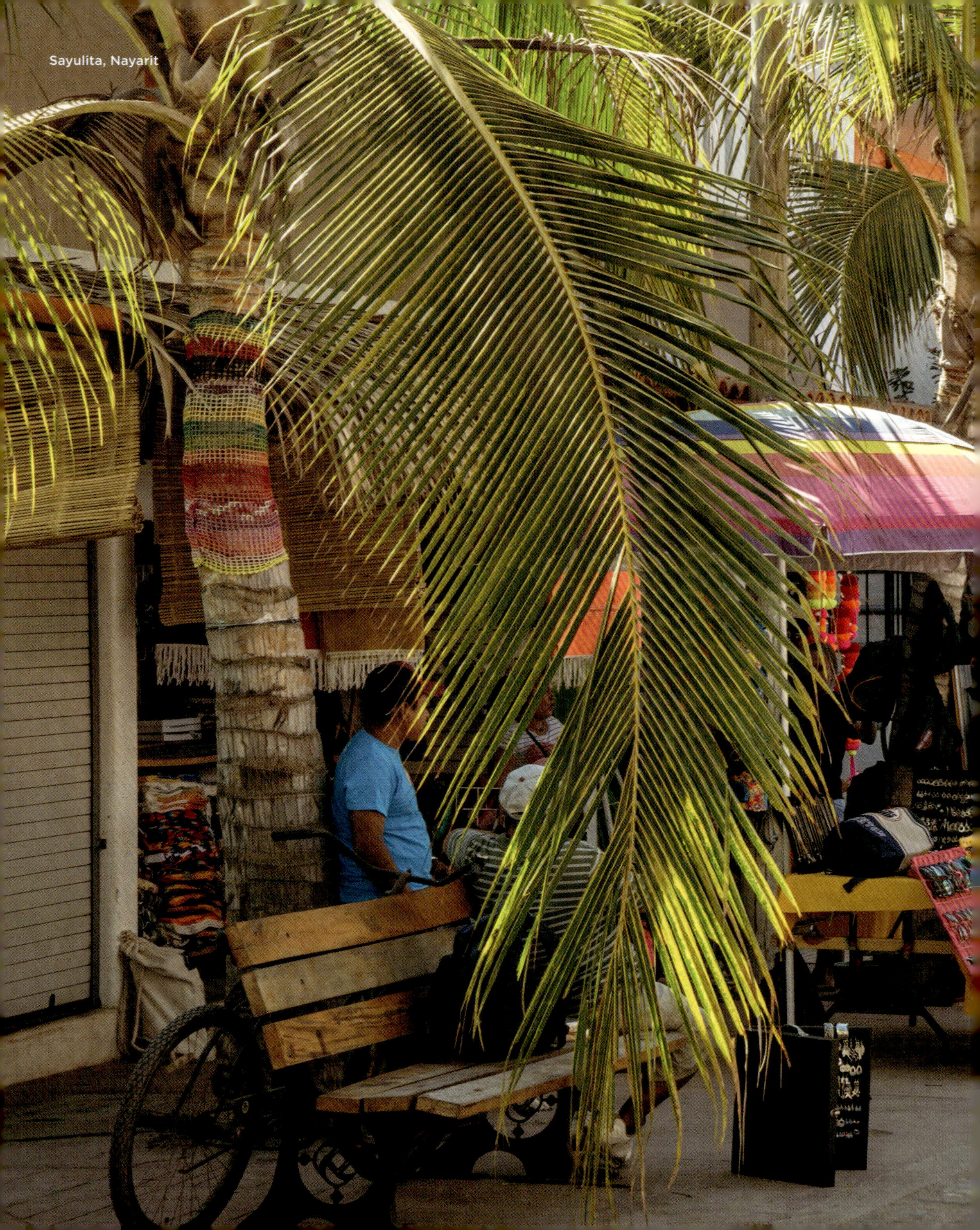

Sayulita, Nayarit

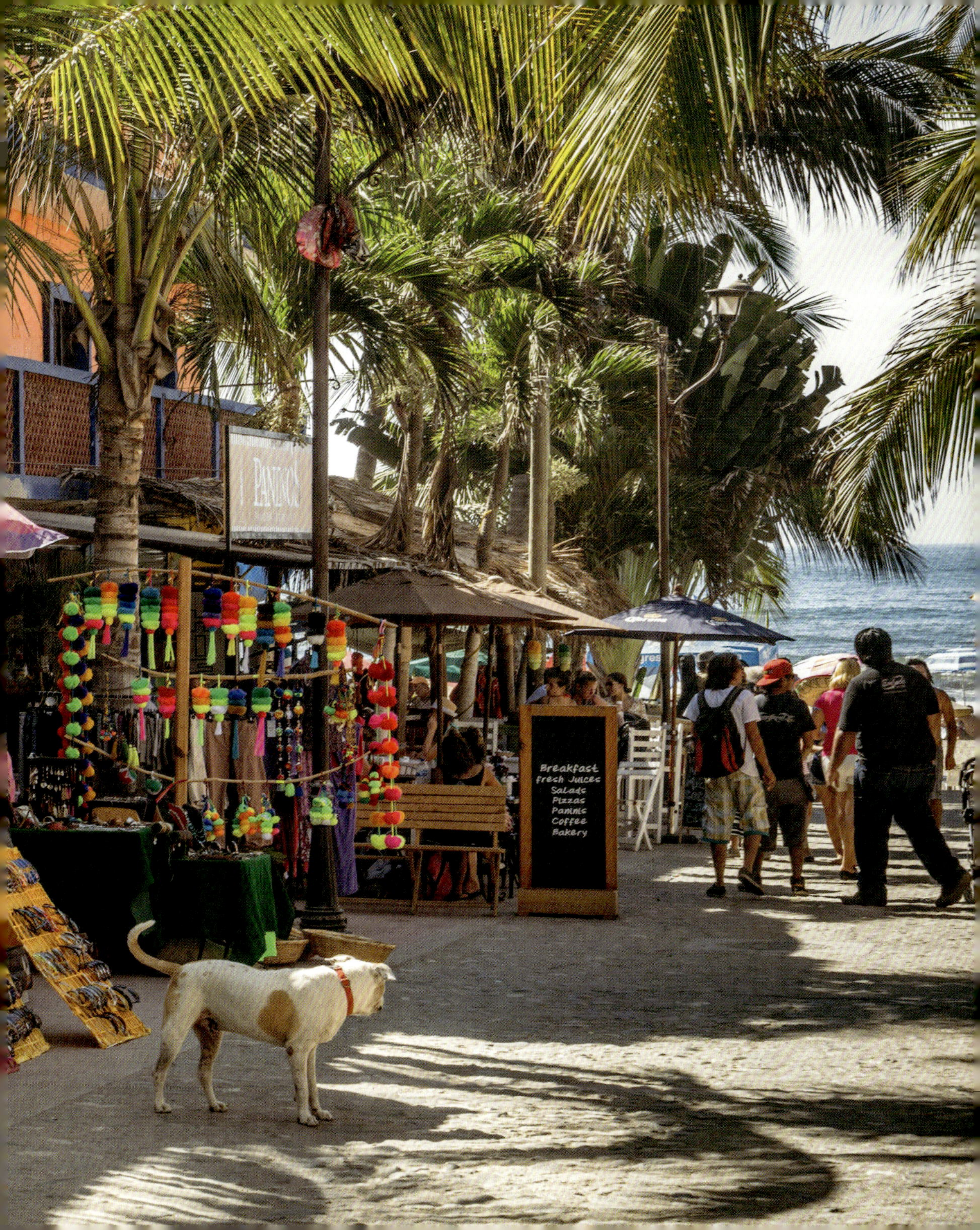
Breakfast
fresh Juices
Salads
Pizzas
Paninis
Coffee
Bakery

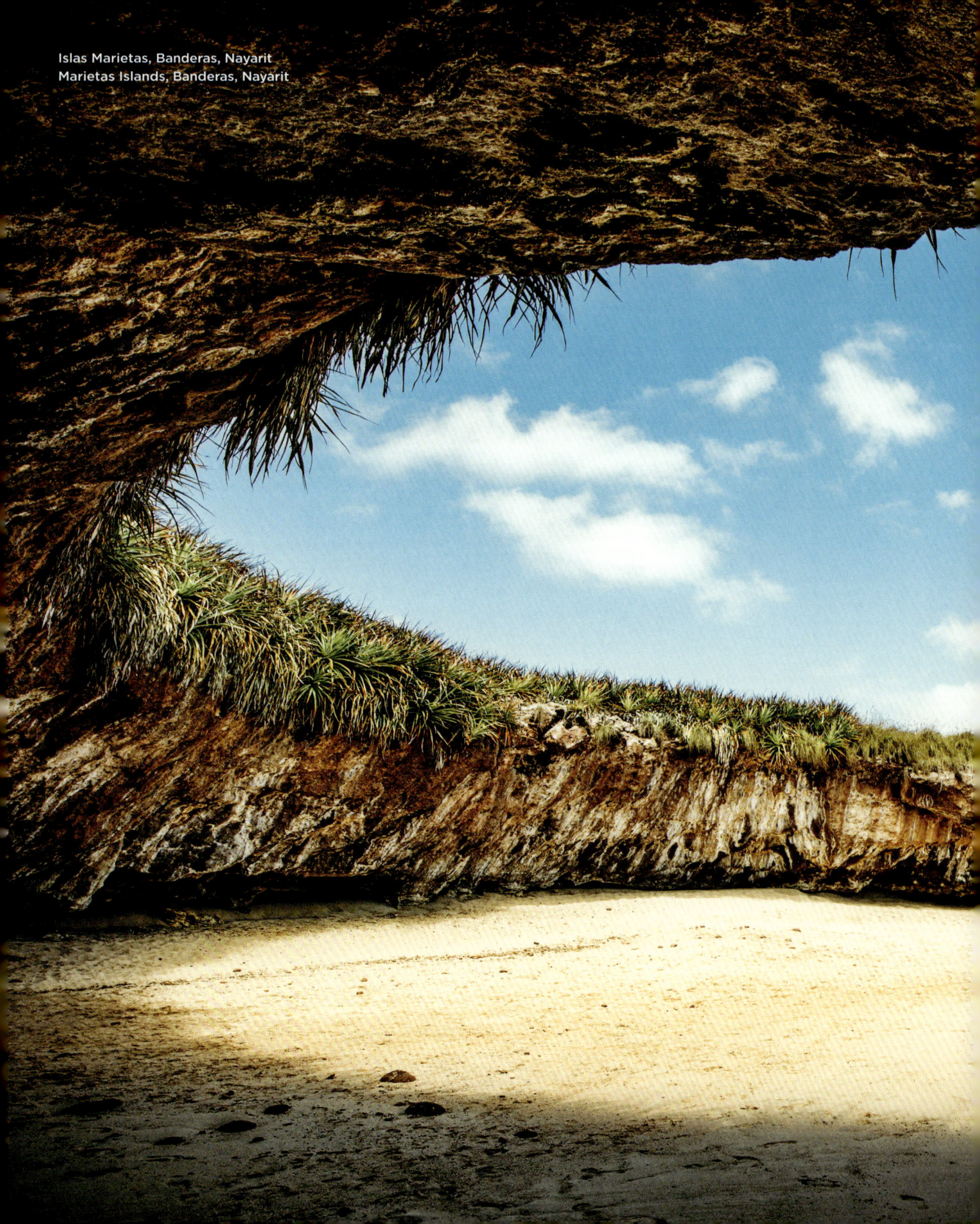

Islas Marietas, Banderas, Nayarit
Marietas Islands, Banderas, Nayarit

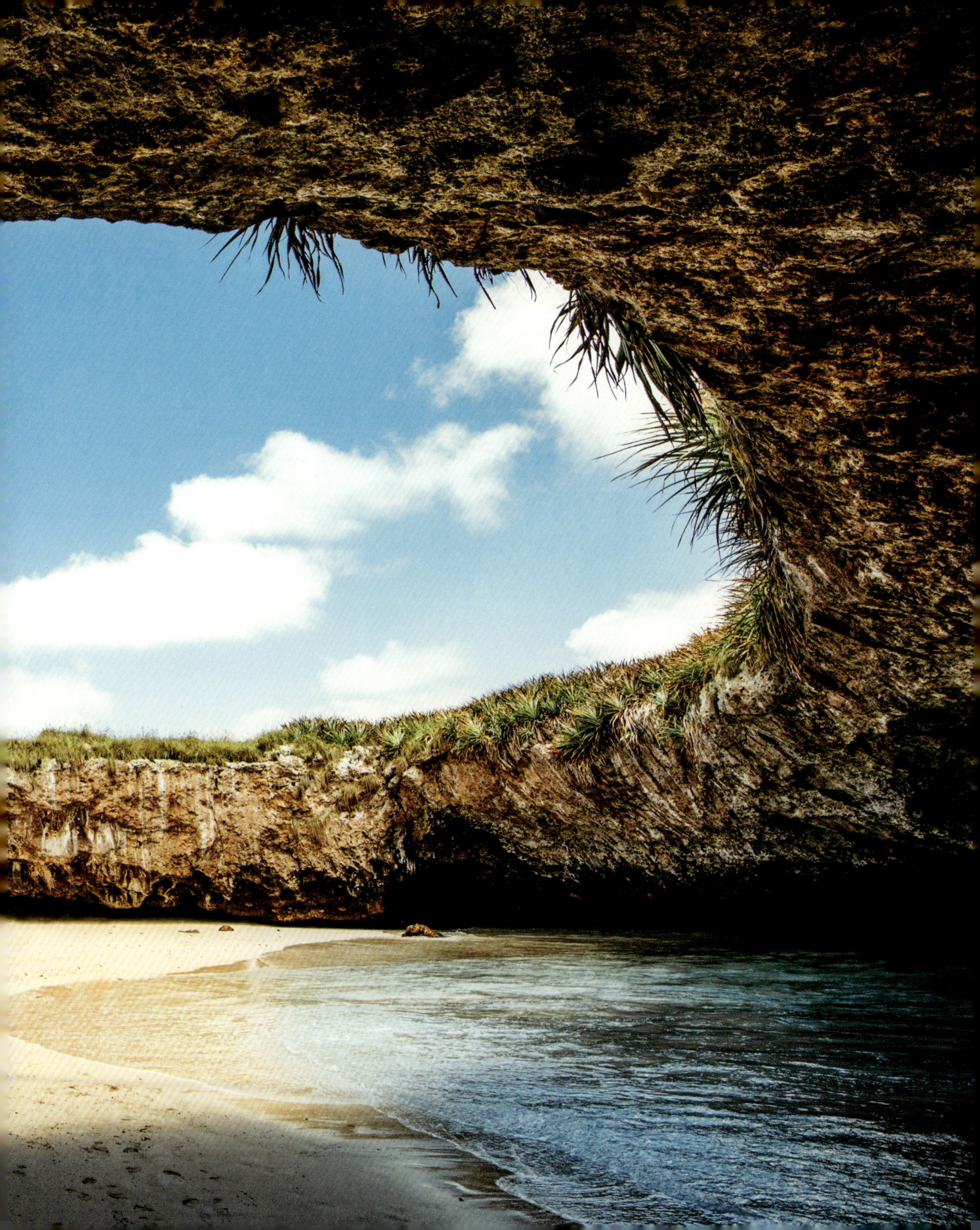

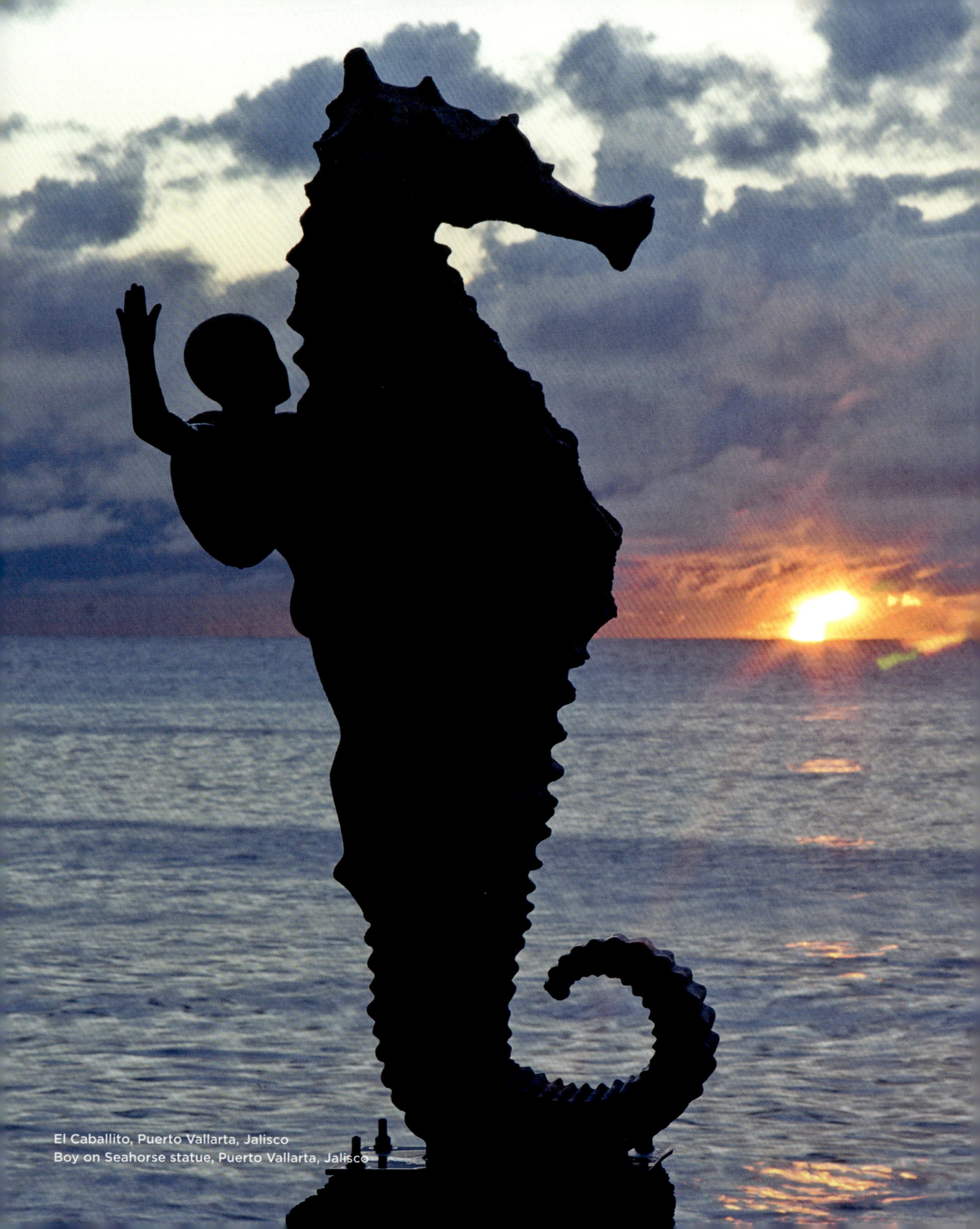
El Caballito, Puerto Vallarta, Jalisco
Boy on Seahorse statue, Puerto Vallarta, Jalisco

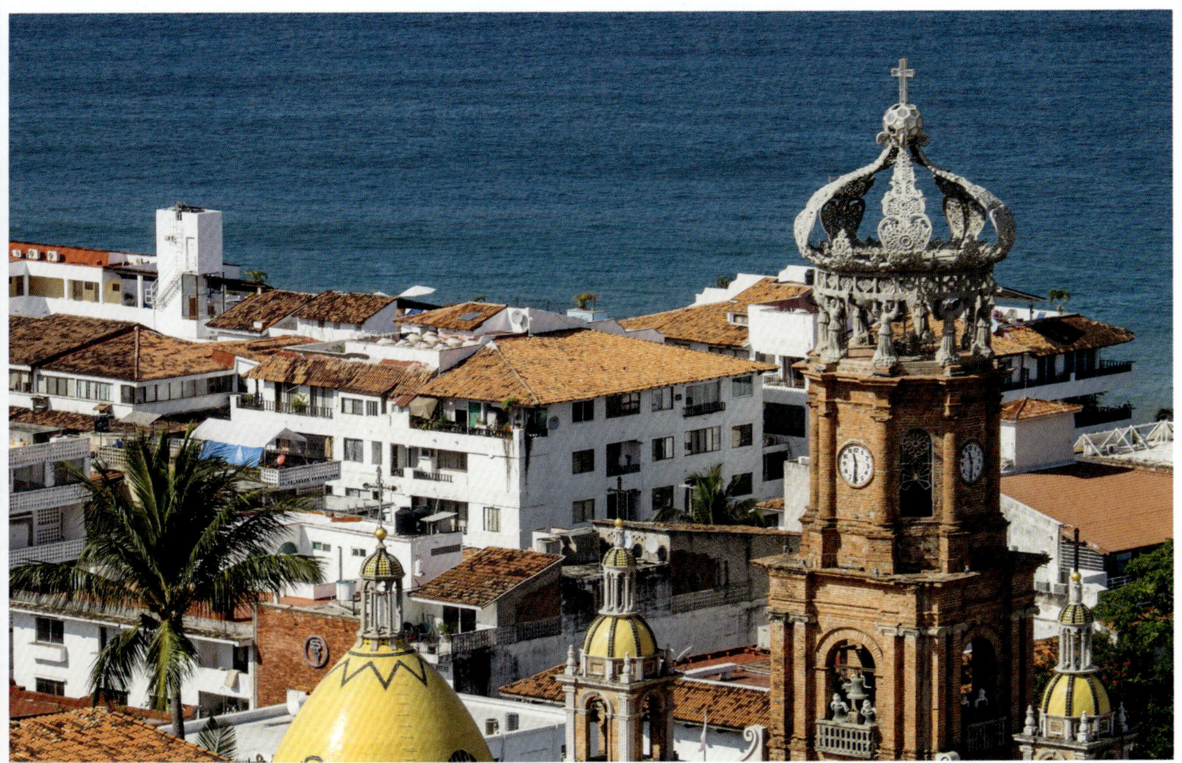

Centro histórico, Puerto Vallarta, Jalisco
Historic downtown, Puerto Vallarta, Jalisco

**Puerto Vallarta**
The seaside resort on the border between Jalsico and Nayarit became famous in the 1960s when used in a film featuring Richard Burton, who was accompanied by Elizabeth Taylor, and thereafter became a destination of the international jet set. Even today, this small town with its colonial old town and extensive oceanfront promenade is the most popular coastal town in the country, alongside Cancún and Acapulco.

**Puerto Vallarta**
Cette station balnéaire, située à la frontière entre le Jalisco et le Nayarit, a acquis sa renommée dans les années 1960, suite au tournage d'un film avec Richard Burton, accompagné d'Elizabeth Taylor, et elle est devenue une destination en vogue au sein de la jet-set du monde entier. Aujourd'hui encore, cette petite ville, avec son centre historique colonial et sa promenade en bord de mer, est une des villes côtières les plus appréciées du pays, avec Cancún et Acapulco.

**Puerto Vallarta**
Das Seebad an der Grenze von Jalsico zu Nayarit gelangte in den 1960er-Jahren durch einen Filmdreh mit Richard Burton, der von Elizabeth Taylor begleitet wurde, zu Berühmtheit und wurde zum Ziel des internationalen Jetsets. Noch heute ist das Städtchen mit der kolonialen Altstadt und der ausgedehnten Uferpromenade neben Cancún und Acapulco der beliebteste Küstenort des Landes.

**Puerto Vallarta**
El balneario en la frontera entre Jalsico y Nayarit se hizo famoso en la década de 1960 debido alrodaje con Richard Burton, acompañado por Elizabeth Taylor, y se convirtió en el destino de la jet set internacional. Hoy en día, el pequeño pueblo con su casco antiguo colonial y su extenso Malecón es el pueblo costero más popular del país, junto a Cancún y Acapulco.

**Puerto Vallarta**
Questa località balneare, al confine tra Jalsico e Nayarit, famosa negli anni 1960 grazie alle riprese di un film con Richard Burton, accompagnato da Elizabeth Taylor, divenne la meta del jet set internazionale. Ancora oggi la cittadina, con il suo centro storico coloniale e l'ampia passeggiata lungo il mare, è una delle città costiere più rinnomate del paese, insieme a Cancún e Acapulco.

**Puerto Vallarta**
De badplaats op de grens tussen Jalisco en Nayarit werd in de jaren zestig beroemd door een filmopname met Richard Burton, begeleid door Elizabeth Taylor, en werd hét vakantieoord van de internationale jetset. Tot op heden is het stadje met zijn koloniale centrum en uitgestrekte boulevard een van de populairste kustplaatsen van het land, naast Cancún en Acapulco.

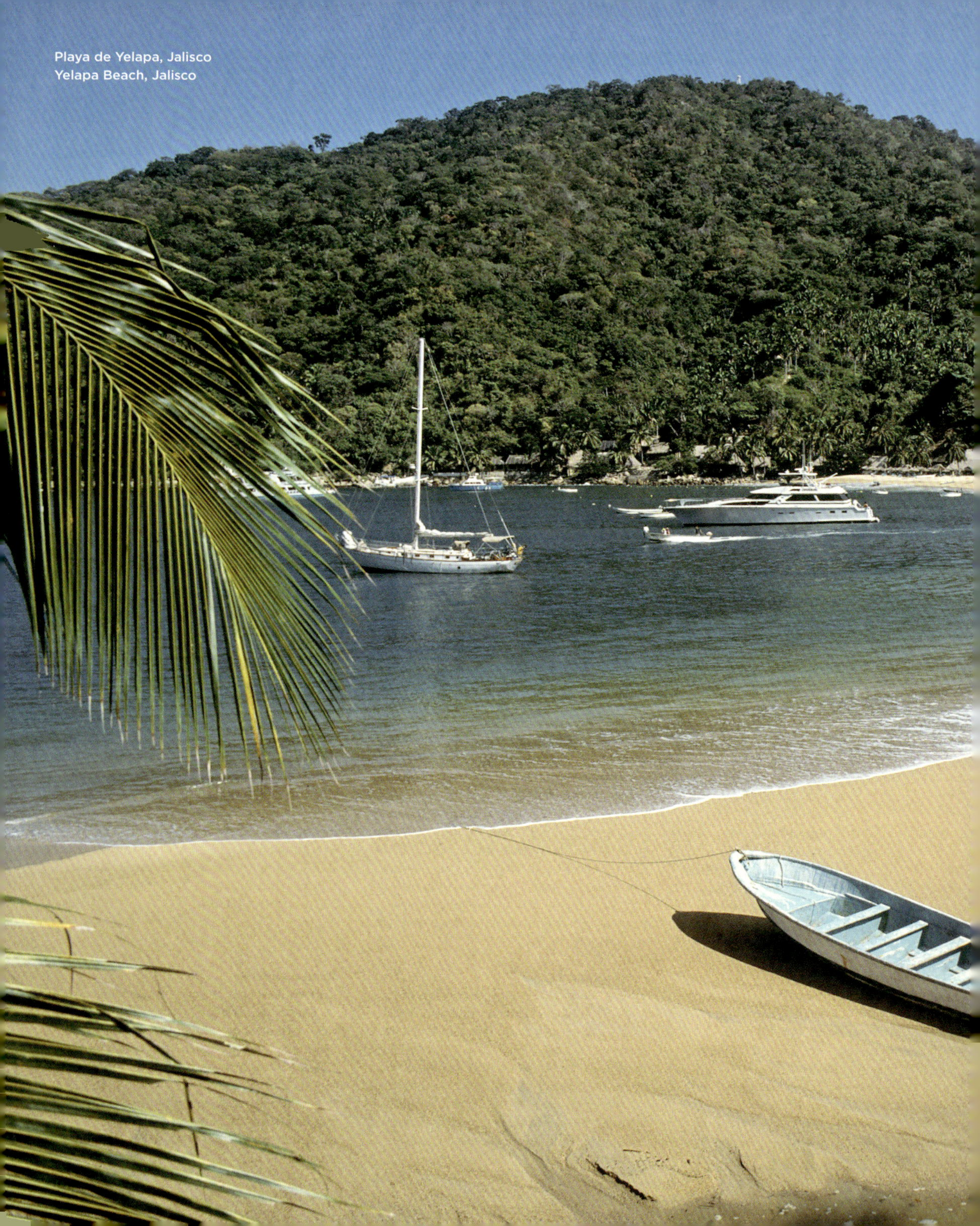
Playa de Yelapa, Jalisco
Yelapa Beach, Jalisco

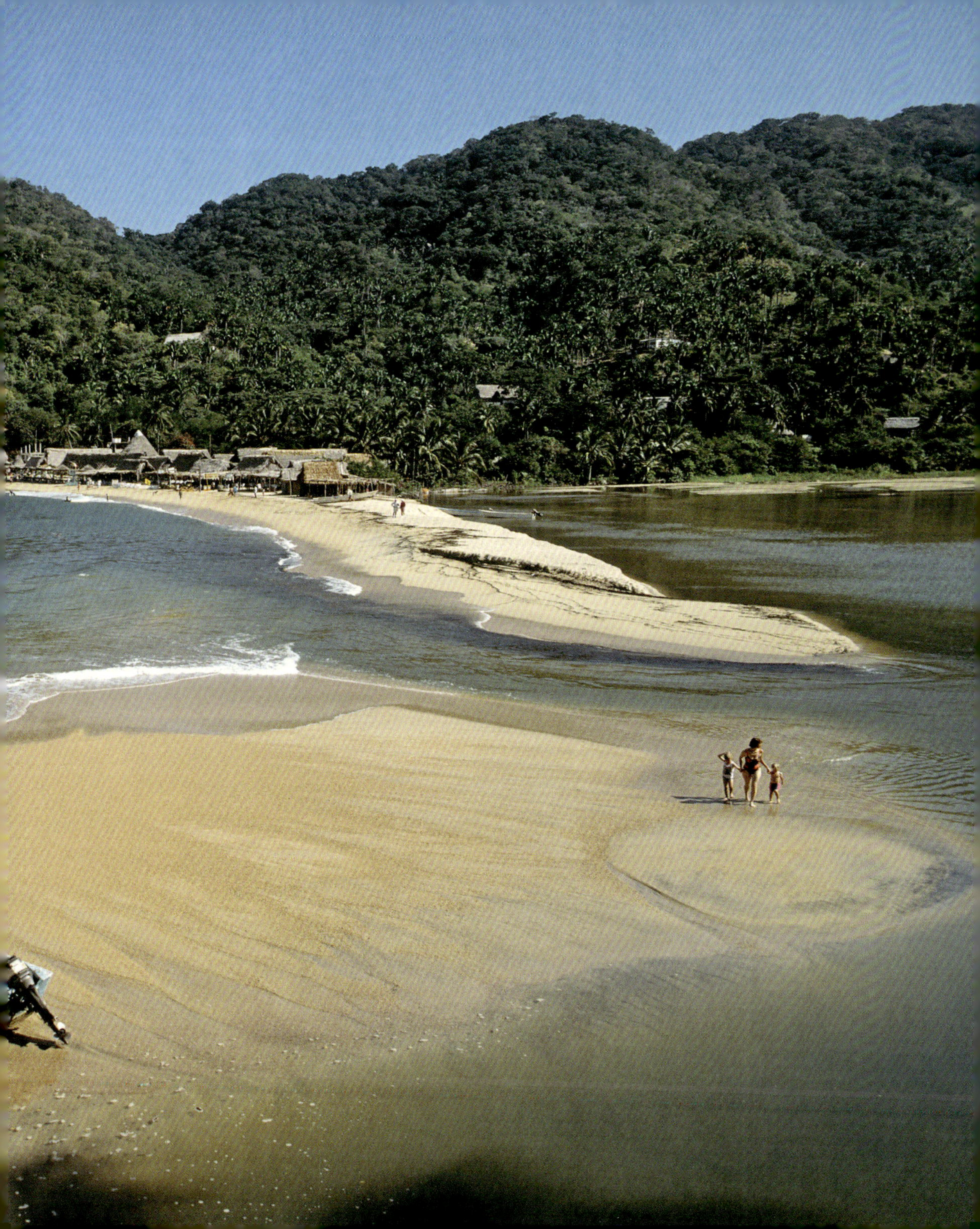

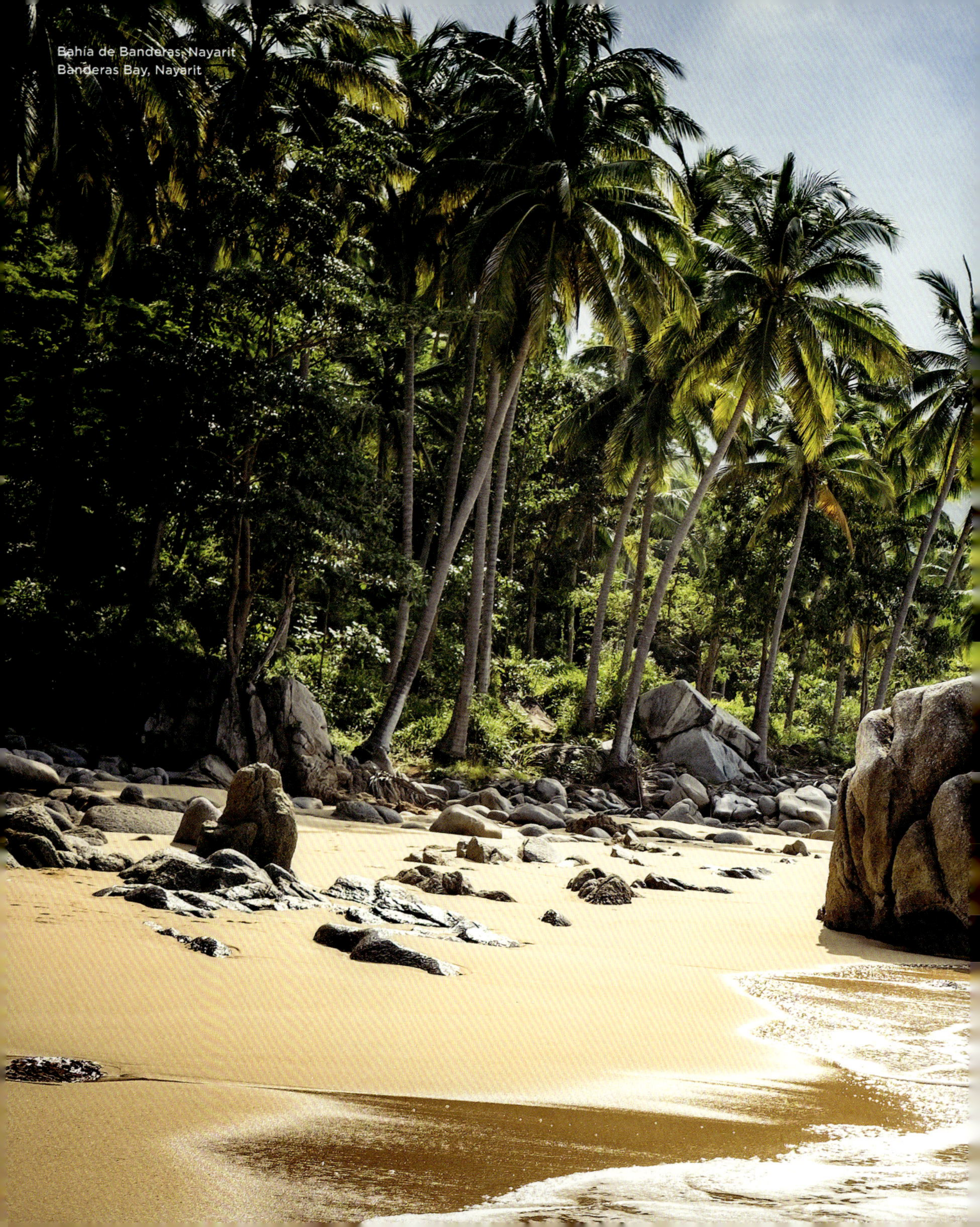
Bahía de Banderas, Nayarit
Banderas Bay, Nayarit

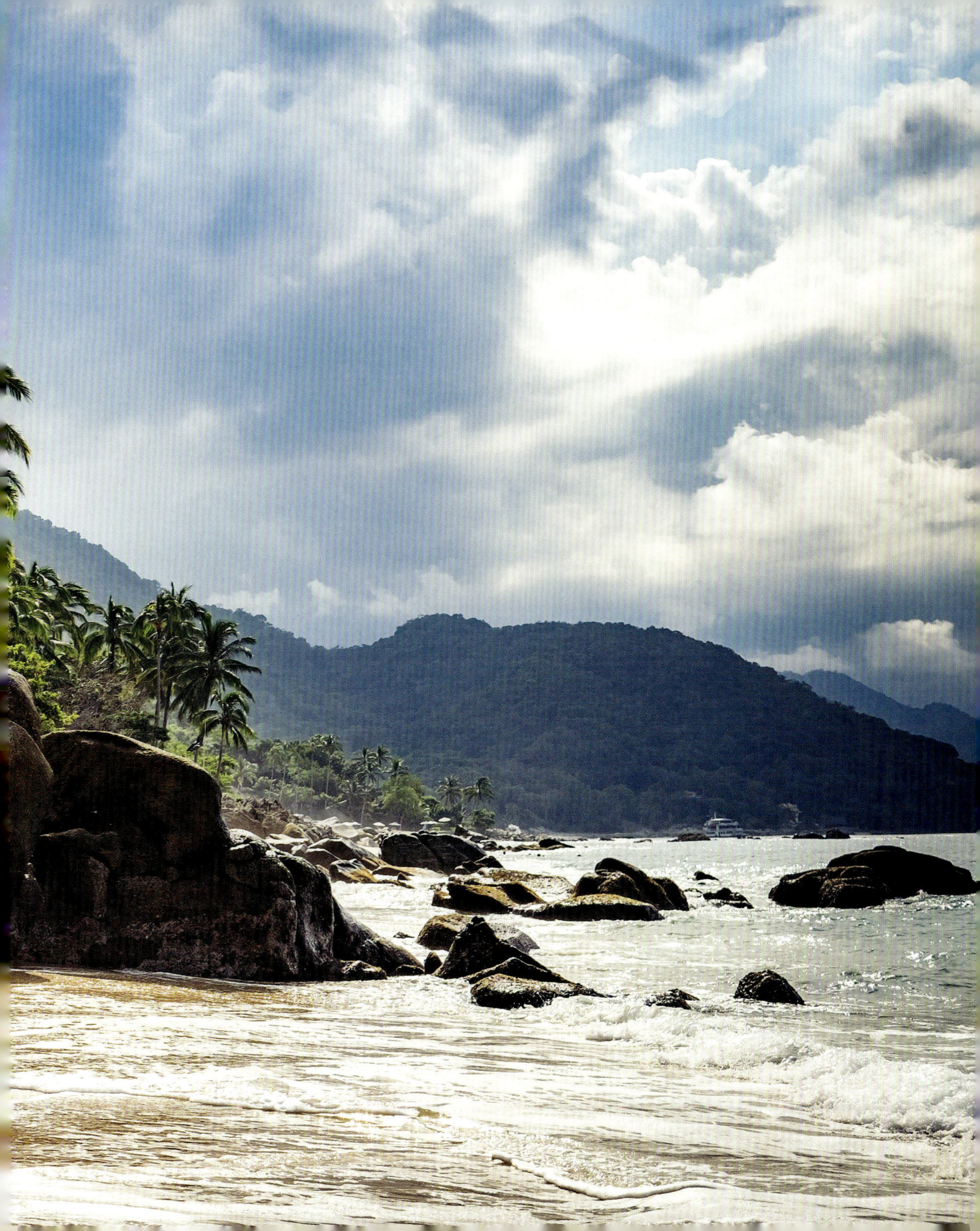

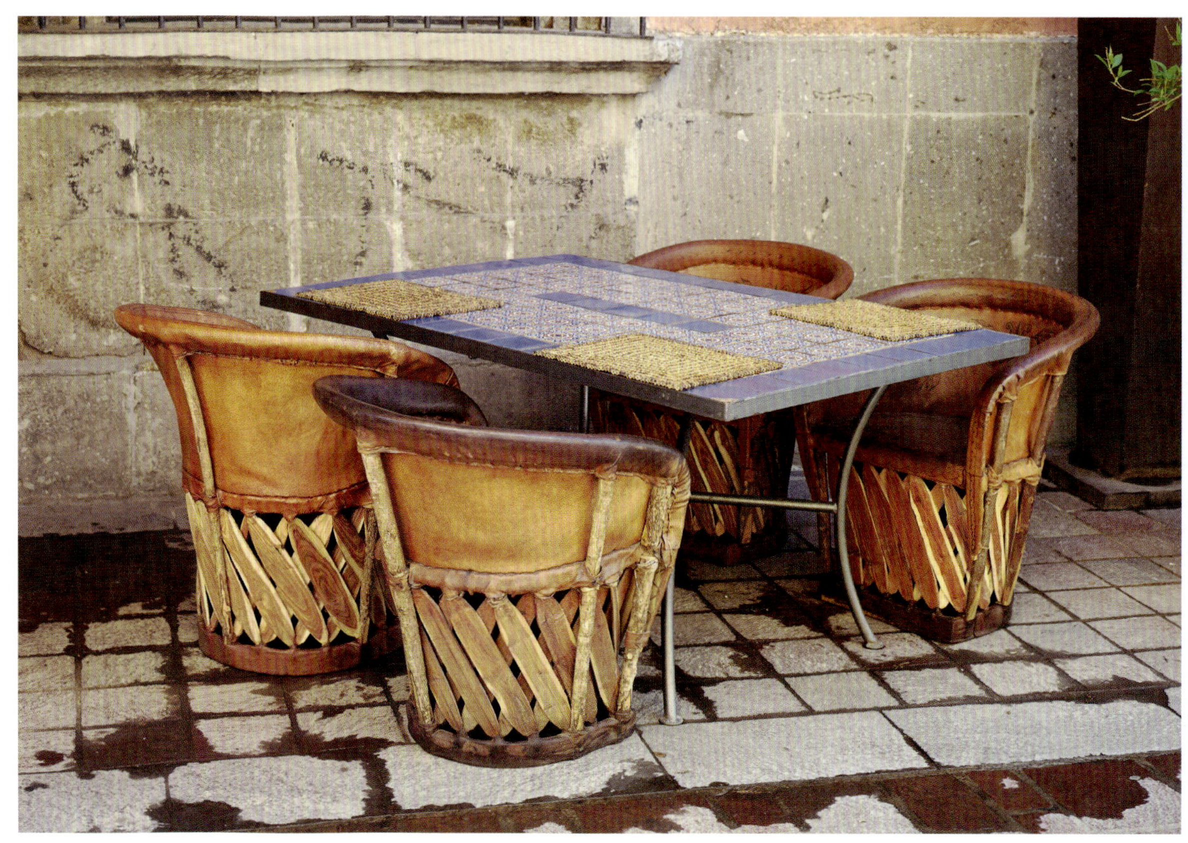

Equipales, Tlaquepaque, Jalisco
Equipal chairs, Tlaquepaque, Jalisco

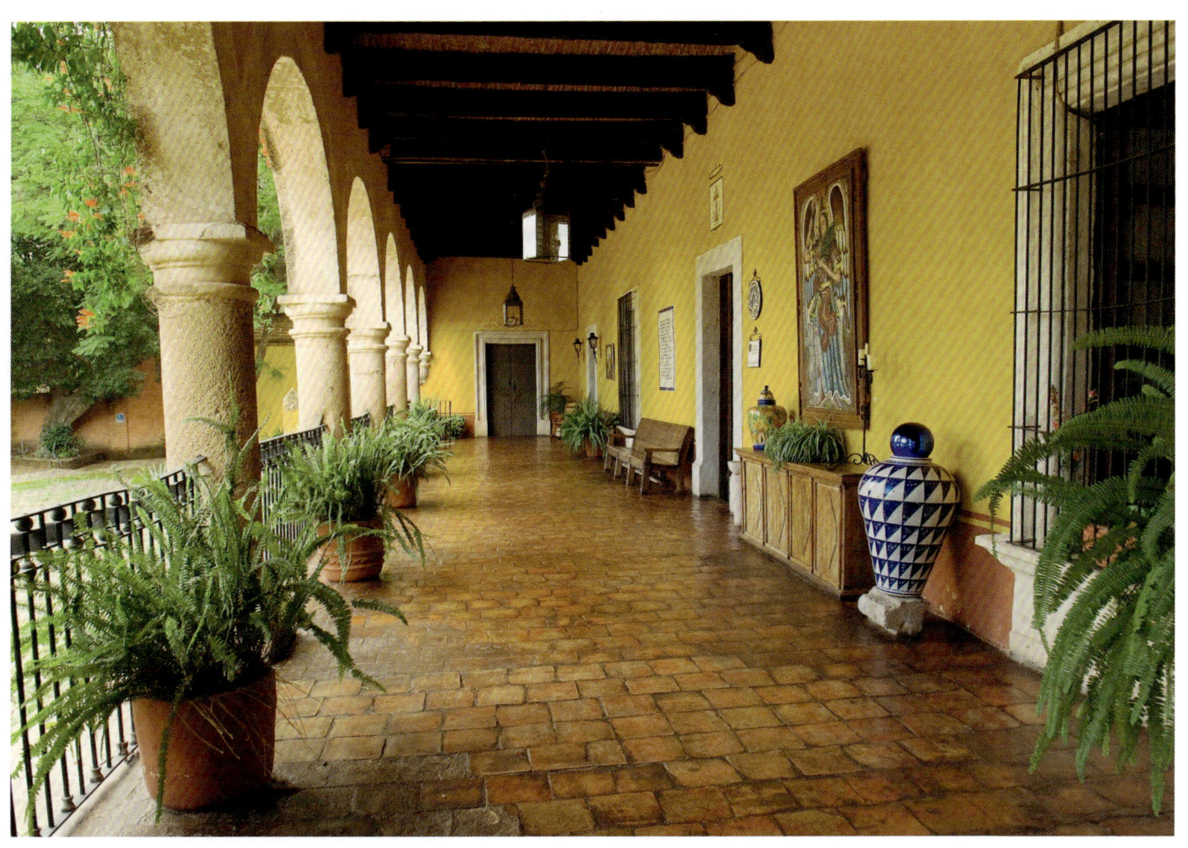

Hacienda El Carmen, Ahualulco del Mercado, Jalisco

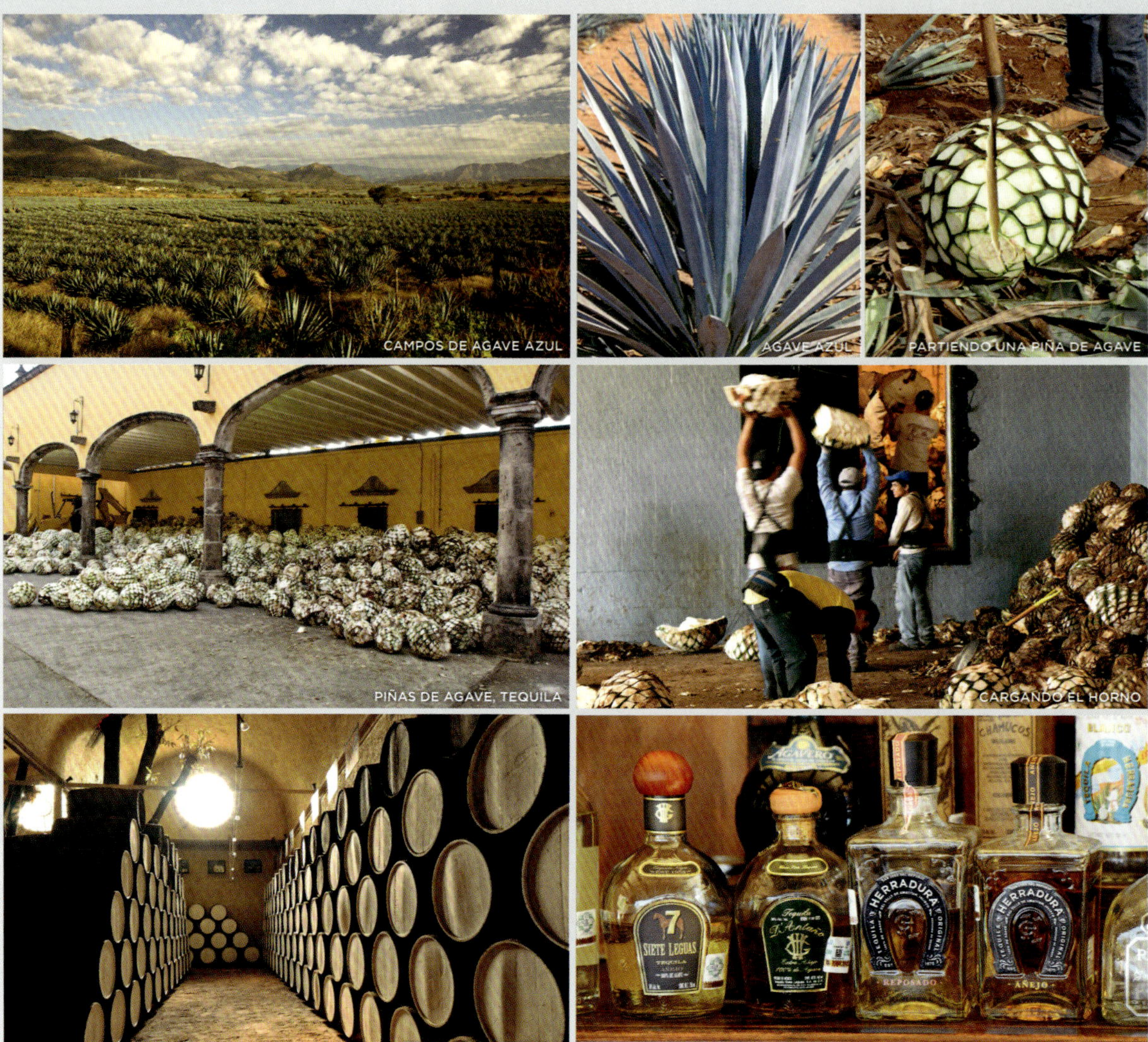

CAMPOS DE AGAVE AZUL

AGAVE AZUL

PARTIENDO UNA PIÑA DE AGAVE

PIÑAS DE AGAVE, TEQUILA

CARGANDO EL HORNO

BARRILES DE TEQUILA

VARIADADES DE TEQUILA

**Tequila**
The blue agave is a kind of Jalisco emblem. The plant is mainly grown on a large scale around the town of Tequila in order to produce the world-famous national drink. After eight to ten years the agaves are ripe for harvest. The heart of the plant is then separated from the leaves, cooked in the oven and then pressed.

**La tequila**
L'agave bleu est, en quelque sorte, l'emblème de Jalisco. C'est surtout autour de la petite ville de Tequila que cette plante est cultivée avec panache, pour en faire la boisson nationale si renommée. Les agaves sont prêts à être récoltés au bout de huit à dix ans. On sépare alors le cœur de la plante de ses feuilles, avant de le faire cuire au four et de le presser.

**Tequila**
Die blaue Agave ist eine Art Wahrzeichen von Jalisco. Vor allem rund um das Städtchen Tequila wird die Pflanze in großem Stil angebaut, um daraus das weltweit bekannte Nationalgetränk zu gewinnen. Nach acht bis zehn Jahren sind die Agaven reif zur Ernte. Das Herz der Pflanze wird dann von den Blättern getrennt, im Ofen gegart und ausgepresst.

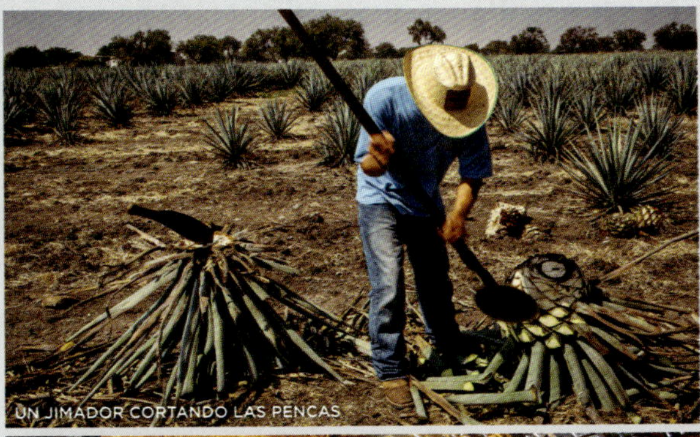
UN JIMADOR CORTANDO LAS PENCAS

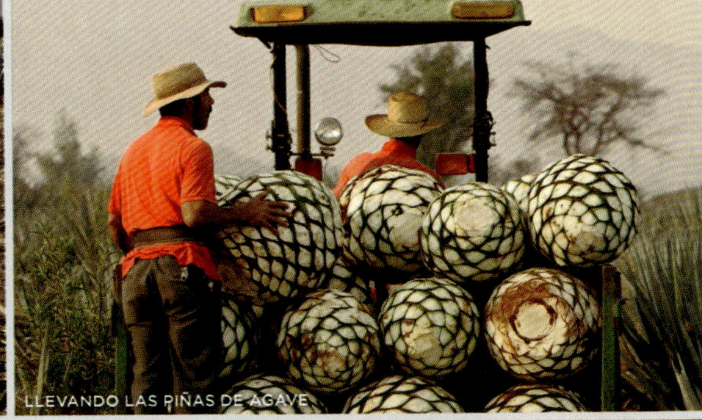
LLEVANDO LAS PIÑAS DE AGAVE

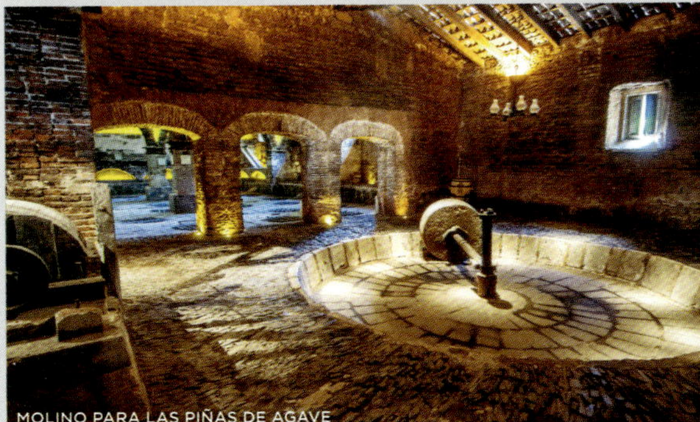
MOLINO PARA LAS PIÑAS DE AGAVE

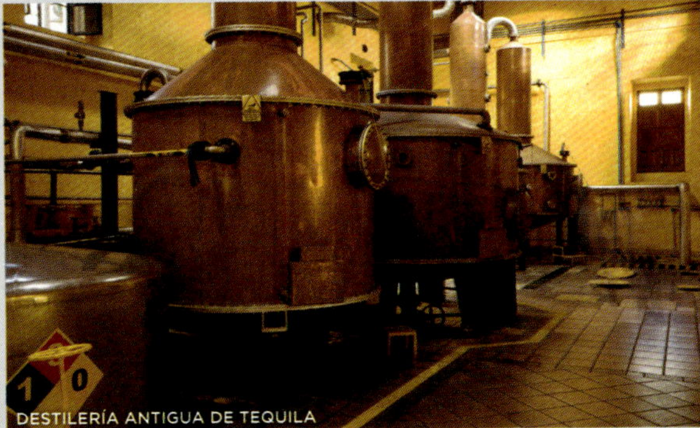
DESTILERÍA ANTIGUA DE TEQUILA

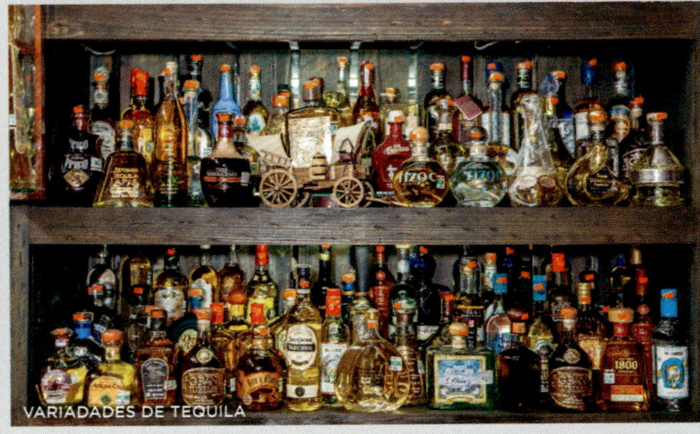
VARIADADES DE TEQUILA

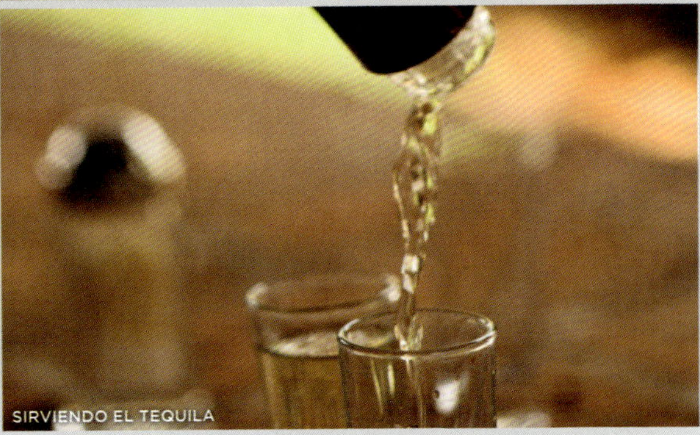
SIRVIENDO EL TEQUILA

**Tequila**
El agave azul es una especie de marca característica en Jalisco. La planta se cultiva principalmente a gran escala alrededor de la ciudad de Tequila para producir la bebida nacional conocida mundialmente. Después de ocho a diez años los agaves están maduros para la cosecha. El corazón de la planta se separa de las hojas, se cuece al horno y se exprime.

**Tequila**
L'agave blu è una sorta di emblema di Jalisco. E' sopratutto attorno alla piccola città di Tequila che questa pianta viene coltivata intensivamente per la produzione della bevanda nazionale, famosa in tutto il mondo. Quando dopo otto o dieci anni le agavi sono mature per la raccolta, il cuore della pianta viene separato dalle foglie, cotto al forno e pressato.

**Tequila**
De blauwe agave is een soort kenteken van Jalisco. De plant wordt op grote schaal voornamelijk rond de stad Tequila gekweekt om de wereldberoemde nationale drank te produceren. Na acht tot tien jaar zijn de agaves rijp voor de oogst. Het hart van de plant wordt dan van de bladeren gescheiden, in de oven gebakken en uitgeperst.

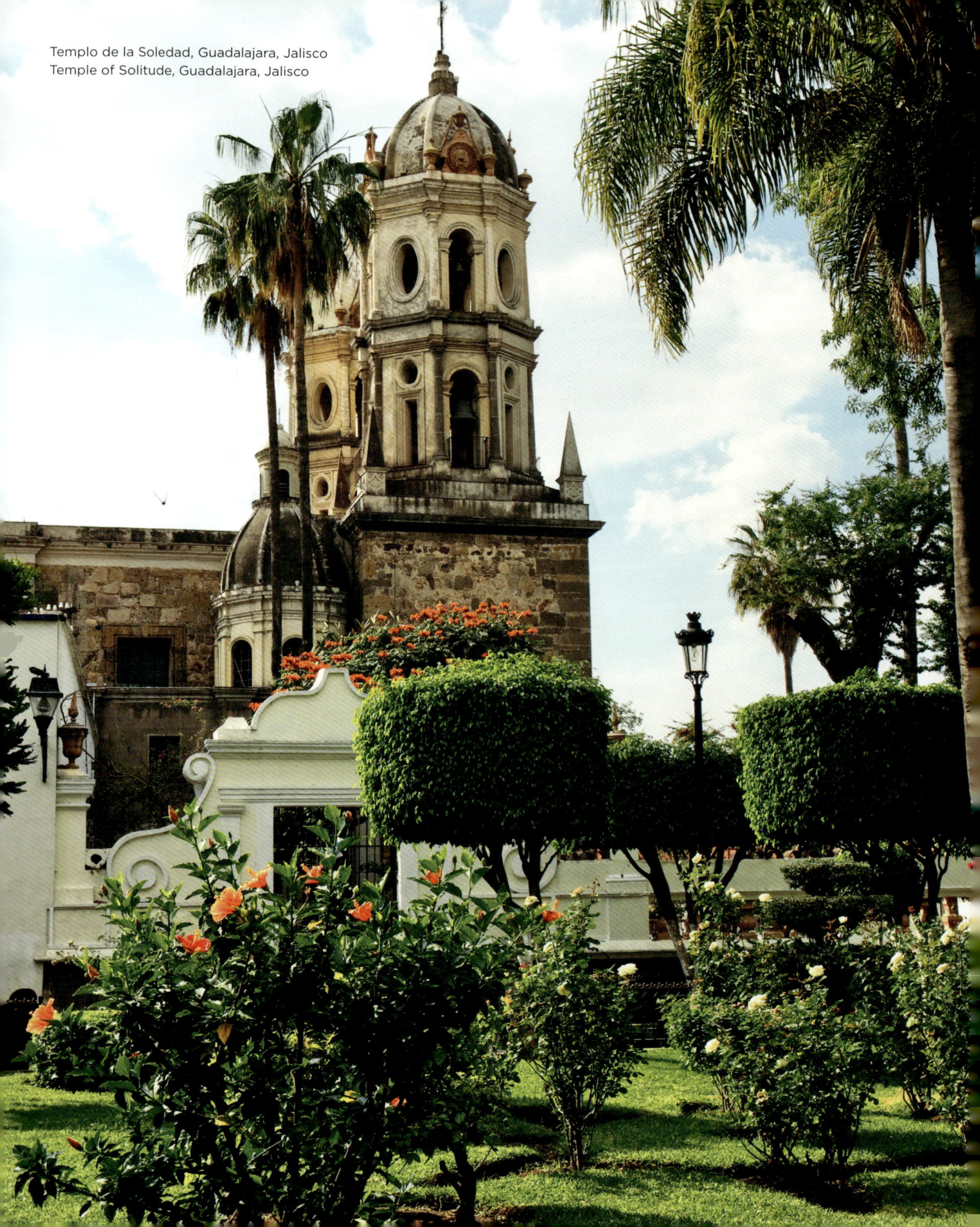

Templo de la Soledad, Guadalajara, Jalisco
Temple of Solitude, Guadalajara, Jalisco

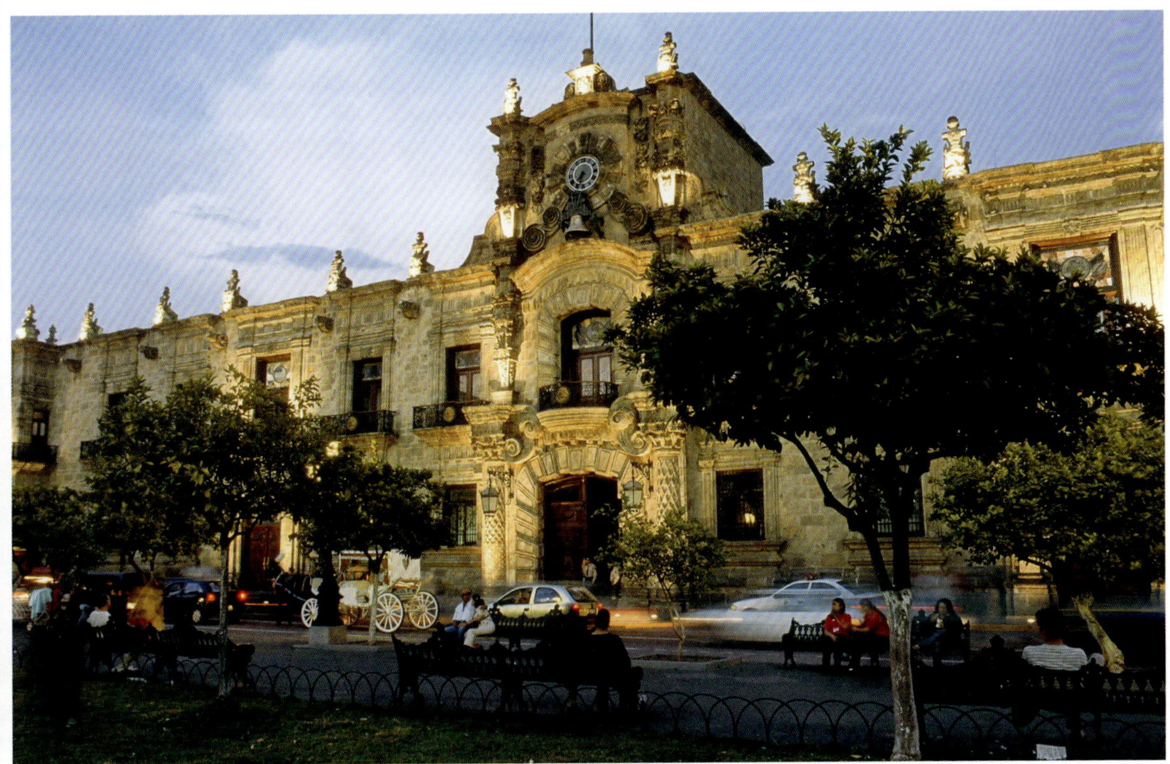

Palacio de Gobierno, Guadalajara, Jalisco
Government Palace, Guadalajara, Jalisco

**Guadalajara**
The capital of Jalisco is the second largest city in the country with 5.5 million inhabitants. The restored historical center is dominated by the cathedral, with its yellow twin towers. This mighty building is surrounded on all four sides by spacious, park-like squares where language students, locals and tourists meet.

**Guadalajara**
Avec ses quelque 5,5 millions d'habitants, la capitale de l'État de Jalisco est la deuxième ville du pays par sa population. Le centre historique, restauré, est surplombé par la cathédrale, avec ses deux tours jaunes. Ce monument imposant est bordé, des quatre côtés, par de larges places semblables à des parcs, où les étudiants en langues, les locaux et les touristes aiment à se retrouver.

**Guadalajara**
Die Hauptstadt von Jalisco ist mit 5,5 Millionen Einwohnern die zweitgrößte Stadt des Landes. Das restaurierte historische Zentrum wird überragt von der Kathedrale mit ihren gelben Zwillingstürmen. Das mächtige Bauwerk ist auf allen vier Seiten von großzügigen, parkähnlichen Plätzen umgeben, auf denen sich Sprachschüler, Einheimische und Touristen treffen.

**Guadalajara**
La capital de Jalisco es la segunda ciudad más grande del país con 5.5 millones de habitantes. El centro histórico restaurado está dominado por la catedral con sus torres gemelas amarillas. El imponente edificio está rodeado por los cuatro lados por espaciosas plazas en forma de parque donde se reúnen los estudiantes de idiomas, la población local y los turistas.

**Guadalajara**
La capitale dello stato di Jalisco è la seconda città più grande del paese, con 5,5 milioni di abitanti. Il centro storico restaurato è dominato dalla cattedrale, con le sue due torri gialle. L'imponente edificio è circondato su tutti e quattro i lati da spaziose piazze simili a parchi, dove amano incontrarsi gli abitanti della città, studenti di lingue e turisti.

**Guadalajara**
De hoofdstad van Jalisco is met 5,5 miljoen inwoners de op twee na grootste stad van het land. Het gerestaureerde historische centrum wordt gedomineerd door de kathedraal met zijn gele tweelingtorens. Het machtige gebouw is aan alle kanten omringd door ruime, parkachtige pleinen waar talenstudenten, locals en toeristen elkaar ontmoeten.

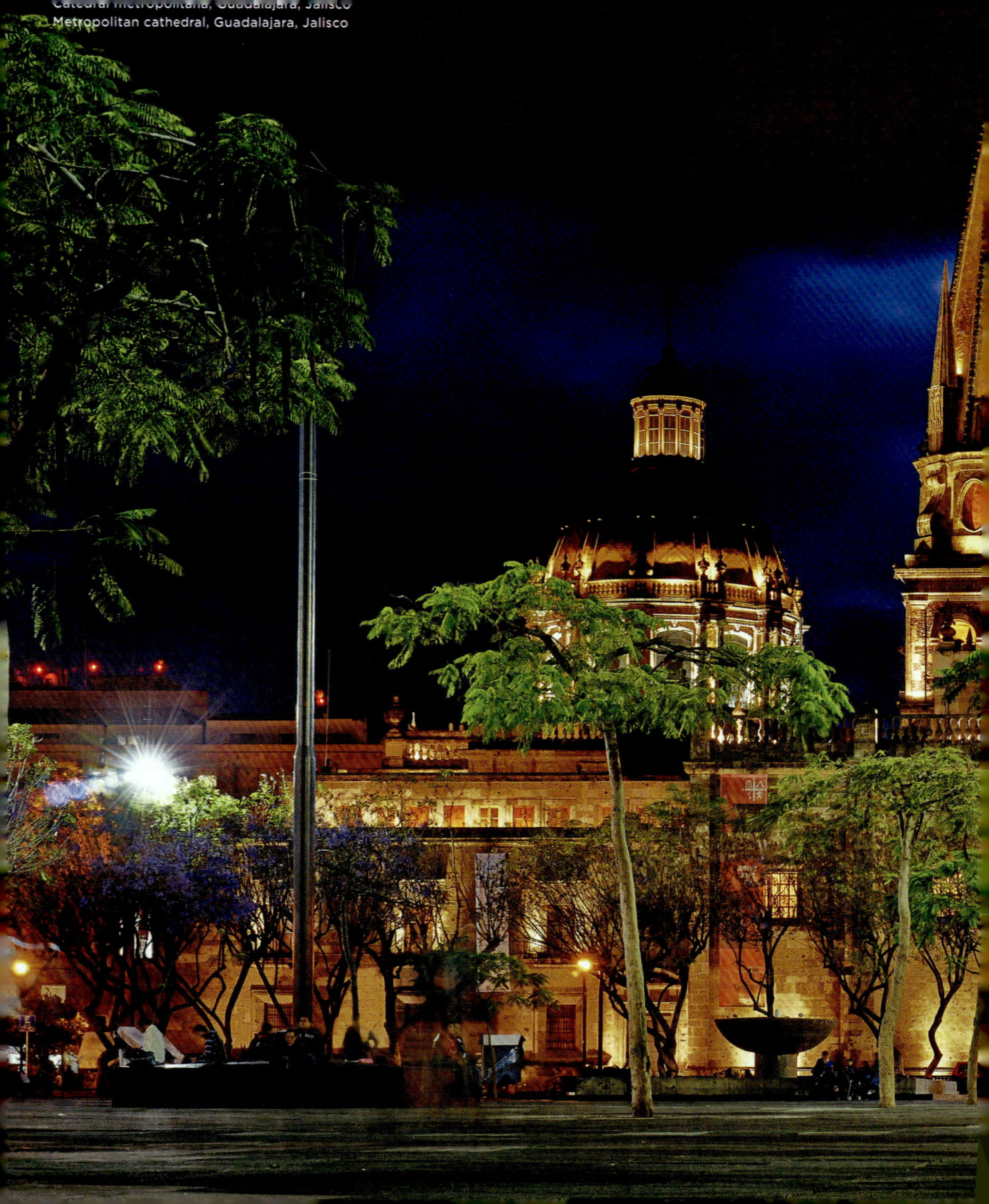

Catedral metropolitana, Guadalajara, Jalisco
Metropolitan cathedral, Guadalajara, Jalisco

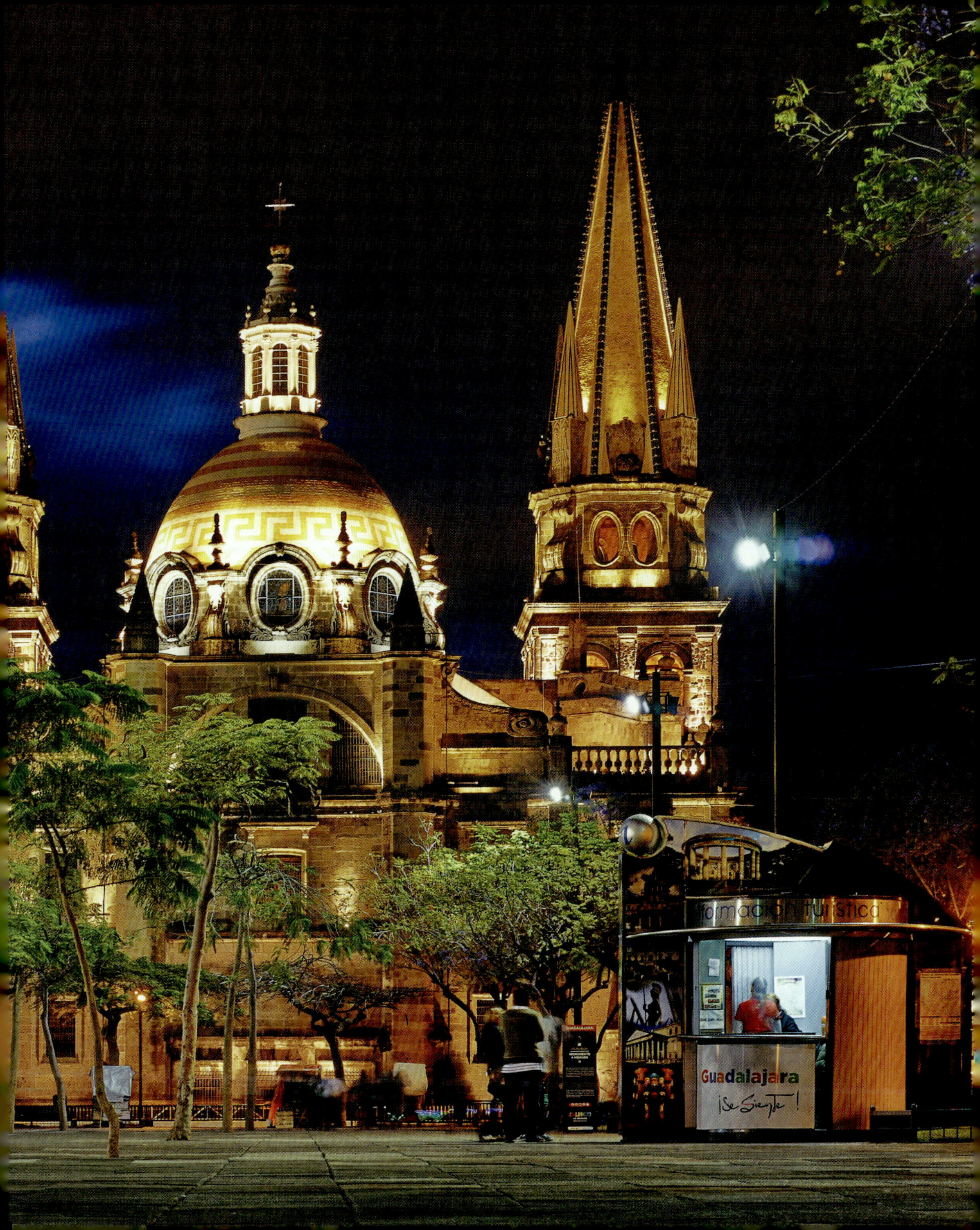
Guadalajara
¡Se Siente!

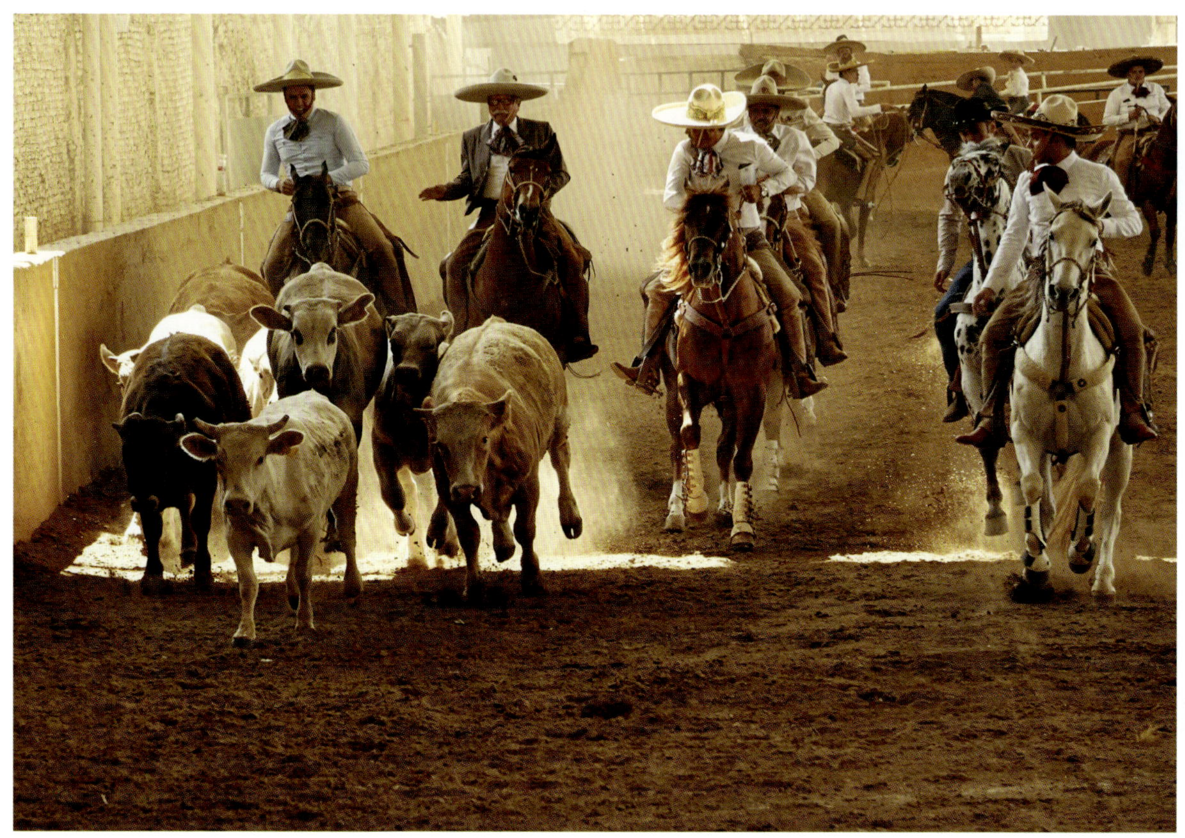

Charreada, Guadalajara, Jalisco

**Charreadas**
Folk festival with historical roots: the Mexican form of the rodeo originated in colonial times as a competition between the *charros,* who were responsible for the horses of the large landowners at the haciendas. Today *charreada* riders from all over the country show their skills on horseback and with the lasso.

**Les charreadas**
Une fête populaire bien ancrée dans l'histoire : la version mexicaine du rodéo est née à l'époque coloniale, c'était un concours entre les *charros* qui, dans les haciendas, s'occupaient des chevaux des propriétaires terriens. Aujourd'hui, lors des *charreadas,* des cavaliers venus de tout le pays montrent leur art, à cheval et au lasso.

**Charreadas**
Volksfest mit historischen Wurzeln: Die mexikanische Form des Rodeos entstand zur Kolonialzeit als Wettbewerb unten den *Charros,* die auf den Haciendas für die Pferde der Großgrundbesitzer zuständig waren. Heute zeigen bei den *Charreadas* Reiter aus dem ganzen Land ihre Künste auf dem Pferd und mit dem Lasso.

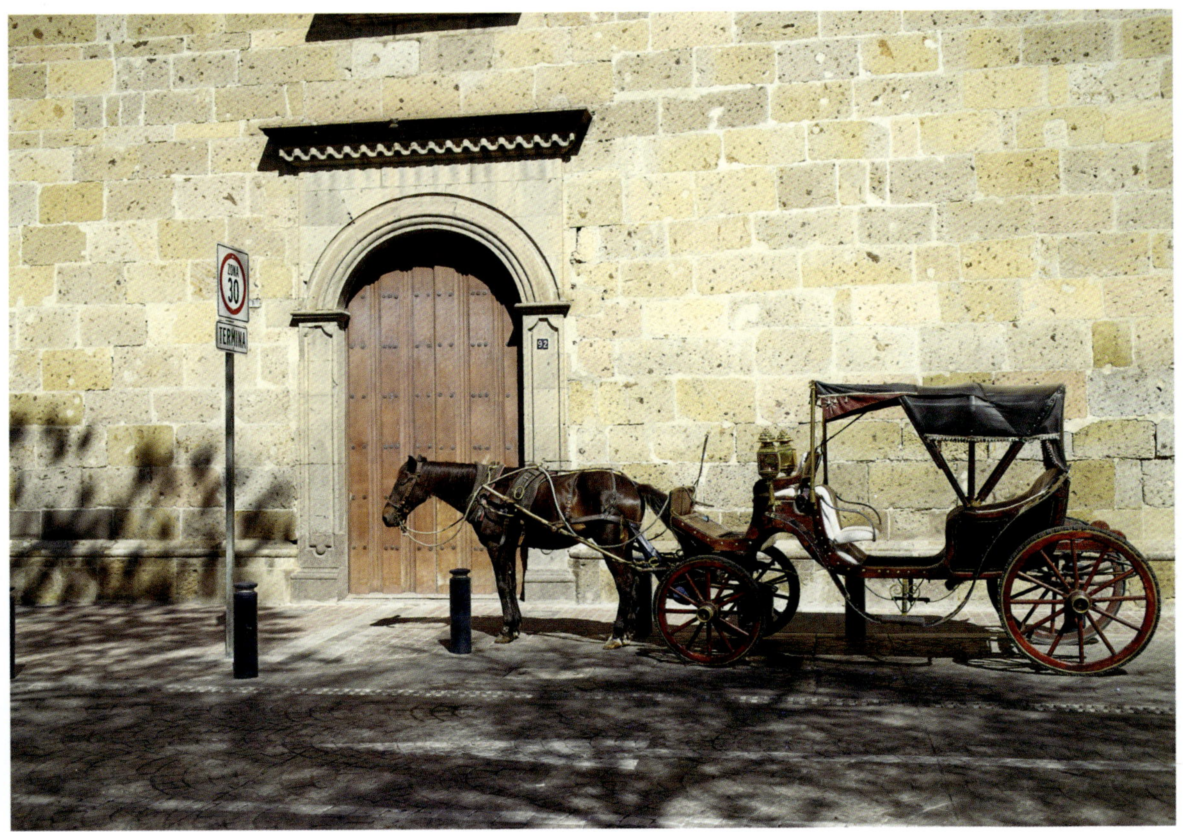


Calandria, Guadalajara, Jalisco
Horse with Landau, Guadalajara, Jalisco

**Charreadas**
Fiesta folclórica con raíces históricas: la forma mexicana del rodeo se originó en la época colonial como una competición entre los Charros, quienes cuidabande los caballos de los hacienderos. Hoy los jinetes de todo el país muestran en las Charreadas sus habilidades a caballo y con lazo.

**Charreadas**
Festival popolare con radici storiche: la versione messicana del rodeo ha avuto origine in epoca coloniale come un concorso tra i *charros,* che nelle fattorie si occupavano dei cavalli dei proprietari terrieri. Oggi i cavalieri di *charreadas* arrivano da tutto il paese per mostrare le loro abilità a cavallo e al lazzo.

**Charreadas**
Een volksfeest met historische wortels: deze Mexicaanse rodeovorm ontstond in de koloniale tijd als wedstrijd tussen de *charros,* die voor de paarden op de haciënda's van de grootgrondbezitters zorgden. Tegenwoordig tonen tijdens de *charreadas* ruiters uit het hele land hun vaardigheden te paard en met de lasso.

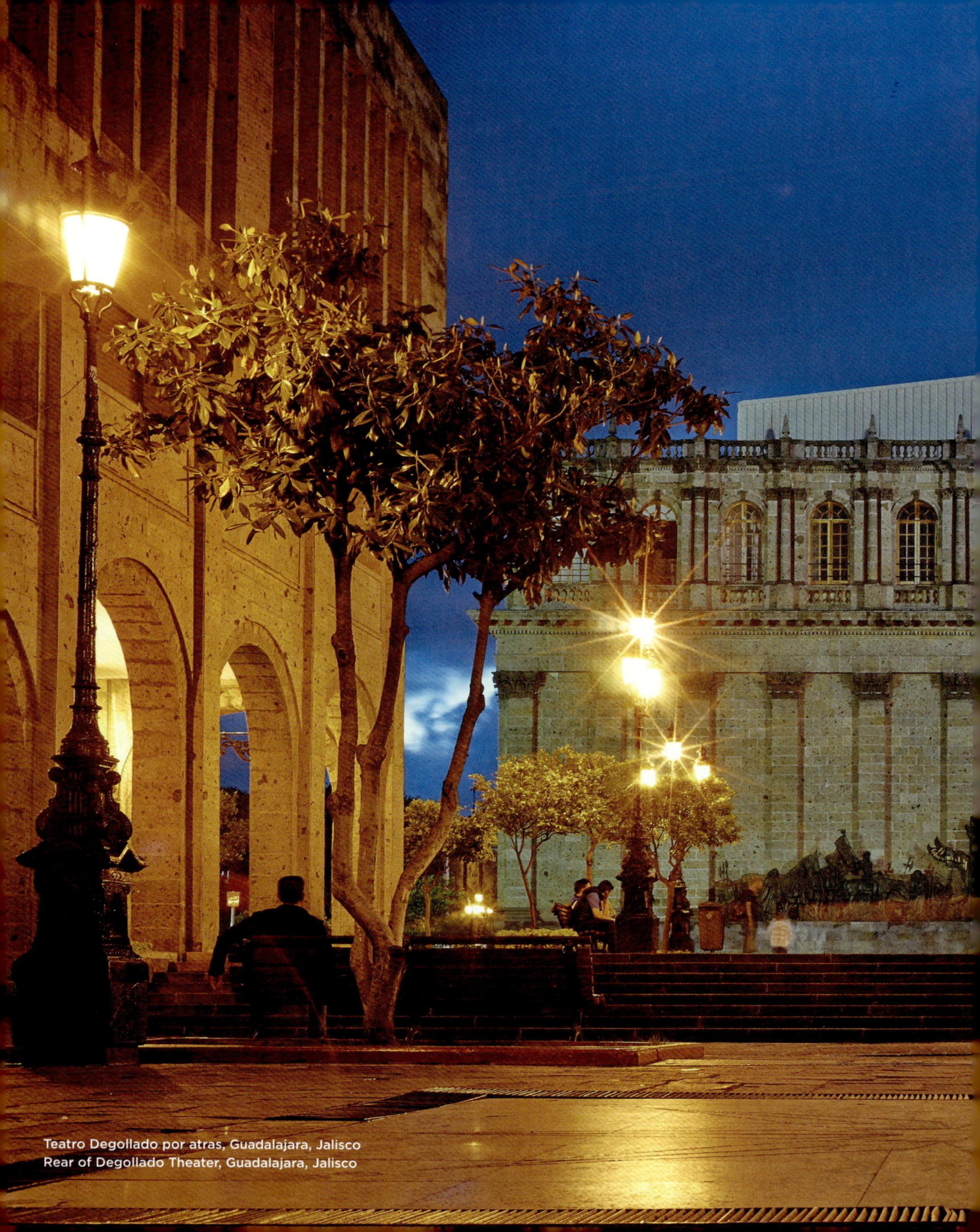

Teatro Degollado por atras, Guadalajara, Jalisco
Rear of Degollado Theater, Guadalajara, Jalisco

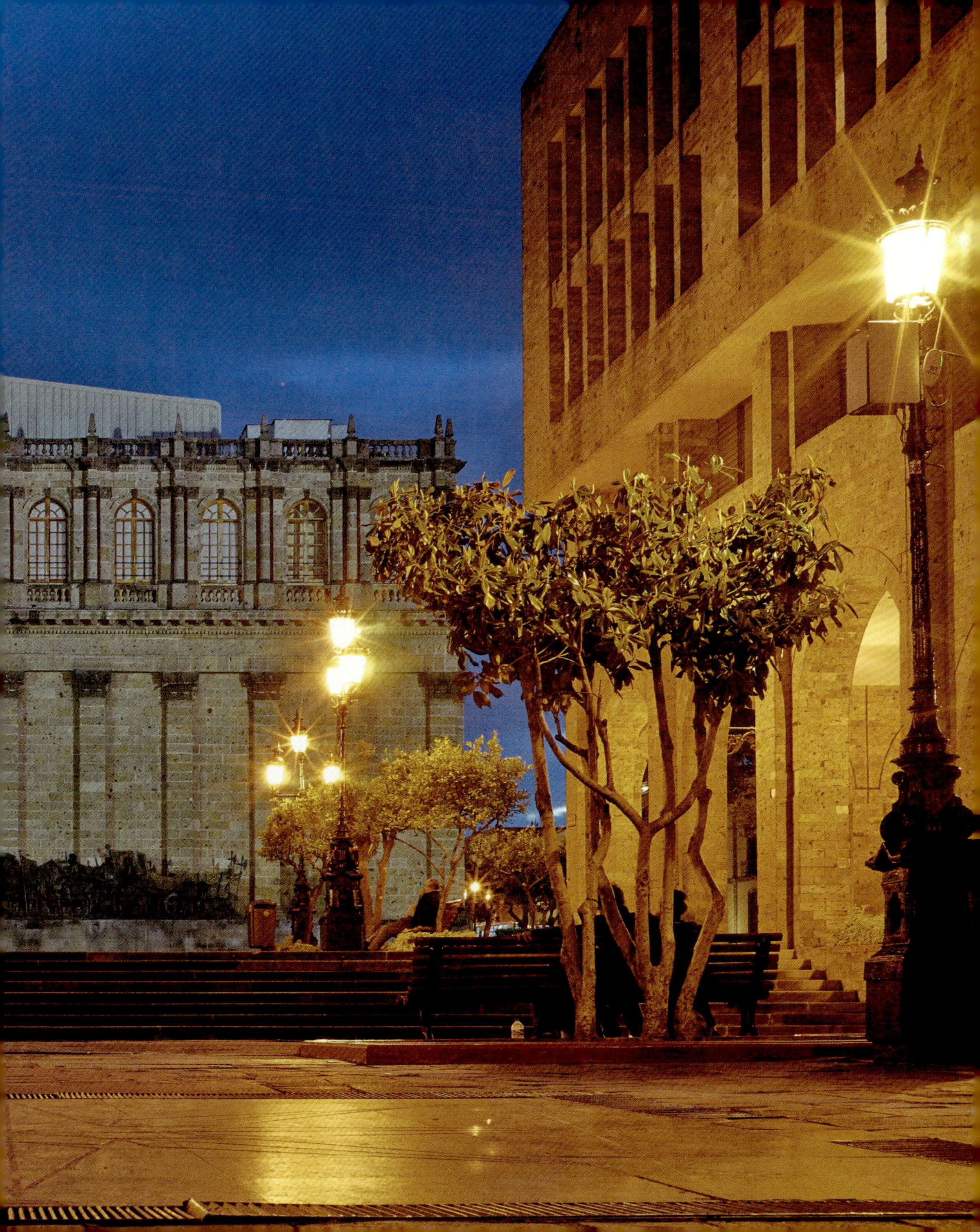

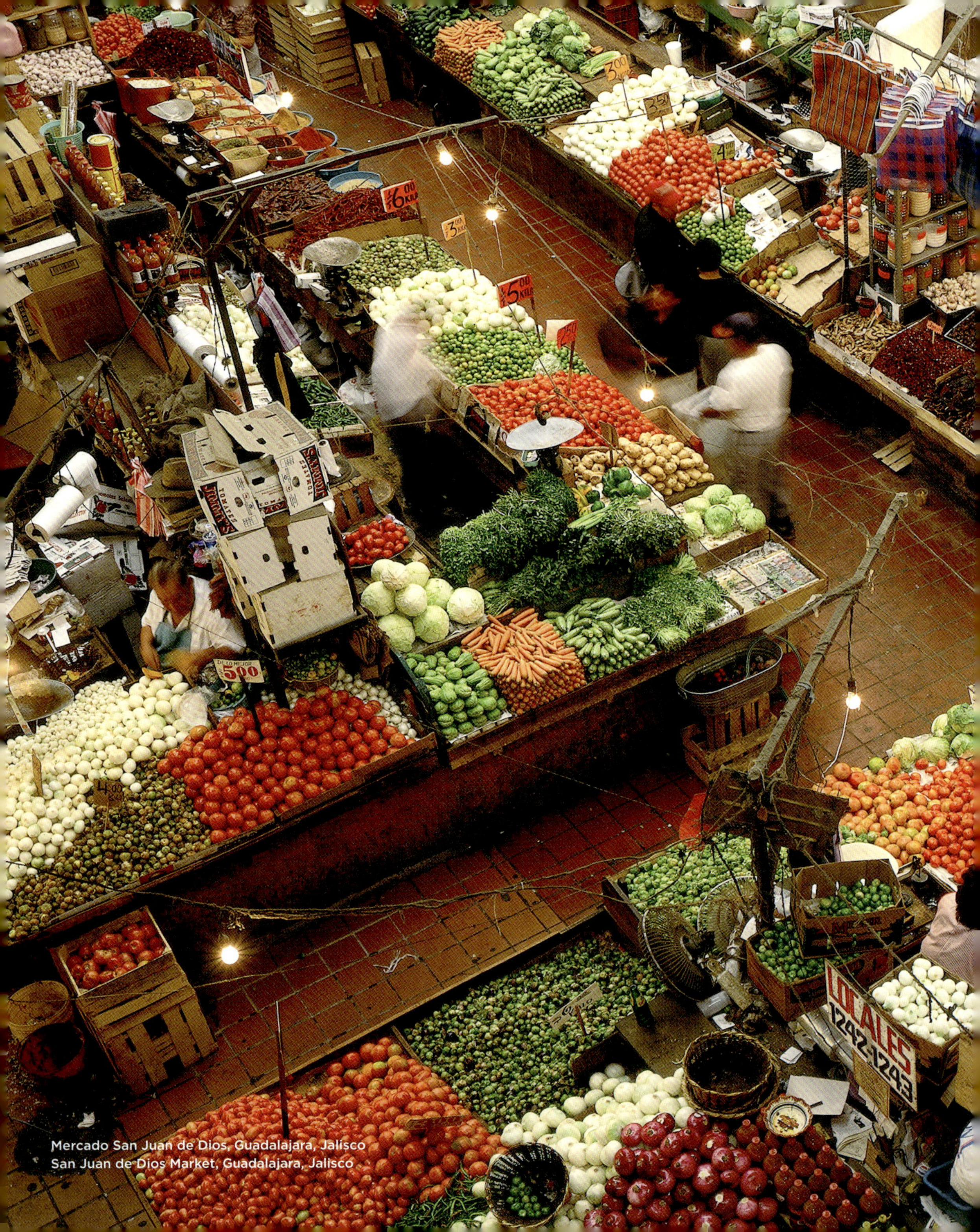


Mercado San Juan de Dios, Guadalajara, Jalisco
San Juan de Dios Market, Guadalajara, Jalisco

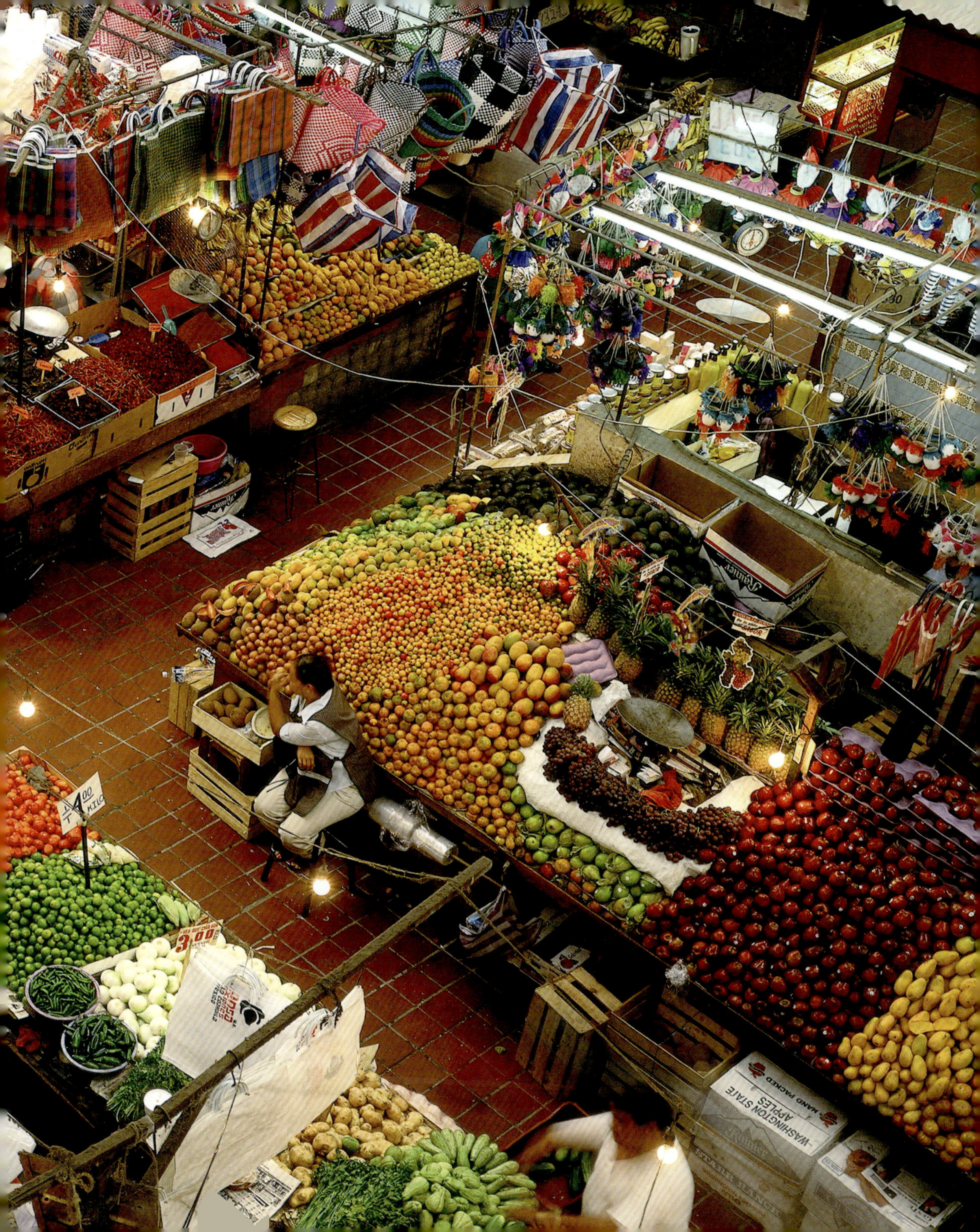
WASHINGTON STATE
APPLES
HAND PACKED

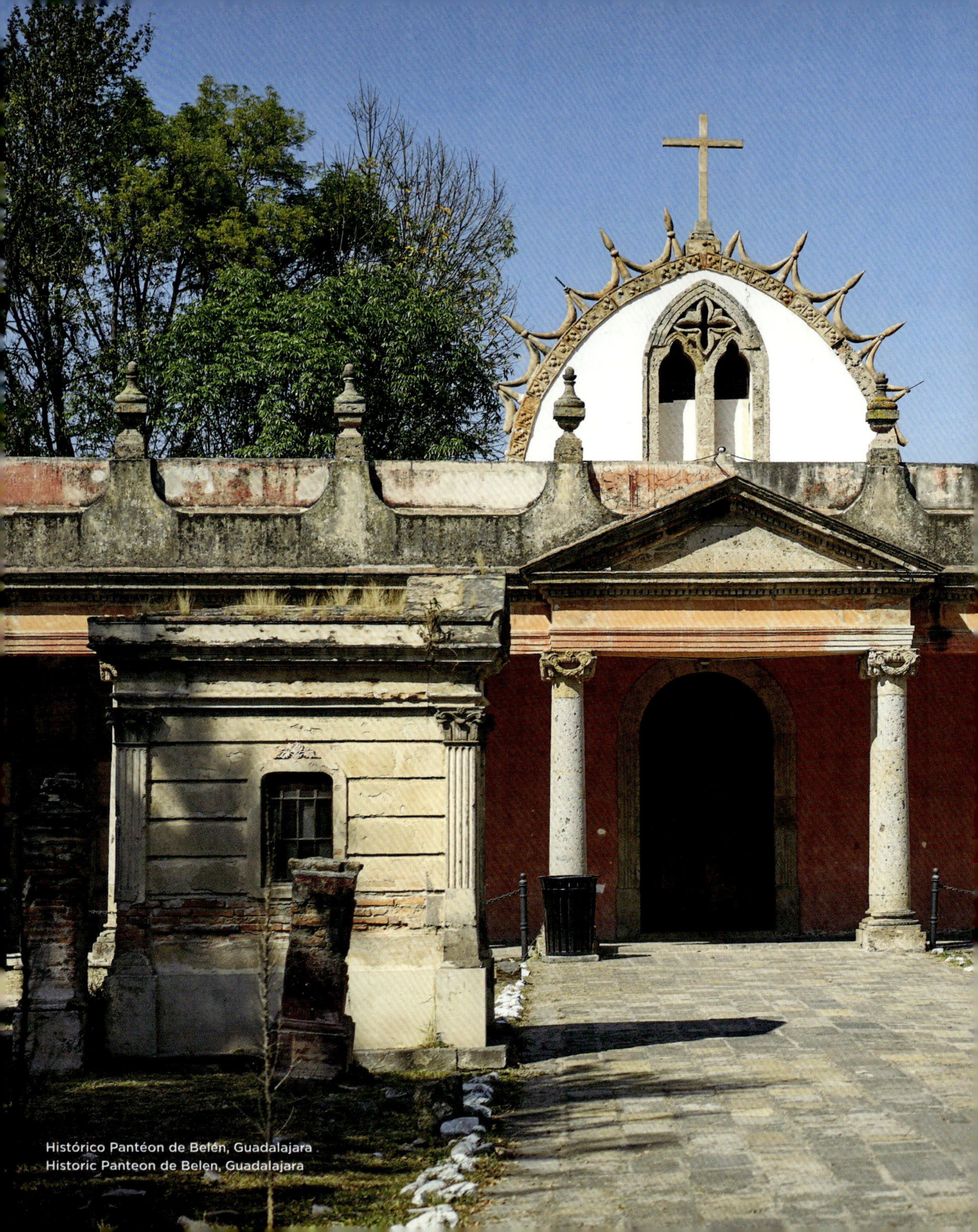

Histórico Pantéon de Belén, Guadalajara
Historic Panteon de Belen, Guadalajara

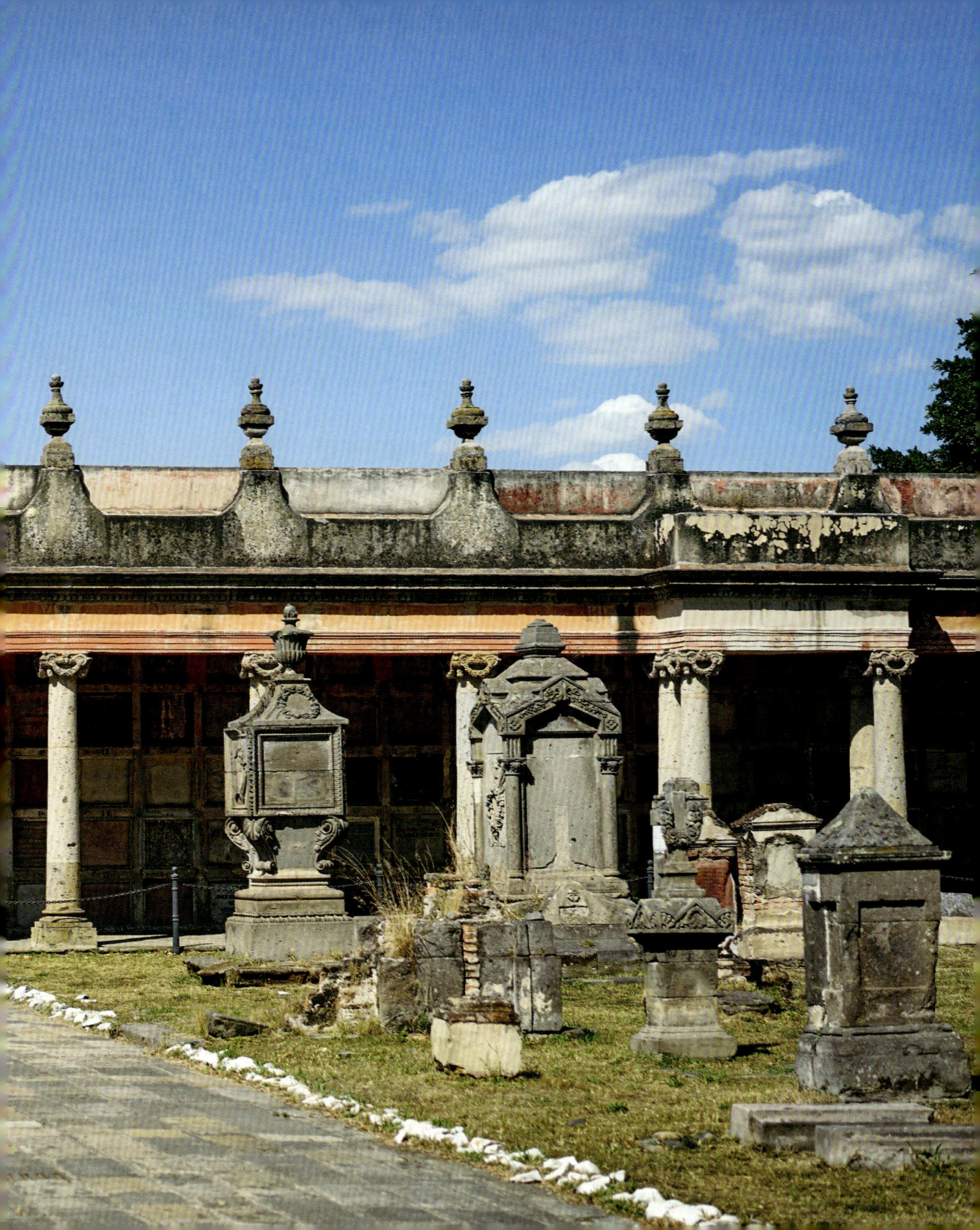

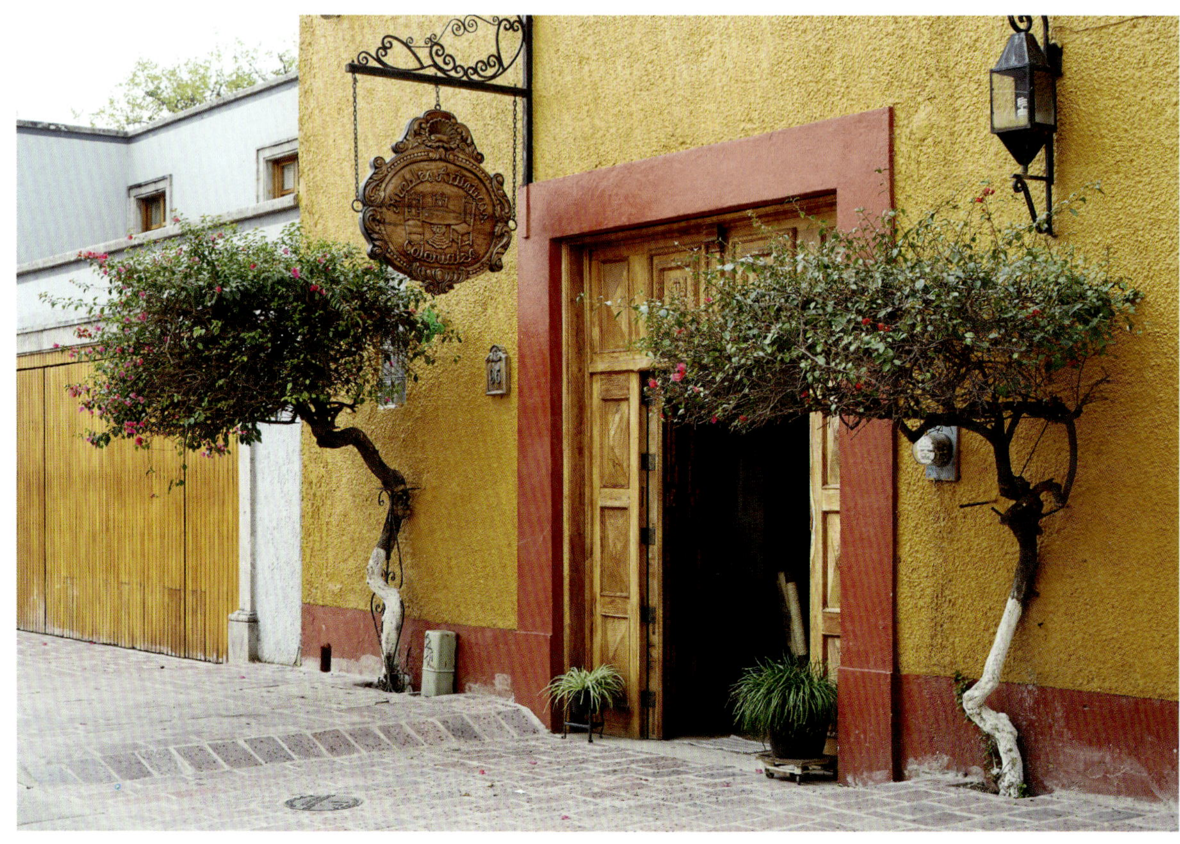

Tlaquepaque, Jalisco

**Tlaquepaque**
Located on the south-eastern outskirts of Guadalajara, this small town is known for its high-quality Mexican handicrafts. In the numerous galleries and workshops can be found hand-painted ceramics and tiles, silver jewelry and other artistic objects made from all kinds of materials.

**Tlaquepaque**
Das am südöstlichen Stadtrand von Guadalajara gelegene Örtchen ist bekannt für hochwertiges mexikanisches Kunsthandwerk. In den zahlreichen Galerien und Werkstätten gibt es handbemalte Keramiken und Kacheln, Silberschmuck und künstlerische Objekte aus sämtlichen Materialien.

**Tlaquepaque**
Cette petite localité située en périphérie sud-est de Guadalajara est connue pour son artisanat mexicain haut de gamme. Dans ses multiples galeries et ateliers, on trouve des céramiques et des carreaux peints à la main, des bijoux en argent et des objets d'art faits de différents matériaux.

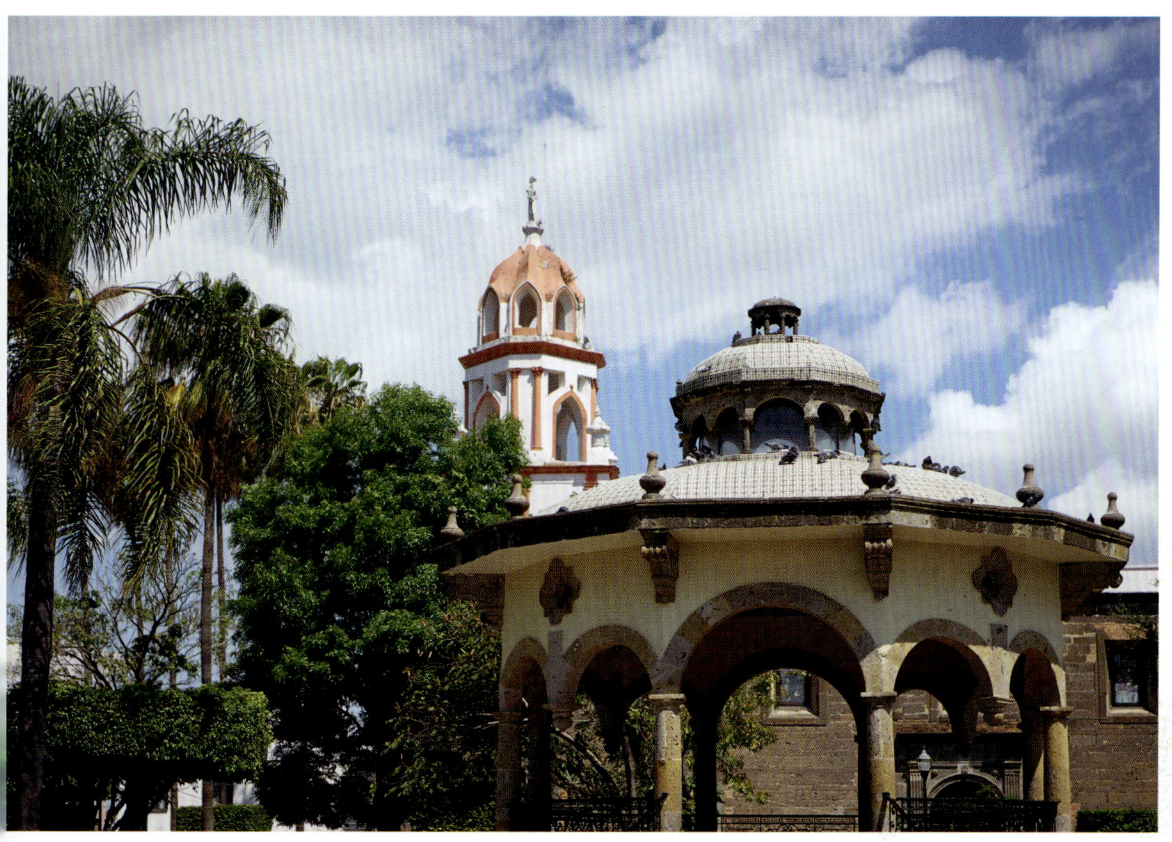

Tlaquepaque, Jalisco

**Tlaquepaque**
Ubicado a las afueras del sureste de Guadalajara, este pequeño pueblo es conocido por sus artesanías mexicanas de alta calidad. En las numerosas galerías y talleres hay cerámicas y azulejos pintados a mano, joyas de plata y objetos artísticos de todos los materiales.

**Tlaquepaque**
Situata nella periferia sud-orientale di Guadalajara, questa piccola città è nota per il suo artigianato messicano di alta qualità. Nelle numerose gallerie e laboratori si trovano ceramiche e piastrelle dipinte a mano, gioielli in argento e oggetti artistici realizzati in diversi materiali.

**Tlaquepaque**
Dit kleine stadje, gelegen aan de zuidoostelijke rand van Guadalajara, is bekend om zijn kwalitatief hoogwaardige Mexicaanse handwerk. Handgeschilderde keramiek en tegels, zilveren sieraden en kunstvoorwerpen van allerlei materialen zijn verkrijgbaar in de talrijke galeries en ateliers.

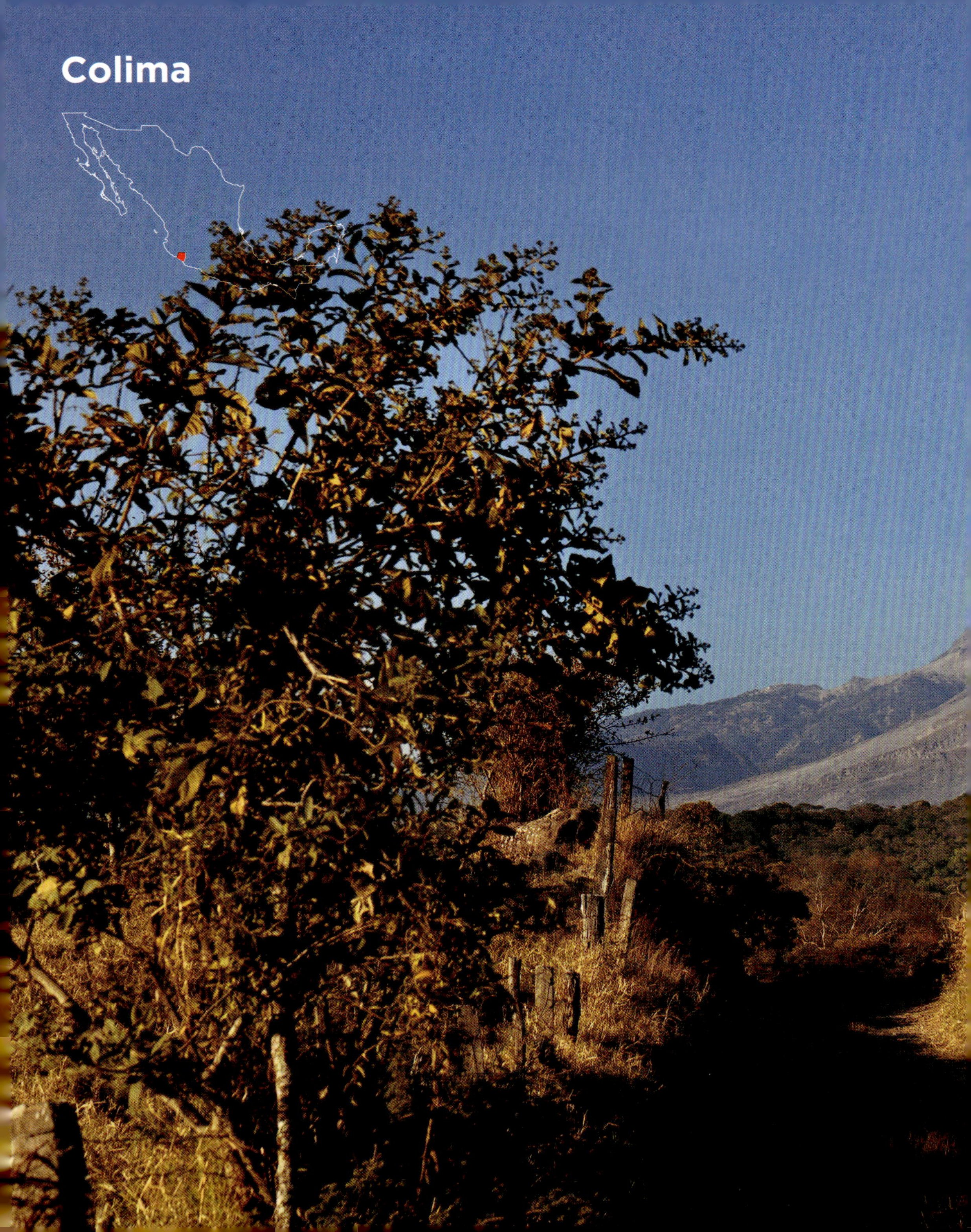
Colima

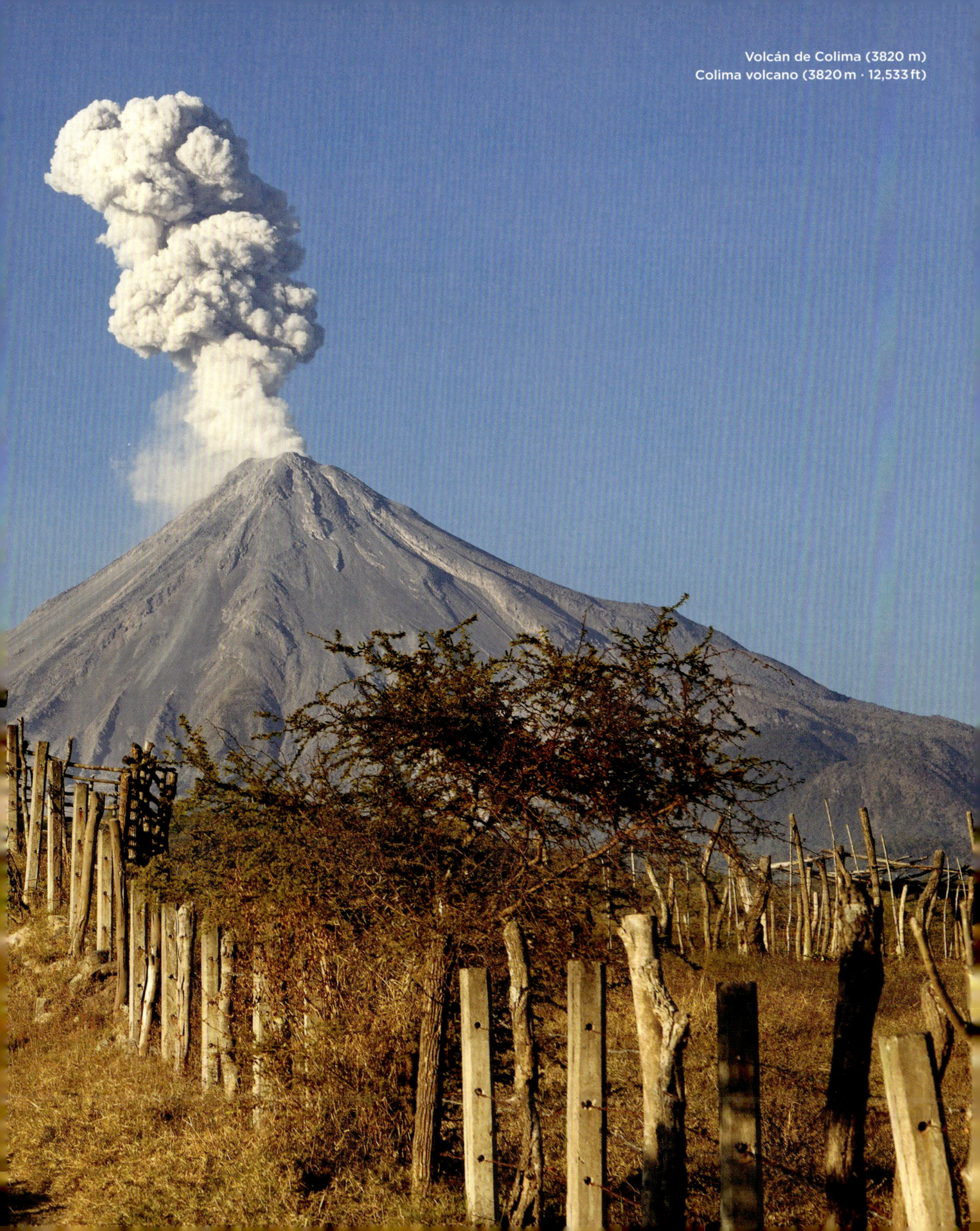

Volcán de Colima (3820 m)
Colima volcano (3820 m · 12,533 ft)

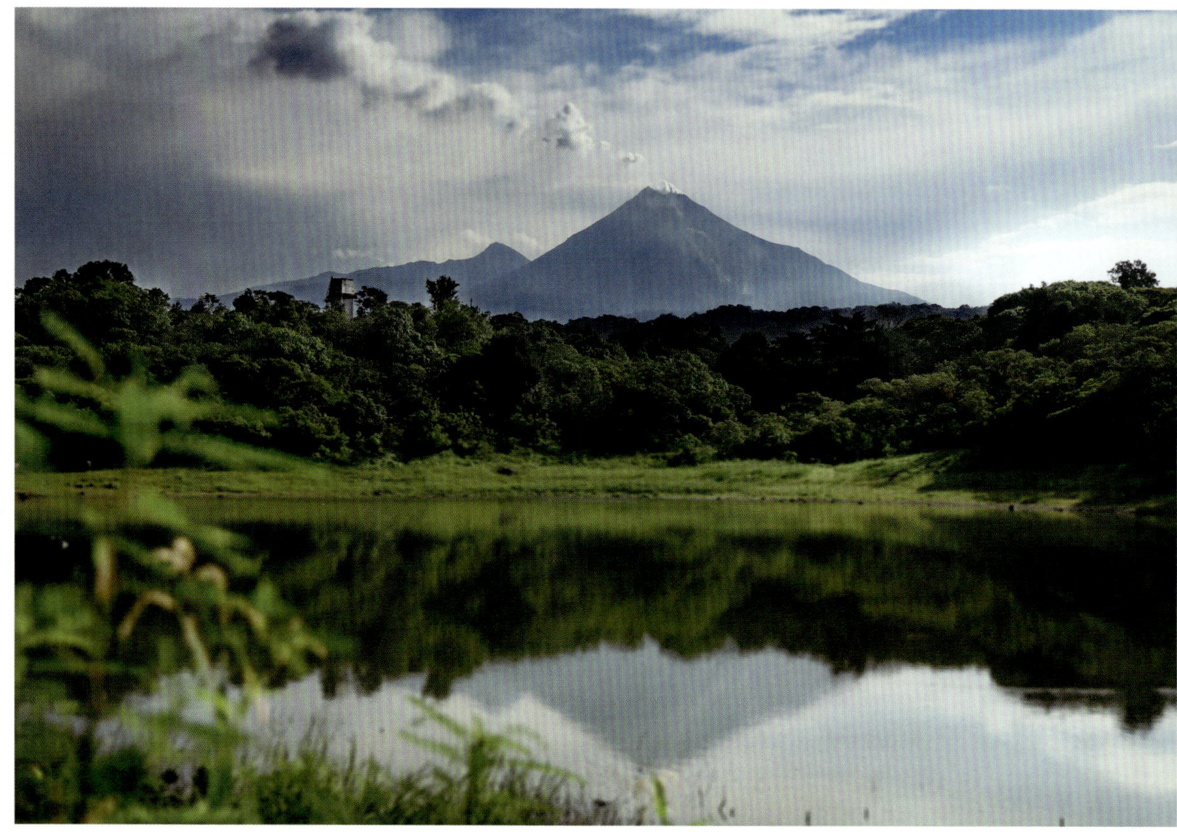

Volcán de Colima (3820 m)
Colima volcano (3820 m · 12,533 ft)

**Colima**
The state of Colima bears the same name as its greatest natural attraction: the volcano Colima is considered Mexico's most active volcano and one of the 16 most dangerous volcanoes on earth. With a guide you can climb both the Volcán de Colima and the slumbering side peak of Nevado de Colima. On the other hand, the coast of Colima is much more relaxed, where many different bird species feel at home.

**Le Colima**
L'État de Colima porte le même nom que sa principale attraction : le volcan de Colima, considéré comme le volcan le plus actif du Mexique et comme l'un des 16 plus dangereux du monde. Avec un guide, on peut gravir non seulement le volcan de Colima, mais aussi son voisin, le Nevado de Colima, aujourd'hui éteint. La côte de Colima, en revanche, est nettement plus décontractée, et de nombreuses espèces d'oiseaux s'y épanouissent.

**Colima**
Der Bundesstaat Colima heißt genauso wie seine größte Naturattraktion: Der Vulkan Colima gilt als aktivster Vulkan Mexikos und einer der 16 gefährlichsten Vulkane der Erde. Mit einem Führer kann man sowohl den Volcán de Colima als auch den schlummernden Nebengipfel Nevado de Colima besteigen. Weitaus entspannter geht es dagegen an der Küste Colimas zu, wo sich viele verschiedene Vogelarten wohlfühlen.

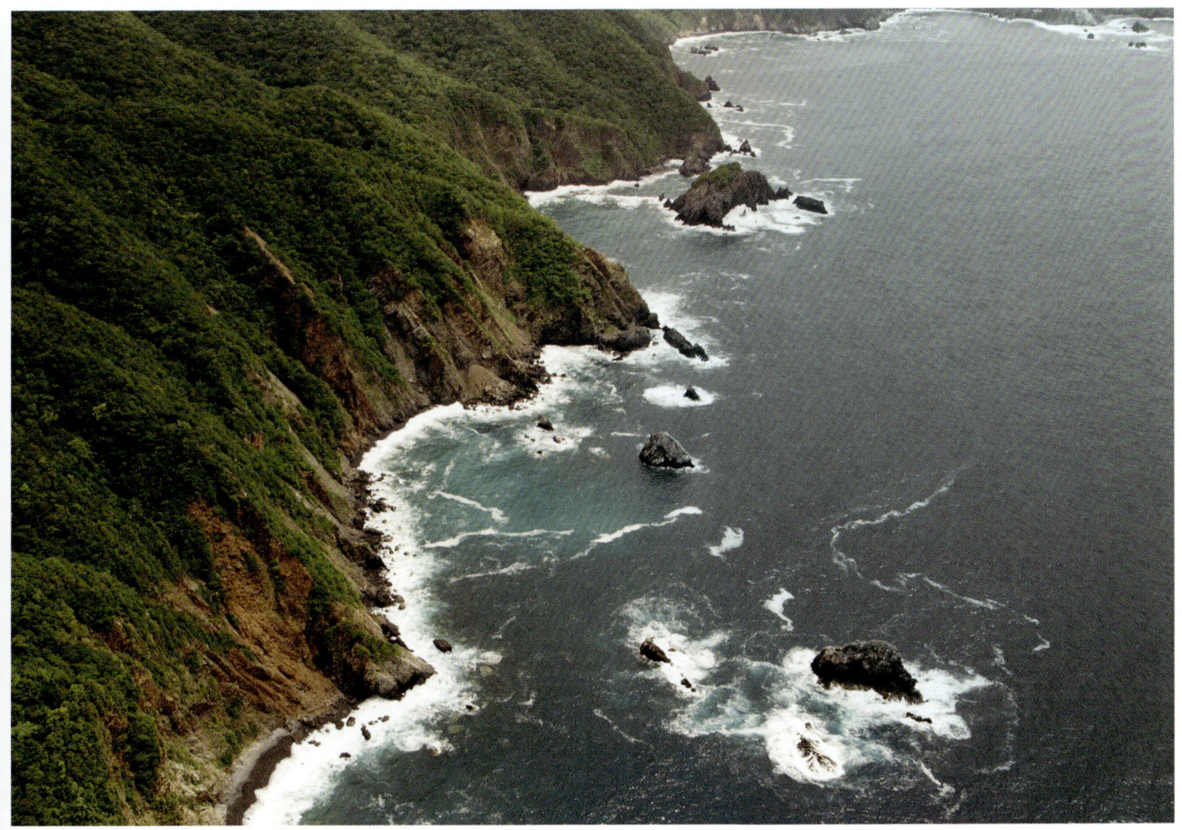

Cerca de Manzanillo
Near Manzanillo

**Colima**
El estado de Colima lleva el mismo nombre que su mayor atractivo natural: el volcán de Colima es considerado el volcán más activo de México y uno de los 16 volcanes más peligrosos del planeta. Con un guía se puede escalar tanto el volcán de Colima como la adormecida cima del Nevado de Colima. Por otro lado, la costa de Colima es mucho más relajada, donde muchas especies de aves se sienten como en casa.

**La Colima**
Lo stato del Colima, porta il nome della sua più grande attrazione naturale, il vulcano di Colima, considerato il vulcano più attivo del Messico e uno dei 16 vulcani più pericolosi della terra. Con una guida si può salire sia sul Volcán de Colima che sulla vetta Nevado de Colima, oggi estinto. La vita sulla costa di Colima, dove nidificano molte specie diverse di uccelli, è molto più rilassante.

**Colima**
De staat Colima heet net als zijn grootste natuurlijke attractie: de vulkaan Colima. Deze geldt als de actiefste vulkaan van Mexico en een van de 16 gevaarlijkste vulkanen op aarde. Met een gids beklimt u zowel de Volcán de Colima als de sluimerende top ernaast, de Nevado de Colima. Veel ontspannener gaat het er aan de kust van Colima aan toe, waar veel verschillende vogelsoorten zich thuis voelen.

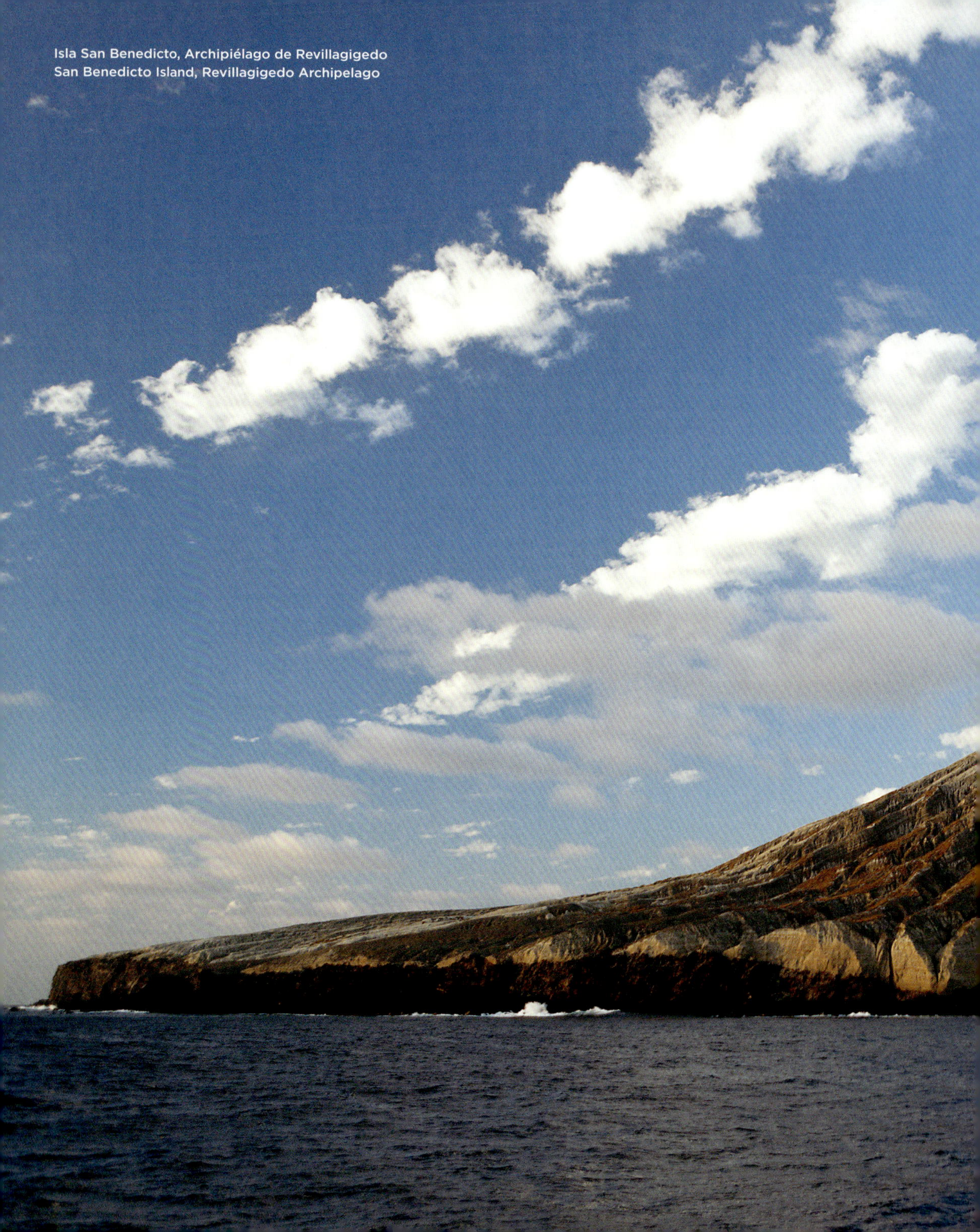
Isla San Benedicto, Archipiélago de Revillagigedo
San Benedicto Island, Revillagigedo Archipelago

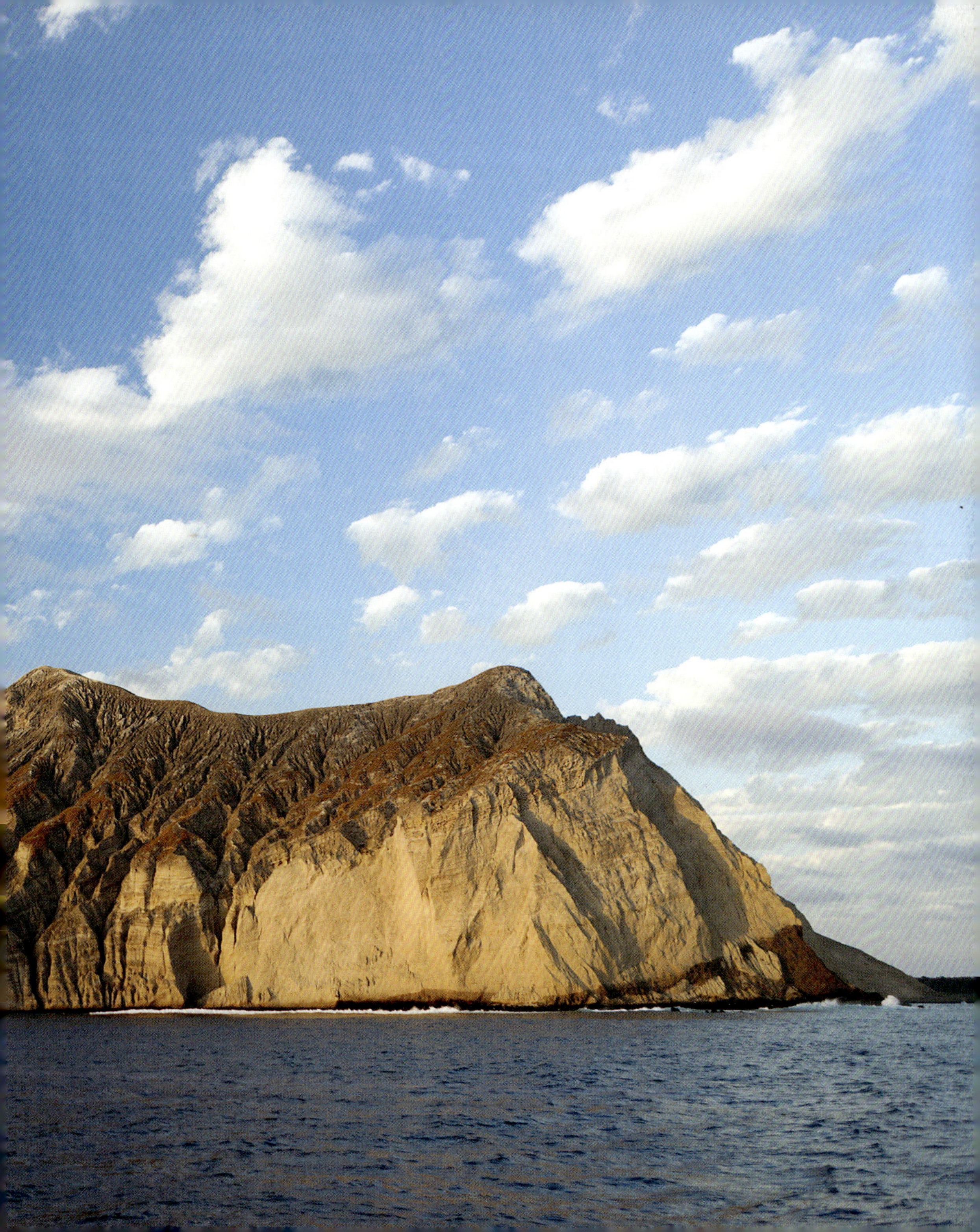

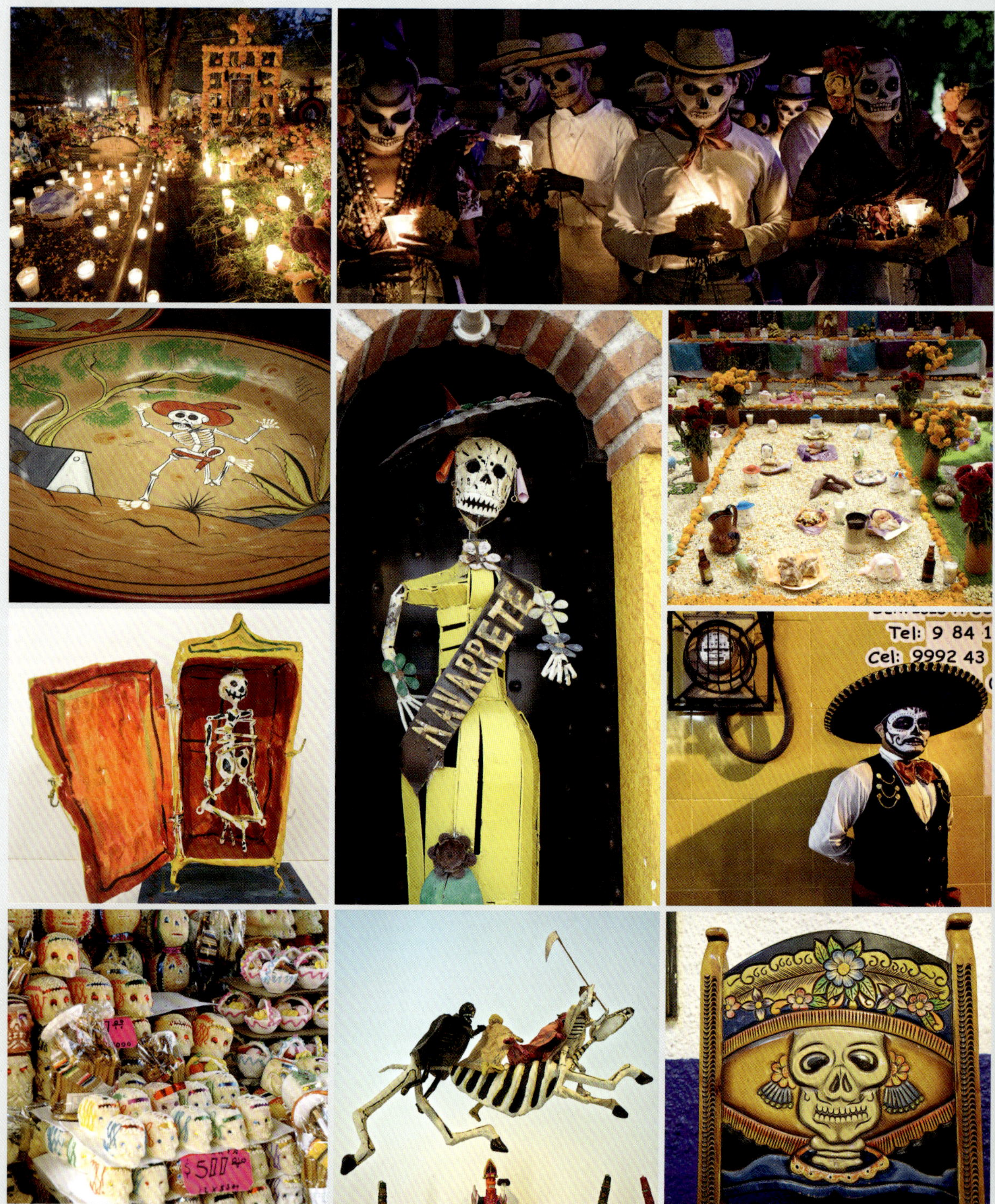
NAVARRETE
Tel: 9 84 1
Cel: 9992 43
$500

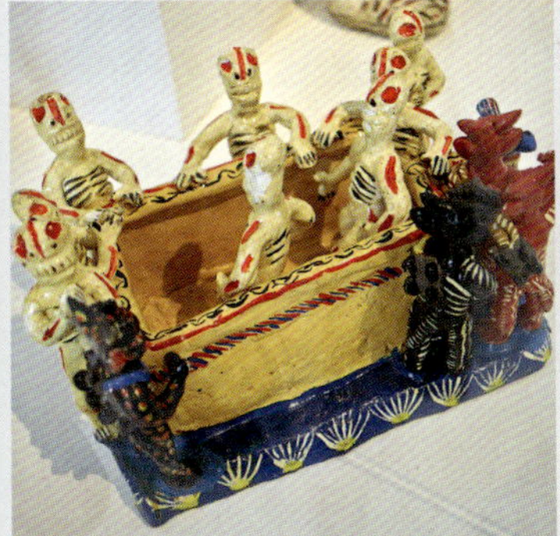

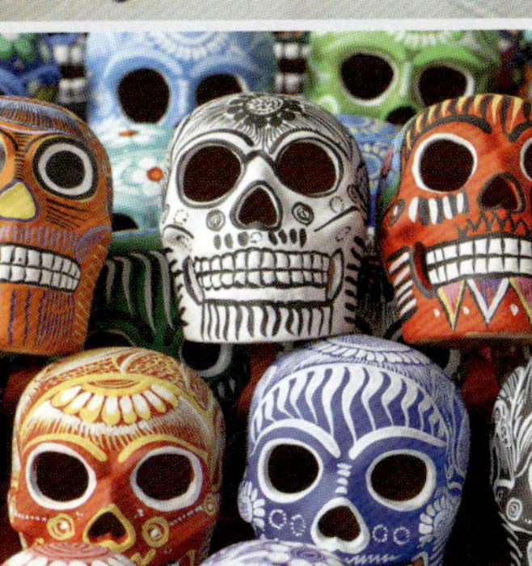

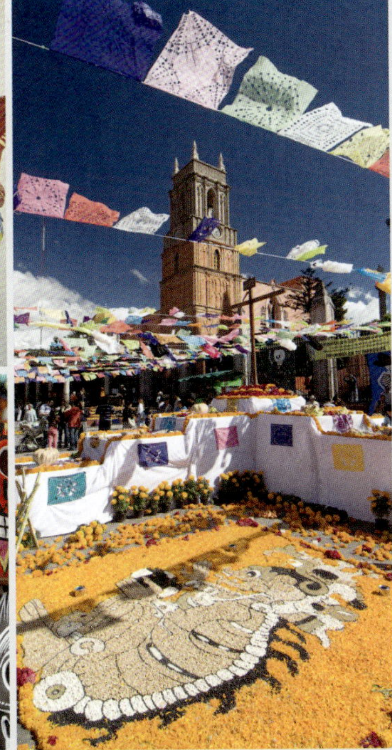

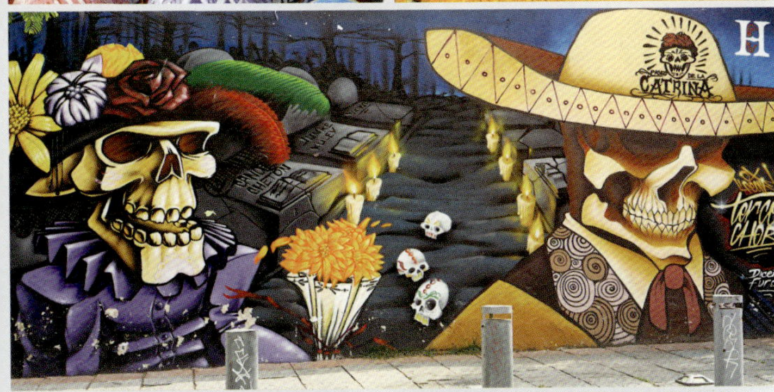


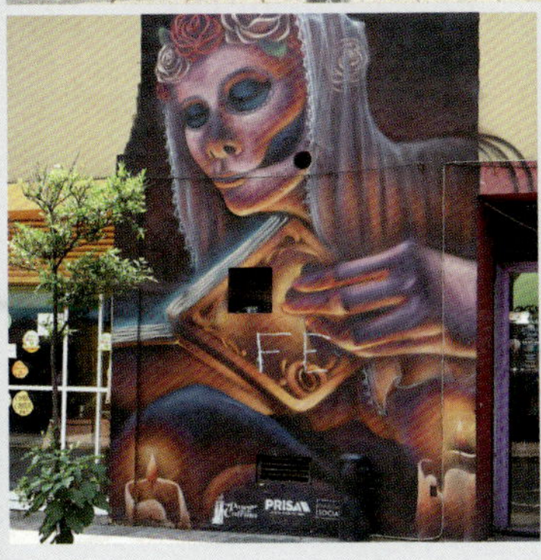

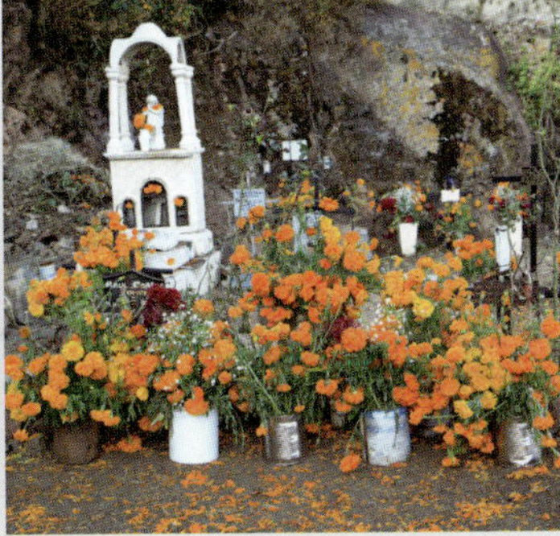

**Día de Muertos**
Unlike many other cultures, Mexicans have a positive attitude to death. One of the most important holidays is 1 November, the *Día de Muertos*. The elaborate preparations begin in mid-October: graves, houses and squares are decorated with flowers, skeletons, skulls and all kinds of candy to welcome the returning souls of the deceased.

**Le jour des Morts**
Contrairement à beaucoup d'autres cultures, les Mexicains ont une attitude positive vis-à-vis de la mort. L'une des fêtes les plus importantes est le 1er novembre, le *Día de Muertos*. Les préparatifs, de longue haleine, commence dès la mi-octobre : on décore les tombes, les maisons et les places avec des fleurs, des squelettes, des têtes de mort et toutes sortes de friandises, pour souhaiter la bienvenue aux âmes des morts, de retour à la maison.

**Día de Muertos**
Anders als viele andere Kulturen haben die Mexikaner eine positive Einstellung zum Tod. Einer der wichtigsten Feiertage ist der 1. November, der *Día de Muertos*. Die aufwändigen Vorbereitungen beginnen bereits Mitte Oktober: Gräber, Häuser und Plätze werden mit Blumen, Skeletten, Totenköpfen und allerlei Naschwaren geschmückt, um die heimkehrenden Seelen der Verstorbenen willkommen zu heißen.

**Día de Muertos**
A diferencia de muchas otras culturas, los mexicanos tienen una actitud positiva hacia la muerte. Una de las fiestas más importantes es el 1 de noviembre, el Día de Muertos. Las elaboradas preparaciones comienzan ya a mediados de octubre: tumbas, casas y plazas se decorancon flores, esqueletos, calaveras y todo tipo de caramelos para dar la bienvenida a las almas que regresan de los difuntos.

**Día de Muertos**
A differenza di molte altre culture, i messicani hanno un atteggiamento positivo davanti alla morte. Una delle feste più importanti è il 1º novembre, la *Día de Muertos*. Gli elaborati preparativi iniziano a metà ottobre: tombe, case e piazze sono decorate con fiori, scheletri, teschi e caramelle di ogni genere per accogliere le anime dei morti che tornano a casa.

**Día de Muertos**
In tegenstelling tot veel andere culturen staan Mexicanen positief tegenover de dood. Een van de belangrijkste feestdagen is 1 november, de *Día de Muertos*. De uitgebreide voorbereidingen beginnen half oktober: graven, huizen en pleinen worden versierd met bloemen, skeletten, schedels en allerlei snoep om de terugkerende zielen van de doden te verwelkomen.

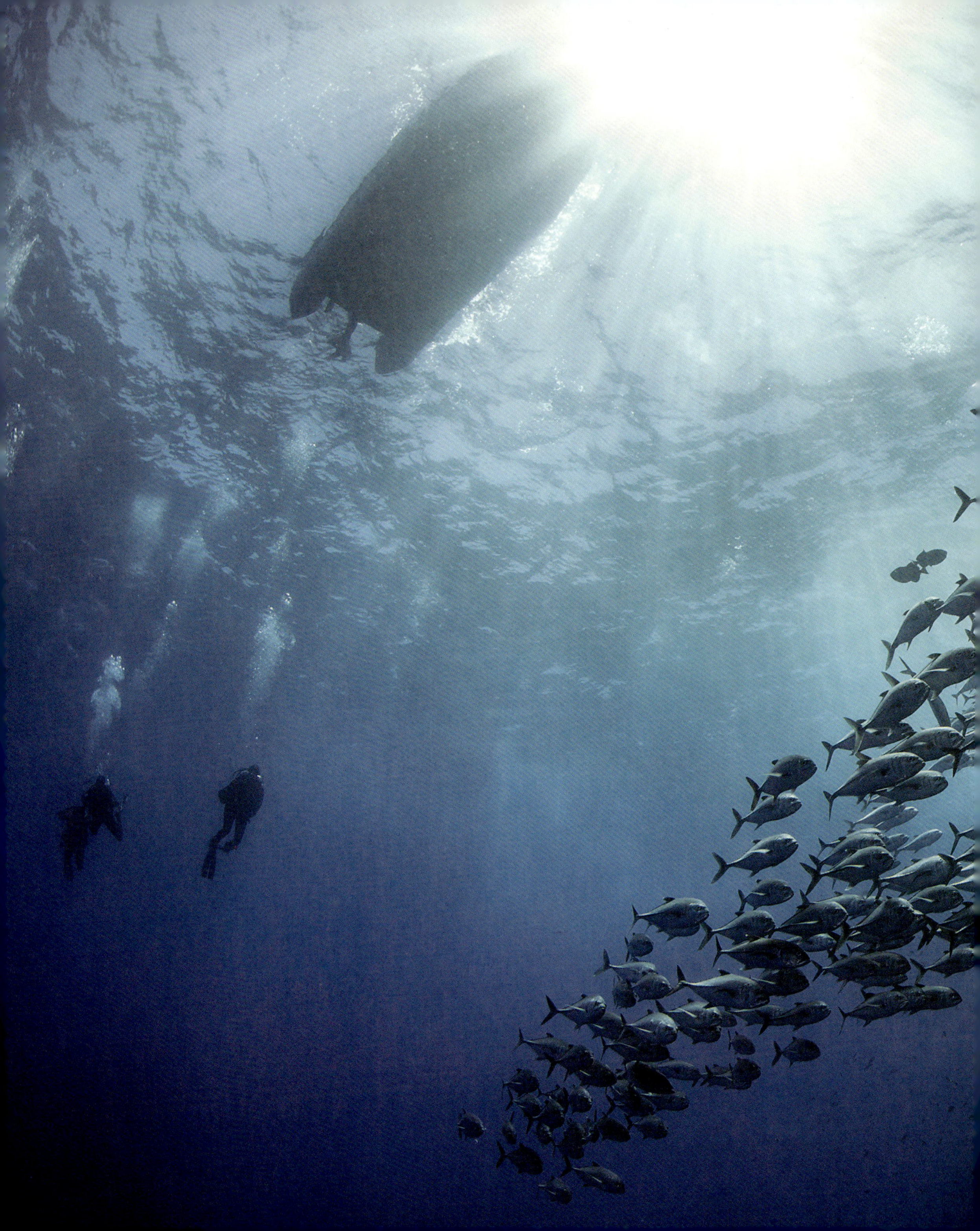

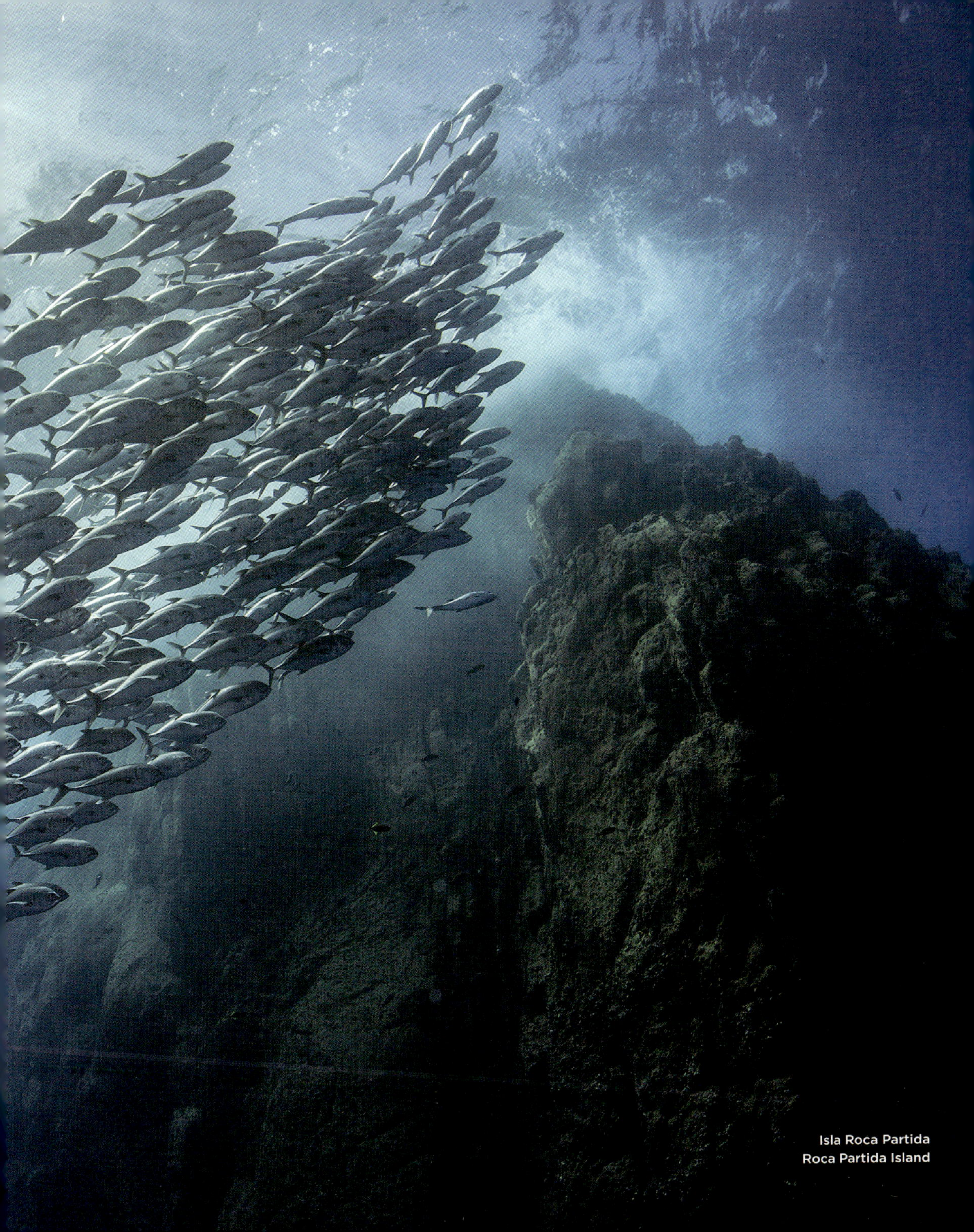

Isla Roca Partida
Roca Partida Island

# Michoacán

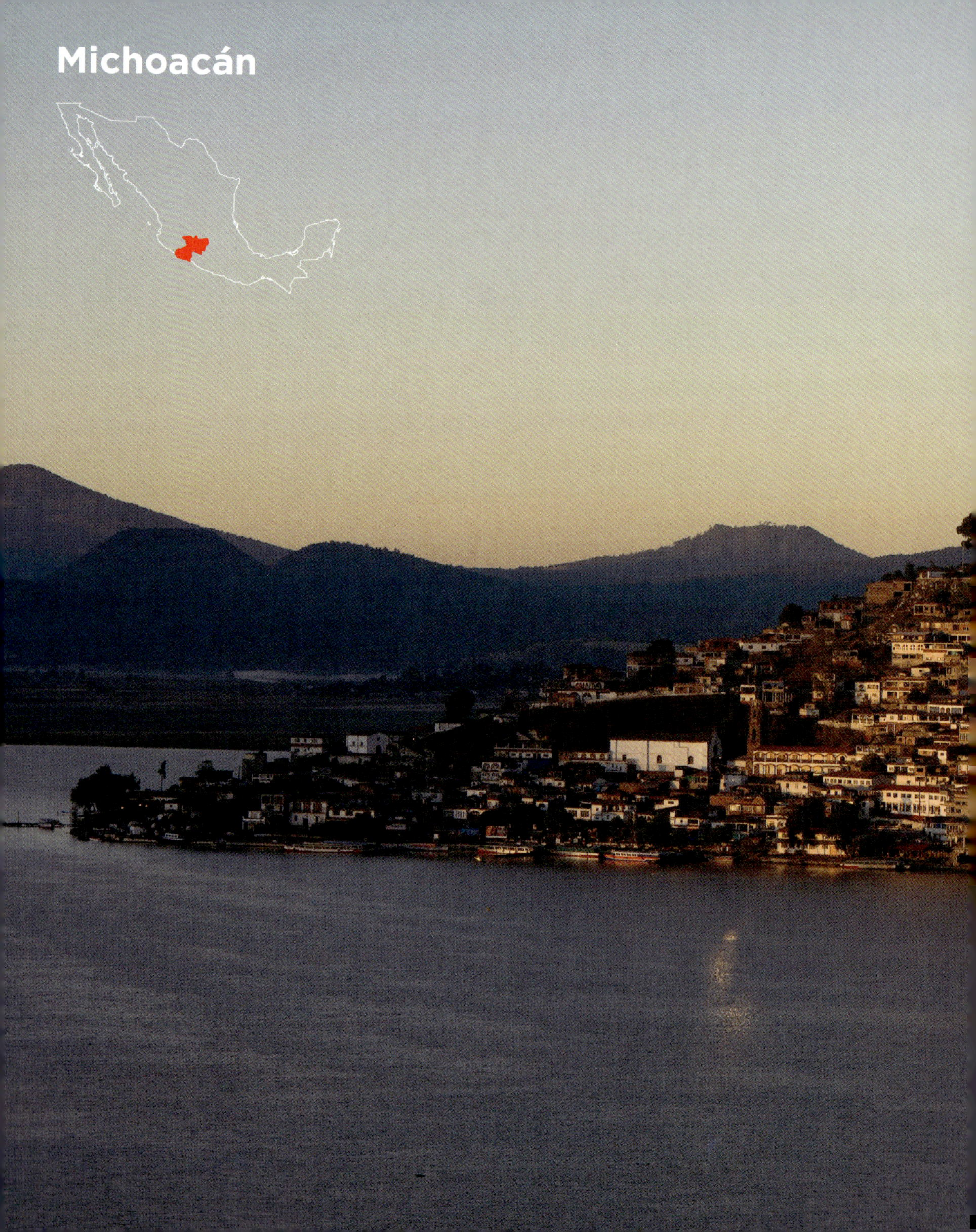

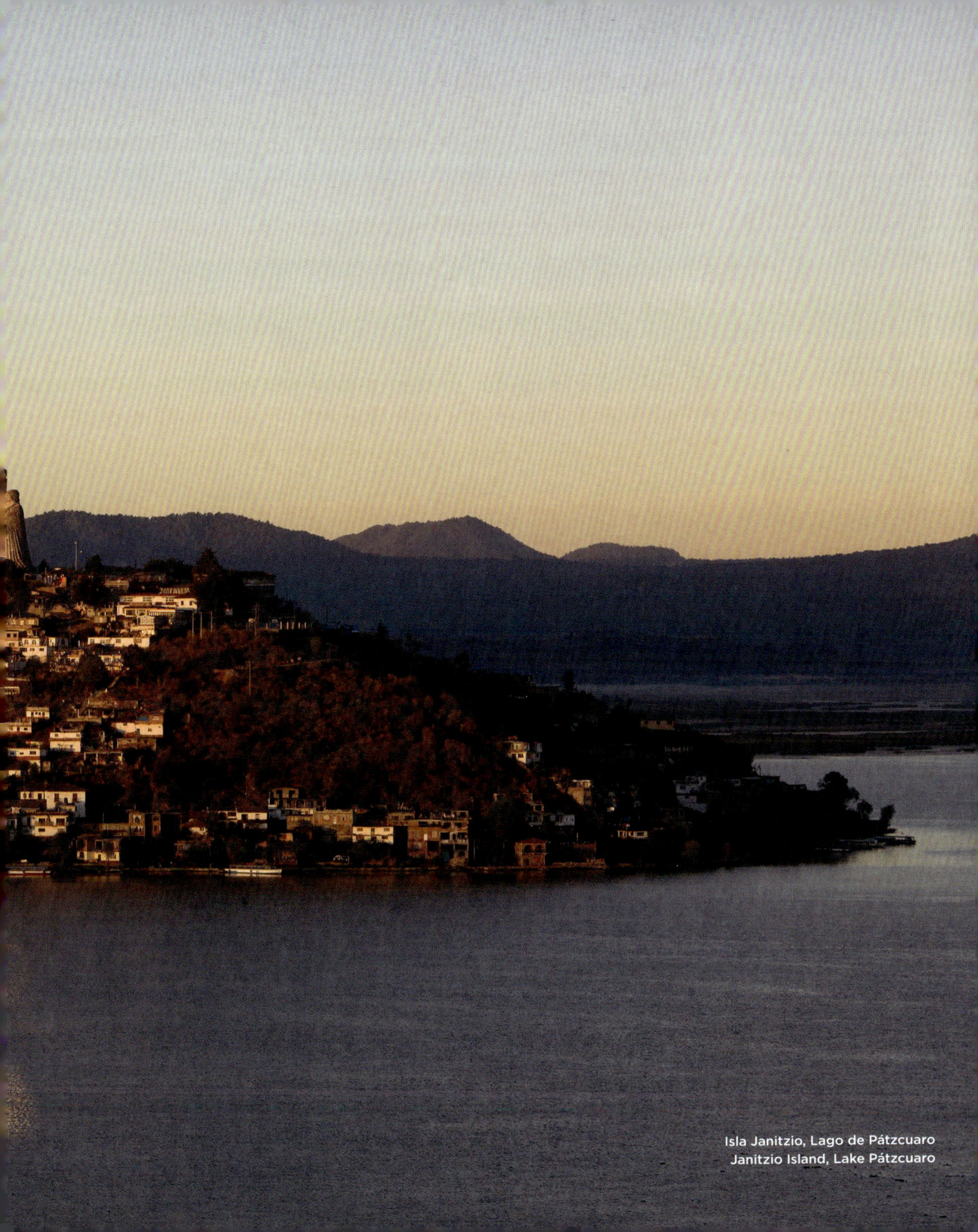

Isla Janitzio, Lago de Pátzcuaro
Janitzio Island, Lake Pátzcuaro

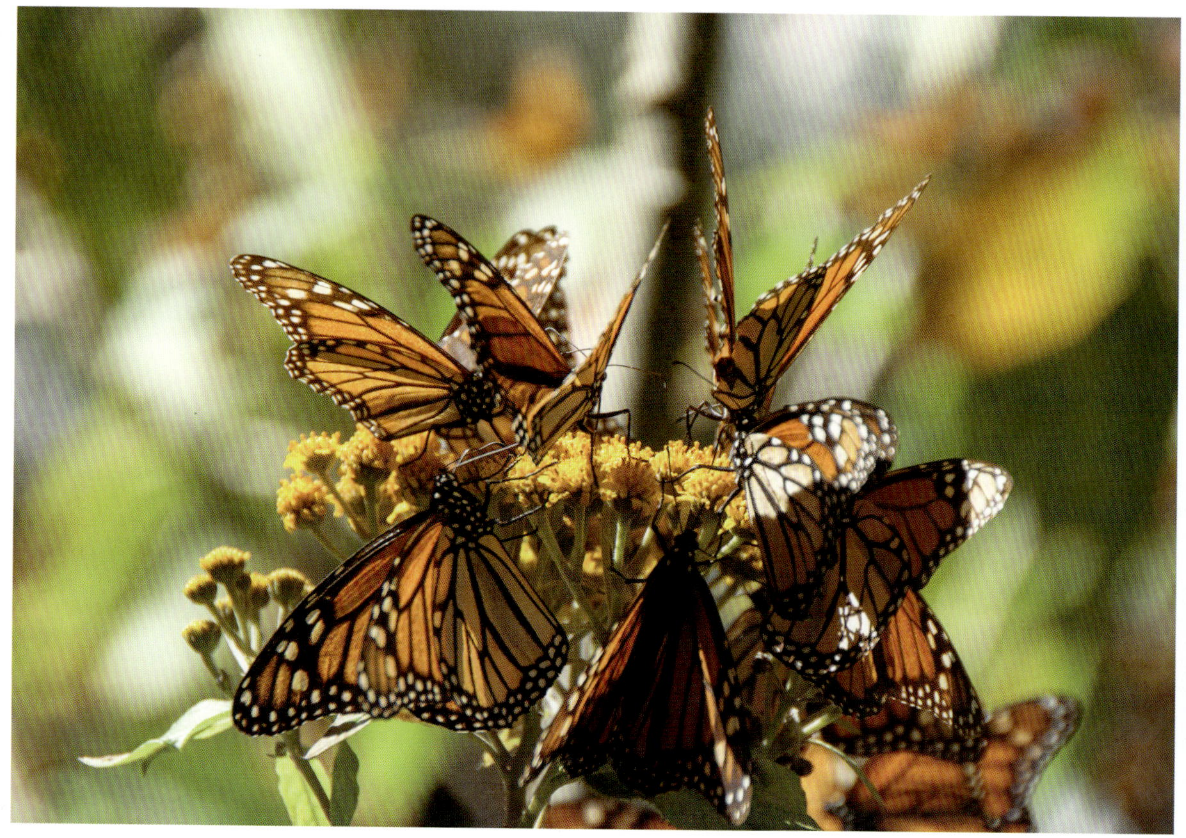

Mariposas monarcas, Reserva de la Biosfera Mariposa Monarca
Monarch butterflies, Monarch Butterfly Biosphere Reserve

**Michoacán**
Hardly any other Mexican region is as diverse as the state of Michoacán. Sparse mountain regions are interrupted by forests and lakes, and wide pastures and volcanic moonscapes may be found, along with rugged rocky coasts and palm-fringed beaches. Butterfly lovers from all over the world make pilgrimages every year between November and March to the Monarch Butterfly Biosphere Reserve, where millions of orange and black monarch butterflies hibernate.

**Le Michoacán**
Presque aucune région du Mexique ne présente une diversité aussi étonnante que celle de l'État de Michoacán. Les régions montagneuses arides sont entrecoupées de forêts et de lacs, de larges pâturages font place à des paysages volcaniques lunaires, et les falaises abruptes succèdent aux plages couvertes de palmiers. Chaque année, les amoureux des papillons viennent en pèlerinage entre novembre et mars dans la réserve de biosphère du papillon monarque, où hivernent des millions de papillons monarques orange et noir.

**Michoacán**
Kaum eine mexikanische Region präsentiert sich so vielfältig wie der Bundesstaat Michoacán. Karge Bergregionen werden durchbrochen von Wäldern und Seen, weite Weiden und vulkanische Mondlandschaften prägen die Landschaft ebenso wie zerklüftete Felsküsten und palmengesäumte Strände. Schmetterlingsfreunde aus aller Welt pilgern jedes Jahr zwischen November und März ins Monarchfalter-Biosphärenreservat, wo Millionen der orange-schwarzen Monarchfalter überwintern.

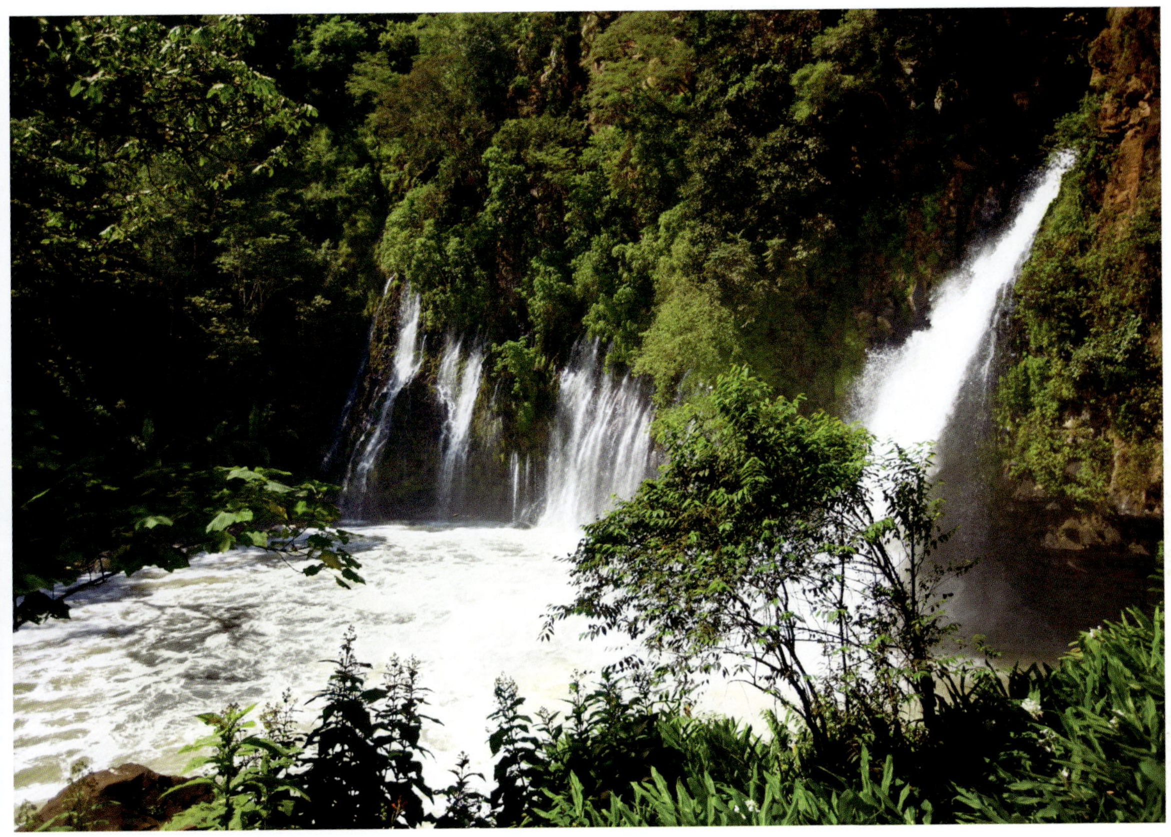

Cascada de la Tzaráracua, Uruapan
Tzaráracua waterfall, Uruapan

**Michoacán**
Casi ninguna otra región mexicana es tan diversa como el estado de Michoacán. Entre las escasas regiones montañosas se abren camino los bosques y lagos yse pueden encontrar también extensos pastos y paisajes lunares volcánicos, así como escarpadas costas rocosas y playas bordeadas de palmeras. Los amantes de las mariposas de todo el mundo peregrinan cada año entre noviembre y marzo a la Reserva de la biosfera de la Mariposa Monarca, donde hibernan millones de mariposas monarcas anaranjadas y negras.

**Michoacán**
Quasi nessun'altra regione messicana presenta delle diversità così sorprendente come lo stato di Michoacán. Le aride regioni montuose sono interrotte da foreste e laghi, vasti pascoli e paesaggi lunari vulcanici fanno spazio ad aspre coste rocciose e spiagge bordate di palme. Ogni anno gli amanti delle farfalle vengono in pellegrinaggio, tra novembre e marzo, alla Riserva della biosfera delle farfalle monarca, dove svernano milioni di farfalle monarca arancioni e nere.

**Michoacán**
Bijna geen enkele andere Mexicaanse regio betoont zich zo divers als de staat Michoacán. Kale berggebieden worden doorbroken door bossen en meren, er zijn uitgestrekte weiden en vulkanische maanlandschappen te vinden, evenals rotskusten vol kloven en stranden met palmbomen. Vlinderliefhebbers uit de hele wereld komen elk jaar tussen november en maart naar het biosfeerreservaat van de monarchvlinder, waar miljoenen oranje-zwarte monarchvlinders overwinteren.

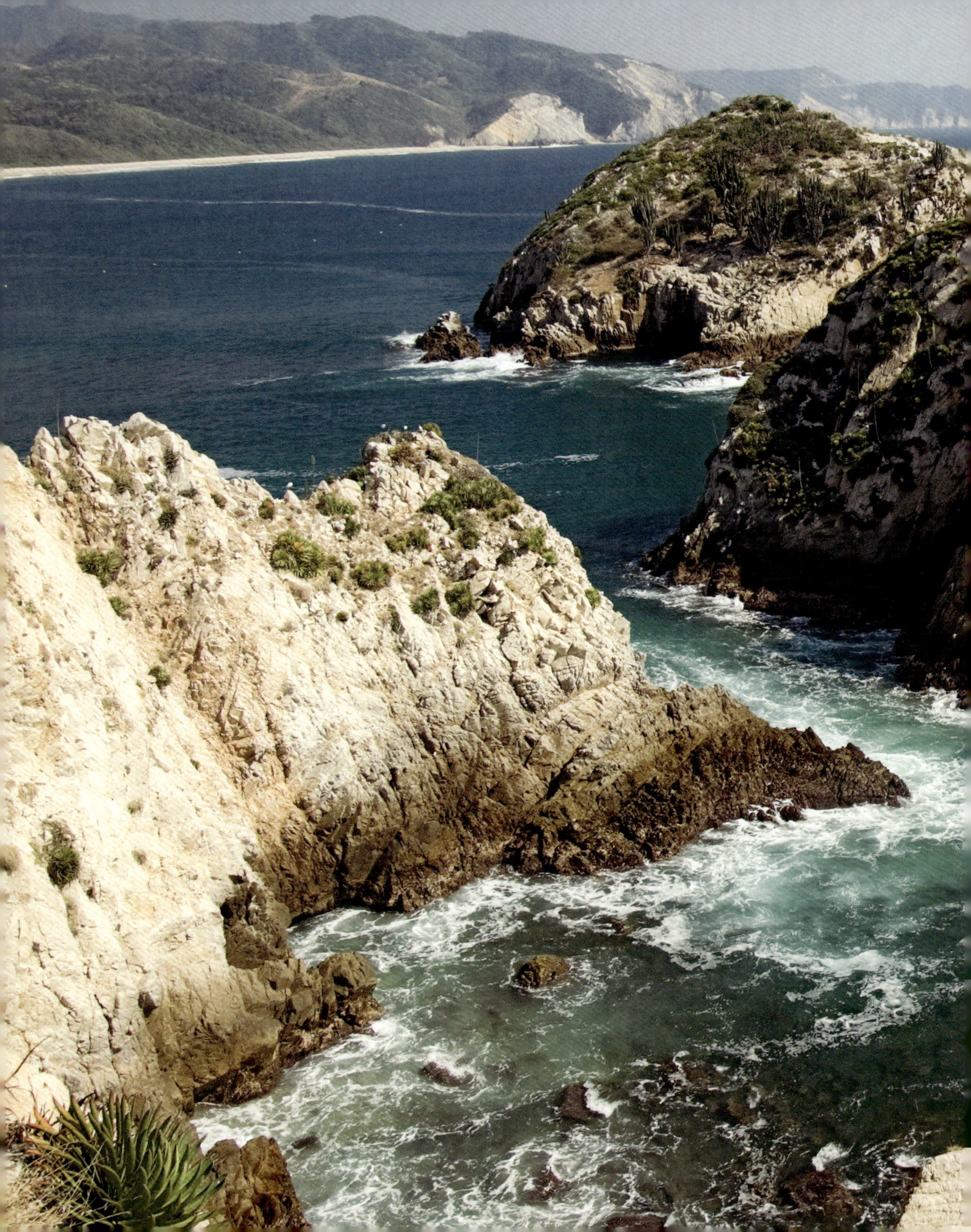

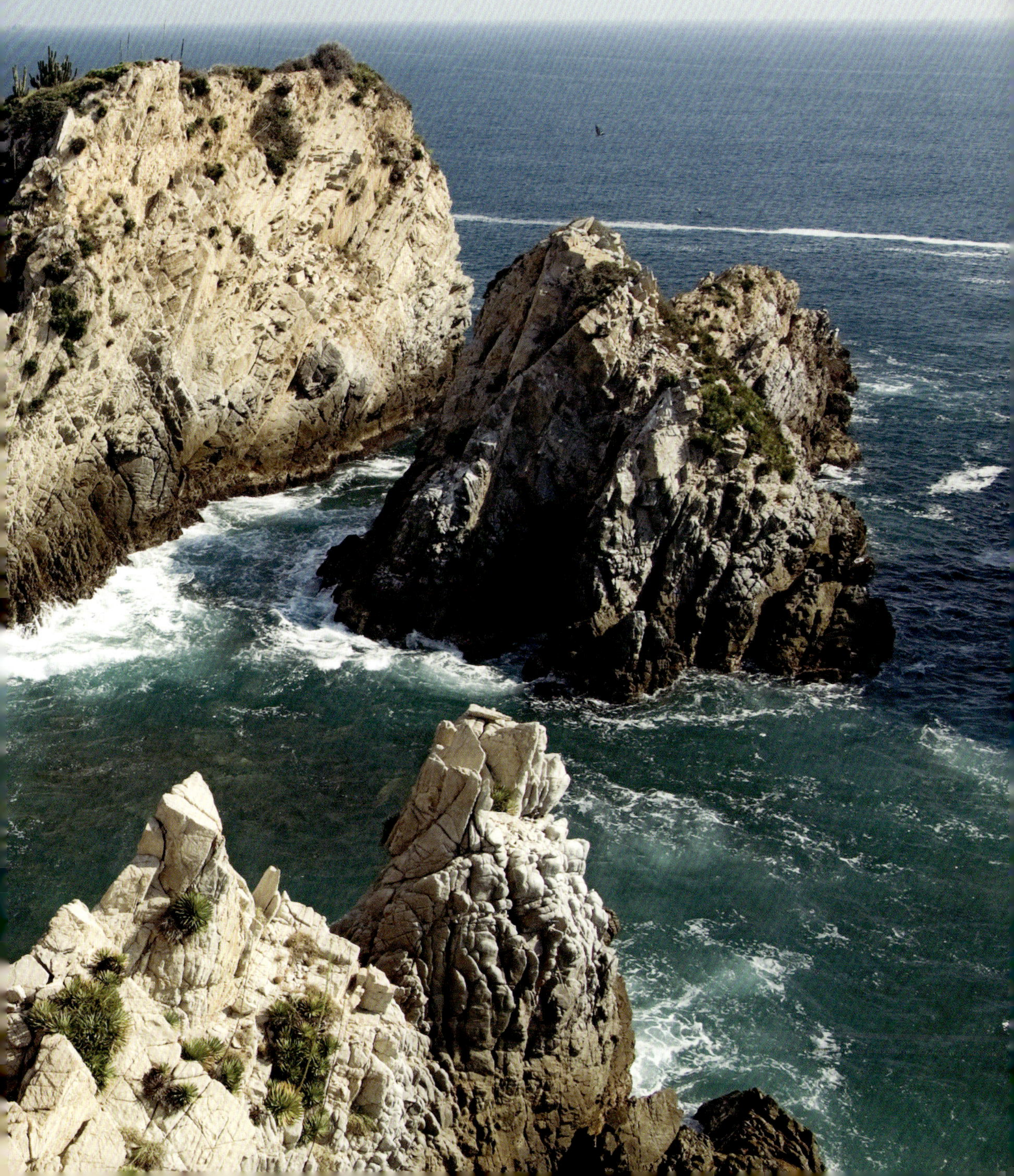

Bahía de Maruata
Maruata Bay

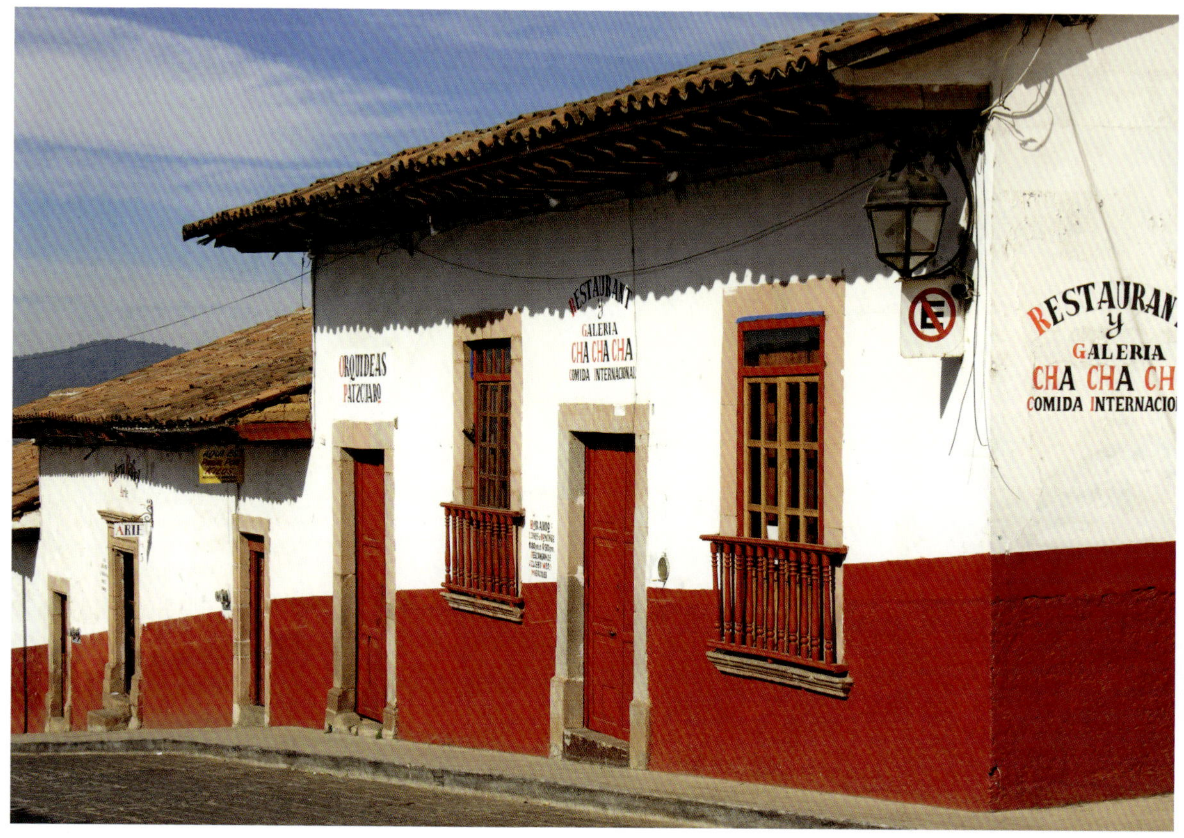


Pátzcuaro

**Lake Pátzcuaro**
In the middle of one of Mexico's most beautiful lakes lies the island of Janitzio, with the monumental statue of José María Morelos. The face of the Mexican national hero during the struggle for independence is now also emblazoned on the 50-pesos bill.

**Le lac de Pátzcuaro**
Au milieu de l'un des plus beaux lacs du Mexique, l'île de Janitzio est surmontée d'une statue monumentale de José María Morelos. Le visage de ce héros national de la lutte pour l'indépendance apparaît aujourd'hui également sur les billets de 50 pesos.

**Pátzcuaro-See**
Mitten in einem der schönsten Seen Mexikos liegt die Insel Janítzio mit der monumentalen Statue von José María Morelos. Das Antlitz des mexikanischen Volkshelden im Kampf um die Unabhängigkeit prangt heute auch auf dem 50-Pesos-Schein.

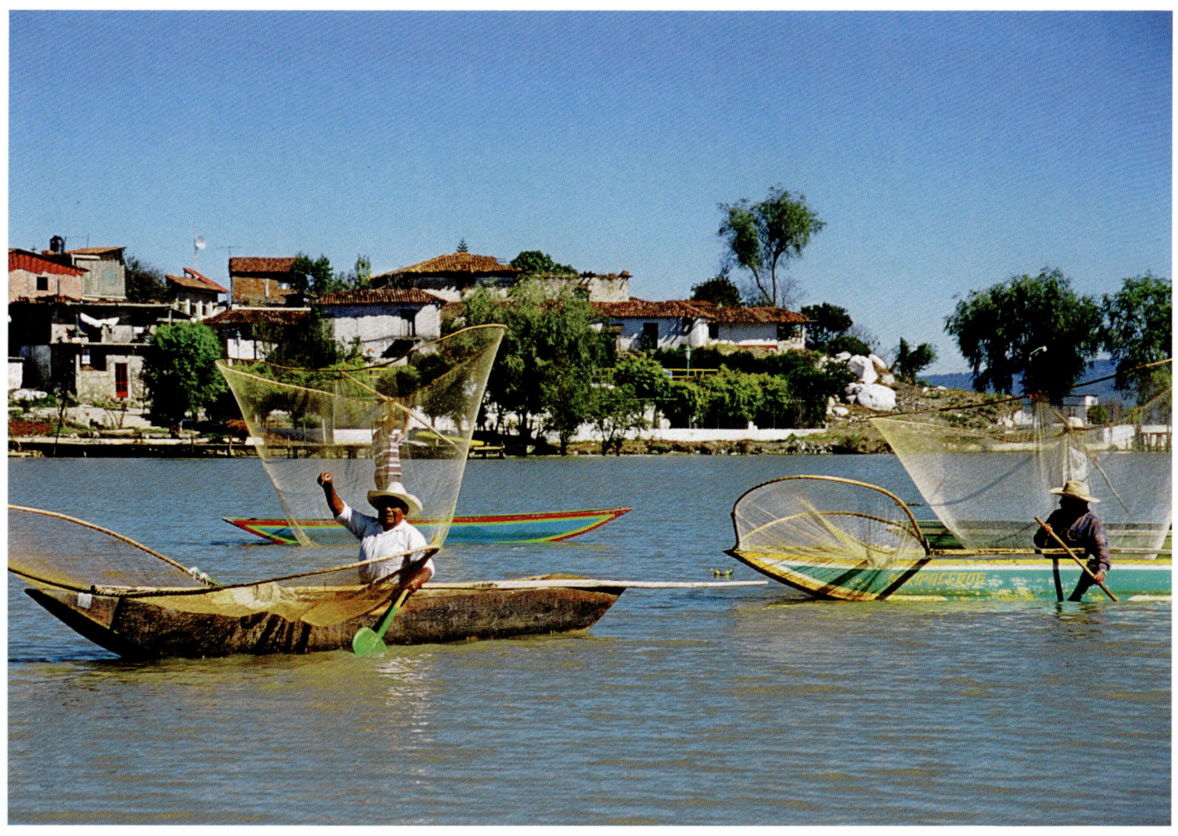

Isla Janitzio, Lago de Pátzcuaro
Janitzio Island, Lake Pátzcuaro

**Lago de Pátzcuaro**
En medio de uno de los lagos más hermosos de México se encuentra la isla de Janítzio con la monumental estatua de José María Morelos. El rostro del héroe nacional mexicano en la lucha por la independencia se puede ver también en la actualidad en el billete de 50 pesos.

**Lago Pátzcuaro**
Al centro di uno dei laghi più belli del Messico si trova l'isola di Janítzio, sormontata dalla statua monumentale di José María Morelos. Al giorno d'oggi il volto dell'eroe nazionale messicano della lotta per l'indipendenza, appare anche sulle banconote da 50 pesos.

**Pátzcuaromeer**
Midden in een van de mooiste meren van Mexico ligt het eiland Janítzio met het monumentale standbeeld van José María Morelos. Het gelaat van de Mexicaanse held in de strijd om onafhankelijkheid staat nu ook op het biljet voor 50 pesos.

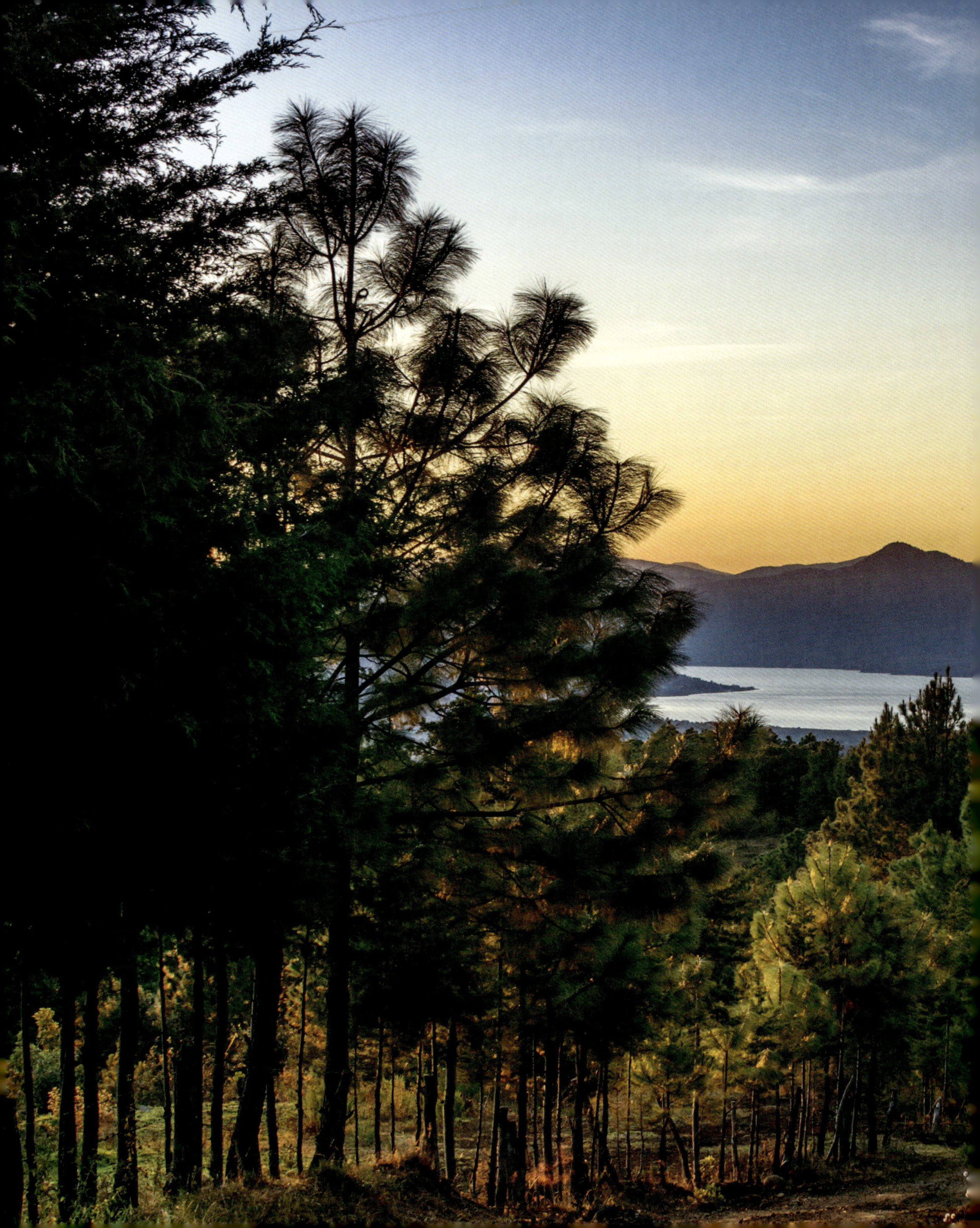

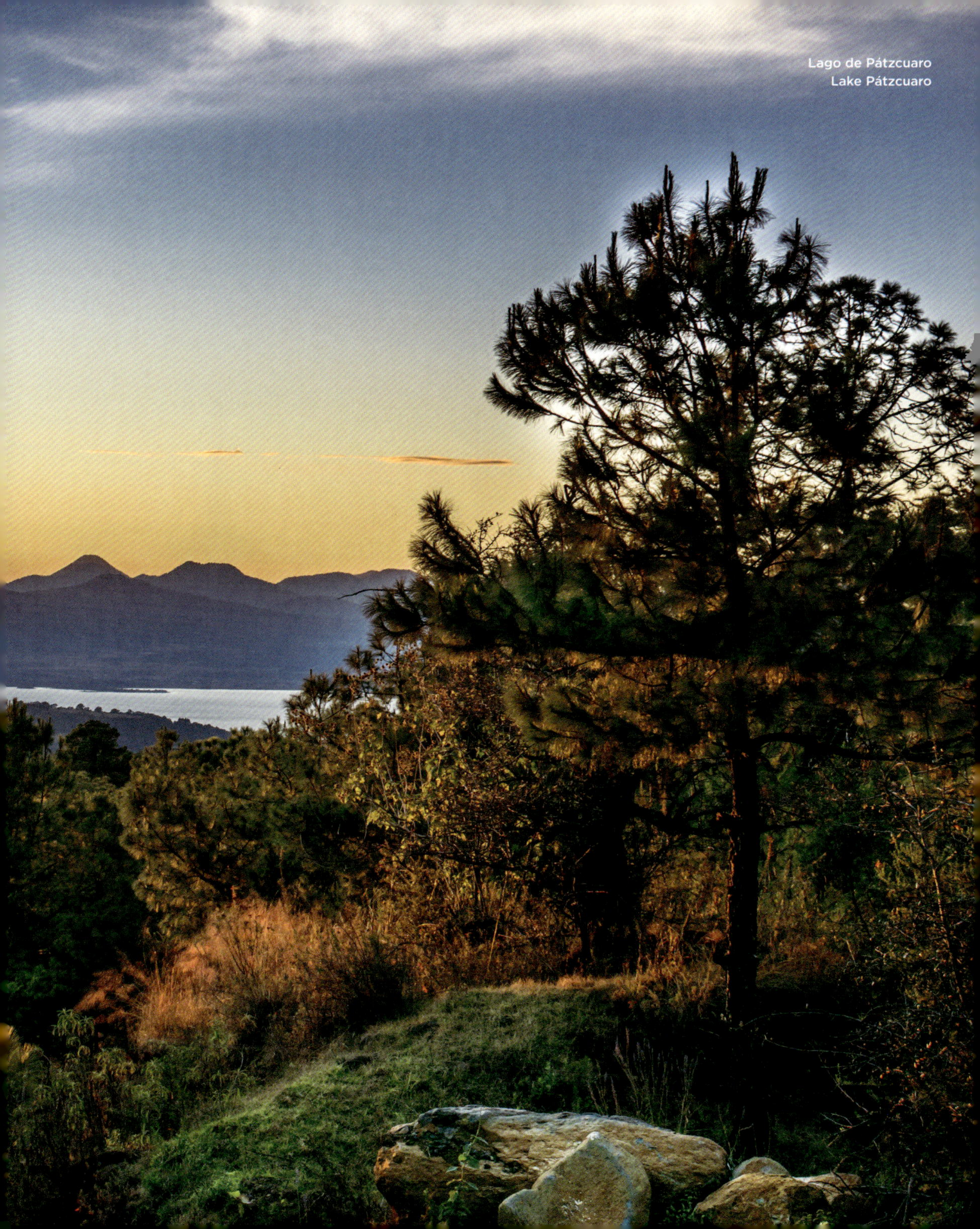

Lago de Pátzcuaro
Lake Pátzcuaro

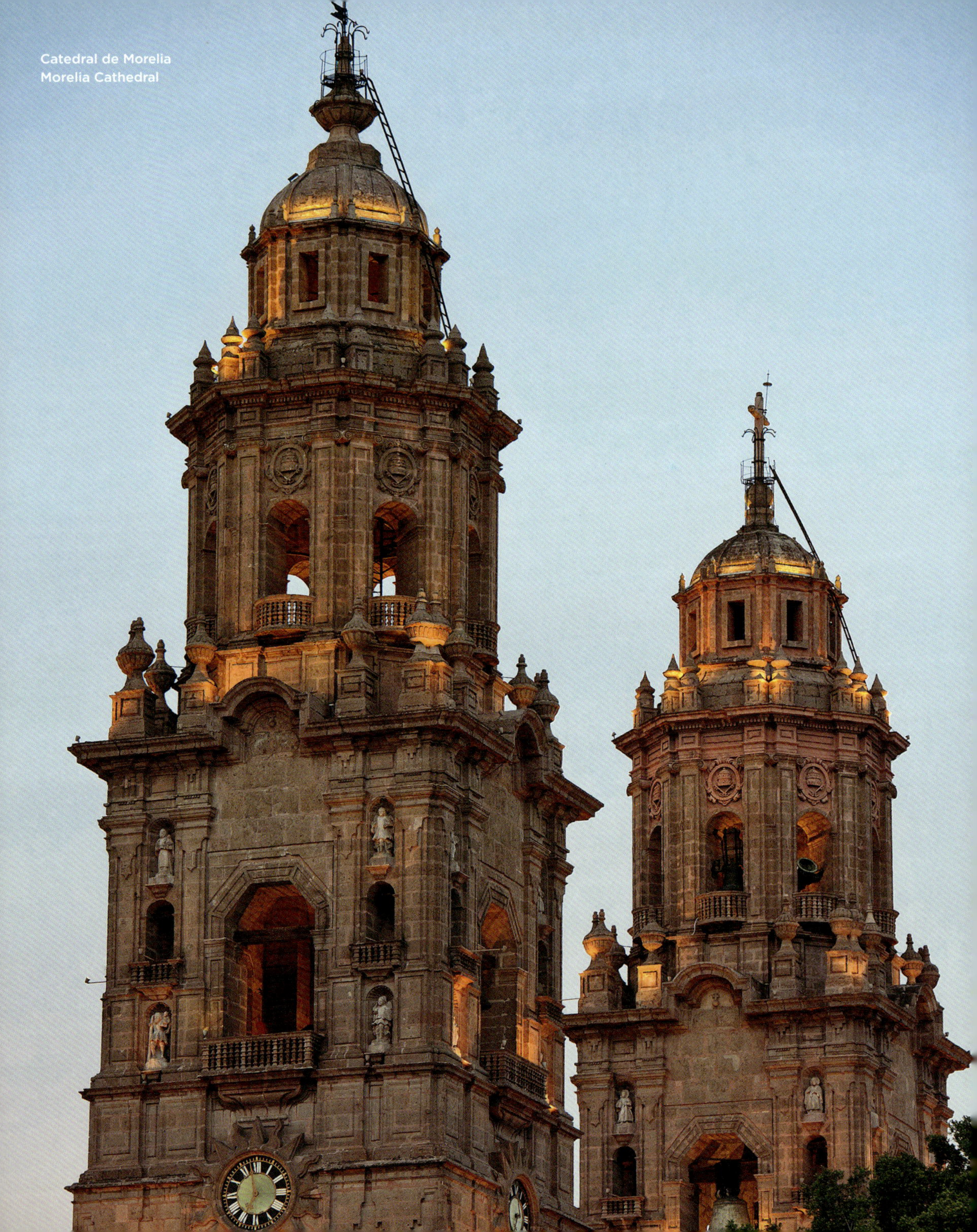
Catedral de Morelia
Morelia Cathedral

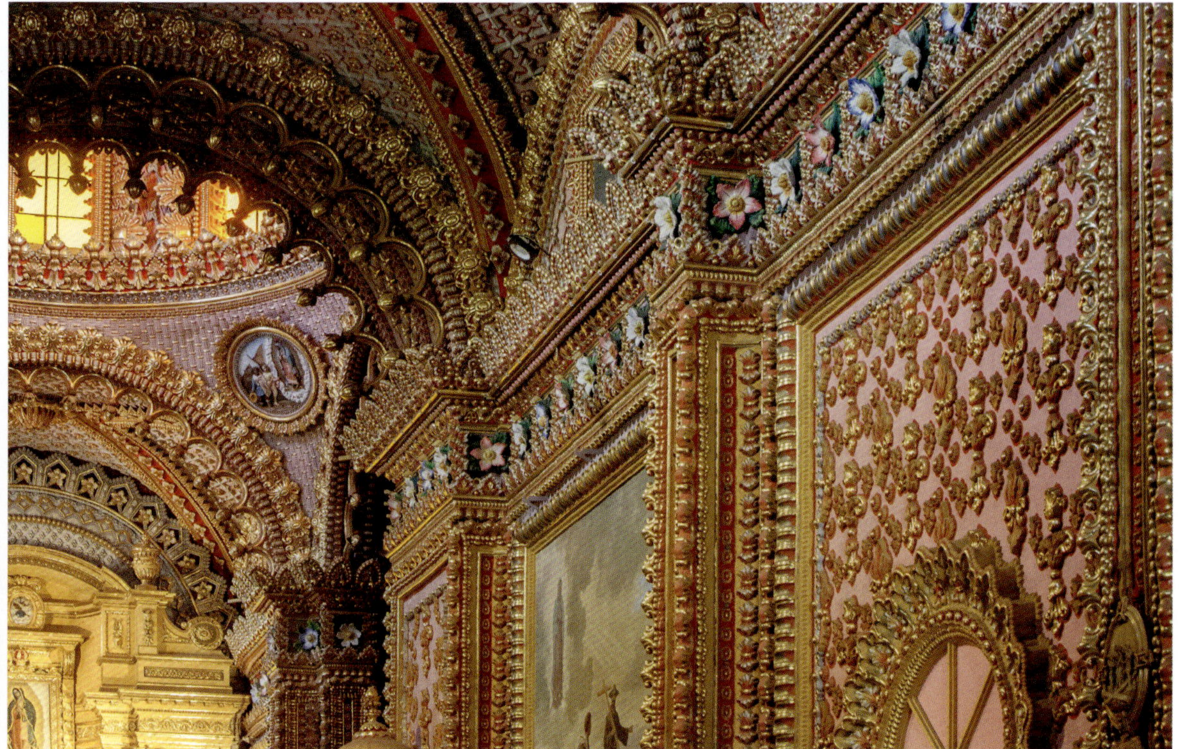

Santuario de Nuestra Señora de Guadalupe, Morelia
Sanctuary of Nuestra Señora de Guadalupe, Morelia

**Morelia**
The capital of Michoacán was moved from Pátzcuaro to Morelia in 1580 by order of the first viceroy of New Spain. The baroque cathedral houses one of the largest organs in Latin America, with over 4600 pipes, and which was made in Germany.

**Morelia**
La capitale de l'État de Michoacán a été changée en 1580, sur ordre du premier vice-roi de Nouvelle-Espagne, passant de Pátzcuaro à l'actuelle Morelia. Sa cathédrale baroque abrite l'un des plus grands orgues d'Amérique latine, doté de plus de 4600 tuyaux, de fabrication allemande.

**Morelia**
Die Hauptstadt von Michoacán wurde 1580 auf Anweisung des ersten Vizekönigs von Neuspanien von Pátzcuaro ins heutige Morelia verlegt. Die barocke Kathedrale beherbergt eine der größten Orgeln Lateinamerikas mit über 4600 Pfeifen, die in Deutschland gefertigt wurde.

**Morelia**
La capital de Michoacán se trasladó de Pátzcuaro a Morelia en 1580 por orden del primer virrey de Nueva España. La catedral barroca alberga uno de los órganos más grandes de América Latina con más de 4600 tubos fabricados en Alemania.

**Morelia**
La capitale dello stato di Michoacán fu trasferita da Pátzcuaro a Morelia nel 1541 per ordine del primo viceré di Nuova Spagna. La cattedrale barocca ospita uno dei più grandi organi dell'America Latina con oltre 4600 canne prodotte in Germania.

**Morelia**
De hoofdstad van Michoacán werd in 1580 in opdracht van de eerste onderkoning van Nieuw-Spanje van Pátzcuaro verplaatst naar Morelia. De barokke kathedraal huisvest een van de grootste orgels van Latijns-Amerika, met meer dan 4600 pijpen, die in Duitsland gemaakt werden.

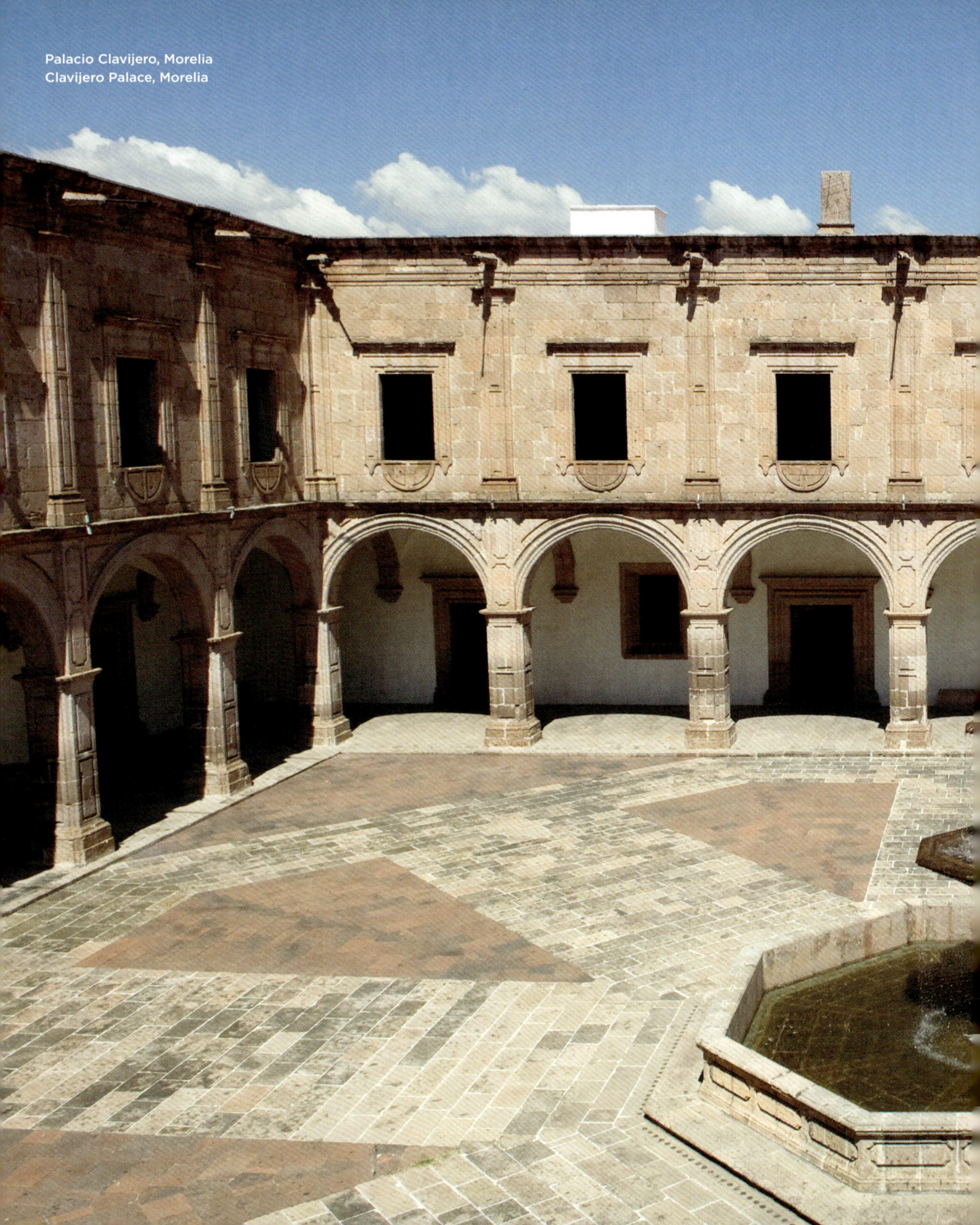

Palacio Clavijero, Morelia
Clavijero Palace, Morelia

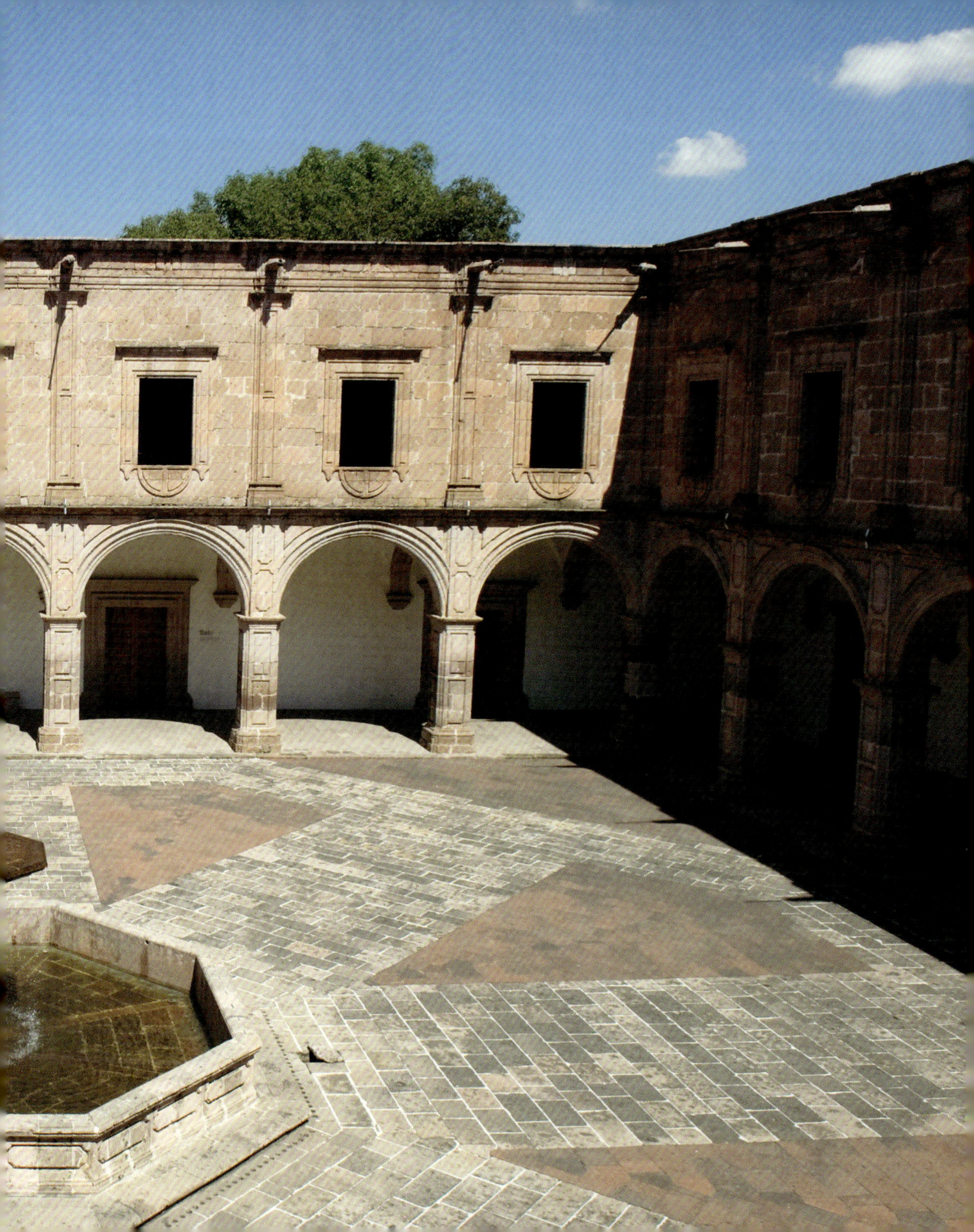

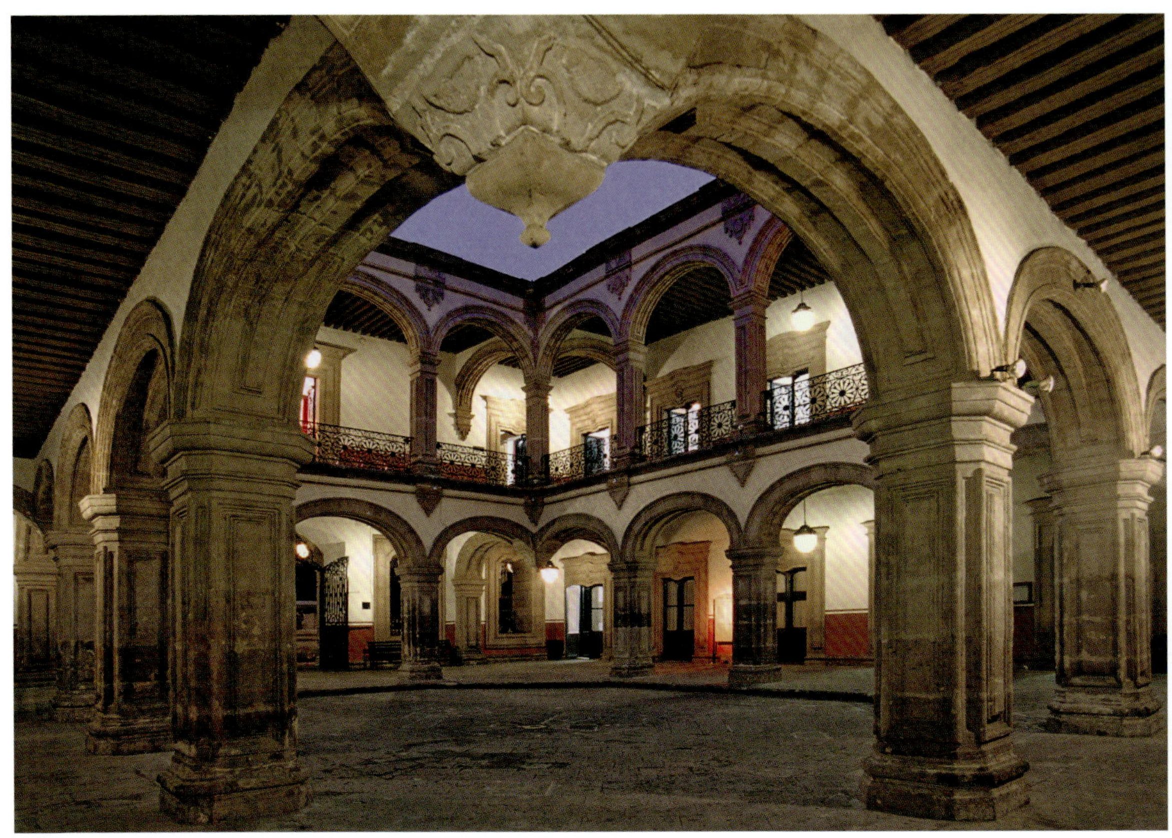

Palacio de Justicia, Morelia
Palace of Justice, Morelia

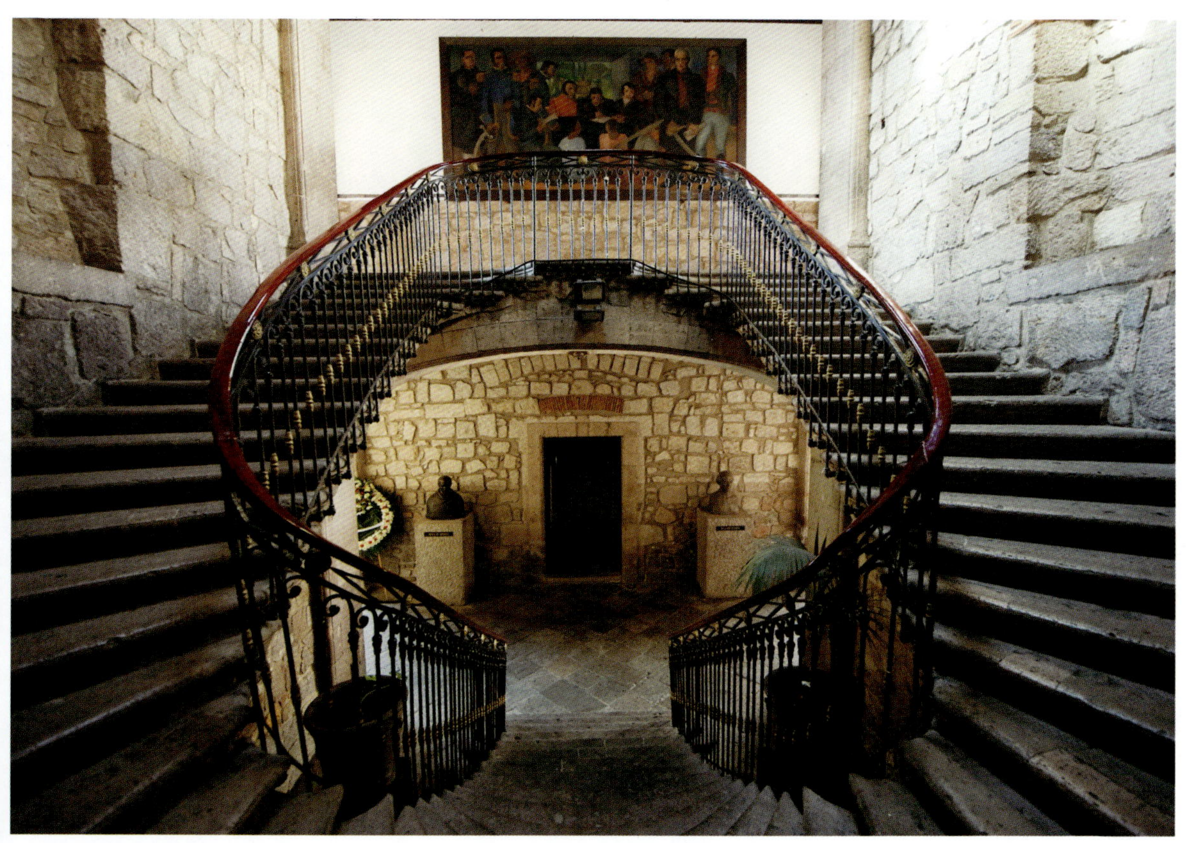

Colegio de San Nicolás, Morelia
San Nicolas College, Morelia

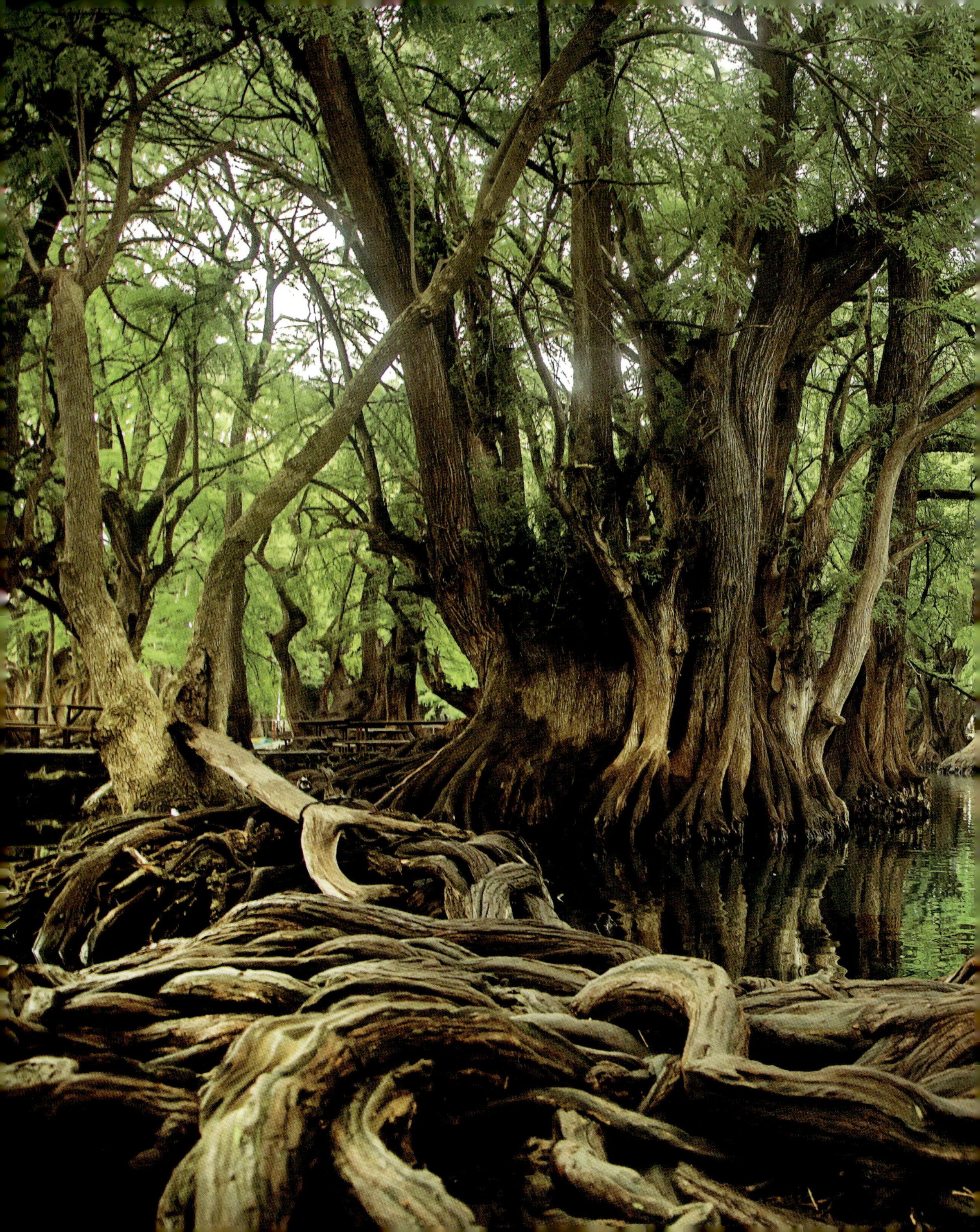

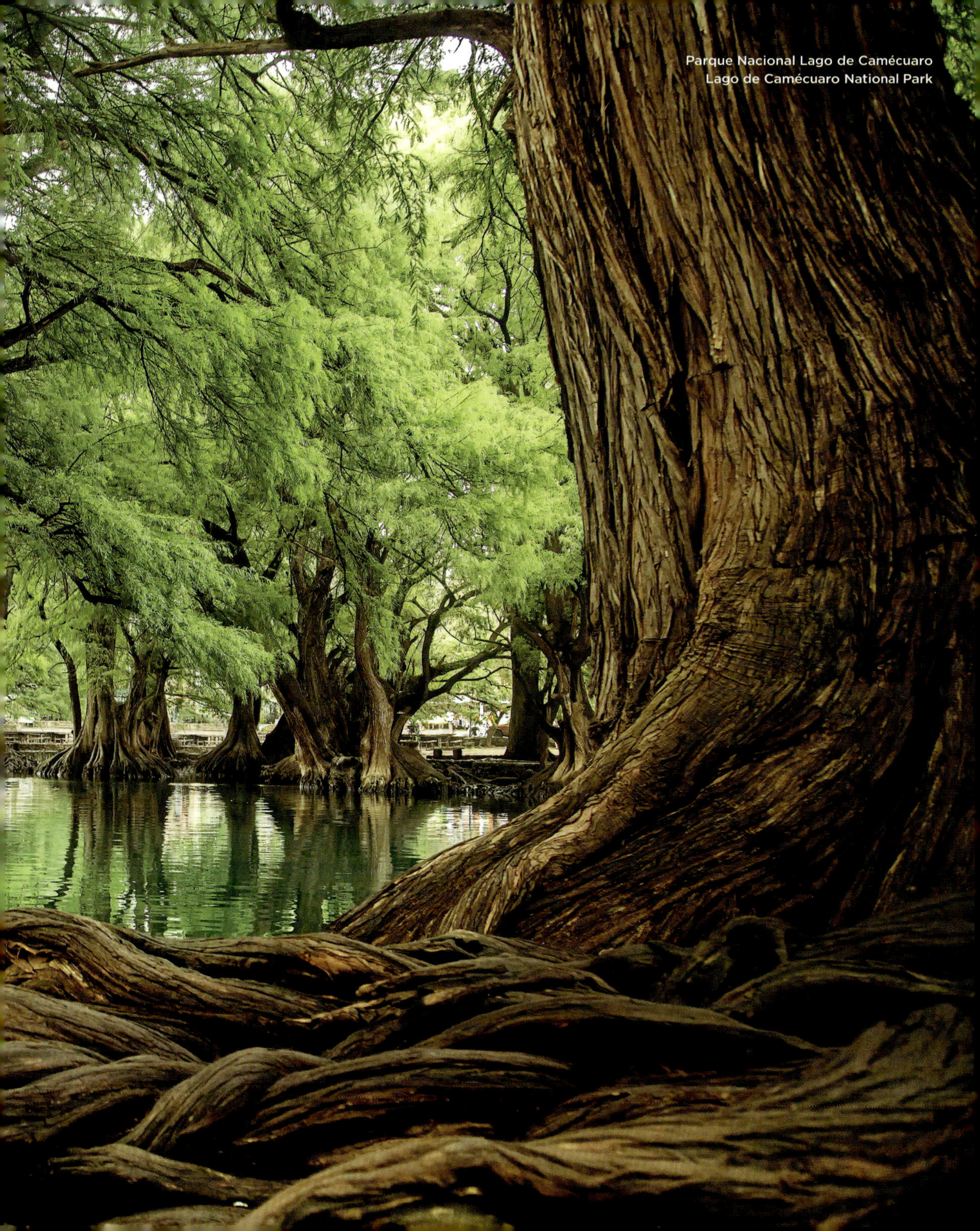

Parque Nacional Lago de Camécuaro
Lago de Camécuaro National Park

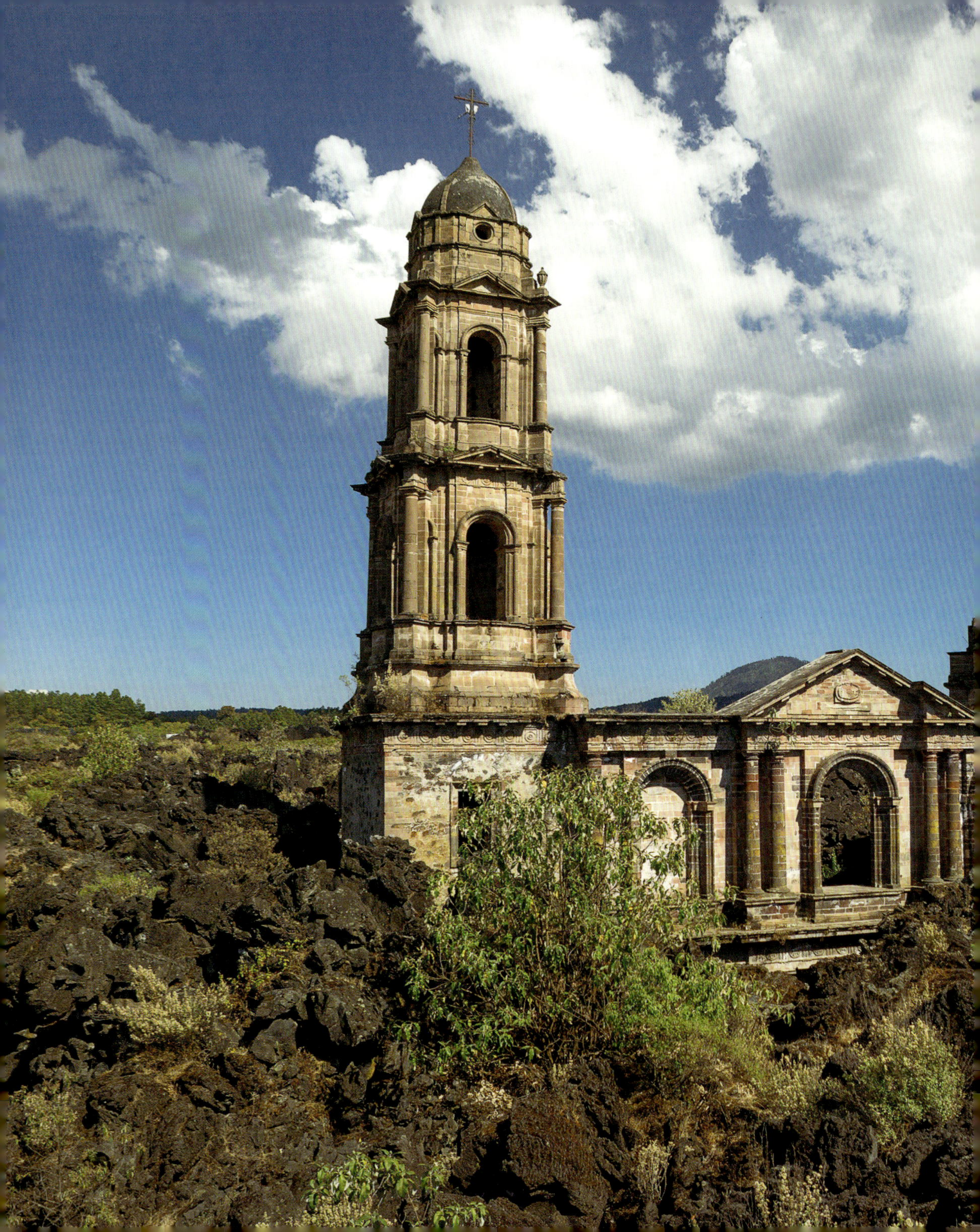

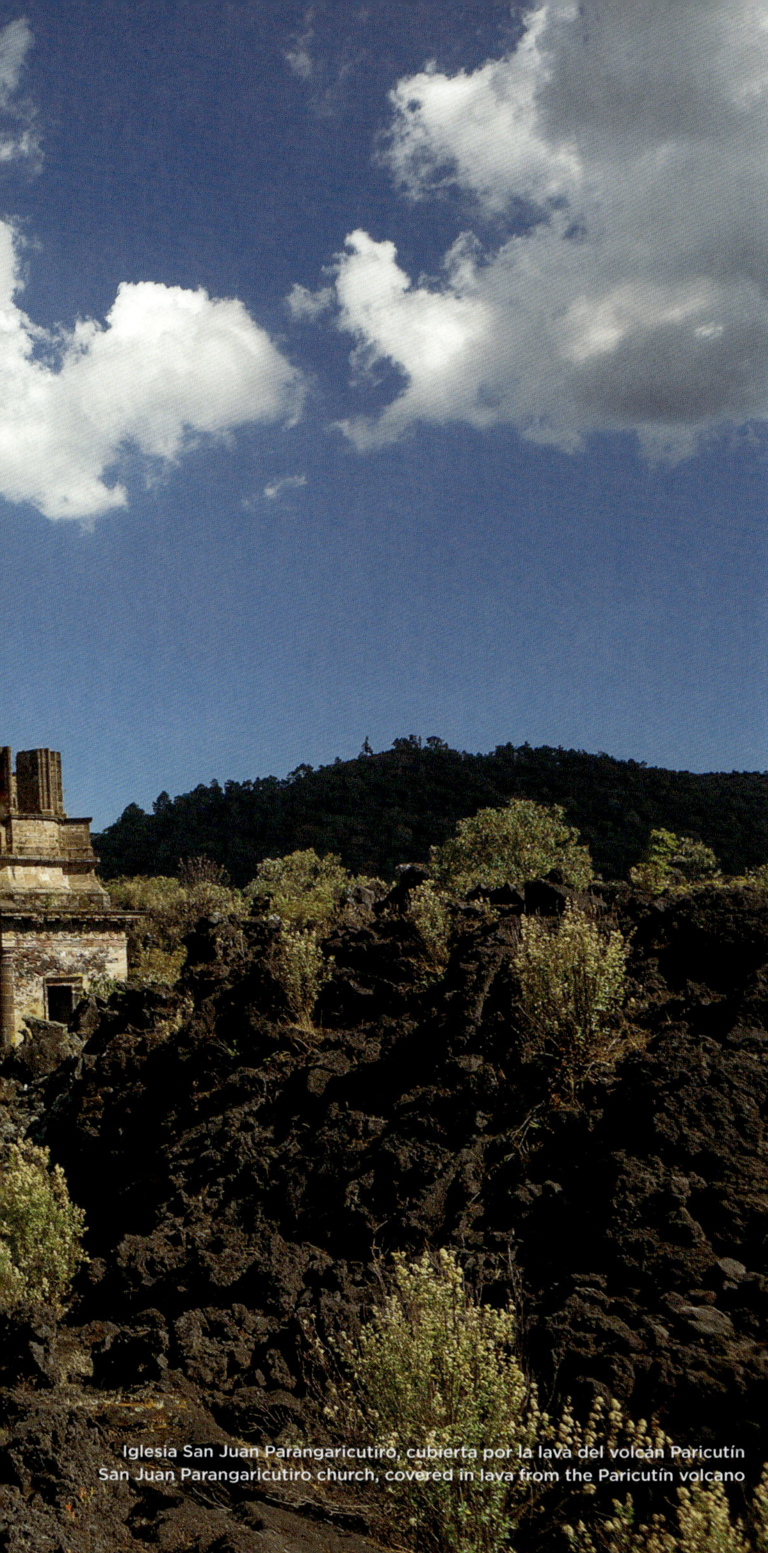
Iglesia San Juan Parangaricutiro, cubierta por la lava del volcán Paricutín
San Juan Parangaricutiro church, covered in lava from the Paricutín volcano

**Ruin of Paricutín**
On 20 February 1943, the earth opened near the city of Uruapan and spat fire. A new volcano was created. During the next nine years it was regularly active and covered the village of Paricutín under a thick layer of lava and ash. Only the church tower still protrudes from the cooled lava field.

**Les ruines de Paricutín**
Le 20 février 1943, à proximité de la ville d'Uruapan, la terre s'est ouverte et a commencé à cracher du feu. Un nouveau volcan était né. Au cours des neuf années suivantes, il a été en activité régulièrement, recouvrant progressivement le village de Paricutín d'une épaisse couche de lave et de cendres. Seul le clocher de l'église s'élève encore de ce champ de lave froide.

**Ruine von Paricutín**
Am 20. Februar 1943 öffnete sich in der Nähe der Stadt Uruapan die Erde und spuckte Feuer. Ein neuer Vulkan entstand. Im Lauf der nächsten neun Jahre war er regelmäßig aktiv und bedeckte das Dorf Paricutín unter einer dicken Schicht aus Lava und Asche. Nur der Kirchturm ragt bis heute aus dem erkalteten Lavafeld heraus.

**Ruina de Paricutín**
El 20 de febrero de 1943, la tierra se abrió cerca de la ciudad de Uruapan y escupió fuego. Se creó un nuevo volcán. Durante los siguientes nueve años estuvo regularmente activo y cubrió la aldea de Paricutín bajo una gruesa capa de lava y ceniza. Sólo la torre de la iglesia sobresale del campo de lava enfriado.

**La rovina di Paricutín**
Il 20 febbraio 1943, vicino alla città di Uruapan, la terra si è aperta ed ha cominciato a sputare fuoco. È nato un nuovo vulcano. Nei nove anni successivi mantenne una continua attività e ricoprì il villaggio di Paricutín sotto uno spesso strato di lava e cenere. Solo il campanile della chiesa sporge ancora fra la lava solidificata.

**Ruïne van Paricutín**
Op 20 februari 1943 opende de aarde zich in de buurt van de stad Uruapan en spuwde vuur. Er ontstond een nieuwe vulkaan. De daaropvolgende negen jaar was hij regelmatig actief en bedekte hij het dorp Paricutín onder een dikke laag lava en as. Alleen de kerktoren steekt nog boven het gekoelde lavaveld uit.

# Ciudad de México & Estado de México

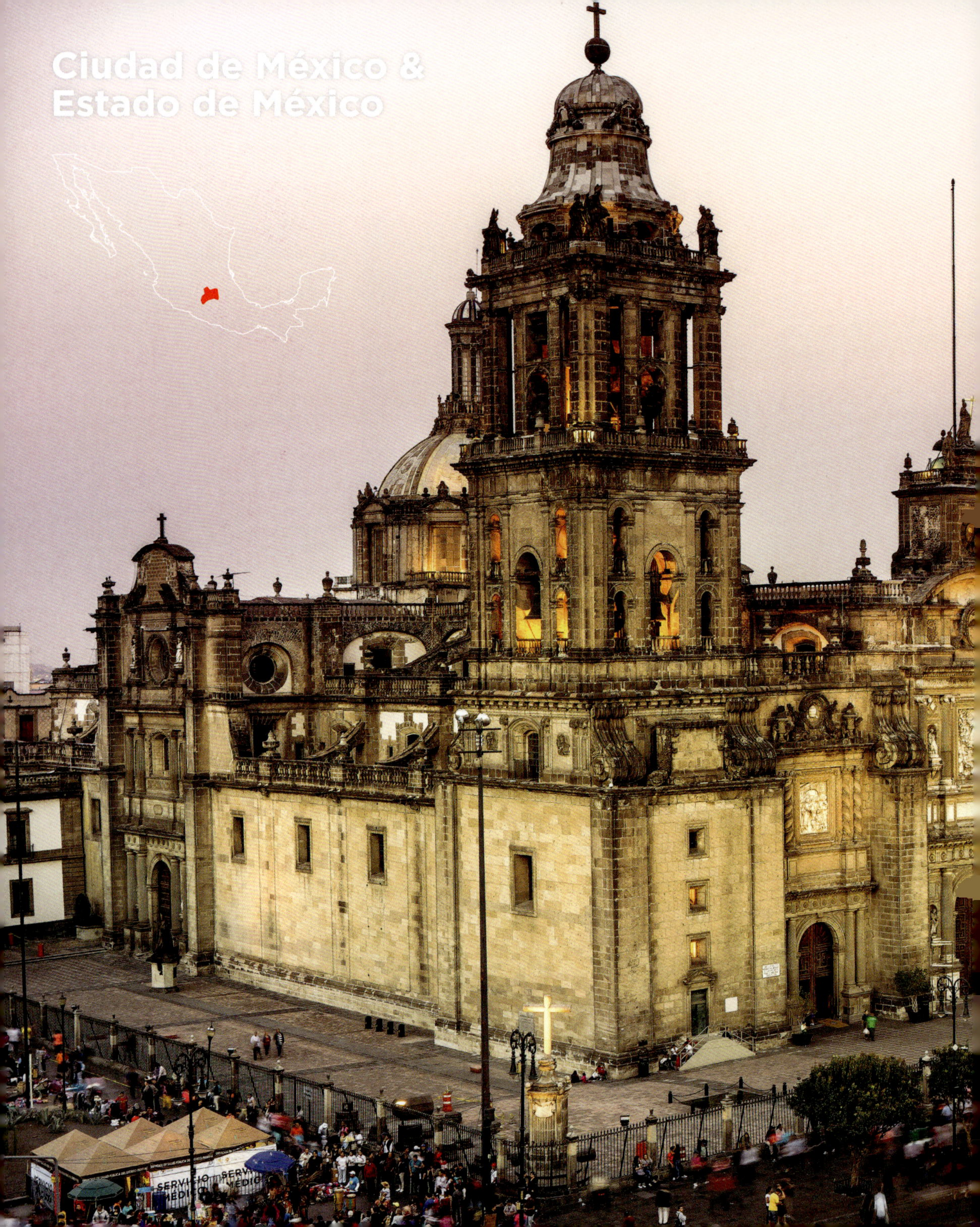

Catedral Metropolitana de la Asunción de María de la Ciudad de México
Metropolitan Cathedral of the Assumption of the Most Blessed Virgin Mary into Heaven, Mexico City

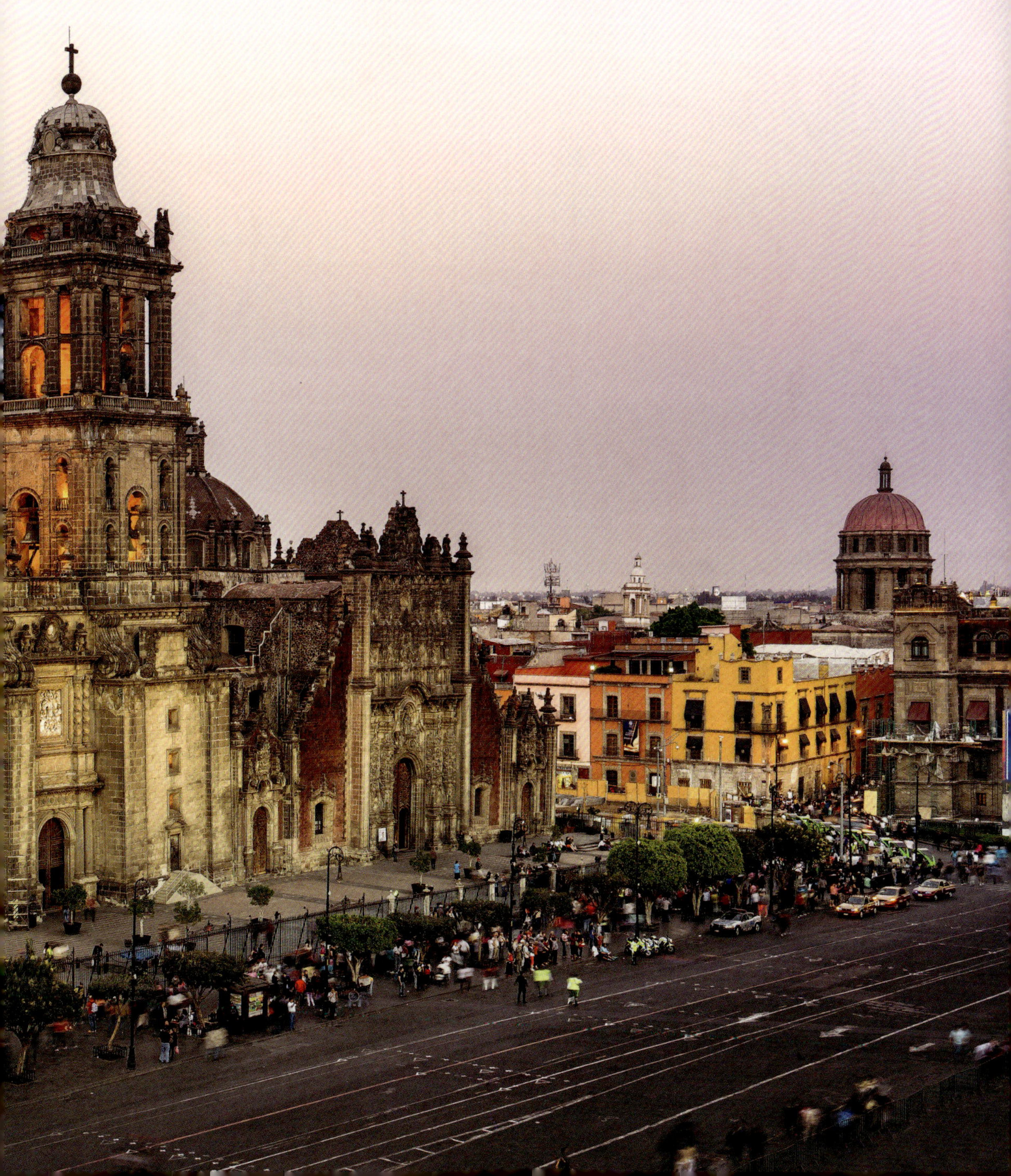

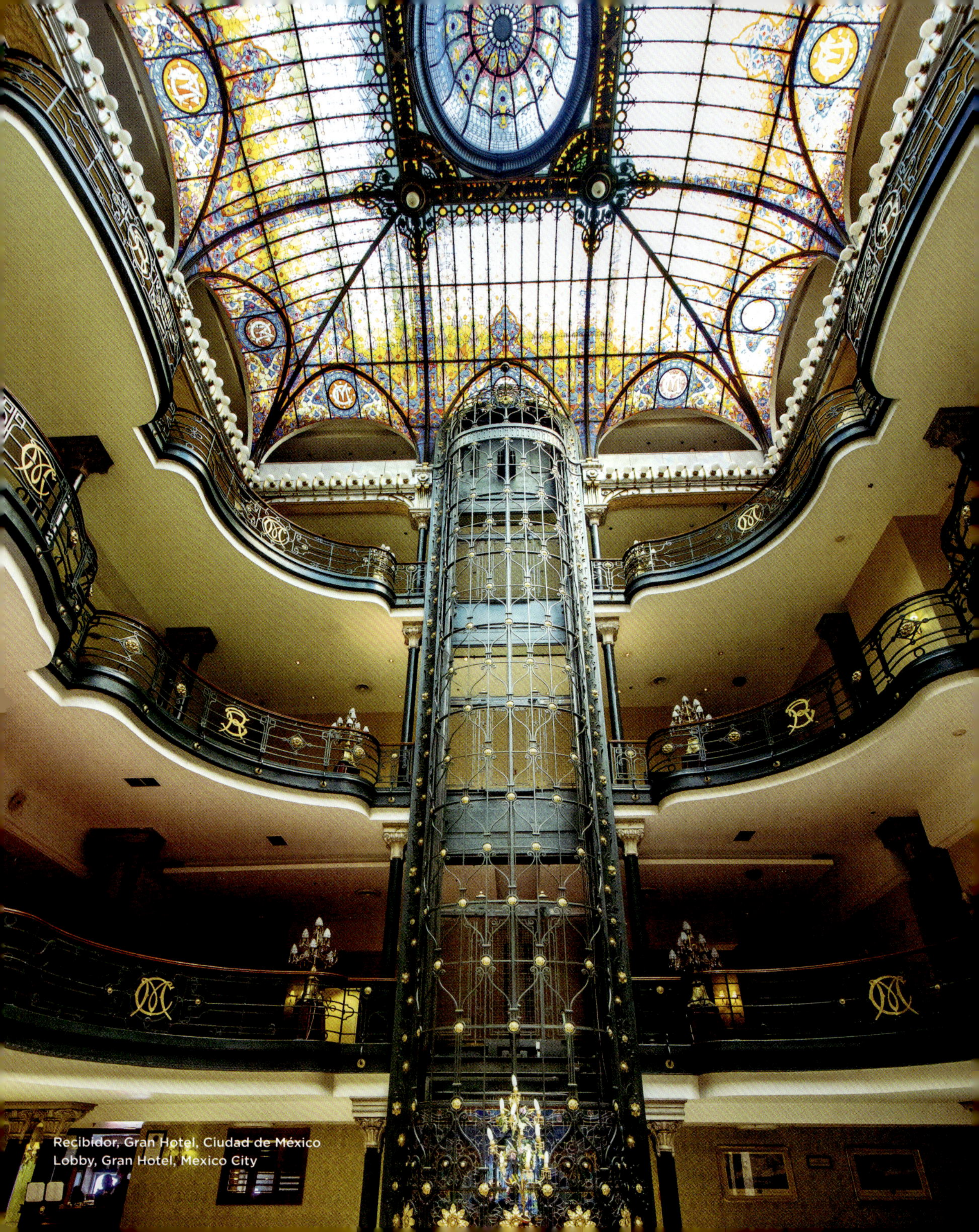

Recibidor, Gran Hotel, Ciudad de México
Lobby, Gran Hotel, Mexico City

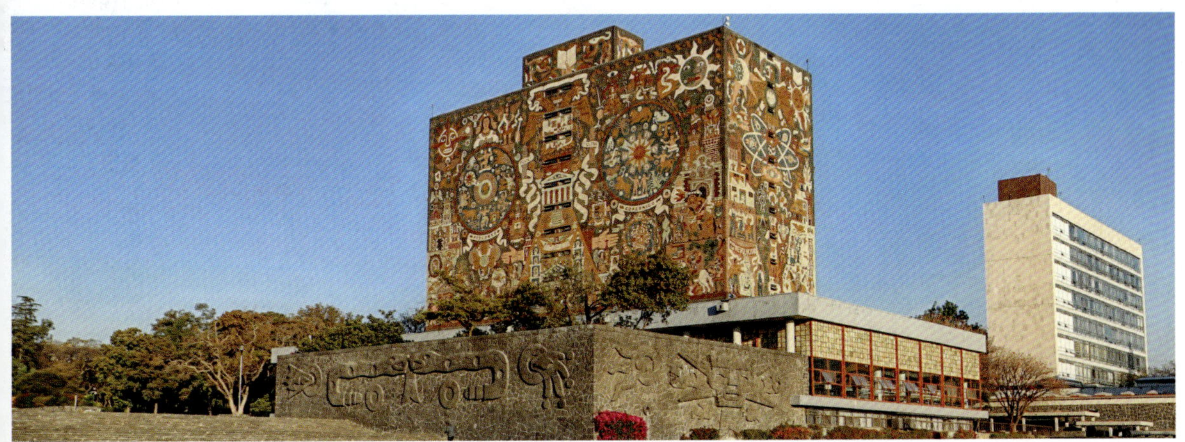

Biblioteca central de la UNAM, Ciudad de México
UNAM central library, Mexico City

**Mexico—City and State**
The independent metropolis of Mexico City borders on the state of Mexico and lies on a plateau surrounded by the majestic volcanoes Iztaccíhuatl, Popocatépetl, Ajusco and Nevado de Toluca. With more than 25 million inhabitants, the metropolitan region around the megacity is one of the most populous in the world and continues to grow. With the Plaza de Constitución and the Catedral Metropolitana, Mexico City has one of the largest squares in the world and the largest cathedral in the Americas. Besides historical buildings, modern high-rise buildings, numerous museums and concert halls, this city of superlatives surprises time and again, with extensive gardens and parks that form green oases.

**México - Ciudad y Estado**
La metrópoli independiente de la Ciudad de México limita con el Estado de México y se encuentra en una meseta rodeada por los majestuosos volcanes Iztaccíhuatl, Popocatépetl, Ajusco y Nevado de Toluca. Con más de 25 millones de habitantes, la región metropolitana alrededor de la megaciudad es una de las más pobladas del mundo y sigue creciendo. Con la Plaza de la Constitución y la Catedral Metropolitana, la Ciudad de México alberga una de las plazas más grandes del mundo y la catedral más grande de América. Además de edificios históricos, modernos rascacielos, numerosos museos y salas de conciertos, la ciudad de los superlativos sorprende una y otra vez con extensos jardines y parques que forman oasis verdes.

**Mexico - ville et État fédéral**
La Ville de Mexico est limitrophe de l'État de Mexico et elle se situe sur un plateau, entourée de volcans majestueux : l'Iztaccíhuatl, le Popocatépetl, l'Ajusco et le Nevado de Toluca. La mégapole qui entoure cette ville énorme est, avec plus de 25 millions d'habitants, l'une des plus peuplées du monde, et elle ne cesse de croître. Avec la plaza de Constitución et la cathédrale métropolitaine, Mexico possède l'une des plus grandes places du monde et la plus grande cathédrale d'Amérique latine. Au milieu des monuments historiques, des gratte-ciel modernes, des multiples musées et des salles de concert, cette ville des superlatifs surprend également avec de vastes jardins et de grands parcs, qui constituent de véritables oasis.

**Messico - Città e Stato**
La metropoli indipendente di Città del Messico confina con lo stato del Messico e si trova su un altopiano circondato dai maestosi vulcani Iztaccíhuatl, Popocatépetl, Ajusco e Nevado de Toluca. Con oltre 25 milioni di abitanti, la regione metropolitana intorno alla megalopoli è una delle più popolate del pianeta e continua a crescere. Con la Plaza de Constitución e la Catedral Metropolitana, Città del Messico ha una delle piazze più grandi del mondo e la più grande cattedrale dell'America Latina. Oltre a edifici storici, moderni grattacieli, numerosi musei e sale da concerto, questa città sempre citata con superlativi sorprende anche per i vasti giardini ed i grandi parchi che formano delle vere oasi di verde.

**Mexiko - Stadt und Bundestaat**
Die eigenständige Metropole Mexiko-Stadt grenzt an den Bundesstaat México und liegt auf einer Hochebene, eingerahmt von den majestätischen Vulkanen Iztaccíhuatl, Popocatépetl, Ajusco und Nevado de Toluca. Die Metropolregion um die Megacity ist mit über 25 Millionen Einwohnern eine der bevölkerungsreichsten der Erde und wächst stetig weiter. Mit der Plaza de Constitución und der Catedral Metropolitana besitzt Mexiko-Stadt einen der größten Plätze der Welt und die größte Kathedrale Amerikas. Neben historischen Bauten, modernen Hochhäusern, zahlreichen Museen und Konzertsälen überrascht die Stadt der Superlative immer wieder mit ausgedehnten Gärten und Parkanlagen, die grüne Oasen bilden.

**Mexico - stad en staat**
De onafhankelijke metropool Mexico-Stad grenst aan de staat México en ligt op een hoogvlakte omlijst door de majestueuze vulkanen Iztaccíhuatl, Popocatépetl, Ajusco en Nevado de Toluca. Met meer dan 25 miljoen inwoners is de metropoolregio rond de megastad een van de dichtstbevolkte ter wereld, en hij blijft groeien. Met het Plaza de Constitución en de Catedral Metropolitana bezit Mexico-Stad een van de grootste pleinen ter wereld en de grootste kathedraal van Amerika. Naast historische gebouwen, moderne hoogbouw, tal van musea en concertzalen verrast de stad van de superlatieven keer op keer met uitgestrekte plantsoenen en parken die groene oases vormen.

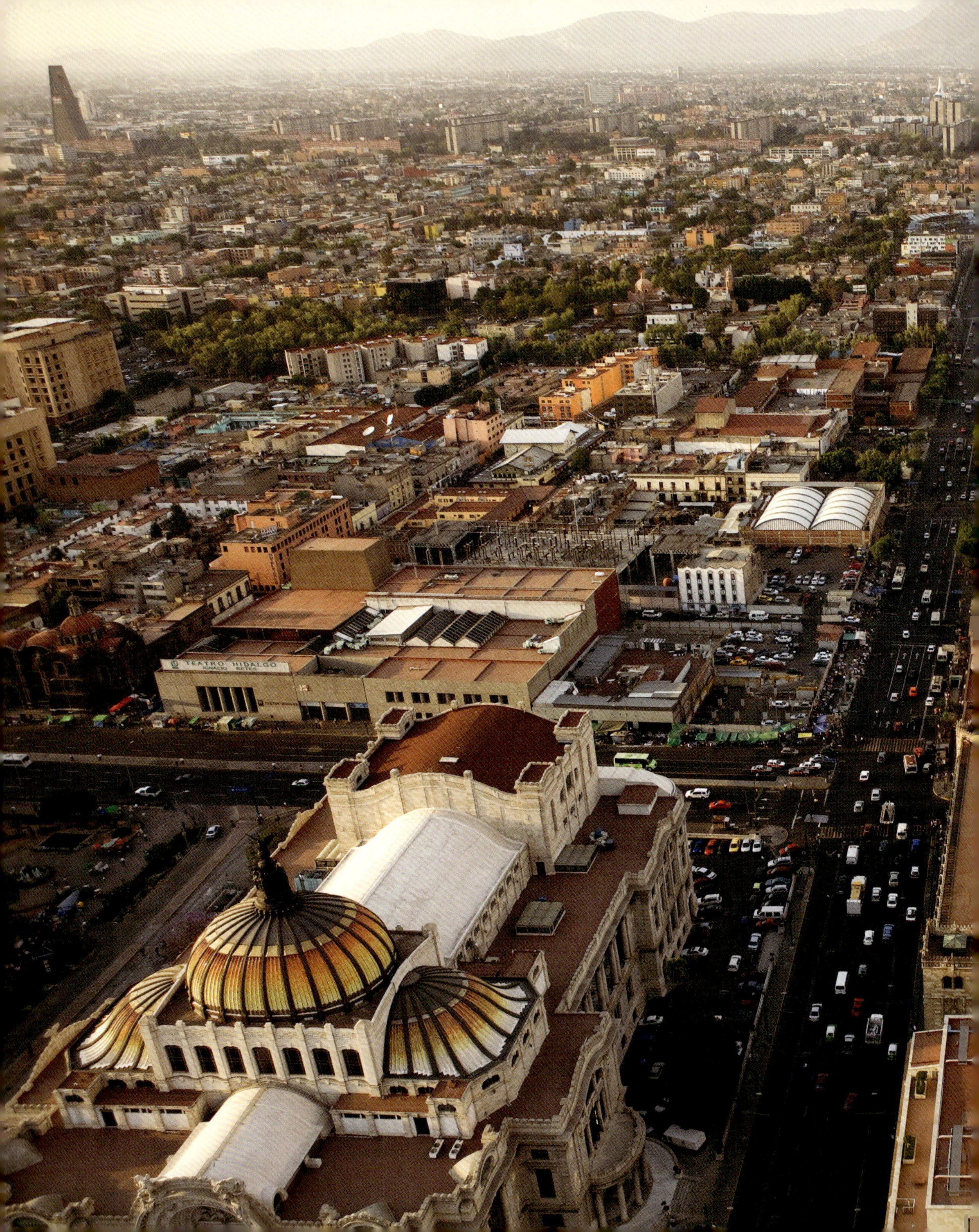
TEATRO HIDALGO

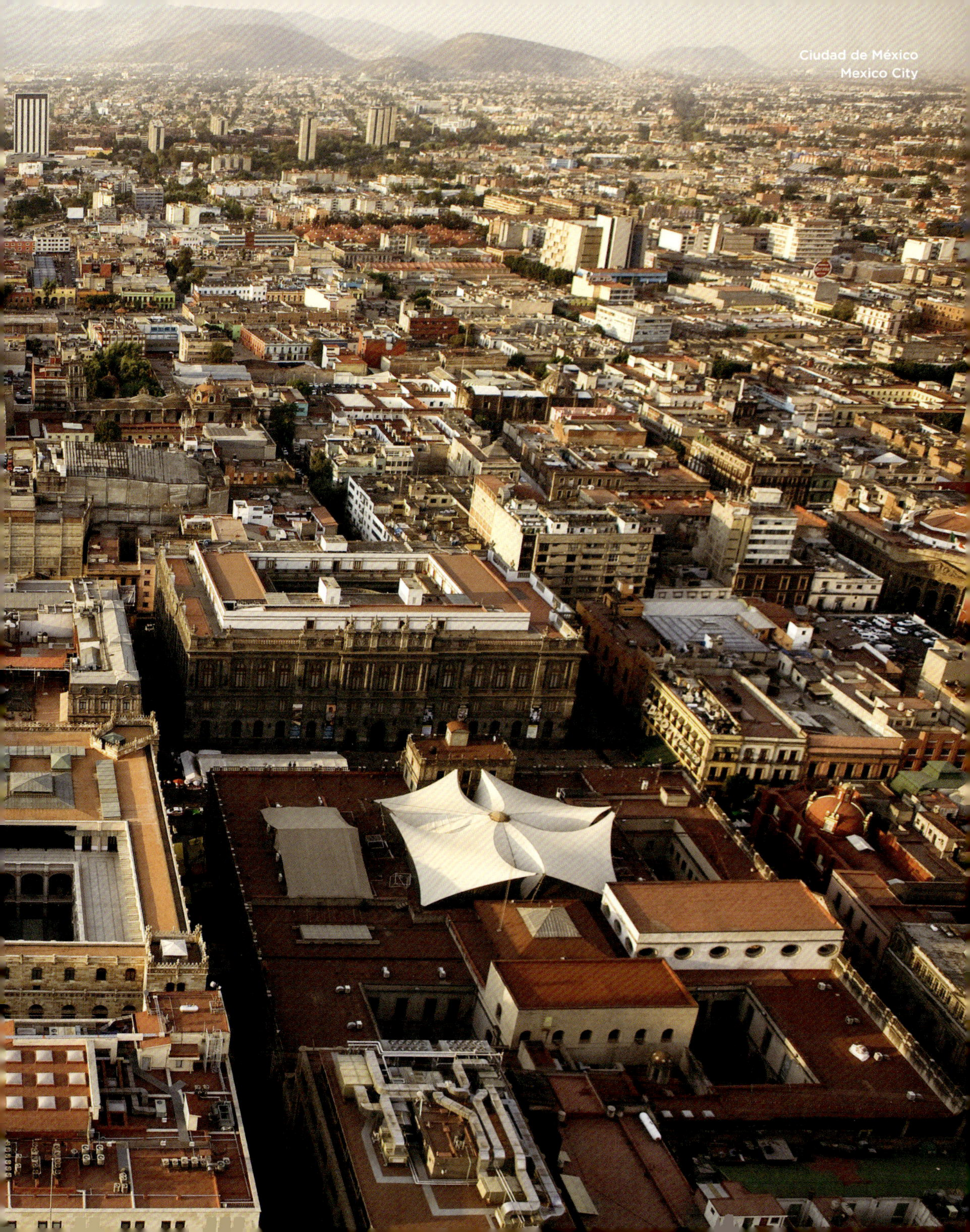

Ciudad de México
Mexico City

Museo Soumaya, Ciudad de México
Soumaya Museum, Mexico City

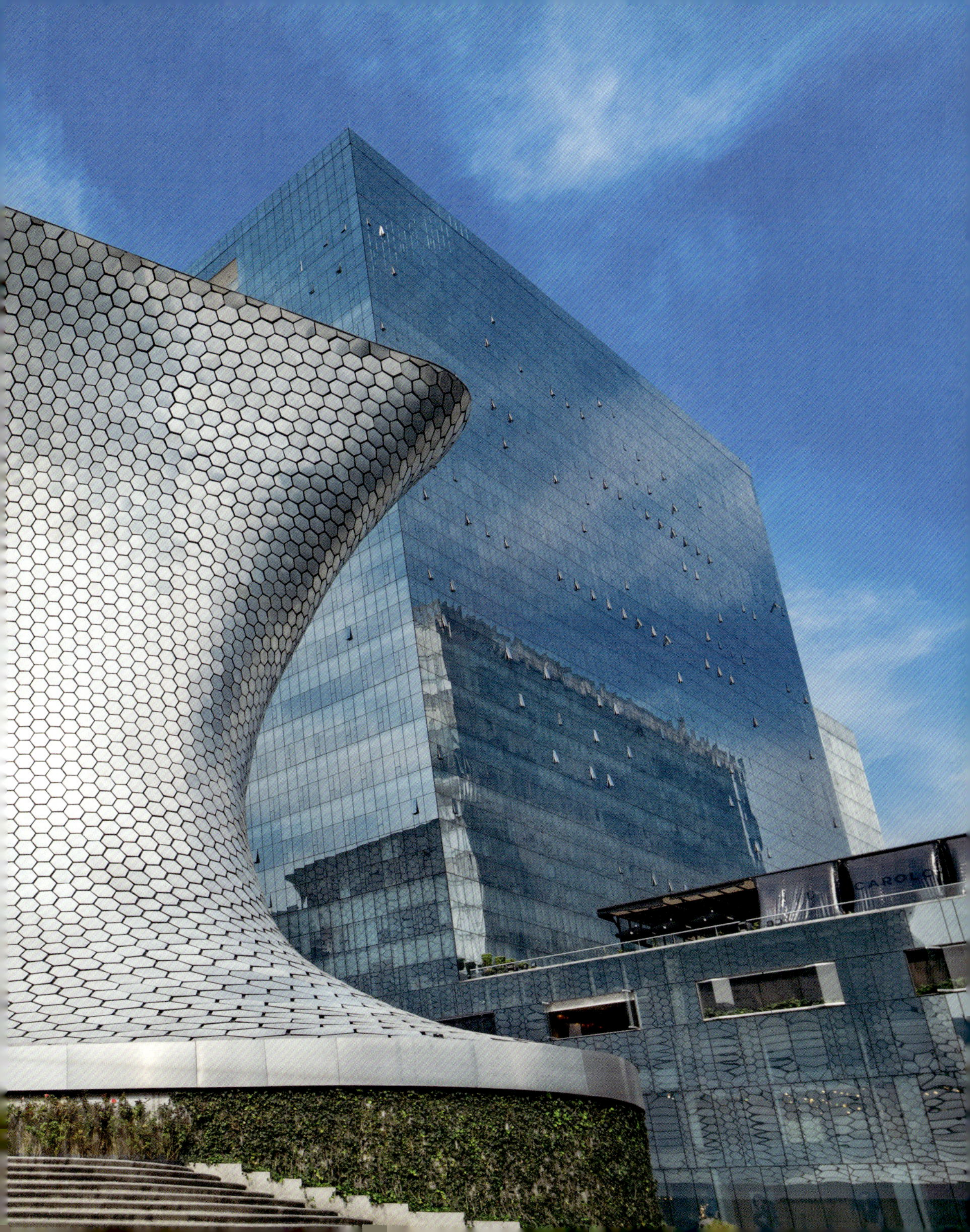

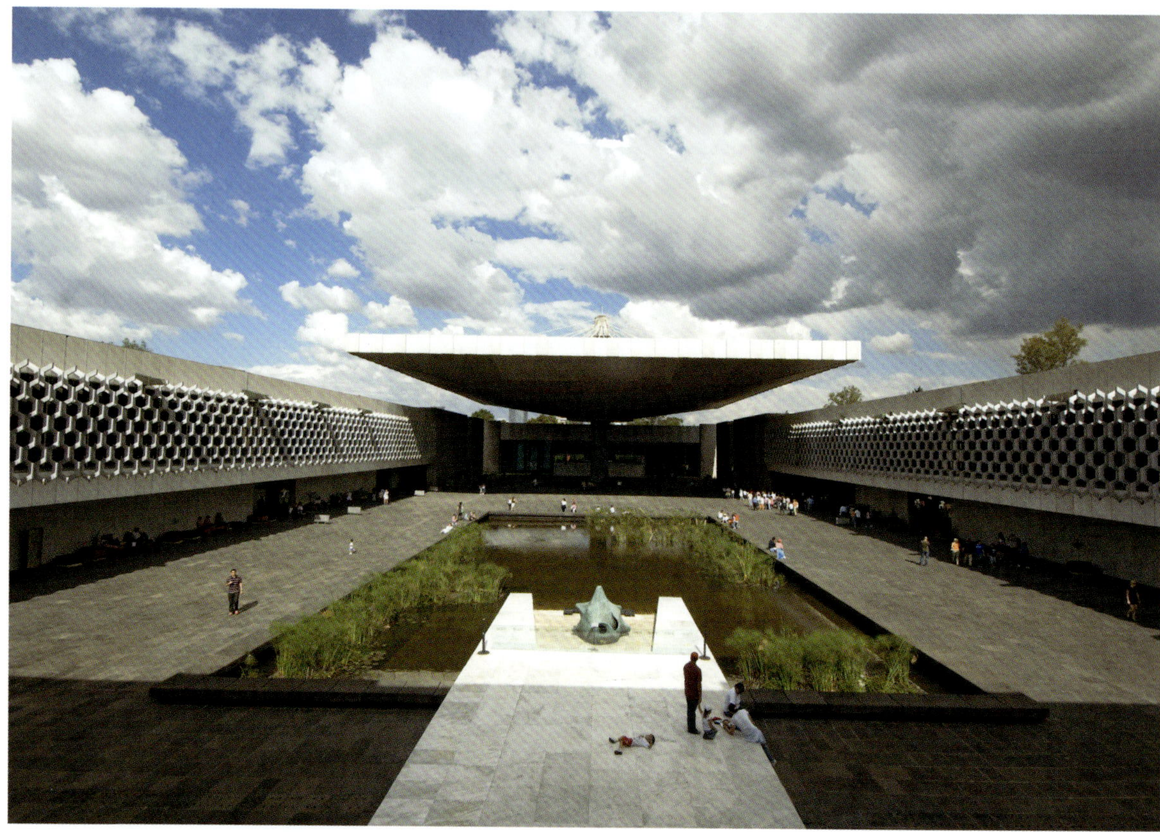

Patio del Museo Nacional de Antropología, Ciudad de México
Courtyard of the National Anthropological Museum, Mexico City

**Unsteady substrate**
Built on the ruins of the Aztec city of Tenochtitlán and thus on a dry lake, Mexico City is today even more threatened by subsidence of the ground than other metropolises in the world. In some places buildings have already sunk several meters deep. The Palacio de Bellas Artes, for example, is already four meters (13 ft) lower today than when it was completed in 1934, despite elaborate support experiments.

**Un sous-sol instable**
D'abord construite sur les ruines de la ville aztèque de Tenochtitlán, puis agrandie sur l'emplacement d'un lac asséché, la ville de Mexico est, davantage encore que les autres grandes villes du monde, menacée d'affaissements de terrain. À certains endroits, les bâtiments se sont déjà enfoncés de plusieurs mètres. Le Palais des beaux-arts, notamment, malgré de coûteuses tentatives de consolidation, se trouve déjà quatre mètres plus bas que lors de son inauguration en 1934.

**Unbeständiger Untergrund**
Einst auf den Ruinen der Aztekenstadt Tenochtitlán und damit auf einem ausgetrockneten See erbaut, ist Mexiko-Stadt heute noch stärker als andere Metropolen der Welt vom Absacken des Untergrundes bedroht. An einigen Stellen sind Gebäude bereits mehrere Meter tief abgesunken. Der Palacio de Bellas Artes beispielsweise steht heute trotz aufwändiger Stützversuche bereits vier Meter tiefer als bei seiner Fertigstellung 1934.

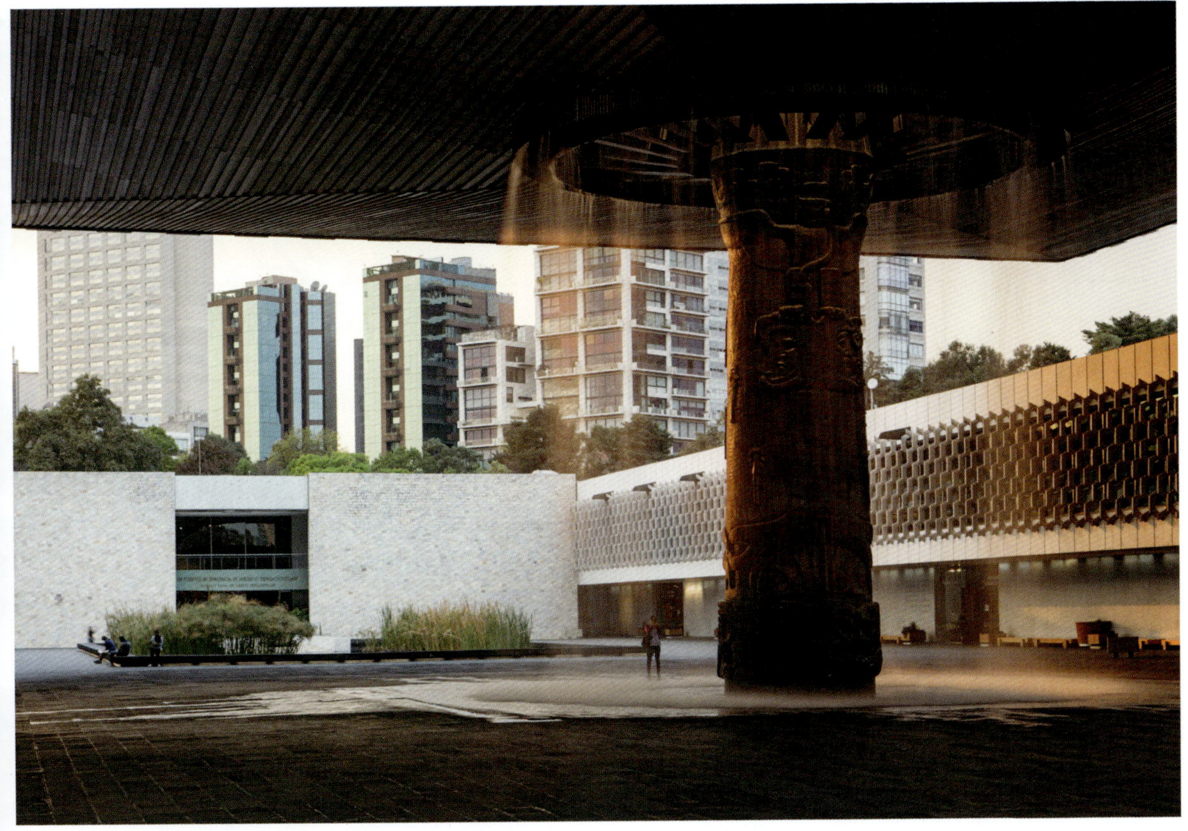

Fuente en el Museo Nacional de Antropología, Ciudad de México
Fountain in the National Anthropological Museum, Mexico City

**Subsuelo inestable**
Una vez construida sobre las ruinas de la ciudad azteca de Tenochtitlán y por lo tanto sobre un lago seco, la Ciudad de México está hoy en día aún más amenazada por el hundimiento del subsuelo que otras metrópolis del mundo. En algunos lugares los edificios ya se han hundido varios metros de profundidad. El Palacio de Bellas Artes, por ejemplo, ya está cuatro metros más bajo hoy que cuando se terminó de construir en 1934, a pesar de los elaborados intentos de soporte.

**Substrato instabile**
Un tempo costruita sulle rovine della città azteca di Tenochtitlán e poi ingrandita su un lago asciutto, Città del Messico, rispetto ad altre grande città del mondo, è minacciata dal cedimento del sottosuolo. In alcuni luoghi gli edifici sono già affondati a diversi metri di profondità. Il Palacio de Bellas Artes, ad esempio, è già oggi quattro metri più basso di quando fu completato nel 1934, nonostante gli elaborati tentativi di sostegno.

**Instabiele ondergrond**
Mexico-Stad, ooit gebouwd op de ruïnes van de Aztekenstad Tenochtitlán en dus op een opgedroogd meer, wordt tegenwoordig nog meer bedreigd door bodemverzakking dan andere metropolen in de wereld. Op sommige plaatsen zijn gebouwen al enkele meters verzakt. Het Palacio de Bellas Artes staat nu bijvoorbeeld al vier meter lager dan toen het in 1934 werd voltooid, ondanks uitgebreide stutpogingen.

Palacio de Bellas Artes, Ciudad de México
Palace of Fine Arts, Mexico City

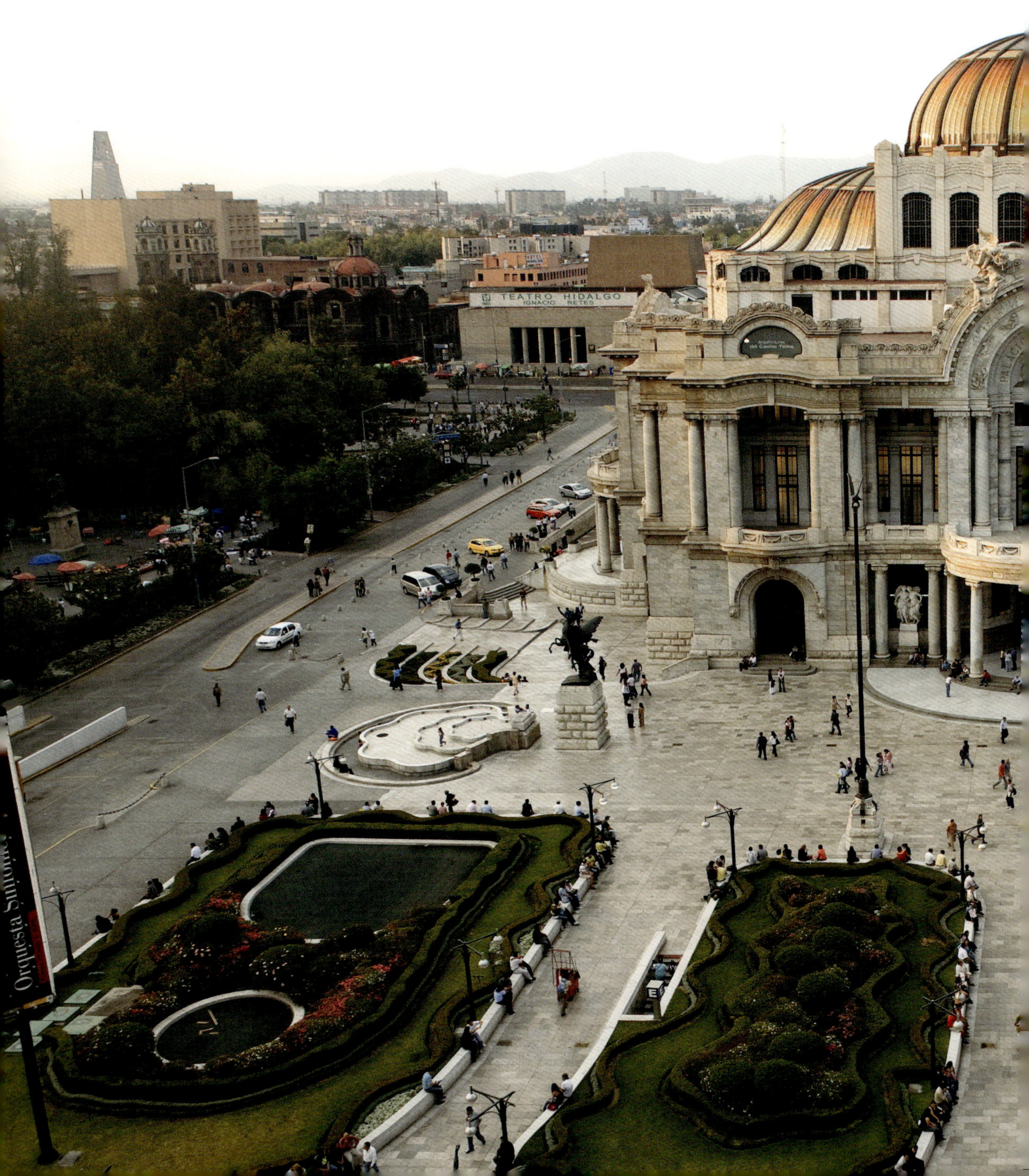

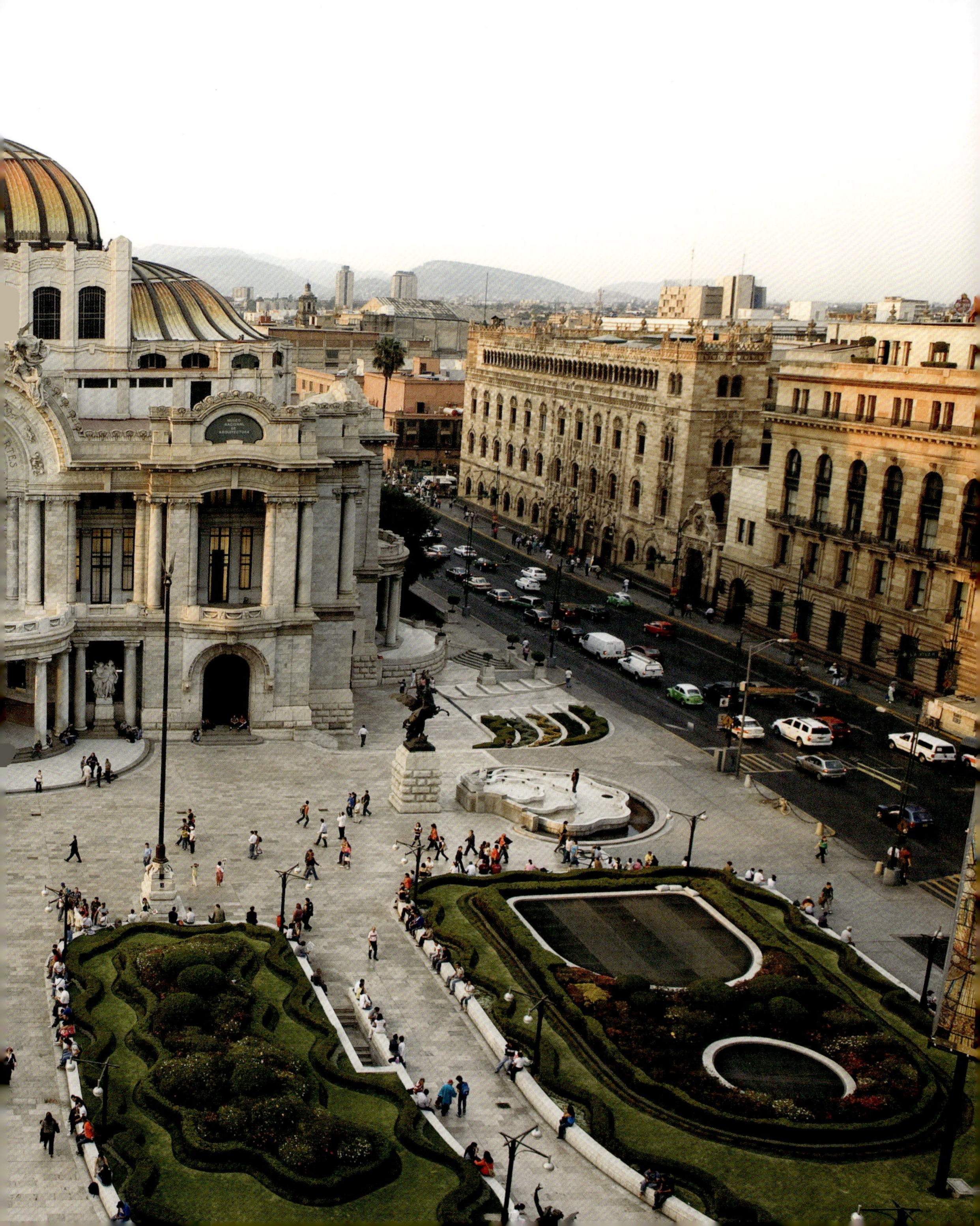

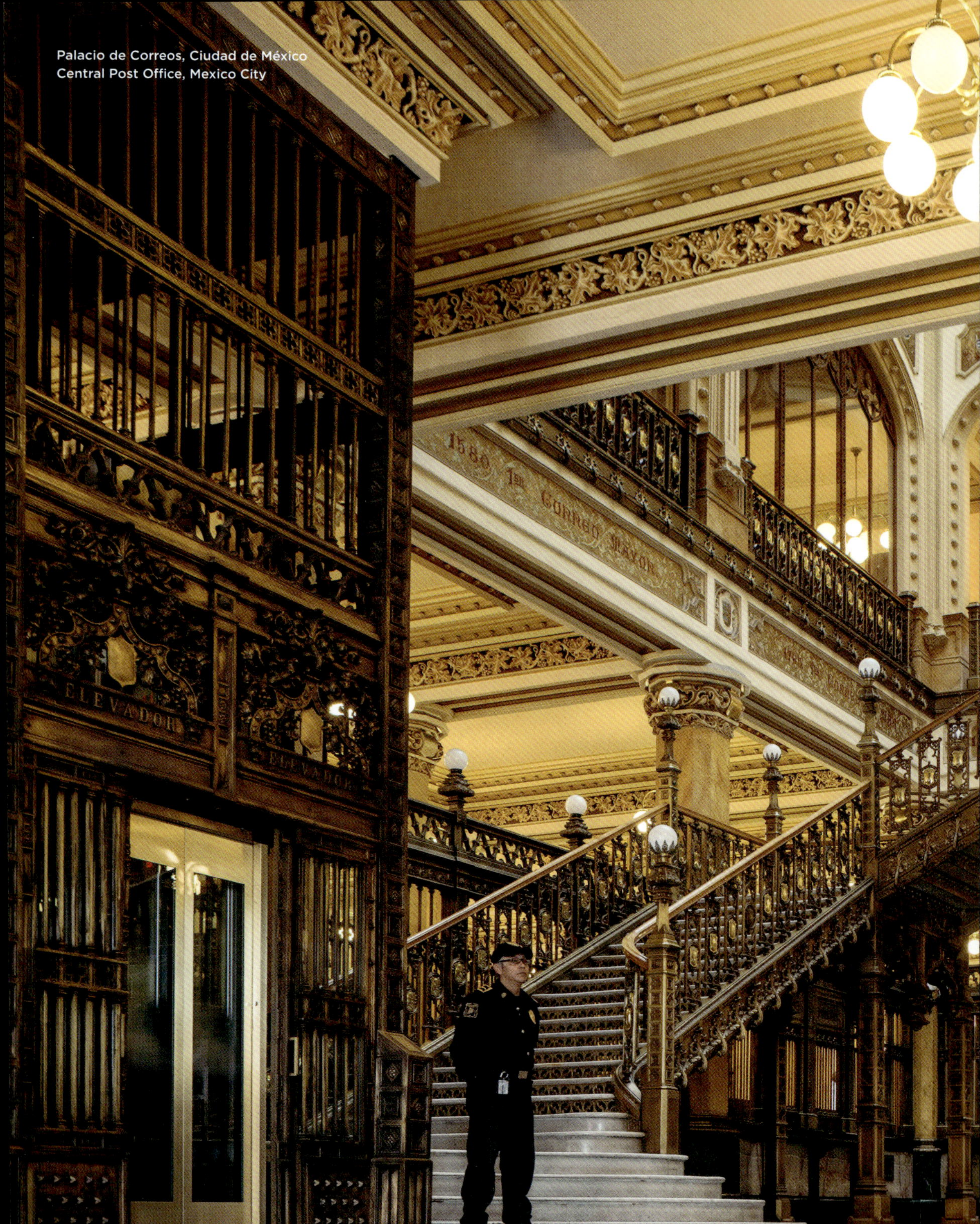


Palacio de Correos, Ciudad de México
Central Post Office, Mexico City

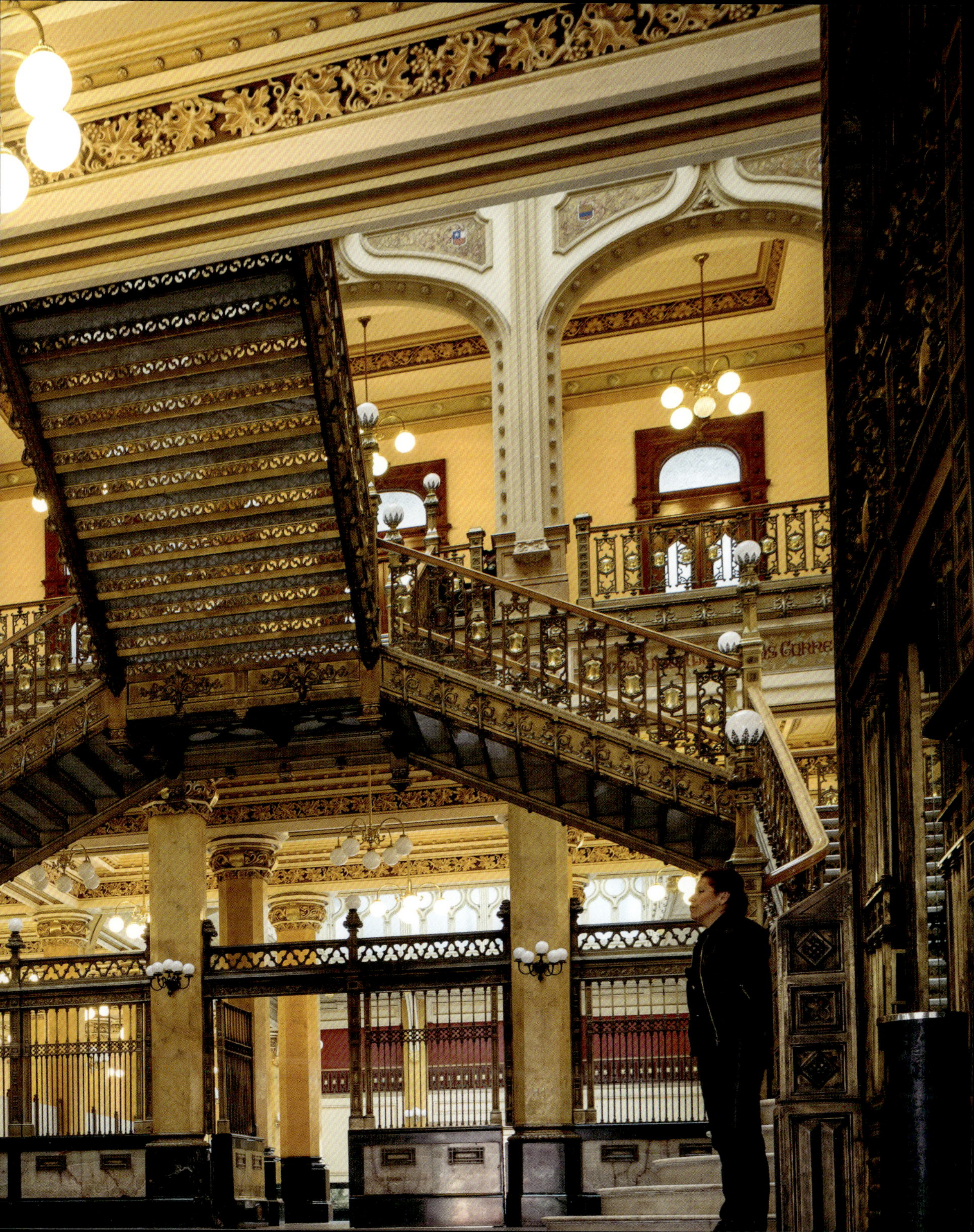

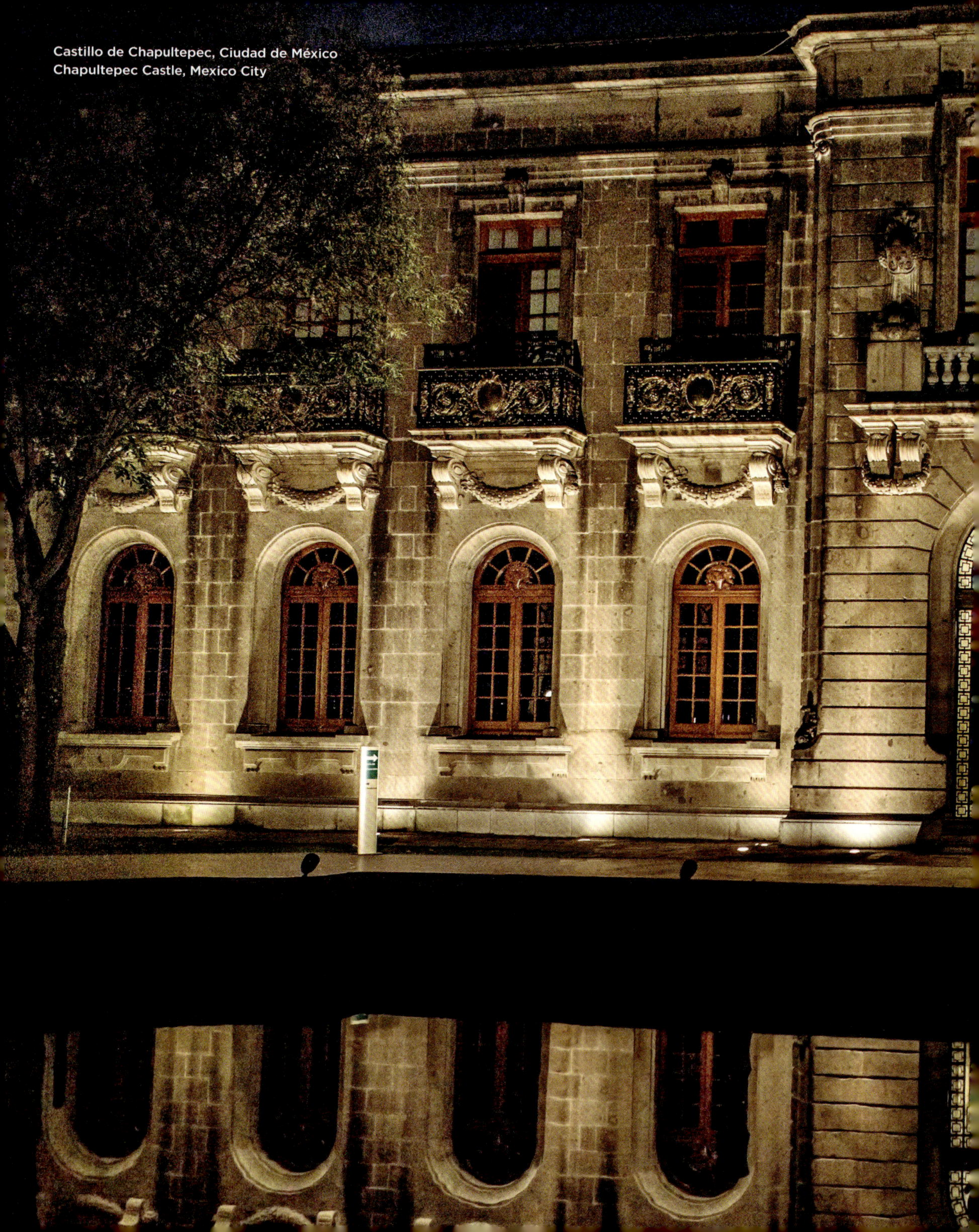

Castillo de Chapultepec, Ciudad de México
Chapultepec Castle, Mexico City

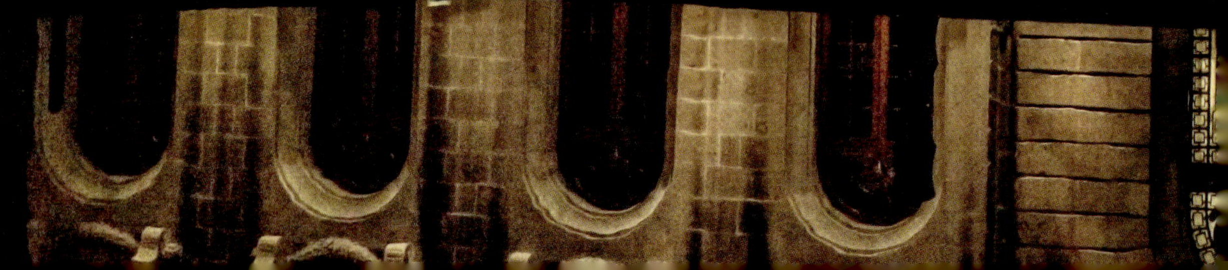

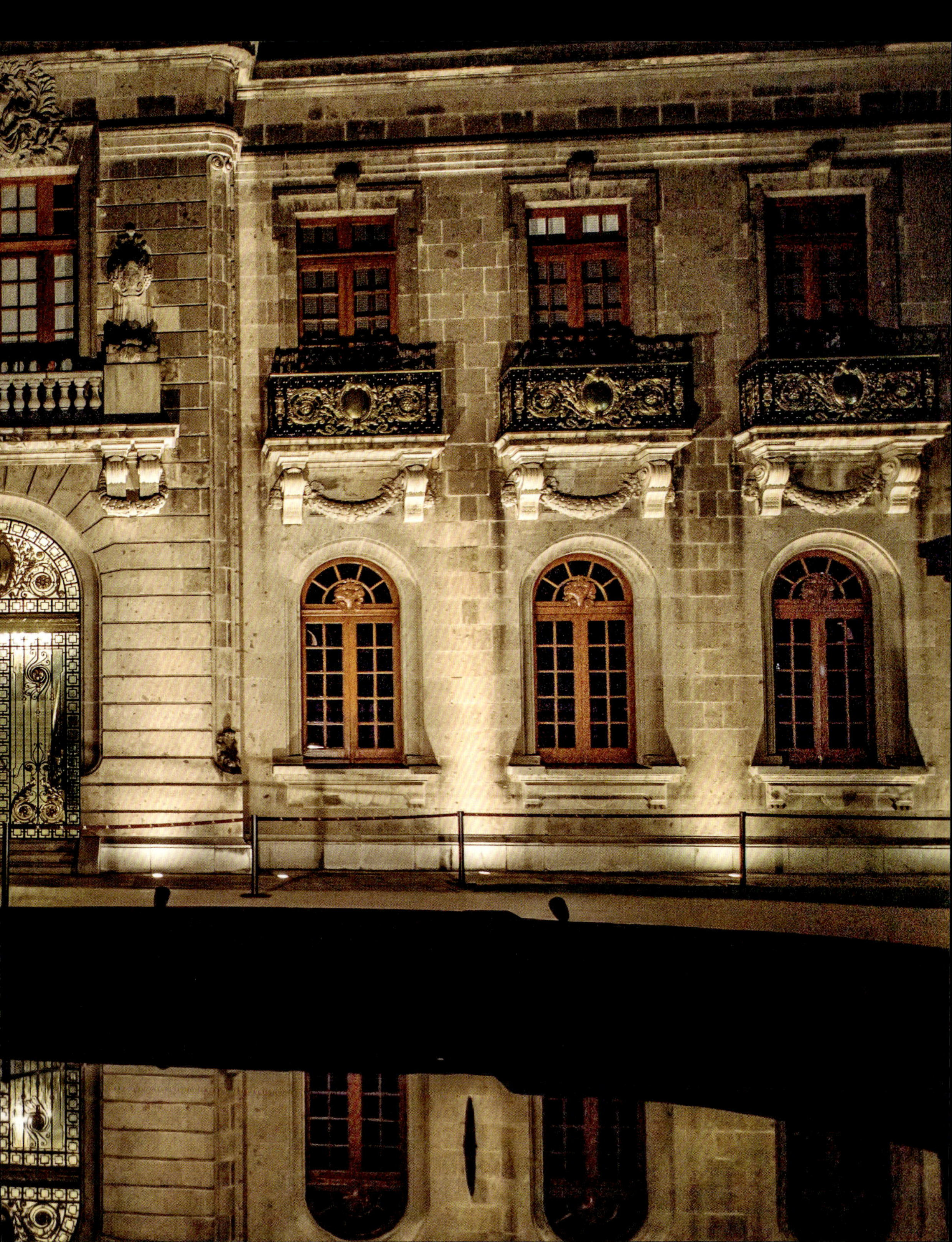

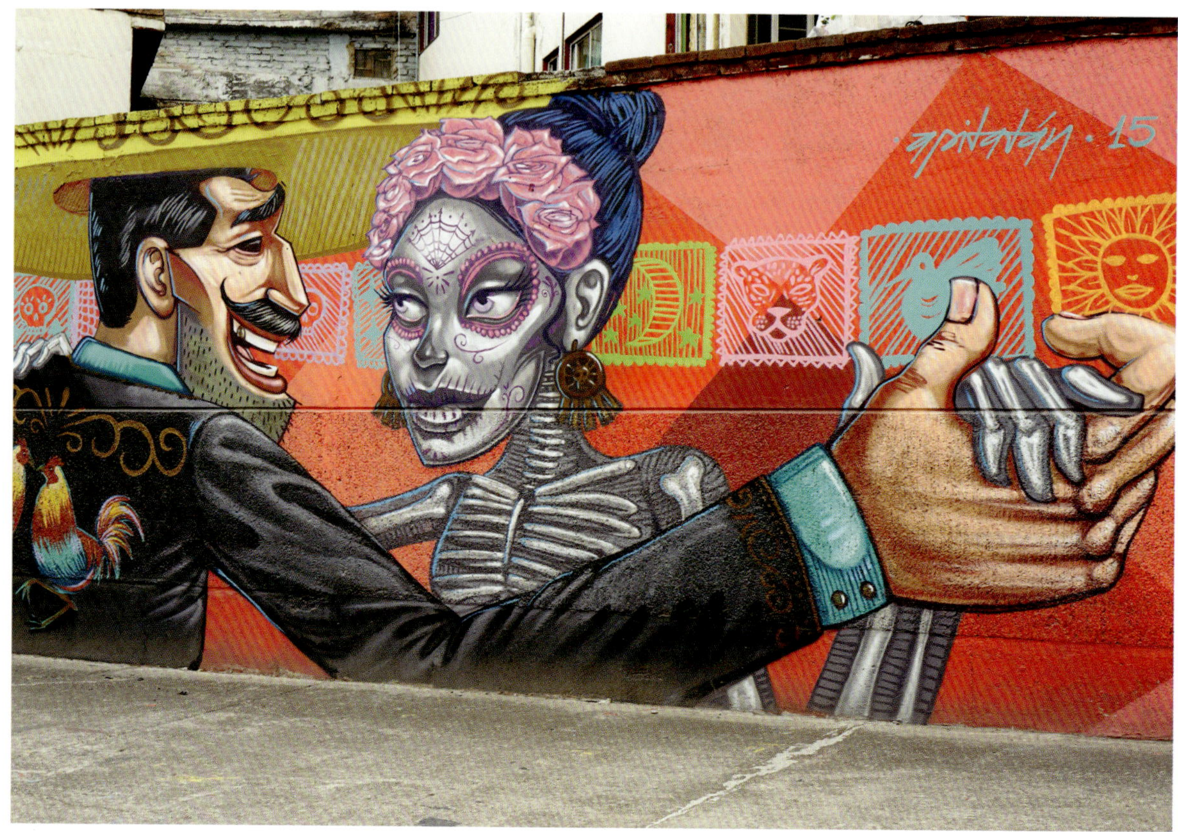

Pintura de La Catrina, Ciudad de México
Mural of La Catrina, Mexico City

**Coyoacán**
Originally an independent community, Coyoacán is now part of Mexico City. This rather quiet quarter with its colorful facades and inviting squares was, and is, popular with artists. Famous is the Casa Azul, the home of Frida Kahlo and Diego Rivera, which is now a museum.

**Coyoacán**
Initialement une commune indépendante, Coyoacán fait aujourd'hui partie de la Ville de Mexico. Ce quartier plutôt calme, avec ses façades colorées et ses places accueillantes, a été et demeure apprécié des artistes. On y trouve la Casa Azul, la maison de Frida Kahlo et Diego Rivera, aujourd'hui transformée en musée.

**Coyoacán**
Ursprünglich eine eigenständige Gemeinde ist Coyoacán heute ein Teil von Mexiko-Stadt. Das eher ruhige Viertel mit bunten Fassaden und einladenden Plätzen war und ist bei Künstlern beliebt. Bekannt ist die Casa Azul, das Wohnhaus von Frida Kahlo und Diego Rivera, das heute ein Museum ist.

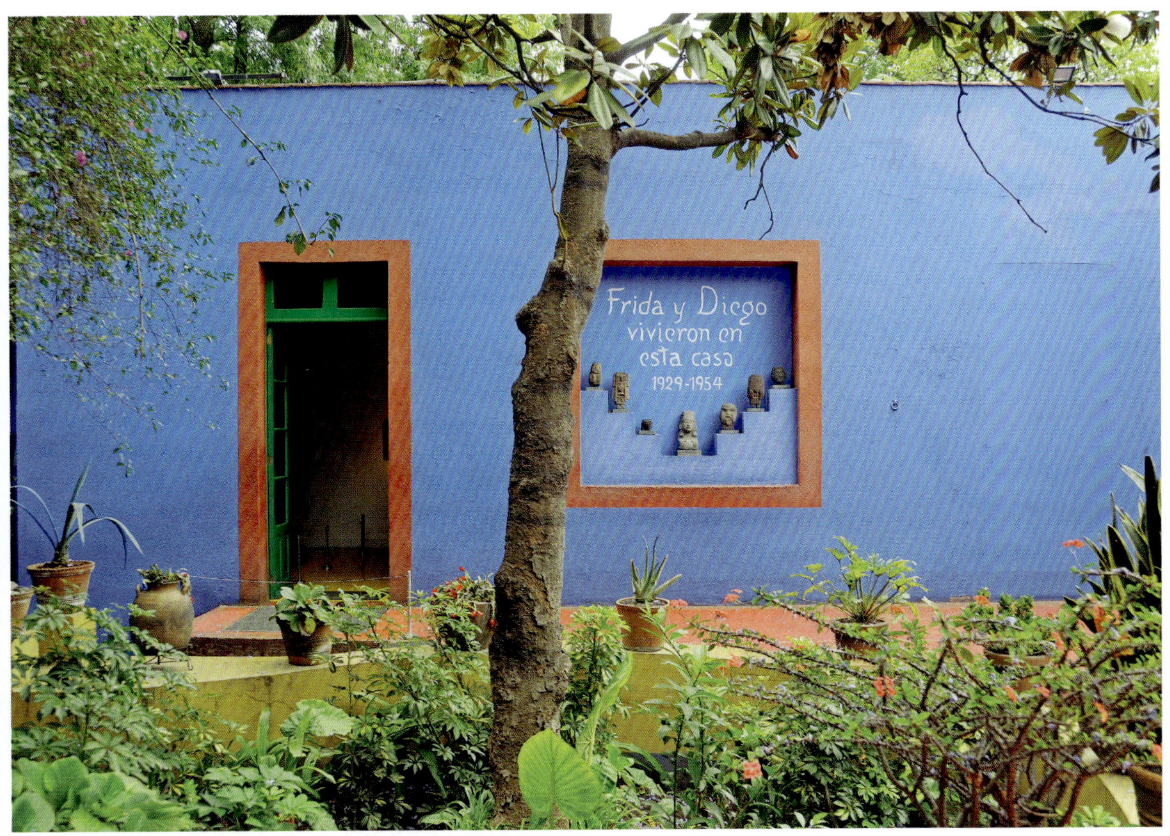


Museo Frida Kahlo, Coyoacán
Frida Kahlo Museum, Coyoacán

**Coyoacán**
Originalmente una comunidad independiente, Coyoacán es ahora parte de la Ciudad de México. El barrio más bien tranquilo con fachadas coloridas y plazas acogedoras fue y es popular entre los artistas. Famosa es la Casa Azul, la casa de Frida Kahlo y Diego Rivera, convertida ahora en un museo.

**Coyoacán**
Originariamente un comune indipendente, Coyoacán ora fa parte di Città del Messico. Il quartiere piuttosto tranquillo, con le sue facciate colorate e piazze accoglienti, era ed è molto frequentato dagli artisti. Famosa la Casa Azul, la casa di Frida Kahlo e Diego Rivera, ora trasformata in un museo.

**Coyoacán**
Coyoacán was een zelfstandige gemeente, maar maakt nu deel uit van Mexico-Stad. De vrij rustige wijk met bonte gevels en uitnodigende pleinen was en is populair bij kunstenaars. Beroemd is het Casa Azul, het woonhuis van Frida Kahlo en Diego Rivera, dat nu een museum is.

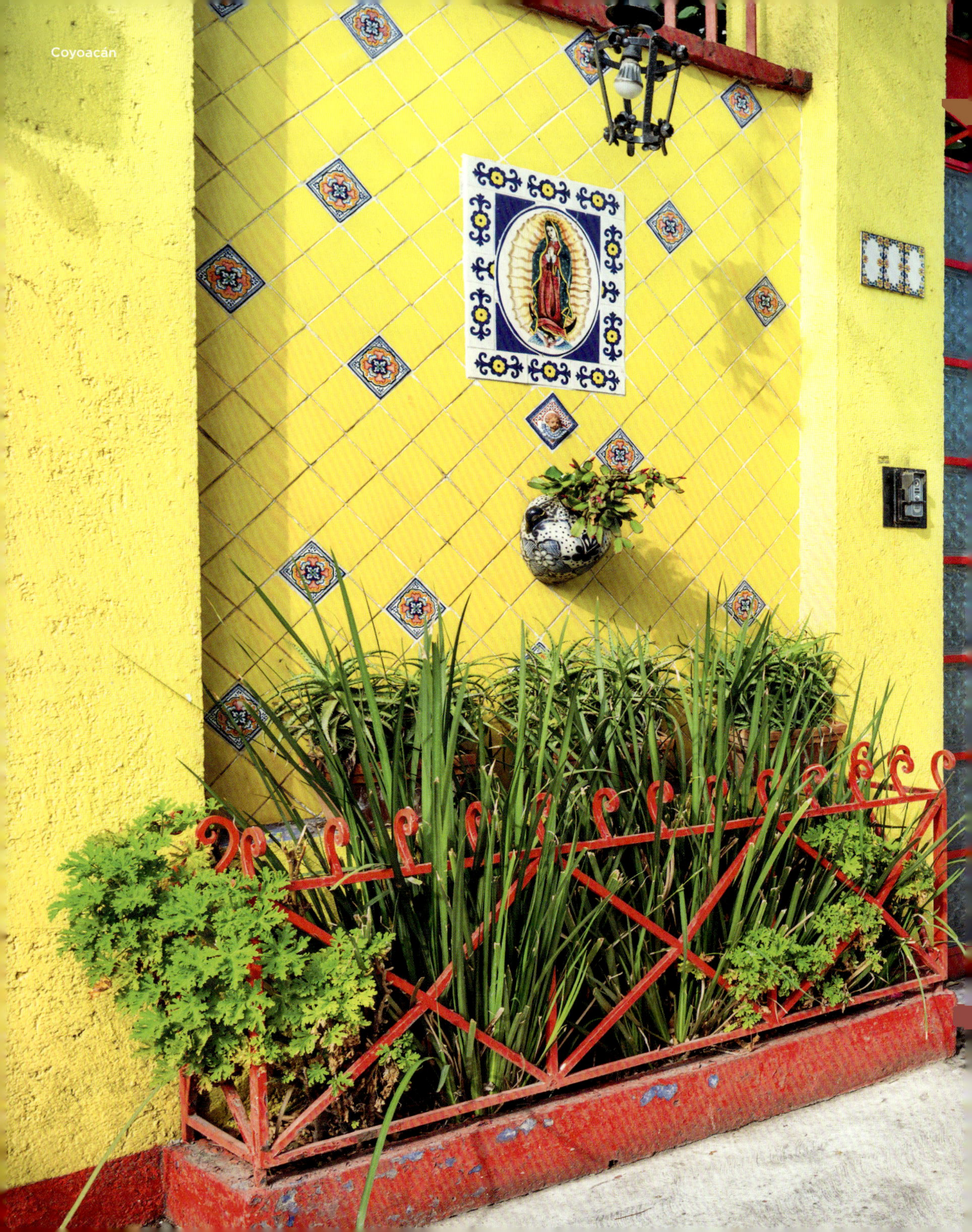

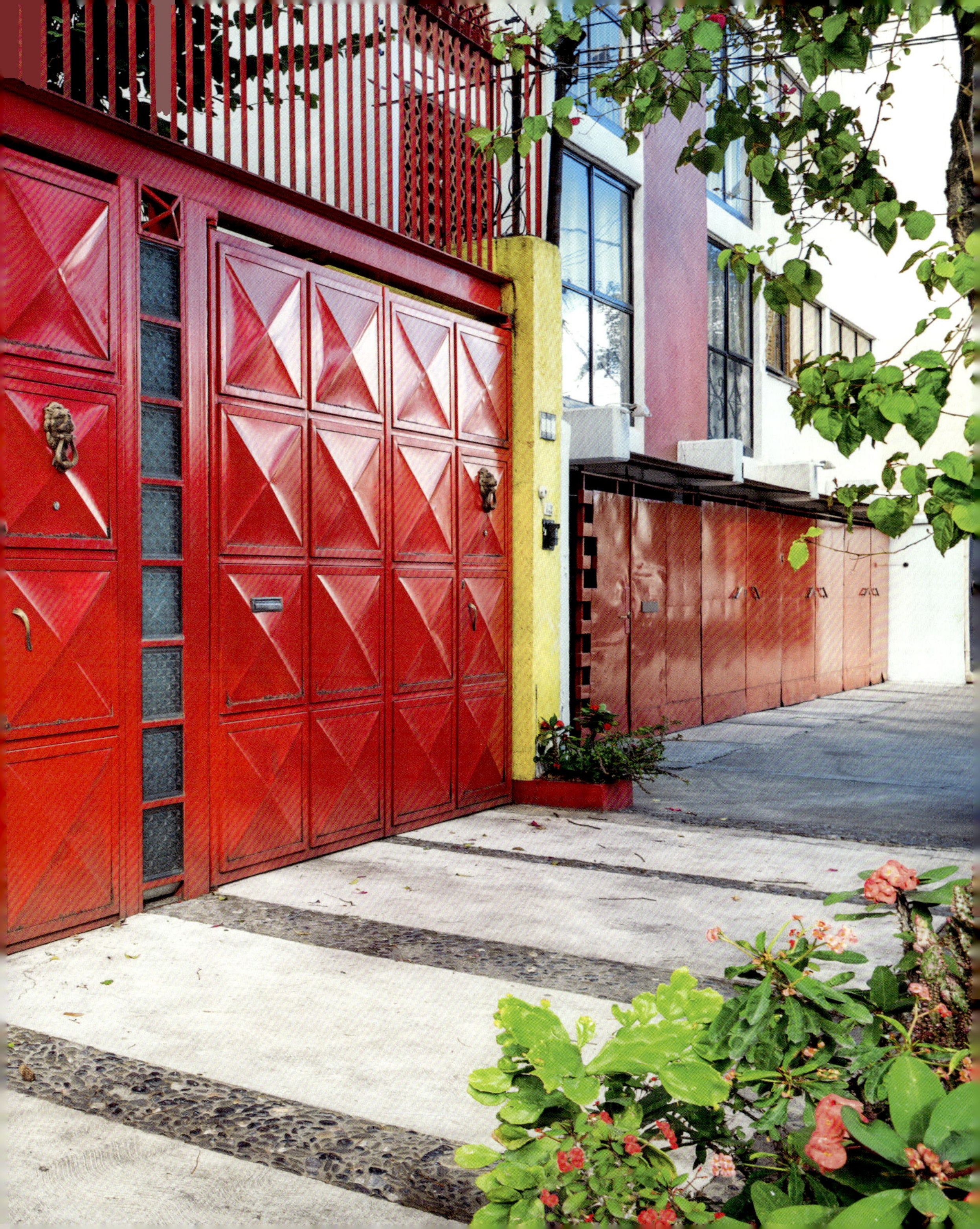

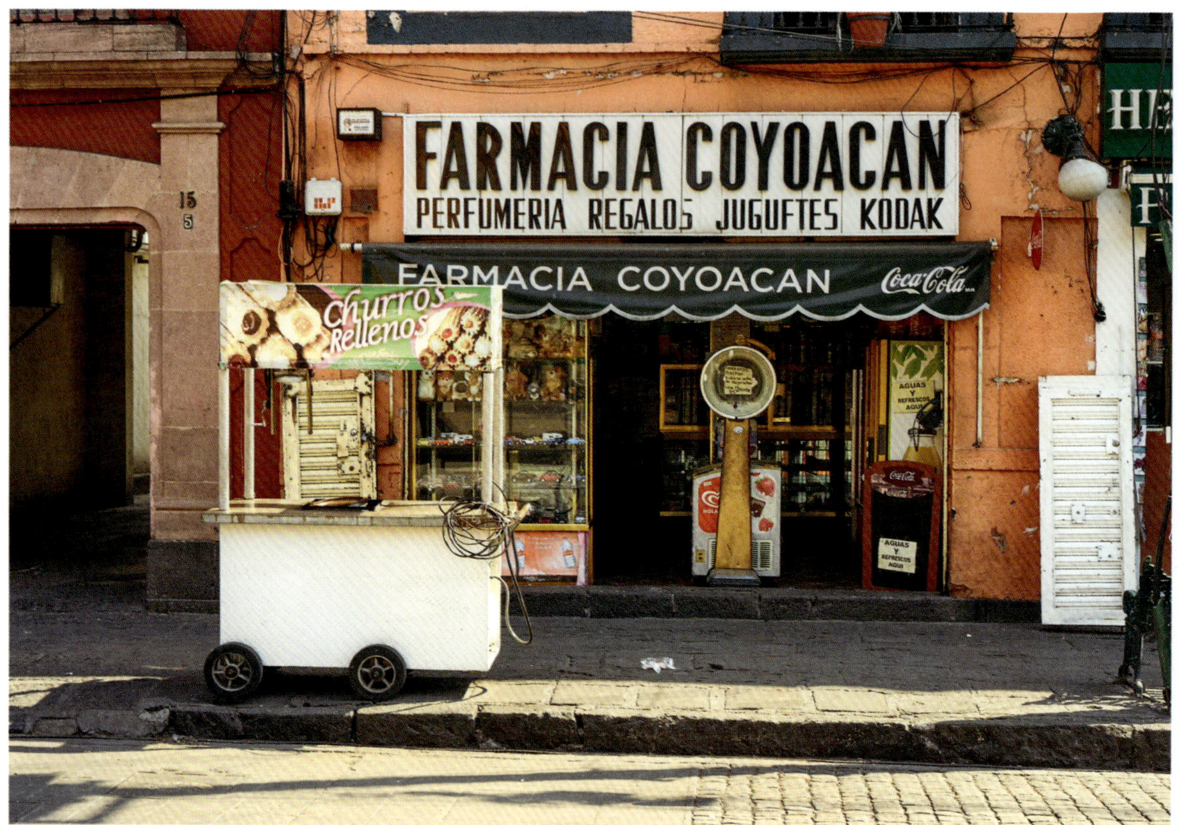


Farmacia, Coyoacán
Pharmacy, Coyoacán

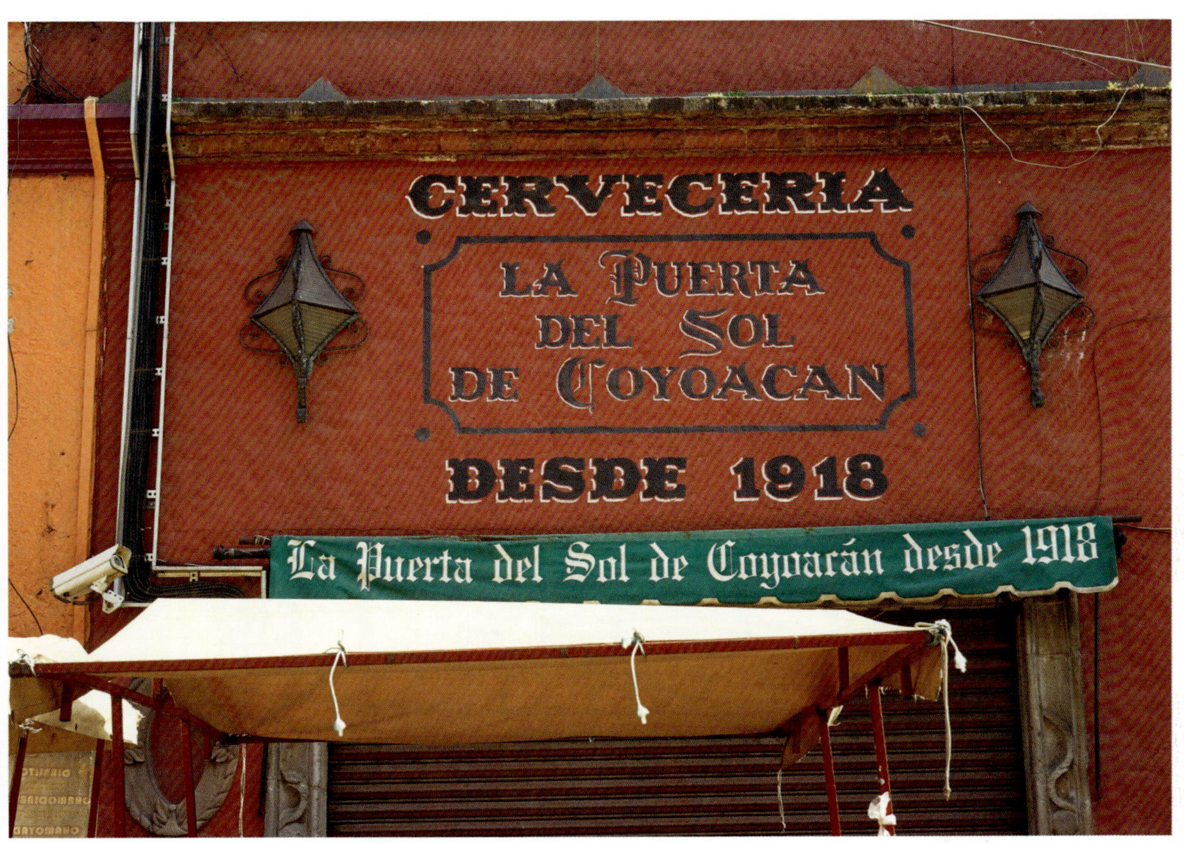


Cerveceria, Coyoacán
Bar, Coyoacán

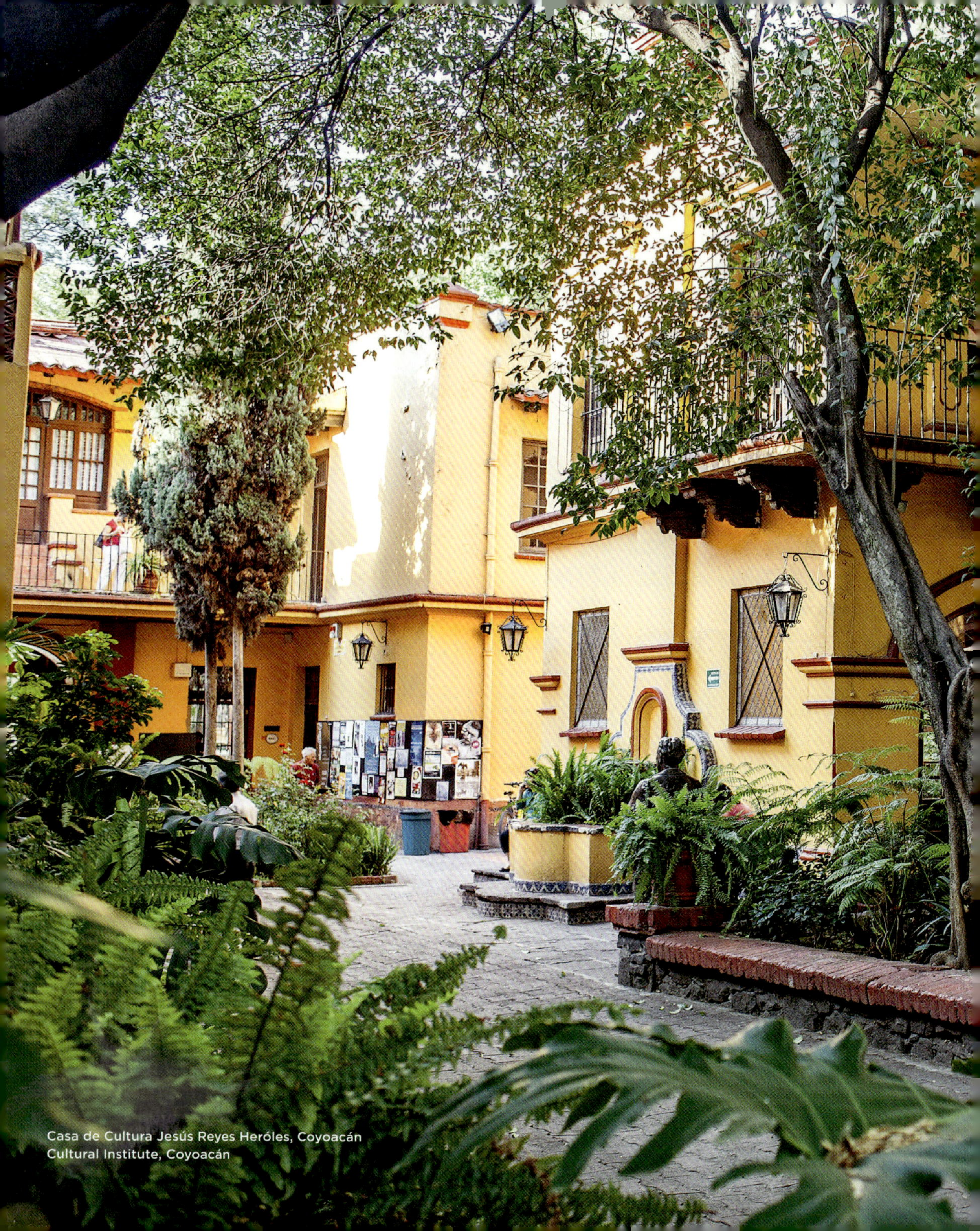

Casa de Cultura Jesús Reyes Heróles, Coyoacán
Cultural Institute, Coyoacán

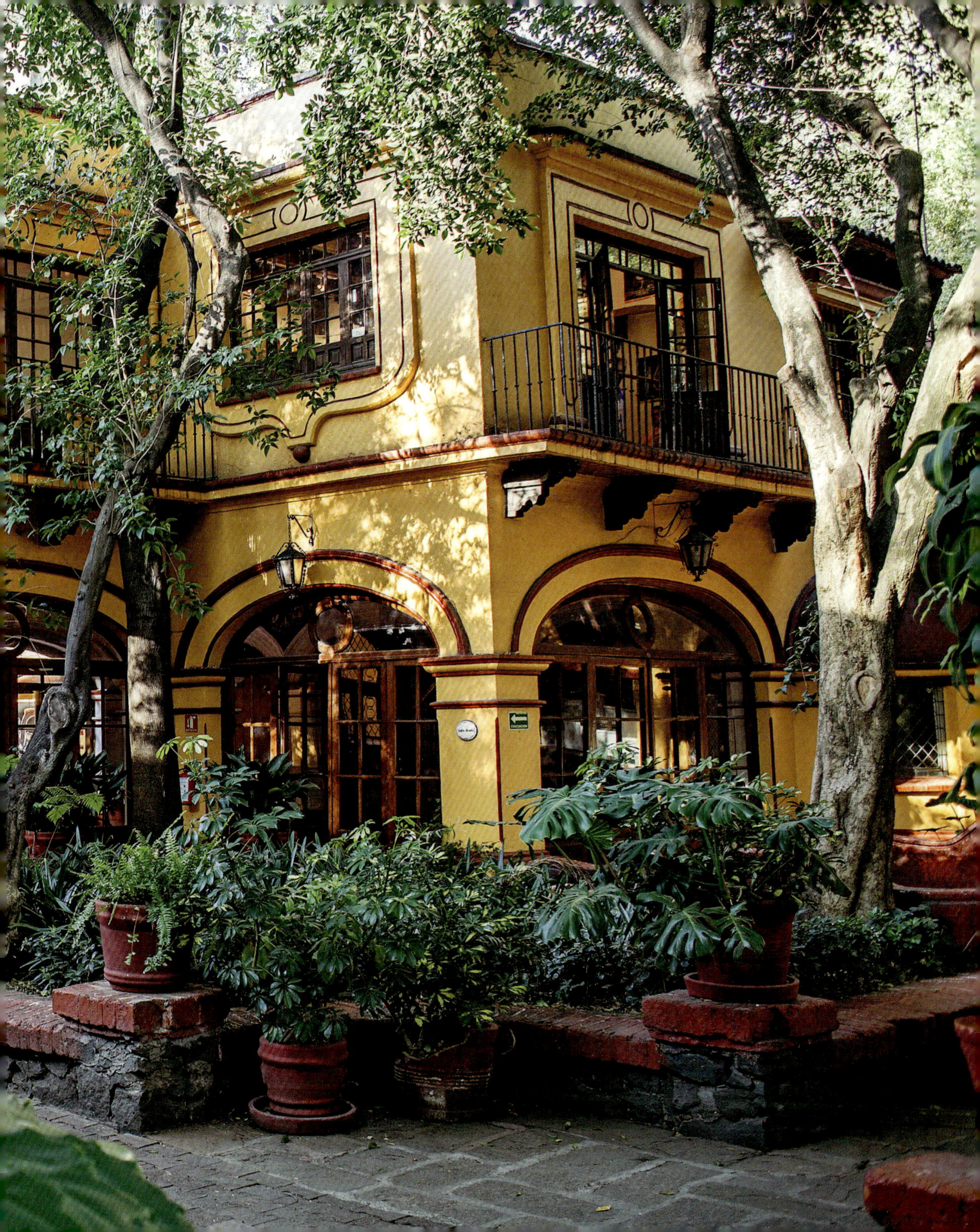

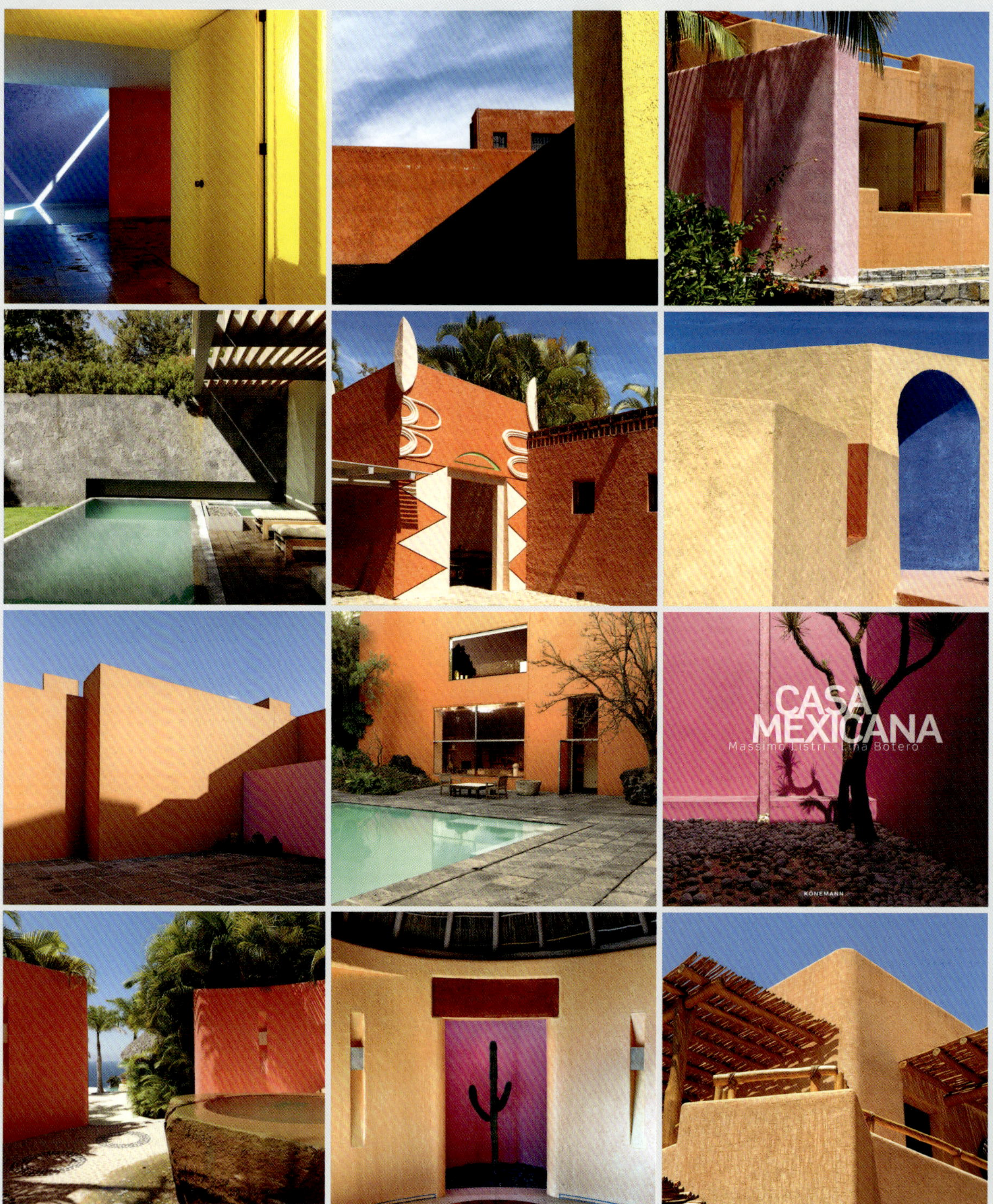
CASA
MEXICANA
Massimo Listri . Lina Botero
KÖNEMANN

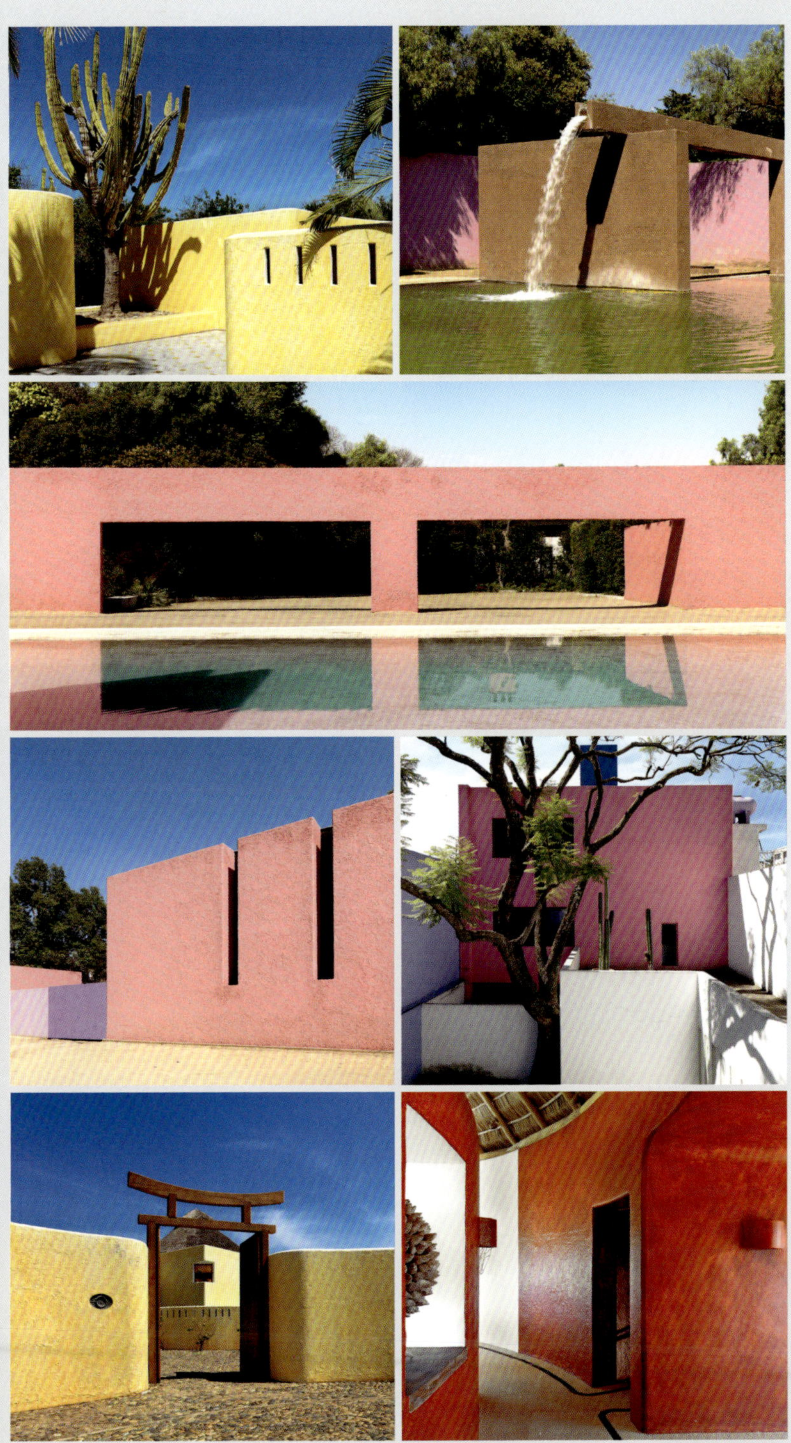

**Modern architecture**
Whether private houses, hotels or museums, historic haciendas or colonial buildings, spectacular modern architecture in the strong colors typical of the country may be found time and again. The famous Mexican architect Luis Barragán is considered the father of Mexican modernism.

**L'architecture moderne**
Qu'il s'agisse de maisons privées, d'hôtels ou de musées, une architecture moderne spectaculaire, aux couleurs vives typiques du Mexique, jaillit un peu partout entre les vieilles haciendas et les bâtiments de style colonial. L'architecte Luis Barragán est considéré comme le père du modernisme mexicain.

**Moderne Architektur**
Ob Privathäuser, Hotels oder Museen, zwischen historischen Haciendas und Kolonialbauten findet sich immer wieder spektakuläre moderne Architektur in den für das Land typischen kräftigen Farben. Als Vater der mexikanischen Moderne gilt der bekannte mexikanische Architekt Luis Barragán.

**Arquitectura moderna**
Ya sea encasas particulares, en hoteles o museos, entre haciendas históricas y edificios coloniales, siempre se encuentrauna y otra vez una espectacular arquitectura moderna con los colores fuertes típicos del país. El famoso arquitecto mexicano Luis Barragán es considerado el padre del estilo arquitectónico moderno mexicano.

**Architettura moderna**
Che si tratti di case private, alberghi o musei, si possono trovare sempre spettat del Messico, nate un pò dapertutto tra haciendas storiche ed edifici coloniali. Il famoso architetto messicano Luis Barragán è considerato il padre della architettura moderna messicana.

**Moderne architectuur**
Of het nu gaat om privéhuizen, hotels of musea, tussen historische haciënda's en koloniale gebouwen kan altijd weer spectaculaire moderne architectuur worden aangetroffen in de krachtige kleuren die kenmerkend zijn voor het land. De beroemde Mexicaanse architect Luis Barragán geldt als de vader van het Mexicaanse modernisme.

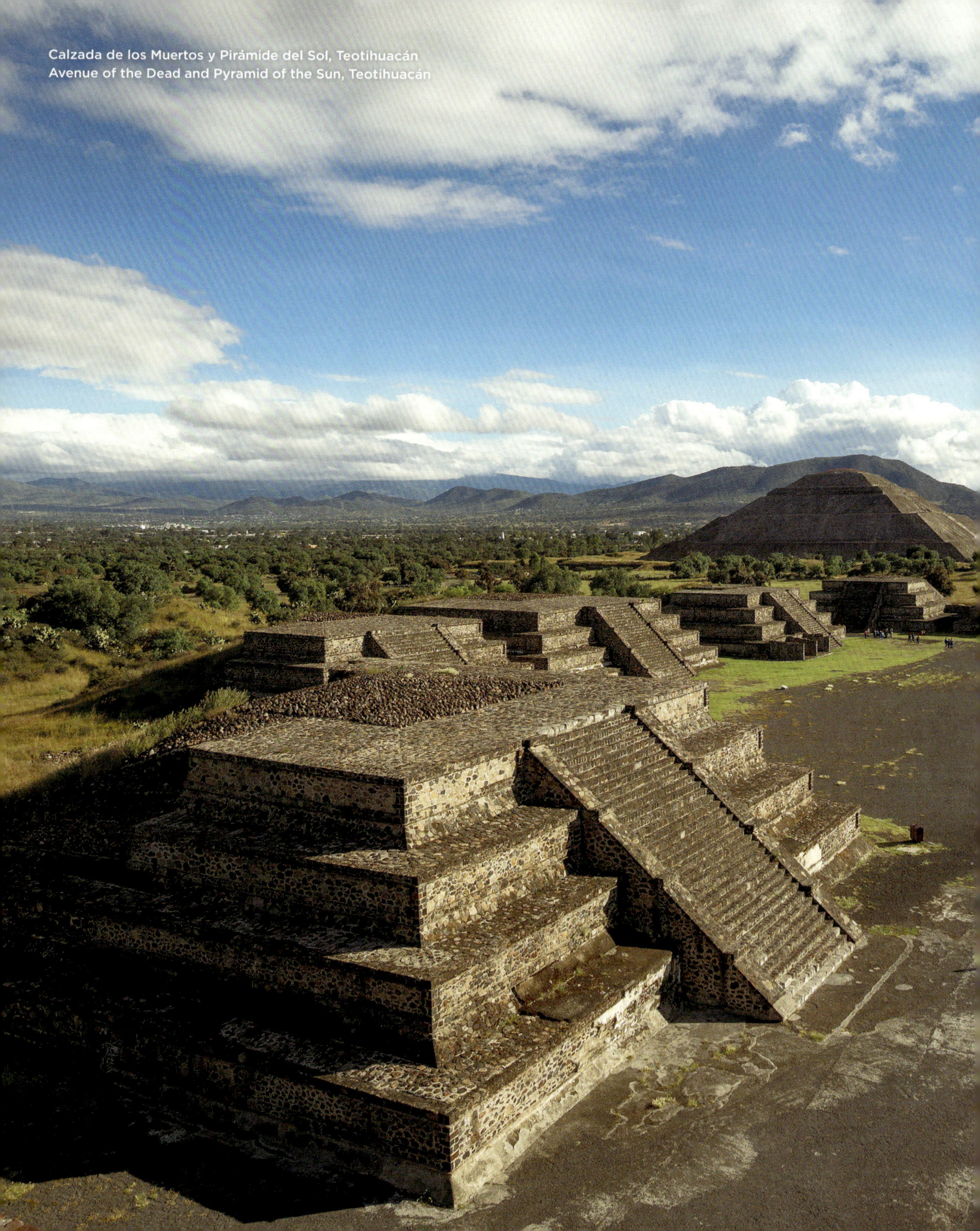

Calzada de los Muertos y Pirámide del Sol, Teotihuacán
Avenue of the Dead and Pyramid of the Sun, Teotihuacán

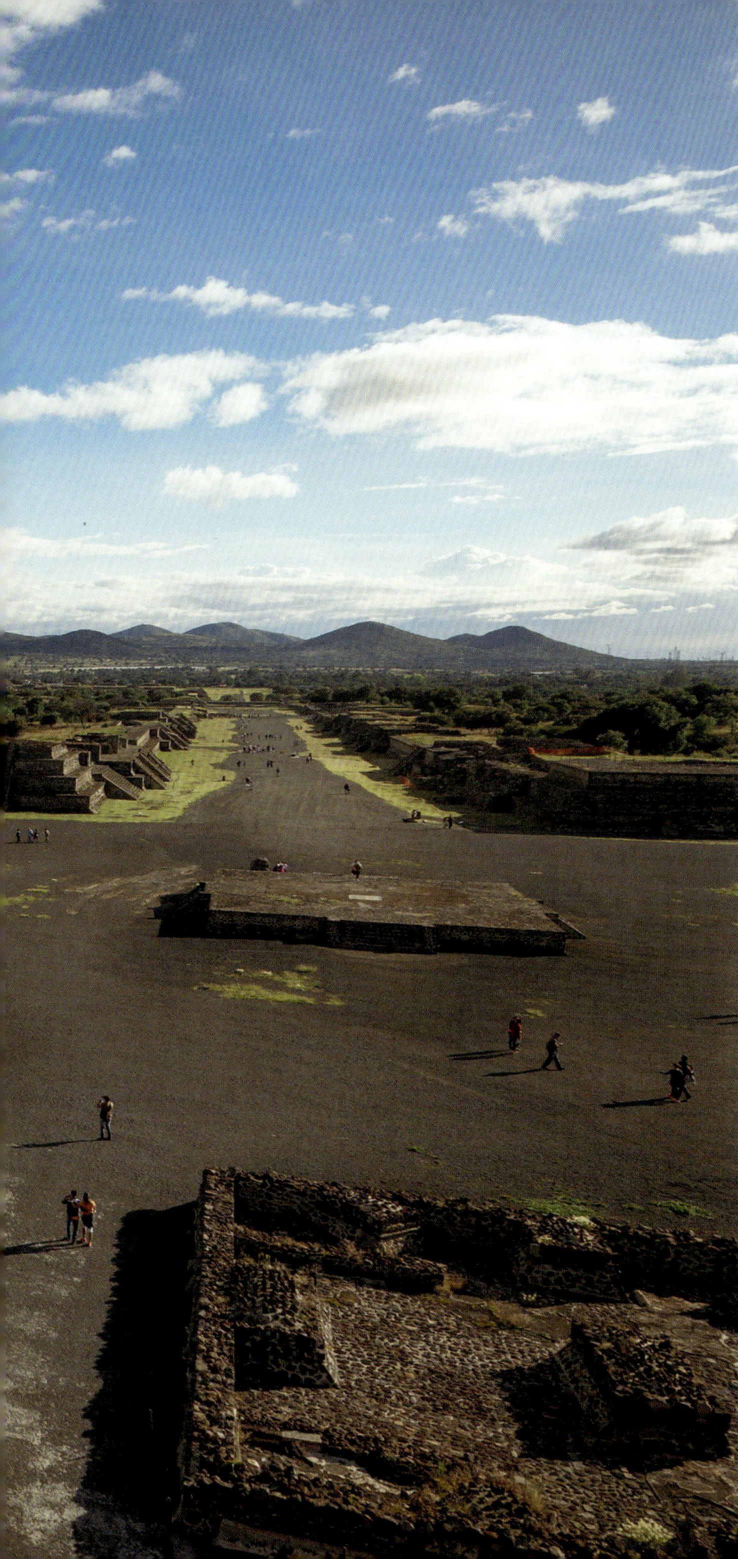

**Teotihuacán**
The high valley northeast of Mexico City was not always as dry as it is today. Between 100 and 650 AD it was the cultural, economic and military center of Mesoamerica, with up to 200,000 inhabitants. Its name Teotihuacán, which means "place where people become gods", was given to the city only later by the Aztecs.

**Teotihuacán**
Cette haute vallée située au nord-est de Mexico n'a pas toujours été aussi sèche qu'aujourd'hui. Entre les années 100 et 650 de notre ère se trouvait à cet endroit le centre culturel, économique et militaire de la Mésoamérique, qui comptait jusqu'à 200 000 habitants. Ce n'est que plus tard que les Aztèques baptisèrent cette ville Teotihuacán, ce qui signifie « l'endroit où les hommes deviennent des dieux ».

**Teotihuacán**
Das Hochtal nordöstlich von Mexiko-Stadt war nicht immer so trocken wie heute. Zwischen 100 und 650 n. Chr. befand sich hier das kulturelle, wirtschaftliche und militärische Zentrum Mesoamerikas mit bis zu 200 000 Einwohnern. Ihren Namen Teotihuacán, was soviel bedeutet wie „Ort, an dem die Menschen zu Göttern werden", erhielt die Stadt erst später von den Azteken.

**Teotihuacán**
El alto valle al noreste de la Ciudad de México no siempre fue tan seco como lo es hoy en día. Entre los años 100 y 650 d.C., fue el centro cultural, económico y militar de Mesoamérica con hasta 200 000 habitantes. Su nombre Teotihuacán, que significa "lugar donde las personas se convierten en dioses", fue otrogado a la ciudad sólo más tarde por los aztecas.

**Teotihuacán**
L'alta valle a nord-est di Città del Messico non è mai stata così arida come oggi. Tra il 100 e il 650 d.C. fu il centro culturale, economico e militare della Mesoamerica, con una popolazione fino a 200 000 abitanti. Solo più tardi gli Aztechi dettero alla città il nome Teotihuacán che significa "luogo dove la gente diventa divinità".

**Teotihuacán**
Het hooggelegen dal ten noordoosten van Mexico-Stad was niet altijd zo droog als het nu is. Tussen 100 en 650 n. Chr. was dit hét culturele, economische en militaire centrum van Meso-Amerika met wel 200 000 inwoners. De naam Teotihuacán, die 'plaats waar mensen goden worden' betekent, kreeg de stad pas later van de Azteken.

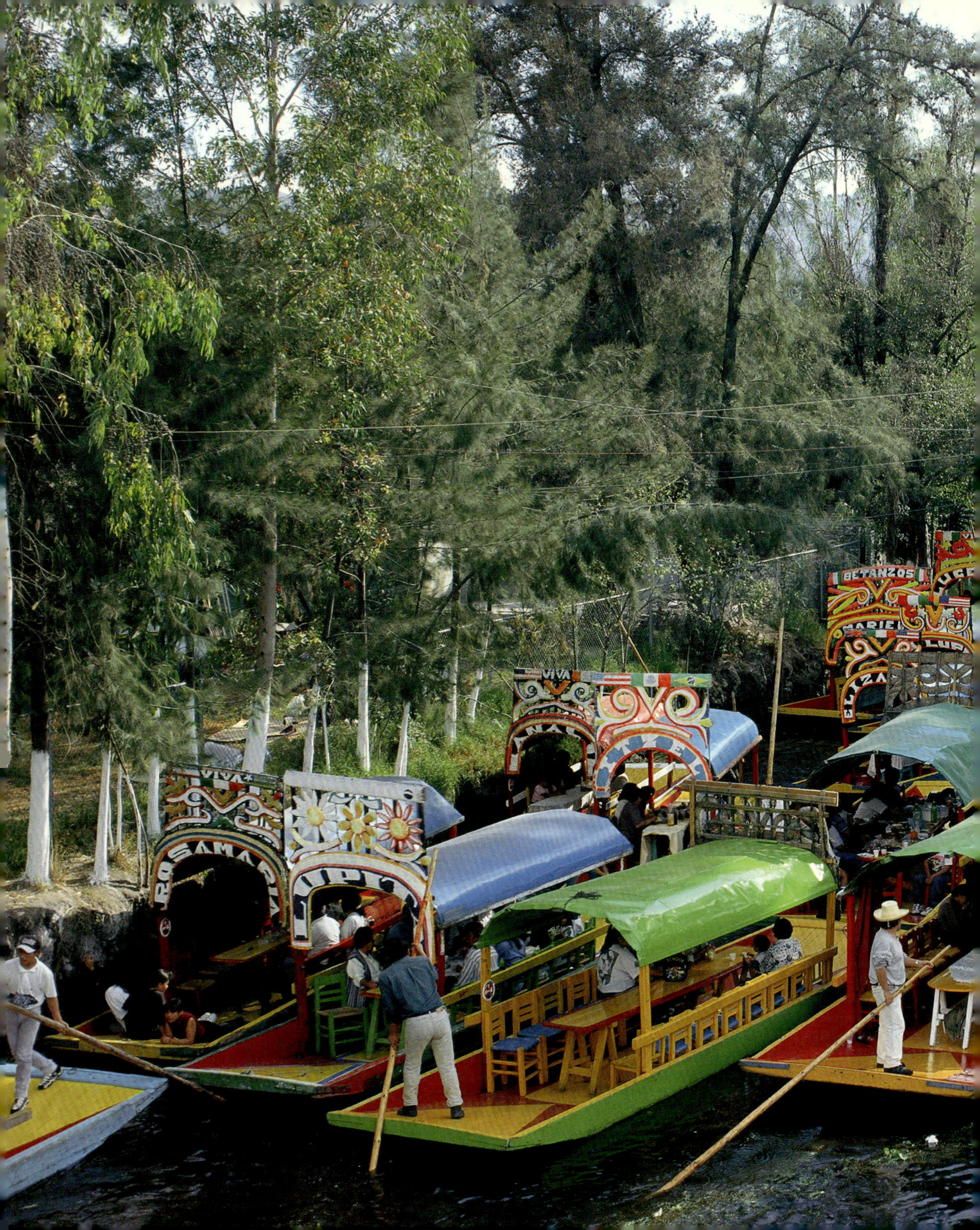
VIVA
BETANZOS

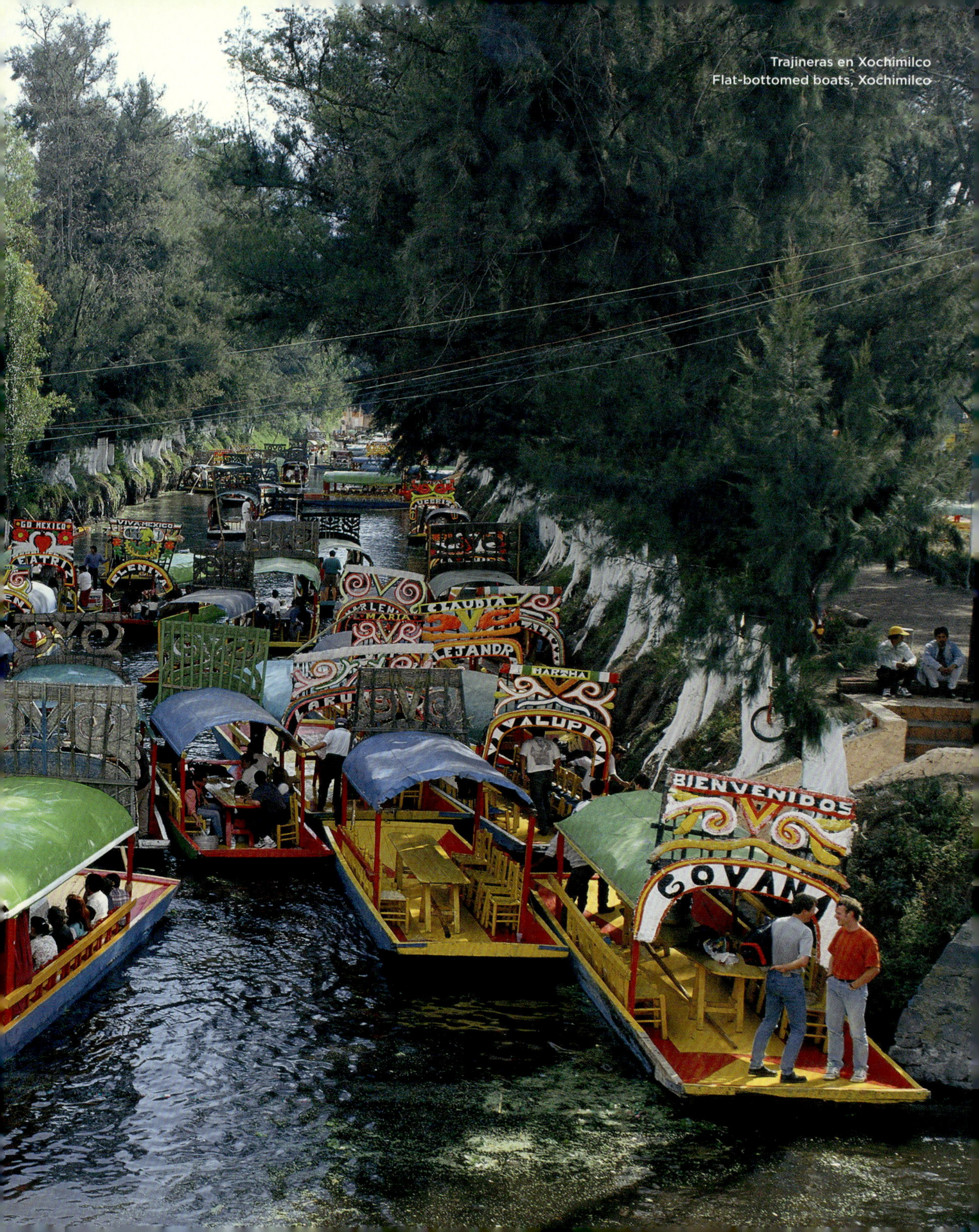


Trajineras en Xochimilco
Flat-bottomed boats, Xochimilco

**Xochimilco**
The special canal system of Xochimilco also dates back to the Aztecs: in the 14th century, gardens for vegetables and flowers, the so-called *chinampas,* were laid out here on rafts. In the course of time, these floating cultivated areas have become rooted in the soil and have become fertile islands.

**Xochimilco**
C'est aussi aux Aztèques que l'on doit le système de canaux si particulier de Xochimilco : au XIVe siècle, ils aménagèrent ici des jardins flottants de légumes et de fleurs, que l'on appelle les *chinampas.* Au fil du temps, ces terres cultivables flottantes ont pris racine dans le sol, devenant des îles fertiles.

**Xochimilco**
Auf die Azteken geht auch das besondere Kanalsystem von Xochimilco zurück: Im 14. Jahrhundert wurden hier auf Flößen Gärten für Gemüse und Blumen, die sogenannten *Chinampas,* angelegt. Im Laufe der Zeit haben sich diese schwimmenden Anbauflächen mit dem Boden verwurzelt und sind zu fruchtbaren Inseln geworden.

**Xochimilco**
El sistema especial de canales de Xochimilco también se remonta a los aztecas: en el siglo XIV, los huertos para verduras y flores, las llamadas chinampas, se colocaban aquí en balsas. Con el paso del tiempo, estas áreas cultivadas flotantes se han enraizado al suelo y se han convertido en islas fértiles.

**Xochimilco**
Risale agli Aztechi il particolare sistema di canali di Xochimilco: nel XIV secolo qui venivano allestiti su zattere orti per ortaggi e fiori, i cosiddetti *chinampas.* Nel corso del tempo, queste aree coltivate galleggianti hanno messo le radici nel suolo, diventando isole fertili.

**Xochimilco**
Ook het bijzondere kanalenstelsel van Xochimilco komt van de Azteken: in de 14e eeuw werden hier moes- en bloementuinen aangelegd op vlotten, de zogenaamde *chinampas.* In de loop van de tijd zijn deze drijvende kweekgronden geworteld in de bodem en vruchtbare eilanden geworden.



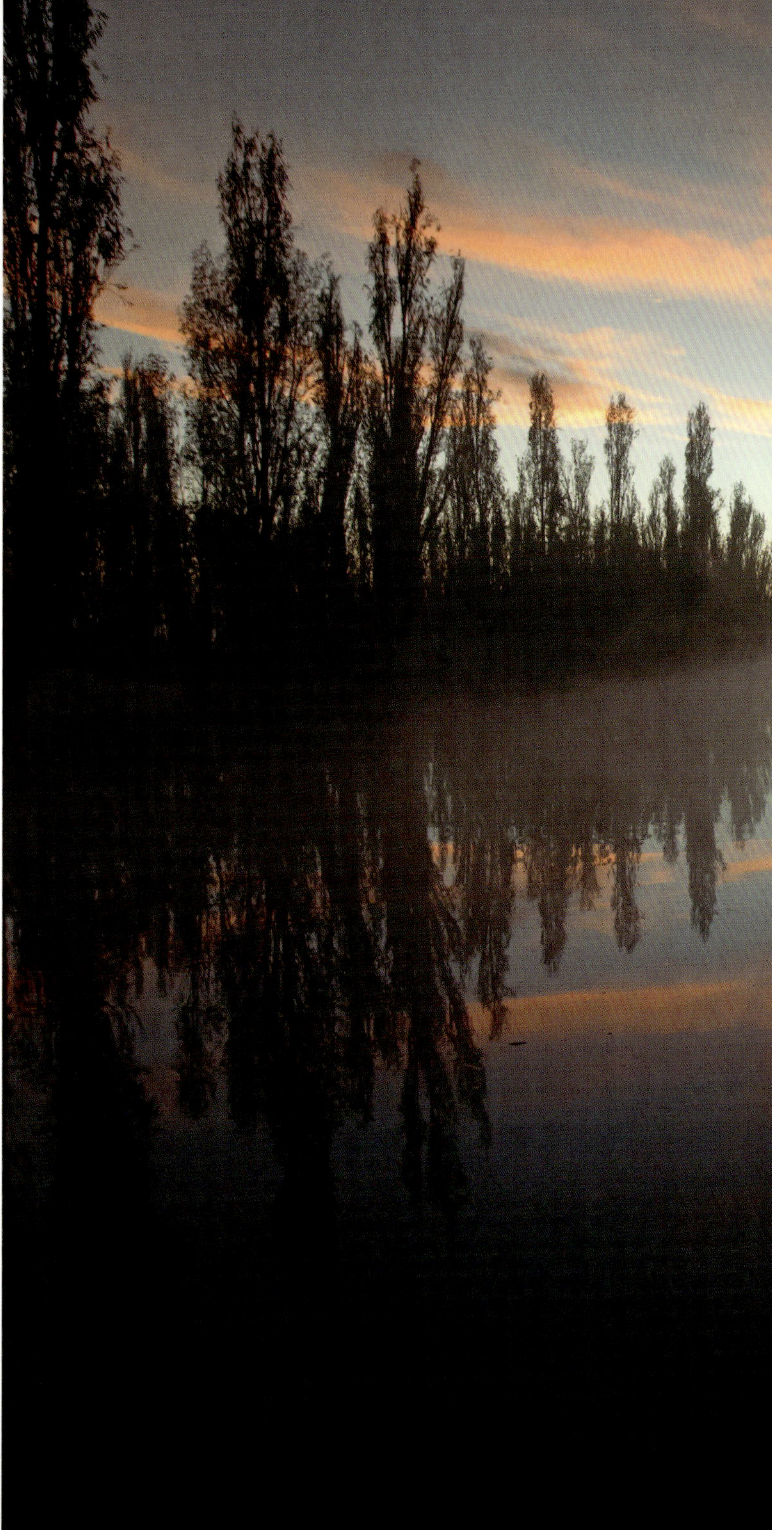

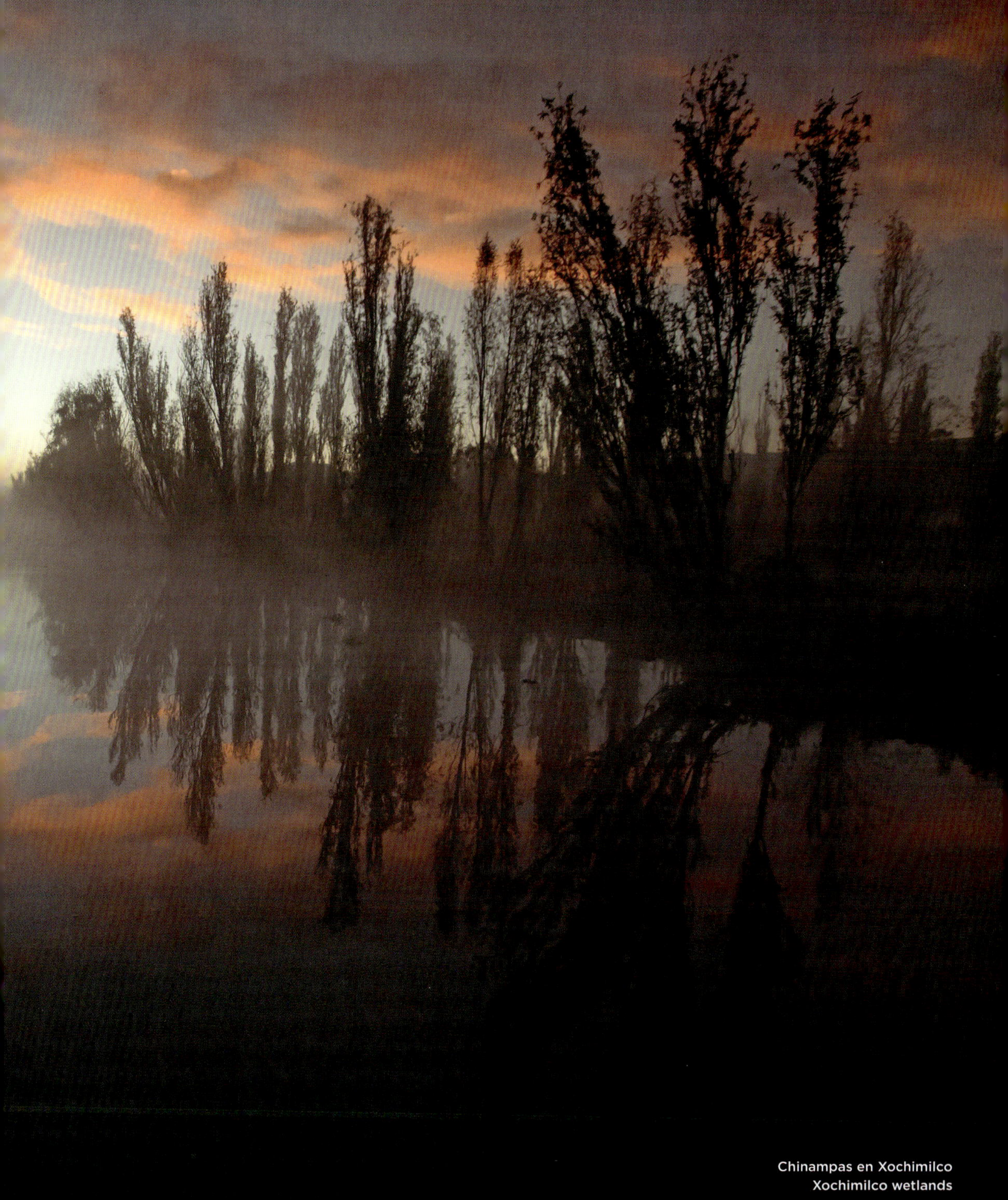

Chinampas en Xochimilco
Xochimilco wetlands

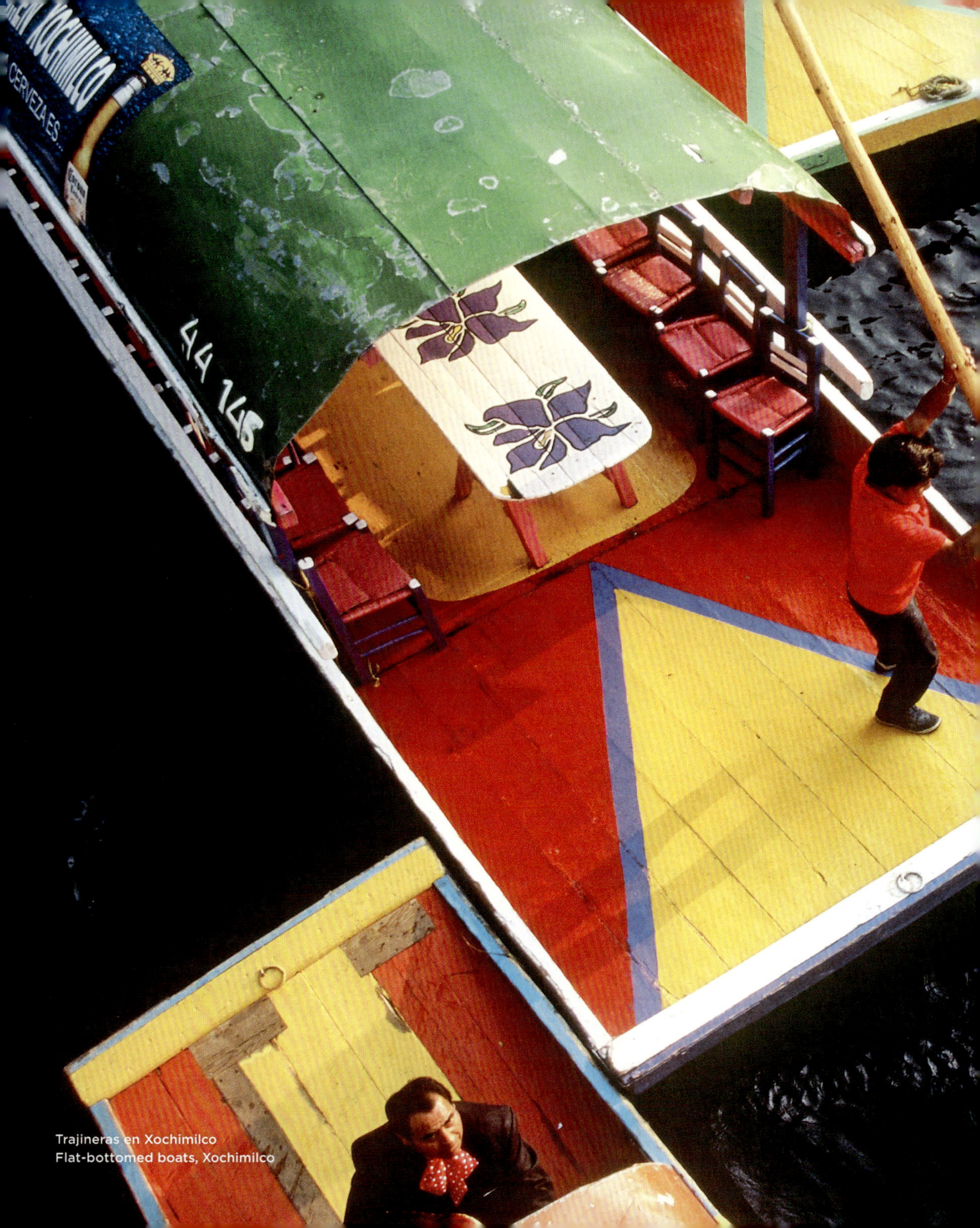


Trajineras en Xochimilco
Flat-bottomed boats, Xochimilco

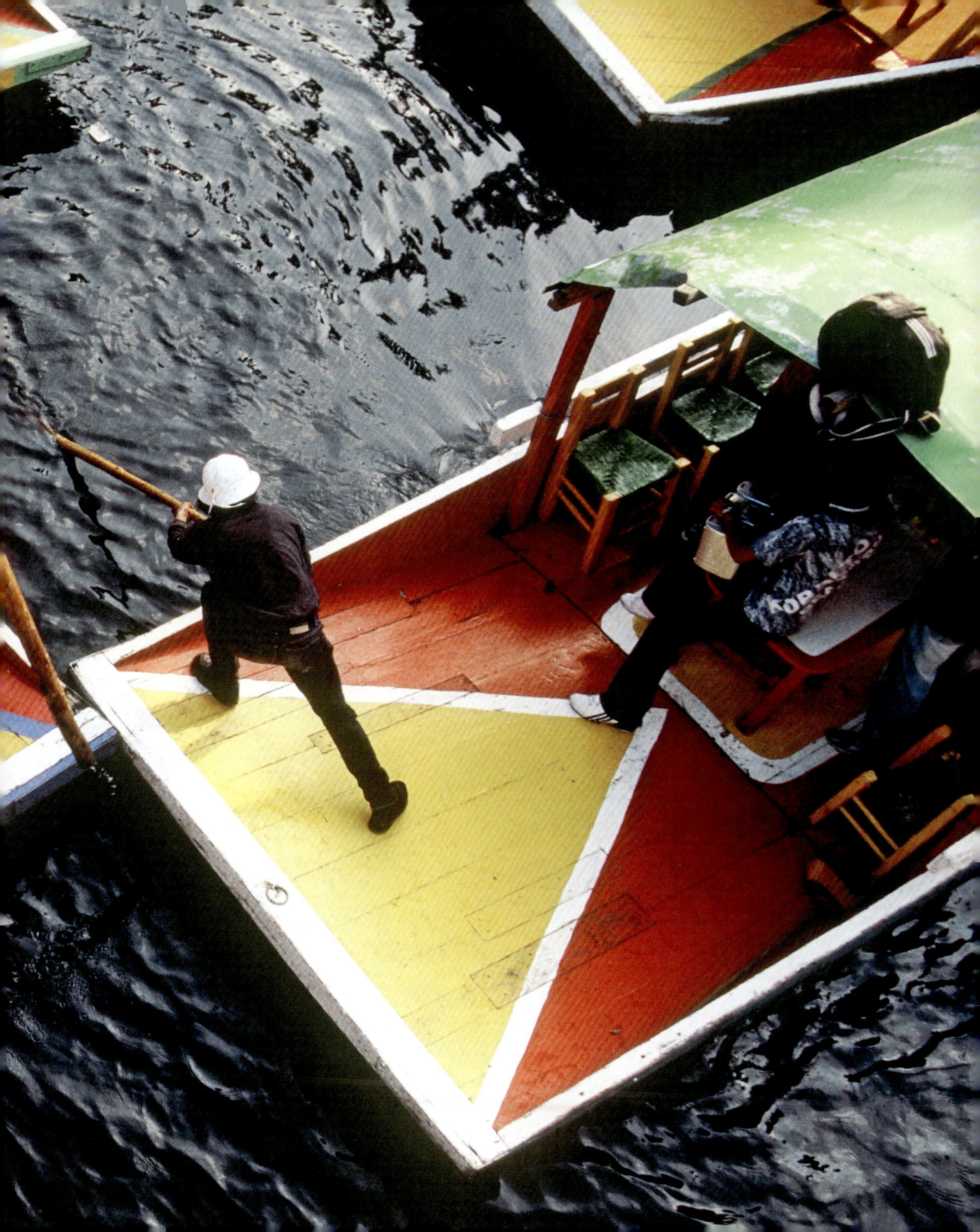

**Nevado de Toluca National Park**
The volcano Nevado de Toluca was called Xinantécatl ("Naked Man") by the Aztecs. From a distance, the mountain looks as if a naked man has made himself comfortable lying in the sun. In its lap he carries two blue lagoons, the sun and the moon lagoons, with its barren flanks being often snow-covered.

**Le parc national Nevado de Toluca**
Le volcan Nevado de Toluca était surnommé Xinantécatl (« l'homme nu ») par les Aztèques. De loin, cette montagne donne effectivement l'impression d'un homme nu installé confortablement au soleil. En son cratère, il abrite deux lacs bleus, le lac du Soleil et le lac de la Lune, et ses flancs arides sont souvent couverts de neige.

**Nationalpark Nevado de Toluca**
Der Vulkan Nevado de Toluca wurde von den Azteken Xinantécatl („Nackter Mann") genannt. Aus der Ferne sieht der Berg nämlich aus, als habe es sich ein nackter Mann liegend in der Sonne bequem gemacht. In seinem Schoß trägt er zwei blaue Lagunen, die Sonnen- und die Mondlagune. Seine kargen Flanken sind häufig schneebedeckt.

**Parque Nacional Nevado de Toluca**
El volcán Nevado de Toluca fue nombrado Xinantécatl ("hombre desnudo") por los aztecas. Desde lejos, la montaña parece como si un hombre desnudo se hubiera puesto cómodo tumbado al sol. En su regazo lleva dos lagunas azules, la laguna del sol y la laguna de la luna, y sus flancos estériles a menudo están cubiertos de nieve.

**Parco Nazionale del Nevado de Toluca**
Il vulcano Nevado de Toluca fu chiamato Xinantécatl ("uomo nudo") dagli Aztechi. Da lontano la montagna sembra un uomo nudo comodamente sdraiato al sole. Nel suo grembo ospita due laghi blu, il lago del sole e il lago della luna, e i suoi fianchi brulli sono spesso coperti di neve.

**Nationaal park Nevado de Toluca**
De vulkaan Nevado de Toluca werd door de Azteken Xinantécatl ('naakte man') genoemd. Van een afstand ziet de berg er namelijk uit alsof een naakte man het zich liggend in de zon gemakkelijk heeft gemaakt. In zijn schoot liggen twee blauwe lagunes, de zon- en maanlagune, en zijn kale flanken zijn vaak bedekt met sneeuw.



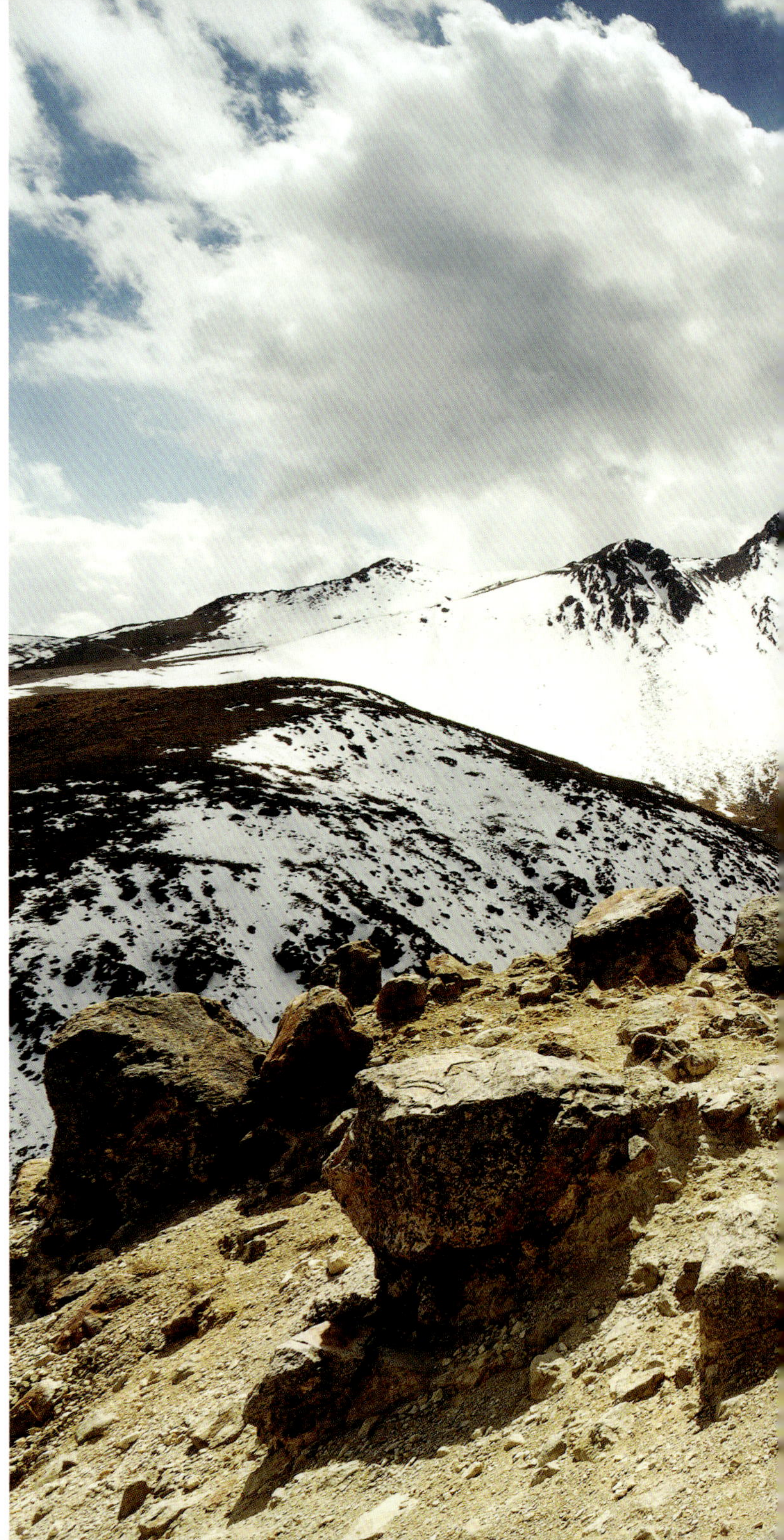

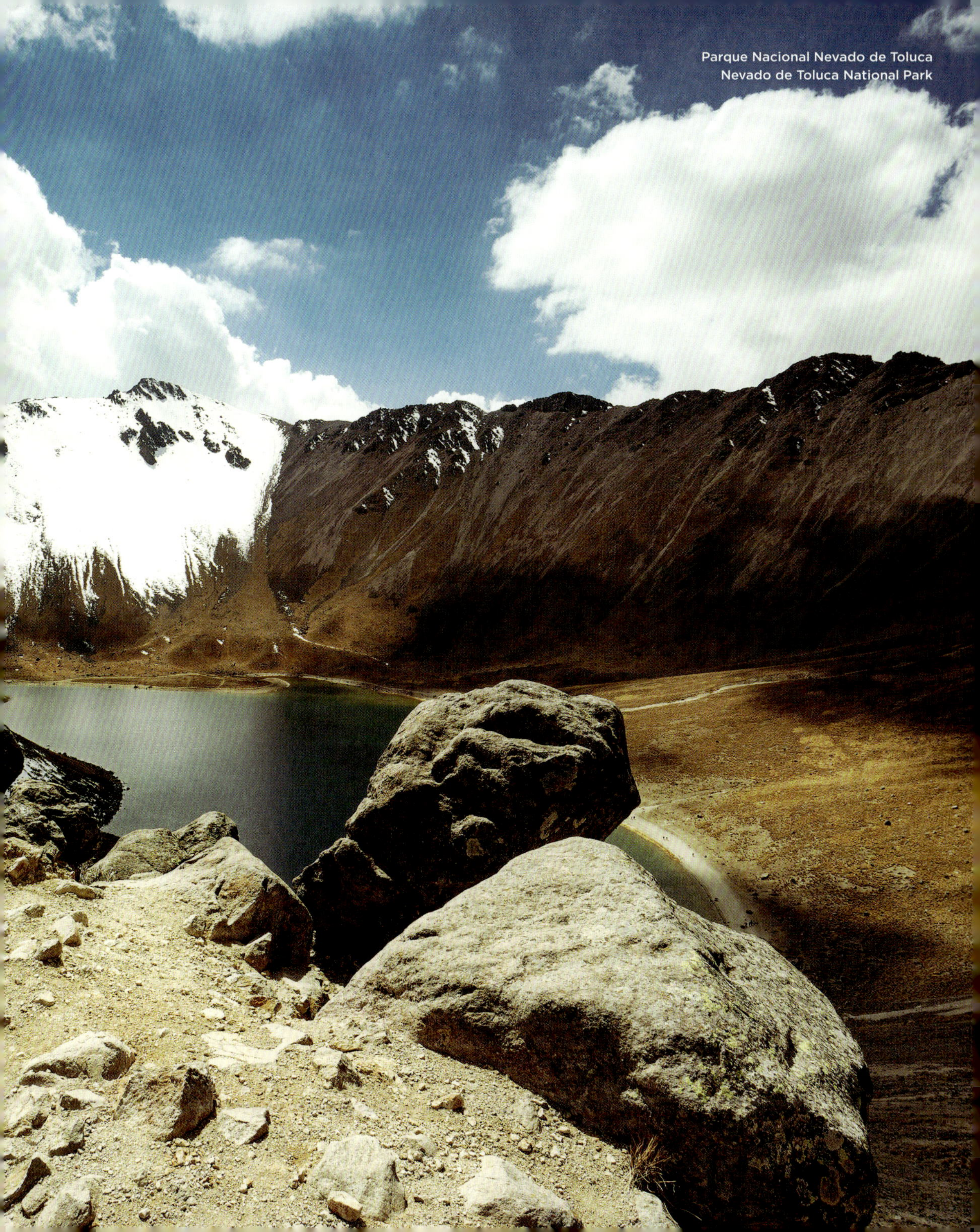
Parque Nacional Nevado de Toluca
Nevado de Toluca National Park

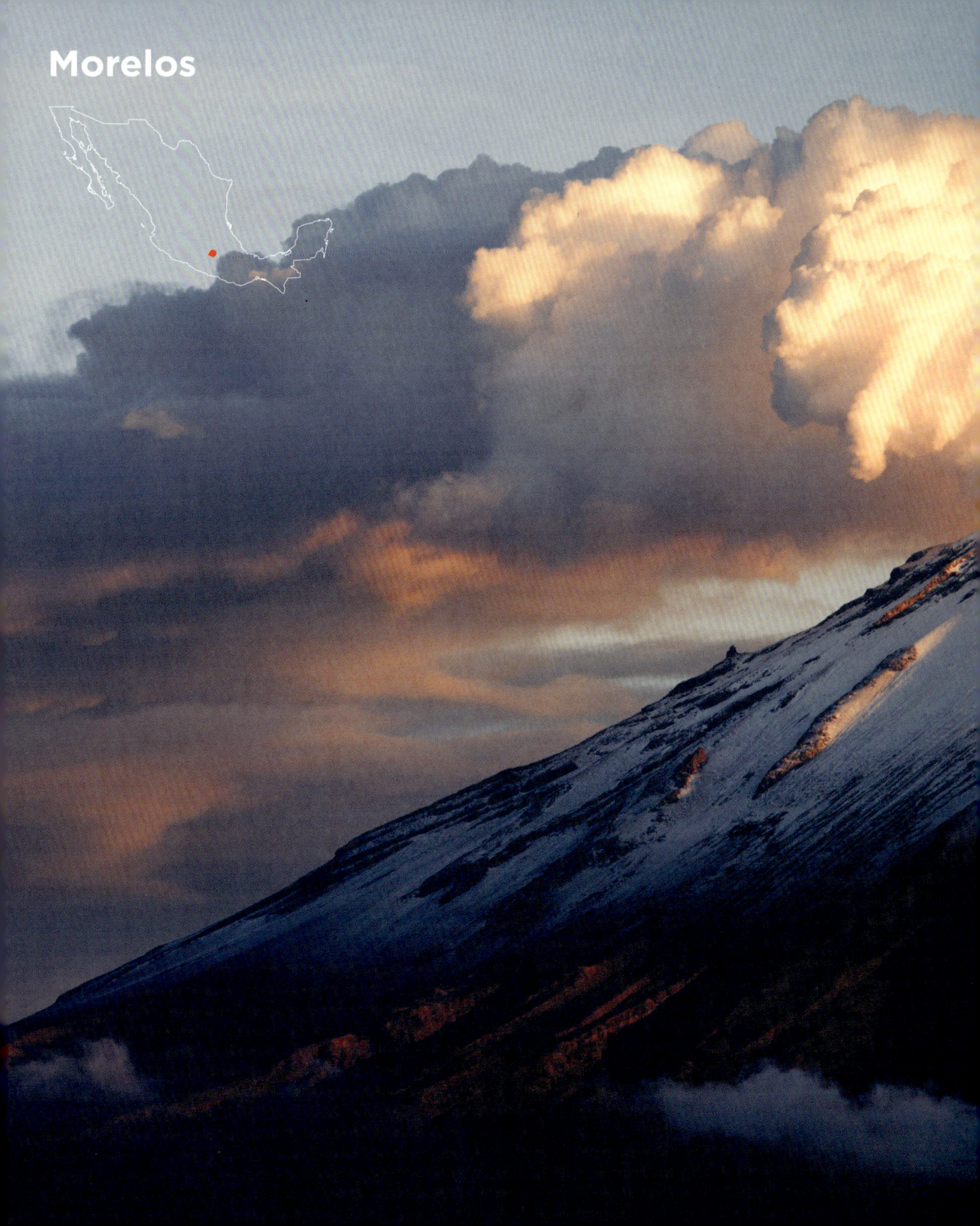
Morelos

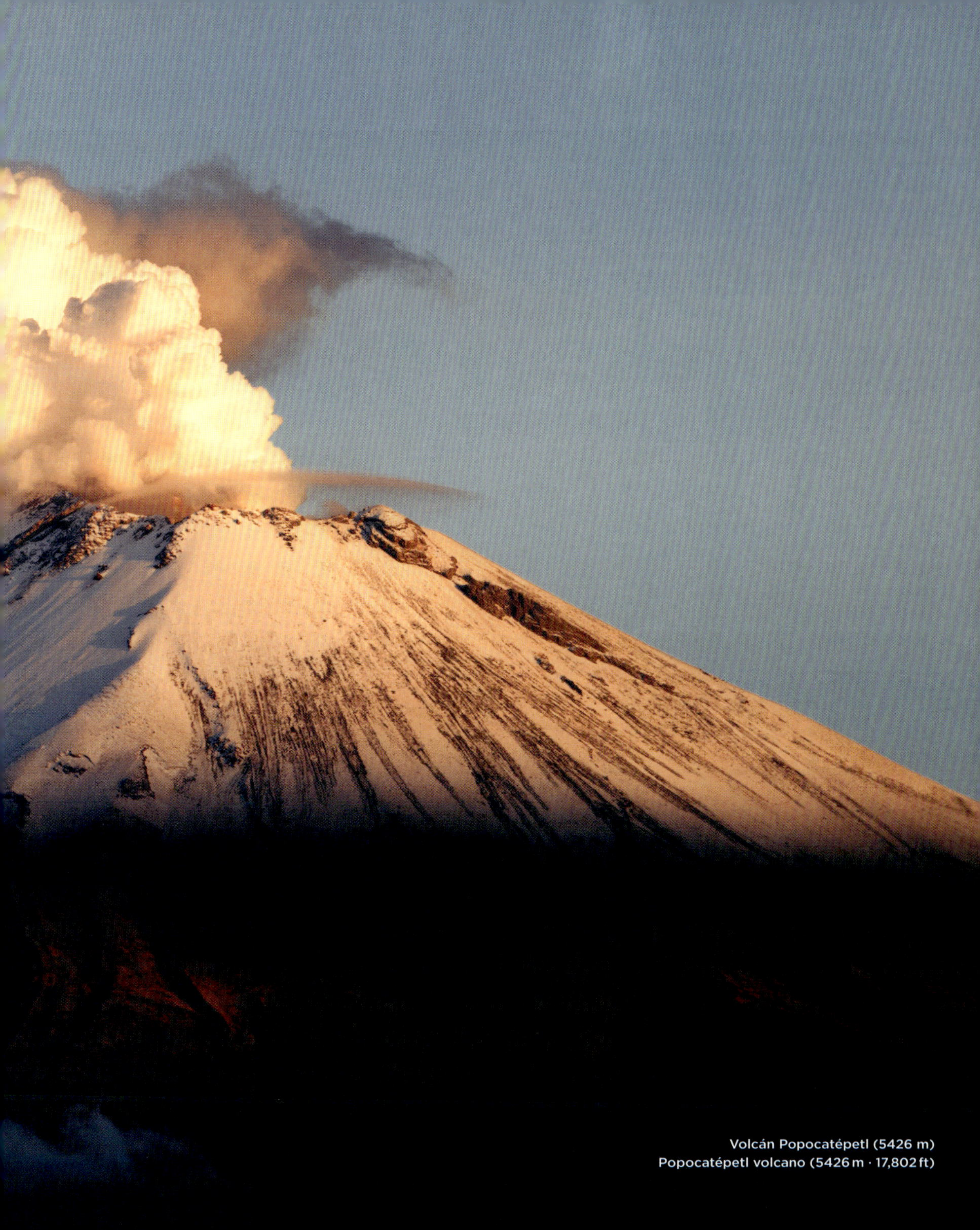

Volcán Popocatépetl (5426 m)
Popocatépetl volcano (5426 m · 17,802 ft)

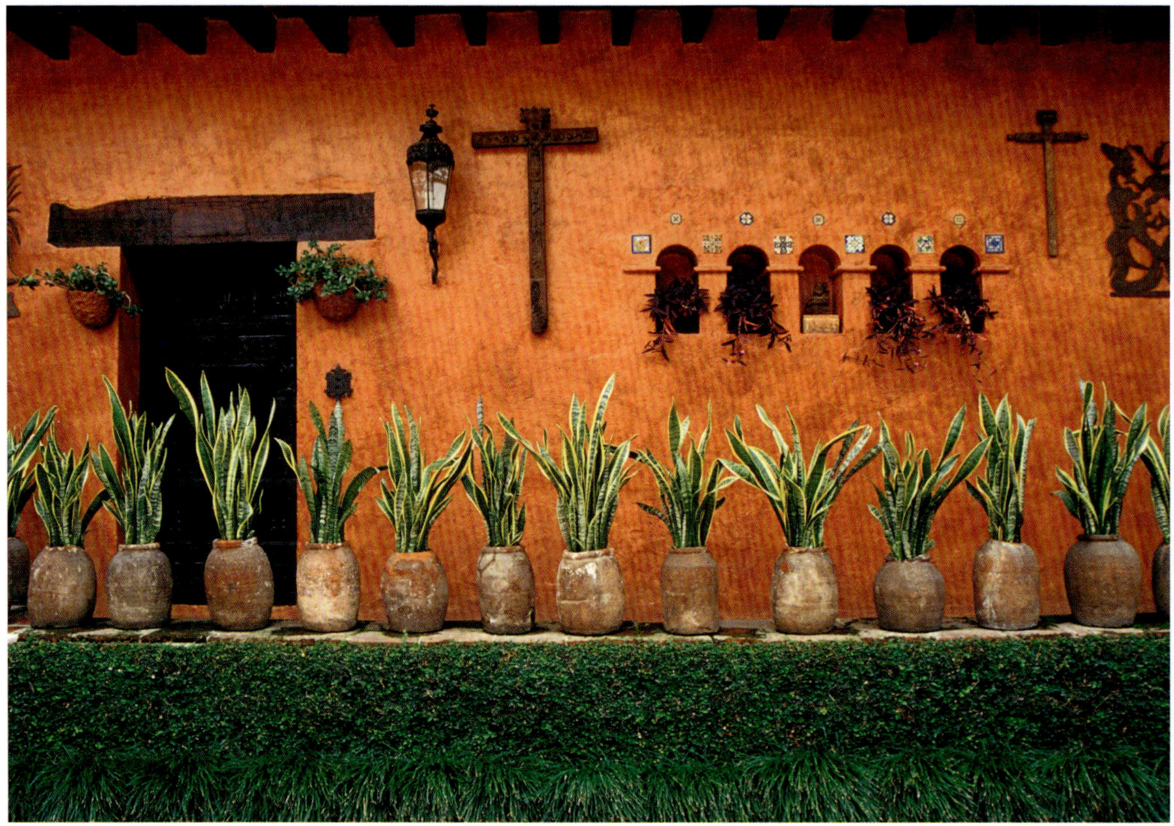

Museo Casa de la Torre, Cuernavaca
Casa de la Torre Museum, Cuernavaca

**Morelos**
The small state south of Mexico City is named after José María Morelos. Around the capital Cuernavaca, splendid sugar haciendas were created in the colonial period. The university town itself lies in terraces on a slope which had already been appreciated by Aztec aristocrats for its mild climate.

**Morelos**
Ce petit État situé au sud de Mexico porte le nom de José María Morelos. Tout autour de sa capitale, Cuernavaca, de majestueuses haciendas sucrières ont vu le jour à l'époque coloniale. La ville universitaire elle-même est construite en terrasses sur un versant et était déjà prisée de la noblesse aztèque pour son climat doux.

**Morelos**
Der kleine Bundesstaat südlich von Mexiko-Stadt ist benannt nach José María Morelos. Rund um die Hauptstadt Cuernavaca entstanden in der Kolonialzeit prächtige Zucker-Haciendas. Die Universitätsstadt selbst liegt terrassenförmig an einem Hang und wurde schon von aztekischen Adeligen wegen ihres milden Klimas geschätzt.

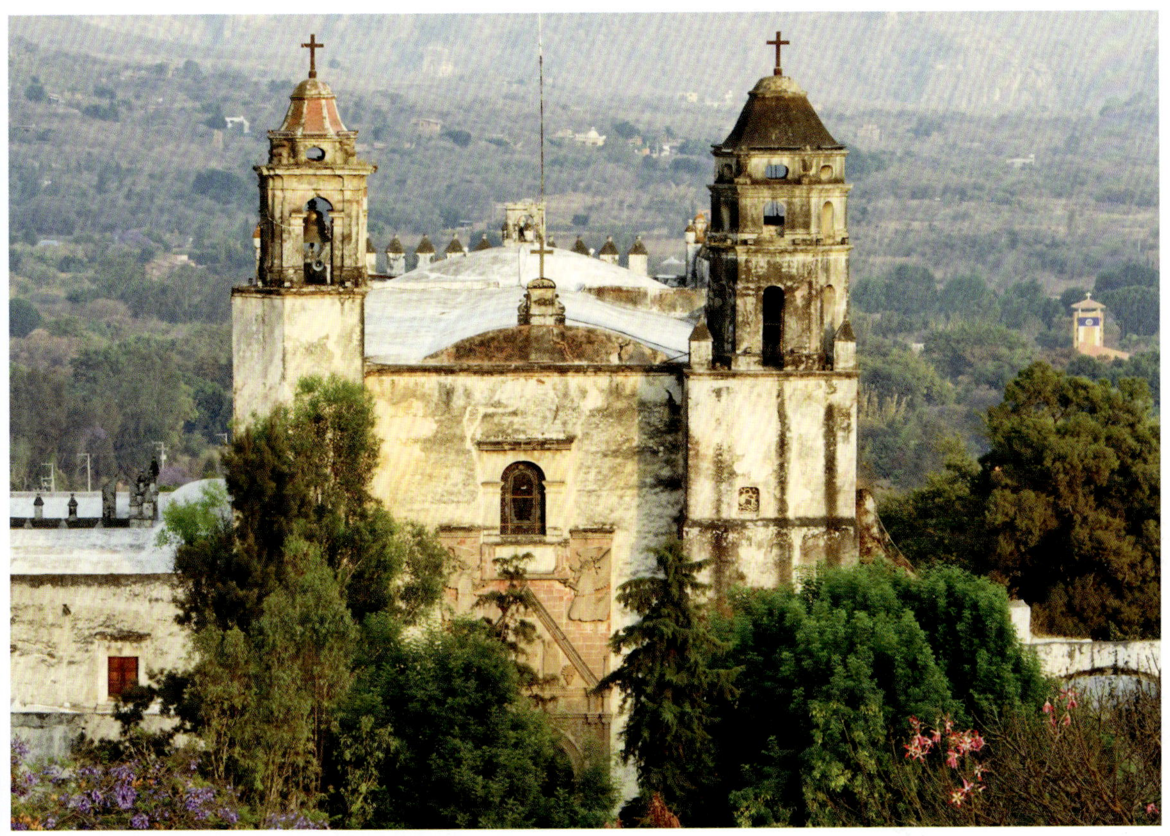

Parroquia Nuestra Señora de la Natividad, Cuernavaca
Church of the Nativity, Cuernavaca

**Morelos**
El pequeño estado al sur de la Ciudad de México lleva el nombre de José María Morelos. Alrededor de la capital Cuernavaca se construyeron durante la época colonial esplendorosas haciendas azucareras. La ciudad universitaria está dispuestaen terrazas sobre una ladera y ya era muy consideradapor los aristócratas aztecas por su clima templado.

**Morelos**
Il piccolo stato a sud di Città del Messico prende il nome da José María Morelos. Intorno alla capitale Cuernavaca, nel periodo coloniale sono state create maestose haciendas di zucchero. La città universitaria è costruita sui terrazzamenti di un pendio, ed era già conosciuta dai nobili aztechi per il suo clima mite.

**Morelos**
Het kleine staatje ten zuiden van Mexico-Stad is vernoemd naar José María Morelos. Rond de hoofdstad Cuernavaca ontstonden in de koloniale periode prachtige suikerhaciënda's. De universiteitsstad zelf ligt terrasvormig op een helling en werd door Azteekse edelen al gewaardeerd om zijn milde klimaat.

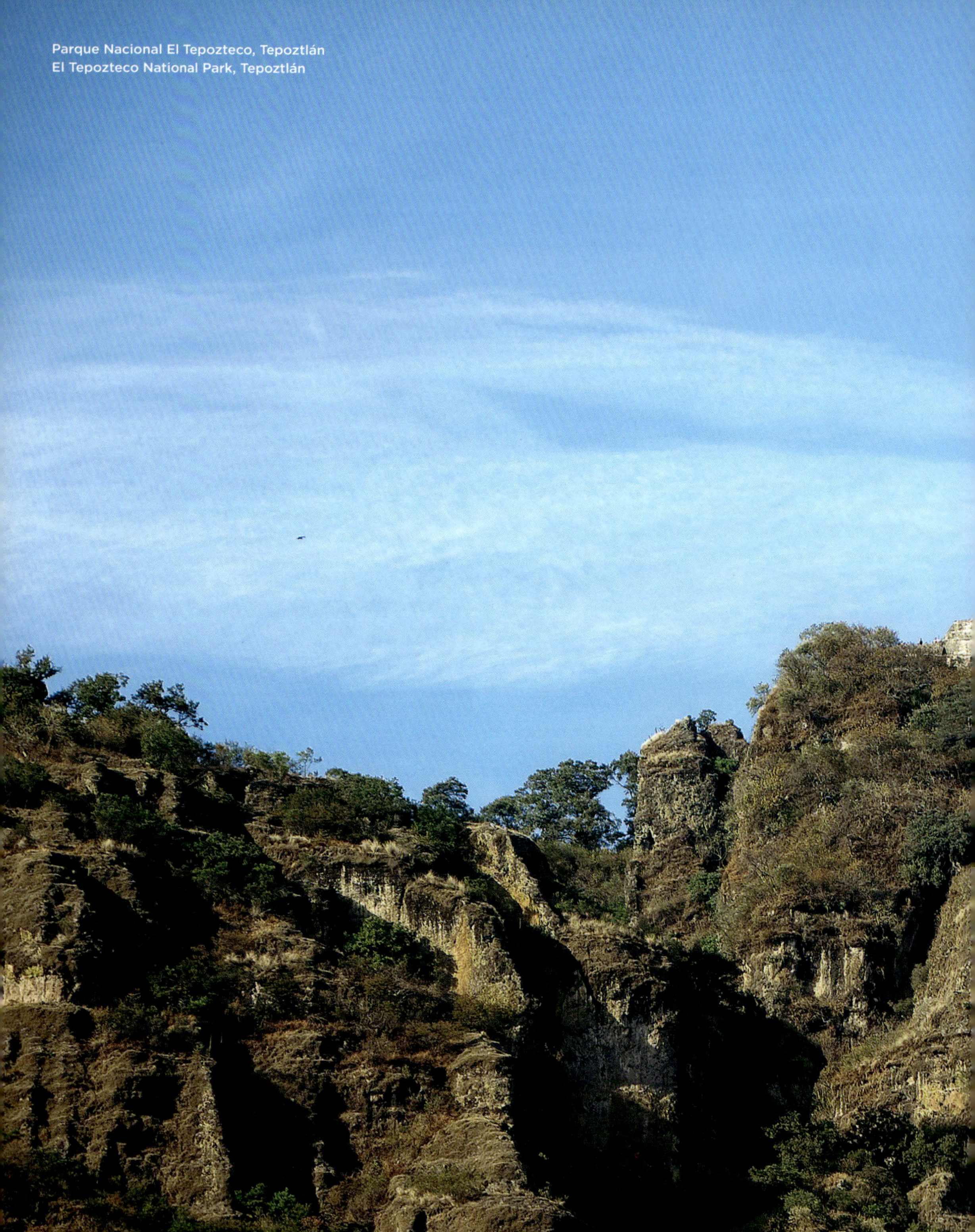

Parque Nacional El Tepozteco, Tepoztlán
El Tepozteco National Park, Tepoztlán

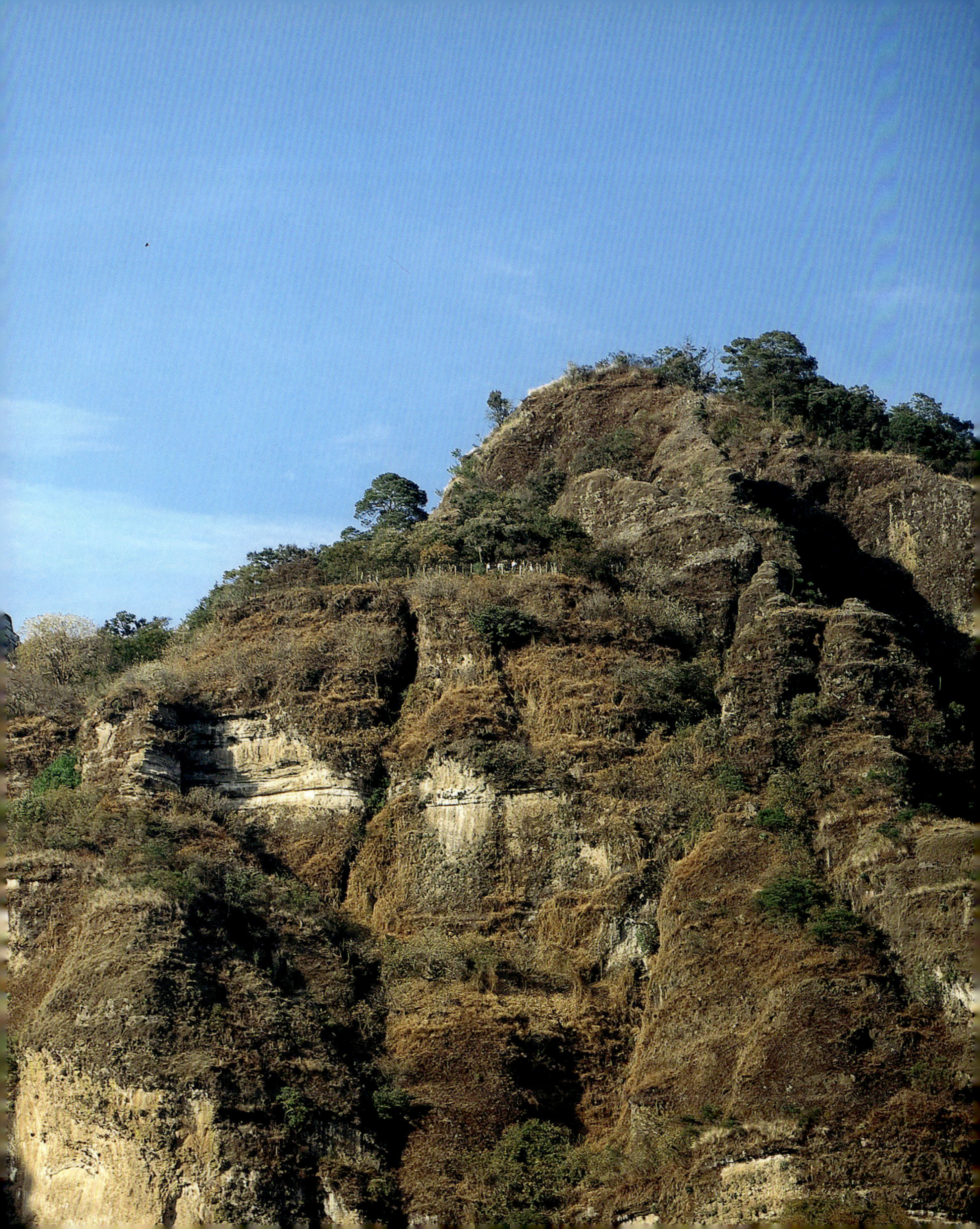

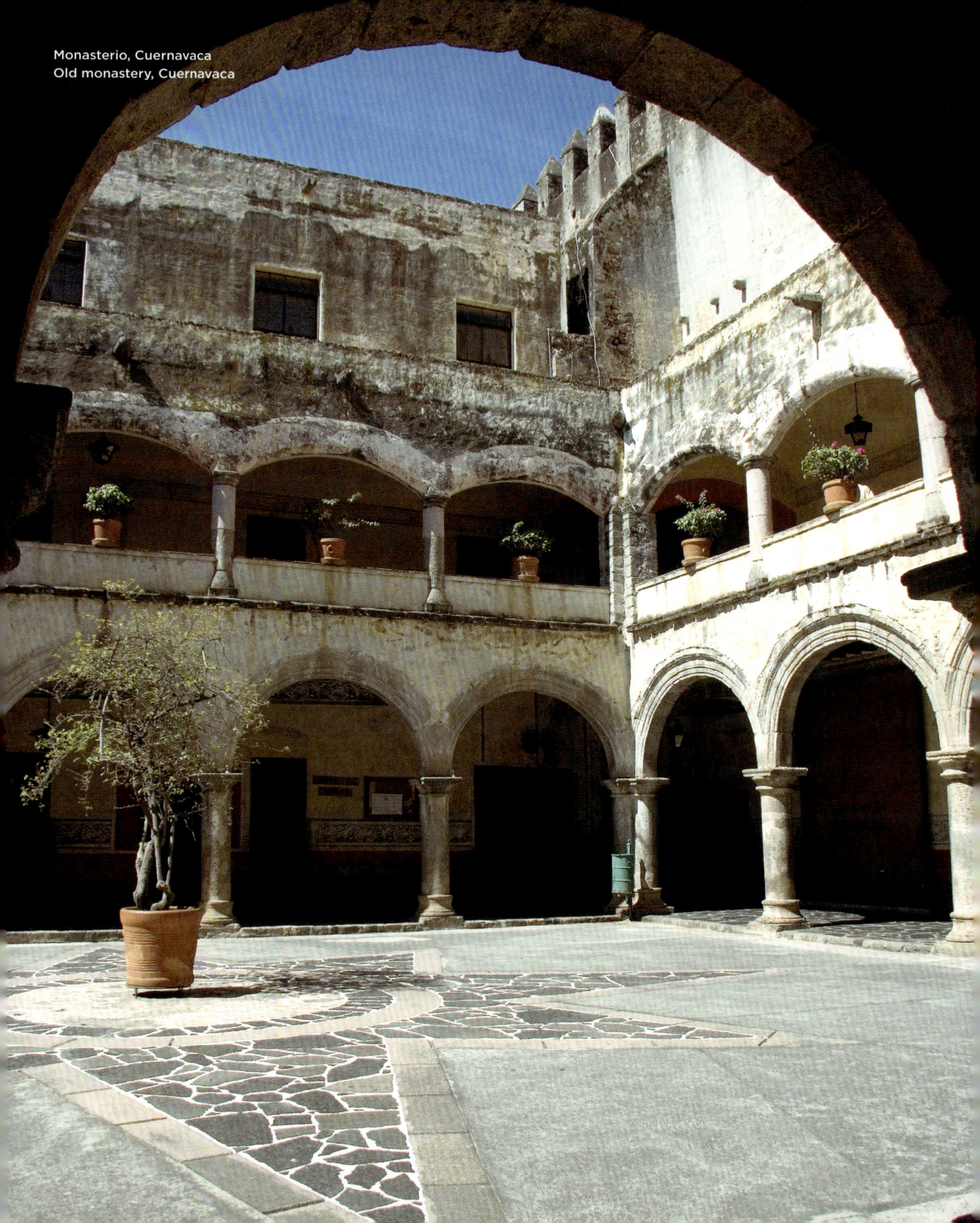

Monasterio, Cuernavaca
Old monastery, Cuernavaca

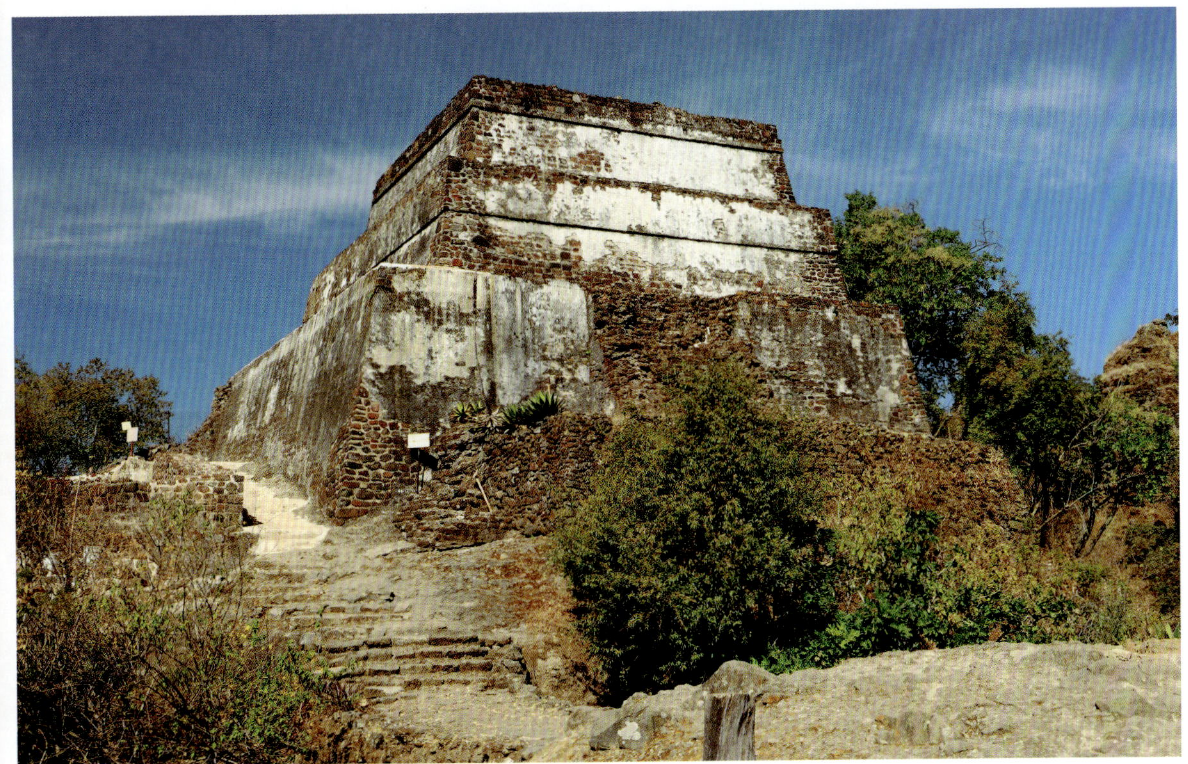

Pirámide de Tepozteco, Tepoztlán
Tepozteco pyramid, Tepoztlán

**Valley of Tepoztlán**
The green valley is considered a magical place. It is surrounded by mountains with bizarre rock formations—a popular terrain for hikers and climbers. On the Cerro del Tepozteco, an almost 400 m (1300 ft) high rock colossus, a small pyramid and a fantastic view reward the effort of the ascent.

**Valle de Tepoztlán**
El valle verde es considerado un lugar mágico. Está rodeado de montañas con extrañas formaciones rocosas – un terreno popular para excursionistas y escaladores. Una pequeña pirámide y unas vistas de ensueño recompensan el esfuerzo de la ascensión al Cerro del Tepozteco, un coloso rocoso de casi 400 m de altura.

**La vallée de Tepoztlán**
Cette vallée verdoyante est considérée comme un lieu magique. Elle est bordée de montagnes aux formations rocheuses étranges, très appréciées des adeptes de randonnée et d'escalade. Sur le Cerro del Tepozteco, une falaise de près de 400 m de hauteur, une petite pyramide et un panorama de rêve récompensent des fatigues de l'ascension.

**Valle di Tepoztlán**
Questa valle lussureggiante è considerata un luogo magico. E' circondata da montagne con strane formazioni rocciose, rinnomata per escursionisti e scalatori. Sul Cerro del Tepozteco, un colosso roccioso alto quasi 400 m, una piccola piramide e un panorama da sogno ricompensano lo sforzo della salita.

**Tal von Tepoztlán**
Das grüne Tal gilt als magischer Ort. Es liegt umgeben von Bergen mit bizarren Felsformationen – ein beliebtes Terrain für Wanderer und Kletterer. Auf dem Cerro del Tepozteco, einem fast 400 m hohen Felskoloss, belohnen eine kleine Pyramide und ein traumhafter Ausblick die Anstrengung des Aufstiegs.

**Dal van Tepoztlán**
Het groene dal wordt beschouwd als een magische plek. Het is omgeven door bergen met bizarre rotsformaties – een geliefd gebied voor wandelaars en klimmers. Op de Cerro del Tepozteco, een bijna 400 m hoge rots, belonen een kleine piramide en een fantastisch uitzicht de inspanning van de klim.

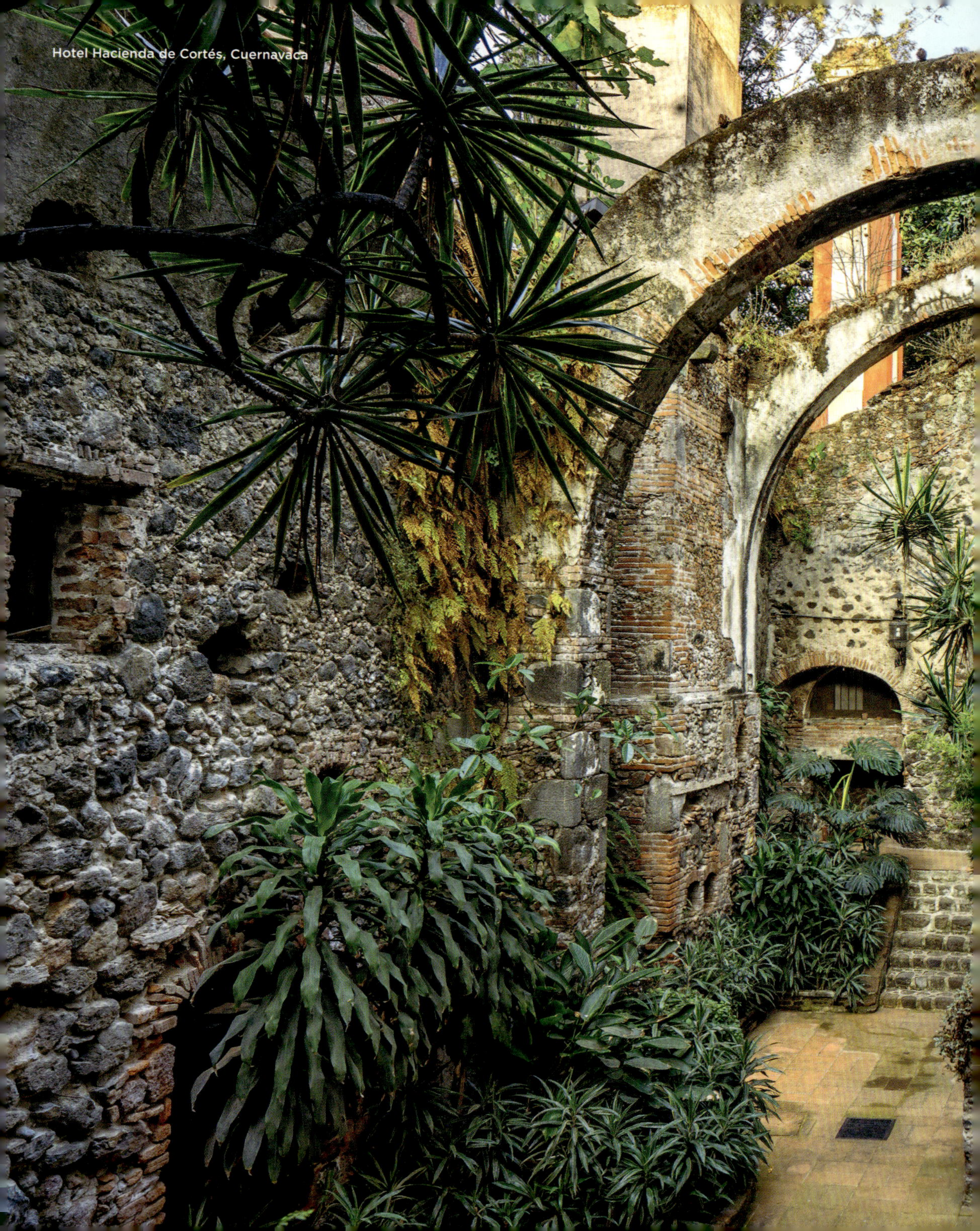

Hotel Hacienda de Cortés, Cuernavaca

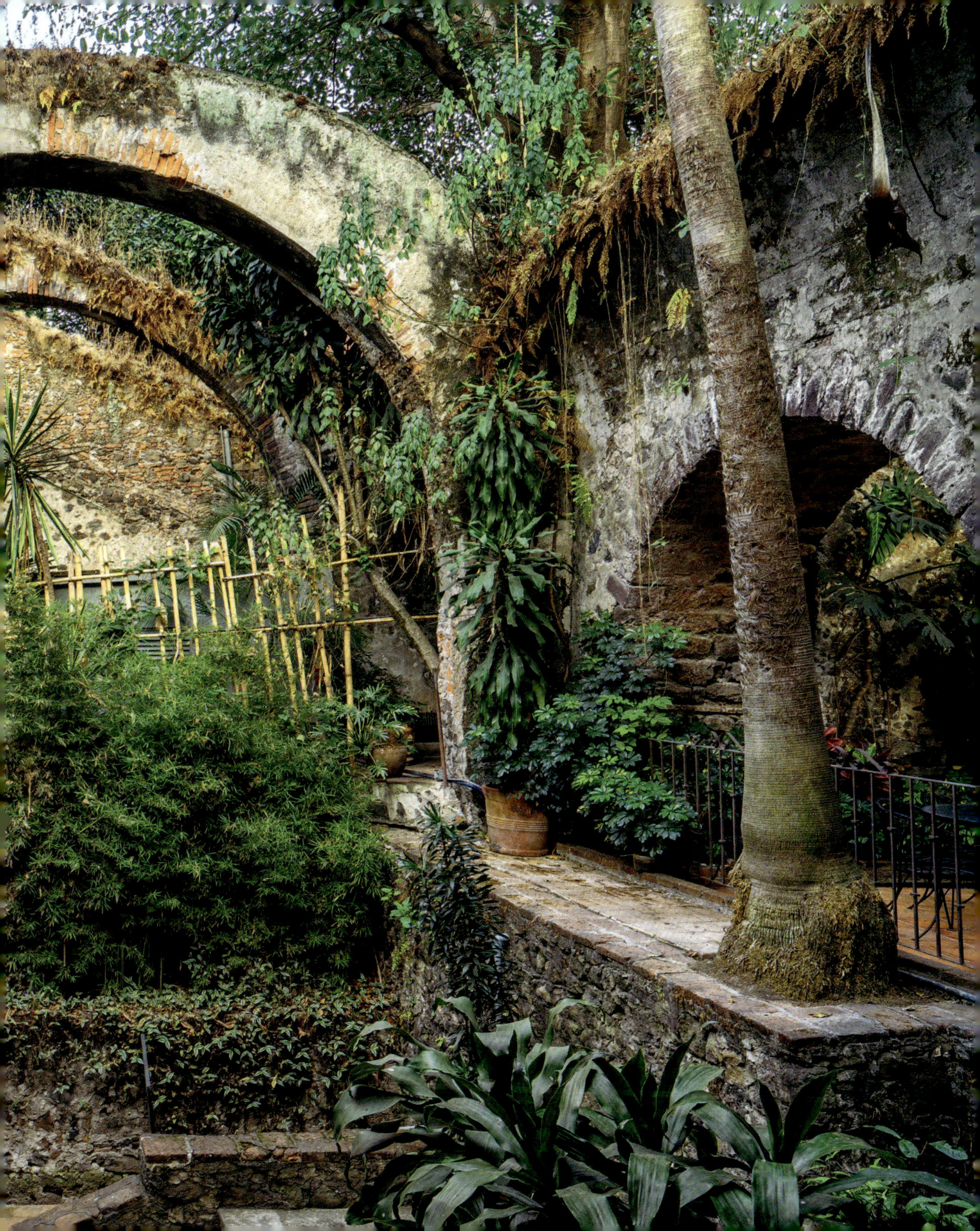

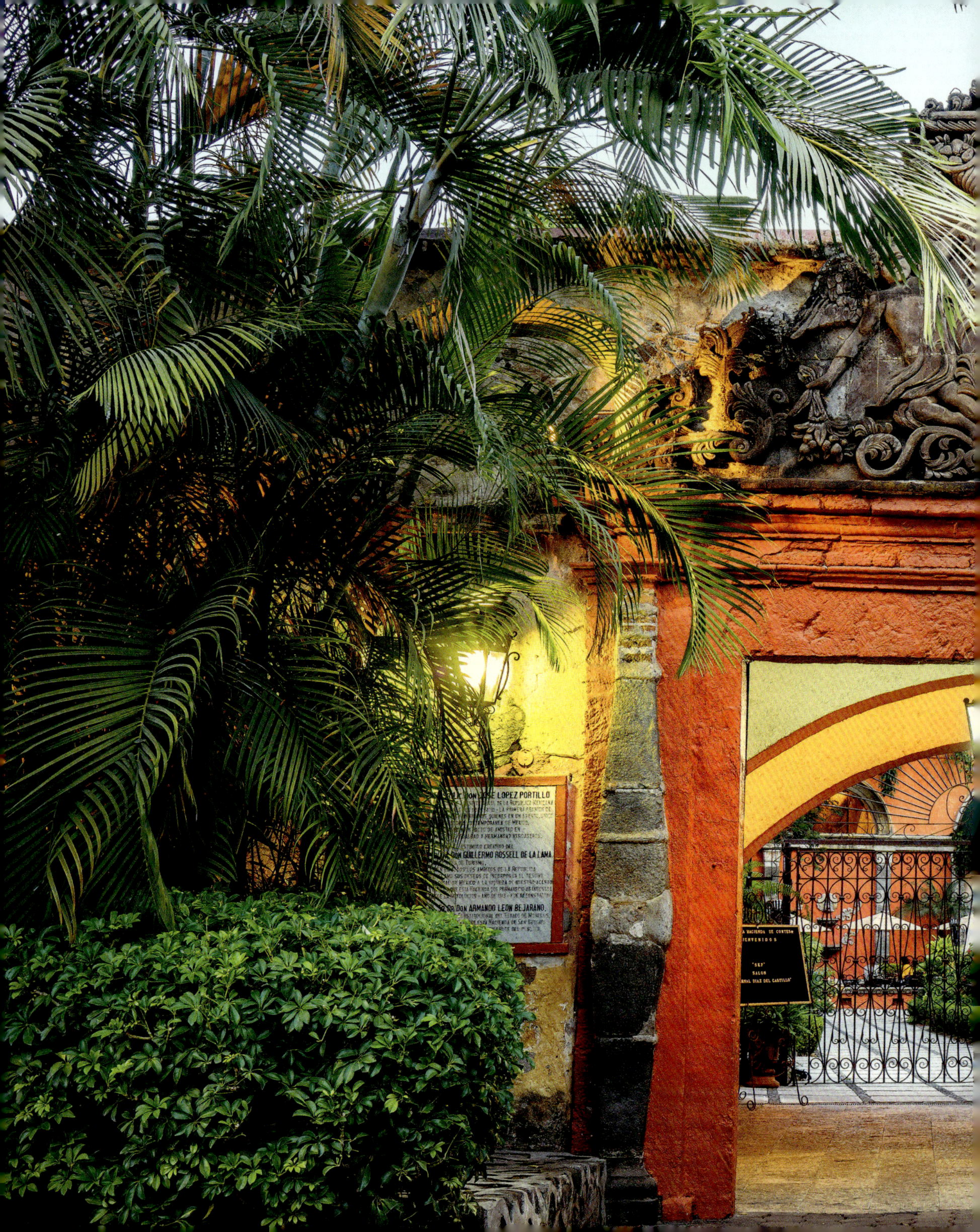
LOPEZ PORTILLO
DON GUILLERMO ROSSELL DE LA LAMA
DON ARMANDO LEON BEJARANO.
HACIENDA DE CORTES
"SKF"
SALON
DIAZ DEL CASTILLO"

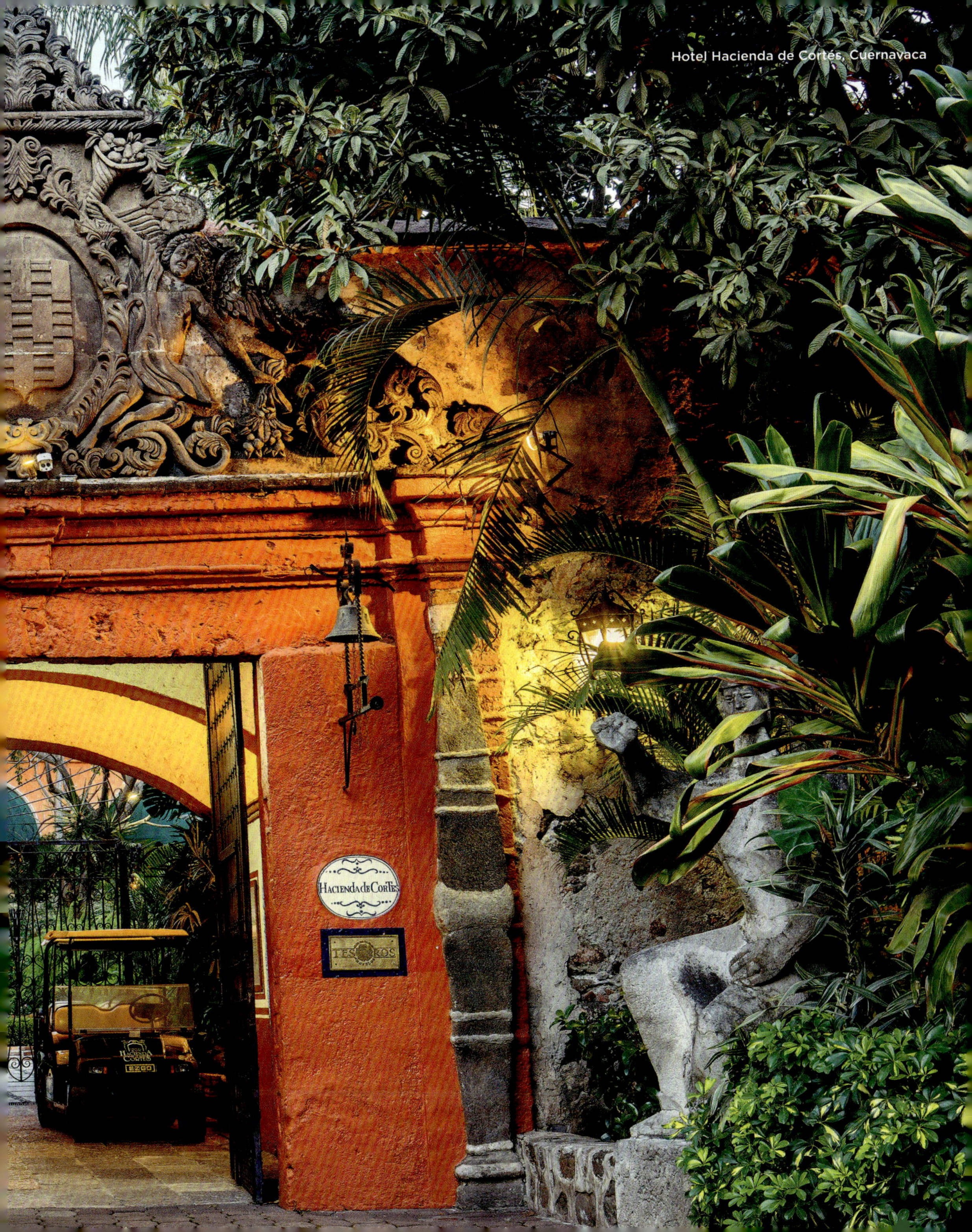

Hotel Hacienda de Cortés, Cuernavaca

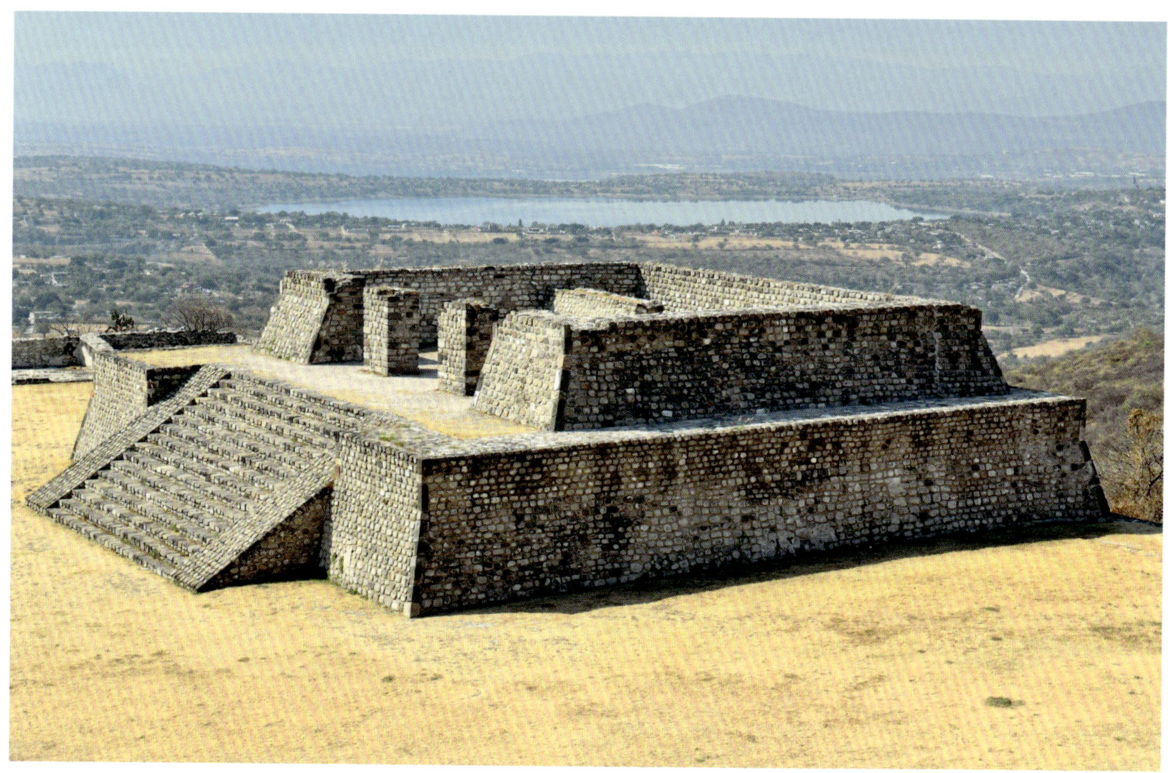

Ruinas, Plaza de la Estela, Xochicalco
Ruins, Plaza de la Estela, Xochicalco

**Xochicalco**
Lying 38 km (24 mi) southwest of Cuernavaca, the Xochicalco excavation site sits enthroned upon a mountain. The Temple of the Feathered Serpent shows extraordinary stone reliefs, whose meaning has not yet been deciphered.

**Xochicalco**
Le site archéologique de Xochicalco trône sur une montagne, à 38 km au sud-ouest de Cuernavaca. La pyramide du serpent à plumes présente des bas-reliefs en pierre extraordinaires, dont la signification n'a pas encore pu être déchiffrée.

**Xochicalco**
38 km südwestlich von Cuernavaca thront auf einem Berg die Ausgrabungsstätte Xochicalco. Die Pyramide der gefiederten Schlange zeigt außergewöhnliche Steinreliefs, deren Bedeutung bisher nicht entschlüsselt werden konnte.

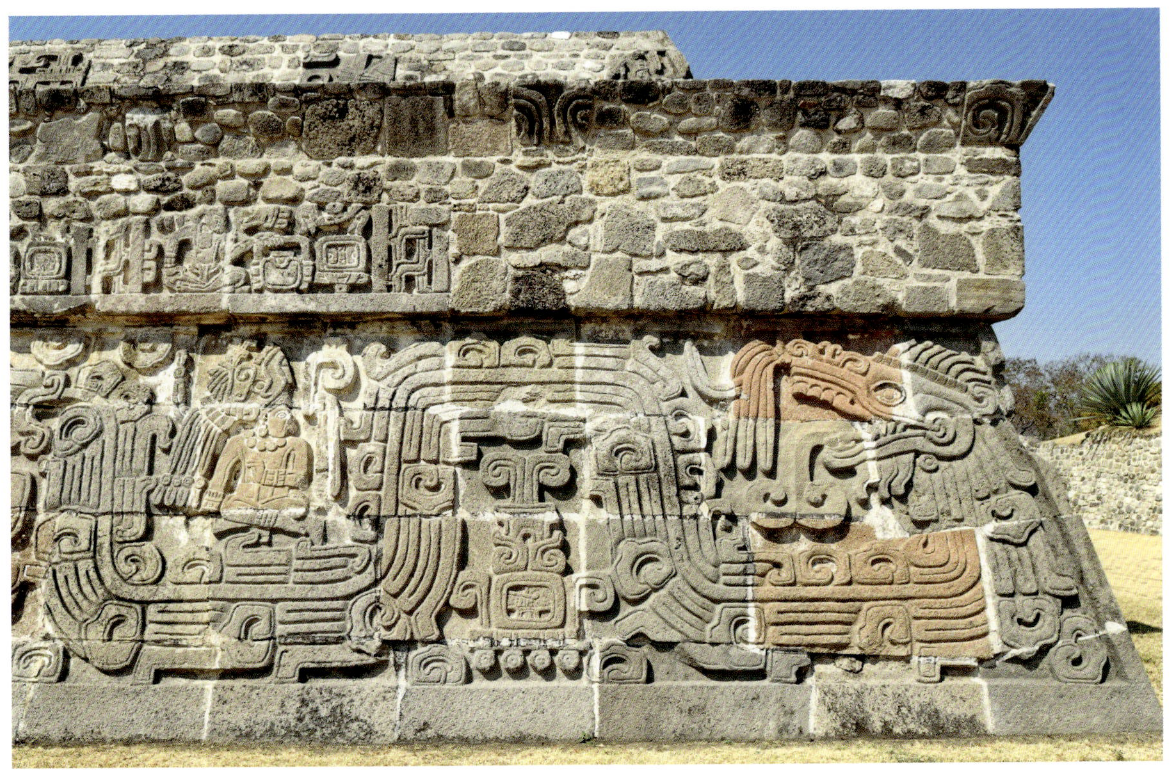

Templo de las Serpientes Emplumadas, Quetzalcoatl, Xochicalco
Temple of the Feathered Serpent, Quetzalcoatl, Xochicalco

**Xochicalco**
A 38 km al suroeste de Cuernavaca, el yacimiento arqueológico de Xochicalco está entronizado sobre una montaña. La pirámide de la Serpiente Emplumada presenta extraordinarios relieves en piedra cuyo significado aún no ha podido ser descifrado.

**Xochicalco**
Il sito archeologico di Xochicalco troneggia su una montagna 38 km a sud-ovest di Cuernavaca. La piramide del serpente piumato presenta straordinari rilievi lapidei il cui significato non è ancora stato decifrato.

**Xochicalco**
38 km ten zuidwesten van Cuernavaca ligt het opgravingsterrein Xochicalco op een berg. De piramide van de gevederde slang toont buitengewone stenen reliëfs waarvan de betekenis tot nog toe niet ontcijferd kon worden.

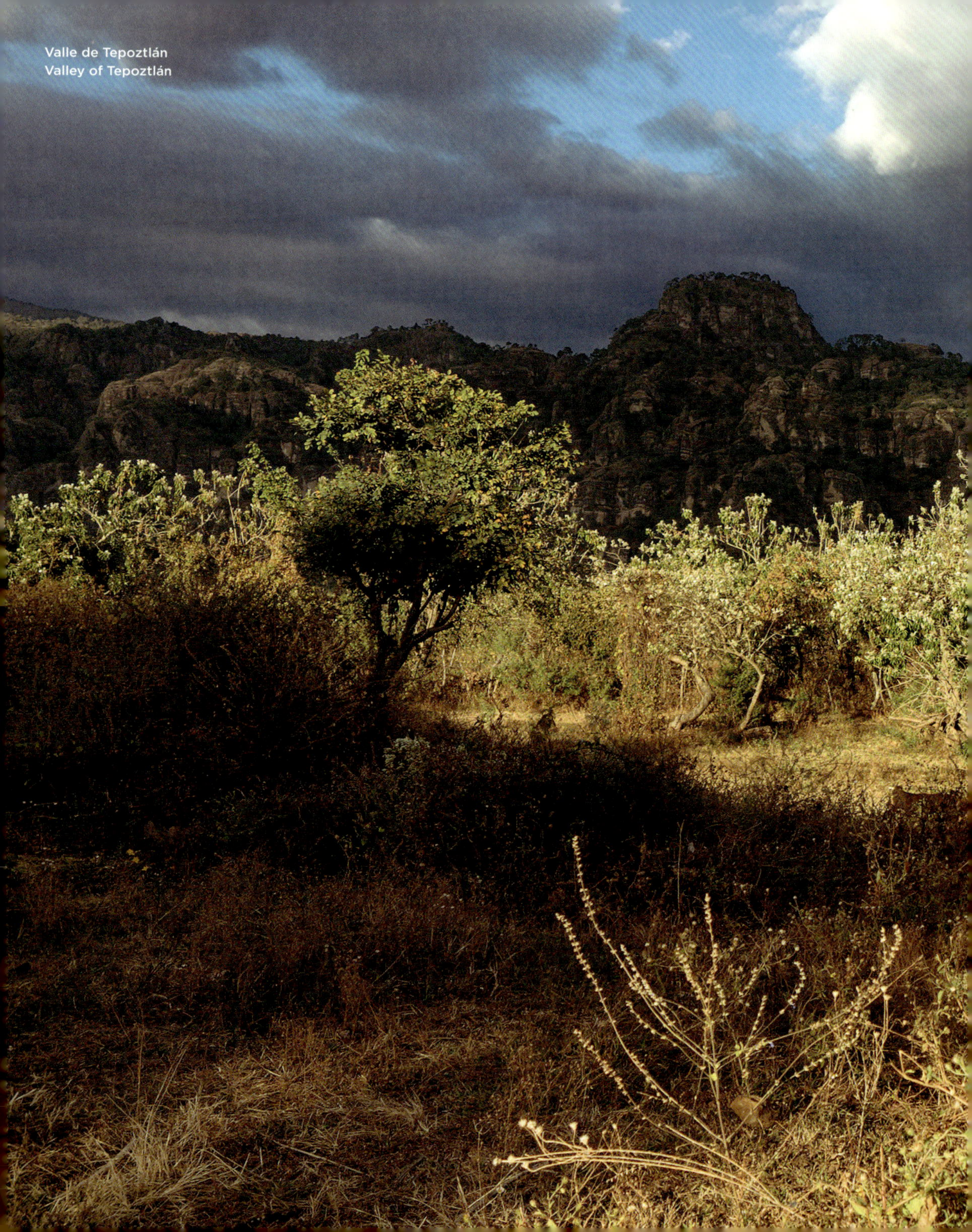

Valle de Tepoztlán
Valley of Tepoztlán

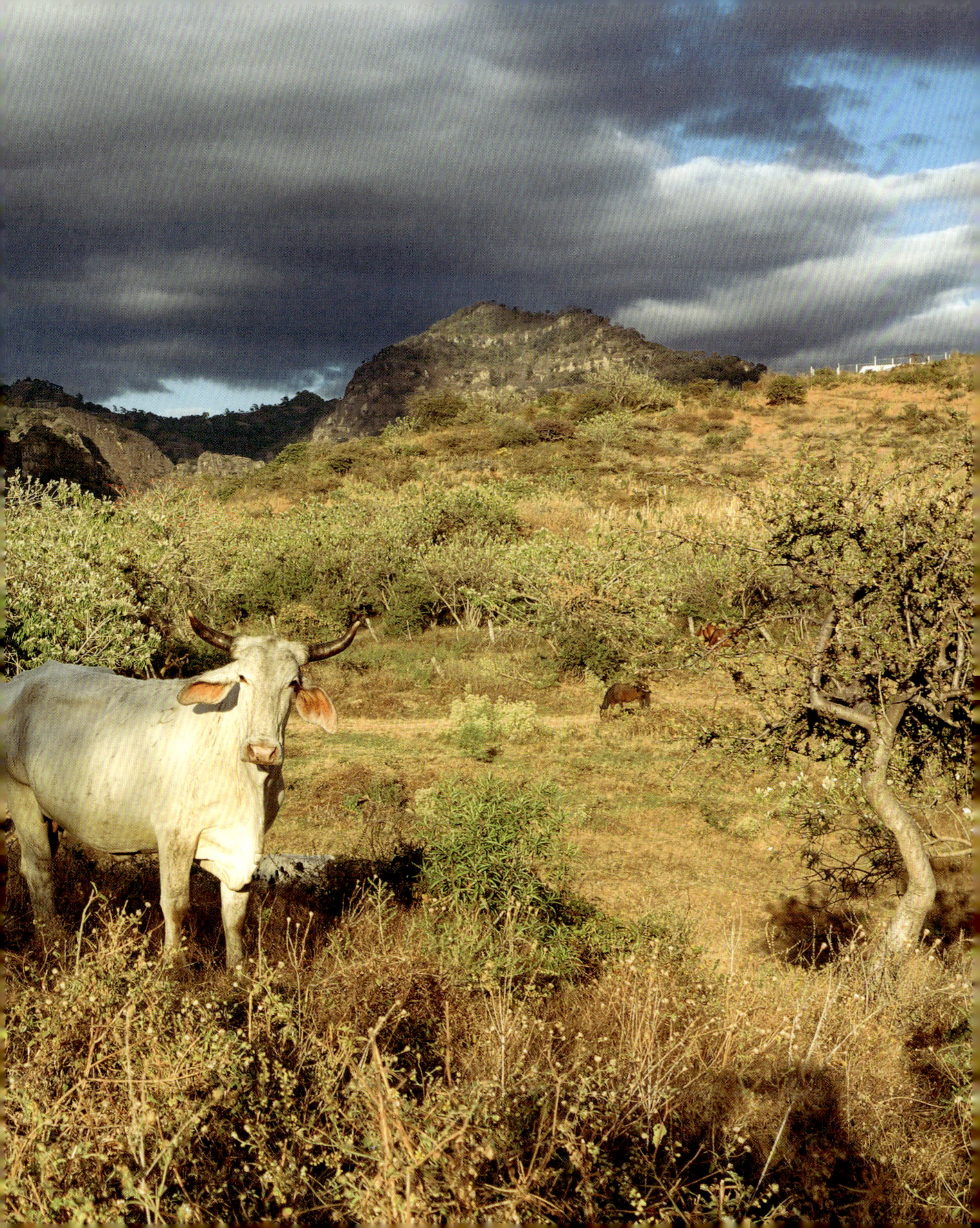

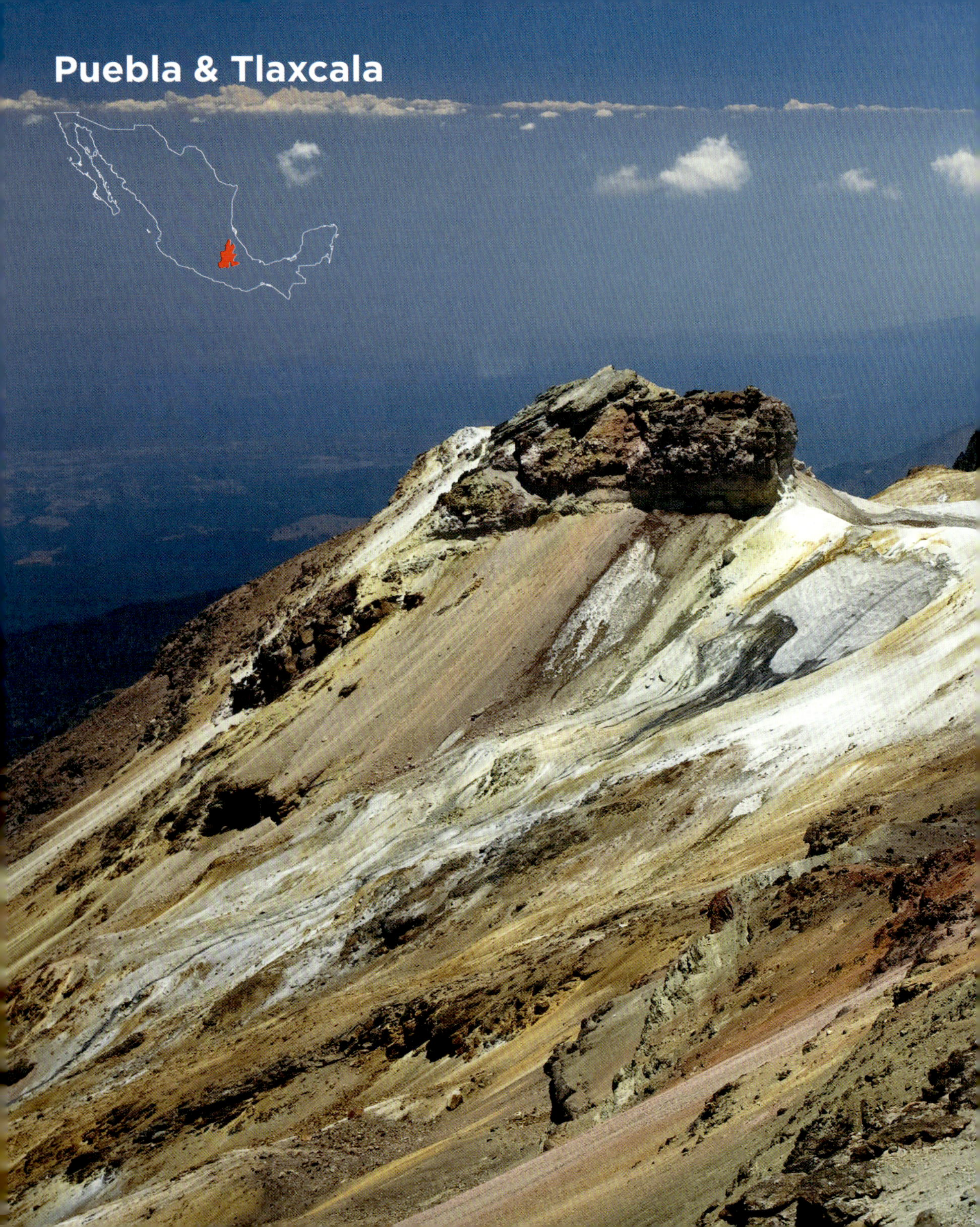
Puebla & Tlaxcala

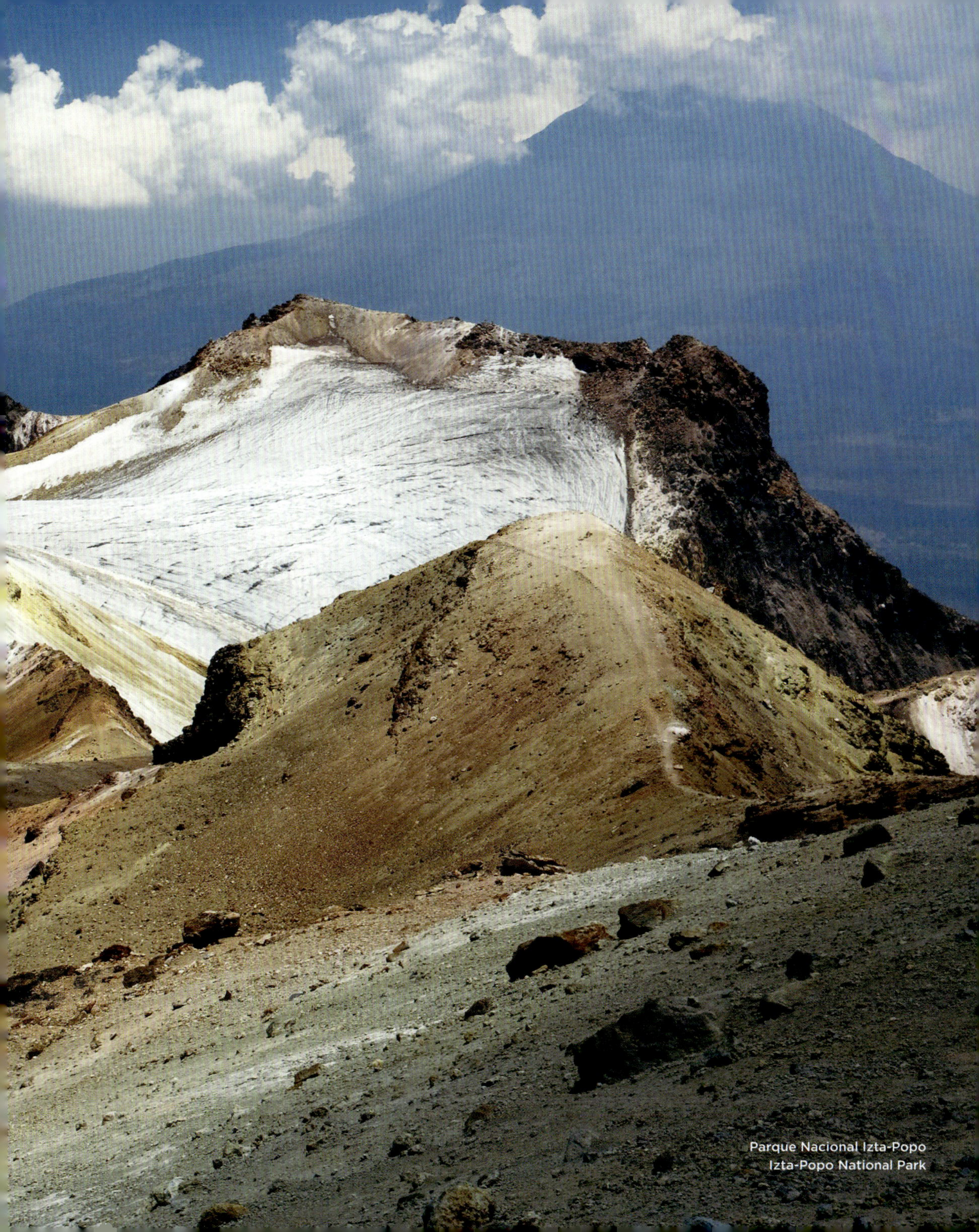

Parque Nacional Izta-Popo
Izta-Popo National Park

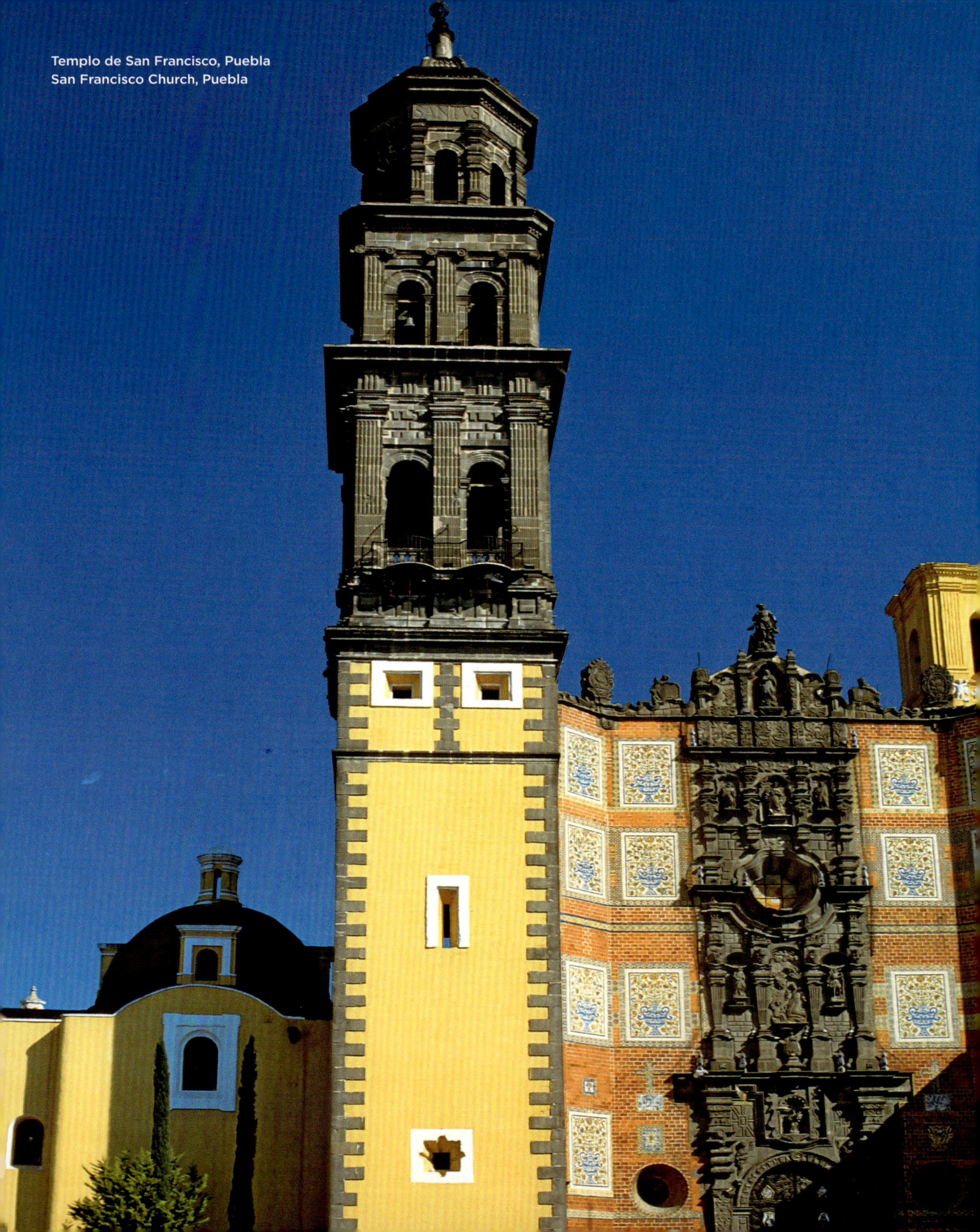
Templo de San Francisco, Puebla
San Francisco Church, Puebla

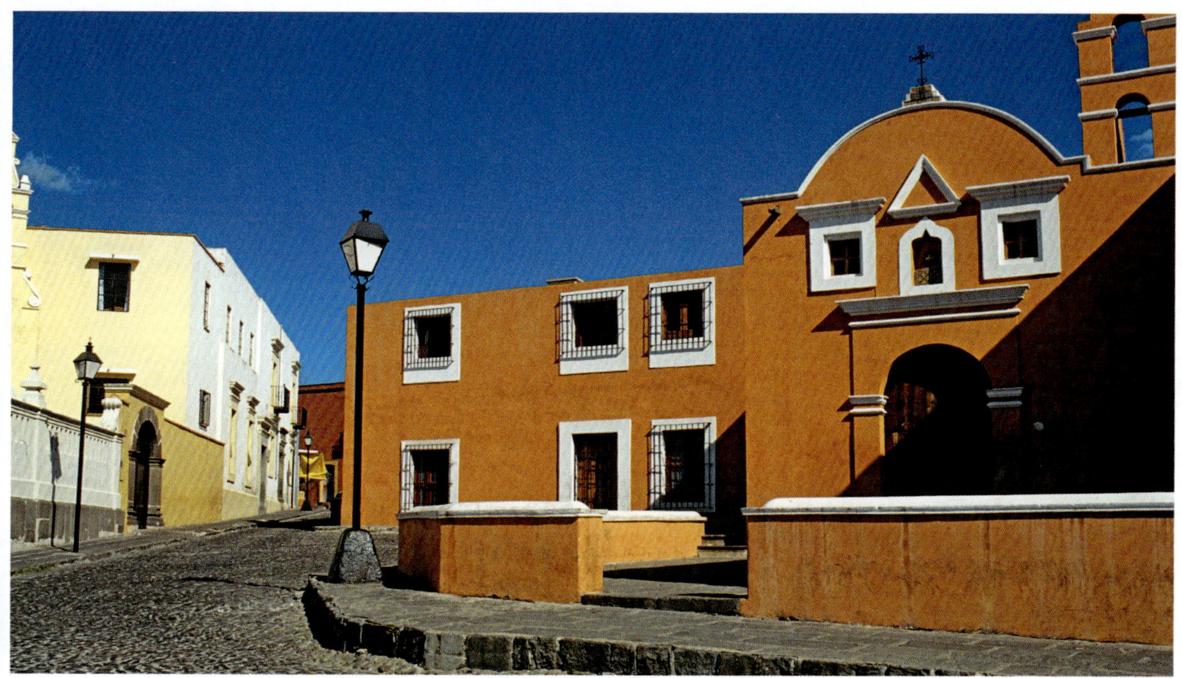

Puebla

**Puebla and Tlaxcala**
Mexico's smallest state, Tlaxcala, is best known for its traditional carnival, with the folkloric dances and customs. In the capital of the state of Puebla, over 2000 colonial buildings, including some with colorful hand-painted tiles, in addition to an impressive baroque cathedral from the 16th century, provide a historical ambience. Puebla is also the origin of the national dish *Mole Poblano,* a sauce made of more than 20 ingredients, including chocolate and chilli.

**Puebla et Tlaxcala**
Le plus petit État du Mexique, Tlaxcala, est surtout connu pour son carnaval traditionnel avec ses danses et coutumes folkloriques. Dans la capitale de l'État de Puebla, plus de 2000 bâtiments de style colonial, certains avec des carreaux de céramique multicolores peints à la main, et une imposante cathédrale baroque du XVIe siècle assurent une ambiance chargée d'histoire. C'est aussi de Puebla que vient l'un des plats nationaux, le *mole poblano,* une sauce composée de plus d'une vingtaine d'ingrédients, dont le chocolat et le piment.

**Puebla und Tlaxcala**
Der kleinste Bundestaat Mexikos, Tlaxcala, ist vor allem bekannt für den traditionsreichen Karneval mit folkloristischen Tänzen und Bräuchen. In der Hauptstadt des Bundestaates Puebla sorgen über 2000 koloniale Bauwerke, teils mit bunten, handbemalten Kacheln, und eine beeindruckende barocke Kathedrale aus dem 16. Jahrhundert für historisches Ambiente. Aus Puebla stammt auch das Nationalgericht *Mole Poblano,* eine Soße aus mehr als 20 Zutaten, u.a. Schokolade und Chili.

**Puebla y Tlaxcala**
El estado más pequeño de México, Tlaxcala, es sobre todo conocido por su carnaval tradicional con danzas y costumbres folklóricas. En la capital del estado de Puebla, más de 2000 edificios coloniales, algunos con azulejos de colores pintados a mano y una impresionante catedral barroca del siglo XVI proporcionan un ambiente histórico. Puebla es también el origen del plato nacional Mole Poblano, una salsa hecha de más de 20 ingredientes, entre ellos chocolate y chile.

**Puebla e Tlaxcala**
Il più piccolo stato del Messico, Tlaxcala, è noto soprattutto per il suo tradizionale carnevale, con danze e costumi folcloristici. Nella capitale dello stato di Puebla oltre 2000 edifici coloniali, alcuni con tegole colorate dipinte a mano, e una imponente cattedrale barocca del Cinquecento, costituiscono un luogo ricco di storia. E' a Puebla che ha origine il piatto nazionale *Mole Poblano,* una salsa a base di più di 20 ingredienti, tra cui cioccolato e peperoncino.

**Puebla en Tlaxcala**
De kleinste staat van Mexico, Tlaxcala, is vooral bekend om zijn traditionele carnaval met folkloristische dansen en gebruiken. In de hoofdstad van de staat Puebla zorgen meer dan 2000 koloniale gebouwen, sommige met kleurige, handbeschilderde tegels, en een indrukwekkende barokke kathedraal uit de 16e eeuw voor een historische sfeer. Puebla is ook de oorsprong van het nationale gerecht *mole poblano,* een saus gemaakt van meer dan 20 ingrediënten, waaronder chocolade en chilipeper.

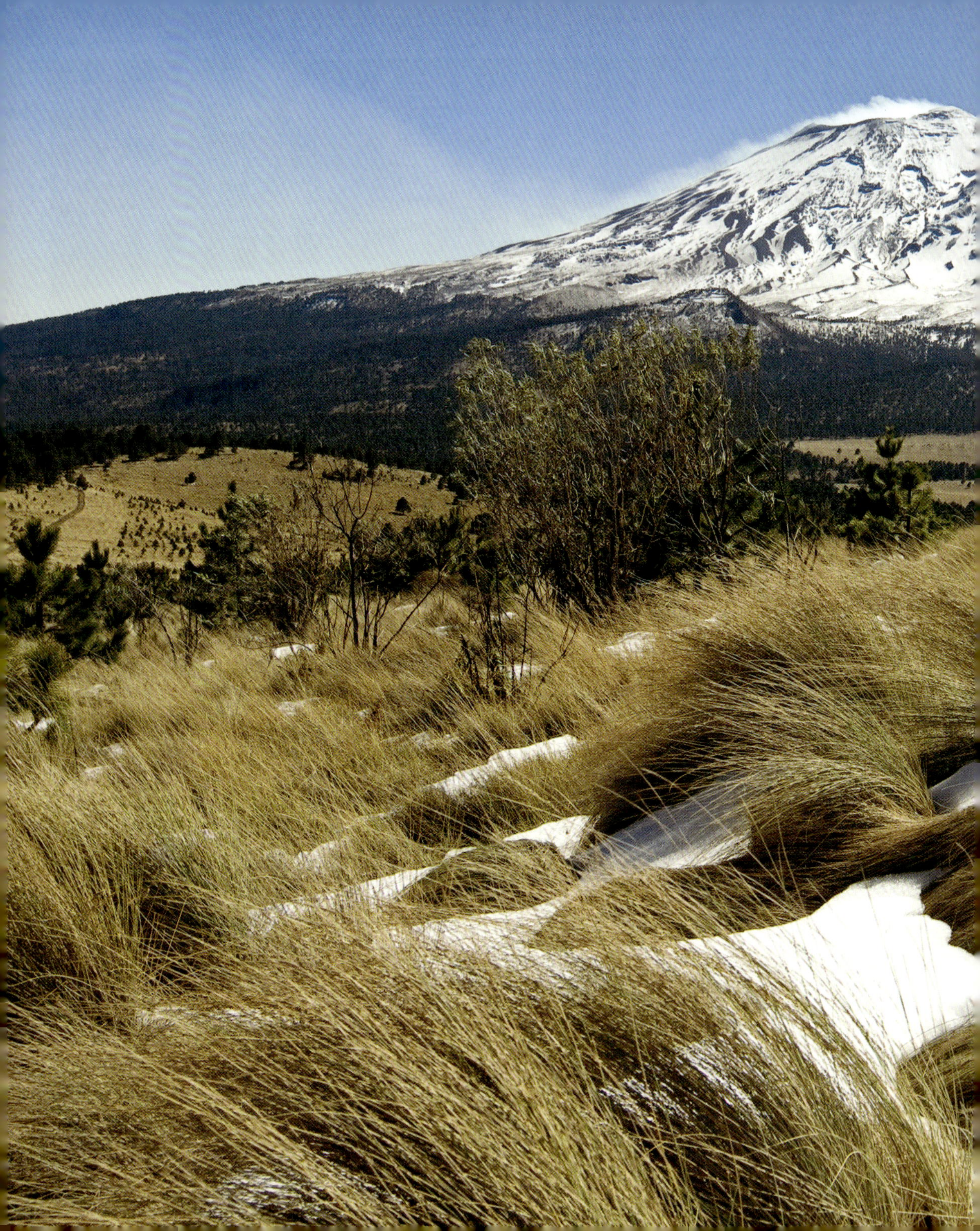

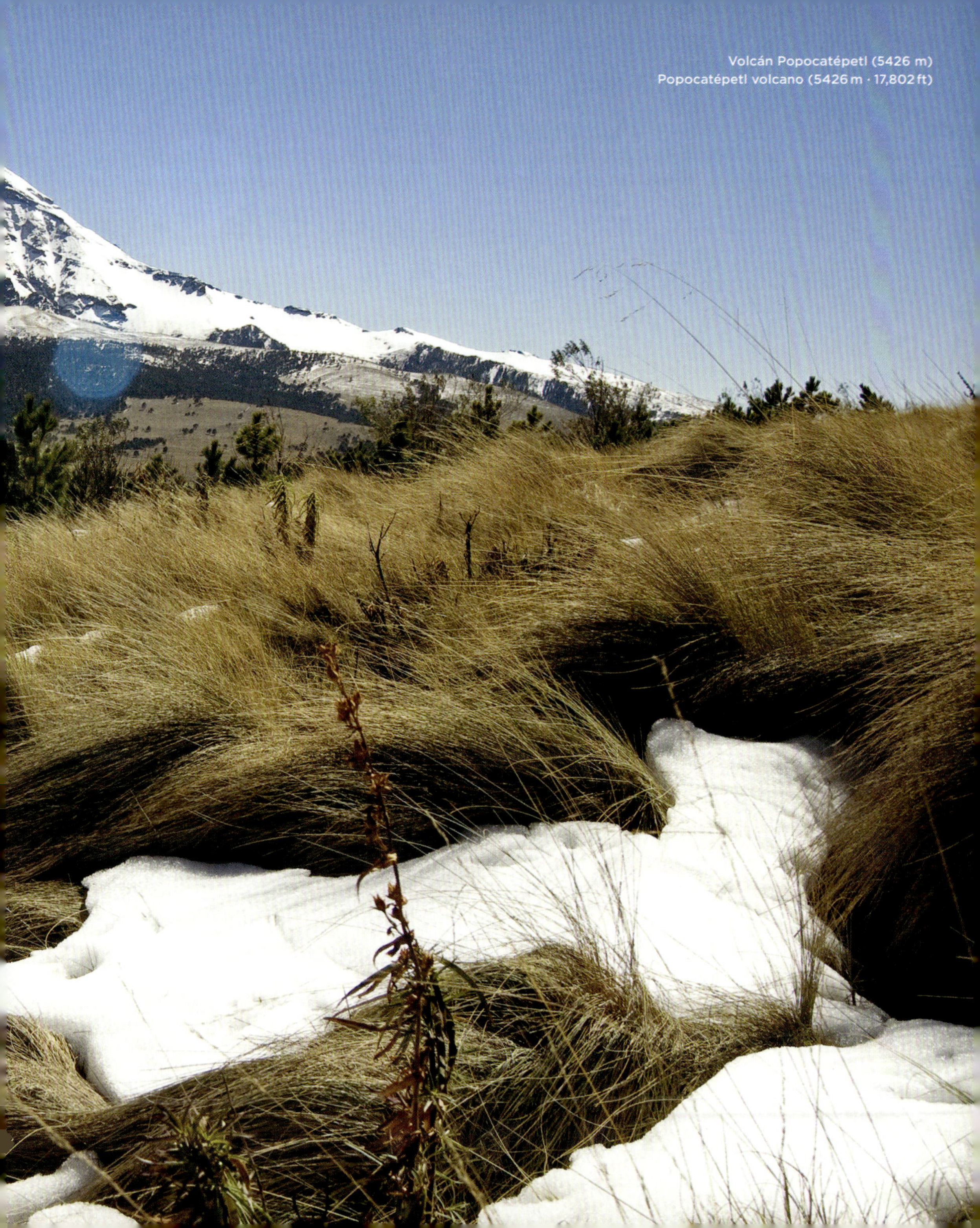

Volcán Popocatépetl (5426 m)
Popocatépetl volcano (5426 m · 17,802 ft)

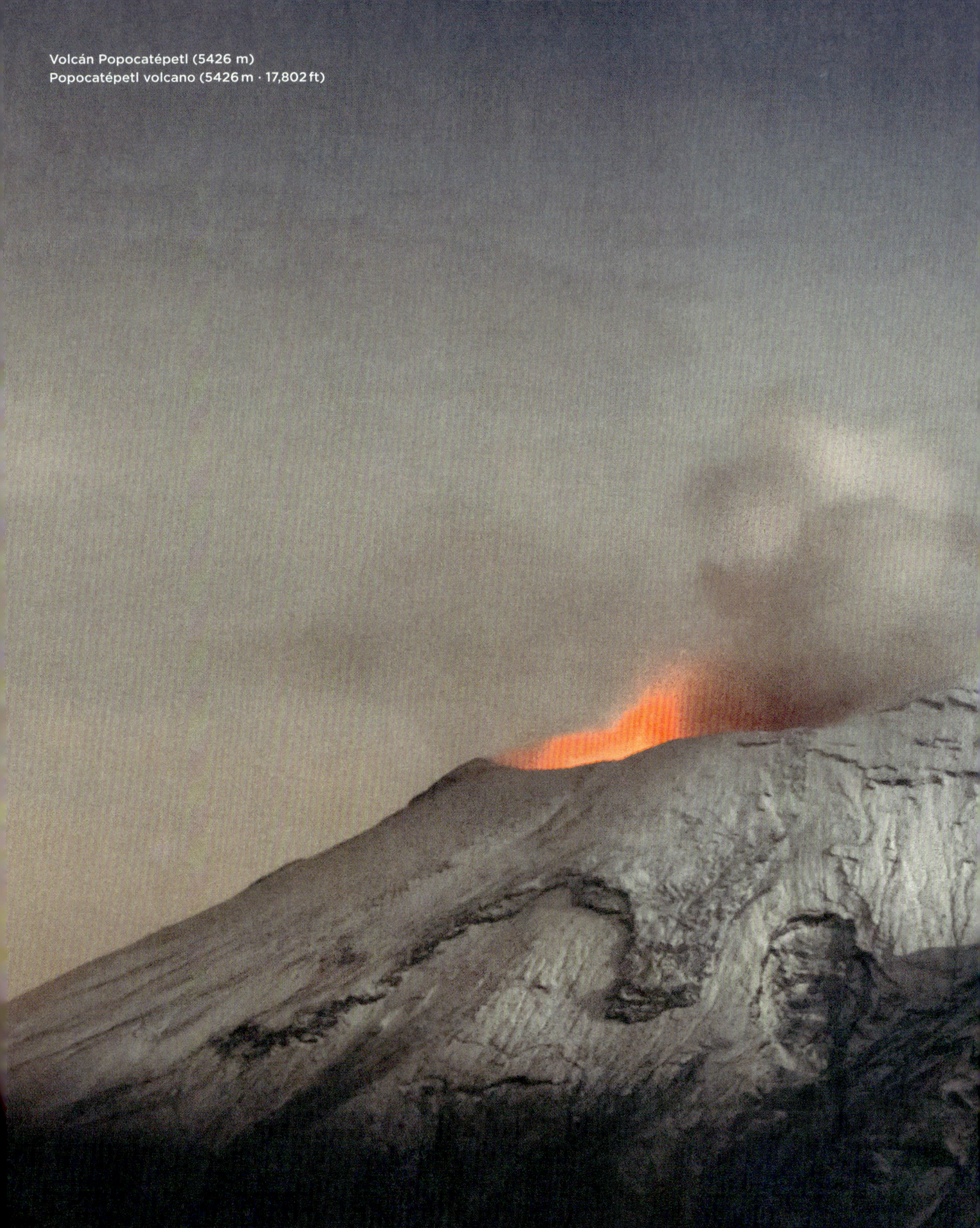

Volcán Popocatépetl (5426 m)
Popocatépetl volcano (5426 m · 17,802 ft)

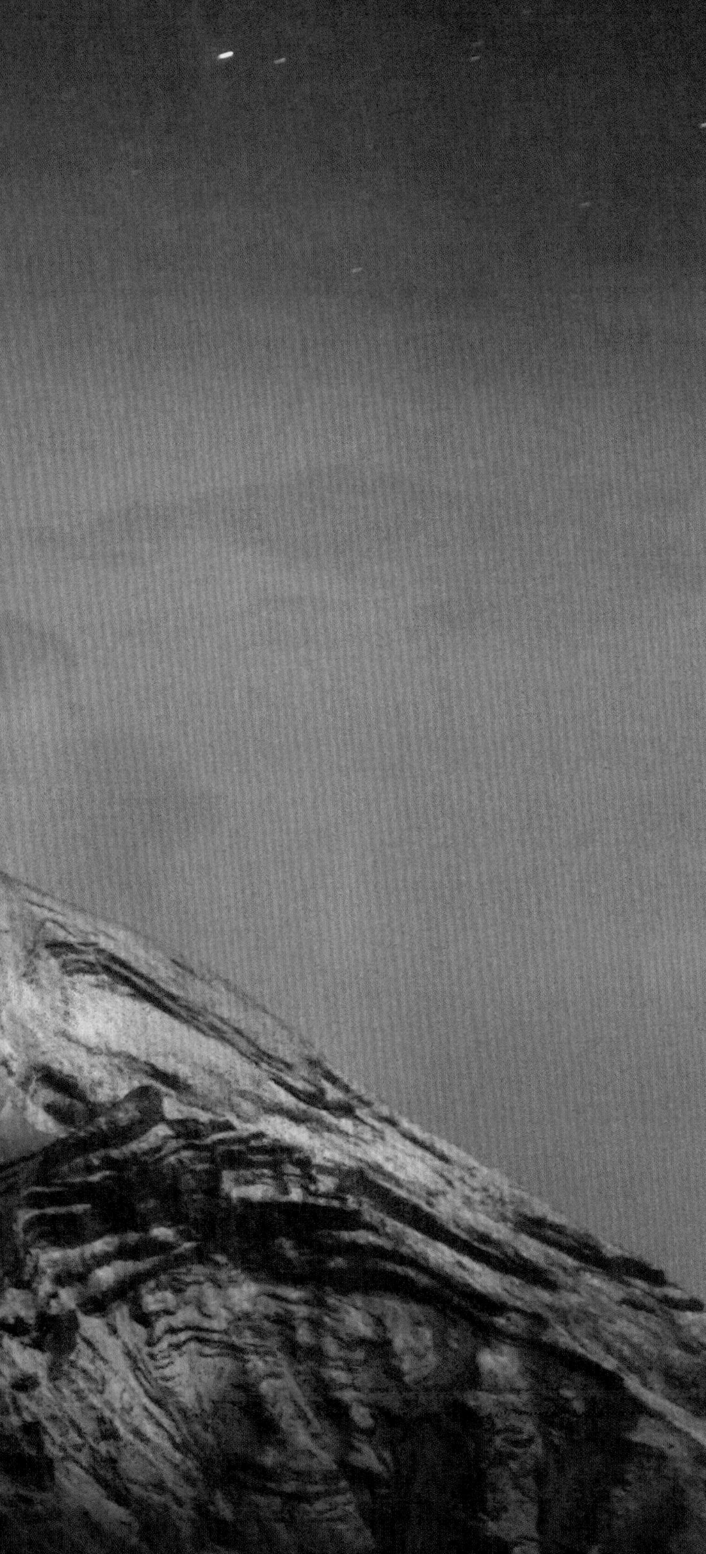

**Izta-Popo National Park**
On the border between Puebla and Mexico City lies the Iztaccíhuatl-Popocatépetl National Park with its two mighty volcanoes, which are connected by a high valley. According to legend, Popocatépetl is an enchanted warrior who still rages with anger today. On his return from the war, his lover Iztaccíhuatl is said to have been dead—she died of heartache.

**Le parc national Izta-Popo**
Le parc national Iztaccíhuatl-Popocatépetl, avec ses deux puissants volcans séparés par une vallée haute, se situe à la frontière entre Puebla et la ville de Mexico. Si l'on en croit la légende, le Popocatépetl est un guerrier ensorcelé, qui fulmine encore aujourd'hui de colère. En effet, à son retour de guerre, il aurait retrouvé sa bien-aimée Iztaccíhuatl morte de chagrin, car elle le pensait perdu.

**Nationalpark Izta-Popo**
Auf der Grenze zwischen Puebla und Mexiko-Stadt liegt der Nationalpark Iztaccíhuatl-Popocatépetl mit seinen beiden mächtigen Vulkanen, die durch ein Hochtal verbunden sind. Der Legende nach ist der Popocatépetl ein verzauberter Krieger, der bis heute vor Zorn tobt. Bei seiner Rückkehr aus dem Krieg soll seine Geliebte Iztaccíhuatl nämlich tot gewesen sein – gestorben aus Liebeskummer.

**Parque Nacional Izta-Popo**
En la frontera entre Puebla y la Ciudad de México se encuentra el Parque Nacional Iztaccíhuatl-Popocatépetl con sus dos poderosos volcanes conectados por un alto valle. Según la leyenda, Popocatépetl es un guerrero encantado que todavía hoy se enfurece. A su regreso de la guerra, se dice que su amante Iztaccíhuatl había muerto de mal de amores.

**Parco nazionale Izta-Popo**
Al confine tra Puebla e Città del Messico si trova il Parco nazionale Iztaccíhuatl-Popocatépetl con due imponenti vulcani, collegati da un'alta valle. Secondo la leggenda, Popocatépetl è un guerriero stregato, che ancora oggi manifesta la sua collera. Si dice che al suo ritorno dalla guerra, aveva trovato la sua amata Iztaccíhuatl morta di dolore, perchè pensava di averlo perduto.

**Nationaal park Izta-Popo**
Op de grens tussen Puebla en Mexico-Stad ligt het natuurgebied Iztaccíhuatl-Popocatépetl met zijn twee machtige vulkanen, die met elkaar verbonden zijn door een hooggelegen dal. Volgens de legende is Popocatépetl een betoverde krijger die nog altijd briest van woede. Na zijn terugkeer uit de oorlog zou zijn geliefde Iztaccíhuatl namelijk dood zijn – gestorven aan een gebroken hart.

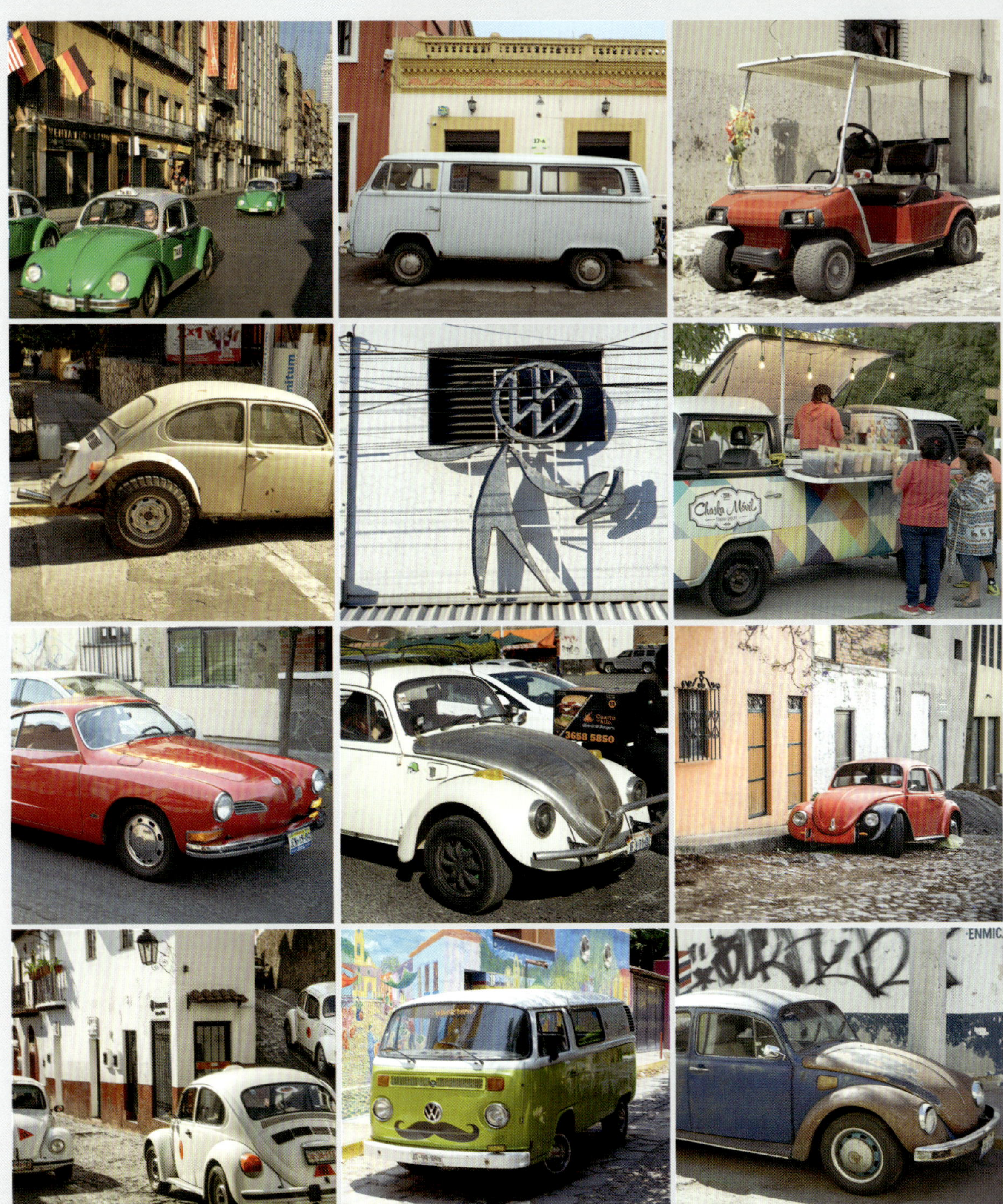
3658 5850
ENMIC

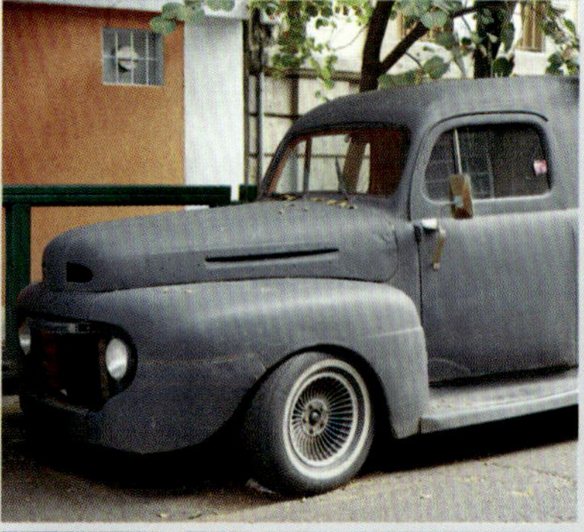
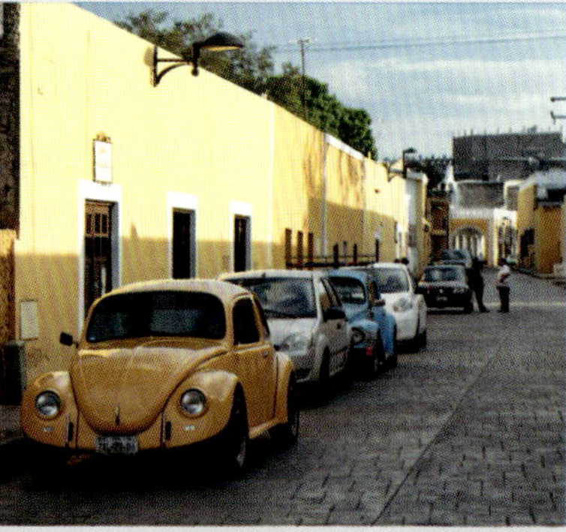
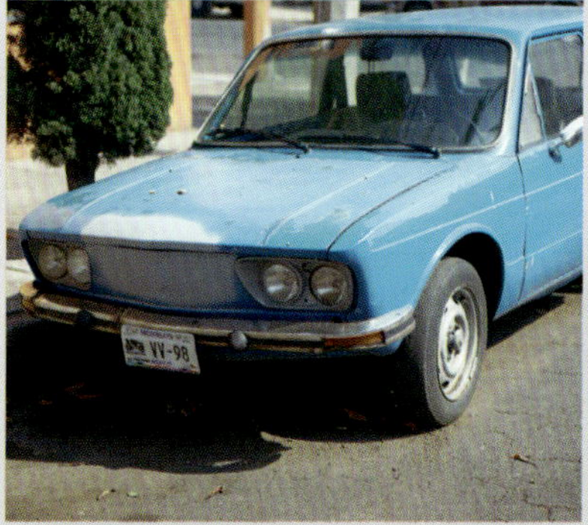
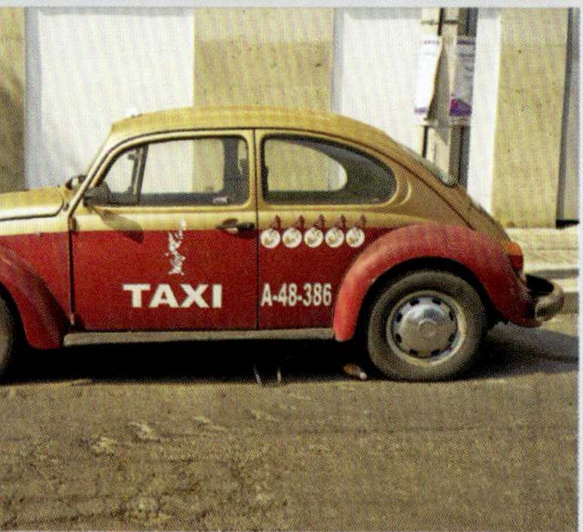

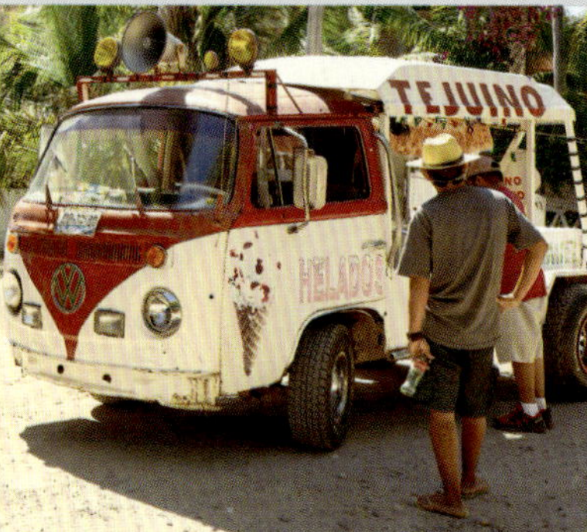

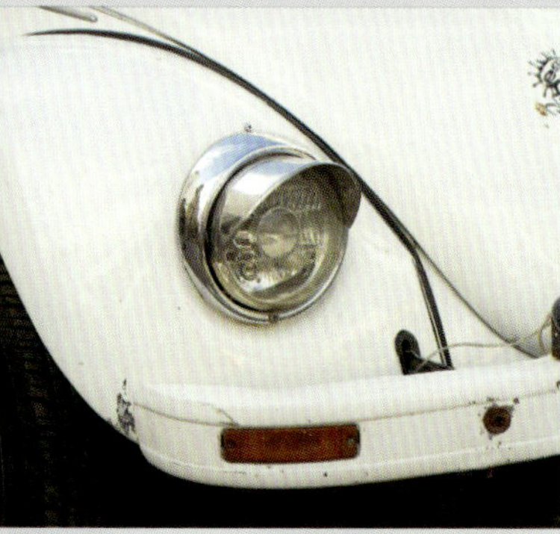
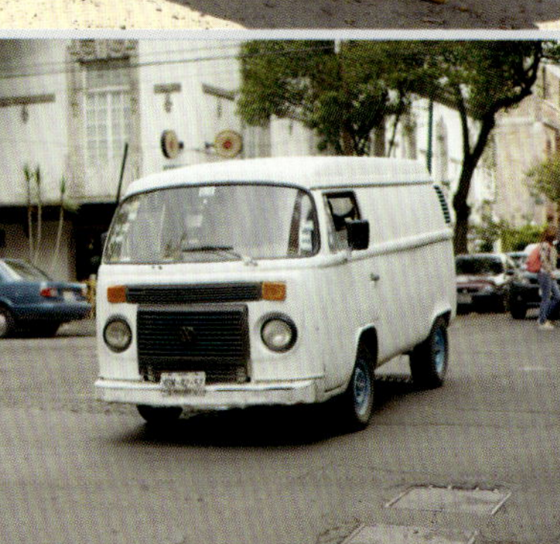
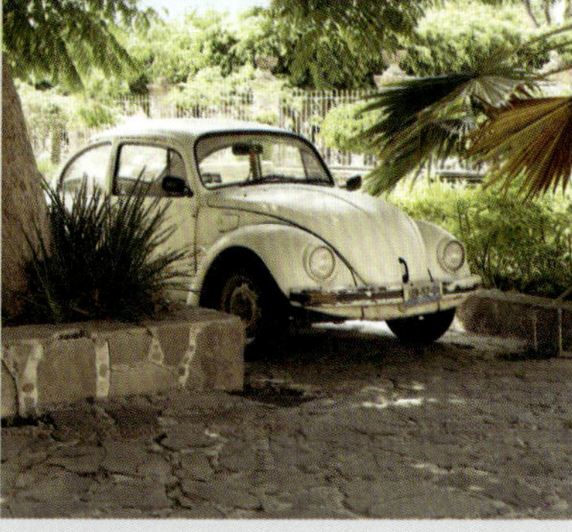

**Automobiles**
Puebla is known for the Volkswagen plant where the legendary VW beetles were produced. Converted into motorhomes or fast food trucks, old VW buses are also still popular. Due to the proximity to the USA, many American cars were imported and still drive the streets.

**Voitures**
Puebla est connu pour son usine Volkswagen, où l'on a fabriqué la légendaire coccinelle. Les Combi Volkswagen, quant à eux, sont toujours aussi appréciés, que ce soit comme camping-car ou comme food-truck. Avec la proximité des États-Unis, on a aussi importé beaucoup de voitures américaines, que l'on voit toujours dans les rues.

**Autos**
Puebla ist bekannt für das Volkswagenwerk, in dem die legendären VW-Käfer produziert wurden. Zu Wohnmobilen oder Fast-Food-Trucks umgebaut, sind auch alte VW-Busse nach wie vor beliebt. Durch die Nähe zu den USA wurden viele amerikanischen Autos importiert, die noch immer durch die Straßen fahren.

**Coches**
Puebla es conocida por la planta de Volkswagen donde se producían los legendarios escarabajos VW. Convertidos en autocaravanas o camiones de comida rápida, los viejos VW Combi siguen siendo populares. Debido a la proximidad a los EE.UU. muchos coches americanos fueron importados, los cuales todavía circulan por las calles.

**Automobili**
Puebla è nota per lo stabilimento Volkswagen dove venivano prodotte le leggendarie auto Maggiolino. Anche i vecchi Kombi VW trasformati in camper o camion del fast food, sono ancora molto popolari. Data la vicinanza agli Stati Uniti sono state importate molte vecchie auto americane che si vedono ancora per le strade.

**Auto's**
Puebla staat bekend om de Volkswagenfabriek waar de legendarische Kevers werden geproduceerd. Omgebouwd tot camper of fastfoodtruck zijn oude Volkswagenbusjes nog altijd populair. Door de nabijheid van de VS werden veel Amerikaanse auto's geïmporteerd, die nog steeds door de straten rijden.

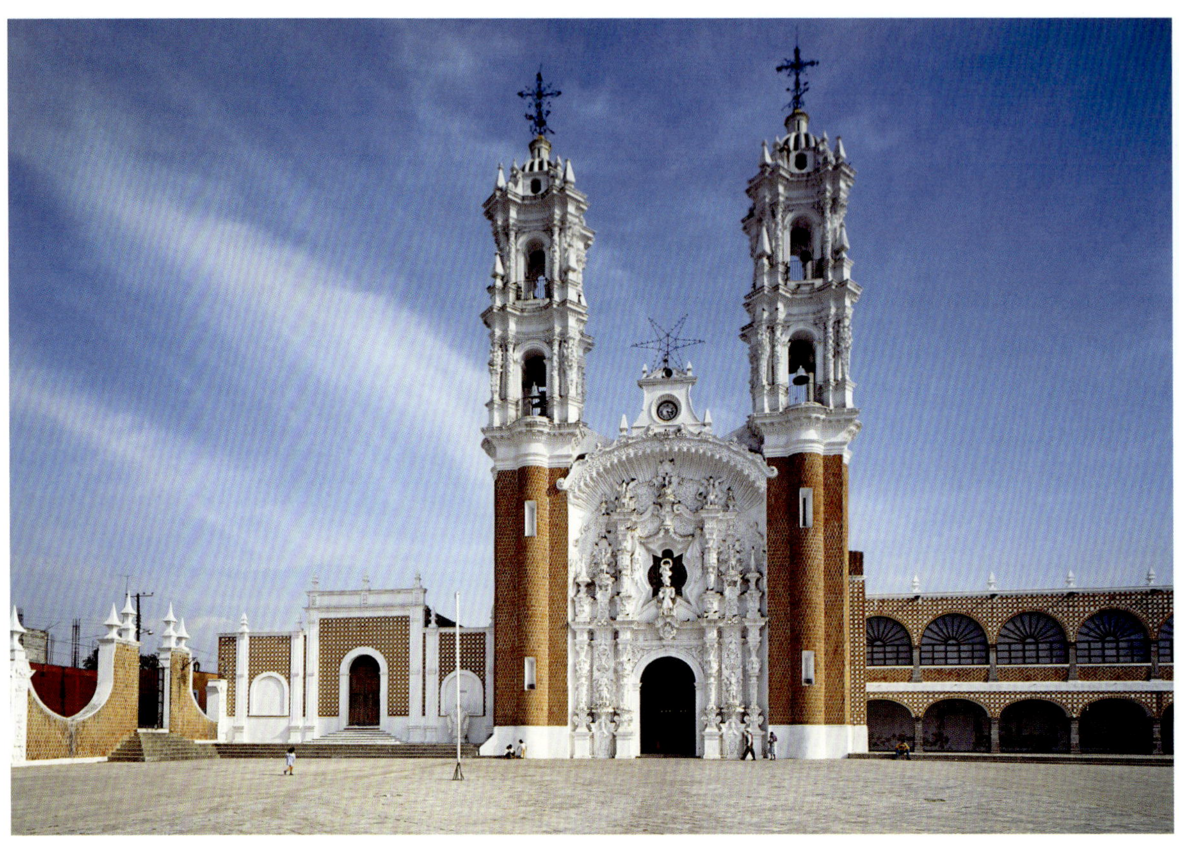

Basílica de Ocotlán, cerca de Tlaxcala
Basilica of Ocotlan, near Tlaxcala

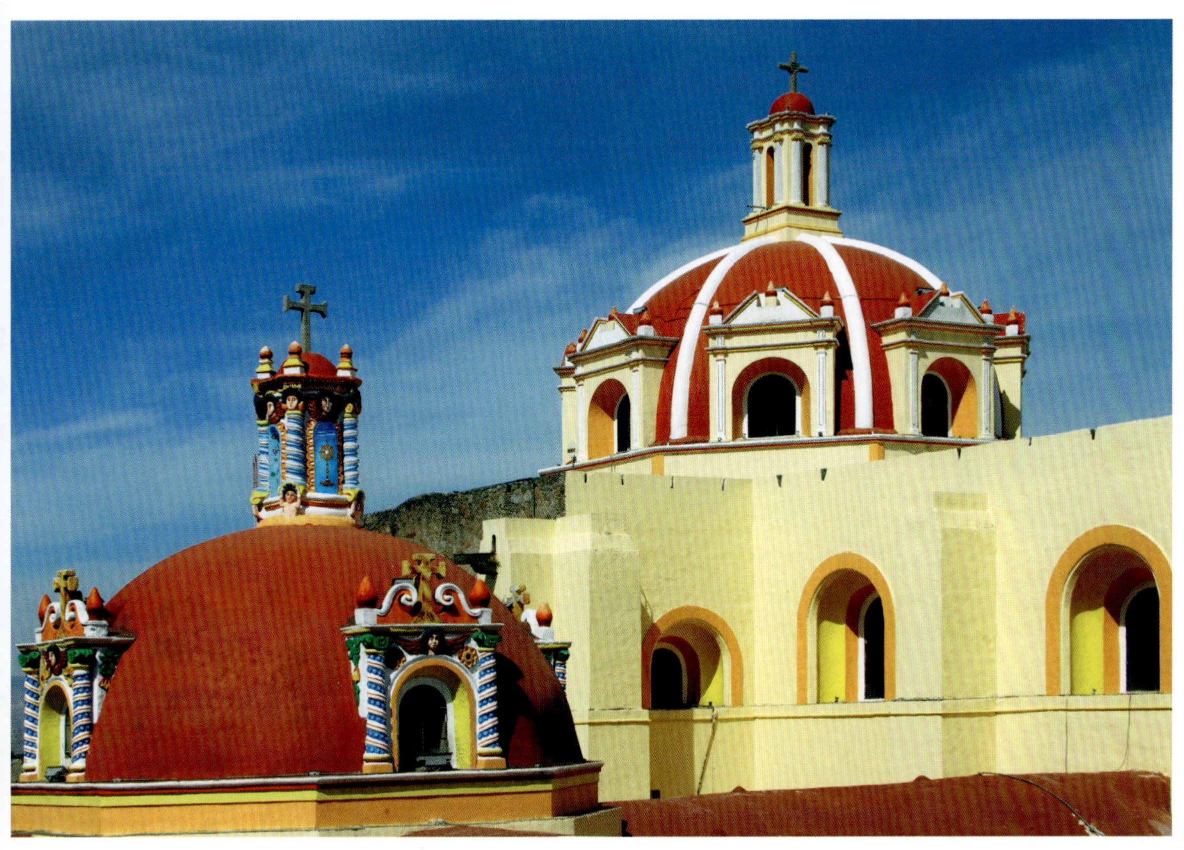

Convento de San Luis Obispo De Tolosa, Huamantla, Tlaxcala
Convent of Saint Louis Bishop of Toulouse, Huamantla, Tlaxcala

Veracruz

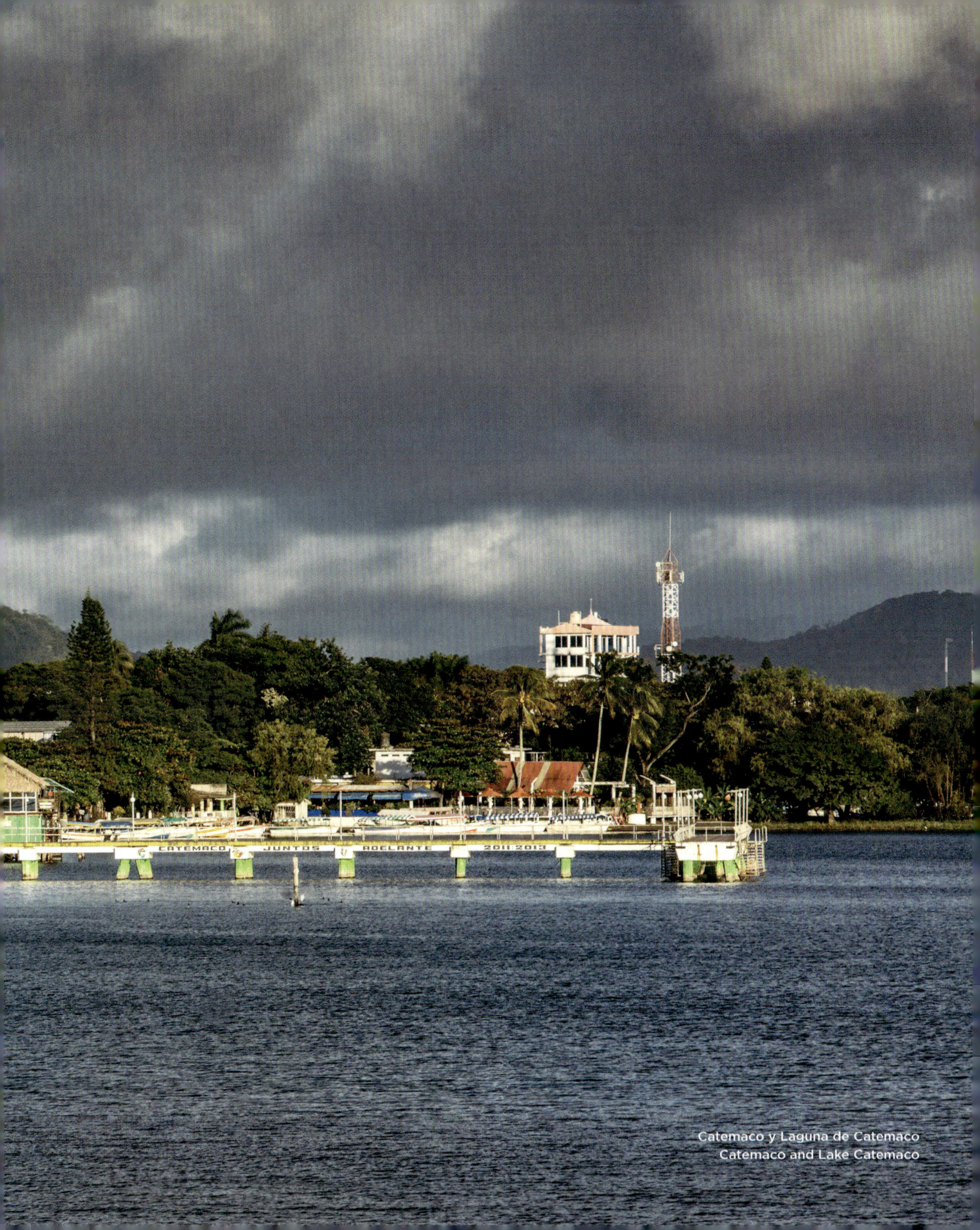


Catemaco y Laguna de Catemaco
Catemaco and Lake Catemaco

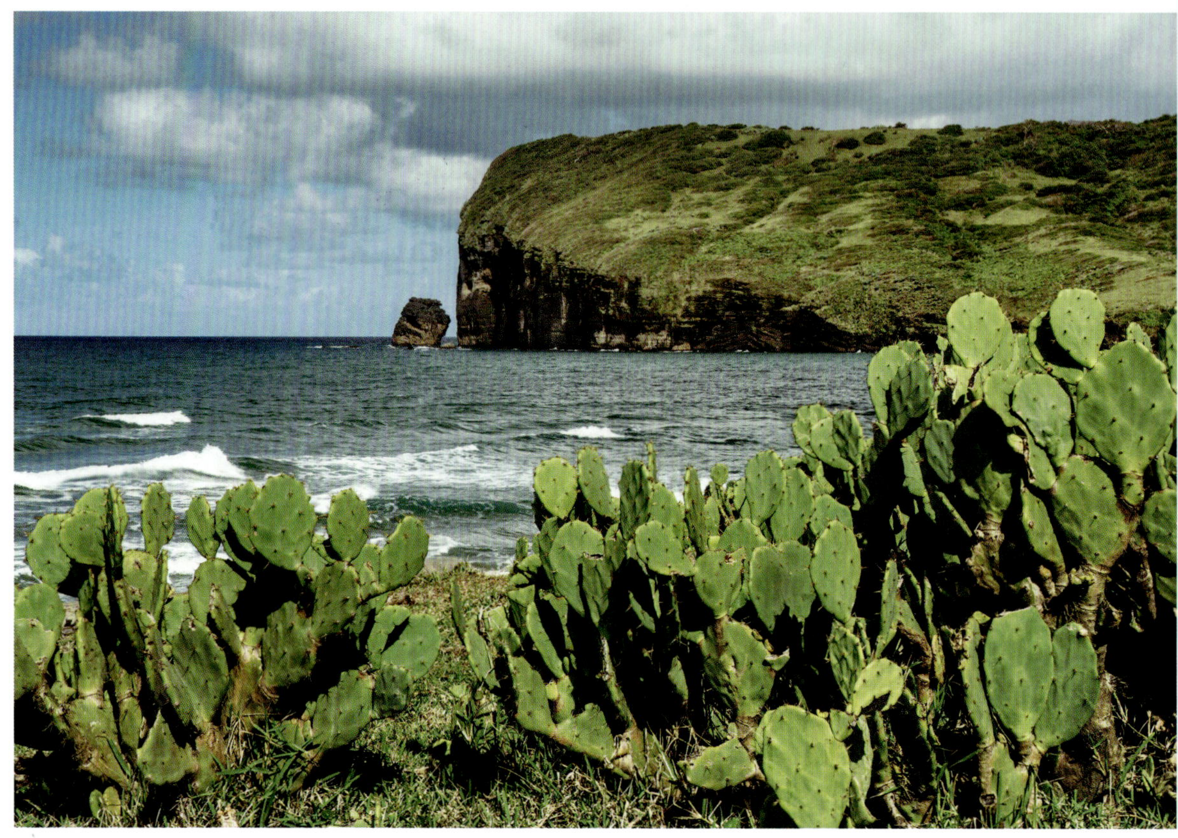

Nopales, Golfo de México
Opuntia cacti, Gulf of Mexico

**Veracruz**
The port of Veracruz and the state of the same name have a lot to offer nature lovers: a species-rich coral reef, lagoons and wetlands, subtropical forests and waterfalls as well as cultural treasures such as the pyramids of the Tajín culture near Papantla.

**Veracruz**
La ville côtière de Veracruz et l'État du même nom ont beaucoup à offrir aux amoureux de la nature : un récif de corail d'une grande biodiversité, des lagunes et des zones humides, des forêts subtropicales et des chutes d'eau, et même des trésors comme les pyramides d'El Tajín, à proximité de Papantla.

**Veracruz**
Die Hafenstadt Veracruz und der gleichnamige Bundesstaat haben Naturliebhabern eine Menge zu bieten: ein artenreiches Korallenriff, Lagunen und Feuchtgebiete, subtropische Wälder und Wasserfälle sowie kulturelle Schätze wie die Pyramiden der Tajín-Kultur in der Nähe von Papantla.

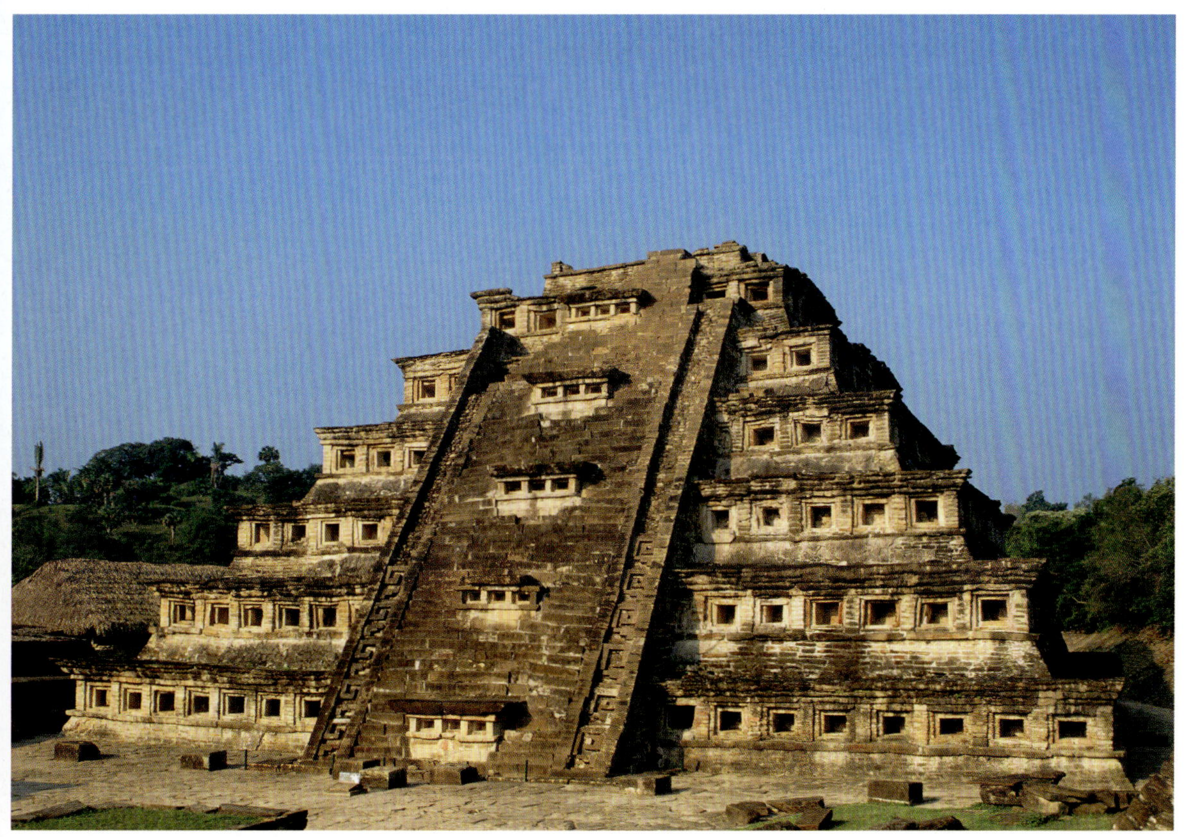

Pirámide de los Nichos, El Tajín
Pyramid of the Niches, El Tajín

**Veracruz**
El puerto de Veracruz y el estado del mismo nombre tienen mucho que ofrecer a los amantes de la naturaleza: un arrecife de coral rico en especies, lagunas y humedales, bosques subtropicales y cascadas, así como también tesoros culturales como las pirámides de la cultura Tajín cerca de Papantla.

**Veracruz**
Veracruz, città costiera, e lo stato omonimo, hanno molto da offrire agli amanti della natura: una barriera corallina di grande biodiversità, lagune e zone umide, foreste subtropicali e cascate, nonché tesori come le piramidi di El Tajín, vicino a Papantla.

**Veracruz**
De haven van Veracruz en de gelijknamige staat hebben natuurliefhebbers veel te bieden: een soortrijk koraalrif, lagunes en wetlands, subtropische bossen en watervallen, maar ook cultuurschatten zoals de piramiden van de Tajín-cultuur bij Papantla.

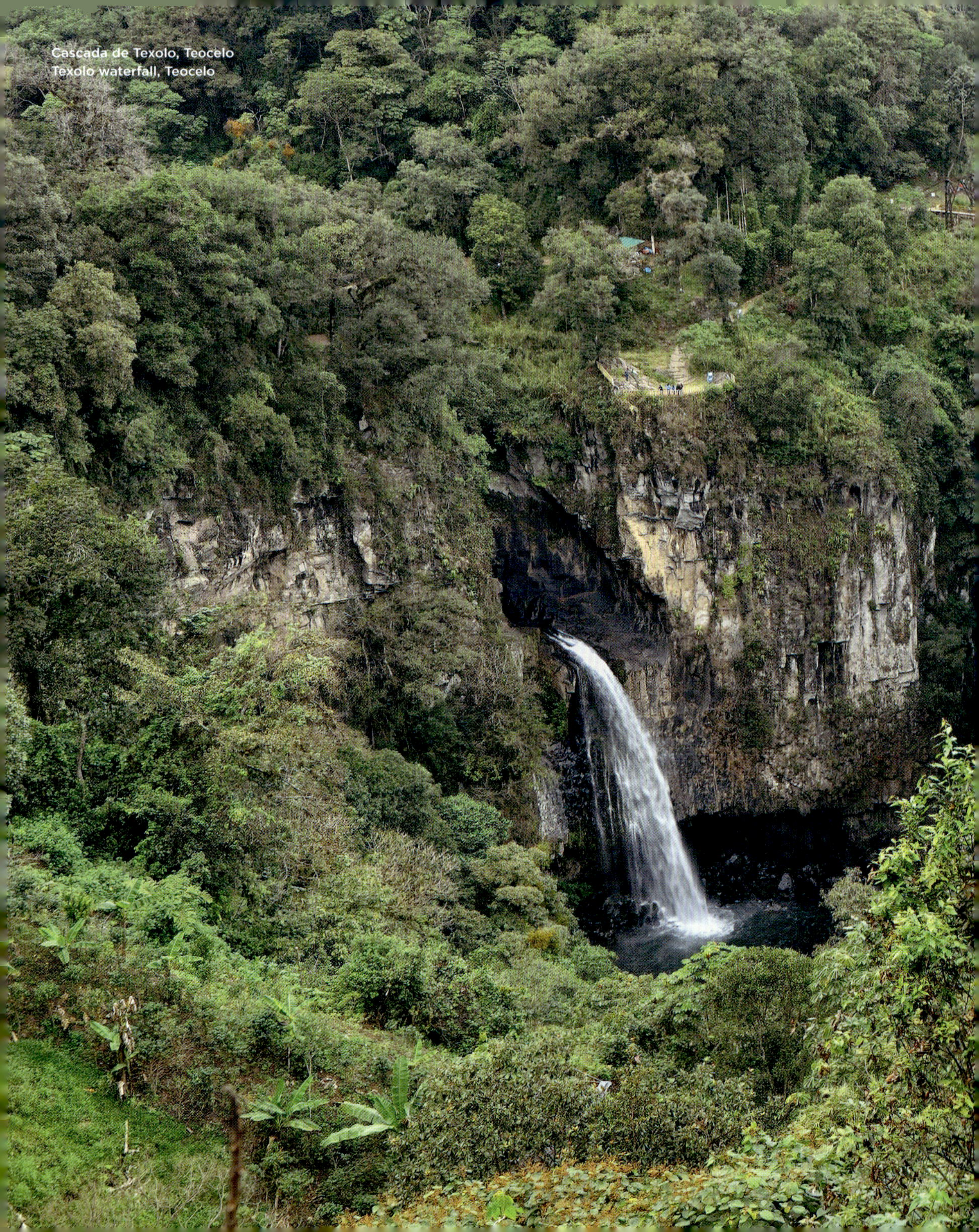

Cascada de Texolo, Teocelo
Texolo waterfall, Teocelo

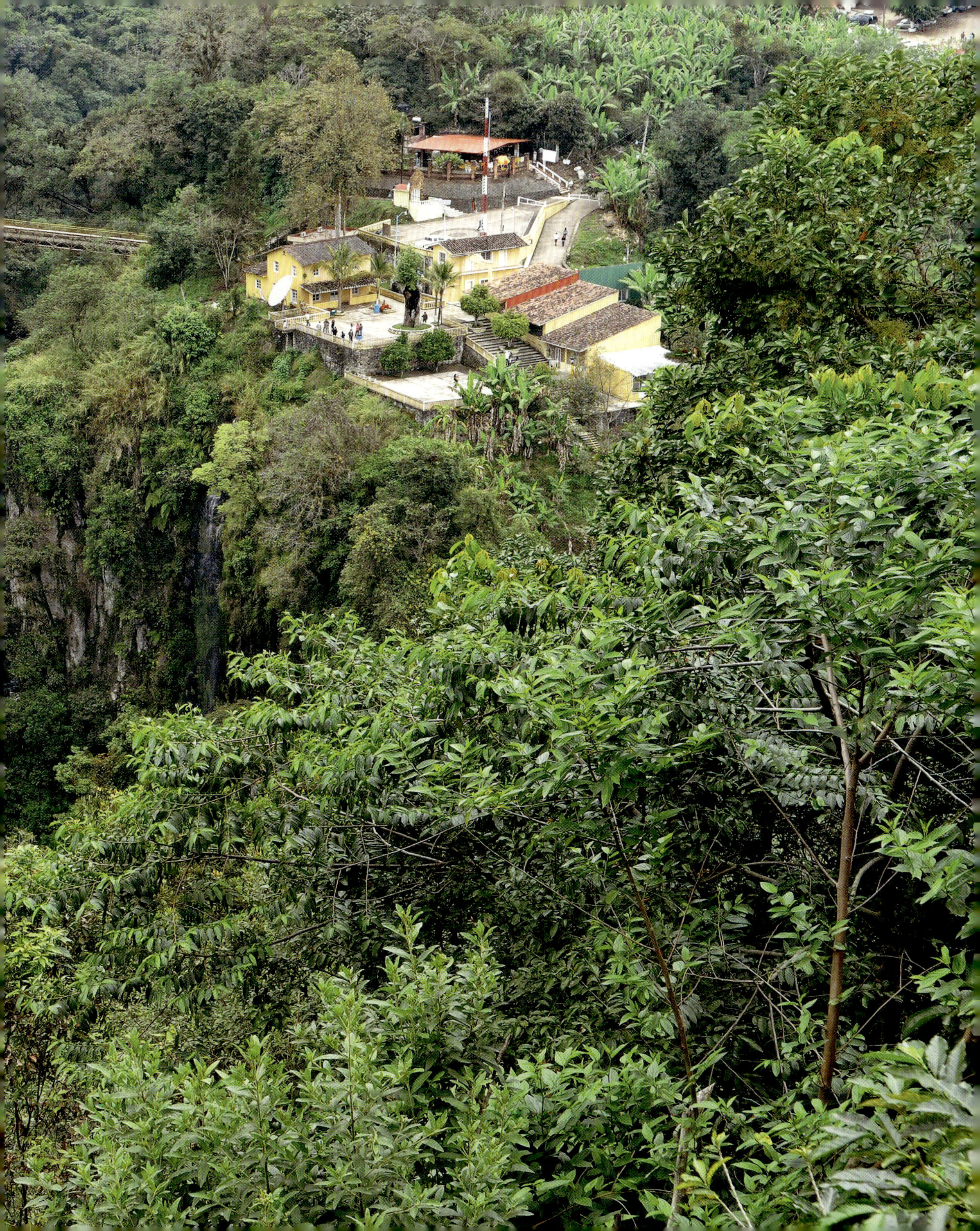

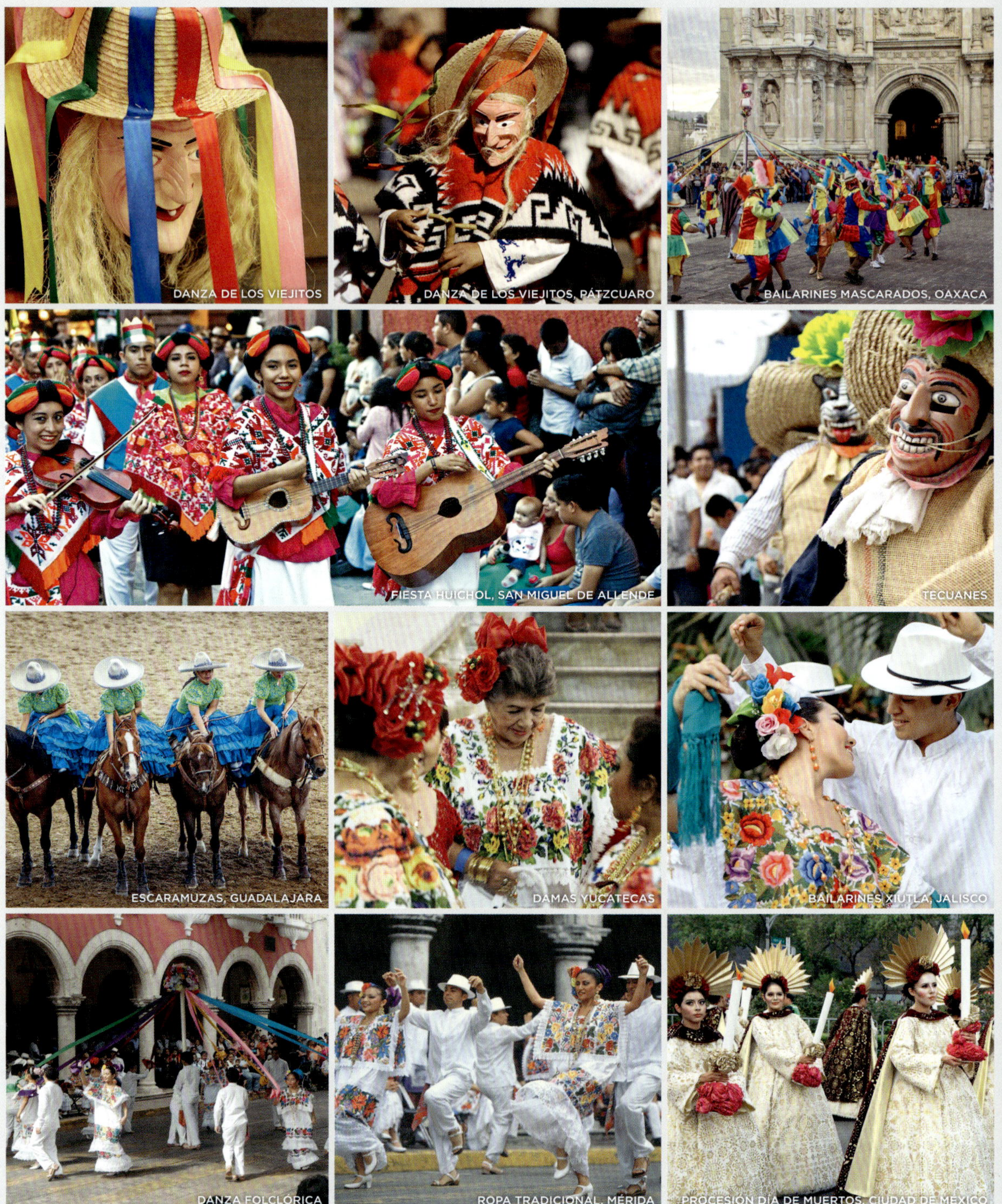

DANZA DE LOS VIEJITOS

DANZA DE LOS VIEJITOS, PÁTZCUARO

BAILARINES MASCARADOS, OAXACA

FIESTA HUICHOL, SAN MIGUEL DE ALLENDE

TECUANES

ESCARAMUZAS, GUADALAJARA

DAMAS YUCATECAS

BAILARINES XIUTLA, JALISCO

DANZA FOLCLÓRICA

ROPA TRADICIONAL, MÉRIDA

PROCESIÓN DÍA DE MUERTOS, CIUDAD DE MÉXICO

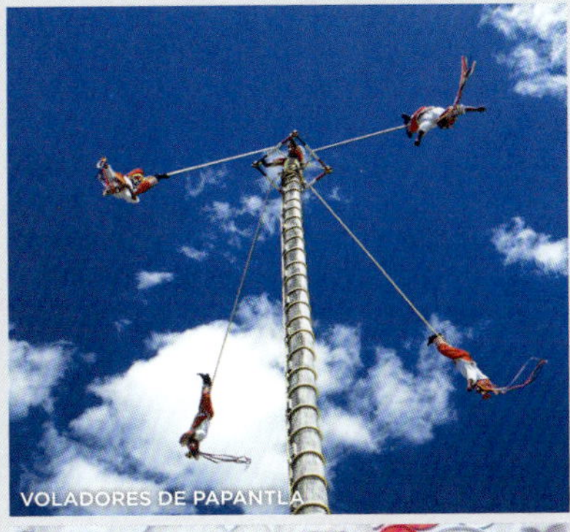
VOLADORES DE PAPANTLA

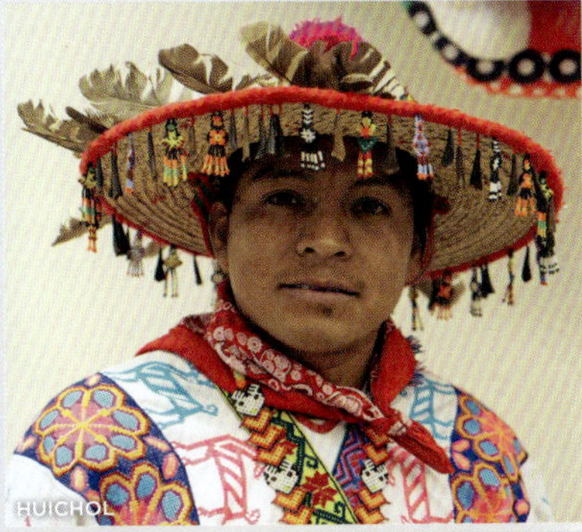
HUICHOL

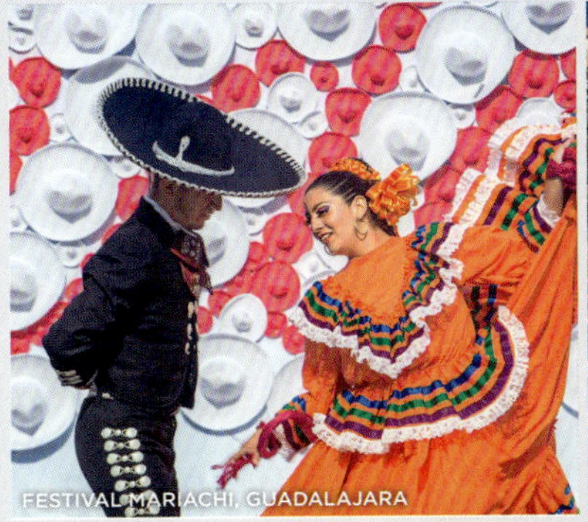
FESTIVAL MARIACHI, GUADALAJARA

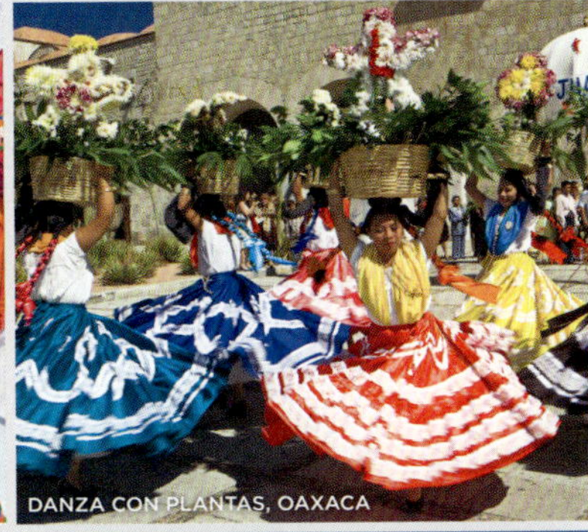
DANZA CON PLANTAS, OAXACA

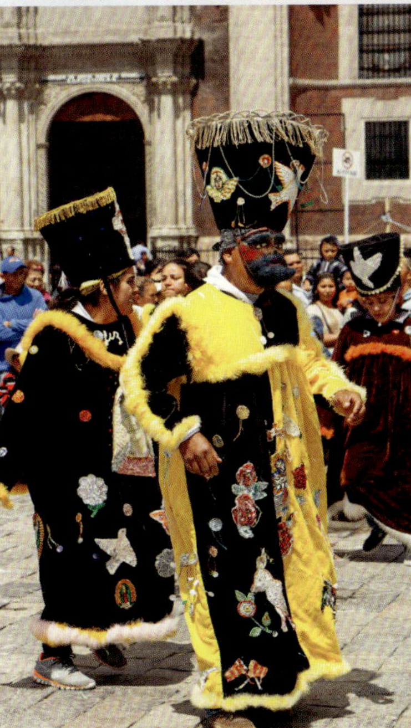
DANZA TRADICIONAL, CIUDAD DE MÉXICO

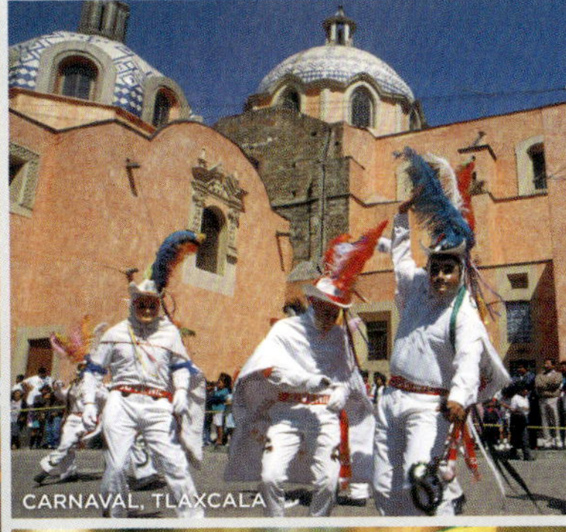
CARNAVAL, TLAXCALA

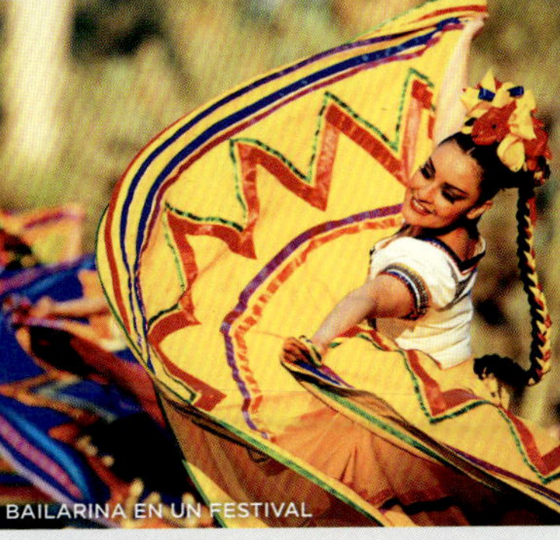
BAILARINA EN UN FESTIVAL

**Folklore**
Each region of Mexico has its own traditional folk costumes, customs and dances. Some of them are connected with religious festivals and indigenous rituals, others are of European origin. In Veracruz, Guerrero and Oaxaca there are even African influences.

**Folklore**
Chaque région du Mexique a ses propres costumes traditionnels, ses coutumes et ses danses folkloriques. Certaines sont liées à des fêtes religieuses et des rituels indigènes, la plupart sont d'origine européenne. Dans les États de Veracruz, Guerrero et Oaxaca, on trouve même des influences africaines.

**Folklore**
Jede Region Mexikos hat ihre eigenen traditionellen folkloristischen Trachten, Bräuche und Tänze. Einige davon sind mit religiösen Festen und indigenen Ritualen verbunden, manche sind europäischen Ursprungs. In Veracruz, Guerrero und Oaxaca sind sogar afrikanische Einflüsse vorhanden.

**Folclore**
Cada región de México tiene sus propios trajes tradicionales, costumbres y danzas. Algunos de ellos están relacionados con fiestas religiosas y rituales indígenas, otros son de origen europeo. En Veracruz, Guerrero y Oaxaca hay incluso influencias africanas.

**Folclore**
Ogni regione del Messico ha i suoi costumi e danze tradizionali. Alcuni di essi sono legati a feste religiose e rituali indigeni, altri sono di origine europea. Negli stati di Veracruz, Guerrero e Oaxaca si trovano anche influenze africane.

**Folklore**
Elke regio van Mexico heeft zijn eigen traditionele klederdracht, gewoonten en dansen. Sommige zijn verbonden met religieuze feesten en inheemse rituelen, andere zijn van Europese origine. In Veracruz, Guerrero en Oaxaca zijn zelfs Afrikaanse invloeden aanwezig.

**Pico de Orizaba National Park**
Citlaltépetl (Mountain of the Star) was the Aztecs' name for Mexico's highest mountain. The reason: with its height of 5636 m (18,490 ft), it always wears a cap of snow and ice that glistens like a star in the sunlight. Today the volcano on the border between Puebla and Veracruz is known as Pico de Orizaba.

**Le parc national Pico de Orizaba**
Les Aztèques appelaient « Citlaltépetl » (Montagne de l'étoile) ce sommet, le plus haut du Mexique. Pourquoi ? Parce qu'avec son altitude de 5636 m, il est en permanence recouvert d'une calotte de neige et de glace, qui brille comme une étoile à la lumière du soleil. Aujourd'hui, ce volcan situé à la limite des États de Puebla et Veracruz est connu sous le nom de Pico de Orizaba.

**Nationalpark Pico de Orizaba**
Citlaltépetl (Berg des Sterns) nannten die Azteken den höchsten Berg Mexikos. Der Grund: Durch seine Höhe von 5636 m trägt er stets eine Kappe aus Schnee und Eis, die im Sonnenlicht glitzert wie ein Stern. Heute ist der Vulkan auf der Grenze zwischen Puebla und Veracruz als Pico de Orizaba bekannt.

**Parque Nacional Pico de Orizaba**
Citlaltépetl (Montaña de la Estrella) era el nombre que los aztecas daban a la montaña más alta de México. La razón: debido a su altura de 5636 m, siempre lleva una capa de nieve y hielo que brilla como una estrella a la luz del sol. Hoy el volcán en la frontera entre Puebla y Veracruz es conocido como Pico de Orizaba.

**Parco Nazionale Pico de Orizaba**
Citlaltépetl (Montagna della Stella) era il nome azteco della montagna più alta del Messico. Il motivo: con la sua altezza di 5636 m, indossa sempre un cappello di neve e ghiaccio che luccica come una stella alla luce del sole. Oggi il vulcano al confine tra Puebla e Veracruz è conosciuto come Pico de Orizaba.

**Nationaal park Pico de Orizaba**
Citlaltépetl (berg van de ster) was de Azteekse benaming voor de hoogste berg van Mexico. De reden: met zijn hoogte van 5636 m draagt hij altijd een muts van sneeuw en ijs, die in het zonlicht schittert als een ster. Tegenwoordig staat de vulkaan op de grens tussen Puebla en Veracruz bekend als Pico de Orizaba.



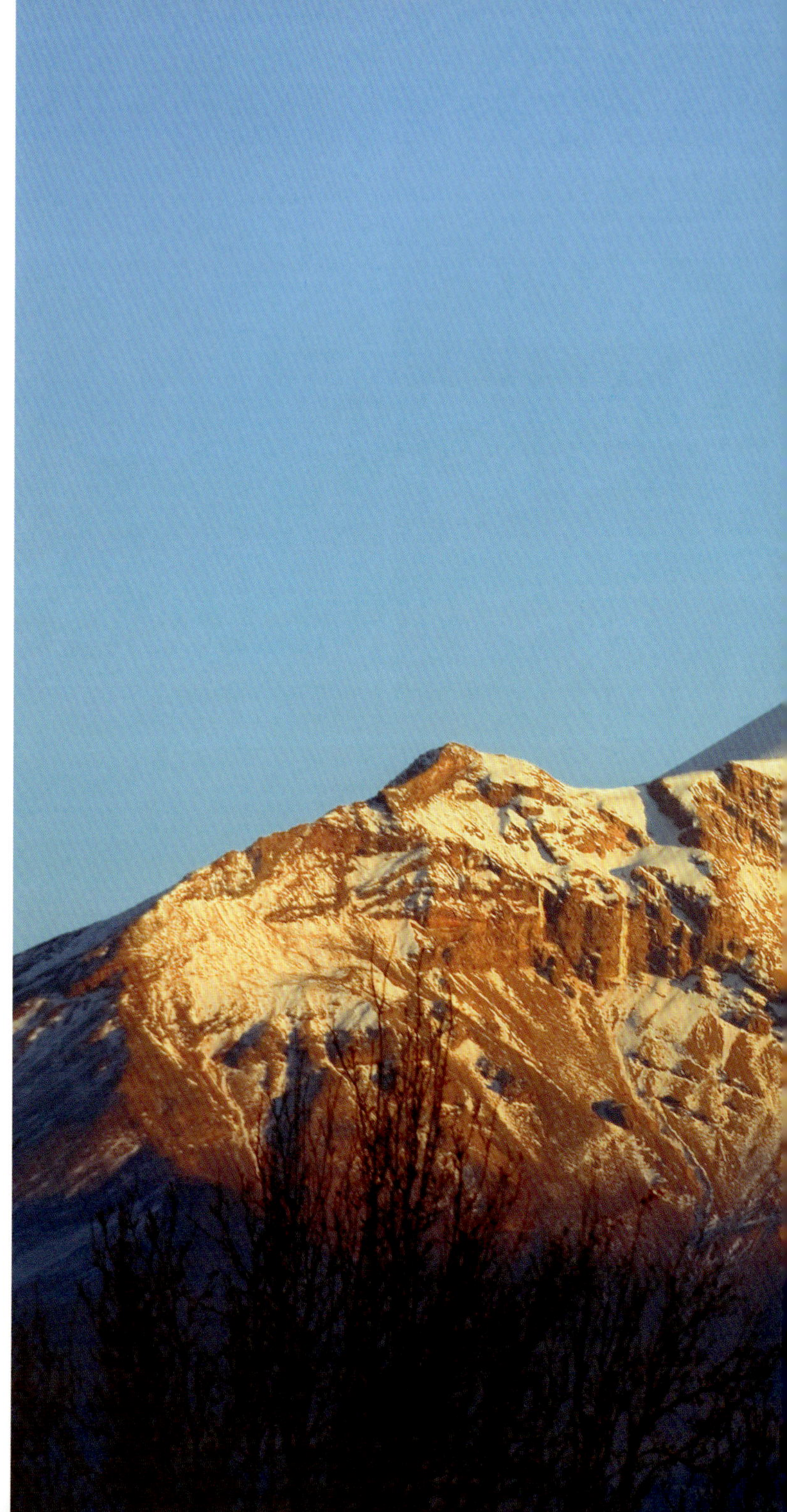

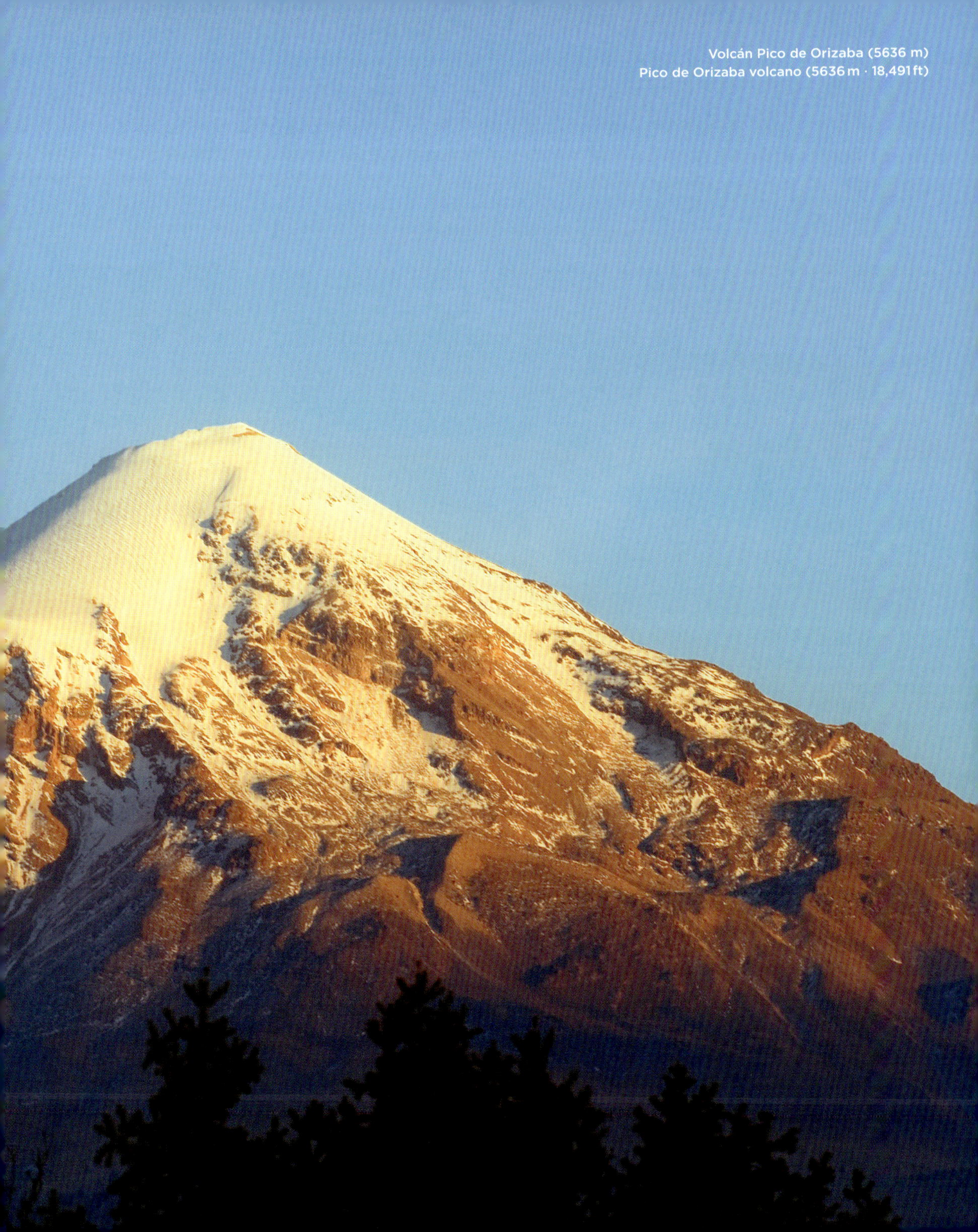

Volcán Pico de Orizaba (5636 m)
Pico de Orizaba volcano (5636 m · 18,491 ft)

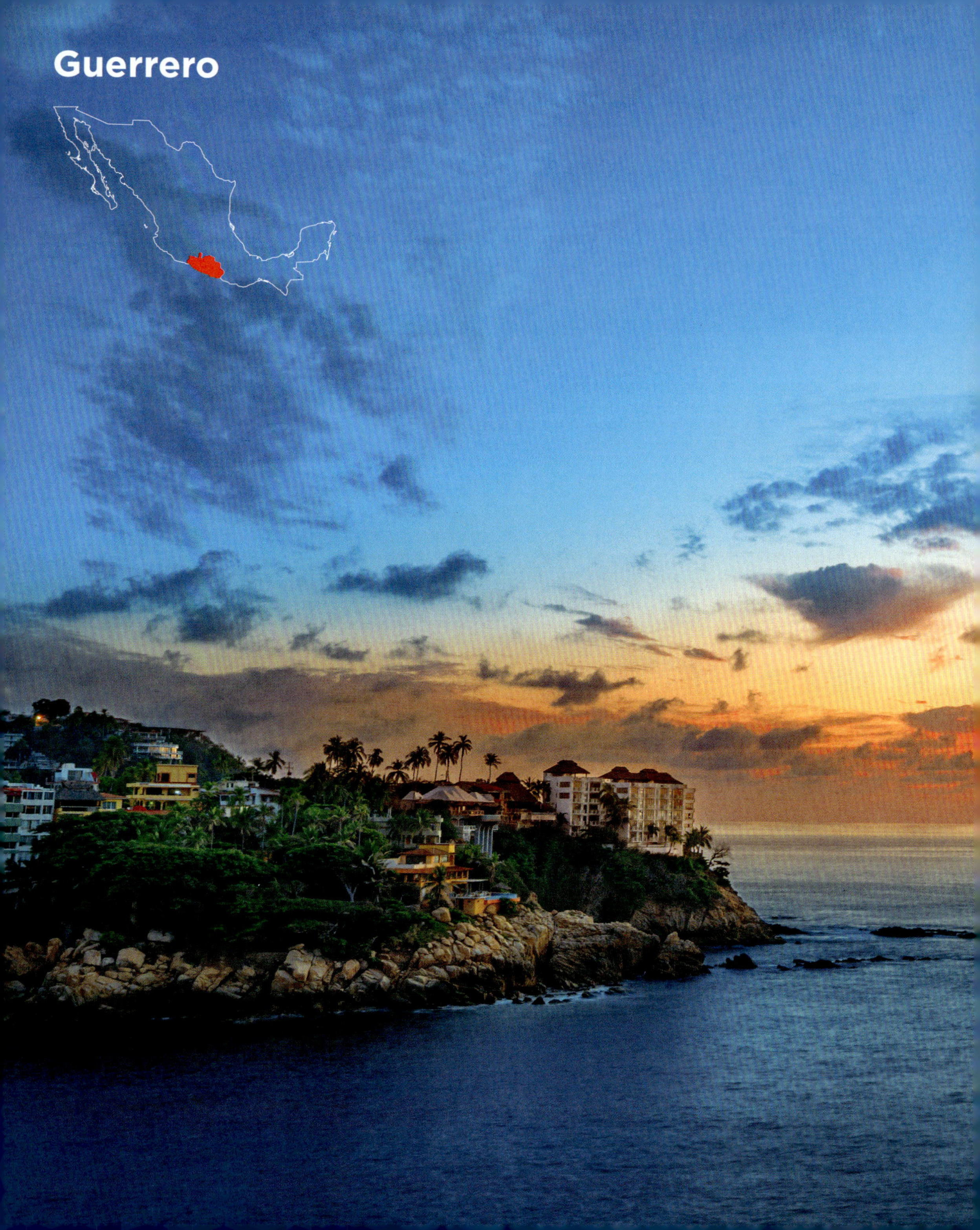
Guerrero

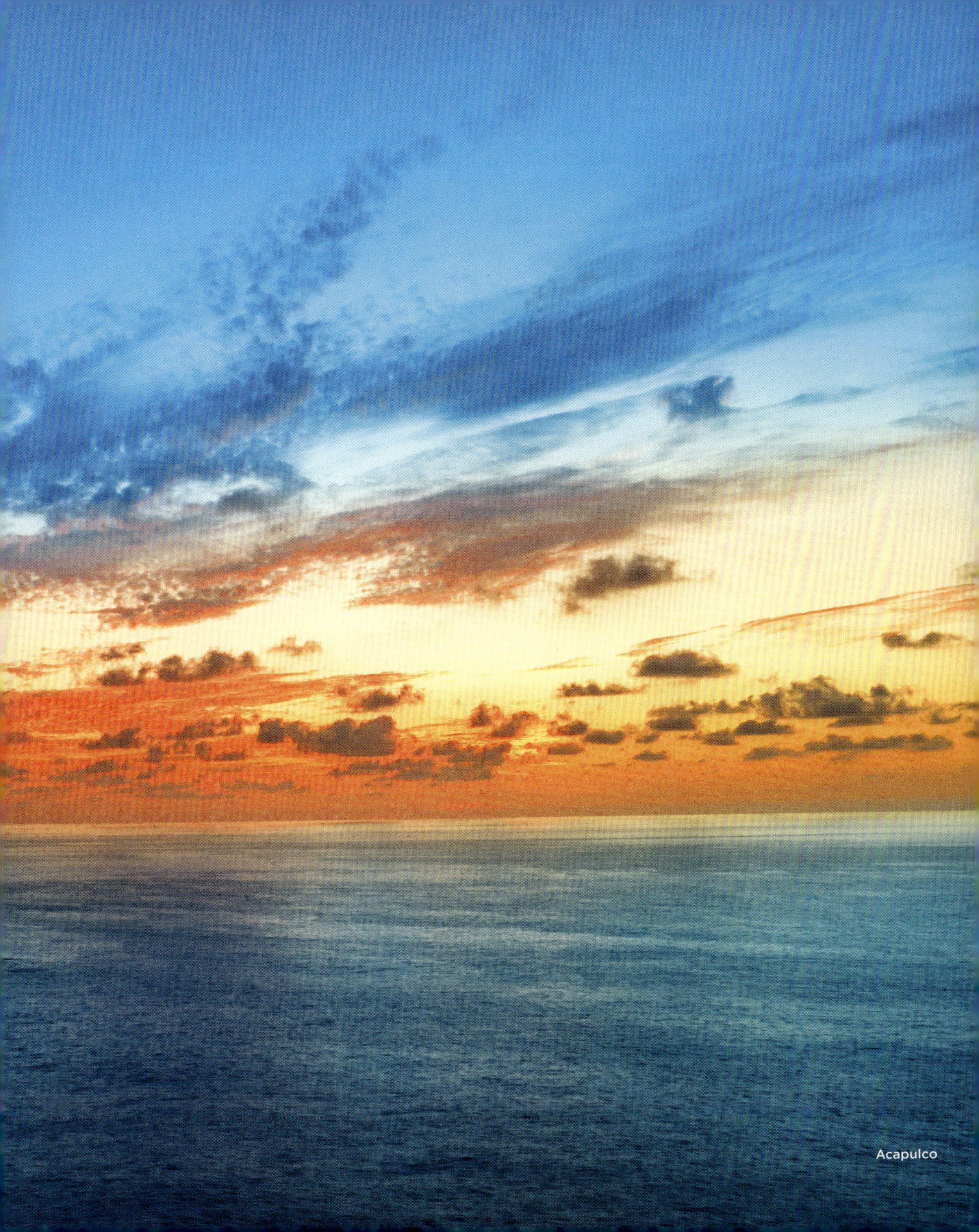

Acapulco

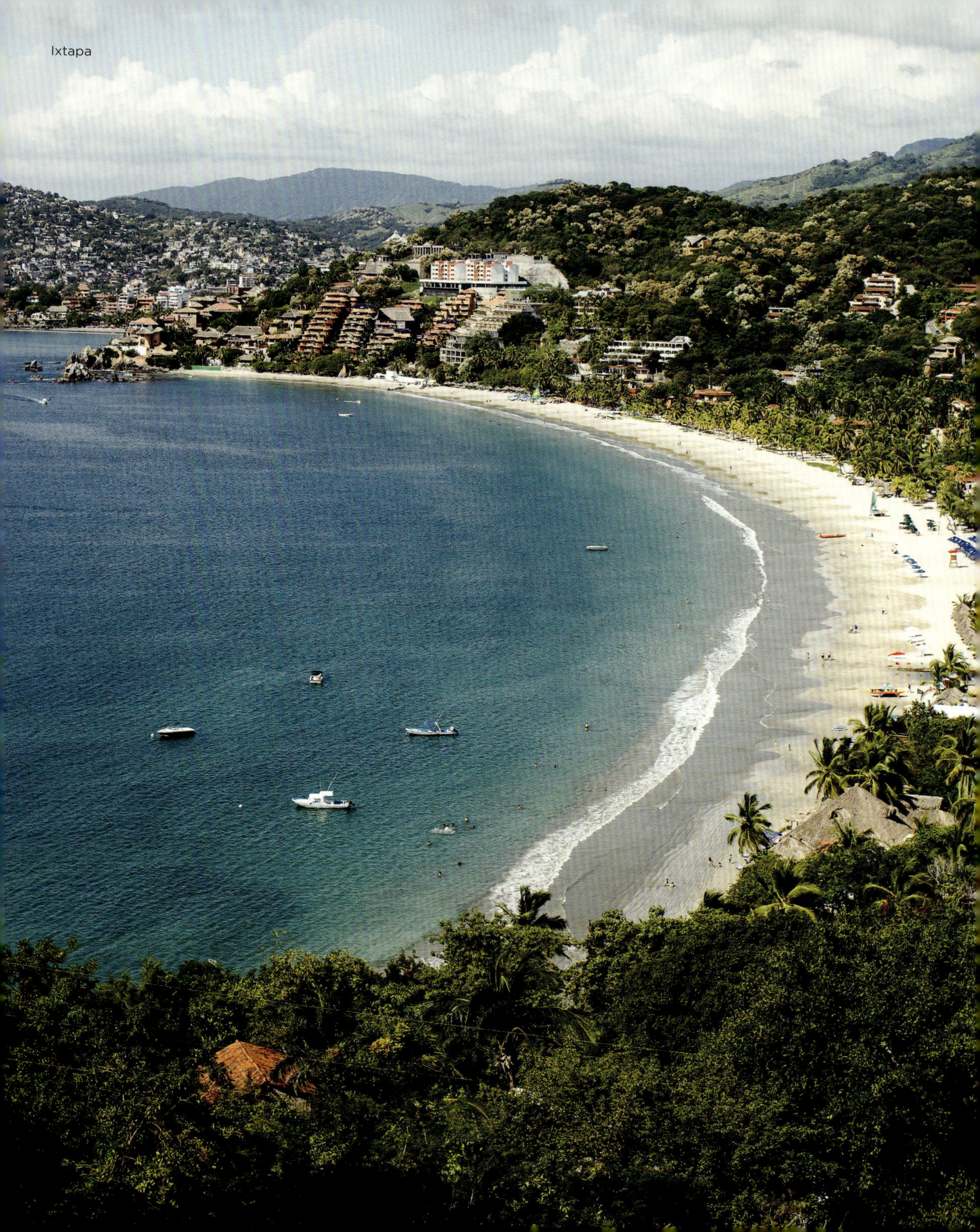

Ixtapa

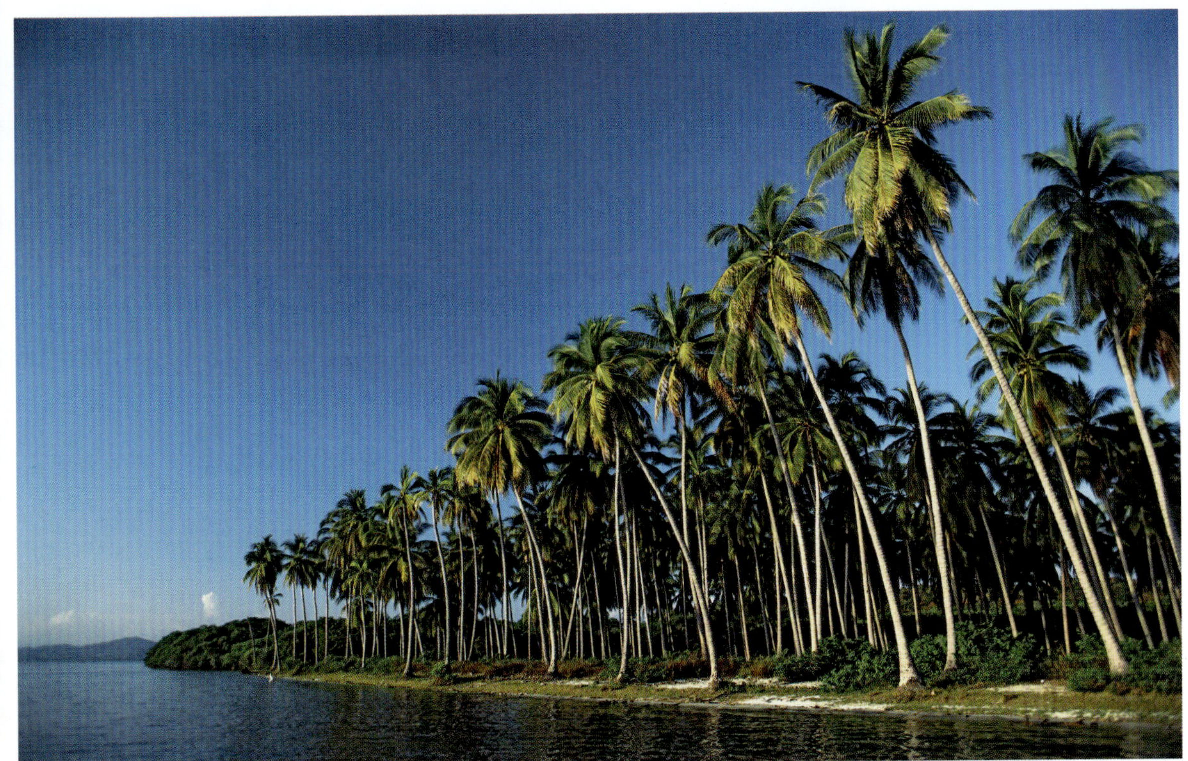

Playa cerca de Acapulco
Beach near Acapulco

**Guerrero**
The pretty silver town Taxco and the seaside resort of Acapulco are the most important starting points in the state of Guerrero. In the tourist stronghold of Acapulco, little remains today to remind one of the fact that in the 16th and 17th century the place was the most important commercial center of the Mexican Pacific coast, whereas traces of the silver boom are still visible in Taxco.

**Guerrero**
La hermosa ciudad plateada de Taxco y el balneario de Acapulco son los puntos de partida más importantes del estado de Guerrero. Mientras que en el baluarte turístico de Acapulco hoy en día no se recuerda mucho el hecho de que en los siglos XVI y XVII el lugar fue el centro comercial más importante de la costa del Pacífico mexicano, las huellas del auge de la plata todavía son visibles en Taxco.

**Guerrero**
La jolie ville de Taxco, connue pour ses mines d'argent, et la station balnéaire d'Acapulco sont de bonnes manières de découvrir le Guerrero. Si le haut lieu du tourisme qu'est devenu Acapulco ne laisse plus vraiment deviner que cet endroit était aux XVIe et XVIIe siècles le principal bastion commercial de la côte Pacifique mexicaine, à Taxco en revanche les traces de la grande époque de l'argent sont encore visibles.

**Guerrero**
La graziosa città di Taxco, conosciuta per le sue miniere d'argento e la località balneare Acapulco sono un buon inizio per scoprire lo stato di Guerrero. Mentre ad Acapulco, la più famosa meta turistica di oggi, niente ricorda che nel XVI e XVII secolo il luogo era il più importante centro commerciale della costa messicana del Pacifico, a Taxco sono ancora visibili le tracce della grande epoca dell'argento.

**Guerrero**
Die hübsche Silberstadt Taxco und das Seebad Acapulco sind die wichtigsten Anlaufpunkte im Bundesstaat Guerrero. Während in der Touristenhochburg Acapulco heute nicht mehr viel daran erinnert, dass der Ort im 16. und 17. Jahrhundert das wichtigste Handelszentrum der mexikanischen Pazifikküste war, sind in Taxco die Spuren des Silberbooms noch sichtbar.

**Guerrero**
De mooie zilverstad Taxco en de badplaats Acapulco zijn de belangrijkste ontmoetingsplaatsen in de staat Guerrero. Hoewel in het toeristenbolwerk Acapulco weinig nog herinnert aan het feit dat de plaats in de 16e en 17e eeuw het belangrijkste handelscentrum van de Mexicaanse Pacifische kust was, zijn de sporen van de zilverhausse nog zichtbaar in Taxco.

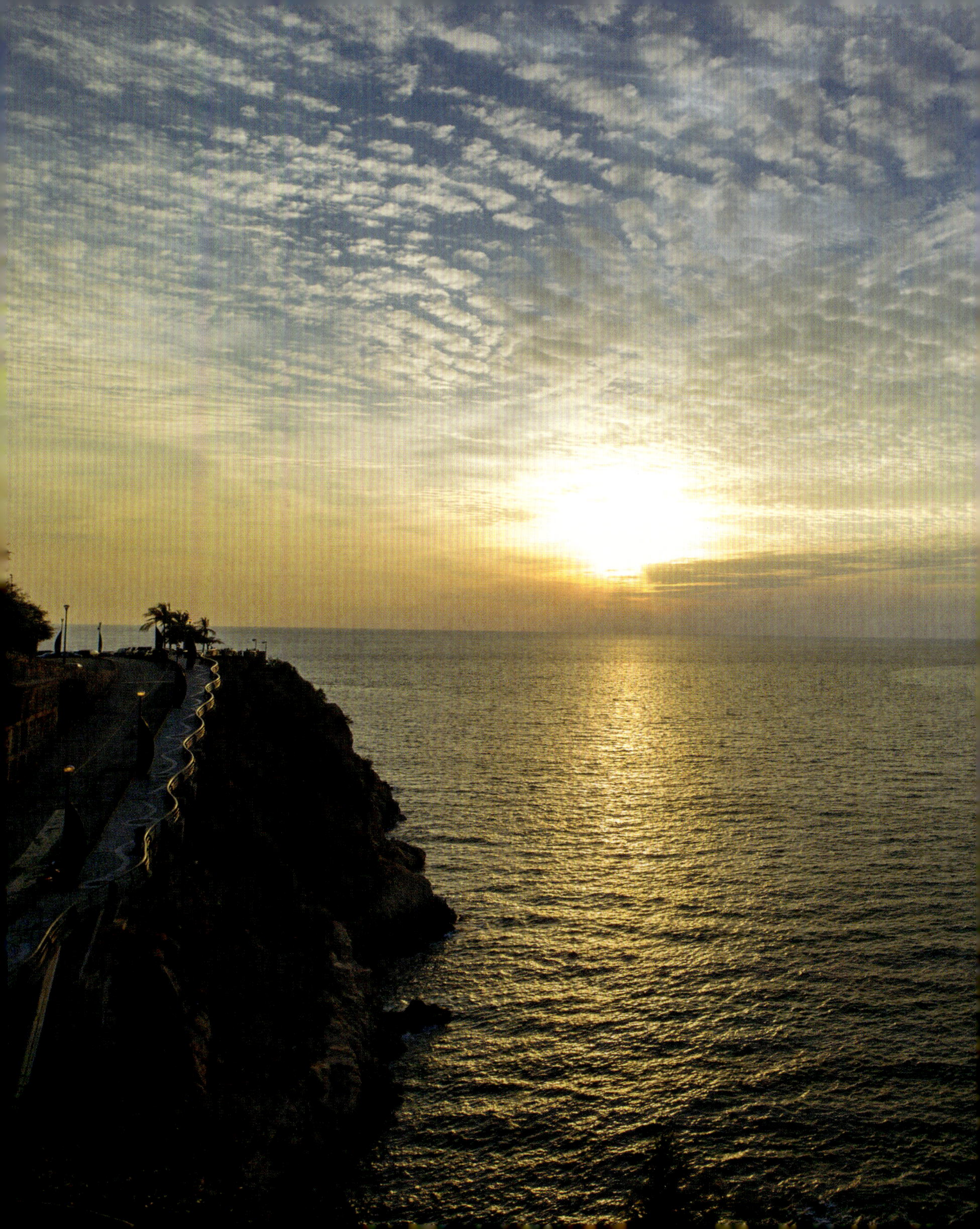

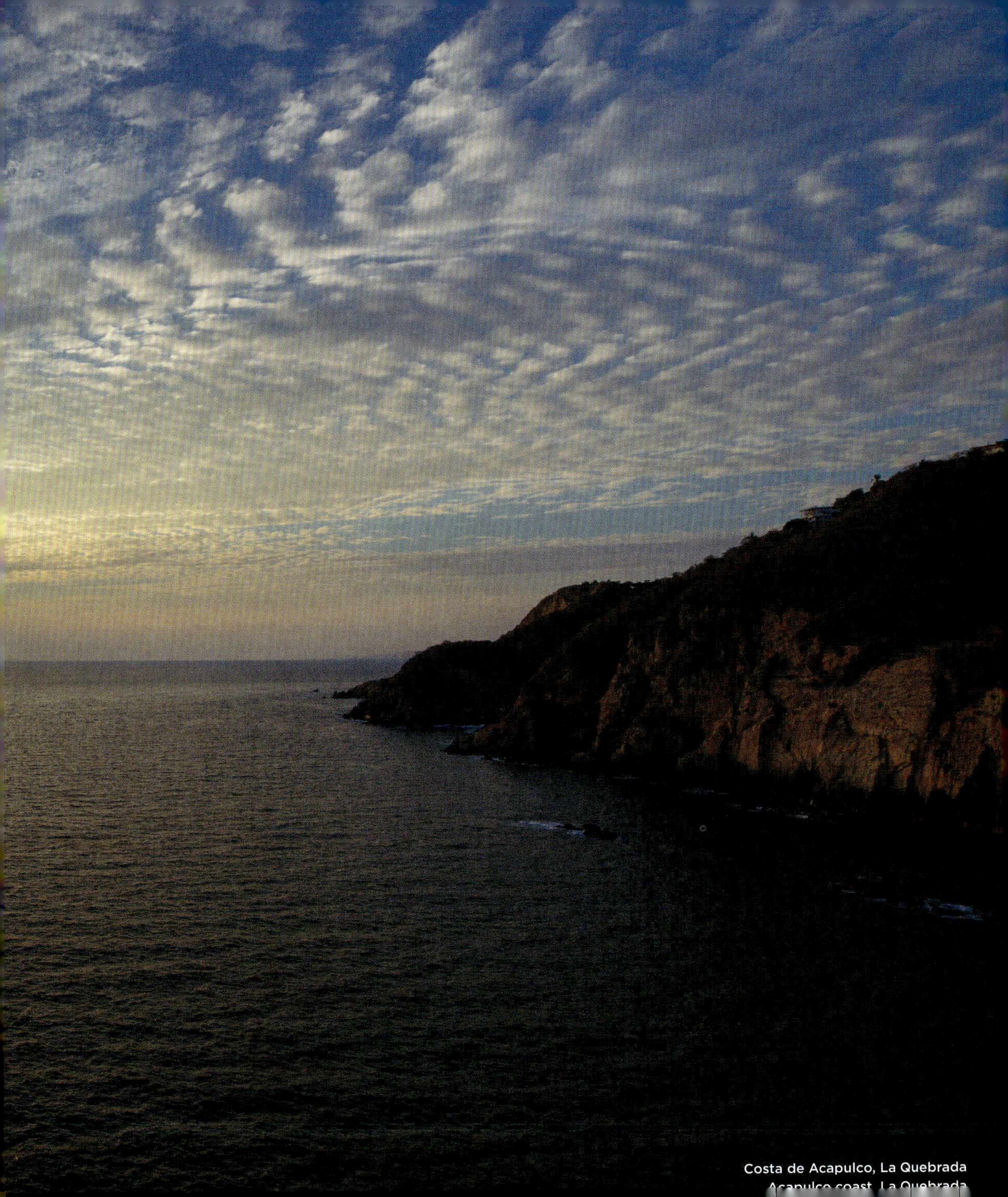

Costa de Acapulco, La Quebrada
Acapulco coast, La Quebrada

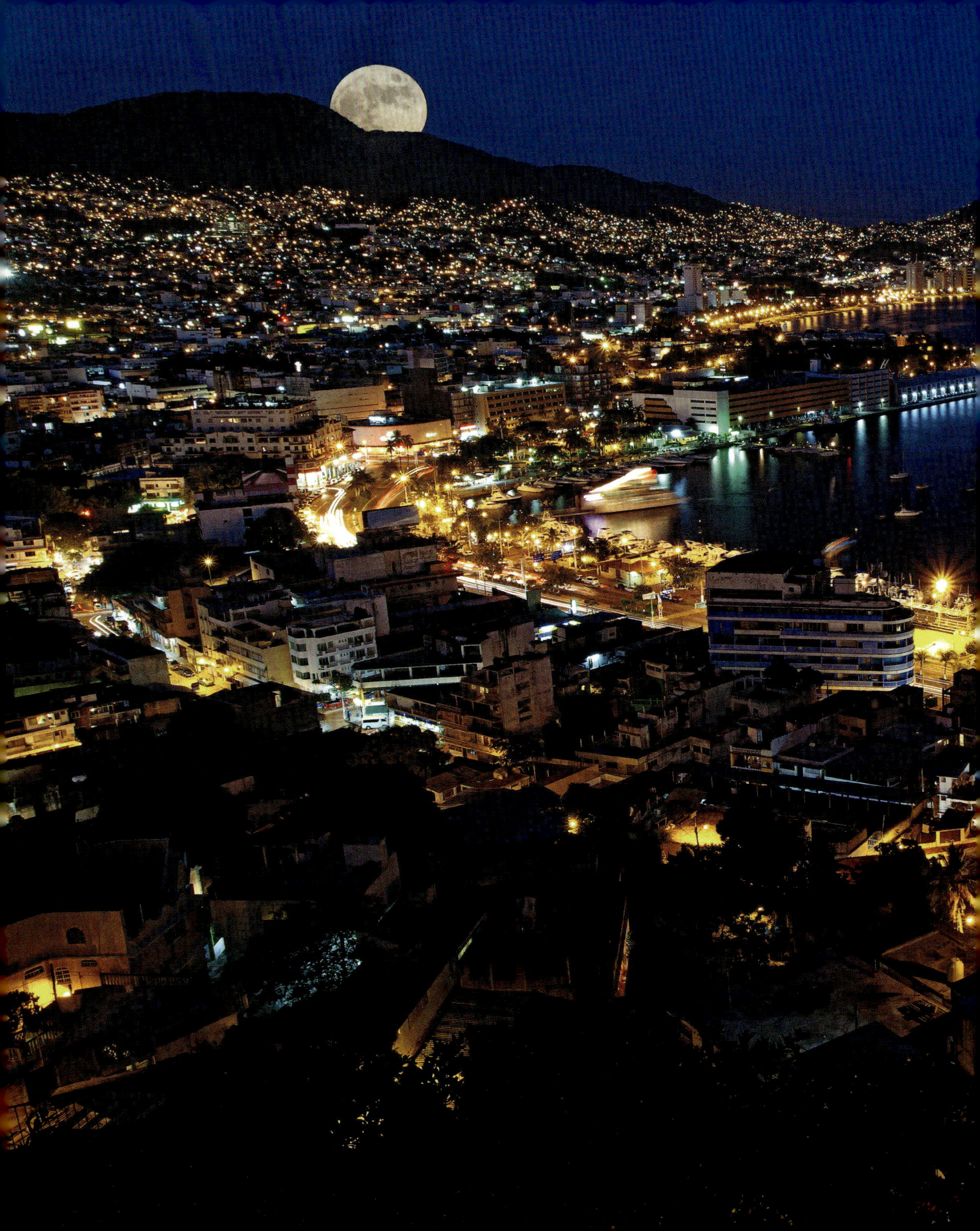

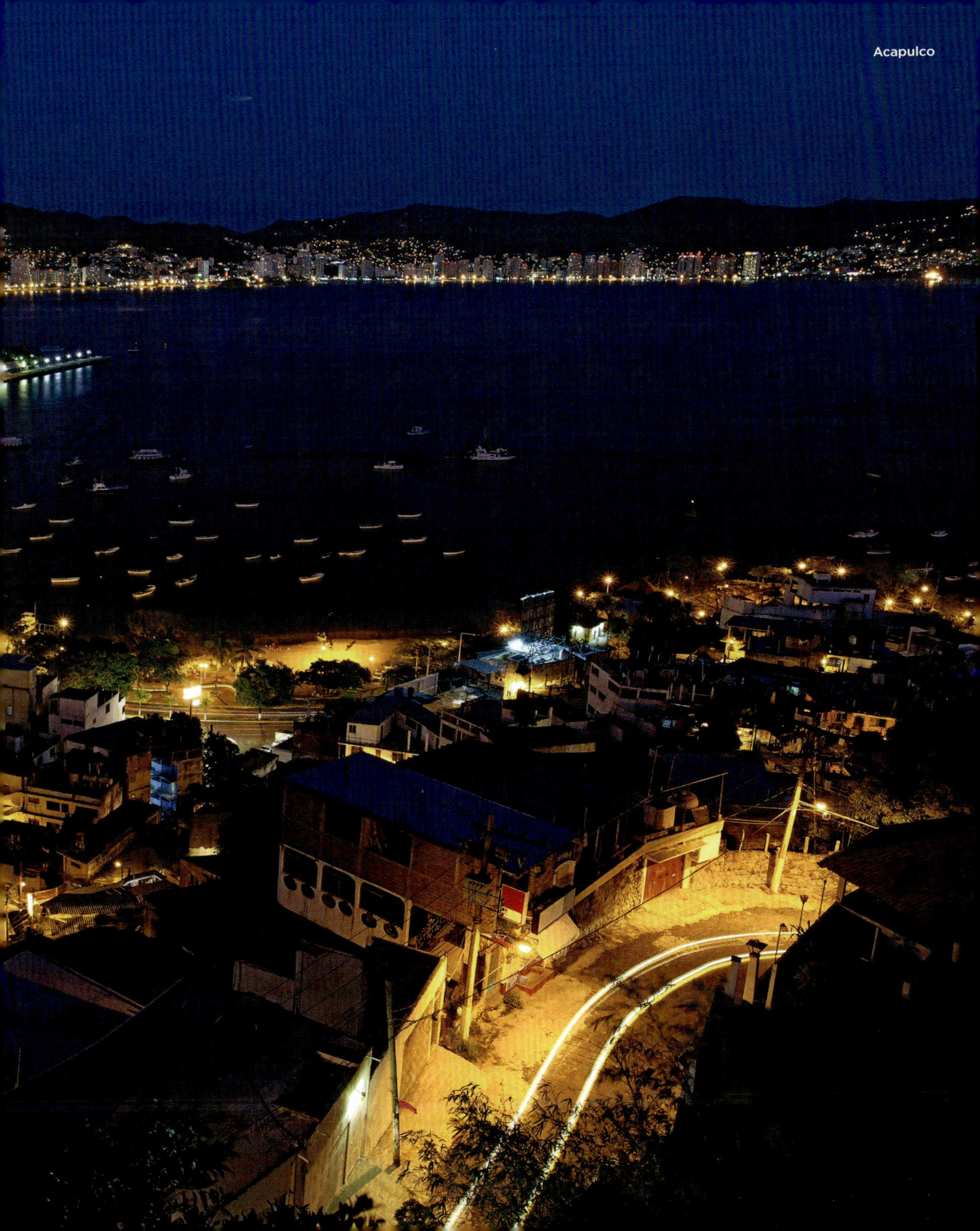

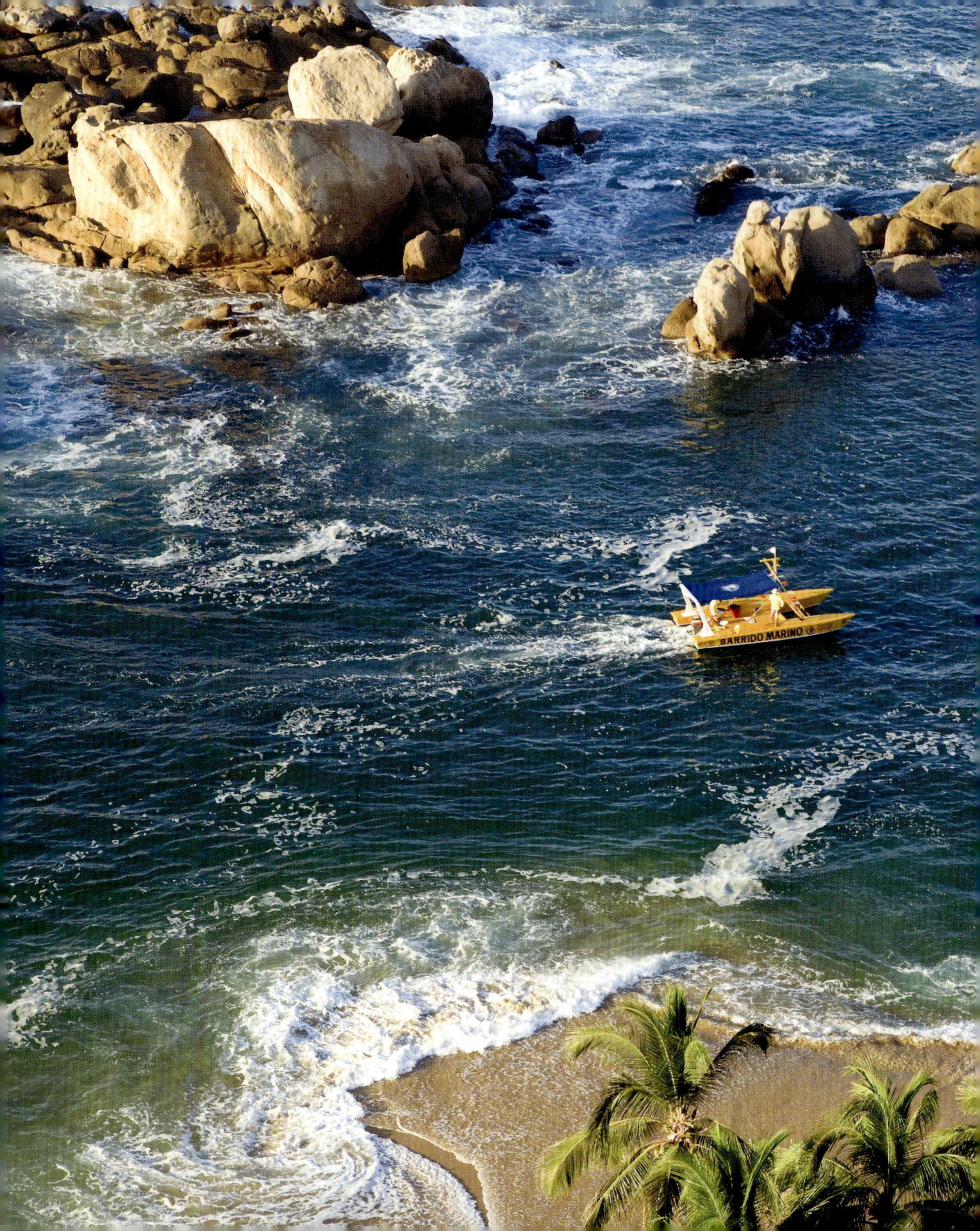
BARRIDO MARINO

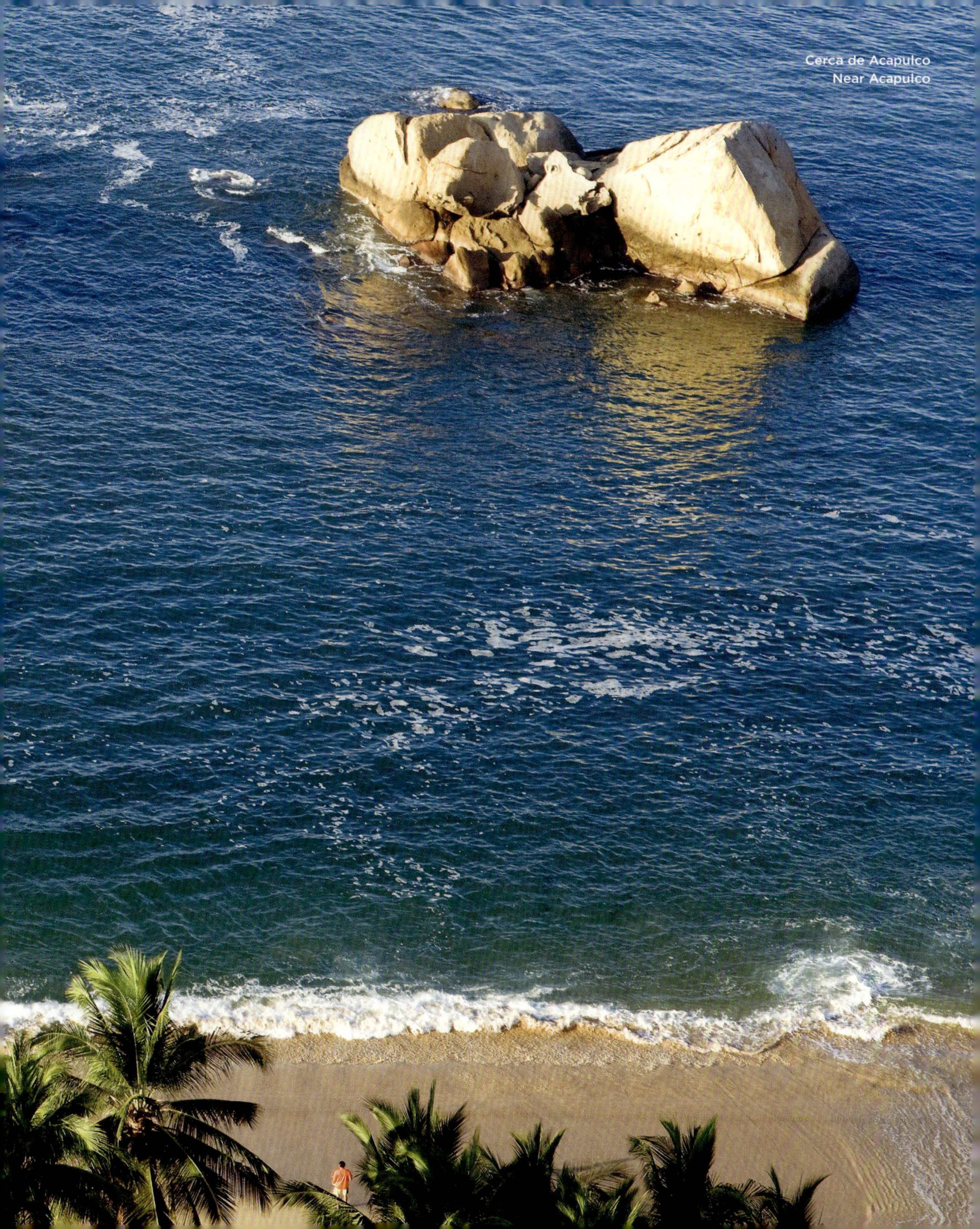

Cerca de Acapulco
Near Acapulco

**Acapulco**
A word to awaken dreams—of sun, palm trees and sea. In the crescent-shaped bay of Acapulco one may find miles of sandy beaches, and for those who do visit there one thing is unmissable: the famous cliff La Quebrada, from which the adventurous plunge 42 m (140 ft) into the sea.

**Acapulco**
Un nom qui fait rêver - de soleil, de palmiers et de mer. Dans la baie d'Acapulco, en forme de demi-lune, on trouve des kilomètres de plages de sable fin. Et quand on y est, il y a une chose à ne pas rater : la célèbre falaise de la Quebrada, de laquelle les plus casse-cou se jettent dans la mer, d'une hauteur de 42 m.

**Acapulco**
Ein Klang, der Träume weckt - von Sonne, Palmen und Meer. In der halbmondförmigen Bucht von Acapulco findet man kilometerlange Sandstrände. Und wer schon einmal da ist, darf sich eines auf keinen Fall entgehen lassen: die berühmte Klippe La Quebrada, von der sich Abenteuerlustige 42 m hinunter ins Meer stürzen.

**Acapulco**
Un sonido que despierta sueños de sol, palmeras y mar. En la bahía de Acapulco, en forma de media luna, encontrará kilómetros de playas arenosas. Y los que ya están allí no deben perderse una cosa: el famoso acantilado de La Quebrada, desde el cual los aventureros saltan a lo largo de 42 m hasta llegar al mar.

**Acapulco**
Un nome che fa sognare il sole, le palme e il mare. Nella baia di Acapulco a forma di mezzaluna si trovano chilometri di spiagge di sabbia sottile. E quando uno è lì c'è una cosa da non perdere: la famosa scogliera La Quebrada, da dove gli scavezzacollo si tuffano in mare, da un'altezza di 42 m.

**Acapulco**
Een geluid dat dromen oproept – van zon, palmbomen en zee. In de halvemaanvormige baai van Acapulco vindt u kilometerslange zandstranden. En wie er al is, mag één ding niet missen: de beroemde klif La Quebrada, waar thrillseekers 42 m naar beneden de zee in springen.



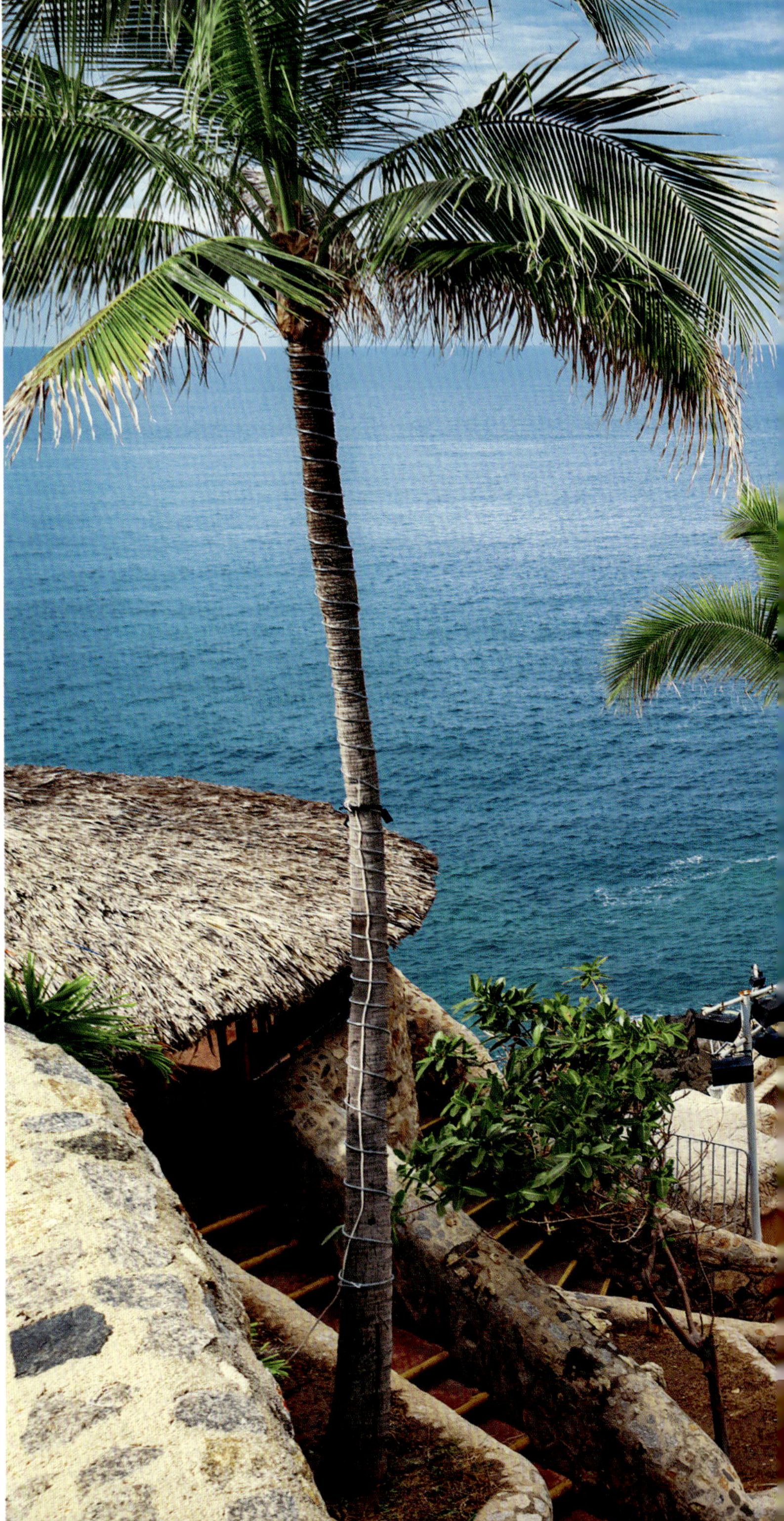

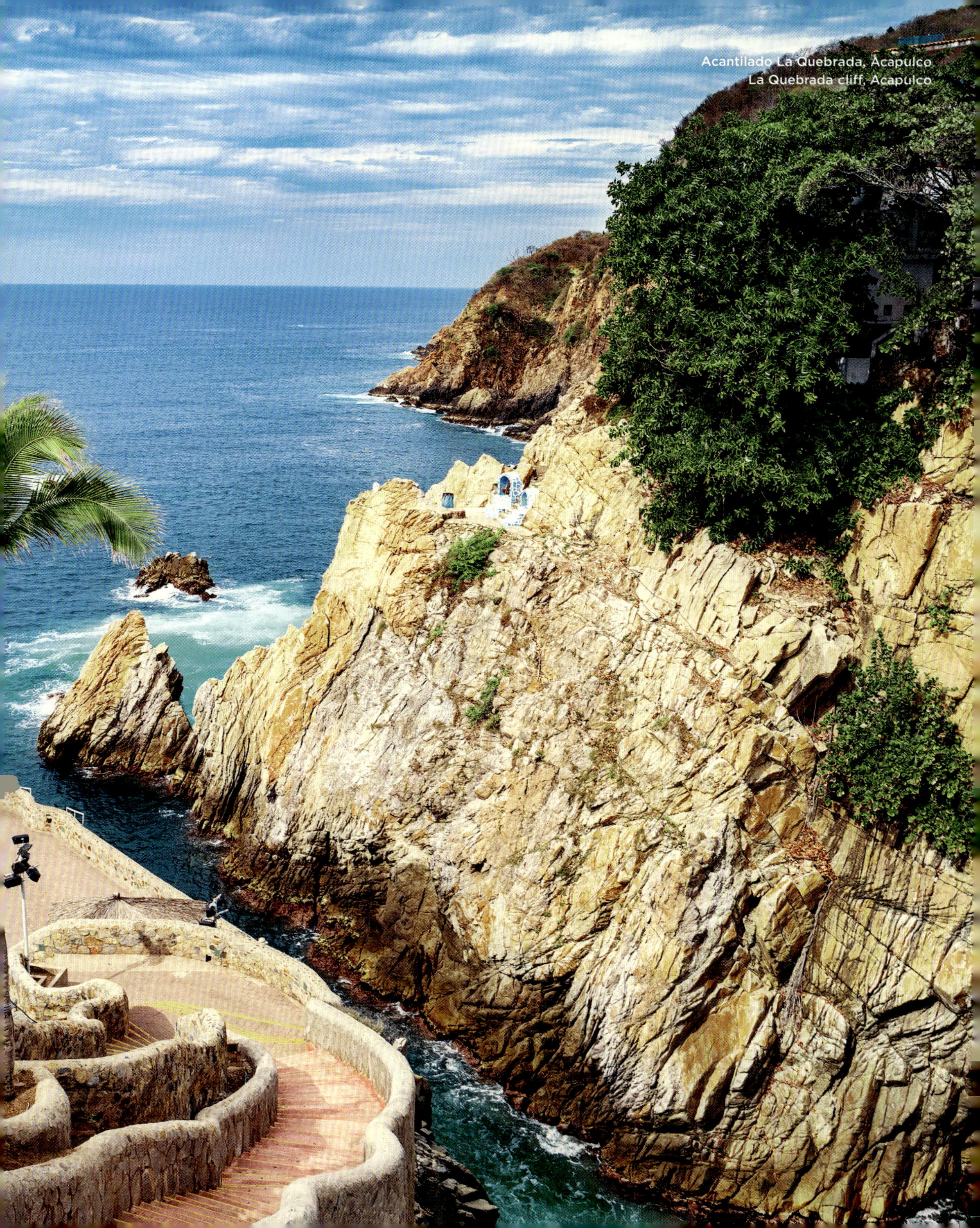

Acantilado La Quebrada, Acapulco
La Quebrada cliff, Acapulco

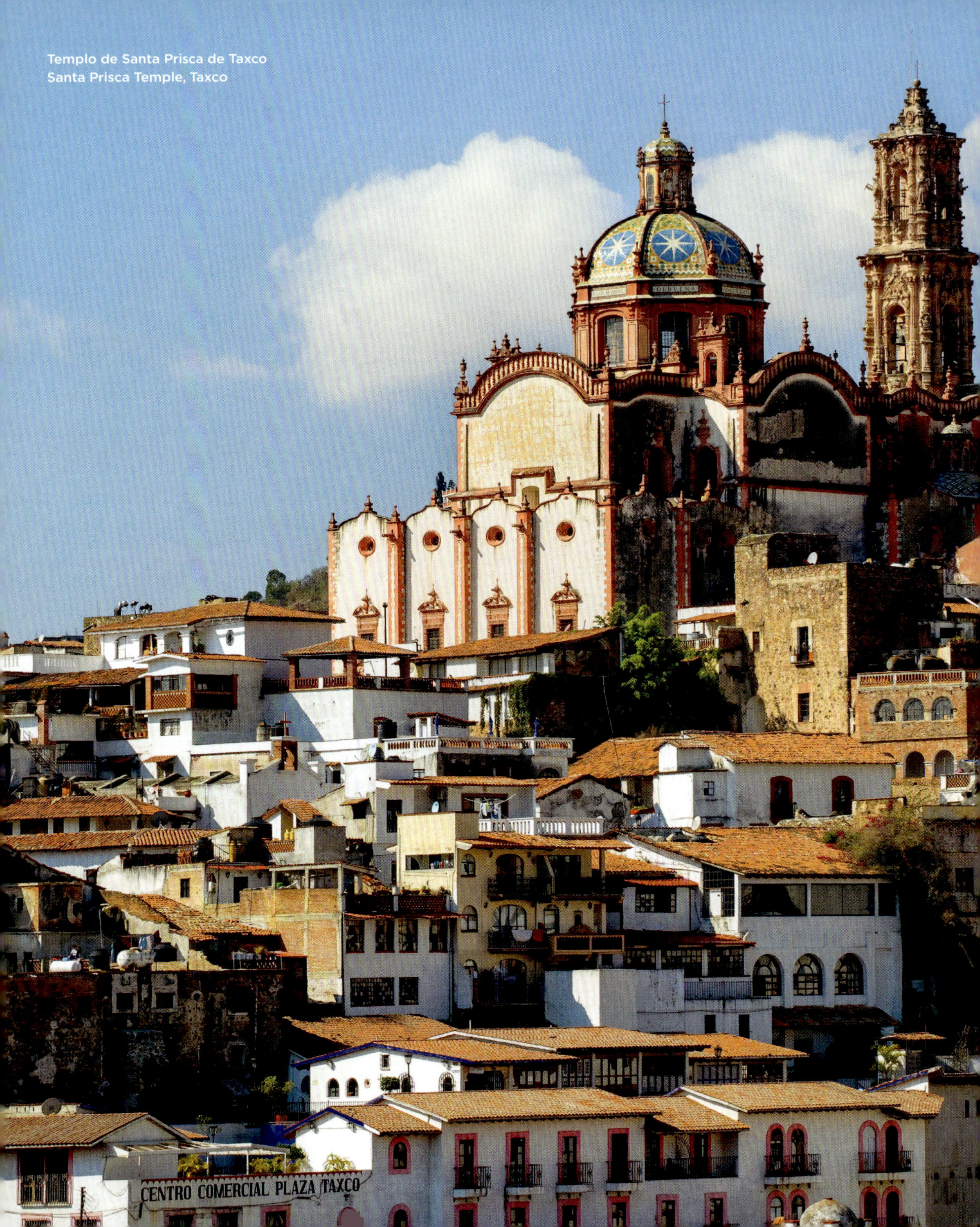


Templo de Santa Prisca de Taxco
Santa Prisca Temple, Taxco

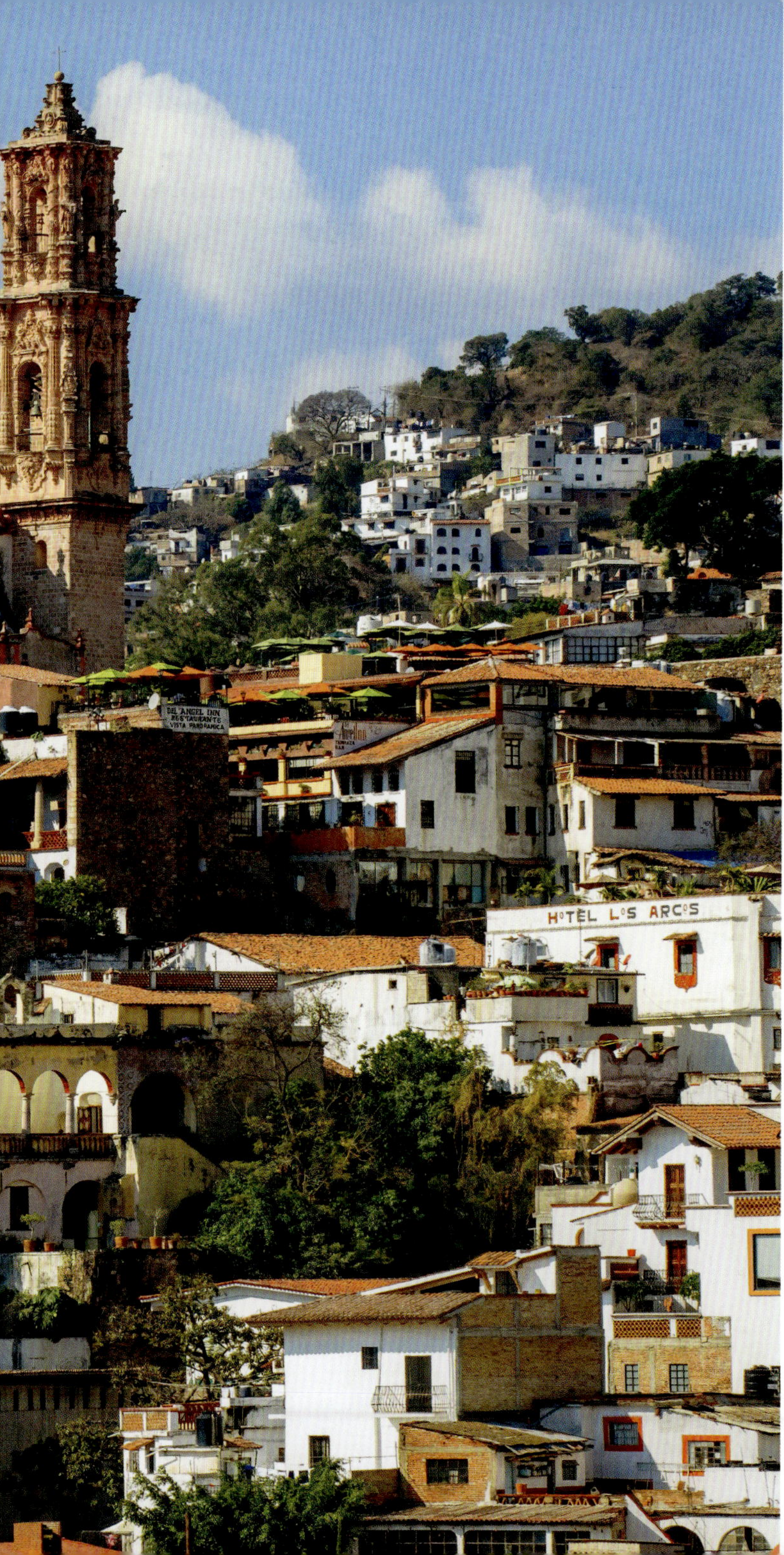


**Taxco**
Taxco was one of the richest cities in Mexico during the 18th century due to the large silver deposits found in the area. The city owes its baroque church of Santa Prisca to the silver baron José de la Borda. Today, more than 300 shops still offer silver jewelry and souvenirs.

**Taxco**
Grâce aux importants gisements d'argent des alentours, Taxco était au XVIIIe siècle l'une des villes les plus riches du Mexique. C'est au baron de l'argent José de la Borda que la ville doit son église baroque Santa Prisca. Aujourd'hui encore, plus de 300 magasins proposent des bijoux et des souvenirs en argent.

**Taxco**
Wegen der großen Silbervorkommen in der Umgebung war Taxco im 18. Jahrhundert eine der reichsten Städte Mexikos. Dem Silberbaron José de la Borda hat die Stadt auch die Barockkirche Santa Prisca zu verdanken. Noch heute bieten mehr als 300 Geschäfte Schmuck und Souvenirs aus Silber an.

**Taxco**
Taxco fue una de las ciudades más ricas de México en el siglo XVIII debido a los grandes depósitos de plata en la zona. La ciudad también debe la iglesia barroca de Santa Prisca al barón de la plata José de la Borda. Hoy en día, más de 300 tiendas todavía ofrecen joyas y recuerdos de plata.

**Taxco**
Taxco è stata una delle città più ricche del Messico nel settecento secolo grazie ai grandi depositi d'argento nella zona. E' al barone dell'argento José de la Borda che la città deve la chiesa barocca di Santa Prisca. Ancora oggi, più di 300 negozi offrono gioielli e souvenir in argento.

**Taxco**
Taxco was in de 18e eeuw door de aanwezigheid van zilver in de omgeving een van de rijkste steden van Mexico. De stad dankt ook de barokke kerk van Santa Prisca aan zilverbaron José de la Borda. Nog altijd bieden meer dan 300 winkels zilveren sieraden en souvenirs aan.

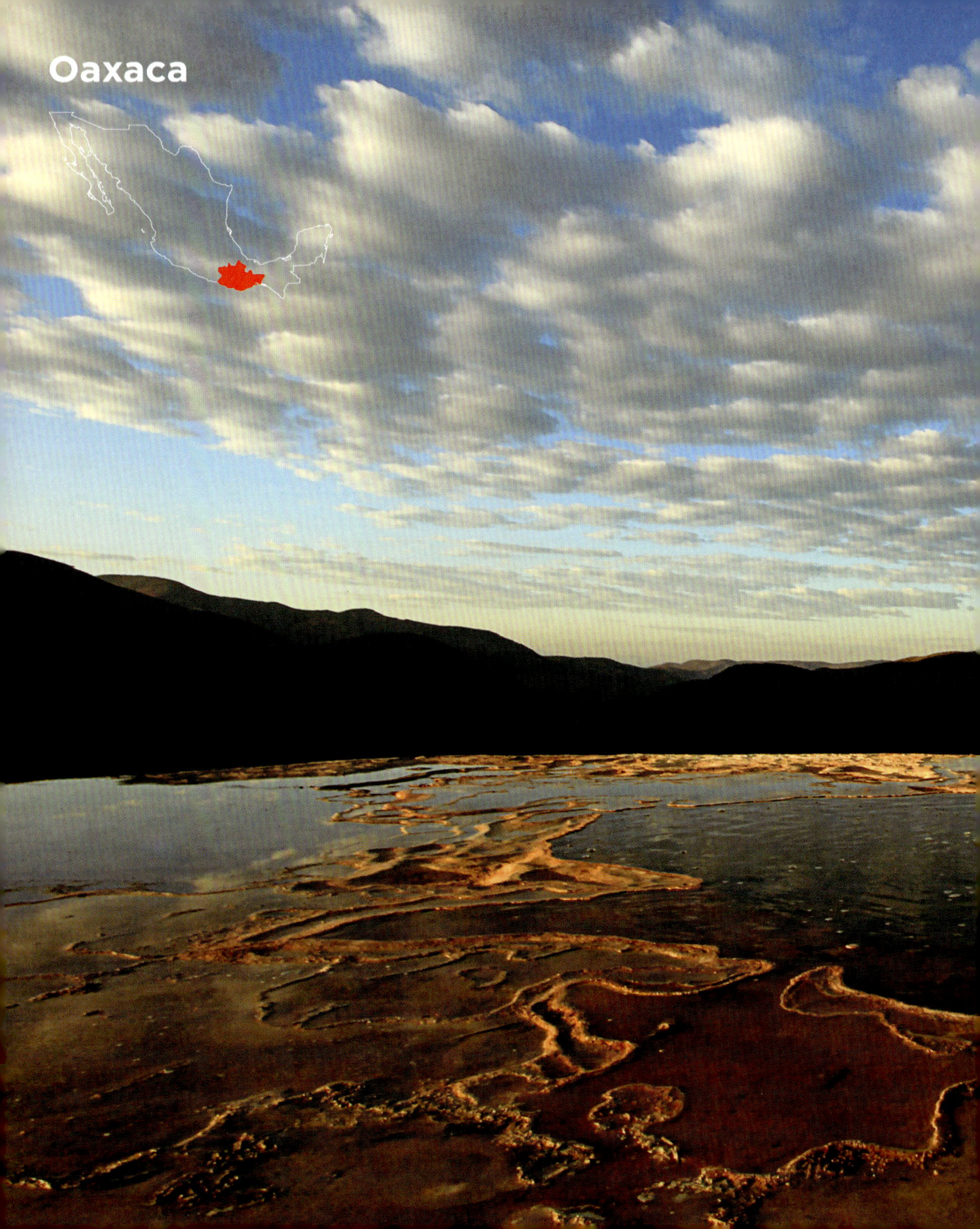
Oaxaca

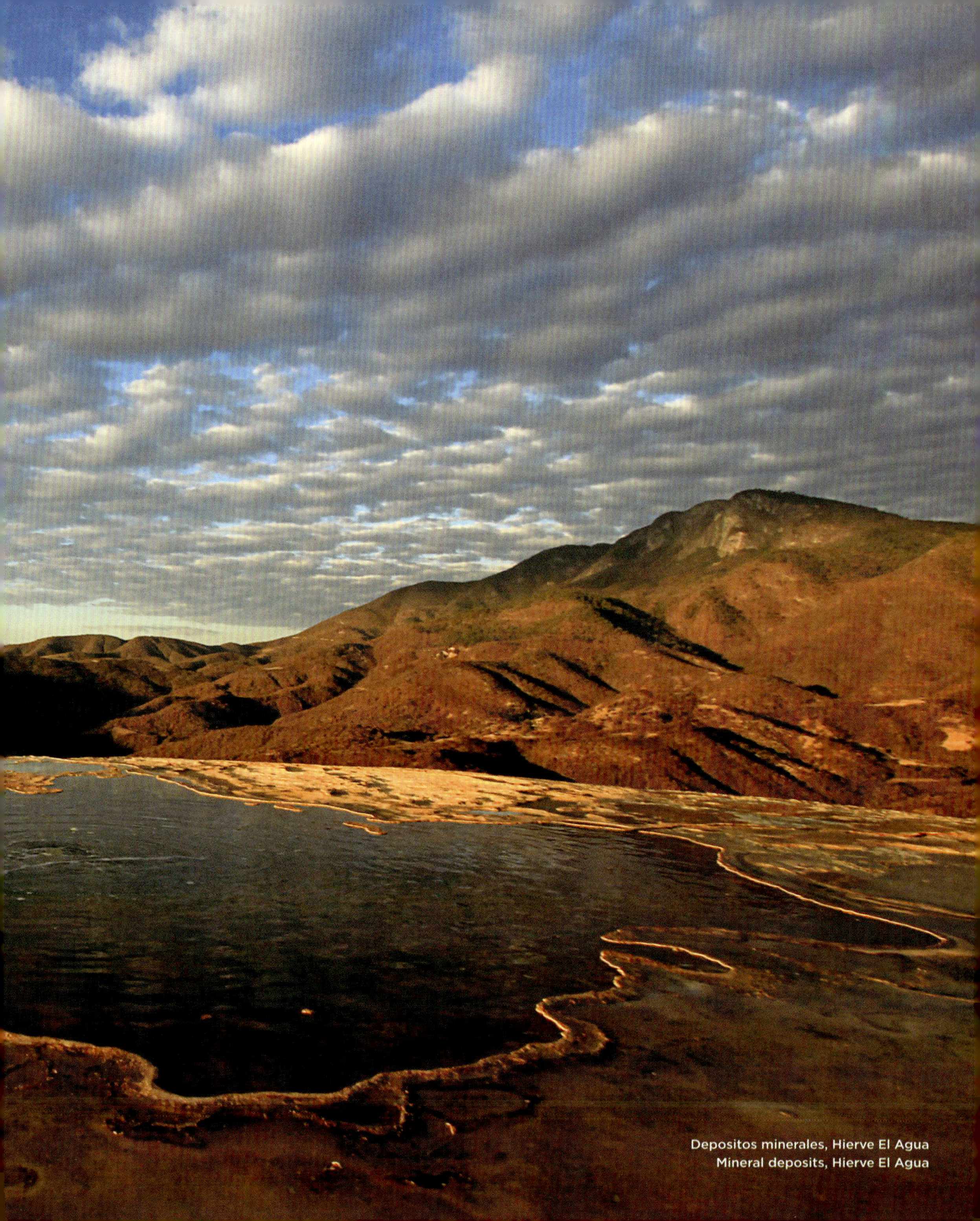

Depositos minerales, Hierve El Agua
Mineral deposits, Hierve El Agua

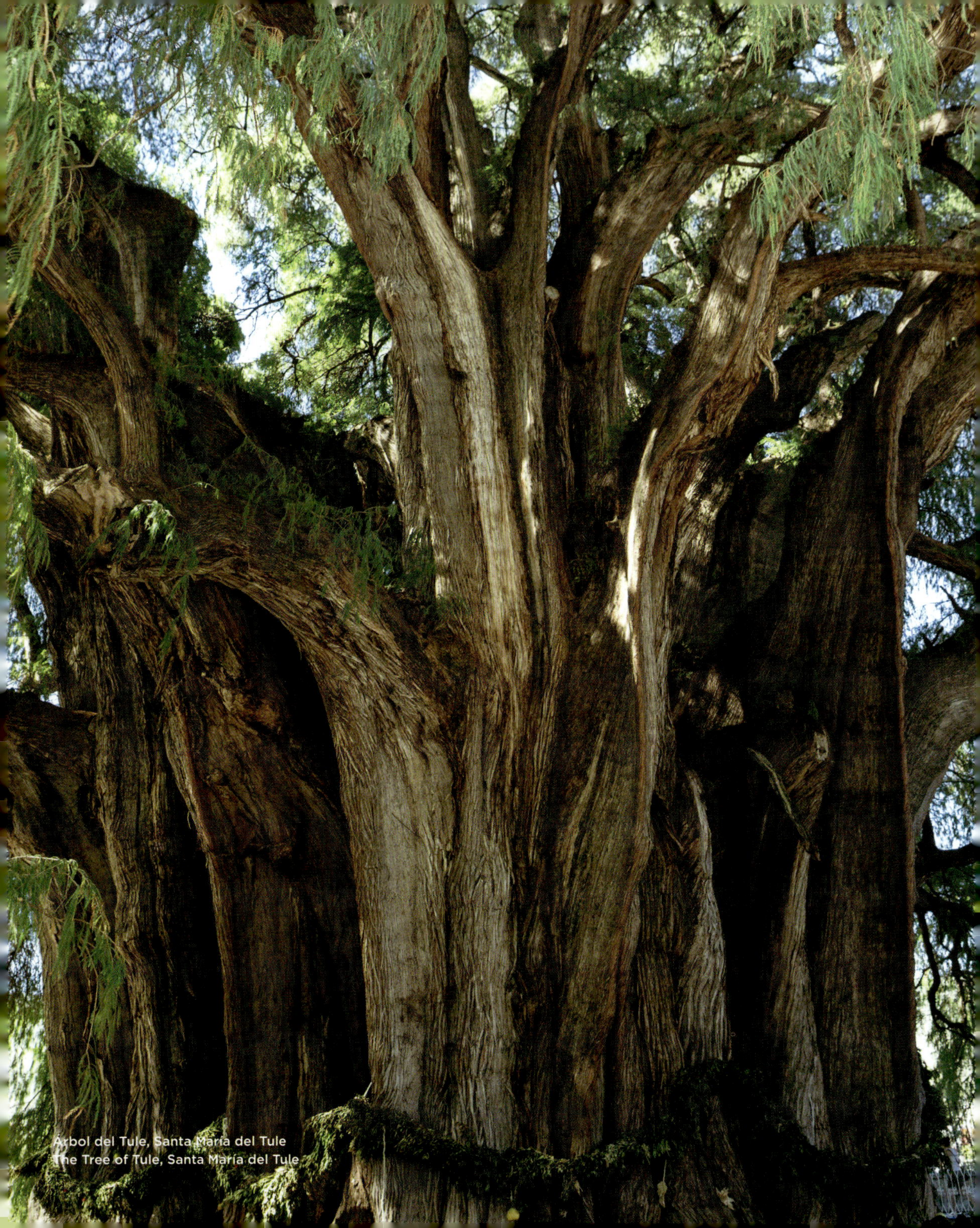

Árbol del Tule, Santa María del Tule
The Tree of Tule, Santa María del Tule

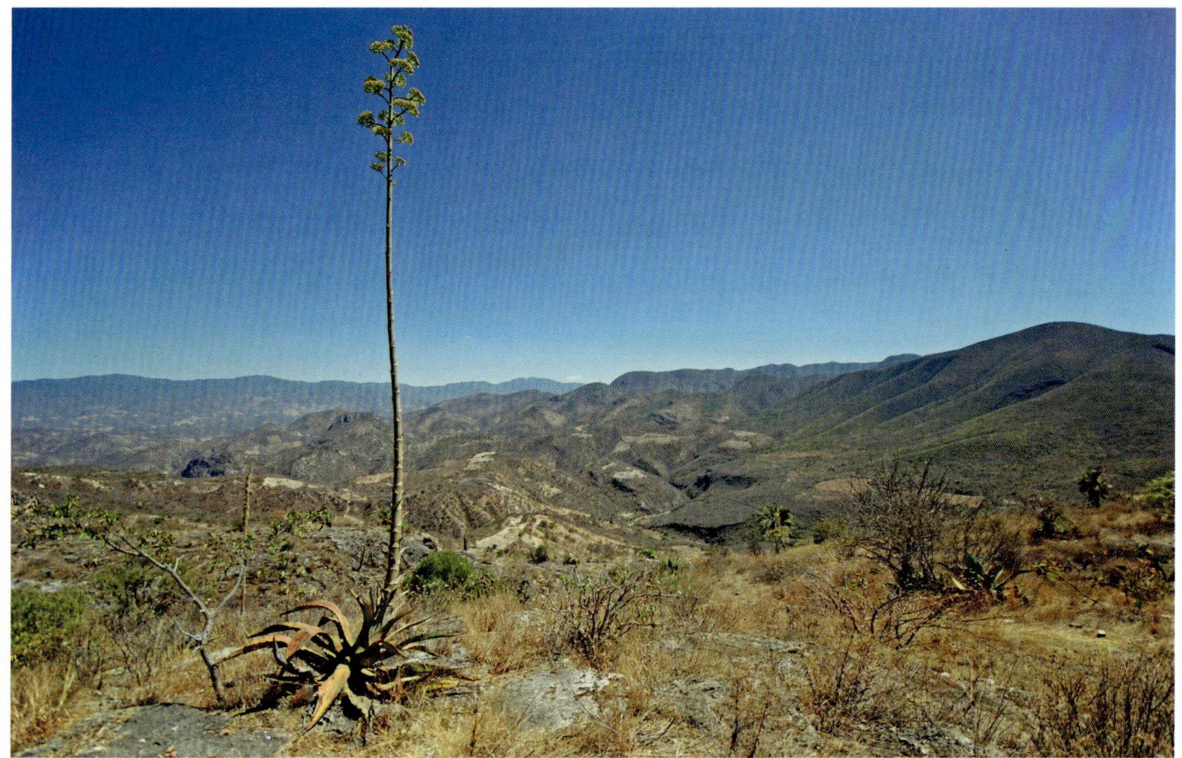

Agave, Hierve el Agua

**Oaxaca**
Nature in the state of Oaxaca is wild and almost inexhaustible. The Zapotecs, whose rich heritage can still be admired in the archeological sites of Monte Albán, Mitla and Yagul, settled in the area around the city of Oaxaca. In the small village of Santa María del Tule stands the tree with the stoutest trunk in the world—a 42 m (138 ft) high Montezuma cypress with a circumference of 58 m (190 ft).

**Oaxaca**
Dans l'État de Oaxaca, la nature est sauvage et, pour ainsi dire, inépuisable. C'est dans la région qui entoure la ville d'Oaxaca que s'étaient installés les Zapotèques, dont on peut admirer l'héritage sur les sites archéologiques de Monte Albán, Mitla et Yagul. Et dans la petite localité de Santa María del Tule se dresse l'arbre censé être le plus gros du monde : un cyprès de Montézuma de 42 m de haut et d'environ 58 m de circonférence.

**Oaxaca**
Wild und geradezu unerschöpflich gibt sich die Natur im Bundesstaat Oaxaca. In der Gegend um die Stadt Oaxaca siedelten die Zapoteken, deren reiches Erbe noch in den Ausgrabungsstätten von Monte Albán, Mitla und Yagul zu bewundern ist. Und im kleinen Örtchen Santa María del Tule steht der angeblich dickste Baum der Welt – eine 42 m hohe Montezumazypresse mit einem Umfang von 58 m.

**Oaxaca**
La naturaleza en el estado de Oaxaca es salvaje y casi inagotable. Los zapotecas, cuyo rico patrimonio aún se puede admirar en los yacimientos arqueológicos de Monte Albán, Mitla y Yagul, se asentaron en los alrededores de la ciudad de Oaxaca. Y en el pequeño pueblo de Santa María del Tule se encuentra el árbol supuestamente más grande del mundo – un ahuehuete de 42 m de altura y 58 m de circunferencia.

**Oaxaca**
La natura nello stato di Oaxaca è selvaggia e si può dire inesauribile. Gli Zapotechi, il cui ricco patrimonio si può ancora ammirare nei siti archeologici di Monte Albán, Mitla e Yagul, si stabilirono nella zona intorno alla città di Oaxaca. E nel piccolo villaggio di Santa María del Tule si trova l'albero censito come il più grande del mondo: un cipresso Montezuma di 42 m di altezza e 58 m di circonferenza.

**Oaxaca**
De natuur in de staat Oaxaca is wild en bijna onuitputtelijk. De Zapoteken, wier rijke erfgoed nog steeds te bewonderen is in de archeologische opgravingsplaatsen van Monte Albán, Mitla en Yagul, vestigden zich in het gebied rond de stad Oaxaca. En in het kleine dorpje Santa María del Tule zou de dikste boom ter wereld staan: een 42 m hoge Montezumacipres van 58 m omtrek.

**Hierve el Agua**
*Hierve el Agua* means "the water boils". The rock formations in the Sierra Madre del Sur look like petrified waterfalls. Here calcium-rich water is at work, flowing over the rocks and leaving white calcium carbonate when it evaporates.

**Hierve el Agua**
*Hierve el Agua* signifie « l'eau bout ». Les formations rocheuses de la Sierra Madre du Sud ainsi nommées ressemblent à des chutes d'eau pétrifiées. C'est l'œuvre d'une eau extrêmement riche en calcium, qui coule le long des rochers et, en s'évaporant, laisse un dépôt blanc de carbonate de calcium.

**Hierve el Agua**
*Hierve el Agua* bedeutet „das Wasser kocht". Die so benannten Felsformationen in der Sierra Madre del Sur sehen aus wie versteinerte Wasserfälle. Hier ist kalziumreiches Wasser am Werk, das über die Felsen fließt und beim Verdunsten weißes Kalziumkarbonat zurücklässt.

**Hierve el Agua**
Las formaciones rocosas de la Sierra Madre del Sur parecen cascadas petrificadas. Aquí está trabajando el agua rica en calcio, que fluye sobre las rocas y deja carbonato de calcio blanco cuando se evapora.

**Hierve el Agua**
*Hierve el Agua* significa "l'acqua bolle". Le formazioni rocciose della Sierra Madre del Sud sembrano cascate pietrificate. Qui l'acqua ricca di calcio scorre sulle rocce e quando evapora lascia un deposito di carbonato di calcio bianco.

**Hierve el Agua**
*Hierve el Agua* betekent 'het water kookt'. De zo genoemde rotsformaties in de Sierra Madre del Sur lijken op versteende watervallen. Hier is calciumrijk water aan het werk, dat over de rotsen stroomt en bij de verdamping wit calciumcarbonaat achterlaat.



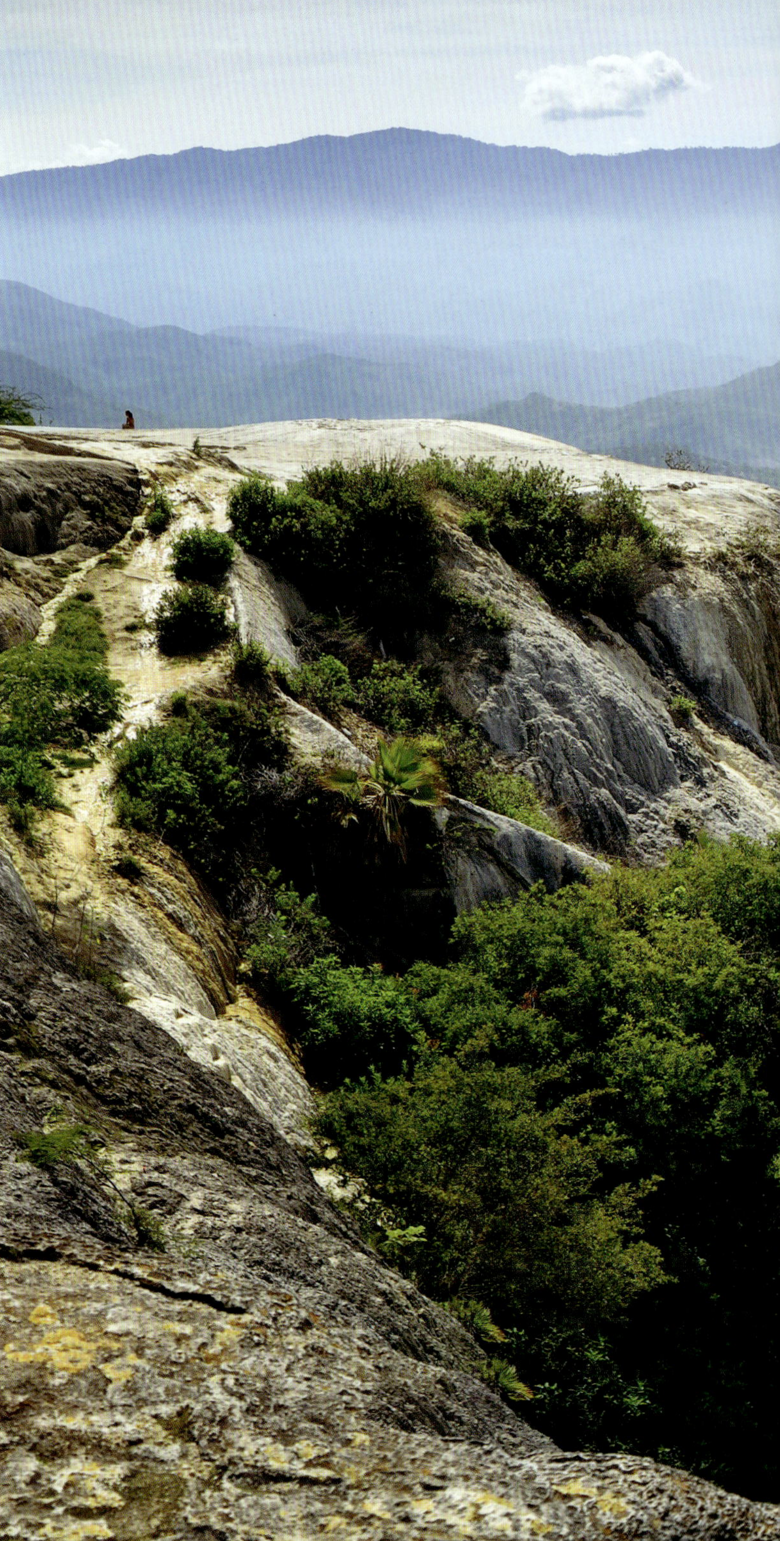

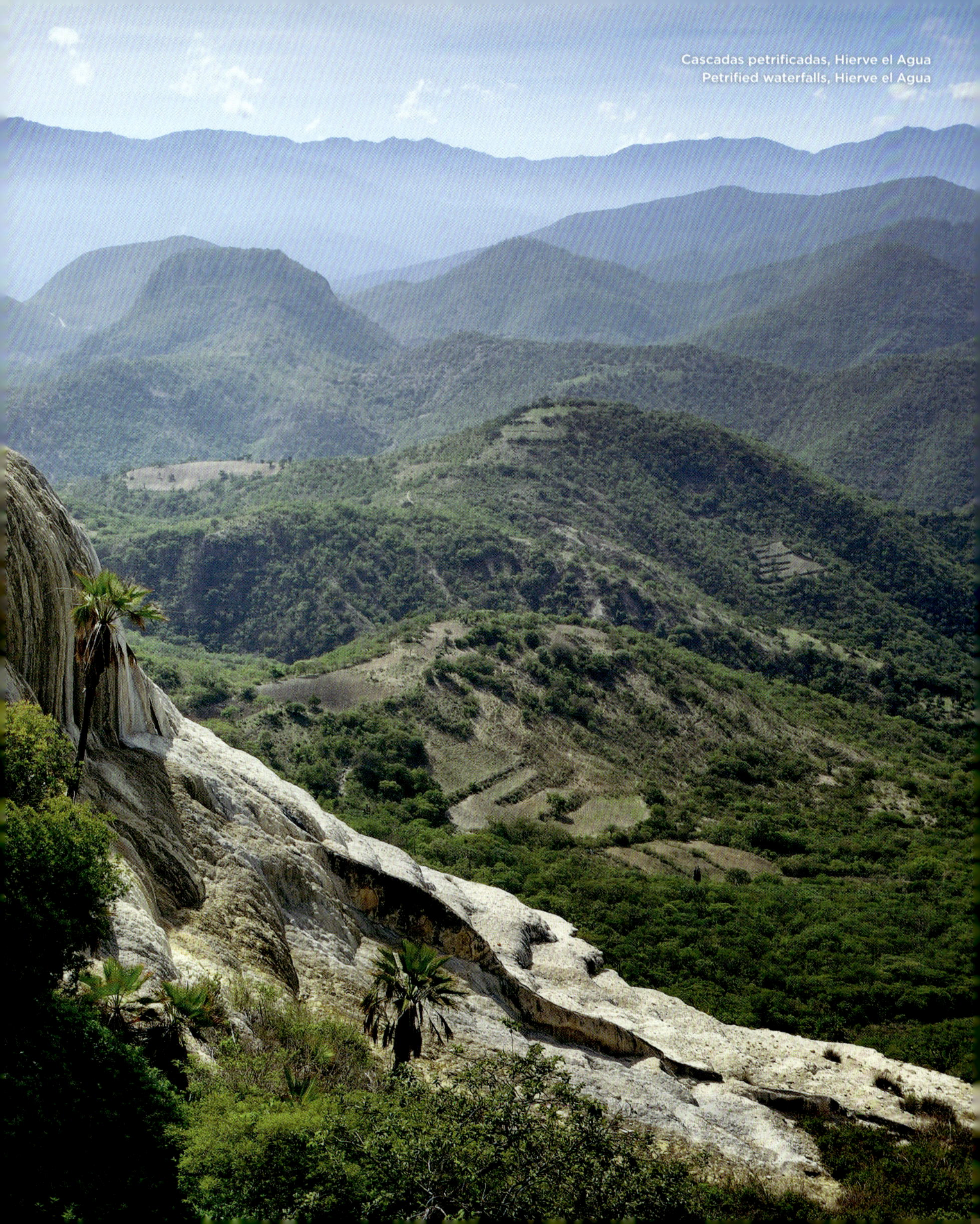

Cascadas petrificadas, Hierve el Agua
Petrified waterfalls, Hierve el Agua

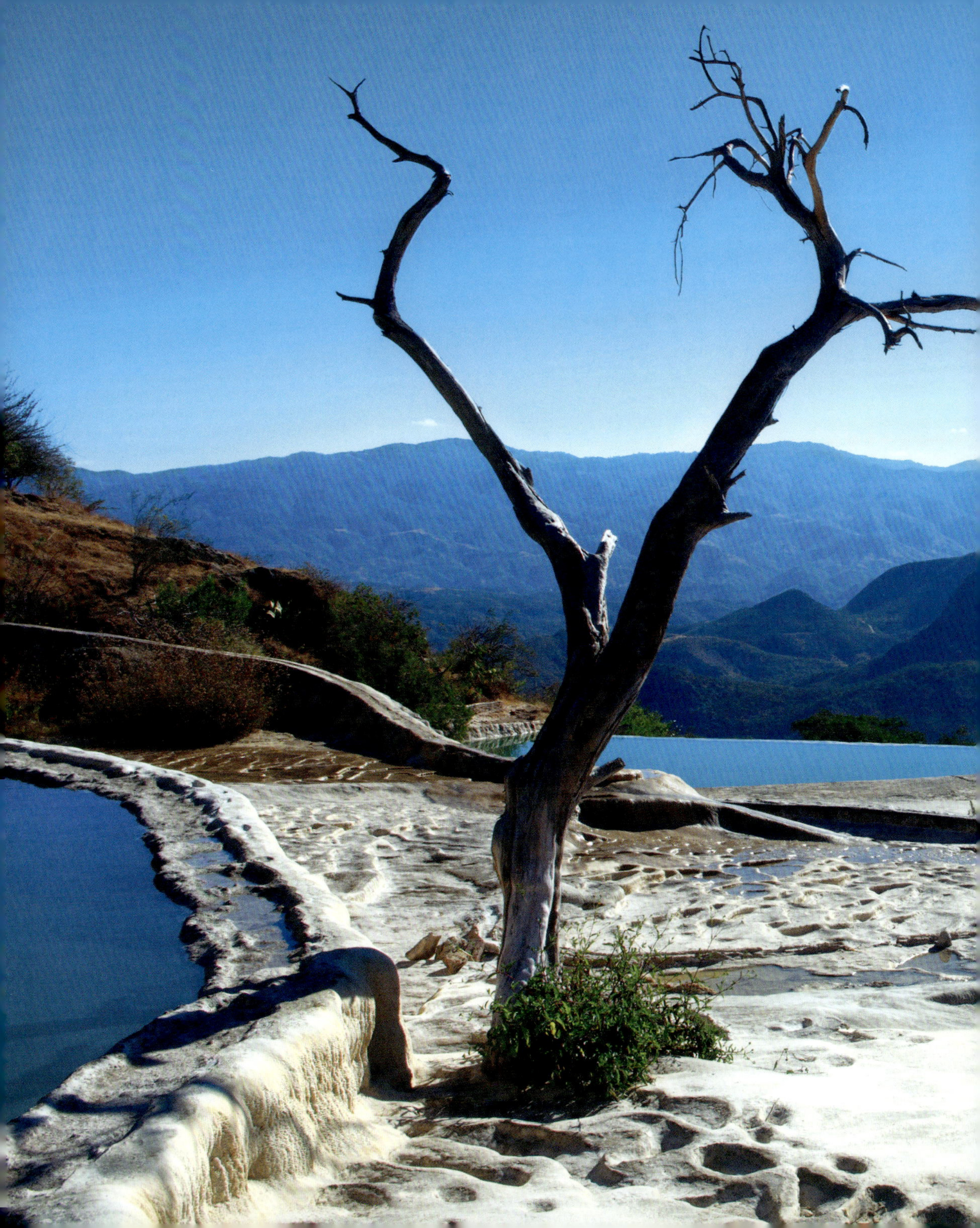

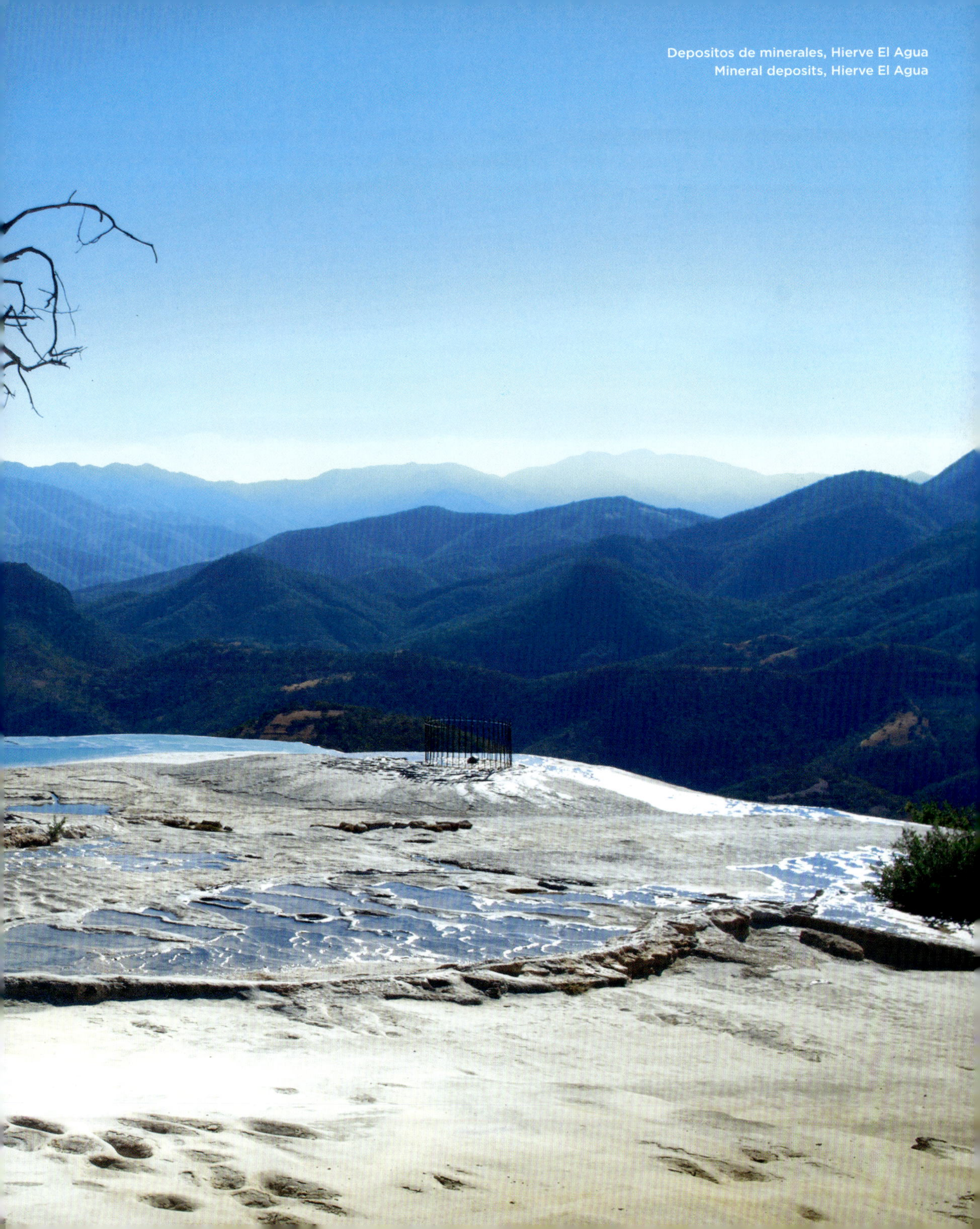
Depositos de minerales, Hierve El Agua
Mineral deposits, Hierve El Agua

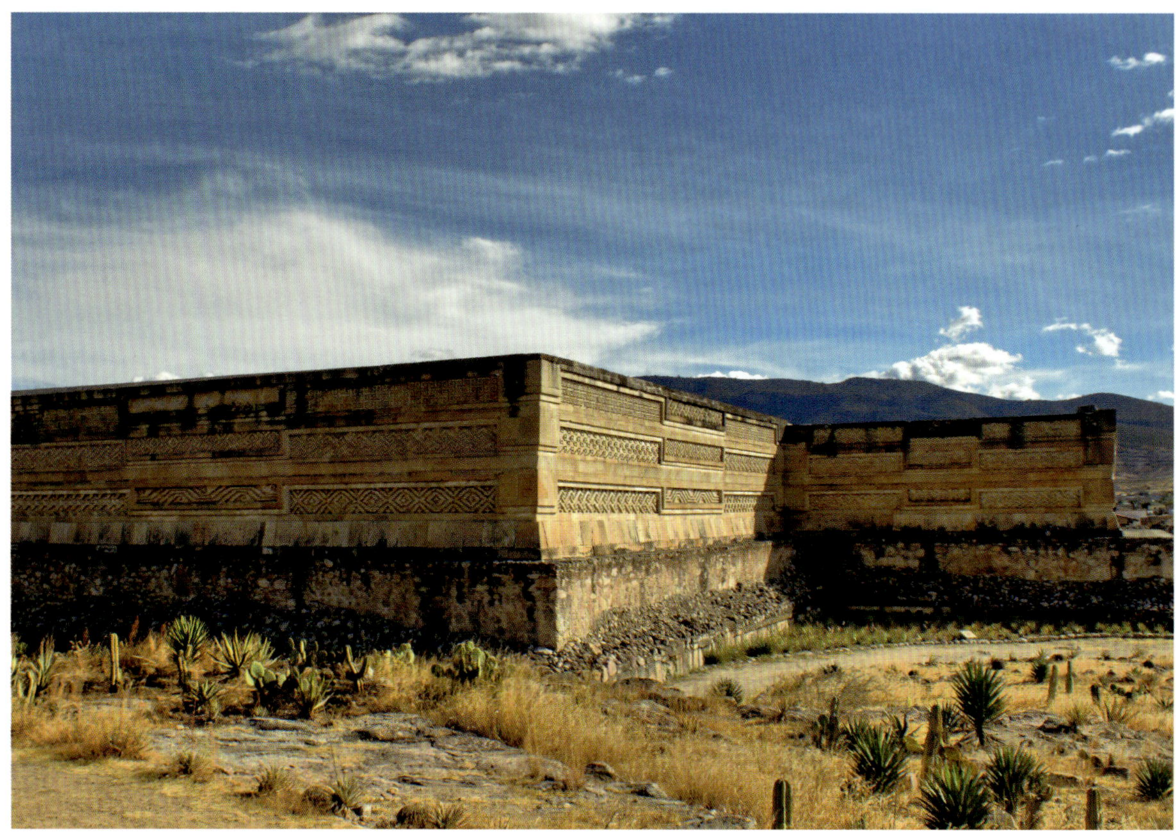

Mitla

**Mitla**
The ornamental wall design of the palaces in Mitla is a unique testimony to the craftsmanship of the Mixtecs. Geometric forms and patterns were carefully carved out of the stones as reliefs, or assembled as mosaics from countless individual parts to form a decorative frieze.

**Mitla**
Les ornements muraux des palais de Mitla sont des témoins uniques de l'art des Mixtèques. Des formes et des motifs géométriques ont été taillés avec le plus grand soin dans la pierre, ou assemblés sous forme de mosaïques constituées d'innombrables pièces pour former des frises décoratives.

**Mitla**
Die ornamentale Wandgestaltung der Paläste in Mitla ist ein einzigartiges Zeugnis der Handwerkskunst der Mixteken. Geometrische Formen und Muster wurden mit größter Sorgfalt als Reliefs aus den Steinen herausgehauen oder als Mosaike aus unzähligen Einzelteilen zu einem dekorativen Fries zusammengesetzt.

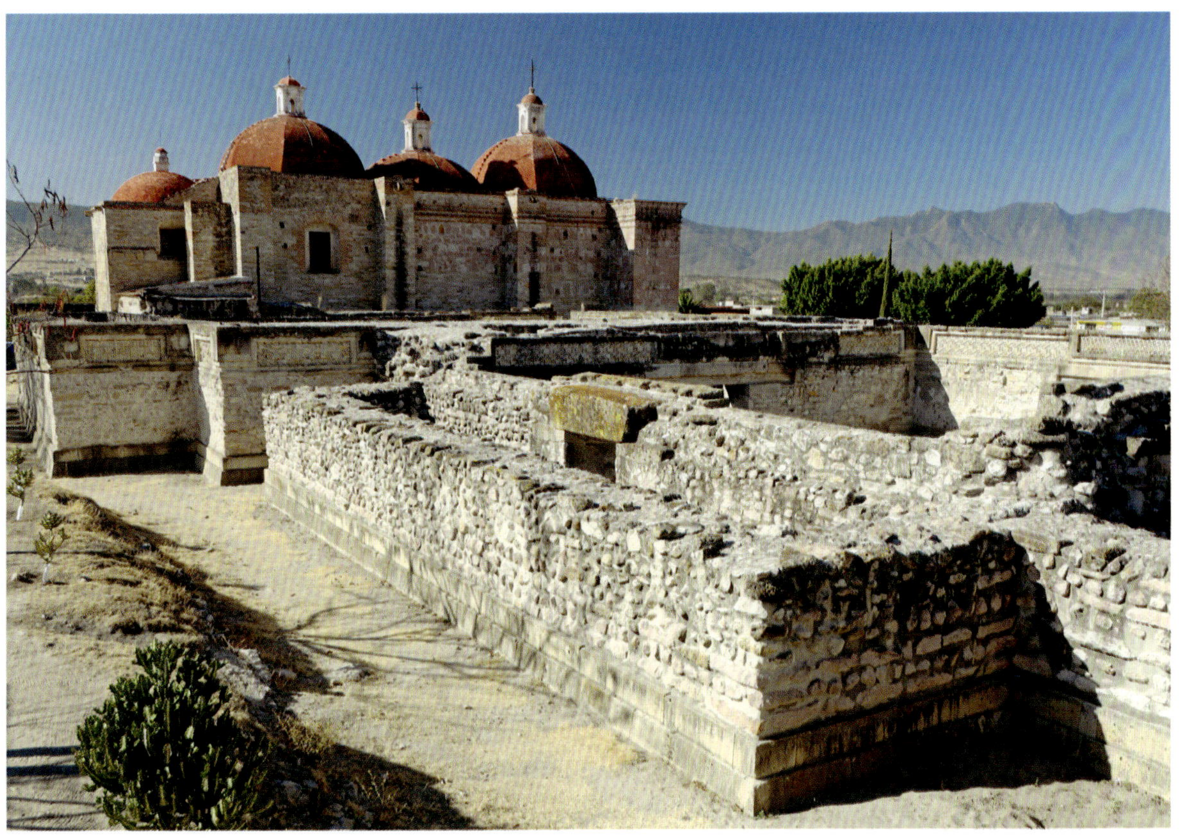

Mitla

**Mitla**
El diseño ornamental de las paredes de los palacios de Mitla es un testimonio único de la artesanía mixteca. Las formas geométricas y los patrones fueron cuidadosamente tallados de las piedras como relieves o ensamblados como mosaicos de incontables partes individuales para formar un friso decorativo.

**Mitla**
I disegni ornamentali sulle pareti dei palazzi di Mitla sono una testimonianza unica della maestria artigianale dei Mixtechi. Forme e motivi geometrici sono stati accuratamente scolpiti nelle pietre come rilievi, e mosaici assemblano innumerevoli singole pezzi per formare un fregio decorativo.

**Mitla**
De decoratieve wandversiering van de paleizen in Mitla is een unieke getuigenis van het vakmanschap van de Mixteken. Geometrische vormen en patronen werden zorgvuldig als reliëfs uit de stenen gesneden of als mozaïeken van losse delen tot een decoratieve fries samengevoegd.

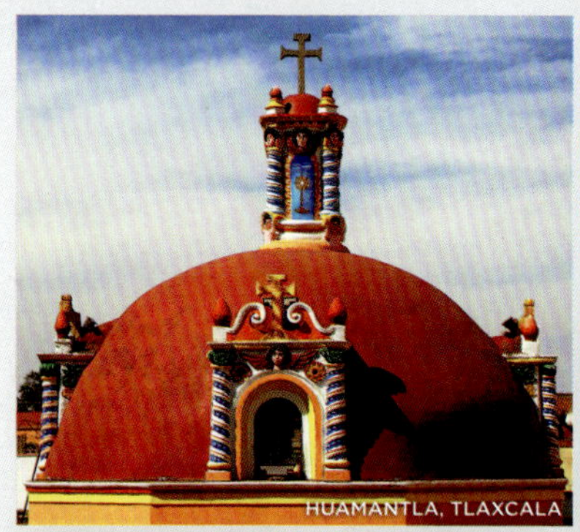
HUAMANTLA, TLAXCALA

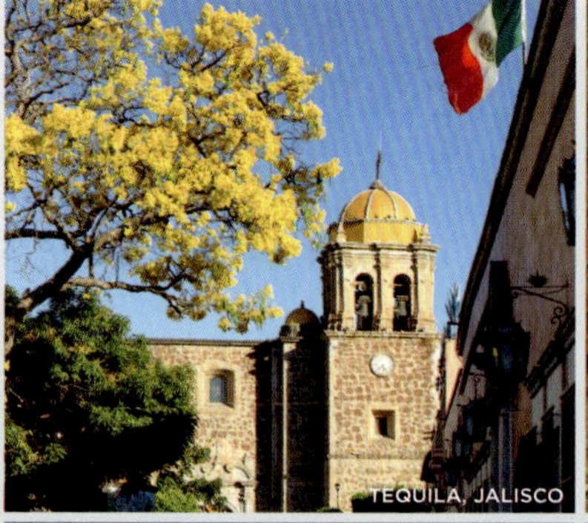
TEQUILA, JALISCO

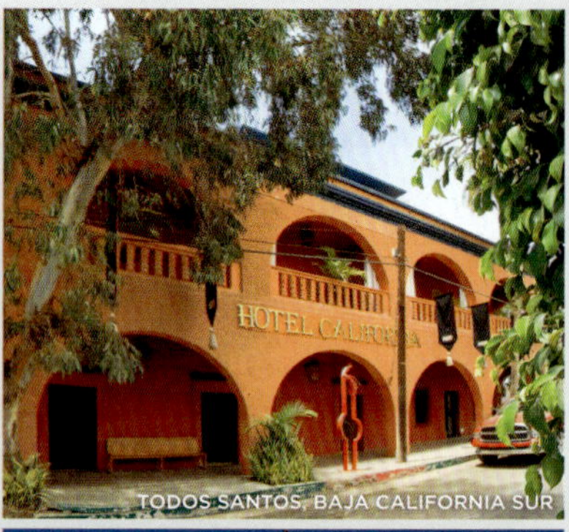
TODOS SANTOS, BAJA CALIFORNIA SUR

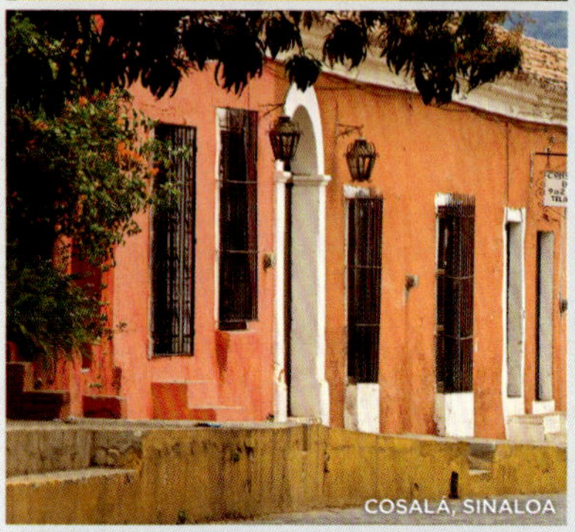
COSALÁ, SINALOA

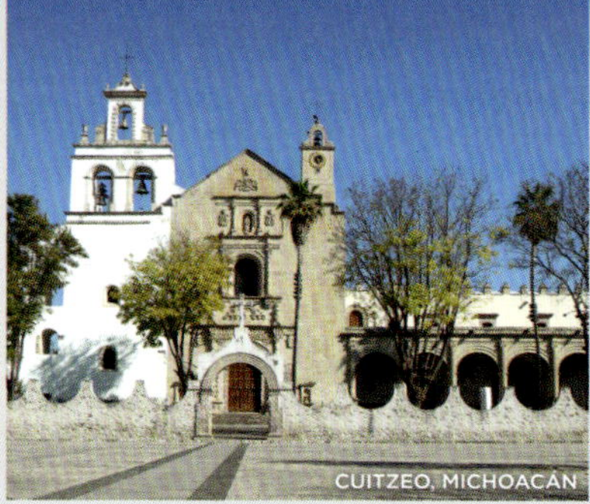
CUITZEO, MICHOACÁN

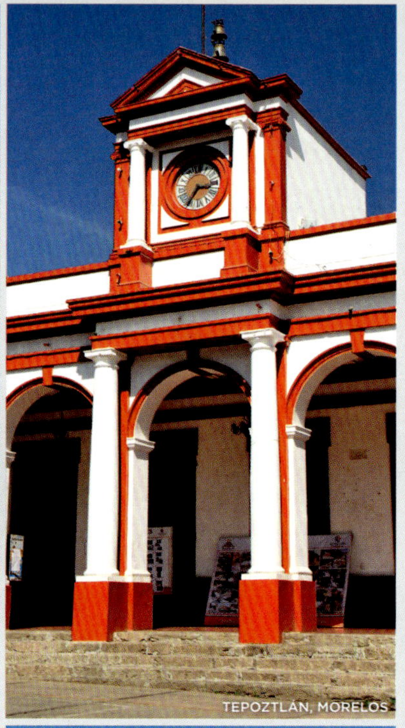
TEPOZTLÁN, MORELOS

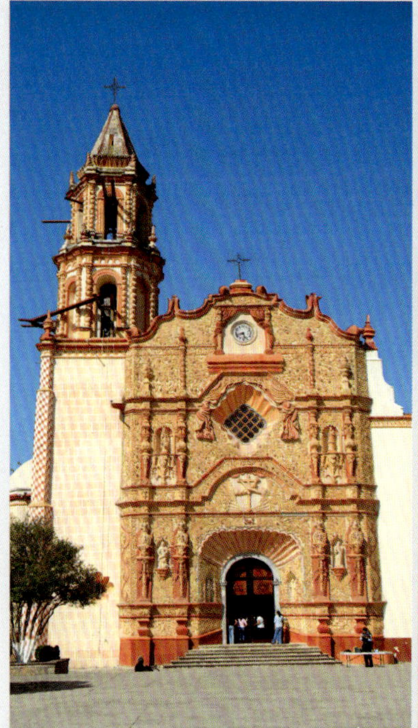
JALPAN DE SERRA, QUERÉTARO

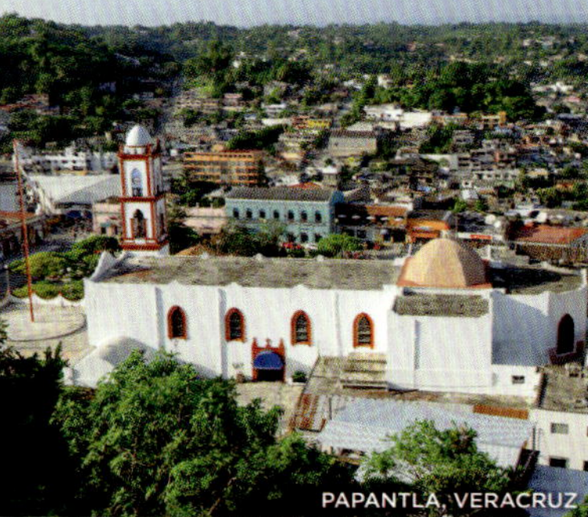
PAPANTLA, VERACRUZ

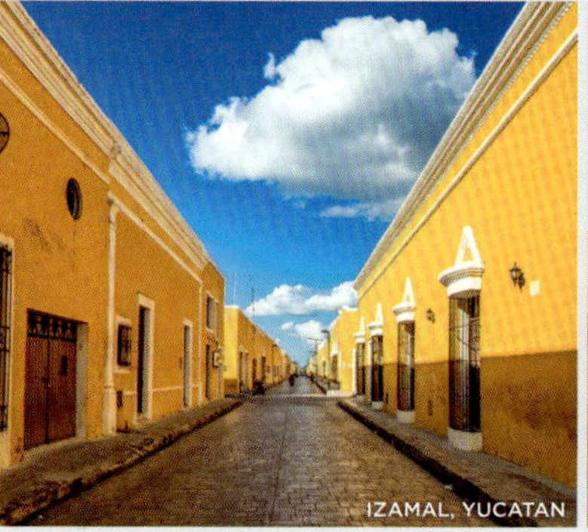
IZAMAL, YUCATAN

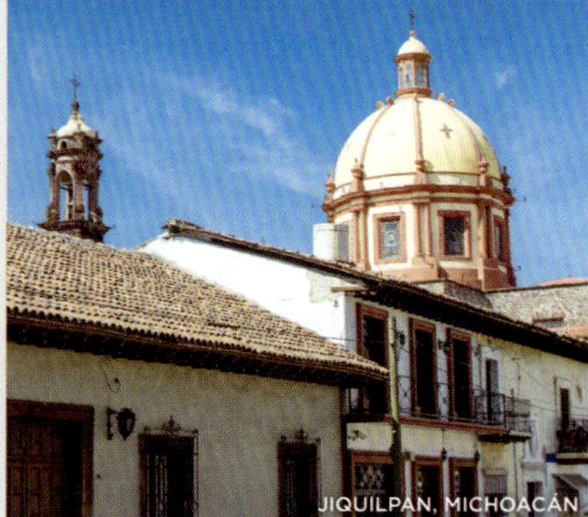
JIQUILPAN, MICHOACÁN

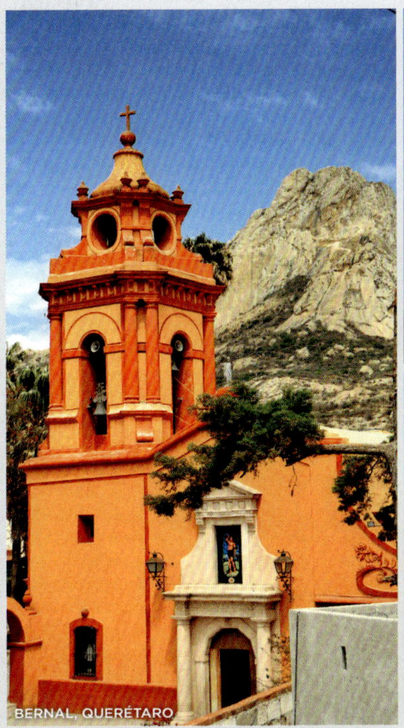
BERNAL, QUERÉTARO

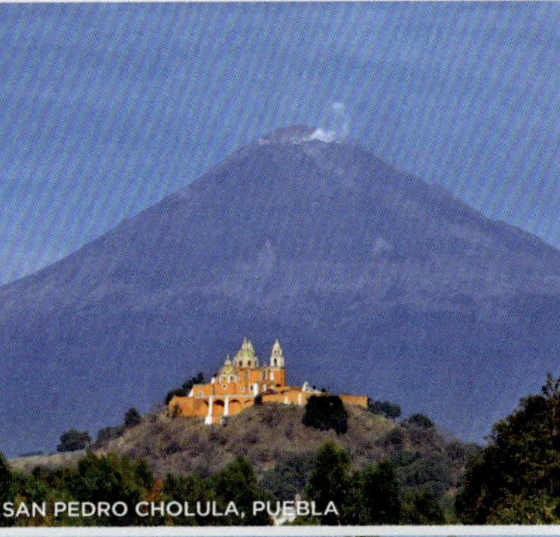
SAN PEDRO CHOLULA, PUEBLA

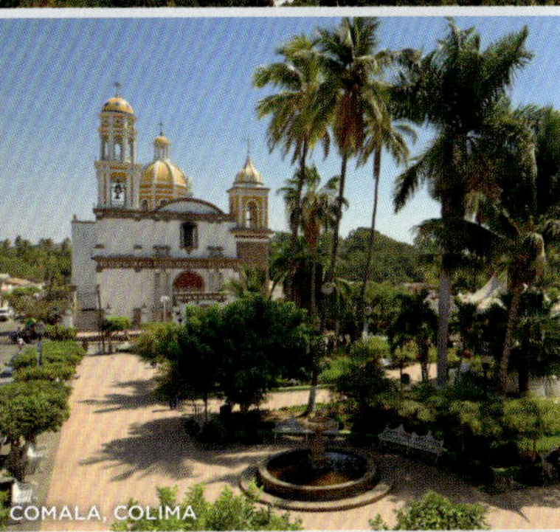
COMALA, COLIMA

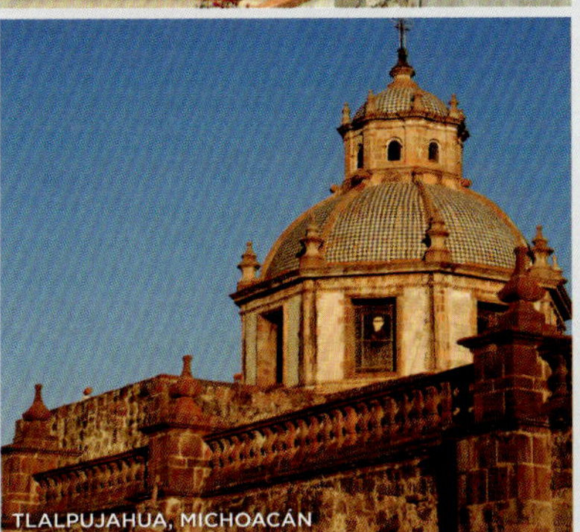
TLALPUJAHUA, MICHOACÁN

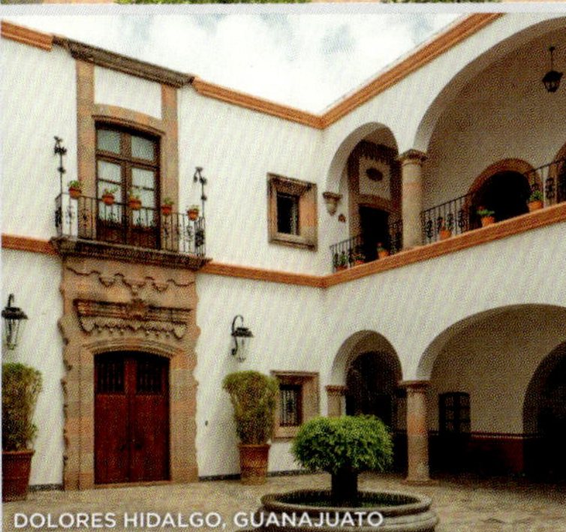
DOLORES HIDALGO, GUANAJUATO

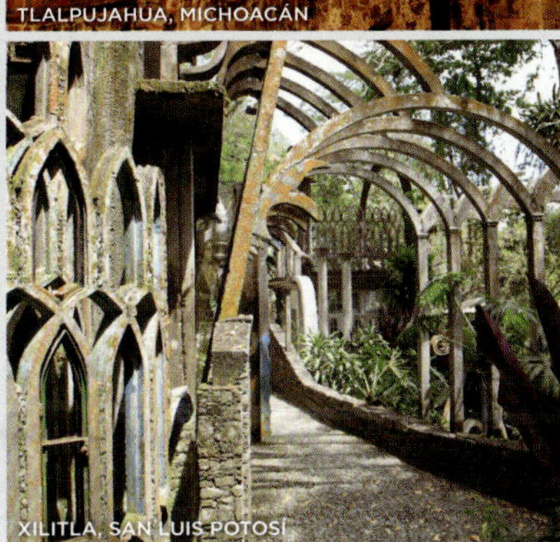
XILITLA, SAN LUIS POTOSÍ

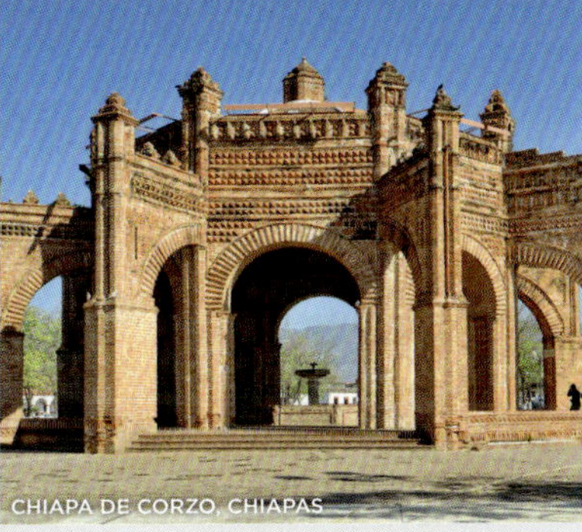
CHIAPA DE CORZO, CHIAPAS

**Pueblos Mágicos**
Since 2001, the Sectur (Secretaría de Turismo) has awarded the Pueblo Mágico ("Magical Village") title to particularly well-kept and interesting places. The list now covers 111 locations across the country, from Tecate in Baja California to Comitán in Chiapas.

**Pueblos Mágicos**
Depuis 2001, le Sectur (Secretaría de Turismo) attribue la distinction de « Pueblo Mágico » (« village magique ») aux endroits les plus intéressants et les mieux conservés. La liste s'élève aujourd'hui à 111 lieux, répartis dans tout le pays, de Tecate, en Basse-Californie, à Comitán, dans le Chiapas.

**Pueblos Mágicos**
Seit 2001 wird vom Sectur (Secretaría de Turismo) die Auszeichnung Pueblo Mágico („Magischer Ort") für besonders gepflegte und sehenswerte Ortschaften vergeben. Inzwischen beläuft sich die Liste auf 111 Orte, die über das ganze Land verteilt liegen, von Tecate in Baja California bis Comitán in Chiapas.

**Pueblos Mágicos**
Desde 2001, la Sectur (Secretaría de Turismo) otorga la denominación Pueblo Mágico a lugares particularmente bien cuidados e interesantes. La lista ahora cubre 111 localidades en todo el país, desde Tecate en la Baja California hasta Comitán en Chiapas.

**Pueblos Mágicos**
Dal 2001, la Sectur (Secretaría de Turismo) assegna la denominazione Pueblo Mágico ("villaggio magico") a luoghi particolarmente interessanti e meglio conservati. L'elenco comprende ora 111 sedi in tutto il paese, da Tecate a Baja California a Comitán in Chiapas.

**Pueblos Mágicos**
Sinds 2001 reikt de Sectur (Secretaría de Turismo) de Pueblo Mágico-onderschijding uit aan uitzonderlijk goed onderhouden en bezienswaardige plaatsen. De lijst omvat intussen 111 locaties, die verspreid zijn over het hele land, van Tecate in Baja California tot Comitán in Chiapas.

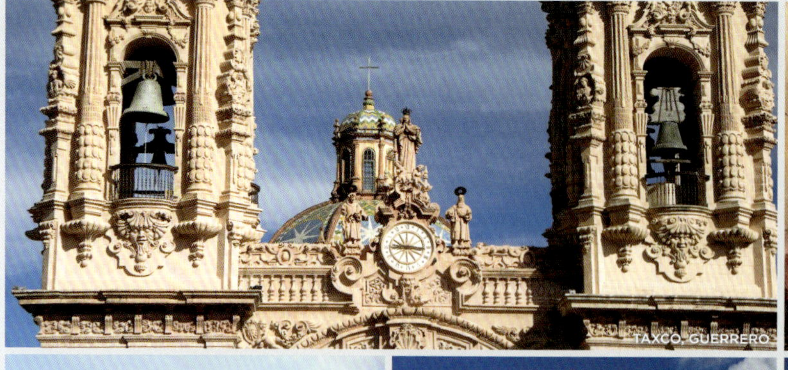
TAXCO, GUERRERO

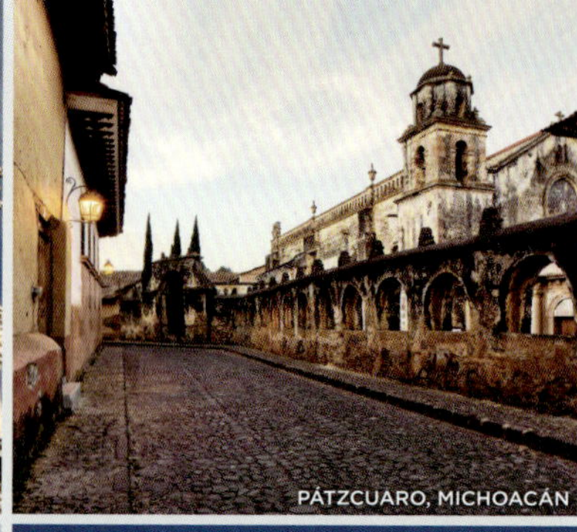
PÁTZCUARO, MICHOACÁN

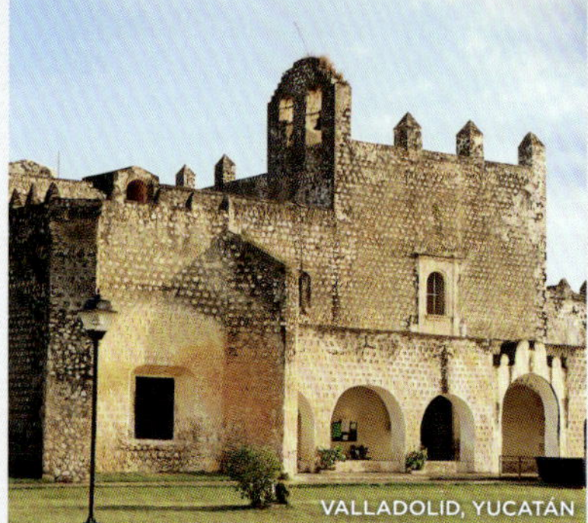
VALLADOLID, YUCATÁN

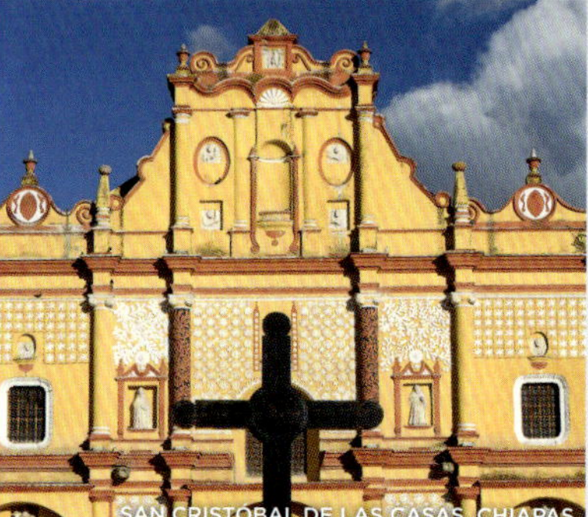
SAN CRISTÓBAL DE LAS CASAS, CHIAPAS

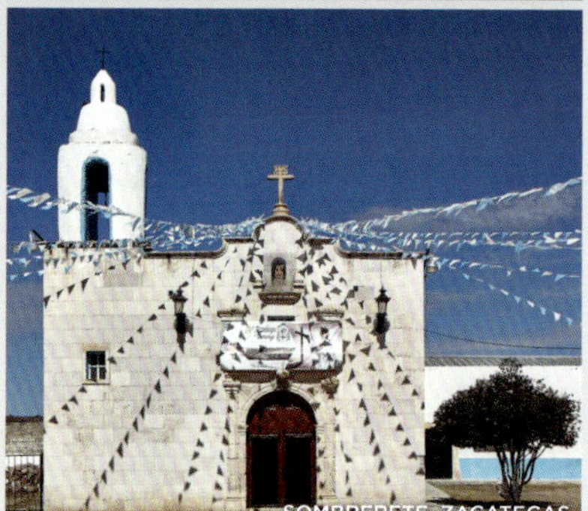
SOMBRERETE, ZACATECAS

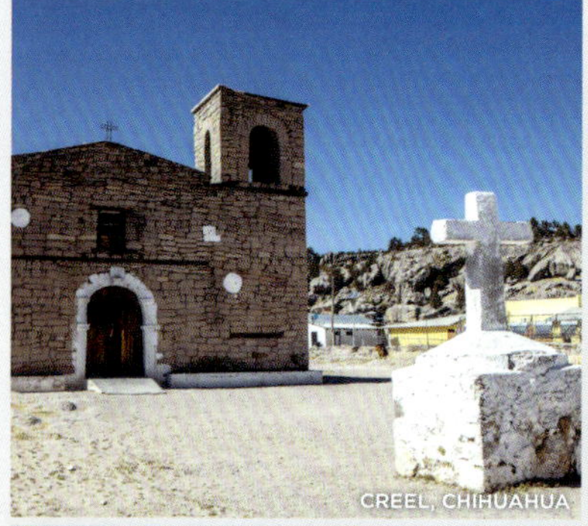
CREEL, CHIHUAHUA

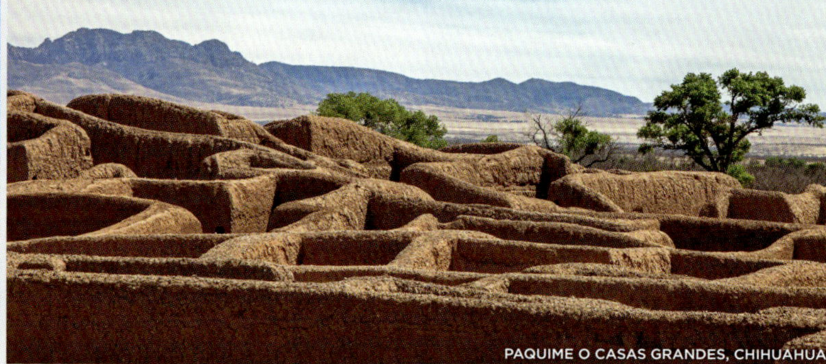
PAQUIME O CASAS GRANDES, CHIHUAHUA

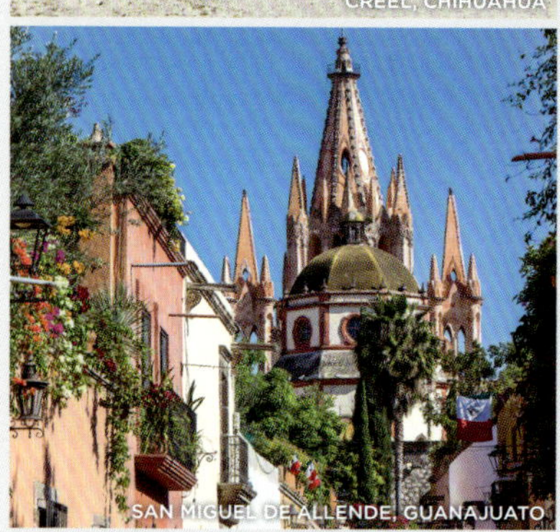
SAN MIGUEL DE ALLENDE, GUANAJUATO

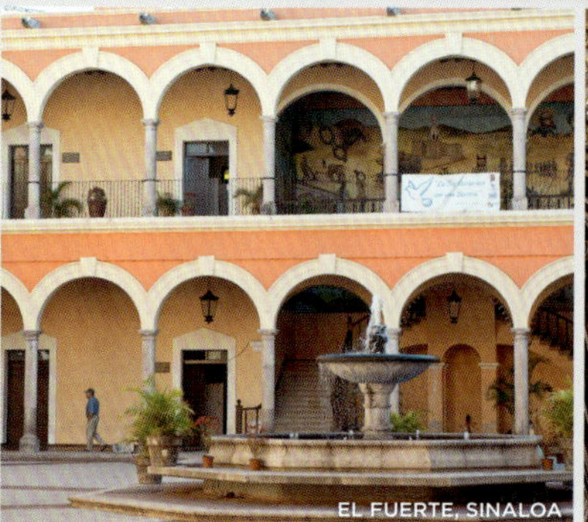
EL FUERTE, SINALOA

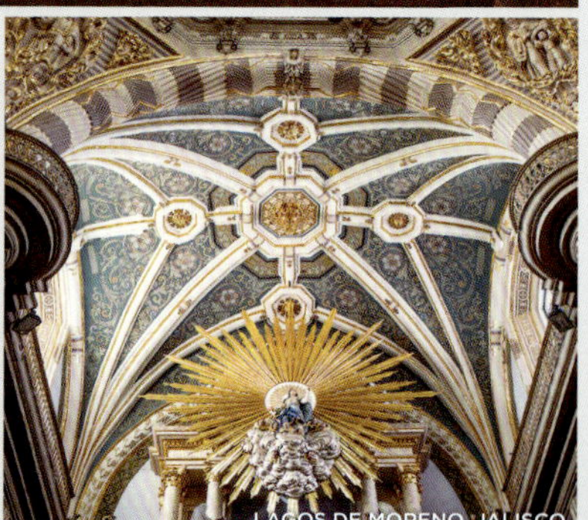
LAGOS DE MORENO, JALISCO

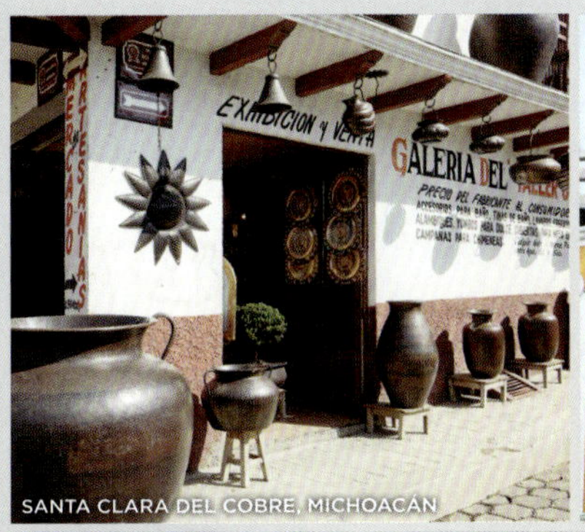

SANTA CLARA DEL COBRE, MICHOACÁN

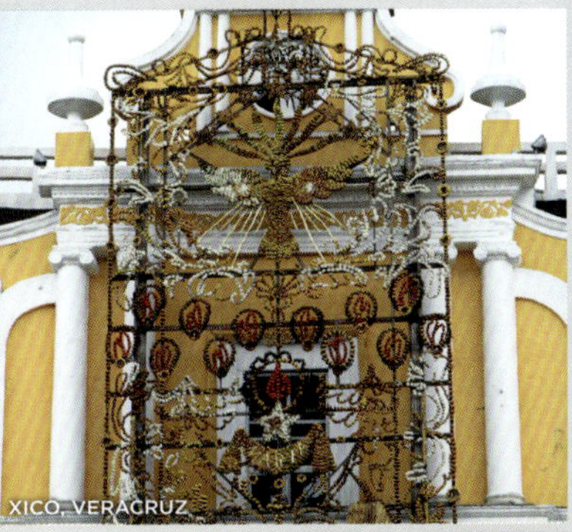
XICO, VERACRUZ

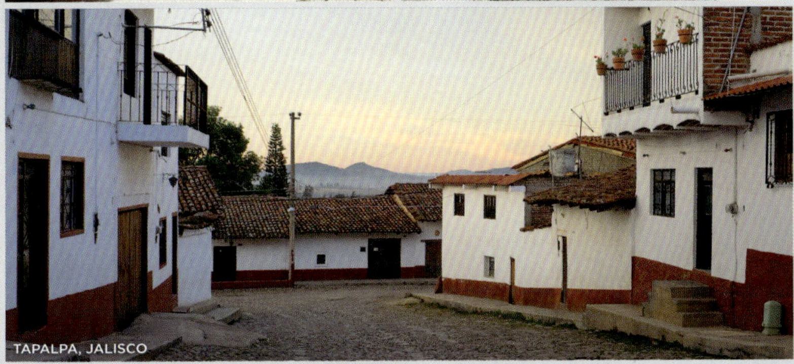
TAPALPA, JALISCO

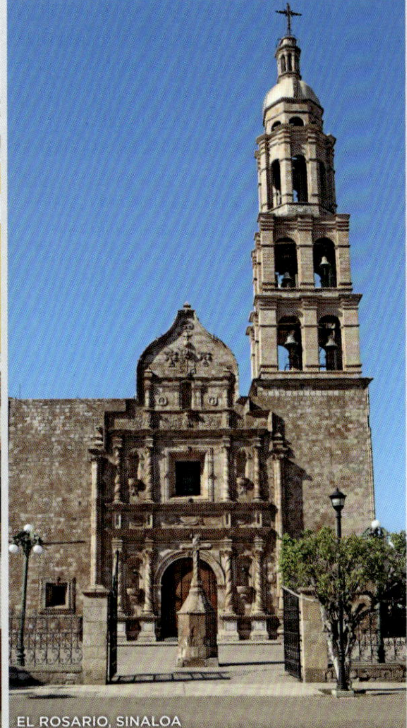
EL ROSARIO, SINALOA

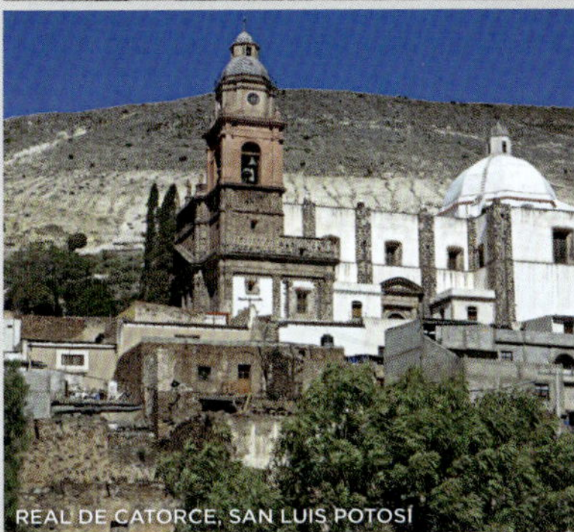
REAL DE CATORCE, SAN LUIS POTOSÍ

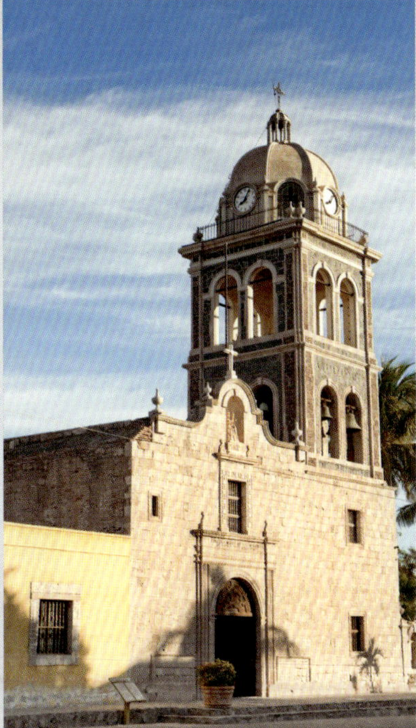
LORETO, BAJA CALIFORNIA SUR

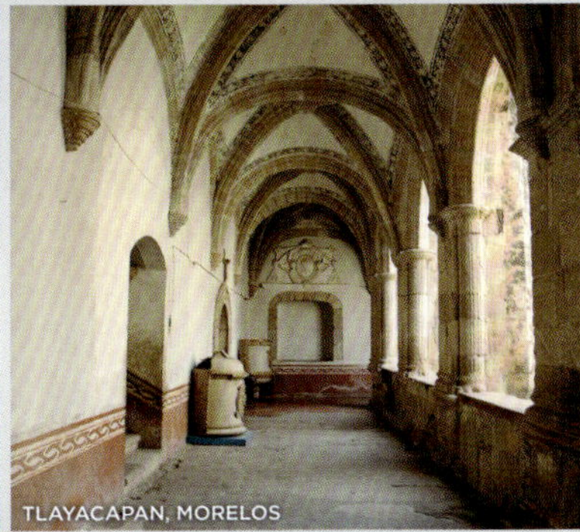
TLAYACAPAN, MORELOS

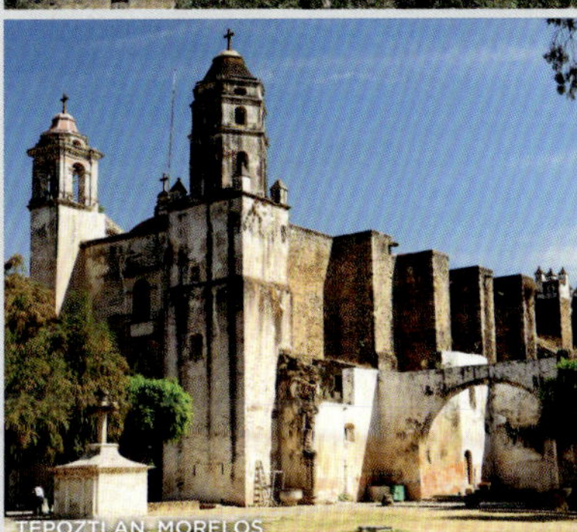
TEPOZTLÁN, MORELOS

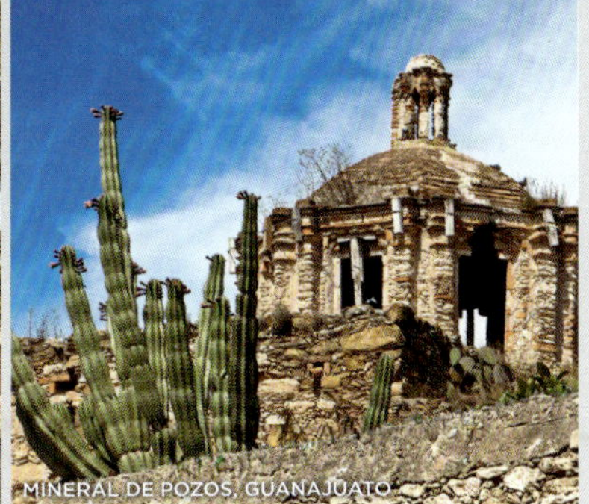
MINERAL DE POZOS, GUANAJUATO

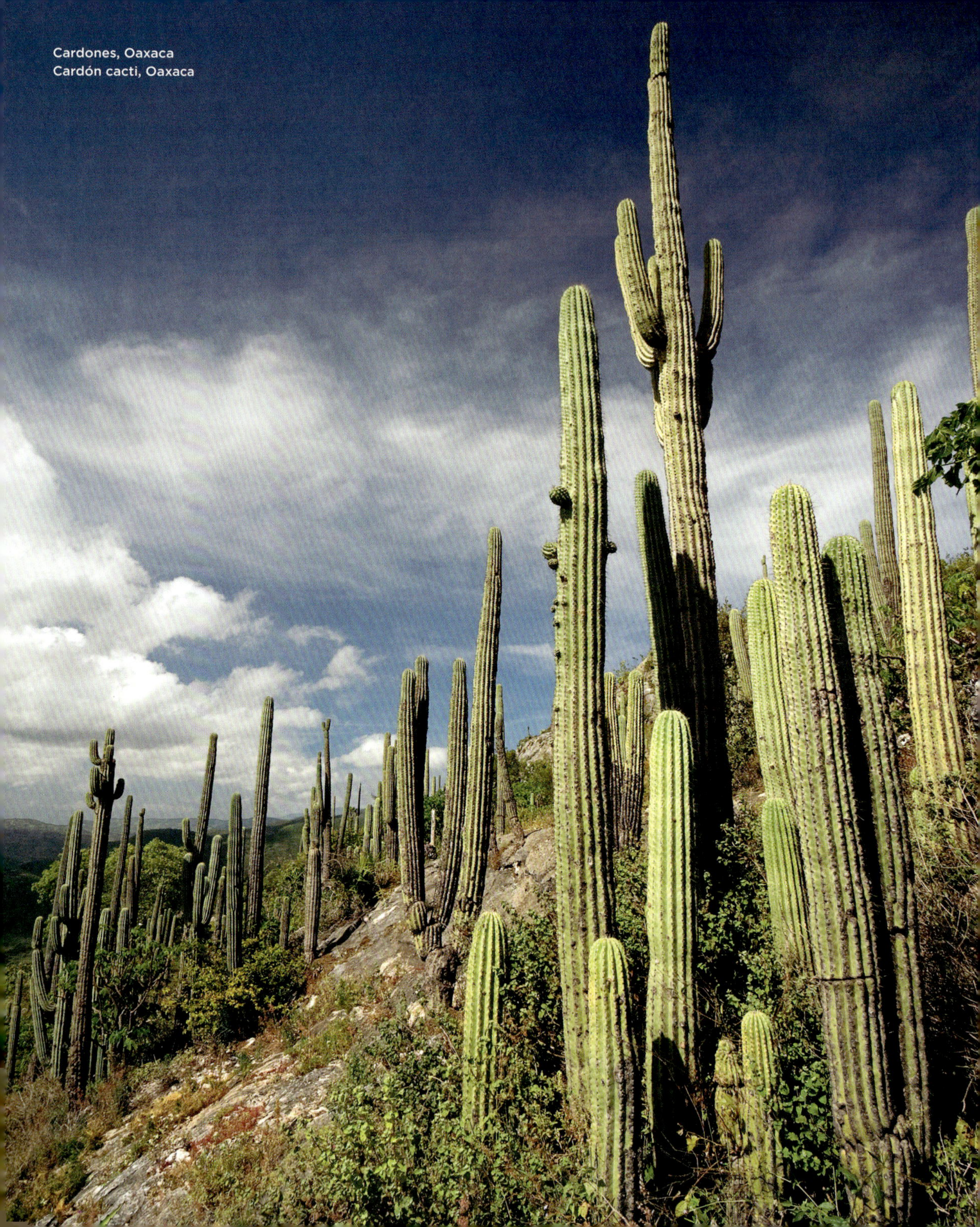

Cardones, Oaxaca
Cardón cacti, Oaxaca

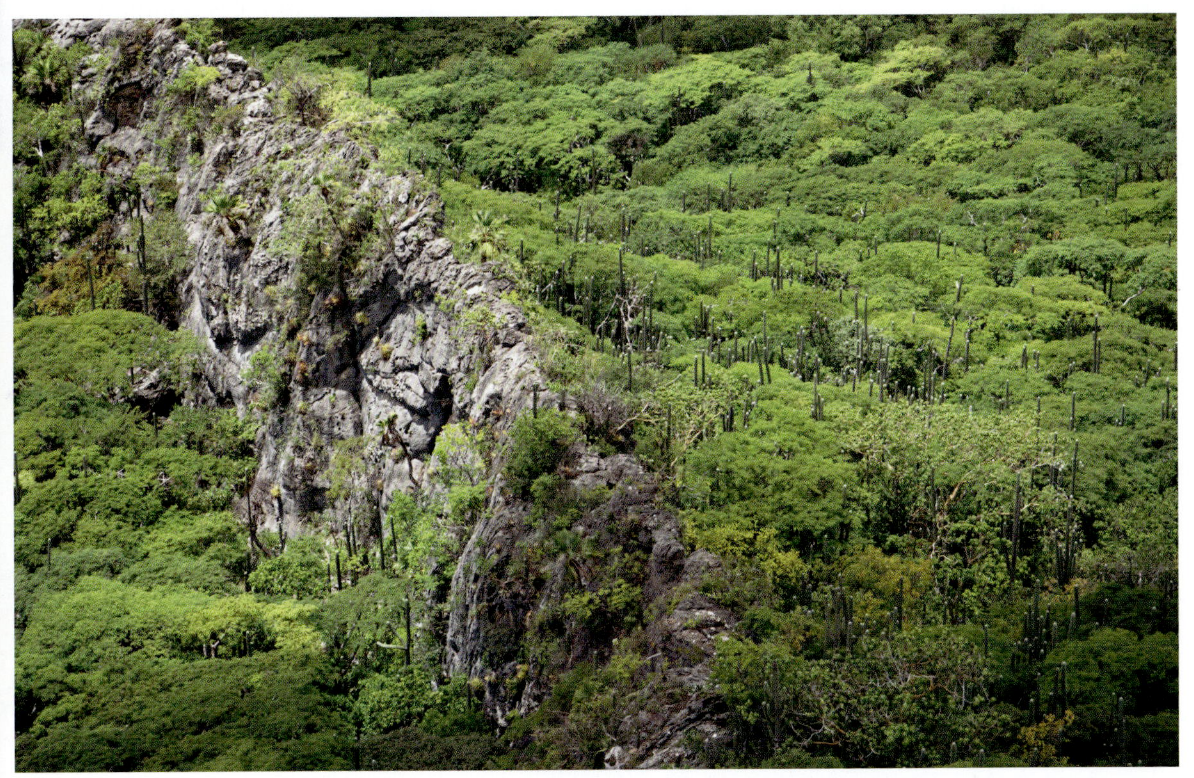

Oaxaca

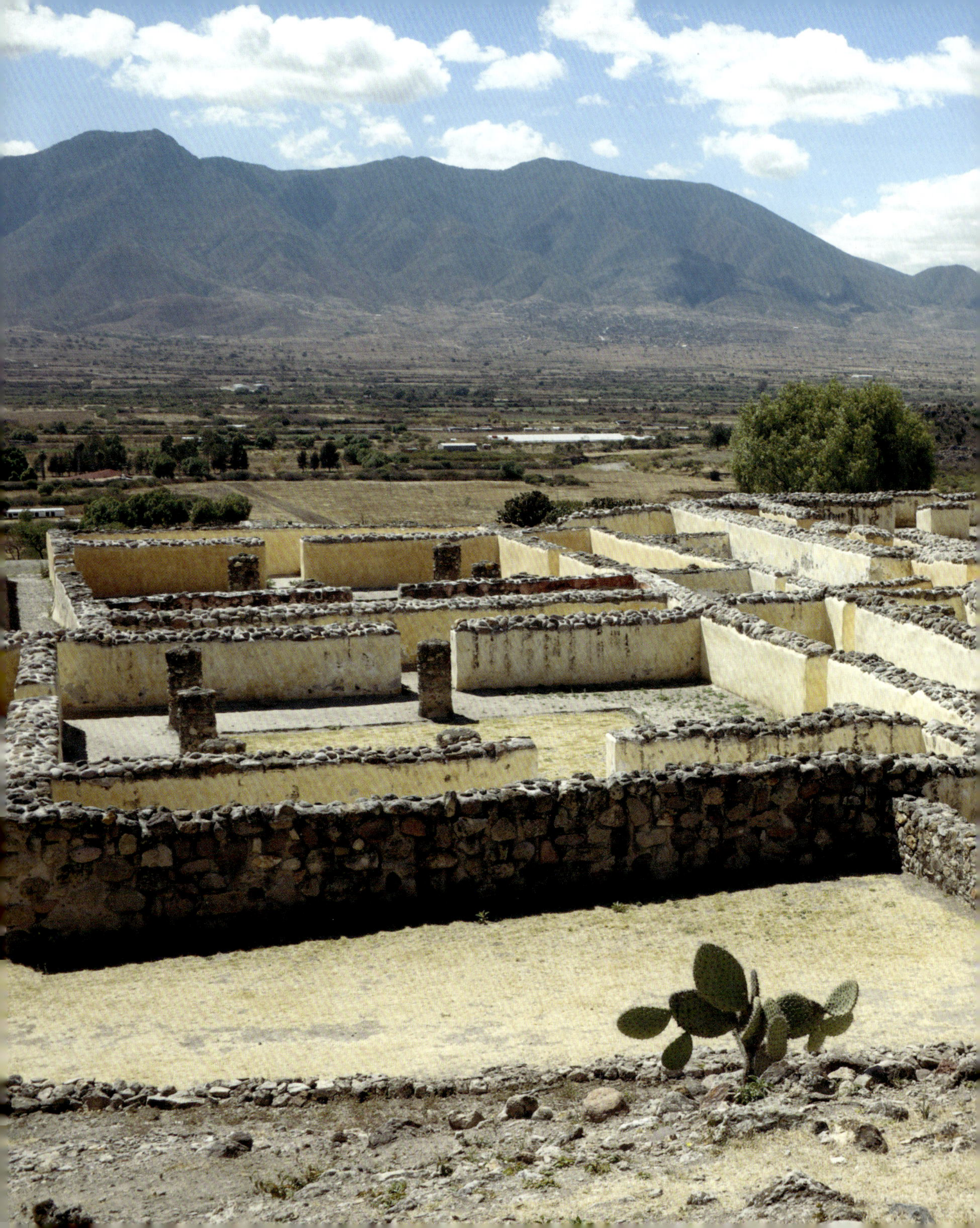

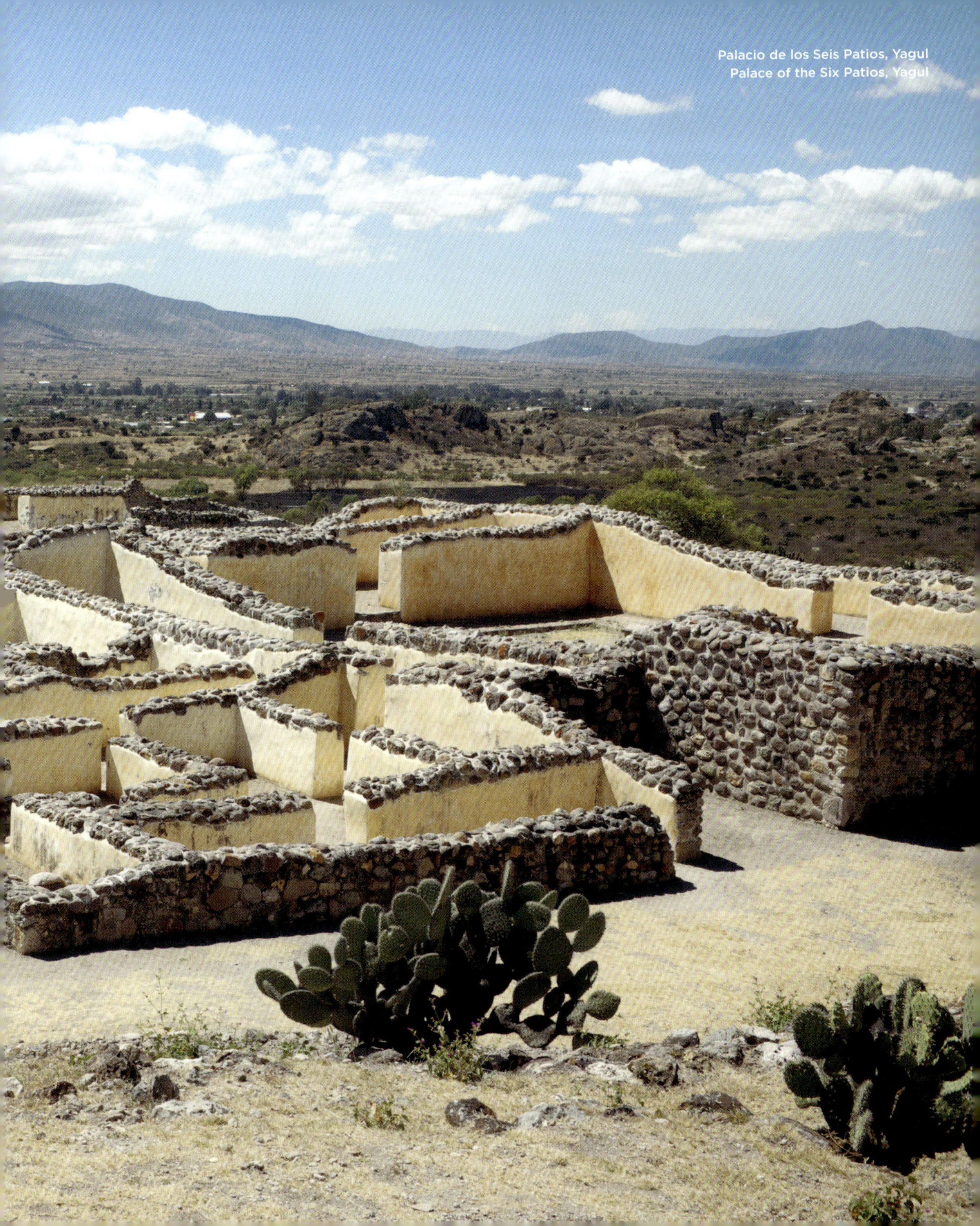

Palacio de los Seis Patios, Yagul
Palace of the Six Patios, Yagul

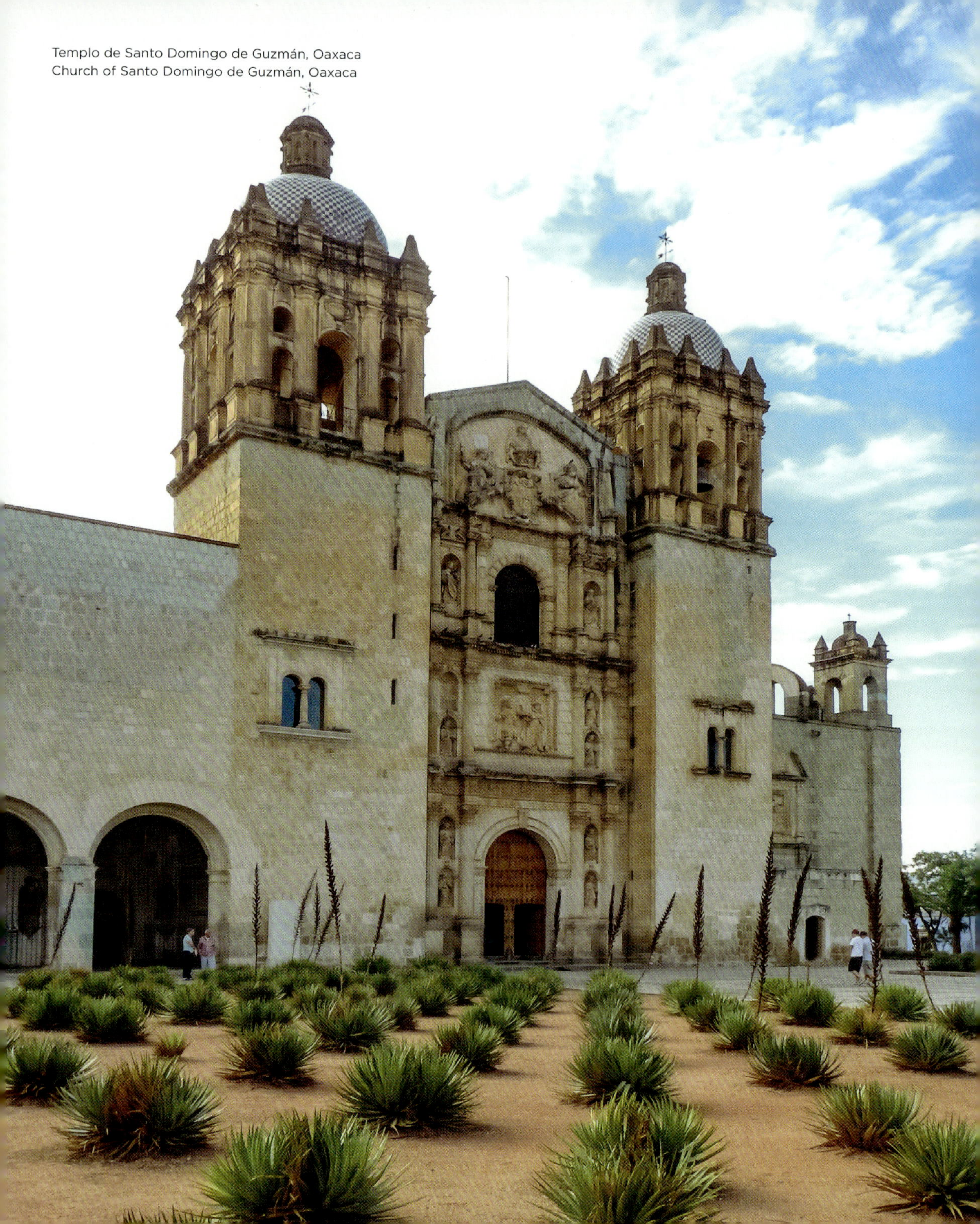

Templo de Santo Domingo de Guzmán, Oaxaca
Church of Santo Domingo de Guzmán, Oaxaca

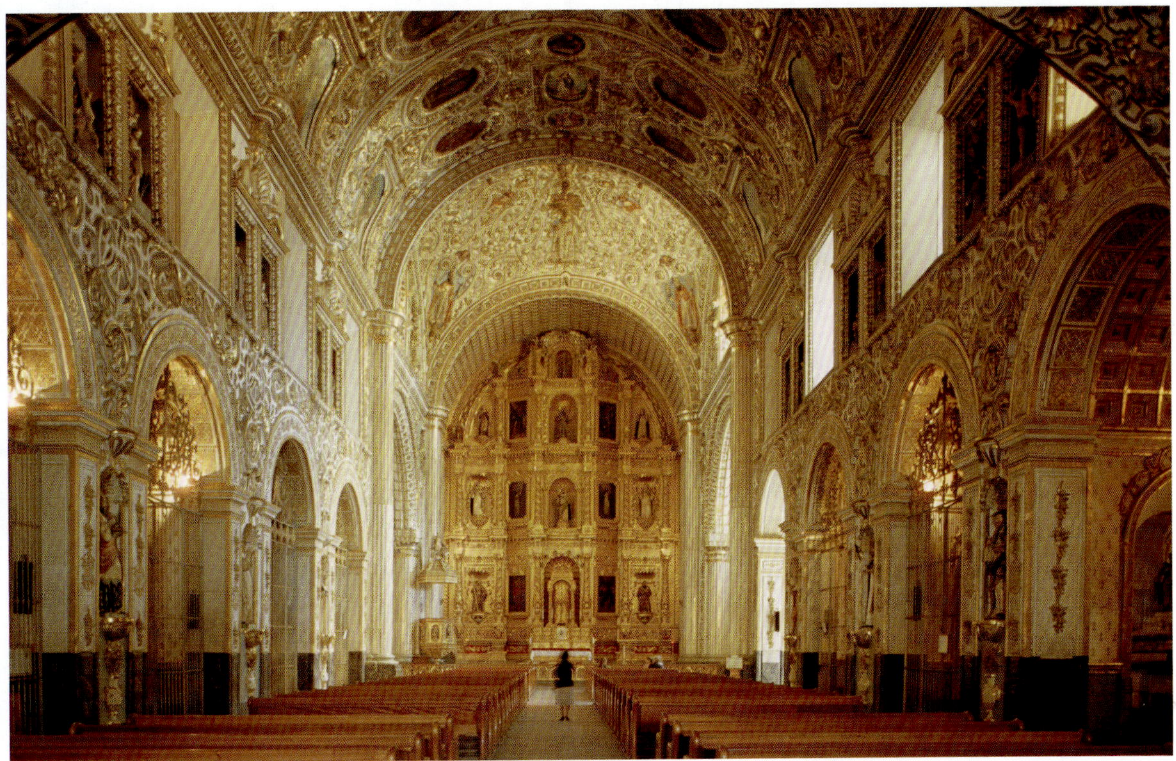

Templo de Santo Domingo de Guzmán, Oaxaca
Church of Santo Domingo de Guzmán, Oaxaca

**Oaxaca de Júarez**
As in almost all colonial cities in Mexico, the streets in Oaxaca are laid out like a chess board around a central square, the *Zócalo.* The imposing baroque church of Santo Domingo, with its palatial interior, is one of the most important churches in the country. Today, the adjacent monastery houses the Museum of Oaxacan Cultures.

**Oaxaca de Juárez**
Comme dans presque toutes les villes coloniales du Mexique, les rues d'Oaxaca sont organisées en damier autour d'une place centrale, le *zócalo.* L'imposante église baroque de Santo Domingo, avec sa décoration intérieure digne d'un palais, est l'un des lieux de culte les plus importants du pays. Dans le monastère attenant, on trouve le musée des cultures d'Oaxaca.

**Oaxaca de Júarez**
Wie in fast allen Kolonialstädten Mexikos sind in Oaxaca die Straßen schachbrettartig um einen zentralen Platz, den *Zócalo,* angelegt. Die imposante Barockkirche Santo Domingo mit ihrer palastartigen Innenausstattung ist eines der wichtigsten Gotteshäuser des Landes. Im angeschlossenen Kloster befindet sich heute das Museum der Kulturen von Oaxaca.

**Oaxaca de Juárez**
Como en casi todas las ciudades coloniales de México, las calles de Oaxaca están dispuestas como tableros de ajedrez alrededor de una plaza central, el Zócalo. La imponente iglesia barroca de Santo Domingo con su interior palaciego es una de las más importantes del país. Hoy en día, el monasterio adyacente alberga el Museo de las Culturas de Oaxaca.

**Oaxaca de Júarez**
Come in quasi tutte le città coloniali del Messico, le strade di Oaxaca sono disposte come scacchiere intorno ad una piazza centrale, lo *Zócalo.* L'imponente chiesa barocca di Santo Domingo, con all'interno una decorazione sontuosa degna di un palazzo, è uno dei luoghi di culto più importanti del paese. L'adiacente monastero ospita il Museo delle Culture di Oaxaca.

**Oaxaca de Júarez**
Net als in bijna alle koloniale steden in Mexico zijn de straten in Oaxaca als schaakborden aangelegd rond een centraal plein, de *Zócalo.* De imposante barokke Santo Domingo-kerk met zijn pittoreske interieur is een van de belangrijkste kerken van het land. Tegenwoordig herbergt het naastgelegen klooster het Museo de las Culturas de Oaxaca.

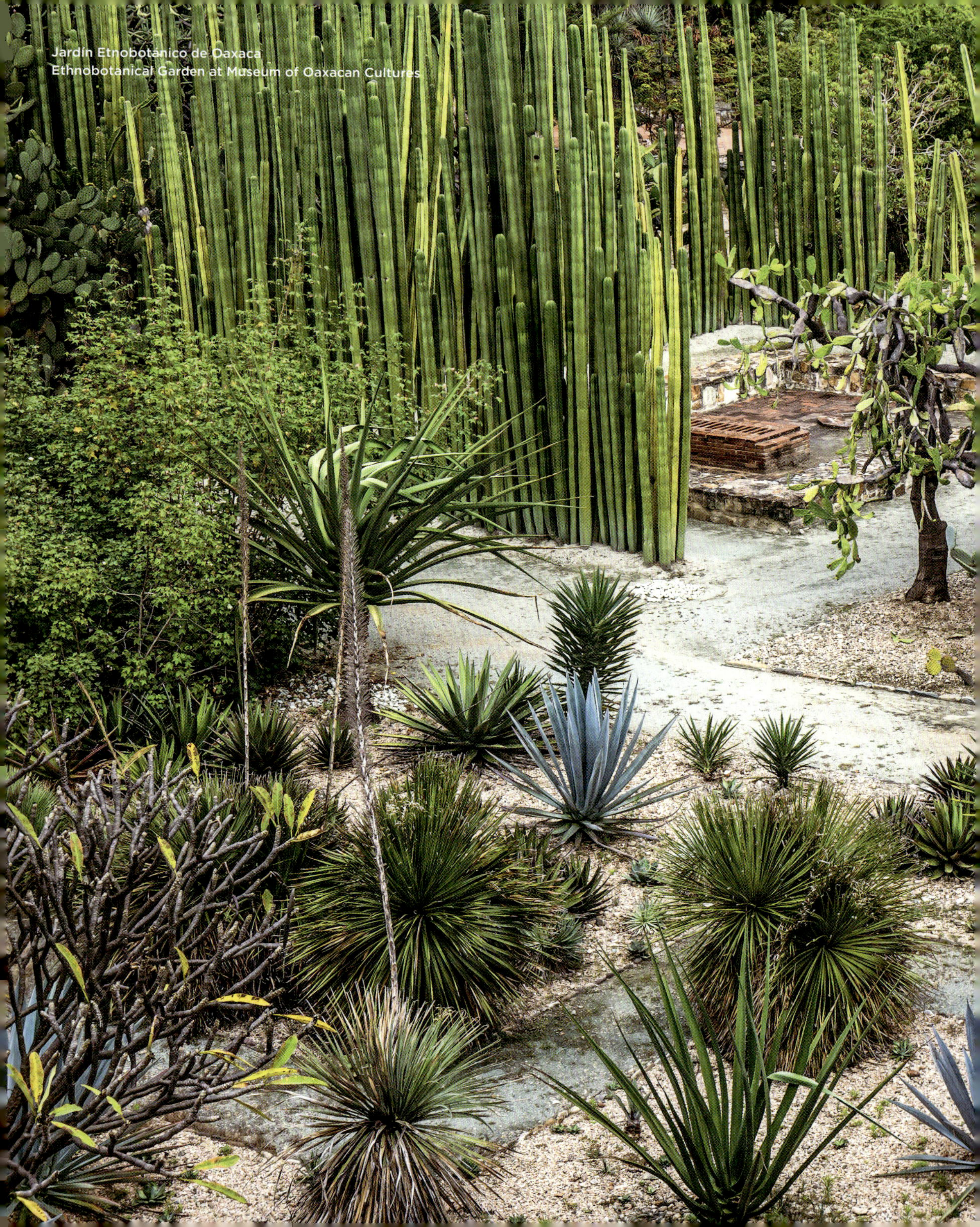

Jardín Etnobotánico de Oaxaca
Ethnobotanical Garden at Museum of Oaxacan Cultures

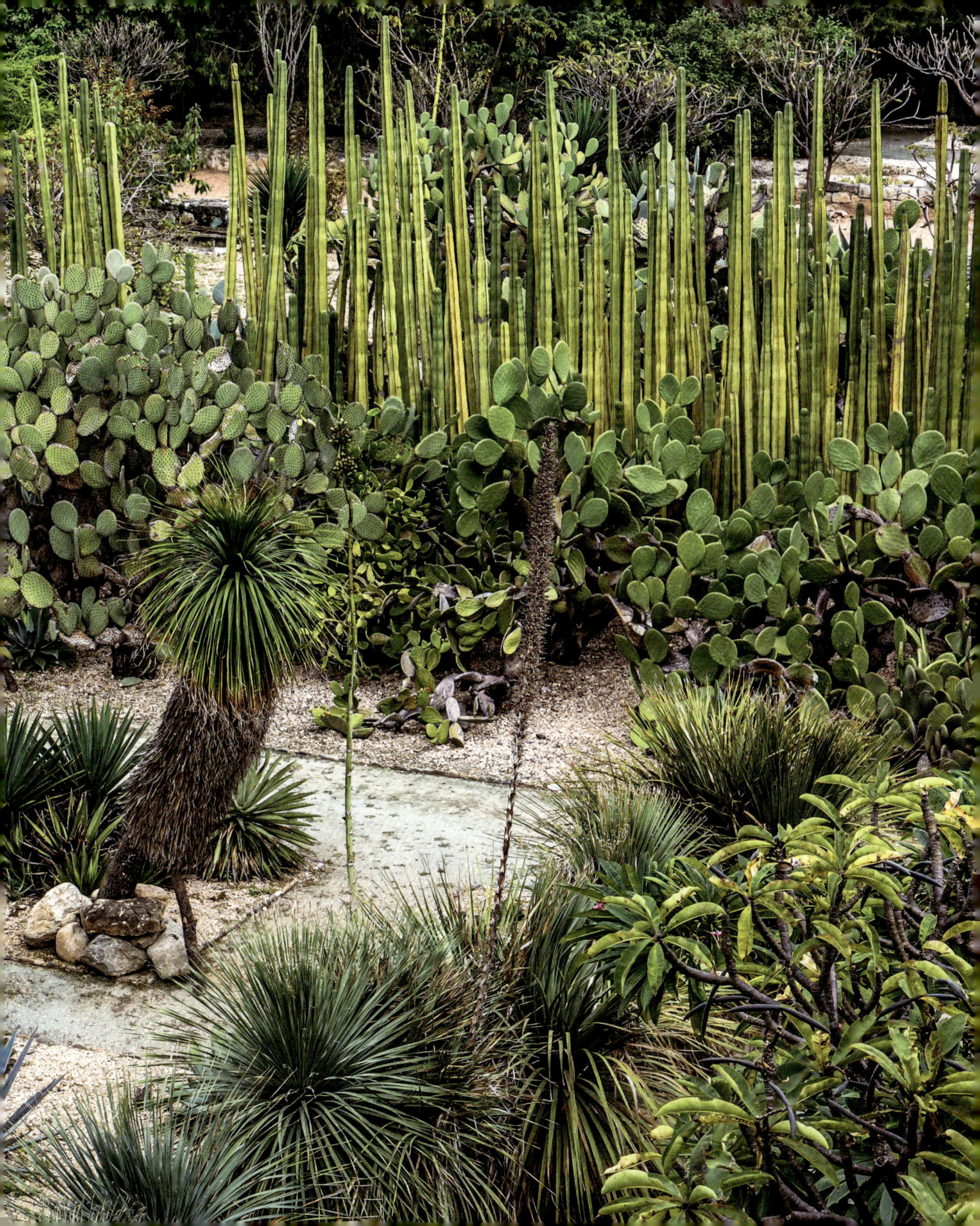

**Monte Albán**
The impressive ruins of the important Zapotec trading center are located 8 km (5 mi) west of Oaxaca de Júarez on an artificially flattened mountain peak, the Monte Albán. Like Mitla further south, the village has been populated and shaped by different peoples over the millennia.

**Monte Albán**
Les ruines les plus impressionnantes du développement commercial des Zapotèques se trouvent à 8 km à l'ouest d'Oaxaca de Juárez, au sommet d'une montagne artificiellement arasée, le Monte Albán. À l'instar de Mitla, situé un peu plus loin au sud, cet endroit a été occupé et agencé par différents peuples au fil des millénaires.

**Monte Albán**
Die beeindruckenden Ruinen des bedeutenden zapotekischen Handelsplatzes liegen 8 km westlich von Oaxaca de Júarez auf einem künstlich abgeflachten Berggipfel, dem Monte Albán. Wie das weiter südlich gelegene Mitla wurde der Ort im Laufe der Jahrtausende von unterschiedlichen Völkern besiedelt und gestaltet.

**Monte Albán**
Las impresionantes ruinas del importante centro comercial zapoteca se encuentran a 8 km al oeste de Oaxaca de Júarez, en una montaña artificialmente aplanada, el Monte Albán. Como Mitla, más al sur, el lugar ha sido poblado y formado por diferentes pueblos a lo largo de los milenios.

**Monte Albán**
Le rovine più impressionanti dello sviluppo commerciale degli Zapoteques si trovano a 8 km a ovest di Oaxaca de Júarez, su una cima di montagna appiattita artificialmente, il Monte Albán. Come Mitla, situata più lontano a sud, il villaggio è stato popolato e modellato da popoli diversi nel corso dei millenni.

**Monte Albán**
De indrukwekkende ruïnes van het belangrijke handelscentrum van de Zapoteken liggen 8 km ten westen van Oaxaca de Júarez op een kunstmatig afgevlakte bergtop, de Monte Albán. Net als Mitla verder naar het zuiden is het dorp in de loop van duizenden jaren bevolkt en gevormd door verschillende volkeren.



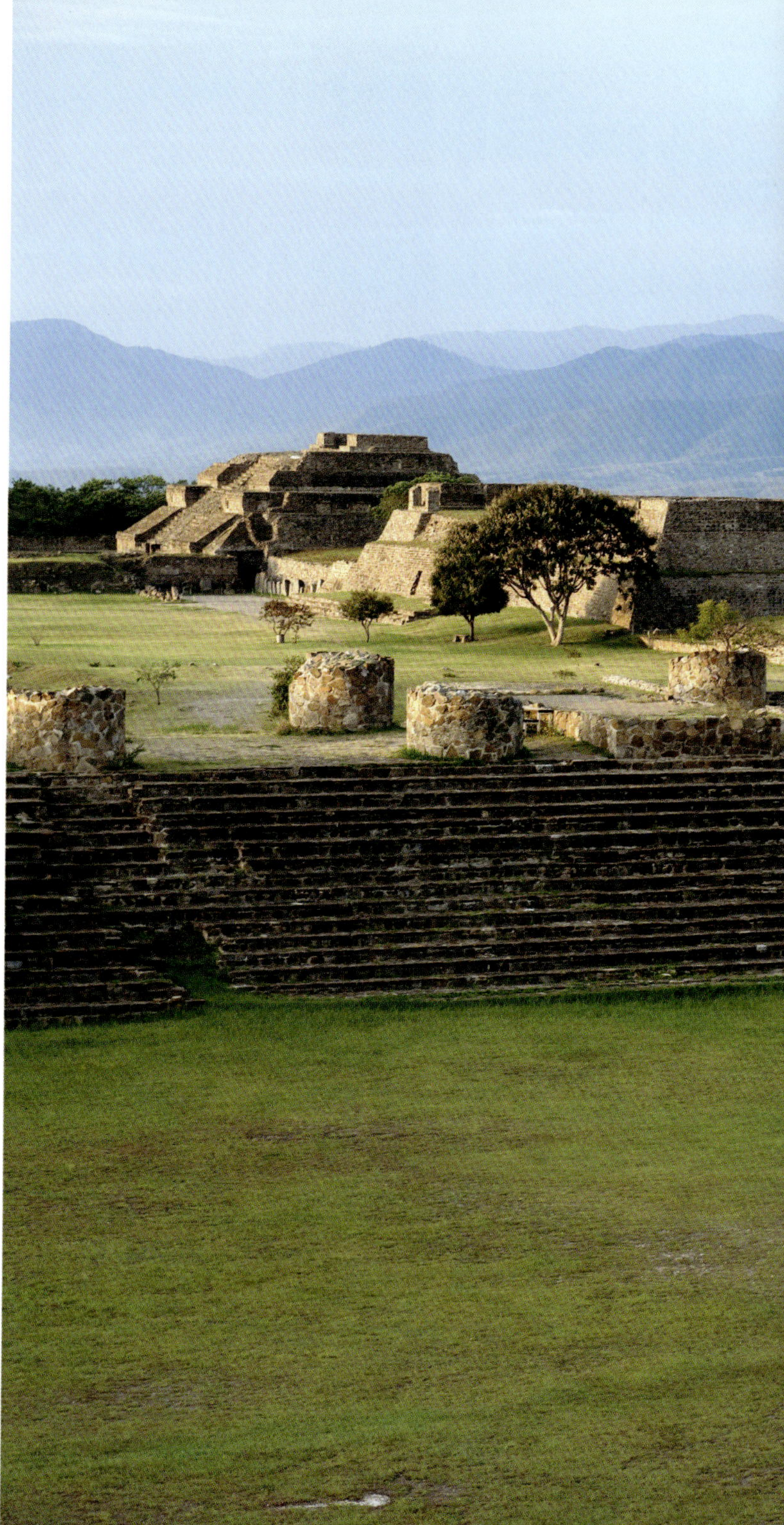

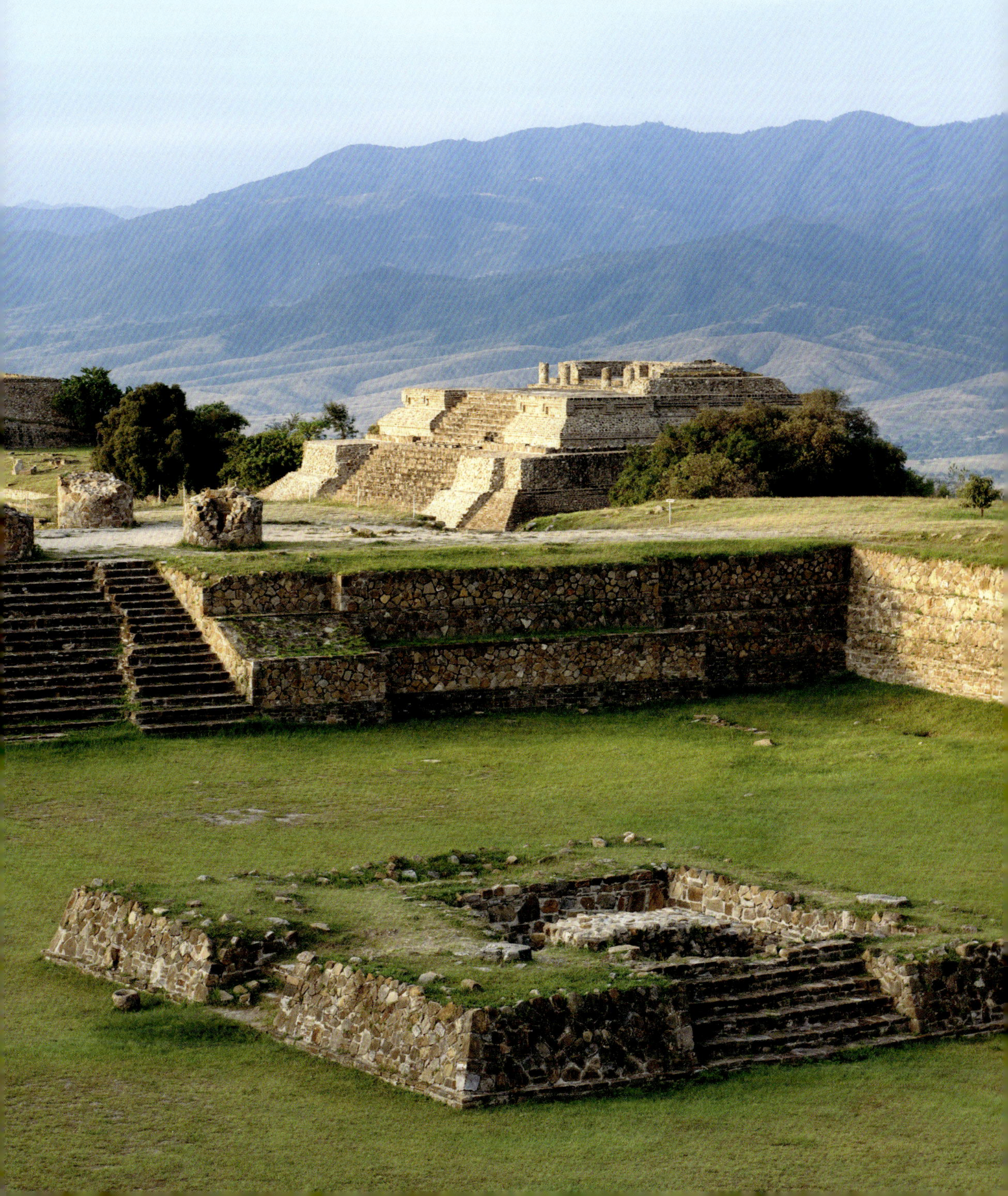
Gran Plaza, Monte Albán

# Costa oaxaqueña

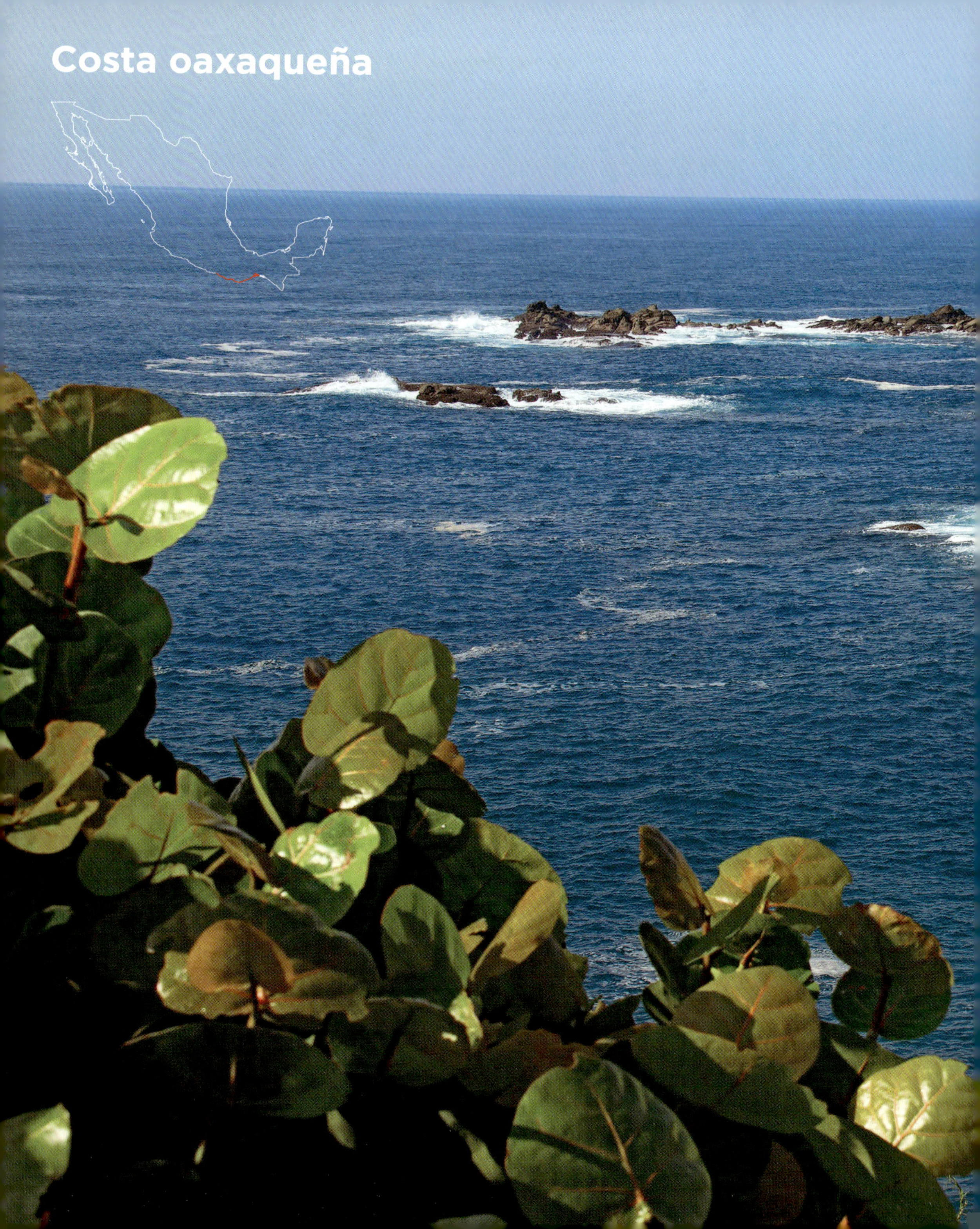

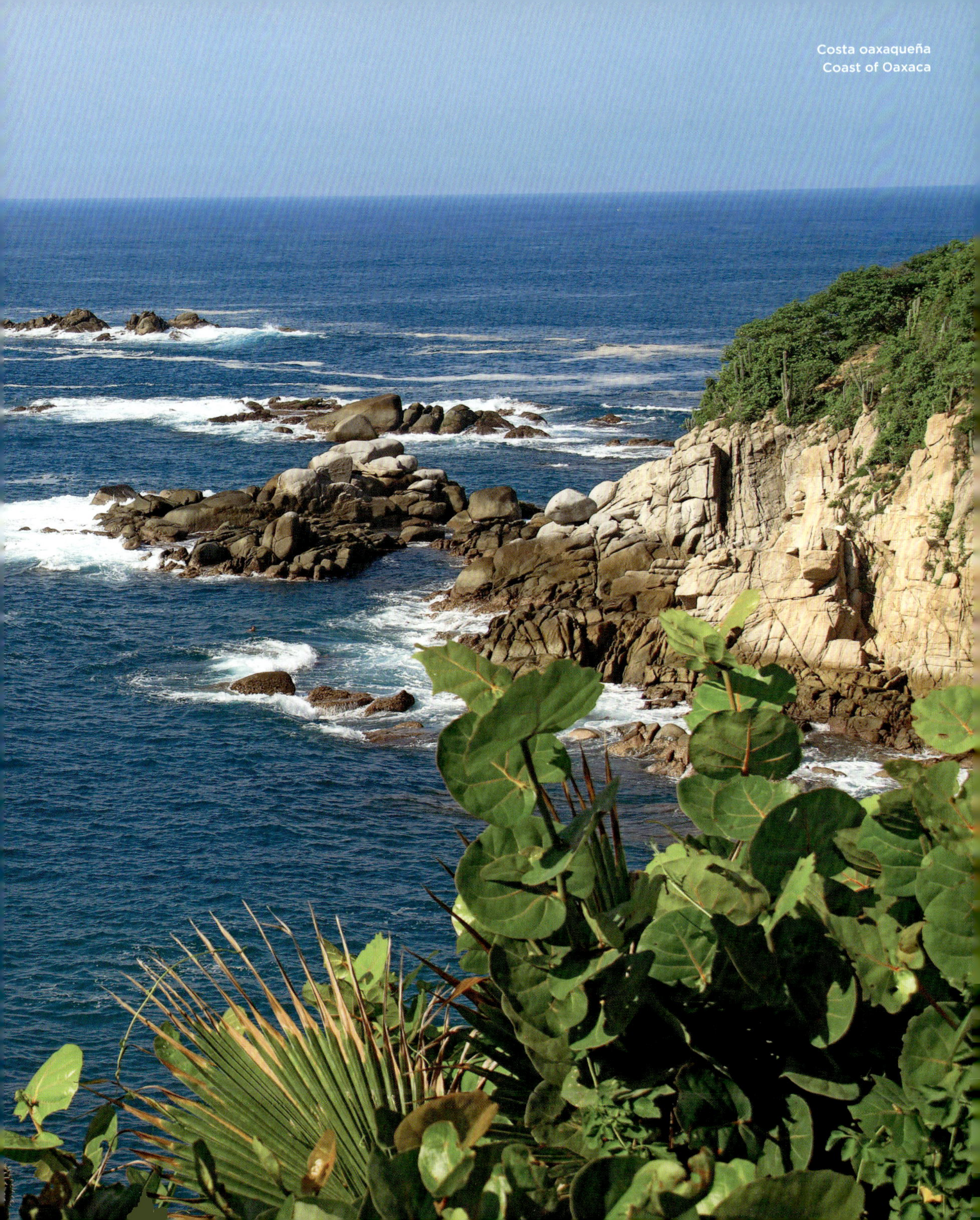

Costa oaxaqueña
Coast of Oaxaca

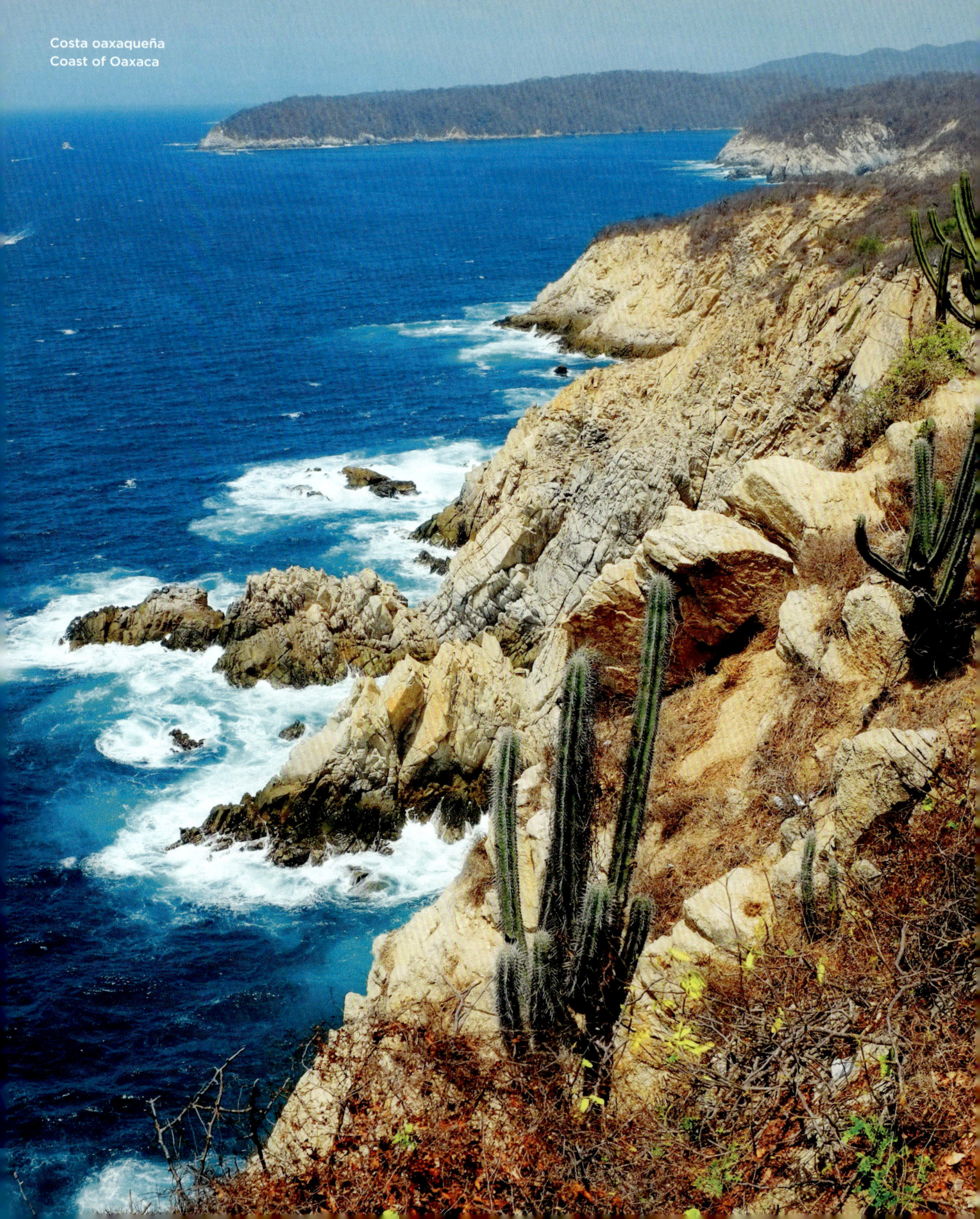
Costa oaxaqueña
Coast of Oaxaca

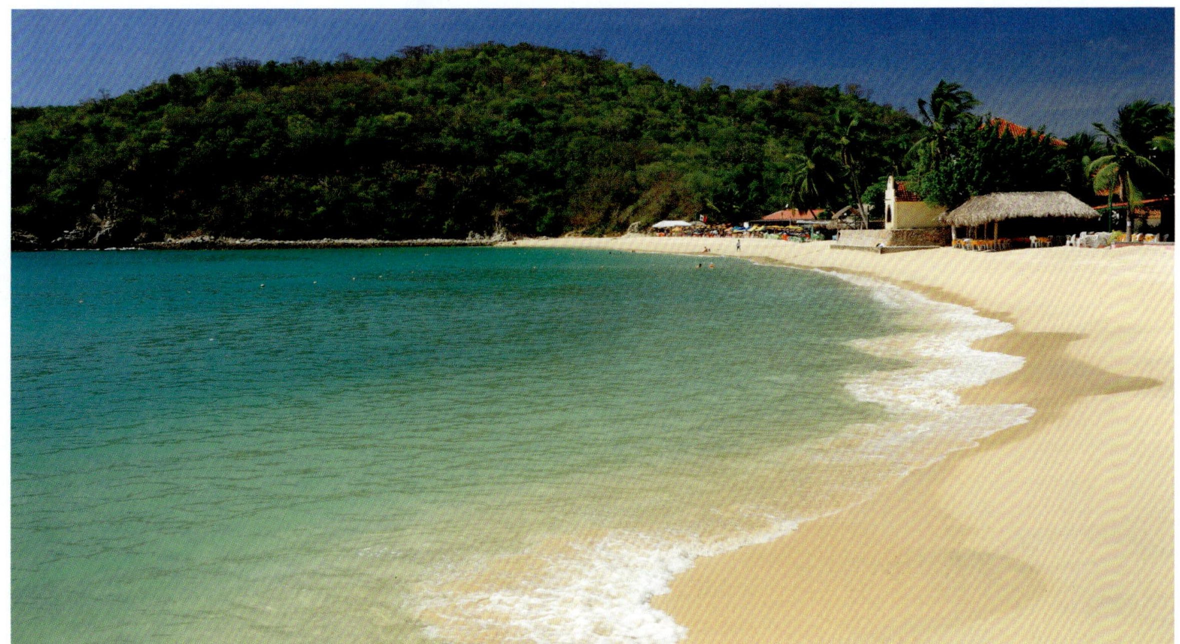

Bahía Santa Cruz, Huatulco
Santa Cruz Bay, Huatulco

**Oaxaca's Pacific Coast**
Lonely beaches, wide coconut groves and small, charming fishing villages. The approximately 500 km (300 mi) long Pacific coast of Oaxaca is a subtropical natural paradise. Noble woods such as mahogany and cypress, as well as various types of palm trees thrive here. Huatulco National Park protects the rich ecosystems of Oaxaca's Pacific coast: coral reefs and mangroves, dunes and impenetrable tropical forests, as well as many animal and plant species that only occur here.

**Costa oaxaqueña**
Playas solitarias, amplias arboledas de cocoteros y pequeños y encantadores pueblos de pescadores. Los aproximadamente 500 km de costa pacífica de Oaxaca son un paraíso natural subtropical. Aquí proliferan las maderas nobles como la caoba, el ciprès, así como varios tipos de palmeras. El Parque Nacional Huatulco protege los ricos ecosistemas de la costa Pacífica de Oaxaca: arrecifes de coral y manglares, dunas y bosques tropicales impenetrables, así como muchas especies animales y vegetales que sólo se encuentran en este lugar.

**La côte Pacifique d'Oaxaca**
Plages solitaires, larges forêts de cocotiers ou petits villages de pêcheurs pittoresques, la côte Pacifique d'Oaxaca, longue de près de 500 km, est un paradis subtropical. On y trouve des bois nobles, comme l'acajou, différents cyprès ou divers palmiers. Le parc national Huatulco protège les riches écosystèmes de la côte Pacifique d'Oaxaca : les récifs de corail et les mangroves, les dunes et les forêts tropicales impénétrables, de même que les espèces animales et végétales endémiques de la région.

**Costa Pacifica di Oaxaca**
Spiagge solitarie, ampie piantagioni di cocco e piccoli e affascinanti villaggi di pescatori. La costa pacifica di Oaxaca, lunga circa 500 km, è un paradiso naturale subtropicale. Qui si trovano legni pregiati come il mogano, il cipresso, e vari tipi di palme. Il Parco Nazionale di Huatulco protegge i ricchi ecosistemi della costa pacifica di Oaxaca: barriere coralline e mangrovie, dune e foreste tropicali impenetrablli, così come molte specie animali e vegetali tipici della zona.

**Oaxacas Pazifikküste**
Einsame Strände, weite Kokoshaine und kleine, charmante Fischerdörfer. Die rund 500 km lange Pazifikküste Oaxacas ist ein subtropisches Naturparadies. Hier gedeihen edle Hölzer wie Mahagoni und Zypressen sowie verschiedene Palmenarten. Der Nationalpark Huatulco schützt die reichen Ökosysteme an der Pazifikküste Oaxacas: Korallenriffe und Mangroven, Dünen und undurchdringliche Tropenwälder sowie viele Tier- und Pflanzenarten, die nur hier vorkommen.

**Grote Oceaankust van Oaxaca**
Lange stranden, brede kokospalmen en kleine, charmante vissersdorpjes. De circa 500 km lange Grote Oceaankust van Oaxaca is een subtropisch natuurparadijs. Edele houten zoals mahonie, cipressen en palm, gedijen hier. Nationaal park Huatulco beschermt de rijke ecosystemen langs de kust van Oaxaca: koraalriffen en mangroven, duinen en ondoordringbare tropische bossen, evenals veel dier- en plantensoorten die alleen hier voorkomen.

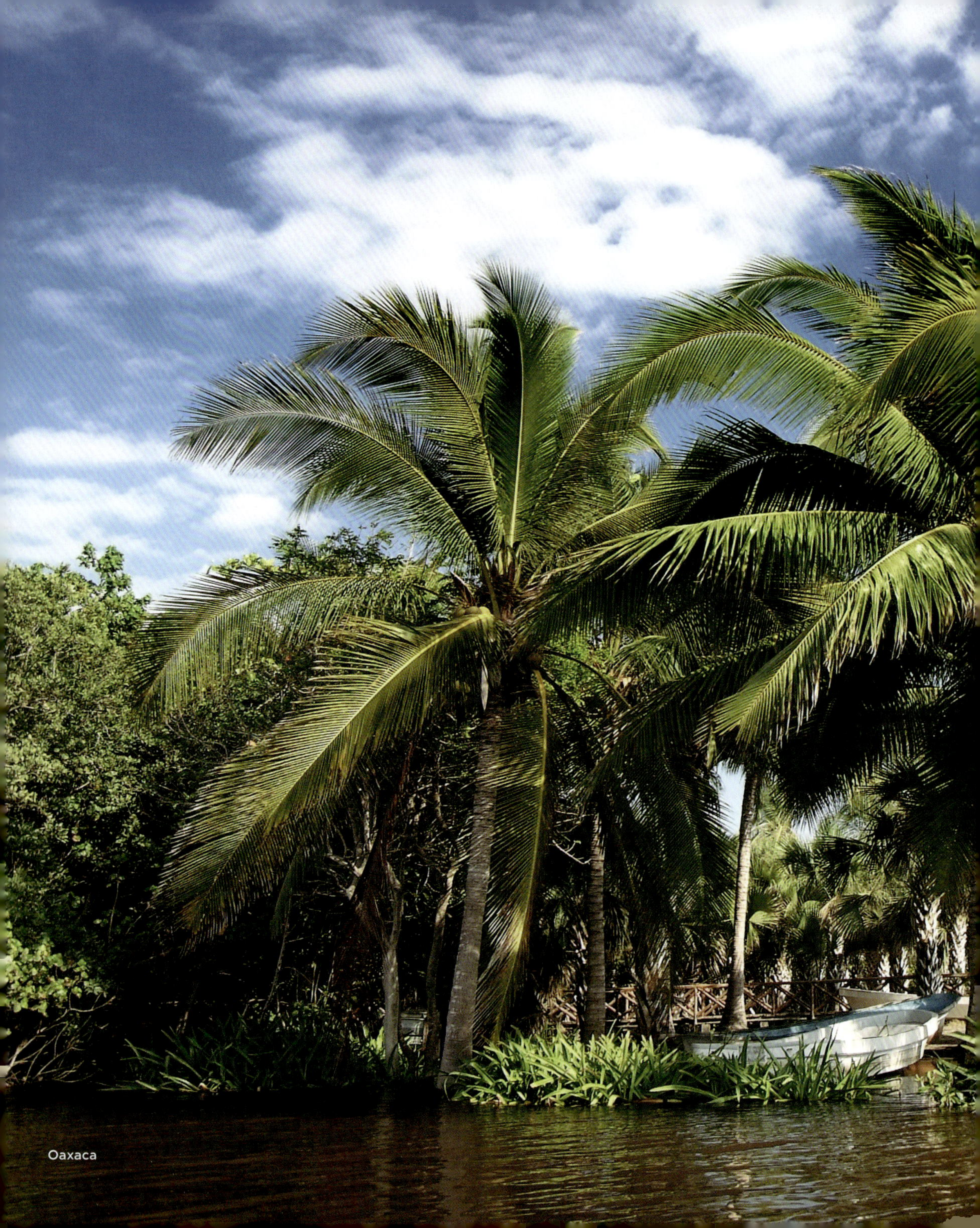

Oaxaca

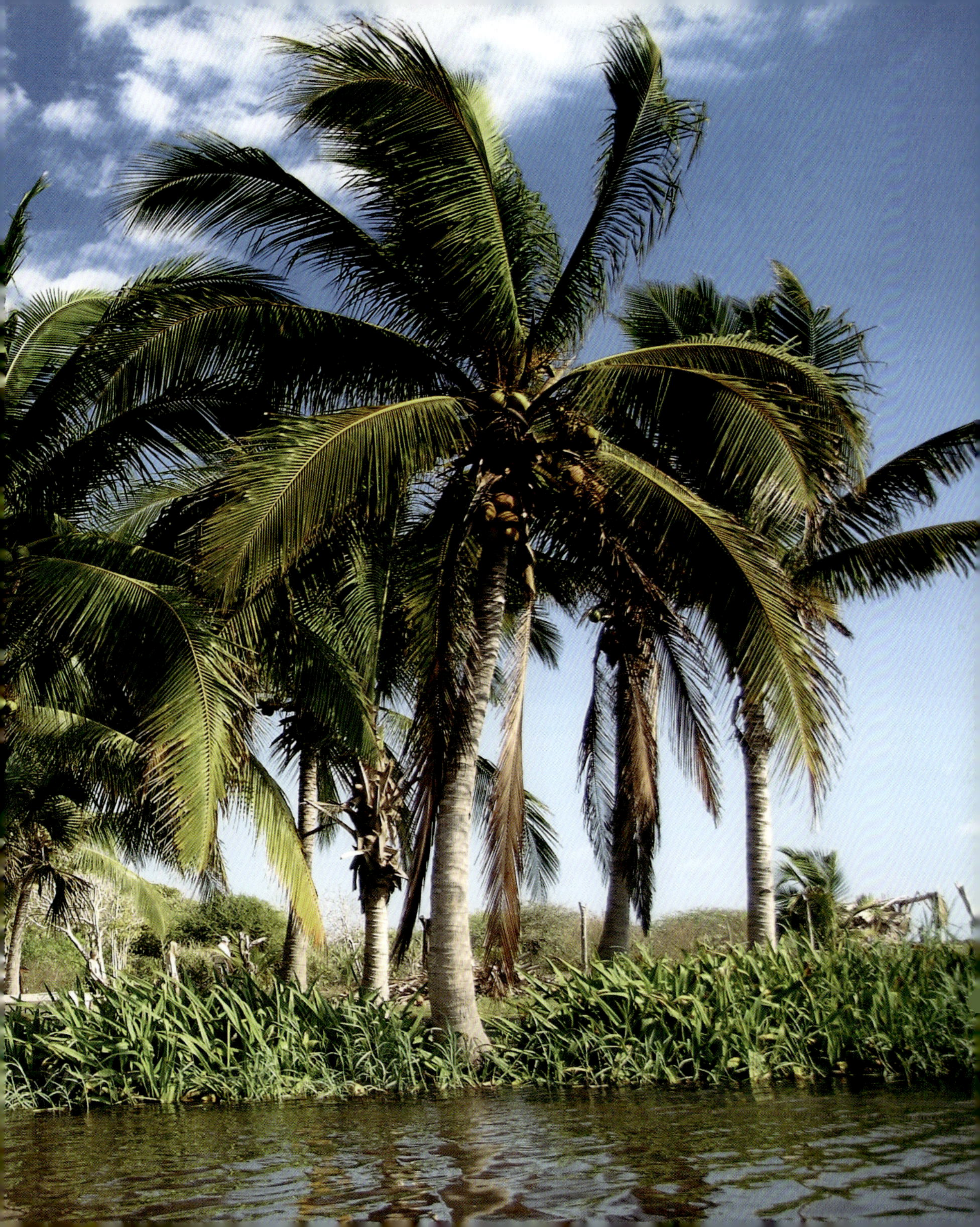

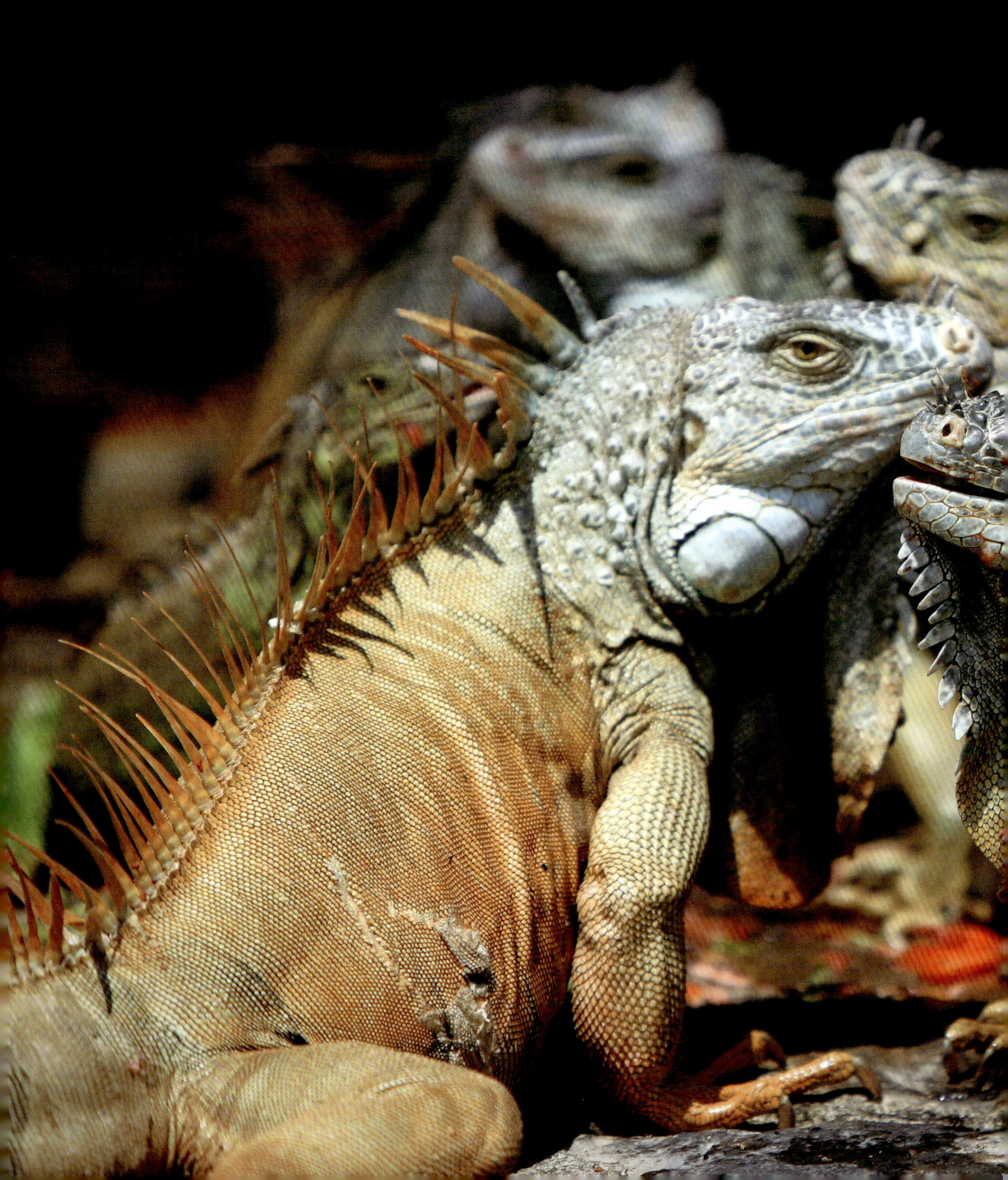

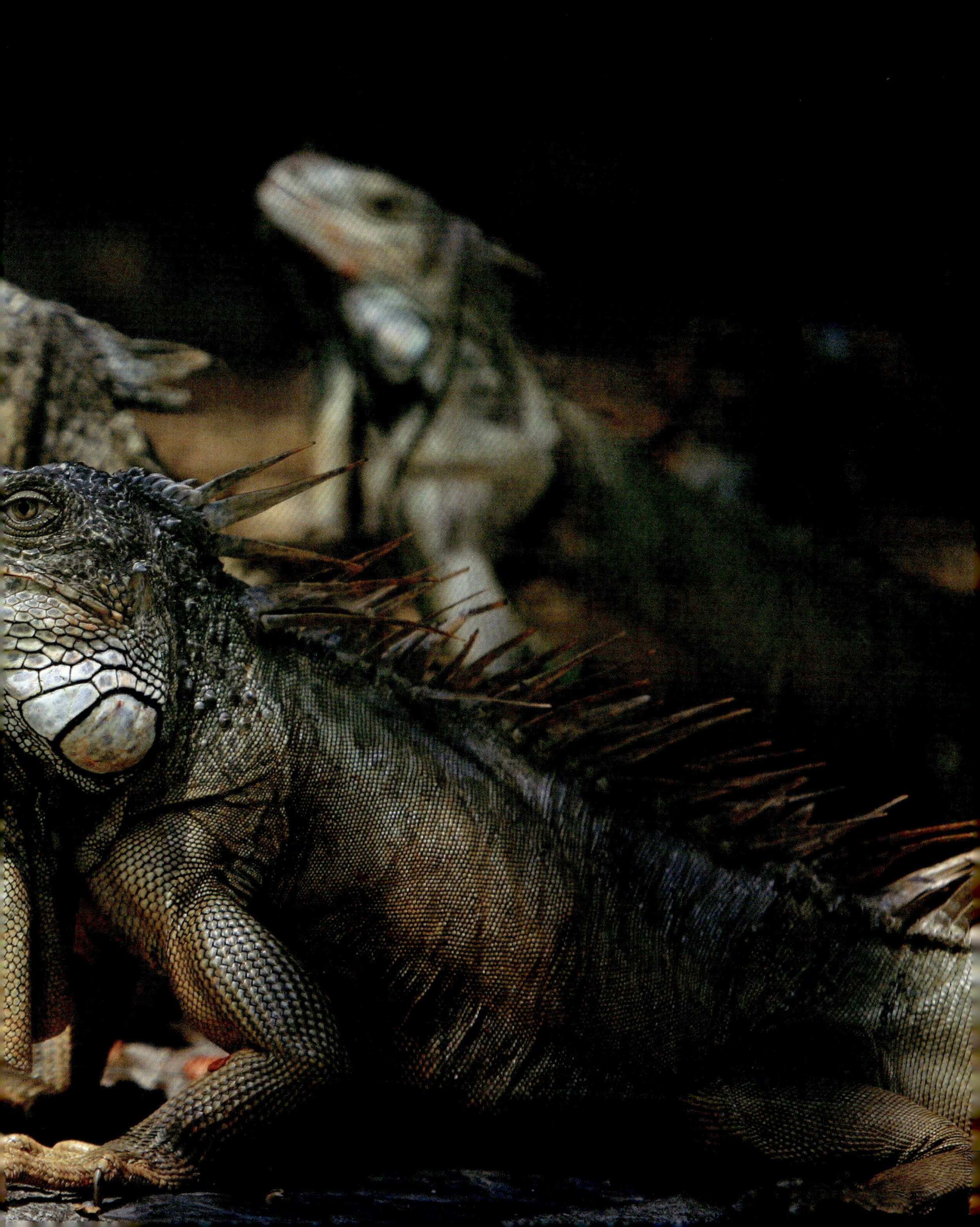

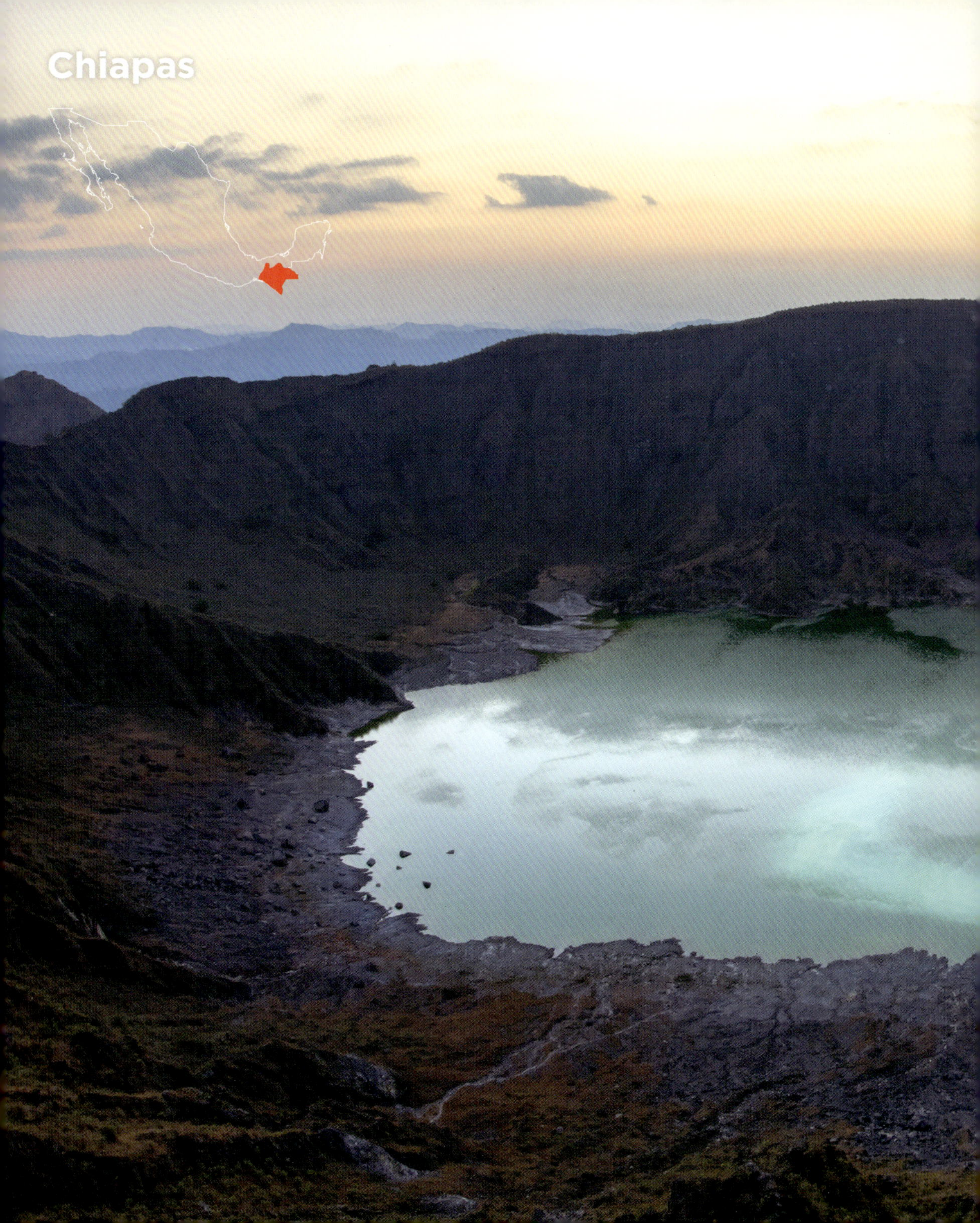
Chiapas

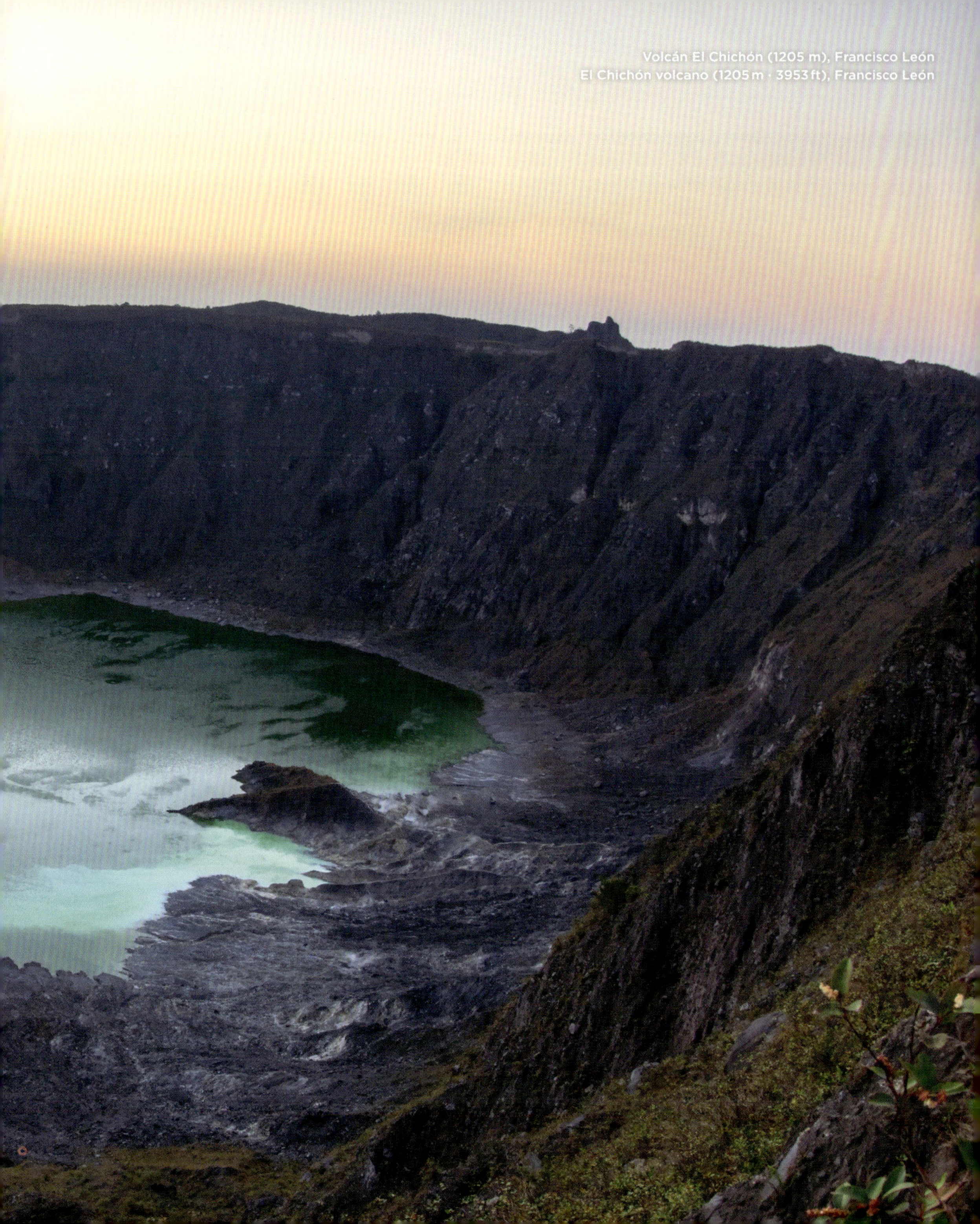
Volcán El Chichón (1205 m), Francisco León
El Chichón volcano (1205 m · 3953 ft), Francisco León

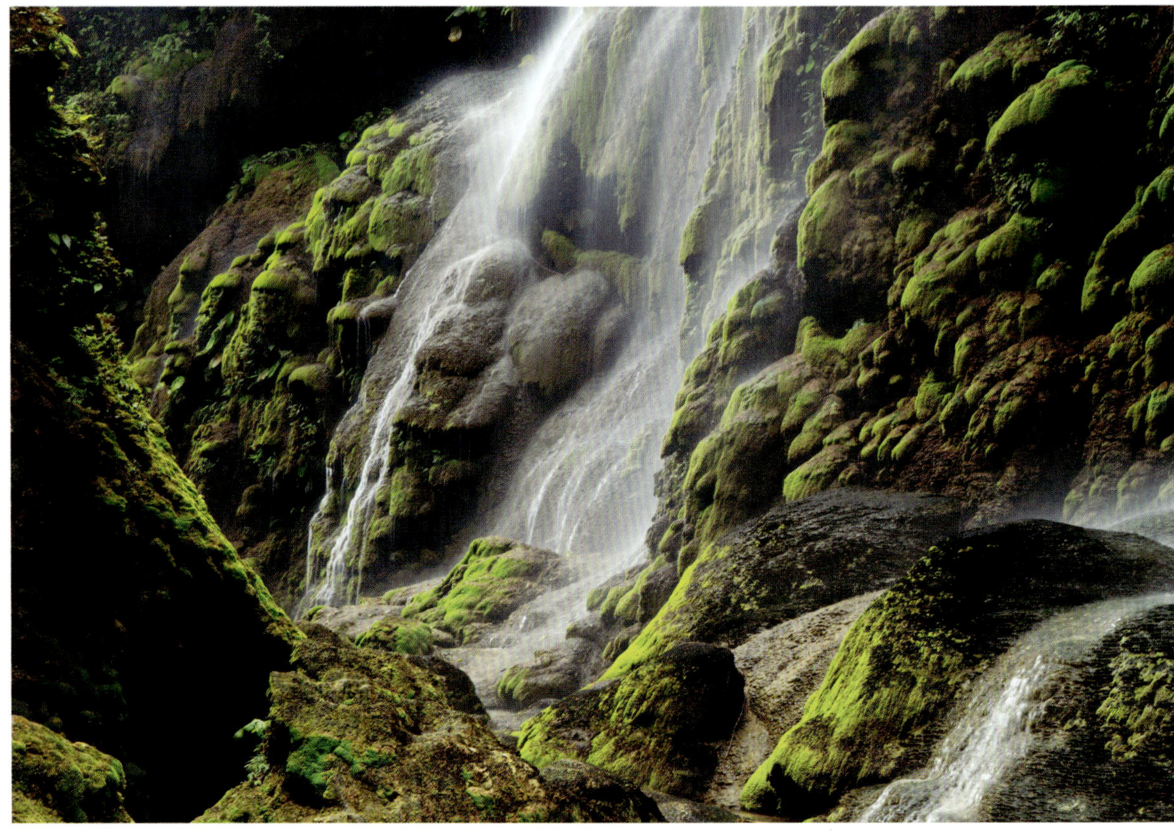

Cascada El Aguacero, Cañón Rio La Venta, Selva El Ocote
El Aguacero waterfall, Río La Venta Canyon, Ocote Jungle

**Chiapas**
The state of Chiapas in the very south embodies tropical Mexico in its most pristine form. Wild mountain regions and impenetrable rainforest, along with numerous rivers and waterfalls all combine to form a habitat of captivating flora and fauna. Chiapas also has some of the most fascinating Mayan sites, surrounded by a tropical landscape.

**Le Chiapas**
L'État du Chiapas, tout au sud, représente le Mexique tropical dans sa forme la plus authentique. Montagnes sauvages, forêts tropicales humides et impénétrables, fleuves et cascades forment ici le décor d'une faune et d'une flore fascinantes. En outre, c'est aussi au Chiapas, dans un écrin de nature tropicale, que l'on trouve certains des sites mayas les plus intéressants.

**Chiapas**
Der Bundesstaat Chiapas ganz im Süden verkörpert das tropische Mexiko in seiner wohl ursprünglichsten Form. Wilde Bergregionen, undurchdringlicher Regenwald, zahlreiche Flüsse und Wasserfälle bilden den Lebensraum für eine faszinierende Tier- und Pflanzenwelt. Außerdem findet man in Chiapas – umgeben von tropischer Natur – einige der faszinierendsten Maya-Stätten.

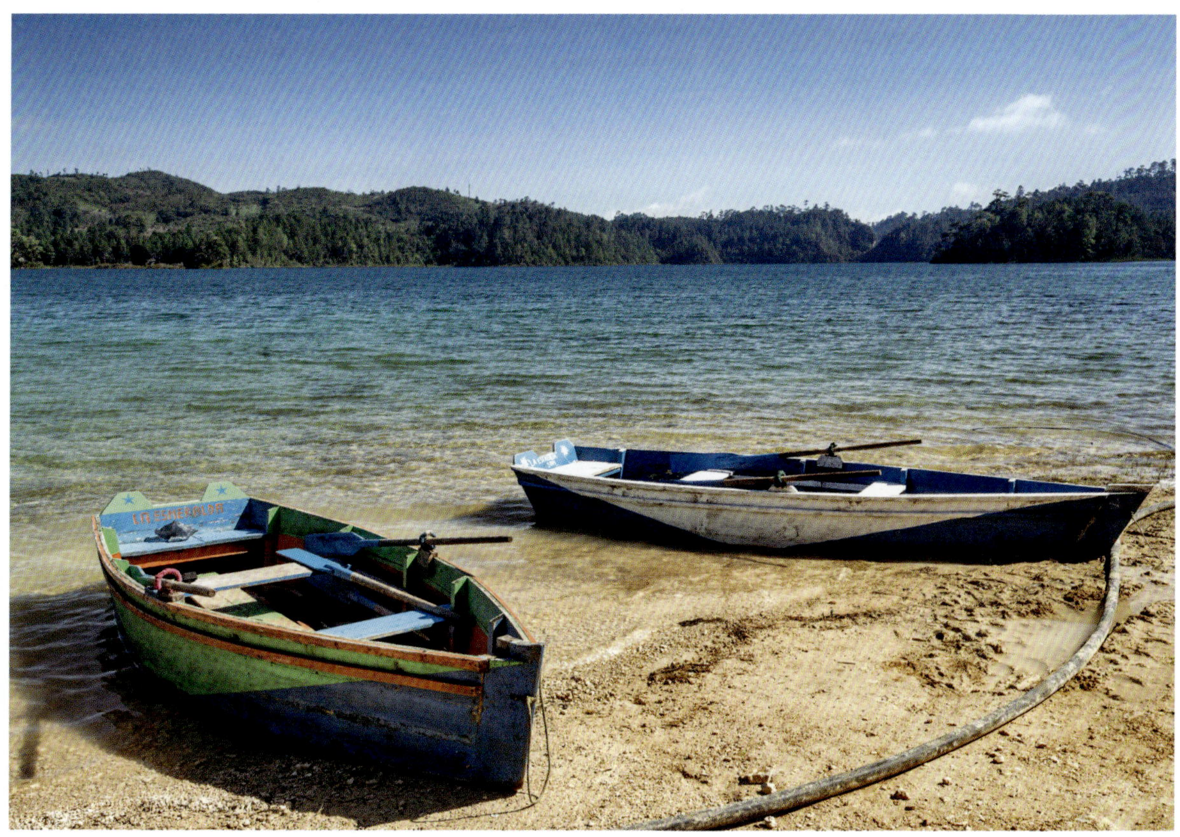

Parque Nacional Lagunas de Montebello
Lagunas de Montebello National Park

**Chiapas**
El estado de Chiapas, al sur del país, encarna el México tropical en su forma máspura. Las regiones montañosas salvajes, el bosque pluvial impenetrable, los numerosos ríos y cascadas forman el hábitat de una flora y fauna fascinante. Chiapas también tiene algunos de los sitios mayas más fascinantes rodeados de naturaleza tropical.

**Chiapas**
Lo stato del Chiapas, nel sud del paese, incarna il Messico tropicale nella sua forma più incontaminata. Le regioni montane selvagge, la foresta pluviale impenetrabile, i numerosi fiumi e le cascate costituiscono l'habitat di una flora e fauna affascinanti. Inoltre in Chiapas, dentro uno scrigno di natura tropicale, si trovano alcuni dei più interesanti siti Maya.

**Chiapas**
De staat Chiapas in het zuiden belichaamt tropisch Mexico in zijn meest ongerepte vorm. Wilde berggebieden, ondoordringbaar regenwoud, talrijke rivieren en watervallen vormen het leefgebied van een fascinerende flora en fauna. In Chiapas bevinden zich ook enkele van de meest fascinerende Mayasites, midden in de tropische natuur.

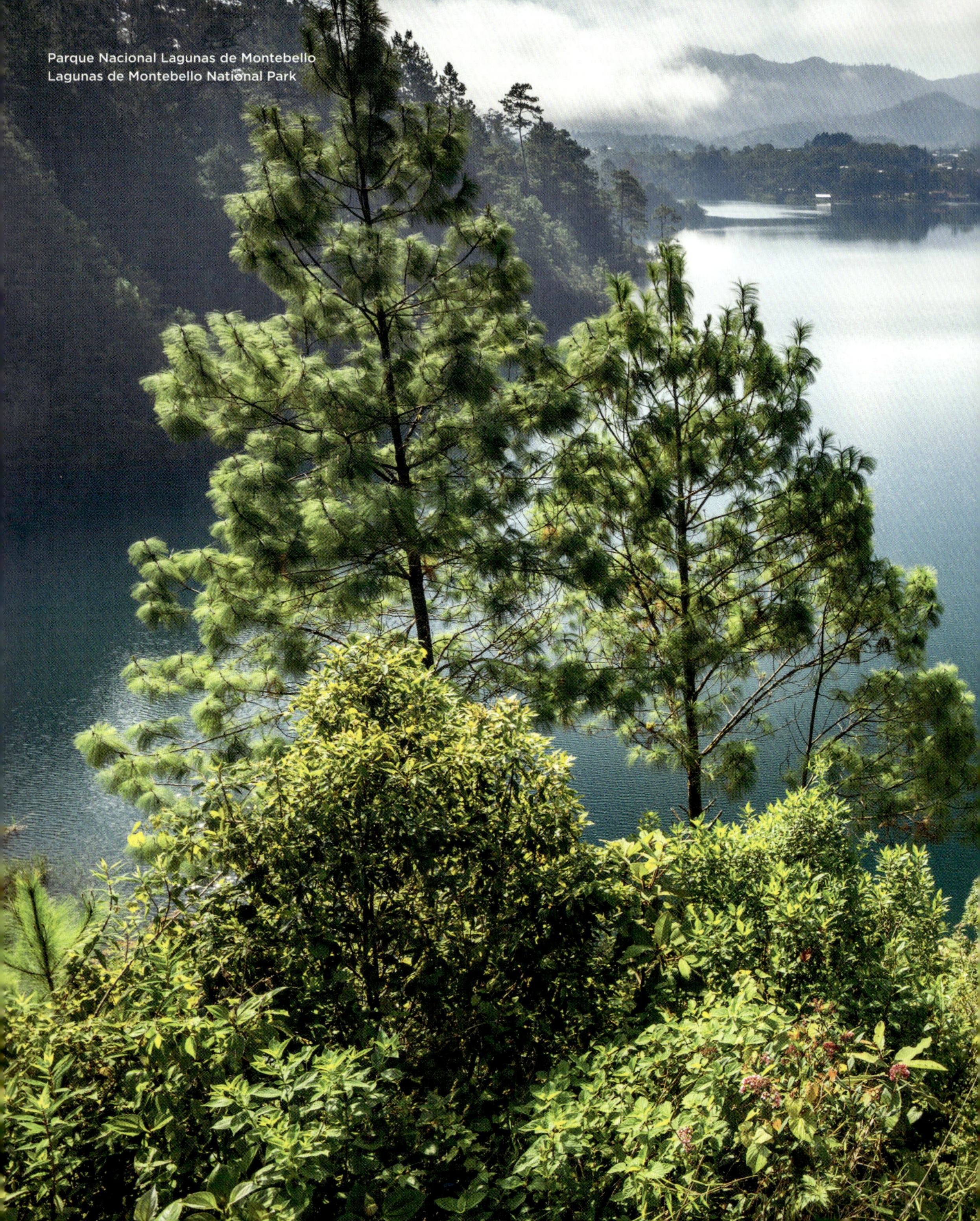

Parque Nacional Lagunas de Montebello
Lagunas de Montebello National Park

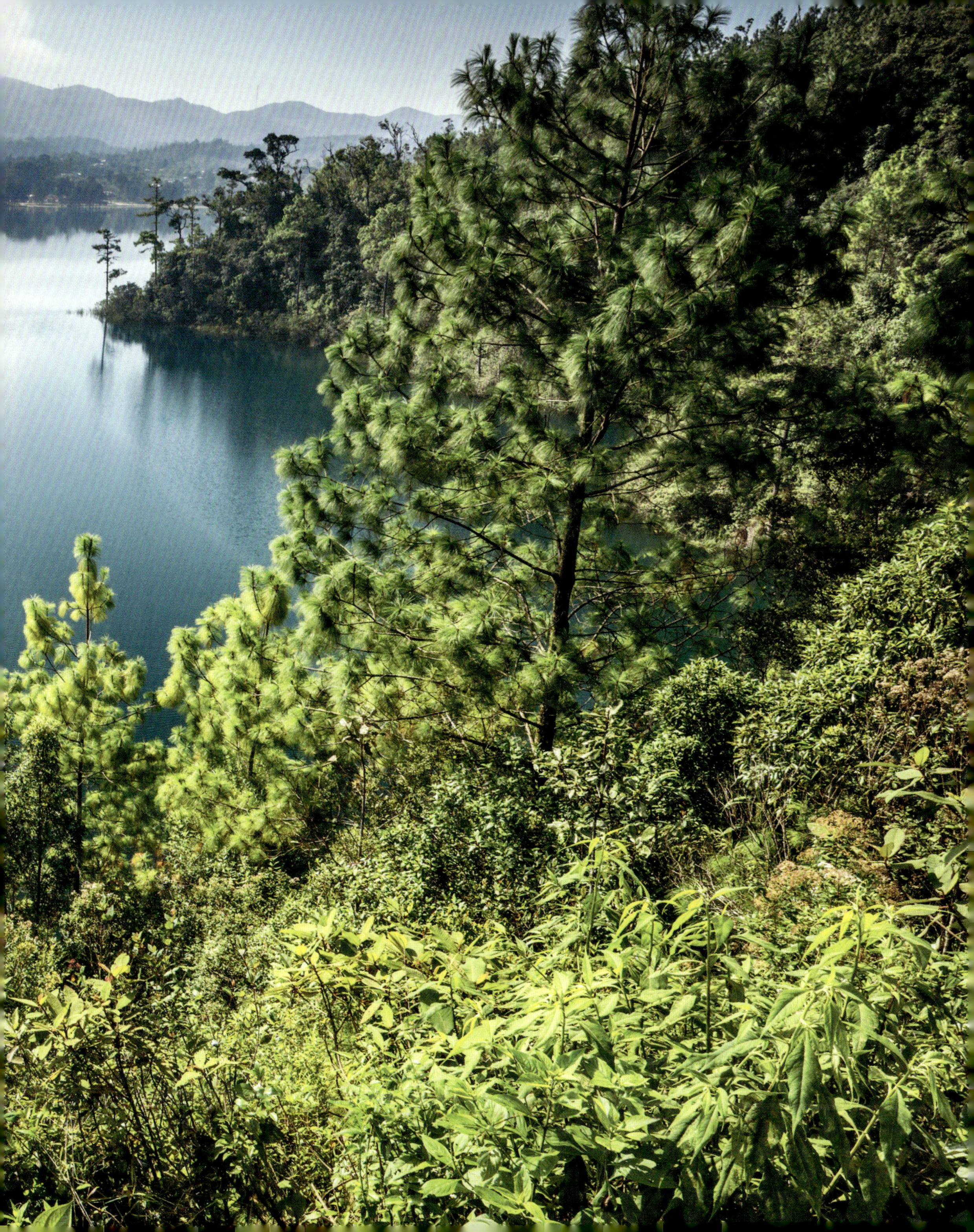

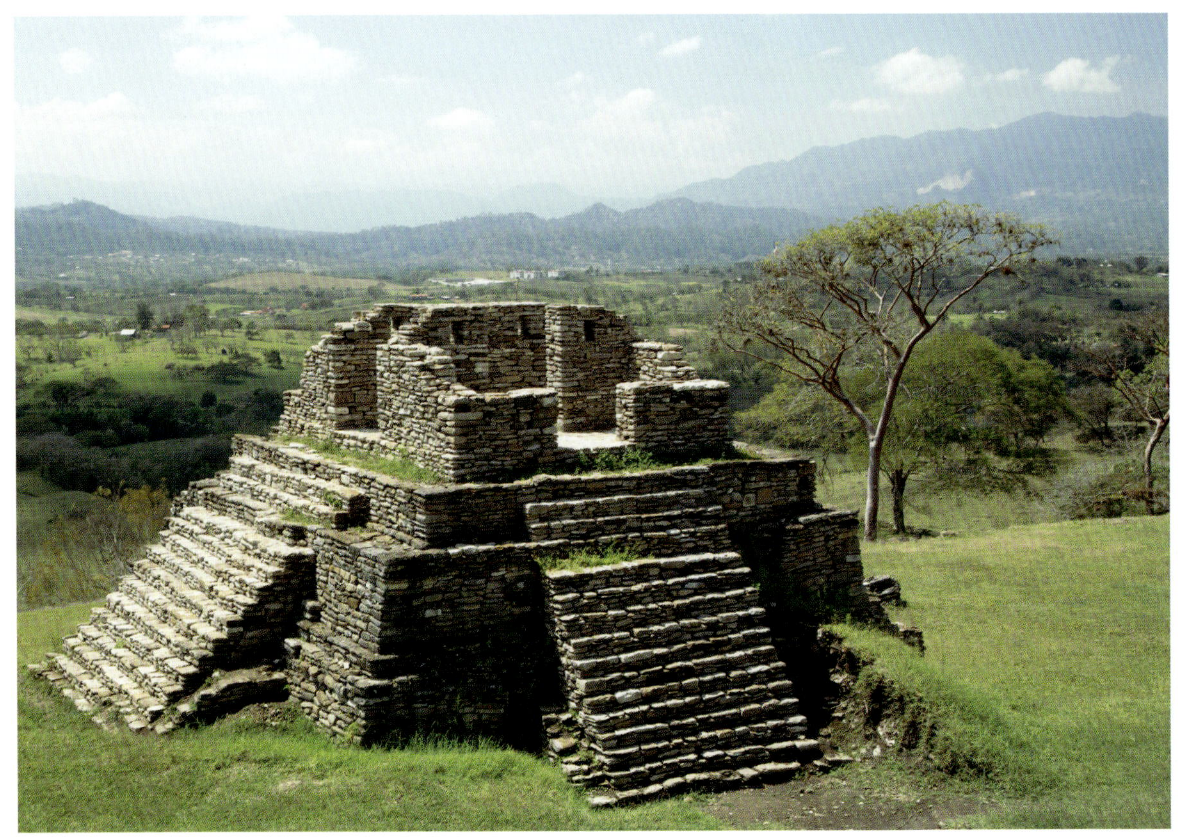

Yacimiento arqueológico de Toniná
Toniná Archaeological Site

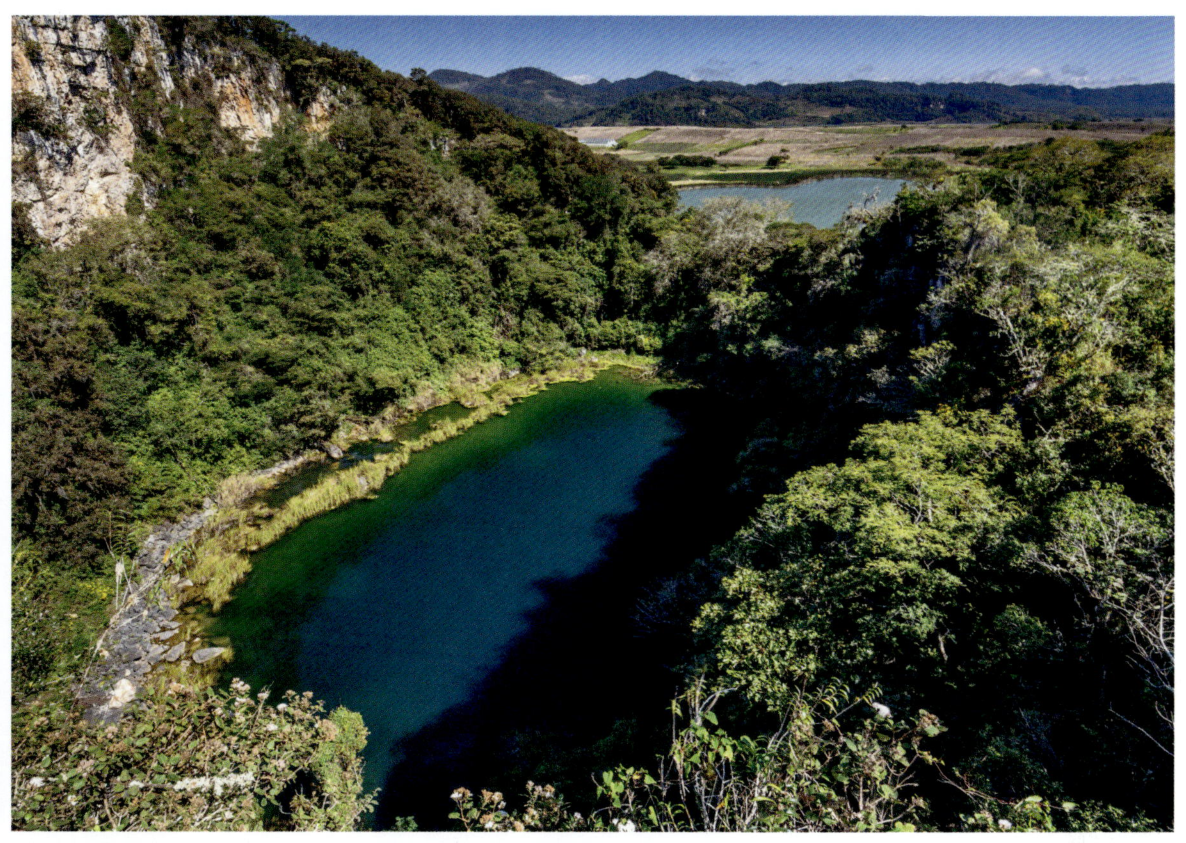

Ruinas y cenote Agua Azul, Chinkultic
Ruins and Agua Azul cenote, Chinkultic

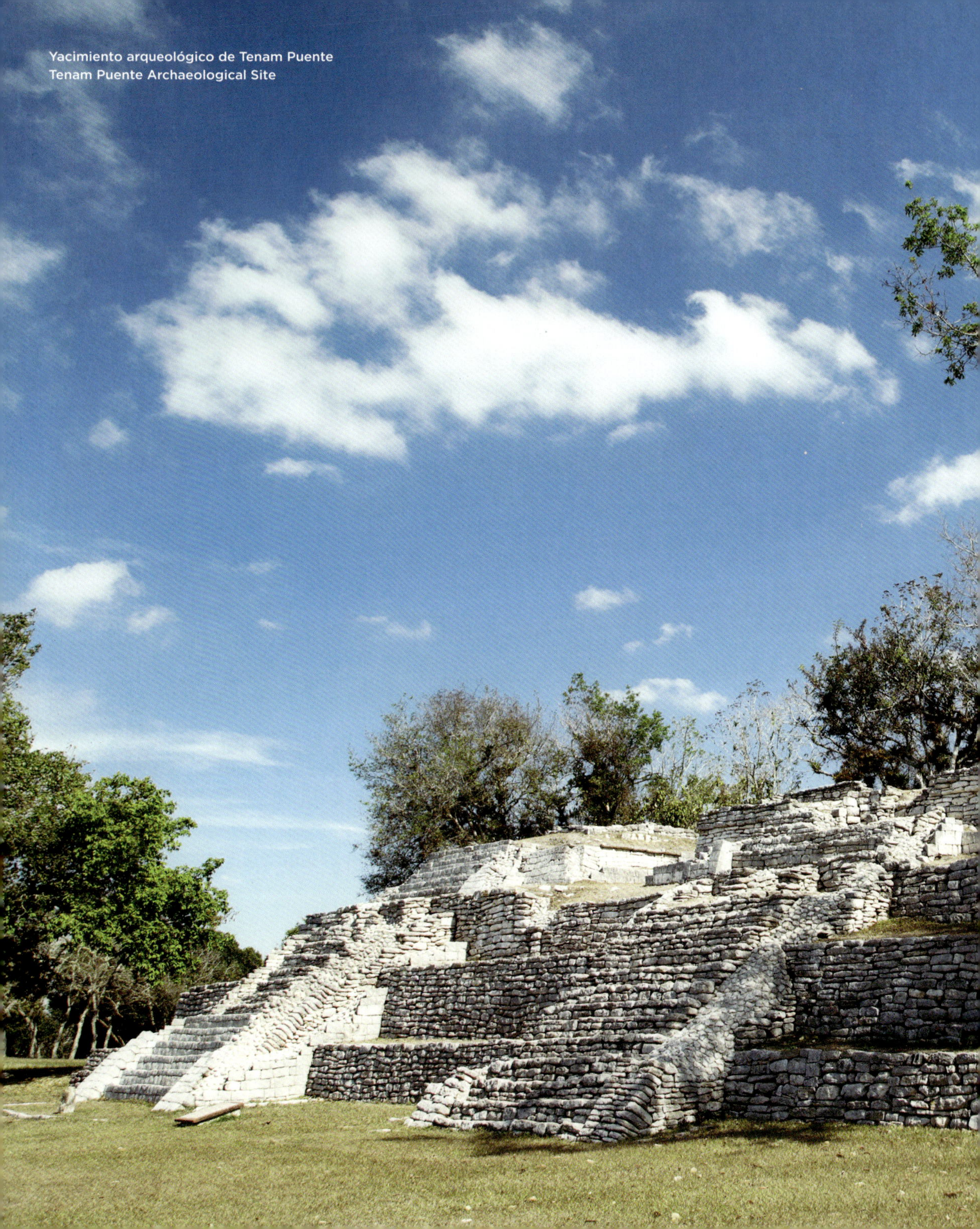

Yacimiento arqueológico de Tenam Puente
Tenam Puente Archaeological Site

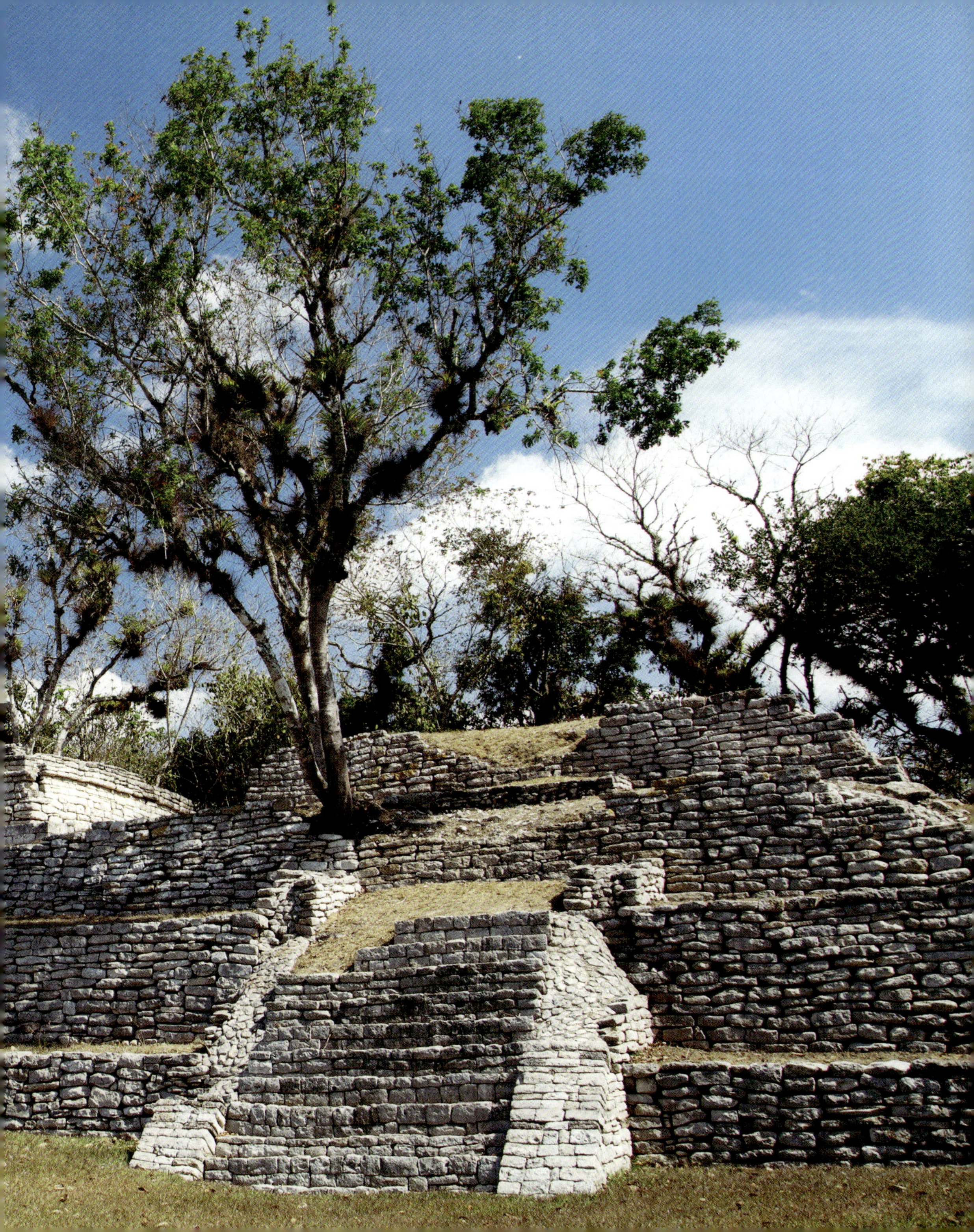

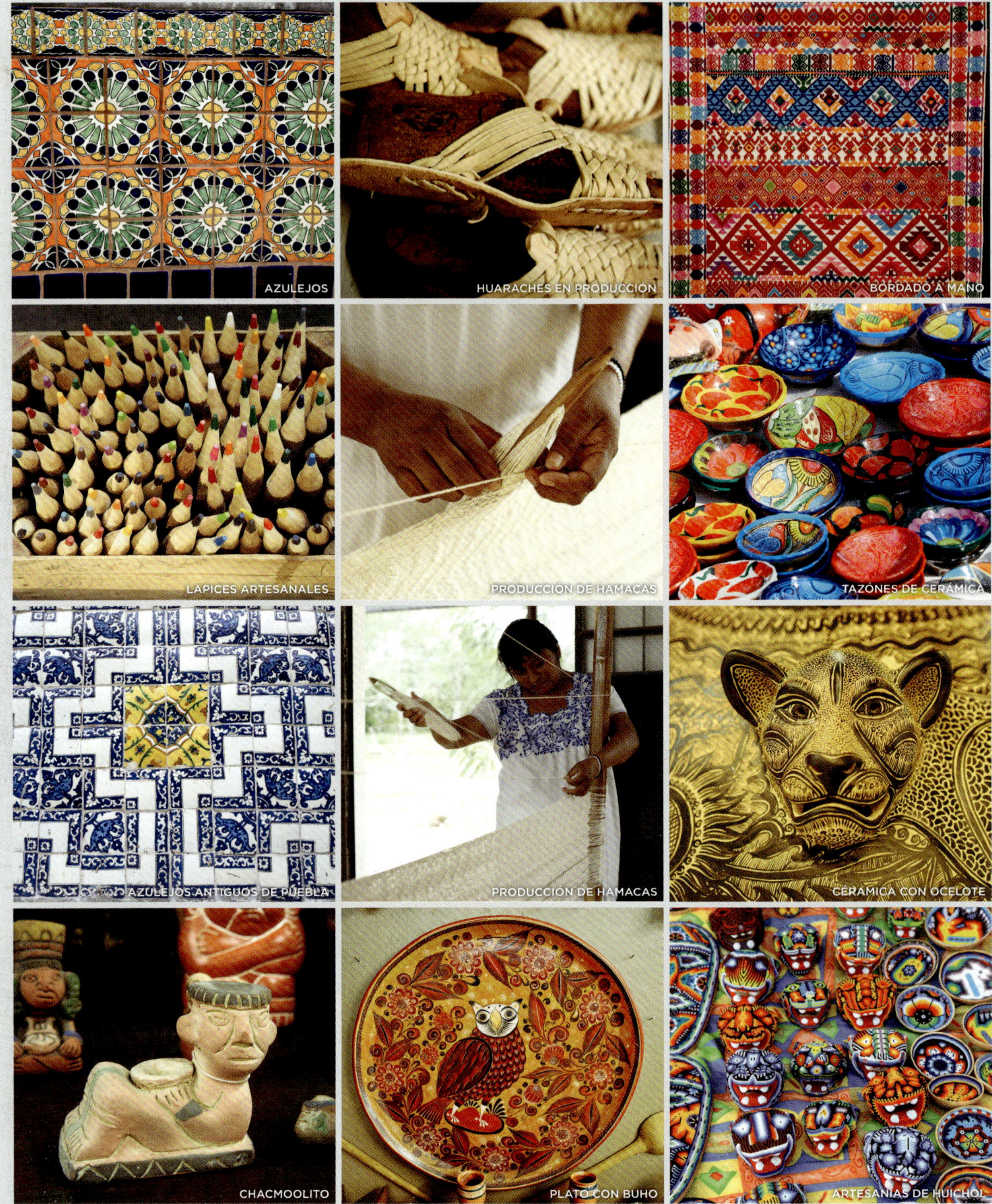
AZULEJOS
HUARACHES EN PRODUCCIÓN
BORDADO A MANO
LAPICES ARTESANALES
PRODUCCIÓN DE HAMACAS
TAZONES DE CERÁMICA
AZULEJOS ANTIGUOS DE PUEBLA
PRODUCCIÓN DE HAMACAS
CERÁMICA CON OCELOTE
CHACMOOLITO
PLATO CON BUHO
ARTESANIAS DE HUICHOL

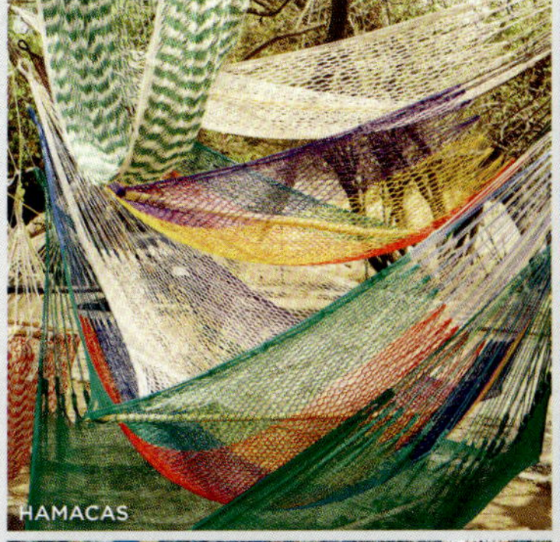
HAMACAS

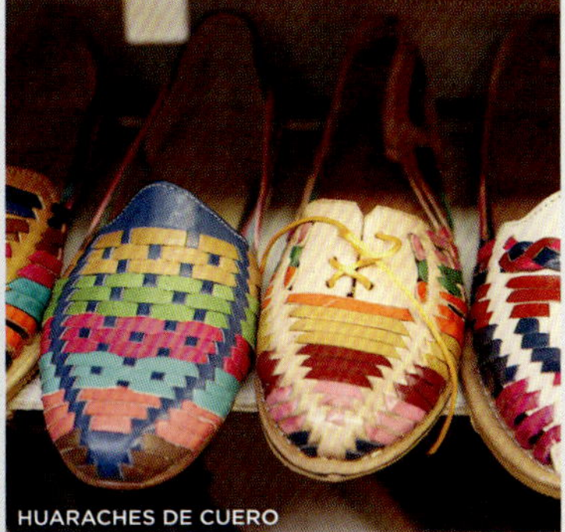
HUARACHES DE CUERO

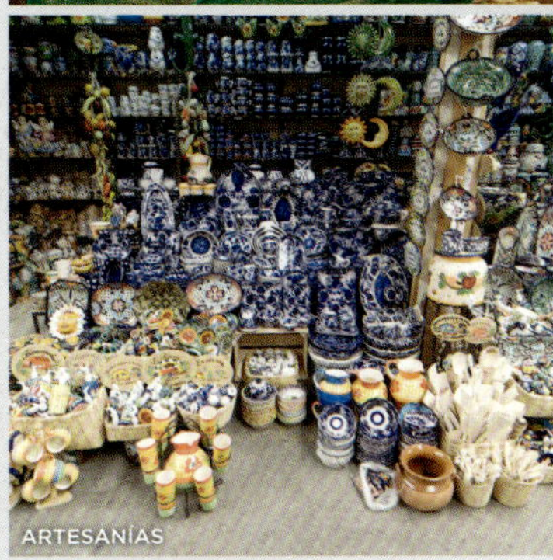
ARTESANÍAS

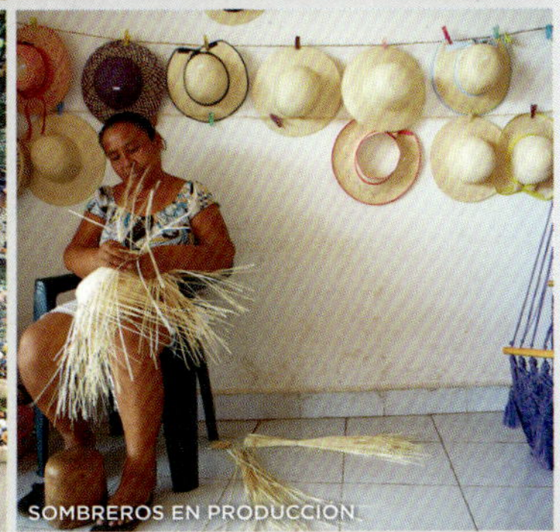
SOMBREROS EN PRODUCCIÓN

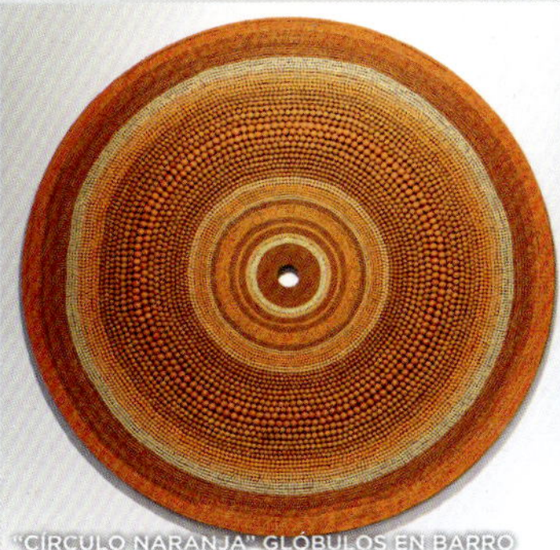
"CÍRCULO NARANJA" GLÓBULOS EN BARRO

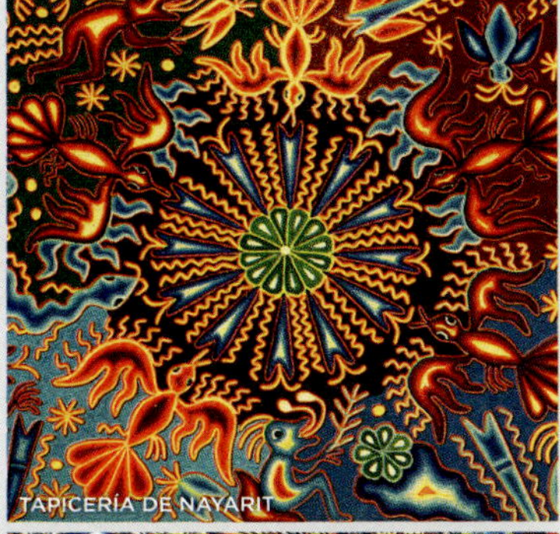
TAPICERÍA DE NAYARIT

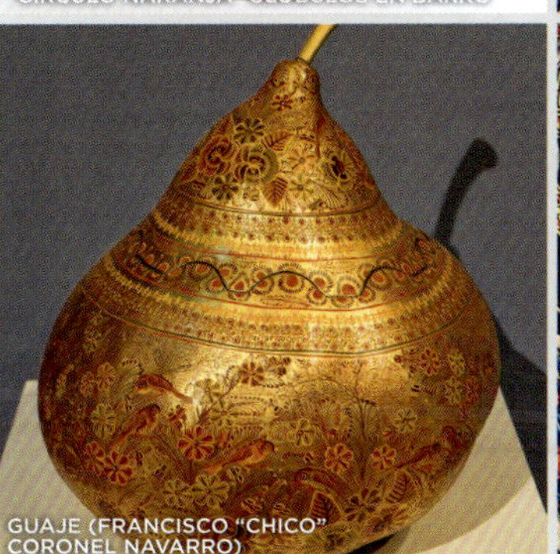
GUAJE (FRANCISCO "CHICO" CORONEL NAVARRO)

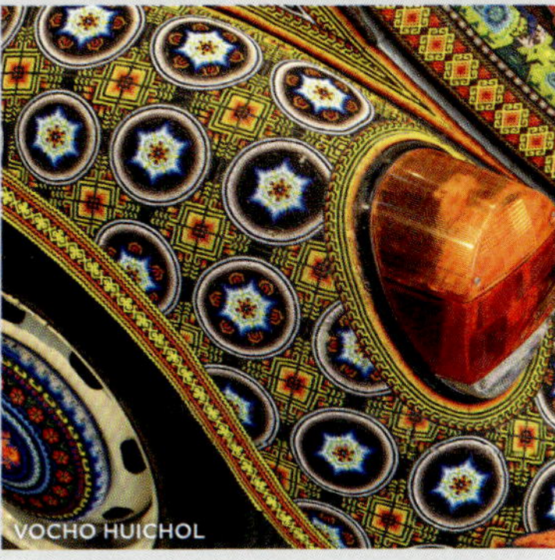
VOCHO HUICHOL

**Handicrafts**

Many Mexican crafts have a long tradition. The Spanish colonial masters brought along new techniques and crafts and influenced the Mexican arts and crafts lastingly. Still today, many of these different materials and techniques are used in the individual regions of the country for the production of jewelry, clothing, tableware and decorative items.

**Artisanat**

L'artisanat mexicain repose souvent sur une longue tradition. Les colons espagnols ont apporté de nouvelles techniques et méthodes artisanales, influençant ainsi durablement l'artisanat d'art mexicain. Aujourd'hui encore, on utilise dans les différentes régions du pays les matériaux et les techniques les plus divers pour fabriquer des bijoux, des vêtements, de la vaisselle et des objets décoratifs.

**Kunsthandwerk**

Viele mexikanische Handwerkskünste haben eine lange Tradition. Die spanischen Kolonialherren brachten neue Techniken und Handwerkszweige mit und beeinflussten das mexikanische Kunsthandwerk nachhaltig. Noch heute werden in den einzelnen Regionen des Landes viele unterschiedliche Materialien und Techniken zur Herstellung von Schmuck, Kleidung, Geschirr und Dekorativem verwendet.

**artesanía**

Muchas artesanías mexicanas tienen una larga tradición. Los señores coloniales españoles trajeron nuevas técnicas y artesanías e influyeron en las artesanías mexicanas de manera duradera. Todavía hoy en día se utilizan muchos materiales y técnicas diferentes en las distintas regiones del país para la producción de joyas, ropa, vajillas y artículos decorativos.

**Artigianato**

Molti mestieri artigiani messicani hanno una lunga tradizione. I colonizzatori spagnoli hanno portato nuove tecniche e metodi artigianali che hanno influenzato le arti e mestieri messicani. Ancora oggi nelle diverse regioni del paese vengono utilizzati materiali e le tecniche più diverse per fabbricare gioielli, abbigliamento, stoviglie e oggetti decorativi.

**Ambachtskunst**

Veel Mexicaanse ambachtskunsten hebben een lange traditie. De Spaanse kolonisators brachten nieuwe technieken en vormen van handwerk mee en beïnvloedden de Mexicaanse kunst en ambachten blijvend. Nog steeds worden in de verschillende regio's veel verschillende materialen en technieken gebruikt voor de vervaardiging van sieraden, kleding, vaatwerk en sierobjecten.

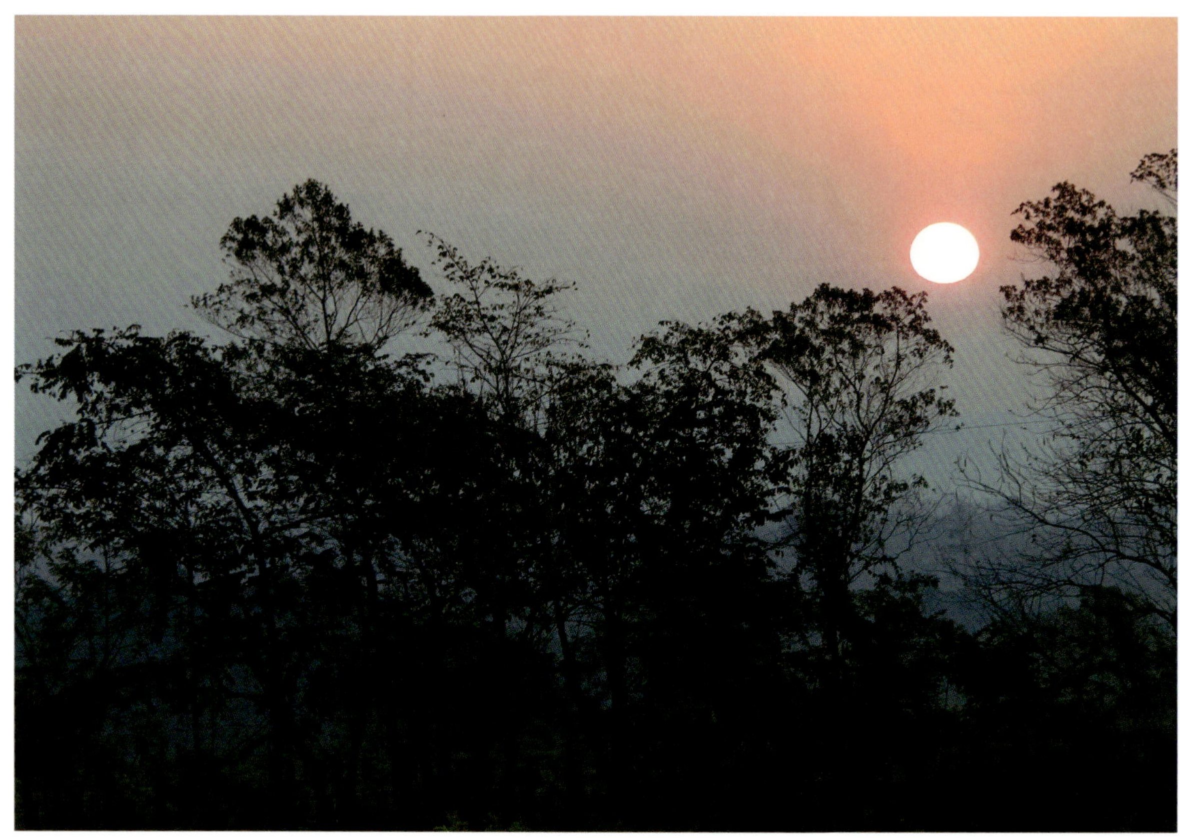

Selva Lacandona
Lacandon Jungle

**Selva Lacandona**
One of Mexico's last tropical rainforests is still largely unexplored, with many regions only reachable on foot, or mounted on the back of a donkey. Here the forest people of the Lacandons live, in some ways just as they did hundreds of years ago.

**La Selva Lacandona**
L'une des dernières forêts humides tropicales du Mexique reste encore en grande partie inexplorée, et beaucoup de zones ne sont accessibles qu'à pied ou à dos d'âne. Dans la forêt, l'ethnie des Lacandons vit partiellement comme elle le faisait, il y a des siècles.

**Selva Lacandona**
Einer der letzten tropischen Regenwälder Mexikos ist noch zu weiten Teilen unerforscht, viele Regionen sind nur zu Fuß oder auf dem Eselsrücken erreichbar. Hier lebt das Waldvolk der Lakandonen teils noch wie vor Hunderten von Jahren.

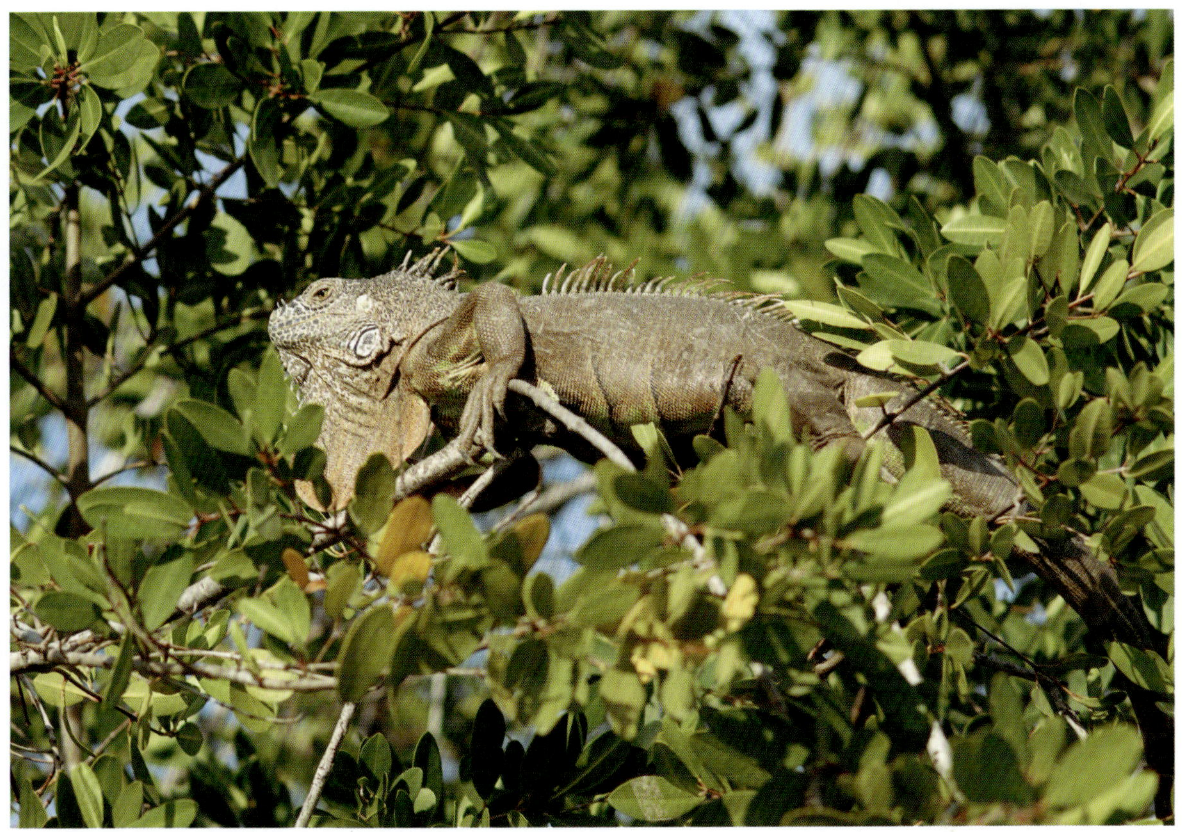

Iguana verde, Parque Nacional Lagunas de Montebello
Green iguana, Lagunas de Montebello National Park

**Selva Lacandona**
Una de las últimas selvas tropicales de México está aún en gran parte inexplorada, a muchas regiones sólo se puede llegar a pie o a lomos de un burro. Aquí la gente de la selva de los Lacandones vive en parte como hace cientos de años.

**Selva Lacandona**
Una delle ultime foreste pluviali tropicali del Messico è ancora in gran parte inesplorata, molte regioni sono raggiungibili solo a piedi o con l'asino. Qui gli abitanti della foresta dei Lacandon vivono ancora come centinaia di anni fa.

**Selva Lacandona**
Een van Mexico's laatste tropische regenwouden is nog grotendeels niet onderzocht. Veel regio's zijn alleen te voet of op de rug van een ezel te bereiken. Hier leeft het oerwoudvolk van de Lacandones deels nog zoals honderden jaren geleden.

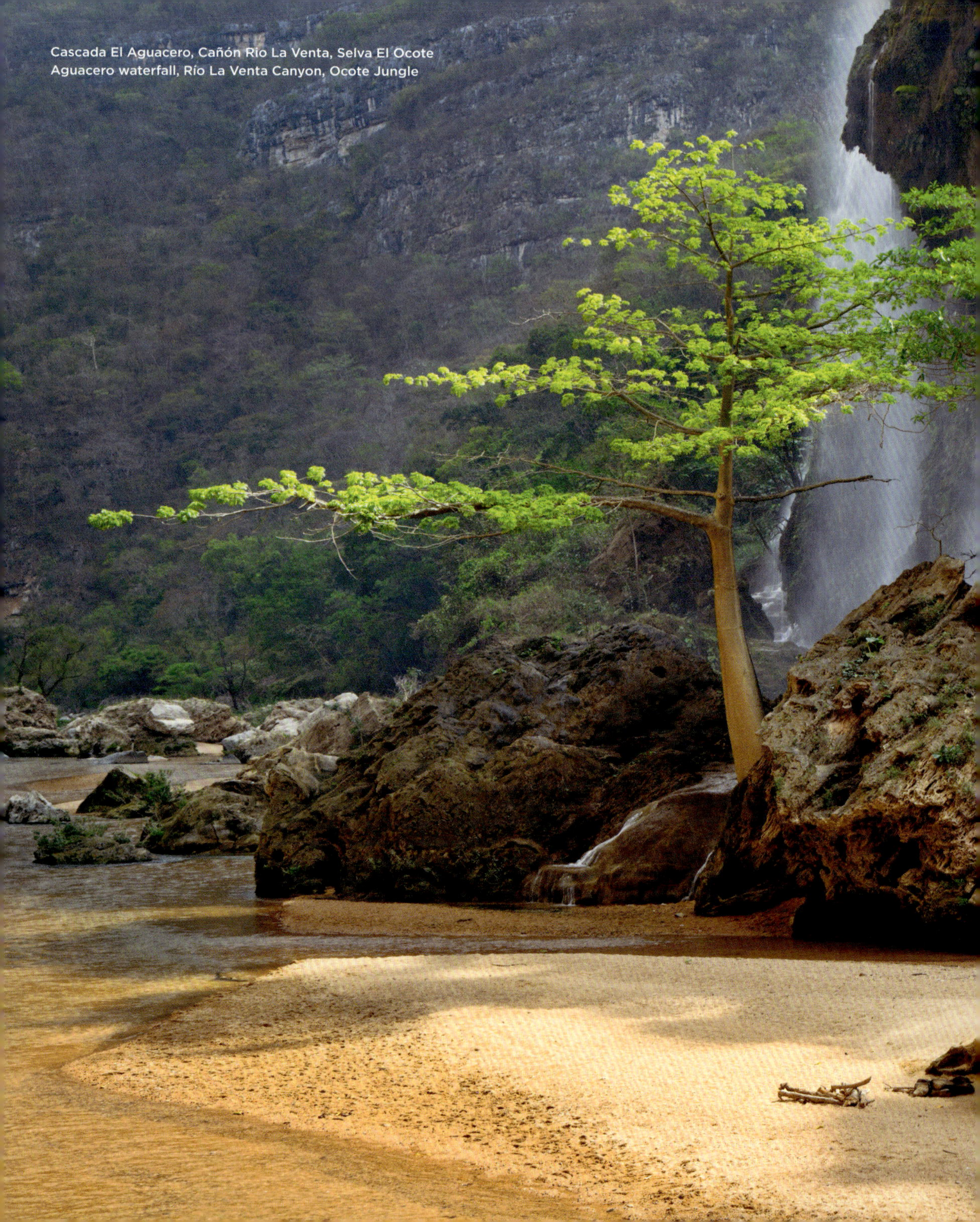

Cascada El Aguacero, Cañón Río La Venta, Selva El Ocote
Aguacero waterfall, Río La Venta Canyon, Ocote Jungle

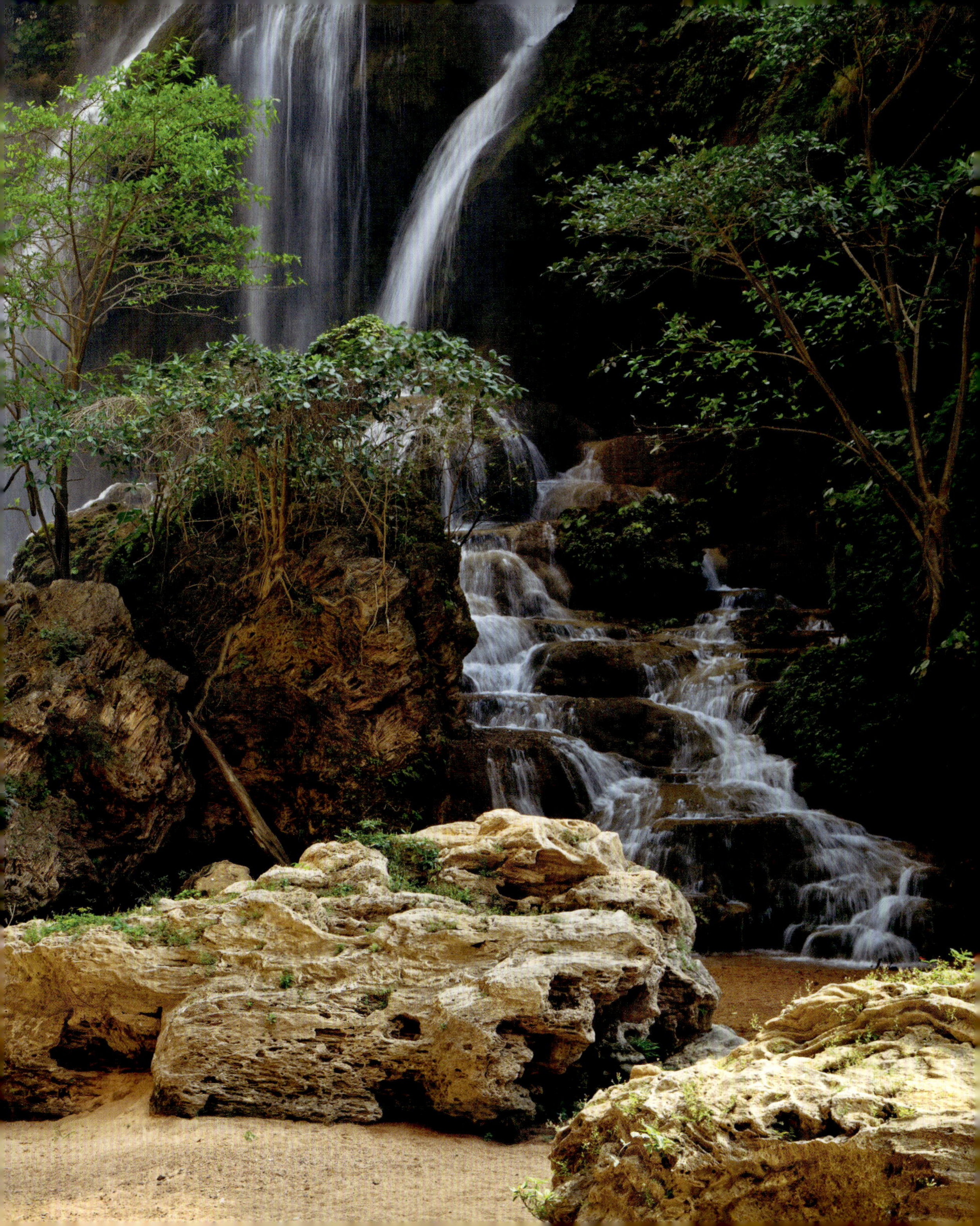

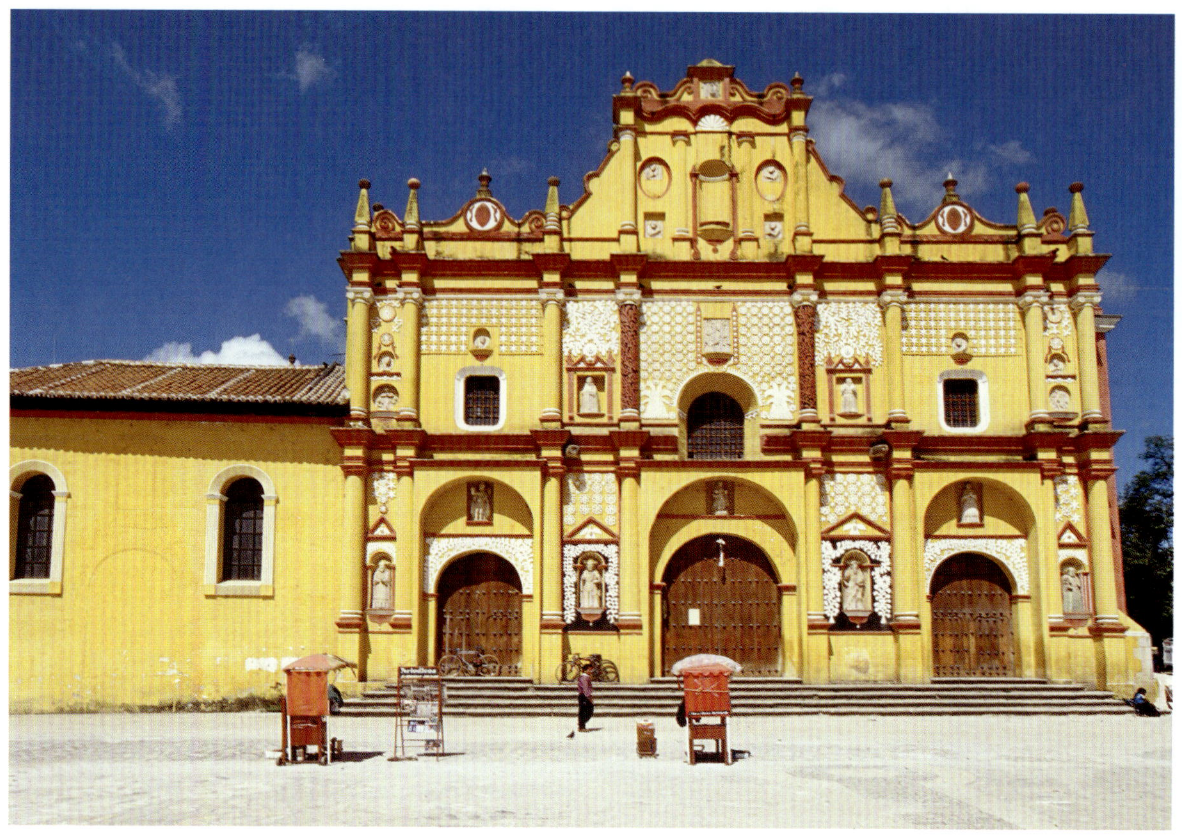

Catedral, San Cristóbal de las Casas
Cathedral, San Cristóbal de Las Casas

**San Cristóbal de las Casas**
In the highlands of Chiapas, the descendants of the Maya still live today in the villages around San Cristóbal de las Casas. The *indígenas* shape the image of the colonial city: on the streets and squares they offer fruit, vegetables, handicrafts and much more for sale in order to increase their income.

**San Cristóbal de las Casas**
Sur les hauts plateaux du Chiapas, dans les villages qui entourent San Cristóbal de las Casas, vivent encore des descendants des Mayas. Ces indigènes sont très présents dans le paysage de la ville coloniale : dans les rues et sur les places, ils vendent des fruits, des légumes, des objets d'artisanat et beaucoup d'autres choses, pour améliorer leurs revenus.

**San Cristóbal de las Casas**
Im Hochland von Chiapas, in den Dörfern rund um San Cristóbal de las Casas leben noch heute Nachkommen der Maya. Die *Indígenas* prägen das Bild der Kolonialstadt: Auf den Straßen und Plätzen bieten sie Früchte, Gemüse, Kunsthandwerk und vieles andere zum Kauf an, um ihr Einkommen aufzubessern.

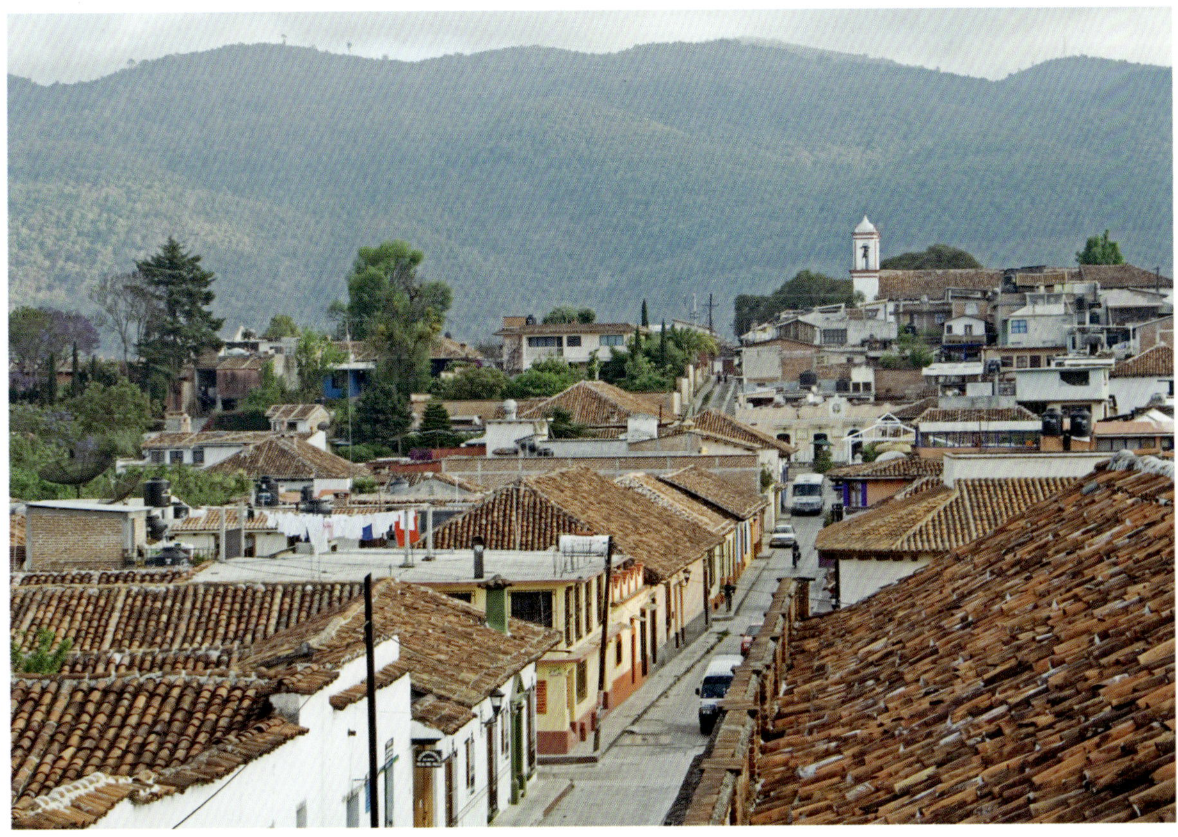

San Cristóbal de las Casas

**San Cristóbal de las Casas**
En la meseta de Chiapas, en los pueblos aledaños a San Cristóbal de las Casas, aún viven hoy en día los descendientes de los mayas. Los indígenas dan forma a la imagen de la ciudad colonial: en las calles y plazas ofrecen frutas, verduras, artesanías y mucho más para comprar con el fin de aumentar sus ingresos.

**San Cristóbal de las Casas**
Negli altopiani del Chiapas, nei villaggi intorno a San Cristóbal de las Casas, vivono ancora oggi i discendenti dei Maya. Questi indigini sono molto presenti nella città coloniale: nelle strade e nelle piazze offrono frutta, verdura, artigianato e molto altro che vendono per migliorare le loro risorse.

**San Cristóbal de las Casas**
In de hooglanden van Chiapas, in de dorpen rond San Cristóbal de las Casas, wonen nog altijd nakomelingen van de Maya's. De *indígenas* bepalen het straatbeeld van de koloniale stad: op straten en pleinen bieden ze fruit, groenten, handwerk en nog veel meer aan om hun inkomen te verbeteren.

**Sumidero Canyon National Park**
The Grijalva River began digging its bed in Chiapas millions of years ago. The result is an impressive canyon with five waterfalls and about 30 rapids. In some places the steep walls of the Sumidero Canyon rise vertically up to 1000 m (3300 ft). On the rocks and sandbanks you can see many species of birds and, with a bit of luck, also crocodiles and turtles.

**Le parc national Cañón del Sumidero**
Cela fait déjà des millions d'années que le Río Grijalva a commencé à se creuser son lit au Chiapas. Cela a donné des gorges impressionnantes, avec cinq chutes d'eau et une trentaine de rapides. À certains endroits, les parois du canyon du Sumidero se dressent à la verticale sur une hauteur d'environ 1000 m. Sur les rochers et les bancs de sable, on peut observer de nombreux oiseaux et même, avec un peu de chance, des crocodiles et des tortues.

**Nationalpark Cañón del Sumidero**
Bereits vor Jahrmillionen begann der Río Grijalva sich in Chiapas sein Bett zu graben. Das Ergebnis ist ein beeindruckender Canyon mit fünf Wasserfällen und etwa 30 Stromschnellen. An manchen Stellen ragen die Steilwände des Sumidero-Canyons um die 1000 m senkrecht nach oben. Auf den Felsen und Sandbänken kann man neben vielen Vogelarten mit etwas Glück auch Krokodile und Schildkröten entdecken.

**Parque Nacional Cañón del Sumidero**
El río Grijalva comenzó a cavar su lecho en Chiapas hace millones de años. El resultado es un impresionante cañón con cinco cascadas y unos 30 rápidos. En algunos lugares las empinadas paredes del Cañón del Sumidero se elevan verticalmente hasta los 1000 m. En las rocas y bancos de arena se pueden ver muchas especies de aves, con un poco de suerte también cocodrilos de río y tortugas.

**Parco Nazionale Cañón del Sumidero**
Il fiume Grijalva ha iniziato a scavare il suo letto nel Chiapas milioni di anni fa. Il risultato è un canyon impressionante con cinque cascate e circa 30 rapide. In alcuni punti le ripide pareti del canyon del Sumidero si ergono verticalmente fino a 1000 m. Sulle rocce e sui banchi di sabbia si possono vedere molte specie di uccelli, e con un pò di fortuna anche coccodrilli e tartarughe.

**Nationaal park Cañón del Sumidero**
De Río Grijalva begon in Chiapas al miljoenen jaren geleden de bedding uit te graven. Het resultaat is een indrukwekkende canyon met vijf watervallen en zo'n 30 stroomversnellingen. Op sommige plaatsen rijzen de steile wanden van de Sumidero Canyon zo'n 1000 m verticaal omhoog. Op de rotsen en zandbanken zijn met een beetje geluk behalve allerlei vogelsoorten ook rivierkrokodillen en schildpadden te zien.



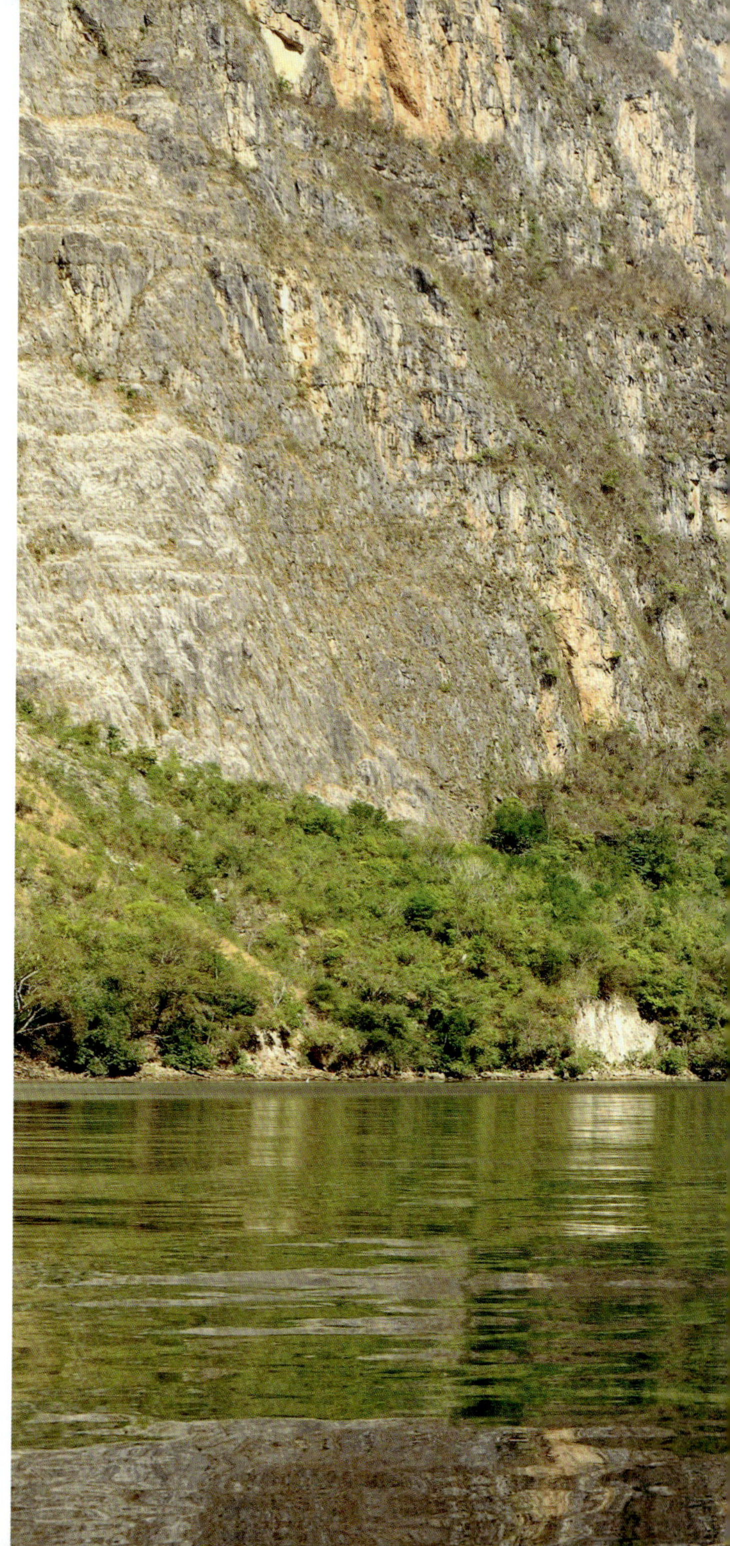

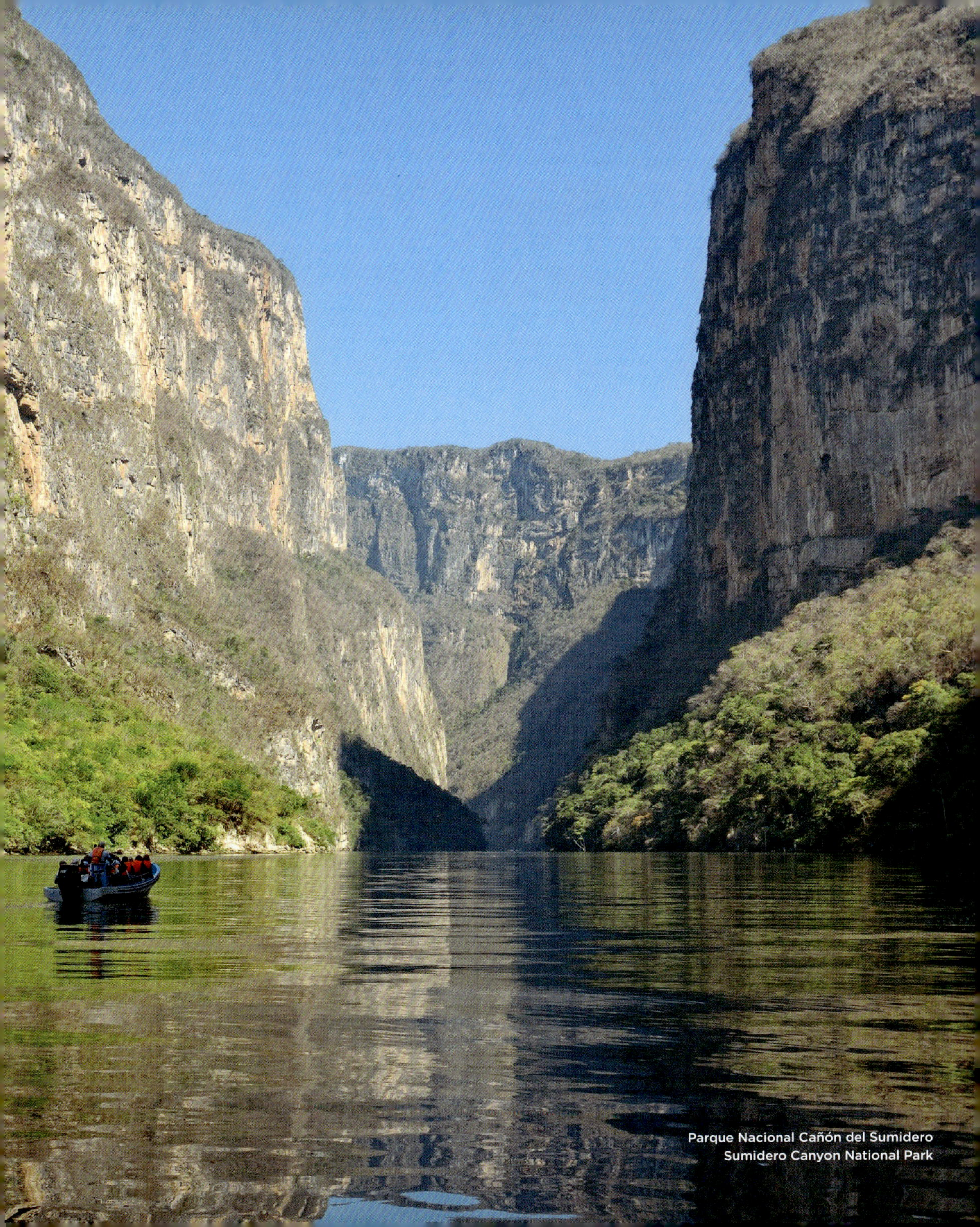

Parque Nacional Cañón del Sumidero
Sumidero Canyon National Park

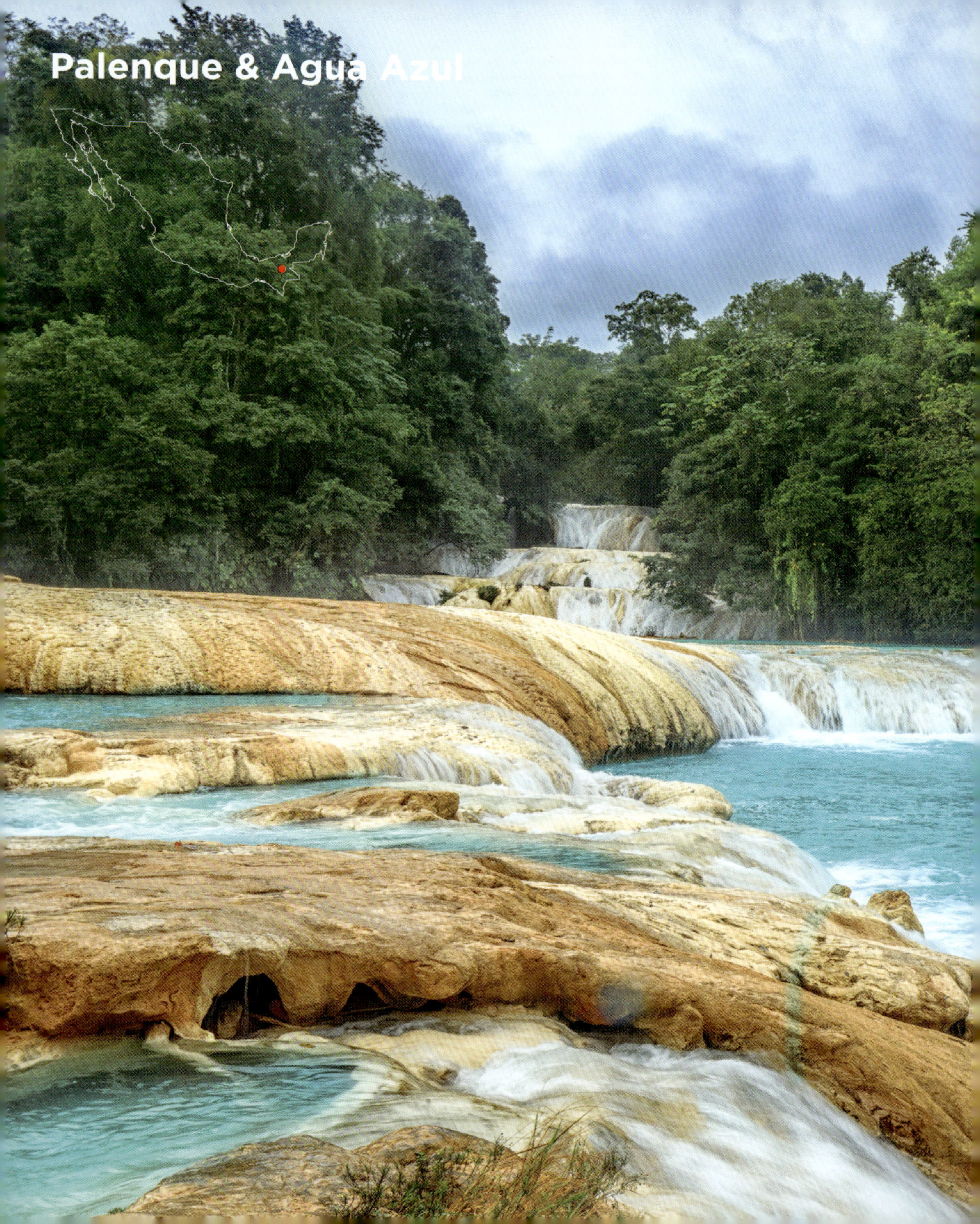
Palenque & Agua Azul

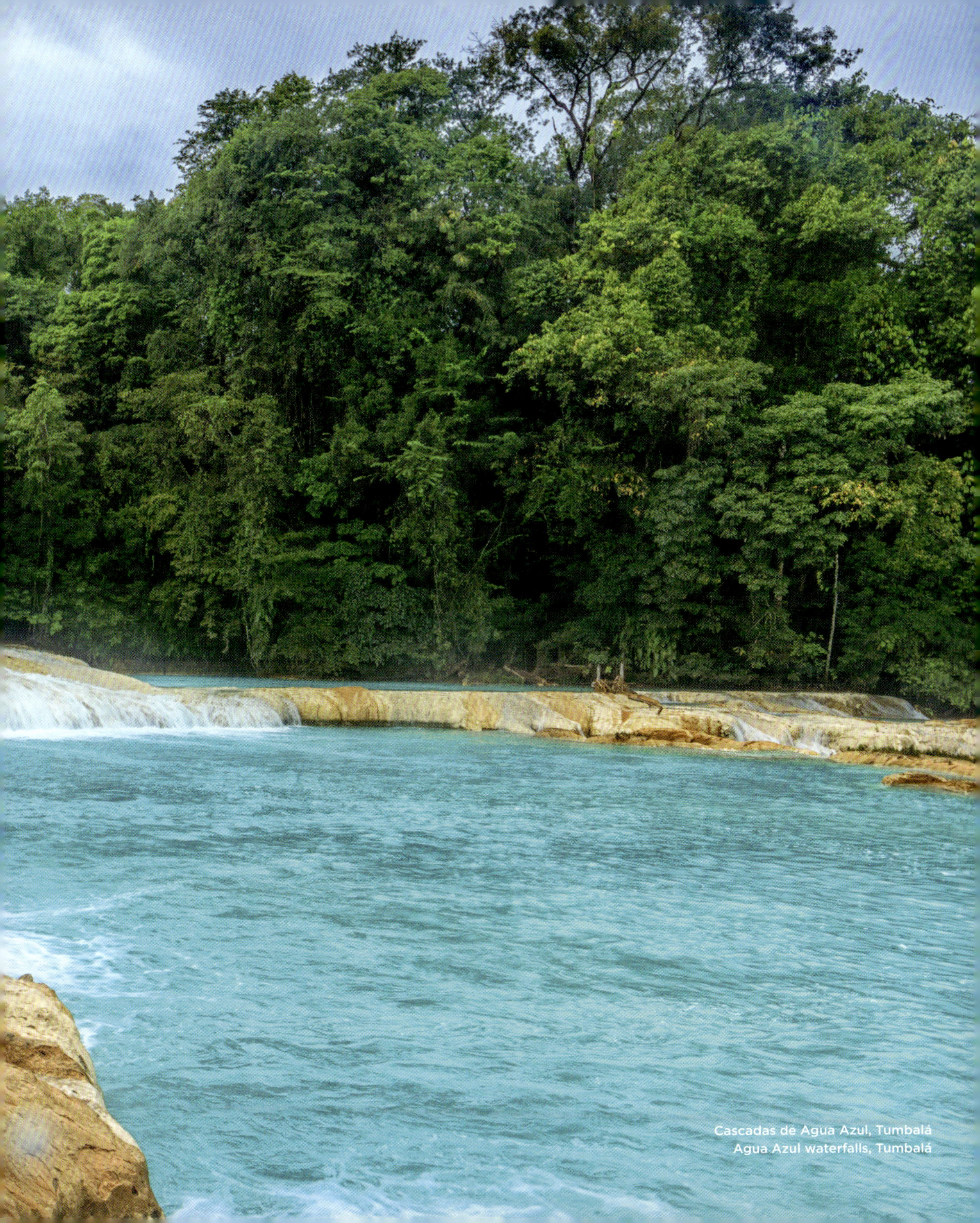

Cascadas de Agua Azul, Tumbalá
Agua Azul waterfalls, Tumbalá

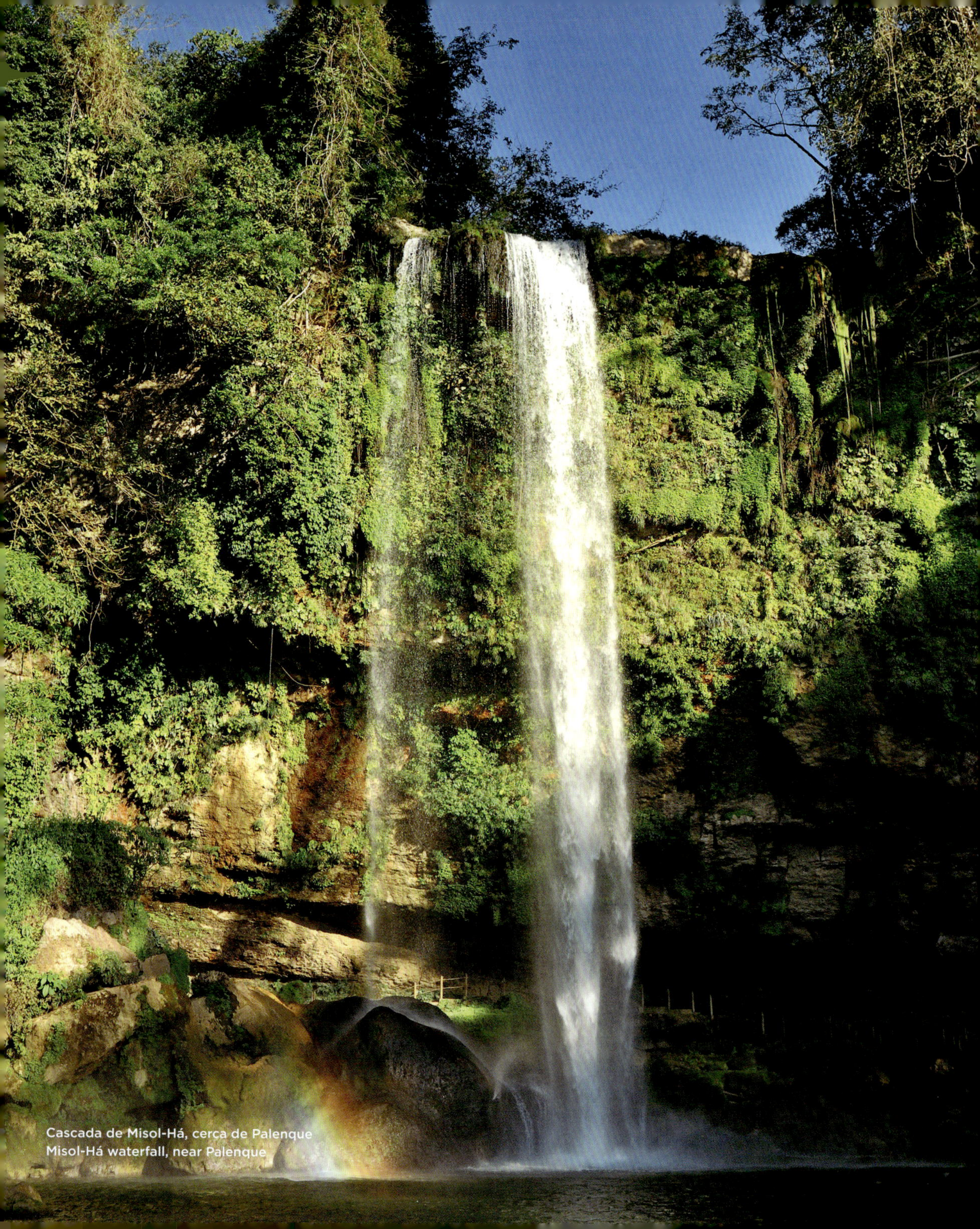

Cascada de Misol-Há, cerca de Palenque
Misol-Há waterfall, near Palenque

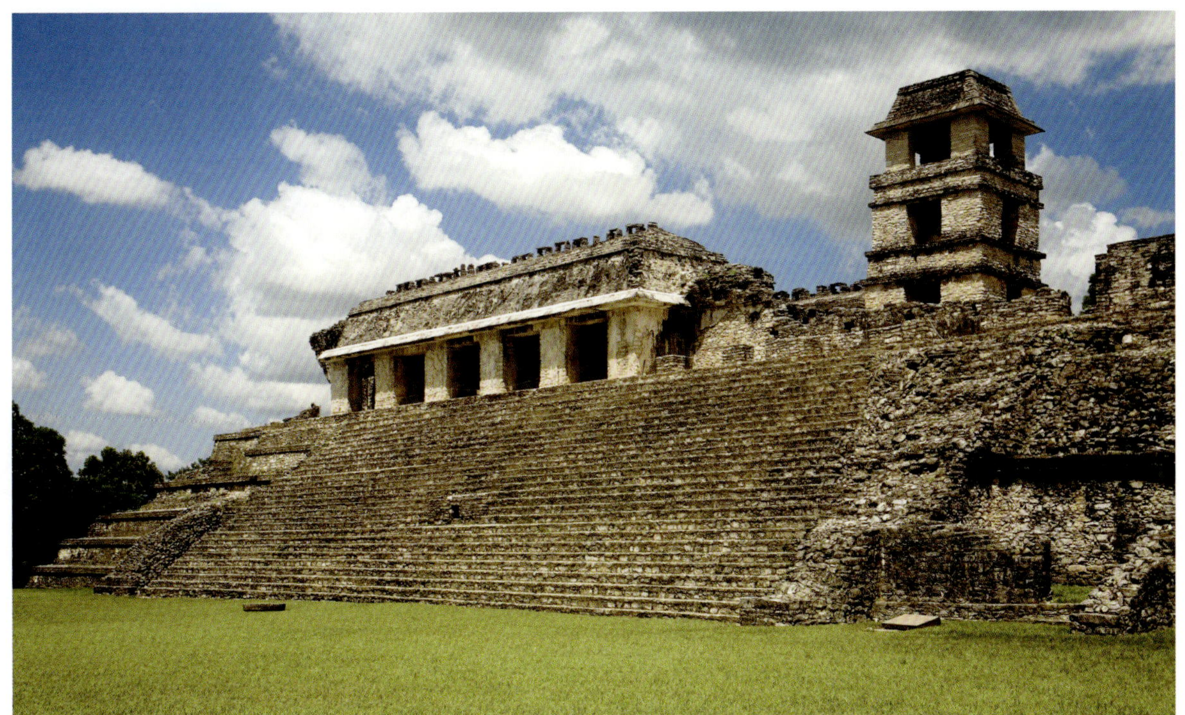

El Palacio, Palenque
The Palace, Palenque

**Palenque and Agua Azul**
For these two places alone a trip to Mexico would be worthwhile, say some travelers. Palenque is one of the most impressive testimonies to the Mayan culture, due to its magnificent location in the middle of the tropical rainforest and the excellent preservation of its pyramids. Alternatively, there is the purely natural Agua Azul ("blue water"), where impressive waterfalls plunge into turquoise lagoons in the rainforest.

**Palenque et Agua Azul**
D'après de nombreux voyageurs, ces deux seuls endroits suffisent à justifier un voyage au Mexique. Avec son emplacement de choix dans la forêt tropicale et la conservation incroyable de ses pyramides, Palenque fait partie des témoignages les plus impressionnants de la culture maya. Agua Azul (« eau bleue »), en revanche, n'est que pure nature, avec ses chutes d'eau majestueuses qui dégringolent en pleine forêt dans des lagunes bleu turquoise.

**Palenque und Agua Azul**
Für diese beiden Orte allein würde sich eine Reise nach Mexiko schon lohnen, sagen manche Reisende. Durch seine herrliche Lage mitten im tropischen Regenwald und den hervorragenden Erhalt der Pyramiden zählt Palenque zu den beeindruckendsten Zeugnissen der Mayakultur. Reine Natur dagegen ist Agua Azul („blaues Wasser"), wo im Regenwald imposante Wasserfälle in türkisblaue Lagunen stürzen.

**Palenque y Agua Azul**
Dicen algunos viajeros que solamente por estos dos lugares ya valdría la pena un viaje a México. Palenque es uno de los testimonios más impresionantes de la cultura maya debido a su magnífica ubicación en medio de la selva tropical y la excelente preservación de las pirámides. En contrapartida, la naturaleza pura se encuentra en Agua Azul, donde impresionantes cascadas se sumergen en lagunas de color turquesa en el bosque lluvioso.

**Palenque ed Agua Azul**
Alcuni viaggiatori dicono che anche solo questi due luoghi sarebbero sufficenti per giustificare un viaggio in Messico. Palenque è una delle testimonianze più impressionanti della cultura Maya, grazie alla sua magnifica posizione nel mezzo della foresta pluviale tropicale e l'eccellente conservazione delle piramidi. Agua Azul ("acqua azzurra"), è pura natura, dove impressionanti cascate si tuffano in lagune turchesi nella foresta pluviale.

**Palenque en Agua Azul**
Voor deze twee plaatsen alleen al zou een reis naar Mexico de moeite waard zijn, volgens sommige reizigers. Palenque is vanwege de prachtige ligging midden in het tropisch regenwoud en het uitstekende behoud van de piramiden een van de indrukwekkendste getuigenissen van de Mayacultuur. Puur natuur is daarentegen Agua Azul ('blauw water'), waar in het regenwoud indrukwekkende watervallen neerstorten in turkooisblauwe lagunes.

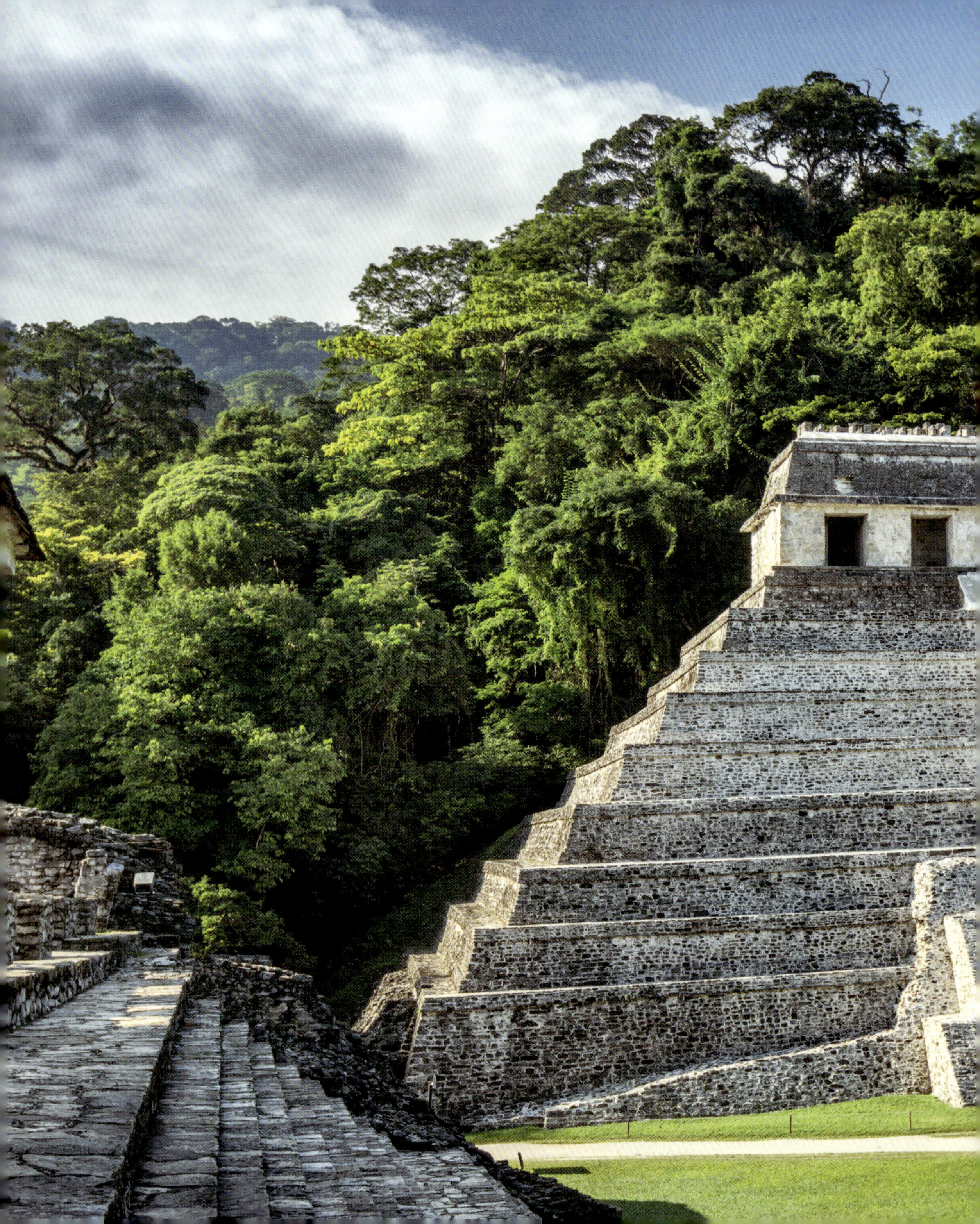

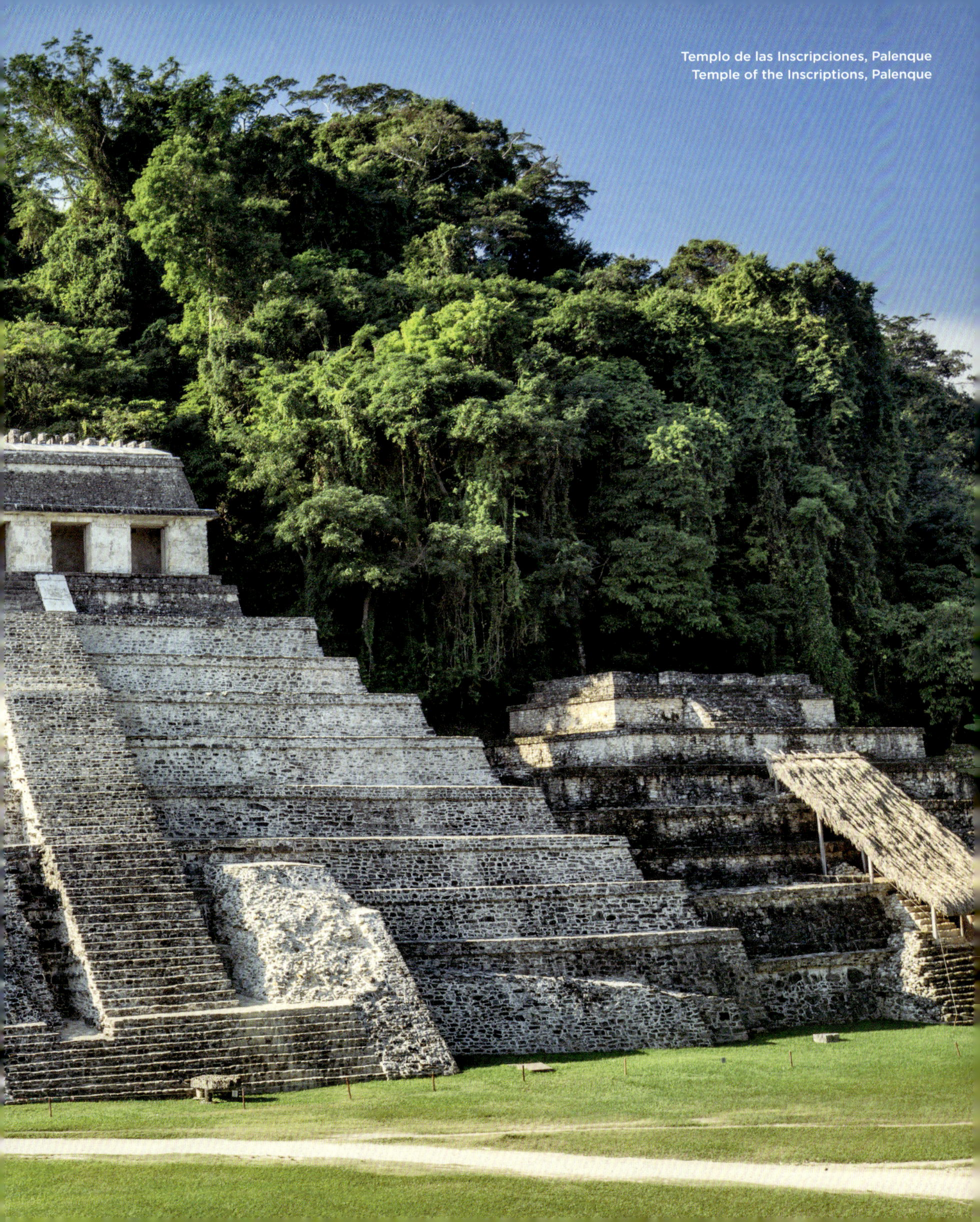

Templo de las Inscripciones, Palenque
Temple of the Inscriptions, Palenque

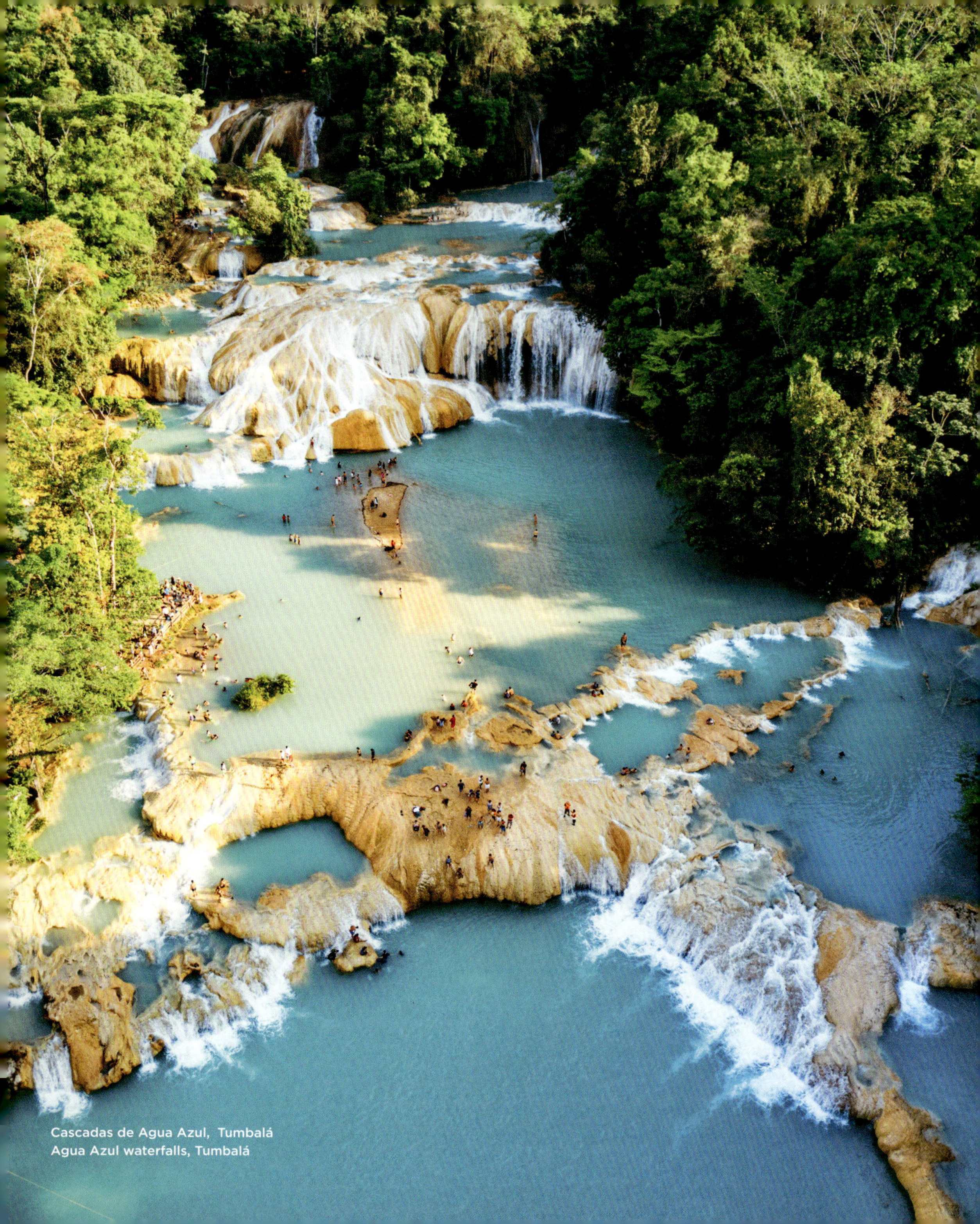

Cascadas de Agua Azul, Tumbalá
Agua Azul waterfalls, Tumbalá

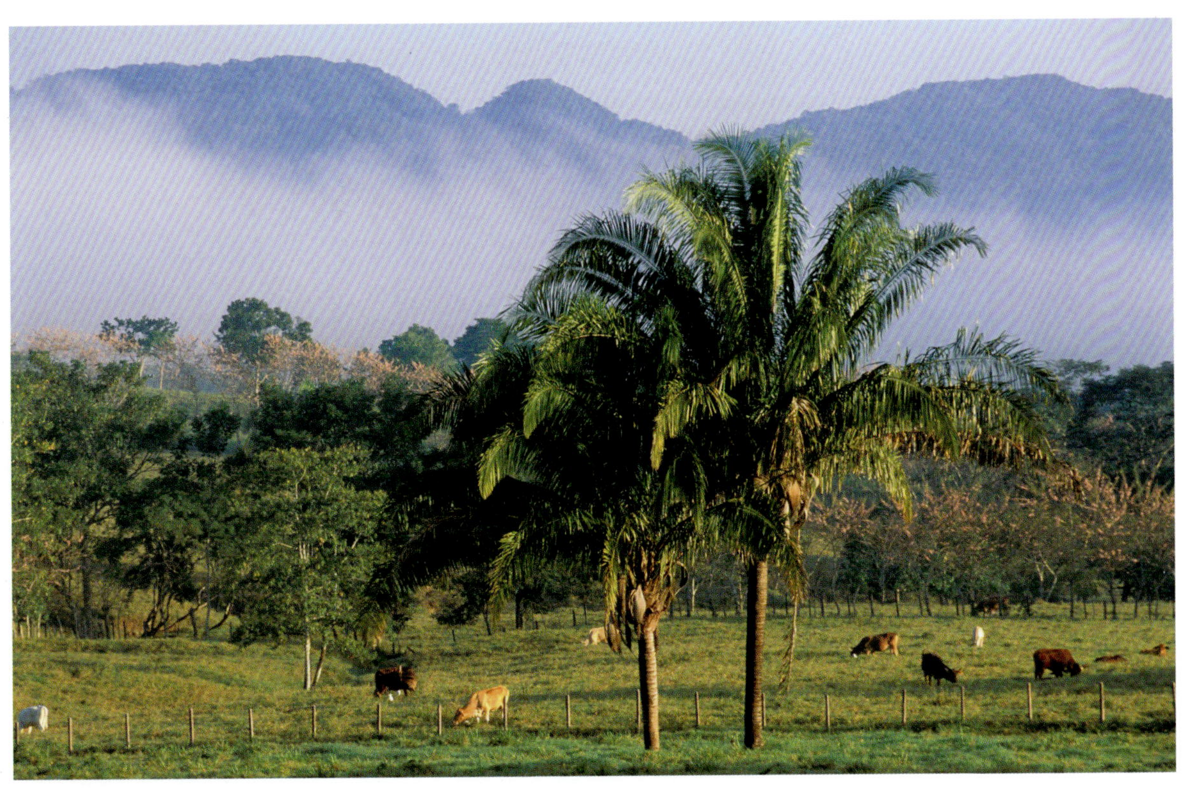

Cerca de Palenque
Near Palenque

**Palenque**
The Temple of the Inscriptions, built by the Mayan ruler Pakal, displays the writing of the Maya. With more than 700 characters, they were able to display numbers as well as syllables and words in a complicated system and are thus regarded as the inventors of writing in Mesoamerica.

**Palenque**
Le temple des inscriptions, érigé par le roi maya Pakal, montre l'écriture des Mayas. Avec plus de 700 caractères, ils étaient en mesure de représenter des nombres aussi bien que des syllabes et des mots au moyen d'un système complexe, et sont ainsi considérés comme les inventeurs de l'écriture en Mésoamérique.

**Palenque**
Der Tempel der Inschriften, errichtet vom Maya-Herrscher Pakal, zeigt die Schrift der Maya. Mit mehr als 700 Zeichen waren sie in der Lage sowohl Zahlen als auch Silben und Wörter in einem komplizierten System darzustellen und gelten damit als Erfinder der Schrift in Mesoamerika.

**Palenque**
El templo de las inscripciones, construido por el gobernante maya Pakal, muestra la escritura de los mayas. Con más de 700 caracteres fueron capaces de mostrar números así como sílabas y palabras en un sistema complicado y por lo tanto son considerados como los inventores de la escritura en Mesoamérica.

**Palenque**
Il tempio delle iscrizioni, costruito dal sovrano Maya Pakal, mostra la scrittura dei Maya. Con più di 700 caratteri sono stati in grado di rappresentare numeri, sillabe e parole in un sistema complesso, considerati come gli inventori della scrittura in Mesoamerica.

**Palenque**
De piramide van de inscripties, gebouwd door Mayaheerser Pakal, toont het schrift van de Maya's. Met meer dan 700 karakters konden ze in een ingewikkeld systeem zowel getallen als lettergrepen en woorden weergeven. Hierdoor worden ze gezien als de uitvinders van het schrift in Meso-Amerika.



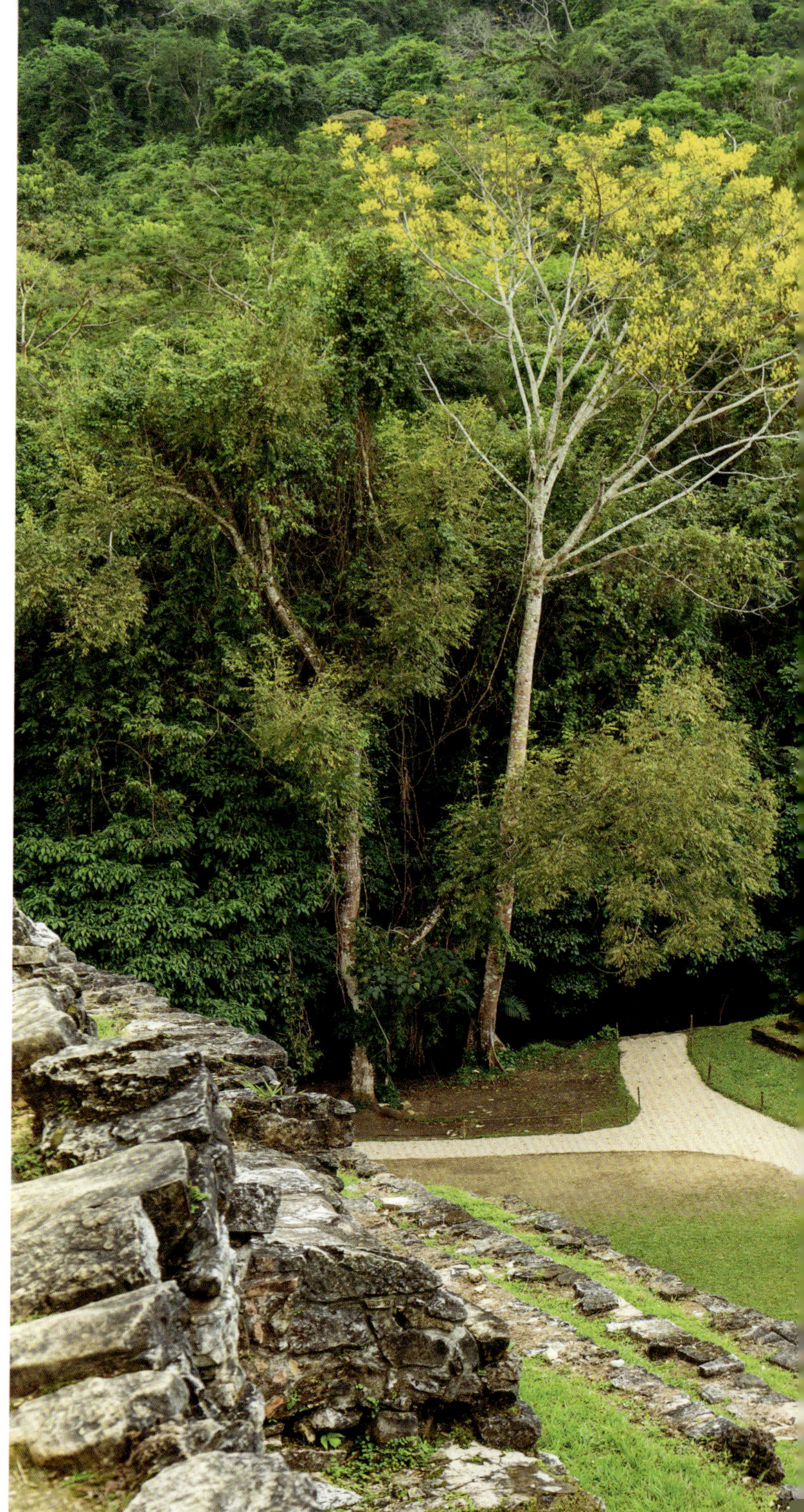

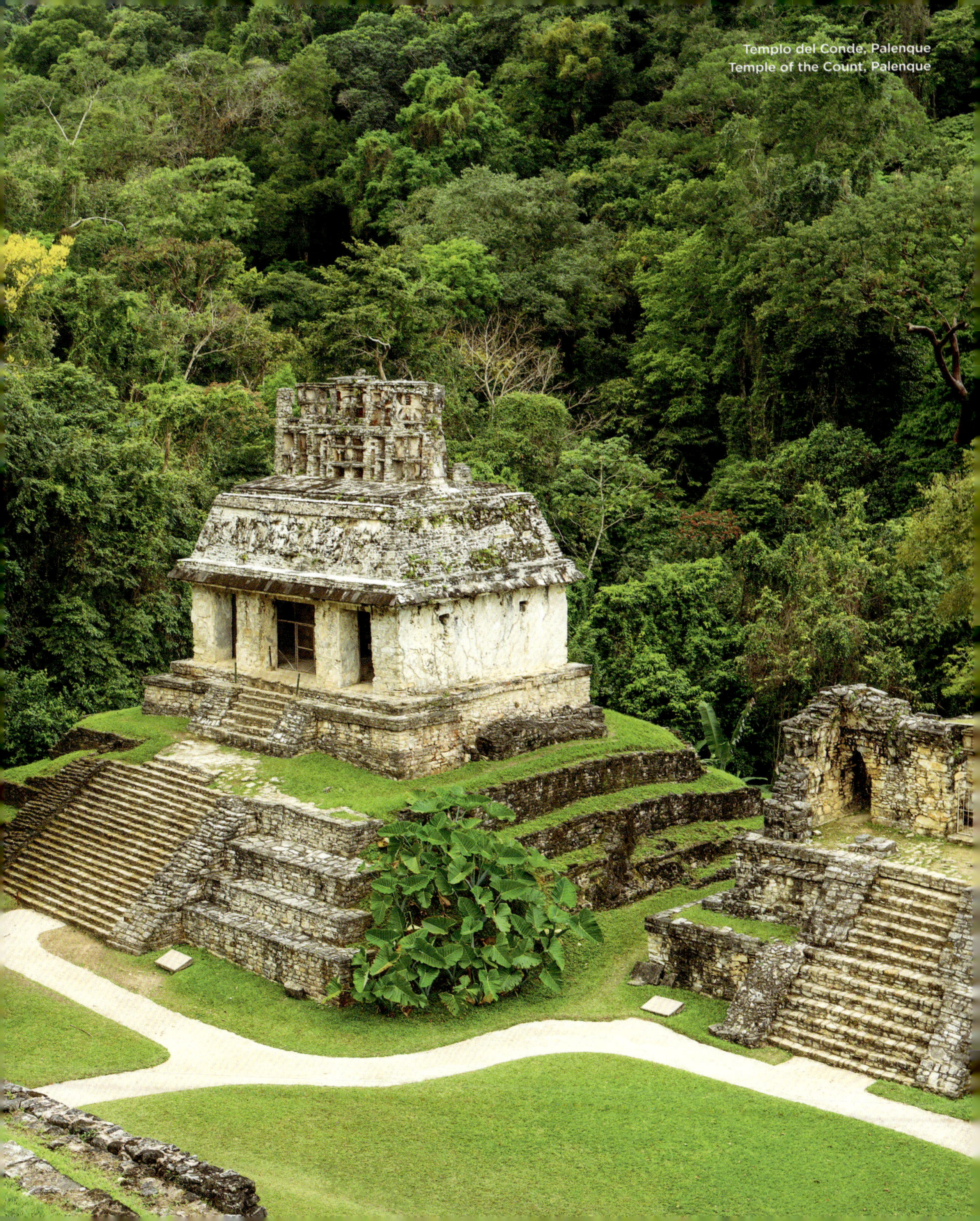

Templo del Conde, Palenque
Temple of the Count, Palenque

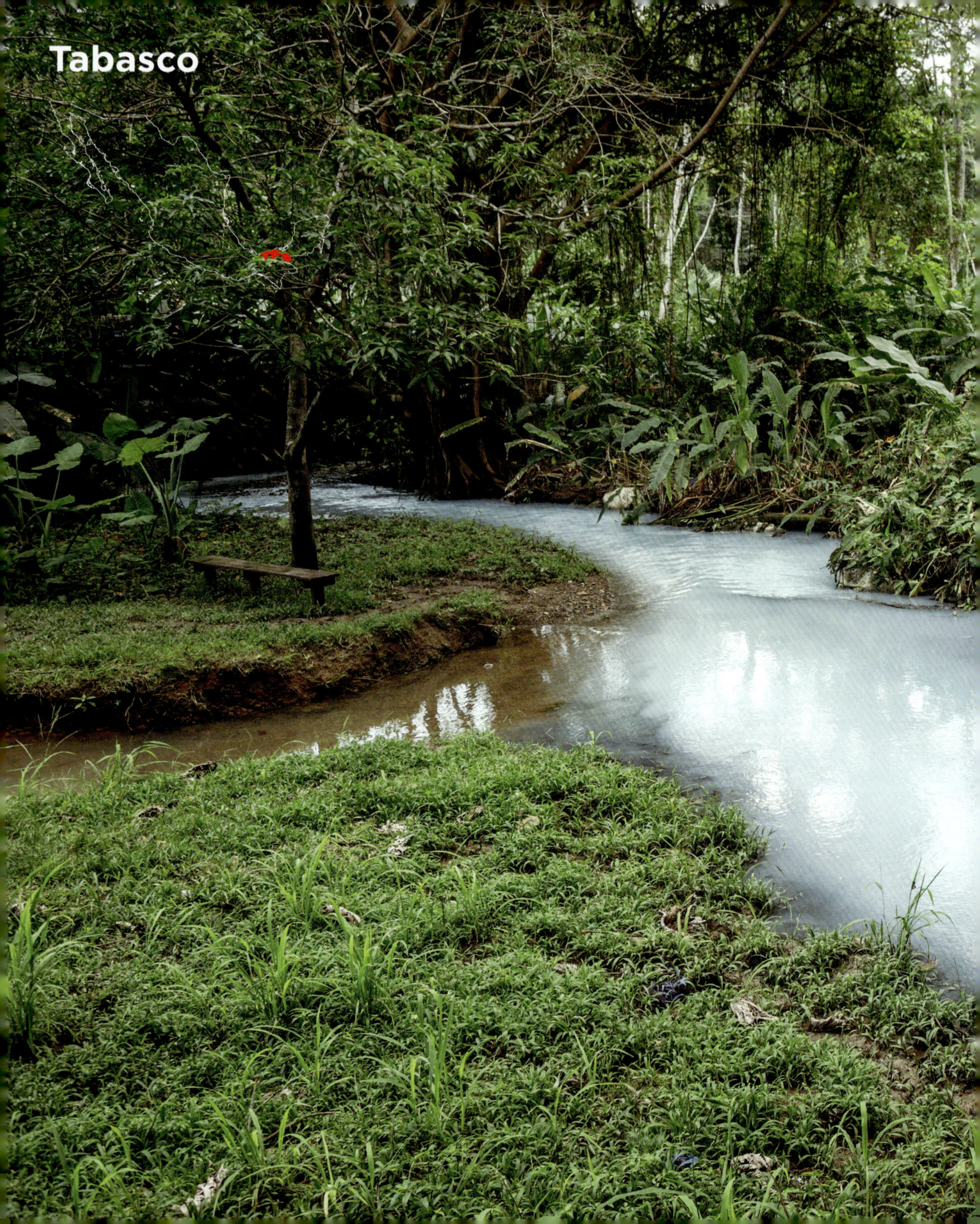
Tabasco

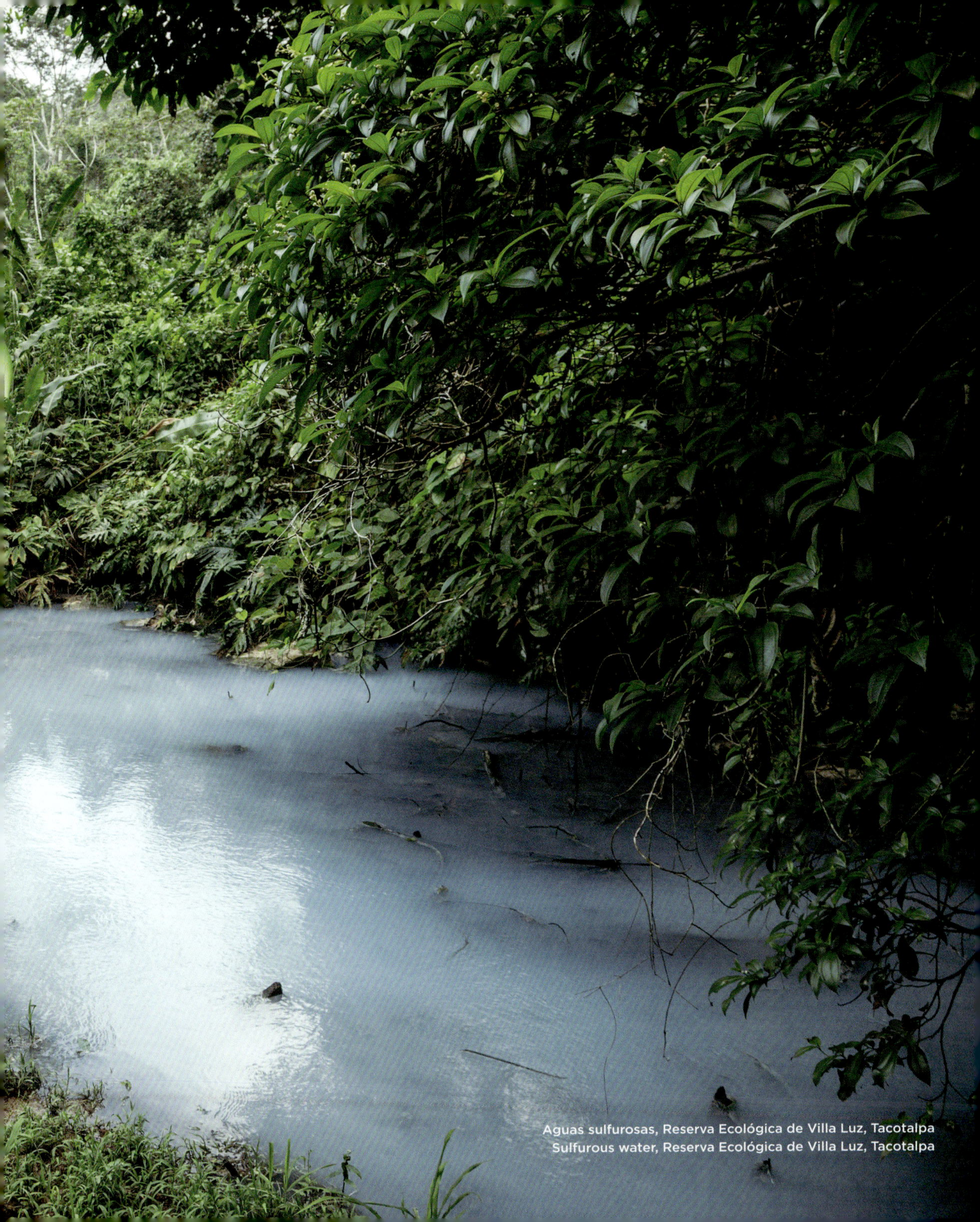

Aguas sulfurosas, Reserva Ecológica de Villa Luz, Tacotalpa
Sulfurous water, Reserva Ecológica de Villa Luz, Tacotalpa

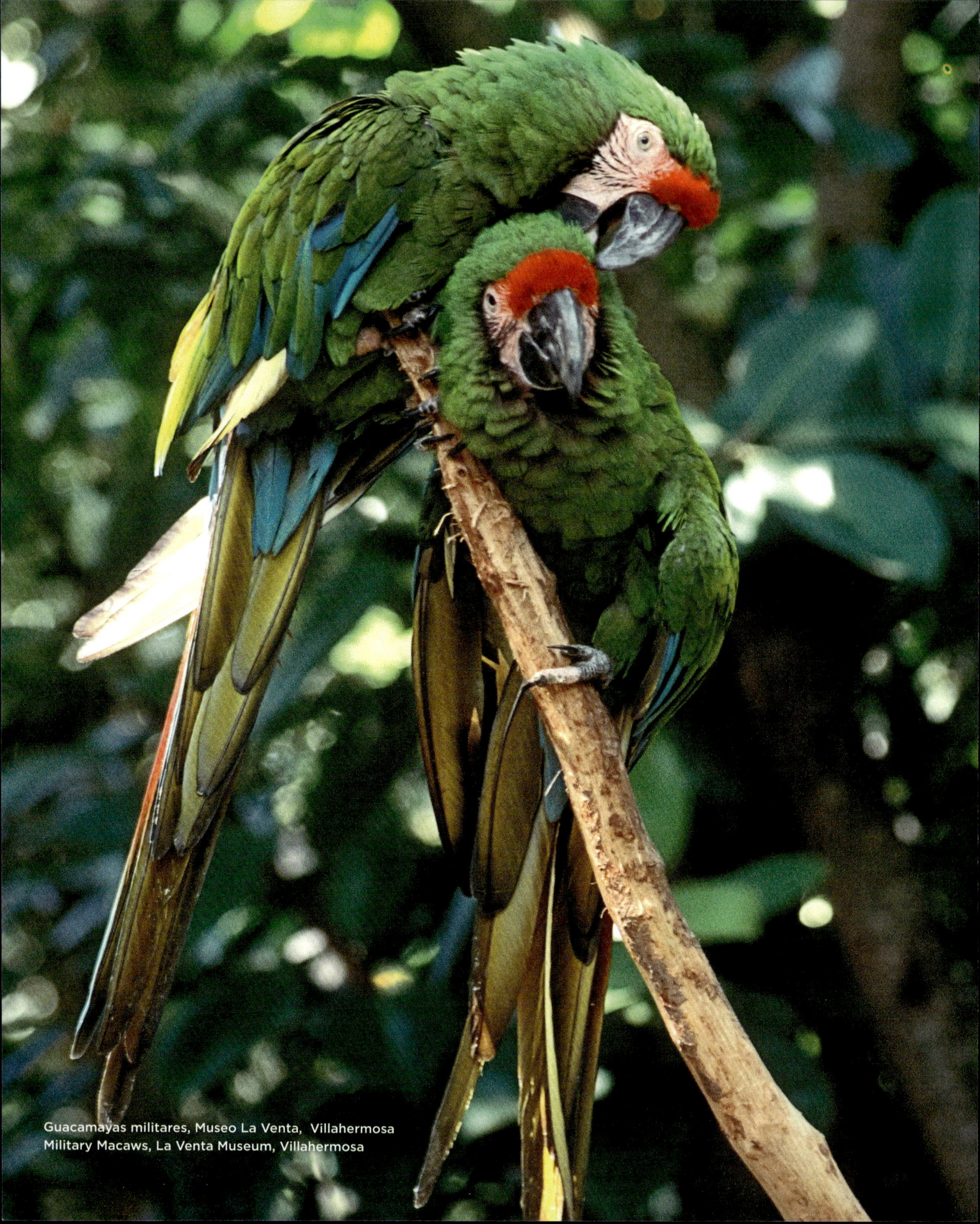

Guacamayas militares, Museo La Venta,  Villahermosa
Military Macaws, La Venta Museum, Villahermosa

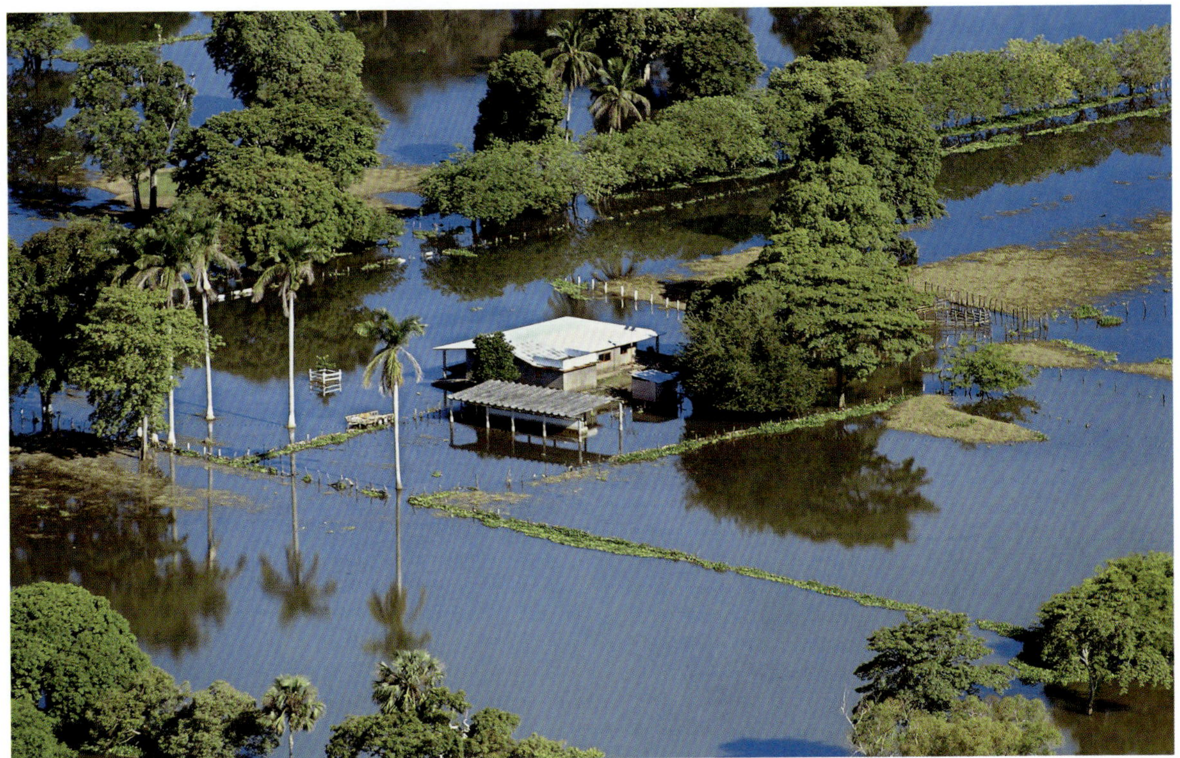

Villahermosa

**Tabasco**
Wetlands and dense rainforest, water-rich rivers and cascades, caves and canyons all make Tabasco a true natural paradise. Along the coast, the Gulf of Mexico state consists of flat alluvial land that the Usumacinta River and its tributaries have deposited here over the millennia.

**Tabasco**
Les zones humides et les forêts tropicales denses, les rivières et les cascades, les grottes et les canyons font de Tabasco un véritable paradis terrestre. Bordant la côte, cet État du golfe du Mexique est un terrain alluvial plat, formé au fil des millénaires par le Río Usumacinta et ses affluents.

**Tabasco**
Feuchtgebiete und dichter Regenwald, wasserreiche Flüsse und Kaskaden, Höhlen und Canyons machen Tabasco zu einem wahren Naturparadies. Entlang der Küste besteht der Bundesstaat am Golf von Mexiko aus flachem Schwemmland, das der Río Usumacinta und seine Nebenflüsse im Lauf der Jahrtausende hier abgelagert haben.

**Tabasco**
Humedales y densos bosques lluviosos, ríos caudalosos y cascadas, cuevas y cañones hacen de Tabasco un verdadero paraíso natural. A lo largo de la costa, el estado del Golfo de México está formado por tierras aluviales llanas que el río Usumacinta y sus afluentes han depositado aquí a lo largo de milenios.

**Tabasco**
Zone umide e fitte foreste pluviali, fiumi e cascate ricchi d'acqua, grotte e canyon fanno di Tabasco un vero e proprio paradiso naturale. Lungo la costa, lo stato del Golfo del Messico è costituito da terreni alluvionali pianeggianti che il Río Usumacinta e i suoi affluenti hanno formato nel corso dei millenni.

**Tabasco**
Wetlands en dicht regenwoud, waterrijke rivieren en watervallen, grotten en ravijnen maken Tabasco tot een waar natuurparadijs. Langs de kust bestaat de staat aan de Golf van Mexico uit vlak aangeslibd land, dat hier in de loop van millennia is afgezet door de Río Usumacinta en zijn zijrivieren.

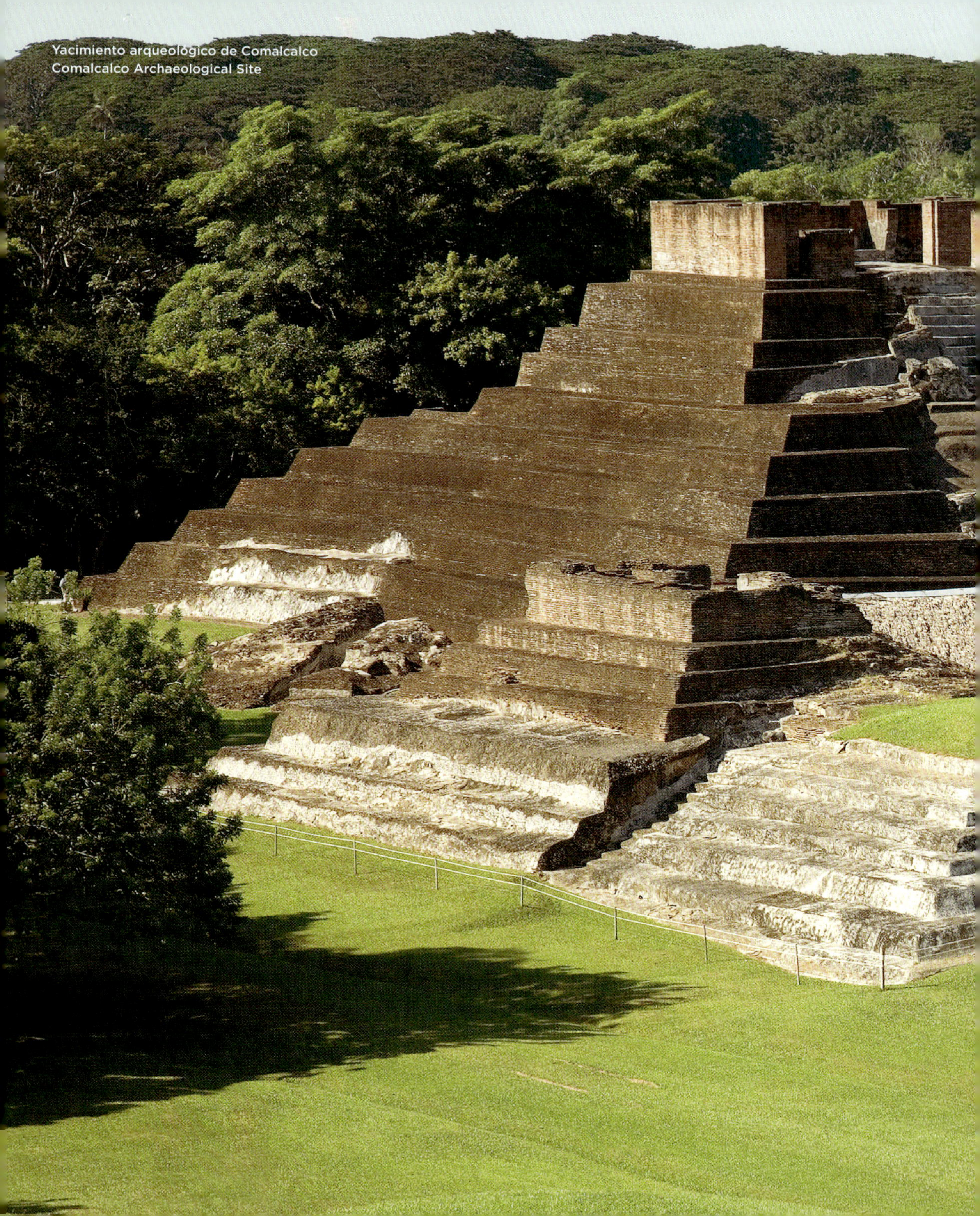

Yacimiento arqueológico de Comalcalco
Comalcalco Archaeological Site

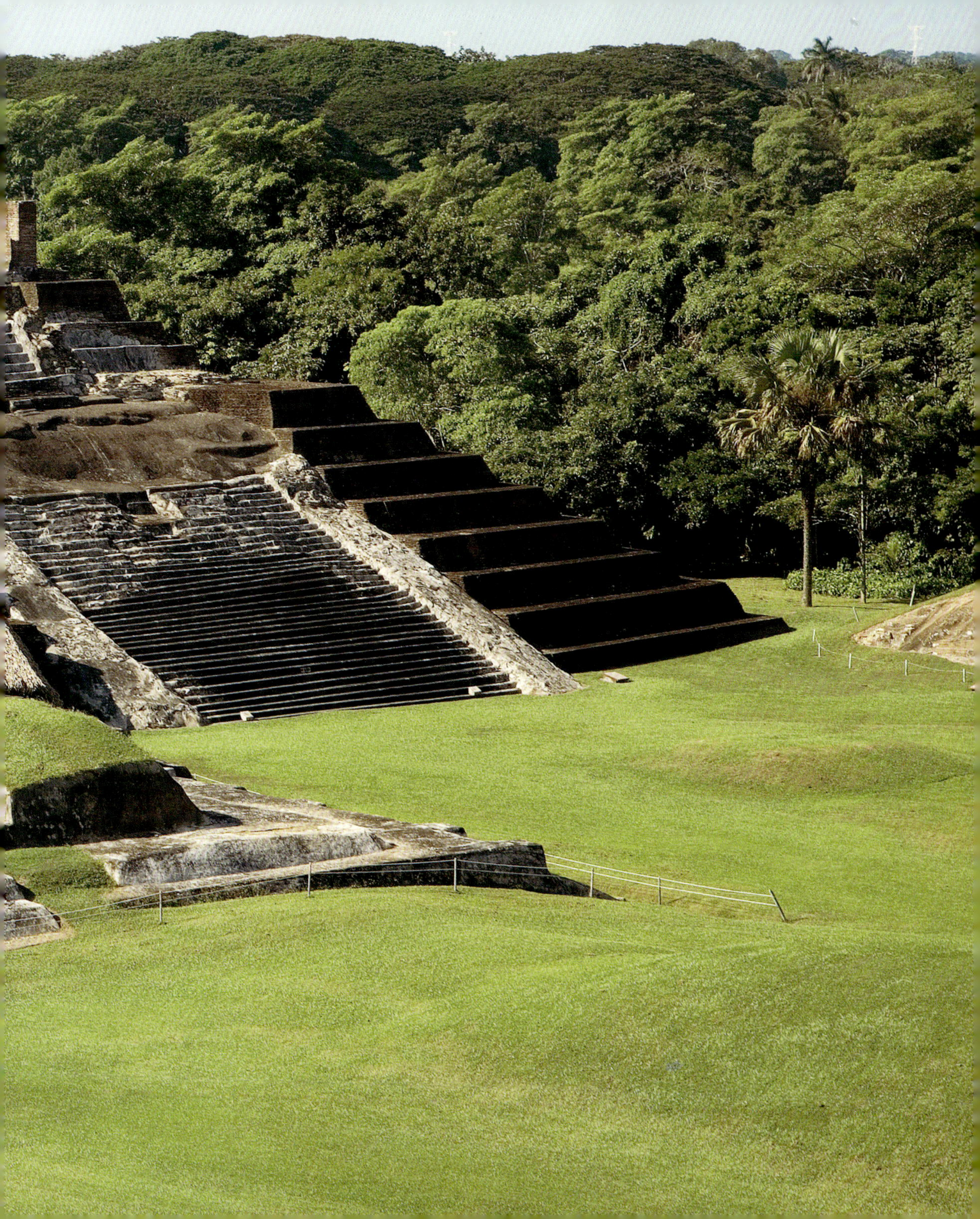

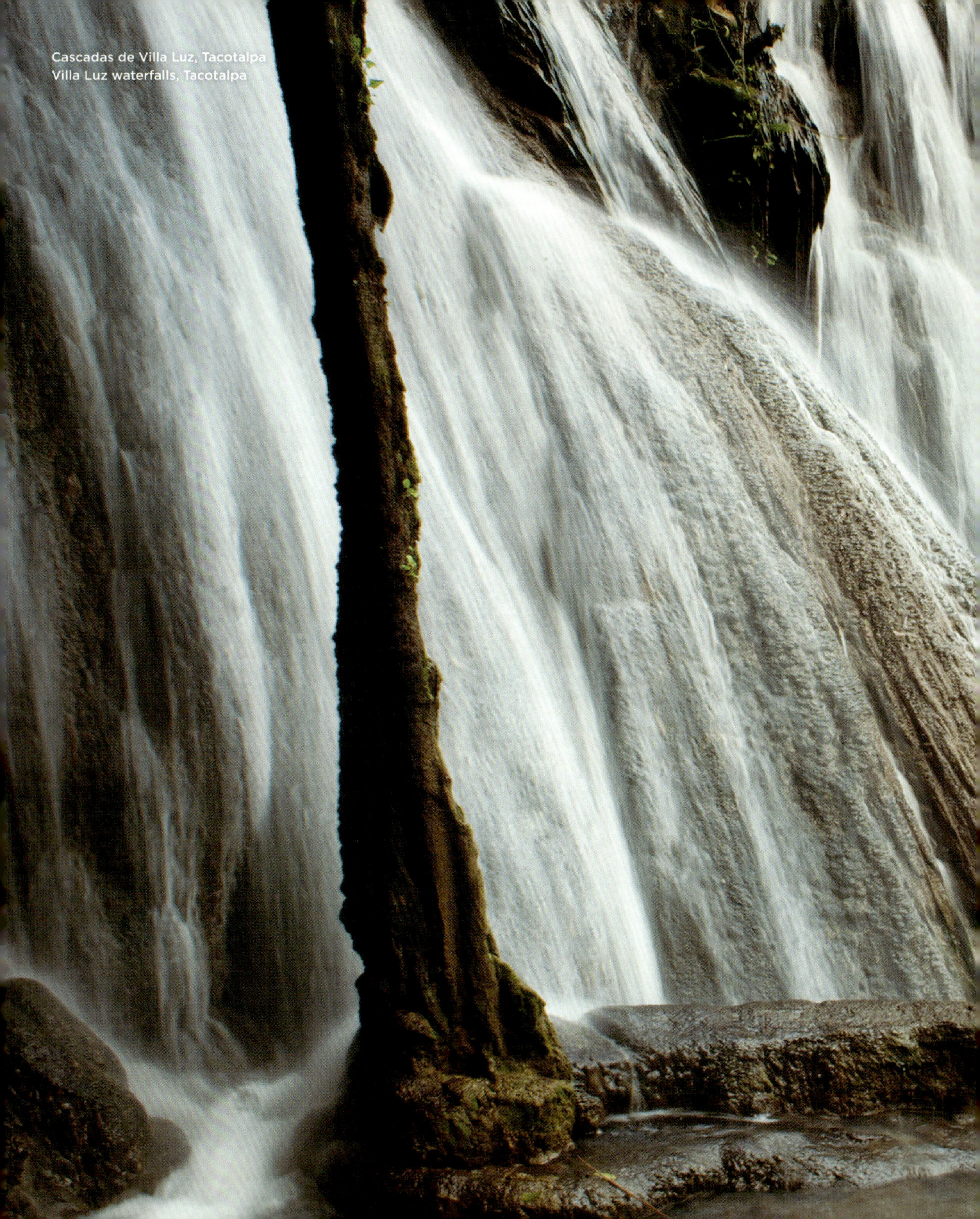

Cascadas de Villa Luz, Tacotalpa
Villa Luz waterfalls, Tacotalpa

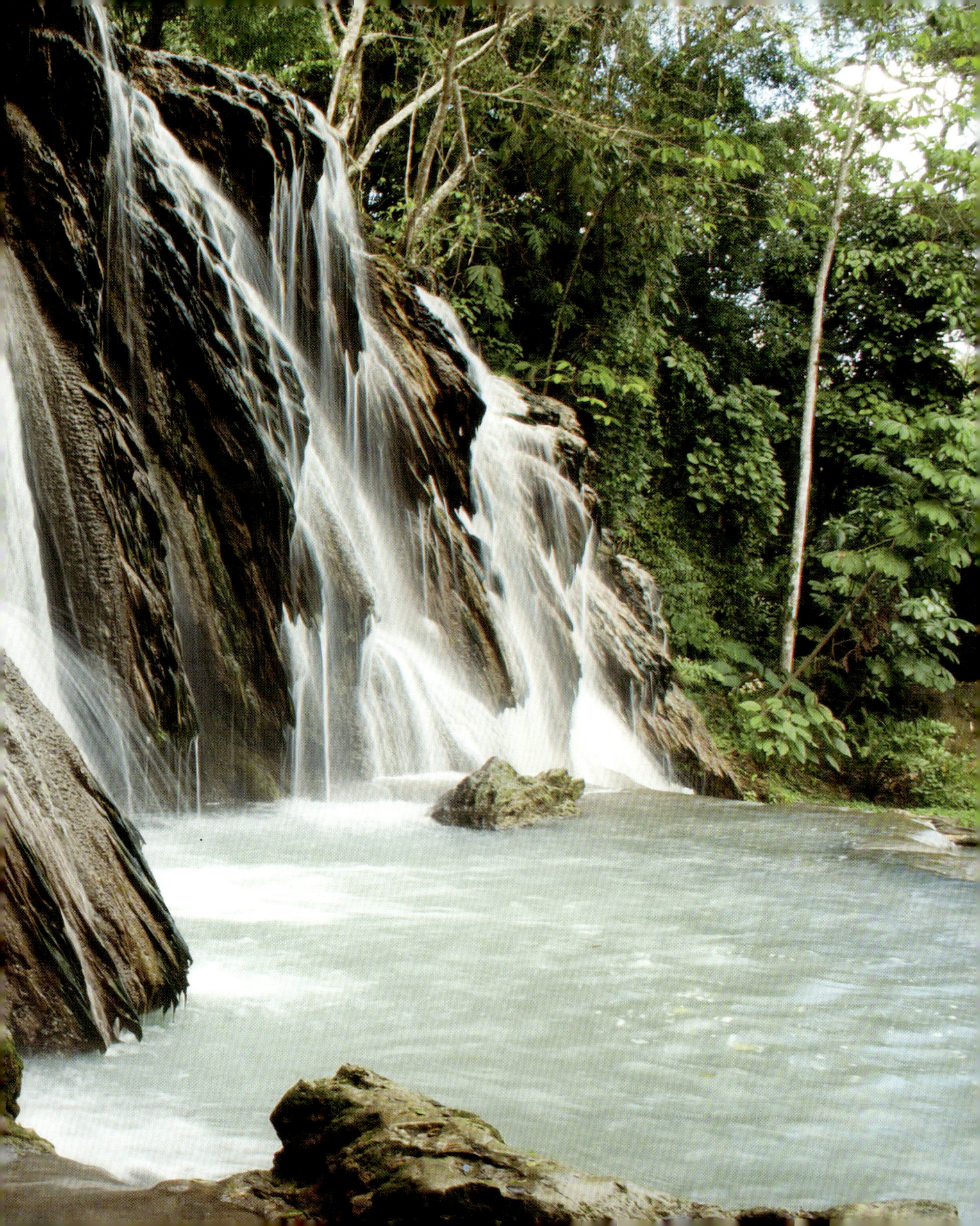

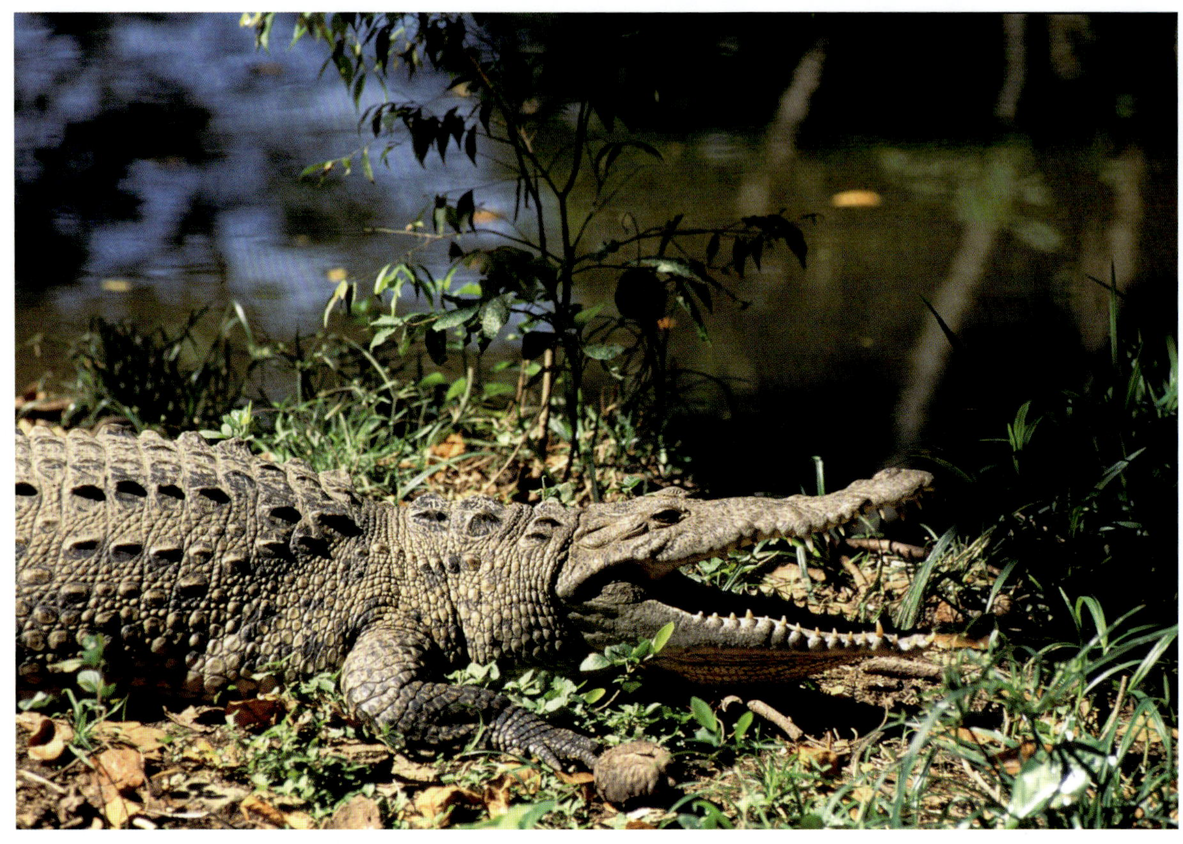

Cocodrilo, Parque-Museo La Venta, Villahermosa
Crocodile, La Venta Park & Museum, Villahermosa

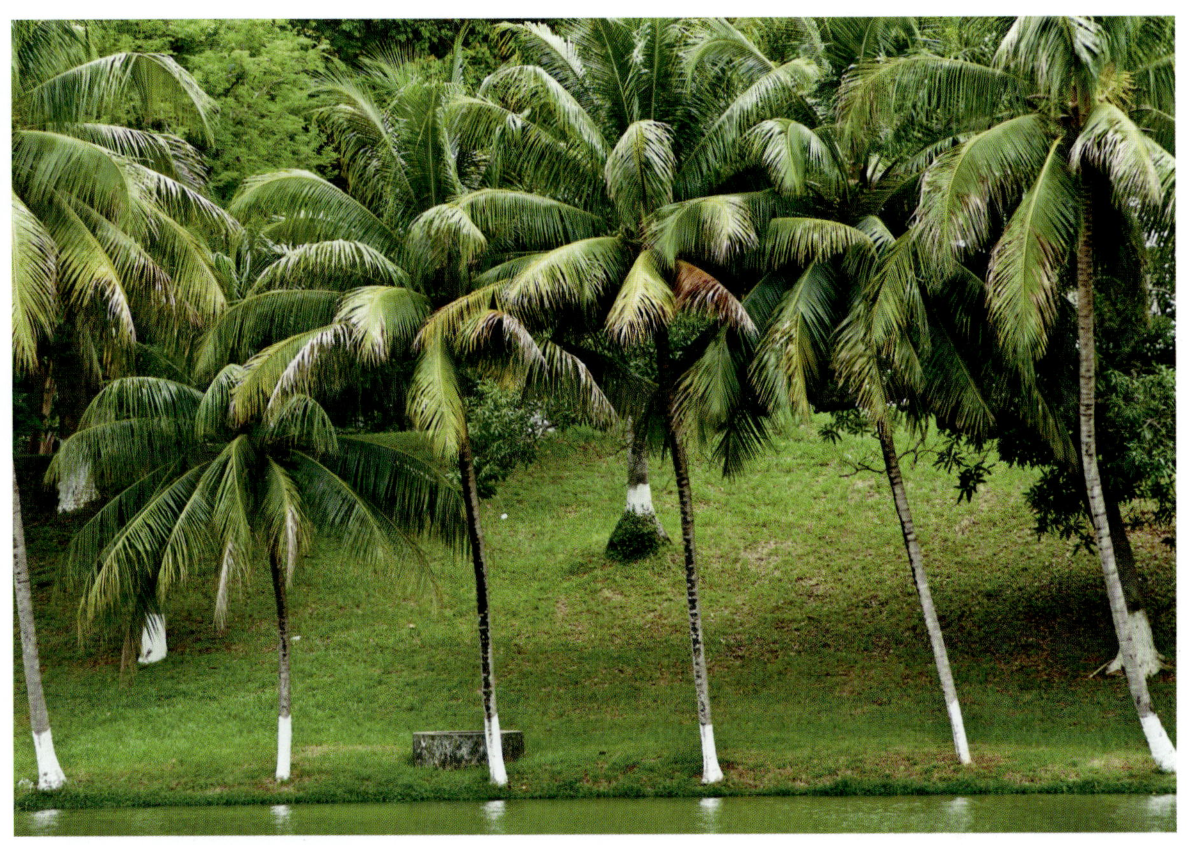

Parque-Museo La Venta, Villahermosa
La Venta Park and Museum, Villahermosa

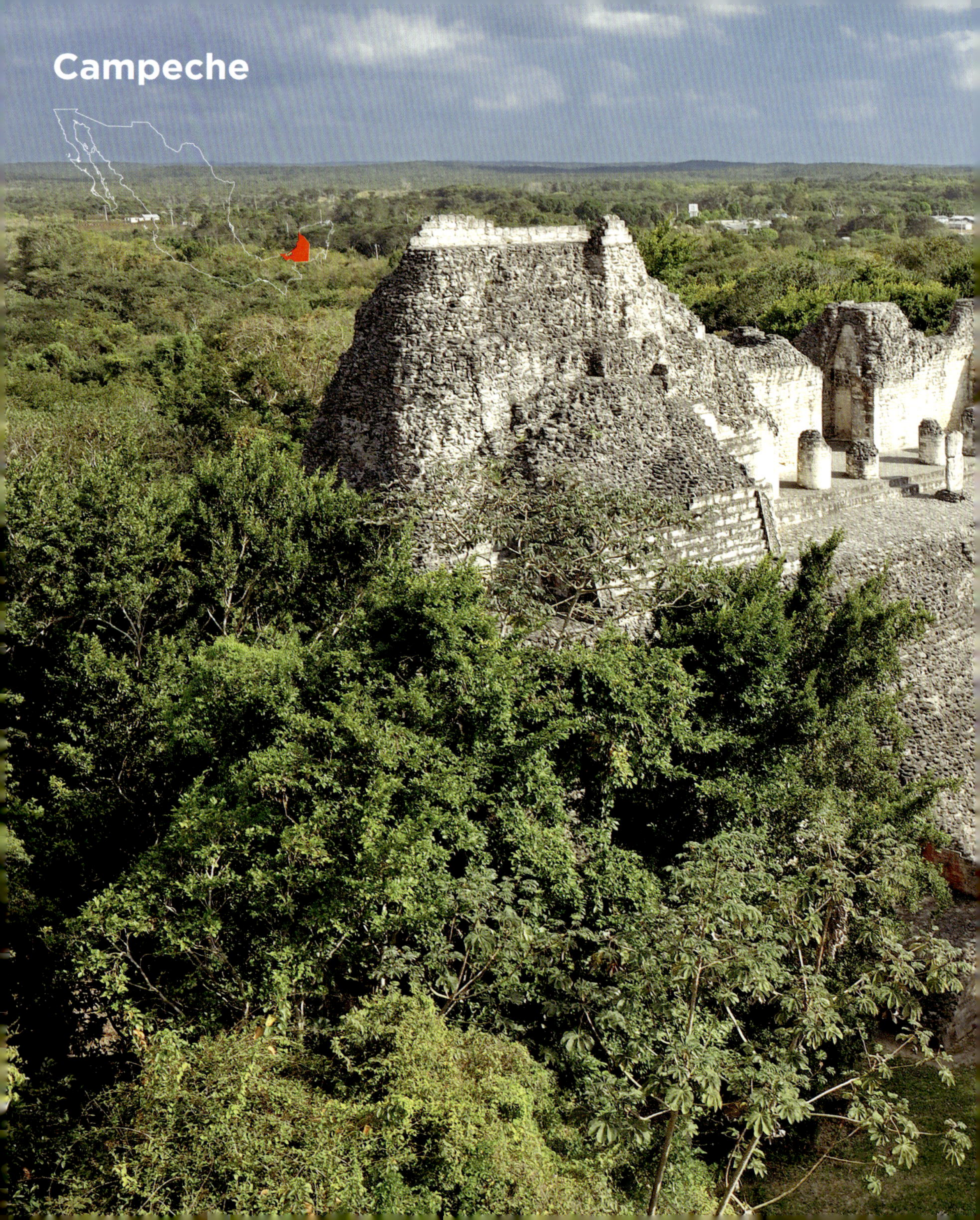
Campeche

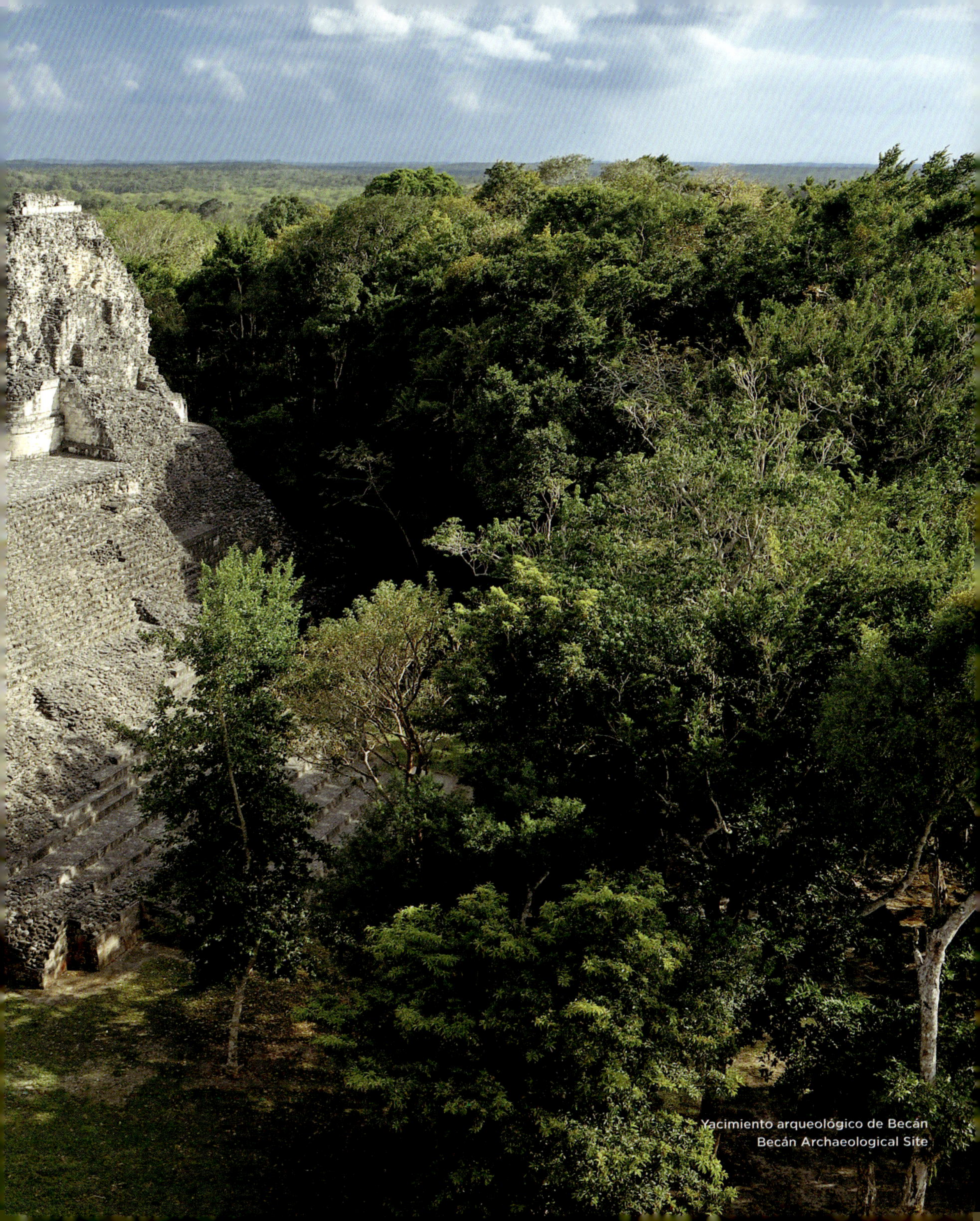

Yacimiento arqueológico de Becán
Becán Archaeological Site

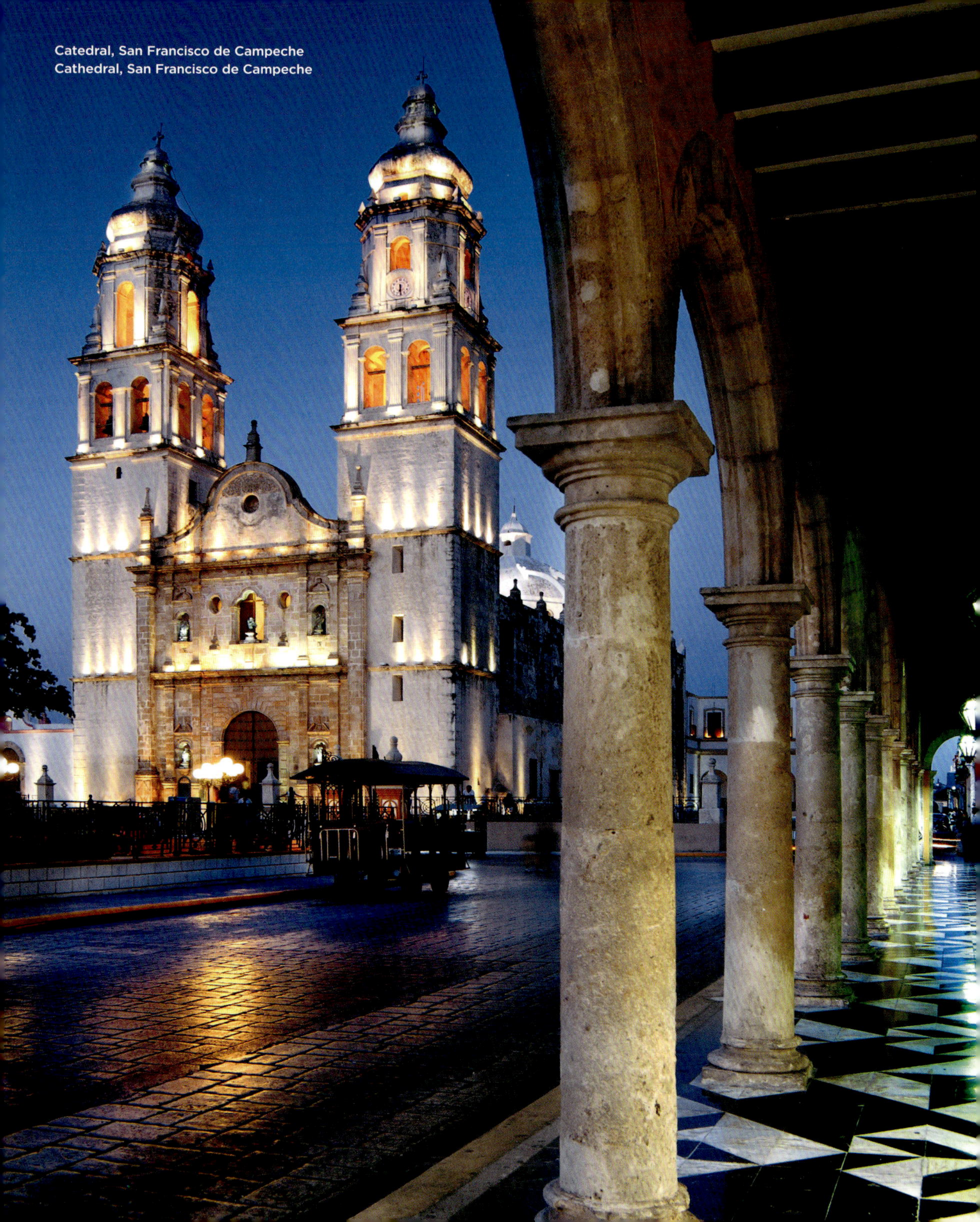

Catedral, San Francisco de Campeche
Cathedral, San Francisco de Campeche

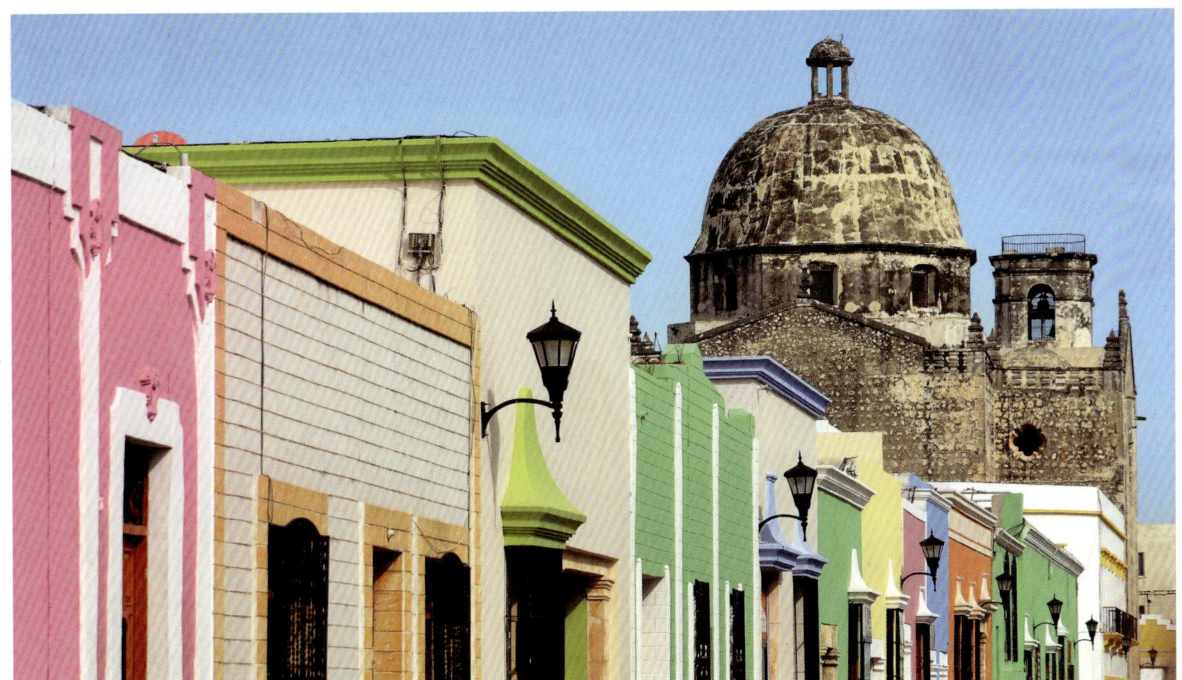

San Francisco de Campeche

**Campeche**
The Yucatán peninsula, a huge limestone plate, borders the Gulf of Mexico to the north and west and the Caribbean Sea to the east. The largest part is covered by dense forests—the southwestern state of Campeche consists mainly of rainforest. Hidden in the jungle are the Mayan sites of Calakmul and Edzná. On the coast, the colorful capital San Francisco de Campeche invites you to stroll through the historic center, surrounded by fortified walls.

**Campeche**
La péninsule du Yucatán, une gigantesque plaque de calcaire, est bordée au nord et à l'ouest par le golfe du Mexique et, à l'est, par la mer des Caraïbes. Elle est couverte, en majeure partie, d'épaisses forêts : l'État de Campeche, situé au sud-ouest, est essentiellement constitué de forêt tropicale humide. Les cités mayas de Calakmul et Edzná sont cachées dans la jungle. Le long de la côte, la capitale haute en couleur de San Francisco de Campeche invite à la promenade dans son centre historique fortifié.

**Campeche**
Die Halbinsel Yucatán, eine riesige Kalksteintafel, grenzt im Norden und Westen an den Golf von Mexiko und im Osten an das Karibische Meer. Der größte Teil ist von dichten Wäldern bewachsen – der südwestliche Bundestaat Campeche besteht hauptsächlich aus Regenwald. Versteckt im Dschungel liegen die Mayastätten Calakmul und Edzná. An der Küste lädt die farbenfrohe Hauptstadt San Francisco de Campeche zu einem Bummel durch das von einer Festung umgebene historische Zentrum ein.

**Campeche**
La península de Yucatán, una enorme placa de piedra caliza, limita al norte y al oeste con el Golfo de México y al este con el Mar del Caribe. La mayor parte está cubierta por densos bosques yel estado suroccidental de Campeche consiste principalmente de selva tropical. Escondidos en la selva están los sitios mayas de Calakmul y Edzná. En la costa, la colorida capital San Francisco de Campeche le invita a pasear por el centro histórico rodeado por una fortaleza.

**Campeche**
La penisola dello Yucatán, un'enorme lastra calcarea, confina a nord e a ovest con il Golfo del Messico e a est con il Mar dei Caraibi. La maggior parte è coperta da fitte foreste – lo stato sud-occidentale di Campeche è costituito principalmente da foresta pluviale. Nella giungla sono nascosti i siti Maya di Calakmul e Edzná. Sulla costa, la colorata capitale San Francisco de Campeche invita a passeggiare per il suo centro storico fortificato.

**Campeche**
Het schiereiland Yucatán, een enorm platform van kalksteen, grenst in het noorden en westen aan de Golf van Mexico en in het oosten aan de Caribische Zee. Het grootste deel is bedekt met dichte bossen – de zuidwestelijke staat Campeche bestaat vooral uit regenwoud. Verborgen in de jungle liggen de Mayasites Calakmul en Edzná. Aan de kust nodigt de vrolijke gekleurde hoofdstad San Francisco de Campeche bezoekers uit om door het historische centrum te slenteren dat omringd is door een vesting.

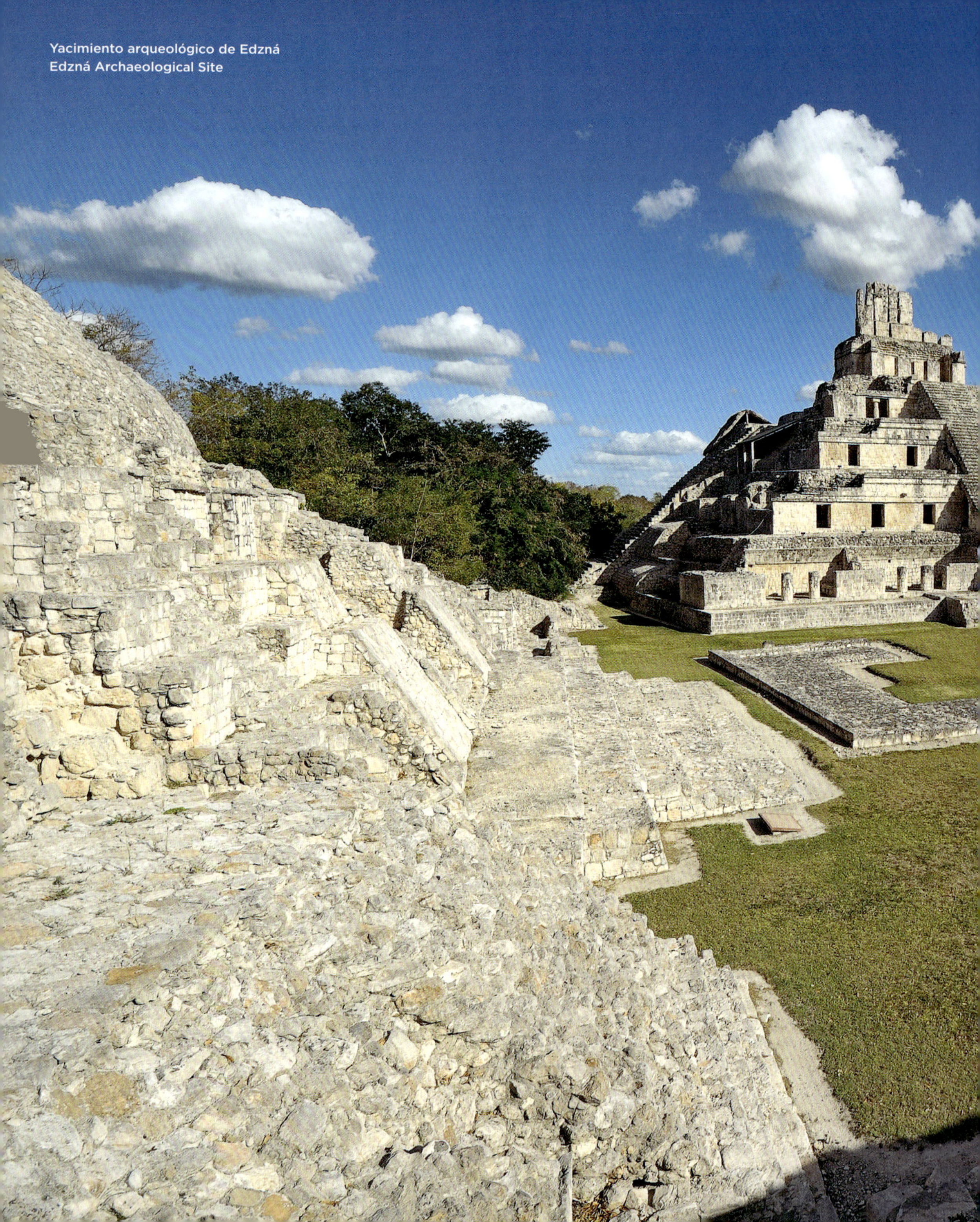

Yacimiento arqueológico de Edzná
Edzná Archaeological Site

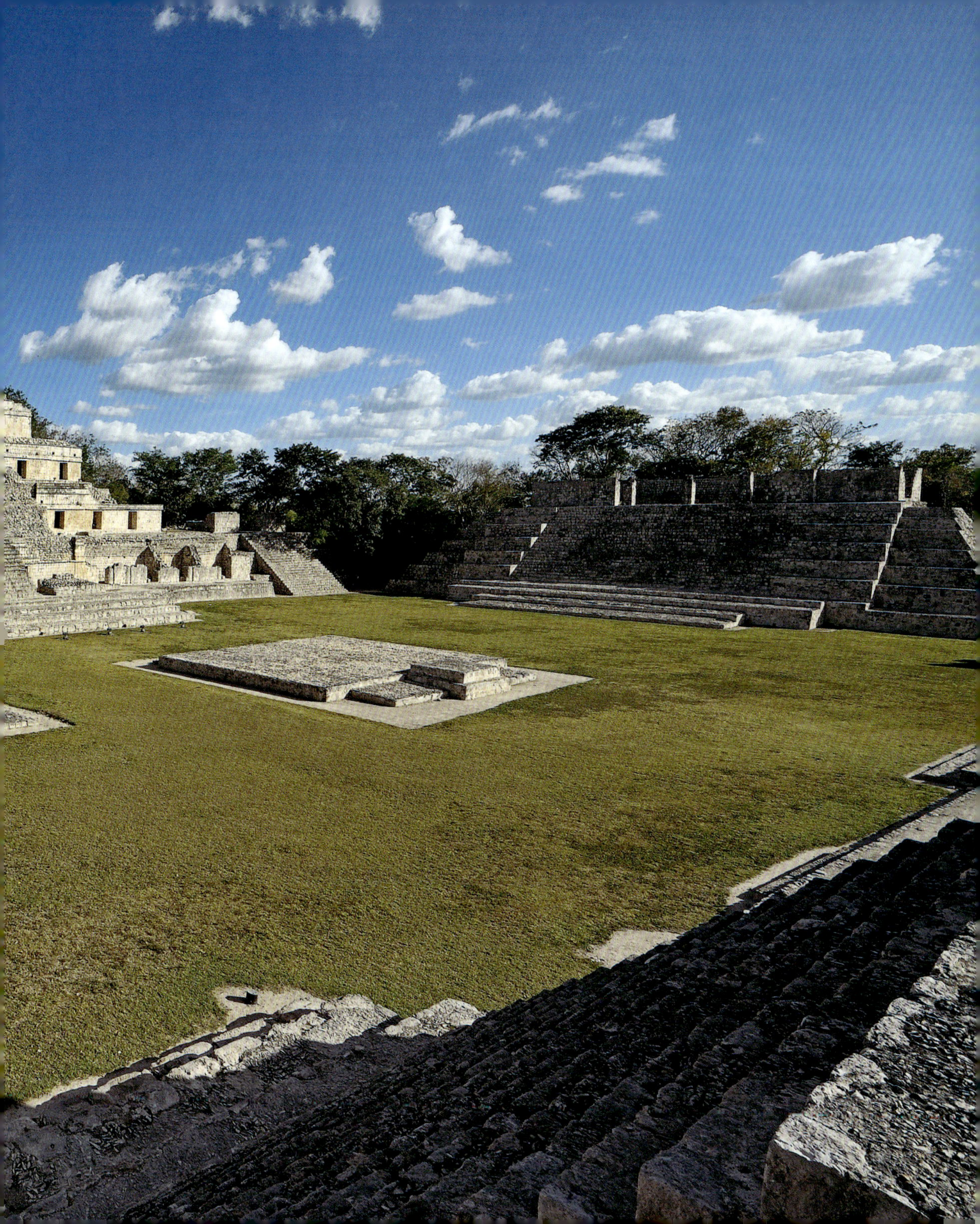

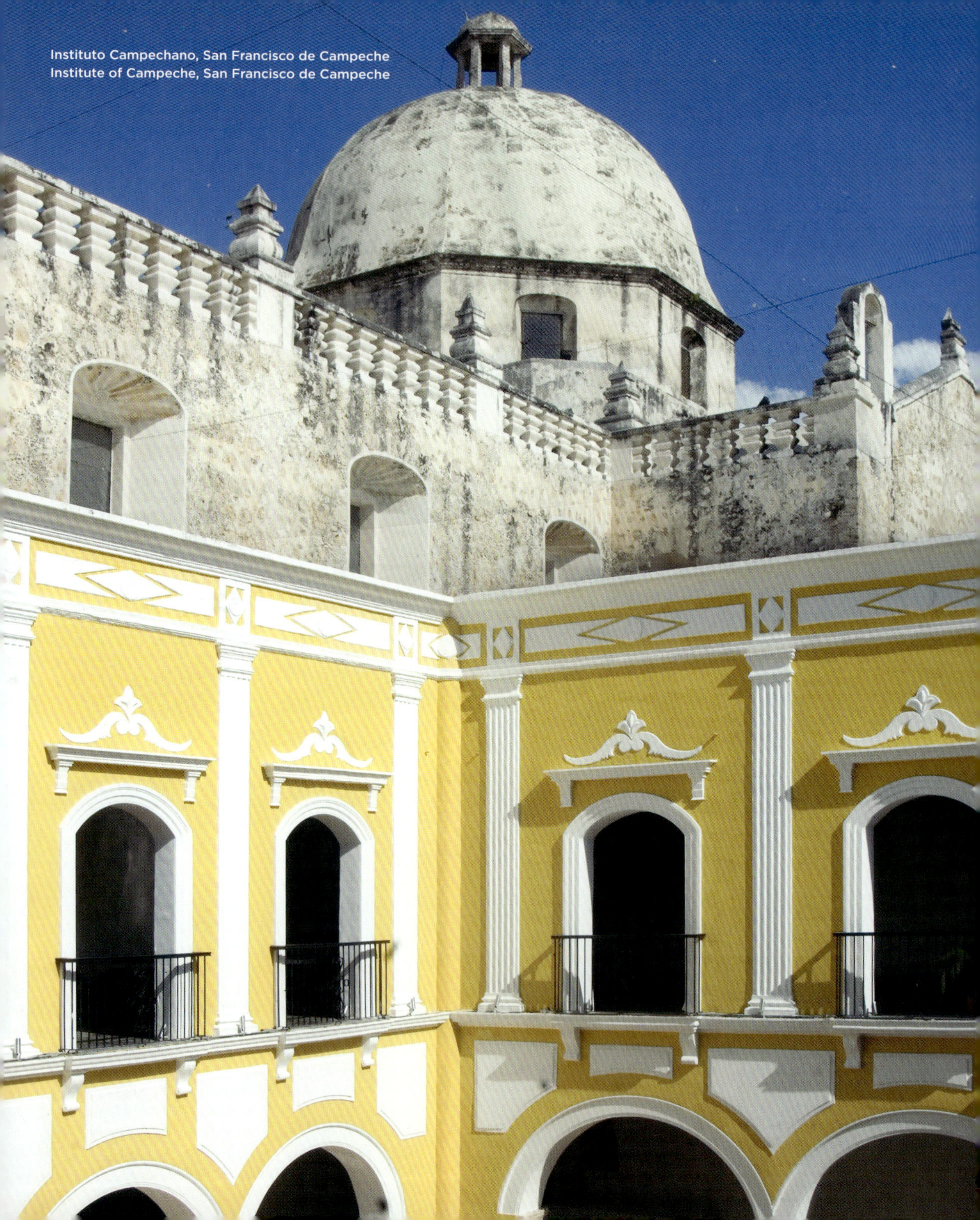

Instituto Campechano, San Francisco de Campeche
Institute of Campeche, San Francisco de Campeche

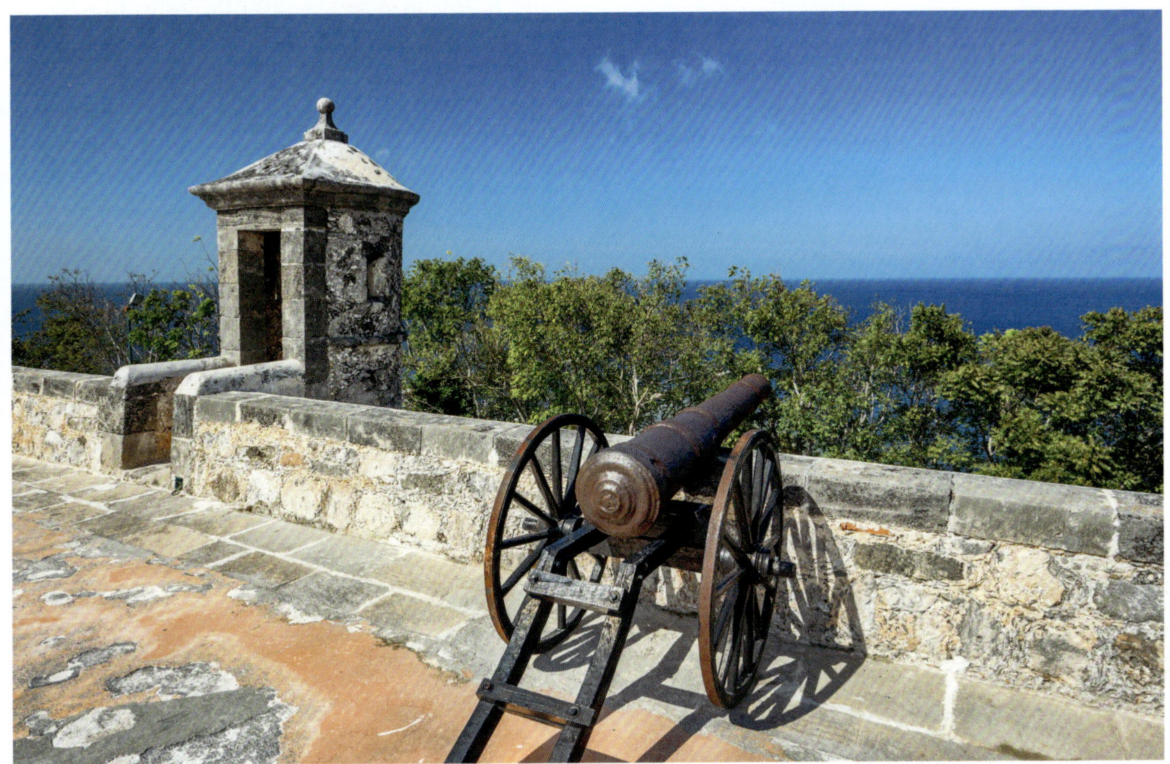

Fuerte de San Miguel, San Francisco de Campeche
Fort San Miguel, San Francisco de Campeche

**San Francisco de Campeche**
Due to its wealth, the port city of Campeche and the ships leaving here were repeatedly the target of pirate attacks in the 16th century. To protect people and goods, the Spanish city fathers built fortified walls around the city, some of which are still intact.

**San Francisco de Campeche**
À cause de sa richesse, la ville portuaire de Campeche et les bateaux qui en partaient étaient sans cesse la cible, au XVIe siècle, des attaques de pirates. Pour protéger hommes et marchandises, les édiles espagnols firent construire tout autour de la ville des fortifications qui ont été en partie conservées.

**San Francisco de Campeche**
Wegen ihres Reichtums waren die Hafenstadt Campeche und die von hier auslaufenden Schiffe im 16. Jahrhundert immer wieder Ziel von Piratenüberfällen. Um Menschen und Waren zu schützen errichteten die spanischen Stadtväter eine Befestigungsanlage rund um die Stadt, die zum Teil noch erhalten ist.

**San Francisco de Campeche**
Debido a su riqueza, la ciudad portuaria de Campeche y los barcos que salían de aquí fueron repetidamente blanco de ataques piratas en el siglo XVI. Para proteger a las personas y los bienes, las autoridadesde la ciudad española construyeron una fortificación alrededor de la ciudad, parte de la cual aún está intacta.

**San Francisco de Campeche**
A causa della sua ricchezza la città portuale di Campeche, e le navi che da qui partivano, furono ripetutamente oggetto di attacchi pirateschi nel Cinquecento. Per proteggere le persone e le merci, i padri della città spagnola costruirono una fortificazione intorno alla città, alcune delle quali è ancora intatta.

**San Francisco de Campeche**
De havenstad Campeche en de hier uitvarende schepen waren vanwege hun rijkdom in de 16e eeuw telkens weer het doelwit van piratenaanvallen. Om mensen en goederen te beschermen bouwde de Spaanse gemeenteraad een fortificatie rond de stad, waarvan een deel nog intact is.

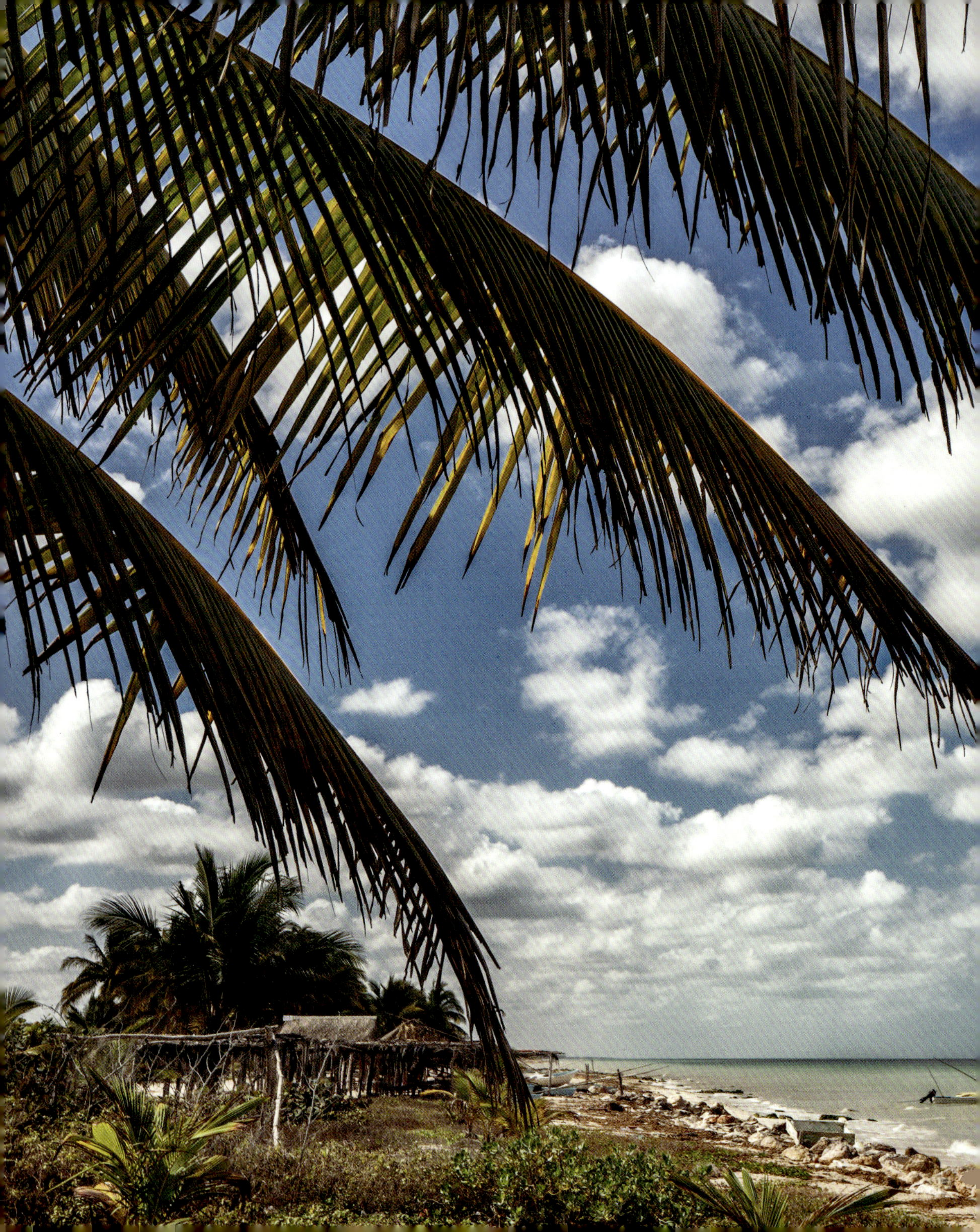

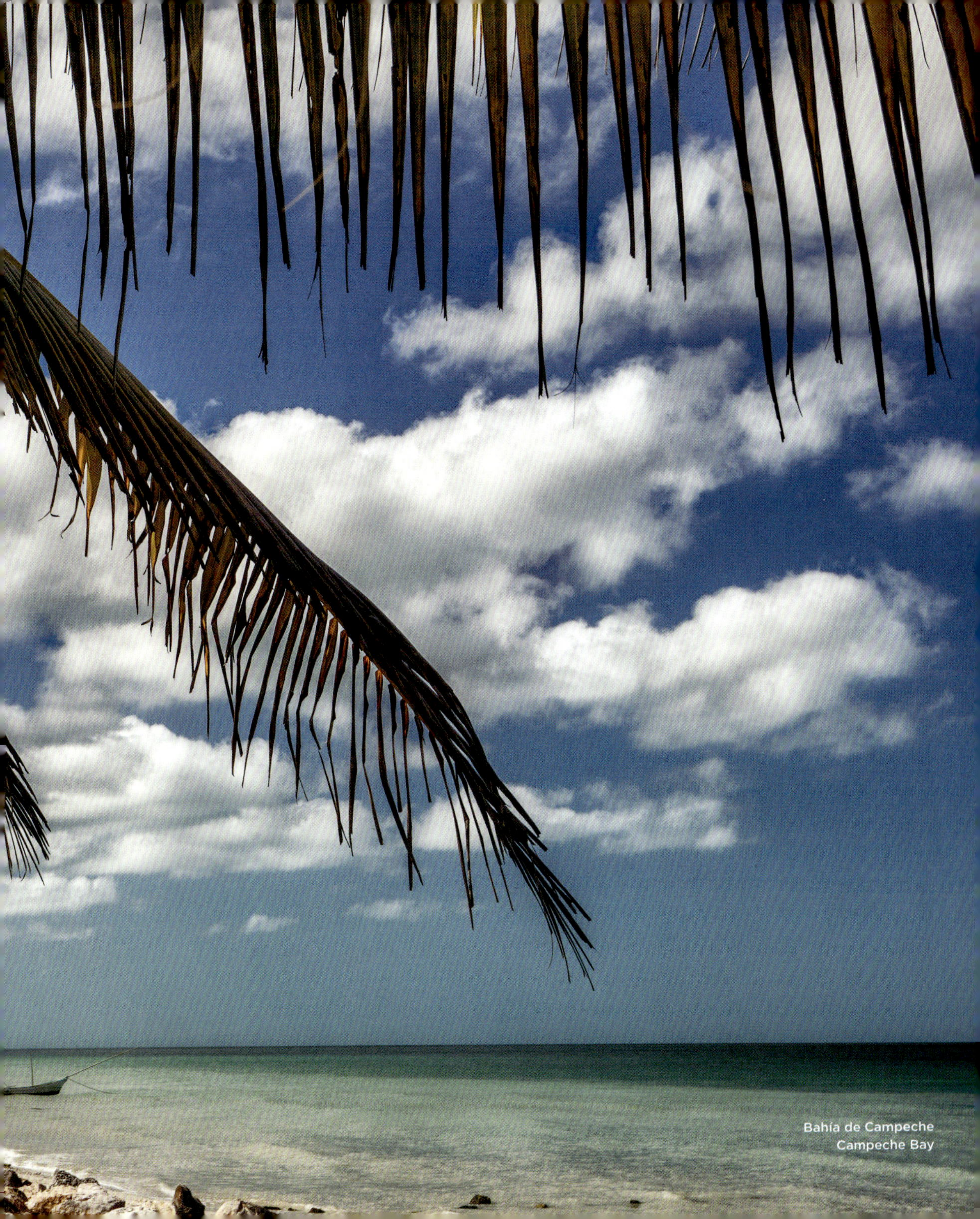

Bahía de Campeche
Campeche Bay

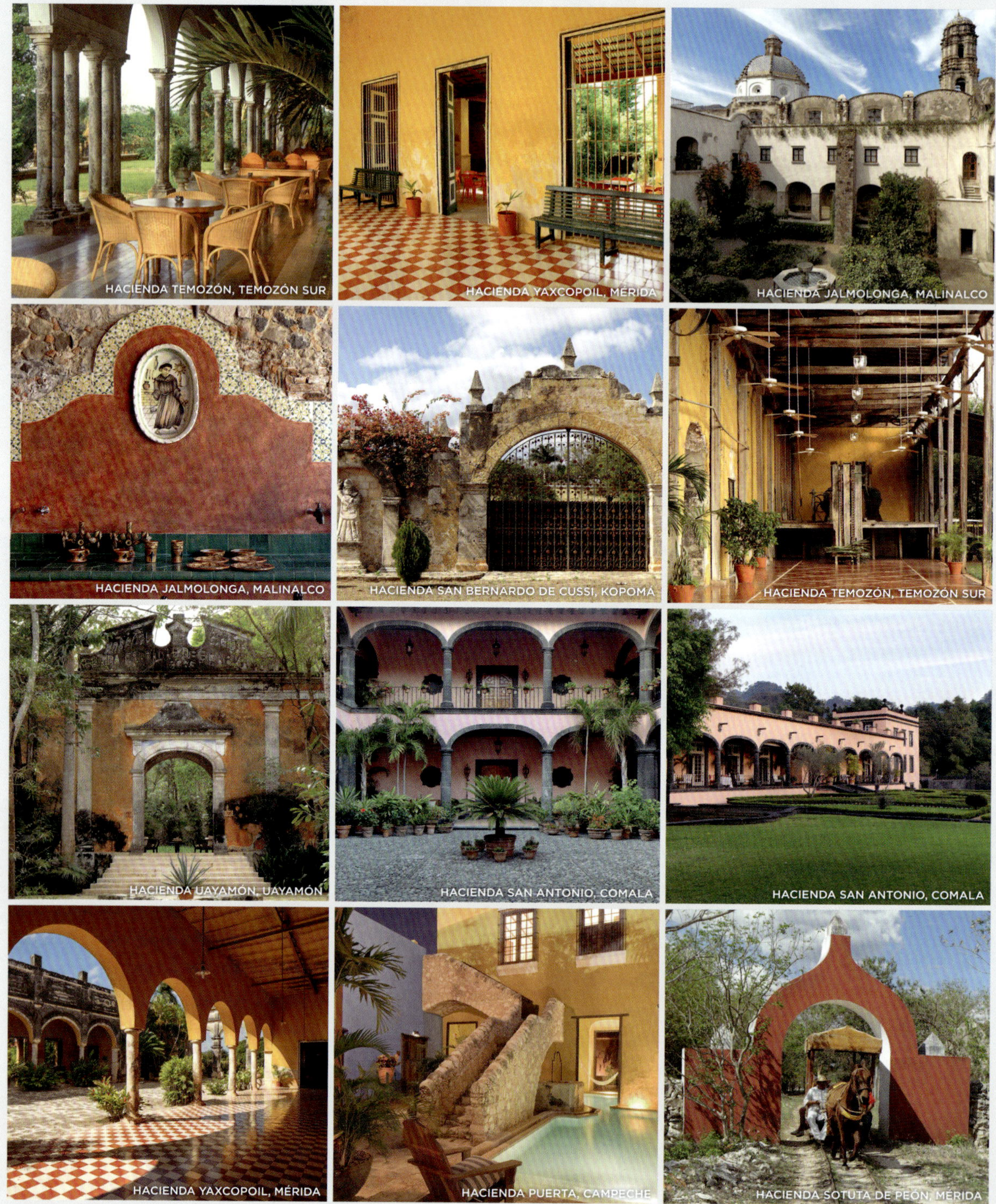
HACIENDA TEMOZÓN, TEMOZÓN SUR
HACIENDA YAXCOPOIL, MÉRIDA
HACIENDA JALMOLONGA, MALINALCO
HACIENDA JALMOLONGA, MALINALCO
HACIENDA SAN BERNARDO DE CUSSI, KOPOMA
HACIENDA TEMOZÓN, TEMOZÓN SUR
HACIENDA UAYAMÓN, UAYAMÓN
HACIENDA SAN ANTONIO, COMALA
HACIENDA SAN ANTONIO, COMALA
HACIENDA YAXCOPOIL, MÉRIDA
HACIENDA PUERTA, CAMPECHE
HACIENDA SOTUTA DE PEÓN, MÉRIDA

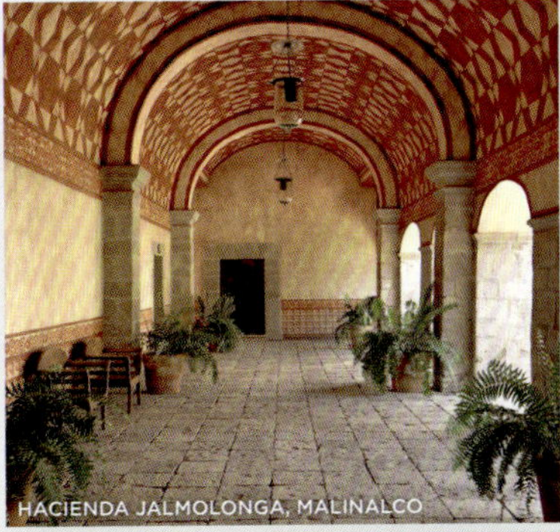
HACIENDA JALMOLONGA, MALINALCO

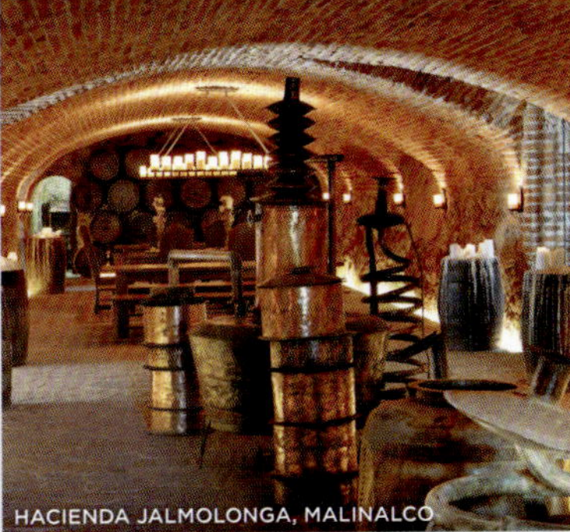
HACIENDA JALMOLONGA, MALINALCO

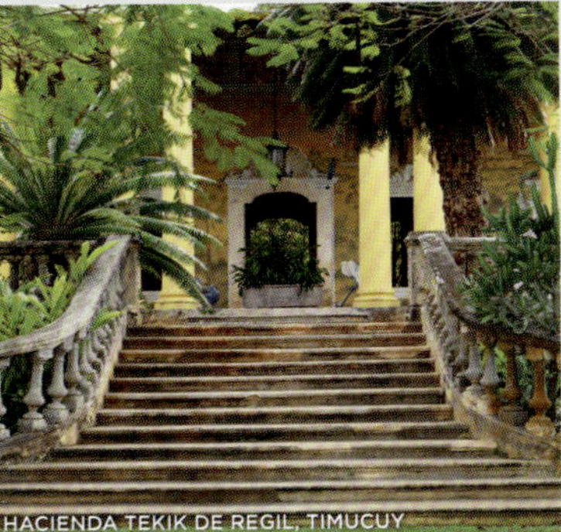
HACIENDA TEKIK DE REGIL, TIMUCUY

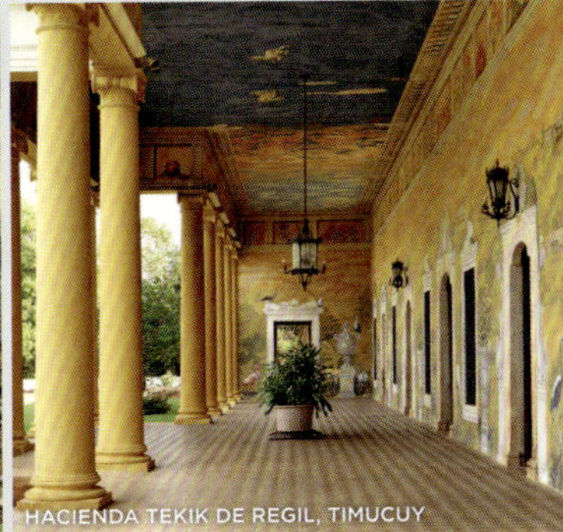
HACIENDA TEKIK DE REGIL, TIMUCUY

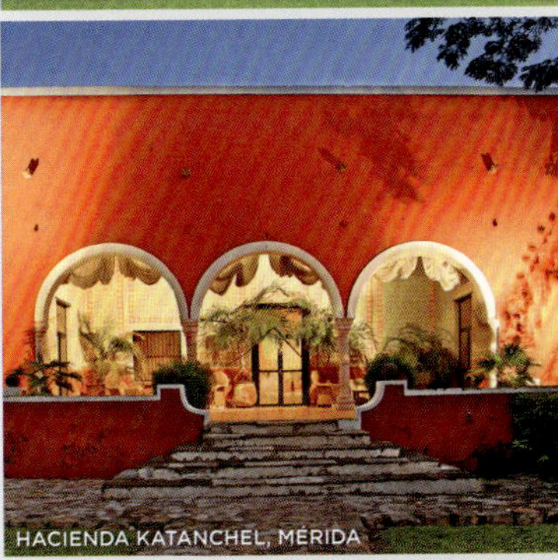
HACIENDA KATANCHEL, MÉRIDA

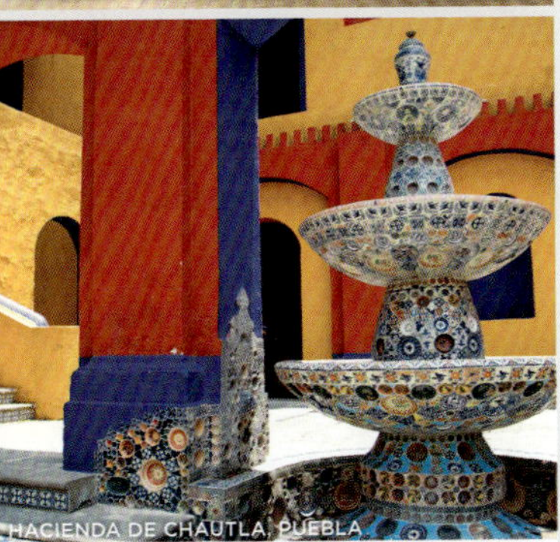
HACIENDA DE CHAUTLA, PUEBLA

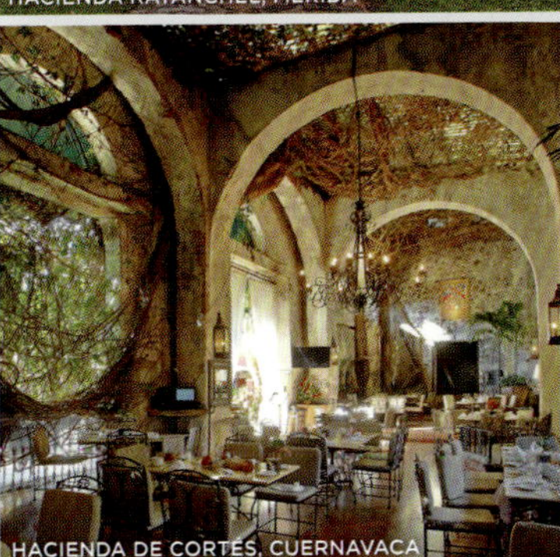
HACIENDA DE CORTÉS, CUERNAVACA

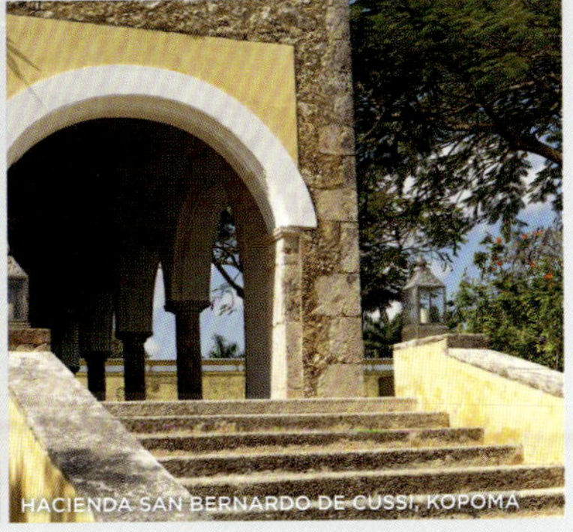
HACIENDA SAN BERNARDO DE CUSSI, KOPOMA

**Haciendas**
Rich colonial masters used to produce sugar, tequila or wine on the Mexican haciendas, or in Yucatán, for example, mainly sisal from the fibers of the agave leaves. Today, many of these country houses have been extensively restored and converted into museums, private houses or unique luxury hotels.

**Les haciendas**
Les riches colons menaient autrefois dans leurs haciendas mexicaines une agriculture fort lucrative, produisant par exemple du sucre, de la tequila ou du vin, voire, dans le Yucatán, du sisal, à partir des fibres des feuilles d'agave. Aujourd'hui, beaucoup de ces maisons campagnardes ont été minutieusement restaurées et transformées en musées, en maisons privées ou en hôtels de luxe.

**Haciendas**
Reiche Kolonialherren betrieben auf den mexikanischen Haciendas einst ertragreiche Landwirtschaft und produzierten zum Beispiel Zucker, Tequila oder Wein, in Yucatán vor allem Sisal aus den Fasern der Agavenblätter. Heute sind viele dieser Landhäuser aufwendig restauriert und zu Museen, Privathäusern oder einzigartigen Luxushotels umgebaut.

**Haciendas**
Los ricos señores coloniales solían explotar el negocio de la agricultura en las haciendas mexicanas y producían azúcar, tequila o vino. En Yucatán, por ejemplo, producían principalmente sisal de las fibras de las hojas del agave. Hoy en día muchas de estas casas de campo han sido extensamente restauradas y convertidas en museos, casas privadas u hoteles de lujo únicos.

**Haciendas**
I ricchi colonizzatori nelle loro haciendas messicane producevano ad alto reddito zucchero, tequila o vino e nello Yucatán principalmente sisal dalle fibre delle foglie di agave. Oggi molte di queste case di campagna sono state restaurate e trasformate in musei, case private o in esclusivi alberghi di lusso.

**Haciënda's**
Rijke kolonisators bedreven op de Mexicaanse haciënda's ooit winstgevende landbouw en produceerden bijvoorbeeld suiker, tequila en wijn, op Yucatán vooral sisal uit de vezels van de agavebladeren. Tegenwoordig zijn veel van deze landhuizen grondig gerestaureerd en verbouwd tot musea, privéhuizen of unieke luxehotels.

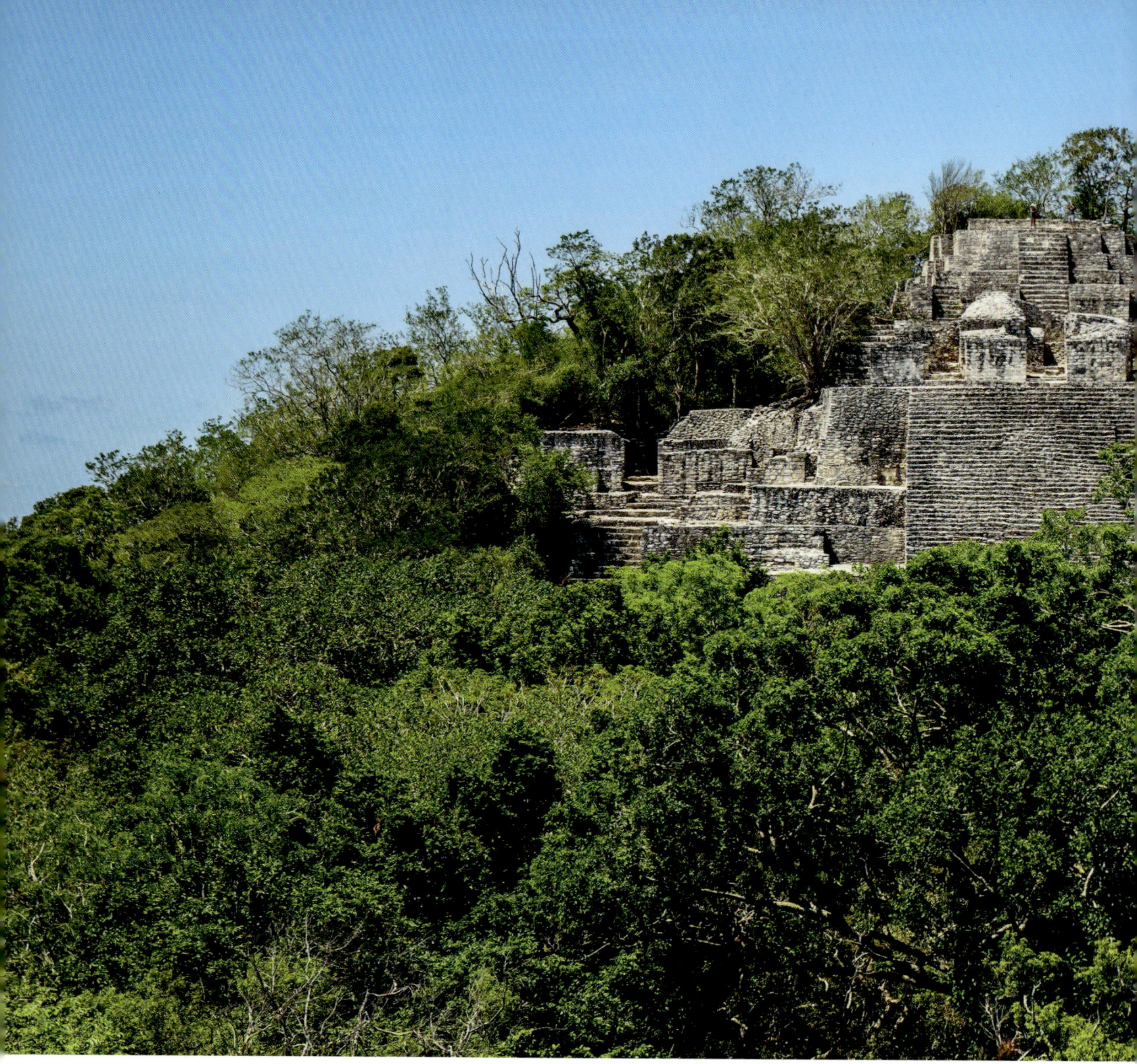

Calakmul, ruinas Mayas
Mayan Site of Calakmul

**Calakmul**
One of the largest Mayan sites is located in the middle of the Calakmul Biosphere Reserve. The 45 m (150 ft) high main pyramid offers a unique panoramic view of Mexico's largest contiguous tropical forest area.

**Calakmul**
L'une des plus grandes cités mayas d'autrefois se trouve aujourd'hui dans la réserve de biosphère de Calakmul. La pyramide principale, haute de 45 m, offre un panorama à 360° époustouflant sur la plus grande zone de forêt tropicale préservée du Mexique.

**Calakmul**
Eine der größten Maya-Stätten liegt mitten im Calakmul-Biosphärenreservat. Die 45 m hohe Hauptpyramide bietet einen einzigartigen Rundumblick auf das größte zusammenhängende tropische Waldgebiet Mexikos.

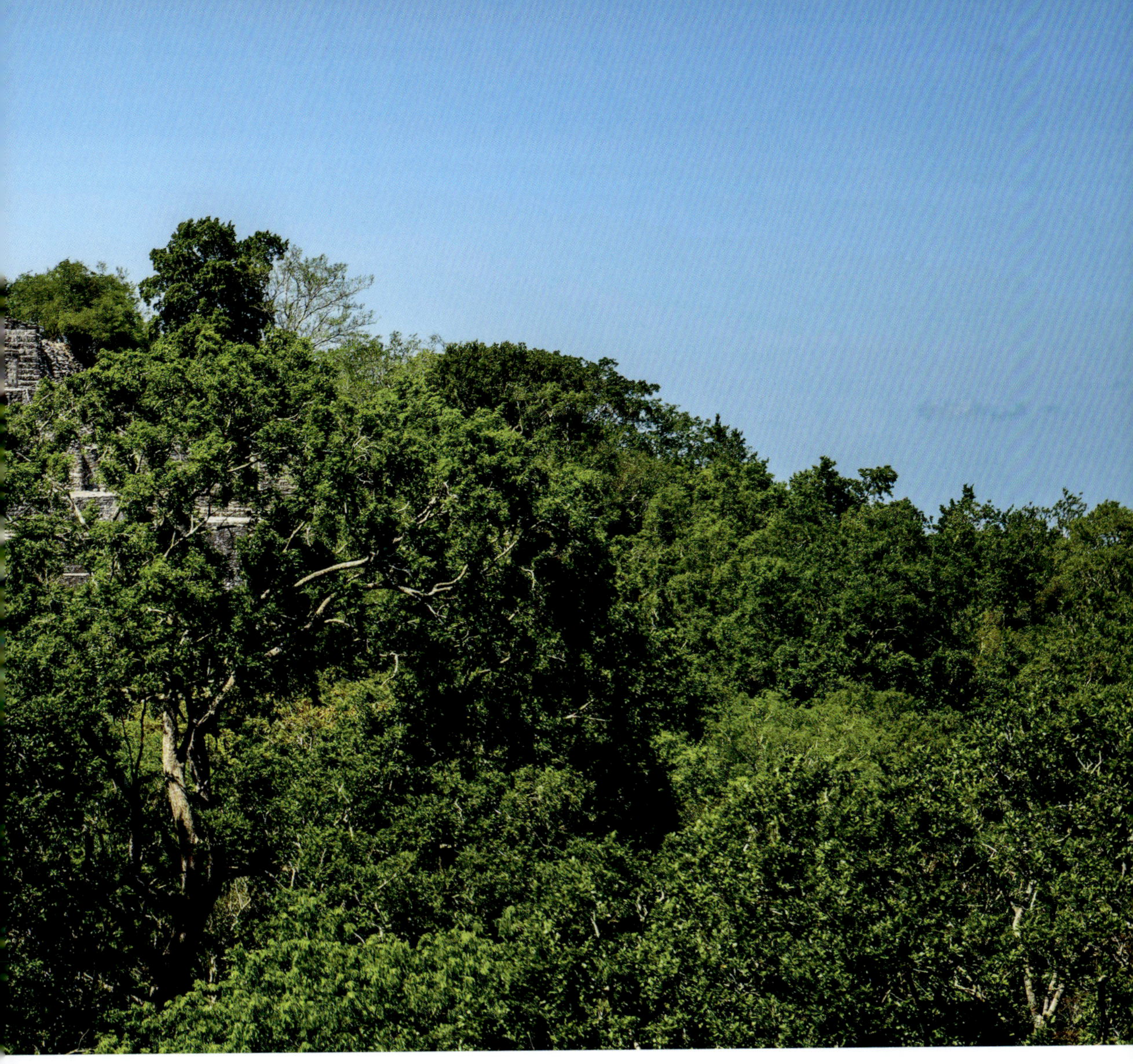

**Calakmul**
Uno de los sitios mayas más grandes se encuentra en el centro de la Reserva de la Biosfera de Calakmul. La pirámide principal de 45 m de altura ofrece una vista panorámica única del área de bosque tropical contiguo más grande de México.

**Calakmul**
Uno dei più grandi siti Maya si trova nel cuore della Riserva della Biosfera di Calakmul. La piramide principale, alta 45 m, offre una vista panoramica a 360° unica sulla più grande area di foresta tropicale preservata del Messico.

**Calakmul**
Een van de grootste Mayasites ligt midden in het biosfeerreservaat van Calakmul. De 45 m hoge hoofdpiramide biedt rondom een uniek uitzicht over het grootste aaneengesloten tropische bosgebied van Mexico.

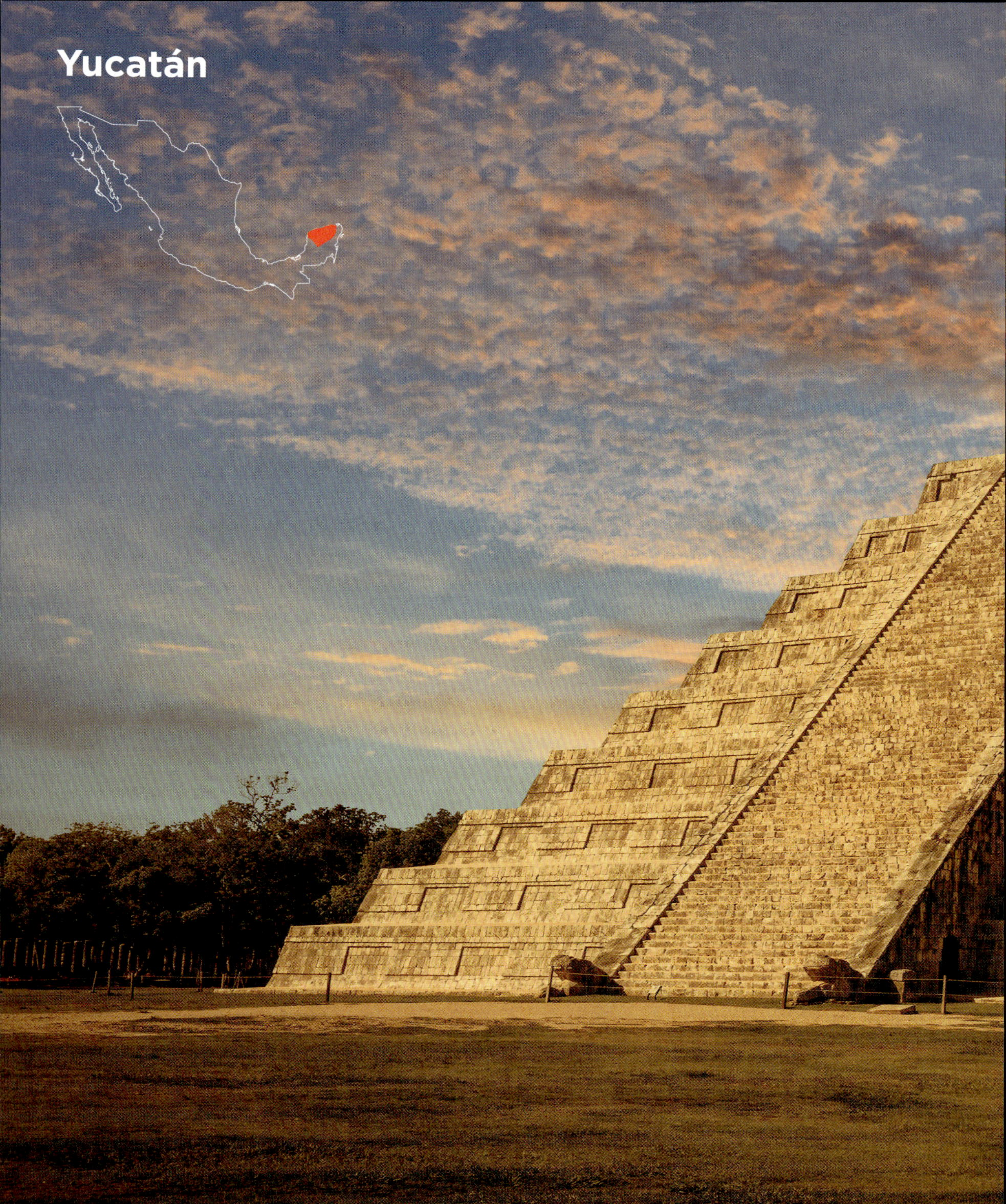
Yucatán

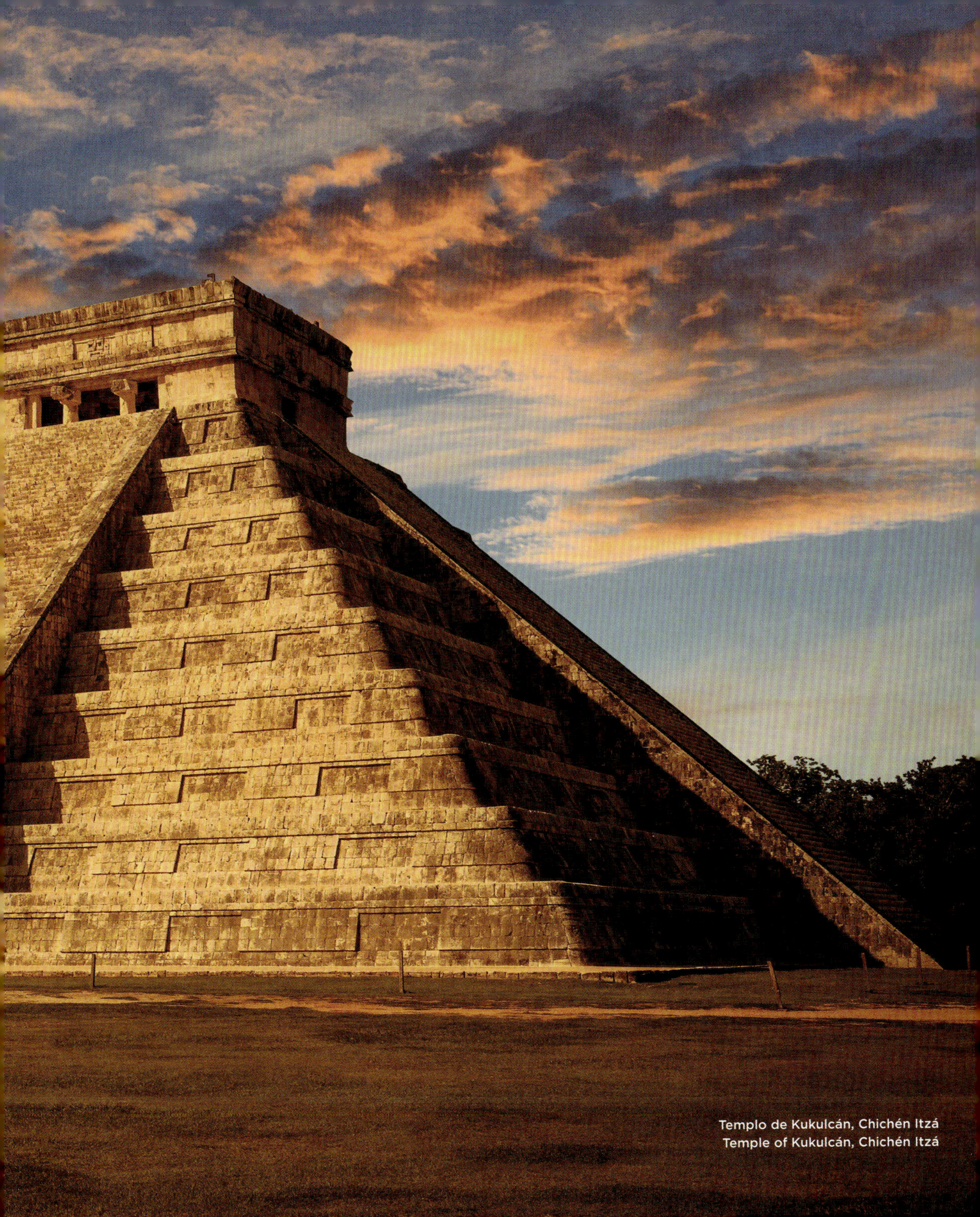

Templo de Kukulcán, Chichén Itzá
Temple of Kukulcán, Chichén Itzá

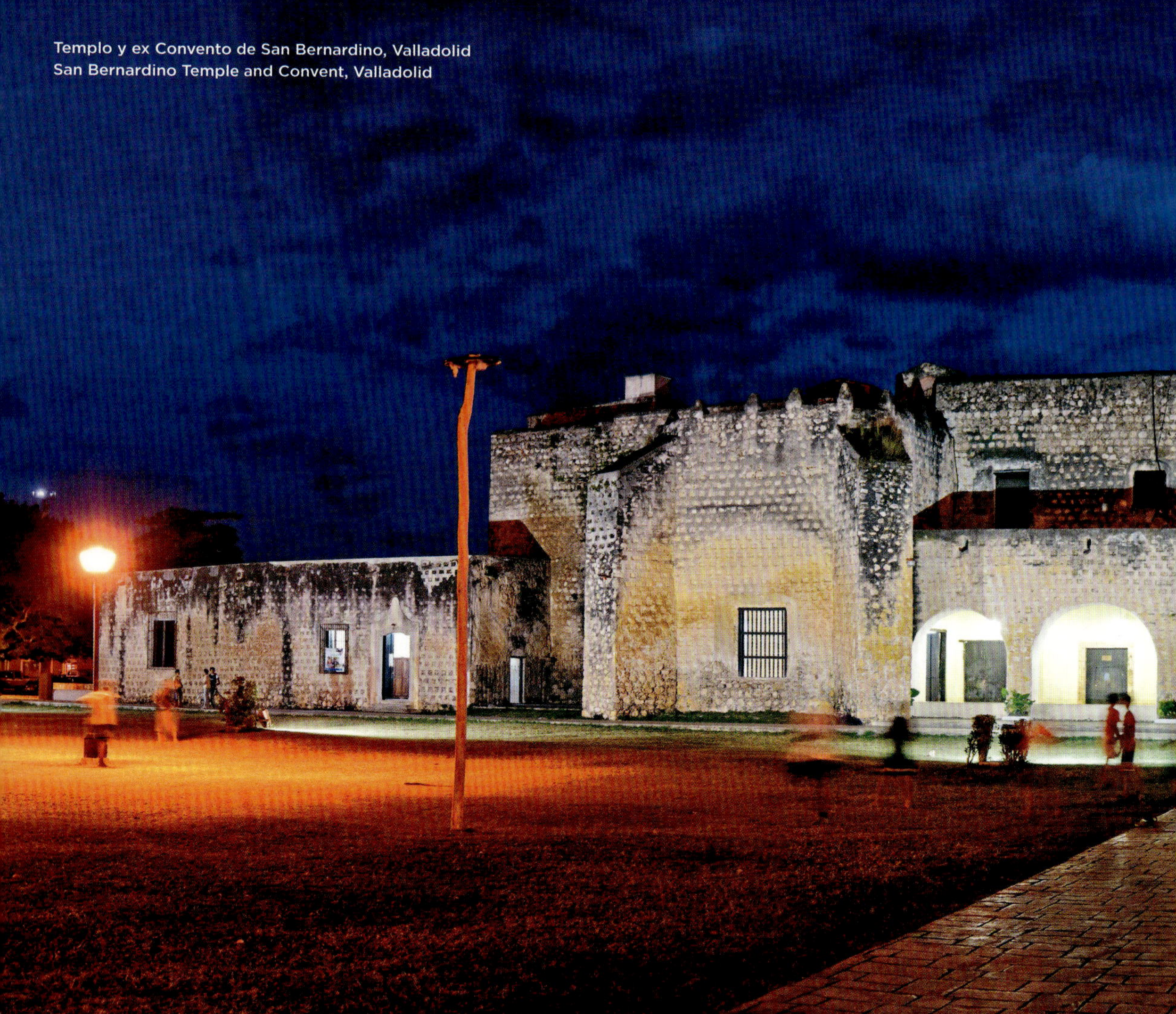

Templo y ex Convento de San Bernardino, Valladolid
San Bernardino Temple and Convent, Valladolid

**Yucatán**

According to legend, the origin of the name of the peninsula is a misunderstanding between the Maya and the Spanish conquerors. *"Yuk ak katán"* in Mayan means "I don't understand your language". This is what the natives supposedly replied to the question about the name of their country. The state of the same name has a lot to offer culturally: the "white city" of Merida with its lively *Zócalo,* the colonial town of Valladolid and the important testimonies to the Mayan culture of Chichén Itzá and Uxmal.

**Le Yucatán**

D'après la légende, cette péninsule doit son nom à un malentendu entre les Mayas et les conquistadors espagnols. *« Yuk ak katán »* voudrait dire, dans la langue des Mayas, « Je ne comprends pas ta langue ». C'est ce que les indigènes auraient répondu lorsqu'on leur demanda le nom de leur pays. L'État du même nom a beaucoup à offrir sur le plan culturel : la « cité blanche » de Mérida, avec son *zócalo* si vivant, la petite ville coloniale de Valladolid, ou encore les témoignages incontournables de la culture maya de Chichén Itzá et Uxmal.

**Yucatán**

Ursprung des Namens der Halbinsel ist einer Legende zufolge ein Missverständnis zwischen den Maya und den spanischen Eroberern. *„Yuk ak katán"* bedeutet in der Sprache der Maya so viel wie „Ich verstehe deine Sprache nicht". Das antworteten die Ureinwohner auf die Frage nach dem Namen ihres Landes. Der gleichnamige Bundestaat hat kulturell einiges zu bieten: die „weiße Stadt" Mérida mit ihrem lebendigen *Zócalo,* die koloniale Kleinstadt Valladolid und die bedeutenden Zeugnisse der Mayakultur von Chichén Itzá und Uxmal.

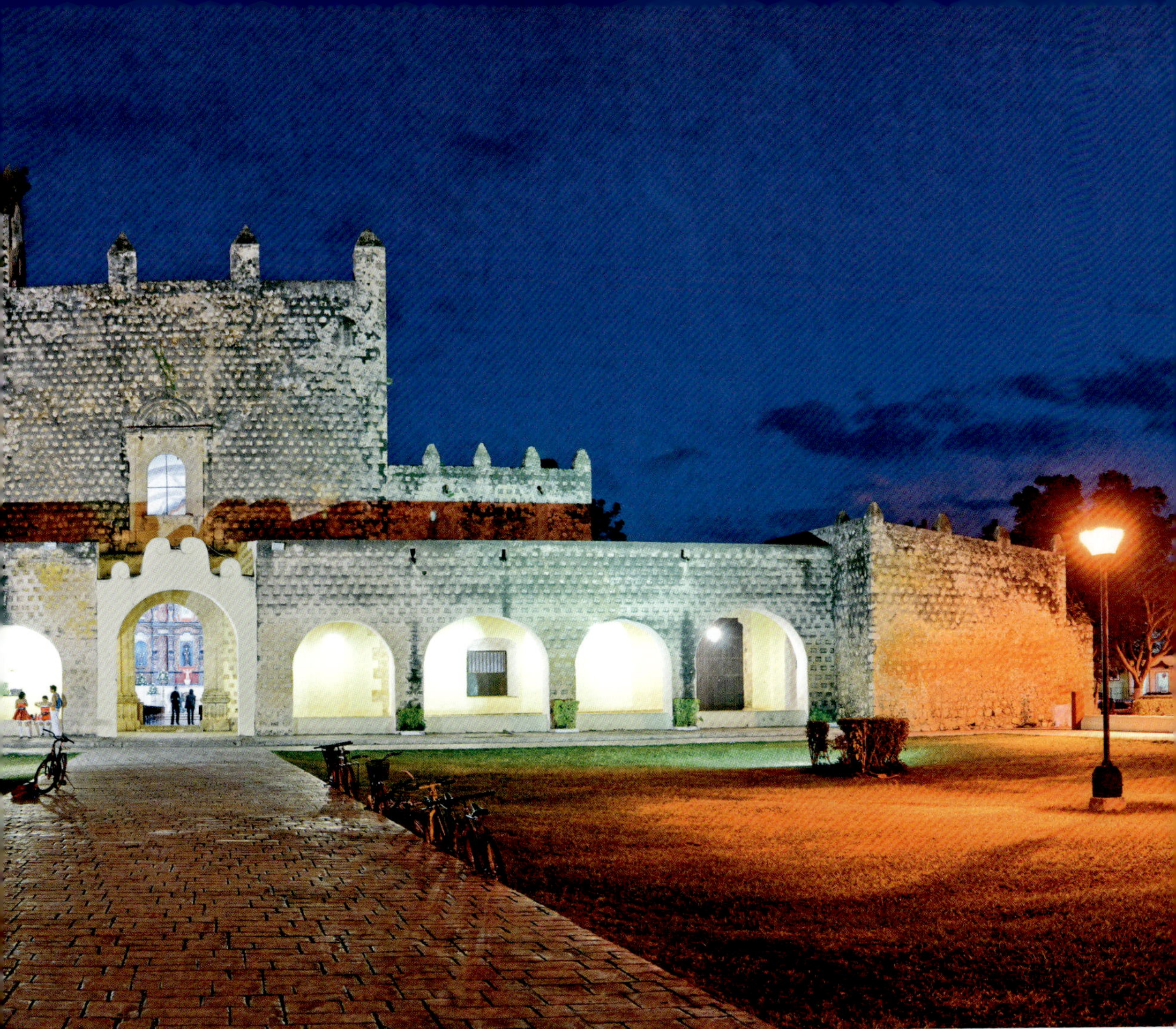

**Yucatán**
Según la leyenda, el origen del nombre de la península es un malentendido entre los mayas y los conquistadores españoles. *"Yuk ak katán"* en maya significa "No entiendo tu idioma". Esto es lo que los nativos respondieron a la pregunta sobre el nombre de sutierra. El estado del mismo nombre tiene mucho que ofrecer culturalmente: la "ciudad blanca" de Mérida con su animado Zócalo, la pequeña ciudad colonial de Valladolid y los importantes testimonios de la cultura maya de Chichén Itzá y Uxmal.

**Yucatán**
Secondo la leggenda, l'origine del nome della penisola è un malinteso tra i maya e i conquistatori spagnoli. *"Yuk ak katán"* in lingua maya significa "Non capisco la tua lingua". Questo è ciò che i nativi hanno risposto alla domanda sul nome del loro paese. Lo stato omonimo ha molto da offrire culturalmente: la "città bianca" di Merida con il suo vivace *Zócalo,* la cittadina coloniale di Valladolid e le importanti testimonianze della cultura maya di Chichén Itzá e Uxmal.

**Yucatán**
Het schiereiland dankt zijn naam naar verluidt aan een misverstand tussen de Maya's en de Spaanse veroveraars. *'Yuk ak katán'* betekent in de Mayataal 'ik versta uw taal niet'. Dat is wat de oorspronkelijke bewoners antwoordden op de vraag naar de naam van hun land. De gelijknamige staat heeft cultureel veel te bieden: de 'witte stad' Merida met zijn levendige *Zócalo,* het koloniale stadje Valladolid en de belangrijke getuigenissen van de Mayacultuur van Chichén Itzá en Uxmal.

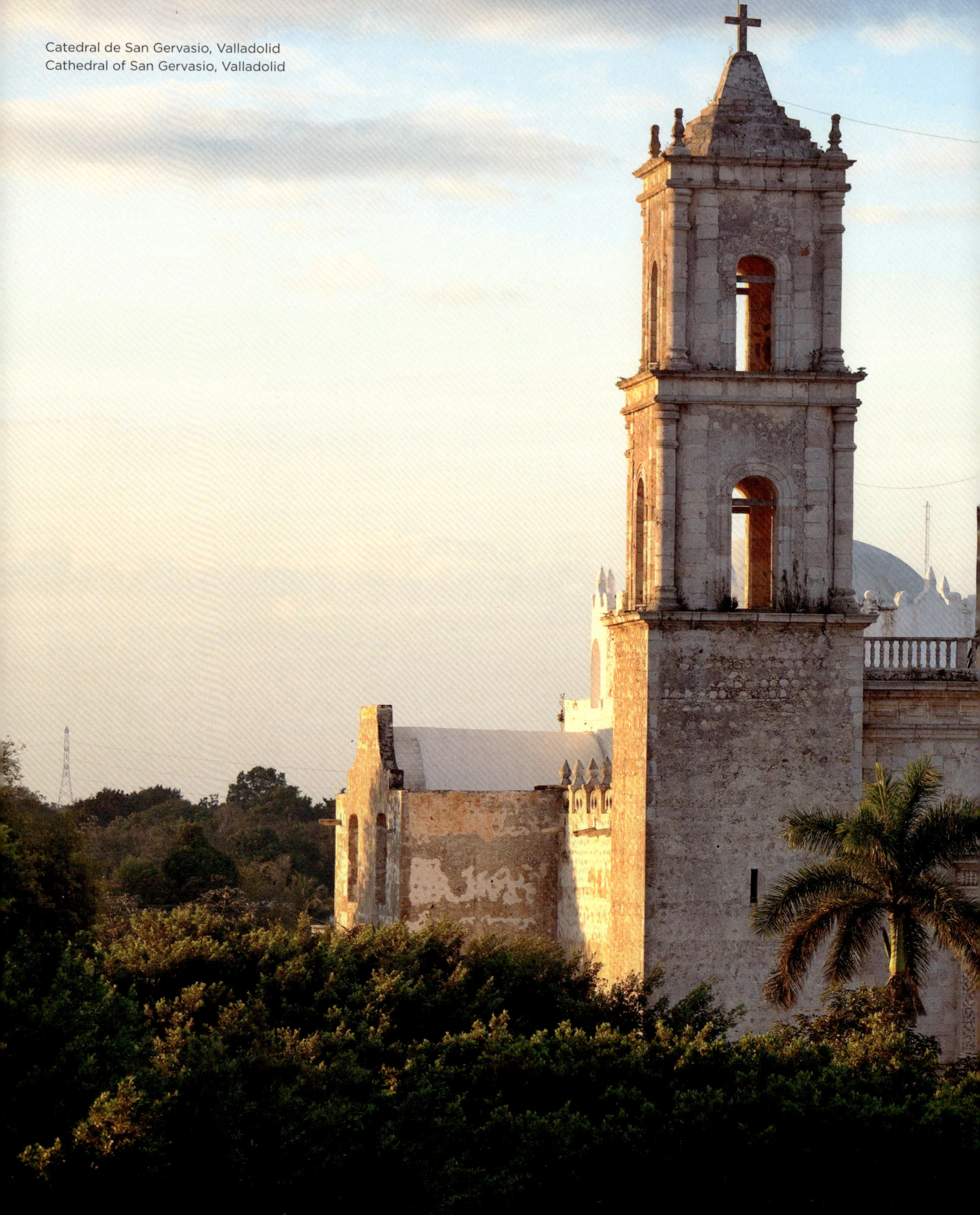

Catedral de San Gervasio, Valladolid
Cathedral of San Gervasio, Valladolid

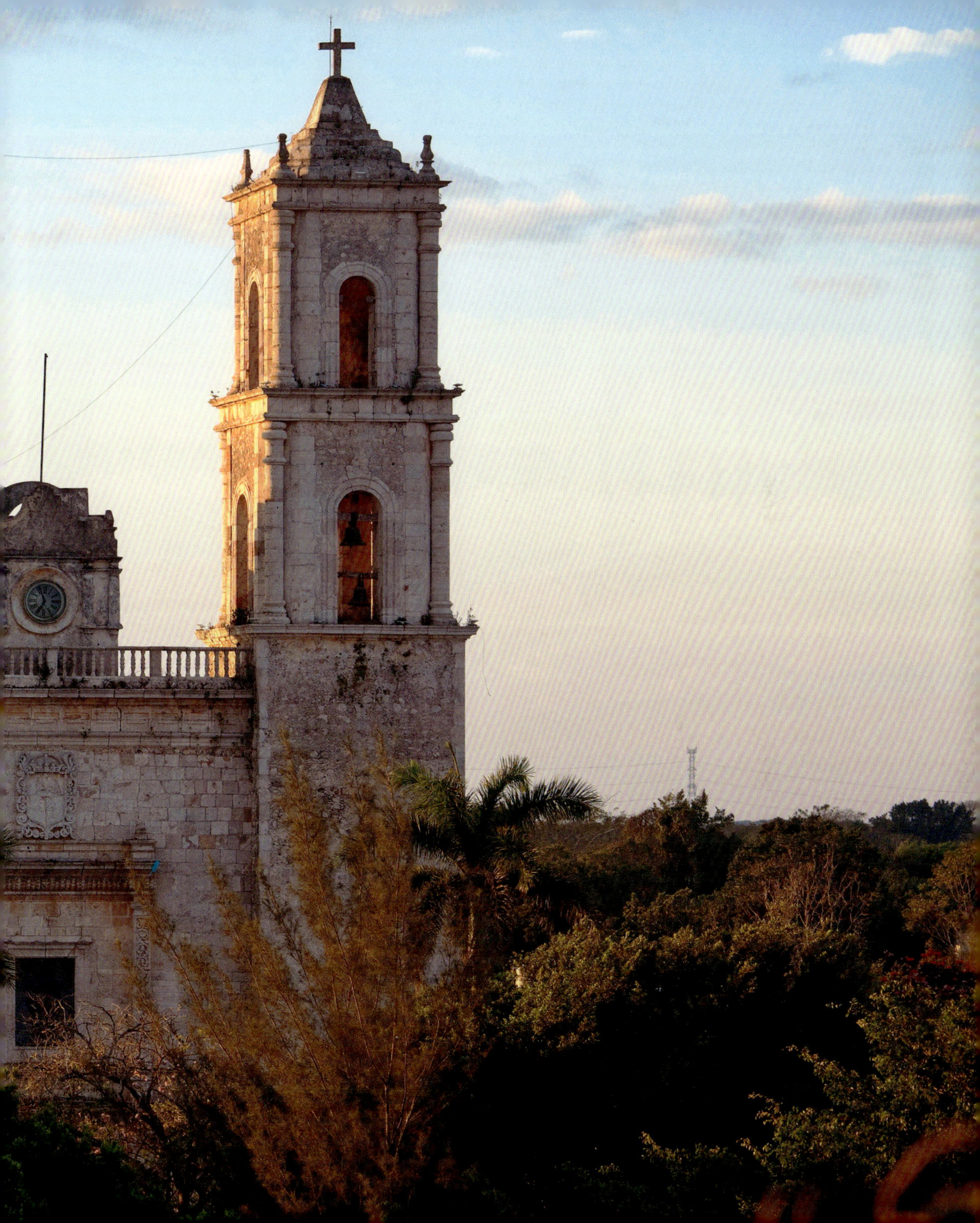

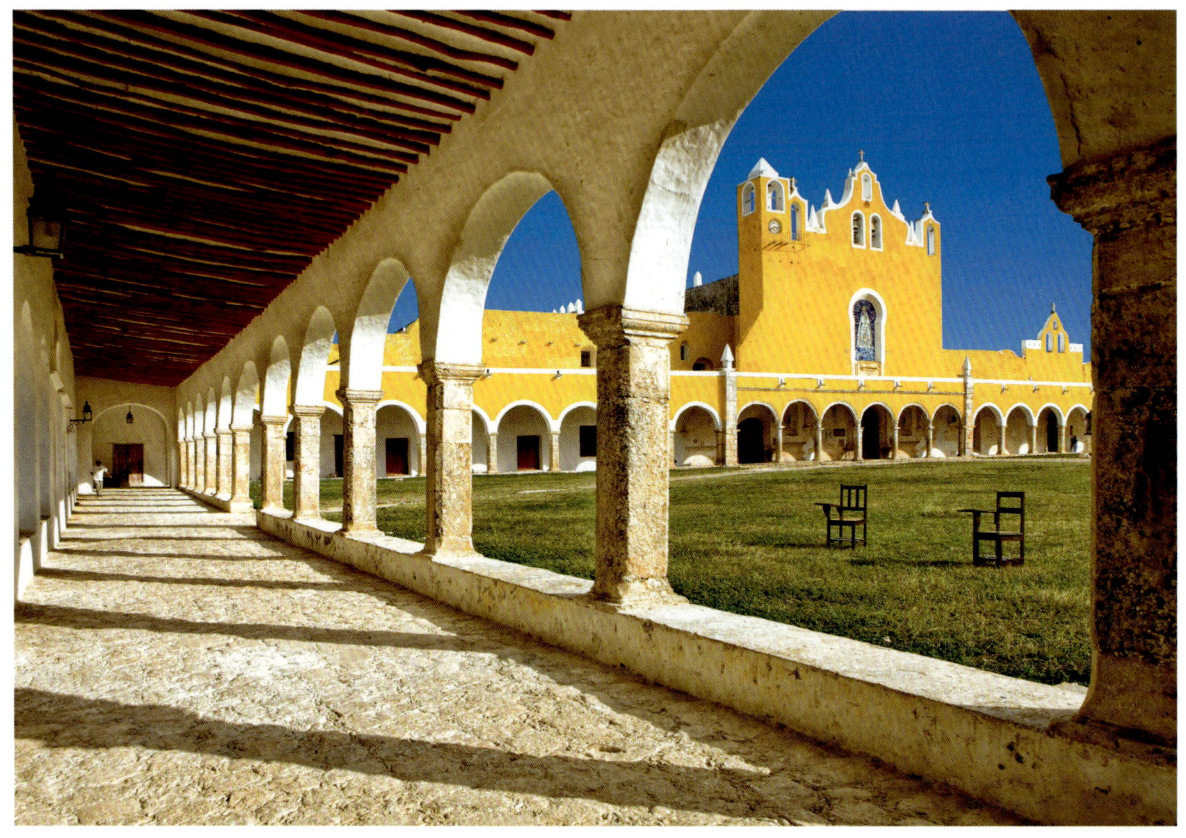

Convento de San Antonio de Padua, Izamal
San Antonio de Padua Convent, Izamal

**Izamal**
Yellow and white are the colors of Izamal. Like all the houses in the town, the church and convent of San Antonio de Padua are painted in these colors. For the construction of this impressive complex, the stones of a Mayan pyramid destroyed by the Spaniards were used.

**Izamal**
Le jaune et le blanc sont les couleurs d'Izamal. Comme toutes les maisons de cette ville, l'église et le monastère de Saint-Antoine-de-Padoue sont peints dans ses couleurs. Pour construire cet imposant ensemble, on a utilisé les pierres d'une pyramide maya détruite par les Espagnols.

**Izamal**
Gelb und weiß sind Farben von Izamal. Wie alle Häuser des Ortes sind Kirche und Konvent San Antonio de Padua in diesen Farben gestrichen. Für den Bau der imposanten Anlage wurden die Steine einer von den Spaniern zerstörten Maya-Pyramide verwendet.

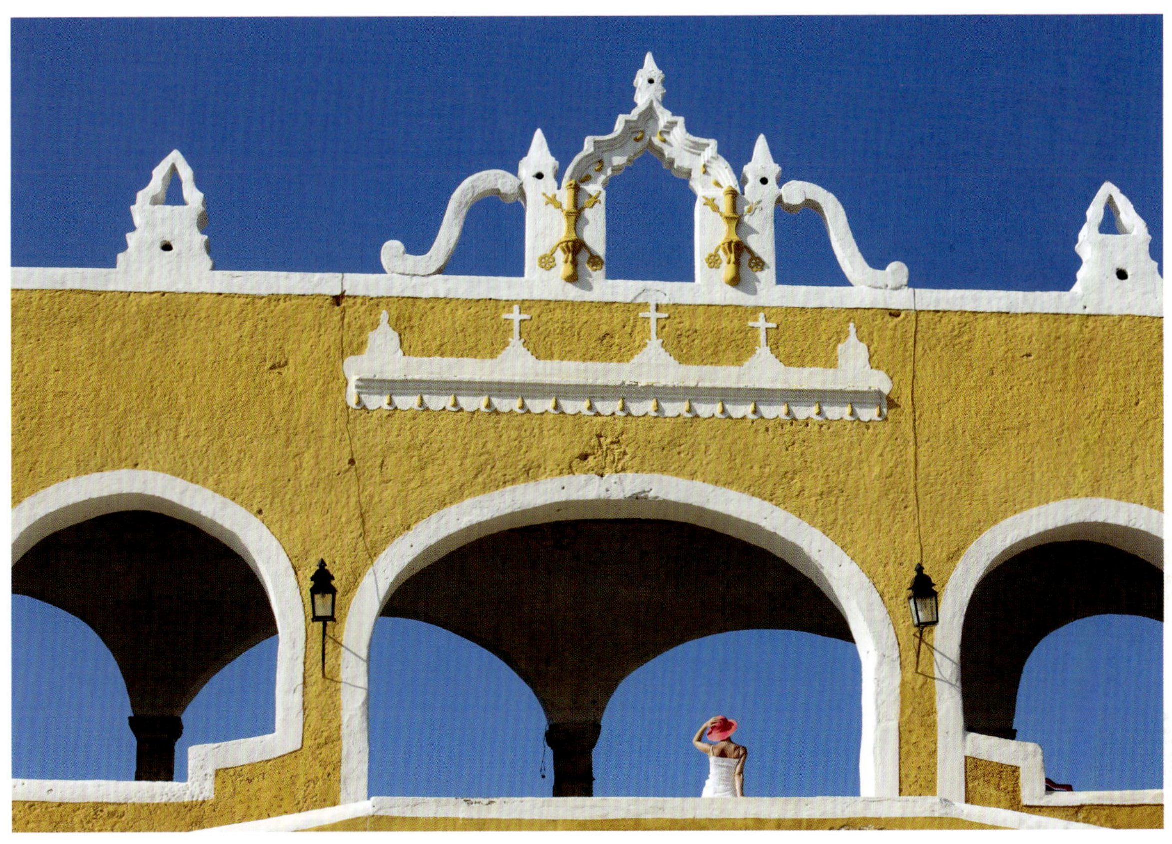

Convento de San Antonio de Padua, Izamal
San Antonio de Padua Convent, Izamal

**Izamal**
Amarillo y blanco son los colores de Izamal. Como todas las casas de la ciudad, la iglesia y el convento de San Antonio de Padua también están pintados de estos colores. Para la construcción del impresionante complejo se utilizaron las piedras de una pirámide maya destruida por los españoles.

**Izamal**
Giallo e bianco sono i colori di Izamal. Come tutte le case del paese, anche la chiesa e il convento di San Antonio di Padova sono dipinti con questi colori. Per la costruzione dell'imponente complesso furono utilizzate le pietre di una piramide maya distrutta dagli spagnoli.

**Izamal**
Geel en wit zijn kleuren van Izamal. Net als alle huizen in de stad zijn de kerk en het klooster van San Antonio de Padua in deze kleuren geschilderd. Voor de bouw van het indrukwekkende complex werden de stenen van een door de Spanjaarden vernielde Mayapiramide gebruikt.

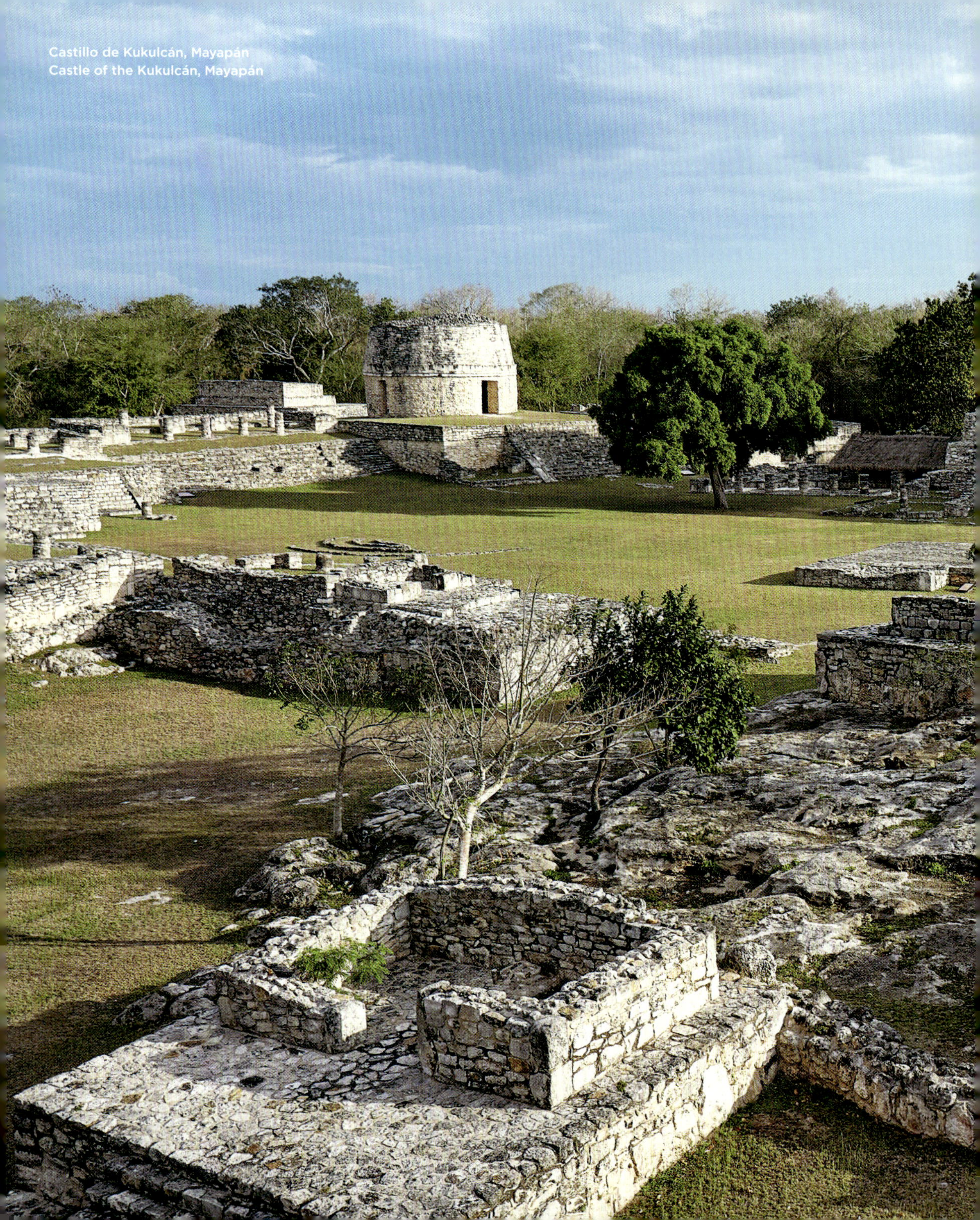
Castillo de Kukulcán, Mayapán
Castle of the Kukulcán, Mayapán

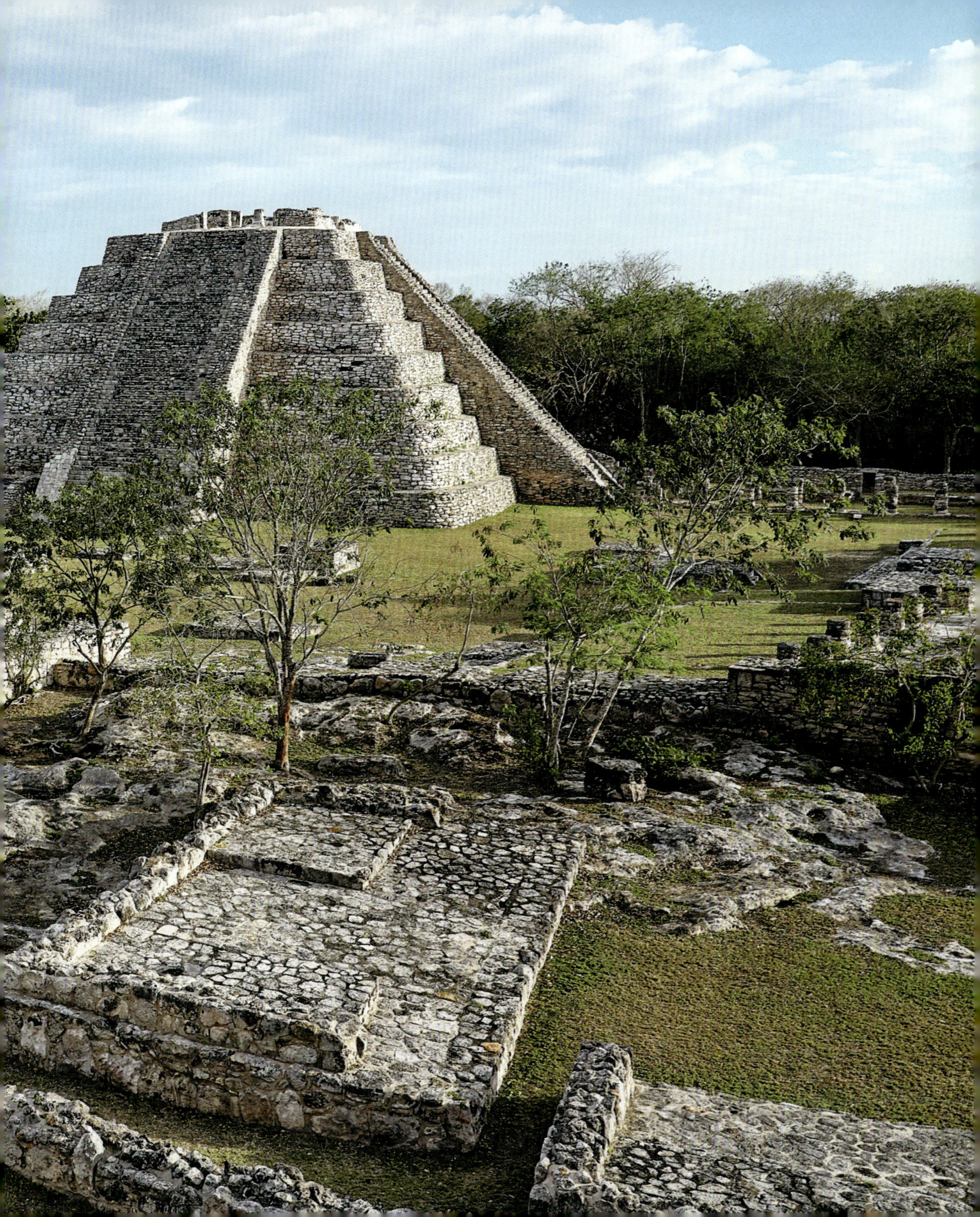

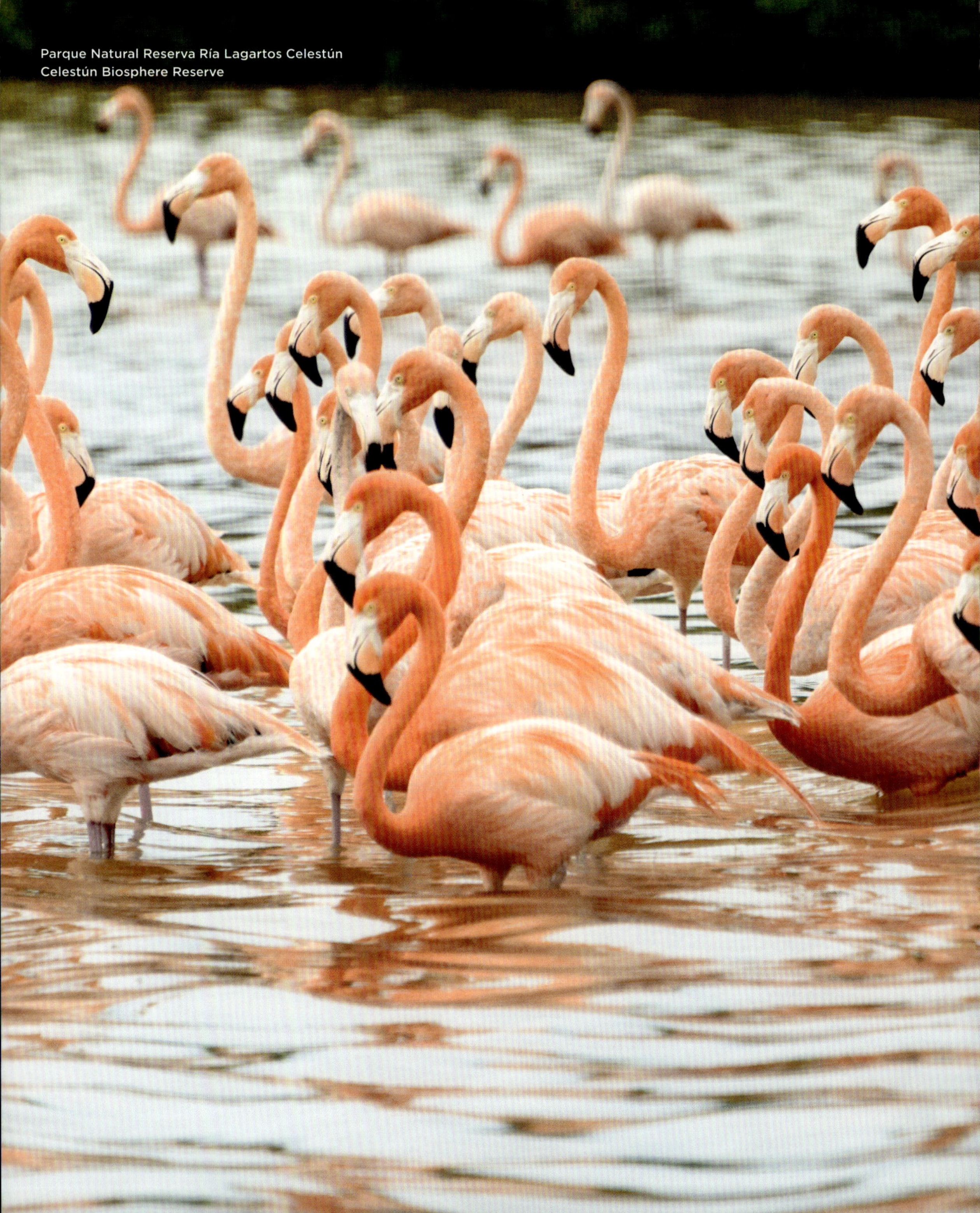

Parque Natural Reserva Ría Lagartos Celestún
Celestún Biosphere Reserve

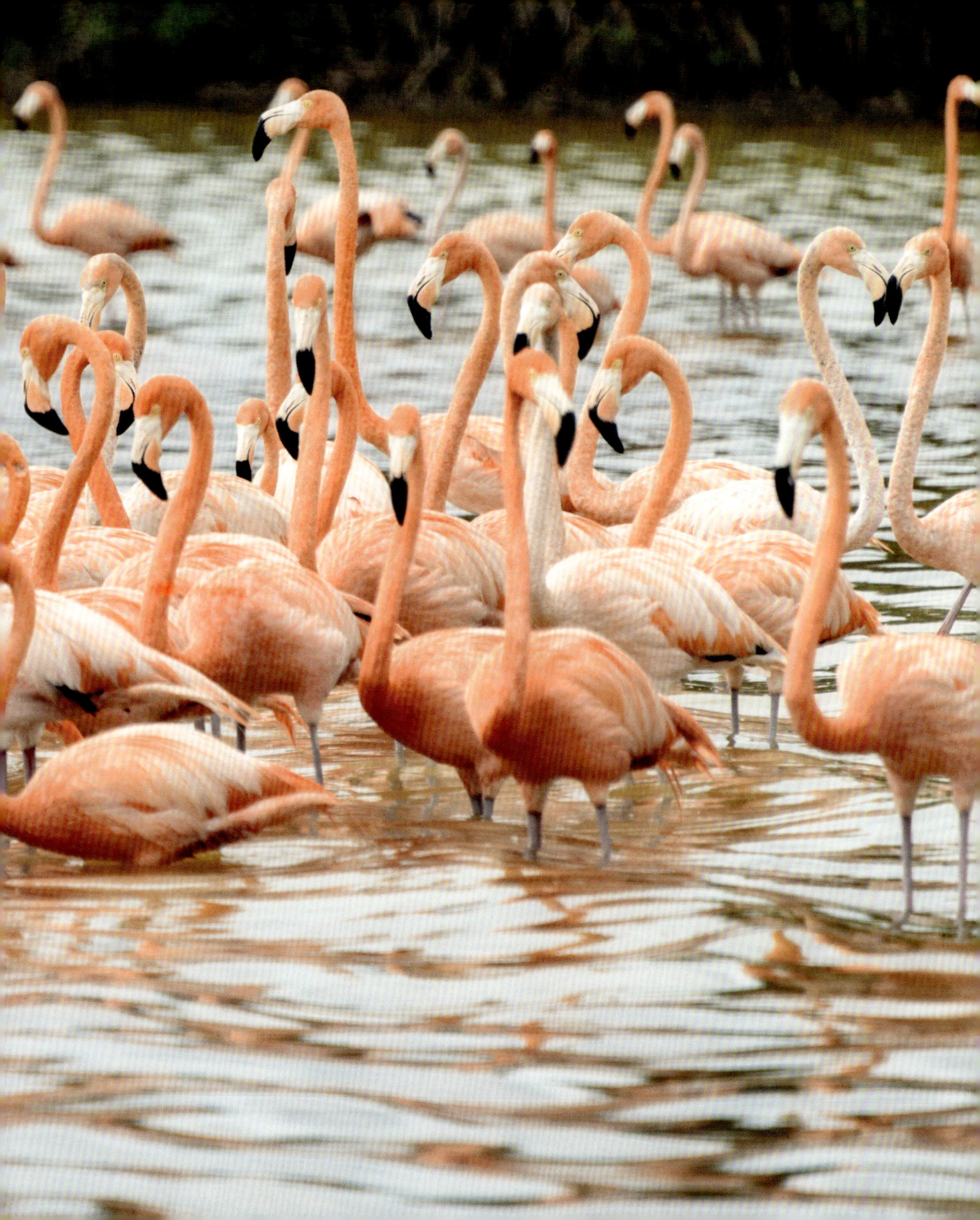

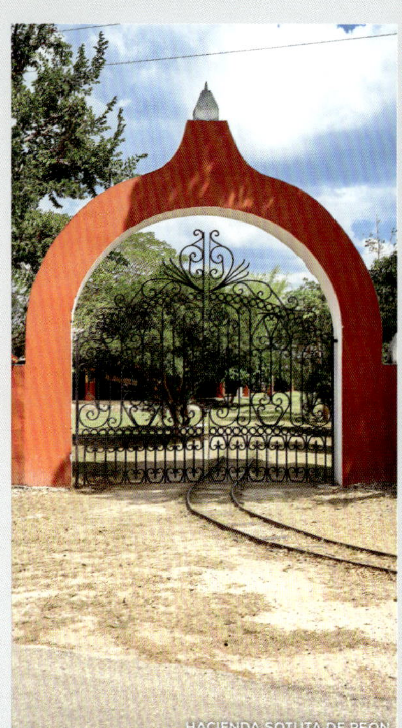
HACIENDA SOTUTA DE PEÓN

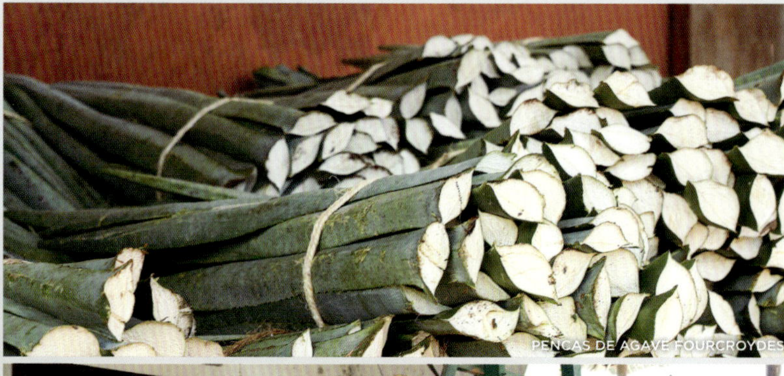
PENCAS DE AGAVE FOURCROYDES

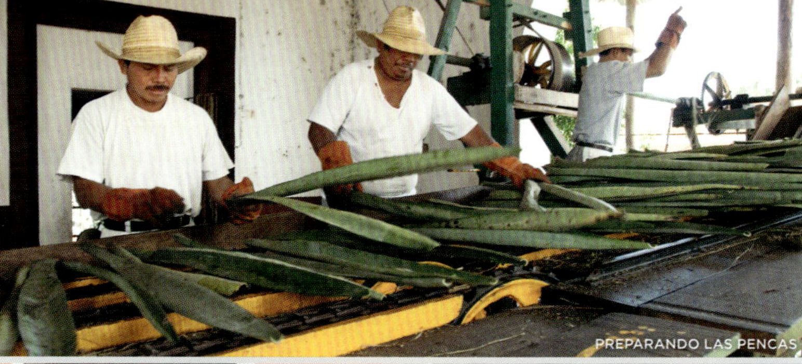
PREPARANDO LAS PENCAS

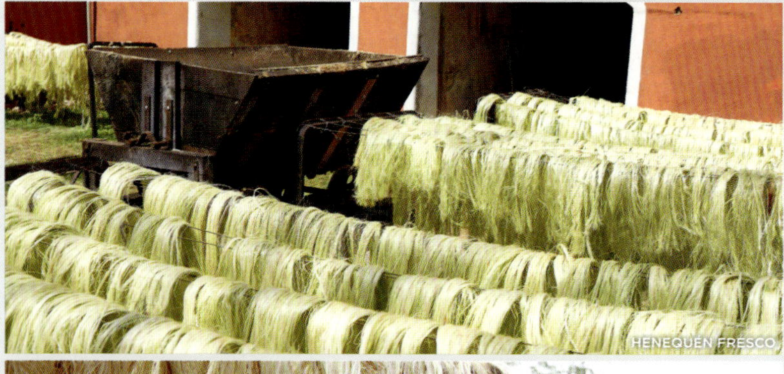
HENEQUÉN FRESCO

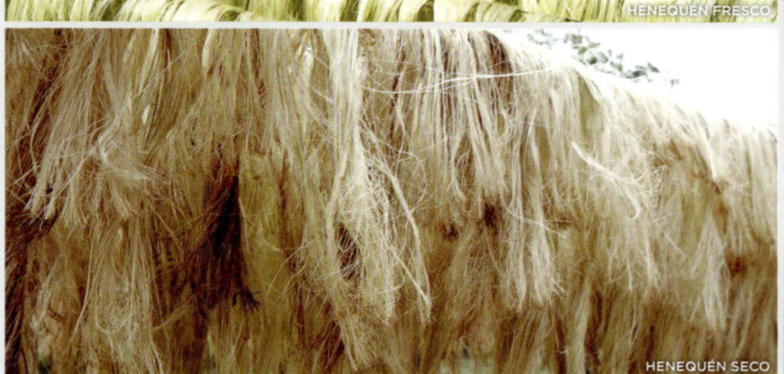
HENEQUÉN SECO

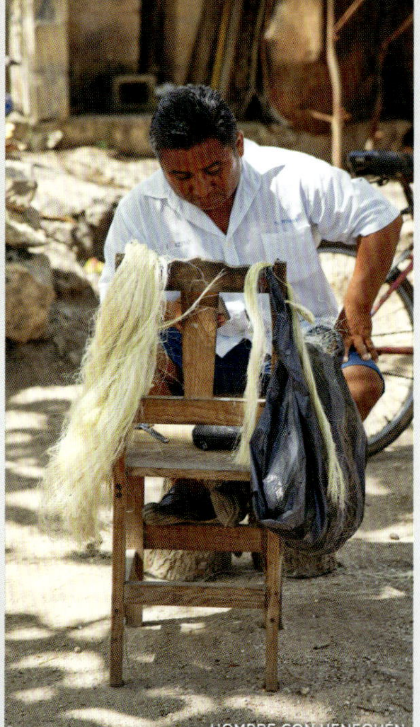
HOMBRE CON HENEQUÉN

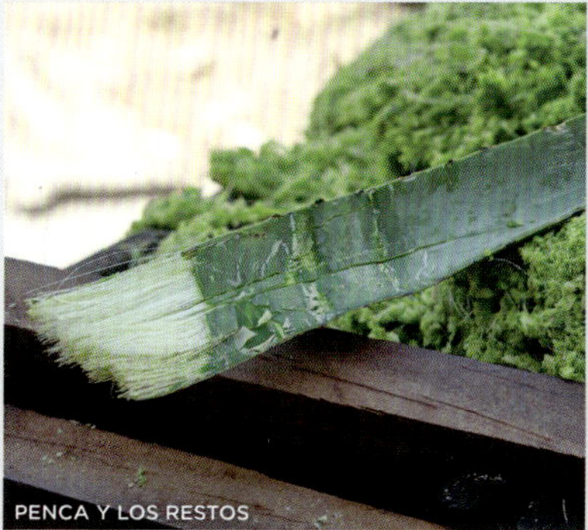
PENCA Y LOS RESTOS

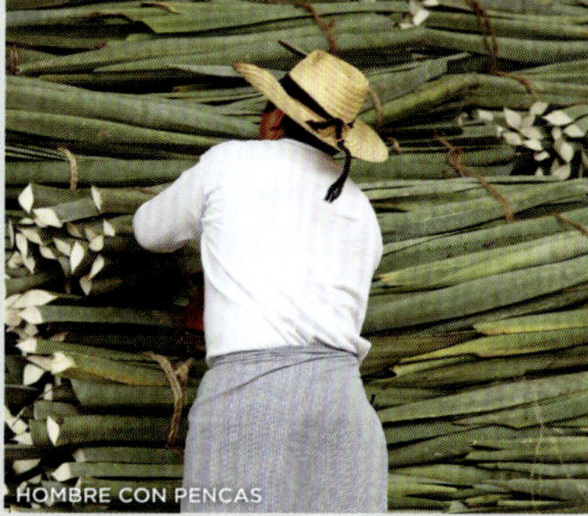
HOMBRE CON PENCAS

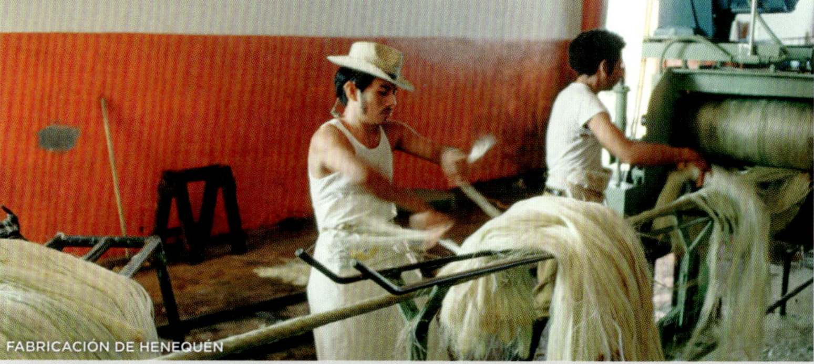
FABRICACIÓN DE HENEQUÉN

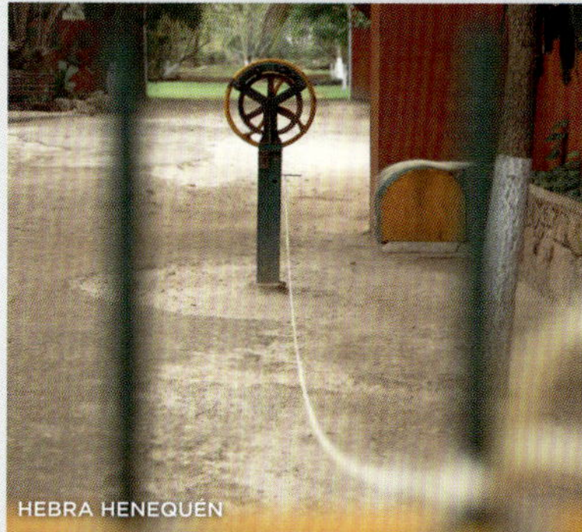
HEBRA HENEQUÉN

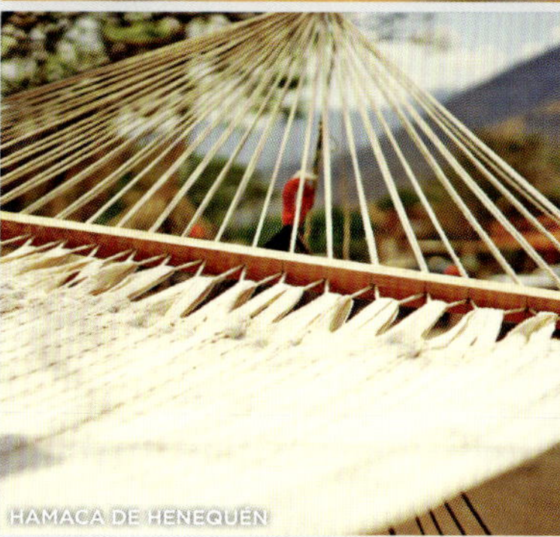
HAMACA DE HENEQUÉN

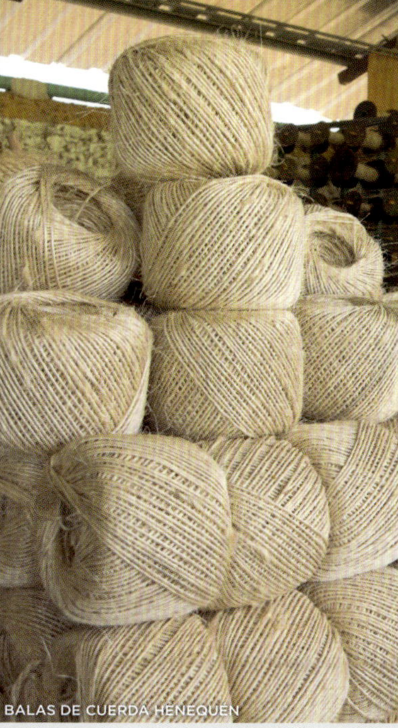
BALAS DE CUERDA HENEQUÉN

**Sisal**
The Maya and Aztecs used the plant fibers obtained from the leaves of the sisal agave to produce fabrics and paper. The "green gold" brought Yucatán great wealth. Ropes and cords made of sisal were used in the manufacture of carpets, shoes and hammocks.

**Le sisal**
Les Mayas et les Aztèques utilisaient déjà les fibres obtenues à partir des feuilles d'*agave sisalana* pour fabriquer des étoffes et du papier. Cet « or vert » a apporté une richesse considérable au Yucatán. Les cordes et les fils de sisal étaient employés pour faire des tapis, des chaussures et des hamacs.

**Sisal**
Schon die Mayas und Azteken verwendeten die aus den Blättern der Sisal-Agave gewonnenen Pflanzenfasern zur Herstellung von Stoffen und Papier. Das „grüne Gold" brachte Yucatán großen Reichtum. Seile und Schnüre aus Sisal wurden für die Herstellung von Teppichen, Schuhen und Hängematten verwendet.

**Sisal**
Los mayas y aztecas ya utilizaban las fibras vegetales obtenidas de las hojas del agave sisal para producir telas y papel. El "oro verde" trajo a Yucatán una gran riqueza. En la fabricación de alfombras, zapatos y hamacas se utilizaban cuerdas y cordones de sisal.

**Sisal**
I Maya e gli Aztechi utilizzavano già le fibre vegetali ottenute dalle foglie dell'agave di sisal per produrre tessuti e carta. L'"oro verde" ha portato una grande ricchezza nello Yucatán. Corde e funi in sisal sono stati utilizzati nella fabbricazione di tappeti, scarpe e amache.

**Sisal**
De Maya's en Azteken gebruikten de plantaardige vezels uit agavebladeren al om er stoffen en papier van te maken. Het 'groene goud' bracht Yucatán grote rijkdom. Touwen en koorden van sisal werden gebruikt bij de vervaardiging van tapijten, schoenen en hangmatten.

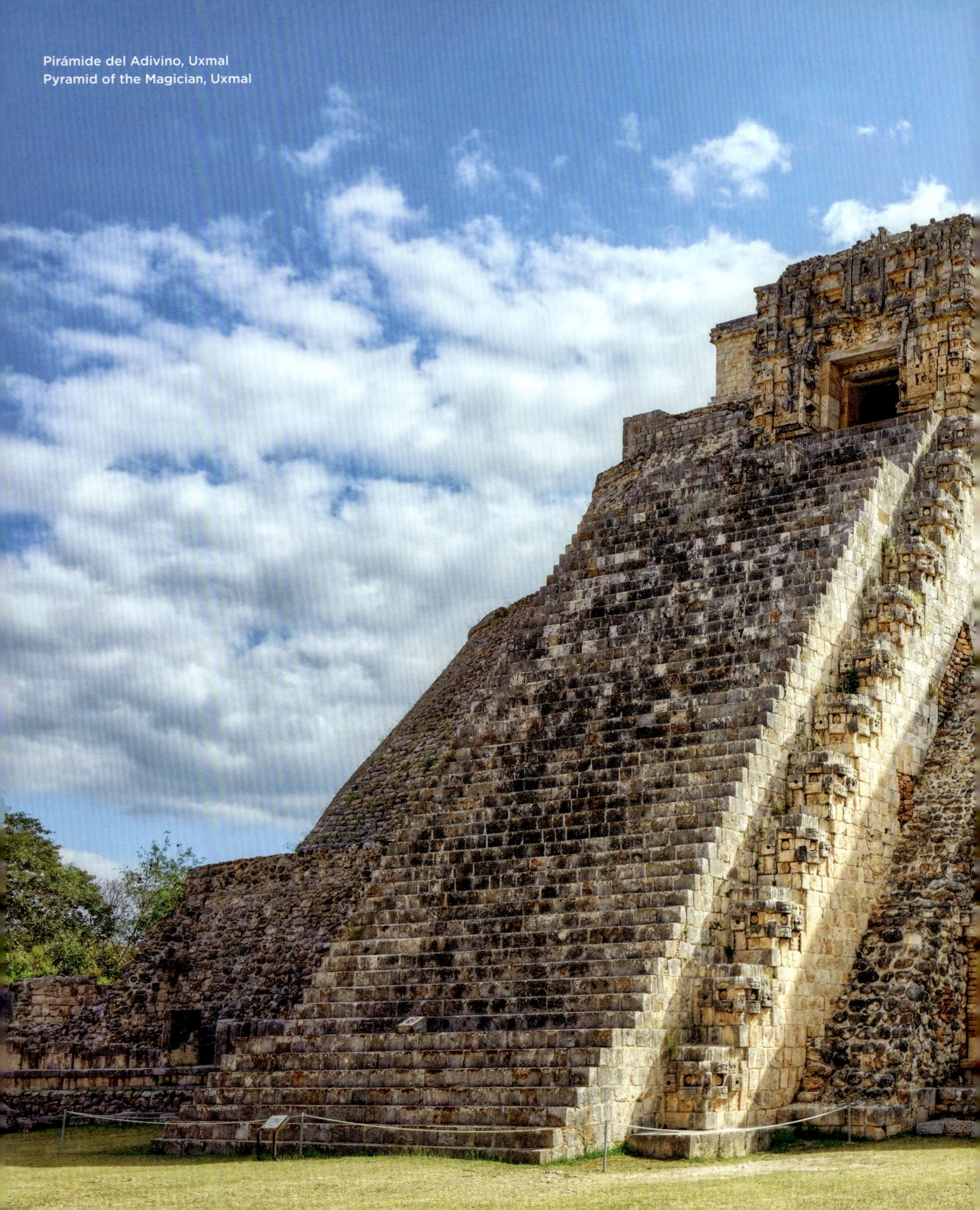

Pirámide del Adivino, Uxmal
Pyramid of the Magician, Uxmal

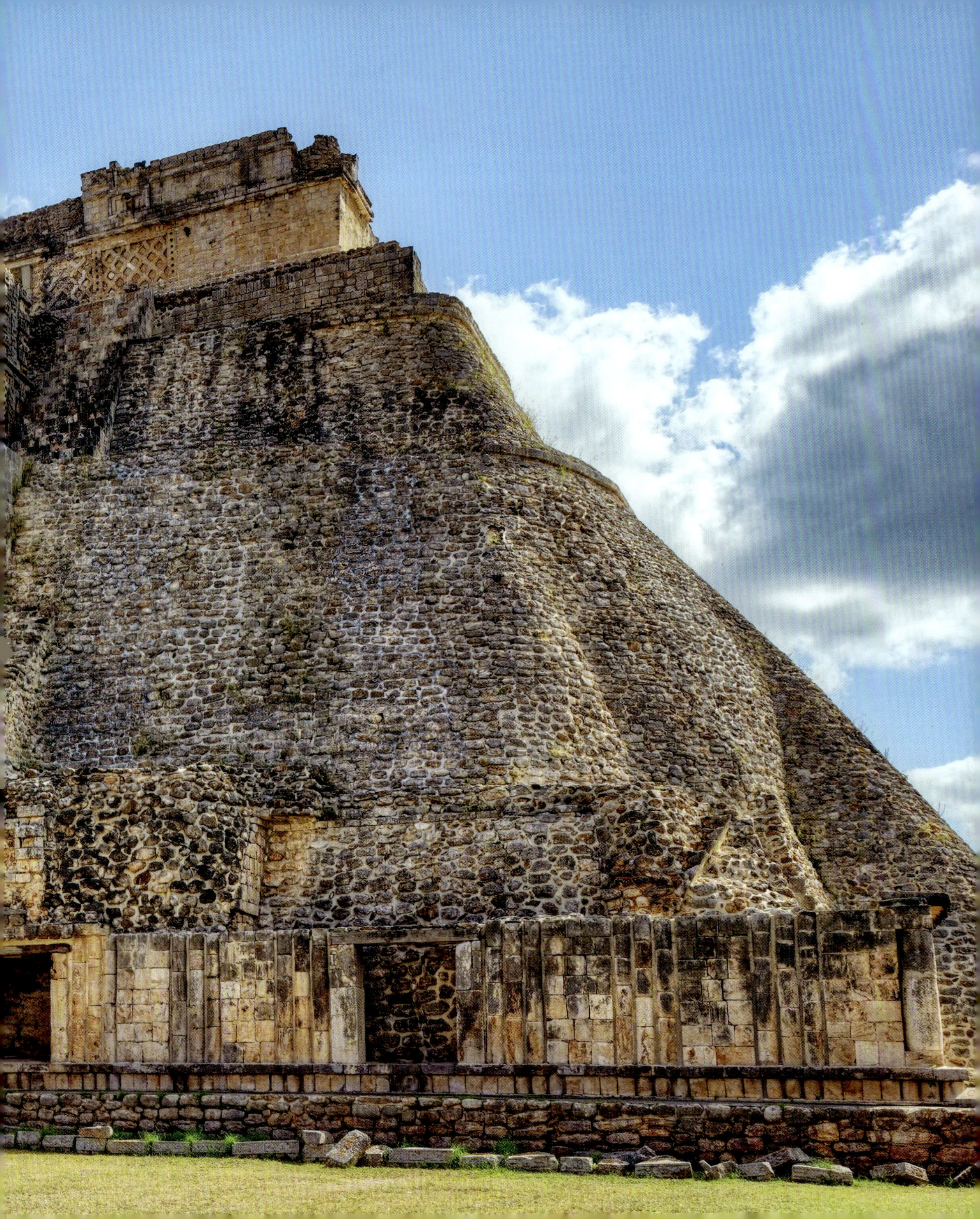

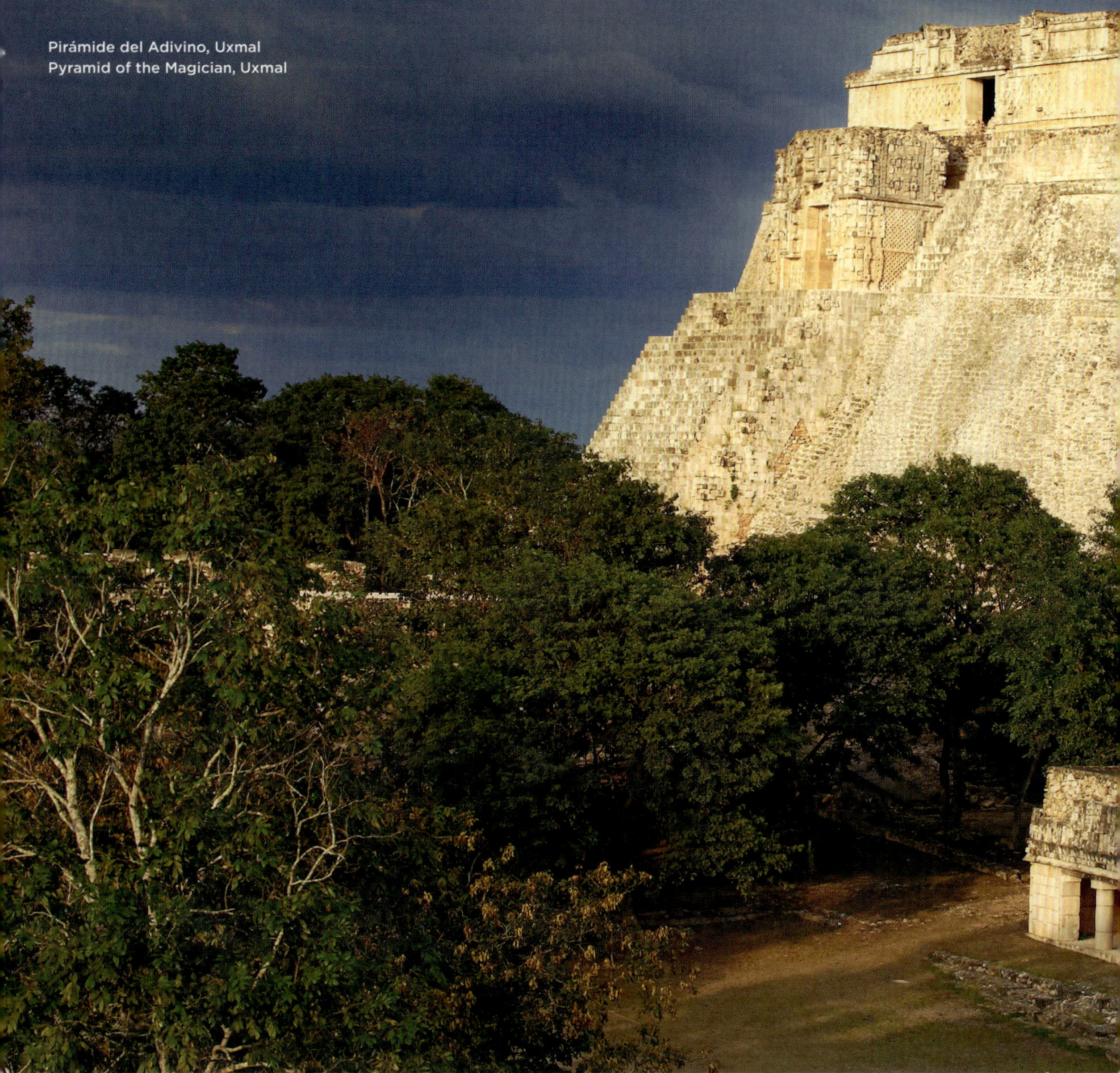

Pirámide del Adivino, Uxmal
Pyramid of the Magician, Uxmal

**Uxmal**
The Pyramid of the Magician of Uxmal differs from other buildings of the Maya with its oval base and its rounded sides. Various legends surround the origin of the building. One of them tells that the god Itzamná created the pyramid as if by magic in only one night.

**Uxmal**
La pyramide du Magicien, à Uxmal, se distingue des autres constructions mayas par sa base ovale et ses côtés arrondis. Différentes légendes entourent la construction de ce monument. D'après l'une d'entre elles, le dieu Itzamná aurait construit la pyramide, comme par enchantement, en l'espace d'une seule nuit.

**Uxmal**
Die Pyramide des Zauberers von Uxmal unterscheidet sich durch ihre ovale Basis und ihre abgerundeten Seiten von anderen Bauten der Maya. Um die Entstehung des Bauwerks ranken sich unterschiedliche Legenden. Eine davon erzählt, dass der Gott Itzamná die Pyramide wie durch Zauberei in nur einer Nacht erschaffen haben soll.

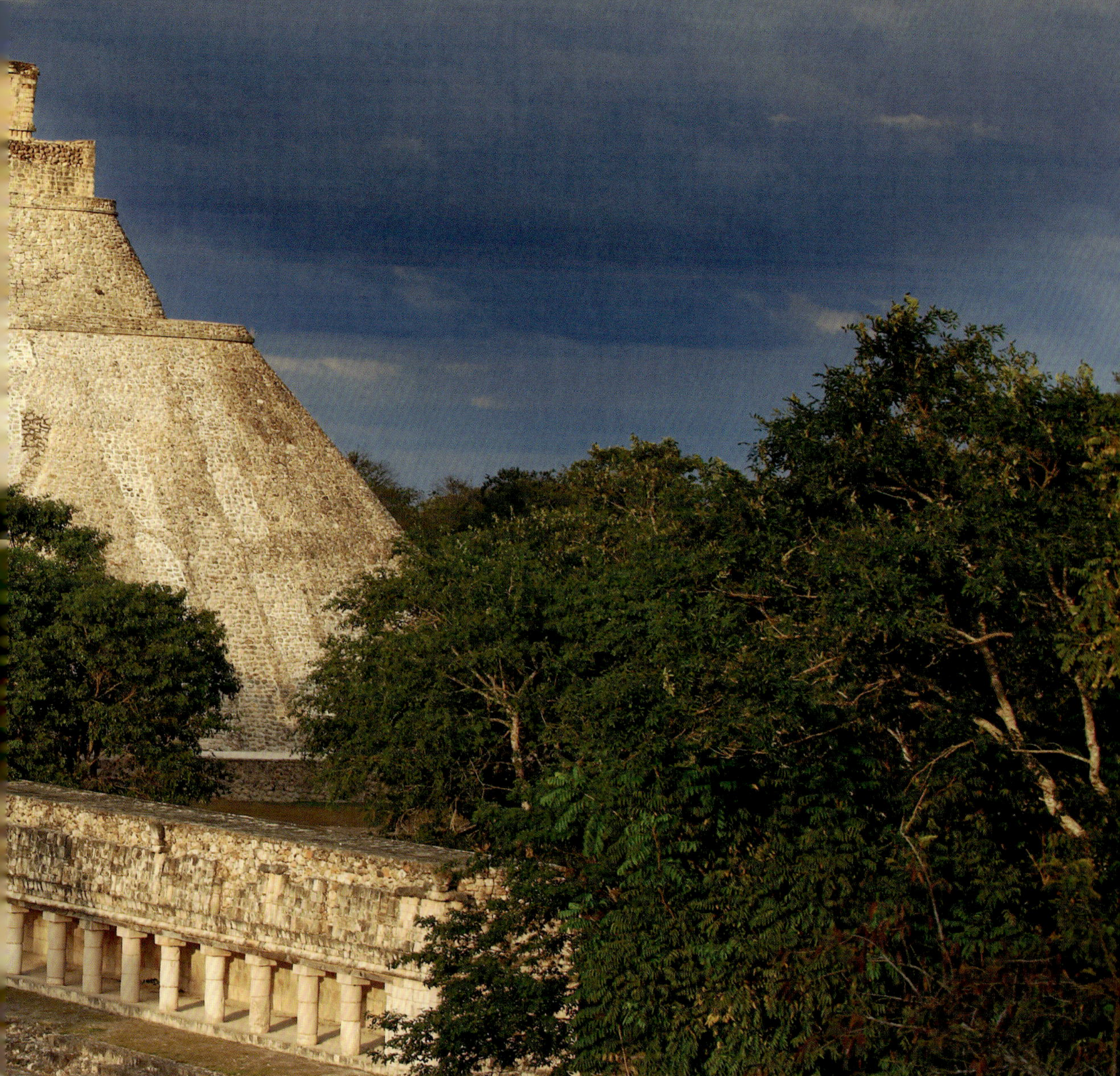

**Uxmal**
La pirámide del mago de Uxmal se diferencia de otras construcciones de los mayas por su planta ovalada y sus lados redondeados. Diferentes leyendas se entrelazan en torno al origen del edificio. Una de ellas cuenta que el dios Itzamná creó la pirámide como por arte de magia en una sola noche.

**Uxmal**
La piramide del mago di Uxmal si differenzia dagli altri edifici dei Maya per la sua pianta ovale e i lati arrotondati. Leggende diverse si intrecciano intorno all'origine dell'edificio. Uno di loro racconta che il dio Itzamná creò la piramide come per magia in una sola notte.

**Uxmal**
De piramide van de tovenaar in Uxmal onderscheidt zich van andere Mayagebouwen door de ovale plattegrond en de afgeronde zijden. Verschillende legendes vervlechten zich rond de oorsprong van het gebouw. Een ervan vertelt dat de god Itzamná de piramide in slechts één nacht als bij toverslag schiep.

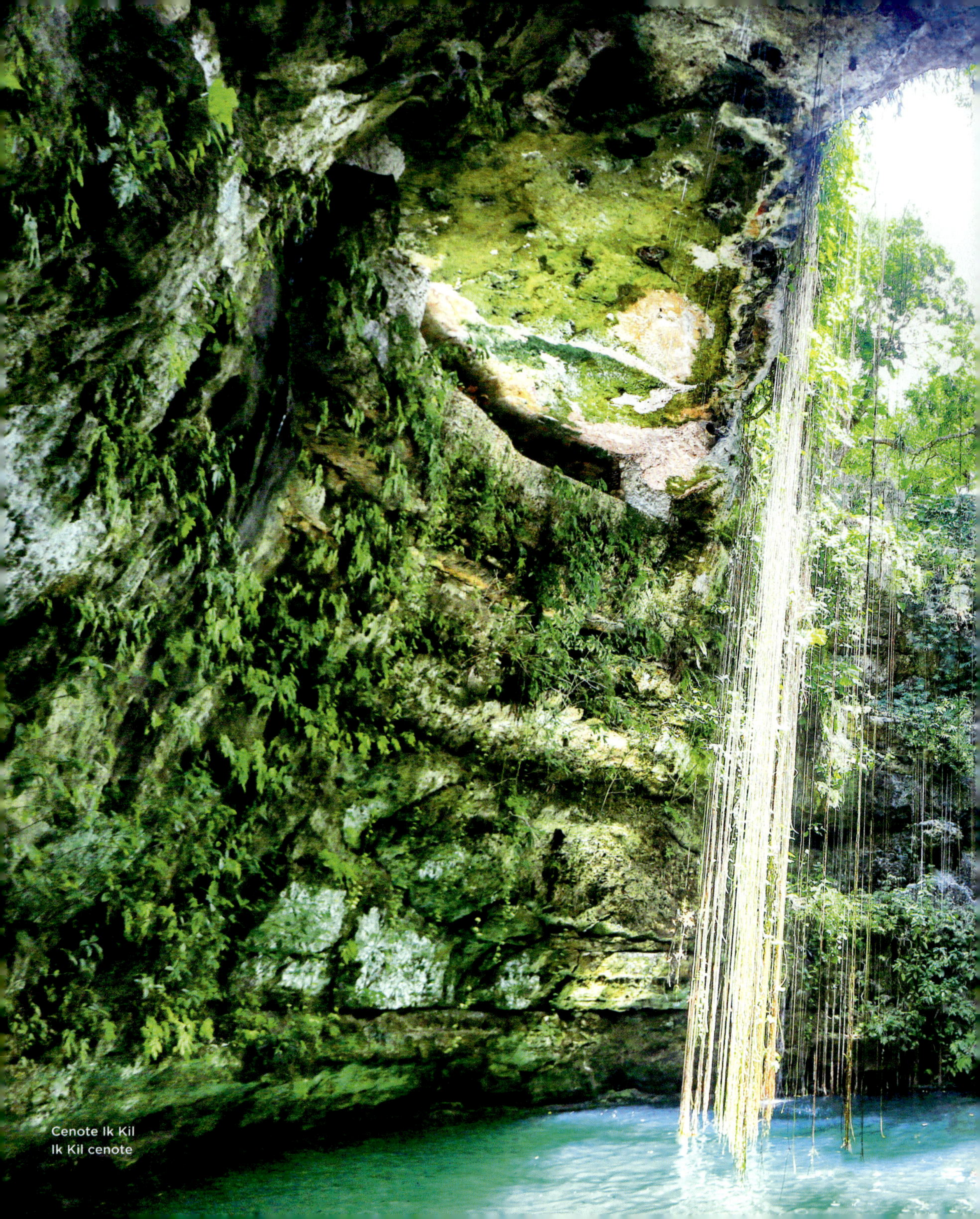
Cenote Ik Kil
Ik Kil cenote

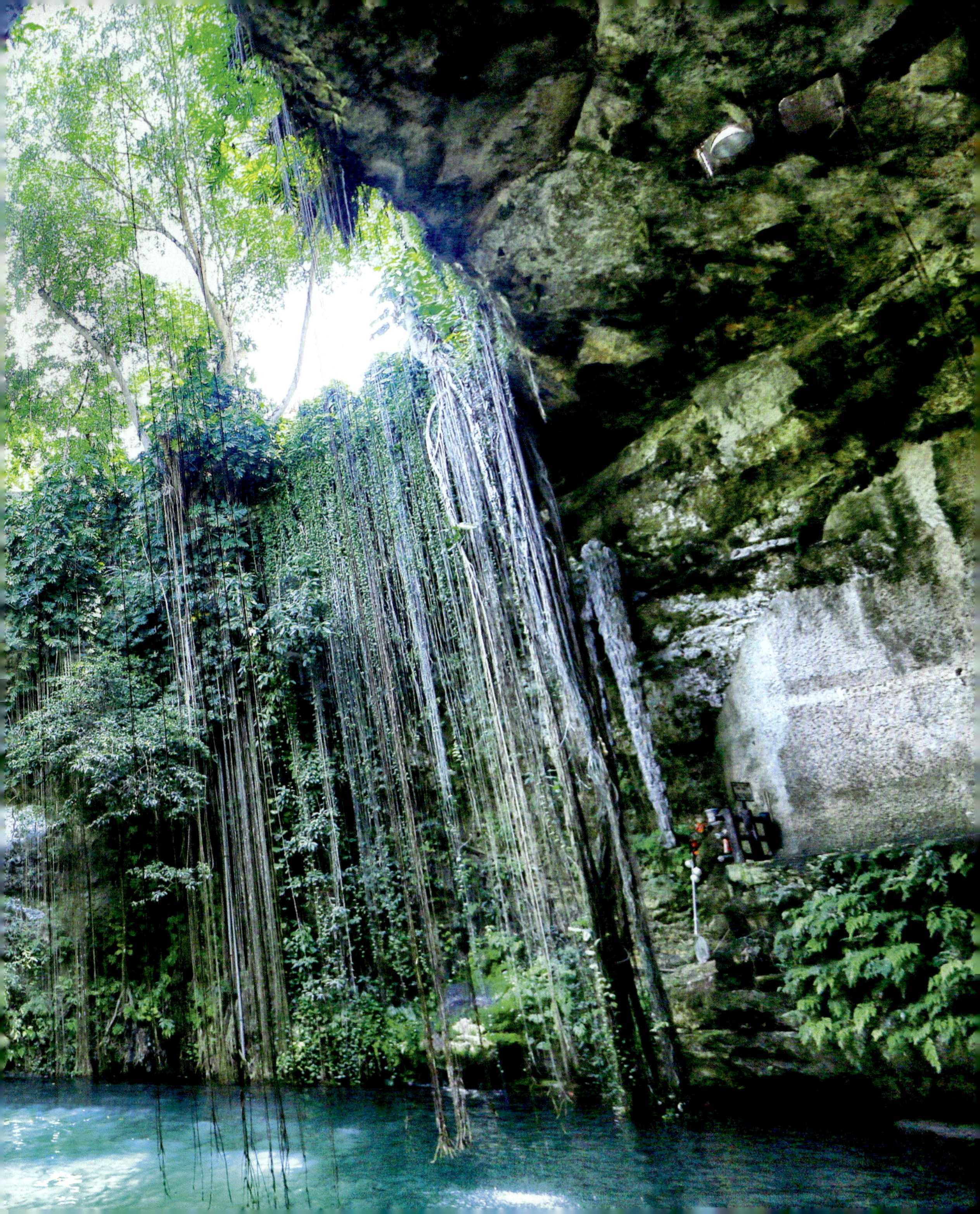

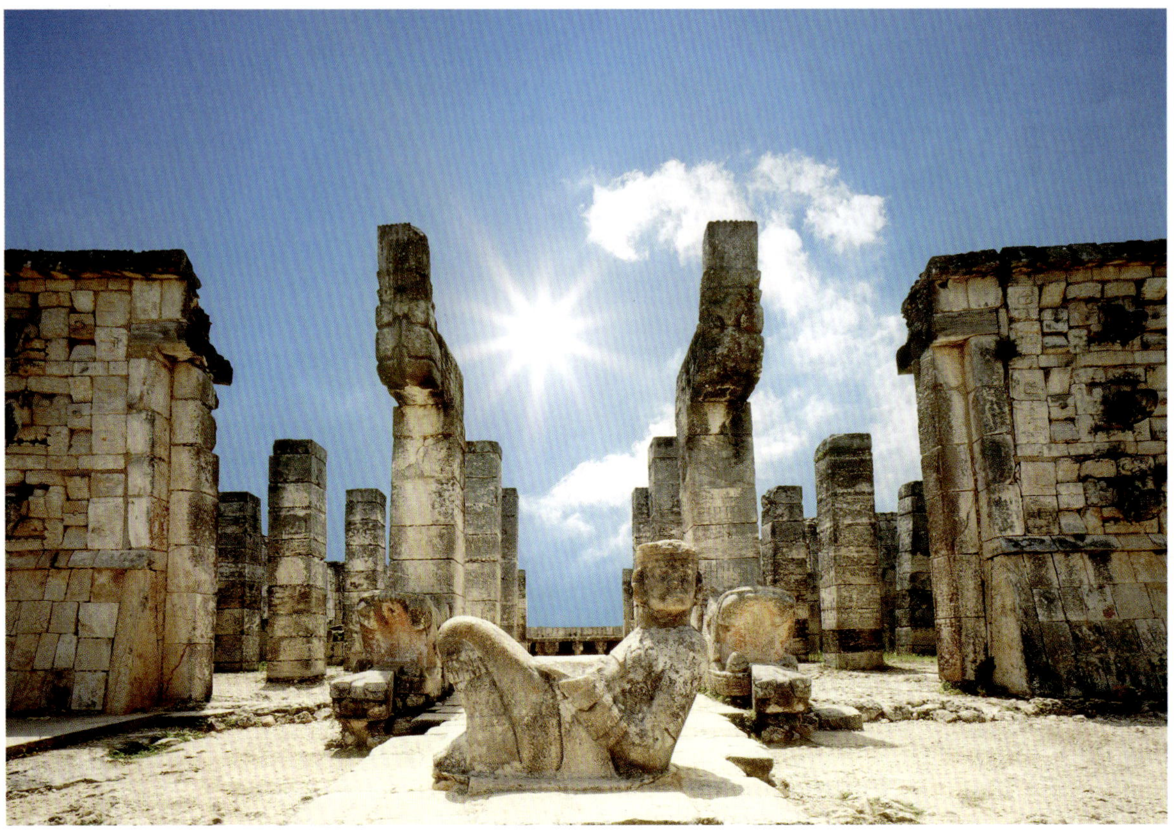

Chacmool, Chichén Itzá

**Chichén Itzá**
The Temple of Kukulcán, also known as El Castillo, is not only a showcase for Mayan architecture, but also for their outstanding knowledge of mathematics and astronomy. The number of steps (365) and plates (52) reflect the annual calendar calculated by the Maya. The building is constructed in such a way that two days a year, above the large staircase, the position of the sun offers a very special spectacle: the shadows make it look like a snake is winding its way down the temple.

**Chichén Itzá**
La pyramide de Kukulcán, aussi appelée *« El Castillo »*, est non seulement un exemple parfait de l'architecture des Mayas, mais également une preuve de leurs connaissances approfondies en mathématiques et en astronomie. Le nombre de marches (365) et de plateaux (52) reflète le calendrier calculé par les Mayas. Ce monument est tellement élaboré que, deux jours par an, la position du Soleil forme sur les grands escaliers un jeu de lumière impressionnant : l'ombre projetée donne l'impression qu'un serpent est en train de descendre du temple.

**Chichén Itzá**
Die Pyramide des Kukulcán, auch El Castillo genannt, ist nicht nur ein Paradebespiel für die Baukunst der Maya, sondern auch für ihre herausragenden Kenntnisse über Mathematik und Astronomie. Die Anzahl der Stufen (365) und Platten (52) spiegeln den von den Maya berechneten Jahreskalender wider. Das Bauwerk ist so konstruiert, dass sich an zwei Tagen im Jahr über der großen Treppe aufgrund des Sonnenstandes ein ganz besonderes Schauspiel bietet: Der Schattenwurf sorgt dafür, dass es aussieht, als würde sich eine Schlange den Tempel hinunterwinden.

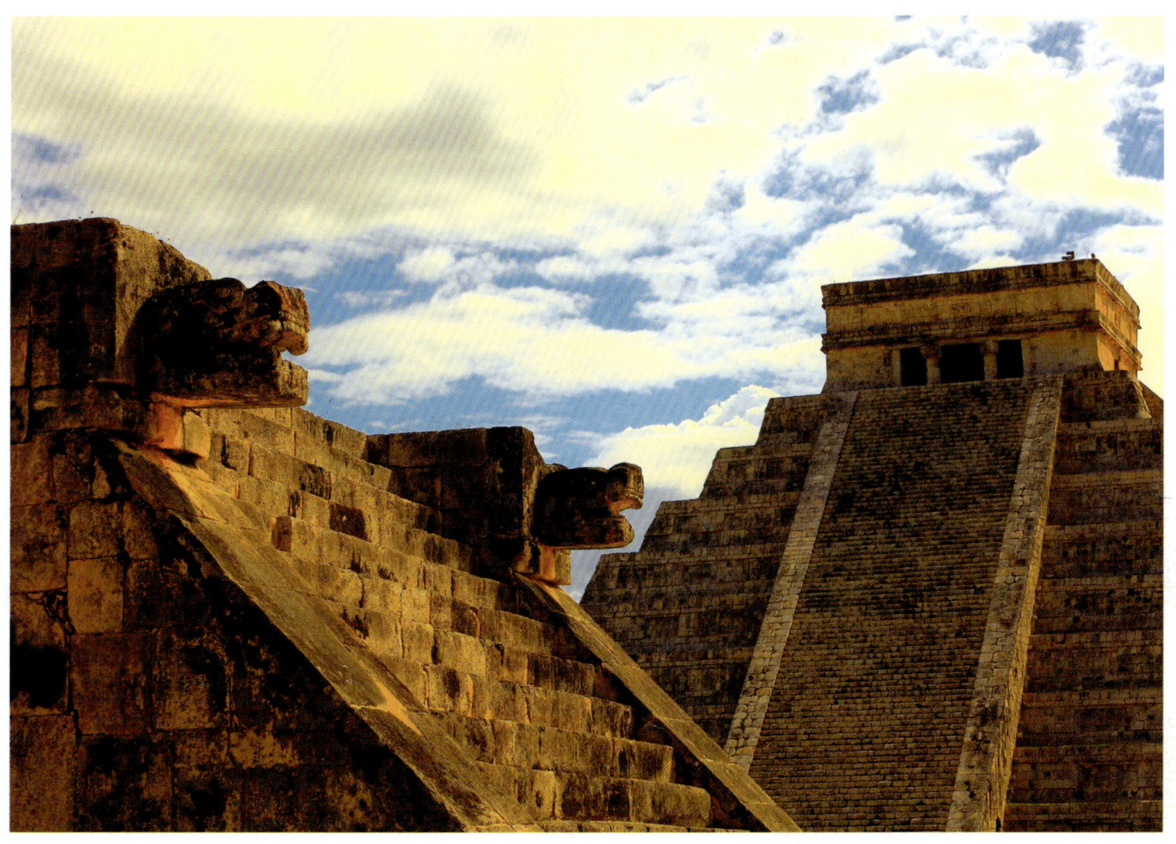

Chichén Itzá

**Chichén Itzá**
La Pirámide de Kukulcán, también conocida como El Castillo, no sólo es un buen ejemplo de la arquitecturade los mayas, sino también de su destacado conocimiento de las matemáticas y la astronomía. El número de pasos (365) y placas (52) reflejan el calendario anual calculado por los mayas. El edificio está construido de tal manera que dos días al año, por encima de la gran escalera, la posición del sol ofrece un espectáculo muy especial: las sombras hacen que parezca que una serpiente baja enroscándose por el templo.

**Chichén Itzá**
La Piramide di Kukulcán, conosciuta anche come El Castillo, non è solo unesemplare perfetto dell'architettura Maya, ma anche dell'eccezionale conoscenza della matematica e dell'astronomia. Il numero di tappe (365) e di piastre (52) riflette il calendario annuale calcolato dai Maya. L'edificio è costruito in modo talmente elaborato che due giorni all'anno, sopra la grande scala, la posizione del sole offre uno spettacolo molto speciale: le ombre proiettate danno l'impressione di un serpente che sta scendendo dal tempio.

**Chichén Itzá**
De piramide van Kukulcán, ook wel bekend als El Castillo, is niet alleen een schoolvoorbeeld van de Maya-architectuur, maar ook van hun uitstekende kennis van wiskunde en astronomie. Het aantal treden (365) en plateaus (52) weerspiegelt de jaarkalender zoals die berekend was door de Maya's. Het gebouw is zo gebouwd dat twee dagen per jaar, boven de grote trap, de stand van de zon een heel bijzonder spektakel biedt: door de schaduwen lijkt het alsof een slang zich om de tempel heen slingert.

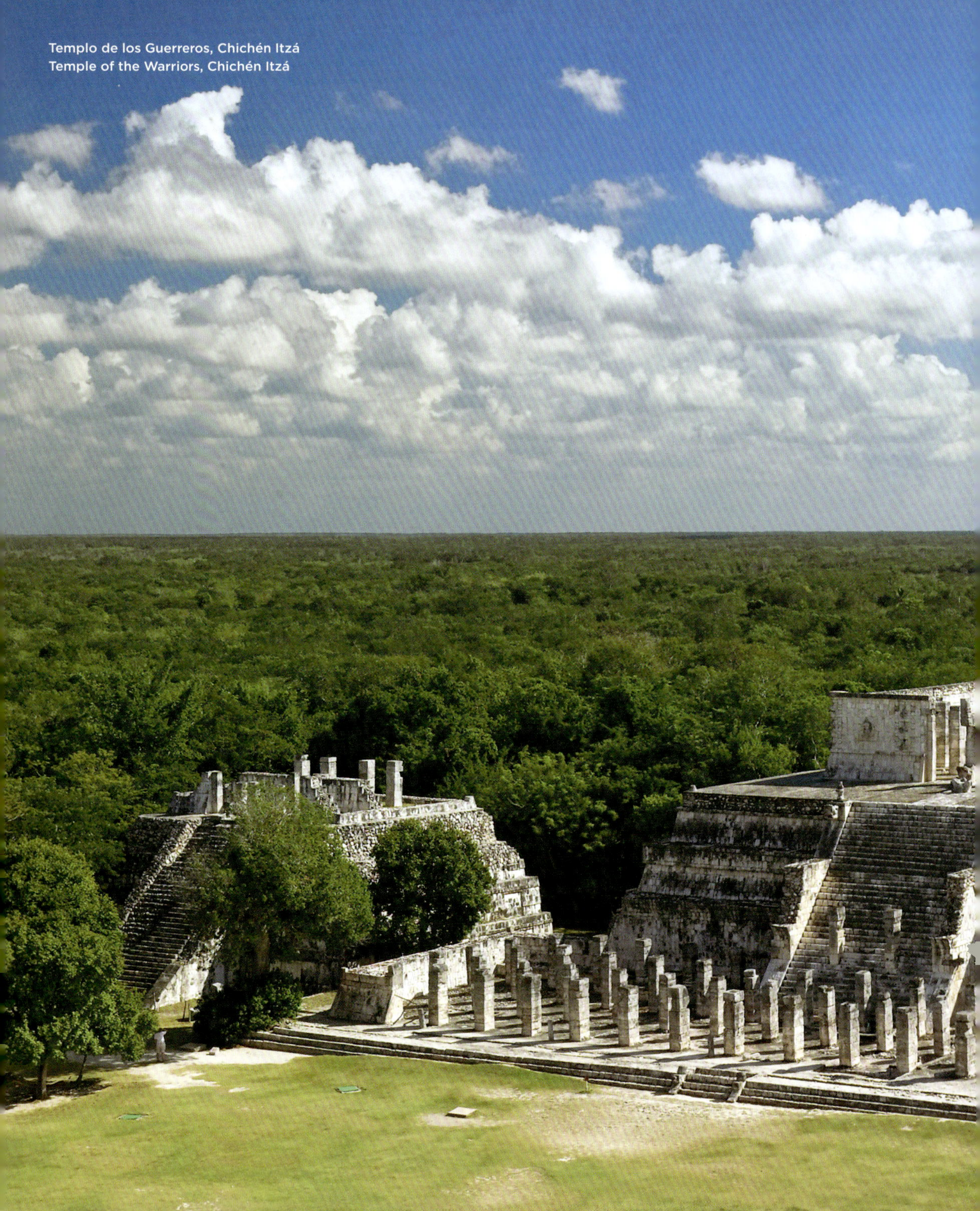
Templo de los Guerreros, Chichén Itzá
Temple of the Warriors, Chichén Itzá

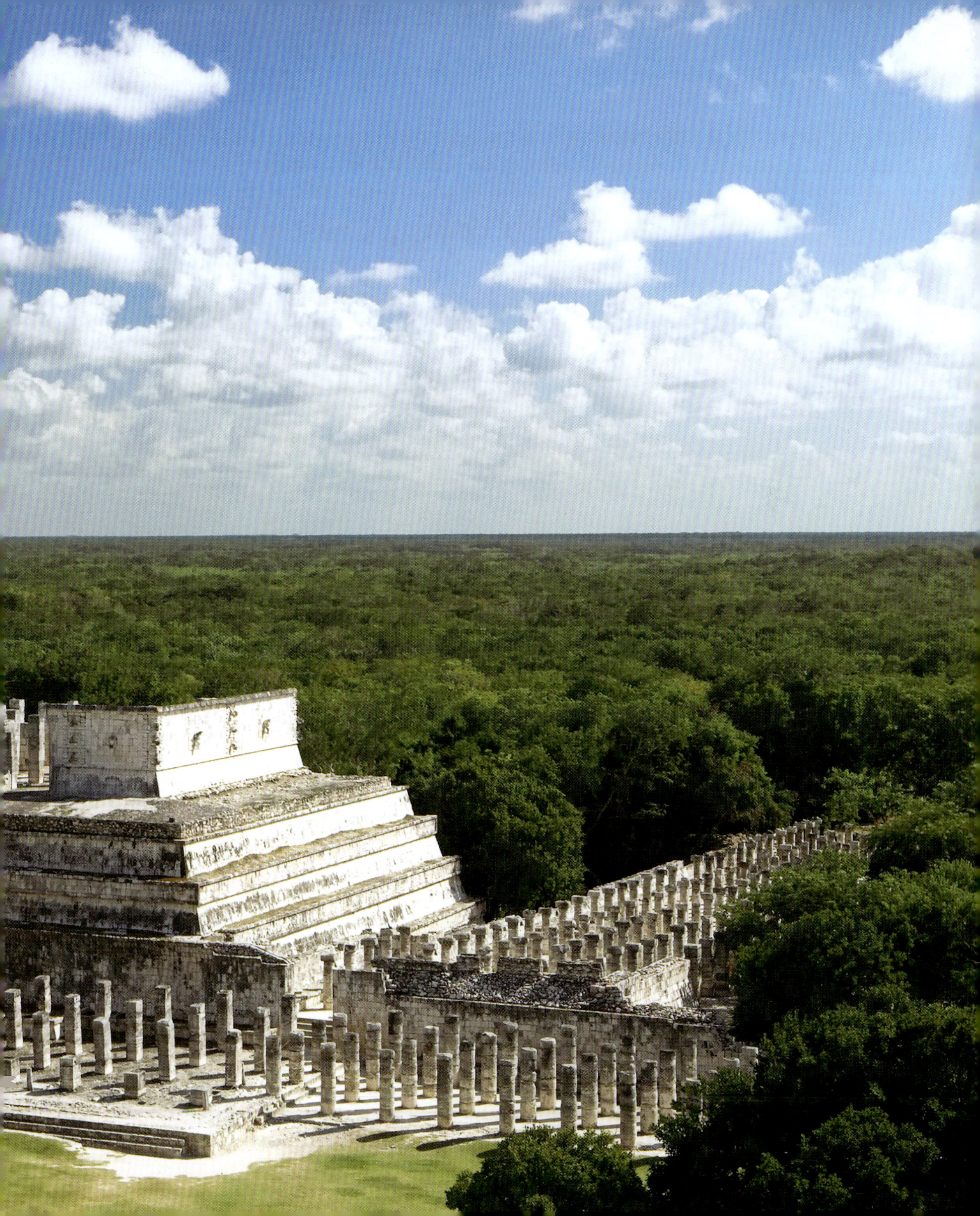

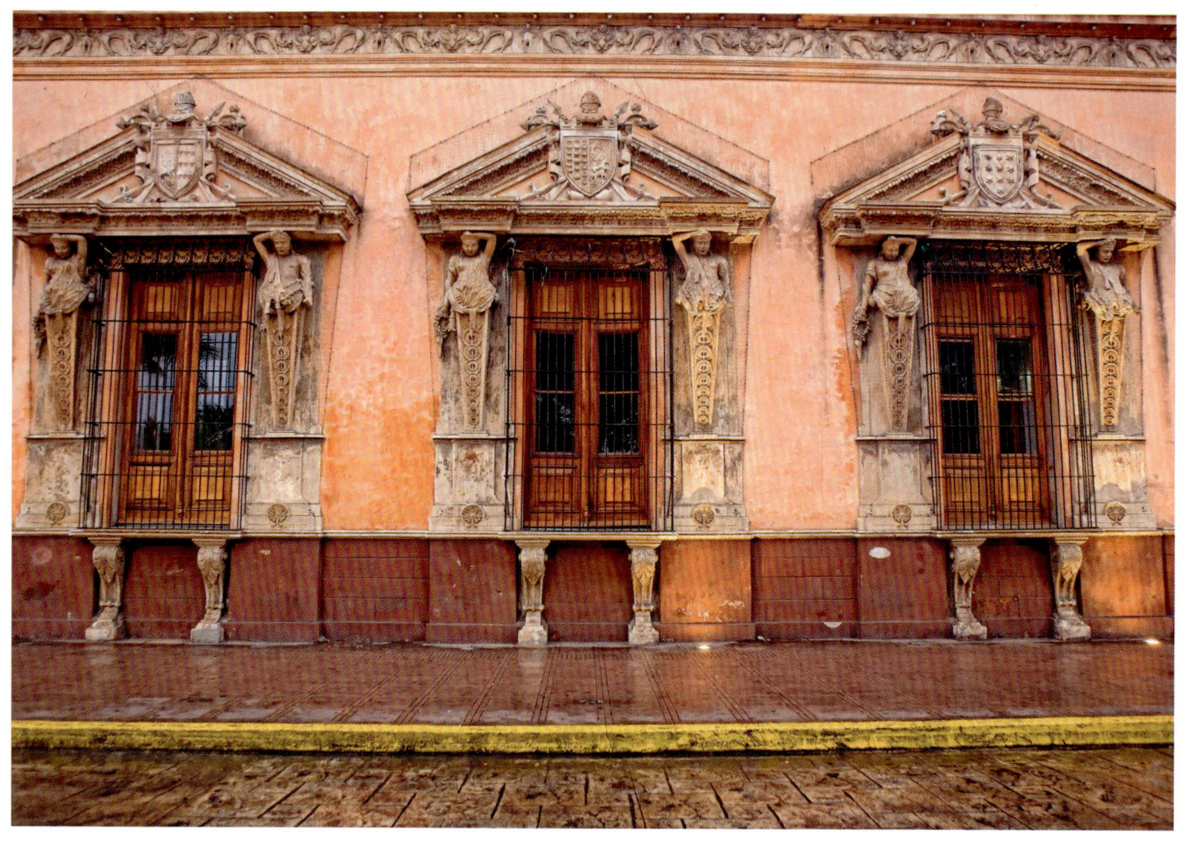

Casa de Montejo, Plaza Mayor, Mérida
House of the Montejo Family, Plaza Mayor, Mérida

**Mérida**
The capital of Yucatán was founded in 1542 by the Spanish conqueror Francisco de Montejo. The family home, Casa Montejo on the main square, still stands today. The magnificent mansions on the Paseo de Montejo bear witness to the sisal boom and the economic heyday of the city at the end of the 19th century. The unadorned cathedral was built from the stones of a Mayan pyramid that used to stand here.

**Mérida**
La capitale du Yucatán a été fondée en 1542 par le conquistador espagnol Francisco de Montejo. La maison de cette famille, la Casa de los Montejo, se dresse toujours sur la place principale. Les maisons de maître majestueuses qui bordent le Paseo de Montejo témoignent du succès du sisal et de l'essor économique de la ville à la fin du XIXe siècle. La cathédrale, dépourvue d'ornements, a été construite avec les pierres de la pyramide maya qui se trouvait auparavant à cet emplacement.

**Mérida**
Die Hauptstadt Yucatáns wurde 1542 vom spanischen Eroberer Francisco de Montejo gegründet. Das Wohnhaus der Familie, die Casa Montejo am Hauptplatz steht noch heute. Die prächtigen Herrenhäuser am Paseo de Montejo zeugen vom Sisalboom und der wirtschaftlichen Blüte der Stadt Ende des 19. Jahrhunderts. Die schmucklose Kathedrale wurde aus den Steinen einer Maya-Pyramide errichtet, die vorher an dieser Stelle stand.

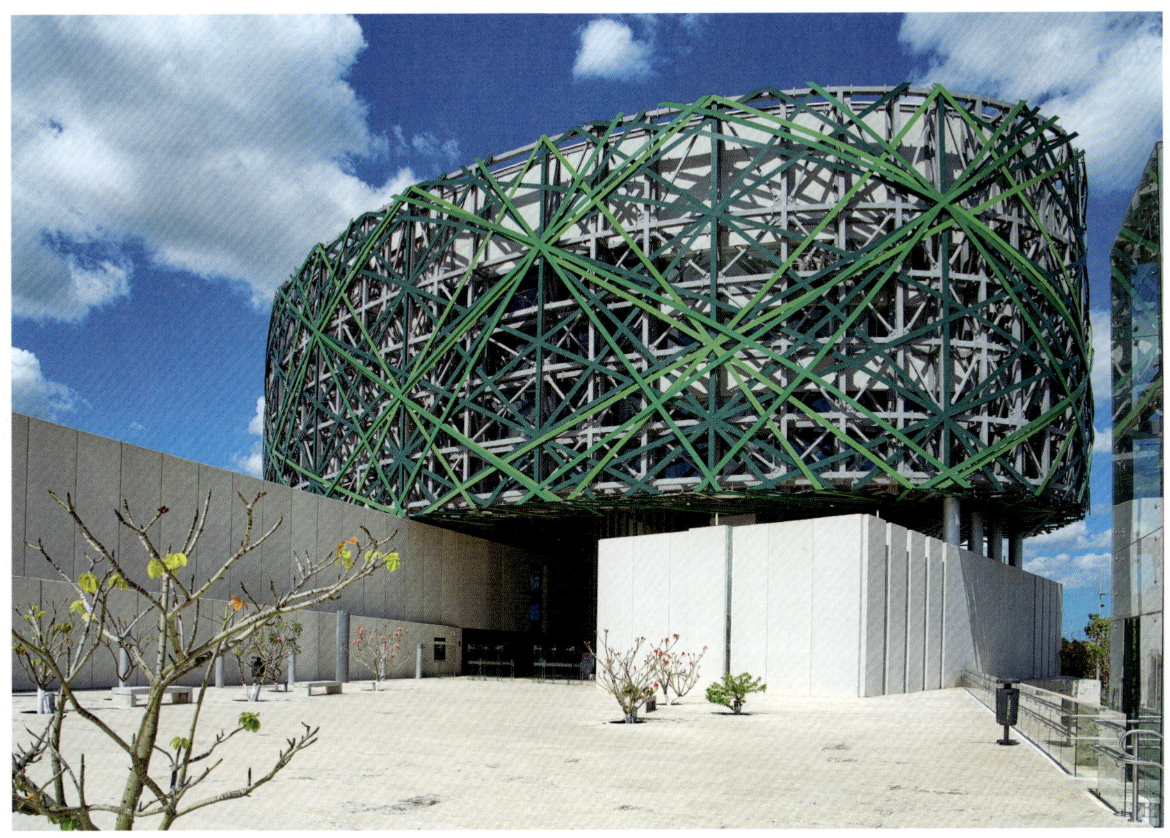

Gran Museo del Mundo Maya, Mérida
Great Mayan Museum, Mérida

**Mérida**
La capital de Yucatán fue fundada en 1542 por el conquistador español Francisco de Montejo. La casa de la familia, Casa Montejo en la plaza principal, sigue en pie hoy en día. Las magníficas casonas del Paseo de Montejo son testimonio del auge del sisal y del apogeo económico de la ciudad a finales del siglo XIX. La austera catedral fue construida con las piedras de una pirámide maya que anteriormente ocupaba este lugar.

**Mérida**
La capitale Yucatán è stata fondata nel 1542 dal conquistatore spagnolo Francisco de Montejo. La casa di famiglia, Casa Montejo su si erge ancora oggi sulla piazza principale. Le magnifiche dimore del Paseo de Montejo testimoniano il successo del sisal e il periodo di massimo splendore economico della città alla fine del XIX secolo. La cattedrale spogliata dagli ornamenti è stato costruita con le pietre di una piramide maya che sorgeva qui.

**Mérida**
De hoofdstad van Yucatán werd in 1542 gesticht door de Spaanse veroveraar Francisco de Montejo. Het woonhuis van de familie, de Casa Montejo op het centrale plein, staat er nog. De prachtige herenhuizen aan de Paseo de Montejo getuigen van de sisalhausse en de economische bloei van de stad eind 19e eeuw. De onopgesmukte kathedraal is gebouwd met de stenen van een Mayapiramide die hier vroeger stond.

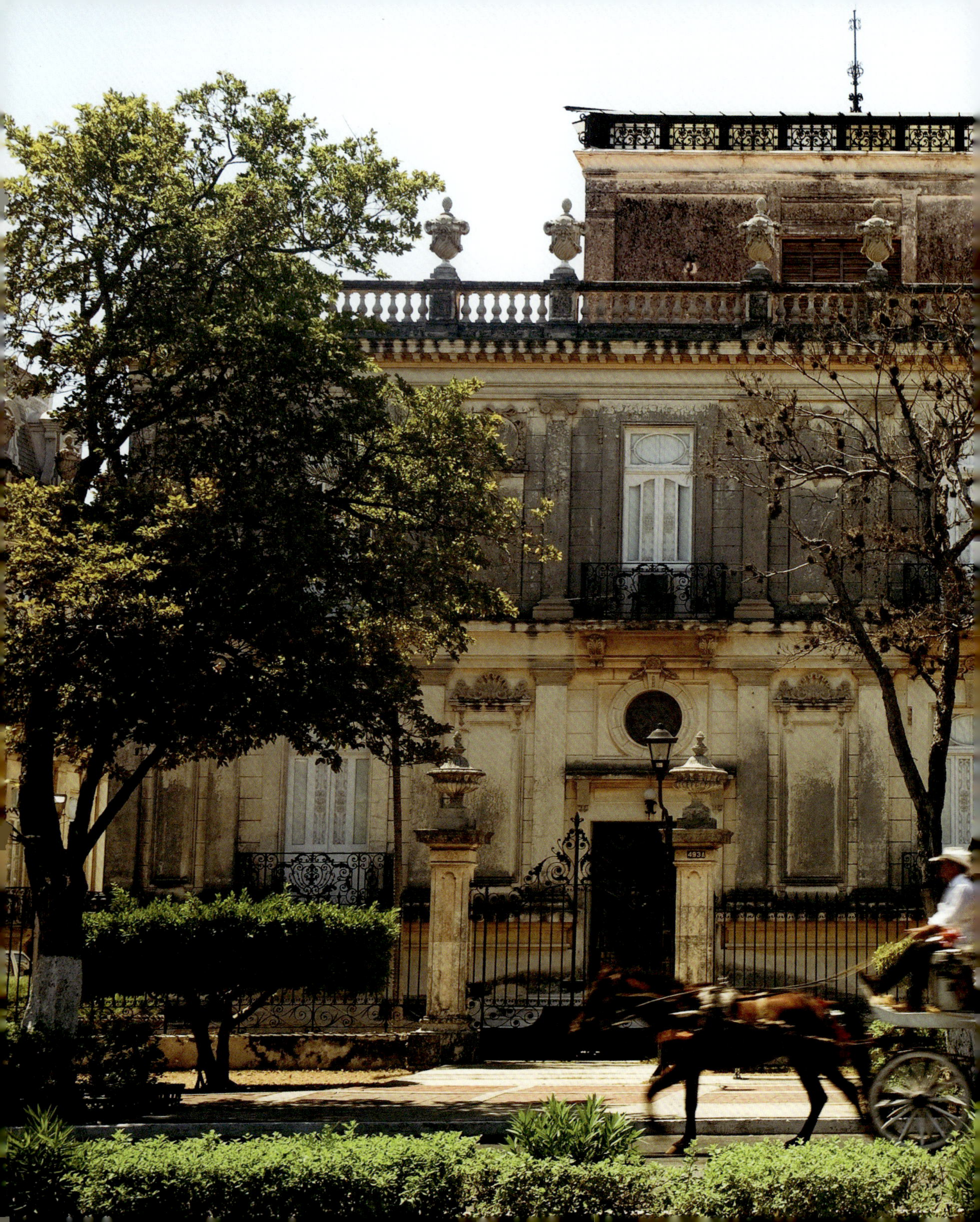

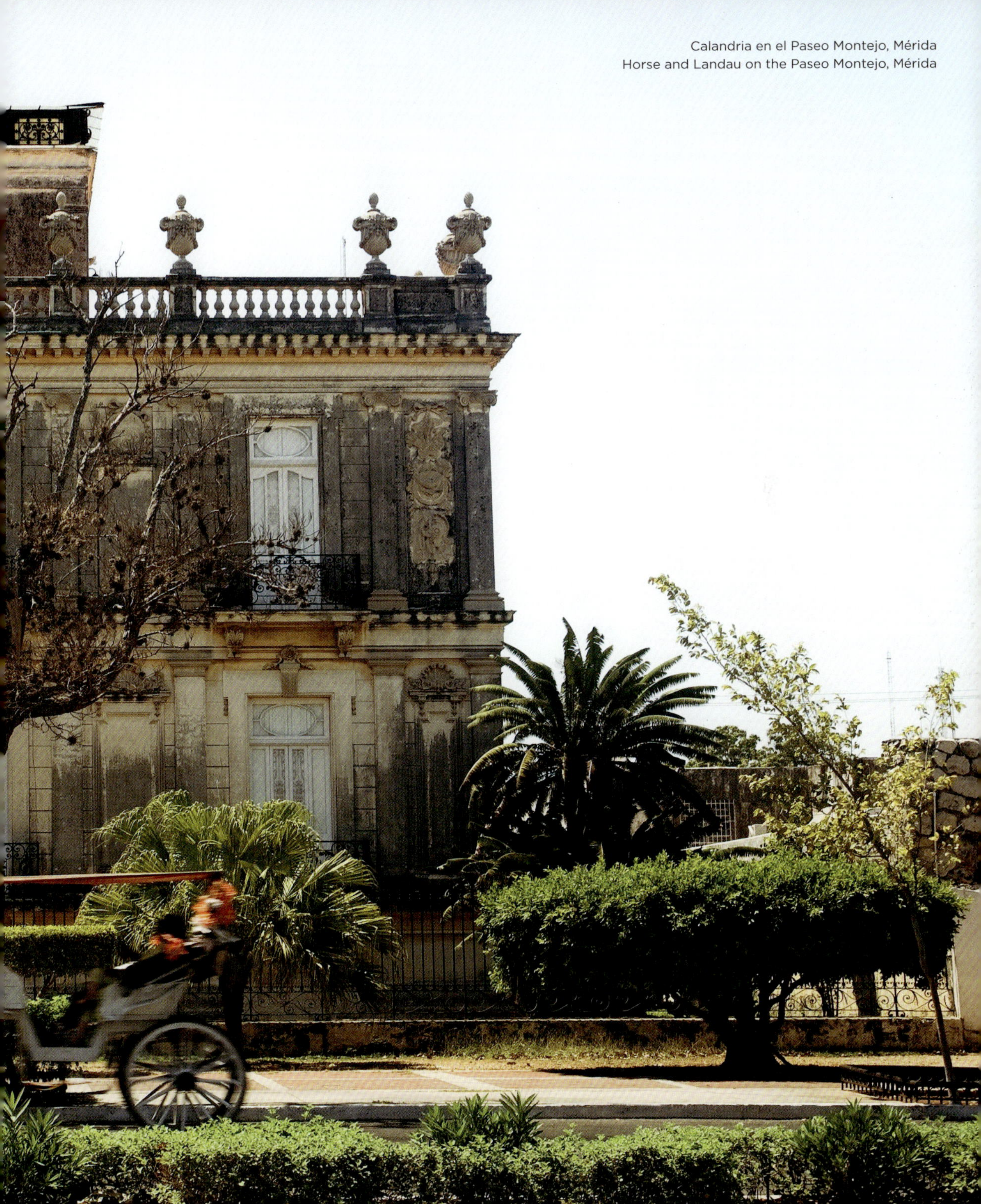

Calandria en el Paseo Montejo, Mérida
Horse and Landau on the Paseo Montejo, Mérida

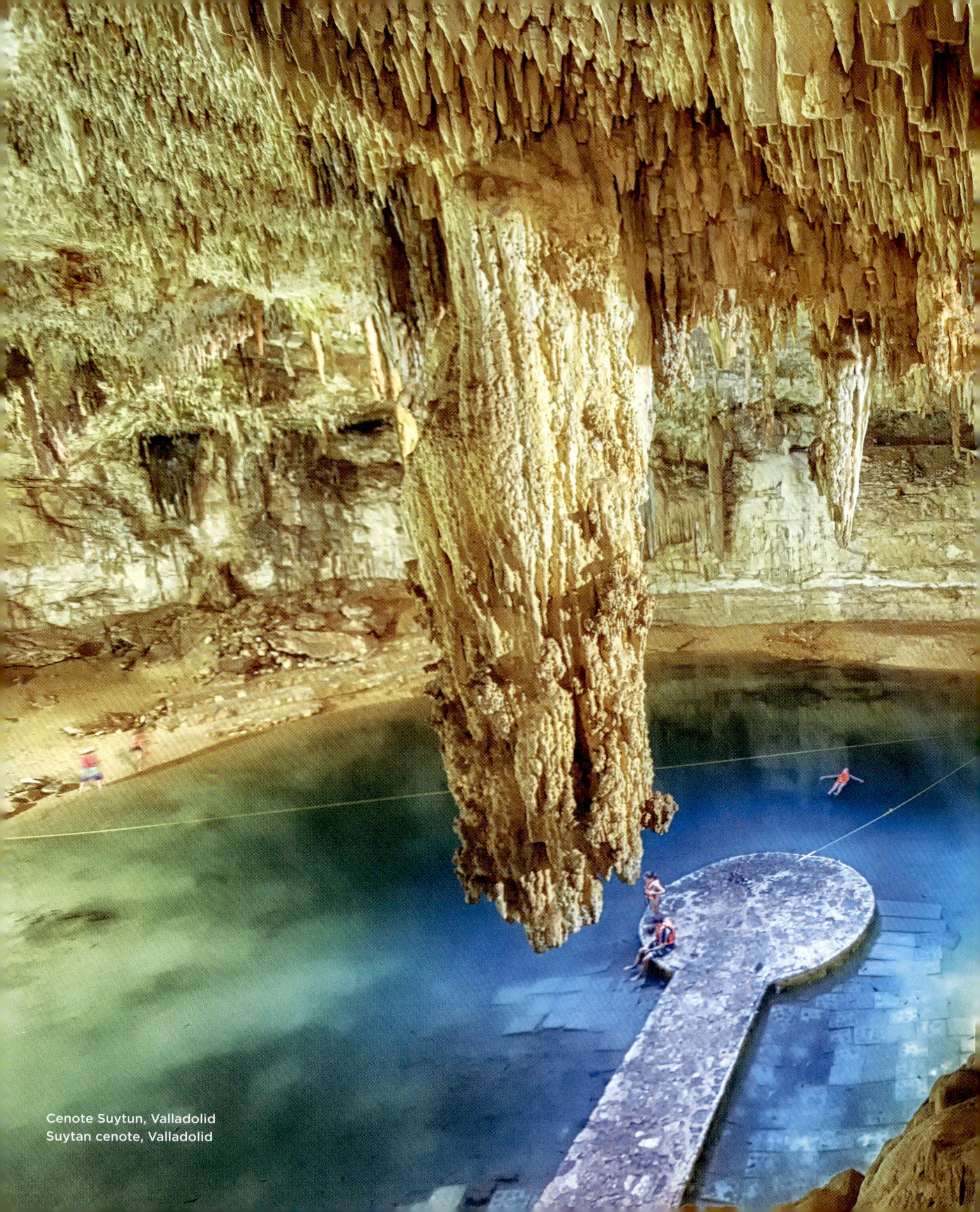

Cenote Suytun, Valladolid
Suytan cenote, Valladolid

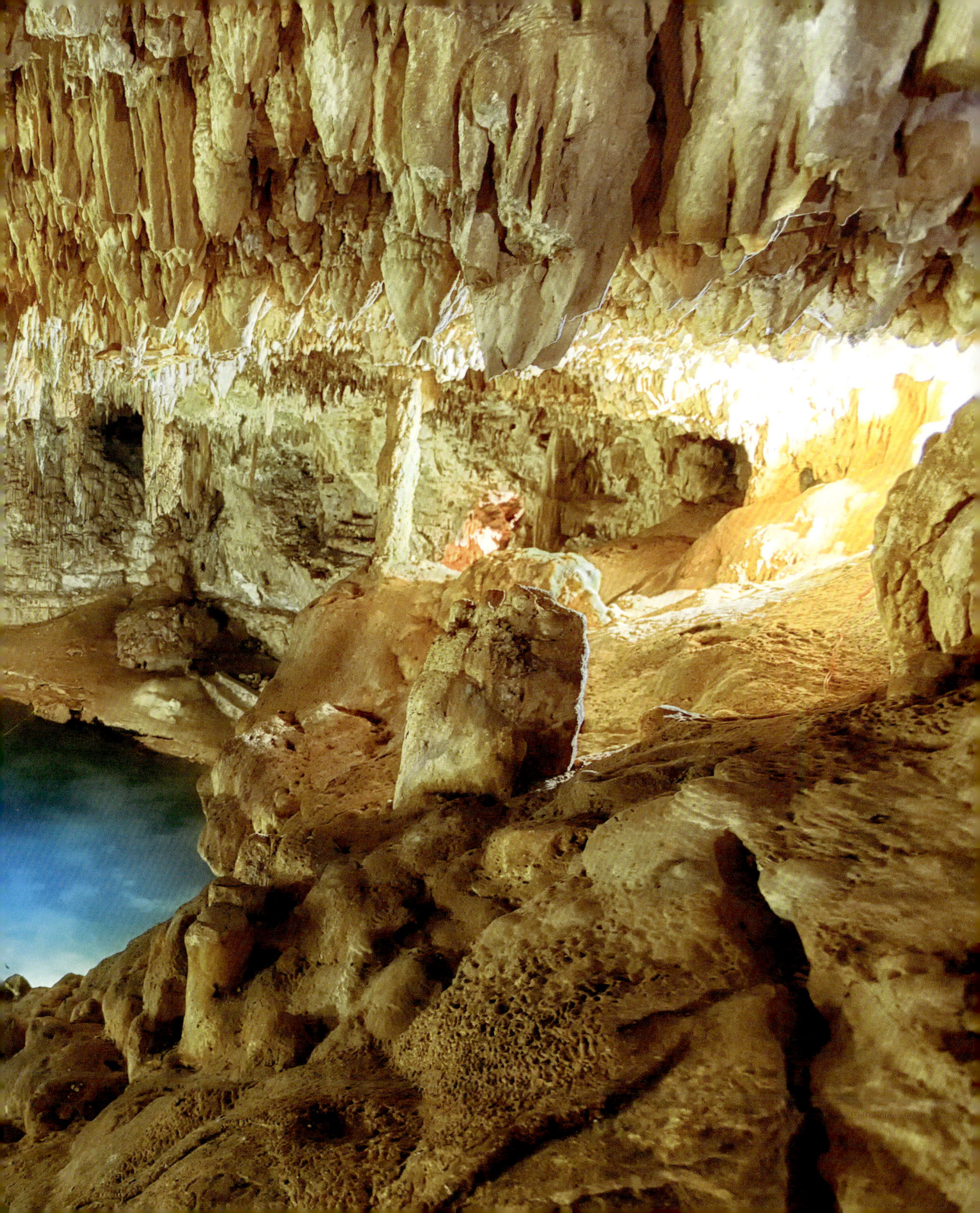

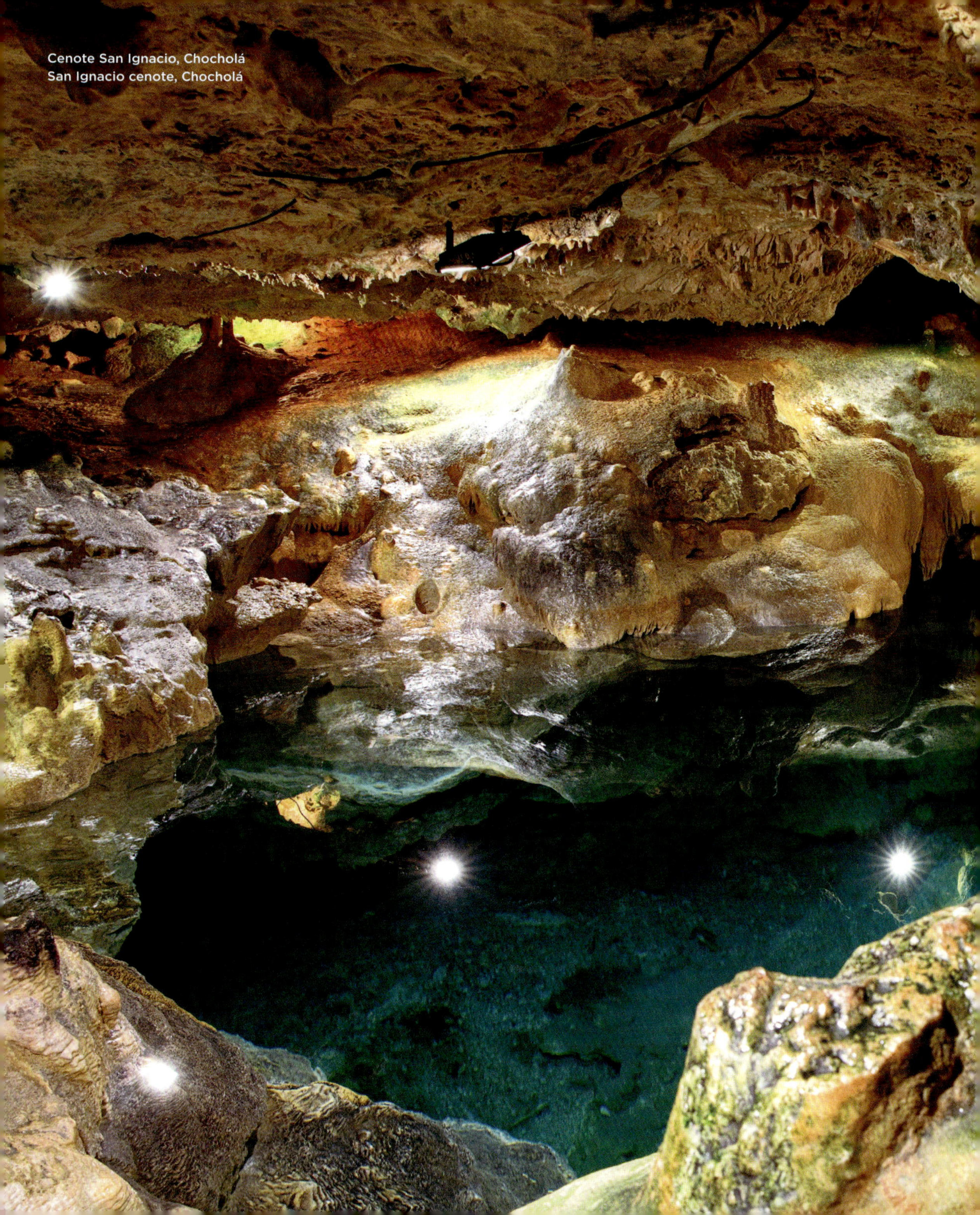

Cenote San Ignacio, Chocholá
San Ignacio cenote, Chocholá

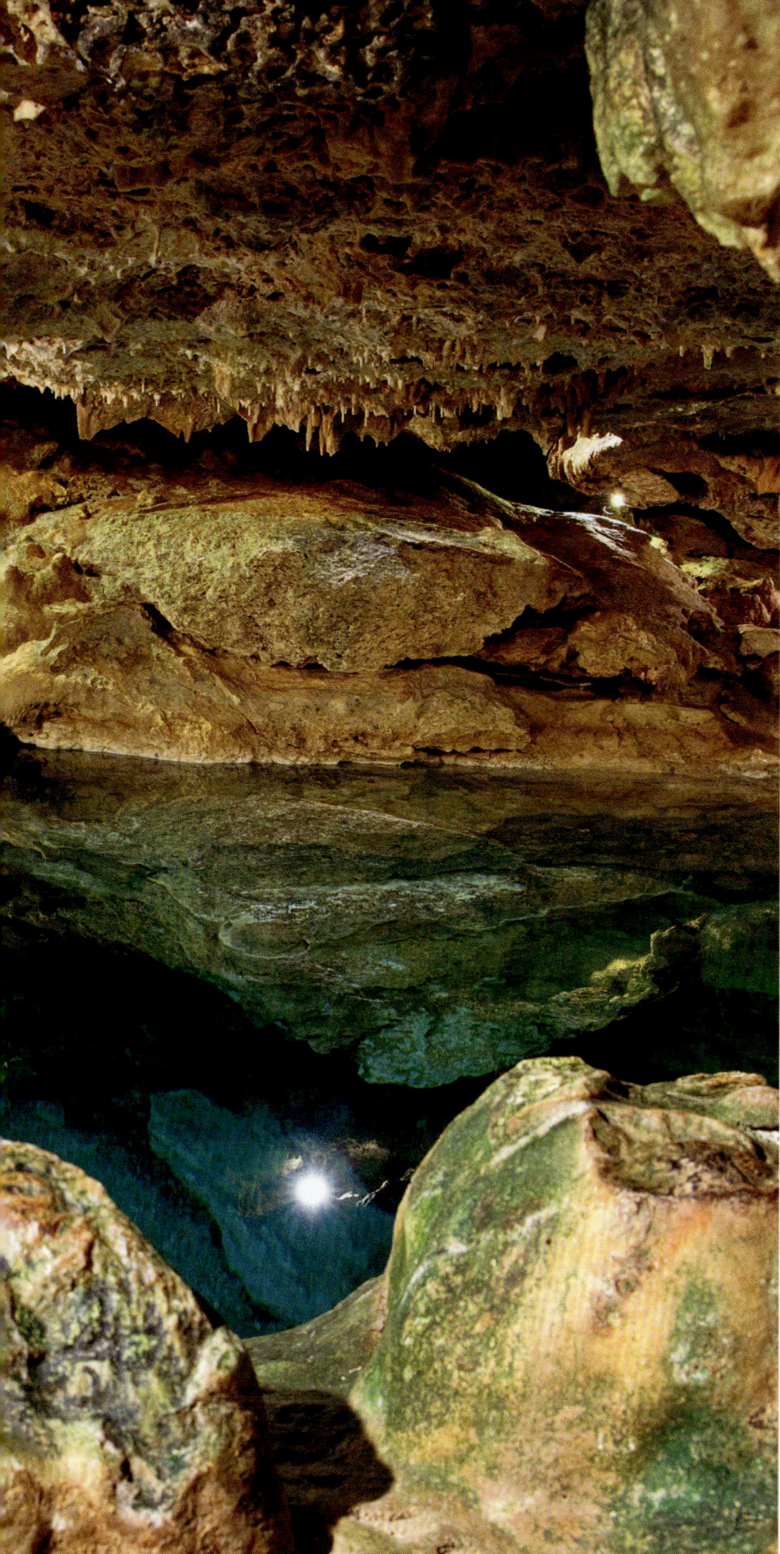

**Cenotes**

Limestone is responsible for the crumbling soil of the Yucatán peninsula. The result: well over 1000 sinkholes, caves and pits, most of which are filled with groundwater. These so-called cenotes, with their stalagmites and stalactites, were regarded by the Maya as entrances to the underworld. In some of them one can even swim and dive.

**Les cénotes**

C'est à cause du calcaire que le sol de la péninsule du Yucatán s'effrite. Il en résulte plus d'un millier d'affaissements, de grottes et de trous dans la terre, généralement remplis par l'eau du sous-sol. Les Mayas considéraient ces cénotes, avec leurs stalagmites et leurs stalactites, comme les portes de l'inframonde. Dans certains, on peut même plonger et nager.

**Cenotes**

Das Kalkgestein ist schuld daran, dass der Boden der Halbinsel Yucatán bröckelt. Die Folge: weit über 1000 Einbrüche, Höhlen und Erdlöcher, die meist mit Grundwasser gefüllt sind. Diese sogenannten Cenotes mit ihren Stalagmiten und Stalaktiten galten den Maya als Zugänge zur Unterwelt. In einigen von ihnen kann man sogar schwimmen und tauchen.

**Cenotes**

La piedra caliza es responsable de que el suelo de la península de Yucatán se desmorone. El resultado: más de 1000 hundimientos, cuevas y madrigueras, la mayoría de las cuales están llenas de agua subterránea. Estos llamados cenotes con sus estalagmitas y estalactitas eran considerados por los mayas como entradas al inframundo. En algunos de ellos se puede incluso nadar y bucear.

**Cenote**

Il calcare è responsabile del terreno fatiscente della penisola dello Yucatán. Il risultato: oltre 1000 grotte e cunicoli, la maggior parte dei quali riempiti di acquadel sotto suolo. Questi cosiddetti cenoti, con le loro stalagmiti e stalattiti, erano considerati dai Maya come ingressi negli inferi. In alcuni di essi si può anche tuffarsi e nuotare.

**Cenotes**

Het is de schuld van het kalksteen dat bodem van het schiereiland Yucatán afbrokkelt. Het resultaat: meer dan 1000 breuken, spelonken en spleten, waarvan de meeste gevuld zijn met grondwater. Deze zogenaamde cenotes met hun stalagmieten en stalactieten werden door de Maya's beschouwd als ingangen tot de onderwereld. In sommige kunt u zelfs zwemmen en duiken.

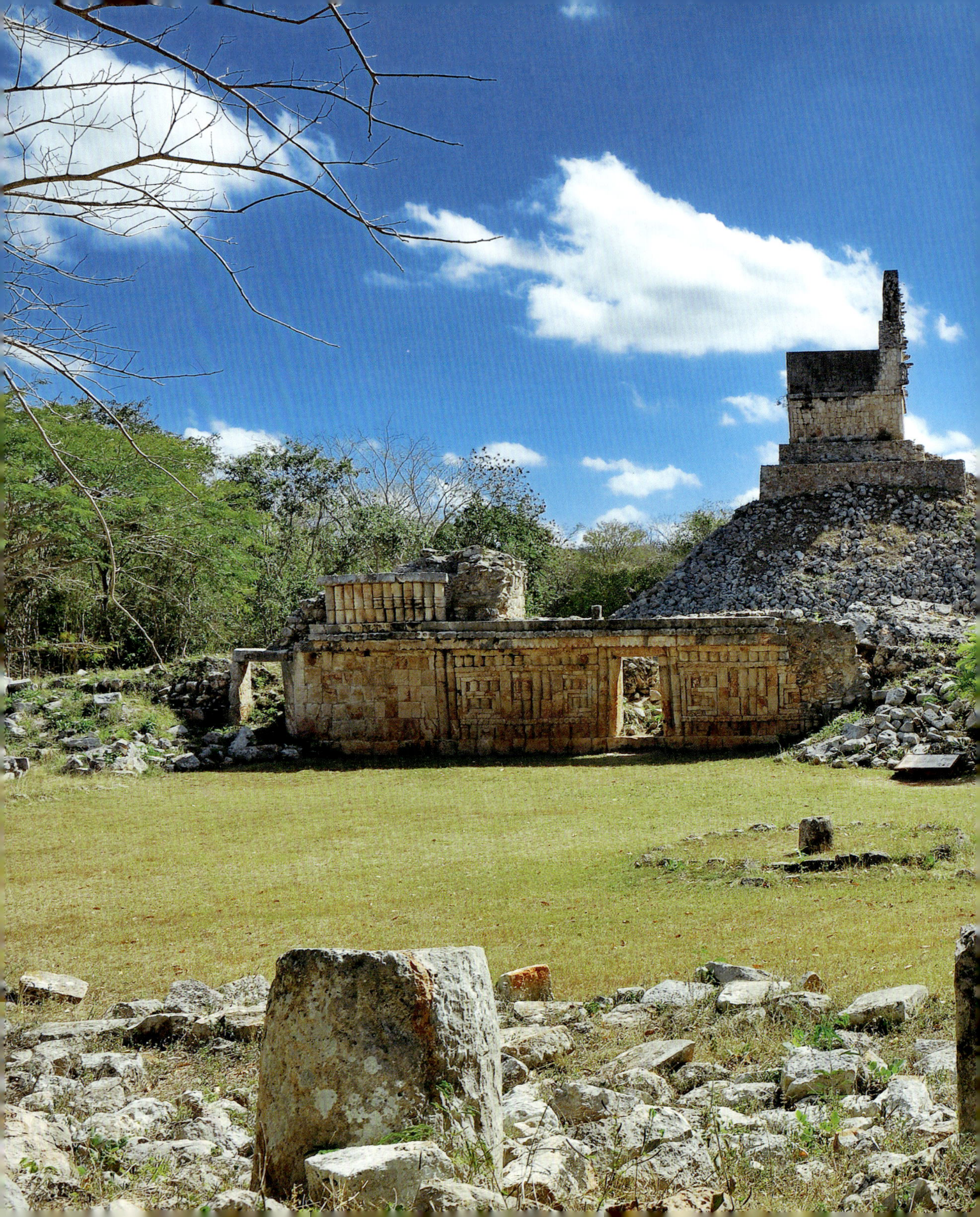

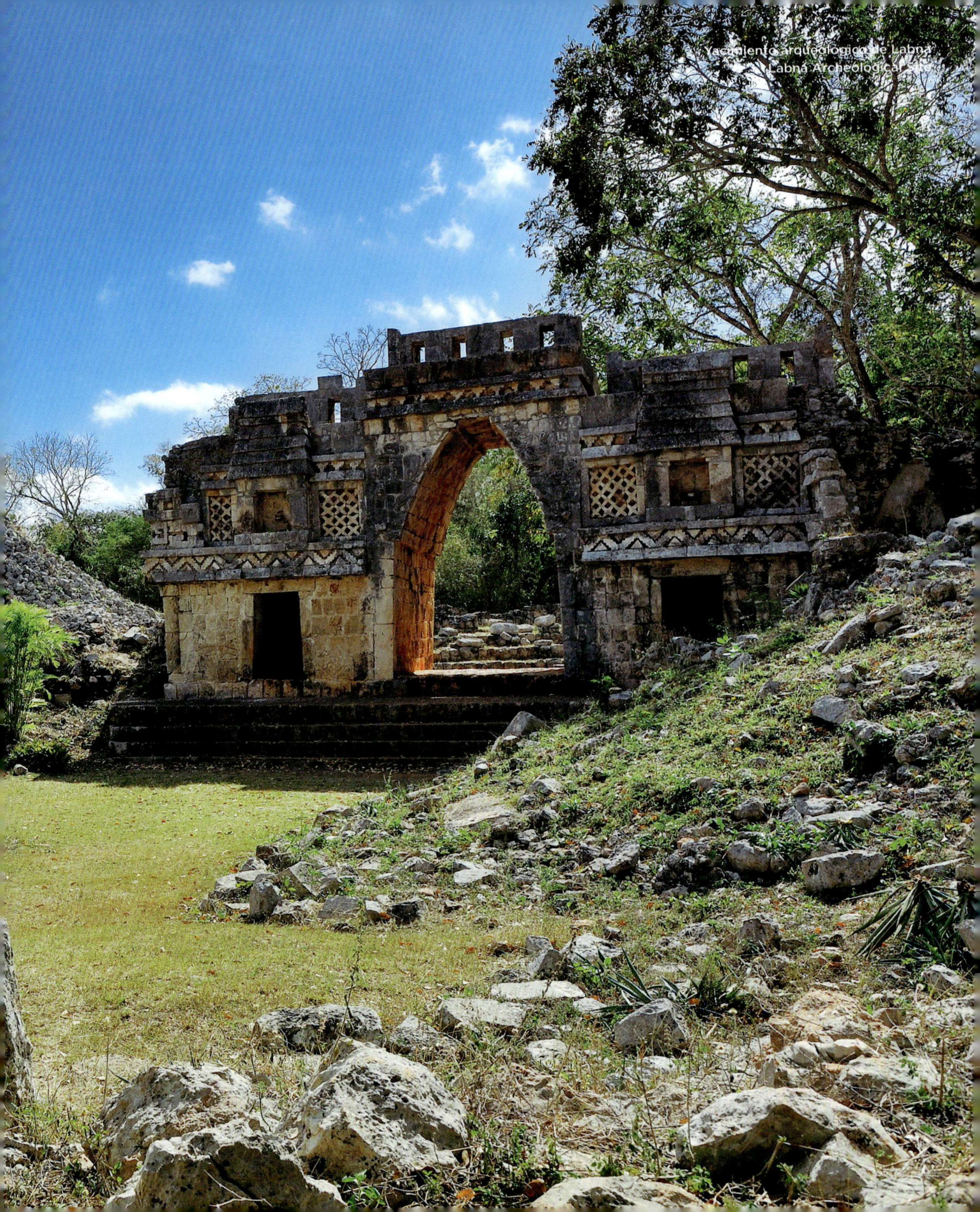

Yacimiento arqueológico de Labná
Labná Archeological site

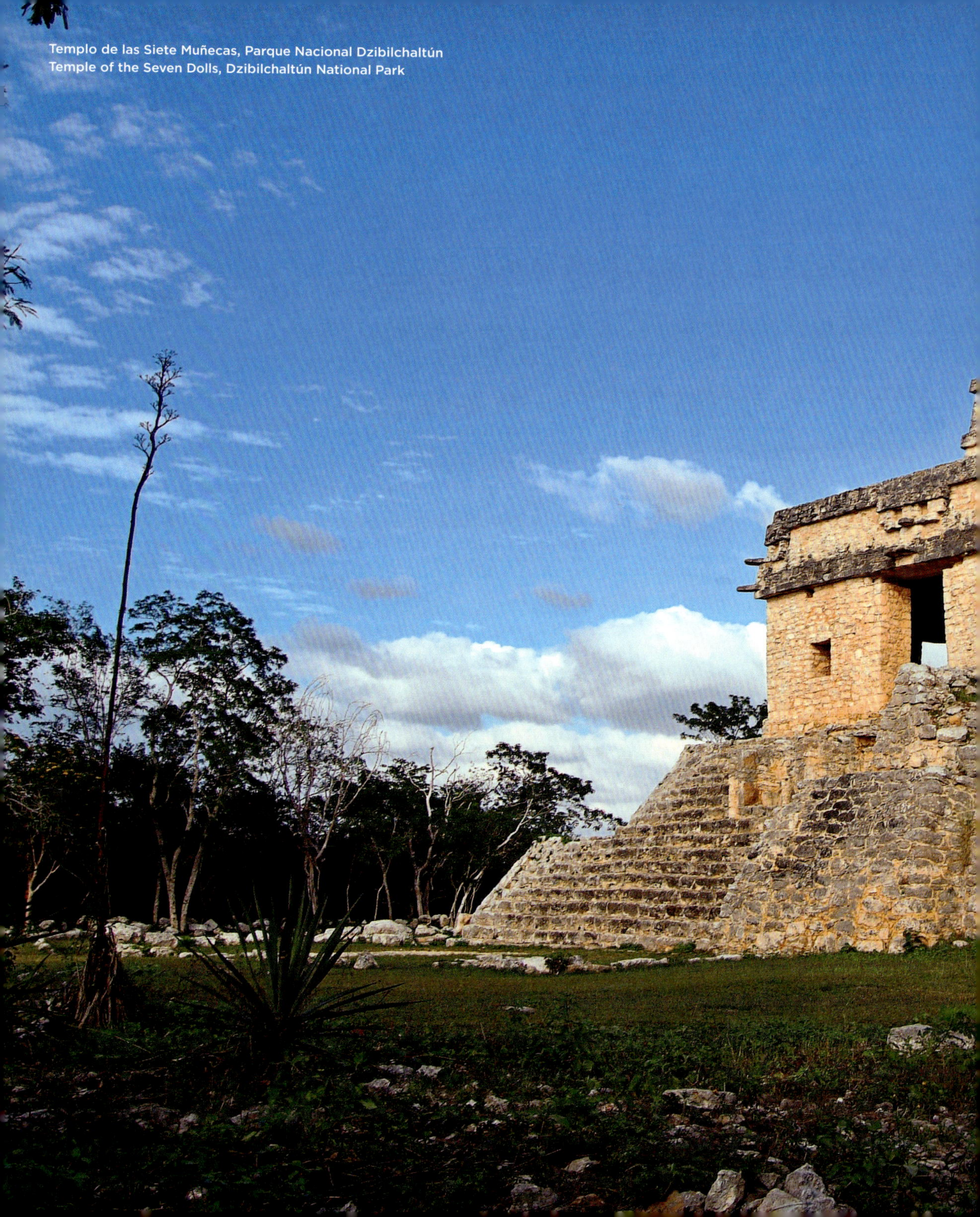

Templo de las Siete Muñecas, Parque Nacional Dzibilchaltún
Temple of the Seven Dolls, Dzibilchaltún National Park

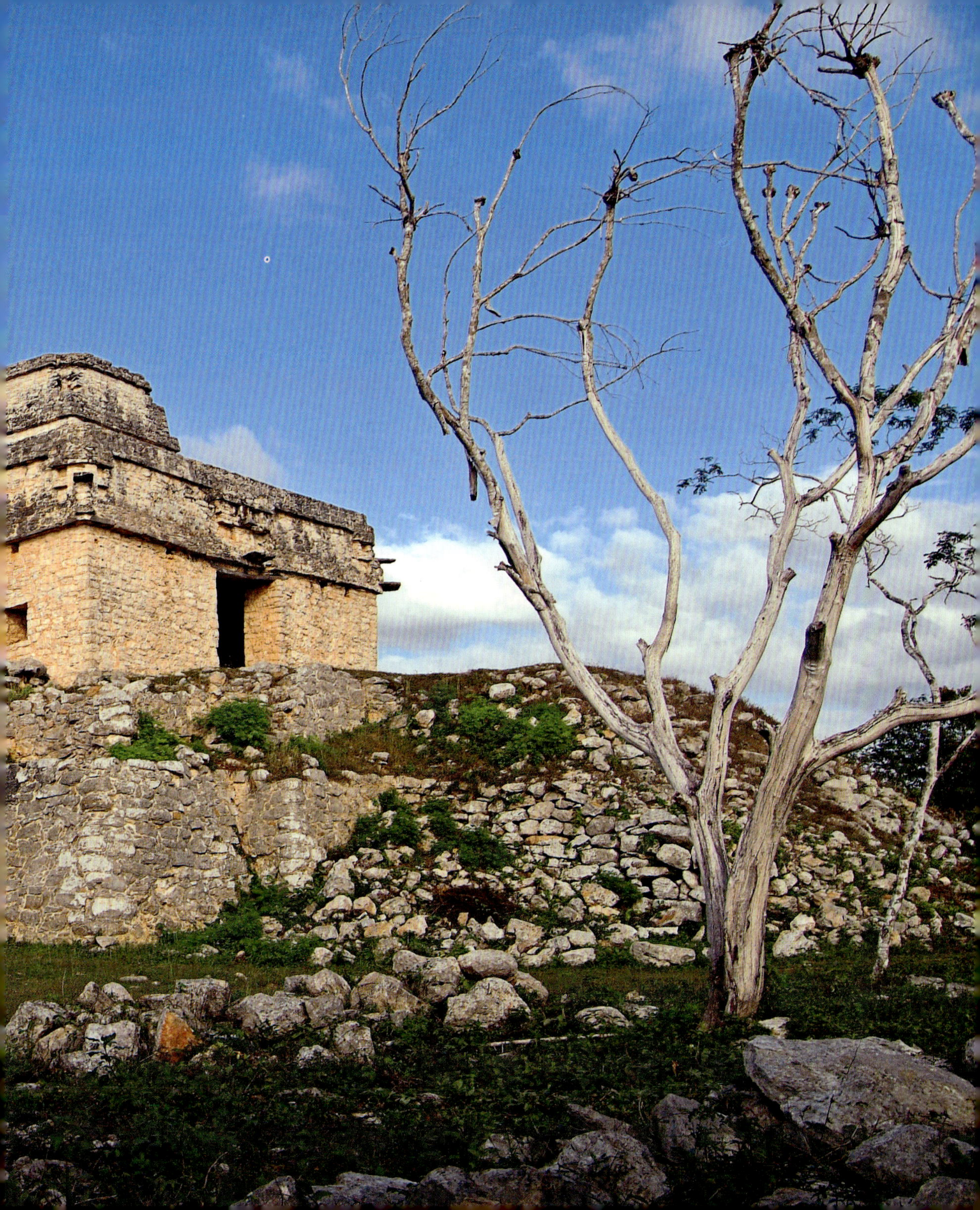

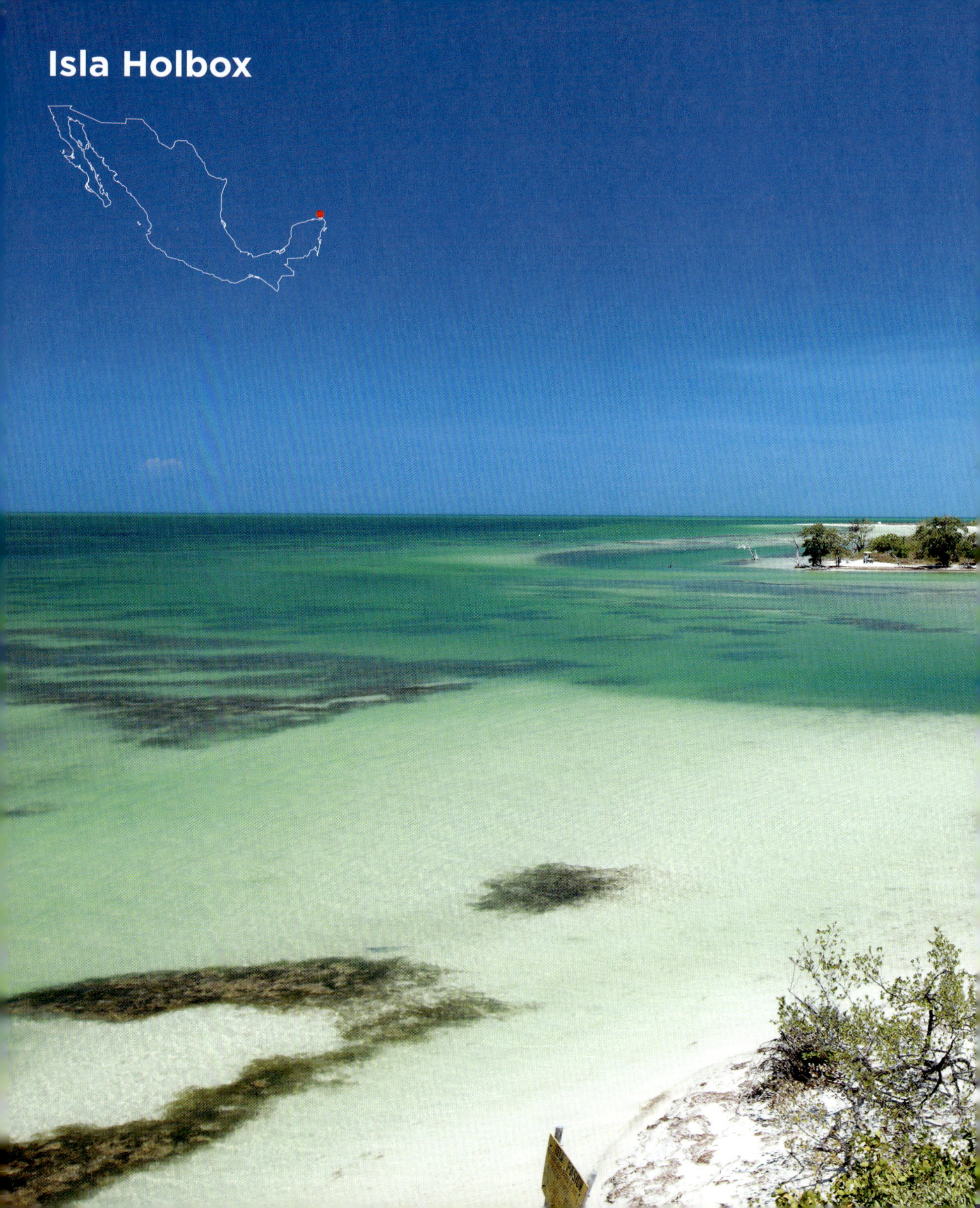
Isla Holbox

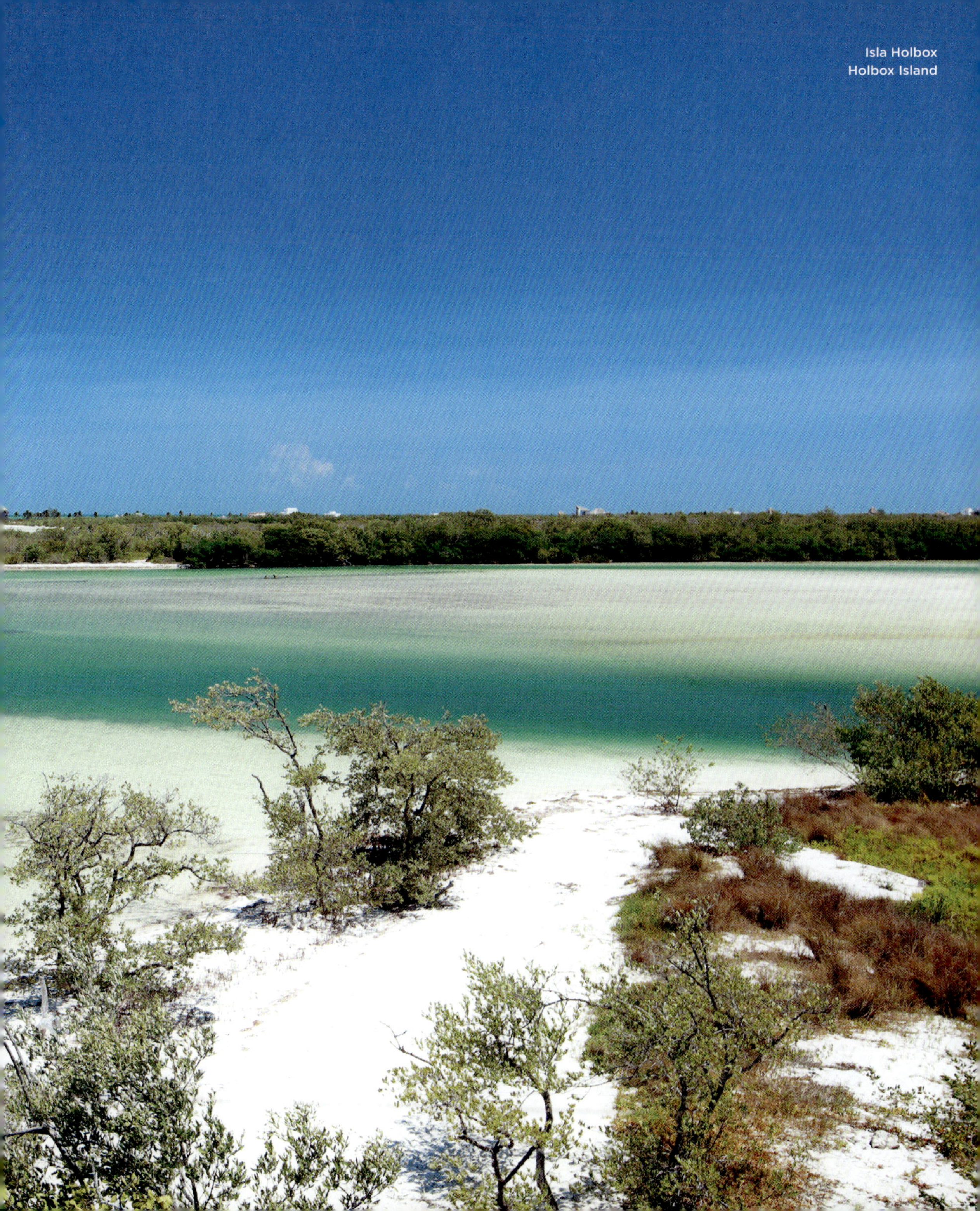

Isla Holbox
Holbox Island

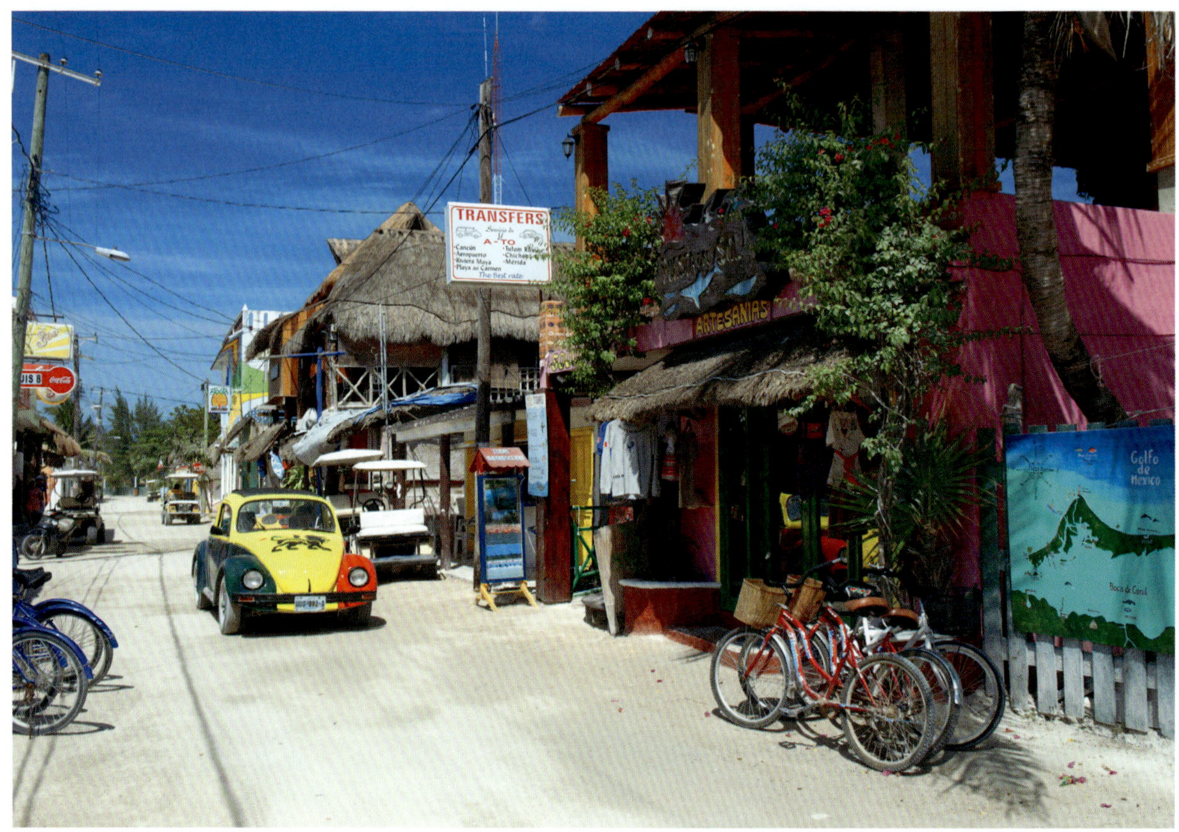


Calle en Isla Holbox
Street on Holbox Island

**Holbox Island**
A paradise of sand: the 42 km (26 mi) long and only 2 km (1¼ mi) wide Holbox Island, with its more than 30 km (18 mi) of sandy beach, extends off the northern coast of the Yucatán Peninsula. Pelicans and flamingos live in the lagoon between the island and the mainland. Every year, between May and September, many whale sharks are attracted to the waters around the island in search of food.

**L'île de Holbox**
Un paradis fait de sable : au large de la côte nord de la péninsule du Yucatán s'étire l'île de Holbox, de 42 km de long pour à peine 2 km de large, avec plus de 30 km de plages de sable. Dans la lagune qui sépare l'île du continent, vivent pélicans et flamants. Chaque année, entre mai et septembre, de nombreux requins-baleines tournent autour de l'île à la recherche de nourriture.

**Holbox**
Ein Paradies aus Sand: Vor der Nordküste der Halbinsel Yucatán erstreckt sich die 42 km lange und nur 2 km breite Insel Holbox mit ihrem mehr als 30 km langen Sandstrand. In der Lagune zwischen Insel und Festland leben Pelikane und Flamingos. Jedes Jahr zwischen Mai und September zieht es viele Walhaie auf Nahrungssuche in die Gewässer rund um die Insel.

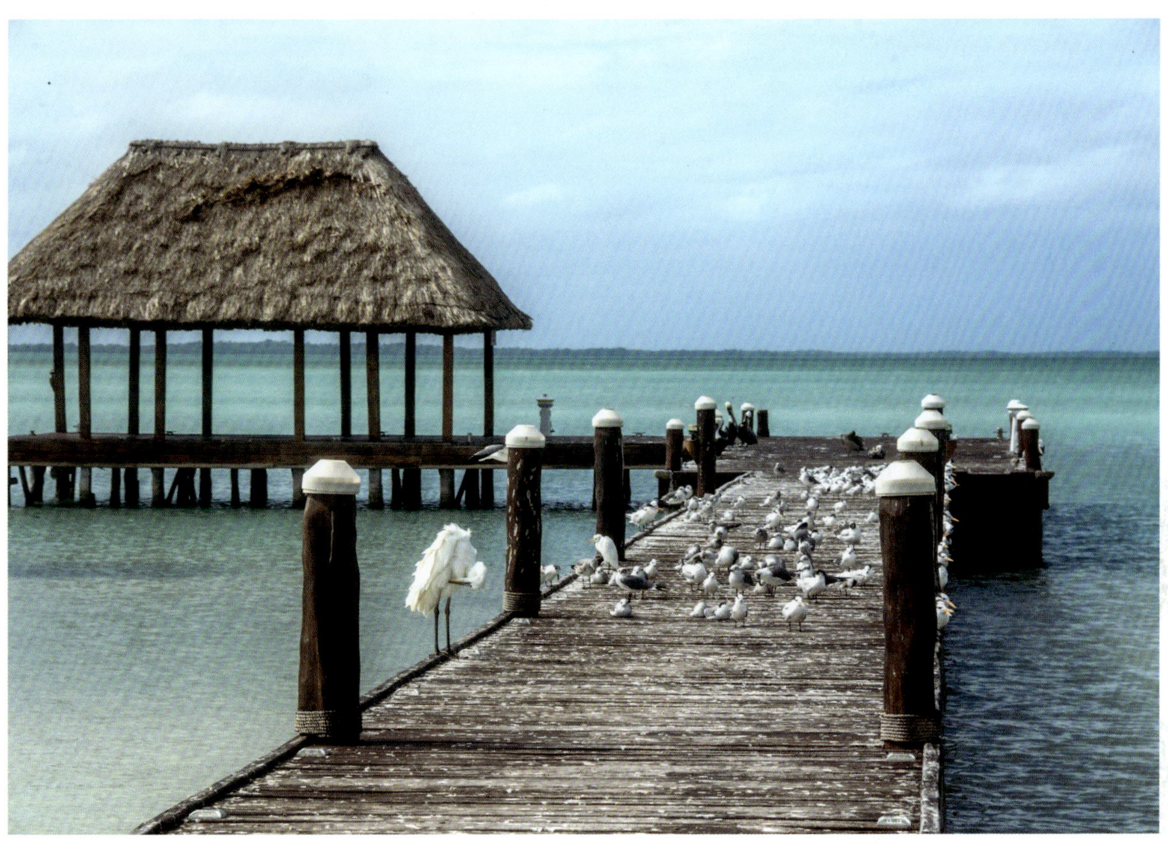

Isla Holbox
Holbox Island

**Isla Holbox**
Un paraíso de arena: los 42 km de largo y sólo 2 km de ancho de la Isla Holbox con sus más de 30 km de playa de arena se extiende frente a la costa norte de la Península de Yucatán. Pelícanos y flamencos viven en la laguna entre la isla y el continente. Cada año, entre mayo y septiembre, muchos tiburones ballena llegan a las aguas alrededor de la isla en busca de alimento.

**Isola Holbox**
Un paradiso di sabbia: l'isola di Holbox, lunga 42 km e larga solo 2 km, con la sua spiaggia di sabbia lunga più di 30 km, si estende al largo della costa settentrionale della penisola dello Yucatán. Pellicani e fenicotteri vivono nella laguna tra l'isola e la terraferma. Ogni anno, tra maggio e settembre, molti squali balena sono attratti dalle acque intorno all'isola in cerca di cibo.

**Holbox**
Een paradijs van zand: het 42 km lange en slechts 2 km brede eiland Holbox met zijn ruim 30 km lange zandstrand strekt zich uit voor de noordkust van het schiereiland Yucatán. Pelikanen en flamingo's leven in de lagune tussen het eiland en het vasteland. Elk jaar tussen mei en september trekken veel walvishaaien naar de wateren rond het eiland op zoek naar voedsel.

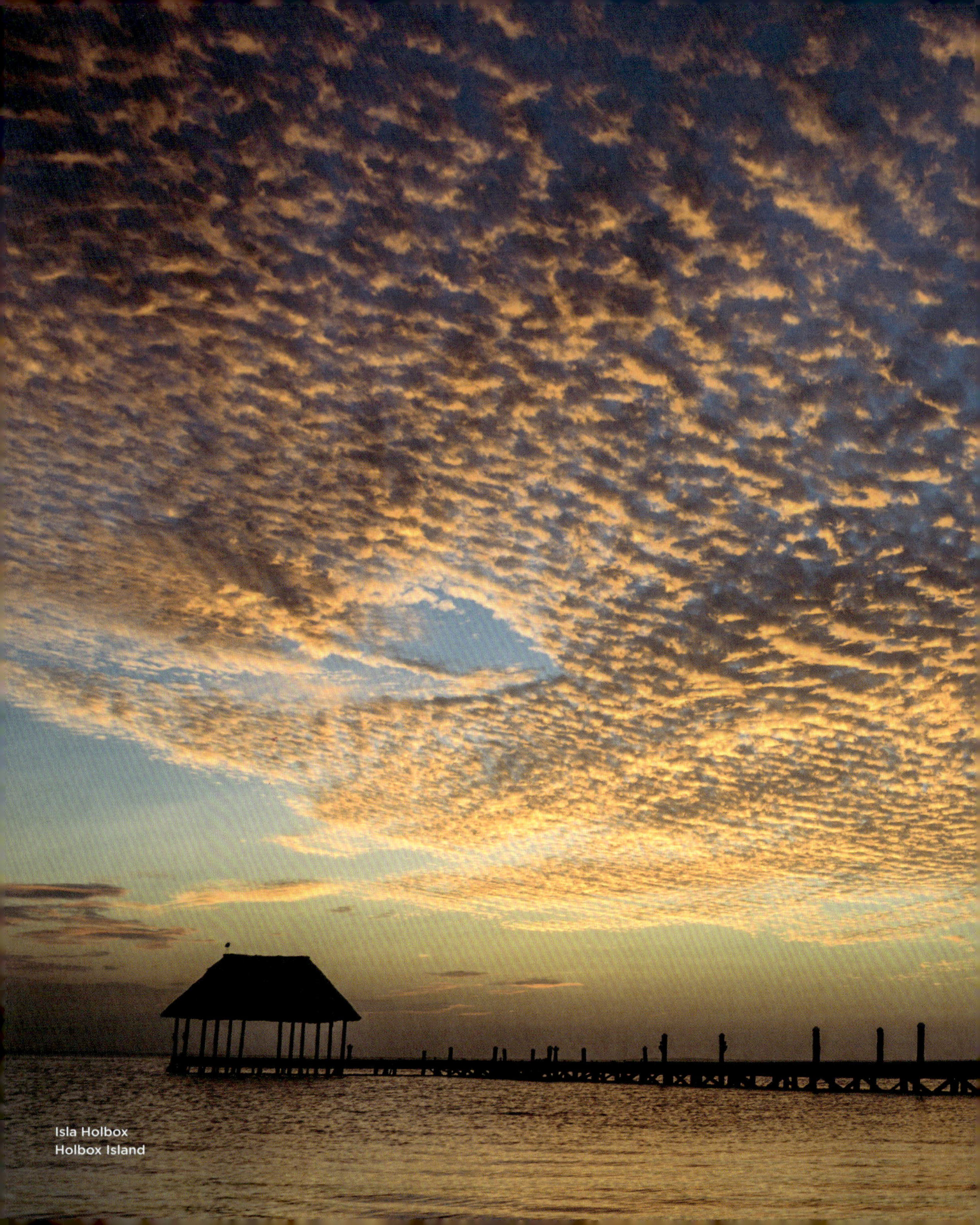
Isla Holbox
Holbox Island

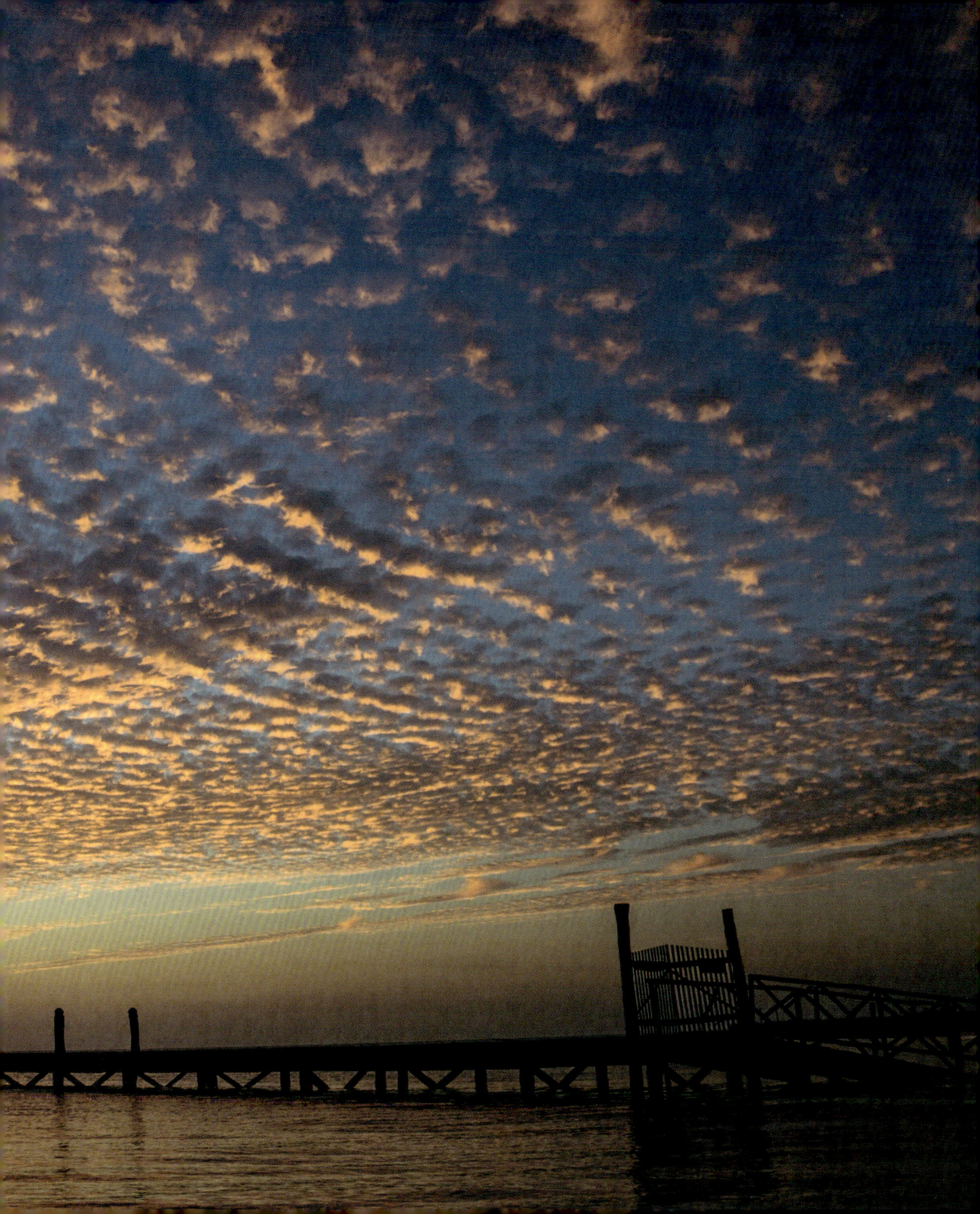

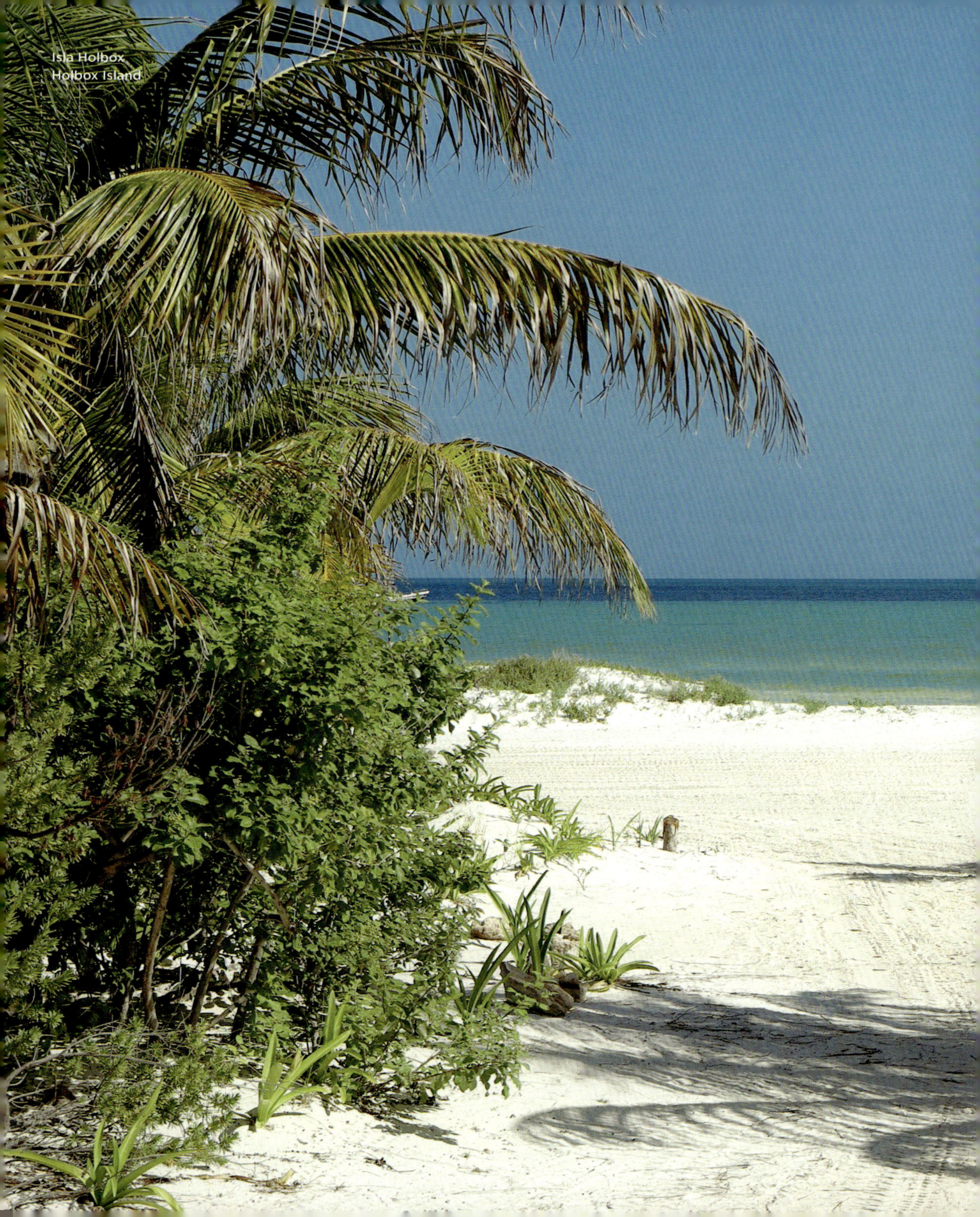
Isla Holbox
Holbox Island

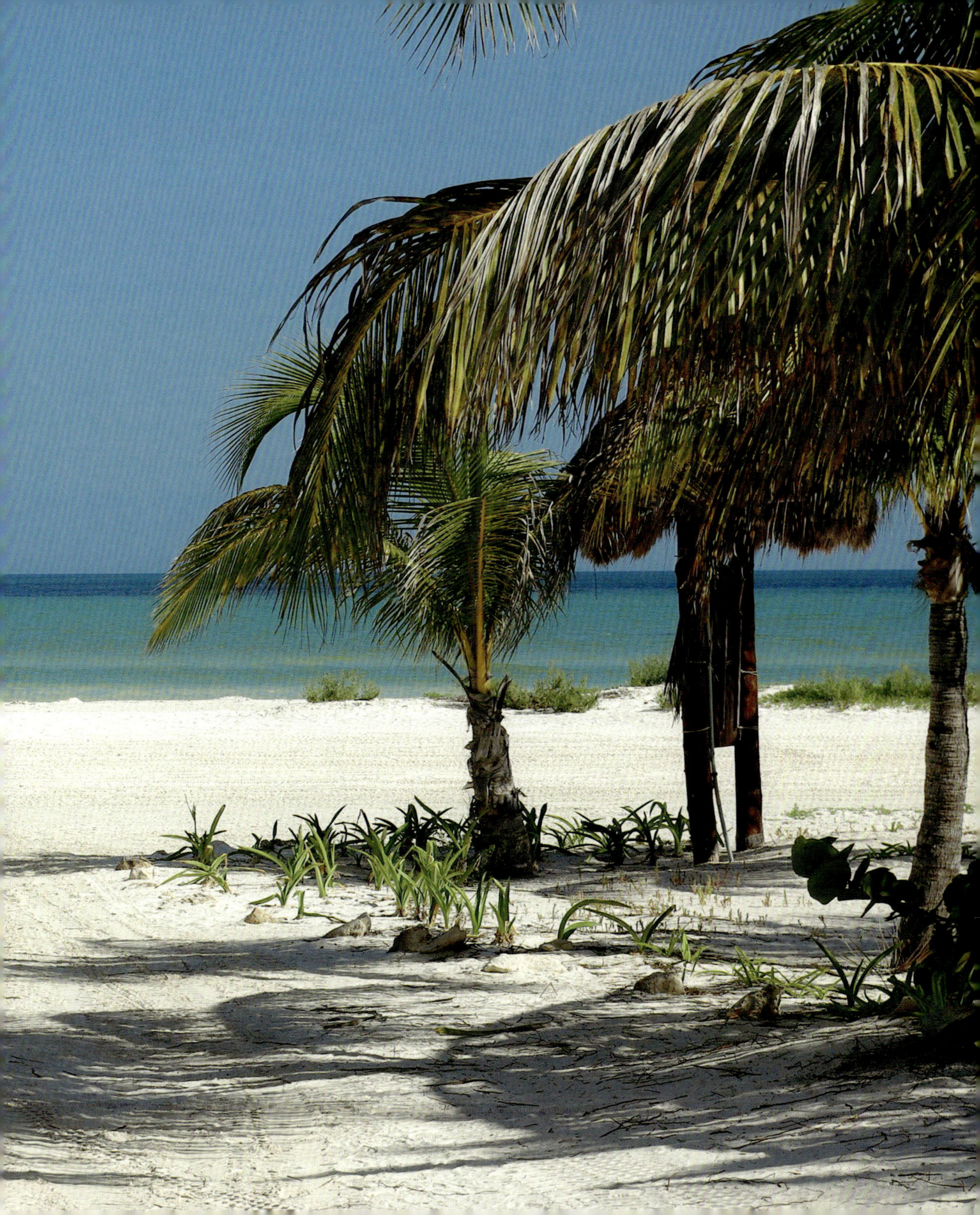

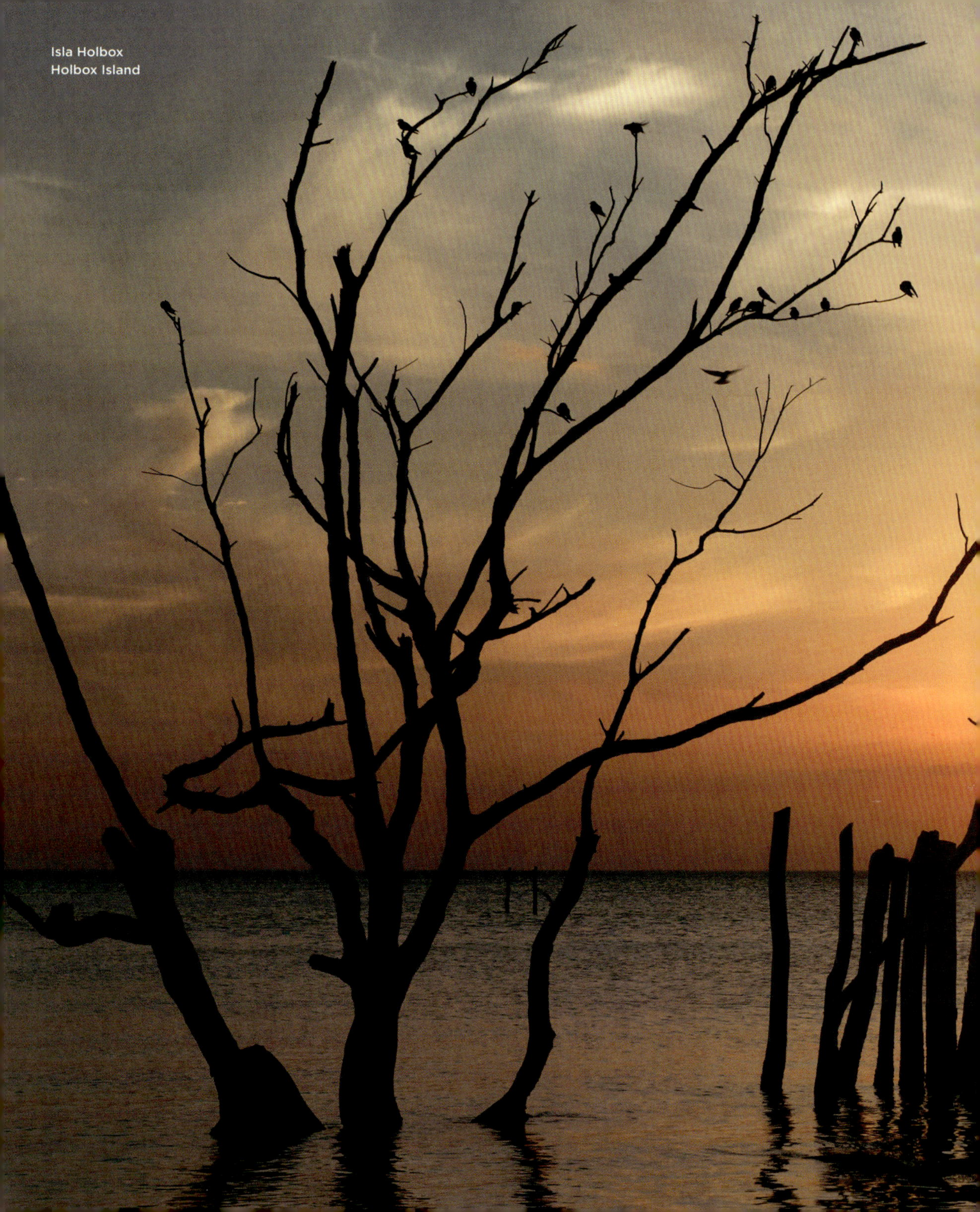
Isla Holbox
Holbox Island

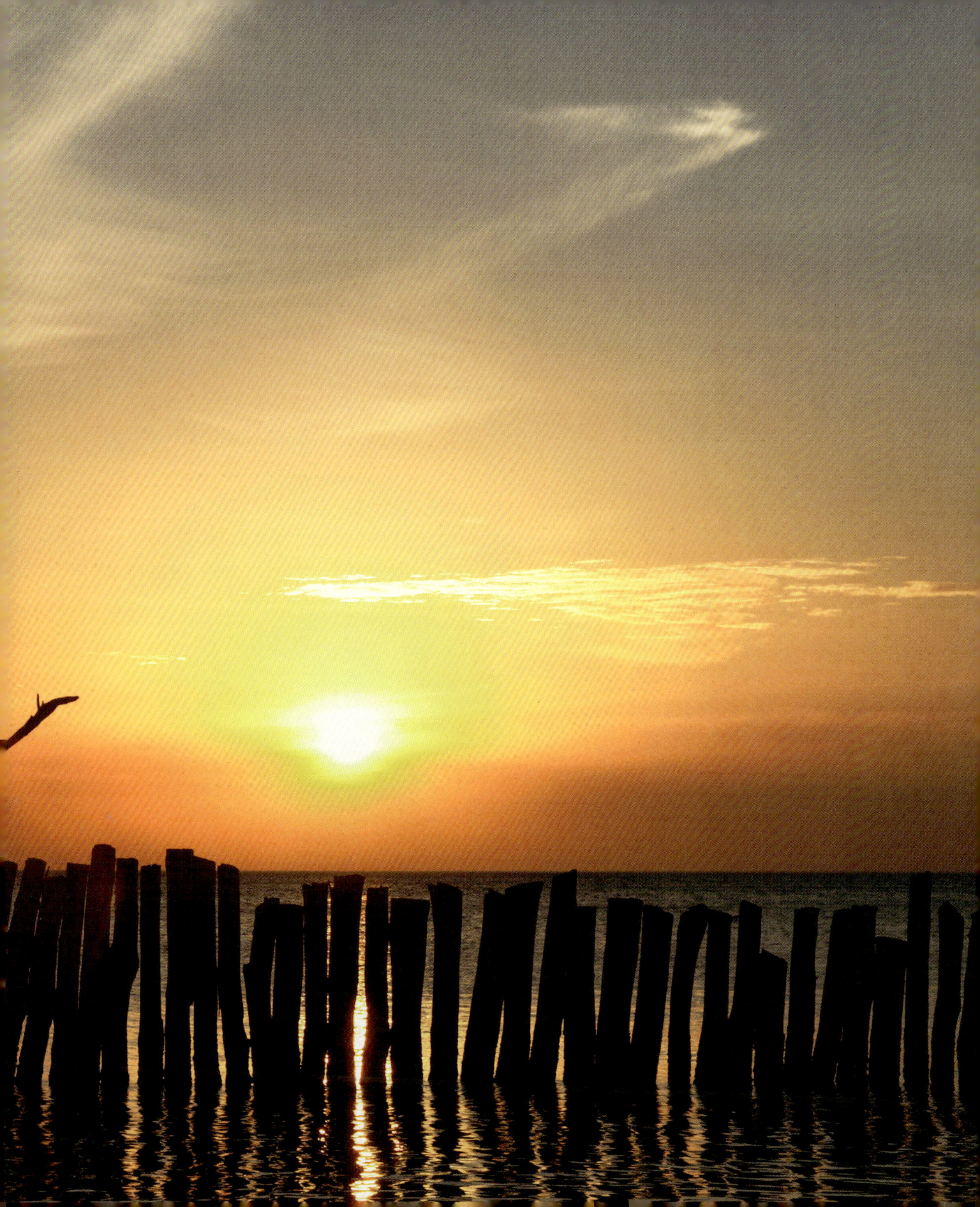

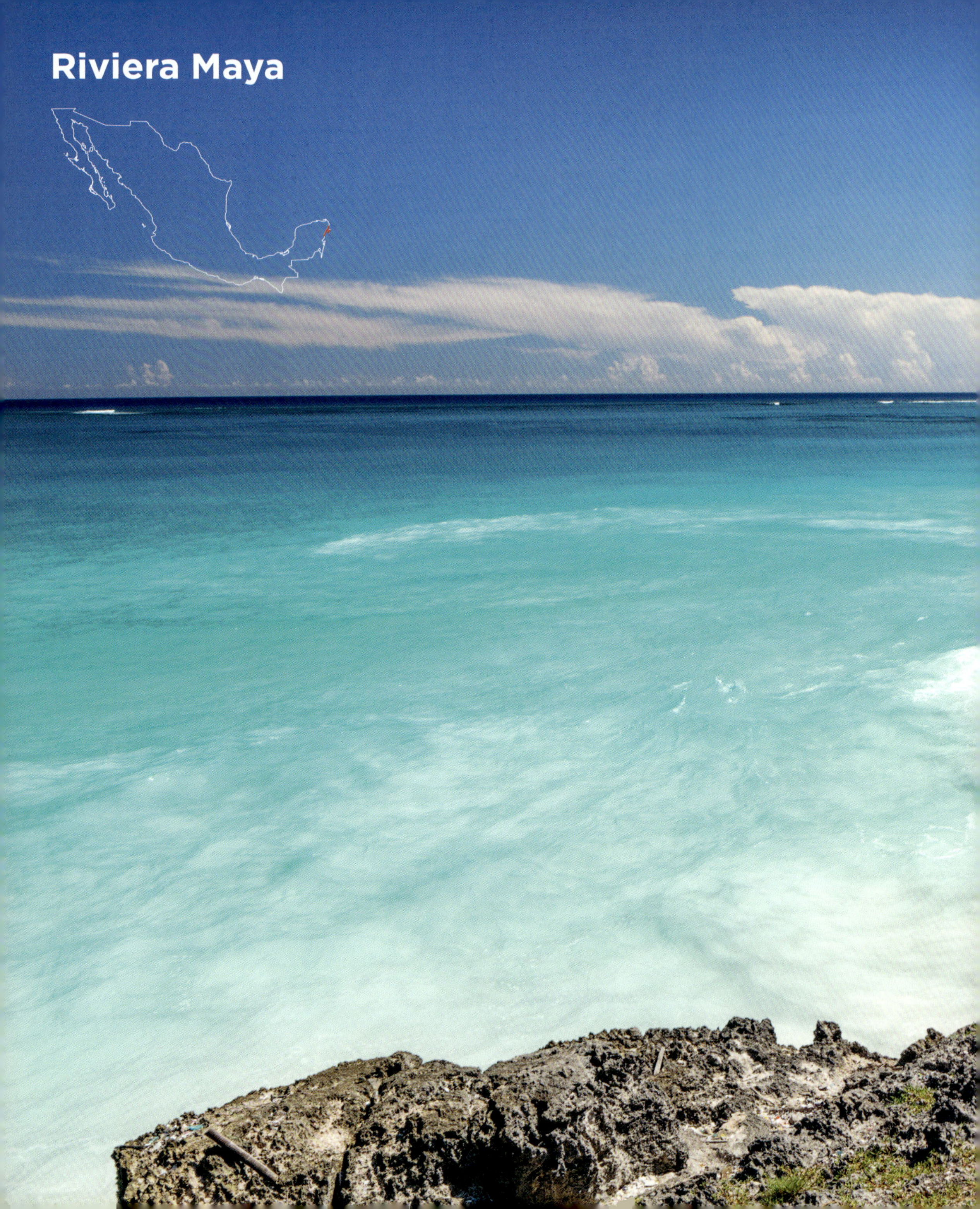
Riviera Maya

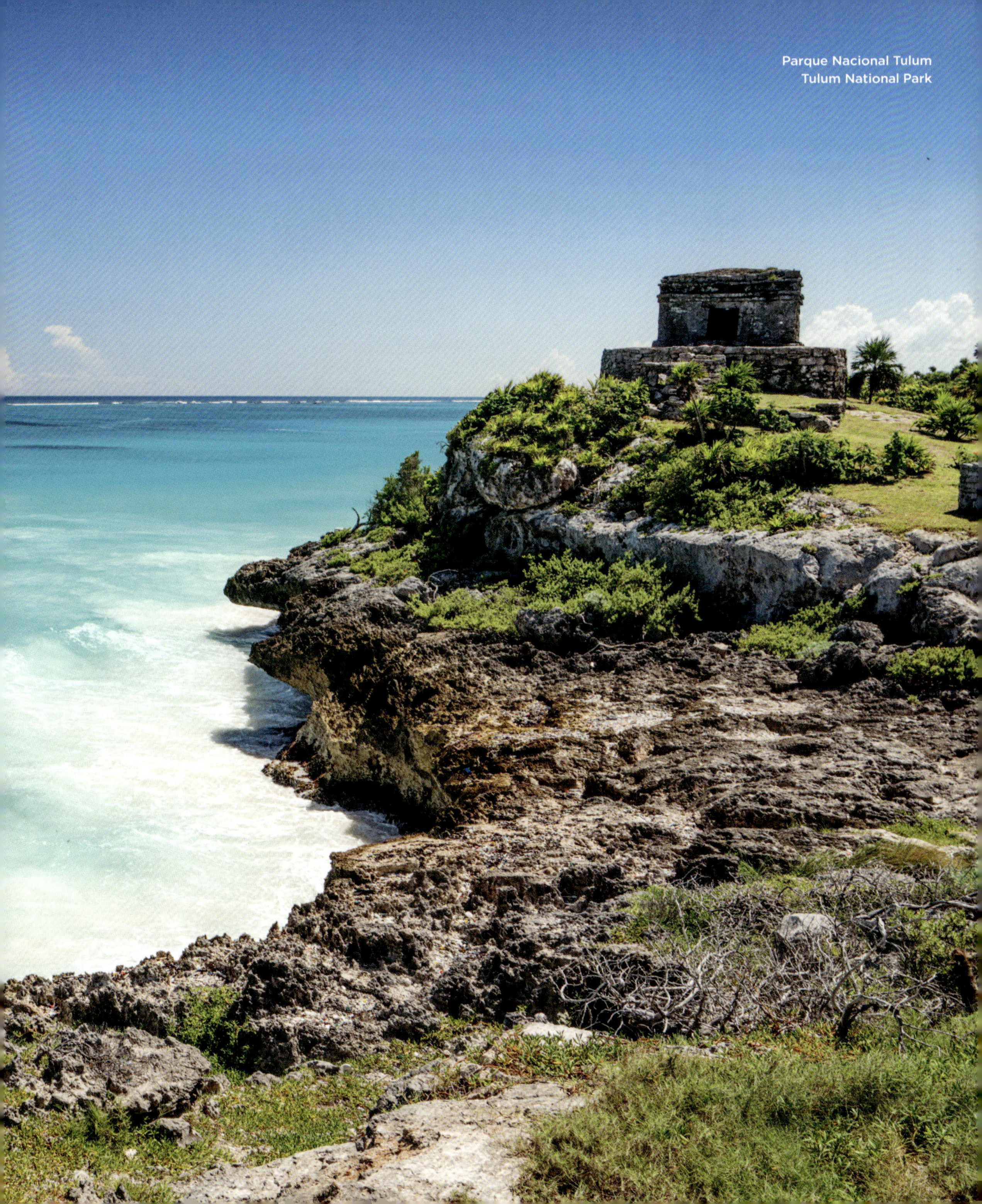
Parque Nacional Tulum
Tulum National Park

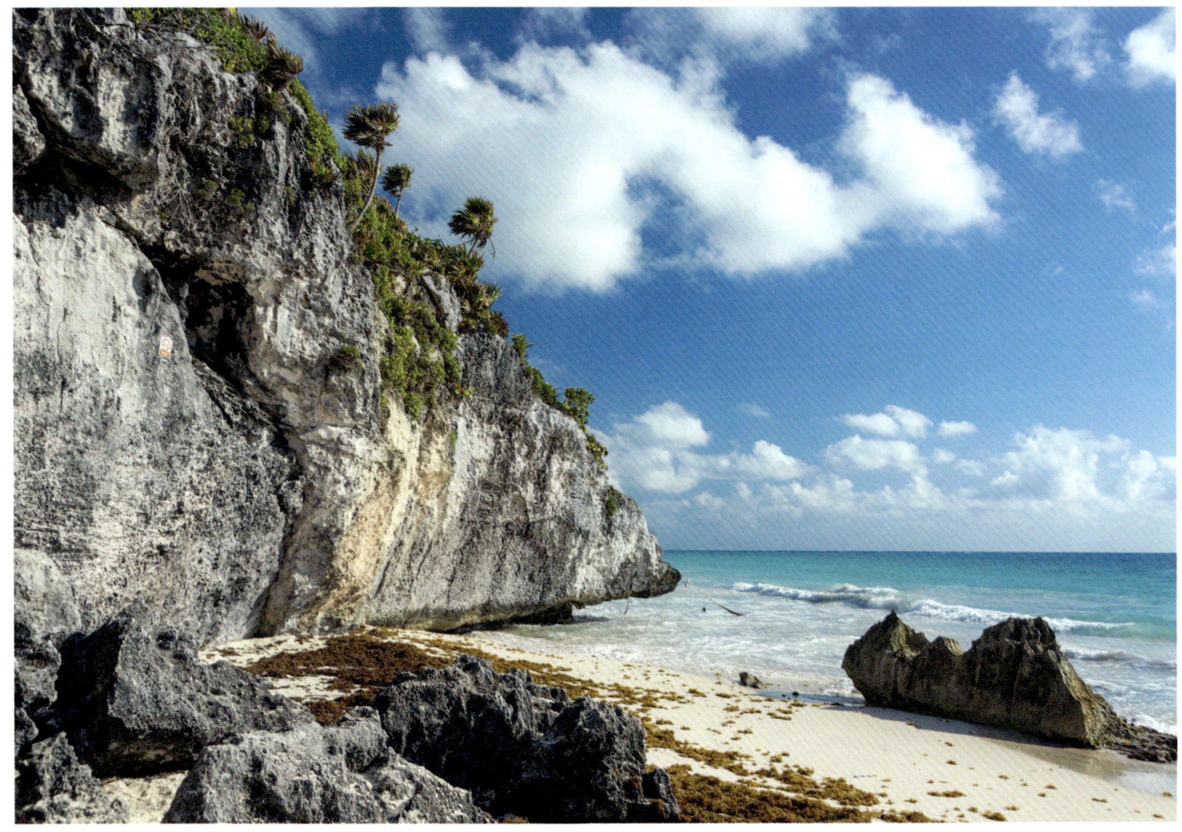

Parque Nacional Tulum
Tulum National Park

**Riviera Maya**
Where only a few decades ago there were only palm forests, mangroves and a few fishing villages, today a world-famous holiday region stretches 130 km (80 mi) south from Cancún to the Mayan site of Tulum. The ruins impress, above all, with their exposed location directly on the Caribbean coast. Between 1000 and 1300 A.D., the Maya built a temple complex with surrounding residential buildings, which became the religious center of the east coast. This was constructed against the fantastic backdrop of the turquoise blue sea, palm trees and one of the most beautiful beaches of Yucatán.

**La Riviera Maya**
Là où l'on ne voyait, il y a plusieurs décennies, que des palmiers, des mangroves et quelques villages de pêcheurs, s'étend à présent une zone de villégiature mondialement réputée, qui va de Cancún à la cité maya de Tulum, environ 130 km plus au sud. Les ruines sont particulièrement impressionnantes grâce à leur emplacement, qui surplombe la côte caribéenne. C'est devant ce décor de rêve, fait de mer turquoise, de palmiers et de l'une des plus belles plages du Yucatán, que les Mayas ont érigé entre 1000 et 1300 un temple entouré d'habitations, devenus le centre religieux de la côte est.

**Riviera Maya**
Wo noch vor wenigen Jahrzehnten nur Palmenwälder, Mangroven und ein paar Fischerdörfer standen, zieht sich heute eine weltberühmte Ferienregion von Cancún aus 130 km nach Süden bis zur Maya-Stätte Tulum. Die Ruinen beeindrucken vor allem durch ihre exponierte Lage direkt an der Karibikküste. Vor der traumhaften Kulisse von türkisblauem Meer, Palmen und einem der schönsten Strände Yucatáns errichteten die Maya zwischen 1000 und 1300 n. Chr. eine Tempelanlage mit umliegenden Wohnhäusern, die zum religiösen Zentrum der Ostküste wurde.

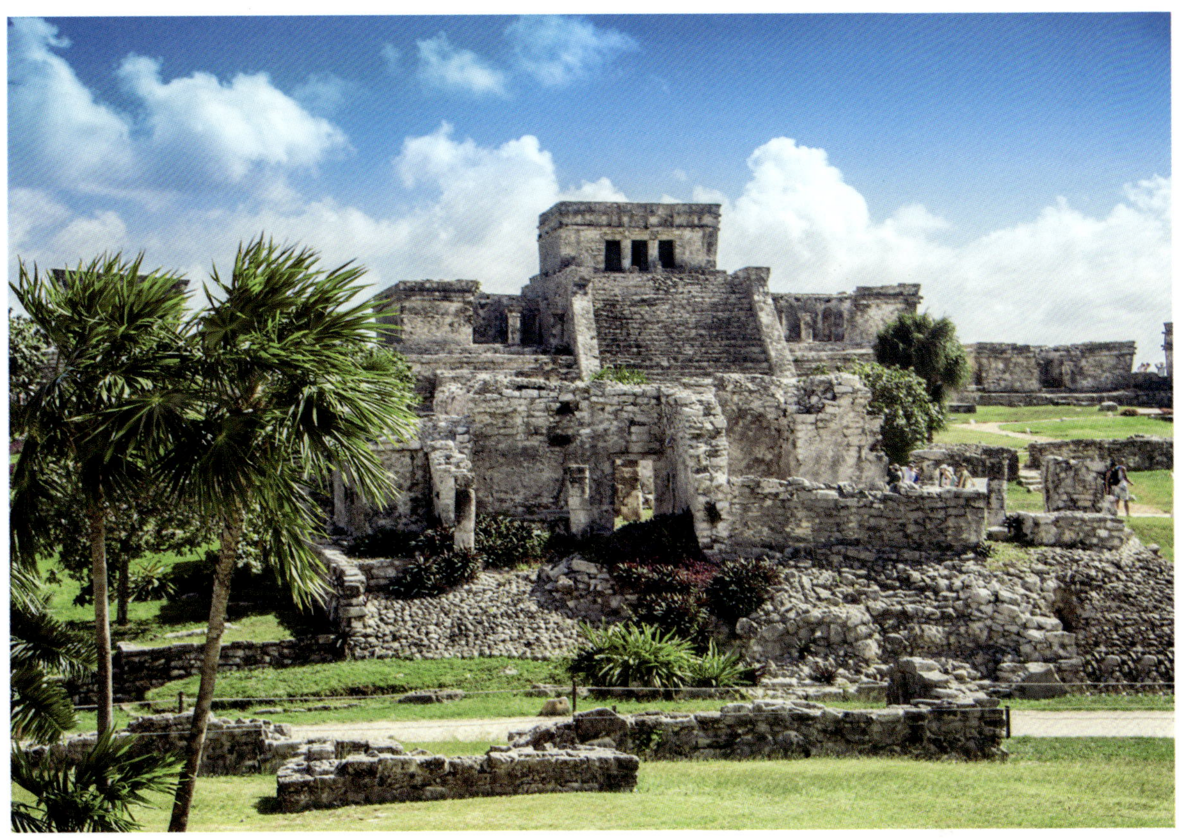

Parque Nacional Tulum
Tulum National Park

**Riviera Maya**
Donde hace sólo unas décadas había sólo bosques de palmeras, manglares y unos pocos pueblos de pescadores, hoy en día una región de vacaciones conocida a nivel mundial se extiende desde Cancún 130 km al sur hasta el sitio maya de Tulum. Las ruinas impresionan sobre todo por su expuesta ubicación, directamente en la costa caribeña. Entre los años 1000 y 1300 d.C., los mayas construyeron un complejo de templos con edificios residenciales circundantes, que se convirtió en el centro religioso de la costa este, con el fantástico telón de fondo del mar azul turquesa, las palmeras y una de las playas más hermosas de Yucatán.

**Riviera Maya**
Dove solo pochi decenni fa c'erano solo foreste di palme, mangrovie e alcuni villaggi di pescatori, oggi si estende una regione di vacanza di fama mondiale, da Cancún 130 km a sud fino al sito Maya di Tulum. Le rovine impressionano soprattutto per la loro collocazione a strapiombo sulla costa caraibica. Tra il 1000 e il 1300 d.C., i Maya costruirono un tempio circondato da abitazioni, che divenne il centro religioso della costa orientale, sullo sfondo fantastico del mare turchese, palme e una delle più belle spiagge dello Yucatán.

**Riviera Maya**
Waar enkele decennia geleden nog alleen palmbossen, mangroven en enkele vissersdorpjes te vinden waren, strekt zich nu een wereldberoemde vakantiebestemming uit van Cancún tot de Mayasite van Tulum, 130 km zuidelijker. De ruïnes imponeren vooral door hun ligging direct aan de Caribische kust. Tussen 1000 en 1300 n.Chr. bouwden de Maya's tegen een fantastische achtergrond van turkooisblauwe zee, palmbomen en een van de mooiste stranden van Yucatán een tempelcomplex met omliggende woongebouwen dat zou uitgroeien tot het religieuze centrum van de oostkust.

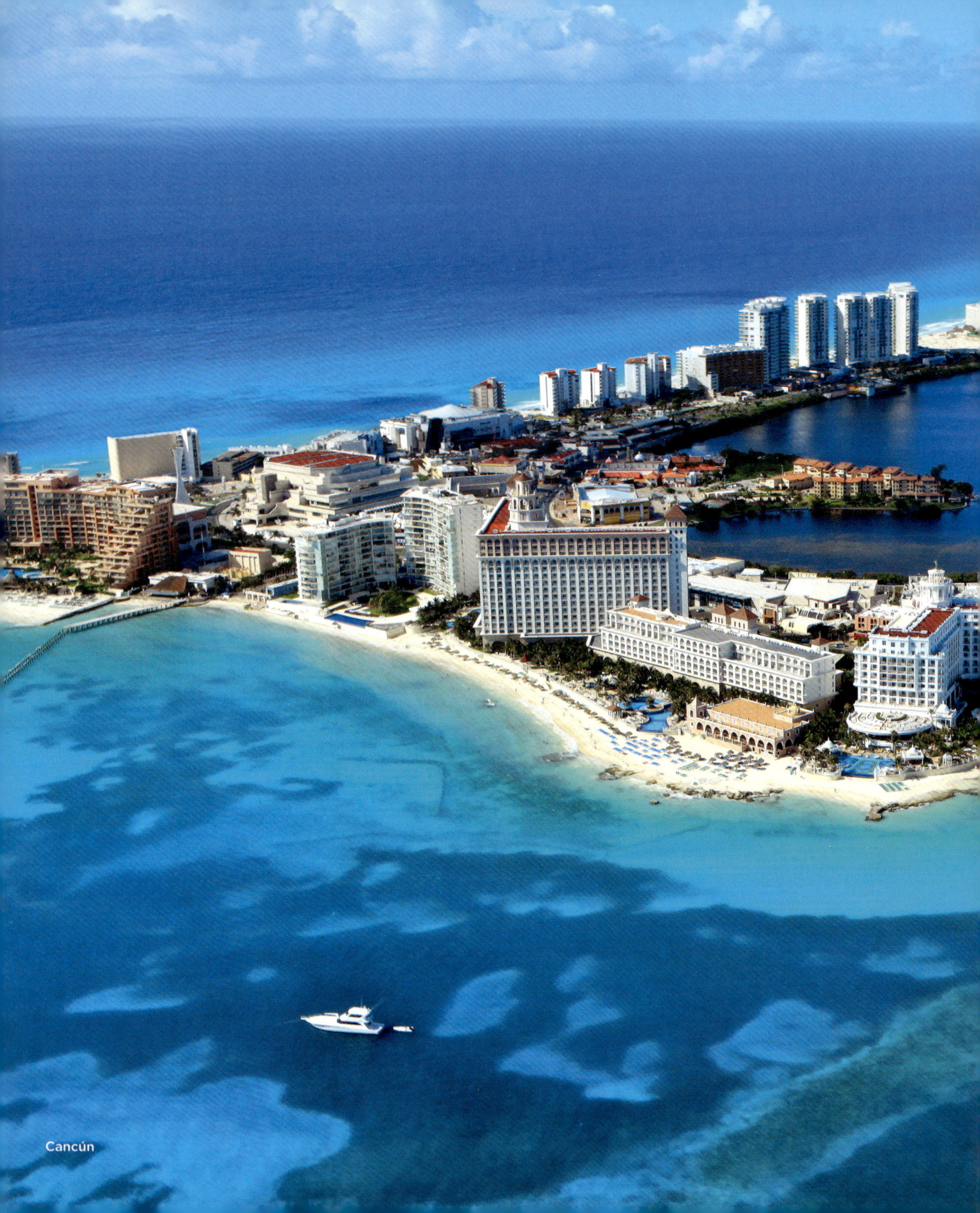

Cancún

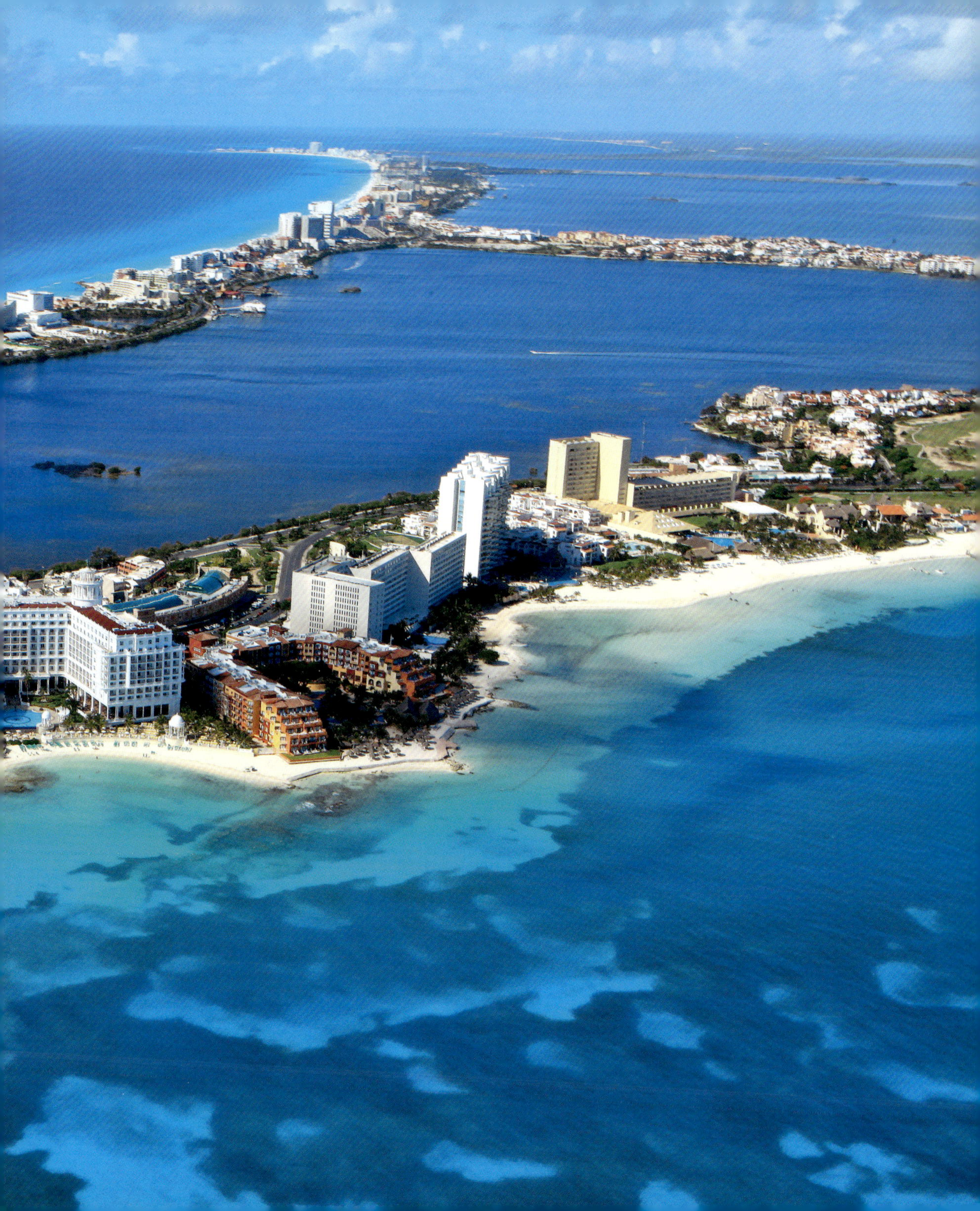

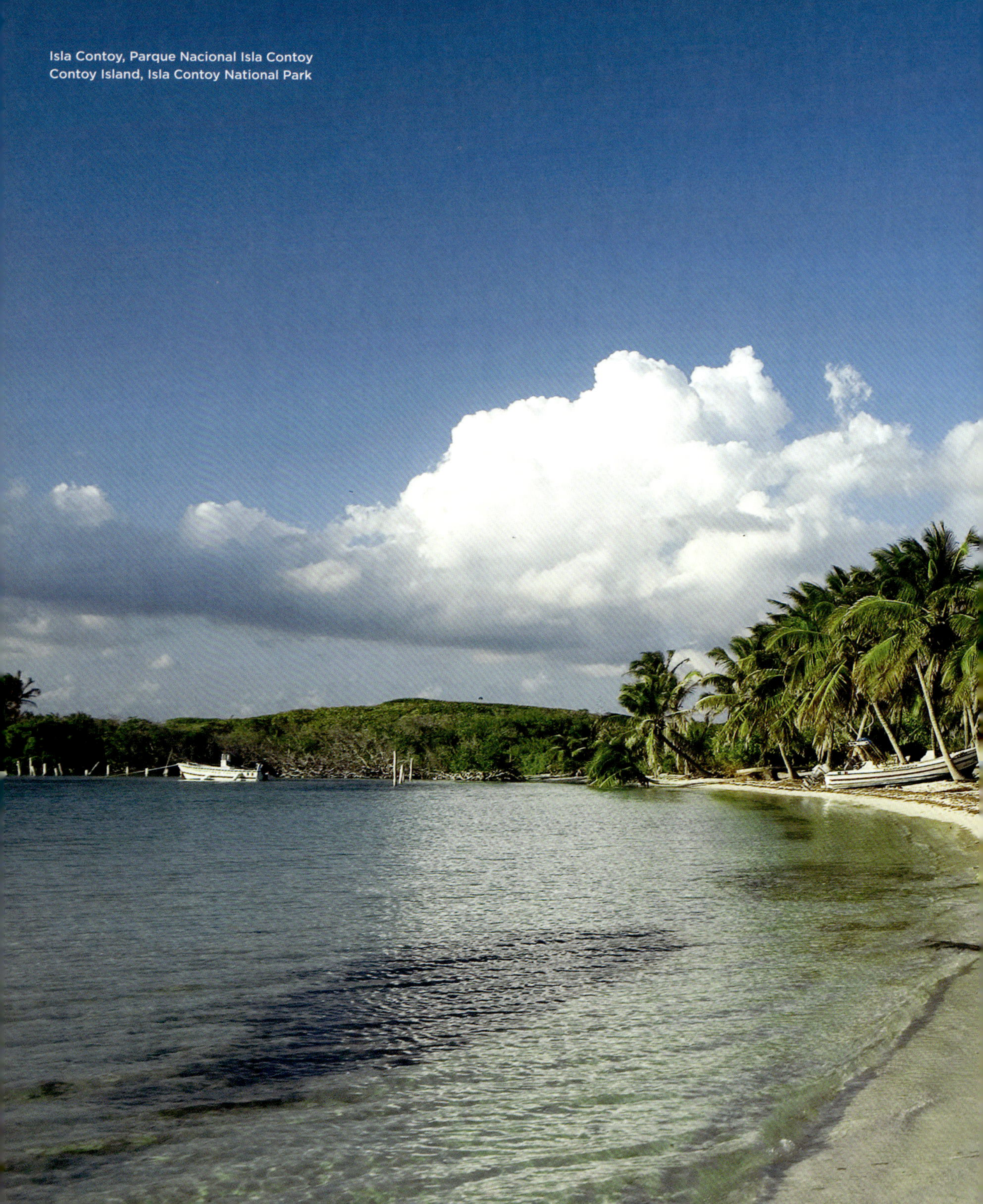

Isla Contoy, Parque Nacional Isla Contoy
Contoy Island, Isla Contoy National Park

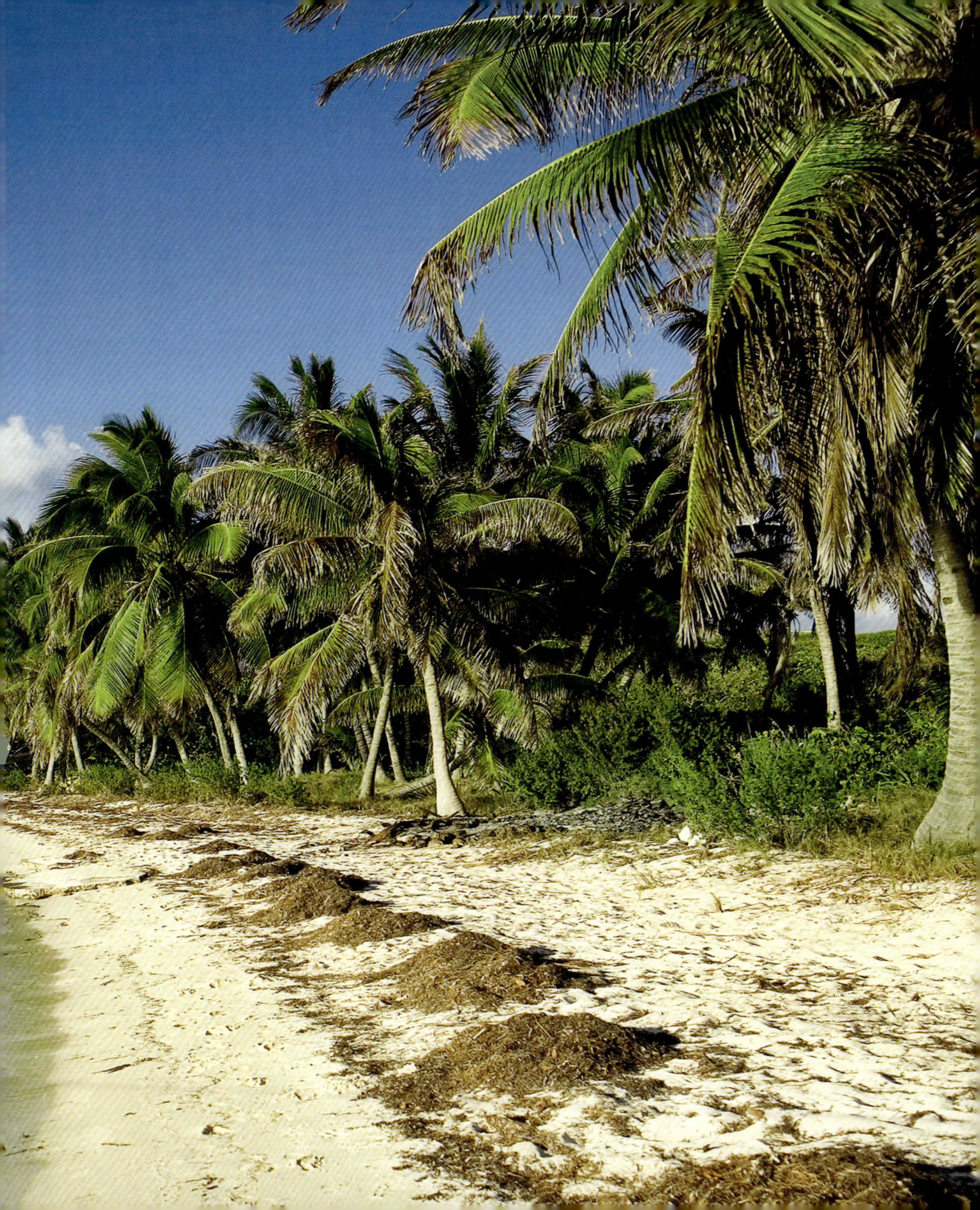

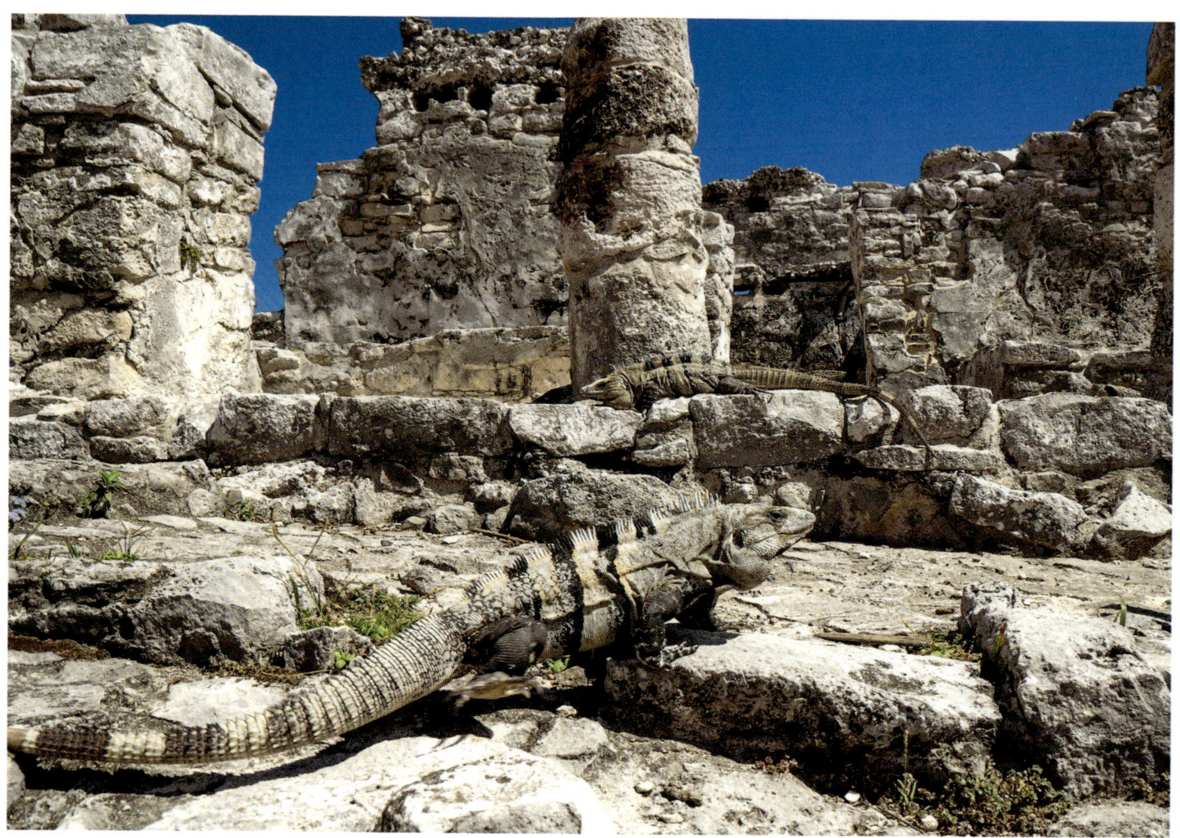

Iguanas, Parque Nacional Tulum
Iguanas, Tulum National Park

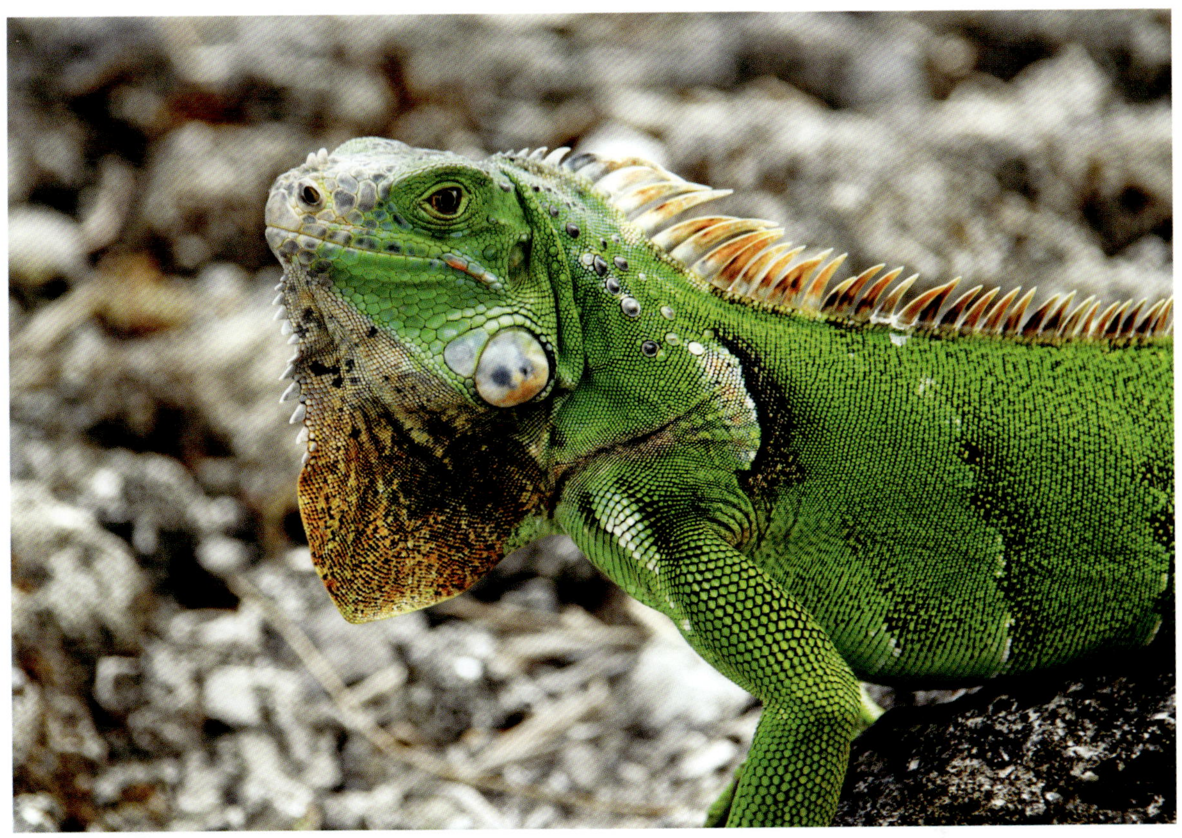

Iguana verde, Isla Cozumel
Green iguana, Cozumel Island

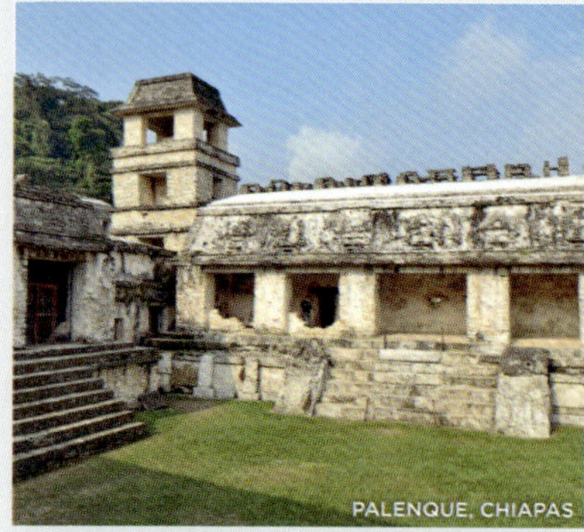
PALENQUE, CHIAPAS

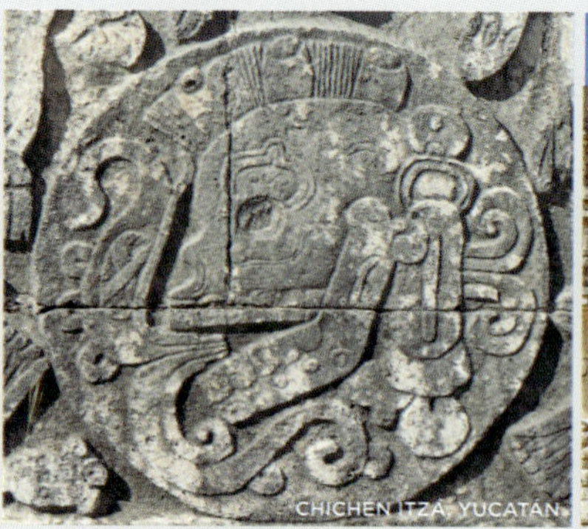
CHICHEN ITZA, YUCATÁN

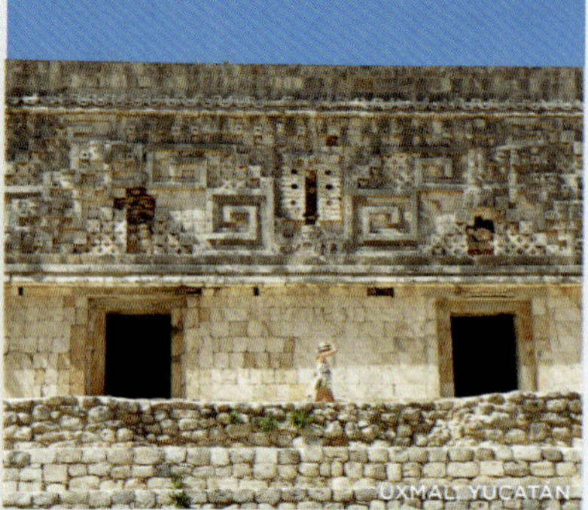
UXMAL, YUCATÁN

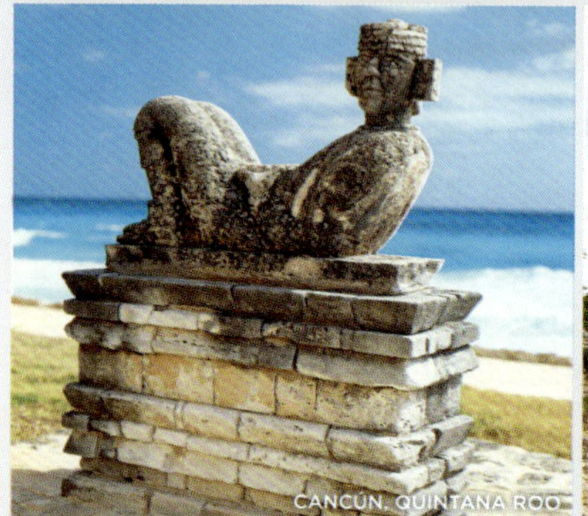
CANCÚN, QUINTANA ROO

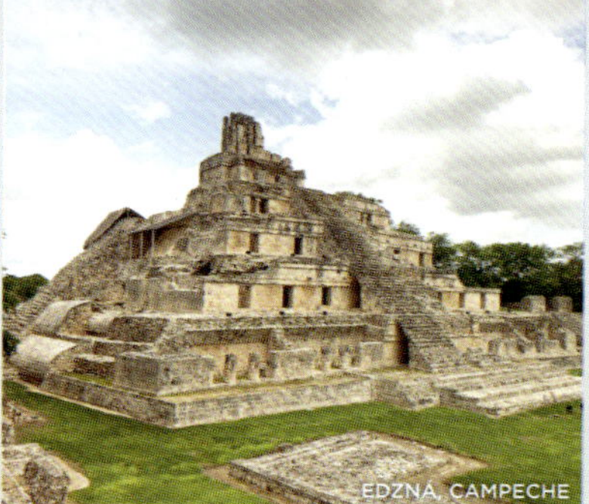
EDZNÁ, CAMPECHE

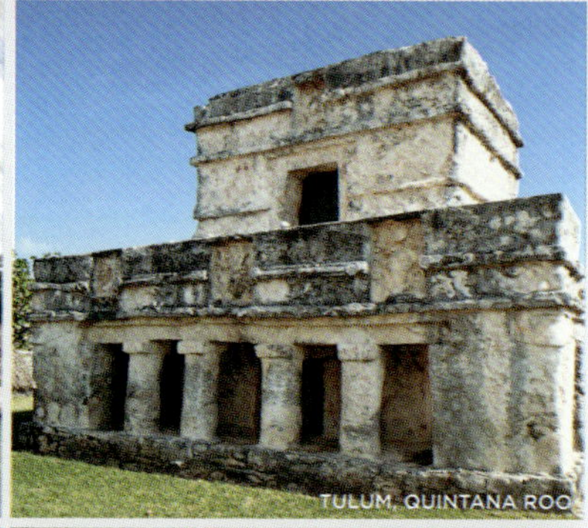
TULUM, QUINTANA ROO

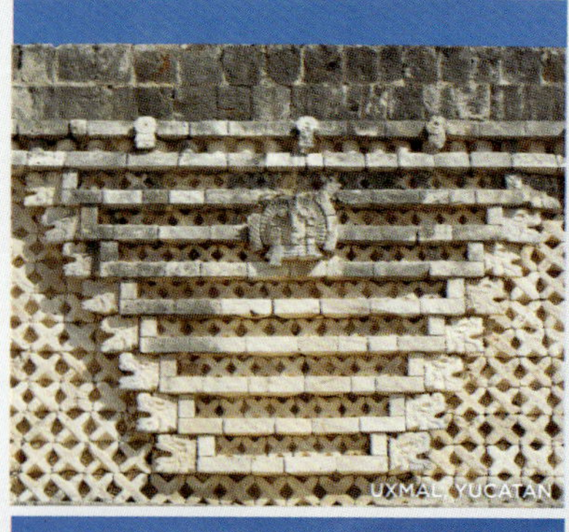
UXMAL, YUCATÁN

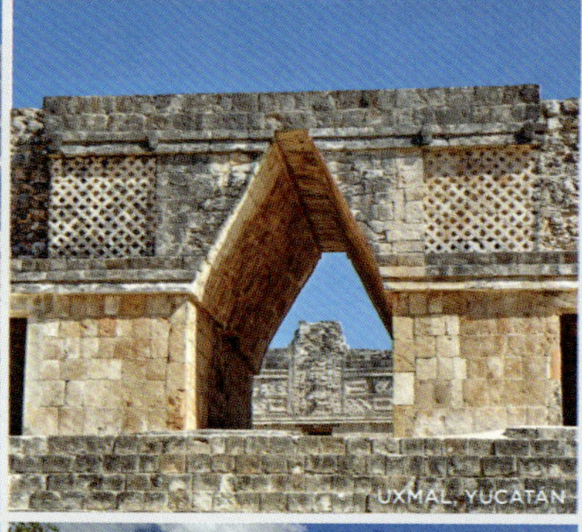
UXMAL, YUCATÁN

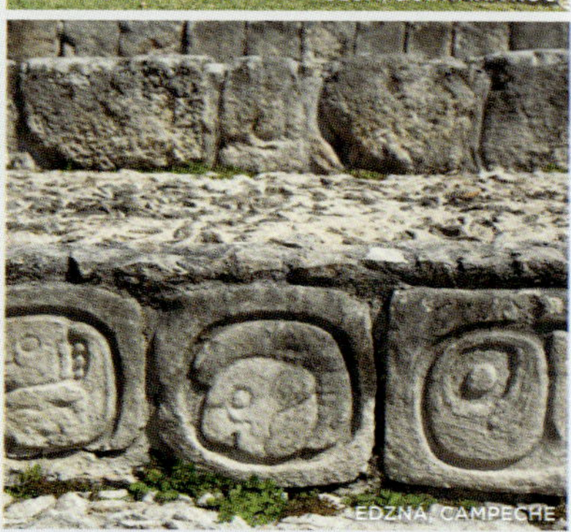
EDZNÁ, CAMPECHE

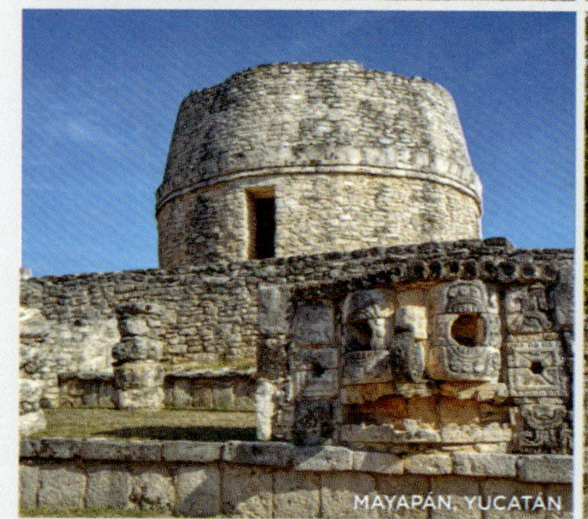
MAYAPÁN, YUCATÁN

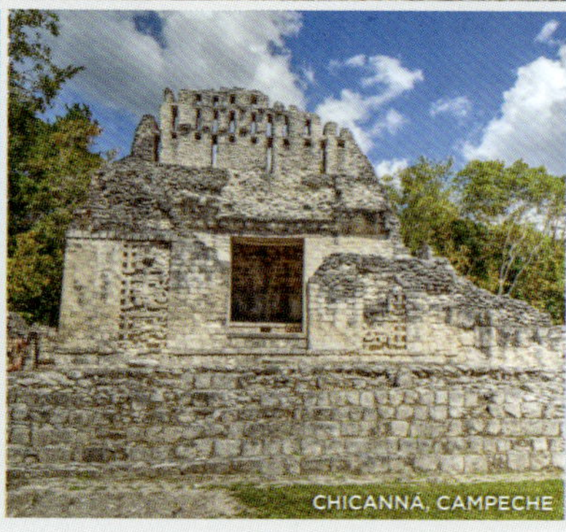
CHICANNÁ, CAMPECHE

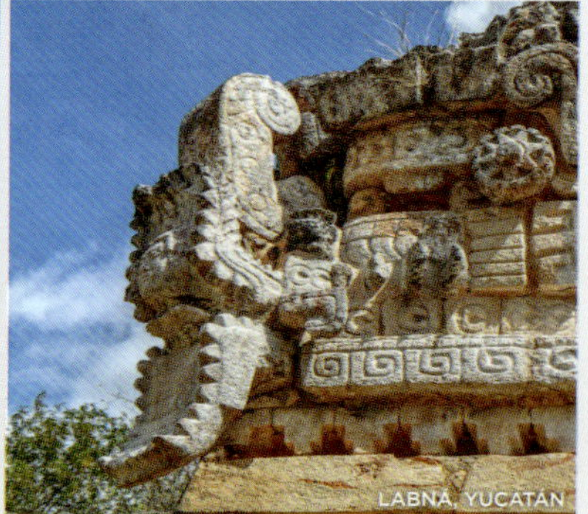
LABNÁ, YUCATÁN

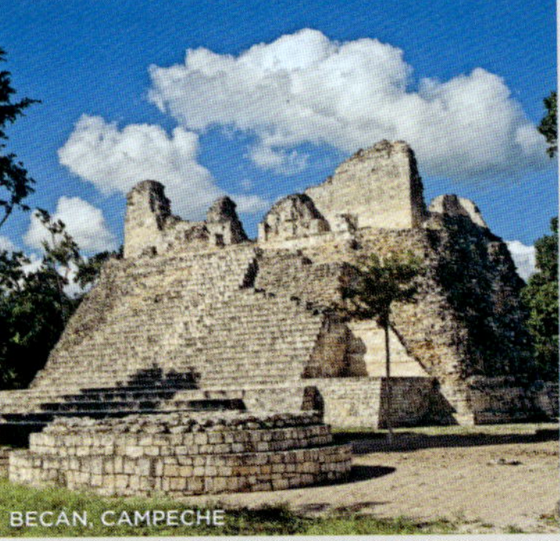
BECÁN, CAMPECHE

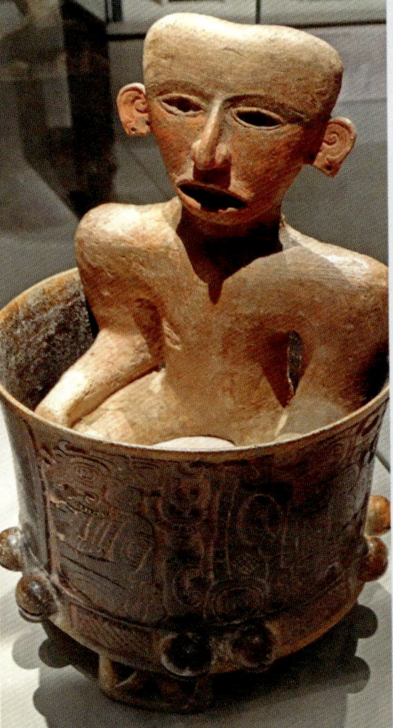
BECÁN, CAMPECHE

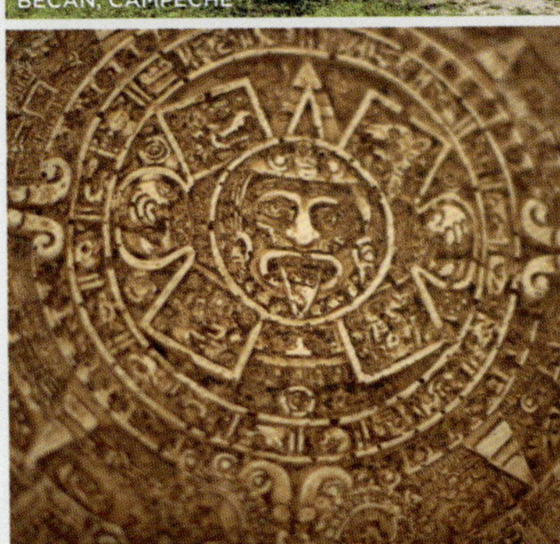
TULUM, QUINTANA ROO

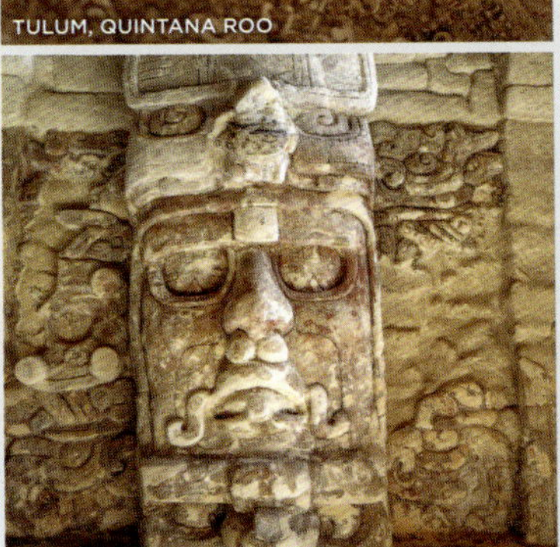
KOHUNLICH, QUINTANA ROO

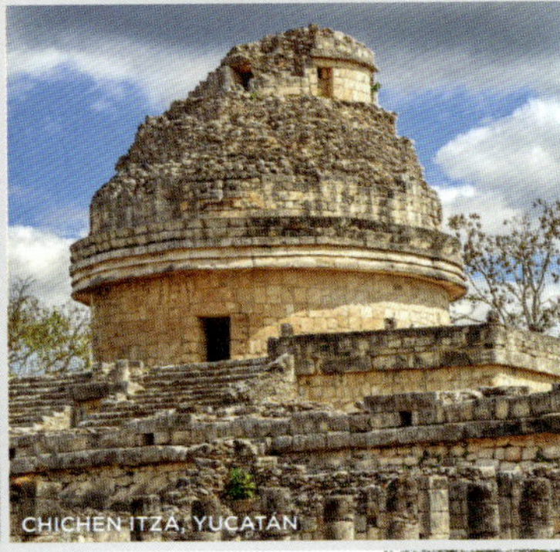
CHICHÉN ITZÁ, YUCATÁN

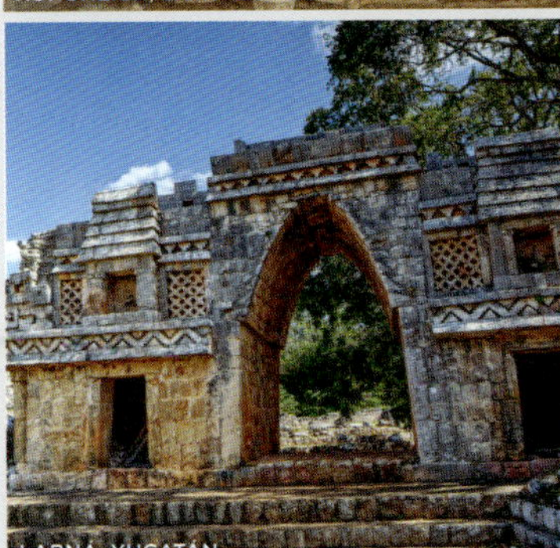
LABNÁ, YUCATÁN

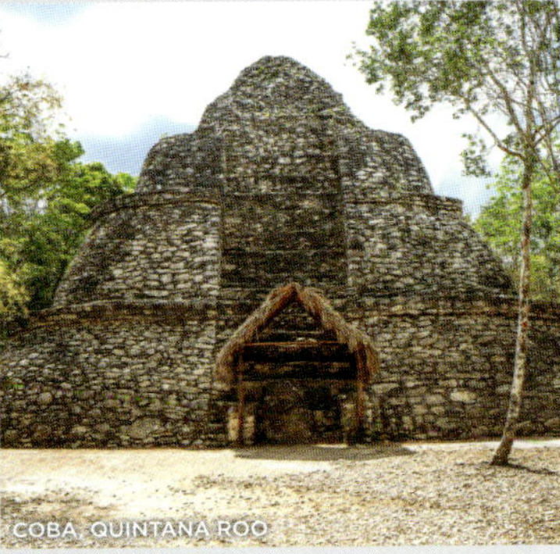
COBA, QUINTANA ROO

**Mayan culture**
They were masters of maize cultivation, outstanding builders, and had the ability to calculate and predict solar eclipses. The Mayan culture was highly developed and many of their insights had far-reaching effects. What led to the decline of the culture, like many other Mayan secrets, has not yet been conclusively explained.

**La culture maya**
Ils étaient les rois de la culture du maïs, des bâtisseurs hors pair, pouvaient prévoir les éclipses de Soleil, écrire, compter...
La civilisation maya était incroyablement développée et beaucoup de leurs connaissances ont eu des retombées dans de nombreux domaines. Ce qui a causé le déclin de leur civilisation n'est pas encore complètement élucidé, de même que beaucoup d'autres de leurs secrets.

**Mayakultur**
Sie waren Meister des Maisanbaus, herausragende Baukünstler, konnten Sonnenfinsternisse voraussagen, schreiben und rechnen – die Kultur der Maya war hochentwickelt und viele ihrer Erkenntnisse hatten eine weitreichende Wirkung. Was zum Untergang der Kultur führte ist bis heute wie viele andere Geheimnisse der Maya noch nicht abschließend erforscht.

**La cultura maya**
Eran maestros del maíz, excelentes constructores, capaces de predecir, escribir y calcular eclipses solares – la cultura maya estaba muy desarrollada y muchos de sus conocimientos tuvieron un efecto de gran alcance. Lo que aún no se ha descubierto de manera concluyente, así como muchos otros secretos mayas, es qué fue lo que condujo a la decadencia de la cultura.

**Cultura Maya**
Erano straordinari coltivatori di mais, costruttori eccezionali, in grado di prevedere eclissi solari, scrivere e calcolare – la cultura maya era incredibilmente sviluppata e molto della loro conoscenza ha avuto un effetto di vasta portata. Ciò che ha portato al declino della civiltà maya, come molti altri loro segreti, non è stato ancora completamente scoperto.

**Mayacultuur**
Het waren meesterlijke maistelers, uitstekende bouwers, ze konden zonsverduisteringen voorspellen, schrijven en rekenen – de cultuur van de Maya's was hoogontwikkeld en veel van hun inzichten hadden een verreikend effect. Wat heeft geleid tot de teloorgang van de cultuur is, net als veel andere Mayageheimen, nog niet concluderend onderzocht.

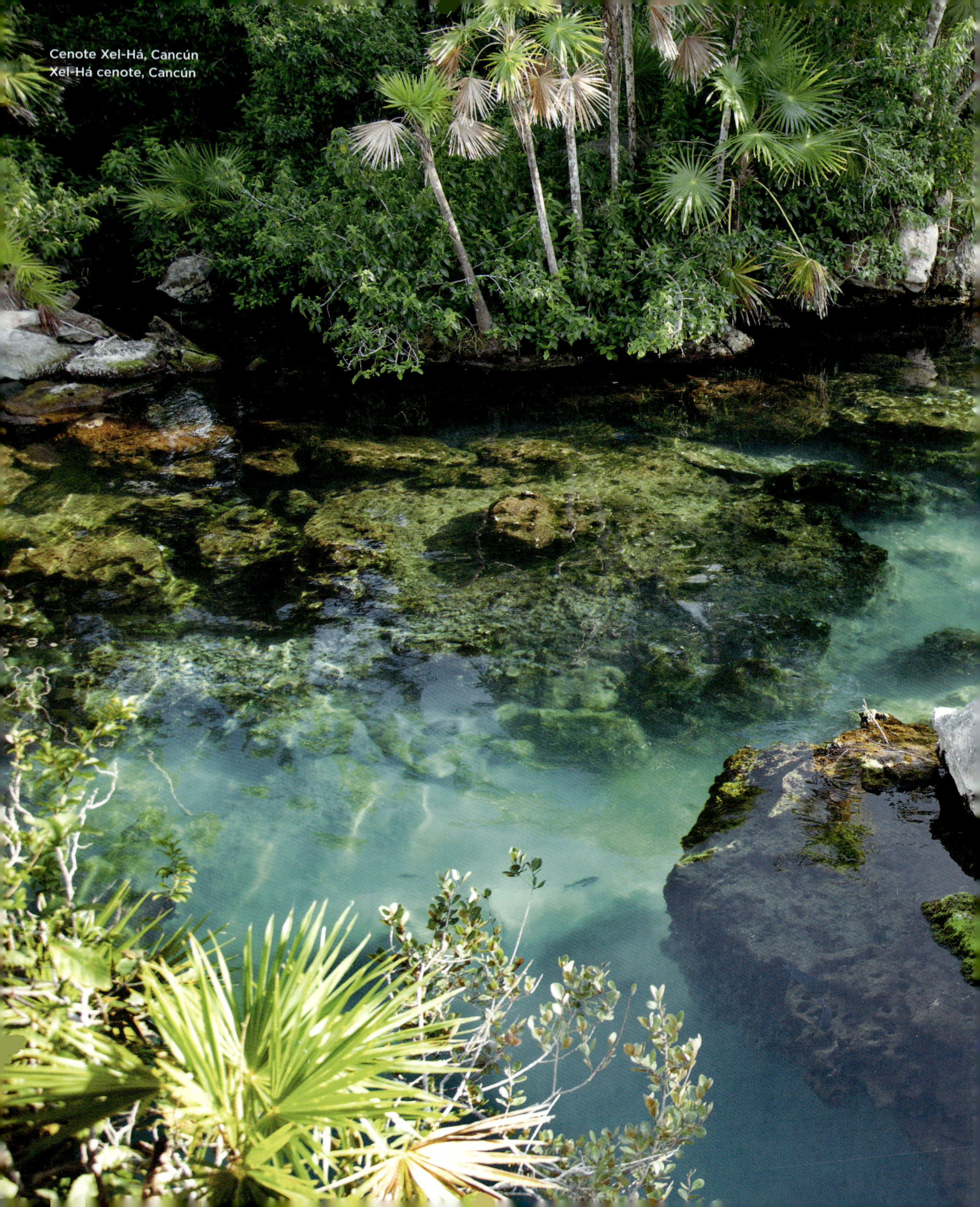

Cenote Xel-Há, Cancún
Xel-Há cenote, Cancún

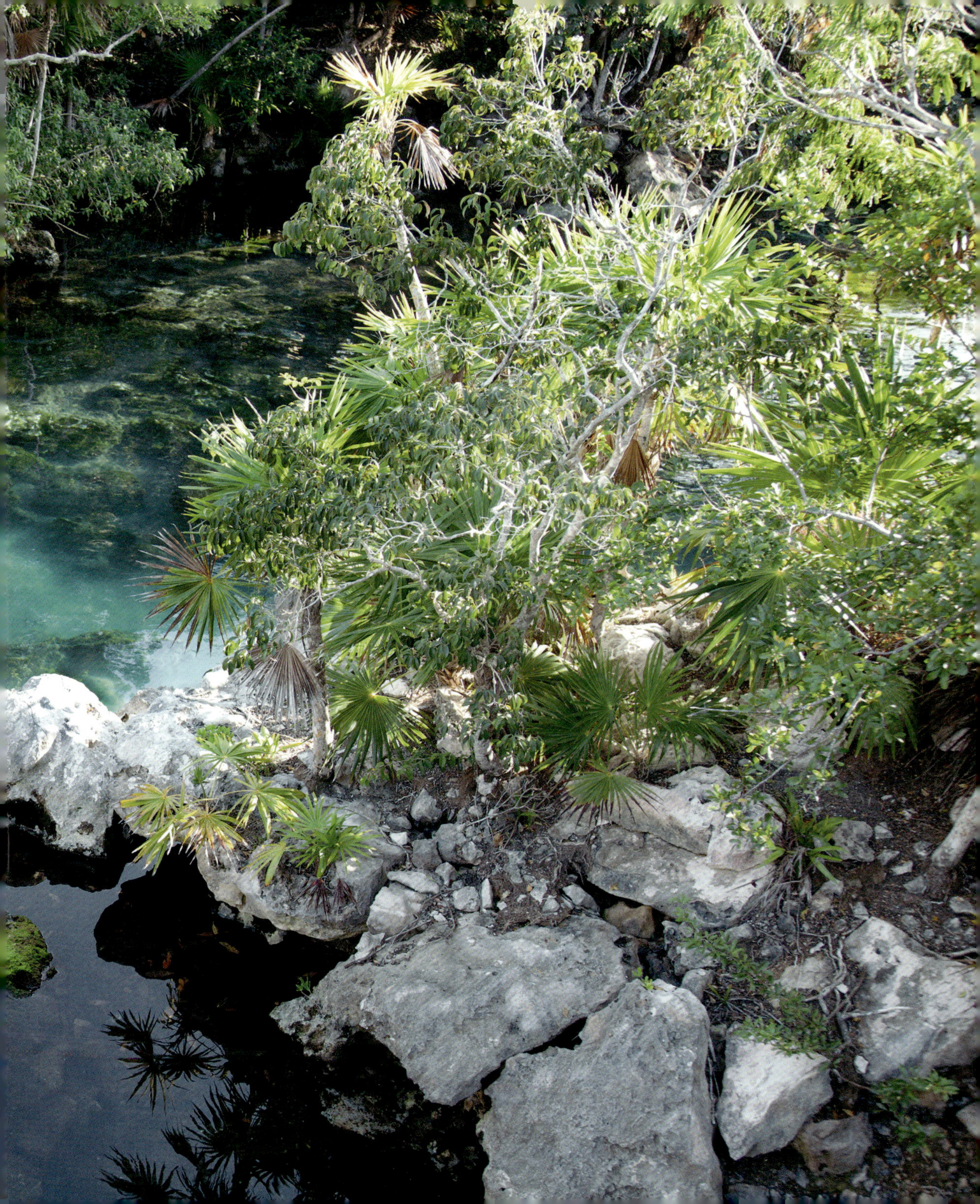

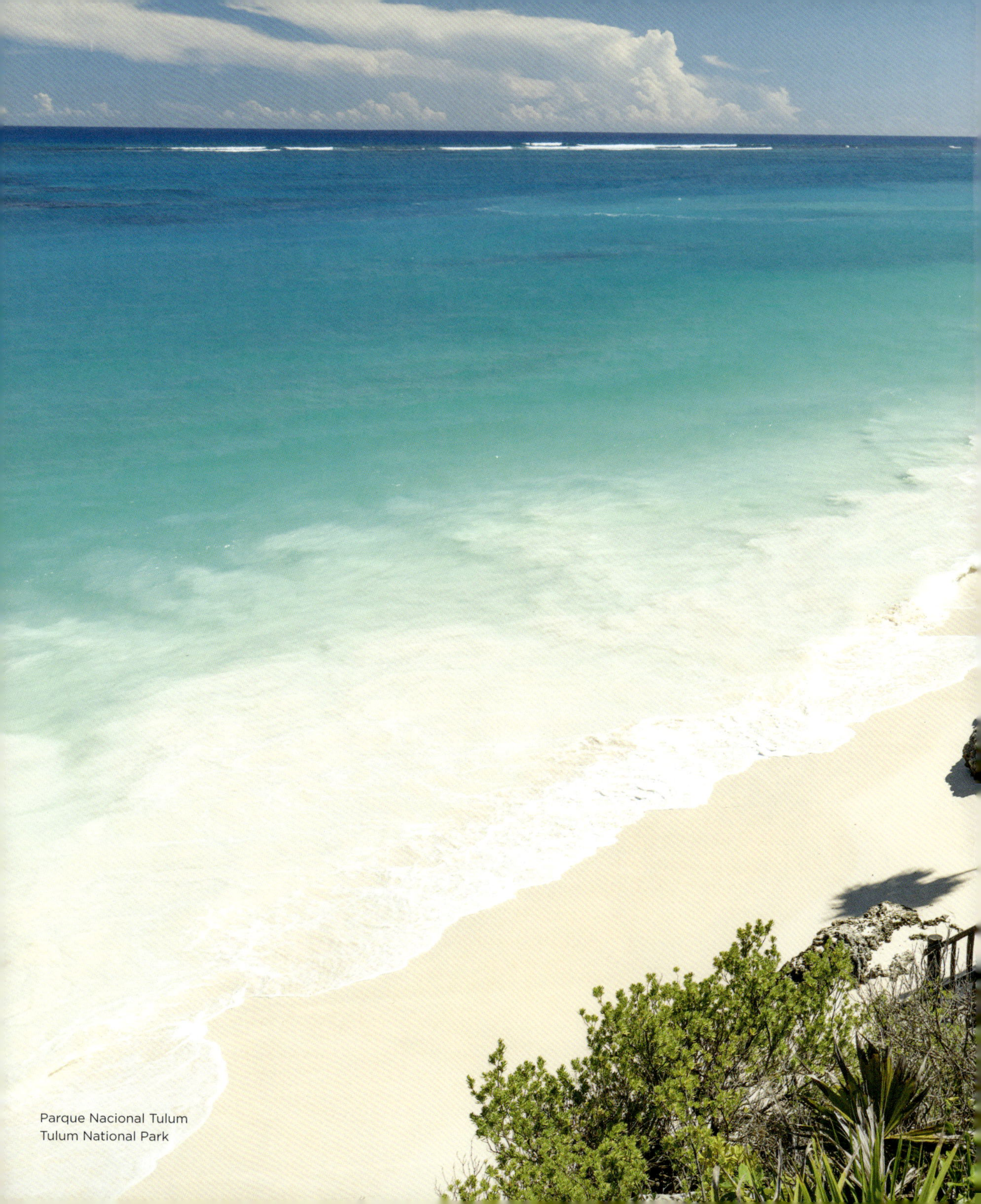

Parque Nacional Tulum
Tulum National Park

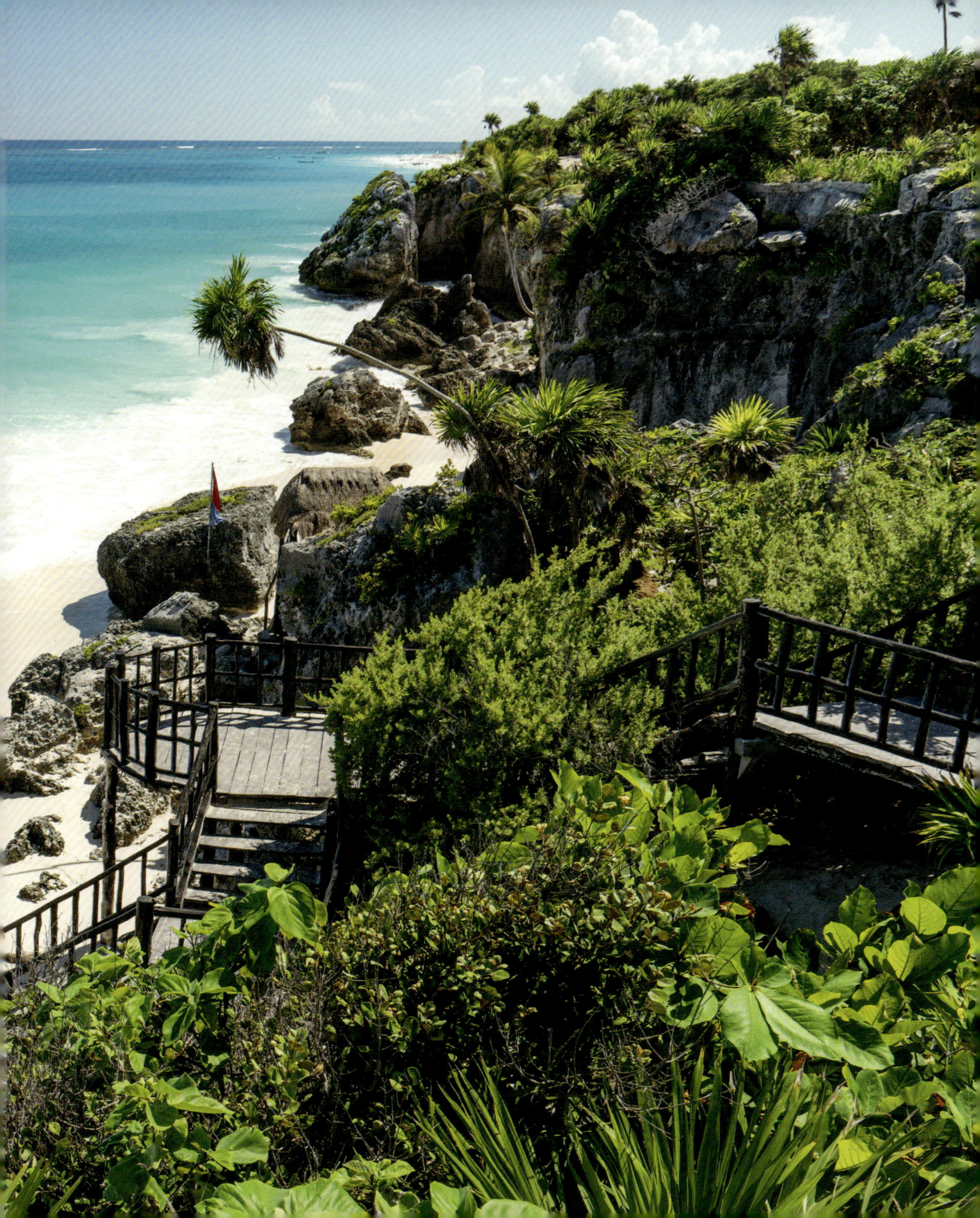

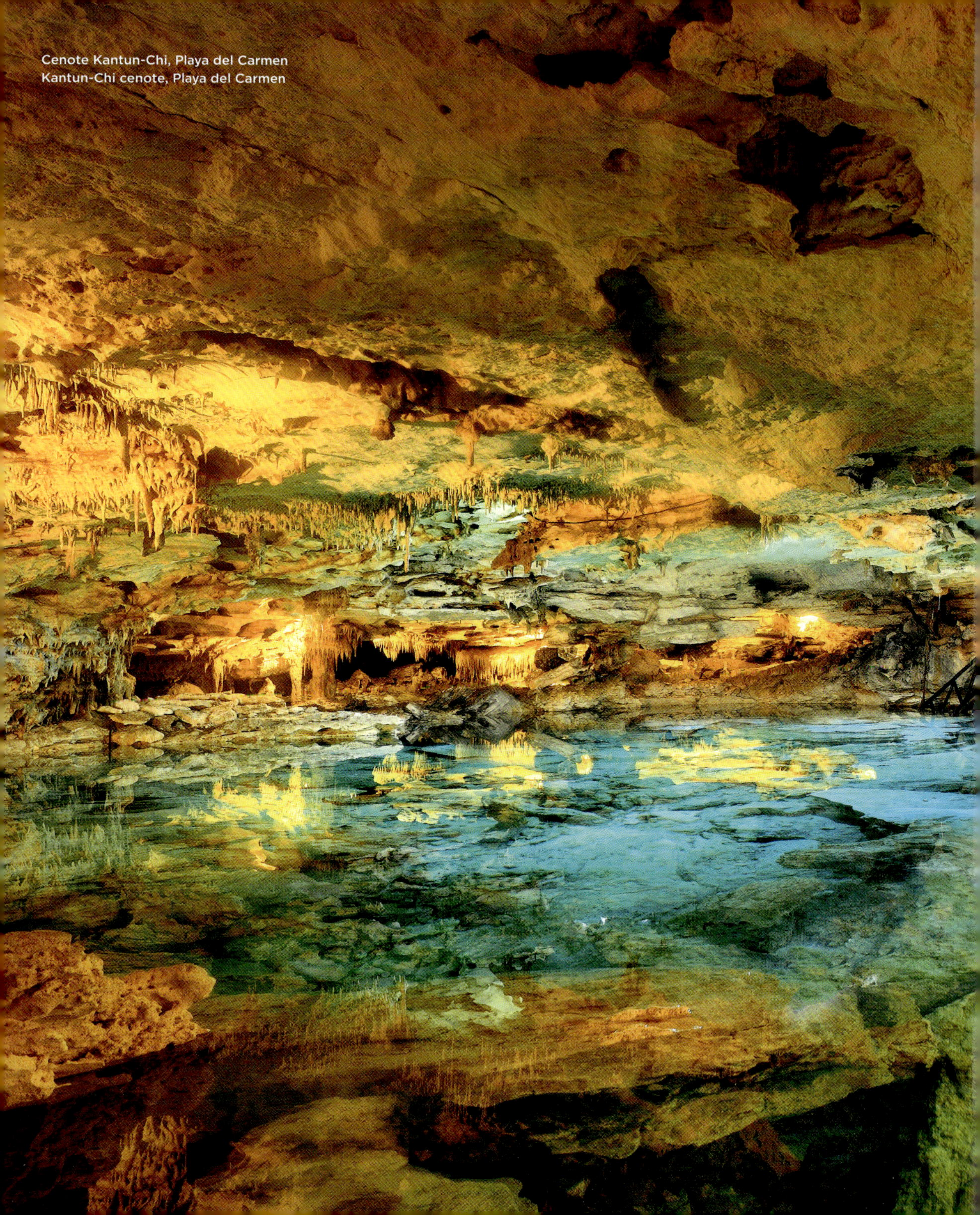
Cenote Kantun-Chi, Playa del Carmen
Kantun-Chi cenote, Playa del Carmen

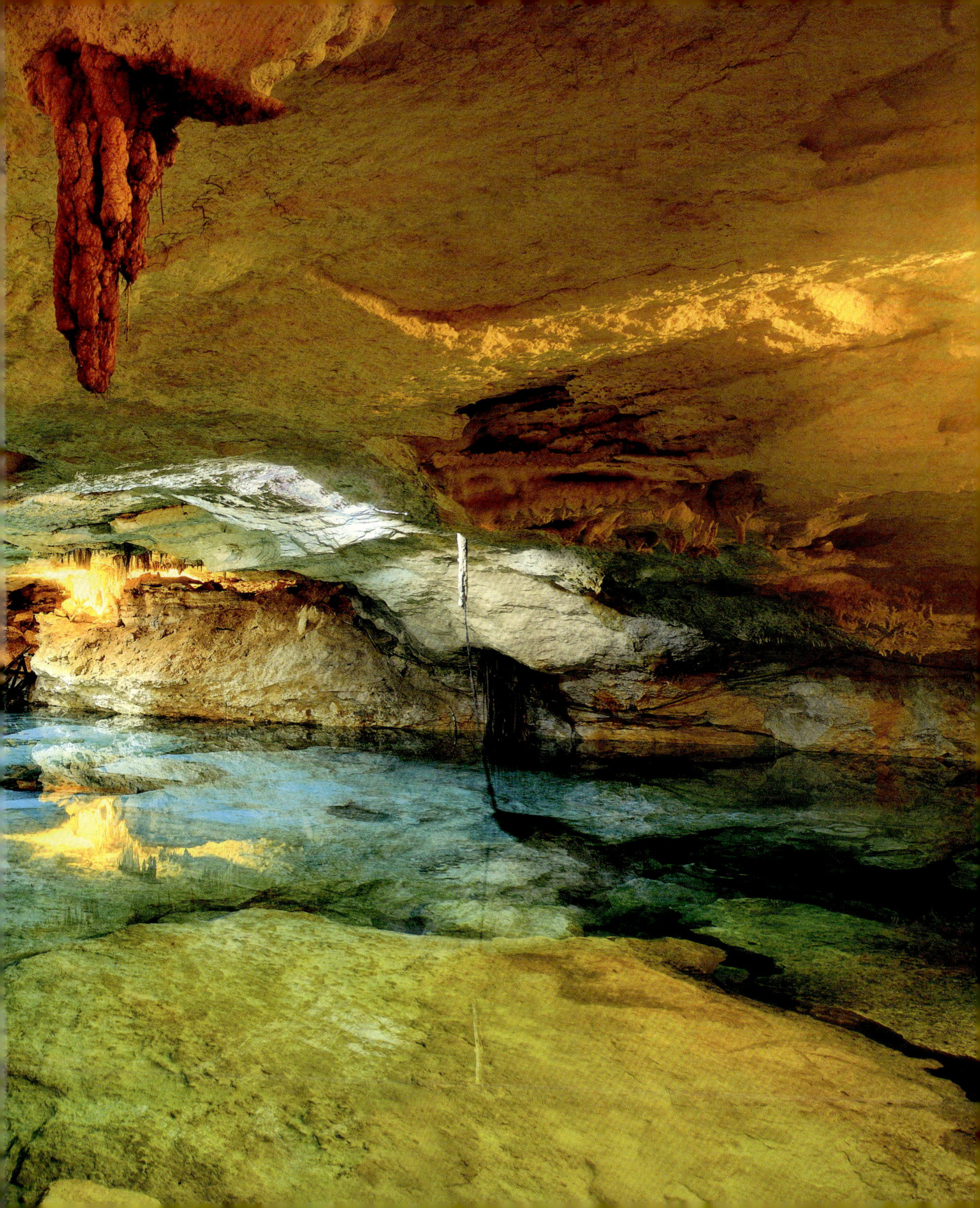

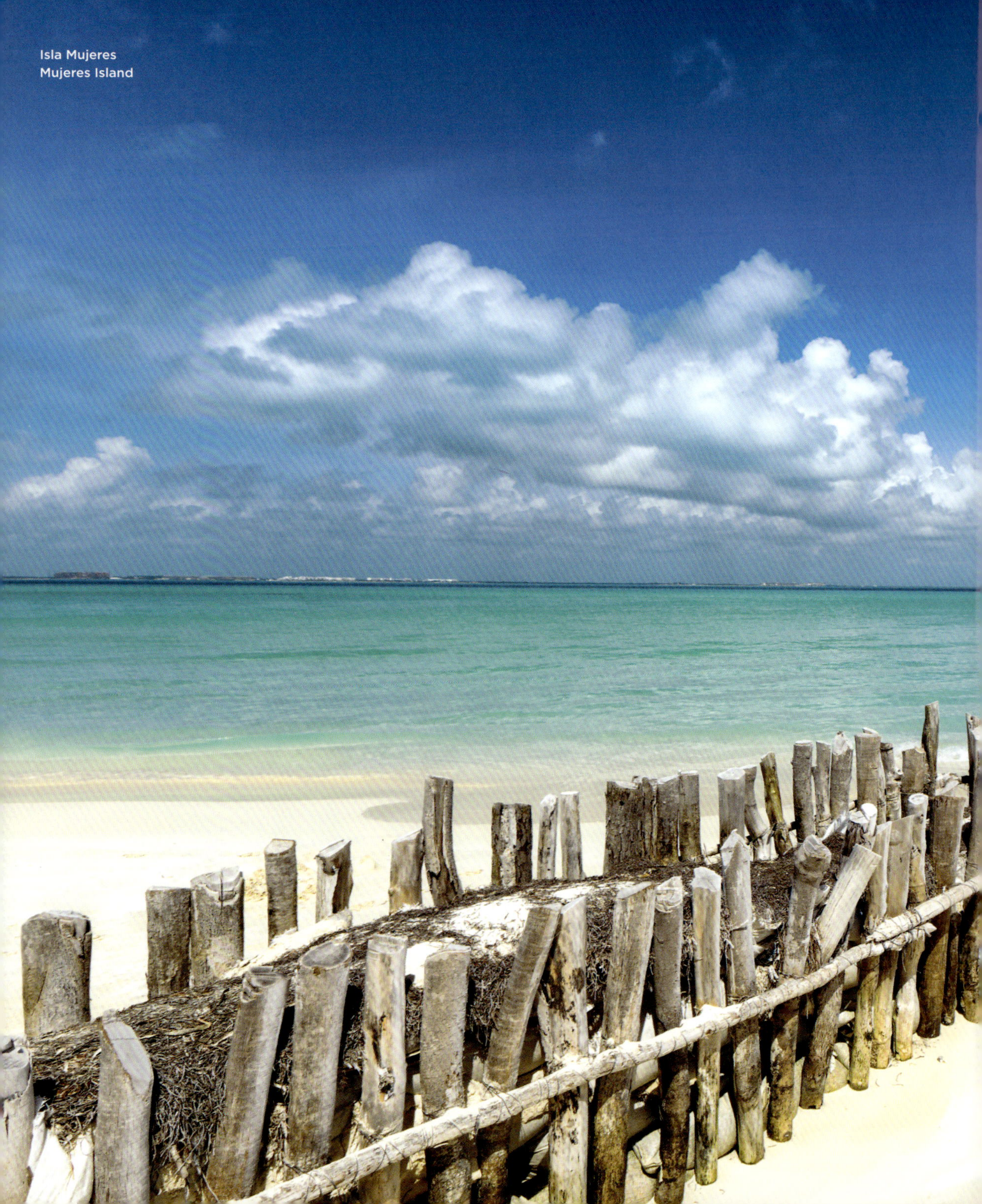

Isla Mujeres
Mujeres Island

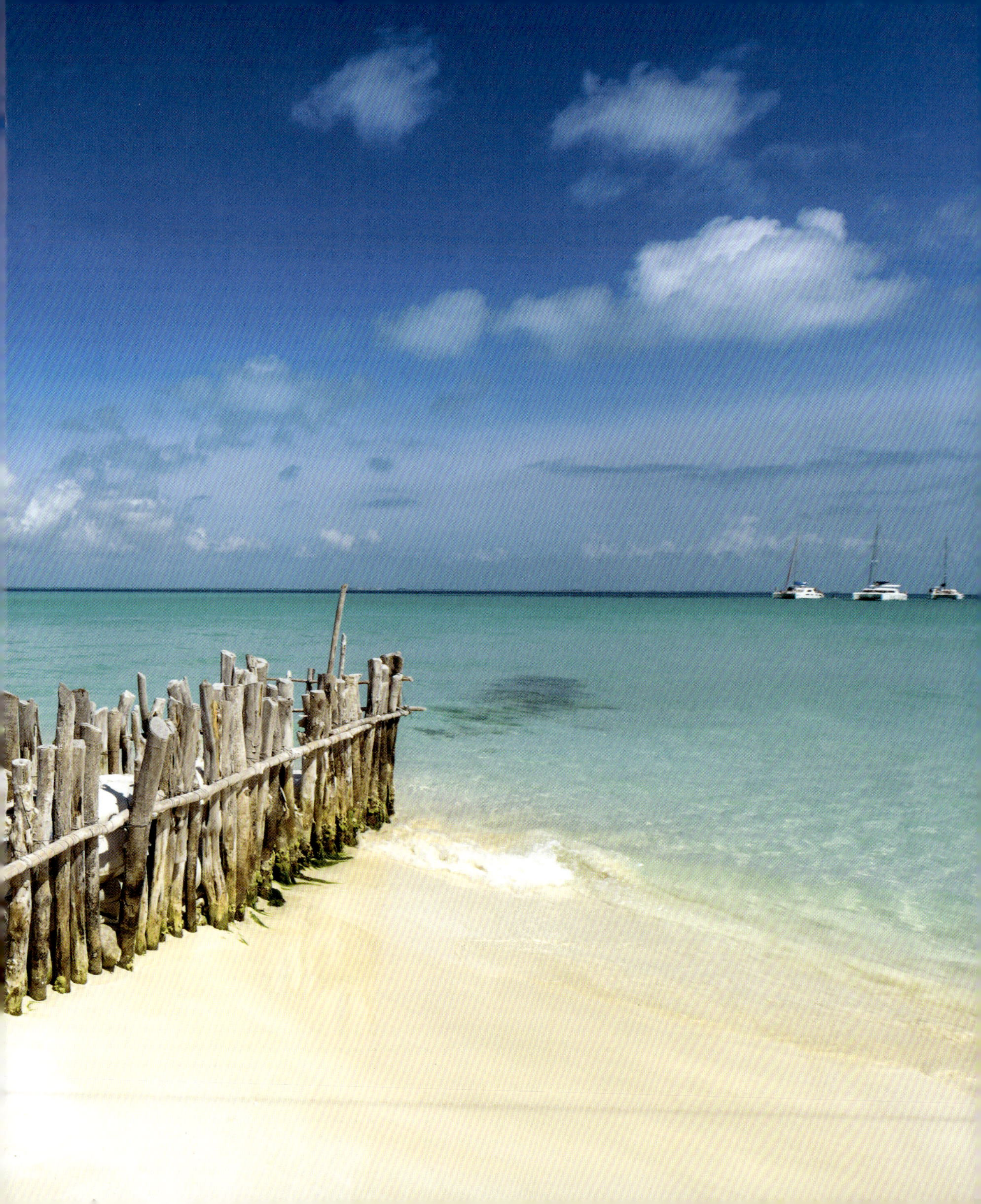

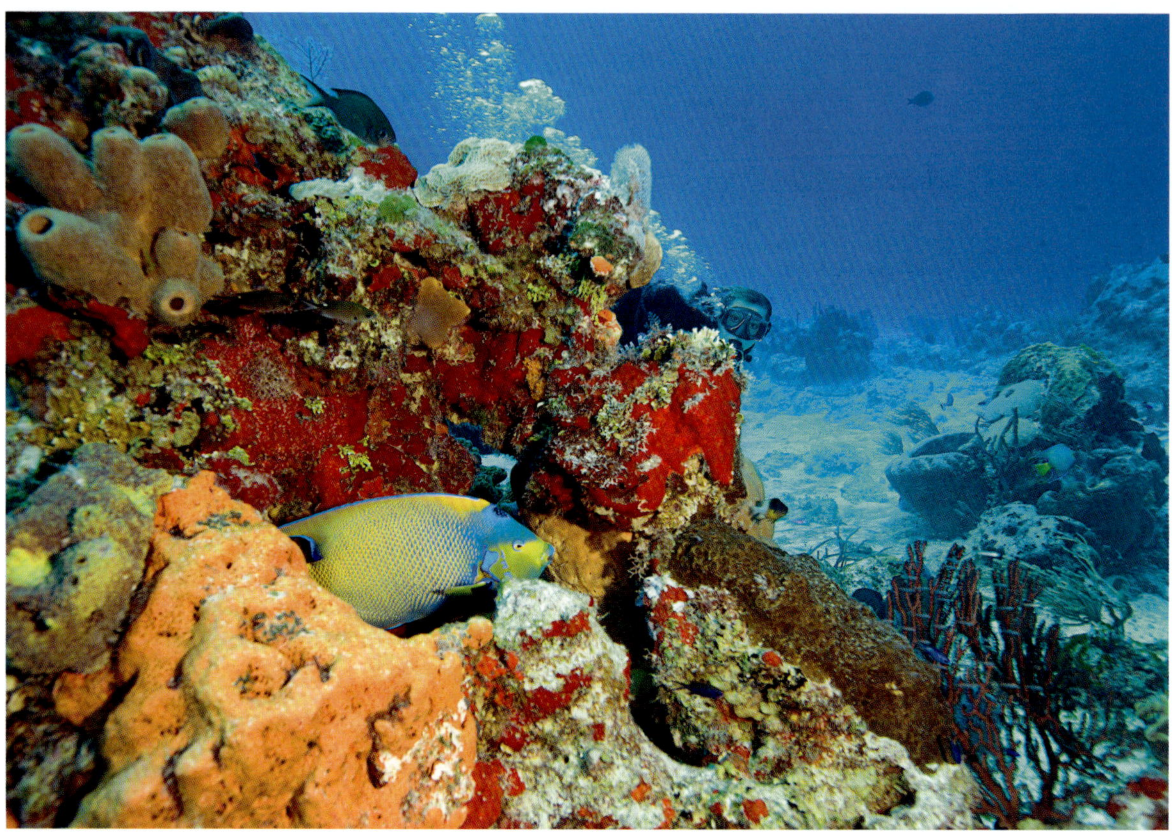

Arrecife de coral, Isla Cozumel
Coral reef, Cozumel Island

**Cozumel**
Dense rainforest, gorgeous sandy beaches and a coral reef made world-famous by Jacques-Yves Cousteau—Mexico's largest island is a picture-book Caribbean island and a true paradise for nature lovers. The Laguna de Colombia in the very south of the island is part of the Arrecifes de Cozumel National Park. The system of four lagoons is connected to the open sea by underground passages in the karstic landscape.

**Cozumel**
Épaisses forêts, plages de sable fin, et un récif de corail rendu célèbre dans le monde entier par Jacques-Yves Cousteau – la plus grande île du Mexique est une île des Caraïbes qui semble tout droit sortie d'un livre d'images et qui est un véritable paradis pour les amoureux de la nature. La lagune de Colombia, tout au sud de l'île, appartient au parc national Arrecifes de Cozumel. Cet ensemble de quatre lagunes est relié à la mer par des passages souterrains dans le sol calcaire.

**Cozumel**
Dichter Regenwald, traumhafte Sandstrände und ein durch Jacques-Yves Cousteau weltberühmt gewordenes Korallenriff – die größte Insel Mexikos ist eine Karibikinsel wie aus dem Bilderbuch und ein wahres Paradies für Naturfreunde. Die Laguna de Colombia ganz im Süden der Insel zählt zum Nationalpark Arrecifes de Cozumel. Das System aus vier Lagunen ist durch unterirdische Durchlässe im Karstgestein mit dem offenen Meer verbunden.

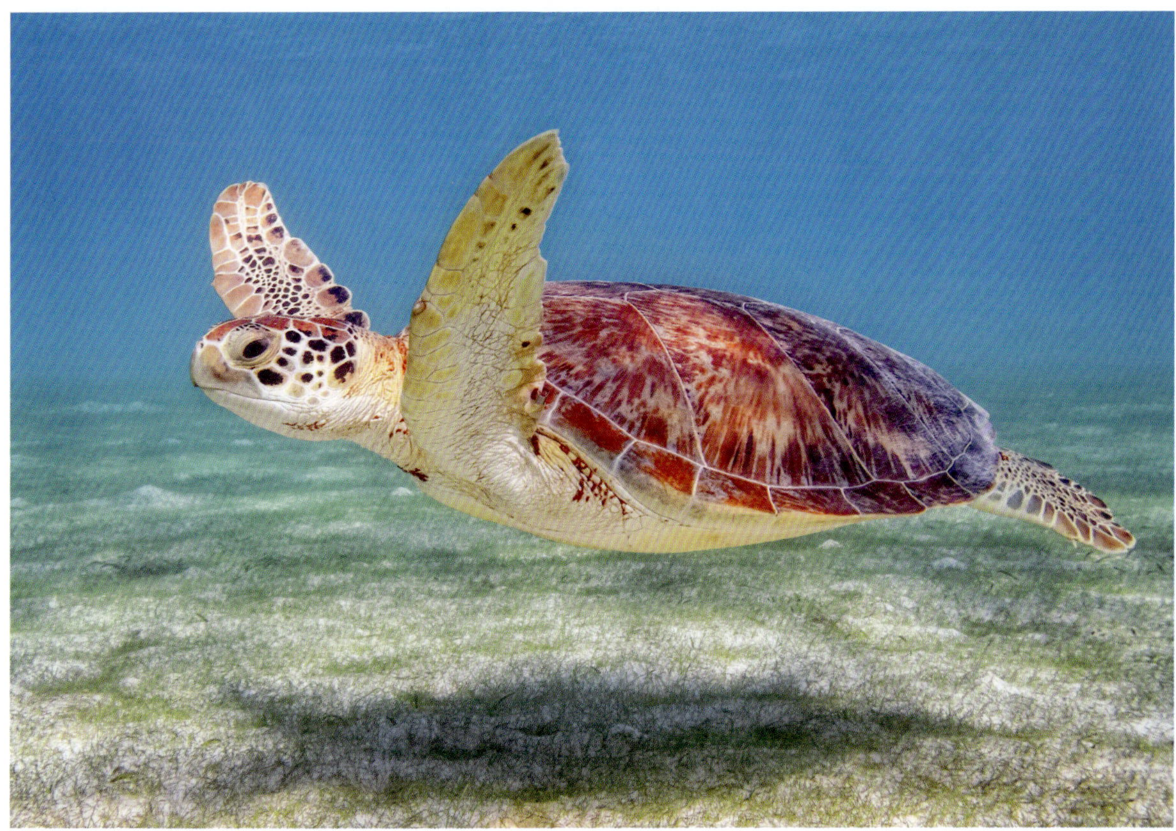

Tortuga verde, Isla Cozumel
Green Sea Turtle, Cozumel Island

**Cozumel**
Bosque lluvioso denso, hermosas playas de arena y un arrecife de coral conocido a nivel mundial gracias a Jacques-Yves Cousteau – la isla más grande de México es una isla caribeña de libro ilustrado y un verdadero paraíso para los amantes de la naturaleza. La Laguna de Colombia en el sur de la isla es parte del Parque Nacional Arrecifes de Cozumel. El sistema de cuatro lagunas está conectado al mar abierto por pasadizos subterráneos en roca cárstica.

**Cozumel**
Dense foreste pluviali, splendide spiagge di sabbia sottile e una barriera corallina resa famosa da Jacques-Yves Cousteau, la più grande isola del Messico è un vero paradiso per gli amanti della natura e sembra appena uscita da un libro illustrato sulle isole dei Caraibi. La Laguna de Colombia, nel sud dell'isola, fa parte del Parco nazionale Arrecifes de Cozumel. Il sistema delle quattro lagune è collegato al mare aperto da passaggi sotterranei nel suolo calcareo.

**Cozumel**
Dicht regenwoud, prachtige zandstranden en een koraalrif dat wereldberoemd werd door Jacques-Yves Cousteau: Mexico's grootste eiland is er een uit een prentenboek en een waar paradijs voor natuurliefhebbers. De Laguna de Colombia in het uiterste zuiden van het eiland maakt deel uit van het nationale park Arrecifes de Cozumel. Het stelsel van vier lagunes is verbonden met de open zee door ondergrondse doorgangen in het karstgesteente.

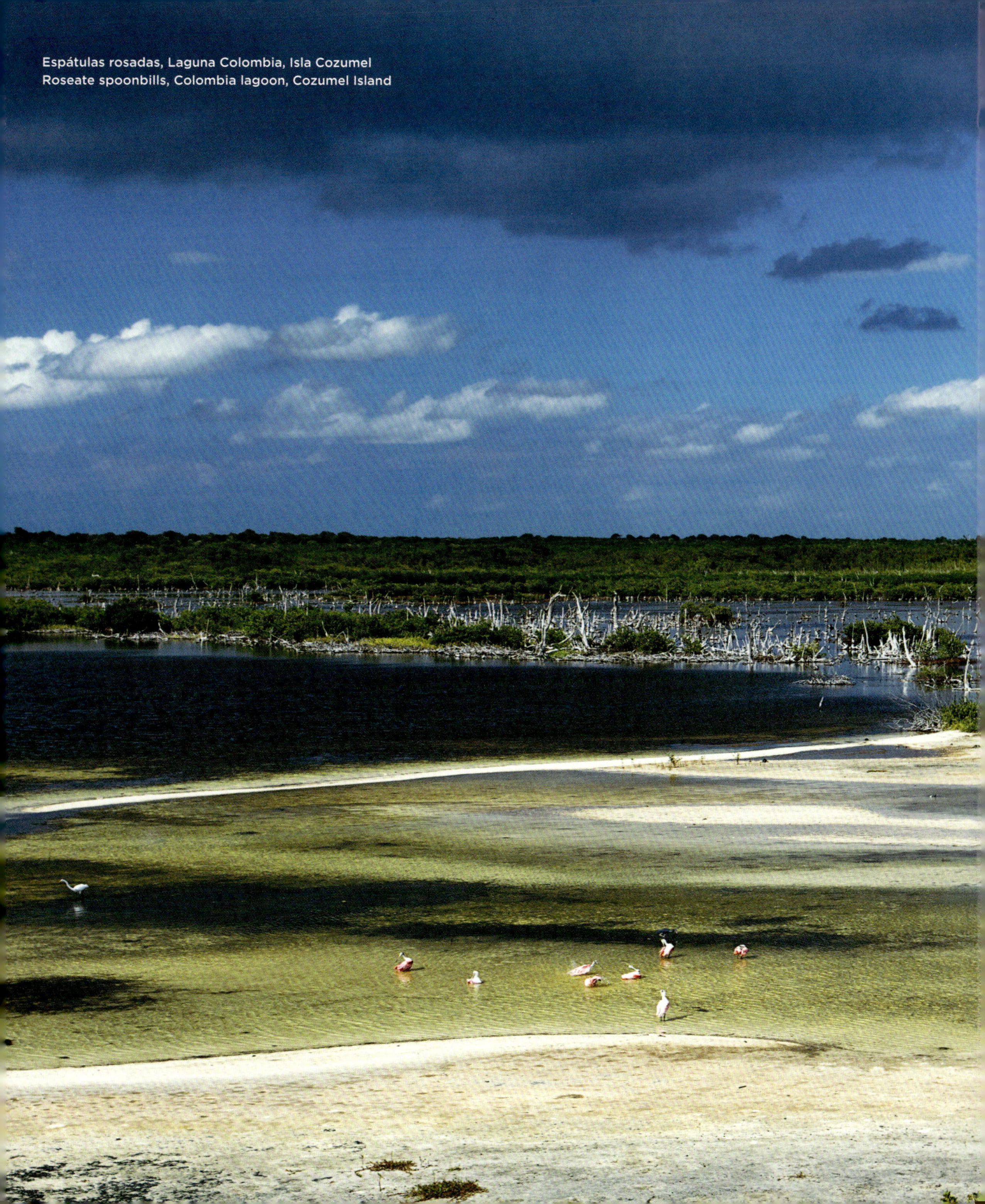
Espátulas rosadas, Laguna Colombia, Isla Cozumel
Roseate spoonbills, Colombia lagoon, Cozumel Island

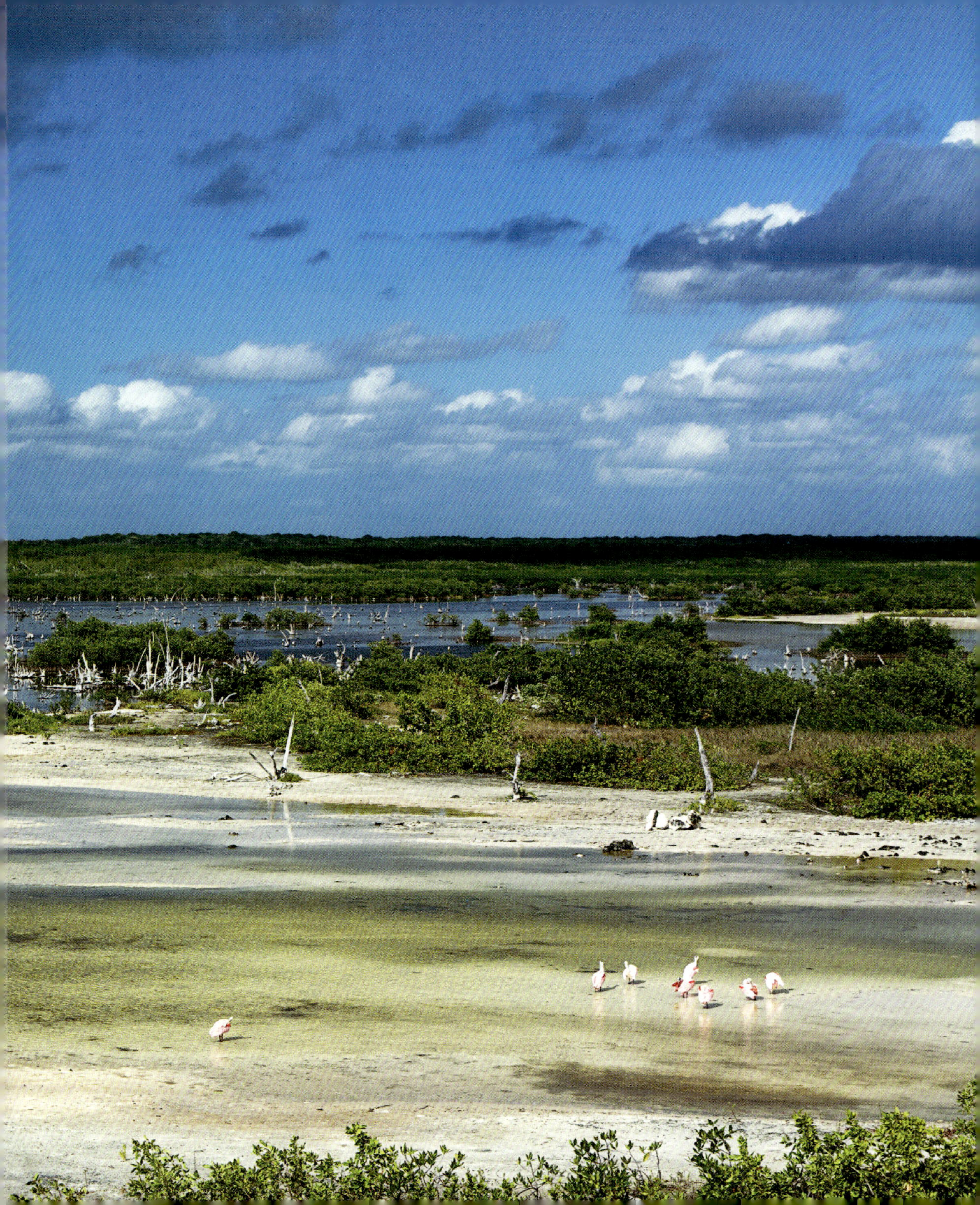

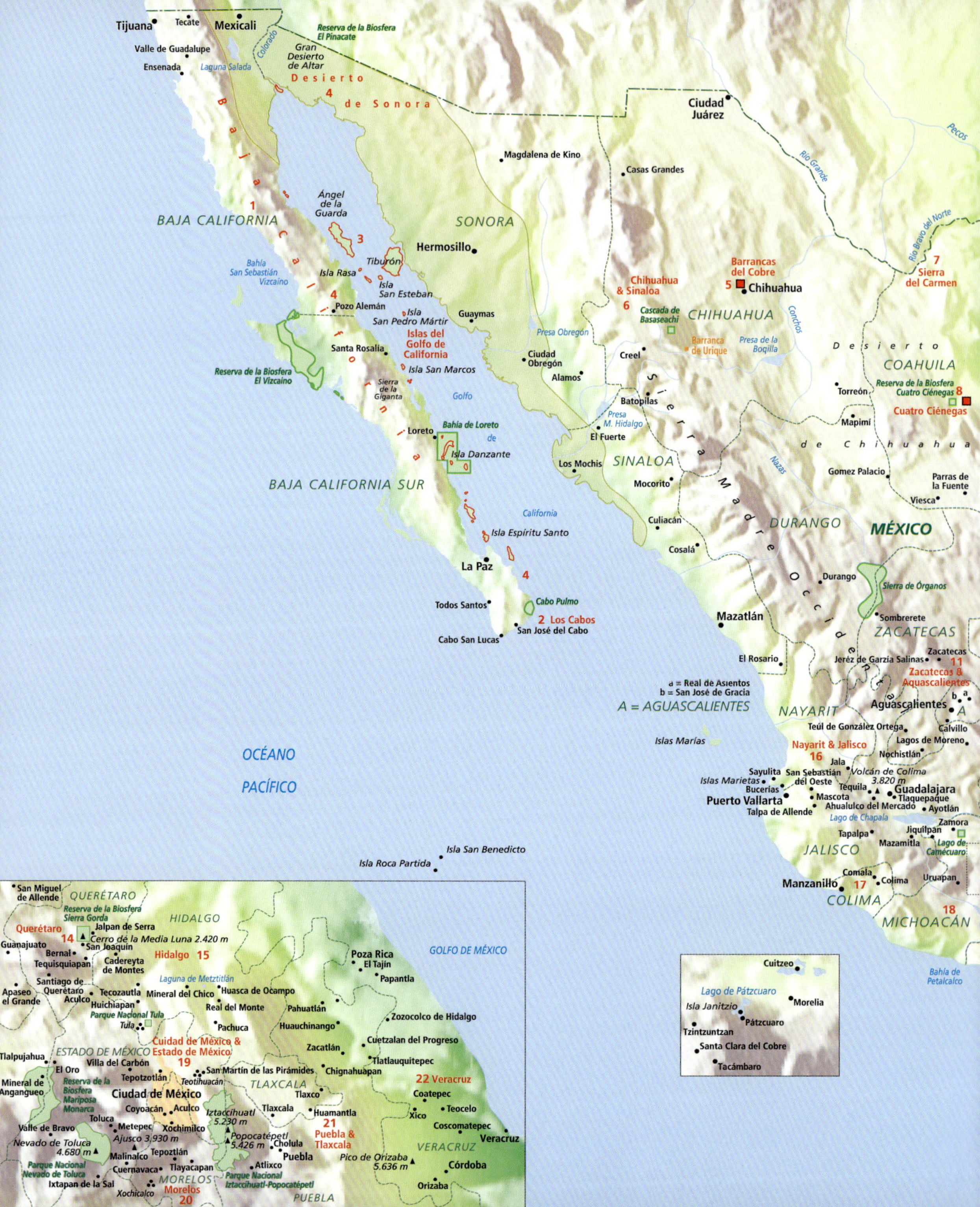

Tijuana
Tecate
Mexicali
Reserva de la Biosfera El Pinacate
Valle de Guadalupe
Ensenada
Laguna Salada
Colorado
Gran Desierto de Altar
Desierto de Sonora
4
Baja California
1
BAJA CALIFORNIA
Ciudad Juárez
Magdalena de Kino
Casas Grandes
Rio Grande
Pecos
Ángel de la Guarda
3
SONORA
Hermosillo
Tiburón
Isla Rasa
Isla San Esteban
Bahía San Sebastián Vizcaíno
Pozo Alemán
Isla San Pedro Mártir
Guaymas
Islas del Golfo de California
Santa Rosalía
Reserva de la Biosfera El Vizcaíno
Sierra de la Giganta
Isla San Marcos
Golfo
de
California
Presa Obregón
Ciudad Obregón
Álamos
Rio Bravo del Norte
7
Sierra del Carmen
Barrancas del Cobre
5
Chihuahua
Chihuahua & Sinaloa
6
Cascada de Basaseachi
CHIHUAHUA
Conchos
Barranca de Urique
Presa de la Boquilla
Creel
Desierto de Chihuahua
COAHUILA
Torreón
Reserva de la Biosfera Cuatro Ciénegas
8
Cuatro Ciénegas
Batopilas
Sierra Madre Occidental
Presa M. Hidalgo
El Fuerte
Loreto
Bahía de Loreto
Isla Danzante
Los Mochis
SINALOA
Mapimí
Gomez Palacio
Parras de la Fuente
Viesca
Nazas
Mocorito
BAJA CALIFORNIA SUR
Culiacán
DURANGO
MÉXICO
Isla Espíritu Santo
Cosalá
La Paz
4
Durango
Sierra de Órganos
Todos Santos
Cabo Pulmo
2
Los Cabos
San José del Cabo
Cabo San Lucas
Mazatlán
Sombrerete
ZACATECAS
El Rosario
Zacatecas
Jeréz de Garzia Salinas
11
Zacatecas & Aguascalientes
a = Real de Asientos
b = San José de Gracia
A = AGUASCALIENTES
NAYARIT
Aguascalientes
Calvillo
Teúl de González Ortega
Islas Marías
Lagos de Moreno
Nayarit & Jalisco
16
Nochistlán
Jala
OCÉANO
PACÍFICO
Sayulita
San Sebastián del Oeste
Volcán de Colima 3.820 m
Islas Marietas
Bucerías
Tequila
Guadalajara
Mascota
Tlaquepaque
Puerto Vallarta
Ahualulco del Mercado
Ayotlán
Talpa de Allende
Lago de Chapala
Zamora
Tapalpa
Jiquilpan
Lago de Camécuaro
Mazamitla
JALISCO
Isla San Benedicto
Isla Roca Partida
Comala
Colima
Uruapan
Manzanillo
17
COLIMA
18
MICHOACÁN
Bahía de Petalcalco
Cuitzeo
Lago de Pátzcuaro
Morelia
Isla Janitzio
Pátzcuaro
Tzintzuntzan
Santa Clara del Cobre
Tacámbaro
San Miguel de Allende
QUERÉTARO
Reserva de la Biosfera Sierra Gorda
HIDALGO
Querétaro
14
Jalpan de Serra
Cerro de la Media Luna 2.420 m
Guanajuato
San Joaquín
Bernal
Hidalgo
15
Poza Rica
El Tajín
GOLFO DE MÉXICO
Tequisquiapan
Cadereyta de Montes
Papantla
Laguna de Metztitlán
Santiago de Querétaro
Apaseo el Grande
Tecozautla
Aculco
Mineral del Chico
Huasca de Ocampo
Huichiapan
Parque Nacional Tula
Real del Monte
Pahuatlán
Tula
Pachuca
Zozocolco de Hidalgo
Huauchinango
Cuetzalan del Progreso
Zacatlán
Tlatlauquitepec
Tlalpujahua
ESTADO DE MÉXICO
Cuidad de México & Estado de México
19
El Oro
Villa del Carbón
Tepotzotlán
San Martín de las Pirámides
Chignahuapan
Teotihuacán
22
Veracruz
Mineral de Angangueo
Reserva de la Biosfera Mariposa Monarca
Ciudad de México
TLAXCALA
Tlaxco
Coatepec
Coyoacán
Aculco
Iztaccíhuatl 5.230 m
Tlaxcala
Huamantla
Teocelo
Xico
Toluca
Xochimilco
21
Coscomatepec
Valle de Bravo
Metepec
Popocatépetl 5.426 m
Puebla & Tlaxcala
Veracruz
Nevado de Toluca 4.680 m
Ajusco 3.930 m
Cholula
VERACRUZ
Malinalco
Tepoztlán
Puebla
Parque Nacional Nevado de Toluca
Cuernavaca
Tlayacapan
Atlixco
Pico de Orizaba 5.636 m
Córdoba
Ixtapan de la Sal
MORELOS
Parque Nacional Iztaccíhuatl-Popocatépetl
Morelos
Orizaba
Xochicalco
20
PUEBLA

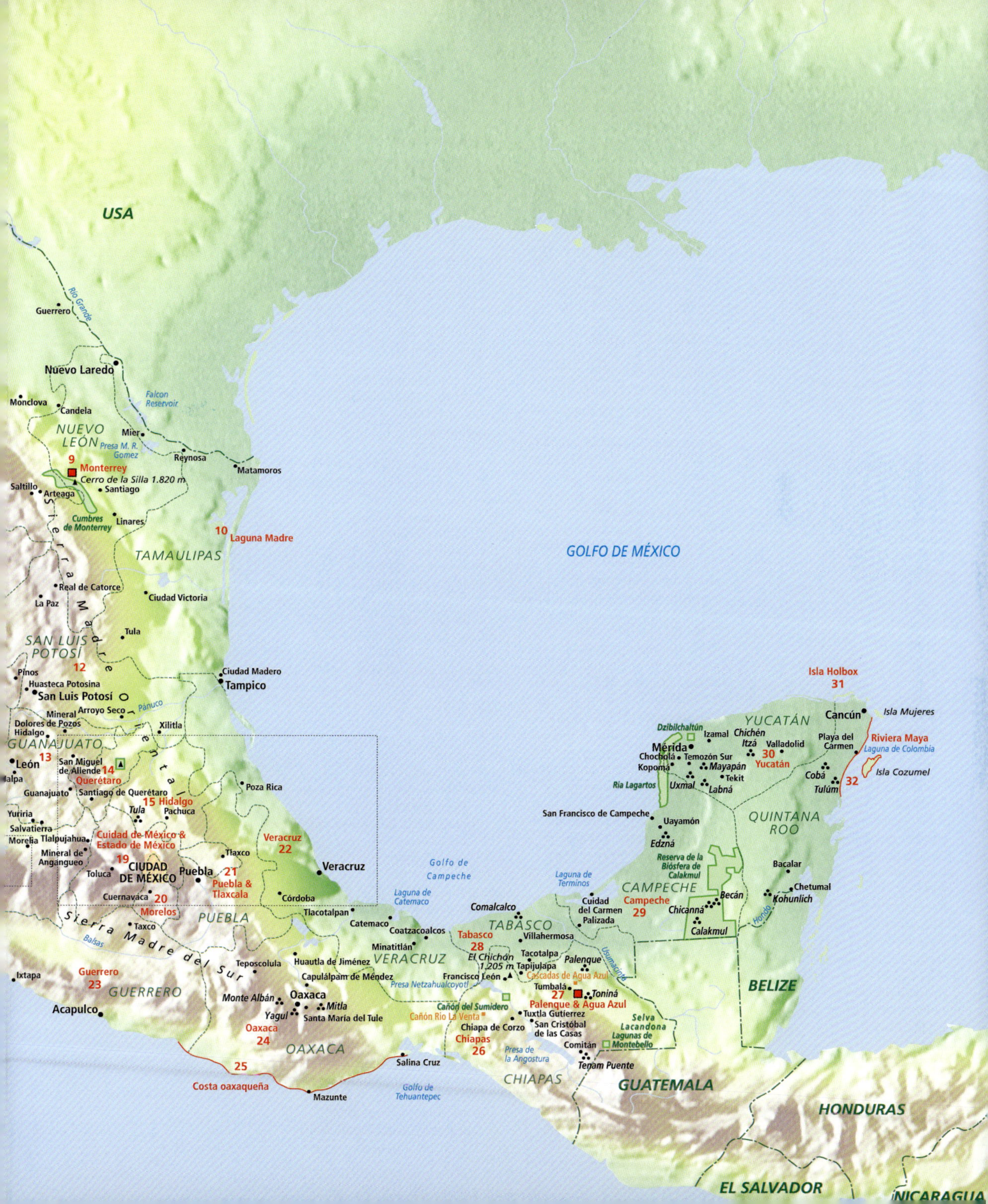

USA
Guerrero
Río Grande
Nuevo Laredo
Monclova
Candela
Falcon Reservoir
NUEVO LEÓN
Mier
Presa M. R. Gomez
Reynosa
9 Monterrey
Matamoros
Cerro de la Silla 1.820 m
Saltillo
Arteaga
Santiago
Cumbres de Monterrey
Linares
Sierra Madre Oriental
10 Laguna Madre
TAMAULIPAS
GOLFO DE MÉXICO
Real de Catorce
La Paz
Ciudad Victoria
Tula
SAN LUIS POTOSÍ
12
Ciudad Madero
Tampico
Pinos
Huasteca Potosina
San Luis Potosí
Mineral
Arroyo Seco
Pánuco
Dolores de Pozos
Hidalgo
Xilitla
GUANAJUATO
13
León
San Miguel de Allende
14
Querétaro
Guanajuato
Santiago de Querétaro
15 Hidalgo
Poza Rica
Tula
Pachuca
Yuriria
Salvatierra
Morelia
Tlalpujahua
Mineral de Angangueo
Cuidad de México & Estado de México
19
Toluca
CIUDAD DE MÉXICO
Puebla
21
Puebla & Tlaxcala
Tlaxco
Veracruz 22
Veracruz
Córdoba
Cuernavaca
20
Morelos
PUEBLA
Sierra Madre del Sur
Taxco
Balsas
Tlacotalpan
Catemaco
Laguna de Catemaco
Coatzacoalcos
Minatitlán
VERACRUZ
Golfo de Campeche
Ixtapa
Guerrero 23
GUERRERO
Acapulco
Teposcolula
Huautla de Jiménez
Capulálpam de Méndez
Presa Netzahualcoyotl
Monte Albán
Oaxaca
Mitla
Yagul
Santa María del Tule
Oaxaca 24
OAXACA
25
Costa oaxaqueña
Mazunte
Salina Cruz
Golfo de Tehuantepec
Comalcalco
TABASCO
Tabasco 28
Villahermosa
El Chichón 1.205 m
Tacotalpa
Tapijulapa
Francisco León
Cañón del Sumidero
Cañón Río La Venta
Chiapa de Corzo
Chiapas 26
Presa de la Angostura
CHIAPAS
Tuxtla Gutierrez
San Cristóbal de las Casas
Palenque
Cascadas de Agua Azul
Tumbalá
27
Toniná
Palenque & Agua Azul
Selva Lacandona
Lagunas de Montebello
Comitán
Tenam Puente
Usumacinta
GUATEMALA
HONDURAS
EL SALVADOR
NICARAGUA
BELIZE
Laguna de Términos
Cuidad del Carmen
Palizada
Campeche 29
CAMPECHE
Chicanná
Becán
Calakmul
Reserva de la Biósfera de Calakmul
Edzná
Uayamón
San Francisco de Campeche
Ria Lagartos
Dzibilchaltún
Izamal
Mérida
Chocholá
Kopomá
Temozón Sur
Mayapán
Tekit
Uxmal
Labná
Chichén Itzá
30
Yucatán
Valladolid
YUCATÁN
QUINTANA ROO
Isla Holbox
31
Cancún
Isla Mujeres
Playa del Carmen
Riviera Maya
Laguna de Colombia
Isla Cozumel
Cobá
Tulúm
32
Bacalar
Chetumal
Kohunlich
Hondo

## Index

## Photo credits

### Stephen West

42, 143, 147, 148/149, 150, 151, 152/153, 156, 157, 214, 215, 220/221, 222, 223, 230, 231, 314, 315, 324, 325, 436/437, 440, 441, 453, 458/459

### Getty Images

4/5 Jesse Kraft / EyeEm, 6/7 Diegograndi, 8/9 Witold Skrypczak, 10/11 Marcos Ferro, 12/13 Elis_Blanca, 14/15 Diegograndi, 18 Reed Kaestner, 36/37 Ferrantraite, 40/41 Fernando Huitron / EyeEm, 42/43 Ralph Lee Hopkins, 50 William H Mullins, 56/57 Michael Melford, 58 Todd Lawson, 60/61 Danita Delimont, 62/63 Michael Runkel / Robertharding, 66/67 Michael S. Nolan, 72 Feargus Cooney, 73 Arterra, 78/79 Arturo Peña Romano Med, 86/87 Photos By Alex Briseno, 94 Tony Waltham, 97 Matteo Colombo, StudioNate, Paco Navarro, 98/99 jamespharaon, 104 George Grall, 106/107 Antonio_Alvarado, 110/111 Sergio Mendoza Hochmann, 112 Sergio Mendoza Hochmann, 113 Jose-Javier Ortiz / EyeEm, 114 Rainer Martini / LOOK-foto, Anne Rippy, Ariadna126, 115 Fudio, 116/117 César Martínez Saldaña / EyeEm, 118 Marcos Ferro, 119 Danita Delimont, 122 Patricio Robles Gil / Sierra Madre / Minden Pictures, 123 Patricio Robles Gil / Sierra Madre / Minden Pictures, 130/131 Glow Images, 137 arturogi, 138/139 Memo Vasquez, 140/141 AGF, 144/145 SL_Photography, 164/165 Jacobo Zanella, 168/169 jzanella, 171 John Elk, 172/173 Ana Encinas, 175 Dopeyden, 176/177 jzanella, 180 ©fitopardo.com, 181 ©fitopardo.com, 182/183 Marcos Ferro, 186/187 Showing the world, 190/191 beklaus, 194/195 Sollina Images, 198/199 ferrantraite, 208 cristianl, 210 Elenathewise, 227 MiguelABriones, 228/229 Reinhard Dirscherl, 231 Judy Bellah, 236 AlbertoLoyo, 237 Glow Images, 238/239 Ethan Welty, 242/243 DavidMtzFuentes, 250/251 arturogi, 252/253 Barna Tanko, 257 Sergio Mendoza Hochmann, 260/261 benedek, 262 Rick Gerharter, 263 Pawel Toczynski, 272/273 benedek, 290/291 Juan Carlos Vindas / NIS / Minden Pictures, 293 Jeremy Woodhouse, 294/295 salvatierra, 304/305 stockcam, 314 Joel Carillet, 315 Pawel Toczynski, 317 AGF, 318/319 Witold Skrypczak, 320 Witold Skrypczak, 324 John Elk III, 324 Craig Lovell, Melissa Kuhnell, 325 Larry Dale Gordon, Glow Images, 328/329 benedek, 330 David Marano Photography, 331 Danny Lehman, 332/333 Orlando Espinosa, 334/335 Aneese, 338/339 benedek, 342/343 cicloco, 344 ovidiuhrubaru, 346/347 Soft_Light, 348/349 Byelikova_Oksana, 350 Patrick Gijsbers, 352 Esdelval, AGF, zstockphotos, 355 jferrer, 355 DEA / Archivio J. Lange, 364/365 Ariadne Van Zandbergen, 370/371 photosvit, 372/373 artelectico, 374/375 shakzu, 377 Witold Skrypczak, 378/379 Witold Skrypczak, 381 Witold Skrypczak, 384 lillisphotography, 384 Danita Delimont, 394/395 Elis_Blanca, 396 Juergen Ritterbach, 397 Sandra Salvadó, 398/399 Witold Skrypczak, 400 ferrantraite, 401 Christian Heeb, 404/405 Mark Thiessen, 407 AFP, 410/411 Marcos Ferro, 417 snoofek, 422/423 Witold Skrypczak, 424 Mark D Callanan, Jean-Pierre Lescourret, John Elk III, 428/429 JoselgnacioSoto, 438/439 OGphoto, 440 Dennis K. Johnson, 441 Carl & Ann Purcell, 442/443 cinoby, 446/447 LRCImagery, 448 Joe Drivas, 449 agustavop, 450/451 VisionsofAmerica/Joe Sohm, 464/465 shalamov, 466 Dallas Stribley, 467 diegocardini, 468/469 diegocardini, 472/473 Dallas Stribley, 474/475 4FR, 476 Jesse Kraft / EyeEm, 477 diegocardini, 478/479 arthur gonoretzky, 482 ohrimalex, 483 2nd, 486/487 Jonah_Photos, 488/489 4FR, 490/491 Kremer, 495 Tobias Helbig, 496/497 Danita Delimont

### Huber Images

26 Enrico Martino, 27 Giovanni Simeone, 28/29 Giovanni Simeone, 30/31 Russo Natalino, 35 Giovanni Simeone, 45 Hans-Peter Huber, 46/47 Hans-Peter Huber, 48 Pietro Canali, 52/53 Paul Thompson / Sebun Photo, 54 Pietro Canali, 55 Günter Gräfenhain, 170 Ben Pipe, 174 Ben Pipe, 218/219 Günter Gräfenhain, 254/255 Kremer, 256 Kremer, 266/267 Ben Pipe, 280/281 Ben Pipe, 282/283 Günter Gräfenhain, 286/287 M. Carassale, 298/299 Kremer, 300/301 Kremer, 314 Tim Draper, 324 R.Schmid, 325 Massimo Pignatelli, 340/341 Kremer, 390 Riccardo Spila, 414/415 Jürgen Ritterbach, 416 Paolo Giocoso/SIME, 418/419 Jürgen Ritterbach, 425 Gabriele Croppi, 444/445 Bruno Morandi , 460/461 Jürgen Ritterbach, 492/493 Sven Hansche / EyeEm, 494 Michele Westmorland

### koenemann.com / Massimo Listri

424, 425, 425, 162, 163, 278, 279

### laif

2 Christian Heeb, 21 Franck Guiziou/hemis, 81 Jean-Baptiste Rabouan, 82/83 Christian Heeb, 84/85 Christian Heeb, 90/91 Marcos Ferro/Aurora, 96 Christophe Boisvieux, Jean-Pierre Degas/hemis, 128 Franck Guiziou/hemis, 129 Christian Heeb, 146 Franck Guiziou/hemis, 156 Patrick Escudero/hemis, 167 Wendy Connett/robertharding, 208 Christian Heeb, 209 Jean-Pierre Degas/hemis, 211 Christian Heeb, 230 Christian Kober/robertharding, Jeoffrey Guillemard/Haytham-Rea, Liba Taylor/robertharding, Richard Maschmeyer/robertharding, 231 Richard Maschmeyer/robertharding, Wendy Connett/robertharding, 258/259 Bertrand Gardel/hemis, 264/265 Bertrand Gardel/hemis, 308 Patrick Escudero/hemis, 309 Patrick Escudero/hemis, 312/313 Marcos Ferro/Aurora, 326/327 Christian Kober/robertharding, 380 Richard Maschmeyer/robertharding, 382/383 Richard Maschmeyer/robertharding, 384 Wendy Connett/robertharding, 385 Robert Harding Productions/robertharding, Tuul/robertharding, 402/403 SL_Photography, 412 Christian Heeb, 435 Bertrand Gardel/hemis, 456/457 D. Santiago Garcia/Aurora

### mauritius images

16/17 Kevin Schafer / Alamy, 22 Daniele Falletta / Alamy, 24/25 Prisma / Heeb Christian, 32/33 Prisma / Heeb Christian, 34 Prisma / Heeb Christian, 38/39 imageBroker / Horst Mahr, 44 Hemis / Guiziou Franck, 49 Hemis / Guiziou Franck, 51 age fotostock, 59 robertharding / Michael Nolan, 64 Hemis / Guiziou Franck, 65 age fotostock / Michael S. Nolan, 68/69 Minden Pictures / Patricio Robles Gil/ Sierra Madr, 70/71 Minden Pictures / Patricio Robles Gil/ Sierra Madr, 74/75 Danita Delimont / Thomas Wiewandt, 76/77 National Geographic Creative / Alamy, 80 Greg Vaughn / Alamy, 88 Hemis / Guiziou Franck, 89 SuperStock / Stuart Westmorland, 92/93 Minden Pictures / Patricio Robles Gil, 95 Science Source / LOC, 96 Masterfile RM / Russell Monk, Al Wayztravelin, Blend Images / Jeremy Woodhouse/Holly Wilmeth, Yaacov Dagan / Alamy, John Mitchell / Alamy, 97 Al Wayztravelin, age fotostock / Cem Canbay, J.Enrique Molina / Alamy, 100 Minden Pictures / Patricio Robles Gil, 101 Minden Pictures / Patricio Robles Gil/ Sierra Madr, 114 Al Wayztravelin, Ryan B. Stevenson / Alamy, Alamy RF / RooM the Agency, 115 Al Wayztravelin, 120/121 Minden Pictures / Patricio Robles Gil/ Sierra Madr, 124/125 Minden Pictures, 126/127 Alamy, 132 John Elk III / Alamy, 133 Onoky / Brigitte Merle, 134/135 robertharding / Wendy Connett, 136 Bluegreen Pictures / Patricio Robles Gil, 154/155 Masterfile RM / R. Ian Lloyd, 156 David South / Alamy, 156 robertharding / John Woodworth, World Pictures / Alamy, Blaine Harrington III / Alamy, Robert Wyatt / Alamy, John Mitchell / Alamy, Art Kowalsky / Alamy, 157 Tuul & Bruno Morandi, John Mitchell / Alamy, Keren Su/ China Span / Alamy, David South / Alamy, Dave G. Houser / Alamy, Michael Dwyer / Alamy, 158/159 Danita Delimont / Jaynes Gallery, 160/161 Danita Delimont / Jaynes Gallery, 166 Scott Goodno / Alamy, 178/179 David Brownell / Alamy, 184/185 age fotostock / Leonardo Díaz Romero, 188 Mexico / Alamy, 189 Peter Donaldson / Alamy, 192 Judy Waytiuk / Alamy, 193 Judy Waytiuk / Alamy, 196/197 Greg Vaughn / Alamy, 200 Al Wayztravelin, 201 Andre Babiak / Alamy, 202/203 Ken Welsh / Alamy, 204/205 Westend61 / André Babiak, 206 Al Wayztravelin, 207 age fotostock / Blaine Harrington, 208 imageBroker / Vision 21, 208 Irena Siwiak Photography / Alamy, Cosmo Condina Mexico / Alamy, Douglas Peebles Photography / Alamy, 209 imageBroker / Vision 21, Charles O. Cecil / Alamy, SuperStock / Stuart Westmorland, age fotostock / Lucas Vallecillos, Erich Schlegel / Alamy, 212/213 Al Wayztravelin, 216/217 Al Wayztravelin, 224/225 age fotostock / Jerónimo Alba, 226 CrowdSpark / Alamy, 232/233 Cultura / Rodrigo Friscione, 240 Radius Images, 241 Author's Image, 244 Hemis / Guiziou Franck, 245 Onoky / Brigitte Merle, 246/247 robertharding / Christian Kober, 248 Marek Zuk / Alamy, 249 robertharding / Christian Kober, 268/269 camo images / Alamy, 270 Al Wayztravelin, 271 imageBroker / Oliver Gerhard, 274 Al Wayztravelin, 275 Al Wayztravelin, 276/277 Lucas Vallecillos / Alamy, 284/285 nature picture library / Claudio Contreras, 288/289 Westend61 / Fabian Pitzer, 292 John Mitchell / Alamy, 296 Danita Delimont / David Frazier, 297 Angus McComiskey / Alamy, 302 imageBroker / Horst Mahr, 303 imageBroker / Horst Mahr, 306/307 imageBroker / Vision 21, 310/311 age fotostock / Leonardo Díaz Romero, 314 Glasshouse / Eric Schwortz, 316 United Archives, 321 age fotostock / José Fuste Raga, 322/323 imageBroker / Horst Mahr, 324 age fotostock / Lucas Vallecillos, Westend61 / André Babiak, imageBroker / Vision 21, Rocio Gonzalez Hernandez / Alamy, Benedicte Desrus / Alamy, 325 brianmexico / Alamy, Jerónimo Alba / Alamy, Yaacov Dagan / Alamy, 336/337 John Warburton-Lee / Peter Adams, 345 Anna Bogdanska / Alamy, 351 imageBroker / Egmont Strigl, 352 Witold Skrypczak / Alamy, Greg Vaughn / Alamy, McComiskey / Alamy, wendy connett / Alamy, Eye Ubiquitous / Alamy, Zoonar GmbH / Alamy, 353 robertharding / Wendy Connett, imageBroker / Florian Kopp, Kenneth Jones / Alamy, Paul Thompson Images / Alamy, Nigel Sawyer / Alamy, Robert Wyatt / Alamy, imageBroker / Horst Mahr, 354 Radius Images, Danita Delimont / David Frazier, Urs Flüeler, Hemis / Guiziou Franck, Onoky / Brigitte Merle, Alamy RF / Peter Adams Photography Ltd, AGF / Charles Mahaux, Masterfile RM / R. Ian Lloyd, Lucas Vallecillos / Alamy, 355 Radius Images, Danita Delimont / Peter Langer, Prisma / Vdovin Ivan, McPHOTO / Craig Lovell, Masterfile RM / Darryl Leniuk, Angus McComiskey / Alamy, 356 Emmanuel Lattes / Alamy, 357 Emmanuel Lattes / Alamy, 358/359 David South / Alamy, 360 Luis Castaneda, 361 Bildarchiv Monheim GmbH / Alamy, 362/363 Masterfile RM / R. Ian Lloyd, 366/367 Boscorelli / Alamy, 368 Dennis MacDonald / Alamy, 369 Eye Ubiquitous / Alamy, 376 nature picture library / Floris van Breugel, 384 Al Wayztravelin, 384 Jutta Ulmer, 385 Al Wayztravelin, 385 Al Wayztravelin, 386 Design Pics Inc / Alamy, 387 age fotostock / Adalberto Ríos, 388/389 nature picture library / Floris van Breugel, 391 imageBroker / Sepp Puchinger, 392/393 imageBroker / Horst Mahr, 406 John Mitchell / Alamy, 408/409 age fotostock / Remedios Valls López, 413 Daniele Falletta / Alamy, 420 imageBroker / GTW, 421 Witold Skrypczak / Alamy, 424 Cultura, AGF / Charles Mahaux, 425 Kari / Alamy, AGF / Charles Mahaux, 426/427 imageBroker / Eduardo Fuster Salamero, 430 David Coleman / Alamy, 432/433 dbimages / Alamy, 434 Art Kowalsky / Alamy, 440 Jutta Ulmer, 441 imageBroker / Vision 21, Jutta Ulmer, 452 Art Kowalsky / Alamy, 454/455 age fotostock / Sandra Salvado, 462/463 Marcin Mikolajczuk / Alamy, 470/471 Thomas Garcia / Alamy, 480/481 age fotostock / Sandra Salvado, 484 age fotostock / Stuart Pearce, Axiom RF / Richard Maschmeyer, Masterfile RM / KL Services, imageBroker / Horst Mahr, imageBroker / Martina Katz, 485 Glasshouse / Ferguson & Katzman Photography, United Archives, Axiom RF / Richard Maschmeyer, AGF / Masci Giuseppe, World Pictures / Alamy,

### Okapia

102/103 imagebroker/Vision 21, 105 imagebroker/Martin Siepmann, 108/109 imagebroker/Vision 21, 234/235 imagebroker/Vision 21

**KÖNEMANN**

www.koenemann.com

6, rue du Mail – 75002 Paris
www.victoires.com
Depôt légal : 1er trimestre 2020
ISBN: 978-2-8099-1798-7

Series Concept: koenemann.com GmbH

Responsible Editing & Picture Editing: Jennifer Wintgens, Stephen West
Text: Marion Trutter, Jennifer Wintgens, Stephen West
Maps: Angelika Solibieda
Front cover: Tuul & Bruno Morandi/Huber Images

English, Spanish, Italian & Dutch translations: koenemann.com GmbH

Translation into French: Julie Fillatre

Layout: Oliver Hessmann

Printed in China by Shyft Publishing / Hunan Tianwen Xinhua Printing Co., Ltd.

ISBN: 978-3-7419-2515-3